ESSAI
DE
BIBLIOGRAPHIE HIPPIQUE

ESSAI

DE

BIBLIOGRAPHIE HIPPIQUE

DONNANT LA DESCRIPTION DÉTAILLÉE DES OUVRAGES
PUBLIÉS OU TRADUITS EN LATIN ET EN FRANÇAIS

SUR

LE CHEVAL ET LA CAVALERIE

AVEC DE NOMBREUSES BIOGRAPHIES D'AUTEURS HIPPIQUES

PAR LE

Général MENNESSIER DE LA LANCE

ANCIEN COMMANDANT DE LA 3ᵉ DIVISION DE CAVALERIE

TOME I
A à K

Limited Edition Facsimile

Of the

Original Edition

ISBN 1-57898-178-6

MARTINO PUBLISHING
P.O. BOX 373
MANSFIELD CENTRE, CT 06250

AVANT-PROPOS

Quand l'heure du repos a sonné pour moi, je n'ai pas cessé de m'intéresser à l'arme dans laquelle j'ai servi pendant 46 ans et au brave animal sur le dos duquel j'ai parcouru bien des milliers de kilomètres. J'ai alors occupé les loisirs de ma retraite à rechercher et à décrire les ouvrages publiés — en latin et en français seulement — sur le cheval et la cavalerie, depuis les origines de l'imprimerie jusqu'à nos jours.

De là le présent travail.

Quelques observations semblent utiles pour en indiquer le plan et y faciliter les recherches.

A — Les ouvrages sont classés par ordre *alphabétique* des noms d'auteurs et, pour les anonymes, par celui du premier mot du titre. Les ouvrages de chaque auteur sont classés par ordre *chronologique* ; toutefois, les éd^{ons} successives d'un même ouvrage se suivent sans interruption et l'ordre chronologique n'est repris qu'ensuite.

B — Quand les mots *De, Du, Des,* précèdent un nom propre, c'est celui-ci qui indique l'ordre alphabétique : *Machault (de)* — *Chalard (du)* — *Haulnaies (des).* Quand ils précèdent un titre anonyme, l'ouvrage est au D : *Des Engagements volontaires* — *Du Sport à Bordeaux.*

Le, La, Les sont avant les noms propres : *Le Mascrier* — *La Pleignière,* et après le premier mot du titre, pour les anonymes : *Haras (Le) du Pin* — *Délégués (Les) des Cultivateurs.*

Les noms belges ou hollandais précédés de *Van* sont au V, ainsi qu'il est d'usage dans ces pays pour les tables ou catalogues.

C — Je ne me suis pas occupé des *Costumes militaires.* La bibliographie en a été complètement faite dans de nombreux ouvrages : Cap^{ne} *Sauzey* — *Un Membre de la Sabretache (Glasser)* — *Rozat de Mandres et Sauzey* — *Raphaël Jacquemin* — *André Steyert* — *Liénard et René Humbert...* etc. Inutile de chercher à y rien ajouter. J'ai seulement cité quelques ouvrages qui, concernant spécialement les uniformes de la cavalerie, contiennent en outre des *renseignements historiques* sur les corps qui y figurent.

D — Les ouvrages sur la *Carrosserie,* qui ne concerne le cheval que très indirectement, ne sont pas mentionnés. D'ailleurs la bibliographie en a été faite par le Cte *de Contades,* dans son *Driving en France.* Mais ceux sur le *Harnachement,* d'*Art du Cocher,* l'*Attelage,* la *Conduite des Voitures* et les *Règlements de Voirie* qui s'y rattachent étroitement, figurent dans mon travail.

E — Les ouvrages sur les *Entrées solennelles* et les *Fêtes publiques* sont cités quands ils contiennent la relation ou la représentation iconographique de défilés de *Chars* ou de *Cavaliers*, de *Tournois, Carrousels, Joutes*, etc. ; en un mot quand on y trouve les renseignements nécessaires pour l'organisation de *Cavalcades* historiques ou autres, à l'exclusion de ceux qui ne contiennent que des discours, des décorations architecturales, des fêtes nautiques ou des feux d'artifice.

F — Pour les *Publications périodiques*, je ne me suis occupé que des *Recueils* paraissant par fascicules pouvant être réunis en volume à la fin de l'année ou du semestre, et généralement accompagnés de figures. J'ai laissé de côté les innombrables feuilles volantes, fugitives et saisonnières, sur les Courses et leurs programmes.

G — Les articles de *Revues* ou de *Journaux* ne sont mentionnés que s'ils ont été l'objet d'un tirage à part, ou quand une *coupure* du Recueil a reçu une couverture spéciale avec un titre imprimé, de manière à être vendue ou distribuée séparément.

H — Les ouvrages sur l'*Alimentation* qui concernent le *Rationnement du Cheval*, le *Choix*, l'*Emploi* et la *Préparation des Denrées alimentaires*, sont mentionnés. Ceux qui concernent leur culture ne le sont pas.

I — Presque tous les ouvrages d'*Agriculture* et d'*Histoire naturelle* contiennent quelques passages sur le Cheval. Ne sont cités que ceux où se trouvent des articles importants ou présentant un intérêt de curiosité, comme ceux des anciens naturalistes.

J — Sauf deux ou trois exceptions, je n'ai pas parlé des *Pièces de Théâtre*, malgré l'exemple du Cte *de Contades* dans ses *Bibliographies* sur les *Courses* et le *Menage* : j'ai reconnu que, généralement, celles qui portent un titre plus ou moins hippique ne contiennent qu'une intrigue sans rapport avec la profession du principal personnage, *cocher, jockey*, etc..

K — Pour la *Représentation* et l'*Iconographie* du Cheval, j'ai strictement borné mes observations ou critiques à l'exactitude de la reproduction des *Allures*, de l'*Extérieur du Cheval* et de son *Anatomie*, si complètement négligée ou si étrangement traitée par plus d'un critique d'art. Bien entendu, je n'ai cité que les œuvres — tableaux, dessins et sculptures — qui ont été reproduites et popularisées par la gravure, la lithographie, ou les divers procédés se rattachant à la photographie.

L — Les *Catalogues de Concours hippiques, Concours régionaux ou agricoles*, ne sont pas cités s'ils ne contiennent que les noms des exposants et de leurs chevaux ; mais j'ai relevé ceux où l'on trouve en outre des aperçus sur la *production chevaline locale*.

Les autres séries ne me semblent donner lieu à aucune observation.

J'ai eu sous les yeux presque tous les ouvrages que j'ai mentionnés, mais je n'ai pu cependant éviter quelques erreurs auxquelles il faut ajouter les erreurs de copie et les fautes d'impression. Je prie mes lecteurs — si j'en ai, car le pauvre cheval est bien délaissé — de vouloir bien me les signaler et aussi de consulter les *Errata* placés à la fin de chaque volume.

L'impression de mon ouvrage ayant duré plusieurs années, les notices des auteurs dont les noms figurent aux premières lettres de l'alphabet sont, moins que les suivantes, mises au courant des récentes publications. Le manuscrit était terminé et le Tome Ier presque entièrement imprimé quand a éclaté la guerre de 1914, à laquelle, hélas! l'âge et les infirmités m'ont interdit de prendre part. Je n'ai rien changé ni ajouté à mon travail; on remarquera seulement que les mots « avant la guerre... après la guerre » se rapportent exclusivement à celle de 1870-71.

Je suis heureux de témoigner ici ma vive reconnaissance à tous ceux qui, pendant quinze ans, ont aidé mes travaux et facilité mes recherches : aux *Conservateurs* et *Bibliothécaires* des Bibliothèques publiques de *Paris*, de la *Province* et de *Bruxelles*; à ceux des Administrations publiques : *Guerre, Agriculture, Haras, Postes, Muséum*; à ceux de l'*Ecole de Médecine*, de celle de *Pharmacie*, des *Ecoles vétérinaires d'Alfort, de Lyon et de Toulouse*; de l'*Ecole de Saumur*; à ceux des *Sociétés particulières* qui m'ont toutes ouvert les portes de leurs belles collections; et aussi à quelques bibliophiles et collectionneurs chez lesquels j'ai fait de bien intéressantes découvertes : à M. *Henri Gallice* dont j'ai complètement exploré la magnifique bibliothèque hippique et dont l'érudition bibliographique m'a été d'un grand secours (1); à M. *Jacques Doucet*, qui possède une splendide et unique bibliothèque artistique (2); à M. *Henry Kumps*, l'érudit hippologue de Louvain; à deux amateurs maintenant défunts, le *Colonel d'Aillières*, patient collectionneur d'ouvrages hippiques, et M. *Chevalier*, le directeur propriétaire du *Manège Duphot*, dont la mort prématurée a malheureusement arrêté les persévérants et intéressants travaux sur les anciennes *Académies d'Equitation*. Enfin, je ne dois pas oublier les *Archivistes* de la *Guerre*, de la *Légion d'honneur* et des *Haras*, qui m'ont fourni les plus précieux documents pour mes biographies.

Chez tous, j'ai trouvé une inépuisable obligeance.

---

(1) Principalement pour la description de ses *Incunables* et de ceux de la Bibliothèque nationale.

(2) J'y ai trouvé, outre d'inestimables raretés, la plupart des ouvrages sur les *Fêtes publiques* signalés dans ma Bibliographie.

SOURCES BIOGRAPHIQUES

Biographie Didot-Hœfer
Biographie Michaud
Biographie Feller
Biographie nat[le] belge
Allgemeine Deutches Biograghie
Dictionary of national Biography
Oursel — Nouvelle Biographie normande
Albert de Montet — Dictionnaire biographique des Vaudois et des Genevois
Robert et Cougny — Dictionnaire des Parlementaires
Vapereau — Dictionnaire des Contemporains
Bayle et Thillaye — Biographie médicale
Neumann — Biographies vétérinaires
Borel d'Hauterive — Annuaire de la Noblesse de France
Duplessis — L'Equitation en France
Railliet et Moulé — Histoire de l'Ecole d'Alfort
Cte de Barthelemy — Les grands Ecuyers et la grande Ecurie
Quérard et Bourquelot — La France littéraire (et suite)
Lorenz — Catalogue de la Librairie française
De Courcelle — Dic[re] des généraux français
Annuaires — de l'Etat-Major général — du Corps d'Etat-Major — de l'Infanterie — de la Cavalerie — de l'Artillerie — du Génie — du Train des Equipages — du Corps de Santé — des Services administratifs — de la Gendarmerie — de l'Armée belge — des Administrations civiles : Eaux et forêts, Magistrature... etc.
Archives — de la Guerre — de la Légion d'Honneur — des Haras — des Ecoles Vétérinaires d'Alfort, Lyon et Toulouse
Dictionnaire Larousse
Grande Encyclopédie
Critiques et historiens d'Art — Beraldi — Charles Leblanc — Bellier de la Chavignerie — Bartsch — Siret, etc. etc.
Renseignements fournis par les familles

ABRÉVIATIONS

Art. — Article
Broch. — Brochure (moins de 100 p.)
Ch. — Chiffré
Ed[on] — Edition
F[t] F[ts]. — Feuillet, Feuillets
Fig. — Figure ou Figures
Grav. — Gravures, Gravé, Gravée
Imp. — Imprimerie
Imp[r]. — Imprimeur
Lith. — Lithographie, Lithographies, Lithographié
P. — Page ou Pages.
Pag. — Paginé
Pl. — Planche ou Planches
P. S. — Pur Sang
Soc. — Société
T. — Tome
t. — Texte ; — h. t. — hors texte ; d. l. t. — dans le texte
Typ. — Typographie
Vol. — Volume (100 p. au moins)

SOMMAIRE DES SUJETS TRAITÉS

ACHAT DU CHEVAL, Foires et Marchés, Maquignonnage. — ALIMENTATION. — ANE, Mulet, Equidés divers. — ARCHÉOLOGIE. — ATTELAGE. Conduite des Voitures, Animaux de bât, Train militaire. — CAVALCADES, Joutes, Tournois, Jeux hippiques, Cirques, Carrousels, Cortèges. — CAVALERIE, Histoire, Tactique, Instruction, Infanterie montée. — COURSES, Jeux et Paris, Règlements, Raids. — DICTIONNAIRES. — ÉCURIES, Habitations du Cheval, Règlements d'Écuries princières, industrielles et militaires. — ÉQUITATION, Dressage, Voltige, Allures, Chevaux savants. — ÉQUITATION spéciale des Dames. — ESCRIME à Cheval, Armement de la Cavalerie. — EXPOSITIONS. — FANTAISIES, Anecdotes, Romans, Facéties, Poésies, Caricatures. — HARAS, Élevage, Remonte, Races, Stud Book. — HARNACHEMENT, Sellerie, Embouchures, Eperonnerie. — HIPPOLOGIE, Généralités, Extérieur, Age, Robes, Signalements. — HIPPOPHAGIE. — HYGIÈNE, Maladies et Accidents de l'homme de Cheval. — JURISPRUDENCE, Vices rédhibitoires, Police sanitaire, Equarrissage, Impôts, Conscription des Chevaux. — MÉDECINE VÉTÉRINAIRE, Chirurgie, Anatomie, ancienne Maréchalerie, Ferrure, Hygiène. — PALÉONTOLOGIE, Préhistoire, Origines du Cheval. — PÉRIODIQUES. — POSTE AUX CHEVAUX. — PROTECTION et Compassion. — REPRÉSENTATION du Cheval, Iconographie, Artistes hippiques.

BIBLIOGRAPHIE HIPPIQUE

A. A., voy. AUBIER (L. D. A.).

A. C., voy. REFLEXIONS sur l'art de l'équitation et étude sur la cavalerie.

A. L. Commandant (le), voy. LUCAS.

A. M., voy. RÈGLES pour la confection des selles.

A. P., voy. NOUVELLE formation du peloton et de l'escadron et ENDIVISIONNEMENT (l') de la cavalerie française.

A. T., voy. TACTIQUE de l'artillerie à cheval dans le combat de la cavalerie française.

ABADIE (Bernard).
Vétérinaire français, 1818-1888.
Fils d'un maréchal-vétérinaire de Mazerolles (Hautes-Pyrénées), diplômé de Toulouse en 1839, après y avoir remporté tous les premiers prix, vétérinaire en 2ᵉ au 8ᵉ Chasseurs en 1840, il donna sa démission en 1844 et se fixa à Nantes où il fut nommé vétérinaire départemental.
Il était membre correspondant de la Société nationale d'agriculture de France, de l'Académie de médecine et membre titulaire de la Société académique de Nantes.

De la suppression de toute loi sur les Vices rédhibitoires dans le commerce des Animaux domestiques, par B. Abadie, Vétérinaire du Département de la Loire-Inférieure, Membre de la Société académique de Nantes. *Nantes, Imp. William Busseuil*, 1858.
Broch. in-8° de 72 p. La couverture porte 1859.

Abadie était un adversaire déterminé de la Loi sur les vices rédhibitoires et prétendait que la législation ordinaire est suffisante. L'opuscule est destiné à défendre cette thèse. Il est presque entièrement consacré au cheval.

La question chevaline dans ses rapports avec la production du Cheval de l'Armée et de Luxe, par B. Abadie, Vétérinaire du Département de la Loire-Inférieure, Membre de la Société académique de Nantes. *Nantes, Imp. William Busseuil*, 1860.
Broch. in-8° de 49 p.

L'auteur défend l'administration des Haras et insiste sur la nécessité d'améliorer les poulinières. Il propose à cet effet diverses mesures, parmi lesquelles la création d'une jumenterie en Bretagne.

Étiologie du Charbon, par M. Abadie, Vétérinaire du Département de la Loire-Inférieure (Extrait du *Journal de Médecine de l'Ouest*). *Nantes, Imp. de Mᵐᵉ Vᵛᵉ C. Mellinet*, S. D. (1867).
Broch. in-8° de 23 p.

L'opuscule contient d'intéressantes observations. Abadie pense que le charbon dépend d'une cause unique : l'influence des miasmes produits par la fermentation putride.

(Lettre adressée) à Monsieur le Secrétaire général de la Société Impériale et centrale de Médecine Vétérinaire. Nantes, le 16 mai 1868 (signé) Abadie. *Nantes, Imp. de Mme Vve C. Mellinet.*

In-4° de 3 p.

Cette lettre a été écrite à l'occasion d'une discussion qui venait d'avoir lieu à la Société centrale de Médecine Vétérinaire au sujet de la revision de la loi de 1838. Abadie y développe les arguments de sa brochure de 1858.

Une forme de rhumatisme chez l'espèce chevaline, par M. Abadie *Nantes, Imp. de Mme Vve C. Mellinet*, S. D. (1870).

Broch. in-8° de 40 p. Extrait du *Journal de Médecine de l'Ouest*.

L'auteur pense que beaucoup de boiteries attribuées à tort à l'écart ou à l'allonge peuvent être rattachées au rhumatisme, insuffisamment étudié en médecine vétérinaire.

La production des Chevaux de Cavalerie, par M. Abadie (Extrait du *Moniteur de l'Elevage*, n°s 1, 2 et 3). *Nantes, Mme Vve C. Mellinet*, 1873.

Broch. gr. in-8° de 41 p.

Les besoins de l'armée et ceux du luxe ou du demi-luxe sont les mêmes, dit Abadie. En produisant pour l'un on produit pour l'autre. La première réforme nécessaire est un meilleur choix des poulinières.

De l'Influence des Courses sur l'amélioration des Races chevalines, par M. B. Abadie, Vétérinaire du Département de la Loire-Inférieure. *Nantes, Imp. de Mme Vve C. Mellinet*, S. D. (1873 ?).

Broch. in-8° de 12 p. Extrait des *Annales de la Société académique de Nantes*.

Le cheval à deux fins léger est numériquement insuffisant. On l'obtient par le croisement du pur sang avec la jument lourde et trop molle. L'auteur développe cette thèse et dit que les insuccès sont dus au mauvais choix de la mère.

Conférence faite au Concours régional à Nantes. La question chevaline. Production des types nécessaires à l'Armée et aux Services civils par B. Abadie. *Langres, Imp. A. Vallot*, 1874.

Broch. in-8° de 16 p. Extrait des *Annales de la Zootechnie*, 1874.

Développement des idées exprimées dans les précédentes brochures au sujet du mauvais choix des poulinières.

Rapport sur le Concours régional de Nantes en 1874, par M. B. Abadie (Extrait des *Annales de la Société académique de Nantes*, 1er semestre 1874). *Nantes, Imp. de Mme Vve Camille Mellinet* (1874).

Broch. in-8° de 23 p.

Les pages 5 à 10 sont consacrées au Concours hippique des reproducteurs.

Association française pour l'avancement des Sciences. — M. B. Abadie, Vétérinaire du Département de la Loire-Inférieure, à Nantes. — Détermination méthodique du siège de certaines boiteries de Chevaux, vulgairement attribuées, le plus souvent à tort, à des écarts ou à des allonges. — Séance du 25 Août 1875. — *Nantes, Imp. Vincent Forest et Emile Grimaud.*

Broch. in-8° de 14 p.

Il reprend la question déjà traitée dans la brochure de 1870.

De l'importance qu'il y aurait à supprimer la loi de 1838 et l'art. 1641 du Code civil en ce qui concerne le commerce des animaux domestiques par B. Abadie, Vétérinaire du Département de la Loire-Infér. *Nantes, Imp. de Mme Vve Mellinet*, 1881.

Broch. in-8° de 20 p.

Détermination des mesures capables d'arrêter la propagation des Maladies contagieuses, notamment la pleuro-pneumonie. Conférence faite au Congrès de 1880 de l'Association Bretonne, par M. Abadie, Vétérinaire du Département de la Loire-Inférieure. *Nantes, Imp. de Mme Vve C. Mellinet*, 1881.

Broch. in-8° de 20 p.

De 1881 à 1888, Abadie publia à *Nantes, Imp. Vve Mellinet*, des *Rapports sur les Epizooties* qui avaient régné dans le département. Ces rapports concernent quelquefois les chevaux et sont contenus dans des brochures de 15 à 30 p. Le détail en serait inutile à donner.

Concours régional de Nantes. Compte rendu de l'Exposition des Animaux. *Nantes, Imp. du Progrès*, 1882.

Broch. in-8° de 22 p.
Les p. 1 à 12 sont consacrées à l'exposition hippique.

1882. (Concours régional agricole de Nantes.) Conférence faite par M. B. Abadie. *Toulouse, Typog. Durand, Fillaux et Lagarde*, 1882.

Broch. in-8° de 32 p.
Toute la conférence est consacrée à l'élevage du cheval. Elle est extraite de la *Revue Vétérinaire*, publiée par l'Ecole vétérinaire de Toulouse, 2ᵉ série, T. II, août et octobre 1882.

Rapport sur le Concours régional hippique de Nantes, en 1888, par M. Abadie, Vétérinaire du Département. *Nantes, Imp. Vᵛᵉ Camille Mellinet* (1888).

Broch. in-8° de 28 p.
La 1ʳᵉ partie, jusqu'à la p. 14, traite seule du concours hippique.
L'œuvre écrite d'Abadie est considérable. Une grande partie a été publiée dans les journaux spéciaux et traite de sujets étrangers aux questions hippiques. J'ai décrit ci-dessus celles de ses publications dans lesquelles il est question de chevaux et qui ont été tirées à part, sans être certain que cette nomenclature soit tout à fait complète.

ABADIE (Mars-Guillaume-Robert).
Professeur de génie rural à l'Ecole d'agriculture de Rennes.

La Ferme moderne. Traité de construction rurale par M. Abadie, Ingénieur agronome, Professeur de génie rural à l'Ecole nationale d'agriculture de Rennes — 390 gravures et plans — *Paris, Larousse*, S. D. (1903).

1 vol. in-8° de 256 p.
La construction des écuries est traitée de la p. 182 à la p. 187, avec 9 fig. Les fenils et silos à fourrages occupent les p. 209 à 212. Il n'y est pas question des abreuvoirs.

Même ouvrage, même titre. *Deuxième Edition*, 388 fig. et plans. *Paris, Larousse*, S. D. (1906).

1 vol. in-8° de 256 p.

Même ouvrage, même titre. *Paris, Larousse*, 1913.
Sans-changement.

ABILDGAARD (Pierre - Christian).
Médecin, naturaliste et vétérinaire danois, 1740-1801.
Il se voua de bonne heure à l'étude de la médecine et de l'art vétérinaire et passa deux ans à l'Ecole de Lyon d'où il revint dans sa patrie en 1766. Il fut, à son retour, le principal fondateur de l'Ecole vétérinaire de Copenhague qu'il établit sur le modèle de celle de Lyon.

P. C. Abildgaard, D. Med. Artis Veterinariæ Professor Historia brevis Regii Instituti Veterinarii Hafniensis. *Hafniæ, apud Krögenium*, 1788.

Broch. in-8° de 28 p.
C'est l'histoire de la fondation et des débuts de l'Ecole vétérinaire de Copenhague. Quoique l'opuscule ne traite pas spécialement de sujets hippiques, il y est souvent question des hippiâtres et de la médecine des chevaux.

ABINAL (Georges-Arnaud-Auguste).
Général de brigade français (artillerie), né en 1851 ; sous-lieutenant en 1872, général de brigade en 1908.

Note sur le harnachement des Chevaux de l'Artillerie et la manière de les atteler, par G. Abinal, Capitaine d'Artillerie. Extrait de la *Revue d'Artillerie*, Mars 1887 — *Paris et Nancy, Berger-Levrault*, 1887.

Broch. in-8° de 14 p. avec 5 fig. d. l. t.

ABLAY (Narcisse-Auguste).
Lieutᵗ général belge, 1806-1879.

Manuel du Cavalier militaire belge, par demandes et par réponses, contenant ses devoirs en garnison, en route et en campagne, d'après les Règlements en vigueur, par le Général Ablay. *Ypres, Lambin fils*, 1861.

1 vol. in-12 de   p.

ABOU BEKR IBN BEDR et PERRON, traducteur.
Ecuyer et médecin vétérinaire du Sultan d'Egypte El-Nâcer, fils de Kalaoûn. Ce prince, qui régna, avec deux interrup-

tions, de 1294 à 1341, fut le plus brillant des souverains d'Égypte. La gloire des armes, celle des sciences, celle de l'administration et celle des arts illustrèrent son nom. Il était aussi l'amateur de chevaux le plus passionné et le plus habile hippologue de son temps ; il établit des haras magnifiques et organisa des jeux hippiques ainsi que des courses qu'il encouragea par ses largesses, sa présence et même sa participation personnelle. Il consacra des sommes énormes à l'acquisition des chevaux les plus renommés, et c'est à lui que sont dues les institutions hippiques les plus remarquables qu'il y ait eu en Orient.

Le livre décrit plus loin, *Le Nâcéri*, rappelle le nom du prince pour lequel il a été composé. Il date du premier tiers du XIVe siècle, époque à laquelle les connaissances et les pratiques hippiques étaient à un haut degré de développement. Cet ouvrage représente donc la science hippique des Arabes au moment où elle a eu le plus d'éclat (1).

Le Nâcéri — La Perfection des deux Arts ou Traité complet d'Hippologie et d'Hippiâtrie Arabes; Ouvrage publié par ordre et sous les Auspices du Ministère de l'Intérieur, de l'Agriculture et du Commerce. Traduit de l'Arabe d'Abou Bekr ibn Bedr, par M. Perron, chevalier de la Légion d'honneur, membre de la Société asiatique de Paris, de la Société asiatique de Leipsick, etc. *Paris, V*[ve] *Bouchard-Huzard,* 1852-1859-1860.

3 vol. in-8° de 512, xv-500 et 527 p. Au tome III, le titre indique M. Perron comme : Ancien Directeur de l'École de Médecine du Kaire, ex-Médecin sanitaire de France à Alexandrie, Directeur du Collège impérial Arabe-Français d'Alger, Membre de la Société Asiatique de Leipsick, de la Société historique Algérienne, Membre correspondant de l'Institut Égyptien, etc.

Le premier volume ne contient que des explications ou dissertations hippiques et historiques du traducteur, avec 2 pl. h. t. *Le Nâcéri* occupe les tomes II et III. Au tome III, dessins dans le texte représentant le tracé des divers feux Arabes. Ce volume traite aussi, à la suite de l'*Hippiatrique*, du Mulet, de l'Ane, du Chameau, de l'Éléphant, du Bœuf, du Mouton et de la Chèvre.

(1) Détails donnés par M. Perron, le traducteur, dans le *Liminaire* du Tome I et dans les *Indications* qui servent de Préface au Tome II, passim.

ABRÉGÉ D'HIPPIATRIQUE. Abrégé d'Hyppiatrique, extrait des meilleurs Auteurs, à l'usage des Officiers des Cuirassiers d'Angoulême. Rédigé et imprimé par Ordre du Colonel. *Dôle, Imp. Florent Prudont,* 1819.

1 vol. in-8° de 214 p. dont 11 pour la Préface, avec 3 pl. et 2 tableaux dont un donne les coutumes des différents départements au sujet des vices rédhibitoires. Armoiries du Roi Louis XVIII sur le titre.

Le Colonel des Cuirassiers d'Angoulême (3e Cuirassiers) était alors le Comte d'Andlau (Armand-Gaston-Félix) 1779-1860. Entré au régiment des Hussards volontaires en 1800, sous-lieutenant la même année, démissionnaire pour cause de santé en 1801. En 1810, il fut nommé Ecuyer de l'Empereur, et en 1813 il reprit du service comme chef d'esc[on] aux Gardes d'honneur Sous-lieut[nt] aux Gardes du Corps (Lieut[nt]-Colonel), Comp[te] de Grammont en 1814, il fut nommé Colonel des Cuirassiers d'Angoulême en 1815, Maréchal de camp en 1825, passa au cadre de réserve en 1841 et fut retraité en 1848. Il avait fait les campagnes de 1800 en Italie, 1813 et 1814 à la grande armée.

C'est par ses soins que l'*Abrégé d'Hippiatrique* a été rédigé, ainsi que l'indique le titre et ainsi qu'il le dit lui-même au 1er parag. de la Préface dont il est l'auteur, parag. supprimé dans l'éd[on] de 1823.

Le général Cte d'Andlau était le père du trop célèbre colonel d'Andlau, auteur d'un petit ouvrage sur la cavalerie (Voy. ce nom).

Abrégé d'Hippiatrique extrait des meilleurs Auteurs, à l'usage des Officiers de Cavalerie. *Dôle, Imp. Florent Prudont,* 1819.

C'est la même éd[on] avec un titre nouveau.

Abrégé d'Hippiatrique, extrait des meilleurs Auteurs. *Cambrai, Imp. A. F. Hurez (Nord)* 1823.

1 vol. in-8° de 11 — 154 p. avec les mêmes pl. et tableaux.

C'est le même ouvrage avec quelques légers remaniements dans le texte, principalement au chapitre des robes, à celui des yeux, et la suppression du 1er parag. de la préface, qui était personnel au Colonel d'Andlau.

Cette 2e éd[on] a été imprimée deux fois, sans autre changement que celui de l'orthographe du mot *Hippiatrique* au lieu de *Hyppiatrique*.

L'ouvrage est une compilation tirée principalement de Bourgelat, de Girard et des cahiers du Cours d'hippologie fait à Saumur par Flandrin et rédigés par ses élèves. Il n'est pas très rare, sauf les exemplaires à l'usage des officiers des cuirassiers d'Angoulême, tirés nécessairement à très petit nombre.

ABRÉGÉ DU COURS D'ÉQUITATION MILITAIRE.

On sait que les auteurs du *Cours d'Equitation* de Saumur, publié en 1830 (voy. *Cours d'Equitation*), élargissant singulièrement la signification du mot *Equitation*, définissaient leur Cours « la réunion des connaissances théoriques « et pratiques relatives au cheval et à son « application aux exercices et travaux de « l'Art militaire ».

Ils furent donc amenés à produire un ouvrage considérable, en 2 vol. in-8°, avec 1 atlas in-f°, qui contient l'exposé des connaissances hippiques que doit posséder un officier de cavalerie. Mais l'ouvrage n'était pas à la portée des sous-officiers, ni même des jeunes officiers débutants. On publia donc, dès 1831, un *Abrégé* du cours particulièrement destiné à l'instruction des sous-officiers. Je n'ai pu, jusqu'ici, rencontrer l'édition de 1831, et je ne connais que les suivantes :

Abrégé du Cours d'Equitation Militaire à l'usage de l'Ecole royale de Cavalerie. *Nouvelle Edition*, revue, corrigée et augmentée. *Saumur, Debosse*, 1838.

1 vol. in-18 de 222 p., plus 1 f¹ de Table, avec 9 pl. se dépliant.

Même ouvrage. Mêmes titre et *Libraire*, 1840.

1 vol. in-18 de 227 p., avec les mêmes pl.

Même ouvrage. Mêmes titre et *Libraire*, 1841.

1 vol. in-18 de 227 p., avec les mêmes pl.

Même ouvrage. Mêmes titre et *Libraire*, 1842.

1 vol. in-18 de 227 p. avec les mêmes pl. La page 226 est chiffrée par erreur 126.

Même ouvrage. Mêmes titre et *Libraire*, 1848.

1 vol. in-18 de 204 p. avec les mêmes pl.

ABZAC (le comte Alexis d').

Développement d'une question équestre relative au dressage des chevaux, par M. le comte Alexis d'Abzac. *Paris, tous les libraires (Imp. Bonaventure et Ducessois)*, 1852.

Broch. in-8° de 40 p., avec vignettes sur le titre et à la fin.

Même ouvrage, même titre. *Paris, Morris père et fils*, 1890.

Broch. in-8° de 31 p., sans changement dans le t.

L'auteur s'occupe des chevaux qui manquent d'impulsion dans l'arrière-main, et les met aux allures vives après les assouplissements à pied, mais avant de chercher à obtenir la mise en main à cheval.

ACOQUAT (L.).

Professeur d'Equitation au manège Duphot.

Principes d'Equitation à l'usage des Dames. — Résumé du cours fait au manège Duphot par M. le Professeur L. Acoquat. *Paris, typ. A. Parent. — Chez l'Auteur, 12, Rue Duphot*, S. D. (1868).

Broch. in-12 de 25 p., avec 2 pl. à pleine p. — (tracé des principales fig. de manège.)

Petit ouvrage rarissime.

ACTION ET RÉACTION.

Action et réaction. *Paris et Nancy, Berger-Levrault*, 1903.

Broch. gr. in-8° de 78 p. qui concerne la cavalerie.

ADAM (Albert).

Dessinateur et lithographe français, fils de Victor Adam, né en 1834.

Comme son père, aux travaux duquel il a souvent collaboré, il s'est spécialement adonné aux études de chevaux et en a dessiné et lithographié plusieurs suites ou sujets particuliers. On lui doit, avec la collaboration de Tom Drake, les belles lithographies en couleurs qui composent l'ouvrage intitulé *Ecole Impériale de Cavalerie* (voy. ce titre), publié à Saumur, en 1870.

Son dessin est souvent plus correct que celui de son père, au point de vue de l'anatomie hippique.

ADAM (E.).

La Société des Champs de Course réunis. — Réponse à la brochure de M. Edmond Henry, député du Calvados. *Paris, Imp. T. Symonds*, 1884.

Broch. in-8° de 32 p. signée : E. Adam, Président du Conseil d'administration de la Société des Champs de course réunis. La brochure de M. Edmond Henry (voy. ce nom) était intitulée *Les Courses — Leur utilité au point de vue de l'Agriculture et de l'Armée* Elle contenait, à la p. 26, une critique sur les agissements de certaines Sociétés suburbaines, empruntée en grande partie à un rapport du Bon de la Rochette fait au Conseil supérieur des Haras dans sa séance du 9 mai 1883, et à laquelle répond M. E. Adam.

ADAM (Jean-Victor-Vincent).

Peintre et surtout dessinateur français, 1801-1867.

Elève de Meynier et de Regnault, il a exposé pour la 1re fois au Salon de 1819 et y obtint une 3e médaille, puis une 2e à celui de 1836.

Parmi les milliers de dessins lithographiés dont il est l'auteur, la plupart représentent des chevaux et des scènes hippiques. Il fut donc un spécialiste dans ce genre et son nom mérite au premier titre de figurer dans une bibliographie hippique.

Les chevaux de Victor Adam, qui a représenté toutes les races, du Boulonnais au Pur sang, sont souvent élégants et gracieux et ont parfois un mouvement endiablé. Mais leur anatomie est imprécise ou même fantaisiste : leur élégance est souvent obtenue par l'allongement exagéré des vertèbres cervicales, de *l'attache de tête;* l'épaule et l'articulation scapulo-humérale lui échappent, et c'est généralement le point le plus faible de ses compositions. Mais l'arrière-main est en général très correctement rendue. Quant aux mouvements, surtout en ce qui concerne le pas et le galop, ils ne rappellent que de loin la réalité qu'ont révélée les récentes et stupéfiantes découvertes de la photographie instantanée. Mais, à ce sujet, il est permis de se demander si la représentation *artistique* du cheval doit nous le montrer sous un aspect que notre œil ne perçoit jamais. Voy., pour cette question, Duhousset.

« Tous ses dessins, dit M. Béraldi,
« sont exécutés avec une facilité inouïe,
« *de chic*, suffisamment soignés et quel-
« quefois amusants, jusque vers 1848,
« moment où la production devient tout
« à fait commerciale et n'est plus que
« de l'imagerie. »

Ce jugement est un peu sévère, car je connais de fort agréables dessins de Victor Adam postérieurs à cette époque.

La description ou même l'énumération des œuvres détachées de ce fécond dessinateur est impossible, et je me bornerai à citer ses principaux recueils de lithographies ou suites de chevaux.

Portraits de chevaux anglais les plus célèbres.
Panichodème ou toutes sortes de voitures.
Suite de chevaux.
Chevaux de races de tous pays.
Souvenirs du Moyen Age.
Camp du Drap d'or.
Galerie chevaleresque.
Le Tournoi.
L'Hippodrome.
Cirque des Champs-Elysées.
Les Exercices de Franconi.
Le Sport.
Amazones historiques.
Le Cheval au Cirque.
Scènes parisiennes.
Equitation.
L'Equitation et ses charmes.
Les plaisirs de l'Equitation.
Les accidents de l'Equitation.
Suite de Chevaux arabes.
Etalons envoyés par l'Empereur du Maroc au Roi Louis-Philippe.
Les Chevaux et le sport.

Ces recueils, en noir ou en couleurs, sont en grande partie cités par M. Béraldi et ont été publiés, la plupart sans date, chez Tessari, Aumont, Bulla et Delarue, Gache, Bonvin, etc., lith. de Fourquemin, Formentin, Lemercier, Godard, etc.

Victor Adam a aussi illustré plusieurs ouvrages hippiques : le *Manuel d'Equitation* de Gerhardt ; la traduction de 1828 du *Traité de ferrure sans contrainte* de Balassa ; la 1re Ed^{on} du *Manuel d'Equitation* de Vergnaud (des Manuels Roret) ; l'*Ami de l'Eleveur* du comte de Lastic St-Jal ; les *Institutions hippiques* du comte de Montendre ; les *Etudes basées sur l'anatomie...* du Dr de Lamotte ; le frontispice du *Manuel de l'Amateur de Courses* de Bryon ; le *Chapitre des Accidents* de Maurice Alhoy, etc. (Voy. ces noms).

L'exposition rétrospective de dessins, gravures et lithographies se rapportant à l'attelage, jointe en 1900 à celle des anciennes voitures, comprenait une quantité considérable de lithographies et quelques gravures de Victor Adam, en noir et coloriées.

ADAM (Paul).
Romancier et auteur dramatique français, né en 1862.

La Morale des Sports, par Paul Adam. *Paris, Librairie Mondiale,* 1907.

1 vol. in-16 de 473 p.

Le Sport hippique n'occupe que quelques pages dans cet ouvrage, mais beaucoup de généralités lui sont applicables.

ADELINE (L.-J.), voy. ENTRÉES de Henri II.

ADENOT (Prosper).
Manuel de médecine vétérinaire à l'usage des agriculteurs et des gens du monde, par P. Adenot, Médecin-vétérinaire, vice-président honoraire de la Société d'agriculture de Chalon. *Paris, Imp. Petithenry,* 1895.

1 vol. in-8° de III-236 p.

Ouvrage souvent réimprimé sous le même titre et sans changement dans le t. à l'*Imp. de la Bonne Presse*, 5, rue Bayard.

ADRESSE A LA CONVENTION.
Adresse à la Convention nationale présentée par les Etat-major, Officiers et sous-Officiers des trois divisions de la cavalerie de l'Ecole militaire. *Paris, Imp. nationale,* 6 janvier 1793, l'an II° de la République française.

Plaquette in-8° de 4 p.

L'adresse est suivie de 31 signatures. Curieux document qui retrace l'épisode révolutionnaire suivant. Les volontaires de la cavalerie réunis à l'Ecole militaire avaient nommé leurs officiers à l'élection. Mais ils furent convertis en corps réguliers de chasseurs à cheval, ce qui mettait la nomination des officiers entre les mains du gouvernement. La Convention ratifia les nominations des officiers élus, mais les volontaires privés pour l'avenir du droit d'élection, et voulant surtout conserver la faculté de les épurer en expulsant ceux soupçonnés d'aristocratie, adressèrent une pétition à la Convention. C'est contre cette pétition que protestent les officiers et sous-officiers élus mais confirmés par le ministre et qui ne voulaient naturellement pas être exposés aux caprices de leurs subordonnés.

ADRESSE DES ANES.
Adresse de remerciement des ânes à l'Assemblée nationale, qui a bien voulu exempter leurs personnes de tout impôt direct, présent et avenir. S. L. (*Paris*), 1791.

Broch. in-8° de 13 p.

ADRESSE D'UN PATRIOTE.
Adresse d'un Patriote cultivateur à l'Assemblée nationale. S. L. N. D. (vers 1789).

Broch. pet. in-8° de 7 p.

L'auteur anonyme dit que beaucoup de maladies des chevaux peuvent être traitées par les bains tièdes. Il a, à cet effet, inventé une baignoire pour chevaux et demande qu'on lui accorde l'usage de l'eau chaude qui sort des conduits des pompes à feu de la Ville et « qui s'écoule en pure perte pour les « habitants ».

Cette plaquette, quoique paginée à part, semble faire partie d'un recueil de pétitions adressées à l'Assemblée nationale et qui avait peut-être un titre général, mais sur lequel je suis sans renseignements.

ADRESSES A DRESSER, voy. RIVES (DE).

ADRIAN (Auguste-Louis).
Sous-Intendant militaire français, né en 1859.

Les Mélasses et l'Alimentation des Animaux, par A. Adrian, Sous-Intendant militaire. (Extrait de la *Revue de l'Intendance*) S. L. N. D. (*Paris, vers* 1903).

Broch. in-8° carré de 32 p.

Après diverses considérations sur la production, l'emploi et le régime de la mélasse, l'auteur étudie son rôle alimentaire pour les bestiaux et le cheval de guerre, ainsi que la composition des fourrages mélassiques.

L'Ajonc et la Mélasse, par M. Adrian, Sous-Intendant militaire. (Extrait de la *Revue du Service de l'Intendance*). *Paris et Limoges, Henri Charles-Lavauzelle,* S. D. (1904).

Broch. in-8° de 30 p.

L'opuscule contient une étude sur l'emploi de l'ajonc mélassé pour l'alimentation du cheval de guerre.

AERTS (Hubert-Jean-Théodore).

Vétérinaire inspecteur de l'armée belge, 1825-1907.

Précis des connaissances exigées des Officiers sortant des cadres et des sous-officiers de l'artillerie par les programmes d'examen de 1870. — Du Cheval de guerre et des soins qu'il réclame. — Cours rédigé par H. J. T. Aerts, Vétérinaire de 1re classe au 4e régiment d'artillerie. *Bruxelles, A. Lefèvre*, 1877.

1 vol. in 8° de VIII-342 p. avec 1 pl.
Ouvrage clair, assez complet et divisé avec méthode.

AGNEL DE BOURBON D'ACIGNÉ (Pierre-Gaston D').

Officier des Haras français, né en 1860, diplômé en 1883, directeur de 3e cl. en 1900 et de 1re cl. en 1911.

Rapport sur l'Exposition internationale hippique de 1900, par M d'Agnel de Bourbon, Directeur du Dépôt d'Étalons de Compiègne, Secrétaire général de l'Exposition hippique — (Extrait du *Bulletin du Ministère de l'Agriculture*, 1901, n° 3) — *Paris, Imp. Nationale*, 1901.

Broch. gr. in-8° de 24 p.

AIDE-MÉMOIRE DU SAPEUR DE CAVALERIE.

Aide-Mémoire du Sapeur de Cavalerie — Instruction ministérielle du 15 mars 1888 — *Paris et Limoges, Henri Charles-Lavauzelle*, S. D.

1 vol. in-32 de 240 p. avec 128 fig. d. l. t.

AIDE-MÉMOIRE POUR LES OFFICIERS D'ARTILLERIE SUISSE.

Cet Aide-Mémoire se compose de 15 volumes in-16 que ses auteurs ont qualifiés de chapitres. Il est cité ici pour le t. VIII qui contient un cours complet d'hippologie, rédigé d'abord par le Colonel fédéral H. Wehrli, puis, pour la 2e édon, par le Colonel Wirz. Pour le détail de l'ouvrage, voyez ces noms.

AIGLUN, voy. ROCHAS D'AIGLUN (DE).

ALASONIÈRE ou **ALASAUNIÈRE** (Louis) (1).

Vétérinaire français, 1814-1896.

Incorporé au 5e Hussards comme jeune soldat en 1836 et autorisé à terminer ses cours à Alfort. A sa sortie de l'Ecole, resta au 5e Hussards comme aide vétérinaire ; nommé en 1838 vétérinaire en second au Train des Equipages, se fit remplacer en 1839 et passa ensuite dans l'administration des Haras.

Mémoire sur les tumeurs osseuses des jarrets du Cheval (éparvins, courbes et jardons) par L. Alasaunière, Médecin-Vétérinaire, attaché au Dépôt impérial d'Étalons de Napoléon-Vendée. Extrait de l'*Annuaire de la Société d'Emulation de la Vendée. Napoléon-Vendée, J. Sory*, 1857.

Broch. in-8° de 16 p.

A signaler que l'auteur pense que les tares du jarret attaquent de préférence les chevaux de races croisées sans discernement, « parce que la densité des
« os du jarret n'est pas en rapport avec
« le tempérament, et qu'ils ne peuvent
« supporter qu'avec peine les efforts dus
« à une énergique puissance donnée par
« un des parents ».

Nouvelle méthode de ferrer les Chevaux pour prévenir l'encastelure et les autres maladies de leurs pieds, en ajoutant au fer ordinaire le Frog-Stay (Arrête-Fourchette) inventé par L. Alasonière, Vétérinaire de 1re classe des Haras Impériaux attaché au Dépôt Impérial d'Étalons de Napoléon-Vendée, ancien Vétérinaire militaire. *Napoléon, Imp. Vve Ivonnet*, 1865.

1 vol. in-8° de VIII-87 p. avec 1 pl. se dépliant représentant l'appareil inventé par l'auteur.

Amélioration de l'Espèce chevaline par des accouplements raisonnés. Ouvrage honoré d'une médaille d'argent par la Société Nationale et Centrale d'Agriculture de France ; par L. Alasonière, Médecin-Vétérinaire à La Roche-sur-Yon (Vendée), ancien Vétérinaire militaire

---

(1) Alasonière. d'après le titre de ses derniers ouvrages ; Alasaunière, d'après les contrôles des corps où il a servi et le titre de son premier ouvrage.

et des Haras, retraité. *Paris, Baillière*, 1884.

1 vol. in-8° de 126 p.

Les accouplements dans l'Espèce chevaline par L. Alasonière, ancien Vétérinaire militaire et des Haras, retraité. *La Roche-sur-Yon, Imp. Servant*, 1890.

Broch. in-8° de 19 p.

ALBERT (A.-F.-M.), voy. HISTORIQUE des Carabiniers.

ALBERT (Louis-C.).

La Science des Courses ou le Moyen de gagner à la Cote et au Pari Mutuel en limitant ses risques sans nuire aux bénéfices. — Prix : 50 cent. — *Paris, Imp. Lobert et Person, S. D.* (1890).

Broch. in-16 de 13 p. L'auteur signe l'Avis au Lecteur.

ALBERT (Maurice).

Docteur ès lettres, professeur au Lycée Condorcet, ainsi qu'aux Ecoles de St-Cyr et Polytechnique, né en 1854.

Le Culte de Castor et Pollux en Italie. — Thèse pour le Doctorat ès lettres présentée à la Faculté de Paris par Maurice Albert, ancien Elève de l'Ecole normale supérieure, ancien Membre de l'Ecole française de Rome. *Paris, Ernest Thorin*, 1883.

1 vol. gr. in-8° de VIII-172 p. avec 3 fig. d. l. t. et 3 pl. h. t. gravées par Emile Sulpis et contenant 8 fig. Dédicace de l'auteur à sa mère.

Le même ouvrage est reproduit au fascicule 31° de la *Bib. des Ecoles française d'Athèn's et de Rome* avec un titre nouveau et abrégé, mais c'est la même éd°ⁿ.

On sait que Castor et Pollux — les Dioscures — étaient des dieux cavaliers, protecteurs, dans les combats, de l'armée et particulièrement de la cavalerie romaine. En Grèce, ils avaient une réputation particulière comme cavaliers et conducteurs de chars.

Voy. sur le même sujet, Grégoire (H.), *Saints jumeaux et Dieux cavaliers* (2ᵉ partie).

ALBERTI (Léon-Baptiste).

Littérateur, peintre et célèbre architecte, 1398 (ou 1404)-1484.

Il appartenait à une illustre famille de Florence et orna de ses monuments, Florence, Rome, Mantoue, Rimini. Il a publié des ouvrages sur la peinture, l'architecture, la philosophie, et diverses dissertations sur des sujets variés, quelquefois facétieux, comme son *Traité* sur la vie et les mœurs de son chien.

Leonis Baptistæ Alberti viri doctissimi de Equo animante : ad Léonellum Ferrariensem principem libellus. Michaelis Martini Stellæ cura ac studio invētus & nunc demum per eumdem in lucem editus. *Basileæ*, 1556.

Broch. pet. in-8° de 40 p., sans nom d'imprimeur. Dédicace de Michel Martin Stella (1) à Arnold Arlenius et Nicolas Stopius, ses savants amis.

Petit ouvrage rarissime qui traite de l'extérieur du cheval et de la beauté de chacune de ses parties, de sa croissance, de la connaissance de l'âge, de l'embouchure, du dressage, des soins, des signes auxquels on reconnaît les maladies, etc.

La douceur et les bons traitements y sont constamment recommandés, et l'auteur attribue la méchanceté et la rétivité aux brutalités de l'homme. Ces principes n'étaient pas communs au XVIᵉ siècle et surtout en Italie.

ALBIGNY (G. D').

Les paris aux Courses. Manuel des meilleurs systèmes pour le Jeu aux Courses, par G. d'Albigny. *Paris, Lib. des Mathurins*, 1902.

1 vol. in-16 de 144 p. Vignette sur la couverture.

ALBIS (Fernand D').

Officier de cavalerie suisse. Né en 1848, lieutenant en 1871, capitaine en 1877, passé dans la landwehr en 1886.

La Remonte de la Cavalerie en Suisse, son passé, son présent et son avenir. — Etude critique par F. d'Albis, Capitaine, chef d'escadron au 2ᵉ régiment de dragons. *Lausanne, Imp. Lucien Vincent*, 1883.

Broch. in-8° de X-76 p.

Publication de la Société de cava-

---

(1) Quel était ce Michel Martin Stella ? Le père de Jean Stella, le plus anciennement connu de la famille des peintres de ce nom, s'appelait Martin Stella. S'appelait-il aussi Michel ? Est-ce le personnage qui a publié cet ouvrage ? Je n'ai pu le découvrir jusqu'ici. Voy., sur la famille Stella, *Bouzonnet-Stella* (Antoinette).

lerie de la Suisse occidentale. — L'Entraînement du Cheval de Cavalerie. Sa préparation en vue des courses, par F. d'Albis, Capitaine, chef d'escadron de Landwehr. *Lausanne, Imp. Lucien Vincent,* 1888.
Broch. in-8° de IV-34 p.

ALBUM DE LA SELLERIE FRANÇAISE.

Album de la Sellerie Française édité par le *Moniteur de la Sellerie Civile et Militaire, 10, Rue de Beaurepaire à Paris.* S. D. *ni nom d'imprimeur. (Paris, Imp. Roche,* 1900).

Album in-f° oblong de 92 belles pl. lith., dessinées par J. Blondeau.

L'ouvrage est divisé en 12 parties. La 1re contient le squelette du cheval, ses régions extérieures et leur dénomination, les soins hygiéniques et les articles d'infirmerie, les 2e et 3e les articles d'écurie, de dressage, de voltige et d'équitation, les 9 autres les brides, selles, harnais de toutes sortes qui ne sont pas représentés isolés mais toujours sur le dos d'un cheval Ces pl. sont soignées et les chevaux bien dessinés.

Pour le journal qui a publié cet ouvrage, voy. *Moniteur de la Sellerie.*

ALBUM ILLUSTRÉ.

Album illustré du Cortège historique organisé à Louvain à l'occasion du cinquantième Anniversaire de la Restauration de l'Université catholique 1834-1884, précédé d'une notice de l'histoire de l'Alma Mater. *Louvain, D. Aug. Peeters Ruelens,* 1886.

Album gr. in-f° obl. de XXI p. de texte encadré à 2 col. pour la liste des souscripteurs (avec 1 f¹ supplémentaire non chiffré), la préface et les détails de l'organisation, 23 p. pour l'histoire de l'Université de Louvain, l'itinéraire du cortège, la description des pl., avec 10 belles pl. en couleurs représentant des chars attelés et des cortèges de cavaliers. Le titre est entouré d'ornements et d'une grande vignette en or et en couleurs ; la couverture cartonnée (qui contient un titre un peu différent) est ornée d'écussons et d'ornements en couleurs rehaussés d'or.

ALBUM - SOUVENIR..., voy. CAVALCADES de Tournai.

ALDEGUIER (Epiphane-Paulin-Bazille-Flavien d').

Officier de cavalerie français. 1797-1859. Engagé volontaire au 3° Régiment des Gardes d'Honneur en 1813. Garde du Corps du Roi, rang de Lieutenant en 1814. Lieutenant aux Chasseurs de la Vendée en 1816, Capitaine aux Chasseurs de la Somme en 1822 puis aux Chasseurs de la Garde Royale en 1826, licencié et breveté Chef d'Escadrons en 1830. Retraité comme tel en 1845.

Livret de Commandemens dédié à tous les Officiers et Instructeurs de Cavalerie, renfermant tous les mouvements, expliqués ou ordonnés, dans l'Ordonnance du 6 décembre 1829. *Paris, Anselin,* 1830.

1 vol. in-8° de 270 p. sans nom d'auteur et sans planches.

Des remontes actuelles de la cavalerie relativement à l'Eléve des chevaux et à l'Agriculture, par M. Flavien d'Aldéguier, Officier supérieur de Cavalerie, Chevalier de plusieurs ordres, Membre résidant de la Société d'Agriculture et du Jockey's Club de Toulouse. *Toulouse, Jean-Mathieu Douladoure,* 1842.

Broch. in-8° de 46 p.

Des principes qui servent de base à l'Instruction et à la Tactique de la Cavalerie, précédés d'une revue historique des divers systèmes d'instruction et des Ordonnances de cette arme; suivis d'un Mémoire sur les remontes actuelles de la Cavalerie, relativement à l'élève des Chevaux et à l'Agriculture ; avec lettres ornées et illustrations ; par M. Flavien d'Aldéguier, Officier supérieur de Cavalerie, Chevalier de plusieurs ordres, ancien Capitaine-instructeur à l'école de Saumur, attaché à la Commission de cavalerie de 1825 à 1829, Auteur du livret de commandemens pour l'ordonnance du 6 décembre 1829. *Toulouse, Paya,* 1843.

1 vol. gr. in-8° de 562 p. Dédicace « à la mémoire du Lieutenant-Général, « Pair de France, comte de la Ferrière, « organisateur de l'Ecole de Cavalerie de « Saumur, en 1815 », dont le portrait se trouve en tête du volume. Chacune des

parties de l'ouvrage porte une dédicace spéciale : au Lieut^{nt} Général Vte de Préval — au Lieut^{nt} Général Vte Cavaignac — au Lieut^{nt} Général Bon de Marbot — au fils du Lieut^{nt} Général Cte Gentil St-Alphonse — au Maréchal de Camp duc de Périgord — au Lieut^{nt} Général Mis Oudinot — au Lieut^{nt} Général Vte Wathiez — au Lieut^{nt} Général Cte Dejean — au fils du Général en chef de Richepance — au Lieut^{nt} Général Vte Bonnemains — aux hommes d'élite de la Cavalerie.

A la fin, l'auteur a reproduit sa brochure sur les remontes, décrite plus haut, qui avait d'abord été lue, discutée et approuvée, en mai 1842, à la Société royale d'Agriculture de Toulouse.

D'Aldéguier avait été l'un des rédacteurs de l'Ordonnance de 1829. Son livre n'en est, en partie, qu'une longue paraphrase. Mais il rapporte et discute les modifications — qui n'étaient pas toujours des simplifications — que plusieurs personnalités éminentes de la Cavalerie avaient demandé à apporter à ce règlement, et, sous ce rapport, son travail n'est pas sans intérêt. De plus, la *Revue historique*, dans laquelle il expose la genèse de la tactique et des règlements de cavalerie depuis leur origine, témoigne d'une véritable érudition et contient une source de renseignements qui peut être utilement consultée.

D'Aldéguier a écrit aussi une Etude historique sur le Général du Génie Caffarelli du Falga.

ALDROVANDE ou ALDROVANDUS (Ulysse).

Célèbre naturaliste italien, 1522-1607.
Il obtint en 1553 le titre de docteur en médecine et, en 1560, il fut nommé professeur d'histoire naturelle à Bologne, sa ville natale. 12 vol. de ses œuvres sont consacrés à la zoologie et les 4 premiers seuls ont été publiés de son vivant. Corneille Uterveer, natif de Delft et successeur d'Aldrovande, rédigea le volume des solidipèdes, celui des poissons et celui des cétacés.

Les dessins originaux des fig. d'animaux, grossièrement reproduits sur bois dans ses ouvrages, forment 20 vol. in-f° conservés à l'Institut de Bologne ; ils avaient été transportés en France pendant la Révolution et furent restitués en 1815.

Je ne m'occuperai ici que du volume des œuvres d'Aldrovande qui traite des équidés.

Ulyssis Aldrovandi Patricii Bononiensis de Qvadrupedibvs solidipedibvs (1) Volvmen integrvm Ioannes Cornelivs, Vterverivs in Gymnasio Bononiensi Simplicivm medicamentor^m Professor collegit & recensuit. Hieronymvs Tambvrinvs in lucem edidit. Ad Illustrissimvm et Reverendissimvm D. D. Carolvm Madrvccivm S. R. E. Cardinalem Amplissimvm Tridentiq. Episcopvm et Principem. Cum Indice copiosissimo. Svperiorvm permissv. Cvm Privilegio S. Cæs. Maiest. *Bononiæ, apud Victorium Benatium,* 1616.

1 vol. in f° de 4 f^{ts} pour le titre, la dédicace de Jérôme Tamburini au Cardinal Madrucci, l'approbation et le privilège, la lettre de Corneille Uterveer « Lectori benevolo », deux petites pièces de vers à la louange de l'auteur par le Cardinal Barberini, l'une en grec et l'autre en latin, 495 p. de texte, 16 f^{ts} non ch. à 2 col. pour l'index et l'errata et 1 f^t pour le *Registrum* et la marque de l'imprimeur, avec la souscription : *Bononiæ, Typis Victorii Benatii Impressoris Cameralis, Svperiorum permissu.* 1616. Sumptibus Hieronymi Tamburini.

Le titre, formant frontispice et entièrement gravé, est entouré d'une élégante décoration architecturale avec, en haut, un cartouche où se trouvent les armes du Cardinal Madrucci et un autre, en bas, où sont représentés une licorne, un cheval, un âne, un mulet, un zèbre et un éléphant ; ce titre est dessiné et gravé par Jean-Baptiste Coriolan.

Il y a 13 figures intercalées d. l. t. assez grossièrement gravées sur bois dont l'une représente un « onocentaure » : le cheval n'a pas de membres antérieurs et le buste du centaure a les bras croisés, de sorte que le tout repose seulement sur les membres postérieurs Une fig. représente un cheval, une autre un zèbre ; 5 représentent des monstres : cheval à tête de femme, cheval à pieds humains, cheval à 3 jambes, etc. Ces bizarres fig. ont été reproduites par Simon Winter (voy. ce nom) dans deux de ses ouvrages.

Mais, comme Aldrovande place l'éléphant et le rhinocéros parmi les *quadrupèdes solidipèdes*, ces animaux sont aussi représentés par des fig.

La même éd^{on} existe avec le même titre, mais à la date de 1617.

Vlyssis Aldrovandi Patricii Bono-

(1) Sur les mots *solidipède* et *solipède*, voy. Piètrement, *Les Chevaux dans les temps préhistoriques et historiques*, p. 1 à 4.

niensis de Qvadrvpedibvs Solidipedibvs Volvmen integrvm Ioannes Cornelivs Uterverivs in Gymnasio Bononiensi Simplicium Medicamentor ^m Professor collegit & recensuit. Marcvs Antonivs Bernia in lucem restitvit Eminentiss ^{mo} et Rev ^{mo} Principi D. Ivlio Saccheti S. R. E. Presbytero Cardinali Tit. S. Svsannæ Ferriaræ antea nunc vero Bononiæ Pontificio de Latere Legato. Cum Indice copiosissimo. Svperiorvm permissv. Cvm Privilegio S. Cæs. Maiestatis. *Bononiæ apud Nicolaū Tebaldinum,* 1639.

1 vol. in-f° de 3 f^{ts} pour le titre, la dédicace de Marc Antoine Berna au Cardinal Sacchetti, les 2 pièces de vers en grec et en latin signalées ci-dessus et 495 p. plus 16 f^{ts} non ch. pour l'index et la souscription : *Bononiæ, Typis Nicolai Tebaldini,* 1639.

Les fig. sont semblables à celles de l'éd^{on} précédente et aux mêmes p. La faute d'impression de la p. 129, chiffrée par erreur 131 dans la 1re éd^{on}, est corrigée dans celle-ci Le titre est semblable jusqu'aux mots « collegit et recensuit », à partir desquels la pl. a été grattée et le titre modifié ainsi qu'on vient de le voir. Cette partie modifiée est imprimée.

Même ouvrage, même titre, avec le même millésime, quoique l'éd^{on} soit postérieure de 9 ans.

1 vol. in-f° semblable au précédent.

Il comprend le même nombre de pages qui commencent et finissent aux mêmes mots, ainsi que les mêmes fig., mais c'est cependant une éd^{on} différente et postérieure pour laquelle on a seulement utilisé la pl. du titre sans y rien changer, même le millésime. Les caractères ne sont pas semblables et à la fin se trouve cette souscription :

Bononiæ, 1648. Typis Io, Baptistæ Ferronii Superiorum Permissu Sumptibus Marci Antonii Berniæ.

Dans cette éd^{on}, l'index ne comprend que 12 f^{ts} au lieu de 16.

Ainsi qu'on vient de le voir, ces 3 éd^{ons} imprimées à Bologne sont presque semblables, mais il y en a une autre, imprimée à Francfort et très différente ; pour cette cause, je ne l'ai pas placée à son ordre chronologique. En voici la description :

Ulyssis Aldrovandi Patricii Bononiensis de Qvadrvpedibvs Solidipedibvs Volumen Integrum. Joannes Cornelivs Vterverivs in Gymnasio Bononiensi Simplicium Medicamentorum Professor collegit & recensuit, Hieron. Tambvrinvs in lucem edidit, cum Indice copiosissimo, Cum Gratia et Privil. S. Cæs. Maj. *Francofvrti, Typis Ioan. Hoferi, impensis Ioannis Treudel,* Anno 1623.

1 vol. in-f° de 4 f^{ts} pour le titre, qui est imprimé dans un entourage gravé sur bois et représentant des animaux divers, la dédicace de Jerome Tamburini au cardinal Madrucci, l'approbation, le privilège et une lettre au lecteur, non signée, mais qui est ou de Jean Treudel ou de Jean Hofer, datée de Francfort, sept. 1622, 234 p. de texte à 2 col., la dernière non chiffrée et l'avant-dernière chiffrée par erreur 223 (1) et 8 f^{ts} pour l'index à 3 colonnes. latin et grec.

Une note, au bas de la Lettre au Lecteur, nous avertit que les fig. d'animaux qui devraient se trouver à leur place au cours de l'ouvrage (on a vu plus haut qu'elles sont dans le t. dans les éd^{ons} de Bologne) ont été omises à cause de la hâte avec laquelle on a exécuté l'impression du livre et rejetées à la fin de l'ouvrage.

Il y a en effet, entre la dernière p. du texte et l'index, 2 pl. hors t. qui contiennent une copie un peu réduite des fig. des éd^{ons} de Bologne, chaque fig. numérotée et avec un titre, tandis que dans les éd^{ons} de Bologne, il faut se reporter au texte pour en avoir l'explication.

L'ouvrage est presque entièrement consacré au cheval, à l'âne et au mulet. L'éléphant et le rhinocéros qu'Aldrovande, ainsi qu'on l'a vu plus haut, classe aussi parmi les quadrupèdes solidipèdes, n'occupent que la fin.

L'auteur a traité la question chevaline avec les détails les plus curieux ; il examine les espèces, les lieux d'origine, les mœurs, les facultés intellectuelles, la génération, les allures, l'alimentation, le dressage, l'embouchure, le harnachement, l'histoire, les maladies, les opérations, la mythologie, les fables, les proverbes, l'usage alimentaire du lait de la jument et de la chair du cheval, l'emploi du cheval à la guerre, à la chasse, en route, sa représentation artistique, son usage dans les jeux et pour les transports, l'équitation, etc., etc.

(1) Il y a d'ailleurs d'autres fautes de pagination au courant du livre.

Des détails analogues sont donnés pour l'âne, pour l'onagre et le mulet. Il place le zèbre entre l'hippopotame (qu'il appelle *Asinus cornutus*) et l'éléphant.

Enfin, dans une sorte de supplément, qu'il intitule *Paralipomènes*, il revient sur les centaures et les chevaux d'Espagne.

On peut dire que l'ouvrage du savant naturaliste contient tout ce qu'on connaissait de son temps — et même ce qu'on inventait — sur le cheval, l'âne et le mulet.

ALEKAN (Armand-Maurice).

Chef du Laboratoire des recherches à la Compagnie générale des Voitures à Paris.

Exposition universelle de 1900 à Paris — Classe 35 — Matériel et Procédés des Exploitations rurales — Système d'Alimentation de la Cavalerie de la Compagnie générale des Voitures à Paris. *Paris, Imp. Maulde*, 1900.

Broch. in-18 de 18 p., signée à la fin. Pour un ouvrage en collaboration, voy. Grandeau (L.)

ALÈS, vicomte DE CORBET (Pierre-Alexandre D').

Ancien officier, archéologue, héraldiste et économiste français, né en 1715, mort vers 1770.

Servit à 18 ans aux mousquetaires, passa ensuite dans un régiment de la Marine où il resta jusqu'en 1741, époque à laquelle ses infirmités l'obligèrent à demander sa retraite.

Recherches historiques sur l'ancienne Gendarmerie Française : par M***, Académicien honoraire de l'Académie des Sciences, Belles-Lettres d'Angers, où elles ont été lues dans des séances publiques. *Avignon, Alexandre Girard*, 1759.

1 vol. in-12 de 134 p.

C'est principalement une réfutation de certaines assertions du Président Hénault, au sujet des preuves de noblesse exigées des gentilshommes servant dans la Gendarmerie, mais il y a aussi des détails sur l'organisation, le recrutement et les prouesses de cette belle cavalerie.

Le nom de l'auteur ne figure pas au titre, mais l'attribution est certaine.

ALESSANDRI (A.) et ANDRÉ (Emile).

L'escrime du sabre à cheval, par A. Alessandri, ancien maître d'armes de la garde républicaine et par Emile André, auteur du *Jeu de l'épée* (en collaboration avec Jacob) et du *Manuel d'escrime* (fleuret, épée, sabre). Ouvrage contenant deux chapitres sur le sabre opposé à la lance et à la baïonnette. *Paris, Flammarion*, S. D. (vers 1897).

Broch. in-8º carré de 70 p. avec 15 fig. d. l. t., une sur le titre et une à la fin.

Voy. André (Emile) pour un autre ouvrage.

ALEXANDRE.

Lettre à Messieurs les Membres du Conseil général des Ardennes. *Mézières, Imp. Lelaurin-Martinet*, S. D. (1850).

Broch. in-8º de 24 p., signée : Alexandre.

Un membre du Conseil général avait proposé de placer les étalons départementaux au dépôt d'étalons de l'État à Braisnes. L'auteur combat ce projet.

ALEXANDRE (Ad.), voy. QUERRET (H.).

ALHOY (Philadelphe-Maurice).

Littérateur français, né et mort à Paris, 1802-1856.

Le Chapitre des Accidents, par Maurice Alhoy. Illustré d'après les dessins de Victor Adam. *Paris, chez tous les libraires, en France et à l'Etranger*, S. D. (1843).

1 vol. in-8º oblong de 99 p. Vignette sur le titre et 24 pl. h. t. lith. à 2 teintes, par Victor Adam (voy. ce nom).

La moitié des accidents et les pl. qui s'y rapportent concernent les chevaux.

ALIMENTATION DES ANIMAUX PAR LE SUCRE, voy. MELASSE SAY.

ALIMENTATION (L') RATIONNELLE.

L'alimentation rationnelle du Cheval de troupe, par E. M. *Paris, J. Dumaine*, 1881.

Broch. in-8º de 11 p. Extrait du *Journal des Sciences Militaires*.

L'auteur, s'appuyant sur les expériences des compagnies industrielles, demande le remplacement des denrées

ALIX (Eugène).

Vétérinaire militaire français, né en 1855, diplômé d'Alfort en 1878, aide-vétérinaire en 1879, vétérinaire-major en 1902.

Publication de la Réunion des Officiers — Notice sur les principaux Animaux domestiques du Littoral et du Sud de la Tunisie, par M. E. Alix, Vétérinaire militaire détaché du 30e . Régnt d'Artillerie pour faire le service de la place de Sfax (Tunisie). Ouvrage récompensé d'une lettre de félicitations du Ministre de la Guerre. *Paris, L. Baudoin*, 1883.

Broch. in-16 de 63 p.
Le cheval, l'âne et le mulet occupent les 35 premières p.

Le Cheval — Extérieur : Régions, Pied, Proportions, Aplombs, Allures, Age, Aptitudes, Robes, Tares, Vices, Vente et Achat, Examen des Œuvres d'Art équestre, etc. — Structure et Fonctions : Situation, Rapports, Structure anatomique et Rôle physiologique de chaque Organe — Races : Origine, Divisions, Caractères, Production et Amélioration — XVI Planches coloriées, découpées et superposées — Texte par Eugène Alix, Vétérinaire militaire, Lauréat du Ministère de la Guerre (Médaille d'Or) — Dessins d'après nature par Edouard Cuyer (1), Peintre, Prosecteur d'Anatomie à l'Ecole nationale des Beaux-Arts de Paris, Professeur d'Anatomie à l'Ecole des Beaux-Arts de Rouen. *Paris, J.-B. Baillère et fils*, 1886.

1 vol. gr. in-8° de xxiv-703 p., avec 172 fig. d. l. t., et 1 atlas du même format de 48 p. de t., suivi des 16 pl. découpées et coloriées annoncées au titre.
Ouvrage important, bien documenté et bien illustré.

(1) Voy. ce nom pour un autre ouvrage hippique.

L'Esprit de nos Bêtes, par E. Alix, Vétérinaire militaire, Membre de la Société centrale de Médecine vétérinaire, Lauréat du Ministère de la Guerre (Médaille d'Or) et de la Société protectrice des Animaux, etc. — *Paris, J.-B. Baillière et fils*, 1890.

1 vol. gr. in-8° de viii-656 p. avec 121 fig. d. l. t.
Cet ouvrage ne se rapporte qu'incidemment au cheval, à l'âne et au mulet; il contient cependant de nombreux passages sur l'instinct et l'intelligence de ces animaux.

ALKEN (Henry).

Peintre, dessinateur et graveur sportif anglais, 1784-1851.
Il était élève de son père, lequel, d'origine danoise, mais depuis longtemps établi en Angleterre, était lui-même peintre sportif. Henry Alken fut, dit-on, employé, puis entraîneur dans les écuries du duc de Beaufort (1). Quoi qu'il en soit, il fut dès sa jeunesse passionné pour la chasse à courre ; ce qui explique le naturel et la sincérité de ses dessins de sport. Il ne faisait qu'y reproduire des souvenirs vécus.

Il débuta par la miniature, mais s'adonna bientôt exclusivement à la représentation du cheval et des scènes de sport, principalement de la chasse à courre. Il signa d'abord ses œuvres du pseudonyme de Ben Tally O (ou Ben Tallyho). La première œuvre signée de son nom est l'album intitulé *The Beauties & Defects in the Figure of the Horse*, London, S. & J. Fuller, S. D. (1816). Album in-4° de 10 fts de texte et 18 pl. dessinées, gravées et coloriées par lui. Titre gravé et orné de jolis petits sujets hippiques. Ces 18 pl. contiennent de nombreuses fig.

Cette belle et rare publication nous montre Alken en pleine possession de son talent : ses chevaux sont admirablement dessinés.

En 1821, il publia *The national Sports of Great Britain*, London, Thomas Mc Lean, 1821. Ce titre est, au verso, traduit en français : *Chasse et Amusemens nationaux de la Grande-Bretagne*, par H. Alken, avec des descriptions en An-

(1) Il s'agit d'Henry Somerset, 7e Duc de Beaufort, 1792-1853. Il fut officier au 10e hussards anglais en 1810 et aide de camp de Wellington en Espagne où il fut fait prisonnier par un parti de l'armée de Soult. Il fut plus tard pair d'Angleterre et fut particulièrement célèbre comme sportsman et chasseur.

glais et en Français. L'album contient un texte explicatif Anglais-Français, et 50 pl. in-f° coloriées, dont 18 concernent les sports hippiques.

Alken a illustré presque tous les ouvrages sportifs publiés en Angleterre entre 1816 et 1830, ainsi qu'une éd°ⁿ de Don Quichotte.

Mais il s'est surtout adonné à la caricature et à la représentation humoristique de scènes hippiques ; entre 1821 et 1830, il a publié de nombreux recueils, albums, séries de pièces qui représentent, pour la plupart, des accidents d'équitation, de voitures et de chasses à courre : *Spécimens humoristiques d'Equitation — Accidents d'Equitation — Albums de Croquis* (2 ou 3) *— Les sept âges du Cheval —* etc., etc. Sa série intitulée *Ideas*, qui est, je crois, une des dernières, est particulièrement réussie.

Toutes ces suites, gravées à la manière du crayon et quelques-unes lithographiées, sont presque toutes coloriées et généralement du format in-4°, quelques-unes in-f°. Elles sont toujours recherchées des amateurs et avec raison, car elles ne se rencontrent pas facilement, surtout complètes, et elles sont spirituelles et agréables à regarder.

Les chevaux d'Alken sont remarquablement bien dessinés. Sauf pour ceux de ses premiers débuts, leur anatomie est irréprochable, leurs mouvements bien saisis, leur aspect élégant. Quant à ses cavaliers, certaines scènes d'accidents ressemblent à de la photographie instantanée, tant c'est pris sur le vif. On ne saurait rendre avec plus de fidélité et d'humour les comiques déplacements d'assiette de ses personnages, quand ils sont surpris par un brusque écart ou un arrêt subit de leurs montures.

L'un de ses fils, Henry-Gordon Alken, était aussi dessinateur de chevaux. Il avait remarquablement réussi à imiter la manière de son père. La similitude de leur prénom a facilité la confusion entre les œuvres du père et celles du fils et, dit un de ses biographes, « chacun s'y « trompe, même les imprimeurs et les « connaisseurs ».

ALL RIGHT.

Les Coulisses du Paris Mutuel, par All Right. Illustrations par H. Choubrac — Société des Steeple-Chases de France — Champ de Courses d'Auteuil — *Paris, Imp. Chaix,* 1891.

1 vol. in-8° carré de 181 p. Couverture illustrée en couleurs et nombreux dessins d. l. t.

ALLAMAND (Ch.).
Officier de cavalerie suisse.

L'Equitation et le Dressage à la portée de tous les Cavaliers, par Ch. Allamand, 1ᵉʳ Lieut. de Cavalerie. *Fribourg, Imp. Delaspre et fils,* S. D. (1906).

1 vol. in-8° de 144 p. Couverture cartonnée aux couleurs de la cavalerie suisse.

ALLARD (Nelzir).
Général de division (génie) et homme politique français, 1798-1877.

Elève de l'Ecole polytechnique en 1815, sous-lieutᵐ du génie en 1817, capitaine en 1825, il participa activement aux préparatifs de l'expédition d'Alger et à la prise de cette ville en 1830. Il fut nommé maître des requêtes en 1839, chef de bataillon en 1840, colonel en 1847, général de brigade en 1851 et de division en 1857.

Successivement, de 1840 à 1851, il fut directeur adjoint, puis directeur des fortifications à Paris et à Nantes, membre du Comité des fortifications en 1851, Conseiller d'Etat en 1852 et président de la Section de la Marine et de la Guerre au Conseil d'Etat en 1857. Il passa au cadre de réserve en 1863.

Député des Deux-Sèvres de 1837 à 1848, il fut de nouveau élu dans ce département en 1876. Il avait pris, sous le gouvernement de Juillet, une part importante aux discussions concernant les travaux publics civils et militaires.

Institutions militaires et situation du Casernement en France — De la mortalité des Chevaux de l'Armée ; par le Capitaine du génie Allard, Maître des Requêtes, Député — Extrait du *Spectateur Militaire* — *Paris, Imp. Bourgogne et Martinet,* 1840.

Broch. in-8° de 36 p.

Travail très étudié et intéressant sur la situation du casernement à cette époque, particulièrement sur celui des chevaux, et sur les causes de la mortalité qui les décimait.

L'espace occupé par chaque cheval n'était alors que de 1 m. 10 c. On proposait de le porter à 1 m. 50 et il paraît singulier que le capᵉ Allard, effrayé par la dépense, et quoiqu'il ait judicieusement exposé les inconvénients de la situation, n'ait voulu le porter qu'à 1 m. 33, ce qu'il déclarait suffisant. On ne l'a heureusement pas écouté et l'espace de 1 m 50, d'ailleurs réduit à 1 m. 45 par l'épaisseur du bat-flancs, fut alors adopté et n'a pas varié depuis.

ALLIBERT (J.).
Vétérinaire français, 1814-1866.

Recherches expérimentales sur l'Alimentation et la Respiration des Animaux, par J. Allibert, Vétérinaire, Professeur de Zootechnie à l'Ecole impériale d'agriculture de Grignon. *Paris, Auguste Goin,* 1855.

Broch. in-8° de 48 p. avec 1 tableau se dépliant.

Alimentation des Animaux domestiques — Art de formuler des Rations équivalentes par J. Allibert, Vét., Professeur à l'Ecole impériale d'Agriculture de Grignon. *Chez l'Auteur à Grignon-en-Thierval (Seine-et-Oise),* 1862.

1 vol. in-8° de 123 p.

L'alimentation du cheval occupe une place importante dans l'ouvrage.

ALMANACH DE LA FRANCE HIPPIQUE, voy. ANNUAIRE de la France Hippique.

ALMANACH DES FOIRES CHEVALINES.

Almanach des Foires chevalines, indiquant l'époque, la composition des Foires et Marchés par départements et par races de chevaux, publié par Charles du Haÿs (1) — Prix : 50 centimes — (Ici, l'année.) *Paris, au Dépôt central des Almanachs publiés à Paris, Lib. Plon-Nourrit.*

1 vol. in-16 de 4 f¹ˢ non ch. pour le titre et le calendrier et 110 p. environ, qui parait depuis 1890 et dont la publication continue chaque année. Vignettes de Crafty (voy. ce nom).

En tête du texte, se trouve le titre suivant : *Guide Almanach du Marchand de Chevaux et du Consommateur.*

Cet almanach, primitivement rédigé et publié par du Haÿs, a conservé son nom, quoiqu'il soit mort en 1898.

ALMANACH DES SPORTS.

Almanach des Sports. Publié sous la direction de M. Maurice Leudet. *Paris, Ollendorf,* 1899.

(1 Voy. ce nom.

1 vol. in-12 carré de VIII-470 p., avec couverture illustrée et nombreuses illustrations.

Une partie de l'ouvrage est consacrée au cheval et aux courses.

La publication continue annuellement sous forme de volumes à peu près semblables au premier.

ALMANACH DU SPORT.

Almanach du Sport. Courses de Chevaux, Paris, Poules, Régates, Villégiature, etc., pour 1867. *Paris, Librairie centrale.*

1 vol. in-16 de 118 p. de texte, plus 10 p. d'annonces, avec, sur le titre, portrait de Ceylon, vainqueur du grand prix de Paris, vignettes et caricatures (de Cham, voy. ce nom) dans le t.

Listes de gagnants, engagements pour 1867 et 1868, naissances, — courses anglaises, article sur la Société hippique française qui « a inauguré les concours », etc.

1ʳᵉ année, seule parue, je crois.

ALMANACH ÉQUESTRE — ALMANACH DU CAVALIER.

Almanach Equestre ou Manuel des Hommes de Cheval, pouvant être très utile aux Officiers, Employés et Gagistes des Haras, aux Ecuyers, Piqueurs, Jokeys, Grooms et autres gens d'Ecurie, aux Maîtres de Poste et à leurs Postillons, aux Entrepreneurs de Voitures publiques, de Roulage, de Fiacres, de Remises et à leurs Cochers et Voituriers et enfin à tous les Propriétaires, Cultivateurs, Fermiers et Eleveurs de Chevaux. 1834. 1ʳᵉ Année — Prix : 0 fr. 50 — *Paris, Bureau du Journal des Haras et de l'Agronome, Rue de Choiseul, 2 bis.*

1 vol. in-16 de 7 fᵗˢ non ch. pour le calendrier, la nomenclature des membres de la famille royale, des maréchaux de France et des ministres et 140 p. de t. avec nombreuses fig. et vignettes.

L'ouvrage, imprimé en petits caractères, est très dense. Il contient une description des différentes races de chevaux, et traite de l'extérieur, de l'âge, de l'aménagement des écuries, de l'hygiène, des maladies et accidents, des haras, des courses, de l'équitation, etc. Il se termine par une liste des manèges et des marchands de chevaux de Paris.

Almanach du Cavalier, Manuel des Hommes de Cheval, pouvant être très utile (*etc., comme ci-dessus*) par A. de Rochau (1), Ancien Lieutenant-Colonel de Cavalerie, Fondateur du *Journal des Haras* 1835. — Deuxième année. *Paris, au Bureau du Journal des Haras et de l'Agronome, Rue de Choiseul, 2 bis.*

1 vol. in-16 carré de 128 p. à 2 col. avec nombreuses fig. et vignettes.

Le titre de cette 2ᵉ année diffère légèrement, comme on vient de le voir, de la 1ʳᵉ et' mentionne en plus le nom de l'auteur. Le format en est plus grand. Le livre contient des articles sur l'extérieur, l'élevage, l'alimentation, les courses, les haras, etc. Petit ouvrage très rare.

En 1836, il a été publié une 3ᵉ et dernière année, également in-16, mais mes recherches pour la rencontrer ont été jusqu'ici infructueuses.

ALMANACH GUIDE PRATIQUE DU COCHER.

Almanach Guide pratique du Cocher et du Propriétaire de Chevaux pour 1887 — 1ʳᵉ Année — Prix : 50 centimes — *Paris, E. Plon-Nourrit et Cⁱᵉ*.

Broch. in-8° carré de 96 p. à 2 col., les 12 dernières non ch. et contenant des annonces. Nombreuses illustrations d. l. t. par Bertall, Cham, Pranishnikoff, Crafty, etc.

Même ouvrage, même titre pour 1888 — 2ᵉ Année — *Même éditeur*. Broch. in-8° carré de 96 p. avec illustrations d. l. t.

ALMANACH ILLUSTRÉ DU SPORT.

Almanach illustré du Sport. Manies et travers du Monde équestre, Jockey-Club, Cavalier, Maquignon, Olympique, etc. Courses de Chevaux et Régates. Illustré par MM. Eug. Giraud, Charlet et Johannot — 1ʳᵉ Année, 1859 — *Paris, Pagnerre*.

1 vol in-18 de 180 p.

Petit ouvrage humoristique, rempli d'illustrations et de caricatures d. l. t., avec un frontispice d'Eug. Giraud représentant un cavalier et une amazone occupés à toute autre chose qu'à regarder devant eux et dont les chevaux s'arrêtent d'eux-mêmes sur le bord d'un précipice. Vignette sur le titre.

Seule année parue — du moins à ma connaissance. Petit ouvrage rare.

ALMANACH VÉTÉRINAIRE.

Almanach vétérinaire ou Abrégé de l'Histoire des progrès de la Médecine des Animaux, depuis l'établissement des Ecoles Royales vétérinaires — Année 1782 — *A Paris, chez la veuve Vallat-la-Chapelle*.

1 vol. pet. in-12 de XXIV-216 p., avec un calendrier pour l'année 1782.

L'ouvrage, publié sans nom d'auteur, est rédigé par Chabert, Flandrin et Huzard Le 2ᵉ vol. ne parut que 8 ans plus tard.

Almanach vétérinaire, contenant l'Histoire abrégée des progrès de la Médecine des Animaux depuis l'établissement des Ecoles vétérinaires en France. On y a joint la description & le traitement de plusieurs Maladies des Bestiaux, la notice de quelques ouvrages sur l'art vétérinaire, etc. *Nouvelle Edition*, revue, corrigée & considérablement augmentée, par MM. Chabert, Flandrin & Huzard — Années 1782-1798. *A Paris, chez la veuve Vallat-la-Chapelle*, 1790.

1 vol. in-8° de 410 p. (sans calendrier).

A partir de ce moment, l'ouvrage change de titre et est publié irrégulièrement sous celui de : *Instructions et Observations sur les Maladies des Animaux domestiques.....* Pour la description de cet ouvrage, voy. *Instructions et Observations...*

ALMANACH VÉTÉRINAIRE.

Almanach vétérinaire pour l'année 1896. Agriculture, Horticulture, Elevage, Chasse, Pêche, Vélocipédie, Sports divers, publié par S. Goulard, Vétérinaire à Fleury-sur-Andelle. *Fleury-sur-Andelle, Lib. Goulard*, 1896.

1 vol. in-18 de 180 p.

Je n'ai trouvé aucune trace d'une suite à cette publication.

ALQUIER (Jules) et DROUINEAU (Léon-Albert).

---

1) Voy. ce nom.

Bibliogr. hippique. T. 1. — 2.

Alquier, ingénieur chimiste à l'Institut agronomique et à la Cie G^{ale} des voitures à Paris.

Drouineau, médecin militaire français, né en 1870.

Glycogénie et Alimentation rationnelle au Sucre. Etude d'Hygiène alimentaire spéciale et de Rationnement du Bétail, par J. Alquier, Ingénieur agronome, Chimiste expert près les Tribunaux de la Seine, attaché au Laboratoire des recherches de la Compagnie générale des Voitures à Paris et A. Drouineau, Médecin-Major de 2e classe au 2e Escadron du Train des Equipages. *Paris et Nancy, Berger-Levrault,* 1905.

2 vol. gr. in-8° de ix-301 et 421 p. avec 16 fig. et graphiques au T. I et 14 au T. II.

L'ouvrage concerne en partie l'alimentation du cheval, principalement au T. II.

Le Sucre et l'Alimentation du Bétail, par J. Alquier, Ingénieur agronome... (etc., comme ci-dessus). *Paris, Asselin et Houzeau,* 1907.

1 vol. gr. in-8° de 90 p. avec 3 tableaux se dépliant. La couverture porte 1908.

L'ouvrage traite en partie de l'alimentation du cheval et, en particulier, de l'influence du sucre sur l'énergie du cheval et de l'application de ce principe aux raids.

A M. EPHREM HOUEL.

A M. Ephrem Houël, Inspecteur des Haras, auteur de l'*Histoire du Cheval chez tous les peuples de la Terre* : la Question chevaline ; par un Eleveur de la Côte. *Valognes. Imp. Vve Carette-Bondessein*, 1859, Broch. in-8° de 12 p. (vers).

AMAZONES (LES) DE PARIS.

Les Amazones de Paris. *Paris, E. Dentu,* S. D. (1866).

1 vol. in-12 de 307 p. Portrait photog. Suite d'anecdotes plus ou moins hippiques.

AMBERT (Joachim-Marie-Jean-Jacques-Alexandre-Jules, Baron).

Général de brigade français (cav^{ie}), 1804-1890.

Sous-lieutenant en 1824, Ambert fit partie de l'armée d'Espagne en 1825 et 1826, puis de celle du Nord en 1831 et 1832. Il donna sa démission comme capitaine en 1839, mais reprit bientôt du service où son grade à la Légion étrangère, passa ensuite au 9e Hussards, puis au corps de cavalerie indigène avec lequel il fit campagne en Algérie en 1841, 42 et 43. Il y fut blessé d'un coup de feu au bras. Après avoir commandé le 2e Dragons, il fut nommé général de brigade en 1857, passa dans le cadre de réserve en 1866 et prit ensuite sa retraite.

Membre de l'Assemblée nationale en 1848, il a, comme tel, exercé un commandement pendant les journées de Juin pour protéger la gare de l'Ouest et l'arrivée des gardes nationales de province. Il a été nommé Conseiller d'Etat en 1866 et maire du 8e Arrond^t de Paris en 1869.

En 1870, le Gal Ambert s'est mis à la disposition du ministre et il a reçu (6 sept. le commandement d'une « section » de Paris. C'était le 5e Secteur, celui des Ternes. Au commencement du siège, il prononça une allocution — tout au moins inutile — qui déplut à ses auditeurs et, sommé par un capitaine de la Garde nat^{le} de crier Vive la République, il s'y refusa, fut entraîné, frappé et menacé de mort par une foule furieuse. On réussit enfin à le faire entrer place Beauvau, dans le cabinet de Gambetta. Ses vêtements étaient en lambeaux et Gambetta dut lui prêter un paletot. Après avoir été conduit chez le Gal Trochu qui ne lui fut d'aucun secours, il erra toute la nuit et trouva enfin un asile. Naturellement les Gardes nationaux qui l'avaient à moitié assommé ne furent pas inquiétés, et il se consacra alors aux ambulances.

Au début de la Commune, il faillit être fusillé par les Gardes nationaux qui, comme on le voit, ne l'avaient pas oublié. Il rentra ensuite dans la retraite après avoir vainement offert ses services au gouvernement de Versailles. Sa biographie a été écrite par M. J. de la Faye : *Le Général Ambert, sa vie et ses œuvres ; Paris, Bloud et Barral,* S. D. (1892).

Le Gal Ambert fut un fécond écrivain ; il a principalement traité les questions militaires, mais il a aussi publié des ouvrages historiques, politiques, religieux, etc. Je citerai seulement les suivants qui concernent, en tout ou en partie, la cavalerie.

Esquisses historiques des différents Corps qui composent l'Ar-

française, par Joachim Ambert, Officier de Dragons, Membre de la Société de l'Histoire de France, dessiné par Charles Aubry (1), Professeur de Peinture à l'Ecole Royale de Cavalerie, Auteur de l'Equitation pittoresque. *A. Degouy, Editeur, F. Latrau, à Saumur*, 1835.

1 vol. gr. in-f° composé d'un titre frontispice entouré d'attributs et de personnages militaires, de 13 livraisons avec texte à 2 col. et pagination particulière pour chacune d'elles (soit en tout 120 p.) et de 13 belles pl. h. t. lith. comprenant un sujet principal entouré d'un encadrement de petits sujets qui s'y rapportent ; importantes vignettes, en-tête de chap. et culs de lampe. Dédicace de l'auteur à son père le Lieut' général B°n Ambert.

8 livraisons et 8 pl. concernent la cavalerie et les corps montés.

Peu d'années après la publication de cet ouvrage, 3 pl. y ont été ajoutées : *Train des Equipages — Garde municipale et Gendarmerie — Vétérans, Vivandières et Enfans de Troupe*. Ces 3 pl. sont, comme les premières, dessinées par Aubry, mais elles sont publiées par l'éditeur Gihaut, au lieu de Degouy ; elles portent à 16 le nombre de celles que doit contenir l'ouvrage complet et à 10 celles qui concernent les corps montés.

Esquisses historiques, psychologiques et critiques de l'Armée française, par Joachim Ambert ; Lithographies et Vignettes sur bois, de Ch. Aubry et de Karl Lœillot (1) — *Seconde Edition*, revue et augmentée par l'Auteur. *Saumur, A. Degouy*, 1837.

2 vol. in-8° de 356-7 p., avec 7 pl. h. t. au T. I ; 400 p. et 9 pl. au T. II.

Dans cette éd°n, outre la dédicace générale à son père, l'auteur a ajouté une dédicace particulière pour chaque notice. Les pl. sont une réduction faite par Lœillot d'après celles d'Aubry.

Esquisses historiques, psychologiques et critiques de l'Armée française, par Joachim Ambert — *Nouvelle Edition* revue et augmentée des articles publiés jusqu'à ce jour par l'Auteur dans les Journaux militaires et ornée de seize lithographies. *Bruxelles, J.-B. Petit*, 1840.

(1) Voy. ce nom pour la biographie de l'artiste et d'autres ouvrages.

1 vol. gr. in-8° de 602 p. à 2 col. avec les 16 lithog. d'Aubry, réduites.

Pour ces 3 éd°ns, il y a des exemplaires avec les pl. coloriées. Ceux in-f° dans ces conditions sont recherchés à cause des jolies pl. d'Aubry et sont assez rares.

Extrait du *Spectateur Militaire* — Considérations sur la position des Vétérinaires (Signé et daté à la fin :) *Tours*, Avril 1836. J. Ambert, lieutenant au 10° Dragons. *S. L. ni nom d'imprimeur (Paris* et probablement *Bourgogne et Martinet)*.

Broch. in-8° de 40 p.

Plaidoyer en faveur de l'amélioration de la situation morale et matérielle des Vétérinaires.

Mémoire sur l'Organisation régimentaire de la Cavalerie, par Joachim Ambert, Capitaine-Instructeur au 3° Dragons — Extrait du *Spectateur Militaire — Paris, A la Direction du Spectateur Militaire ; ibid., Anselin et G. Laguionie ; ibid., Leneveu*, 1839.

Broch. in-8° de 77 p. Dédicace au Lieut' Gal Vte de Latour-Maubourg.

2° Régiment de Dragons, 1851, voy. *Historique des Régiments de cavalerie*.

Soldat, par le Colonel Baron Joachim Ambert. Dédié à S. M. l'Empereur. *Paris, J. Corréard*, 1854.

1 vol. in-8° de 710 p.

C'est une suite d'articles ou de notices sur les sujets les plus variés. Quelques-uns concernent la cavalerie. La brochure sur le 2° Dragons s'y trouve en réimpression, mais sans fig.

Réponses aux attaques dirigées contre l'Arme de la Cavalerie par le Général B°n Ambert. *Paris, E. Dentu*, Mai 1863.

Broch. in-8° de 47 p.

Etudes tactiques pour l'Instruction dans les Camps — 1re Série — (1) Zorndorf (1758) Austerlitz (1805) suivie d'un aperçu des modifications que les inventions modernes peuvent apporter dans la Stratégie et la Tactique, par le Général Baron

(1) Seule parue.

Joachim Ambert. *Paris, Paul Dupont*, 1865.

1 vol. in-8° de 555 p. accompagné d'un Atlas in-f° contenant XXI cartes, par Allaire (1). Lieutenant d'Etat-Major. Dédicace à S. E. le Maréchal Cte Randon (2) Ministre de la Guerre.

La cavalerie occupe une place très importante dans cet ouvrage.

Cinq Epées — Bessières — Radetzky — de Gonneville (3) Dagobert et Dugommier — Lee — par le Général Ambert. *Tours, Alfred Mame*, 1882.

1 vol. in-8° de 215 p. avec 6 pl. à pleine p. et d'autres à mi p. Dédicace à sa cousine Mme la Ctesse de Belloy, née de Malartic.

Bessières, Radetzky et Gonneville appartenaient à la cavalerie.

De nouvelles éd^{ons} ont été publiées chez le même éditeur en 1884, 1894 et 1896, également in-8°, avec le même texte et les même pl., sans autre changement que de légères différences dans la pagination.

Les Généraux de la Révolution (1792-1804). Portraits militaires par le Général Ambert. *Paris, Bloud et Barral*, S. D.

1 vol. in-8° de 389 p. avec 15 portraits h. t. (posthume?).

Cinq de ces biographies concernent des généraux de cavalerie.

Outre ces ouvrages et tous ceux qui, n'ayant aucun rapport avec la cavalerie, ne sont pas cités ici, cet auteur a publié de nombreux articles dans les journaux spéciaux, notamment dans le *Spectateur Militaire*.

Le Gal Ambert fut un brave soldat et un brave homme, aimant l'armée et son pays. Mais il a trop abondamment et par conséquent trop hâtivement écrit. Ses ouvrages biographiques et historiques, insuffisamment étudiés, sont trop approximatifs. Ses ouvrages purement militaires : organisation, tactique, etc., sont sensiblement meilleurs, et quelques-uns nous montrent une fidèle image de l'armée et particulièrement de la cavalerie pendant le 2e tiers du XIXe siècle.

AMÉLIORATION DE L'ESPÈCE CHEVALINE.

Amélioration de l'Espèce chevaline. — Remonte de la Cavalerie belge au moyen du Cheval indigène. *Bruxelles, Imp. du Moniteur belge*, 1843.

Broch. in-8° de 16 p.

AMÉLIORATION DE L'ESPÈCE CHEVALINE.

Amélioration de l'espèce chevaline. — Règlements provinciaux. Surprimes nationales. Compte rendu de la Réunion tenue le 17 juin 1889 au Ministère de l'Agriculture, de l'Industrie et des Travaux publics. *Bruxelles, P. Weissenbruch*, 1889.

Broch. in-8° de 49 p.

AMI (L') DES CHEVAUX.

L'ami des chevaux, petit Manuel vétérinaire à l'usage des gens du monde ; ouvrage également utile aux fermiers, aux propriétaires, aux cultivateurs, aux personnes éloignées des villes ; dans lequel on traite de l'âge du cheval et de la manière de reconnaître cet âge ; de l'achat et des principales qualités des chevaux, suivant l'usage auquel on les destine ; de l'hygiène spéciale de ces animaux ; des maladies légères dont ils peuvent être atteints ; des premiers soins que réclament ces diverses affections, et de ce qu'il est important de connaître pour maintenir les chevaux dans un état parfait de santé, et diriger convenablement les personnes spécialement chargées de leur donner

---

(1) Allaire (Ernest-Alexis), officier d'Etat-major français, né en 1838, sous-lieut. en 1860 ; à la suppression du Corps d'Etat-Major, il est passé dans la cavalerie, a été nommé colonel en 1890, a commandé le 12e Hussards et le 20e Dragons et a été retraité en 1894.

(2) Randon (Jacques-Louis-César-Alexandre), maréchal de France, 1795-1871. S'engagea à 16 ans au 93e de ligne, fut nommé sous-lieut. sur le champ de bataille de la Moskowa, fit la campagne de 1813 comme aide de camp du Gal Marchand, son oncle, fut blessé à Lutzen et passa dans la cavalerie comme capitaine. Colonel du 2e Chasseurs d'Afrique en 1838, maréchal de camp en 1841, lieut.-général en 1847, maréchal de France en 1856. Il a été gouverneur de l'Algérie, de 1851 à 1858, y contribua puissamment à la pacification du pays et à sa colonisation, et fut ministre de la guerre du 24 Janvier au 21 Oct. 1851, et du 5 Mai 1859 au 19 Janvier 1867. Il a laissé des *Mémoires* publiés en 1875-77 chez Lahure en 2 vol. in-8°. M. A. Rastoul a publié sa biographie en 1890, chez Firmin-Didot, en 1 vol. in-12.

(3) Voy. ce nom pour ses *Mémoires*.

des soins. Par un Membre du Jockey's Club. *Paris, H. Cousin,* 1841.

1 vol. in-12 de 246 p. dont IX pour la préface. 1 pl. lithog. se dépliant.
Petit ouvrage contenant quelques conseils pratiques. Le Cte de Contades, qui le cite dans sa *Bibliographie sportive*, ajoute qu'il n'a pu en découvrir l'auteur.

A MM. LES MEMBRES DE LA CHAMBRE DES DEPUTES.

A Messieurs les Membres de la Chambre des Députés et du Conseil Général du Département de la Meurthe. *Saint-Nicolas, Imp. de P. Trenel,* 1844.

Broch. in-8° de 11 p. signée par 48 cultivateurs, éleveurs, conseillers municipaux, etc., de Rosières.
A ce moment, on avait commencé une campagne pour faire transférer le haras de Rosières à Nancy, sous prétexte d'insalubrité. C'est contre ce projet que protestent les pétitionnaires. L'opuscule commence par un petit historique du haras de Rosières, établi en 1767 dans les bâtiments de l'ancienne saline royale et qui fit de l'élevage jusqu'en 1846. A cette époque il devint — et est encore aujourd'hui — simple dépôt d'étalons.
Voy. sur le même établissement : *Pétition à l'Assemblée nationale.*

AMOREUX (Pierre-Joseph).

Médecin de la Faculté de Montpellier, botaniste et naturaliste. 1741-1824.

Lettre d'un Médecin de Montpellier à un Magistrat de la Cour des Aydes de la même ville et agriculteur sur la Médecine vétérinaire. S. L. N. D. (*Montpellier,* 1771.)

Broch. in-8° de 65 p.

Seconde lettre d'un Médecin de Montpellier à un Magistrat de la Cour des Comptes, Aydes et Finances de la même ville, contenant la Bibliothèque des auteurs vétérinaires. S. L. N. D. (*Montpellier,* 1773).

1 vol. in-8° de 119 p. qui contient une intéressante bibliographie.

Précis historique de l'Art vétérinaire, pour servir d'introduction à une Bibliographie vétérinaire générale. Par P.-J. Amoreux, Docteur-Médecin, Ancien Professeur d'Histoire naturelle à l'Ecole Centrale de l'Hérault, Membre et Correspondant de plusieurs Sociétés savantes, littéraires, d'Agriculture et Arts. *Montpellier, de l'Imp. Auguste Ricard et chez Renaud, Libraire,* 1810.

1 vol. in-8° de VI-295 p.
Ouvrage qui contient beaucoup d'utiles renseignements. La bibliographie vétérinaire annoncée au titre n'a jamais été publiée, mais la bibliothèque Huzard en possédait le manuscrit, entièrement terminé, en 2 vol. gr. in-4°. J'ignore ce qu'il est devenu.

Revue de l'Histoire de la Licorne par un Naturaliste de Montpellier. *Montpellier, Durville; Paris, Goujon,* 1818.

Broch. in-8° de 47 p.
Amoreux prouve que la licorne est un animal fabuleux et fait justice des fables de Bartholin, d'Aldrovande, de Gesner, de Jonston, etc. (Voy. ces noms.)
Sur la licorne, voy. aussi Baccio, Catelan, Fresnel, etc.
Amoreux a publié de nombreux ouvrages sur la médecine humaine et sur des sujets variés, étrangers aux questions hippiques.

AMORY DE LANGERACK (Mlle Joséphine).

Femme de lettres, née à Anvers, en 1831 (1).

Histoire anecdotique des Fêtes et Jeux populaires au Moyen-Age, par Mlle Amory de Langerack. *Lille, Lefort; Paris, même Maison,* 1870.

1 vol. in-8° de XIV-334 p. Dédicace à Mlle Marguerite Chevreau. Préface d'Alfred des Essarts.
Un chap. traite des jeux du cirque des anciens et un autre des joutes, tournois et carrousels.

ANALYSE DE L'ORDRE... DE LA CAVALERIE.

Analyse de l'Ordre plein et de l'Ordre à intervalles de la Cavalerie, suivie d'un plan pour un Ordre médiaire. *Milan, Frideric Agnelli,* 1778.

1 vol. in-8° de 120 p. avec 10 pl. dont 9 de manœuvres tactiques et 1 donnant

(1) Lorenz.

des détails d'équipement proposés par l'auteur. Dédicace à S. M. l'Empereur.

L'auteur — qui ne se nomme pas — propose de faire précéder sa première ligne par de petites troupes de 20 à 30 maîtres, chargés d'engager l'attaque. L'ouvrage contient une longue discussion sur la fameuse question des intervalles et une autre, intéressante, sur la lance. Il est assez rare, et est attribué au général Creutz, qui était au service d'Autriche au XVIIIe siècle.

ANCÈZE (Paul).

Vétérinaire français. Il a été attaché pendant trois ans au dépôt d'étalons de Villeneuve-sur-Lot.

Ecole nationale vétérinaire de Toulouse. — De la Maladie naviculaire, par Paul Ancèze, Médecin Vétérinaire, de Villeneuve-sur-Lot (Lot-et-Garonne). Thèse pour le Diplôme de Médecin-vétérinaire, présentée et soutenue le 20 juillet 1873. *Villeneuve, Typ. de G. Leygues*, 1873.

Broch. in-8° de 38 p. Dédicace d'usage.

ANCHALD (Baron Henry D').

Membre de la Société protectrice des animaux.

Aux Cochers, Charretiers et Conducteurs d'Animaux. Action douloureuse des Coups de Fouet, par le Baron Henry d'Anchald. — *En dépôt à la Société Protectrice des animaux. Paris, Imp. G. Gambart*, S. D. (1904).

In-8° de 2 f[ts] non ch.

Le Fouet, par le Baron Henry d'Anchald. — Rapport présenté au Congrès des Sociétés contre la cruauté envers les Animaux tenu à Verviers les 29 et 30 Août 1905. *Andrimont, Imp. P. Keyeux* (1905).

Broch. in-8° de 15 p. avec 4 fig. d. l. t.

Le Fouet, le Mors, les trois Enrênements, les Tracteurs, le Fer à Cheval, par M. le Baron Henry d'Anchald, Membre correspondant de la Société Nationale d'Agriculture de France, Chevalier du Mérite Agricole, Administrateur de la Société protectrice des Animaux, Préparateur à la station d'essais des Machines (Ministère de l'Agriculture), Membre de la Société des Agriculteurs de France, etc., etc. *Paris, Imp. G. Gambart*, S. D. (1906).

Broch. in-8° de 12 p. avec Avant-Propos de M. A. Coutand et 1 fig. d. l. t. (Cette brochure est distribuée par la Soc. prot. des animaux.)

ANCIENS (LES) CIRQUES, voy. CONTADES (DE)..

ANDLAU (Joseph-Harduin-Gaston, COMTE D').

Général de brigade français (Etat-major) 1824-1894.

A été chargé de nombreuses et importantes missions à l'étranger, Autriche, Turquie, Serbie, Allemagne du Sud, sous le 2e Empire. A fait les campagnes de Rome en 1851, de Crimée, où il a été cité à l'ordre de l'armée d'Orient, d'Italie et contre l'Allemagne. La fin de sa carrière a été marquée par de déplorables et retentissants événements dont le récit ne serait pas ici à sa place, et il a dû quitter la France. Il est mort à Buenos-Ayres.

De la Cavalerie dans le passé et dans l'avenir. Conférence faite au dépôt de la guerre par G. d'Andlau, lieutenant-colonel d'Etat-major. *Paris, Bureau de la Revue militaire française*, 1869.

1 vol. gr. in-8° de 130 p., avec fig. d. l. t. et 3 pl. (Extrait de la *Revue militaire française*, n°[s] de mars et avril 1869).

Réimprimé avec le même titre dans la collection des « Conférences du ministère de la guerre, « 1869-1870 », chez *Dumaine, Paris*, 1870.

1 vol. pet. in-12 de 161 p., avec fig. d. l. t. et 3 pl.

Le général — alors colonel — d'Andlau a publié aussi, sans nom d'auteur. *Metz, campagne et négociations. Paris, Dumaine*, 1871.

1 vol. in-8° de XV-512 p. avec 1 carte.

Cet ouvrage, qui a eu plusieurs éditions, est, en même temps qu'un historique du siège de Metz, une vive critique de la direction donnée aux opérations par le maréchal Bazaine. Il a eu un grand retentissement et est encore consulté.

ANDRAL (Gabriel), GAVARRET (Louis-Dominique-Jules) et

DELAFOND (Henri-Mamert-Onésime).

Andral, médecin français, membre de l'Académie de médecine 1797-1876.

Gavarret, médecin français, ancien élève de l'Ecole polytechnique, a été officier d'artillerie de 1831 à 1833 et a donné sa démission pour se consacrer à la médecine. 1809-1890.

Delafond, vétérinaire français. Voy. son nom pour sa biographie.

Recherches sur la composition du sang de quelques Animaux domestiques dans l'état de santé et de maladie par MM. Andral, Gavarret et Delafond. (Extrait des *Annales de Chimie et de Physique*, 3° Série, T. V.). *Paris, Fortin, Masson et C*^{ie}, 1842.

Broch. in-8° de 32 p.
Concerne en partie le cheval.

ANDRÉ (Arthur).
Vétérinaire belge.

En attendant le Vétérinaire — Soins à donner dans les cas urgents aux Animaux domestiques blessés ou malades — A l'usage des cultivateurs, éleveurs, marchands de chevaux, chefs d'attelages dans les industries, propriétaires et détenteurs d'animaux, etc., etc., par Arthur André, Médecin vétérinaire agréé du Gouvernement, Secrétaire du Comice agricole de Fleurus. *Renoix, Imp. J. Leherte-Courtin*, 1908.

Broch. pet. in-8° de 63 p. Vignette sur la couverture représentant l'étalon de trait *Rêve de Perwin*.
Concerne principalement le cheval.

ANDRÉ (Emile).

Manuel théorique et pratique d'Escrime (Fleuret - Epée - Sabre) contenant plusieurs Chapitres sur l'Assaut Public ; l'Escrime italienne ; les Usages du Duel ; l'Organisation de l'Escrime en France ; l'Histoire de l'Escrime, etc..., par Emile André, Fondateur de la Revue *l'Escrime Française* — Dessins inédits d'après MM. Louis Mérignac — Pini — Hissard — Adjudant Alessandri — Chevillard ; etc. *Paris, Garnier frères*, 1896.

1 vol. in-12 de 2 f^{ts} pour les titres et 493 p. avec 92 fig. d. l. t. Couverture illustrée.

L'escrime du sabre occupe les p. 239 à 300 avec 13 fig. Voy. Alessandri pour un ouvrage en collaboration sur l'Escrime à cheval.

ANDRÉ (Etienne).
Vétérinaire belge.

Hygiène, Travail et Protection des Chevaux employés dans les Travaux du fond des Charbonnages, par Etienne André, Médecin-Vétérinaire à Jumet. *Jumet, Imp. V. Thiry*, 1889.

1. vol. pet. in-8° de 110 p. avec 11 pl. h. t. représentant des chevaux et divers appareils pour la descente et la montée. Dédicace de l'auteur à son père Urbain André, M^{in} Vét^{re} du Gouvernement. Préface de l'imprimeur-éditeur Victor Thiry.
Voy. sur le même sujet, Boissier (E.)

ANDRÉ (Jean).

Cocher à Paris. Il donnait des leçons de guides sous le second Empire.

Manuel du Cocher ou Méthode pour savoir choisir, soigner et conduire les Chevaux et les Voitures, contenant la manière d'éviter les Accidents, savoir arrêter les Chevaux qui s'emportent à la voiture et à la selle, par Jean André. *Paris, l'Auteur, rue de la Michodière, n° 20*, 1864.

Broch. in-18 de 54 p.
Dans certains exemplaires, le titre s'arrête au mot « accidents », et le titre suivant se trouve en tête du texte : *Méthode pour conduire les Chevaux de carrosse, instructions pour éviter les accidents et arrêter les chevaux emportés*.
Dans d'autres, la couverture porte l'indication de la lib^{le} *Castel, passage de l'Opéra*, sans changement dans le texte.
Ce petit opuscule contient quelques conseils pratiques.

ANDRÉ (Maxime-Ernest-Marie-Balthazar d').

Officier de cavalerie français, né en 1864, sous-lieut^{nt} en 1875, chef d'esc^{ons} en 1908.

Les tendances actuelles de la Cavalerie Allemande, par le Commandant d'André, du 8e Dragons. *Paris et Nancy, Berger-Levrault*, 1912.

Broch. in-8° de 63 p. (Extrait du *Bulletin des Conférences de l'Ecole d'Instruction*.)

Le nouveau Règlement de Cavalerie, par le Commandant d'André, du 8ᵉ Dragons — Deux conférences faites à l'Ecole d'Instruction des Officiers de réserve et de l'Armée territoriale de la 20ᵉ région. *Paris et Nancy, Berger-Levrault*, 1913.

Broch. in-8° de 59 p.

ANDRIEU.

Observation de Morve aiguë transmise du Cheval à l'Homme par contagion, par M. le Dʳ Andrieu — Séance du 19 août 1843 — *Amiens, Imp. de Duval et Herment*, 1847.

Broch. in-8° de 7 p.

C'est une communication à une « Académie » probablement amiénoise, mais qu'aucun passage ne permet de désigner avec certitude.

ANE (L') DU MEUNIER ET LA BOURRIQUE DU SYNDIC.

L'Ane du Meunier et la Bourrique du Syndic — Chronique du Creux-de-Saint-Jean — *Genève, Imp. Jules Carey*, 1885.

Broch. in-8° de 22 p. avec 2 pl. h. t. Extrait de la *Revue de Genève* (Avril 1845).

Amusante facétie.

ANGÉLY (N. D').

Ville de Fontenay-le-Comte — Fête de Charité du 30 mars 1869 — Revue Panorama en vers — *Fontenay, Imp. Vᵛᵉ Fillon* (1869).

Broch. in-8° de 8 p., signée à la fin. Titre rouge et noir.

L'opuscule, tiré à 200 exemplaires, donne la description des différents groupes de la cavalcade.

Voy., pour une autre cavalcade de la même ville, Fillon (Benjamin).

ANGINIARD.

Vétérinaire à Meaux.

Opinion d'un Médecin vétérinaire sur les effets réels des freins régulateurs perfectionnés, au point de vue de l'hygiène de la bouche, de la conservation des membres et des aplombs du cheval. — Notice adressée le 1ᵉʳ novembre 1856 au *Recueil de médecine vétérinaire*, etc. *Meaux, Imp. Carro*, S. D. (1856).

Broch. in-8° de 7 p., signée à la fin. C'est un éloge des *freins* de Casimir Noël (v. ce nom).

ANGLADA (Charles).

Médecin français, professeur à la faculté de Montpellier, 1809-18..

Contagion de la Morve des Solipèdes à l'Homme — Rapport sur un Mémoire du Docteur Escolar, intitulé : Considérations sur la question de savoir si la Morve du Cheval peut se communiquer à l'Homme ; fait à la Société de Médecine pratique de Montpellier (Séance du 13 février 1845) par Charles Anglada, Membre titulaire, sous-Bibliothécaire de la Faculté, Correspondant de la Société royale de Marseille, etc. *Montpellier, J. Martel aîné*, 1845.

Broch. in-8° de 44 p. (Extrait du *Journal de la Société de Médecine pratique de Montpellier*, n° d'août 1845.)

Le médecin espagnol Escolar avait demandé à être admis comme membre correspondant de la Société de médecine de Montpellier et avait adressé à cette compagnie un mémoire dans lequel il niait la contagion de la morve du cheval à l'homme. Tout en concluant à l'admission du Dʳ Escolar, le Dʳ Anglada réfute ses assertions.

ANGLAS (J.)

Préparateur à la Faculté des Sciences de Paris.

Les Animaux domestiques — Cheval, Vache, Mouton, Porc, Chien, Coq et Oie — Extérieur et Anatomie avec 35 Planches coloriées à feuillets découpés et superposés. Texte explicatif de J. Anglas, Docteur ès Sciences, Préparateur à la Faculté des Sciences de Paris. *Paris, Lib. C. Reinwald; Schleicher frères et Cⁱᵉ*, 1904.

1 vol. in-4° oblong de 194 p.

Le cheval occupe les 32 premières p., avec 2 fig. dans le t. et 4 pl. coloriées et superposées.

ANGOT (Albert).

Législation concernant les Animaux ou Exposé pratique des principales règles du droit civil, pénal et administratif applicables spécialement aux animaux ou à leur occasion, par Albert Angot, Juge d'instruction au Tribunal d'Yvetot. — 1ᵉʳ volume : Droit civil — Accession — Usufruit — Responsabilité — Vente — Vices rédhibitoires — Louage — Cheptels — Adjudication de la Chasse et de la Pêche dans les domaines de l'Etat — Transports par chemins de fer — Assurances — Courses de Chevaux... &c..., &c... *Paris, aux Bureaux du Journal l'Acclimatation*, 1887.

1 vol. in-8° de 296 p.

Ouvrage détaillé et complet dont une très grande partie concerne le cheval : on y trouve les règlements des courses plates, d'obstacles, militaires, au trot, ceux des sociétés de courses, tout ce qui se rapporte aux vices rédhibitoires, au louage, à la responsabilité des vétérinaires et des maréchaux, à celle des logeurs, des compagnies d'assurances, propriétaires et conducteurs de chevaux, des compagnies de chemins de fer, etc., etc.

Ce tome 1ᵉʳ est le seul paru.

ANGOT (Auguste-René-Désiré).

Vétérinaire militaire français, né en 1843, diplômé de Toulouse en 1866, vétérinaire en 1ᵉʳ en 1879, retraité en 1894. Il a été professeur à l'Ecole vétérinaire du Japon.

Méthode thérapeutique vétérinaire simplifiant et abrégeant la durée du Traitement des Maladies les plus fréquentes, préservant des tares indélébiles et supprimant la convalescence, par A. R. D. Angot, Médecin Vétérinaire à Orléans, Chevalier de la Légion d'honneur, Officier d'Académie, Chevalier du Mérite agricole, Officier de l'Ordre royal du Cambodge, décoré de 5ᵉ classe de l'Ordre impérial Japonais, Vétérinaire militaire en retraite, ancien Professeur à l'Ecole vétérinaire du Japon, Lauréat du Ministère de la Guerre et du Comice agricole d'Orléans (Prix Froberville, Médaille de Vermeil), Membre de la Société d'Agriculture, Sciences, Belles-Lettres et Arts d'Orléans, Membre du Congrès pour l'étude de la tuberculose, Secrétaire du Comice agricole de l'arrondᵗ d'Orléans, etc. *Orléans, Imp. Georges Michau*, 1897.

Broch. in-8° de 4 p.

L'opuscule concerne surtout le cheval. Il s'agit d'une méthode de nettoyage des organes internes par l'emploi de substances antiseptiques sous forme de gaz ou de vapeurs.

ANIMAUX (LES) DANS LA LÉGENDE, DANS LA SCIENCE..... etc.

Les Animaux dans la Légende, dans la Science, dans l'Art, dans le Travail. Leur Utilisation et leur Exploitation par l'Homme — Ouvrage publié avec la Collaboration de MM. le Lieutenant Chollet, 116ᵉ Régiment d'Infanterie, Armand Dayot, Inspecteur Général des Beaux-Arts, Henri Neuville, du Museum national d'Histoire naturelle, A. Schalck de la Faverie, Bibliothécaire à la Bibliothèque nationale, Docteur Behring, Professeur à l'Université de Marbourg, etc., etc. *Paris, Bong et Cⁱᵉ*, S. D. (1909).

2 vol. in-4° de XII-550 et XIV-502 p. avec 553 fig. en noir d. l. t. et 78 pl. h. t. en noir et en couleurs.

Le cheval occupe une place importante dans ce bel ouvrage, et de nombreuses illustrations lui sont consacrées.

ANNALES DES HARAS ET DE L'AGRICULTURE (Périodique).

Ce journal fut fondé en 1845 par Richard du Cantal (voy. ce nom). Il était mensuel et paraissait par fascicules de 48 p. dont la pagination se suivait et qui formaient un volume annuel. Les hippologues les plus réputés de l'époque : Eugène Gayot, Sourdeval, Person, Lecoq, Richard (du Cantal), Magne, etc., prirent une part active à sa rédaction.

Les Annales des Haras et de l'Agriculture ne durèrent que 3 ans et disparurent en 1848. A ce moment, Richard s'était lancé dans la politique militante et, les troubles de l'époque aidant, la publication dut cesser.

Annales des Haras et de l'Agriculture, publiées par une Société d'Eleveurs, de Professeurs et d'anciens Elèves de l'Ecole royale des Haras. Tome 1ᵉʳ. *Paris, au Bureau des Annales, 315, Rue St-Honoré.*

Imp. Guiraudet et Jouaust, 1845.
1 vol. in-8° de VIII p. pour la Préface signée A. R. (Antoine Richard) et 555 p.

Annales des Haras et de l'Agriculture. Recueil spécialement destiné à l'Etude de l'Amélioration des Races et de l'Economie du Bétail, publié par une Société..... (etc., comme ci-dessus). Tome IIe. *Paris, au Bureau des Annales, rue de Beaune, 4 ter, Faubourg-S.-Germain. Imp. Guiraudet et Jouaust*, 1846.
1 vol. in-8° de 588 p. avec 4 pl. h. t. lithog., dessinées par Gustave Le Couteulx, et représentant un pur sang, deux demi-sang et un taureau Cotentin.
C'est le seul vol. qui contienne des pl.

Même ouvrage, même titre. Tome 3. *Même bureau et même imprimeur*, 1847.
1 vol. in-8° de 764 p.
Je n'ai jamais rencontré de numéros postérieurs à celui de déc. 1847, mais peut-être en existe-t-il un ou deux.
Publication intéressante, bien rédigée et devenue rare. Inutile d'ajouter que Richard y a continué sa guerre au pur sang.

ANNE (Juste-Norbert).
Vétérinaire et homme politique français, 1840-1894. Diplômé d'Alfort en 1862, il a été sénateur du Calvados de 1892 à sa mort.
Voy. BRUNET (P.-A.)

ANNUAIRE DE CAVALERIE.
Jusqu'en 1875, il n'existait pas d'annuaire spécial pour la cavalerie. Le premier parut en 1876 et porte le titre suivant :

Annuaire spécial de l'Arme de la Cavalerie Française et du service des remontes, publié par Edmond Poyer, Directeur adjoint retraité du Ministère de la Guerre, Rédacteur en chef du *Moniteur de l'Armée* — Officier de la Légion d'honneur. Année 1876. *Paris, Léautey.*
1 vol. in-8° de 447 p.
Cet ouvrage donne l'état-civil, la date des différents grades et la situation actuelle des officiers de cavalerie.

En 1887, M. Edmond Poyer étant mort, son nom disparut du titre, et l'éditeur Léautey auquel a succédé depuis l'éditeur A. Le Normand, est demeuré seul chargé de la publication de l'Annuaire dont l'importance a augmenté chaque année et qui comprend maintenant environ 680 p.
La publication continue.

ANNUAIRE DE CAVALERIE.
En 1900, l'éditeur Charles-Lavauzelle a commencé la publication d'un *Annuaire de cavalerie*, sous le titre suivant :

Annuaire des Officiers de Cavalerie, des Remontes et des Vétérinaires de l'Armée, publié d'après les renseignements officiels du Ministère de la Guerre — 1900 — *Paris et Limoges, Henri Charles-Lavauzelle.*
1 vol. in-8° de 550 p.
En 1901, le même éditeur a publié en outre un autre annuaire semblable, mais établi d'après ses propres renseignements, dont le titre est un peu différent et qui paraît avant le précédent. Les indications données sont d'ailleurs à peu près identiques.

Etat militaire des Officiers de Cavalerie, des Remontes et des Vétérinaires de l'Armée — 17 janvier 1901 — *Paris et Limoges, Henri Charles-Lavauzelle.*
1 vol. in-8° de 596 p
La première publication n'a duré que peu d'années. La deuxième, maintenant établie d'après les renseignements officiels, continue à paraître annuellement et contient actuellement (1913) plus de 650 p.

ANNUAIRE DE LA CARROSSERIE ET DE LA SELLERIE.
Cette publication annuelle, qui intéresse la présente bibliographie au point de vue sellerie, harnachement et autres industries hippiques, a paru pour la première fois en 1880 pour les 2 années 1879-1880. Elle contenait alors les noms et adresses, pour Paris et la province, des fabricants et marchands carrossiers, selliers, bourreliers et des personnes exerçant des professions ou industries hippiques accessoires : maréchaux, arçonniers, marchands de chevaux, dresseurs et professeurs d'équitation et de guides, maîtres de manège, vétérinaires, cloutiers et fabricants de fers, etc., etc. Comme toutes les publications analogues, elle a pris un développement très considérable. Voici la description du 1er vol.

Annuaire de la Carrosserie, de la Sellerie, du Charronnage, de la

Bourrellerie et des Industries annexes. Paris et Départements. 1879-1880. *Direction, 26, Boulevard de Strasbourg, Paris.*

1 vol. in-16 de VI-469 p.

Actuellement cet *Annuaire* est publié par M. *Camille Rousset, 114, Rue et Place Lafayette.* On a ajouté à son programme primitif des tables en plusieurs langues, les adresses à l'étranger et l'industrie automobile ; son format s'est sensiblement agrandi et il contient plus de 1.600 p.

ANNUAIRE DE LA CHRONIQUE DU TURF.

Annuaire de la Chronique du Turf. Calendrier des Courses (date). *Paris, à la Direction de la Chronique du Turf, à Bruxelles et à Londres.*

1 vol. in-16 qui paraît annuellement depuis 1876.

En 1884, l'ouvrage contenait XXXVI-967 p.; en 1889, XLVII-1261 p.; en 1899, CXXXIX-1567 p. avec un supplément de 56 p. et l'augmentation continue. Les p. sont à 2 colonnes dont chacune est numérotée.

La publication, faite par le journal sportif hebdomadaire *La Chronique du Turf*, continue. Le même journal publie aussi le *Guide du Turf* (voy. ce titre).

ANNUAIRE DE LA FRANCE HIPPIQUE.

Cette publication date de 1909 et paraît annuellement depuis cette époque. Le volume de 1909 porte le titre d'*Almanach*, les suivants, celui d'*Annuaire*.

Almanach de la France Hippique (1). Association des Propriétaires de Chevaux de France et des Colonies comprenant le Calendrier Hippique, le Guide de l'Amateur et de l'Etranger acheteurs de chevaux en France, l'Annuaire des Sociétaires — 1909 — *Paris, 9, Rue de la Bienfaisance. Imp. A. Davy.*

1 vol. in-18 de 326 p.

Annuaire de la France hippique... etc., (comme ci-dessus). 21 Photographies hors texte — 1910 — *Paris, 9, Rue de la Bienfaisance. Imp. A. Davy.*

1 vol. in-18 de 340 p. avec les 21 photographies annoncées au titre (portraits de chevaux).

La publication continue par volumes annuels d'environ 330 p., avec ou sans photographies.

ANNUAIRE DES COURSES AU TROT.

Annuaire officiel des Courses au Trot et des Ecoles de Dressage — 1868 — Publié sous les auspices de la Société d'Encouragement pour l'Amélioration du Cheval français de demi-sang d'après les Documents fournis par ladite Société et par l'Administration des Haras, contenant les Programmes et les Comptes rendus des Courses au Trot en France en 1868, par le Secrétaire Trésorier de la Société d'Encouragement pour l'Amélioration du Cheval français de demi-sang. *Caen, au Secrétariat de la Société. Ecole de Dressage.*

1 vol. in-16 de LXXVII-341 p.

Lettre-préface à MM. les Abonnés au *Bulletin officiel* des Courses au Trot et des Ecoles de Dressage signée : Le Directeur Gérant du *Bulletin officiel*, Secrétaire Trésorier de la Société d'Encouragement, Ch. Meyer. Le Comité des Courses avait alors pour président le Mis de Croix, Sénateur.

C'est la première année de ce recueil. Il a continué à paraître annuellement et régulièrement jusqu'à ce jour avec une augmentation constante et rapide du nombre de pages et avec quelques modifications qui vont être indiquées ; toutefois, il a semblé inutile de donner la description détaillée, année par année, de chaque volume, et les volumes qui n'ont reçu d'autre modification que le nombre de pages ne seront pas signalés.

L'annuaire a paru pour 1869, mais pas pour 1870, et l'année suivante, il a donné les comptes rendus des Courses au trot pour 1870 et 1871. La publication était alors indiquée à *Paris, Rue du Colisée, 29.*

Pour 1873, *Rue de Châteaudun, 11.*

Pour 1874, le siège de la Société est *2, rue Drouot*, pour 1875, *5, rue Meyerbeer.*

Pour 1876, le titre est modifié :

Annuaire officiel des Courses au Trot (1876) publié avec l'approbation de M. le Ministre de l'Agriculture et du Commerce, contenant les Programmes et les Comptes rendus

(1) Voy. ce titre.

des Courses au Trot en 1876, par le Directeur Propriétaire de la France Chevaline. *Paris, aux Bureaux de la France chevaline, 11, rue Moncey.*

Pour 1878, ces bureaux sont *51, Rue de la Harpe,* et *8, Rue du Quatre-Septembre* et, pour 1879, *37, rue Vivienne.*

Pour 1880, l'approbation du Ministre a disparu et on a ajouté au titre : « Avec les Vitesses ramenées au kilomètre », par le Directeur de la France chevaline, *en vente à Caen, au Secrétariat de la Société d'Encouragement, 5, Rue Guilbert, à Paris, aux Bureaux du Jockey, 17, Rue Grange-Batelière et aux Bureaux de la France chevaline, 37, Rue Vivienne.*

Le volume contient alors 574 p.

Pour 1882, les bureaux de la France chevaline disparaissent du titre.

Pour 1886, le Directeur de la France chevaline n'est plus indiqué comme le rédacteur de l'annuaire qui se vend *à Paris, au Bureau des Courses de Vincennes, 2, Rue de l'Arcade,* et *à Caen au Secrétariat de la Société d'Encouragement, 53, Rue Neuve St-Jean.*

Pour 1890, M. Tiercelin, agent général de la Société d'Encouragement, est indiqué au titre comme rédacteur de l'ouvrage.

Pour 1895, le volume contient CXXXIII-1607 p. Aussi son dédoublement devient nécessaire et, pour 1896, il y a 2 tomes de 834 et XIV-1060 p. *A Caen,* le lieu de vente est indiqué *9, Rue de l'Engannerie.*

Pour 1899, le titre indique comme le rédacteur de l'ouvrage M. Hunger, Secrétaire général de la Société d'Encouragement pour l'Amélioration du Cheval français de demi-sang. Les volumes sont en vente au *Secrétariat de la Société, 12, Rue de l'Arcade.* Ils contiennent VI-1208 et XIV-1232 p.

Pour 1902, le siège du Secrétariat est transporté *7, Rue d'Astorg.*

Pour 1904, le T. I a V-1303 p. et le T. II IX-1502 p.

La publication continue toujours 7, rue d'Astorg et avec M. Hunger comme rédacteur de l'*Annuaire.*

ANNUAIRE DES STEEPLE-CHASES.

Annuaire officiel des Steeple-Chases (*date*) publié sous les auspices de la Société des Steeple-Chases de France, d'après les documents fournis par ladite Société et par l'Administration des Haras, contenant les comptes rendus des courses à obstacles courues en France, en Belgique et à Baden-Baden, en (*date*). Par le Secrétaire de la Société des Steeple-Chases de France. *Paris, au secrétariat de la Société* (1863 et années suivantes).

1 vol. in-12 qui contenait, en 1867, VIII-474 p. ; en 1883, LXII-1005 p. ; en 1906, CLXXXVIII-1617 p. La publication continue, et, comme ses similaires, augmente rapidement d'importance.

Après la guerre, l'indication des courses de Baden a disparu ; en 1881, la participation de l'Administration des Haras à la rédaction de l'ouvrage ne figure plus sur le titre ; en 1880, le nom du Secrétaire de la Société, M. Guillemot, rédacteur de l'Annuaire, est indiqué sur le titre, et en 1888, il est remplacé par celui de M. Lallement, secrétaire actuel.

Le titre des dernières années indique que l'*Annuaire* contient les comptes rendus des courses à obstacles courues en France et de celles courues en Belgique dont les engagements ont été reçus à Paris.

ANNUAIRE DU SPORT EN FRANCE, voy. CHAPUS.

ANNUAIRE DU TURF CONTINENTAL.

Annuaire du Turf continental pour 1864. *Bruxelles, L'Auteur ; Paris, aux Bureaux du Sport,* 1864.

1 vol. in-12 de contenance variable qui a paru annuellement de 1864 à 1870 et dont l'auteur était Ernest Parent. (Voy. ce nom.)

ANNUAIRE GÉNÉRAL DES SPORTS.

Annuaire général des Sports illustré. Encyclopédie universelle du Tourisme, de tous les Sports et Jeux en plein air, par P. Walter — Commerce et Industries sportives. — Deuxième année — (1) *Paris, Walter, Gervais et Cⁱᵉ,* 1905-1906.

1 vol. in-8° de 1134 p. avec nombreuses illustrations d. l. t.

La législation des Courses occupe les p. 88 à 91, la Police du Roulage 91 à 96, les Sports hippiques 869 à 916, etc.

(1) L'ouvrage concerne les années 1905-1906 et c'est sans doute pour cette cause qu'on a indiqué : *Deuxième année,* mais c'est bien la première fois que paraît cette publication.

ANQUETIL (E).

Episodes de la Révolution à Bayeux — Le Cavalier Jacobin de la Société populaire. (*Bayeux, S¹ Ange Duvant ?*) 1906.
Broch. in-8º de 18 p. signée à la fin.
L'histoire du cavalier jacobin est le premier des 4 articles contenus dans cet opuscule. Voy., sur le même sujet, Daressy (H.)

ANTAR (Michel).

Pseudonyme de M Sisson (Marie-André-Victor), officier de cavalerie français, né à Issenheim (H¹-Rhin) et non à Méchéria, comme le dit Lorenz. Il a servi pendant plusieurs années au 2ᵉ Spahis, dans la province d'Oran où se déroule son récit. 1859-1909.

En Smaala, par Michel Antar. *Paris, E. Plon, Nourrit*, 1897.
1 vol. in-12 de xii-267 p Dédicace à Madame Adam Alice S....
L'ouvrage donne des détails sur la cavalerie indigène d'Algérie et la vie de smala.

ANTOINE (A) dit DE SAINT-GERVAIS.

Littérateur français, auteur de nombreux ouvrages pour les enfants 1776-18 .

Les Animaux célèbres — Anecdotes historiques sur les traits d'intelligence, d'adresse, de courage, de bonté, d'attachement, de reconnaissance, etc., des animaux de toute espèce, depuis le lion jusqu'à l'insecte. Par A. Antoine. *Paris, F. Louis*, 1812.
2 vol. in-12 de xxiv-222 et 247 p. Frontispice à chaque vol.
Le T. I contient 8 anecdotes sur l'âne, 13 sur le cheval et 2 sur la mule.

Même ouvrage, même titre, par par A. Antoine de Saint-Gervais. *Deuxième Edition*, Revue, augmentée et ornée de dix-huit gravures. *Paris, Roret*, S. D. (1835).
2 vol. in-12 de xx-294 et 306 p.
Cette édⁿ est augmentée de quelques anecdotes, mais il y en a aussi qui sont supprimées. Les 2 frontispices sont les mêmes et on a ajouté 6 pl. h. t. contenant les 18 fig. annoncées au titre.
D'après Quérard, la 1ʳᵉ édⁿ serait de 1812 et en 1 vol., la 2ᵉ de 1813 en 2 vol. Mais je crois que c'est une erreur, car l'édⁿ de 1812 comprend bien 2 vol. Quant à la 2ᵉ, elle est certainement de 1835.

ANTONIN LOUIS, voy. LOUIS (Antonin).

ANXIONNAT (E.), voy. POSTE aux chevaux.

APERÇU HISTORIQUE SUR LES RAIDS.

Aperçu historique sur les Raids, par A. Q., Capitaine d'Infanterie breveté — Extrait du *Journal des Sciences militaires* (Janvier 1883) — *Paris, L. Baudoin*, 1883.
Broch. in-8º de 36 p.
L'auteur de cet opuscule est M. Quinteau (Alphonse-Jean-Louis-Marie , officier d'infanterie français, né en 1851.

APOLOGIE DES CARROSSES.

Apologie des Carrosses : contenant la Response a leurs calomniateurs. *A Paris*, 1625.
Broch. pet. in-8º de 16 p.
C'est une verte réponse au libelle intitulé : *Justes (Les) plaintes de Cabaretiers*. L'auteur traite ces derniers de filous, de contrebandiers et d'accapareurs. Il dit que les carrosses sont nécessaires pour rehausser l'éclat des cérémonies et aussi pour « Messieurs de la Iustice et « Messieurs les Gens d'Eglise qui autre-« fois n'avoient qu'une mule et qui n'ont « plus la teste et les pieds mouillez, ce « qui est propre pour leur santé ».
Voy., sur le même sujet, *Embarras de voitures*.

APPERLEY (Charles-James.)

Sportsman, éleveur et hippologue anglais. 1777-1843.
Après avoir été cornette dans un régiment de dragons, il se retira dans ses terres, se maria en 1801 et se livra à son goût pour la chasse, les courses et l'élevage. Il est l'auteur de nombreux articles de Revue et d'ouvrages sportifs. Les suivants ont été publiés ou traduits en français.

Nemrod ou l'Amateur des Chevaux de Courses. Observations sur les Méthodes les plus nouvelles de propager, d'élever, de dresser et de monter les Chevaux de Courses, par Charles-James Apperley, Auteur 1º des Lettres et Exercices de chasse de Nemrod, insérés dans lenouveau et dans l'ancien *Sporting magazine;* 2° des Essais sur la chasse, la course (*turf*) et la route (*road*) publiés dans le *Quaterly Review,* et réimprimés séparément par M. Murray, à Londres ; 3° des articles Cheval (*horse*), Equitation (*horseman ship*), Chien de chasse (*hound*) et Chasse (*hunting*), de la dernière édition de l'*Encyclopædia Britannica.* Dédié à Son Altesse royale le Duc d'Orléans. *Paris, imprimé au frais de l'auteur; se trouve chez Arthus Bertrand, Editeur,* 1838.

1 vol. in-8° de VIII-250 p. (la dernière chiffrée par erreur 258) avec 1 pl. h. t. représentant un cheval dans un appareil à suspension et de jolis culs de lampe à la fin des chapitres.

Même ouvrage, même titre. *Bruxelles, au Bureau du Journal des Haras,* 1838.

1 vol. in-8° de VII-119 p. avec 1 pl. h. t. représentant le cheval Bay Middleton.

Le texte de cette éd^{on} (ou contrefaçon ?) belge est identique à celui de l'éd^{on} française, mais imprimé en caractères plus petits.

L'ouvrage traite du choix des reproducteurs, de l'élevage, de l'hygiène, de l'entraînement et de l'équitation de course. Il est très intéressant en montrant la situation de ce Sport en 1838.

Remarques sur la Condition des Hunters, le choix des Chevaux et leur traitement en une suite de lettres familières primitivement publiées dans le « Sporting Magazine » de 1822 à 1828 par Nimrod (Lord Apperley) — Quatrième Edition (1) revue par Cornelius Tongue (Cecil), Londres 1855, traduite de l'Anglais par M. Guyton, Docteur en médecine, ancien interne des hôpitaux de Paris. *Bruxelles, Vve Parent et Fils; Paris, Auguste Goin; Leipzig, Ch. Muquardt,* 1862.

1 vol. in-8° de 342 p. dont XII pour la dédicace du traducteur à William Miles (voy. ce nom), sa préface, la table et l'avertissement de l'éditeur anglais, avec 2 pl. h. t. et 1 fig. de fer d. l. t.

(1) 4e Ed^{on} doit s'entendre de l'éd^{on} anglaise. Il n'en existe qu'une de la traduction, à ma connaissance du moins.

Très bon ouvrage, résultat d'études suivies et d'une longue expérience mises au service d'un esprit observateur. Il sera toujours utilement consulté par ceux qui font un large usage du cheval à l'extérieur. Cependant quelques chapitres ont vieilli, notamment ceux qui conseillent et décrivent les trop fréquentes médecines, etc.

APPRECIATION DE LA PRESSE.....

Appréciation de la Presse sur la Décision prise par la Société d'Encouragement le 3 février 1881. *Paris, Imp. Bertrand,* 1881.

Broch. in-8° de 30 p.

Il s'agissait de la mesure par laquelle les chevaux courant sur certains hippodromes suburbains ou de province étaient disqualifiés.

APRÈS LES LOUANGES.

Après les Louanges — A propos des Manœuvres de 1910. *Nancy, Imp. Berger-Levrault,* S. D. (1911).

Broch. gr. in-8° de 24 p. (Extrait de la *Revue de Cavalerie*).

Critique des manœuvres de 1910, principalement en ce qui concerne la cavalerie.

A PROPOS DE LA REORGANISATION DE L'ARMÉE, voy. BUD.

A PROPOS DES REMARQUES SUR LA CAVALERIE.

Bibliothèque du « Monde Militaire » — A propos des Remarques sur la Cavalerie par le Général de Warnery. *Paris, Lib. du « Monde Militaire »,* S. D. (vers 1899.)

Broch. in-16 oblong de 32 p.

Choix de quelques maximes de guerre du g^{al} de Warnery, profond observateur trop oublié aujourd'hui. Voy. *Warnery.*

A PROPOS DES REMONTES.

A propos des Remontes, par un Eleveur de l'Arrondissement de Bernay (Eure). *Brionne, Imp. E. Amelot,* Août 1893.

Broch. in-8° de 20 p. Dédicace au Gal Loizillon, Ministre de la Guerre, à Casimir-Périer, etc.

ARBAUD.

Employé à la préfecture du Var.

Des vices rédhibitoires et de la Garantie dans les Ventes et échanges d'animaux domestiques, d'après la loi du 20 mai 1838, suivis : 1° de la description des maladies qui donnent lieu à la rédhibition ; 2° d'un traité des maladies épizootiques ou contagieuses qui affectent le plus ordinairement les bestiaux ; 3° de la copie des anciens arrêts, lois et ordonnances qui régissent cette matière, etc. — Ouvrage extrêmement utile aux propriétaires, aux fermiers, aux maîtres de postes, aux officiers de cavalerie, etc., et indispensable à MM. les Maires en cas de maladies épizootiques et contagieuses ; par M. Arbaud, de Draguignan. *Draguignan, chez l'auteur et chez les principaux libraires de France.* (Imp. Garcin), 1838.

1. vol. in-8° de 188 p. Dédicace à M. Marchand de la Faverie, préfet du Var.

Loi du 20 mai 1838 sur les vices rédhibitoires et la garantie dans les ventes et échanges d'animaux domestiques, précédée d'un exposé des abus qui se commettaient en France avant et après le Code civil ; suivie : 1° de quelques réflexions sur tous les articles de la loi précitée ; 2° de la description des maladies qui donnent lieu à la rédhibition, etc., (le reste du titre comme ci-dessus). *Deuxième Edition. Draguignan, Garcin,* 1840.

1 vol. in-8° de 206 p.

La loi de 1838 n'a plus qu'un intérêt rétrospectif, mais la description des abus qui se commettaient autrefois à l'abri de la variété infinie des usages locaux est bien faite et intéressante.

ARBELLOT (François).

Prêtre français, 1816-1900.

Historien et archéologue, l'abbé Arbellot fut, en 1845, un des premiers membres de la Société archéologique et historique du Limousin. Il en devint vice-président en 1865 et président en 1875. Il a publié un nombre considérable de notices biographiques, historiques et archéologiques et quelques poésies. Après avoir été pendant 20 ans curé de Rochechouart, il fut nommé chanoine de la cathédrale de Limoges en 1877. M. Louis Guibert a publié sur lui, dans le T. XLIX du *Bulletin de la Société archéologique et historique du Limousin,* p. 554 et suiv., une notice biographique, accompagnée d'un portrait, qui a été tirée à part au commencement de 1901.

Mémoire sur les Statues Equestres de Constantin placées dans les Eglises de l'Ouest de la France. *Limoges, V*^{ve} *H. Ducourtieux,* 1885.

Broch. in-8° de 34 p., avec 1. fig. d. l. t. et signée : L'abbé Arbellot. (Extrait du T. XXXII du *Bulletin de la Société archéologique et historique du Limousin.*)

Le titre de la brochure en indique la conclusion ; l'auteur pense et cherche à prouver que les statues équestres qui se trouvent au portail de certaines églises romanes représentent le triomphe de Constantin, mais la question est encore discutée et ne semble pas résolue. Voy., sur le même sujet, Biais (E.), Audiat (L.), Auber (C.-A.), Musset (G.).

ARBOIS DE JUBAINVILLE (Marie-Henri D').

Archiviste et archéologue français, ancien élève de l'Ecole des Chartes et membre de l'Académie des Inscriptions. 1827-1910.

Le Char de guerre en Irlande et la mort de Cuchulain. — Extrait de la *Revue Archéologique — Paris, Typ. Pillet et Dumoulin,* S. D.

Plaquette in-8° de 3 p.

Curieuse légende où se trouvent des détails sur le char de guerre du héros, sur la manière dont il était attelé et conduit, et sur un des chevaux qui défendit son maître mourant et aida à venger sa mort.

ARGUS (pseudonyme).

Suppression de l'Administration des Haras — Son remplacement par un Service national de l'Elevage, par Argus. *Angers, Imp. Lachèse et Dolbeau,* Mars 1889.

1. vol. gr. in-8° de 138 p.

Acerbe critique de l'administration des Haras et de quelques-uns de ses fonctionnaires.

ARGUS (L') DES HARAS ET DES REMONTES (Périodique).

Ce recueil a commencé à paraître en décembre 1841.

L'Argus des Haras et des Remontes, Journal de la Réforme des

Abus dans l'intérêt des éleveurs de chevaux, de la cavalerie et de l'agriculture, sous la direction de X. de Nabat (1), ancien officier de cavalerie et directeur des Haras royaux. Première année. *Paris, Imp. d'Edouard Proux,* 1841.

Fascicule in-8° de 48 p.

Peu après, les N°s continrent environ 64 p., de sorte que l'année formait 1 vol. de 760 à 800 p.

Le 1er n° a paru le 15 décembre 1841. Le journal était mensuel, et a continué sa publication le 15 de chaque mois. Il contenait une lithog. hippique à chaque n°. Au commencement, la plupart de ces dessins étaient des reproductions généralement bien choisies de lithographies déjà publiées ailleurs. Aussi plusieurs pl. sont-elles beaucoup plus grandes que le format du journal et ont-elles dû être repliées. C'est ainsi que la fin du T. I et presque tout le T. II contiennent les pl. d'Heyrauld de la *Méthode d'Equitation* de Baucher.

Plus tard, des pl. furent dessinées et lithographiées spécialement pour le journal et dans son format, mais beaucoup sont alors très médiocres.

Dans le programme qui se trouve en tête du 1er N°, le directeur du journal se pose en adversaire résolu de l'administration des Haras et du *Journal des Haras*, qui était son défenseur officieux. Ce programme a été rigoureusement suivi, et *l'Argus* a soutenu, pendant toute son existence, une polémique violente et trop souvent sans mesure contre les Haras, leur personnel et leur journal. M. de Nabat, qui avait dû quitter l'adm^{on} en 1838, ne lui pardonnait pas cette brusque séparation.

Le nom de l'imprimeur Proux disparut bientôt du titre qui indiqua simplement le *Bureau du Journal* avec son adresse qui varia très souvent.

L'Argus des Haras a habituellement traité les questions d'élevage, d'équitation, de courses, d'hippologie, d'hygiène, d'alimentation, etc.

Il a rarement abordé d'autres questions que celles concernant le cheval, ainsi que l'avaient fait la plupart des publications similaires dans lesquelles on trouve des articles sur les sujets les plus variés : chasse, régates, bétail, réunions mondaines, théâtres, etc. Mais ses colonnes ont été souvent remplies par la reproduction d'ouvrages déjà publiés.

(1) Voy. ce nom pour sa biographie et d'autres ouvrages.

Les événements de 1870-71 suspendirent la publication de *l'Argus*.

Il reparut en déc. 1871 avec le même titre. C'était le n° 1 de la xxxi° année. Le journal était toujours mensuel et contenait 64 p., mais les illustrations et les pl. h. t. ont disparu.

La publication a continué en 1872 et 1873. Je n'ai pu découvrir aucun n° postérieur à celui d'octobre 1873, le 11° de la xxxii° année, et je crois que c'est le dernier. Le bureau du journal était alors 107, Rue de Morny.

ARLOING (Saturnin).

Vétérinaire et docteur en médecine français, 1846-1911.

Diplômé de Lyon en 1866 ; chef de service d'anatomie et de physiologie à la même Ecole en 1867 ; professeur d'anatomie et d'extérieur à Toulouse, de 1869 à 1876 ; mêmes fonctions à Lyon jusqu'en 1886. A cette époque, il a été nommé Directeur de l'Ecole et professeur de physiologie et de thérapeutique.

Docteur en médecine en 1879, agrégé des Facultés de médecine en 1880, M. Arloing a été professeur de physiologie à la Faculté des sciences de Lyon, de 1884 à 1886, et il était professeur de médecine expérimentale et de pathologie comparée à la Faculté de Médecine de la même ville depuis 1886.

Correspondant de l'Académie des sciences en 1889 ; membre correspondant de l'Académie de médecine en 1888 et membre associé en 1893, il était en outre membre de nombreuses Sociétés savantes françaises et étrangères.

Ses importants travaux ont principalement porté sur les questions bactériologiques et quelques-uns seulement ont un caractère hippique.

Traité d'Anatomie comparée, par Chauveau.

M. Arloing a collaboré à la 2° Ed^{on}, 1871 ; à la 3°, 1879 ; à la 4°, 1890 ; à la 5°, 1903. Voy. Chauveau.

Faculté de Médecine de Paris — Poils et Ongles. Leurs Organes producteurs — Thèse présentée au Concours pour l'Agrégation (Section d'Anatomie et de Physiologie) et soutenue à la Faculté de Médecine de Paris, par S. Arloing. *Paris, G. Masson,* 1880.

1 vol. in-8° de 202 p. avec 19 fig. d. l. t.

Extrait du Bulletin de la Société d'Anthropologie de Lyon, séance

du 9 Nov. 1882 — Caractères ostéologiques différentiels de l'Ane, du Cheval et de leurs Hybrides, par M. J. (1) Arloing. *Lyon, Imp. Pitrat*, S. D. (1882 ou 1883.)
Broch. in-8° de 48 p.

Du Charbon bactérien — Charbon symptomatique et Charbon essentiel de Chabert — Pathogénie et Inoculations préventives par MM. Arloing, Cornevin et Thomas — Mémoire couronné par l'Académie des Sciences (prix Bréant) et par la Société nationale d'Agriculture (prix de Béhague). *Paris, Asselin et C*^{ie}, 1883.
1 vol. grand in-8° de 206 p. avec 1 pl. contenant 5 fig. coloriées.
Concerne en partie le cheval.

Deuxième Congrès national des Vétérinaires de France — Congrès sanitaire de 1885 — Rapport sur les mesures de Police sanitaire à appliquer au Charbon symptomatique, par MM. Arloing, Cornevin et Thomas. *Angers, Imp. Lachèse et Dolbeau*, 1885.
Broch. in-8° de 13 p.
Concerne principalement le bœuf et un peu le cheval.

Le Berceau de l'Enseignement vétérinaire — Création et Evolution de l'Ecole nationale vétérinaire de Lyon — 1761-1889 — par M. S. Arloing, Directeur de l'Ecole nationale vétérinaire de Lyon. *Lyon, Imp. Pitrat aîné*, 1889.
1 vol. gr. in-8° de 149 p., avec le portrait de Bourgelat en frontispice.

Cours élémentaire d'Anatomie générale. Notions de Technique histologique par S. Arloing, Correspondant de l'Institut, Directeur de l'Ecole nationale vétérinaire, Professeur à la Faculté de Médecine de Lyon, revisé et publié par X. Lesbre, Secrétaire de la Société d'Anthropologie et Professeur à l'Ecole nationale vétérinaire de Lyon — Avec 388 fig. dans le texte — *Paris, Asselin et Houzeau*, 1890.
1 vol: in-8° de III-453 p.

(1) Faute d'impression, lisez S. Arloing.

Eléments d'Histologie et de Technique microscopique par F.-X. Lesbre, Professeur à l'Ecole vétérinaire de Lyon, avec la collaboration de V. Ball, E. Forgeot, G. Marotel et A. Rabieaux, Chefs de travaux à la même Ecole — *Deuxième Edition*, entièrement refondue, du Cours élémentaire d'Anatomie générale avec Notions de Technique histologique de S. Arloing, revisé et publié par X. Lesbre – Avec 467 fig. dans le texte — *Paris, Asselin et Houzeau*, 1903.
1 vol. in-8° de IX-630 p.

M. Arloing est en outre l'auteur de l'article « Cheval » du *Dictionnaire de physiologie* de Ch. Richet, Paris, 1898, 124 p. et 46 fig. et de nombreux articles hippiques dans les Revues et Recueils spéciaux.

A citer notamment :
Contribution à l'étude de l'organisation de la main chez les Solipèdes (*Annales des Sciences naturelles, Zoologie*, 1867).
Etude sur le bassin des Solipèdes au point de vue anatomique et obstétrical (*Journal de Médecine vétérinaire*, 1868).
Observations sur la signification des muscles lombricaux et du ligament suspenseur du boulet dans les Solipèdes (*Journal des Vétérinaires du Midi*, 1869).
Détermination des points excitables du manteau de l'hémisphère des animaux solipèdes (*Revue mensuelle de Médecine et de Chirurgie*, 1879).
Des Accidents auxquels sont exposés les Chevaux qui passent sur les lignes de Tramways électriques à contact superficiel. (Système Diatto) (*Journal de Physiologie et de Pathologie générale*, 1902).

ARMÉE (L') FRANÇAISE EN 1884.

L'Armée Française en 1884 et le Général de Galliffet. *Anvers, Imp. Louis Legros*, 1884.
Broch. in-8° de 31 p.
L'opuscule donne une biographie du g^{al} de Galliffet et traite particulièrement de la cavalerie, règlements de manœuvres et de service en campagne, remonte, paquetage, etc.

ARNAUD (Camille-Joseph).
Magistrat français, 1798-1883.

Ce qu'il y avait dans la tête d'un Ane il y a cinq cent sept ans, par Camille Arnaud, Juge au Tribunal

Bibliogr. hippique. T. I. — 3.

civil de Marseille, Chevalier de la Légion d'Honneur. *Marseille, Camoin f^{res}, 1857.*

Broch. pet in-8° de 13 p. Vignette en tête du t.

Amusant récit d'un procès soutenu par deux frères contre un moine qui avait blessé leur âne et le vétérinaire qui l'avait soigné. L'âne était mort du coup qu'il avait reçu à la mâchoire et peut-être aussi du traitement qu'il avait subi. Les deux frères prétendaient qu'il avait une pierre précieuse dans la tête.

ARNAUD (Jules).

Le Service de trois ans. Adresse au Ministre de la Guerre. *Nîmes, Imp. Clavel et Chastanier ; F. Chastanier, Succ^r, 1888.*

Broch. in-8° de 16 p., signée à la fin : Jules Arnaud.

L'auteur défend le service de 5 ans par des considérations générales applicables à la cavalerie, mais sans faire de cette arme une mention spéciale.

La lance dans l'Armée française. *Nîmes, Imp. F. Chastanier, 1889.*

Broch. in-16 de 16 p. signée à la fin : Jules Arnaud.

C'est un réquisitoire contre l'adoption de la lance dans la cavalerie française, avec exemples à l'appui de cette thèse.

ARNOULD (C.)

Constructions rurales économiques et améliorations agricoles, par C. Arnould, Professeur à l'École d'Agriculture de Rethel. Avec 220 figures intercalées dans le texte. *Paris, J.-B. Baillière et fils, 1913.*

1 vol. in-18 de 464 p. dont VI pour la Préface.

Le Chap. IV, p. 36 à 49, concerne les écuries, avec 9 fig.

ARNOUS-RIVIÈRE (Edmond-Jacques).

Officier de cavalerie français, né en 1831.

Après avoir servi dans les équipages de la flotte, il s'engagea au 4° Cuirassiers en 1851 ; sous-lieut^nt en 1855 au 7° Dragons, il passa aux Dragons de l'Impératrice en 1856 et quitta le service actif en 1860 ; il avait fait les campagnes de Crimée et d'Italie.

Essai sur la Cavalerie irrégulière, par Ed. Arnous-Rivière — Première Partie. Prix 50 centimes — *Paris, chez les principaux Libraires. 1859. (Nantes, Imp. Merson.)*

Broch. in-8° de 24 p.

Cette 1re partie donne la théorie, la 2° doit donner l'application pratique, dit l'auteur au début. J'ignore si cette 2° partie a paru, mais je n'ai pu, jusqu'ici, en trouver trace.

ARRAULT (Henri).

Le Cultivateur vétérinaire, par Henri Arrault, auteur de la Médecine domestique des Pays chauds, des Tableaux synoptiques d'Hygiène, de Médecine, de Pharmacie, à l'usage des Capitaines au long Cours, du Guide médical du Chasseur, etc., etc. *Paris, chez l'Auteur et chez tous les Libraires, 1858.*

1 vol. in-18 de XI-232 p. Dédicace à M. Victor Borie.

Ouvrage de vulgarisation dans lequel le cheval tient une place importante.

ATLAS HIPPIQUE DE LA FRANCE.

Ministère de l'Agriculture — Direction des Haras — Atlas Hippique de la France. (Exécution de la Loi Organique du 29 Mai 1874). Octobre 1882 — *Paris, Imp. Nationale, 1882.*

Atlas in-plano de 10 p. de t. à 2 col. et de 9 cartes coloriées.

Les 10 p. de texte contiennent un Rapport de M. de Cormette (voy. ce nom) au ministre de l'agriculture sur la situation générale du service des Haras et sur l'exécution de la Loi de 1874.

Pour d'autres cartes hippiques, voy. Collaine, Gayot (Eug.), Léger (Ch.), Cormette (de), Clerjon de Champagny, Loi organique de 1874, Itier, Jacoulet.

ARRIQUES (DON Antonio DE).

L'Art de panser & de guerir toutes les Maladies des Chevaux par les plus prompts remedes mis au jour par Don Antonio de Arriques, Grand Ecuyer de son Altesse Monseigneur le Duc de Mantoue. *A Troyes, chez la Vve de Jacques Oudot et Jean Oudot fils, S. D. (vers 1740).*

Broch. in-12 de 18 f^{ts}.

Même ouvrage. *Troyes, P. Garnier. S. D.*

Le titre seul est changé.

L'Art de penser et de guérir toutes les Maladies des Chevaux par les plus prompts Remèdes, avec la description des veines et pour quelles causes on les doit seigner, Ouvrage tres necessaire dans toutes les Ecuries. Nouvellement mis au jour par D. Antonio de Arriques, Grand Ecuier de Son Altesse Monseigneur le Duc de Mantoue et *se vend à Paris chez Gérard Jollain, rue St Jacques à l'Enfant Jésus.* S. D. (vers 1740).

1 feuille gr. in. f° imprimée au recto seulement, avec, en haut et au milieu, une grande fig. finement gravée, représentant un cheval au galop duquel partent des lignes qui aboutissent à des n^{os} renvoyant aux parag. du texte qui indiquent les 25 veines où l'on doit saigner. La fig. du cheval est accompagnée de 2 flammes à saigner.

Le texte, sur 4 col., donne en outre les remèdes pour les différentes maladies du cheval.

« Toutes les saignées, dit l'auteur (ou plutôt l'éditeur), sont tirées des livres « de Caraciolle et Ruini. » Mais, en réalité, elles sont exactement copiées sur les *Recettes approuvées du Sieur de l'Espiney* qui font suite à l'éd^{on} de 1628 du *Maréchal expert* de Beaugrand (voy. ces noms).

Si, d'autre part, on remarque que le privilège des éd^{ons} de Troyes décrites ci-dessus est accordé à Jean Oudot et concerne seulement le *Maréchal expert*, on en conclura qu'il n'est pas impossible que Don Antonio de Arriques soit un personnage inventé par les éditeurs.

Quoi qu'il en soit, cette feuille était une sorte d'affiche destinée à être placardée dans les écuries. Ses dimensions et l'usage qui en a été fait en ont assuré la destruction et elle est devenue introuvable.

Elle a été en grande partie reproduite en 1758 par l'abbé de Villers (voy. ce nom).

ART (L') DE SE CONNOISTRE BIEN EN CHEVAUX.

L'Art de se connoistre bien en Chevaux où il est traité de leur nature et complexion de leurs Marques et Signes, de l'Epée Romaine, Epy ou Remolins, et de la Forme et juste Proportion de leurs Corps. Utile à la Noblesse ; à ceux qui sont dans l'employ de la Guerre, & aux Marchands qui en trafiquent. *A Gand, chez Iean Danckaert, à la rüe de Velt-Straet, à l'Ensigne (sic) de S. Pierre,* 1678.

Broch. pet. in-12 de 2 f^{ts} pour le titre et la dédicace à M. de Jausse de Mastein, Cte de Crushautem, Bon de Hessove, Grand Bailly du Pays de Waes, signée D. M., 40 p. de t. et 1 f^t pour le Privilège.

Plus de la moitié de ce curieux et rare petit ouvrage est consacrée aux épis, marques, taches accidentelles, balzanes, etc., auxquels les hippiâtres d'alors accordaient la plus grande importance pour l'appréciation des chevaux. Les traces de ces croyances n'ont pas encore complètement disparu dans certains pays d'élevage.

ART (L') DE TOUTE SORTE DE CHASSE.

L'Art de toute sorte de Chasse et de Peche. Avec celuy de guerir les Chevaux, les Chiens, & les Oiseaux. Et un Dictionnaire de la Chasse & de la Pêche ; avec une explication des termes de la Fauconnerie, mis en Dialogue. *A Lyon, chez Antoine Boudet, rüe Merciere à la Croix d'Or,* 1719.

2 vol. in-12 de 8 f^{ts} non ch. pour les titres, la table, l'approbation, le privilège et 393 p., plus 2 f^{ts} d'annonces de lib^{ie} au T. I ; 8 f^{ts} pour les titres et la table et 436 p. au T. II.

Même ouvrage, même titre. *A Lyon, chez les f^{res} Bruyset, rüe Merciere au Soleil & à la Croix d'Or,* 1730.

Même éd^{on} avec un titre nouveau.

Même ouvrage, même titre. *A Lyon, chez les f^{res} Bruyset.....*1750.

Même éd^{on} avec un titre nouveau.

Cet ouvrage est cité ici à cause du Chap. sur les Chevaux qui se trouve au T. II, p. 132 et suiv. C'est un ramassis de remèdes extravagants empruntés aux vieux hippiâtres, avec des notions d'hygiène et des conseils sur le choix des chevaux de chasse. L'auteur prétend guérir la morve et le farcin. Ses connaissances anatomiques sont particulièrement fantaisistes : le cheval, d'après lui, n'a ni vessie ni uretères.

ART (L') VÉTÉRINAIRE MIS A LA PORTÉE DES CULTIVATEURS.

L'Art vétérinaire mis à la portée des Cultivateurs par M. L. N***, Membre de plusieurs Sociétés savantes. *Châtillon-sur-Seine (Côte-d'Or), Ch. Cornillac*, 1841.

2 vol. in-18 de 215 et 214 p. Les maladies du cheval occupent les 140 premières p. du T. I. Chaque note est divisée en - Symptômes — Causes — Traitement.

ARTAUD (François).

Archéologue français, directeur du Musée de Lyon, membre de l'Académie française, 1767-1838.

Description d'une Mosaïque représentant les jeux du Cirque, découverte à Lyon le 18 Février 1806, par F. Artaud. *Lyon, Imp. Ballanche père et fils,* 1806.

Broch., très. gr. in f° de 4 f[ts] pour les titres, la dédicace de l'auteur à M. Fay de Sathonay, Maire de Lyon et l'avertissement, 20 p. de texte et une pl. gravée en couleurs représentant une course de chars avec des cavaliers isolés La couverture mentionne aussi les lib[les] Maire à Lyon, Lenormand et Coeffier à Paris.

Outre la description de la mosaïque, le texte contient des appréciations sur l'espèce et le modèle des chevaux qui y sont représentés. Ouvrage rare.

Ancienne Statue équestre de Louis XIV à Lyon. *Lyon, Imp. J. M. Barret,* 1826.

Broch. in-8° de 24 p. signée à la fin, avec 1 pl. lith. représentant l'ancienne statue inaugurée en 1713, renversée par la populace en 1792 et fondue pour en faire des canons. Le maire de Lyon était alors Vitet (voy. ce nom pour sa biographie et ses ouvrages) et on doit reconnaître qu'il s'efforça d'empêcher cet acte de vandalisme.

Nouvelle Statue équestre de Louis XIV à Lyon. *Lyon, Imp. J. M. Barret,* 1826.

Broch. in-8° de 48 p., signée à la fin, avec 2 pl. lith. représentant l'une la nouvelle statue inaugurée en 1825, et l'autre le fardier qui servit à son transport.

Ces 2 brochures, et principalement la 2°, contiennent des détails, des préceptes et des appréciations sur la représentation artistique du cheval. C'est à ce titre qu'elles sont mentionnées ici.

ARTENN (le comte d').

Application du Levier à la Traction — Nouveau mode d'Attelage conservateur des Chevaux — Essai sur l'emploi rationel (sic) des forces des Chevaux, sur leur conservation et sur les moyens d'obvier à leur usure prématurée, par le Comte d'Artenn. *Paris, Imp. de Soye*, 1868.

Broch. in-8° de 24 p. avec 1 pl. se dépliant.

Le système consiste à interposer un ressort, ingénieux mais compliqué, entre le cheval et la charge à traîner, pour amortir le choc du démarrage et uniformiser le tirage.

ARTHAUD (J.)

Lettre sur la Morve, sa cause, son traitement et les moyens de la prévenir, par J. Arthaud, D.-M.-P., Président de la Société médicale d'Emulation de Bordeaux, Membre de la Société de Médecine pratique, de l'Intendance sanitaire, du Conseil central de salubrité de la Gironde, etc., etc., etc. — Extrait du *Spectateur militaire* (Cahier de Mai, 1844). *Paris, Imp. Bourgogne et Martinet* (1844).

Broch. in-8° de 32 p. avec 1 pl. se dépliant et donnant les détails d'une baignoire pour les chevaux.

L'auteur avait fait des recherches microscopiques sur les matières du jetage, et il exprime l'opinion, nouvelle pour l'époque, que la morve, ainsi que d'autres maladies contagieuses, est due à des animaux infiniment petits, qu'il appelle monades ou vibrions, et qu'on nommerait aujourd'hui microbes.

A la fin de l'opuscule, l'auteur se livre à une charge à fond contre le cheval de pur sang anglais sans aucun rapport avec le reste de l'ouvrage.

ARTILLERIE (L') A CHEVAL... dans la division de cavalerie.

L'Artillerie à Cheval à Tir rapide dans la Division de Cavalerie par le Chef d'escadron d'artillerie P. N. *Paris, R. Chapelot,* 1907.

Broch. in-8° de 32 p.

ASNE (L'), voy. COQUELET (L.).

ASSAILLY (d'), voy. KLEIST.

ASSASSINS (LES).

Les Assassins ou Dénonciation au Peuple de l'Abus tyrannique des Voitures. *A Paris et se trouve chez tous les Marchands-Libraires, au Palais royal*, 1789.

Broch. pet. in-8° de 8 p.

Après le récit d'un accident de voiture causé « par un jeune débauché, attendu « par quelque courtisane... », l'auteur dit aux Parisiens : « Vous vous vantez d'être « libres, & vous ne pouvez faire un pas « sans être exposés à perdre la vie. » Il ajoute que « Paris est, après Madrid, la « ville la plus mal propre, la plus puan- « te et la plus infecte de l'Europe ».

Voy., sur le même sujet, *Embarras de Voitures*.

ASSEZAT (Henri-François-Marie PICAREL D').

Officier de cavalerie français, 1831-1875.

Sous-lieutenant en 1859, capitaine en 1872, décédé en activité de service. Campagnes de 1859 en Italie et de 1870-71 contre l'Allemagne.

Notions d'Equitation à l'usage de M.M. les Officiers d'Infanterie par H. d'Assézat, Lieutenant au 10ᵉ Chasseurs. *Paris J. Dumaine*, 1869.

Broch. in-18 de 51 p. avec 1 pl.

ATHENEE (L') DE MONTMARTRE, voy. HISTOIRE d'un âne.

ATLAS HIPPIQUE DE LA FRANCE.

Ministère de l'Agriculture — Direction des Haras — Atlas hippique de la France (Exécution de la Loi Organique du 29 mai 1874), Octobre 1882 — *Paris, Imp Nationale*, 1882.

Atlas in-plano de 10 p. de t. à 2 col. et de 9 cartes coloriées.

Les 10 p de t. contiennent un Rapport de M. de Cormette (voy. ce nom) au ministre de l'Agriculture sur la situation générale du service des Haras et sur l'éxécution de la Loi de 1874.

Pour d'autres cartes hippiques, voy. Collaine. Gayot (Eug.), Léger (Ch.) Cormette (de) Clerjon de Champagny, Loi organique de 1874, Itier. Jacoulet.

A TRAVERS LA CAVALERIE.

A travers la Cavalerie — Organisation — Mobilisation — Instruction Administration — Remontes — Tactique. *Paris et Limoges, Henri Charles-Lavauzelle*, 1886.

1 vol. in-8° de 332 p. dont x pour l'introduction.

ATTABALIPPA.

Pseudonyme d'Adrien Banchieri, poète et musicien italien, né en 15 , mort en 1634.

La Noblesse, Excellence et Antiquité de l'Asne. Traduct de l'Italien du Sieur Attabalippa. *A Paris, par François Huby, ruë S. Iacques au Soufflet verd, deuant le Collège de Marmoutier. Et en sa boutique au Palais, deuant la porte de la Saincte Chapelle*, 1606.

1 vol. très pet. in-4° de 53 fᵗˢ chiffrés et 1 non ch. pour le privilège. Curieuse vignette sur le titre.

Après un avant-propos, l'auteur examine les qualités et défauts du chien, du cheval, du lion, du singe, de l'éléphant et enfin de l'âne dont il vante les qualités en termes hyperboliques. Il cite à son sujet une foule d'anecdotes mythologiques. historiques, facétieuses et même scatologiques, décrit les remèdes qu'on en tire, les festins où on le mange, nomme les lieux ou accidents géographiques auxquels il donne leur nom, les proverbes et dictons auxquels il a donné naissance, etc.

Il y a eu plusieurs édᵒⁿˢ italiennes.

ATTAQUE ET DEFENSE DES CONVOIS, voy. MANUEL militaire.

AUBER (Charles-Auguste).

Prêtre et archéologue français, né vers 1804, mort en 1892.

Des Statues Equestres sculptées aux Tympans de quelques Eglises romanes et de leur signification dans l'Esthétique chrétienne. Dissertation lue au Congrès archéologique de Fontenay, en septembre 1864, par M. l'Abbé Auber, Chanoine de l'Eglise de Poitiers, Membre de la Société française d'Archéologie. *Caen, Typ. de F. Le Blanc-Hardel*, 1865.

Broch. in-8° de 32 p.

Voy., sur le même sujet, Audiat (Louis), Musset (Georges), Biais (Emile), Arbellot (François).

AUBERT (P.-A.).

Ecuyer français, né vers 1783, mort en 1863.

Aubert avait reçu une bonne éducation et fait de fortes études. Quoique adonné tout jeune à la pratique de l'équitation, il fut pendant longtemps employé dans les bureaux de la Ville et en sortit avec une pension de retraite.

Il était élève au manège de M. Testu de Brissy de 1792 à 1800, sous MM. le chevalier de Mottey, Lavard, Vincent, Auguste Pellier, Coupé et Gervais, puis élève-écuyer au manège Amelot, sous les écuyers Leroux frères, Chapelle, Pellier et Mézières et ensuite écuyer-professeur (1) au manège Vincent dit Manège des Dames 2) quand celui d'Amelot fut supprimé.

Pendant le gouvernement consulaire, Aubert tint, avec M. Addenet, un établissement d'équitation à l'hôtel d'Auvergne, près des Tuileries. Jardin, écuyer du Premier Consul, avait obtenu que l'Orangerie des Tuileries, placée dans la Salle qu'avait occupée l'Assemblée constituante, serait rendue à sa destination première, c'est-à-dire transformée en manège (3). Mais ce manège étant trop éloigné des écuries du Premier Consul, établies place du Carrousel, Aubert et son associé, qui avaient des élèves et des chevaux à dresser dans la garde consulaire, furent autorisés à y donner des leçons.

De 1818 à 1827, il fut directeur et propriétaire du manège qu'il avait fait construire rue de l'Arcade, où il s'adjoignit pour écuyers-professeurs MM. Lemaitre, capitaine Hirchsmann, Sarron et Perrard.

C'est dans ce manège que venaient prendre leurs leçons d'équitation les élèves de l'Ecole d'Etat-major, dont Aubert avait été nommé, en 1819, Ecuyer-professeur, avec Kuntzmann, ancien piqueur de la reine de Hollande, comme second ; il quitta ces fonctions en 1820 ou 1821.

En 1828, il fit construire, rue de Ponthieu, un manège qu'il dirigea et où il cessa d'enseigner le 31 juillet 1830. Il le céda alors à M. Latry.

(1) Et non pas élève, comme le dit Curnieu.
(2) Le Manège des Dames était l'ancien manège personnel de M. d'Ogny, Intendant général des Postes, tenu plus tard par MM. Vincent et Dupeyron de la Taste, rue Grange-Batelière, Voy. Picard, *Origines de l'École de Cavalerie*, t. I, p. 264, et *Traité d'équitation d'Aubert*, notes des pp. 127 et 239.
(3) Voy. aussi, sur le Manège des Tuileries, G. Lenôtre, *Paris révolutionnaire*, Paris 1902, p. 62 et suiv.

Il voyagea ensuite en Suisse, en Autriche, et en Italie, visitant tous les établissements d'instruction équestre, et rentra en France en 1833.

C'est peu après qu'il fit paraître son *Traité d'équitation*, en manuscrit depuis longtemps, et qui avait reçu l'approbation du Mis Ducroc de Chabannes, « le « Nestor des écuyers français », dit-il. Il continua à s'occuper d'équitation, soit en donnant des conseils à ses anciens élèves, soit en dressant les chevaux qu'on lui confiait. Enfin il dirigea pendant plusieurs années le haras de M. le Mis de Villette, son ami.

En 1850, il fit à Saumur un séjour de deux mois, dans le but d'obtenir du commandant de cette école, le Gal de Goyon, et des principaux écuyers, des attestations favorables qui ne lui furent point refusées et qui devaient aider aux démarches qu'il faisait alors pour être décoré.

Outre les ouvrages décrits ci-dessous, Aubert a laissé une *Biographie des Ecuyers et Hommes de cheval morts depuis un demi-siècle*, qui n'a malheureusement jamais été publiée et dont le manuscrit semble bien irrévocablement perdu (1).

Traité raisonné d'équitation, d'après les principes de l'Ecole française, par P. A. Aubert, ex-Professeur-écuyer de l'Ecole royale d'application pour les Officiers d'Etat-major. *Paris, Anselin et Gaultier-Laguionie*, 1836.

1 vol. in-4° de 297 p. et 1 atlas de 40 pl., in-f°, lithographiées (2), signées A. J. (Alfred Johannot) (3) plus un frontispice. La pl. 34 est le portrait d'Aubert montant le cheval espagnol *Le Florido* : la pl. 23 représente son manège de la rue de Ponthieu, la pl. 40 et dernière, le Carrousel donné en 1814 dans le Manège impérial de Vienne, « en présence des hauts alliés »

Le volume de texte est assez rare, mais les pl., publiées en feuilles volantes, ont été dispersées et sont bien plus rares encore.

(1) Ces renseignements biographiques sont extraits d'une courte notice que le Bon de Curnieu (voy. ce nom) lui a consacrée dans le T. V de la *Vie à la Campagne*, p. 385 ; des nombreuses notes, souvent humoristiques, de ses deux ouvrages principaux et enfin d'une petite autobiographie qu'il a placée à la fin du *Recueil de copies de Lettres* décrit plus loin.
(2) Et non 44, comme l'indique le texte du *Traité*.
(3) Alfred Johannot, graveur et peintre français. 1800-1837.

L'édition était épuisée longtemps avant la mort d'Aubert, et il a, à plusieurs reprises (voy. *Recueil de Copies de Lettres*), manifesté l'intention d'en faire publier une nouvelle éd°ⁿ, mais ce projet n'a pas été exécuté.

Equitation des Dames, par P. A. Aubert, avec 20 Planches lithographiées par H. de Montpezat. *Paris, chez l'Auteur et à la Librairie militaire de Gaultier-Laguionie*, 1842.

1 vol. in-8° de XLI-133 p. Dédicace à Mme L. Geoffroy de Villeneuve, née Bertherand, suivie d'une longue et intéressante introduction qui donne l'historique de l'équitation des dames et sa situation au moment où écrivait Aubert. Dans cet ouvrage, d'ailleurs estimable, il renvoie souvent au précédent.

Quelques observations sur le système de M. Baucher pour dresser les chevaux. Doit-on adopter ce système pour les régiments de Cavalerie de l'Armée ? Par P. A. Aubert, ex-Professeur-écuyer de l'Ecole royale d'application pour les Officiers d'Etat-Major et auteur de plusieurs ouvrages sur l'Equitation. *Paris, Leneveu*, 1842.

Broch. in-8° de 48 p. C'est une vive critique de la Méthode Baucher. Les Observations d'Aubert sont suivies de trois lettres approbatives de MM. Bouvard, Thirion et Lecornué, alors maîtres de manège à Paris.

Observations présentées à Son Excellence le Maréchal Ministre de la Guerre et à MM. les Membres du Comité de Cavalerie sur le moyen de simplifier le dressage des Chevaux de troupe et de les conserver beaucoup plus obéissants à la main, en rendant impossible le faux emploi des rênes de la bride, l'une des grandes causes de la défense des chevaux, comme l'une des grandes causes de leur ruine en peu de temps, par P. A. Aubert, auteur de plusieurs ouvrages sur l'Equitation, ex-Ecuyer-professeur de l'Ecole royale d'application. *Vaugirard, Delacour et Marchand*, 1845.

Broch. in-8° de 12 p.

L'innovation proposée par Aubert et qu'il avait essayée de concert avec M. Voisin, ancien colonel du 3ᵉ Lanciers, son ami intime (voy. Voisin), consiste à croiser les rênes de bride en-dessous de l'encolure.

Recueil de Copies de Lettres extraites de la correspondance de M. Aubert avec les Hommes que leurs connaissances en équitation ont rangés parmi les maîtres les plus capables en cet art. *Paris, Imp. de Cosse et J. Dumaine*, 1855.

Broch. in-8° de 46 p.

La publication de ces lettres, qui sont accompagnées de notes, d'explications et de commentaires d'Aubert, avait pour but d'appuyer sa proposition pour la Légion d'honneur.

Cet opuscule est à peu près introuvable.

Aubert a été un écuyer « fidèle aux « saines doctrines de la vieille équitation « française » (1), ennemi du pur-sang léger et surtout de l'anglomanie contre laquelle il se répand en plaintes amères et souvent pittoresques, ennemi déclaré aussi de la Méthode Baucher. Mais ses préceptes concernant la position à cheval sont irréprochables et on n'a guère mieux dit. Quant à ses principes généraux et au détail de son instruction, il dit qu'il les a en partie empruntés à Mottin de la Balme. Souvent aussi, il s'appuie sur l'école allemande. C'est un classique de l'école de Versailles à l'éducation duquel une longue expérience et un tact remarquable ont ajouté un sens pratique qui rend ses livres dignes toujours d'être consultés.

Son style est clair, correct, incisif, très personnel. « S'il s'égaye souvent assez « vertement sur les modes, les préjugés, « les doctrines et même les personnes « qui lui déplaisent, il y a dans tout cela « plus de gaieté et d'esprit que de mal-« veillance (2). »

Aubert avait, dans sa jeunesse, adressé au Ministre de la guerre un rapport au sujet de reprises d'épreuve auxquelles on devait soumettre les jeunes instructeurs destinés à l'enseignement de l'équitation dans les régiments de cavalerie (3).

Plus tard, il reprit cette idée et inventa un instrument bizarre qu'il appela *Collier d'épreuve* (voy. la p. 247 du Traité et la pl. 35 de l'Atlas) et qui était destiné à donner au cavalier le tact nécessaire pour sentir sur quel pied galope son cheval.

Le portrait équestre d'Aubert, peint

(1) Picard, *Origines*...
(2) Curnieu, *Notice* sur Aubert, citée plus haut.
(3) Note de la p. 247 du *Traité*.

par H. de Montpezat, qui a illustré son *Equitation des Dames.* se trouve au cabinet des Écuyers de l'Ecole supérieure de guerre.

AUBIER (Louis-Dominique-Achille.)
Général de cavalerie français, né en 1852, sous-lieut[t] en 1859, général de brigade en 1910.

La Méthode d'Instruction dans la Cavalerie, par Ubiez. *Paris, L. Baudoin,* 1883.
Broch. in-8º de 49 p.

Même ouvrage, même titre — *Deuxième Edition* — *Paris et Nancy, Berger-Levrault,* 1888.
Broch. in-18 de 55 p. avec un tableau se dépliant.
Dans cette éd[on], le chap. relatif au service en campagne est supprimé, ce chap. ayant été remanié et complété dans la broch. de 1886, qui suit.

La Cavalerie française en 1884, par Ubiez. *Paris et Limoges, Henri Charles-Lavauzelle,* 1884.
1 vol. in-18 de xiv-293 p.

Même ouvrage, 2e *édition*, revue et augmentée. *Paris et Limoges, Henri Charles-Lavauzelle,* 1884.
1 vol. in-18 de xiv-295 p. Quelques notes complémentaires et un chapitre ont été ajoutés dans cette éd[on].

La Cavalerie aux grandes manœuvres des 4e et 17e corps, par Ubiez. *Paris et Nancy, Berger-Levrault,* 1885.
Broch. gr. in-8º de 80 p., avec 2 cartes.

Une méthode d'enseignement du Service en Campagne, par Ubiez et P. A. G. *Paris et Nancy, Berger-Levrault,* 1886.
Broch. in-18 de 88 p.

Un Régiment de cavalerie légère en 1793-1815 (20e Chasseurs), par le lieutenant A. Aubier. *Paris et Nancy, Berger-Levrault,* 1888.
1 vol. in-12 de cxiv-474 p., avec 5 gravures d'uniformes.

Même ouvrage, 2e *édition*, 1891.
Sans changement.

La Cavalerie dans la guerre moderne, par A. A. Extrait de la *Revue des Deux-Mondes* (15 sept. et 15 nov. 1889). *Paris et Nancy, Berger-Levrault,* 1890.
1 vol. in-12 de 148 p.

Du rôle stratégique et tactique de la cavalerie, par A. A. *Paris et Nancy, Berger-Levrault,* 1892.
Broch. in-8º de 68 p., avec 3 croquis de formations d. l. t.

L'Armée et la Cavalerie Italienne, par A. A. *Paris et Nancy, Berger-Levrault,* 1892.
Broch. gr. in-8º de 72 p.

L'Armée et la Cavalerie italienne, par le capitaine Aubier. *Paris et Nancy, Berger-Levrault,* 1893.
1 vol. gr. in-8º de 150 p.

La Colonne expéditionnaire de cavalerie à Madagascar, par le commandant A. Aubier, du 16e dragons. Avec 4 croquis. *Paris et Nancy, Berger-Levrault,* 1898.
Broch. gr. in-8º de 67 p.

L'Emploi de la cavalerie aux manœuvres de 1897. Quelques réflexions sur son emploi à la guerre. Conférence faite à MM. les officiers de la garnison de Reims, le 23 février 1898, par le commandant Aubier, du 16e dragons. *Paris et Nancy, Berger-Levrault,* 1898.
Broch. gr. in-8º de 72 p.

L'Esprit cavalier et l'idée de la guerre à propos du nouveau règlement, par A. A. *Paris et Nancy, Berger-Levrault,* 1899.
Broch. gr. in-8º de 35 p.

Les Ecoles et l'avancement. Saumur et l'Ecole de guerre par A. A. *Paris et Nancy, Berger-Levrault,* 1900.
Broch. gr. in-8º de 46 p.

L'esprit, la lettre et l'évolution des idées d'un Règlement de cavalerie, par A. A. *Paris et Nancy, Berger-Levrault,* 1901.
Broch. gr. in-8º de 39 p.

La Cavalerie Napoléonienne peut-elle encore servir de modèle ? par le Lieut[nt]-Colonel A. Aubier, du

15ᵉ Chasseurs — *Paris et Nancy, Berger-Levrault*, 1902.
1 vol. gr. in-8° de 103 p.

Cavalerie. Essai de mise au point; par A. A. *Nancy et Paris, Berger-Levrault*, 1903.
Broch. in-8° de 28 p.

La Cavalerie aux Manœuvres du Centre — Fictions de Manœuvres et Réalités de Guerre, par le Colonel Aubier. *Paris et Nancy, Berger-Levrault*, 1908.
Broch. gr. in-8° de 32 p.

Evolution des idées sur le Rôle et l'Emploi de la Cavalerie, par le Général Aubier. *Paris et Nancy, Berger-Levrault*, 1910.
Broch. gr. in-8° de 60 p.

La loi des Cadres de la Cavalerie. Réformes dangereuses et Réformes utiles, par le Général Aubier. *Paris et Nancy, Berger-Levrault*, 1912.
Broch. gr. in-8° de VIII-49 p. avec 1 carte se dépliant.

AUBINEAU (Pierre-Georges).
Officier d'artillerie français, né en 1856.

Du Cheval d'Artillerie dans les Divisions de Cavalerie Indépendantes; par G. Aubineau, Lieutenant au 29ᵉ Régiment d'Artillerie. Extrait de la *Revue d'Artillerie* — Juin 1887. *Paris et Nancy, Berger-Levrault*, 1887.
1 broch. in-8° de 24 p.

AUBOURG (J.).
L'électricité appliquée au ferrage et au dressage des chevaux par J. Aubourg, éleveur à Longueville. *Dieppe, Imp. et Lib. de l'Eclaireur*, 1893.
Broch. in-16 de 8 p.

AUBOYER (Eugène).
Vétérinaire militaire français. 1809-1871.
Diplômé d'Alfort en 1830, vétérinaire principal en 1861, retraité en 1869. Campagnes de Belgique en 1831, 32, 33 et d'Italie en 1859.

Opuscule sur l'Ile et les Chevaux de la Camargue; par M. Auboyer, Médecin Vétérinaire en 1ᵉʳ au 4ᵉ Régiment de Chasseurs. — Ouvrage couronné par la Société royale et centrale d'Agriculture. *Paris, Vᵛᵉ Bouchard-Huzard*, 1845.
Broch. in-8° de 22 p. (Extrait des *Annales de l'Agriculture française*.)

D'après le dossier d'Auboyer, il serait aussi l'auteur d'un *Guide d'hygiène hippique*. Cet ouvrage est peut-être resté manuscrit, car je n'ai pas trouvé trace de sa publication.

AUBRAT (Gaston-Paul-Auguste).
Officier d'artᵗᵉ français, né en 1856; sous-lieutᵗ en 1877, lᵗ-colonel en 1907.

Méthode de tir simulé contre la Cavalerie, par M. Aubrat, Lieutᵗ au 16ᵉ Régᵗ d'Artillerie. (Extrait de la *Revue d'Artillerie* — Juin 1884.) *Paris et Nancy, Berger-Levrault*, 1884.
Broch. in-8° de 13 p.

Note sur la Selle anglaise, par G. Aubrat, Capitaine d'Artillerie. *Paris et Nancy, Berger-Levrault*, S. D. (1900.)
Broch. in-8° de 7 p., avec 4 fig. d. l. t.
Tirage à part à petit nombre de la *Revue d'Artillerie*.

AUBRION (C.).
Du Panaris chez le Cheval, par C. Aubrion, Ex-Vétérinaire, Médecin au Gault (Marne). *Paris, A. Parent*, 1869.
Broch. in-8° de 16 p.
(Extrait des *Archives générales de Médecine*, numéro de Juin 1869.)

AUBRY (Charles) (1).
Peintre et dessinateur français. 1798-1841.
Fut nommé professeur de dessin à Saumur en 1825 et réformé par suppression d'emploi en 1835.

Histoire pittoresque de l'Equitation ancienne et moderne, dédiée à MM. les Officiers-élèves de l'Ecole royale de cavalerie, par Charles Aubry, peintre-professeur à l'Ecole. *Imprimée et publiée par Ch. Motte, imprimeur-lithographe du Roi et de S. A. R. Mgr le duc d'Orléans,*

(1) Le prénom *Charles* figure sur le titre de tous ses ouvrages ou dessins, mais, d'après son acte de naissance (du 24 pluviôse an VI), et d'après son titre de pension, il s'appelait réellement Edouard.

à Paris, chez *l'éditeur et chez De-gouy, à Saumur.* 1833-1834.

Bel album in-f° lithographié comprenant un titre imprimé en rouge et noir, encadré de dessins et formant frontispice, une page de texte au commencement, une à la fin, toutes deux encadrées de dessins et 24 pl. sur chine composées d'un sujet principal entouré de nombreux petits dessins s'y rapportant, ceux-ci traités d'un crayon souvent plus alerte que le motif central.

Dans quelques rares exemplaires, les planches sont coloriées.

C'est d'après les dessins de cet artiste, de concert avec son collaborateur Lœillot, qu'est illustré l'ouvrage du général Ambert, *Esquisses historiques des différents corps qui composent l'Armée française.* (V. Ambert et Lœillot-Hartwig.)

Il a également dessiné les deux premiers cahiers du bel ouvrage de Brunot, *Etudes anatomiques du Cheval* (voy. Brunot), ainsi que l'Atlas du *Cours d'équitation de Saumur* (voy. Cours). Ce dernier mérite une mention particulière pour la correction du dessin.

Son œuvre comprend beaucoup de sujets hippiques, lithographiés et gravés, ainsi que des voitures attelées. A citer : Collection des Uniformes de l'Armée française présentée au Roi par S. E. le Maréchal duc de Bellune, Ministre de la Guerre, 1823, *à Paris, chez Ch. Picquet.* Cette belle suite se compose de 30 pl. lithog. pour la 1re édon et de 84 pour la seconde dont j'ignore la date. Il y a des exemplaires coloriés — Charles X à cheval, 1824 — Chevaux de manège et de carrière de l'Ecole royale de Cavalerie de Saumur montés par MM. les Officiers supérieurs, écuyers, professeurs et militaires de cette école. *Paris, Giraldon-Bouvet,* 1828, 12 feuilles in-f° — Carrousel en l'honneur de la duchesse de Berry, 1828 — Les élèves de l'Ecole de Saumur prêtant serment de fidélité à Louis-Philippe — Haras de l'Ecole royale de Cavalerie — Intérieur d'un grand manège — Travail de carrière — Exercices équestres à l'instar des anciens carrousels — Grande revue passée par le Général commandant l'Ecole (vers 1830) — Portrait équestre du comte d'Orsay, 1830 — Diverses lithographies sur la chasse à courre et la chasse au faucon. *Paris, Motte,* vers 1837, etc., plus quelques caricatures : la Leçon d'équitation. *Paris, Motte* — le Coucou. *Paris, Delpech,* etc.

Tous les chevaux d'Aubry sont dessinés avec une sûreté de main remarquable : leur anatomie est correcte et exacte, leurs mouvements aisés et gracieux, leur aspect général élégant. Aussi ses œuvres sont-elles toujours recherchées.

AUBRY (Paul-Victor).
Officier d'artillerie français, né en 1863.

Note sur l'Entraînement du Cheval de selle d'artillerie, par V. Aubry, Capitaine d'Artillerie. Extrait de la *Revue d'Artillerie* (Juillet 1899). *Paris et Nancy, Berger-Levrault,* 1899.

Broch. in-8° de 14 p.

L'auteur estime que 12 à 15 chevaux de selle par batterie doivent être préparés, par un entraînement suffisant, à faire un service dur ; il expose ensuite les procédés d'entraînement et cite des exemples.

AUDÉ (Léon).
La question des Foires en Vendée — 26 Août 1869 — par Léon Audé. *Nantes. Imp. Vincent Forest et Emile Grimaud,* 1869.

Broch. in-8° de 16 p.

Plaidoyer en faveur de la liberté et de l'extension des foires au profit de l'élevage.

AUDEBRAND (Alexis-Marie-Léon).
Officier d'artillerie français, né en 1850; sous-lieut^t en 1872; chef d'escadron en 1891 ; retraité en 1899.

Caissons et Réserves des Batteries de Cavalerie, par A. Audebrand, Capitaine d'Artillerie, 2e Division de Cavalerie — Extrait de la *Revue d'Artillerie.* Février 1888. — *Paris et Nancy, Berger-Levrault,* 1888.

Broch. in-8° de 14 p.

Etude sur le rendement du Cheval d'Artillerie, par A. Audebrand..., etc. — Extrait de la *Revue d'Artillerie* — *Paris et Nancy, Berger-Levrault,* 1888.

Broch. in-8° de 67 p.

AUDEBRAND (Philibert).
Littérateur français, romancier, journaliste et auteur dramatique, 1815-1906.

P. J. Proudhon et l'Ecuyère de l'Hippodrome. Scènes de la vie littéraire, par Philibert Audebrand.

A la Lib. *Frédéric Henry, au Palais-Royal*, 1868.

Broch. in-16 de 67 p.

Proudhon (1) avait reçu une lettre d'une écuyère de l'Hippodrome, Mme de Ste Hermine, dans laquelle celle-ci lui déclarait qu'elle voulait renoncer à sa vie actuelle, mener à l'avenir une conduite régulière, et demandait à Proudhon de lui tracer une règle pour la diriger dans cette existence nouvelle. Proudhon n'y vit pas malice et lui répondit par une longue et belle lettre. Mais l'épître de Mme de Ste Hermine avait été composée par un écrivain, M. Gabriel Vicaire, qui voulait simplement posséder un autographe du célèbre économiste révolutionnaire. Proudhon apprit plus tard la mystification dont il avait été l'objet et que raconte M. Philibert Audebrand. Il ne la pardonna jamais à son auteur.

AUDIAT (Gabriel).

Le Général Charles-Théophile de Brémond d'Ars (1787-1875), d'après ses *Souvenirs militaires*, publiés et annotés par son fils le Comte Anatole de Brémond d'Ars; par Gabriel Audiat. *La Rochelle, Imp. Texier,* 1904.

Broch. in-8° de 27 p. (Extrait de la *Revue de Saintonge et d'Aunis*.)

Le Général de Brémond d'Ars appartenait à la cavalerie.

AUDIAT (Louis).

Professeur et archéologue français. Bibliothécaire de la ville de Saintes et Président de la Société des Archives historiques de la Saintonge et de l'Aunis. 1833-1905.

Les Cavaliers au portail des Eglises, par M. Audiat. *Angers, Imp Lachèse, Belleuvre et Dolbeau,* 1872.

Broch. in-8° de 27 p.

Deux notes d'archéologie — Les Statues équestres au portail des Eglises — Les Saintongeais ont-ils déplacé la Charente et l'Arc de Triomphe, par Louis Audiat. *Paris, Alphonse Picard,* 1885.

(1) Proudhon (Pierre-Joseph), publiciste français, 1809-1864. Il était fils d'un tonnelier, fut d'abord ouvrier typographe et débuta comme écrivain, en 1840, par quelques brochures politiques bientôt suivies de nombreux ouvrages plus ou moins révolutionnaires sur l'économie politique et les questions sociales. Il fonda également plusieurs journaux avancés et fut membre de la Constituante en 1848.

Broch. gr. in-8° de 16 p.

Au portail de certaines églises romanes ou gothiques, on voit quelquefois un cavalier dont le cheval écrase sous ses sabots un ennemi vaincu. De nombreux archéologues ont cherché quelle pouvait être la signification de ce groupe et la question ne semble pas encore élucidée. Elle est traitée par M. Louis Audiat dans la 1re brochure et dans les 7 premières p. de la seconde.

Voy., sur le même sujet, Auber (C.-A.), Biais (E.), Musset (G.), Arbellot (F.).

AUDIBERT (J.-F.).

L'art de nourrir et engraisser chevaux et bestiaux par la caroube, le plus économique, le plus ancien, le plus riche en sucre (45 %) des meilleurs aliments naturels, par J.-F. Audibert. Traité complet d'élevage et d'engraissement des chevaux, bœufs, vaches laitières, veaux, moutons, brebis, agneaux, chèvres, porcs, etc. — *Marseille et Paris, Gotty,* 1900.

1 vol. in-8° de 288-vi p.

AUDIBERT (Louis-Alexandre).

Officier de cav^le français breveté, né en 1874, capitaine en 1907.

Etude sur le Combat à pied, par le Capitaine Audibert, breveté d'Etat-Major Avec trois croquis — *Paris et Nancy, Berger-Levrault,* 1911.

Broch. gr. in-8° de 67 p. (Extrait de la *Revue de Cavalerie*.)

AUDIGIER (Camille).

Ancien sous-officier de cavalerie, journaliste et littérateur français, né en 1867.

Etude sur la race des chevaux d'Auvergne, par C. Audigier, rédacteur à l'*Avenir du Cantal*. *Aurillac, Imp. Bancharel,* 1892.

Broch. in-8° de 19 p.

Ouvrage couronné par la Société protectrice des animaux — Le Roman d'un Cheval, par Camille Audigier. Préface de Albert Baduel, Sénateur. Edition illustrée. — Couverture de Fiat. *Paris, Chamuel,* 1897.

1 vol. in-16 de ix-313 p. Nombreuses illustrations et vignettes.

Mémoires d'un Cheval (d'Iéna à Waterloo), par Camille Audigier. Préface de M. Hippolyte Gomot, ancien Ministre de l'Agriculture. — Illustrations de Jules Rouffet. *Paris, Félix Juven*, S. D. (1905.)

1 vol. in-4º de 318 p. avec 80 jolis dessins dont plusieurs à pleine page, et une carte. Dédicace de l'auteur au Président et à ses Camarades de la « Soupe aux Choux ».

AUDIGIER (Georges), voy. CHATEAUVIEUX.

AUDIGUIER (Vital d').

Littérateur français, né vers 1569, mort en 1624.

Fut d'abord militaire, étudia ensuite le droit, essaya sans succès de faire son chemin à la cour, puis se consacra entièrement à la culture des lettres. Il mourut assassiné dans un tripot, à la suite d'une querelle de jeu.

Le vray et ancien Vsage des Dvels. Confirmé par l'exemple des plus illustres combats & deffys qui se soient faits dans la Chrestienté. Au Roy. Par le Sievr d'Avdigvier. *A Paris, chez Pierre Billaine, au Palais, près la Chappelle S. Michel*, 1617.

1 vol. pet. in-8º de 16 fᵗˢ n. ch. pour le titre, la lettre de l'auteur au Roy, l'Advertissement et le privilège, 582 p. et 4 fᵗˢ pour la table.

Revue curieuse des duels et des défis chevaleresques depuis Charlemagne jusqu'à Louis XIII. La plupart ont eu lieu à pied ; toutefois l'ouvrage contient plusieurs récits détaillés de duels à cheval et notamment de celui de Pierre de Bréauté. Pour ce dernier, voy. aussi *Combat (le) de Lekkerbetjen* et *Histoire et Discours véritable du Combat du 5 fév. 1600.*

AUGE DE LASSUS (Lucien).
Littérateur français, né en 1846.

Bibliothèque des Merveilles — Les Spectacles antiques par L. Augé de Lassus — Edition illustrée de 25 vignettes sur bois. *Paris, Hachette*, 1888.

1 vol. in-16 de 6 fᵗˢ non ch. pour les titres, le frontispice, la dédicace de l'auteur à M. Camille Saint-Saëns, la préface et 299 p.

L'ouvrage donne des détails sur les courses de chevaux et de chars et les combats de gladiateurs à cheval.

AUGEY-DUFRESSE (Louis-Anne-Barthélemy).

Général de brigade français (cavalerie), 1829-1909. Sous-lieutenant en 1848, général de brigade en 1882, retraité en 1885.

Service de la Cavalerie en campagne par L. Augey-Dufresse, Colonel du 25ᵉ Régiment de Dragons. Extrait du *Journal des Sciences militaires* (Février, Mars et Avril 1875). *Paris, J. Dumaine.* 1875.

Broch. in-8º de 79 p.

A cette époque, il n'existait encore aucune *Instruction pratique* pour l'exécution du Service en campagne. (La première a précisément paru en 1875.) L'opuscule du Colonel Augey-Dufresse avait pour but de combler cette lacune.

AURE (Antoine-Henri-Philippe-Léon CARTIER, VICOMTE puis COMTE D').

Célèbre écuyer français, 1799-1863. Elève du Prytanée militaire puis admis à Sᵗ Cyr, d'Aure en sortit comme sous-lieutenant en 1815. Il entra ensuite aux Gardes du Corps, fut détaché au Manège de Versailles où ses dispositions exceptionnelles le signalèrent à l'attention du célèbre d'Abzac, alors Ecuyer en chef des Ecuries du Roi. En 1817, il fut nommé Ecuyer cavalcadour de Louis XVIII et conserva ces fonctions sous Charles X, en même temps qu'il continuait à professer au Manège de Versailles comme élève Ecuyer d'abord, puis comme Ecuyer professeur.

En 1830, le Vᵗᵉ d'Aure donna sa démission, et d'ailleurs le service des Ecuries du Roi ainsi que le Manège de Versailles cessèrent d'exister.

Quelque temps après, il fonda à Paris, rue Duphot, un manège qui devint célèbre et y adjoignit ensuite une écurie de vente et un cercle d'équitation qui furent organisés par une société qui prit le nom de *Société anonyme pour l'amélioration et l'éducation des Chevaux de luxe de race française* et de laquelle faisaient aussi partie le Cᵗᵉ de Montendre et le Cᵗᵉ de Rochefort, plus tard général. (Voy. ces noms.)

Le but du Vᵗᵉ d'Aure était de mieux faire connaître les ressources de l'élevage français, alors à peu près délaissé par le commerce de luxe et de suppléer par un dressage suffisant à l'absence de toute préparation au service, justement reprochée aux chevaux français.

L'entreprise reçut d'abord l'aide du Cte Duchatel, ministre du commerce, mais, dès le début, sa prospérité fut atteinte par une grave épidémie qui sévit sur l'écurie de vente et par des difficultés financières de toute nature. Abandonnée par le gouvernement, elle sombra lamentablement et entraîna dans son désastre le Vte d'Aure qui fait une courte allusion à ses déboires dans l'avant-propos de son livre *De l'Industrie Chevaline*, et qui en donne le détail dans une brochure citée plus loin.

Il n'eut jamais de position officielle à la cour de Louis-Philippe, mais, quand il dirigeait le manège de la rue Duphot, il fit monter quelquefois le duc d'Aumale et donna des leçons aux ducs d'Orléans et de Nemours. On peut rapporter, pour une certaine part, à ces relations, la vive opposition faite plus tard par le duc de Nemours à la méthode Baucher, opposition qui en détermina le rejet par le Comité de cavalerie chargé de l'examiner. (Voy. Baucher et Clément Thomas.)

En 1847 seulement, il reprit des fonctions publiques et fut nommé Ecuyer en chef à Saumur. En 1848, il crut devoir donner sa démission, mais la reprit « sur « d'honorables insistances » et garda le commandement du Manège de Saumur jusqu'en 1854. Sa retraite fut alors motivée par quelques contrariétés au nombre desquelles on doit placer l'envoi à Saumur de Mme Marie-Isabelle (voy. ce nom) et aussi les progrès que la Méthode Baucher avait faits dans le monde équestre, y compris même celui de Saumur.

C'est alors que le général Fleury songea à utiliser ses connaissances et son autorité et le fit nommer commandant des écuries de Napoléon III, puis Ecuyer de l'Empereur, et, enfin, en 1861, Inspecteur général des Haras.

Pendant son séjour à Saumur, fidèle aux principes de toute sa vie, il fut surtout — tout en enseignant et pratiquant l'équitation d'école — l'apôtre de l'équitation d'extérieur, développant le travail de carrière, encourageant les chasses et les courses. Il donnait lui-même l'exemple d'un entrain, d'une vigueur et d'une hardiesse qui sont à juste titre restés légendaires.

Mais ce qui est aussi resté légendaire, ce sont ses démêlés avec Baucher, de la personne et de la méthode duquel il était l'ennemi. La polémique des deux adversaires se traduisait par quelques acerbes brochures, mais elle fit surtout verser, par leurs partisans ou leurs détracteurs, des flots d'encre et même parfois le sang, car plus d'une de ces discussions acharnées se termina sur le terrain.

Au début, cependant, le Cte d'Aure allait souvent voir Baucher monter au cirque et, après les séances, il avait avec lui de courtes et courtoises entrevues. Mais Baucher n'avait jamais vu le Cte d'Aure à cheval et en témoignait souvent le regret. Celui-ci, d'autre part, se prêta volontiers à une entrevue qui fut négociée par un ami commun, M. Gaussen (voy. ce nom), et qui eut lieu au manège de la rue Duphot. M. d'Aure y monta une jument dont l'acquisition possible par Baucher avait été le prétexte de sa visite. Mais les choses ne marchèrent pas bien : le désaccord entre le Cte d'Aure et sa monture prit une tournure violente et le visiteur se retira assez sèchement. Cette petite scène, racontée en détail et avec humour par M. Gaussen (*Revue des Haras* de Mars 1878), mit fin aux relations des deux maîtres qui ne se revirent plus.

Le Cte d'Aure, dont la vieillesse était encore active, s'était, dans les derniers temps, retiré à St Cloud où il mourut.

Il fut certainement l'un des illustres écuyers du siècle, mais il enseignait plus par l'exemple que par une exposition claire de sa doctrine et de ses principes. Aussi son enseignement a-t-il laissé moins de traces dans l'histoire de l'équitation moderne que sa réputation ne pourrait le faire supposer (1).

Il existe plusieurs portraits du Cte d'Aure. Ledieu (voy. ce nom) en a peint deux. Le premier le représente dans sa jeunesse, à cheval et franchissant un fossé. Je l'ai possédé et donné au Musée du Cheval récemment fondé à Saumur. L'autre, qui le représente également à cheval, mais dans un manège, a été gravé par Moreau. Le cabinet des Ecuyers à l'Ecole de Guerre en possède une belle épreuve. *La Vie à la Campagne* (T. V) a publié un très bon portrait du Cte d'Aure, âgé, en buste seulement et, paraît-il, très ressemblant. Il est reproduit dans l'éd^{on} de 1870 de son *Traité d'Equitation*, et dans *Les Hommes de Cheval depuis Baucher* du Bon de Vaux (voy. ce nom).

(1) Duplessis, *l'Equitation en France* — Bon de Vaux, *passim* — Picard, *Origines* — Gaussen, *Notes équestres d'un vieil amateur* — *Notes manuscrites* communiquées par les G^{aux} L'Hotte et Faverot de Kerbrech et par un membre de la famille du Cte d'Aure — *Œuvres du Cte d'Aure*, *passim*.

Le Cte d'Aure a publié trois ouvrages principaux : son *Traité d'Equitation*, son *Cours d'Equitation*, et *De l'Industrie chevaline en France*, plus sa réponse au Cte de Turenne et enfin un assez grand nombre de brochures. Pour ne pas embrouiller cette notice en intercalant ces dernières au milieu des ouvrages plus importants, je ne suivrai pas exactement l'ordre chronologique et je décrirai d'abord les livres et leurs éd^ons successives, puis, en dernier lieu, les brochures.

1° LIVRES.

Traité d'Equitation par M. le Vicomte d'Aure, ouvrage orné de 27 planches et vignettes dessinées par M. Ledieu, élève d'Horace Vernet. *Paris, Mme Leclère; ibid., Anselin*, 1834.

1 vol. in-4° de IV-146 p.
Dédicace à Lord Seymour et préface du Cte de Rochefort. L'ouvrage est terminé par une *Lettre sur l'Equitation*, qui est un abrégé des principes de l'équitation des dames. Les lithographies de Ledieu (voy. ce nom), qui ne reparaîtront plus dans les éd^ons suivantes, ne sont pas sans mérite.

La 2e éd^on a paru sous le titre suivant :

Traité d'Equitation, précédé d'un aperçu des diverses modifications et changements apportés dans l'équitation depuis le XVIe siècle jusqu'à nos jours, suivi d'un appendice sur le jeune cheval, par le vicomte d'Aure, ancien Ecuyer cavalcadour de LL. MM. Louis XVIII et Charles X. *2e éd^on, Paris, Leneveu*, 1844.

1 vol. gr. in-8° de LXII-135 p.
Dans cette éd^on, quoique l'auteur annonce que rien ne sera changé à la première, les principes restent bien les mêmes, mais les en-tête des chapitres et leur contexture même ont été sensiblement modifiés. Quelques passages font, non sans aigreur, allusion à « l'école nouvelle ». L'*Aperçu des diverses modifications*..., simplement ébauché dans la 1re éd^on, tient, dans celle-ci, une place importante. Le chapitre sur le jeune cheval a été remanié et complété. La dédicace à Lord Seymour, la préface du comte de Rochefort, et la *Lettre sur l'Equitation* ont disparu. Les lithographies de Ledieu ont fait place à de médiocres reproductions de divers ouvrages anciens (1).

A la 3e éd^on, *Paris, Leneveu*, 1847, on a ajouté le mot *illustré* à ceux *Traité d'Equitation*. Le Vicomte d'Aure y prend pour la première fois le titre de Comte et y mentionne, après son titre d'ancien Ecuyer cavalcadour, celui d'Ecuyer en chef de l'Ecole de cavalerie qu'il vient d'obtenir. Cette éd^on est semblable à la 2e, sauf que quelques vignettes sont déplacées. (135 p.)

La 4e édition a le titre suivant :

Traité d'Equitation illustré, précédé d'un aperçu des diverses modifications et changements apportés dans l'équitation, depuis le XVIe siècle jusqu'à nos jours, suivi d'un appendice sur le jeune Cheval, du trot à l'anglaise et d'une Lettre sur l'Equitation des Dames, par le Comte d'Aure, ancien Ecuyer cavalcadour de LL. MM. Louis XVIII et Charles X, Ecuyer en chef de l'Ecole royale de Cavalerie, Ecuyer de S. M. l'Empereur Napoléon III. *Quatrième Edition. Paris, J. Dumaine*, 1870.

1 vol. gr. in-8° de LXVII-197 p. avec 2 portraits (2), 7 pl. h. t., 14 fig. d. l. t. et 3 tracés.
Comme on le voit, la *Lettre sur l'Equitation*, supprimée dans les 2e et 3e éd^ons, a reparu. Les 5 pl. lithog. sont, en partie, la reproduction réduite des belles lithog. d'Aubry dans l'*Histoire pittoresque de l'Equitation* (voy. Aubry). L'article sur le trot à l'anglaise est nouveau.

La 5e édition, *Paris, Baudoin*, 1893, est semblable à la 4e.

Le *Cours d'Equitation*, destiné à l'enseignement militaire, et qu'il ne faut pas confondre avec le *Traité*, est devenu propriété du ministère de la guerre et a eu un nombre d'éditions.

Cours d'Equitation, par M. d'Aure, Ecuyer en chef de l'Ecole de cavalerie, faisant suite au Cours d'Hippologie de M. de St Ange, Ecuyer, chargé de la direction du Haras d'études. *Saumur, H. Niverlet*, 1805.

(1) Par de Moraine. 12 pl.
(2) Je dis 2 portraits, parce qu'il y en a 2 dans l'exemplaire que je possède. L'un, assez médiocre, représente le Cte d'Aure à cheval en uniforme et fait certainement partie de l'éd^on. L'autre, en bourgeois, à mi-jambes, est un excellent portrait. (Peut-être ajouté ?)

1 vol. in-8° de 249 p.

L'ouvrage débute par une notice sur l'histoire de l'équitation dans ses rapports avec la cavalerie, suivie d'un chapitre sur la structure anatomique de l'homme dans ses rapports avec la position du cavalier et d'un article sur la position du cavalier à cheval, rédigés par M. de St Ange. Le carrousel et la voltige, puis un petit traité de l'éducation et du dressage du cheval le terminent.

Il est à remarquer que M. de St Ange prend une part importante à la rédaction de l'ouvrage, et il est assez piquant de voir le professeur d'hippologie rédiger le chapitre de la position à cheval. Mais M de St Ange était lui-même écuyer, et nous verrons d'ailleurs le Cte d'Aure, dans l'éd^{on} de 1853, se débarrasser de cette collaboration en ce qui concerne l'équitation.

L'édition de 1851, même titre, même éditeur, même format, a 290 p. Elle est exactement semblable à la précédente jusqu'à la p. 249 qui termine celle-ci, mais l'auteur y a ajouté un *Résumé des principales doctrines d'équitation des anciens écuyers* de 32 p. et un petit appendice sur les signalements.

Ces deux éd^{ons} sont très rares.

Cours d'Equitation, par M. d'Aure, Ecuyer en chef de l'Ecole de cavalerie. *Saumur, Nivelet*, 1852.

1 vol. in-8° de XL-294 p. avec 1 pl. de 6 fig. plus 28 p. non paginées.

Dans cette éd^{on}, les XL p. du commencement contiennent un article nouveau : *Du harnachement au point de vue de l'équitation*. De plus on a ajouté : *Progression à suivre dans les exercices à l'extérieur*, 6 f^{ts}, et des *Courses*, en tout 14 f^{ts} non paginés. Ces deux articles, symptômes intéressants des tendances de l'écuyer, sont intercalés entre les chap. V et VI. Le reste de l'ouvrage est semblable à l'éd^{on} précédente.

En 1852, une nouvelle commission militaire examina ce cours et, à la suite de cet examen, le Ministre le fit adopter officiellement. Aussi, publié de nouveau en 1853, son titre et sa contexture ont-ils été modifiés.

Cours d'Equitation, par le Comte d'Aure, Ecuyer en chef de l'Ecole de cavalerie, adopté officiellement et enseigné à l'Ecole de cavalerie et dans les Corps de troupe à cheval par décision de M. le Ministre de la guerre en date du 9 avril 1852. *Paris, se trouve au Bureau du Journal des Haras*, 1853.

1 vol. in-8° de 284 p, plus 5 f^{ts} non paginés pour l'article : *Des termes en usage dans la pratique de l'équitation* et la table.

Dans cette éd^{on}, la planche a disparu, le Rapport de la Commission a été inséré en tête de l'ouvrage, le chap. du Harnachement, sensiblement abrégé, est intitulé : *Du Harnachement employé dans l'instruction équestre, tant au manège qu'à l'extérieur ;* l'article de M. de St Ange sur la *Structure anatomique de l'homme et les principes de sa position à cheval* a disparu ; la notice du même sur l'*Histoire de l'équitation* est l'avant-dernier article du livre ; un article nouveau sur le *trot à l'anglaise* (que nous avons retrouvé dans la 4e éd^{on} du Traité) a été inséré entre celui de la *Progression des exercices à l'extérieur* et celui des *Courses*, qui sont maintenant paginés dans l'ouvrage ; le *Résumé des anciennes doctrines d'Equitation* a été supprimé et remplacé par des extraits du livre du Général Daumas : les *Chevaux du Sahara*. Enfin l'article *Des Termes en usage dans la pratique de l'Equitation* est nouveau.

Pour cette éd^{on}, et dans la même année 1853, on a imprimé un titre nouveau en ajoutant *Ecuyer de l'Empereur* au nom du Cte d'Aure et en annonçant l'ouvrage chez *Dumaine*, éditeur de *l'Empereur* et au *Journal des Haras*, mais rien n'a été changé au corps de l'ouvrage dont le texte est devenu à peu près définitif.

C'est le dernier tirage in-8°.

Mais, entre temps, ce *Cours* ayant été approuvé par le Ministre pour l'instruction des troupes à cheval devint *Théorie courante* et fut imprimé sous le format in-18, plus économique et plus portatif, d'abord à *Paris, par Chaix*, 1853, *Dépôt au Bureau du Journal des Haras*, et ibid., en 1854. En 1866, *Dumaine* puis ses successeurs *Baudoin* et *Chapelot* en reprennent l'impression et en font paraître successivement plusieurs éd^{ons}. La 10e et dernière à ce jour est publiée par *Chapelot*, 1906.

in-18, 324 p.

Dans ces éd^{ons} in-18, quelques légères abréviations ont été faites dans la rédaction, et le chapitre : *Résumé des principales doctrines d'équitation des anciens écuyers*, supprimé dans l'éd^{on} in-18 de 1853, a été rétabli (1).

De l'Industrie chevaline en France et des moyens pratiques d'en assurer la prospérité, par M.

(1) Voy. la note du *Moniteur de l'Armée* du 1er décembre 1853.

le Vte d'Aure. *Paris, Léautey et Lecointe*, 1840.

1 vol. in-8° de vi-407 p.
Cet ouvrage traite de la production, des débouchés, des remontes, du dressage, et se termine par un appendice contenant quelques renseignements sur l'élevage à l'étranger.
Les éditeurs en ont fait aussi un tirage in-12, même année, même pagination.

2ᵉ édition, même titre, *mêmes éditeurs*, 1843.

1 vol. in-8° de xxx-407 p. Il a été fait aussi, de cette éd^on, un tirage in-12 avec un titre un peu différent.

Traité de l'Education du Cheval en général ou l'Industrie chevaline en France et des moyens pratiques pour en assurer la prospérité, par M. le Vicomte d'Aure. *Paris, Gennecquin aîné*, S. D. (1843.)

1 vol. in-12 de xxx-407 p.
Les xxx premières p. sont occupées par un intéressant avant-propos dans lequel l'auteur analyse les brochures et écrits publiés à flots en ce moment sur la question chevaline. En passant, il égratigne vigoureusement Baucher et critique aussi « l'intervention exclusive du ministère « de la guerre ».
La 3ᵉ édition n'est qu'une réimpression de la 1ʳᵉ, absolument identique à celle-ci, pour laquelle on a seulement imprimé un nouveau titre :

De l'Industrie chevaline en France et des moyens pratiques d'en assurer la prospérité, par M. le Comte d'Aure, ancien Ecuyer cavalcadour de LL. MM. Louis XVIII et Charles X, Ecuyer en chef de l'Ecole royale de cavalerie, *3ᵉ édition. Paris, Leneveu*, 1847.

1 vol. in-8° de vi-407 p.
C'est donc la 2ᵉ éd^on qui est la plus complète, à cause de l'important avant-propos qui la précède, le texte de l'ouvrage étant d'ailleurs identique dans les 3 éd^ons.

Résumé de la question des Haras et des Remontes, réponse à M. le Comte de Turenne, par M. E. d'Av. (Vte d'Aure). *Paris, au Bureau du Journal des Haras et chez Dumaine*, 1845.

1 vol. in-8° de 173 p.
Ouvrage de vive polémique, destiné à combattre les projets prêtés à la Guerre (et développés par le Gal Oudinot et le Cte de Turenne, voy. ces noms) d'absorber l'administration des Haras. Le Cte de Turenne y fit d'ailleurs une verte réponse.

2° BROCHURES

Aperçu sur la situation des Chevaux en France, par M. le Vte d'Aure, Ecuyer du Roi. *Versailles, Imp. Daumont*, S. D. (1826.)

Broch. in-8° de 11 p.
L'auteur déplore que l'armée fasse sa remonte en Allemagne, que la Cour et la Maison du Roi soient entre les mains des courtiers et des marchands et achètent des chevaux anglais; il demande le retour du Manège de Versailles à son ancienne destination, etc.

Projets relatifs aux Chevaux; par le Vte d'Aure. 1ᵉʳ Décembre 1828. *Versailles, Imp. Allois.*

Broch. in-8° de 27 p.
Il se plaint de ce que le gouvernement n'ait pas fait les efforts suffisants pour encourager l'industrie chevaline nationale, anéantie par vingt-cinq ans de guerres, et pour lui permettre de se relever petit à petit. Il poursuit son idée de l'établissement d'une école royale d'équitation, etc.

Projet relatif aux Chevaux et aux Ecoles d'Equitation par le Vicomte d'Aure. Décembre 1828. *Paris, Imp. Félix Locquin.*

Broch. in-8° de 42 p.
Les 25 premières p. sont la reproduction de la brochure précédente ; la suite est intitulée : *Développements relatifs à une Ecole d'Equitation du Gouvernement*, et traite aussi de l'établissement d'écoles succursales en province.

Situation Chevaline de la France par le Vicomte d'Aure, 25 Mars 1835. *Paris, Imp. Félix Locquin.*

Broch. in-8° de 16 p.
La Restauration, dit l'auteur, a importé, en revenant d'exil, le goût et la mode des chevaux anglais. On les préfère quelquefois parce qu'ils sont meilleurs, mais toujours parce qu'ils sont dressés et prêts au travail, ce qu'on ne peut obtenir en France. Ces observations sont suivies d'intéressants développements.

De l'amélioration du Cheval en France. *Paris, Imp. Félix Locquin*, 1836.

Broch. in-8° de 28 p. signée à la fin : Vte d'Aure.

L'auteur développe les motifs qui l'ont engagé à fonder sa Société pour l'amélioration des Chevaux en France et explique les causes de l'insuccès de l'élevage français.

Société anonyme pour l'amélioration et l'éducation des Chevaux de Luxe de Race française. *Paris, Imp. Félix Locquin*, 1837.

Broch. in-4° de 23 p.

Ce sont les statuts de la Société dont il est parlé plus haut à la biographie du Cte d'Aure et qui était formée par-devant notaire entre le Vte d'Aure, le Cte de Montendre et le Cte de Rochefort. Elle existait déjà d'ailleurs depuis environ 3 ans.

A Messieurs les Membres de la Société anonyme pour l'amélioration des Chevaux en France et à Messieurs les Membres du Cercle d'Equitation. *Paris, Lithog. d'Ant. Delarue*, S. D. (1839?)

Broch. autographiée in-4° de 11 p., signée à la fin : Daure.

Le Vte d'Aure y explique les causes de l'effondrement de la Société, fait l'historique des difficultés financières et autres qui ont causé sa ruine et justifie sa propre gestion.

Lettre sur l'Equitation par M. le Vicomte d'Aure. *Lith. Renou, rue d'Enghien*, 39, S. D. (vers 1841).

Broch. in-8° de 2 f^ts pour le titre entouré d'une ornementation romantique (dite : à la cathédrale) et 1 vignette (amazone au galop) et 21 p., entièrement autographiée

Cette lettre est adressée à Mme la duchesse de N... (de Nemours); elle traite du choix du cheval de dame et de l'équitation des dames. Elle se termine ainsi :
« ... Les progrès que vous avez faits jus-
« qu'à ce jour me donnent l'espoir,
« Madame, de vous voir acquérir des
« connaissances telles, que vous devien-
« drez une supériorité si parfaite que je
« me verrai forcé de mettre bas les ar-
« mes, m'avouer vaincu et ne plus consi-
« dérer mon Elève que comme un maître
« qui pourra être sûre de n'avoir jamais
« un esclave plus soumis et plus dévoué
« que votre très humble et très obéissant
« serviteur. »

Plaquette tirée à tout petit nombre et rarissime.

Observations sur la nouvelle Méthode d'Equitation, par M. le Vicomte d'Aure. *Paris, Leneveu*, 1842.

Broch. in-8° de 32 p. dont les 5 dernières ne contiennent que des annonces de librairie (1).

C'est un épisode, et le premier qui ait été imprimé, de la lutte contre Baucher dont la *Méthode* et la personne sont vivement prises à partie dans cet opuscule. Des passages importants y sont cités qui sont dus à M. Legros, vétérinaire (voy. ce nom), aussi adversaire de Baucher.

Quelques Observations sur la Brochure du Marquis Oudinot, par M. le Vicomte d'Aure. *Paris, Imp. Vve Dondey-Dupré*, 1842.

Broch. in-8° de 24 p.

Critique des projets de réunion des Haras à la guerre. (Voy. Oudinot, Cte de Turenne, etc., etc.)

Réponse de M. le Vicomte d'Aure à un article du *Spectateur Militaitaire* du 15 Janvier 1843 (Signé Guillaume-Auguste D.) (2), en faveur de la nouvelle Méthode d'Equitation. *Paris, Imp. Dondey-Dupré*, S. D. (1843.)

Broch. in-8° de 22 p.

Nouvel épisode de l'ardente querelle avec Baucher. La brochure est rare et curieuse, surtout quand on la rapproche des Art. d'oct. 1842, de janvier et de mars 1843, du *Spectateur Militaire*.

Utilité d'une Ecole normale d'Equitation. De son influence sur l'éducation du Cheval léger, sur les besoins de l'Agriculture et sur les ressources qu'elle peut offrir à la classe pauvre; par M. le Vicomte d'Aure. *Paris, Leneveu et Riant*, S. D. (1845.)

Broch. in-4° de 8 p.

L'opuscule est imprimé en très petits caractères et contient un grand nombre d'observations sur l'élevage, les haras, le commerce des chevaux, l'organisation d'écoles d'équitation. Il y a une curieuse anecdote sur M. Seguin. Je pense qu'il s'agit de l'auteur d'opuscules sur les courses. (Voy. Seguin.)

(1) Cet opuscule a été réimprimé à Lille, S. D., probablement vers 1845, chez Vitez-Gérard, sous forme d'une petite broch. in-16 de 27 p., dans laquelle on a supprimé le dernier parag.
(2) Le capitaine Delard, du 2e Hussards. (Voy. ce nom.)

Bibliogr. hippique. T. 1. — 4.

Des Haras et de la Situation chevaline en 1852 par M. le Comte d'Aure, Ecuyer en chef de l'Ecole de Cavalerie. *Saumur, Imp. Godet, S. D.* (1852.)

Broch in-4° de 16 p.

L'auteur défend la nécessité de l'administration des Haras, dont on annonçait alors la suppression progressive au profit de l'industrie privée (voy. Gal Fleury, etc.), mesure qui reçut plus tard un commencement d'exécution.

Lettre sur l'Equitation, par le Comte d'Aure, Ecuyer en chef de l'Ecole impériale de Cavalerie. *Saumur, H. Niverlet; ibid., Paul Furgaud*, 1853.

Broch. gr. in-8° de 21 p.

Réimpression, avec quelques variantes et suppressions, de la lettre de 1841 à la duchesse de Nemours. Rare.

De la question Equestre et de Madame Isabelle par le Comte d'Aure. *Paris, Imp. Napoléon Chaix*, 1855.

Broch. in-f° de 7 p.

On sait que Madame Marie-Isabelle (voy. ce nom) fut envoyée par l'influence du Prince Napoléon à Saumur pour y développer son nouveau procédé de dressage et que l'écuyère et son système subirent le plus complet et le plus ridicule échec. Le Cte d'Aure accueillit comme il convenait l'idée saugrenue de faire enseigner le dressage et la haute école à l'élite des écuyers de l'armée par une ancienne modiste, puis figurante au Gymnase, qui avait, il est vrai, reçu quelques leçons de bons maîtres, Franconi, le Cte de Montigny, le Cte de Lancosme-Brèves, Pellier, mais qui en avait bien mal profité. Elle arrivait alors de Vienne et de St-Pétersbourg où, malgré de hauts appuis, elle n'avait pas mieux réussi.

L'envoi de Mme Marie-Isabelle à Saumur fut, comme je l'ai dit plus haut, une des causes de la démission du Cte d'Aure.

Dans cette brochure, que son format in-f° vouait à la destruction et qui est malheureusement devenue introuvable, le Cte d'Aure remet au point, avec une verve piquante, Mme Isabelle, son système et ses prétentions. L'opuscule est terminé par une courte biographie de la pseudo-écuyère.

Il est à remarquer que le Cte d'Aure, qui y cite souvent Baucher, en parle avec beaucoup moins d'aigreur qu'au début de leur querelle homérique : « Personne n'a « aussi bien réussi dans la spécialité de « réduire les chevaux aux exercices du « cirque... » ; plus loin, tout en faisant de graves réserves, il dit de Baucher que « c'était un homme de talent, possédant « une méthode et pouvant montrer des « chevaux exécutant un travail tout spé-« cial... mais très séduisant », tandis, ajoute-t-il, que Mme Isabelle « n'a ni « méthode, ni talent, ni chevaux à exhi-« ber ».

Question Chevaline. 1860. *Paris, Imp. Napoléon Chaix.*

Broch. in-8° de 32 p., signée à la fin : Comte d'Aure.

L'auteur fait un court historique de l'administration des haras, en prouve la nécessité et propose certaines réformes ou améliorations dans son fonctionnement et dans les procédés de remonte employés par la guerre.

Encore la question chevaline. 1860. *Paris, J. Dumaine.*

Broch. in-8° de 23 p. signée à la fin : d'Aure.

C'est un plaidoyer en faveur de l'administration des haras et une réponse à la brochure que le Bon de Pierres (voy. ce nom) venait de faire paraître et dans laquelle il accusait les haras d'exercer un monopole qui entravait l'industrie privée.

AUREGGIO (Eugène).

Vétérinaire militaire français, né en 1844. Aide-vétérinaire en 1867, retraité en 1903 comme vétérinaire principal de 1re classe.

Ecole impériale vétérinaire d'Alfort — Thèse pour le diplôme de Médecin vétérinaire présentée et soutenue le 7 août 1866 par Eugène Aureggio, né à Schlestadt (Bas-Rhin), Médecin-vétérinaire. Maladie naviculaire. *Paris, Imp. Victor Goupy,* 1866.

Broch. in-8° de 40 p.

Mémoire sur le traitement des lésions traumatiques des synoviales articulaires et tendineuses par la glycérine. Deuxième partie de ce mémoire. Observations. Par M. Aureggio, Vétérinaire en 2e au 4e de Hussards, Membre de la Société vétérinaire de la Marne, d'Alsace-Lorraine et de la Société d'agriculture de Meurthe & Moselle. Médaille d'or de 500 f. obtenue au

concours de pathologie médico-chirurgicale de 1877 de la Société centrale de médecine vétérinaire à Paris. *Paris, Typ. Vve Renou, Maulde et Cock, 1878.*
Broch. in-8° de 44 p.

Recherches sur les affections farcino-morveuses du Cheval et de l'Homme — Etude bibliographique et critique des travaux publiés en France et à l'étranger sur la spontanéité, la contagion, la nature et les manifestations diverses de la morve. Histoire d'une épizootie de morve, ouvrage couronné par la Société centrale de Médecine vétérinaire de Paris (Médaille d'or de 500 f.), par M. E. Aureggio, vétérinaire en 1er au 4e Régiment de cuirassiers, etc. *Paris, Asselin, 1882.*
1 vol. in-8° de 200 p. (Extrait des *Mémoires de la Société centrale de Médecine vétérinaire* pour 1880.)

Nouvelle ferrure à glace à cheville mobile, dite à croissant et consistant dans l'introduction d'une fiche carrée en acier, légèrement pyramidale, dans une étampure cylindro-conique, par E. Aureggio, etc. *Paris, Imp. Laloux et Guillot, 1882.*
Broch. in-4° à 2 colonnes de 10 p. avec pl. de figures.

La ferrure à glace dans les Armées européennes. (Extrait du *Journal des Sciences militaires.* Décembre 1882.) *Paris, Baudoin, 1883.*
Broch. in-8° de 23 p., publiée sans nom d'auteur.

Etude comparative des Chevaux de guerre français et allemands, par E. Aureggio, Vétérinaire en 1er au 11e régiment d'artillerie, etc. *Paris, Baudoin, 1887.*
Broch. in-8° de 56 p. (Extrait du *Journal des Sciences militaires.*)

Harnachements de la cavalerie et de l'artillerie en France et en Allemagne; par E. Aureggio, Vétérinaire en 1er au 11e régiment d'artillerie, etc. *Paris, Noizette, 1887.*
Broch. in-8° de 30 p.

Le Règlement du 6 mai 1886 sur le Service vétérinaire dans l'armée allemande, annoté et traduit par MM. E. Aureggio, Vétérinaire en 1er et Guénot, Aide-Vétérinaire au 11e Régiment d'artillerie. *Paris, Baudoin, 1887.*
Broch. in-8° de 52 p. (Extrait de la *Revue militaire de l'étranger,* année 1887.)

A propos de la ferrure à glace dans l'armée. *Paris, Baudoin, 1888.*
Broch. in-8° de 11 p. avec 1 pl. de 12 fig., publiée sans nom d'auteur. Les p. 9, 10, et 11 ont été ajoutées postérieurement à la publication. (Extrait du *Journal des Sciences militaires.*)

Amélioration des écuries de l'armée. Innovations tendant à empêcher la propagation des maladies contagieuses, supprimer les accidents et diminuer les réparations. Systèmes de M. Aureggio, Vétérinaire militaire, etc. *Lyon, Traverse, Ingénieur-constructeur, 1889. (Paris, Imp. Baudoin.)*
Broch. in-8° de 12 p. avec 1 pl. de fig. autographiées.

Les chevaux de guerre, leurs origines et leurs ferrures dans l'antiquité et au moyen-âge jusqu'à nos jours. Dessins phototypiques intercalés dans le texte, représentant les instruments et fers rares de la période celte et gallo-romaine — Dessins des principales ferrures françaises et étrangères de toutes les époques, qui ont figuré à l'Exposition du Palais du Ministère de la Guerre. (Exposition universelle de 1889.) — Historique et catalogue illustré des ferrures à glace françaises et étrangères. Dessins intercalés dans le texte des ferrures à glace à clous, chevilles, becs, clavettes, à vis; appareils nécessaires et outillage de ferrure à glace. Ferrures d'été et d'hiver des armées européennes; par M. E. Aureggio, Vétérinaire militaire, Chevalier du Mérite agricole, Officier d'académie. *Paris, Typ. A. Maulde, 1890.*
Broch. in-8° de 91 p. avec nombreuses fig. d. l. t. et h. t.

La Cavalerie des armées française et étrangères, en route, au cantonnement, au bivouac et en garnison, 2ᵉ étude sur les Chevaux de guerre pour faire suite à l'étude des origines et des ferrures des chevaux de guerre des armées, par E. Aureggio, Vétérinaire en 1ᵉʳ au 11ᵉ Régiment d'artillerie. *Nancy et Paris, Berger-Levrault, et Paris, Asselin et Houzeau*, 1891.
Broch. in-8° de 65 p. avec 13 fig. d. l. t.

Nouvelles chaussures militaires et nouveaux modèles de selle et bride à l'Exposition française de Moscou, en 1891. *Paris, Imp. Noizette*, 1891.
Broch. in-8° de 16 p. avec fig. d. l. t. et 1 pl. h. t. publiée sans nom d'auteur.

Remontes françaises et étrangères. Qualité, quantité, résistance des chevaux des armées de l'Europe. Améliorations du Service des remontes, habitations, rations des chevaux des Cavaleries européennes, par E. Aureggio, Vétérinaire, militaire ; suivi de notions de jurisprudence utiles pour l'achat des chevaux de l'armée, par Le Pelletier, avocat à la Cour d'appel de Paris. *Paris, Baudoin*, 1892.
1 vol. in-8° de 116 p. (1).

Tétanos de l'homme et du cheval. Guérison par les injections d'eau oxygénée. Communication à la Société centrale de Médecine vétérinaire de Paris par E. Aureggio, Vétérinaire à l'Etat-Major d'Alger, Officier d'Académie, Médaille d'honneur, Chevalier du Mérite agricole, Officier du Nicham-Iftikar. *Paris, Imp. Maulde*, 1893.
Broch. in-8° de 16 p.

Les Chevaux du Nord de l'Afrique, par E. Aureggio, Vétérinaire principal, Directeur du service et de l'enseignement vétérinaires à l'Ecole d'application de Cavalerie de Saumur, ex-Vétérinaire en 1ᵉʳ à l'Etat-major de la Place d'Alger, Officier d'Académie, Chevalier du Mérite agricole, etc. *Alger, Giralt*, 1893.
1 vol. in-4° de 512 p. avec 20 pl. h. t. en phototypie représentant divers types de chevaux et 3 cartes. Ouvrage dédié à M. Jules Cambon, Gouverneur général de l'Algérie, pour la 1ʳᵉ partie (Algérie), et à M. René Millet, Résident général à Tunis, pour la 2ᵉ partie (Tunisie) qui a paru en 1895, mais la pagination se suit. M. Blaise, vétérinaire militaire, a collaboré à ce travail.

Ecole d'application de Cavalerie de Saumur — Conférences sur l'Hygiène et l'étude des races de Chevaux des Armées — Botte de foin — Botte de paille — Sac d'avoine — par le Vétérinaire principal Aureggio, Directeur du Service et de l'Enseignement vétérinaires, Officier d'académie, Médaille de sauvetage, Chevalier du Mérite agricole, Officier du Nicham-Iftikar. *Saumur, S. Milon fils*, 1895.
1 vol. in-8° de 168 p.

Ferrure rationnelle des Chevaux de l'Armée — Son influence sur la conservation du pied et des membres, la liberté des allures, la solidité du cavalier dans les terrains accidentés et cailloutaux. — Le Cheval de guerre apprécié par le Ministre de l'Agriculture aux concours régionaux de Tarbes et Lyon en 1898, par le Vétérinaire principal de 1ʳᵉ classe Aureggio, Directeur du 3ᵉ ressort vétérinaire, Chevalier de la Légion d'honneur, Officier de l'Instruction publique, Officier du Mérite agricole, Médaille d'Honneur de Sauvetage, Décoré de plusieurs Ordres étrangers. *Lyon, Imp. L. Bourgeon*, 1898.
Broch. in-8° de 24 p. avec nombreuses fig. dont une partie sur la couverture.

Histoire de la ferrure des chevaux dans l'antiquité et au moyen âge, jusqu'à l'Exposition universelle de 1900, à Paris ; Ferrure rationnelle ; par E. Aureggio, Vétérinaire principal, etc. *Lyon, A. Rey*, 1901.
Broch. in-8° de 18 p. avec 9 pl. h. t. contenant 34 fig. (Extrait des *Annales de la Société d'agriculture, sciences et industries de Lyon*).

(1) Pour une autre brochure de 1892 voy. : Condamine.

La ferrure rationnelle préconisée dans l'armée française par E. Aureggio, Vétérinaire principal de 1re classe, Inspecteur du Service vétérinaire des 8e et 13e Corps d'armée, etc. *Orléans, Imp. Paul Pigelet*, 1901.
Broch. in-8° de 9 p. avec fig.

A travers l'Elevage et les Cavaleries de l'Europe — Souvenirs hippiques illustrés — Missions et Voyages d'études de 1880 à 1904 ; par E. Aureggio. *Paris, Adolphe Legoupy, Lecaplain et Vidal Succ^rs; Lyon, Imp. Bourgeon*. S. D. (1904.)
C'est le titre de la couverture, le titre intérieur porte :

Conférences illustrées sur la Cavalerie des Armées françaises et étrangères en route, au cantonnement, au bivouac et en garnison — Conseils et aperçus hippiques aux Officiers montés des Armées — Conférences agricoles aux soldats — Conférences de maréchalerie en 7 Conseils — La Ferrure rationnelle dans l'Armée française (recommandée aux Eleveurs et Propriétaires de Chevaux). Conseils pratiques par E. Aureggio, Vétérinaire principal de 1re classe, Directeur des 7e et 8e ressorts, à Lyon, Officier de la Légion d'honneur, Officier de l'Instruction publique, Officier du Mérite agricole, titulaire d'une Médaille d'honneur pour actes de sauvetages et de plusieurs ordres étrangers. *Quatrième Edition.* S. L. N. D. *(Paris et Lyon*, 1904) (1).

1 vol. in-8° de 280 p. avec le portrait de l'auteur, plusieurs pl. h. t. en phototypie, en partie reproduites d'après l'ouvrage précédent de l'auteur *Les Chevaux du Nord de l'Afrique*, d'après *Lyon à cheval* (voy. ce titre), etc , et des dessins et fig. d. l. t.
Cet ouvrage contient des parties reproduites des ouvrages décrits ci-dessus et des parties nouvelles.

AURIAC (Philippe-Eugène-Jean-Marie D').
Journaliste, littérateur et arabisant français. 1816-1891.
Il entra en 1858 à la Bibliothèque nationale comme employé et y fut conservateur de 1880 à 1890.

Histoire anecdotique de l'Industrie française, par Eugène d'Auriac — Canaux et Rivières — Coches et Carrosses — Postes — Messagers et Messageries — Fiacres et Voitures de louage — Carrosses à cinq sous — Omnibus — *Paris, E. Dentu*, 1861.
1 vol. in-18 de VII-292 p.
Ainsi que son titre l'indique, une grande partie de cet ouvrage est consacrée aux transports attelés.

Etude sur l'Administration française au XVIIe siècle. (L'Agriculture — Les Haras — Les Mines et les Métaux), par Eugène d'Auriac, Conservateur honoraire à la Bibliothèque Nationale. *Paris, Ernest Thorin*. 1891.
1 vol. in-8° de 100 p.
L'étude sur les Haras occupe les p. 18 à 38. Elle est intéressante, mais un peu superficielle.

AURICOSTE DE LAZARQUE (Ernest-Jean-Baptiste-François).
Erudit et littérateur messin. 1829-1894.
Fut quelque temps soldat d'artillerie, puis rédacteur du *Vœu National*, journal messin. Il se distingua par son dévouement pour les blessés pendant le siège de Metz en 1870. Il fut Président de l'Académie de Metz et Membre correspondant de celle de Stanislas à Nancy (1).

Folk-Lore — Saint-Eloi et le pèlerinage des chevaux de Flastroff en Lorraine, par E. Auricoste de Lazarque, ancien Président de l'Académie de Metz. *Strasbourg, Schaff-Ammel — Metz et Nancy, Sidot frères — Paris, E. Rolland*, 1888.
Broch. gr. in-8° de 19 p. avec fig. d. l. t.
C'est le récit curieux d'un pèlerinage de chevaux, les uns malades ou vicieux, pour les guérir, les autres bien portants pour les conserver ainsi, qui se faisait le jour de la St-Eloi, à l'église du Tholesberg, à Flastroff, arrondissement de Thionville (Lorraine), usage disparu vers 1865, quand l'église a remplacé la chapelle.

(1) Voy. dans la Revue messine *L'Austrasie*, n° du 2 Oct. 1905, une bio-bibliographie complète d'Auricoste de Lazarque, signée Atalone.

(1) Voy. ci-dessus le titre de la couverture.

Sur le même sujet, voy. Jauffret (G.-J.-A.-J.)

AURIOL (Jean-Baptiste) (BIOGRAPHIE D').

Gymnasiarque et clown français, 1808-1881.

Sa mère, écuyère de cirque, était la femme du directeur du théâtre du Capitole à Toulouse. La veille de ses couches, elle avait encore exécuté ses exercices habituels. Auriol commença à paraître en public à six ans et devint un gymnasiarque merveilleux Il parcourut la province, puis l'Europe presque entière, débuta à Paris au Cirque Olympique de Franconi en juillet 1834, puis passa au Cirque Dejean des Champs-Elysées. Il fit partie de diverses troupes sédentaires ou ambulantes et devint, en dernier lieu, directeur d'un cirque ambulant. Il exerça son dur métier jusqu'à un âge très avancé.

Auriol ne fut pas à proprement parler un écuyer — quoiqu'il figure dans la *Biographie des Ecuyers et Ecuyères du Cirque Olympique* (voy. ce titre) — mais la plupart de ses exercices, sauts ou voltige, étaient cependant exécutés à cheval. A ce titre, il m'a semblé que son nom devait figurer dans le présent travail.

Notice biographique sur J.-B. Auriol. 2e *Edition. A Paris, chez tous les Marchands de Nouveautés. Imp. de Pollet*, 1844.

Broch. gr. in-8° de 8 p., signée H. R.

Je suis sans renseignements sur la 1re édon.

En 1848, la plaquette suivante fut publiée :

Candidature d'Auriol, Profession de foi politique. *Paris, Imp. de Mme Vve Bouchard-Huzard*, S. D. (1848.)

In-8° de 4 p. avec vignette en tête représentant un orchestre de saltimbanques.

L'auteur de cette amusante facétie fait dire à Auriol : « sauter est mon métier...
« je ne crois donc personne aussi...
« capable que moi de représenter à
« l'Assemblée la classe intéressante des
« équilibristes... »

AUTHVILLE (D') DES AMOURETTES (Charles-Louis), dit aussi DAUTHVILLE.

Ingénieur militaire français ; fut lieut-colonel d'un régiment de Grenadiers royaux. 1716-1762.

Essai sur la cavalerie tant ancienne que moderne. Auquel on a joint les Instructions & les Ordonnances nouvelles qui y ont rapport, avec l'état actuel des Troupes à Cheval, leur paye, &c. *A Paris, chez Charles-Antoine Jombert, Impr-Libraire du Corps Royal de l'Artillerie & du Génie, rue Dauphine, à l'Image Notre-Dame* (1) 1756.

1 vol. in-4° de LVI-619 p. Jolies vignettes sur le titre, en tête de la Préface et du texte. Dédicace de l auteur à Mgr de Voyer d'Argenson, alors ministre de la Guerre (2) avec ses armes entourées d'une charmante ornementation par C.-N. Cochin (3). Longue Préface sous forme de discours adressé « aux Gentilshommes de l'Ecole Royale & Militaire » signée D***. L'ouvrage est anonyme.

L'*Essai sur la Cavalerie* est une sorte d'Encyclopédie de l'Arme : historique, organisation, tactique, service en campagne, administration, uniformes, équipement, harnachement, armement, principales *Ordonnances* concernant la Cavalerie, etc.

L'histoire ancienne y occupe une place peut-être trop considérable, mais le livre de d'Authville n'en contient pas moins une mine abondante de renseignements sur la cavalerie française et étrangère au XVIIIe siècle.

AUVRAY (Paul).

De l'Elevage du Cheval dans le Département de Seine-et-Oise, par Paul Auvray, Maire de Roquencourt, Chevalier du Mérite agricole. *Paris, Imp. Georges Petit*, 1897.

Broch. in-8° de 16 p.

AUX AUTEURS DU PROCHAIN RÈGLEMENT, voy. TOURNADRE (DE).

AUX MANŒUVRES ET A LA GUERRE.

---

(1) Chose curieuse, malgré les transformations qui ont bouleversé Paris, cette maison a toujours été occupée, depuis le milieu du XVIIIe siècle, par des éditeurs militaires. Elle est présentement le siège de la librairie militaire Chapelot.

(2) Marc-Pierre de Voyer de Paulny, Cte d'Argenson, 1697-1764. Ministre de la guerre de 1743 à 1757.

(3) Cochin (Charles-Nicolas) dit Cochin fils, appartenait à une famille de dessinateurs graveurs dont il est le plus célèbre 1715-1790.

Aux Manœuvres et à la Guerre — Propos en l'air sur la Tactique de Combat de Cavalerie. *Paris et Nancy, Berger-Levrault*, 1899.

Broch. in-8° de 66 p.

AUZOUX (Louis-Thomas-Jérôme).

Médecin et anatomiste français, 1797-1880. Il inventa une pâte inaltérable au moyen de laquelle il put fabriquer des pièces anatomiques superposées et démontables qu'il appela pièces d'anatomie clastique (1). Le cheval complet, ainsi que les reproductions partielles des membres et des tares dont ils peuvent être atteints, se trouvent dans tous les corps de troupes à cheval et rendent de grands services à l'enseignement de l'hippologie.

Tableau synoptique des préparations d'anatomie clastique du Docteur Auzoux, Professeur d'anatomie et de physiologie, Membre de la Légion d'honneur & de plusieurs Sociétés savantes, Préparateur de pièces artificielles d'anatomie normale de la Faculté de médecine de Paris. *Paris, l'Auteur, 13, Rue des Sts Pères*, 1841.

Broch. in-8° de 36 p.

De l'utilité de l'Anatomie clastique sous le rapport du Choix, de l'Emploi, de la Conservation du Cheval et de l'Amélioration de la Race chevaline. *Paris, Typ. Firmin-Didot*, S. D. (1847.)

Broch. in-8° de 12 p., non signée. Les 2 dernières p. contiennent le catalogue des préparations d'Anatomie clastique de l'auteur.

A la suite :

Compte rendu de l'Anatomie clastique du Dr Auzoux et de l'influence qu'elle doit avoir sur l'Instruction de la Cavalerie par M. Jacquemin(2), Lieutenant-Colonel à l'Ecole

(1) La priorité de cette invention lui a été contestée dans la brochure suivante : Le Dr Ameline, de Caen, est le véritable inventeur de l'Anatomie clastique. La première préparation de M. Auzoux ne date que de 1822 — Humble Supplique à la Société Libre de l'Eure au sujet du monument qu'elle propose d'élever à Auzoux, par le D^r Ch. Fayel, Professeur à l'Ecole de Médecine. *Caen, Henri Delesques*, 1890. Broch. gr. in-8° de 44 p. avec 2 pl. h. t. Extrait de l'*Année Médicale* de Caen (15e année).

(2) Pour d'autres ouvrages du même auteur, voy. Jacquemin.

royale de Cavalerie. *Paris, Firmin-Didot*, S. D. (1847.)

Broch. in-8° de 8 p.

Des Tares osseuses dans le Cheval, par le Docteur Auzoux. *Paris*, 1848.

Broch. in-8° de 16 p.

Des Tares molles et osseuses dans le Cheval, considérations générales et très sommaires nécessaires pour la complète intelligence des 31 pièces d'anatomie clastique à l'aide desquelles ont été reproduites les principales tares molles et osseuses qui affectent les membres du Cheval, par le Docteur Louis Auzoux, auteur de l'*Anatomie clastique*, Chevalier de la Légion d'honneur, etc. Prix 50 centimes. *Paris, l'auteur, Rue Antoine-Dubois, 2*, 1853.

Broch. in-8° de 34 p.

Insuffisance, en France, du Cheval de Guerre et de luxe. Possibilité de l'obtenir en créant dans les Régiments de cavalerie des Ecoles d'éleveurs au moyen du Cheval clastique du Docteur Auzoux. *Paris, Imp. Firmin-Didot*, 1854.

Broch. in-8° de 11 p.

L'auteur fait l'éloge de son cheval clastique et prétend qu'avec l'enseignement que cet instrument permet de donner, « les 7 ou 8.000 libérés chaque « année iraient au centre de la production « chevaline, c'est-à-dire dans les fer- « mes, porter l'art d'améliorer les races ».

Anatomie clastique du Dr Auzoux, Membre de la Légion d'honneur, etc. Tableau synoptique du Cheval. *Paris, chez l'Auteur, rue Antoine-Dubois, 2, (Typ. Firmin-Didot)*, 1855.

Broch. in-8° de 48 p. qui donne la nomenclature de toutes les pièces séparées composant soit le cheval complet, soit les membres ou le pied, avec leur numérotage et les procédés de montage et de démontage.

Cette brochure, réimprimée en 1856, a été envoyée dans les corps de troupes à cheval avec les pièces d'anatomie clastique qu'elle concerne, mais elle a été égarée dans presque tous.

Leçons élémentaires d'anatomie

et de physiologie humaine et comparée, par le Docteur Auzoux, Auteur de l'*Anatomie clastique*, Chevalier de la Légion d'honneur, Membre fondateur de la Société impériale d'acclimatation, etc. *Deuxième Edition. Paris, Labbé; ibid., J. Dumaine*, 1858.

1 vol. in-8° de xv-448 p., avec 94 fig. d. l. t. et h. t.

L'ouvrage est divisé en leçons. Les 11ᵉ et 12ᵉ, qui le terminent, sont consacrées au cheval, de la p. 373 à la fin, et traitent de l'anatomie, de la nutrition, de la conformation, de l'extérieur et de la production du cheval.

Les VIII premières p. du livre contiennent le catalogue de toutes les pièces d'anatomie clastiques inventées et fabriquées par l'auteur. On y voit que le cheval complet contient plus de 300 objets de détail se décomposant en 97 pièces ou morceaux et coûte 4.000 francs.

La 1ʳᵉ éd^on de cet ouvrage a paru en 1839. Elle n'est pas décrite ici, parce qu'elle ne contient rien sur le cheval, les leçons et figures qui le concernent ayant été ajoutées pour la 2ᵉ seulement.

Insuffisance des Chevaux forts et légers, du Cheval de Guerre et de luxe. Possibilité de l'obtenir en créant dans chaque département des Ecoles d'éleveurs. par le Dʳ Auzoux, Chevalier de la Légion d'honneur, Auteur de l'*Anatomie clastique*, etc. Rue Antoine-Dubois, 2. *Paris, Labbé; ibid., J. Dumaine*, 1860.

Broch. in-8° de 14 p.

L'auteur estime que la France produit en quantité et en qualité tous les chevaux nécessaires à l'armée et au luxe, mais qu'ils sont déformés dans leur modèle et arrêtés dans leur croissance par une mauvaise éducation. De là sa proposition de créer des écoles d'éleveurs dans lesquelles. naturellement, le cheval clastique aurait servi à l'enseignement.

AV. (E. D'), voy. AURE (LE COMTE D').

AVENEL (LE VICOMTE Georges D').
Economiste et. littérateur français, né en 1855.

Le Mécanisme de la Vie moderne par le Vᵗᵉ G. d'Avenel — Troisième Série — La Maison parisienne — L'Alcool et les Liqueurs — Le Chauffage — Les Courses. *Paris, Armand Colin*, 1900.

1 vol. in-16 de 340 p

Les Courses sont l'objet d'une étude approfondie : histoire, races, organisation, entraînement. élevage, steeple-chases. haras, paris, etc., p. 237 à 329.

L'ouvrage fait partie d'une série de plusieurs volumes sur le *Mécanisme de la Vie moderne*.

AVENIR DE LA CAVALERIE EN CAMPAGNE.

Avenir de la Cavalerie en campagne. *Paris, J. Dumaine*, 1869.

Broch. in-8° de 48 p.

Cet opuscule, dont beaucoup de parties ont vieilli, n'en est pas moins intéressant en ce qu'il montre sur quels points de l'emploi de la cavalerie portaient les discussions et les controverses à la veille de la guerre.

AYGALENQ (François).
Médecin et vétérinaire français; fin du XVIIIᵉ et commencement du XIXᵉ siècle. Après avoir terminé ses études à l'Ecole vétérinaire de Lyon, il se fit recevoir médecin à la Faculté de Paris.

Aperçu général sur la perfectibilité de la Médecine vétérinaire et sur les rapports qu'elle a avec la Médecine humaine; par F. Aygalenq, Médecin. — Suivi d'un Projet d'organisation des Ecoles Vétérinaires en France, présenté au Ministre de l'Intérieur; par le même. *Paris, de l'Imp. de Mᵐᵉ Huzard*, An IX.

1 vol. in-8° de 189 p.

La première partie de cet ouvrage est purement scientifique; la seconde présente un tableau intéressant de l'état déplorable dans lequel étaient tombées les Ecoles vétérinaires au commencement du XIXᵉ siècle, sous le rapport de leur organisation matérielle, du recrutement des professeurs et de celui des élèves.

AYOU (Alphonse-Simon).
Colonel d'Etat-Major belge, 1824-1879.

Chevaux d'Officiers. Etude par A. Ayou, Colonel d'Etat-Major. *Bruxelles, C. Muquardt*, 1880.

Broch. in-8° de 40 p. avec 1 carte.

AYRAUD (Pierre-Nicolas).
Vétérinaire français, 1823-1890.

A exercé pendant de longues années sa profession à Fontenay-le-Comte où il a été président du comice agricole et adjoint au maire.

Statistique raisonnée des Animaux domestiques de l'Arrondissement de Fontenay-Vendée, par P. N. Ayraud, Médecin Vétérinaire à Fontenay-le-Comte (Vendée), Membre correspondant de la Société nationale et centrale de Médecine vétérinaire, qui a obtenu de la Société nationale et centrale de Médecine vétérinaire une Médaille d'or de quatre cents francs au Concours de 1846. *Paris, Imp. de E. et V. Penaud f*res*, 1851.*

1 vol. in-8° de 188 p.

Statistique bien établie dans laquelle la question de l'élevage du cheval et du mulet est traitée en détail et avec compétence.

Traité pratique de l'Alimentation rationnelle des Animaux domestiques, par F. N. Ayraud, Membre de la Société nationale d'Agriculture de France, Président du Comice agricole de l'Arrondissement de Fontenay-le-Comte, Agriculteur et ancien Vétérinaire, etc., etc. *Paris, G. Masson, 1887.*

1 vol. in-16 de 394 p.

L'ouvrage se divise en 3 titres ; le titre II comprend les fourrages, foins, luzernes, sainfoins, feuilles, ajoncs, grains, résidus, boissons ; le titre III comprend le rationnement, et le chap. II de ce titre se rapporte exclusivement à l'alimentation des équidés.

AYRAULT (René-Dominique-Eugène).

Vétérinaire à Niort et membre du conseil municipal de cette ville, 1817-1876.

De l'Industrie mulassière en Poitou ou Etude de la race chevaline mulassière, de l'âne, du baudet et du mulet, par Eugène Ayrault, vétérinaire à Niort, membre correspondant de la Société impériale et centrale d'agriculture de France, de la Société impériale et centrale de médecine vétérinaire, etc. *Niort, Clouzot, 1867.*

1 vol. in-12 de 200 p. avec 3 pl. h. t. : Etalon mulassier — Mule de 4 ans — Baudet mulassier.

Ouvrage intéressant et très condensé, où se trouvent tous les renseignements nécessaires sur cette industrie, élevage, choix et hygiène de l'étalon mulassier, de la jument, du baudet, du mulet, leurs maladies, leur commerce.

Concours régional de Niort 1874 — Les espèces bovine, ovine et porcine — Concours Mulassier — Races chevaline et asine mulassières, le Mulet, par Eugène Ayrault, médecin vétérinaire à Niort, Membre correspondant... (etc., comme ci-dessus) — Extrait du *Mémorial des Deux-Sèvres* — *Niort, Imp. Th. Mercier* (1874).

Broch. in-16 de 53 p.

AZARA (DON Félix d') et MOREAU DE SAINT-MERY (Médéric-Louis-Elie), traducteur.

D'Azara, officier de marine espagnol, astronome, géographe et naturaliste, 1746-1811.

Il avait d'abord servi dans l'armée de terre et devint officier général. En 1775, il fut grièvement blessé dans la malheureuse expédition contre Alger. En 1781, il fit partie de la commission de délimitation entre les possessions espagnoles et portugaises dans l'Amérique du Sud et y passa 13 ans. Pendant ce séjour, il dressa la carte du pays et fit de nombreuses observations d'histoire naturelle qui furent publiées et traduites en français. L'ouvrage décrit ci-après est le seul qui traite du cheval.

Moreau de St Méry, administrateur français, 1750-1819.

Né à la Martinique, il vint à 19 ans à Paris, servit aux Gendarmes du Roi et, tout en faisant son service, se fit recevoir avocat au Parlement. Après un séjour à St-Domingue, il revint en France, entra en 1790 à la Constituante comme député de la Martinique, fut grièvement blessé dans une émeute, fut arrêté, échappa à l'échafaud, s'enfuit aux Etats-Unis et devint libraire imprimeur à Philadelphie. Rentré en France en 1799, il fut nommé Conseiller d'Etat en 1800, résident près du duc Parme en 1801 et, à la mort de ce prince en 1802, administrateur général des duchés de Parme, de Plaisance et de Guastalla. Son administration fut éclairée et bienveillante ; mais, accusé de faiblesse par l'Empereur, il fut rappelé en 1806 et tomba non seulement dans une disgrâce complète, mais dans le dénuement. Jusqu'en 1812, il vécut des secours de Joséphine, sa parente éloignée. En

1817, Louis XVIII vint aussi à son aide, et il mourut deux ans après.

Essais sur l'Histoire naturelle des Quadrupèdes de la Province du Paraguay, par Don Félix d'Azara, Capitaine de Vaisseau de la Marine Espagnole ; Commissaire de Sa Majesté Catholique pour les limites Espagnoles et Portugaises de l'Amérique Méridionale; Citoyen de la ville de l'Assomption, Capitale du Paraguay, etc. Écrits depuis 1783 jusqu'en 1796 (An 4 de la République Française); Avec une (1) Appendice sur quelques Reptiles, et formant une suite nécessaire aux Œuvres de Buffon — traduits sur le Manuscrit inédit de l'Auteur par M. L. E. Moreau-Saint-Méry, Conseiller d'État, Résident de la République Française près son Altesse Royale l'Infant Duc de Parme : Membre de la Société Libre d'Agriculture du Département de la Seine et de celle du Doubs ; de la Société des Sciences, Lettres et Arts de Paris, du Lycée des Arts et de la Société des Belles-Lettres de la même ville ; de la Société Philosophique de Philadelphie, etc. *A Paris de l'Imp. de Pougens ; ibid, Lib[ie] de Mme Huzard, An IX 1801).*

2 vol. in-8° de LXXX-366 et 499 p.

Le T. I ne contient à peu près rien sur les chevaux ; mais, au T. II, se trouve, de la p. 296 à 351, un chapitre qui donne des détails sur les chevaux amenés par les Espagnols au XVIe siècle dans l'Amérique du Sud, la transformation en chevaux sauvages des descendants de ceux qu'ils y abandonnèrent, leur état actuel, leur histoire naturelle (point sur lequel l'auteur réfute plusieurs assertions de Buffon), les moyens de les capturer, de les dresser, de les utiliser, leurs robes, leurs prix (on avait alors une jument pour 2 réaux, soit 54 centimes), etc. Il y a, à la suite, un chapitre sur les Anes et les Mulets, leur production, leur élevage et leur emploi.

AZEMAR (Léopold-Michel-Martial, B[on] D')

Général de brigade français (cavalerie), 1804-1888.

Sous-lieut[t] en 1827, colonel du 6e Lanciers en 1854, général de brigade en 1863, passé dans le cadre de réserve en 1866. Il avait fait partie de l'expédition de Morée en 1828 et 29. Pendant la guerre de 1870-71, il reprit du service, d'abord comme commandant des subdivisions de la Drôme et de l'Ardèche, puis il fut appelé au commandement de la garde nationale mobilisée de l'Ardèche.

Observations sur les modifications apportées à l'Ordonnance du 6 décembre 1829 en ce qui concerne le Maniement des armes pour les Lanciers, par Léopold d'Azémar, Lieutenant Adjudant-major au 3e de Lanciers. *Provins, Lebeau*, 1837.

Broch. in-8° de IV-17 p.

A la formation des lanciers, en 1831, les 5e et 6e escadrons n'avaient pas de lances et étaient armés du mousqueton et du pistolet. Deux ans après, on donna à tous les escadrons la lance et le pistolet, et il parut une modification à l'Ordonnance de 1829, en ce qui concerne seulement le maniement d'armes des lanciers, C'est de cette œuvre anonyme et réglementaire que le général d'Azémar fait avec raison la critique.

Système de guerre moderne ou nouvelle Tactique avec les nouvelles armes. — Observations relatives à la brochure de M. le général Jomini sur la formation des troupes pour le combat. — Des papiers d'un ancien Officier général de l'armée de S. M. le Roi de Prusse. — Compte rendu par M. le B[on] d'Azémar, Colonel du 6e Régiment de Lanciers. *Paris, Leneveu*, 1859.

1 vol. in-8° de 142 p.

Cet ouvrage n'est bien, comme son titre l'indique, qu'un compte rendu. La cavalerie y tient une place importante. A signaler les passages où l'auteur préconise la création d'une École supérieure de guerre et l'exécution de grandes manœuvres.

Combats à la baïonnette, théorie adoptée en 1859 par l'armée d'Italie, commandée par S. M. l'Empereur Napoléon III. Extrait du *Système de guerre moderne,* par le Colonel Baron d'Azémar. *Paris, Leneveu*, 1859.

Broch. in-8° de 31 p.

Avenir de la Cavalerie. Son rôle dans les batailles, suivi d'un projet

---

(1) On sait qu'*appendice* était autrefois généralement employé au féminin.

de création de zouaves montés, par M. le B^on d'Azémar, Colonel du 6e Lanciers, auteur du *Système de guerre moderne*. *Paris, Leneveu*, 1860.

Broch. in-8° de 16 p.

L'auteur propose de monter, à titre d'essai, un bataillon de zouaves, avec de petits chevaux corses, bretons, camargues ou arabes. C'est l'infanterie montée.

Avenir de la Cavalerie. Examen technique des ouvrages publiés sur l'Ordonnance du 6 déc. 1829 Tactique des 3 armes dans l'esprit de la nouvelle guerre, par le B^on d'Azémar, Colonel du 6e Régiment de Lanciers, auteur du *Système de guerre moderne*. *Paris, Leneveu*. 1860-1861.

3 parties in-8° de 167. 191 et 191 p. La 2e partie a paru avant la 1re.

La 1re partie traite de toutes les questions qui intéressent la cavalerie, depuis le recrutement et l'instruction jusqu'à la tactique.

La 2e partie est une étude critique des ouvrages publiés dans le but de modifier l'Ordonnance du 6 déc. 1829 pour laquelle l'auteur ne cache pas son respect et à laquelle, dit-il, « on ne doit toucher qu'avec la plus grande réserve ».

Le 3e partie traite surtout de l'infanterie. Elle débute par un petit traité d'hippologie à l'usage des troupes à pied. dans lequel l'auteur dit que, contrairement aux poétiques descriptions de Job et de Buffon, le cheval est l'animal le plus peureux de la terre et que son intelligence est bornée On le lui a amèrement reproché alors et cependant...

Cette 3e partie contient aussi des chapitres sur la combinaison des différentes armes entre elles.

La Vérité sur l'Armée française, par le général B^on d'Azémar, auteur de l'*Avenir de la Cavalerie*. *Paris, J. Dumaine*, 1867.

1 vol. in-8° de x-172 p.

C'est, ainsi que l'indique le faux-titre, un « examen critique et technique du « livre attribué au général de division « Trochu : l'Armée française en 1867, « et de la brochure du général de division « Changarnier : Un mot sur le projet « de réorganisation militaire. » La cavalerie tient dans cet ouvrage la place nécessaire et l'auteur demande son embrigadement permanent.

Observations sur la suppression de l'arme des Lanciers, par le Général B^on d'Azémar. Extrait du *Spectateur Militaire*. *Paris, Leneveu*, 1871.

Broch. in-8° de 20 p.

L'auteur qui avait servi presque toute sa vie aux Lanciers, défend leur cause avec chaleur et non sans éloquence.

Le même auteur a fait paraître, dans divers journaux spéciaux, et principalement dans le *Spectateur militaire*, des articles sur la cavalerie dont la plupart ont été sinon publiés, du moins vendus séparément. A citer :

Evolutions complémentaires, colonne double et formation du carré dans la cavalerie. *Paris*, 1843.

Il fait lui-même une critique assez sévère de cet opuscule dans la 2e partie de son ouvrage *Avenir de la Cavalerie*.

Armement de la cavalerie légère et harnachement. *Paris*, 1844

Garde Impériale, corps d'élite-réserve. *Paris*, 1853.

On peut reprocher au général d'Azémar son respect un peu exagéré pour l'ordonnance de 1829, l'arche sainte d'alors, mais c'était un chercheur, souvent heureux ; plusieurs des innovations qu'il a proposées étaient marquées d'un esprit de juste observation et quelques-unes ont été adoptées depuis.

Dans deux brochures parues en 1861, le Cte de Lancosme-Brèves a fait une sévère critique, au point de vue purement équestre, de l'*Avenir de la Cavalerie*. (Voy. Lancosme-Brèves.)

B

B*** (LE COMTE DE), voy. DES CHEVAUX en France.

B. (LE LIEUTENANT), voy. ORGANISATION de la cavalerie.

B*** (LE MARQUIS DE), voy. MILITAIRE (LE) en Franconie.

B. DE G., voy. RÉFLEXIONS sur la tactique de la cavalerie.

B. D. H., voy. MANŒUVRE avec cadres.

B*** née de V...L (Mme).

Mme Bertin, née de Verceil, et Mme B... née de V***, pseudonymes dont le libraire Nepveu s'est servi pour publier plusieurs petits ouvrages de différents auteurs (1).

Les Animaux savants ou Exercices des Chevaux de M. M. Franconi, du Cerf Coco, du Cerf Azor, de l'Éléphant Baba, des Serins Hollandois, du Singe militaire... par Mme B*** née de V...l. Orné de Gravures d'après les Dessins de J. D. Dugourc, Dessinateur de la Chambre du Roi, Ci-devant Architecte de S. M. C. Charles IV (2). *A Paris, chez A. Nepveu, Passage des Panoramas S. D.* (1816.)

Ce titre est gravé dans un joli frontispice orné et colorié; il est suivi du titre imprimé auquel deux lignes ont été ajoutées et qui mentionne l'*Imp. de P. Didot aîné*, et le millésime 1816

1 vol. in-8º obl. de VIII p. pour le frontispice, le titre imprimé et l'avertissement, 80 p. de t. avec 11 pl. h. t., finement gravées et coloriées.

Le Cirque Olympique ou les Exercices des Chevaux de M. M. Franconi, du Cerf Coco, du Cerf Azor, de l'Éléphant Baba, suivi du Cheval Aéronaute de M. Testu Brissy, ou Petits Parallèles de l'instinct perfectionné des Animaux et de la raison naissante des Enfans. Par Mme B***, née de V***. Ouvrage dédié à l'Enfance et orné de 15 gravures en taille-douce (3) représentant plus de 24 sujets différens, d'après de nouveaux dessins de J. Dugourc, Dessinateur de la chambre du Roi, ci-devant architecte de S. M. C. Charles IV. *Paris Nepveu*, 1817:

1 vol. pet. in-18 de 174 p. avec 16 pl. finement gravées et coloriées. Dans certains exemplaires, elles sont en noir.

Dans le premier ouvrage, plusieurs sujets accessoires, oiseaux savants, chasse au faucon et à la pipée, etc., sont joints à la description des exercices du Cirque, mais le second lui est exclusivement consacré. Les fig. de celui-ci sont en partie empruntées au premier, mais autrement disposées et avec addition de nouveaux sujets.

Ces deux petits ouvrages donnent assez fidèlement la physionomie du Cirque Franconi au commencement de la Restauration. Mis entre les mains des enfants, ils ont été en grande partie détruits et sont devenus rares et recherchés. Les jolis dessins de Dugourc ne sont pas sans mérite.

BACCIO ou BACCIUS (André) et GABELCHOVER (Oswald), traducteur.

Baccio, médecin et naturaliste italien, vivait dans la 2e moitié du XVIe siècle. Il professa la botanique à Rome de 1567 à 1600 et fut médecin du Pape Sixte-Quint.

Gabelchover, médecin allemand, 1538-1616. Il fut, pendant 37 ans, médecin de quatre ducs de Wurtemberg.

De Monocerote seu Unicornu, ejusque admirandis viribus et usu. Tractatus per Excellentissimum & Clarissimum D. Andream Baccium, Philosophum, Medicum, & Civem Romanum, Italica Lingua conscriptus, nunc vero publicæ utilitatis gratia a Wolfgango Gabelchover, Artium et Medicinæ Doctore, latiné redditus. Cui ob Argumenti feré similitudinem, accessit alius de Magna Bestia, ab Antiquis Alce, Germanis Ellend vocato, eiusq. ungulæ pro Epilepsia & consimilibus morbis abigendis, viribus & usu, libellus, ab eodem D. Andrea Baccio Italice conscriptus & a Wolfg. Gabelchover in latinam linguam conversus. *Stutgardiæ, Imprimebat Marcus Fursterus*, 1598.

1 vol. très pet. in-8º de 8 f^ts non ch. pour le titre, la dédicace de Gabelchover au duc Frédéric de Wurtemberg, la lettre-préface de Baccio, son avis au Lecteur, 131 p. pour la 1re partie et 39 pour la 2e, la p. 39 chiffrée par erreur 17, plus 6 f^ts non ch. pour la table des principales questions traitées suivie de la table alphab.

On sait que les anciens naturalistes croyaient fermement à l'existence de la licorne, qu'ils appelaient monoceros, unicornu, etc., et qu'ils rangeaient parmi les chèvres, les cerfs, les équidés en tout ou en partie. Sur le même sujet, voy. Jonston, Gesner, Catelan, Aldrovande, Bartholin, etc.

(1) Quérard, *France littéraire*.
(2) Voy. Dugourc pour la biographie et les œuvres de cet artiste.
(3) En réalité, il y en a 16.

BACHELARD (A).
La Merveilleuse Méthode de Courses hippiques, par A. Bachelard. *Paris, Imp. Bachelard; ibid., l'Auteur,* S. D. (1908.)
Broch. in-16 de 16 p.

BACHELIN (A.), voy. CAVALCADE de Neuchâtel.

BACHMANN (A.-J.) et **PURY** (Henri DE), traducteur.
Avis aux gens de la campagne sur les moyens de perfectionner l'éducation des Chevaux; traduit de l'allemand de A.-J. Bachmann, par Henri de Pury. *Neuchâtel, Christian Gerster,* 1829.
1 vol. in-12 de p. avec fig.
Ouvrage que je ne connais que par le Catal. de la Bib. Huzard.

BAELEN (Gustave DE).
Traité familier de la Reproduction chez les Espèces Chevalines et Bovines, par le Vétérinaire Gustave de Baelen, ancien Officier de Cavalerie. *Bruxelles, D. Raes,* 1845.
1 vol. in-12 de VI-159 p. Fig d. l. t.
Il y a eu plusieurs éd^{ons}. que je crois sans changements.

BAILLEHACHE (Alexandre-Louis-Marcel DE).
Officier de cavalerie et littérateur français, 1846-1906. Sous-lieut^{nt} en 1870, capitaine en 1880, démissionnaire en 1883.
Souvenirs d'un Lancier de la Garde sous le second Empire, par Marcel de Baillehache. *Paris, Imp. Gustave Picquoin,* 1888.
1 vol. in-12 de 155 p.
Souvenirs intimes d'un Lancier de la Garde Impériale par Marcel de Baillehache. *Paris, Paul Ollendorf,* 1894.
1 vol. in-8° carré de 4 f^{ts} pour les titres et un frontispice de Detaille (répété sur la couverture), représentant un lancier de la garde à pied appuyé sur son cheval et 316 p.
Cette éd^{on} est beaucoup plus développée que la précédente. Elle a eu elle-même plusieurs tirages dans la même année.

BAILLET (Casimir-Célestin).
Vétérinaire français. A été professeur aux Ecoles vétérinaires de Toulouse et d'Alfort, puis directeur de celle de Toulouse. Il était membre de nombreuses sociétés savantes ; 1820-1900.

Extrait du *Journal d'Agriculture pratique pour le Midi de la France* (Mai et Juin 1859). Etudes sur les Graminées fourragères des environs de Toulouse, par M. Baillet, Membre non résidant, *Toulouse, Imp. de Douladoure f^{res}* (1859).
Broch. in-8° de 24 p.

Extrait du *Journal*..... (*etc., comme ci-dessus*) (Mars et avril 1860.) Etudes sur les Légumineuses fourragères des Prairies naturelles et des Pâturages des environs de Toulouse, par M. Baillet, Professeur à l'Ecole impériale vétérinaire de Toulouse, Membre de la Société d'Agriculture de la H^{te}-Garonne. *Toulouse, Imp. de Douladoure f^{res}* (1860).
Broch. in-8° de 28 p.

Extrait du *Journal d'Agriculture pratique et d'Economie rurale pour le Midi de la France* (Novembre 1861.) Quelques mots sur la Conformation des Etalons de sang considérés comme producteurs de Chevaux de service, par M. Baillet, Professeur à l'Ecole impériale vétérinaire de Toulouse. *Toulouse, Imp. de Ch. Douladoure* (1861).
Broch. in-8° de 14 p.

Extrait du *Journal*..... (*etc., comme ci-dessus*). Juin 1862. Des Importations et de l'Acclimatement des Races d'Animaux étrangers par M. C. Baillet, Professeur à l'Ecole impériale vétérinaire de Toulouse. *Toulouse, Imp. de Ch. Douladoure* (1862).
Broch. in-8° de 32 p.

Histoire naturelle des Helminthes des principaux Mammifères domestiques, par M. C. Baillet, Professeur à l'Ecole impériale vétérinaire d'Alfort, ex-Professeur à l'Ecole impériale vétérinaire de Toulouse, Membre de la Société impériale et centrale de Médecine vétérinaire et de la Société botanique de France,

Correspondant de l'Académie impériale des Sciences, Inscriptions et Belles-Lettres de Toulouse, de la Société impériale de Médecine, Chirurgie et Pharmacie de Toulouse, de la Société d'Agriculture et de la Société d'Horticulture de la Haute-Garonne, etc. — Extrait du *Nouveau Dictionnaire de Médecine, de Chirurgie et d'Hygiène vétérinaires* publié par MM. Bouley et Raynal. *Paris, P. Asselin*, 1866.

1 vol. in-8° de 172 p.
L'ouvrage se termine par un tableau des helminthes, indiquant les animaux domestiques auxquels chacun d'eux s'attache, avec un renvoi à la p. où ils sont décrits. Ceux du cheval, de l'âne et du mulet sont au nombre de 19.

Expériences sur les Inoculations préventives du Charbon, par M. Baillet. Extrait des *Mémoires de l'Académie des Sciences, Inscriptions et Belles-Lettres de Toulouse*, 1er Semestre 1884. *Toulouse, Imp. Douladoure-Privat.* (1885.)
Broch. in-8° de 17 p.
L'opuscule se divise en 5 parties dont les 3 premières concernent le mouton ; les 4e et 5e, cette dernière lue dans la Séance du 19 février 1885, concernent le cheval.

Quelques considérations sur les Courses de vitesse, par M. Baillet, Membre de la Société d'Agriculture de la Haute-Garonne. Extrait du *Journal d'Agriculture pratique de la Haute-Garonne*, mai 1885. *Toulouse, Imp. Douladoure-Privat* (1885.)
Broch. in-8° de 16 p.

De la Castration des mâles chez les Mammifères domestiques envisagée dans ses rapports avec la Zootechnie, par M. Baillet, Directeur de l'Ecole vétérinaire de Toulouse, Correspondant de l'Académie, etc. — Extrait de la *Revue Médicale de Toulouse*, Nos des 15 Mai et 1er Juin 1886 — *Toulouse, Imp. Douladoure-Privat.* (1886.)
Broch. in-8° de 23 p.

Coup d'œil général sur l'état actuel de la Population chevaline en France, par M. Baillet — Extrait des *Mémoires de l'Académie des Sciences, Inscriptions et Belles-Lettres de Toulouse*, année 1886. *Toulouse, Imp. Douladoure-Privat.* (1886.)
Broch. in-8° de 24 p.

De la Castration des Femelles chez les Mammifères domestiques, envisagée dans ses rapports avec la Zootechnie, par M. Baillet, Membre résidant de la Société de Médecine de Toulouse. (Extrait de la *Revue Médicale de Toulouse*, n° du 15 octobre 1887.) *Toulouse, Imp. Douladoure-Privat.* (1887.)
Broch. in-8° de 15 p.

Discours prononcé à la Séance publique de la Société de Médecine, Chirurgie et de Pharmacie de Toulouse le 16 Mai 1886, par M. Baillet, Président. (Extrait de la *Revue Médicale de Toulouse* n° 13, du 1er Juillet 1886.) *Toulouse, Imp. Douladoure-Privat*, 1886.
Broch. in-8° de 15 p.
Ce discours traite de l'hygiène de l'homme et de celle des animaux domestiques. L'auteur montre les points qui les réunissent et ceux qui les séparent. De nombreux passages concernent le cheval : alimentation, entrainement qu'il compare avec la gymnastique, etc.

Sur la puissance que l'homme possède de modifier l'organisation des Animaux domestiques, par M. Baillet. — Extrait des *Mémoires de l'Académie des Sciences, Inscriptions et Belles-Lettres de Toulouse*, année 1887. — *Toulouse, Imp. Douladoure-Privat.* (1887.)
Broch. in-8° de 15 p.

De l'emploi des Etalons de pur sang et de leurs dérivés à la procréation des Chevaux de service du type léger, par M. Baillet — *Extrait*..... (*etc., comme ci-dessus.*) Tome IX, Année 1887. — *Toulouse, Imp. Douladoure-Privat.* (1887.)
Broch. in-8° de 23 p.

De l'Atavisme et de l'origine des Reproducteurs chez les principales espèces d'Animaux domestiques, par M. Baillet — *Extrait*..... (*etc., comme ci-dessus.*) Tome X. Année

1888 — *Toulouse, Imp. Douladoure-Privat.* (1888.)
Broch. in-8° de 30 p.
L'opuscule concerne principalement le cheval.

Les ânesses laitières à Toulouse, par M. Baillet — Extrait de la *Revue Médicale de Toulouse*, N°ˢ d'Octobre et Novembre 1888. — *Toulouse, Imp. Douladoure Privat.* (1888.)
Broch. in-8° de 20 p.

Sur quelques-unes des conditions dans lesquelles se fait l'Allaitement naturel chez les principaux herbivores domestiques, par M. Baillet. *Toulouse, Imp. Pinel*, S. D. (vers 1889?)
Broch. in-8° de 15 p.

De l'Hérédité envisagée chez les Mammifères au point de vue de la Zootechnie, par M. Baillet, Vice-Président de la Société de Médecine, Chirurgie et Pharmacie de Toulouse. *Toulouse, Imp. Douladoure-Privat*, S. D. (vers 1889 ?)
Broch. in-8° de 31 p.
Concerne principalement le cheval.

Des conditions dans lesquelles on a recours à la Consanguinité chez les Animaux domestiques, par M. Baillet. *Toulouse, Imp. Pinel*, 1890.
Broch. in-8° de 8 p.

De la Sélection et de la Consanguinité en Zootechnie, par M. Baillet. — Extrait des *Mémoires de l'Académie des Sciences, Inscriptions et Belles-Lettres de Toulouse*, 9ᵉ Série, T. II, Année 1890. *Toulouse, Imp. Douladoure-Privat.* (1890.)
Broch. in-8° de 27 p.

Quelques considérations sur la composition des Grains que l'on fait entrer dans l'Alimentation des Herbivores domestiques, par M. C. Baillet, Membre résidant de la Société d'Agriculture de la Haute-Garonne — Extrait du *Journal d'Agriculture pratique de la Haute-Garonne*, Juillet 1890 — *Toulouse, Imp. Douladoure-Privat.* (1890.)
Broch. in-8° de 29 p.

Quelques considérations sur la composition des Grains et des Graines que l'on fait entrer dans l'Alimentation des Herbivores domestiques, par M. Baillet — Extrait du *Journal d'Agriculture pratique et d'Economie rurale pour le Midi de la France*, Juin 1891 — *Toulouse, Imp. Douladoure-Privat.* (1891.)
Broch. in-8° de 30 p.

Société d'Agriculture du Département de la Haute-Garonne. — Sur la composition du Foin des Prairies naturelles, lu dans la Séance du 12 Mars 1892, par M. C. Baillet, Membre résidant. *Toulouse, Imp. Saint-Cyprien*, 1892.
Broch. in-8° de 16 p.

Note sur les caractères qui distinguent les Races dans les Animaux domestiques, par M. Baillet — Extrait des *Mémoires de l'Académie des Sciences, Inscriptions et Belles-Lettres de Toulouse*, 9ᵉ Série, T. IV, Année 1892 — *Toulouse, Imp Douladoure-Privat.* (1892.)
Broch. in-8° de 22 p.

Quelques mots sur les Croisements dits au premier sang chez les Animaux domestiques, par M. Baillet. — Extrait des *Mémoires......* (etc., comme ci-dessus). 9ᵉ Série, T V., année 1893. — *Toulouse, Imp. Douladoure-Privat.* (1893.)
Broch. in-8° de 16 p.

Du Croisement continu dans les Races d'Animaux domestiques, par M. C. Baillet — Extrait des *Mémoires......* (etc., comme ci-dessus), 9ᵉ Série, T. VII. Année 1895 — *Toulouse, Imp. Douladoure-Privat.* (1895.)
Broch. in-8° de 22 p.

Sur le Métissage dans les Races d'Animaux domestiques par M. Baillet — Extrait des *Mémoires.....* (etc., comme ci-dessus). 9ᵉ Série, T. VII. Année 1896 — *Toulouse, Imp. Douladoure-Privat.* (1896.)
Broch. in-8° de 20 p.

Sur les Hybridations considérées dans leurs rapports avec la Zoo-

technie, par M. Baillet — Extrait des *Mémoires. ... (etc., comme ci-dessus)*. 9ᵉ Série, T. VIII, Année 1897. — *Toulouse, Imp. Doula-doure-Privat*, 1897.
Broch. in-8° de 43 p.
Concerne en grande partie le mulet.

Académie nationale des Sciences, Belles-Lettres et Arts de Bordeaux — Maladies contagieuses des Animaux à l'Homme, par M. Baillet, Vétérinaire de la Ville, Membre de l'Académie de Bordeaux, Membre correspondant de l'Académie de Médecine, Chevalier de la Légion d'Honneur. *Bordeaux, Imp. G. Gounouilhou*, 1901.
Broch. in-8° de 23 p. (Extrait des *Actes de l'Académie des Sciences, Belles-Lettres et Arts de Bordeaux* (Année 1901). La 1ʳᵉ moitié de l'opuscule est consacrée à la morve.

Cet auteur a publié un grand nombre d'autres travaux sur le charbon, sur les animaux de boucherie, sur la botanique, sur les parasites, etc., etc., qui contiennent quelques généralités applicables au cheval, mais ceux qui viennent d'être décrits concernent tout directement, en tout ou en partie, le cheval et le mulet.

BAILLIF (René-François).
Vétérinaire militaire français, né en 1815, diplômé de Toulouse en 1839, vétérinaire en 2ᵉ en 1846, retraité en 1874.

Opuscule sur les Chevaux d'Anjou, par R. Baillif, Aide-Vétérinaire au 10ᵉ Régiment de Dragons, membre de l'Académie nationale agricole, manufacturière et commerciale de Paris, membre titulaire de la Société industrielle et agricole d'Angers, membre titulaire et secrétaire de la Société vétérinaire des départements de l'Ouest, etc. — Opuscule présenté à l'Académie nationale, agricole, manufacturière et commerciale de Paris, qui a récompensé son Auteur d'une Médaille d'Or, à l'effigie d'Olivier de Serres. *Toulouse, Imp. Chauvin et Feillès*, 1853. (La couverture porte 1854.)
Broch. in-8° de 92 p. C'est un travail consciencieux.

De la fièvre typhoïde du Cheval et de ses rapports avec celle de l'homme, suivie de l'exposé de quelques faits ; par R. F. Baillif, Vétérinaire à l'escadron du Train de la Garde impériale ; Membre correspondant de la Société impériale et centrale d'Agriculture, de la Société impériale et centrale de Médecine vétérinaire, de la Société industrielle et agricole d'Angers, etc. *Lyon, Typ. J. Nigon*, 1861.
1 vol. in-8° de 119 p.

Un mot sur l'étiologie de la Morve et du Farcin par R. F. Baillif, Vétérinaire à l'escadron du Train de la Garde impériale, Membre correspondant de la Société impériale et centrale d'Agriculture, de la Société impériale et centrale de Médecine vétérinaire, de la Société industrielle et agricole d'Angers, etc. *Toulouse, Imp. Jean Pradel et Blanc*, 1862.
Broch. in-8° de 16 p.

Outre les causes générales, épuisement, mauvaise nourriture, excès de travail, qui prédisposent à la morve, l'auteur accuse l'abus de la saignée et des barbotages, la diète et les arrêts de transpiration. La sueur est, suivant lui, l'agent principal de la contagion.

Un mot sur le pur sang anglais et son rôle dans la production du Cheval de guerre, par R. F. Baillif, Vétérinaire militaire en retraite, Membre de la Société centrale d'Agriculture de Paris, de la Société centrale de Médecine vétérinaire, de la Société industrielle et agricole d'Angers, etc. *Paris, Vᵛᵉˢ Renou, Maulde et Cock*, 1875.
Broch. in-8° de 15 p.

L'auteur considère le pur sang comme le véritable améliorateur, mais il ne veut pas « du pur sang d'hippodrome, comme on l'a choisi et comme on le choisit encore ». Il demande les courses à 5 ans avec plus de poids et de plus longs parcours.

Un mot sur l'étiologie et la pathologie de la Morve, par R. F. Baillif, Vétérinaire militaire en retraite, Membre de la Société centrale d'Agriculture de Paris, de la Société centrale de Médecine vétérinaire, de la Société industrielle et agricole d'Angers, etc. *Paris*,

Vve *Renou, Maulde et Cock*, 1876.

Broch. in-8° de 19 p.

L'auteur reprend et développe les considérations exposées dans sa brochure de 1862.

BAILLŒUIL (Isidore-Henri).

Officier de cav^{ie} français. 1821-1894.

Cavalier au 1er Lanciers en 1842, passé la même année comme brigadier au 1er Chasseurs d'Afrique où il a été nommé sous-lieut^{nt} en 1854; capitaine en 1866 et retraité en 1872. Campagnes d'Afrique de 1844 à 1854, d'Orient en 1854, d'Afrique de 1855 à 1859, d'Italie en 1859 — fait prisonnier à Solférino, il fut rendu par cartel d'échange deux mois après — d'Afrique en 1859 et 1860, contre l'Allemagne en 1870-71.

Société de Géographie de Lille — Souvenirs de 30 Ans — A cheval à travers la Turquie en 1854 — Notes de voyage d'un Lillois Chasseur d'Afrique. Avec Carte Itinéraire — De Laghouat (Algérie) à Gallipoli, Varna et Sébastopol. *Lille, Imp. L. Danel*, 1890

Broch. gr. in-8° de 39 p. avec 1 carte se dépliant.

Une note au commencement de l'ouvrage donne le nom de l'auteur.

BALASSA (Constantin).

Capitaine de cav^{ie} autrichien. Mort en 1861.

Traité de la ferrure sans contrainte, ou moyen de ferrer les chevaux les plus vicieux en moins d'u e heure et de les corriger pour toujours de leurs défauts; système puisé dans les principes de physiologie du cheval, par Constantin Balassa, Capitaine de cavalerie autrichien. Traduit par un officier français. *Paris, Anselin*, 1828.

Broch. in-8° de 52 p. avec 6 pl. se dépliant, par Victor Adam.

L'art de ferrer les chevaux sans faire usage de la force, selon les moyens rationnels déduits de la psicologie (sic) du cheval, par Constantin Balassa, capitaine à l'armée autrichienne, traduit par Fortuné de Brack, colonel du 4e régiment de hussards, avec six planches. *Paris, Houdaille,* 1835.

Broch. in-8° de 53 p. avec 6 pl.

Autre traduction du même ouvrage. Dans sa spirituelle lettre de dédicace au lieutenant-général comte Édouard Colbert, de Brack semble croire que cet opuscule est présenté pour la première fois au public français, et ignorer l'existence de la traduction précédente de 1828.

Il y a une traduction italienne. *Milan, Truffi,* 1828.

In-8°, 45 p. et les 6 pl.

L'original allemand est de 1828. *Vienne, Carl Gerold*, 48 p. et les 6 pl. originales. Dans celles-ci, les cavaliers qui tiennent le cheval ont une casquette plate, un dolman à brandebourgs et des bottes à glands, à la hussarde.

Dans sa bonne reproduction de ces planches pour la traduction de 1828, Victor Adam, tout en respectant les attitudes du cheval et des deux hommes, a transformé ceux-ci en chasseurs et en lanciers français en tenue d'écurie, et l'auteur des très médiocres dessins de la traduction de de Brack les a habillés en hussards français et a dessiné au bas de chaque planche la sabretache du 4e hussards.

BALCARCE.

Importation en France de chevaux de la République Argentine, par M. Balcarce, Ministre de la République Argentine à Paris. (Extrait du *Bulletin* de la Société d'Acclimatation, N° de Déc. 1877.) *Paris, Imp. Martinet*, S. D. (1878.)

Broch. in-8° de 6 p.

L'auteur fait naturellement l'éloge des chevaux de la Plata : sobres, infatigables, chevaux de guerre de premier ordre. Il en est sans doute ainsi pour ceux mis en service et entraînés de bonne heure dans leur pays. Mais ceux envoyés en France qui n'avaient ni porté un cavalier, ni mangé un grain d'avoine avant 6 ou 7 ans, étaient mous, sans cœur, sans énergie, sans tempérament et particulièrement faibles dans leurs membres antérieurs. J'en ai eu 150 dans mon régiment et tous, sauf de très rares exceptions, n'ont jamais fourni qu'un mauvais service et ont été rapidement réformés.

Voy sur le même sujet Barbier (Charles) et Callot (J.-A.).

BALENSI (Emmanuel).

La question chevaline au point de vue militaire; par Emmanuel Balensi. *Paris, Dentu,* 1885.

Broch. gr. in-8° de 30 p. Dédicace au Ministre de l'Agriculture.

BALINCOURT (Claude-Alexandre-Edgard TESTU, COMTE DE).
Officier de cavalerie français, né en 1832. Sous-lieut^nt en 1854, chef d'escadrons en 1875, retraité en 1883. Campagne d'Italie en 1859, plusieurs campagnes en Afrique, campagne de 1870-71.

Le commandant de Balincourt, qui est membre de l'Académie de Nimes, a occupé les loisirs de sa retraite par d'intéressants travaux historiques, biographiques, généalogiques, etc., publiés sous forme de brochures, tirés à petit nombre pour ses amis et non mis dans le commerce. Il est aussi l'auteur de deux ouvrages importants : *Le Maréchal de Balincourt*, biographie de son arrière-grand-oncle, paru en 1892 et tiré à 70 exemplaires et *Le Vice-Amiral Comte de Brueys d'après sa correspondance*, etc., paru en 1894 et tiré à 100 exemplaires.

Parmi ses travaux, les deux suivants intéressent la cavalerie :

Mémoire-Journal sur la Campagne de 1735 en Allemagne touchant les Camps, Marches et Expéditions de la Maison du Roy. D'après le manuscrit original d'un Mousquetaire Noir. *Bruyères en Vosges*, 1878. (A la fin) : *Achevé d'imprimer le 31 mars 1878 par le Cte Edg. de Balincourt pour ses amis.*

Broch. in-8° de 19 p. imprimée par l'auteur lui-même quand il était chef d'escadrons au 1er chasseurs à Bruyères.

L'opuscule contient des détails sur différentes actions de cavalerie, fourrages, service dans les camps, etc.

Un Général de Cavalerie sous Charles XII, Valentin Dahldorff, 1665-1715, par le Comte E. de Balincourt, ancien Officier supérieur de Cavalerie, Membre de l'Académie de Nimes. *Nîmes, Imp. A. Chastanier*, 1905.

Broch gr. in-8° de 20 p.

Intéressante monographie, émaillée de curieuses anecdotes, et qui fait revivre la figure d'un vieux cavalier aussi original que brave.

BALLACEY (H.), voy. GRANDEAU (L.).

BALLEYGUIER (Pierre-Marie-Delphin).

Sabres fous — Heures de liberté à Saumur, par Pierre Balleyguier.

Paris et Limoges, Henri Charles-Lavauzelle, S. D.

1 vol. in-12 de 228 p. avec 21 dessins d. l. t.

Anecdotes sur la vie joyeuse à Saumur.

BALME (Elie-Auguste).

Intendant militaire français, né en 1838, sous-lieut^nt en 1857, sous-Intendant de 2e cl. en 1881, Intendant en 1897, passé au cadre de réserve en 1900.

Notes sur le Service des Fourrages par M. E. Balme, Sous-Intendant Militaire de 1re Classe (Extrait de la *Revue du Service de l'Intendance*). *Paris et Limoges, Henri Charles-Lavauzelle*, 1895.

Broch. in-8° de 33 p.

Sur le même sujet, voy. *Notice sur les Fourrages*.

BAMBINI.

Sous-officier de cavalerie français.

Le 27e Dragons. Suivi de : le Sous-Officier peint par lui-même ; par Bambini. 150 dessins de l'auteur. *Paris, Vanier*, 1889.

1 vol. pet. in-8° de VIII-168 p. Préface de l'éditeur Léon Vanier.

C'est un tableau de la vie militaire du sous-officier de cavalerie.

Comme Noriac quand il publiait son 101e, Gaboriau son 13e Hussards, et Théo-Critt son 13e Cuirassiers, Bambini avait écrit son ouvrage à une époque où le 27e Dragons n'existait pas. Il n'y faut donc voir qu'une peinture générale et non celle d'un régiment particulier. Le 27e Dragons fut créé peu avant l'impression du livre.

BANCHIERI (Adrien), voy. ATTABALIPPA.

BANGOFSKI (Georges), voy. ROCHE DU TEILLOY (Alexandre DE).

BARADA (Jean-Pierre).

Avocat français, 1789-1872. A été député du Gers, de 1831 à 1848. Est devenu conseiller-maître à la Cour des Comptes.

Opinion de M. Barada, député du département du Gers, sur le nouveau système des remontes militaires. *Paris, Bacquenois, Cosse et Appert*, 1834.

Broch. in-8° de 37 p.

BARAIL (François-Charles DU). Général de division français (cavalerie), 1820-1902. Il est inutile de donner ici la biographie de cet éminent cavalier. On la trouvera tout entière dans ses *Souvenirs* décrits ci-dessous.

Rapport sur les Manœuvres exécutées par la Division de Cavalerie du 9° Corps en 1876. *Paris, Imp. Nationale,* 1877.

Broch. gr. in-8° de 73 p. avec 1 carte se dépliant.

Intéressant travail sur la première application sur le terrain du Règlement de 1876.

La Cavalerie française et la Critique du Règlement de 1876, par un Vétéran. *Paris, J. Dumaine,* 1882.

Broch. in-8° de 39 p.

C'est une réponse à un article de la *Nouvelle Revue* qui attaquait le Règlement de 1876 à la rédaction et surtout à l'adoption duquel le général Du Barail avait puissamment contribué. (Voy. L'Hotte.)

Mes souvenirs, par le Général Du Barail. T. premier, 1820 - 1851. T. deuxième 1851-1864. T. troisième 1864-1879. *Paris, Plon,* 1894-1895-1896.

3 vol. in-8° de 452 p., 516 p. et 612 p., chacun d'eux avec un portrait du général à différentes époques. Dédicace « à mes vieux chasseurs d'Afrique ».

Souvenirs très intéressants et dans lesquels abondent les détails et les épisodes relatifs à la cavalerie. Ils ont eu plusieurs éditions sans changement.

BARAILON (Jean-François). Médecin et homme politique français, 1743-1816. Etait médecin à Chambon avant 1789, puis juge de paix en 1790. Fut élu à la Convention en 1792 par le dép^{nt} de la Creuse, entra ensuite aux Cinq Cents, puis aux Anciens et enfin au Corps législatif dont il fut président en 1801. Rendu à la vie privée en 1806, il reprit ses études médicales et archéologiques.

Instruction sur les Maladies épizootiques les plus familières à la Généralité de Moulins, sur leurs Préservatifs & sur le traitement le plus convenable à chacune d'elles, par M. Barailon, Docteur en Médecine de Montpellier, Médecin en chef de la Généralité de Moulins pour les Epidémies, les Epizooties & tous les objets de Salubrité publique, Associé regnicole de la Société Royale de Médecine de Paris, Membre de celle d'Agriculture de Moulins, Médecin ordinaire du Roi, son Conseiller au pays de Combraille, etc. *Moulins, Imp. C. J. Pavy,* 1787.

Broch. in-4° de 57 p. plus 2 f^{ts} pour la table.

Concerne en partie les chevaux.

BARASCUD (Alphonse-Clément). Vétérinaire militaire français, 1852-1906, diplômé d'Alfort en 1875, aide vétérinaire en 1876, vétérinaire principal en 1903, mort en activité de service.

Campagne de Chine (1900-1901). Service vétérinaire du Corps expéditionnaire français et dans les Armées alliées, illustré de nombreuses gravures ; par M. Barascud, Chef du Service vétérinaire du Corps expéditionnaire de Chine. *Vannes, Imp. Lafolye frères,* 1903.

C'est le titre intérieur. Une couverture a été imprimée au nom de l'éditeur *Charles-Lavauzelle,* S. D.

1 vol. in-8° de VII-269 p. Lettre d'éloges du Ministre de la Guerre à l'auteur.

BARBASETTI (Luigi).

L'Escrime du Sabre, par Luigi Barbasetti, traduit avec la collaboration de l'auteur par Paul Manoury et Willy Sulzbacher. Ouvrage orné de 31 Illustrations. Préfaces par Adrien Guyon, Président de la Société « Le Sabre » et Victor Silberer. *Paris, J. Rothschild, Lucien Laveur, Editeur,* 1905.

1 vol. in-8° de XII-160 p. avec 30 pl. h. t. sur l'escrime, le portrait de l'auteur en frontispice, titre et couverture illustrés.

BARBE (Eugène-Jean).

De l'Elevage du Cheval dans le Sud-Ouest de la France et principalement dans les Landes et la Gironde et de son hygiène, par Eugène Barbe, Médecin vétérinaire. *Paris, L. Mulo ; Bordeaux, Féret,* 1903.

1 vol. in-8° de 262 p. avec 3 fig. en phototypie d. l. t.
Choix des reproducteurs, élevage, entrainement, hygiène, hippophagie.

BARBERET (Joseph).
Chef de bureau au Ministère de l'Intérieur, né en 1837.

Le Travail en France — Monographies professionnelles par J. Barberet, Chef du Bureau des Sociétés de Secours mutuels au Ministère de l'Intérieur — Ouvrage honoré d'une Souscription de MM. les Ministres de l'Intérieur, de l'Instruction publique, des Cultes et des Beaux-Arts et de la Préfecture de la Seine — *Tome IV* — *Paris et Nancy, Berger-Levrault*, 1887.

1 vol. in-8° de xi-470 p.

Dans ce volume se trouve, de la p. 199 à la p. 324, une monographie très complète et bien étudiée des Cochers et Loueurs de Voitures (1).

BARBERINE (Pseudonyme).

(Extrait de la *Revue de la France Moderne* du 1er Juin.) Esquisses Fin de siècle. La Femme aux Courses par Barberine. *Paris, Revue de la France Moderne*, 1890.

Broch. in-8° de 7 p.

BARBIER (Charles).

Le Cheval de La Plata comme Cheval de Guerre — Son importation pour la Remonte de l'Armée. Etat de la question, par Charles Barbier, Ingénieur civil, chargé d'une mission dans l'Amérique du Sud. *Paris, J. Dumaine*, 1877.

Broch. in-8° de 32 p.

D'après l'auteur, le cheval de la Plata est rustique, résistant et aucune race ne lui est supérieure comme cheval de guerre. Ce n'est exact que pour ceux qui sont engrainés et entraînés par le dur service qu'ils font dans leur pays. Ceux qui ont été envoyés en France, nourris sans un grain de maïs ou d'avoine jusqu'à 5 ou 6 ans — j'en ai eu 150 dans mon régiment — étaient sans cœur, sans tempérament, sans solidité et ont tous été réformés après un court et mauvais service.

(1) L'ouvrage, non terminé, et dont la publication est arrêtée depuis plusieurs années, comprend actuellement (1906) 7 vol.

Voy. sur le même sujet Balcarce et Callot (J.-A.).

BARBIER (H.).

Extrait du Rapport de M. Poret, Vétérinaire, sur la Ferrure dans les Villes. (Notes de M. Barbier, Vétérinaire.) *Saint-Dié, L. Humbert*, 1886.

Broch. in-4° de 11 p.

M. Poret, alors directeur de la cavalerie à la Comp^{ie} des Omnibus, avait présenté à la Société centrale vétérinaire un mémoire sur sa ferrure à éponges minces, renouvelée de Lafosse, et adoptée par sa Cie. L'opuscule contient le rapport de M. Weber, suivi d'une discussion à laquelle prirent part MM. Sanson, C. Leblanc, Ménard, Aureggio, Piètrement, Cagny, Chauveau, Nocard et Weber. Tous sont favorables à cette excellente ferrure, qui a toujours été employée à la Comp^{ie} des Omnibus. La note de M. Barbier occupe la moitié de la dernière p.

BARD (Louis) et LECLERC (Antoine).

Bard, médecin français, ancien professeur à la Faculté de médecine de Lyon, né en 1857.

Leclerc, ancien vétérinaire militaire, diplômé d'Alfort en 1873, démissionnaire vers 1879, inspecteur de la boucherie à Lyon. 1850-1908.

Du cancer du Cheval, par M. le Docteur Bard, Médecin des hôpitaux, Professeur agrégé à la Faculté de Médecine de Lyon, et M. Leclerc, Vétérinaire, Inspecteur principal de la Boucherie à Lyon — Travail du laboratoire d'anatomie pathologique de la Faculté — *Lyon, Imp. Schneider f^{res}*, 1884.

Broch. in-8° de 13 p.

BARDET DE VILLENEUVE.

Ingénieur militaire français du XVIIIe siècle (1).

Cet auteur a publié, de 1740 à 1757, un *Cours de la Science Militaire* en 15 volu-

(1) Je n'ai pu, jusqu'ici, trouver de détails biographiques sur cet auteur. Le contrôle des Ingénieurs Militaires du temps, aux Archives de la Guerre, indique un Bardet, ingénieur en 1711, cassé en 1712. Est-ce le même qui serait alors passé au service du Roi des Deux-Siciles ? Michaud et la Biographie Didot mentionnent bien son nom : Bardet de Villeneuve, et renvoient tous deux à Villeneuve où tous deux aussi ont oublié d'en parler.

mes. Les 1er et 11e seuls concernent la Cavalerie et le Cheval.

Cours de la Science Militaire, à l'usage de l'Infanterie, de la Cavalerie, de l'Artillerie, du Génie et de la Marine, par M. Bardet de Villeneuve, capitaine & Ingénieur ordinaire au service de Sa Majesté le Roi des Deux-Siciles. *La Haye, Jean Van Duren*, 1740 pour les 4 premiers volumes, 1741 pour les 4 suivants, 1742 pour les tomes 9, 10 et 11, et 1747 pour les 4 derniers.

C'est le titre général. Chaque volume porte en outre un titre particulier indiquant son sujet spécial. Les tomes I et XI seront seuls décrits ici.

A la suite du titre général, le tome I porte le suivant :

Les fonctions et les devoirs des Officiers, tant de l'Infanterie que de la Cavalerie, par M. Bardet de Villeneuve, Capitaine et Ingénieur Ordinaire au service de Sa Majesté le Roi des Deux-Siciles. *La Haye, Jean van Duren*, 1740.

1 vol. in-8° de 307 p. plus, au commencement, 6 f^ts non chiffrés pour le *Discours préliminaire* et la table. Beau frontispice allégorique. La partie consacrée à la Cavalerie occupe de la p. 264 à la fin. Elle est traitée très sommairement et on voit que ce n'était pas la spécialité de l'auteur.

Le tome XI, après le titre général, porte le suivant :

Manuel de Cavalerie où l'on enseigne d'une manière courte et facile La Connoissance du Cheval, l'Embouchure, la Ferrure, la Selle &a., la Manière de dresser les Chevaux pour les différens Usages auxquels on les destine : l'Ostéologie du Cheval, ses Maladies & leurs Remedes ; avec les Operations qui se pratiquent sur cet Animal. Par M. de la Guérinière, Ecuyer du Roi. *La Haye, Jean van Duren*, 1742.

1 vol. in-8° de xxii-388 p. plus, à la fin, 2 f^ts pour le privilège et 4 pl. Beau frontispice allégorique par Parrocel.

Bardet de Villeneuve, qui n'était pas cavalier, a eu le bon esprit de ne pas se mêler du tome XI de son *Cours de la Science Militaire* et de l'emprunter simplement aux œuvres de La Guérinière.

Le Manuel de Cavalerie n'est autre chose, en effet, qu'une réimpression textuelle, sous un titre différent, des *Elemens de Cavalerie* de cet auteur (voy. La Guérinière), mais sous le format et par l'éditeur de l'ouvrage de Bardet de Villeneuve.

Ce n'est d'ailleurs pas au seul La Guérinière que cet auteur a emprunté des parties importantes de son ouvrage. Bardin (voy. ce nom) dit dans son *Dictionnaire de l'Armée de Terre* : « Tout ce qui y traite des généraux est une froide contre-épreuve de Santa-Cruz..... Bardet pille des passages entiers de Guignard, de Cormontaigne, de Quincy, etc..., Bardet embrasse toutes les branches de l'Art et ne satisfait sur aucune. »

BARDIN (Etienne Alexandre).
Officier d'infanterie, puis d'état-major français. 1774-1841.

Entré au service comme sous-lieutenant au 3e bataillon du Loiret en 1792, capitaine en 1797, colonel du régiment des Pupilles de la Garde impériale en 1811, puis du 9e régiment de Tirailleurs de la Garde en 1813 ; colonel d'Etat major au dépôt de la guerre en 1814, retraité en 1822. Le Roi le nomma Maréchal de camp honoraire en 1823. Il avait été fait baron de l'Empire en 1813 et avait fait campagne dans toute l'Europe de 1792 à 1814. Plusieurs généraux l'avaient employé comme aide de camp.

Dictionnaire de l'Armée de terre, ou recherches historiques sur l'art et les usages militaires des anciens et des modernes ; par le Général Bardin, auteur du *Manuel d'Infanterie*, du *Mémorial de l'Officier d'Infanterie*, Membre de l'Académie des Sciences de Turin, collaborateur du *Complément du Dictionnaire de l'Académie française*, du *Dictionnaire de la Conversation*, de *l'Encyclopédie des gens du monde*, etc., etc. Ouvrage terminé sous la direction du Général Oudinot de Reggio. *Paris, J. Corréard*, 1851.

4 vol. gr. in-8° à 2 col., dont la pagination se suit de 1 à 5337.

Ce savant ouvrage contient de nombreux renseignements sur l'histoire, la tactique, l'armement, etc., de la cavalerie.

BARDONNAUT (Georges).
Officier du génie breveté français, sous-lieut^t en 1878, lieut^t-colonel en

1907, mort en activité de service, 1859-1908.

Les Règlements de manœuvre de la Cavalerie russe. Traduction et analyse par G. Bardonnaut, Capitaine du génie breveté hors cadre, à l'Etat-major du 9me Corps d'armée. *Paris et Nancy, Berger-Levrault*, 1897.

1 vol. gr. in-8° de 148 p. y compris 10 p. de sonneries. Figures d. l. t. : harnachement, tenue des rênes, formations diverses.

BARDONNET DES MARTELS.

Zootechnie — Traité des Maniements, des épreuves et des Moyens de contention et de gouverne qu'on emploie sur les Espèces domestiques chevaline, bovine, ovine et porcine ; suivi de la coupe des Animaux de boucherie, en France et en Angleterre ; par le Docteur Bardonnet des Martels, Cultivateur *Paris, Vve Bouchard-Huzard*, 1854.

1 vol. in-12 de 463 p. avec 33 pl. h. t. et 67 fig., quelques-unes d. l. t.

Les p. 15 à 105 sont consacrées au cheval : moyens d'attache à l'écurie et au pâturage, conduite, dressage, docilité à la ferrure, &a. L'auteur ne s'occupe que du cheval de labour.

BARENTIN DE MONTCHAL (Charles-Louis-Dreux, COMTE DE).

Ancien officier de cavalerie français, puis officier des Haras, né vers 1769. Page à la petite Ecurie en 1783, garde du corps en 1786, capitaine au rég^t du Roi-Cavalerie en 1788, il émigra en 1791 et fit la campagne de 1792 à l'armée des Princes comme volontaire dans la coalition des gentilshommes d'Auvergne et celle de 1793 dans Bercheny · 1). Capitaine en 1794 au rég^t de cavalerie de Contados (armée royale de Bretagne), il a fait la campagne de Quiberon en 1795. Rentré en France au commencement du XIXe siècle, il entra dans l'administration des Haras sous la Restauration et était Inspecteur général en 1828.

C'est à tort que Quérard, le P. Feller et d'autres biographes ont attribué au Vte Barentin de Montchal (Charles-Louis-Nicolas), maréchal de camp (1737-1824), l'ouvrage dont la description suit. L'erreur est d'ailleurs relevée dans la notice

---

(1) On sait que Bercheny presque entier avait suivi Dumouriez quand ce général abandonna son armée le 5 avril 1793.

consacrée à ce dernier par la Biographie Michaud. J'ignore quelle était sa parenté avec l'auteur de la traduction de Brugnone.

Traité sur les Haras. Extrait de l'Ouvrage italien de Jean Brugnone (1), Directeur de l'Ecole Vétérinaire de Turin, et Membre de l'Académie des Anismatici de Belluno. Traduit et rédigé à l'usage des Haras de la France et de toutes les Personnes qui élèvent des Chevaux ; par C. Barentin de Montchal, ancien Page de la petite Ecurie et Capitaine de Cavalerie. *Paris, de l'Imp. de Madame Huzard, rue de l'Eperon, n° 7*, 1807.

1 vol. in-8° de 238 p. dont VI pour la Préface.

L'ouvrage de Brugnone a été considérablement abrégé par le traducteur qui nous fait connaître, dans sa Préface, les parties qu'il a laissées de côté et cherche à justifier ces regrettables suppressions. L'ouvrage original italien : *Trattato delle Razze di Cavalli*, avait paru en 1781, à Turin, chez les f^{res} Reycends. Il a été traduit en allemand par Gottfried Fechner, à Prague, en 1790.

Brugnone est aussi l'auteur d'une brochure intitulée : *Recherches physiques sur la nature et les causes d'une Epizootie qui se manifesta à Fossan parmi les Ch^{vaux} des Dragons du Roi, pendant le mois de mars de l'année 1783*, in-4°, 16 p. — que je ne connais que par le catal. de la Bib. Huzard.

BARET, SIEUR DE ROUVRAY (René).

Gentilhomme tourangeau du XVIIe siècle. Il était grand chasseur, écuyer et maître d'hôtel du Roi.

Traicté des Chevavlx desdie à la Noblesse Francoise, par R. Baret, Sieur de Rouuray, Gentilhomme Tourangeau. *A Paris, chez Olivier*

---

(1) Brugnone (Carlo-Giovanni), médecin et vétérinaire italien, 1741-1818. Entré à l'Ecole vét^{re} de Lyon en 1764 aux frais du roi de Sardaigne Charles-Emmanuel III. Docteur en médecine et en chirurgie, il suivit les cours avec succès et passa en 1768 à l'Ecole d'Alfort d'où il sortit la même année pour aller établir une Ecole vét^{re} à la Vénerie royale près de Turin. Brugnone avait traduit en italien le *Traité de la Conformation extérieure du Cheval*, de Bourgelat (voy. ce nom) et a publié de nombreux ouvrages sur la médecine humaine et vétérinaire, la plupart en italien, quelques-uns en français.

de *Varennes, Rüe St Jacques a la Victoire*, 1623.

1 vol. in-4° de 4 f^ts pour le frontispice gravé par I. Briot, contenant le titre et représentant un cheval à demi cabré et entouré d'arbres, le sommaire des 3 parties de l'ouvrage, avec, au verso, les armoiries de l'auteur (1), la dédicace à la Noblesse francoise dont le titre est entouré d'une jolie ornementation, la lettre à l'Amy Lecteur (2), une pièce de vers à la louange de l'auteur signée I. Baret Es^er, Sr du Coudré, le privilège et 104 p., avec 1 pl. représentant un cheval demi cabré duquel partent des lignes aboutissant au cadre de la pl., dans lequel sont indiquées les maladies qui affectent les diverses parties du cheval.

Dans certains exemplaires, le dernier I du millésime a été gratté et il indique alors 1622. Le privilège est d'ailleurs du 2 Sept. 1622.

Même ouvrage, même titre. *A Paris, chez Sébastien Piquet, Rüe St Jacques, à la Victoire*, 1645.

1 vol. in-4° de 4 f^ts pour le titre-frontispice, le sommaire, les armoiries, la dédicace à la noblesse françoise, la fig. du cheval avec l'indication des maladies, 106 p., la dernière non chiffrée et contenant la lettre à l'amy lecteur, et la pièce de vers de I. Baret, qui, dans cette éd^on, sont à la fin, ainsi que le privilège.

Sébastien Piquet a publié, la même année 1645, une autre éd^on, identique à celle-ci pour la pagination, le texte qui commence et finit aux mêmes mots dans chaque page, le frontispice et la pl., mais qui est imprimée avec des caractères différents. Les lettres ornées et les vignettes, notamment le cul-de-lampe de la p. 8 sont aussi différents. Mais il faut avoir en même temps les deux exemplaires sous les yeux pour s'apercevoir des dissemblances.

Même ouvrage, même titre. *A Paris, Chez Sébastien Piquet, dans la grand'Salle du Palais à la Victoire*, 1651.

1 vol. in-4° ; c'est la même éd^on que l'une de celles de 1645.

La Marechallerie françoise, ou le Traitté de la connoissance des Cheuaux, du jugement et remede

(1) Armes parlantes : 3 barbeaux ou bars, d'où Baret.
(2) Littéralement reproduite par du Breuil Pompée (voy. ce nom) dans son *Traité de l'Instruction du Cavalier.*

de leur Maladie ; desdie à la Noblesse françoise par René Baret, Sieur de Rouvray. *Troisième Elition*, augmentée. *A Paris, chez Sébastien Piquet*, 1654.

1 vol. in-4°. C'est la même éd^on que la précédente, avec un titre nouveau, imprimé. Le frontispice gravé a conservé le millésime 1651.

Traicté des Chevavlx..., etc. (comme à l'éd^on de 1622). *A Paris, chez I. Baptiste Loyson, rüe Saint Jacques, à la Croix d'or royale*, 1660.

Pour cette éd^on, on a imprimé le titre intérieur suivant :

La parfaite connoissance des Chevavx et iugement de leurs Maladies. Où il est traité du Poulain, de ses poils & marques, de sa beauté & bonté, de ses infirmitez & aage, de toutes ses maladies qui se peuuent connoistre au doigt & à l'œil. Avec les Remedes necessaires & pratiques, tant pour leur guerison qu'entretien d'iceux. Nouuellement mis en lumiere par R. Baret Sieur de Rouvray. Dedié à la Noblesse françoise. *A Paris, chez Iean Baptiste Loyson, rüe Sainct Iacques, à la Croix Royale*, 1661.

1 vol. in-4° de 4 f^ts et 106 p., avec les mêmes pagination, texte et fig. que dans les exemplaires de 1645, 1651 et 1654. C'est cependant une éd^on différente.

On remarquera que le titre gravé indique 1660 et le titre imprimé 1661.

L'ouvrage du Sr de Rouvray ne contient que des « receptes » et des remèdes empiriques et bizarres, souvent barbares, comme tous ceux des hippiâtres de cette époque, plus, au commencement, l'appréciation du poulain d'après sa robe et ses « marques » auxquelles on attachait alors tant d'importance, ainsi que quelques notions d'extérieur.

BAREYRE (E.-E.-M.)
Vétérinaire départemental de Lot-et-Garonne.

Question de Jurisprudence vétérinaire — Du Cornage, Sifflage ou Halley. *Agen, Imp. P. Noubel*, 1823.
Broch. in-8° de 12 p., signée à la fin.

BARLÆUS (G.), voy. ENTREES DE MARIE DE MEDICIS.

BARON (Raoul-Georges-Alexandre).
Vétérinaire français, 1852-1908. Diplômé d'Alfort en 1875, il y fut nommé chef de service de zootechnie la même année, et professeur d'hygiène et de zootechnie en 1878. Il occupa cette chaire jusqu'à sa retraite qu'il prit, pour cause de santé, trois mois avant sa mort. Il avait été président de la Société centrale de Médecine vétérinaire et vice-président de la Société de Pathologie comparée.

Bibliothèque de l'Enseignement agricole publiée sous la direction de M. Müntz (1) — Méthodes de Reproduction en Zootechnie, par M. Baron, Professeur à l'Ecole vétérinaire d'Alfort. *Paris, Firmin-Didot*, 1888.

1 vol. in-8° de VIII-501 p., avec nomb. fig. d. l. t.
Le cheval occupe une place assez importante dans l'ouvrage.

BAROUX (P.) et SERGEANT (L.).
Les Races Flamandes Bovine, Chevaline et Humaine dans leurs rapports avec la Marche en terrain plat par MM. les Docteurs P Baroux, d'Armentières et L. Sergeant, Médecin Aide-major de 1re Classe — Étude récompensée par l'Académie de Médecine de Paris d'une Mention honorable au Concours de Physiologie dit Prix Pourat, de l'année 1905 — Avec 33 gravures dans le texte — *Paris et Lille, Jules Tallandier*, 1906.

Broch. in-4° de 44 p.
Le Chap. III, p. 19 à 24, avec 5 fig., concerne la race chevaline. En outre, dans le chap. IV, Race humaine, un passage signale la prédisposition des Flamands par suite de leur conformation anatomique, à faire de bons cavaliers.

BARRAL (Jean-Augustin).
Chimiste et agronome français, 1819-1885.
Il fut d'abord ingénieur des tabacs, puis répétiteur de chimie à l'Ecole polytechnique. Il dirigea le *Journal d'Agriculture pratique*, puis fonda, en 1866, le *Journal de l'Agriculture*. Membre de la Société centrale d'Agriculture en 1865, il en devint Secrétaire perpétuel en 1871.

(1) Voy. ce nom.

Dictionnaire d'Agriculture. Encyclopédie agricole complète par J.-A. Barral, ancien Secrétaire perpétuel de la Société nationale d'Agriculture de France, ancien Directeur du Journal de l'Agriculture, continué sous la direction de Henry Sagnier (1), Rédacteur en Chef du Journal de l'Agriculture, avec la collaboration de MM. H. Bouley, de l'Académie des Sciences, Bouquet de la Grye, Chabot, Karlen, Maxime Cornu, Aimé Girard, Hardy, Gustave Heuzé, Risler, H de Vilmorin, Membres de la Société nationale d'Agriculture; Berthault, Bouffard, Degrully, Dehérain, Dubost, Duclaux, Dybowski, G. Foex, Maurice Girard, Lezé, A. Millot, E. Mussat, A. Sanson, Schribaux, Professeurs à l'Institut national agronomique ou aux Ecoles nationales d'Agriculture; Cadiot, F. Gos, Lemoine, Maquenne, G. Marsais, Paul Muller, Nocard, etc. (2) — Ouvrage illustré d'un grand nombre de gravures. Tome premier A-B — Tome second C-F — Tome troisième G-O — Tome quatrième P-Z. *Paris, Hachette*, 1886, 1888, 1889, 1892.

4 vol. gr. in-8° de XVI-944, 1052, 1052 et 1108 p. Texte à 2 col. Nombreuses fig. sur bois.
Les articles sur le cheval, l'âne et le mulet, nombreux et très bien rédigés sont certainement dus à Sanson et aux professeurs d'Alfort cités au titre comme collaborateurs.
Mais ces articles, dont plusieurs sont accompagnés de bonnes fig., ne sont pas réunis aux mots Cheval, Ane ou Mulet et sont disséminés dans les 4 volumes.
Exemples : Anglo-Arabe, Anglo-Normand, Approuvé (Etalon), Aplombs, Bleime, Clydesdale, Ecuries, Ferrure, Feu, Gale, Gestation, Haras, Harnachement, Hunter, Hongroises Races), Irlandais (Cheval), Norfolk (Cheval du , Paturon, Pied, Palonnier, Percheron, Poneys, Remonte, Sabot, Saillie, Tirage, etc., etc. Tous ces articles — et je n'en ai cité qu'une partie — se trouvent à leur place alphabétique.

(1) Sagnier (Henry), publiciste et agronome, né en 1845.
(2) Voy. Bouley (H.), Heuzé, Sanson, Cadiot, Nocard, pour leurs biographies et d'autres ouvrages.

BARRÉ (Henri).
Professeur d'équitation à Nantes.

Ecole Nantaise de Dressage — Société Henri Barré et Cie. *Nantes, G. Schwob*, 1879.

Broch. in-8º de 23 p.

Ce sont les statuts d'une société formée par l'auteur en vue du dressage des chevaux.

BARRÈRE (Joseph).
Prêtre et archéologue français, ancien missionnaire. 1808-18 .

Le Général de Tartas et récit de ses expéditions militaires en Afrique d'après sa correspondance et d'après le témoignage des documents officiels et de plusieurs de ses Compagnons d'Armes, dédié à l'Armée d'Afrique par l'Abbé Barrère, Correspondant du Ministère de l'Instruction publique et des Cultes pour les travaux historiques, et de la Société impériale des Antiquaires de France. *Paris, Dentu; ibid., J. Dumaine; Bordeaux, Chaumas; ibid., Féret fils*, 1860.

1 vol. in-18 de 224 p.

Tartas était général de cavalerie, aussi connu pour sa bravoure que pour ses gasconnades.

BARREY (Pierre-Edmond DE).
Officier de cavalerie français, 1787-18 .
Brigadier au 1er rég^{nt} de Gardes d'Honneur en 1813, capitaine au Corps franc commandé par M. de Brons-Cezerac dans la 11e Div^{on} mil^{re} en mars 18₁4; mousquetaire (rang de lieut^{nt}) dans la 2e comp^{ie} en juillet 1814; capitaine dans l'Etat-major formé par le ministre de la guerre à Gand en avril 1815; capitaine au Corps royal d'Etat-major en 1818; entré aux Gardes du Corps, comp^{ie} d'Havré, en 1825. Passé comme capitaine au 5e rég^{nt} de Dragons en 1828, il ne semble pas avoir paru à ce régiment, sur les contrôles duquel il ne figure pas, et était probablement détaché dans quelque service d'Etat-major. En 1831, il fut rayé pour longue absence : sans doute avait-il refusé le serment au nouveau gouvernement?

Il avait fait les campagnes de 1813 en Saxe, de 1815 à Gand, de 1823 en Espagne.

Précis historique sur la Maison du Roi depuis sa formation en 1814 jusqu'à sa réforme en 1815, par le Chevalier de Barrey, Mousquetaire noir, Officier de l'Etat-major de l'Armée royale en Belgique. *Paris, L. G. Michaud*, 1816.

Broch. in-8º de 55 p. Dédicace à S. A. R. le Duc de Berry, commandant en chef l'Armée royale en Belgique.

Opuscule rare et intéressant qui donne des détails sur les vicissitudes des différents corps de la Maison du Roi, particulièrement sur la Cavalerie, pendant les Cent-Jours; sur le séjour de ses débris en Belgique et enfin sur leur rentrée en France après Waterloo.

BARRIER (Gustave-Joseph-Victor).

Vétérinaire français, né en 1853. Engagé volontaire en 1870, au 8e hussards où il devint brigadier, élève à Alfort en 1872, di, lômé en 1875. Il fut successivement chef de service à Alfort, professeur à Toulouse puis à Alfort dont il a été directeur de 1899 à 1911; il a été alors nommé Inspecteur général des Ecoles vétérinaires. Il a été élu à l'Académie de médecine en 1903. Un grand nombre de ses travaux concernent le cheval et ont été publiés dans les Journaux et Recueils spéciaux et peu ont été tirés à part. Il a aussi collaboré au *Nouveau Dictionnaire de Médecine, de Chirurgie et d'Hygiène vétérinaires* (voy. ce titre).

De l'Extérieur du Cheval, 1884 et 2e Ed^{on}, 1890.

En collaboration avec Goubaux. (Voy. Goubaux.)

De la soi-disant Déformation du Cheval de Selle par l'emploi d'Etalons trotteurs de grande vitesse, par M. G. Barrier, Professeur d'Anatomie et d'Extérieur à l'Ecole d'Alfort. *Paris, Asselin et Houzeau*, 1898.

Broch. in-8º de 12 p. (Extrait du *Recueil de Médecine Vétérinaire* du 15 Mars 1898.)

C'est une réponse à une brochure de M. de Gasté. (Voy. ce nom.)

Extrait du *Bulletin de la Société centrale de Médecine vétérinaire*, N^o du 30 Juin 1898 — Etiologie et Pathogénie de l'Eparvin du Cheval (Arthrite sèche du Jarret) par G. Barrier, Professeur à l'Ecole vétérinaire d'Alfort. *Paris, Asselin et Houzeau*, 1898.

Broch. in-8º de 58 p. avec 15 fig. par G. Nicolet (voy. ce nom).

Remontes contre Haras, par G. Barrier... (etc., comme ci-dessus). *Paris, Asselin et Houzeau*, 1898.
Broch. in-8° de 19 p. (Extrait du *Recueil de Médecine Vétérinaire* du 15 Déc. 1898.)

Manuel d'Anatomie et de Dissection du Cheval, par Gustave Barrier, Directeur et Professeur d'Anatomie à l'Ecole nationale vétérinaire d'Alfort, Membre de l'Académie de Médecine et de la Société centrale de Médecine vétérinaire (et) Gabriel Petit (1), Professeur d'Anatomie pathologique et d'Histologie à l'Ecole nationale vétérinaire d'Alfort, Membre de la Société anatomique et de la Société centrale de Médecine vétérinaire — Ostéologie — Avec 114 figures, la plupart coloriées et 2 planches hors texte de G. Nicolet, Bibliothécaire de l'Ecole d'Alfort. *Paris, Asselin et Houzeau*, 1908.
1 vol. in-4° de xvi-203 p. Dédicace à M. A. Chauveau (voy. ce nom), Membre de l'Institut et de l'Académie de Médecine, Inspecteur général des Ecoles vétérinaires, Professeur au Muséum d'histoire naturelle.

BARROIL (Etienne).
Ecuyer français, l'un des élèves de Raabe (voy. ce nom), né en 1851.

L'Art Equestre. Traité raisonné de Haute Ecole d'Equitation. Iconographie des allures et des changements d'allures à l'usage des Ecoles de cavalerie, des Haras, des Ecoles vétérinaires, des Sportsmen, des Peintres et des Sculpteurs, par E Barroil. Introduction du Capitaine Raabe, Ecuyer-Professeur — 177 Vignettes et Attitudes, Dessins de Gustave Parquet. *Paris J. Rothschild*, 1887.
1 vol. in-8° de 188 p. Titre rouge et noir, lettres initiales ornées, dédicace au cap^ne Raabe.

Traité d'Equitation de Haute Ecole — L'Art Equestre, deuxième Partie. Dressage raisonné du Cheval, par E. Barroil, avec une Préface du Commandant Bonnal (1), de l'Ecole supérieure de Guerre, 85 Vignettes et Dessins de Gustave Parquet d'après les Photographies instantanées de Delton. *Paris, J. Rothschild*, 1889.
1 vol. in-8° de xxii-238 p. Titre rouge et noir, lettres initiales ornées. Portrait de Raabe en frontispice.

Ces deux ouvrages ont été réunis sous la même couverture en 1889, en donnant aussi cette date au titre du premier, mais sans autre changement.

BARRON (Louis).
Littérateur français, né en 1847.

Bibliothèque d'Histoire et d'Art — Les Jeux, Jeux historiques, Jeux nationaux, Sports modernes, par Louis Barron. Ouvrage orné de cent seize gravures. *Paris, Lib. Renouard; Henri Laurens, éditeur.* S. D. (1882.)
1 vol. pet. in-8° de 239 p. Couverture illustrée.

L'ouvrage contient des articles sur les courses dans l'antiquité et à l'époque actuelle, sur les jeux hippiques, joutes à cheval, tournois, carrousels, etc., avec des fig. sur ces différents sujets.

BARRUÉ (Jean-Pierre-Charles-Georges).
Vétérinaire militaire français, né en 1867, diplômé de Toulouse en 1890, vétérinaire en 1er en 1907.

Maladies contagieuses des Animaux transmissibles à l'Homme, par G. Barrué, Vétérinaire en 1er au 20e Chasseurs. *Vendôme, Imp. H. Chartier*, S. D. (1912.)
Broch. in-8° carré de 27 p.
Concerne en partie les maladies contagieuses du cheval.

BARTH (Sœren-Christian DE).
Officier de cavalerie danois.

Description motivée d'un nouvel Equipage de Selle avec Paquetage et Bridage pour le Cavalier. Inventé et construit par Sœren Christian de Barth, Major et Chef d'escadron de la Cavalerie Danoise, Chevalier de l'Ordre de Dannebroge, de l'Epée et d'Albrecht. *Wandsbeck (Imp. Puvogel)*, 1857.

---

(1) Petit (Gabriel), vétérinaire français, né en 1870, diplômé d'Alfort en 1893.

(1) Voy. ce nom.

1 vol. in-8° de 2 f^ts pour le faux-titre sur lequel se trouve un frontispice représentant un cheval sellé, paqueté et bridé suivant le système de l'auteur et le titre; VIII p. pour la préface; 2 f^ts pour la table; 126 p. de texte; 2 f^ts pour une recette d'encaustique pour les cuirs et 4 pl. se dépliant et contenant de nombreuses fig. de détails de harnachement.

Description motivée d'un nouvel Equipage de Selle avec Paquetage et Bridage pour le Cavalier. Inventée et construit par Sœren Christian Barth, Major de la cavalerie royale danoise, Chevalier des ordres royaux de Dannebroge, de l'Epée de Suède, d'Albrecht de Saxe, et de l'ordre impériale (sic) de la Légion d'honneur de France. *Itzchoe (Imp. Puvogel)*, 1861.

1 vol. in 8°. C'est la même éd^on avec un titre nouveau et le supplément suivant :

Supplément pour le Système de Harnachement par Barth, Major de la cavalerie royale danoise. *Itzchoe, Imp. G.-J. Pfingsten*, 1861.

In-8° de 34 p. avec 8 nouvelles pl. se dépliant.

Ce livre n'est pas une traduction. Il a été écrit par l'auteur en français — et peut-être en d'autres langues. Sa connaissance très imparfaite de la nôtre rend certains passages de son ouvrage assez difficiles à comprendre. Son modèle d'arçon est en progrès sur l'arçon hongrois qu'il combat, mais son paquetage est lourd et compliqué quoiqu'il propose timidement (p. 98) la suppression de quelques effets inutiles. Il est à remarquer que, dès cette époque, il y avait dans la cavalerie danoise 6 hommes par escadron munis d'outils de pionniers.

BARTHELEMY (D.-E.-E.), voy. PIERRE (J.-A.-J.).

BARTHÉLEMY Edouard-Marie, COMTE DE).

Historien français, 1830-1888.

Les Grands Ecuyers et la Grande Ecurie de France, avant et depuis 1789, par Edouard de Barthélemy. *Paris, Librairie de la Société des Auteurs dramatiques et de l'Académie des Bibliophiles*, 1868.

1 vol. in-12 de XII-216 p.

L'ouvrage tiré à 200 exemplaires est dédié au général Fleury.

Le Tournoi de Compiègne qui eut lieu en présence du Roi Saint Louis au mois de Juin 1238, publié d'après le Manuscrit de la Bibliothèque de Valenciennes, communiqué par M. E. de Barthélemy. *Saint-Quentin, Triqueneaux-Devienne*, 1873.

Broch. gr. in-8° de 35 p avec un frontispice. (Extrait du *Vermandois*.)

Cet opuscule n'est guère cité ici qu'à cause de son titre, car il ne donne aucun détail sur le tournoi lui-même : il contient seulement la liste des 337 seigneurs qui y assistèrent avec la description de leurs armoiries.

BARTHELEMY DE GLANVILLE dit aussi L'ANGLAIS, et CORBICHON (Jean), traducteur.

Barthelemy de Glanville, moine franciscain anglais qui vivait vers le milieu du XIVe siècle et appartenait à la famille des C^tes de Suffolk. Il semble avoir étudié à Oxford, à Paris et à Rome.

Corbichon, religieux augustin français et chapelain du roi Charles V, vivait à la même époque.

Barthelemy a composé un ouvrage intitulé *De Proprietatibus Rerum*, sorte d'encyclopédie où l'on trouve de tout, religion, astronomie, médecine, histoire naturelle, géographie.... etc. Corbichon a traduit ce livre en français par ordre du roi Charles V en 1372 en lui donnant pour titre : *Le Propriétaire des choses*, qui ne donne guère l'idée du titre latin ni du contenu de l'ouvrage. Il eût fallu dire : *Des propriétés des choses*.

Comme tous les ouvrages analogues, celui de Barthelemy de Glanville a eu un succès prodigieux. De nombreux manuscrits en ont été répandus avant l'invention de l'imprimerie ; il en existe dans toutes les bibliographies publiques importantes et dans quelques collections particulières (1). Il a été imprimé pour la première fois vers 1470.

L'ouvrage se compose de XIX livres et il est cité ici à cause du Livre XVIII, qui traite des animaux, parmi lesquels l'âne, le cheval, la jument, le mulet, l'onagre, l'onocentaure et la licorne, chap. XXXVIII. XXXIX, LXX, LXXVI, LXXXVIII. Les notions d'histoire naturelle y voisinent

(1) La Bib. Nat^le en possède cinq. La Bibliothèque d'Amiens en possède un de toute beauté, en français, et d'une fraîcheur incomparable. Il est l'œuvre d'un calligraphe et enlumineur d'Auxerre nommé Etienne Sauderat, fut écrit par l'ordre de Jean de Chalon, Seigneur de Viteaux, et terminé en 1447.

avec les fables et les croyances les plus singulières .1¹.

Ces chapitres sont courts et la partie consacrée aux équidés ne m'a pas paru suffisamment importante pour donner la description détaillée des très nombreuses éditions de l'ouvrage Dans toutes, du reste, le texte est à peu près sans changement. Je me bornerai donc aux deux plus anciennes éd^{ons} latines (2), à la plus ancienne éd^{on} française, et à une éd^{on} du XVIe siècle à laquelle on a ajouté l'œuvre du Bon Mareschal de Lozenne .voy. ce nom) et qui présente par conséquent un intérêt hippique tout particulier.

On en trouvera d'ailleurs le détail le plus exact dans Hain et dans Pellechet(3), mais ces deux bibliographies ne dépassent pas 1500. Pour les éd^{ons} postérieures, il faudra consulter le Catal. de la Bib. Nat^{le} (3), le Catal. de la Bib. Huzard, T. I, n°s 148 à 166 (4), ceux des Bib. Ste Geneviève, de l'Arsenal, Mazarine, du Muséum, ceux de nombreuses bibliothèques de province et les travaux de M. Léopold Delisle. Quant aux exemplaires qui se trouvent dans les collections particulières, on ne les connaît guère que quand ils passent en vente publique.

Incipit prohemium de proprietatibus rerū fratris bartholomei anglici de ordine fratrū minorum Incipit próhemiū in libr. seqs (c)um proprietates re♃.

au f^t 243 :

Explicit tractat^s de pp̄tatibs re♃ edit. a frē bartholomeo āglico ordīs frat. mino♃.

La col. suivante donne la liste des auteurs consultés.

Au f^t 244 se trouve la table sur 3 col. Elle renvoie à une pagination qui n'existe pas et qui devait sans doute être inscrite à la main.

Le livre contient 248 f^{ts}, à 2 col., non chif., de 55 lignes, sans signatures ni réclames, caractères gothiques, initiales rubriquées.

(1) Pour en donner une idée, je citerai le chap. de la Licorne, moitié cerf et moitié cheval : pour la prendre, on met une pucelle au lieu où la licorne vient paître ; elle vient se coucher sur le giron de la pucelle et s'y endort. Les veneurs viennent alors la prendre.
'Le cheval est l'objet de récits aussi extravagants, ainsi que le mulet et les autres équidés.

(2) Je dis deux, parce qu'elles ne portent aucune date et qu'on n'est pas bien fixé sur la plus ancienne.

(3) A l'art. Barthelemy.
(4) A l'art. Glanvilla.

L'exemplaire que j'ai eu sous les yeux (1) contient, à la 1re p. du texte, une bordure peinte qui se rattache à une grande initiale fleuronnée, avec, à la marge inférieure, un écusson avec une fig. accompagnée des lettres C. D.

Ni nom d'imprimeur ni date. Il semble probable que c'est une impression de Cologne, vers 1470. Une notice spéciale au catal. de la Bib. de Versailles donne d'autres détails qui sont à consulter.

Une autre éd^{on} latine (de la Bib Nat^{le}) semble à peu près de la même époque.. En voici la description :

Incipit phemiū de pprietatibus re♃ fratris bartholomei anglici de ordine frat♃ mino♃.

A la fin :

Explicit tractatus de proprietatibus rerū editus a fratre bartholomeo anglico ordinis fratrū minorum.

1 vol. gr. in-f° à 2 col., caractères gothiques, lettres initiales rubriquées, 60 et 61 lignes à la p., 218 f^{ts}. Ni remarque ni signature ; aucune date ni nom d'imprimeur.

On pense que l'ouvrage a été imprimé à Bâle vers 1475 par Wensler ou par B. Root 'Pellechet. ; à Bâle, par Richel et Wensler (Hain)

La plus ancienne éd^{on} française est probablement la suivante :

Le Propriétaire en francoys.

Au f^t suivant :

Cy commence un tres excellent liure nomme le proprietaire des choses translate de latin en francoys a la requeste du treschrestien et trespuissant roy Charles Quint de ce nom a donc regnant en France paisiblement lequel traicte moult amplement de plusieurs notables matieres comme on pourra apperceuoir par les prologues qui sensuyuent.

Au-dessous, une gravure représentant le traducteur présentant son livre au Roi, puis 8 f^{ts} pour le prologue de l'acteur (l'auteur)¹. la table alphab. sur 3 col. et au f^t suivant commence l'ouvrage : cy commence le 1er Liure. Au-dessous, gravure représentant la Trinité et les quatre évangélistes.

A la fin :

Cestuy liure des pprietes des

(1) A la Bib. de Versailles. Il est, paraît-il, unique.

choses fut translate de latin en françoys lan de grace mil CCCLXII par le commandement de tres puissāt et noble prince Charles le quint de son nom regnant en ce temps en France paisiblemēt. Et le translata son petit et humble chapellain frere iehan corbichon de lordre sainct augustin maistre en theologie de la grace et promocion dudit prince et seigneur tres excellent et a este reuisite par venerable et discrete personne frere Pierre ferget docteur en theologie et imprime a paris pour Anthoine Verard marchant libraire demourāt a Paris. Au Palais au premier pillier deuant la chappelle ou lon châte la messe de messeigneurs les presidens.

Au-dessous, marque d'Antoine Verard, S. D. (vers 1480.)

1 vol. in-f° de 292 f^{ts} de 50 lignes à la p. sur 2 col., caractères gothiques, avec 17 fig. sur bois, à mi-page, y compris les 2 frontispices.

L éd^{on} qui contient la Médecine des chevaux du Bon Maréchal de Lozenne est la suivante :

Le proprietaire des choses tres utille et proffitable aux corps humains : auecques aulcunes addictions nouuellemēt adioustees. Cestassauoir. Les vertus et pprietez des eaux artificielles : et des herbes pareillemtt. Les natiuitez des hommes et des femmes selon les XII signes de l'an. Item plusieurs receptes contre aulcunes maladies. Item ung remede tresutille contre fieure pestilencieuse : et aultre maniere depydemie approuuee par plusieurs docteurs en medecine. Item est adiouste a la fin une medicine tresutille : appellee la Medicine des cheuaulx : et aultres bestes. Le tout reueu et corrige nouuellement.

Au-dessous de ce titre, grande vignette représentant Pline, Aristote, Isidore, Albumazar, Dioscorides.

A la fin :

Cestuy liure des proprietez des choses fut translatee (sic) de latin en Frācoys l'an de grace 1372 par le comandemēt du treschrestien Roy de France Charles le Quint de son nō regnāt en ce temps paisiblement. Et translata son petit et humble chapelain Frere Iehan Corbichon de lordre sainct Augustin maistre en theologie de la grace et promotiō dudict prince et seigneur tresexcellēt. Et y est adiousté les vert^s et pprietez des herbes et des eaues artificielles. Les nativitez des hōmes et des fēmes et aulcunes receptes tresutilles. Auec un souuerain remede ctre fieure pestilēcieuse. Et aussi ung petit traicte nōme la Medecine des cheuaulx et bestes cheualines.

Au bas du 5e avant-dernier f^t se trouve le titre suivant :

Sensuyuent la Medecine des Cheuaulx. Et pour toutes aultres bestes cheualines Pour les guerir de plusieurs maulx. Faict et compose par le bō maistre mareschal de Lozenne.

L'ouvrage de Lozenne occupe les 4 derniers f^{is}.

1 vol. pet. in-f° de 282 f^{ts} à 2 col,, sans pagination, caractères gothiques, lettres ornées en tête de quelques chapitres, titre rouge et noir, 51 lignes à la p., 20 fig. d. l. t. Sans lieu ni nom d'imprimeur. Probablement imprimé vers 1520.

On remarquera que le nom de Barthelemy de Glanville ne figure ni au titre ni à la souscription ; seul, le traducteur est nommé. L'impression est belle, et le traité de Lozenne dont le texte est séparé par des alinéas est beaucoup plus facile à lire que dans les éd^{ons} in-16 où il se suit sans interruption.

Je dois à l'obligeance de M. Henri Gallice la communication de cet exemplaire qui figurait dans sa très riche bibliothèque hippique. C'est l'exemplaire d'Huzard (T. I du catal. n° 159). Hain ni Pellechet ne citent cette éd^{on}, et je ne l'ai trouvée dans aucune bib. publique à Paris ou en province.

Ainsi que je l'ai dit plus haut, de nombreuses éd^{ons} de cet ouvrage ont été publiées en latin et en français, après celles citées ci-dessus, la dernière à ma connaissance est une éd^{on} latine publiée à Bologne en 1685.

Cet ouvrage, très répandu dans les bib. publiques, est fort rare à rencontrer dans les ventes ou dans le commerce et atteint toujours des prix élevés.

BARTHEZ (Paul-Joseph).

Célèbre médecin français, 1734-1806. Après un premier séjour à Paris, pendant lequel il se se lia avec les savants les plus distingués, il fut, en 1756, envoyé à l'armée comme officier de santé. Il revint ensuite à Montpellier, son pays natal, où il fut professeur de médecine, puis il étudia le droit et devint conseiller à la Cour des Aides de Montpellier. Son caractère irritable et violent indisposa, paraît-il, ses collègues et il vint s'établir à Paris où il fut nommé médecin consultant du Roi et 1er médecin du duc d'Orléans. A la Révolution, il perdit ses places et se retira en Languedoc où il ne s'occupa plus que de travaux scientifiques. Un de ses biographes dit cependant qu'il fut médecin du premier Consul en 1801.

Nouvelle méchanique des mouvements de l'homme et des animaux, par P. J. Barthez, Membre des Académies des Sciences de Berlin, de Stockholm et de Lausanne ; de l'Académie de Médecine de Madrid; Honoraire de la Société médicale de Paris ; ci-devant Chancelier de l'Université de Médecine de Montpellier ; Associé libre de l'Académie des Sciences de Paris et de l'Académie des Inscriptions et Belles-Lettres, etc. A *Carcassonne, de l'Imp. de Pierre Polere*. An VI — (1798).

1 vol. in-4° de xv-246 p. plus 1 f^t d'errata.

La 1re partie de la 3e Section, de la p. 101 à la p. 115, est consacrée à l'étude des mouvements progressifs du cheval.

Le savant docteur partage en partie les fausses doctrines de son temps sur le mécanisme des allures. Cependant, pour le pas, il arrive presque à la vérité au début, puis s'en écarte un peu plus loin. Le trot est convenablement décrit.

Pour le galop, il est intéressant de remarquer qu'après de graves erreurs dans la description de cette allure, il dit, en parlant du galop de course : « Les « jambes postérieures étant ainsi portées « en avant, le quadrilatère au-dessus « duquel le corps se soutient est extrême- « ment raccourci ; les jambes postérieures « étant fort rapprochées du point où « tombe la ligne de direction du centre « de gravité se chargent presque entière- « ment du poids du corps ainsi ramassé. »

Barthez avait donc entrevu, quatre-vingts ans avant qu'il ne fût révélé par la photographie instantanée, ce moment insaisissable à l'œil et inconnu jusqu'à nos jours de tous les peintres hippiques, pendant lequel les quatre membres sont presque réunis sous le ventre du cheval. (Voy. *Duhousset, Salomon Reinach*, etc.)

BARTHOLIN (Thomas) et BARTHOLIN (Gaspar).

Thomas Bartholin, célèbre médecin et naturaliste danois, 1616-1680. Il voyagea dans presque toute l'Europe et se lia d'amitié avec la plupart des savants de son temps. En 1648, il fut nommé professeur d'anatomie à Copenhague ; en 1670, sa nombreuse bibliothèque fut incendiée et le roi Christian V l'en dédommagea en lui confiant plusieurs emplois importants et lucratifs. Il a publié de très nombreux ouvrages d'anatomie et d'histoire naturelle.

Gaspar Bartholin, son fils, également médecin et naturaliste, 1655-1738. Il fut professeur à Copenhague, médecin du roi de Danemark et publia aussi de nombreux ouvrages.

Thomæ Bartholini Casp. F. (1) de Unicornu Observationes novæ. Accesserunt de Aureo Cornu Cl. V Olai Wormii (2) Eruditorum Indicia. *Patavii* (3), *Typis Cribellianis*, 1645. Sup. permissu.

1 vol. pet. in-8° de 304 p. plus, à la fin, 12 f^{ts} non chif. pour la liste des auteurs cités, avec un joli cul-de-lampe et l'index des sujets traités, sur 2 col., vignette sur le titre, et 19 fig. d. l. t. Dédicace de Bartholin à son oncle Thomas Finck, et lettre du même au lecteur, le tout en latin.

Thomæ Bartholini de Unicornu Observationes novæ. *Secunda editione* Auctiores & emendationes editæ à Filio Casparo Bartholino. *Amstelodami, Apud J. Henr. Wetstenium*, 1678.

---

(1) Casp. F., fils de Gaspar. Le père de Thomas Bartholin — qui avait déjà traité de l'*Unicornu* dans un de ses ouvrages — et son fils, médecins tous deux, portaient le même prénom, Caspar ou Gaspar.

(2) Worm ou Wormius (Olaüs) médecin naturaliste archéologue et historien danois, 1588-1654. Il a publié à Copenhague, en 1641, son ouvrage in-f° *De Cornu Aureo* que Bartholin rappelle dans son titre et qui donne l'explication des fig. sculptées sur une corne d'or trouvée en 1639. Elle est représentée sur une pl. de la 2e éd^{on}.

(3) Thomas Bartholin était alors à Padoue, où il semble s'être occupé du perfectionnement et de la réforme des études.

1 vol. in-12 de 8 f¹ˢ lim⁽ʳᵉˢ⁾ pour un joli frontispice par Romain de Hooghe (1), le titre, la dédicace de Gaspar Bartholin « Illustrissimo. et Excellentissimo Hervi « Dⁿ Friderico, Comiti ab Ahlefeldt, « Langeland et Rixingen..., etc., etc. », la Préface de la 1ʳᵉ éd⁽ᵒⁿ⁾, la lettre de Henri Wetstenius au lecteur, une pièce de vers en grec, avec sa traduction en latin en l'honneur de l'auteur, l'index des chapitres, 381 p. de t., plus, à la fin, 8 f¹ˢ non chif. pour les index des auteurs et des sujets traités, avec vignette sur le titre et 43 fig. d. l. t., dont une se dépliant et quelques-unes à pleine p.

L'ouvrage traite non seulement des animaux à une seule corne, monoceros, unicornu, auxquels croyaient fermement les naturalistes du xvɪɪᵉ siècle (voy. Aldrovande, Gesner, Jonston, etc.) et qu'ils rangeaient tantôt parmi les équidés, cheval, âne, onagre, tantôt parmi d'autres espèces, cerfs, chèvres, etc. ; mais aussi des animaux et même des hommes qui sont pourvus d'une ou de deux cornes à titre de phénomène..., y compris Moïse !

Pour ne parler que des Équidés, il y a deux chapitres sur l'âne monoceros, et un sur le cheval, mais la pl. de la p. 154 représente un cheval porteur de deux cornes qui lui sortent des oreilles.

Un naturaliste français, Arthur Eloffe, a publié en 1866 une *Histoire naturelle des Cornes*, avec 98 fig. coloriées, dans laquelle il fait justice des fables de Bartholin, et Amoreux (voy. ce nom) est l'auteur d'une dissertation dans laquelle il prouve que la licorne est un animal fabuleux. Sur le même sujet, voy. Baccio, Catelan, Fresnel, et les naturalistes cités ci-dessus.

BARTLET (Jean) et **DUPUY-DEMPORTES** (Jean-Baptiste), traducteur.

Bartlet, chirurgien anglais du xvɪɪɪᵉ siècle.

Dupuy-Demportes, littérateur et historien français, mort en 1770.

Le Gentilhomme Maréchal, tiré de l'Anglois de M. Jean Bartlet, Chirurgien, où l'on a rassemblé tout ce que les Auteurs les plus distingués ont rapporté de plus utile pour la conservation des chevaux, & où l'on traite fort au long

(1) Romyn ou Romain de Hooghe ou de Hooge, dessinateur et graveur hollandais, né à la Haye vers 1630 ou 1638, suivant un de ses biographes, vers 1650, suivant d'autres, mort en Hollande vers 1720.

de la castration & d'une nouvelle machine inventée en Angleterre pour leur couper la queue. Par M Dupuy-Demportes. *A Paris, chez Charles-Antoine Jombert*, 1756.

1 vol. in-12 de xvɪ-364 p. plus 2 f¹ˢ pour l'approbation et le privilège avec 2 pl.

Suite du Gentilhomme Maréchal, tiré de l'Anglois de M. Jean Bartlet, contenant les moyens de conserver la santé des chevaux, tant en route que dans l'écurie ; les précautions qu'il faut prendre dans leur éducation d'après les meilleurs auteurs qui ont écrit sur la matière & beaucoup d'autres découvertes aussi utiles que curieuses : avec un Dictionnaire des termes de Maréchalerie & de Manège. Par M. Dupuy-Demportes. *A Paris, chez Charles-Antoine Jombert*, 1757.

1 vol. in-12 de xx-259 p. Le *Dictionnaire des Termes de Maréchalerie et de Manège* occupe les 38 dernières p.

L'original Anglais : *The Gentleman's Farriery or a practical Treatise on the Diseases of Horses &a by J. Bartlet*, avait vers le milieu du xvɪɪɪᵉ siècle et a eu une douzaine d'éditions.

Dupuy-Demportes a aussi traduit de l'Anglais, *Le gentilhomme cultivateur*, de Hale, en 8 vol. in-4° (ou 16 vol. in-12). *Paris et Bordeaux, Simon*, 1761-1764, avec 23 pl. Cet ouvrage, aux chapitres 53 et 54 de la première partie du 5ᵉ livre traite de l'élevage des chevaux et, au chapitre 2 de la seconde partie de ce 5ᵉ livre, du dressage. L'auteur anglais, dit Quérard, n'a fourni à l'écrivain français que le plan de son ouvrage et une partie de ses observations.

BARYE (Antoine-Louis).

Sculpteur animalier français, 1796-1875. D'abord ouvrier chez son père, orfèvre à Paris, puis apprenti chez un graveur nommé Fourrier, il fut appelé par la conscription et placé à la brigade topographique du génie en 1812. Libéré peu après, il reprit son métier de ciseleur, devint élève de Bosio, puis entra en 1817 dans l'atelier de Gros où il ne resta que peu de temps. En 1819, il concourut pour le prix de Rome de gravure en médailles. Après plusieurs tentatives infructueuses, il renonça au concours et entra, en 1824, dans l'atelier d'un orfèvre nommé Fauconnier. Mais la sculpture des animaux l'attirait déjà et, à ses heures de liberté, il allait travailler au Jardin des Plantes. Dès 1827, il avait exposé au Salon et, en 1831, « sa réputation s'affirma avec son tigre dévorant un crocodile ». En 1848, il fut nommé mouleur au Musée du Louvre et conservateur de la galerie des plâtres, puis perdit cet emploi en 1850. Professeur au Muséum en 1854, il fut élu à l'Académie des Beaux-Arts en 1868.

Son œuvre est très considérable et a été popularisé par de nombreuses reproductions. Il s'est principalement occupé des animaux sauvages : lions, tigres, cerfs, serpents..., etc., et a obtenu les succès les plus mérités dans ce genre particulier. Mais son œuvre hippique est aussi très important. J'en donne la liste d'après la notice que M. Roger Ballu lui a consacrée en 1890, et de laquelle sont tirés la plupart des détails qui précèdent.

Un cheval demi-sang — Autre faisant pendant — Autre — Cheval turc — Autre faisant pendant — Le Roi Charles VII — Le g^{al} Bonaparte — Le duc d'Orléans — Un cavalier Abyssinien surpris par un serpent — Un cavalier chinois — Deux cavaliers arabes tuant un lion — Thésée combattant le Minotaure — Angélique et Roger sur l'Hippogriffe — Un cheval surpris par un lion — Une amazone — Statuette équestre de Gaston de Foix — Guerrier tartare arrêtant un cheval — Thésée combattant un centaure — Cheval turc n° 3 et cheval turc n° 4 — Cheval percheron — Cheval demi-sang.

Les critiques d'art s'accordent à juger moins favorablement les sujets équestres de Barye que ses animaux sauvages. Mais combien connaissent l'anatomie du cheval ? Et que d'hérésies ont été dites à ce sujet ! Toutefois, un critique d'un jugement très sûr, connaissant admirablement les règles de la représentation du cheval dans l'art, et statuaire hippique lui-même, dit : « Barye, l'homme con-
« sciencieux, le savant professeur d'ana-
« tomie du Muséum, qui possédait si
« bien les félins et les ruminants et qui
« resta, dois-je le dire, toujours un peu
« inférieur à lui-même dans les sujets
« équestres, s'expliquait un jour avec
« moi, bien jeune alors, au sujet du
« cheval : lequel, me dit il, choisir pour
« la statuaire ? Par goût, j'inclinerais
« pour le type oriental ; finalement,
« j'opte pour un cheval qui n'ait surtout
« ni époque, ni race : quelque chose
« comme je me figure les chevaux de
« Phaëton. Je n'ai qu'un but, le douer
« de l'apparence de la force et d'une
« suprême élégance. Ce que je veux
« avant tout ne pas faire, c'est un *cheval*
« au détriment du *cheval* (1) »

Energie et élégance, c'est un programme que Barye a très bien rempli, et cette conversation me semble éclairer son œuvre d'un jour particulier : sauf quelques exceptions, il ne s'est pas attaché à faire un cheval plutôt qu'un autre et il lui a donné « l'unité de race » des animaux sauvages. C'est bien à tort, à mon avis, qu'on lui a reproché des erreurs d'anatomie dans ses œuvres hippiques : ses études à ce sujet étaient aussi complètes que consciencieuses ; mais, dans la représentation du mouvement, il n'est pas toujours irréprochable. Voy. à ce sujet Duhousset, *le Cheval dans la nature et dans l'art*, p. 143 et 144.

BASCOU, voy. **VILLAIN** (E.-S.-L.)

BASNAGE DE **BEAUVAL** (Jacques).

Ministre protestant et savant français, 1653-1723. Il était ministre à Rouen, sa ville natale, au moment de la révocation de l'Edit de Nantes ; il se fixa alors à Rotterdam, puis à la Haye où il joua un rôle diplomatique important en contribuant avec Dubois, qui avait été envoyé à la Haye par le régent, à la conclusion de l'alliance signée le 14 janvier 1717, entre la France, l'Angleterre et les Etats-Généraux de Hollande.

Dissertation historique sur les Duels et les Ordres de Chevalerie. Par Monsieur B.... *A Amsterdam, chez Pierre Brunel, sur le Dam, à la Bible d'Or*, 1720.

1 vol. pet. in-8° de 8 f^{ts} non ch. pour le titre, l'avertissement et la table des chap., 161 p. de t. et 4 f^{ts} à la fin pour la table des matières.

L'ouvage contient des détails sur les tournois et leurs origines, sur les joutes et combats à cheval, etc.

BAS-RELIEFS DU PARTHÉNON.

Bas-Reliefs du Parthénon et du Temple de Phigalie disposés suivant l'ordre de la Composition originale et gravés par les procédés de M. Achille Collas (2), sous la direc-

___
(1) Papiers inédits du Cte du Passage.
(2) Collas (Achille), mécanicien français, inventeur de nombreuses machines ingénieuses et graveur, 1795-1859.

tion de MM. Paul Delaroche (1), Henriquel Dupont (2) et Charles Lenormant (3), Membres de l'Institut. *Paris, Didier*, S. D. (vers 1834).

Album gr. in-4° obl. de 39 p. de t. pour l'Introduction et l'explication des pl. du Parthénon et du Temple de Phigalie, la table avec 20 pl. gravées en relief et reproduisant les frises et bas-reliefs du Parthénon et du temple de Phigalie, supposés restaurés.

11 de ces pl. représentent des suites de nombreux chevaux, des chars attelés et des combats de centaures. Elles sont très soignées et intéressantes au point de vue de la représentation du cheval par les statuaires grecs.

Même ouvrage, même titre..., sous la direction de M. Paul Delaroche, peintre, membre de l'Institut, de M. Henriquel Dupont, graveur, et de M. Charles Lenormant, conservateur de la Bibliothèque impériale, etc. — *Nouvelle Edition*. — *Paris; Didier*, 1860.

1 vol in-4° sans changement. C'est la même éd^on avec un nouveau titre.

BASSERIE (Paul-Augustin-Hermesse.)

Officier de cavalerie français, 1820-1895. Cet officier a accompli dans les remontes la plus grande partie de sa carrière. Toutefois, il a fait la campagne de 1870-1871 à l'armée de la Loire et, le 24 septembre 1870, au combat de Bois-Commun, où il commandait, comme lieutenant-colonel, le 2° Lanciers de marche,

(1) Delaroche (Hippolyte-Paul), peintre français, élève du Bon Gros, exposa de nombreux tableaux d'histoire de 1827 à 1837, puis exécuta la décoration de l'Hémicycle du Palais des Beaux-Arts, après quoi il ne peignit guère que des sujets religieux. En 1832, il fut nommé membre de l'Institut, et, peu après, professeur à l'Ecole des Beaux-Arts. 1797-1856.

(2) Henriquel Dupont (Louis-Pierre-Henriquel), graveur français, membre de l'Académie des Beaux-Arts en 1849, fut nommé, en 1863, professeur de gravure à l'Ecole des Beaux-Arts. 1797-1892.

(3) Lenormant (Charles), archéologue et historien français, suivit Champollion en Egypte, fit partie en 1828 de la commission de Morée, devint en 1830 conservateur de la Bib. de l'Arsenal, suppléant de Guizot à la chaire d'histoire de la Sorbonne en 1835, conservateur des imprimés, puis du Cabinet des médailles à la Bib. royale, professeur d'archéologie égyptienne au Collège de France, etc. Il avait été élu en 1839 à l'Académie des Inscriptions et mourut pendant un voyage à Athènes. 1802-1859.

il eut son cheval tué sous lui et fut grièvement blessé de dix coups de sabre à la tête. Le colonel Basserie commanda la 1re Circonscription de Remonte (Caen) pendant les huit dernières années de sa carrière militaire et fut retraité en 1880. Il a été membre du Conseil supérieur des Haras, de la Société des Agriculteurs de France et de plusieurs Sociétés savantes.

Il est l'inventeur d'un système de drainage des écuries qui permet de rendre leur sol horizontal et qu'il a réussi à faire entrer dans la pratique industrielle.

Société d'Agriculture de l'arrondissement de Morlaix — Question agricole hippique. A MM. les Membres de la Société d'agriculture de Morlaix. 3 nov. 1860. *Morlaix, Guilmer*, 1861.

Broch. in-8° de 24 p., signée à la fin « Le capitaine Basserie, commandant la succursale de remonte de Morlaix ». En tête du texte se trouve le sous-titre *Du rôle du calcaire dans le développement des espèces animales. (Herbivores domestiques — Alimentation fourragère)*.

Société d'Agriculture de Morlaix — Industrie chevaline. Conseils aux Eleveurs. *Morlaix, Imp. Ledan*, 1862.

Broch. in-16 de 36 p., signée à la fin comme la précédente.

Principes sommaires de l'Elevage du Cheval, dédiés aux Elèves adultes des Ecoles rurales, jeunes cultivateurs ; Enseignement professionnel, par le major Basserie, du 6° Cuirassiers. *Paris, Goin*, S. D. (1867.)

1 vol. in-12 de 141 p.

Manuel hippique sommaire de l'Eleveur cultivateur. Enseignement professionnel dédié aux Elèves adultes des Ecoles rurales, par Paul Basserie, Lieut^nt-colonel de cavalerie, Officier de la Légion d'honneur. 2me *Edition des Principes sommaires de l'Élevage du Cheval. Paris, Goin*, S. D. (1872.)

1 vol. in-18 de 144 p.

Manuel hippique sommaire de l'Eleveur cultivateur — Enseignement professionnel dédié aux Elèves adultes des Ecoles rurales et aux jeunes Officiers des Remontes militaires en vue de leurs rapports avec l'Elevage, par le lieut.-colonel Basserie, commandant la 1re circonscription de Remonte. *Troisième Edition. Paris, Goin*, 1874.

1 vol. in-18 de 144 p.

Malgré les différences du titre de ces 3 éd^{ons}, c'est le même ouvrage. Toutefois, il y a, dans la 3e, une nouvelle préface et un appendice sur l'assimilation du calcaire dans les plantes, d'après la brochure précitée sur le même sujet.

La Camargue et le Cheval camargue, par M. Basserie, Colonel de cavalerie en retraite, Membre de la Société d'Agriculture, Sciences et Arts de la Sarthe et de la Société des Agriculteurs de France, Commandeur de la Légion d'honneur. *Le Mans, Edmond Monnoyer*, 1882.

Broch. gr. in-8° de 32 p. (Ext. du *Bulletin de la Société d'Agriculture, Sciences et Arts de la Sarthe*.)

Agriculture et cavalerie. Drainage des Ecuries et des Etables au moyen d'un Couvre-Drain passoire mobile en fonte articulée, permettant au Cheval et au gros Bétail le repos sur un plan complètement horizontal et en même temps l'assainissement du local et la conservation de la litière par disparition immédiate de l'urine, d'ailleurs mieux recueillie. Système Basserie, Colonel de cavalerie en retraite, etc. Breveté S. G. D. G. en France et à l'étranger. *Le Mans, Lebrault*, 1882.

Broch in-4° de 30 p. avec 2 pl.

Cette brochure a été souvent réimprimée (5 éd^{on}, Goin, 1885).

A. Chappée, Fondeur Constructeur, Le Mans, Usines d'Antoigné (Sarthe) et de Port-Brillet (Mayenne) — Agriculture et Cavalerie — Chevaux — Gros Bétail — Engrais — Nouvelles observations sur le Drainage hygiénique des Ecuries et des Etables à Sol horizontal et des Ecuries-Boxs, par Paul Basserie, Colonel de Cavalerie en retraite, ex-Membre du Conseil supérieur des Haras, Membre de la Société d'Agriculture, Sciences et Arts de la Sarthe et de la Société des Agriculteurs de France, Commandeur de la Légion d'Honneur — Système breveté S G. D. G. en France et à l'Etranger. Adopté par la Société nationale des Architectes de France. *Le Mans, Imp. Edmond Monnoyer*, 1884.

Broch. gr. in-8° de 48 p.

Agriculture, Haras et Remontes — Elevage et entretien de nos grands Animaux domestiques — Rapport présenté à la Commission de production chevaline, par le Colonel Basserie, ancien Membre du Conseil supérieur des Haras. *Paris, Imp. Noizette*, 1886.

Broch. in-8° de 16 p.

Le Cheval comme il le faut, quelle qu'en soit la race, quel que soit le service auquel on le destine, par Paul Basserie, ancien Colonel de cavalerie et des remontes, ancien Membre du Conseil supérieur des Haras, Commandeur de la Légion d'honneur. *Paris, Baudoin*, 1891.

1 vol. in-12 de VIII-399 p., avec 21 pl. h. t. par H. Germain. Dédicace à Eugène Gayot.

Le tiers de cet ouvrage est encore consacré à l'écurie horizontale (1).

Hygiène vétérinaire préventive — Elevage du Cheval. (Croisement Russe — Norfolk — Breton) par le Colonel Basserie, ancien Membre du Conseil supérieur des Haras, Commandeur de la Légion d'honneur, etc. Extrait du *Journal de l'Agriculture* (Juin-Juillet 1894). *Paris, G. Masson*, 1894.

Broch. gr. in-8° de 16 p.

BASSET (N.).

Du Bétail en Ferme — Traité populaire extrait des œuvres de Jacques Bujault (1), Laboureur à Chaloué près Melle. Mis en ordre par N. Basset. *Paris, Auguste Goin*, 1854.

1 vol. in-12 de 108 p.

Concerne en partie le cheval, le baudet et le mulet.

(1) Sur l'Ecurie horizontale du Col. Basserie, voy. aussi *Hennebert* et *Chappée*.

(1) Voy. ce nom.

BASTA (George, comte).

Officier d'origine albanaise, né à La Rocca, près de Tarente, en 1550, mort en 1612. Il fit ses premières armes dans les Pays-Bas où il commandait un régiment de cavalerie sous les ordres d'Alexandre Farnèse (1) qui le distingua bientôt, et le chargea de missions importantes. En 1596, il parvint à approvisionner la ville de La Fère alors assiégée par Henri IV. Peu après, il passa au service de l'empereur Rodolphe II (2) et se signala principalement en Hongrie et en Transylvanie, soit contre les rebelles, soit contre les Turcs, tantôt allié et tantôt adversaire de Sigismond Bathori (3). Aidé du Voivode de Valachie Michel, Basta battit à Kronstadt Balthazar Bathori qui fut assassiné peu après, puis les vainqueurs se brouillèrent et furent à leur tour chassés de Transylvanie. Ils se réconcilièrent ensuite et Sigismond Bathori vaincu dut se réfugier en Valachie. De 1603 à 1606, Basta combattit avec énergie contre les Turcs en Hongrie, mais dut à la fin se replier devant des forces supérieures. Il semble alors être tombé en disgrâce et vécut dans la retraite jusqu'à sa mort, occupant ses loisirs à écrire des ouvrages sur l'art militaire, parmi lesquels le suivant concerne la cavalerie. Basta avait fait la guerre pendant 40 ans, presque sans interruption.

Le Gouvernement de la Cavallerie legiere, Traicté qui comprend meme ce qui concerne la grave (4) pour l'intelligence des capitaines, Matiere par ci-devant iamais traictée, réduite en art avec ses preceptes par George Basta, Comte du S. Empire Romain en Hust & Marmaros (1), Libre Baron & Seigneur de Tropavie (2) en Silese, & Sulz en Flandre, Gouverneur-General en Ungrie & Transilvanie pour feu l'invictissime Empereur Rodolphe II de glorieuse memoire (3) & lieutenant general des armees de sa Maiesté : mis en lumiere en sa forme originelle en langue italienne par Ierosme Sirtori, Milanois : & nouvellement declaré avec demonstrations & figures du mesme. Traduit a present en langue Françoise & engravé en cuivre par Iean-Theodore de Bry (4). *Imprimé à Hanaw*, 1614.

1 vol. in-f° de 6 f^{ts} lim^{res} pour le titre entouré d'un frontispice allégorique, la dédicace de Jérôme Sirtori au Serenissime Prince Ferdinand (5). Archevesque de Coulogne (sic), Arche-Chancelier du S. Empire Romain par l'Italie..., etc., la préface, l'advertissement touchant les figures et la Table des chapitres. 76 p. plus 4 f^{ts} pour « l'Indice et Racueil « auquel chascun Officier trovera ce qui sera de sa charge en tous occasions de guerre » (sic), par ordre alphab., avec 12 pl. double in f° h. t. représentant les diverses formations de la cavalerie pour les cantonnements, les marches et les combats.

Cette 1re éd^{on} est de la plus insigne rareté. Je n'en connais pas d'autre exemplaire que celui de la Bibliothèque royale de Bruxelles et le mien.

Le Gouvernement de la Cavalerie legere. Traicté qui comprend même ce qui concerne la grave,

---

(1) Alexandre Farnèse, duc de Parme, un des premiers capitaines de son temps. Il passa sa vie à guerroyer, principalement contre Maurice de Nassau, dans les Pays-Bas, où il commandait une armée de Philippe II, 1546-1592.

(2) Rodolphe II, fils et successeur de Maximilien II, 1552-1612. Son règne fut particulièrement agité par des insurrections et des guerres contre les Turcs. Son frère Mathias conclut malgré lui, en 1606, la paix avec la Porte, le dépouilla d'une partie de ses états et finit par le détrôner en 1611.

(3) Sigismond Bathori. 15..-1613, prince de Transylvanie. En 1588, à la suite d'un traité, il remit son pays au gouvernement autrichien, puis y rentra pour y installer son frère Balthazar, en fut de nouveau chassé à deux reprises différentes et mourut à Prague. Sa vie ne fut qu'une longue suite d'aventures extraordinaires, dues pour la plus grande part à son caractère versatile et capricieux. Il embrassa même l'état ecclésiastique et faillit devenir cardinal.

(4) La grave, la cavalerie lourde.

(1) Marmaros (Comitat de), division administrative de la Hongrie, au delà de la Theiss. Huszt est une de ses villes principales.

(2) Tropavie. Cercle de Troppau, ville de Silésie, sur l'Oppa.

(3) Sirtori se montrait un peu trop courtisan en qualifiant Rodolphe II d'invictissime, car on sait que ce prince fut particulièrement malheureux dans ses guerrres.

(4) Jean-Théodore de Bry, fils du célèbre libraire et graveur hollandais Théodore de Bry ; excellent graveur lui-même et quelquefois supérieur à son père. 1561-1620.

(5) Ferdinand de Bavière, 81e archevêque de Cologne et 61e prince-évêque de Liège et de Münster, fils de Guillaume V, duc de Bavière et de Renée de Lorraine. Son épiscopat fut constamment troublé par des désordres, des révoltes, des guerres civiles et religieuses Il prit part à d'importants événements politiques et notamment à l'élection des Empereurs Mathias et Ferdinand II.

pour l'intelligence des Capitaines, reduite en Art par plusieurs excellens Preceptes, & representé par figures. Par George Basta, Comte du S. Empire Romain en Hust & Marmaros, Libre Baron & Seigneur de Tropavie en Silese, & Sultz en Flandre, Gouverneur General en Ungrie & Transilvanie pour feu l'invictissime Empereur Rodolphe II de glorieuse memoire, & Lieutenant general des armees de sa Maiesté. *A Rouen, chez Iean Berthelin, dans la Court (sic) du Palais*, 1616.

1 vol. in-f° de 6 f^{ts} lim^{res} pour le titre dans lequel on voit que Jean Berthelin a supprimé les noms de Jérôme Sirtori et de Jean-Théodore de Bry, la dédicace de Jean Berthelin à Messire Hercules de Rohan, duc de Montbazon..., etc. (1). la Préface de l'Autheur, l'advertissement touchant les figures, la Table des chapitres, 76 p. de t. plus, à la fin, 4 f^{ts} pour l'Indice et recueil..., etc., dans lequel les grossières fautes de ce titre dans l'éd^{op} de 1614 sont corrigées, avec 12 pl. doubles, assez fidèlement copiées, ainsi que le frontispice, sur celles de 1614, mais très inférieures à ces dernières. A la fin, en souscription : *De l'Imprimerie de Salomon Iumelin*, le 3 de mars 1616.

Cette éd^{on} est beaucoup moins rare que la précédente.

Même ouvrage, même titre. *A Rouen, chez Iean Berthelin, dans la Cour du Palais*, 1627.

1 vol in-f° avec la même pagination et les mêmes pl. qu'à l'éd^{on} précédente. Le nom de l'imprimeur Salomon Jumelin a disparu.

Sauf pour la dédicace, imprimée en plus petits caractères, chaque p. commence et finit aux mêmes mots dans ces deux éd^{ons}, qui sont cependant différentes.

Les éd^{ons} italiennes ont été publiées en 1612, par les soins de Jérôme Sirtori ; à Francfort, chez Jean Saurus ; à Venise, chez Bernard Giunti, in-4° ; à Milan, chez Jean-Baptiste Bidelli en 1625, pet. in-8°. Ces éd^{ons} sont sans fig. Le titre de l'éd^{on} française de 1612 indique bien d'ailleurs que les pl. de Jean-Théodore de Bry ont été faites pour cette éd^{on}.

Huth mentionne une éd^{on} italienne publiée à Oppenheim, en 1616, une éd^{on} espagnole publiée à Bruxelles, en 1624, une éd^{on} allemande publiée à Francfort chez Jean-Théodore de Bry, en 1641 ; mais pour cette dernière c'est sans doute une erreur, car Jean-Théodore était mort en 1620. Huzard possédait une éd^{on} allemande, avec les 12 pl., publiée à Francfort, chez de Bry, en 1614.

Brunet, se basant sur les très modestes prix de vente atteints par cet ouvrage au moment où il écrivait — prix plus que quintuplés à l'époque actuelle — en parle avec une estime légère. Il est cependant très intéressant. C'est, avec les ouvrages du P. Hugon et de Wallhausen, (voy. ces noms), qui sont presque contemporains, un des premiers essais tentés pour donner un corps et une doctrine à l'instruction, à la tactique et à l'emploi de la cavalerie. La répartition et *l'ordonnance* (1) des troupes pour le combat ne sont plus sans doute que des documents curieux, mais certains passages sur l'établissement et la sûreté des cantonnements, sur les marches, sur les avant-coureurs..., etc., montrent que les modernes n'ont pas tout inventé.

Le chap. I. *Des officiers en général*, qui traite des qualités morales des chefs, de l'influence que la dignité de leur vie leur donne sur leurs troupes, de la pratique du commandement, etc., peut être encore utilement médité par plus d'un. C'est une maîtresse page.

Les pl. de Jean-Théodore de Bry, sous la forme — habituelle à cette époque — de vues cavalières, contiennent chacune des centaines de petits personnages, presque tous à cheval, adroitement disposés suivant le rôle qu'ils ont à remplir. Elles sont curieuses, claires, finement dessinées et gravées.

Basta est aussi l'auteur d'un ouvrage publié en italien, à Venise, chez Jean-Baptiste Ciotti, 1606 et intitulé : *Il Mastro del Campo generale*, traduit en français à Francfort, en 1617, publié de nouveau en italien, à Milan, chez Jean-Baptiste Bidello, en 1625, pet. in-8°. Cet ouvrage ne concerne que très indirectement la cavalerie. Il y a cependant quelques passages qui traitent de l'*ordonnance* recommandée pour cette arme par Basta dans les combats contre « le Turc ».

Le Maître de Camp général était à peu près ce que nous nommons maintenant

---

(1) Hercule de Rohan, duc de Montbazon. Après avoir servi le roi Henri III contre la Ligue, il resta fidèle à son successeur, se signala à la bataille d'Arques et au siège d'Amiens. Henri IV le nomma gouverneur de Paris et grand-veneur. 1568-1654.

(1) Ordonnance signifiait alors disposition des troupes, ce que nous appelons maintenant formation.

chef d'Etat-major, avec cette différence importante qu'il prenait le commandement en l'absence du général en chef. Il était chargé de la police, de l'organisation, de la sûreté dans les marches et cantonnements, de la transmission des ordres, etc.

Wallhausen a violemment et grossièrement attaqué Basta, ce qui prouve que ce n'est pas d'aujourd'hui que les gens qui sont divisés sur quelque point de doctrine se traitent d'imbéciles. Basta venait de mourir quand Wallhausen a publié son *Art militaire à cheval* et n'y pouvait riposter. La haine féroce de Wallhausen avait d'ailleurs des causes particulières, militaires, politiques et religieuses que j'ai signalées dans ma notice sur cet auteur.

BASTARD (George).
Homme de lettres français, né en 1851.

Paris qui roule, par George Bastard, avec dessins de Tiret-Bognet et ombres chinoises de Louis Bombled. *Paris, Chamerot*, 1889.
1 vol. in-18 de 330 p.
Une 2ᵐᵉ édⁿ porte 1891 sur la couverture, mais 1889 sur le titre intérieur.

Armée de Châlons. Charges héroïques, par George Bastard, avec dix dessins de Charles Morel. *Paris, Savine*, 1892.
1 vol. in-18 de 379 p plus la table.
Les autres ouvrages du même auteur sont étrangers aux questions traitées dans la présente bibliographie.

BATAILLARD (Anne-Charles-Thomas).
Avocat, ancien avoué, ancien juge de paix, historien et littérateur français, 1801-1881.

L'Ane glorifié, l'Oie réhabilitée, les Trois Pigeons, l'Ecole de Village et l'Ane savant par Charles Bataillard, Avocat, ancien Magistrat, membre de la Société des Antiquaires de France, de la Société philotechnique de Paris, des Académies de Caen, d'Evreux, de Troyes, etc., et de la Société protectrice des Animaux. — Tiré à 300 exemplaires. — *Paris, Alphonse Lemerre*, 1873.
1 vol. in-18 de 460 p.
Les XIX premiers chap. sont consacrés à l'âne, jusqu'à la p. 374 : anecdotes, histoire, emploi, proverbes, épigrammes et bibliographie des *Eloges de l'Ane*.
Le dernier chapitre, l'*Ane savant*, n'est qu'une courte anecdote.
Petit ouvrage bien écrit et amusant, dans lequel l'auteur fait à la fois preuve d'esprit et d'érudition.

BATBEDAT (François).

Mémoire badin sur un sujet sérieux, dédié aux Campagnards et aux Curés du Département des Landes, par un citoyen. Ouvrage posthume, mis en lumière et enrichi de notes morales par un filleul de l'auteur. *A Londres et se trouve chez les principaux libraires des principales villes de l'Europe, notamment chez Leclerq à Dax*, S. D. (1791.)
Broch. in-4° de 16 p. (sur les Haras).
L'auteur présente un plan complet et compliqué pour leur organisation.
L'attribution est donnée par le catalogue de la Bib. Huzard, T. III, n° 4166.

BAUBIGNY (Paul).
Le Cheval de Guerre et l'Automobilisme, par Paul Baubigny. — Extrait de la *Revue Politique et Parlementaire* (Août 1899). *Paris, Bureaux de la Revue Politique et Parlementaire, 110, Rue de l'Université* (1899).
Broch. in-8° de 23 p.

BAUCHE (J.).
Vétérinaire français à Hué, diplômé d'Alfort en 1897.

Gouvernement général de l'Indo-Chine — Notices publiées par la Direction de l'Agriculture, des Forêts et du Commerce de l'Indo-Chine en vue de l'Exposition de Marseille. — L'Elevage du Cheval dans le Sud-Annam, par M. J. Bauche, Vétérinaire Inspecteur des Epizooties. — Extrait du *Bulletin Economique* n° 44, nouvelle Série. Août 1905. — *Hanoï, Imp. F. H. Schneider*, 1905.
Broch. gr. in-8° de 15 p. avec 1 tableau.
Voy., sur un sujet analogue, Schein (H.).

BAUCHER (François).
Ecuyer français, né à Versailles en 1796, mort à Paris en 1873. A l'âge de quatorze ans, Baucher rejoignit à Turin un

de ses oncles, écuyer du prince Borghèse et y travailla sous ses ordres « avec un zèle et une ardeur infatigables ». A la chute de l'Empire, il visita, pour son instruction, les principaux manèges, puis se fixa au Havre et exerça sa profession dans un manège dirigé par M. de Chatillon. Quelques années plus tard, il y fit construire un petit manège carré. Sollicité par des amateurs de Rouen de venir s'établir dans cette ville, il loua un manège rond situé rue Duguay-Trouin, et, pendant une douzaine d'années, il passa l'hiver et le printemps à Rouen, l'été et l'automne au Havre. Il vendit ensuite son manège du Havre et entra en relations avec Jules Pellier qui tenait un manège à Paris et avec lequel il s'associa vers 1834. Jules Pellier a collaboré à un de ses premiers ouvrages (*Dialogue sur l'Equitation*). (Voy. ce nom.)

Baucher se fixa alors à Paris et eut, au manège Pellier, 11, faubourg Saint-Martin, ses élèves qu'on peut appeler ceux de la première heure : MM. Gaussen, Villard, baron de Curnieu, Mis de Miramon, le Cte de Lancosme-Brèves, Rul, Léon Gatayes, de Fitte, Clément Thomas, Mackensie-Grieves, Maurice Walter, le Cte de Montigny, le colonel Lafitte, Sylvain Bénédic, D. Boutet, Henri Normant, Leroux, Morisseau, etc. Il acquit alors une grande réputation en présentant au public, au cirque des Champs-Elysées, de 1838 à 1848, des chevaux admirablement dressés, « stupéfiant les spectateurs par la précision avec laquelle il les montait » (1).

Parmi ces chevaux, Baucher cite lui-même, à la fin de sa *Méthode*, Partisan, Capitaine, Neptune et Buridan. Mais je dois à l'obligeance de M. Henri Baucher, son fils, la communication de la liste de presque tous les chevaux qui ont appartenu à son père, avec la description détaillée du travail exécuté. Cette liste est très intéressante, parce qu'elle donne la date de l'achat et celle du début au cirque, et, par conséquent, la durée du dressage. Pour quelques rares chevaux, pour Partisan, pour la jument Stades, pour Robert de Normandie, elle a dépassé un an, mais la plupart étaient présentés au cirque. c'est-à-dire exécutaient le travail complet, au bout de quelques mois et souvent moins : Capitaine, de septembre 1839 à juin 1840 ; Godolphin, de juin à septembre 1841 ; Turban, de septembre 1846 à mai 1847 ; Mayfly, de juillet à septembre 1844 ; Géricault, « qui passait pour indomptable », fut dressé en 27 jours ; Kléber en un mois, à la suite d'un pari avec le propriétaire du cheval, etc., etc.

Mais la méthode n'avait encore pénétré dans l'armée que par quelques officiers isolés. Le général Oudinot, qui l'avait appréciée, fit envoyer à Paris, pour l'étudier, le commandant de Novital, alors écuyer en chef à Saumur ; puis, 26 officiers de cavalerie suivirent à Paris, en mai 1842, suivant une décision du ministre, le cours de Baucher. A peu près en même temps, son fils M. Henri Baucher se rendait à Lunéville, enseignait les principes de la nouvelle méthode à un groupe d'officiers de Lunéville et des garnisons voisines et y faisait exécuter, avec des chevaux qui n'avaient guère qu'un mois de dressage, un carrousel au sujet duquel il reçut des éloges du duc de Nemours lui-même, qui était cependant un adversaire de la méthode.

Enfin, en 1843, Baucher vint à Saumur, accompagné de son fils. Il y avait amené plusieurs de ses chevaux. Son cours commença le 16 février devant 43 capitaines-instructeurs et 24 officiers appartenant à l'Ecole et dura deux mois. C'est surtout là que Baucher assit sa réputation parmi les écuyers militaires et s'y créa de chauds partisans. Le commandant de Novital, le colonel Desondes, Raabe, le commandant Guérin, l'élève préféré du maître, peuvent être cités comme se rattachant à cette époque, puis, plus tard, le colonel Gerhardt, le général Bonie, le lieutenant-colonel Dijon, le lieutenant Wachter et bien d'autres.

Sa méthode fut alors, sous l'impulsion du commandant de Novital, enseignée à Saumur. Mais, peu après, une commission nommée par le Ministre de la guerre, et de laquelle faisait partie le duc de Nemours, dont l'opinion fut prépondérante dans la circonstance, exprima un avis défavorable à la méthode, dont le Ministre interdit alors l'application à Saumur et dans l'armée.

Toutefois, il est assez piquant de constater que cette interdiction ne s'appliqua pas au dressage (ainsi qu'en témoigne la brochure officielle : Nouvelle Méthode provisoire, *approuvée par le Ministre de la guerre*, pour dresser les jeunes chevaux, d'après les principes de M. Baucher, 1842), mais seulement à la méthode d'équitation elle-même. Cette nuance, sur laquelle Baucher nous éclaire, dans le chapitre *la Vérité sur ma mission à Saumur*, et de laquelle il se plaint amèrement, est rendue très nettement par la lettre du général Cte de Sparre, du 25 mars 1843, citée par Baucher dans

(1) Bon de Vaux. *Ecuyers et Ecuyères*, p. 237.

le même chapitre. On conçoit qu'il ait naturellement défendu l'unité de sa méthode « qui est une et ne saurait se tronquer à volonté ».

Baucher continua alors à Paris, et son professorat qui était très suivi et se donnait dans différents manèges, et ses représentations au cirque.

Entre temps (vers 1844 ou 1845), il alla à Berlin avec le cirque Dejean et y eut de nombreux élèves (1). Quelques années après, vers 1848, il partit pour Vienne, s'sssocia avec Soullier (2), directeur du cirque de cette ville et y fit aussi de nombreux élèves, parmi lesquels le comte Sandor, grand propriétaire hongrois et père de la princesse de Metternich, « le cavalier le plus hardi qu'on « ait jamais vu, acceptant tous les défis « et s'en tirant presque toujours à son « avantage » (3. De Vienne, il vint en Italie, toujours avec le cirque Soullier, et donna des leçons à Venise (que les Autrichiens venaient d'abandonner) et à Milan. Il revint en France en 1849, s'arrêta à Lyon et y donna un cours suivi par beaucoup d'officiers, parmi lesquels le général L'Hotte, l'une des gloires de l'équitation militaire française. alors lieutenant au 1er escadron des Guides d'Etat-major, en garnison à Lyon.

Baucher rentra à Paris et y reprit ses leçons et ses représentations. Mais, au commencement de 1855, dans l'après-midi, au moment où il allait se mettre en selle sur une jument qu'il dressait, le lustre du cirque se détacha et lui tomba sur le corps. Il échappa à la mort, mais il eut la jambe droite brisée et fut à moitié écrasé. Après ce terrible accident, il ne monta plus en public, mais jusqu'en 1870 il a continué à monter dans la matinée au cirque où il dirigeait le dressage des chevaux et l'instruction des écuyers, et où il avait encore, peu de temps avant sa mort, la haute main sur le personnel.

Il faisait aussi, dans différents manèges, et, en dernier lieu, dans la rue de la Pépinière, des cours très suivis qui comprenaient 30 leçons. C'est à ces élèves de la dernière heure que se rattachent le général Faverot de Kerbrech, MM. Georges Parr, Lenoble du Teil, à Berlin.

(1) Voir à ce sujet, d'intéressants détails dans *Entretiens sur la cavalerie*, par le prince de Hohenlohe. p. 144 et suiv. Le prince avait lui-même suivi les cours de Baucher, à Berlin.

(2) Pour le cirque Soullier, voy. *Keroy (B. de)*.

(3) Baucher eut plus tard un cheval gris qu'il baptisa Sandor et qui avait appartenu à ce cavalier émérite. Voy. sur le comte Sandor, Croqueville, *Paris en voiture, à cheval, aux courses, à la chasse*, 1892.

Sainte-Reine, le capitaine instructeur Michel de l'artillerie de la garde, le comte d'Estienne de Chaussegros de Lioux, lieutenant aux guides, etc. (1).

Dictionnaire raisonné d'équitation, par F. Baucher, professeur d'équitation. *Rouen, Brière*, 1833.

1 vol. in-8° de XVI-304 p., avec une vignette sur le titre et une dédicace « à mes Elèves ».

Dictionnaire raisonné d'équitation, par F. Baucher, 2e *édition*, revue et augmentée. *Paris, l'auteur, 36, rue Pigale*, 1851.

1 vol. in 8° de XL-316 p. Les XL p. du début contiennent, outre l'introduction de la première édition, des lettres et notices approbatives d'un grand nombre d'écuyers militaires. La dédicace « à mes Elèves » a disparu.

Pour une partie de cette édition, on a imprimé un titre au nom de Dentu, S. D. C'est d'ailleurs le seul changement.

Dialogues sur l'Equitation ; premier dialogue entre le grand Hippo-Théo, dieu des quadrupèdes, un cavalier et un cheval. *Paris, au Manège Baucher et Pellier*, 1834. Broch. in-8° de 36 p. et 1 pl., par Giraud, réimprimée en 1835 et 1844.

Résumé complet des Principes d'Equitation servant de base à l'Education de toute espèce de Chevaux, par F. Baucher, dédié à son ami Léon Gatayes. *Paris, Imp. Bourgogne et Martinet*, 1837.

Broch in-8° de 8 fts non ch. et imprimés seulement au recto, avec texte encadré et vignettes sur le titre, réimprimée sans changement chez *Delacour et Marchand, Paris*, 1844.

Passe-temps équestres, suivis de notes explicatives, par F. Baucher. *Paris, l'auteur, faubg St-Martin, 11*, 1840.

1 vol. in-8° de 204 p., dédié à M. Ernest Le Roy, précédé d'une intéressante notice de M. Gaussen et suivi de 16 p. de musique composée par Paul Cuzent (frère de l'écuyère) pour accompagner le travail de « Partisan ». En tête, le por-

(1) Articles d'avril et de mai 1873 du *Journal des Haras* — *Œuvres de Baucher*, passim — Bon de Vaux, *Ecuyers et écuyères* — Notes manuscrites de M. Henri Baucher et de MM. les généraux L'Hotte et Faverot de Kerbrech.

trait de Baucher sur Partisan, par Giraud et une caricature du même.

Réponse aux observations de M. d'Aure sur la nouvelle méthode d'équitation et analyse de son Traité d'équitation publié en 1834, par F. Baucher. *Paris, (l'auteur?)*, 1842.

Broch. in-8° de 48 p.
C'est vers cette époque que se place l'ouvrage suivant :

Souvenirs équestres, par Baucher. Partisan — Capitaine — Buridan. Dessins d'après nature par M. L. Heyrauld, lithographiés par Lehnert. *Paris, au manège Pellier et Baucher, fg St-Martin, n° 11. Lithographie Rigo frères et Cie*, S. D.

Album in-f° oblong de 24 lithographies en couleur, 8 pour Partisan, 8 pour Capitaine, 8 pour Buridan, ces chevaux étant représentés dans l'attitude d'un mouvement différent de haute école. Chaque lithographie est doublée d'une page de texte donnant en résumé les raisons du mouvement dessiné vis-à-vis et les moyens de l'exécuter.
Pour le travail de Partisan, Baucher est en civil, redingote et chapeau hauteforme; pour celui de Capitaine, il est en uniforme militaire, chapeau en colonne, habit, épaulettes, sabre, harnachement d'armes; pour celui de Buridan, il est en écuyer, chapeau en bataille, hautes bottes, frac, harnachement à la française. Cet ouvrage est introuvable.

Méthode d'équitation, basée sur de nouveaux principes, par F. Baucher. Planches par L. Heyrauld. *Paris, 11, faubg St-Martin*, 1842.

1 vol. in-8° de XXXI-166 p., avec 12 pl. lithographiées, dessinées par Heyrauld, représentant les diverses flexions de mâchoire et d'encolure, à pied et à cheval. L'ouvrage est dédié au Lieutenant Général marquis Oudinot, et précédé du portait de Baucher par Giraud.

Même ouvrage, même titre, même pagination, 2e *Ed^{on}*, 1842.
Le texte de cette éd^{on} est identique à celui de la précédente, mais les pl. 3 et 4 de la 1re éd^{on}, qui ne rendaient en aucune façon la pensée ni le texte de Baucher — surtout la pl. 3 qui représentait un cheval véritablement acculé — ont été changées et remplacées par deux pl. nouvelles qui seront à l'avenir reproduites sans changement.

Même ouvrage, 3e *Ed^{on}*, 1842.
Sans changement.

Même ouvrage, 4e *Ed^{on}*, augmentée de rapports officiels en faveur de l'application de la Méthode aux chevaux de troupe, d'une théorie sur les moyens d'obtenir une bonne position du Cavalier, etc., etc., par F. Baucher. Planches par L. Heyrauld. *Paris, rue Neuve St-Nicolas*, 20bis, *Faub. St-Martin*, 1843.

1 vol. in-8° de 2 f^{ts} pour le titre et la dédicace et 239 p. Mêmes portrait et pl. qu'aux éd^{ons} précédentes.
Cette éd^{on} a été contrefaite, à Mons, chez Leroux f^{res}, 1843, avec une mauvaise copie du portrait et des pl.

Méthode d'Equitation, basée sur de nouveaux principes, augmentée de documents inédits, de rapports officiels en faveur de l'application de la Méthode aux Chevaux de troupes; d'une théorie sur les moyens d'obtenir une bonne position du Cavalier; du compte rendu de la mission de l'auteur à l'Ecole royale de Cavalerie; d'un dernier mot de polémique, etc., etc., par F. Baucher, 5e *Ed^{on}*. *Paris, l'auteur et chez Leneveu*, 1844.

1 vol. in-8° de 4 f^{ts} non ch. pour le titre et la double dédicace au général Oudinot et 287 p. Avec le portrait de Baucher et 8 pl. h. t. contenant 14 fig. au trait. C'est à cette éd^{on} que disparaissent les lithographies d'Heyrauld dont les sujets sont maintenant reproduits au trait et réduits. Deux pl. de flexions, dans lesquelles la tête du cheval et les mains du cavalier sont seules représentées, ont été ajoutées. C'est aussi à cette éd^{on} que figurent pour la première fois, les lettres approbatives d'officiers français et étrangers qui avaient suivi les cours de Baucher ou adopté sa méthode.

Même ouvrage, 6e *Ed^{on}*, 1844.
Sans changement. A remarquer que la méthode a eu 6 Ed^{ons} en deux ans.

Même ouvrage, 7e *Ed^{on}*, 1846.
Sans changement, sauf que l'ouvrage est annoncé chez l'auteur et chez les libraires Leneveu, J. Dumaine, Charpentier, Schwartz et Gagnot, Legrand, Garnier f^{res}

Même ouvrage, 8ᵉ Edᵒⁿ, 1846. Sans changement.

Même ouvrage, 9ᵉ Edᵒⁿ, 1850. C'est la première édᵒⁿ imprimée chez J. Dumaine. Elle comprend 294 p., le portrait et les 14 fig. au trait.

A partir de la 10ᵉ Edᵒⁿ, la *Méthode d'Equitation* est accompagnée des autres œuvres de Baucher, et l'ouvrage prend le titre d'*Œuvres complètes* mais le n° de l'édᵒⁿ ne s'applique qu'à la *Méthode*.

Œuvres complètes de F. Baucher. — Méthode d'Equitation basée sur de nouveaux principes, *10ᵉ Edᵒⁿ*, suivie des Passe-temps équestres — Dialogue sur l'équitation — Dictionnaire raisonné d'équitation — Réponse à la critique, etc. — *Paris, l'Auteur et chez J. Dumaine*, 1854.

1 vol. in-8° de 1x-640 p., avec le portrait de Baucher et 14 fig. au trait.

Œuvres complètes de F. Baucher. Méthode d'Equitation basée sur de nouveaux principes, revue et augmentée, *11ᵉ Edᵒⁿ*, suivie des Passe-temps équestres — Dialogues sur l'équitation — Dictionnaire raisonné d'équitation — Réponse à la critique, etc. *Paris, l'Auteur, chez J. Dumaine et chez Dentu*, 1859.

1 vol. in-8° de 744 p. Les p. 721 à 737 sont remplies par une élucubration sur le système pénitentiaire qu'on est un peu surpris de trouver là, et qui est cependant un symptôme intéressant de l'activité cérébrale du maître. En tête le portrait de Baucher, par Giraud. Mais, dans cette édition, les 14 pl au trait ont disparu et sont remplacées par 15 lithographies d'Hoster-Levilly, toujours pour les flexions de mâchoire et d'encolure. Le mot *dialogues* est au pluriel sur le titre, et, de fait, il y en a deux au lieu d'un dans l'édition précédente.

Œuvres complètes de F. Baucher. Méthode d'Equitation basée sur de nouveaux principes, revue et augmentée. *Douzième édition*, suivie des Passe-temps équestres — Dialogues sur l'équitation — Dictionnaire raisonné d'Equitation — Nouveaux moyens Equestres. *Paris l'Auteur; ibid., J. Dumaine; ibid., Dentu*, 1864.

1 vol in-8° de 646 p.

Cette édition est complètement remaniée. Dans sa préface, l'auteur dit que « dans cette 12ᵉ édᵒⁿ, qui se distingue des « éditions précédentes, il a corrigé des « passages incomplets et effacé ceux inu- « tiles »

Le titre indique déjà d'importantes additions, mais le corps de l'ouvrage montre l'évolution de la nouvelle « manière » du maître. La définition de l'équilibre, la mise en jeu des déplacements de poids (1) en sont les éléments principaux, et le Chapitre *Nouveaux moyens équestres* les développe. Certaines définitions du *Dictionnaire* sont également modifiées. Enfin, une 16ᵉ pl. de Levilly a été ajoutée. Elle est significative, car elle montre un cavalier à pied faisant une flexion d'encolure en la relevant. On sait que l'affaissement de l'encolure était seul enseigné jusque-là par Baucher. Cinq élèves de Baucher, MM. Michel, d'Estienne, Faverot de Kerbrech, Lacorne et de Sᵗᵉ-Reine ont pris une certaine part dans l'élaboration des parties nouvelles de cette 12ᵉ édᵒⁿ. Des notes de M M. Faverot de Kerbrech, de Sᵗᵉ-Reine et d'Estienne y sont d'ailleurs reproduites p. 85 et suiv. (2).

L'ouvrage contient également la description d'un nouveau mors sans gourmette, représenté sur une pl. qui a pris le n° 17.

Œuvres complètes de F. Baucher. Méthode d'Equitation basée sur de nouveaux principes, revue et augmentée. *Treizième Edition*, suivie des Passe-temps Equestres — Dialogues sur l'Equitation — Dictionnaire raisonné d'Equitation — Nouveaux moyens Equestres — Dernières innovations — Examen rétrospectif — Nouveau travail raisonné avec le caveçon. *Paris, l'auteur; ibid., J. Dumaine; ibid., Dentu*, 1867.

1 vol. in-8° de 640 p.

Cette édᵒⁿ est semblable à la précédente jusqu'à la fin du *Dictionnaire*, p. 609. L'article sur le nouveau mors est très abrégé, les chapitres *Dernières innovations*, où la question de l'équilibre est

---

(1) L'idée de l'utilisation de ces déplacements de poids avait germé dans la tête de Baucher depuis ses expériences de pesées faites avec le Général Morris, bien antérieures à l'époque où il les appliqua dans la pratique. (V. Morris.)

(2) V. Gerhardt, *La Vérité sur la méthode Baucher* qui contient une critique spéciale à la 13ᵉ édᵒⁿ, mais qui s'applique en réalité à la 12ᵉ que Gerhardt semble avoir imparfaitement connue.

développée, *Examen rétrospectif* où Baucher fait l'historique de ses essais et *Nouveau travail raisonné avec le caveçon*, sont nouveaux. L'article sur le *Système pénitentiaire* a disparu. La 13ᵉ éd^on est la dernière à ce jour des *Œuvres complètes*. La 14ᵉ, qui suit, ne comprend que la *Méthode*.

Méthode d'Equitation basée sur de nouveaux principes, par F. Baucher *14ᵉ Edition*, revue et augmentée. Avec portrait de l'auteur et 16 pl. *Paris, Dumaine*, 1874.

1 vol. in-8º de 238 p.

Cette édition donnée par le fils de l'auteur et le général Faverot de Kerbrech, un an après la mort de Baucher, complète et précise les modifications déjà introduites dans la 13ᵉ. Aussi l'ouvrage débute-t-il par un chapitre intitulé : *Dernières innovations*. L'ordre des chapitres et leur contexture ont été modifiés, des articles nouveaux ajoutés, etc. Le détail n'en peut être donné ici, mais on en saisira la genèse en lisant la préface de l'ouvrage du Général Faverot de Kerbrech : *Dressage méthodique du cheval de selle, d'après les derniers enseignements de Baucher*, et l'esprit en lisant l'ouvrage lui-même.

Les ouvrages de Baucher ont été traduits dans toutes les langues, en anglais, en allemand, en espagnol, en russe, en hollandais, etc. De plus, ils ont été l'objet de plusieurs contrefaçons en Belgique : les *Œuvres complètes* en 4 vol. in-18, le *Dictionnaire* en 1 vol. in-18, la 4ᵐᵉ édition de la *Méthode* en 1 vol. in-8º, etc.

APPRÉCIATION GÉNÉRALE SUR L'ŒUVRE DE BAUCHER ET SUR SON INFLUENCE SUR L'ÉQUITATION.

Peu d'hommes ont été aussi violemment attaqués que Baucher. Il faut parcourir les ouvrages d'ardente polémique que son enseignement a suscités avant et après 1840, pour se rendre compte du nombre et de la vigueur de ses adversaires dont le plus marquant et le plus redoutable était le Cᵗᵉ d'Aure (voy. ce nom). Il n'y a guère, à ce moment, d'écrivains hippiques qui, même en traitant des sujets étrangers à l'équitation, n'éprouvent le besoin d'attaquer en passant, ou, tout au moins d'égratigner Baucher. Ses partisans sont, il est vrai, des apôtres convaincus, mais ils sont en petit nombre. (Voy. d'Aure, Aubert, Caccia, Lecornué, Flandrin, Duchaud, de Fitte, Raabe, Gerhardt, Wachter, Teulières, Clément-Thomas, Lancosme-Brèves, Henri Baucher, etc., pour les brochures et ouvrages de polémique pour ou contre la méthode Baucher.)

On peut attribuer cette violente opposition à l'hostilité que rencontrent tous les novateurs, à l'attachement respectable que des hommes considérables comme le comte d'Aure, Aubert et autres conservaient pour leurs vieux maîtres et pour leurs doctrines, mais il faut aussi y faire entrer pour une petite part les déboires qu'éprouvèrent au début ceux qui voulurent suivre la *Méthode* en s'inspirant uniquement des préceptes *écrits* de Baucher, sans avoir travaillé avec lui, et les fâcheux résultats auxquels arrivèrent quelques-uns d'entre eux.

Un livre, en effet, est un guide insuffisant pour faire de l'équitation en général et surtout pour saisir les nuances d'une méthode particulière. Mais, de plus, il faut reconnaître que le style du maître n'est pas toujours suffisamment clair et précis, qu'il vise parfois à l'effet et à la bizarrerie comme dans les *Dialogues*, ou devient même tout à fait sybillin comme dans les *Passe-temps*. Aussi, au début, Baucher n'a-t-il pas toujours été bien compris.

Mais quand, peu à peu, les élèves qui avaient travaillé avec lui et suivi ses cours, ceux, en un mot, qui s'étaient formés directement à son école, furent, à leur tour, devenus des maîtres remarquables, sa doctrine se répandit et acquit, sur l'équitation moderne, l'influence la plus considérable.

Ces disciples convaincus, dont les noms cités plus haut honorent l'équitation française, ont alors préconisé, contribué à répandre les principes de Baucher et désarmé les opposants par l'évidence des résultats obtenus.

Lui-même, s'il n'a pas changé ses « principes », c'est-à-dire les grandes lignes de sa méthode, l'idéal vers lequel doit tendre celui qui s'inspire de ses doctrines, a introduit, vers la fin de sa carrière, d'importants perfectionnements aux procédés, aux moyens qu'il indique pour atteindre ce but (1).

On a donc pu dire justement que, comme certains peintres célèbres, il a eu « deux manières », dont la seconde, élargissant l'horizon un peu resserré de la première, s'applique aussi bien aux allures allongées et rapides du dehors qu'aux

(1) *Dressage méthodique du cheval de selle, d'après les derniers enseignements de Baucher*, par un de ses élèves (le gᵃˡ Bᵒⁿ Faverot de Kerbrech).

airs les plus brillants et les plus difficiles du manège.

Baucher fut vraiment un novateur. A l'heure actuelle, les traditions qu'il a laissées servent de base, en France et à l'étranger, à l'équitation savante, au dressage raisonné du cheval de selle. Presque tous les ouvrages publiés depuis un demi-siècle sur cet art passionnant s'inspirent plus ou moins, et quelquefois inconsciemment d'ailleurs, des principes qu'il a posés et des moyens équestres dont l'ensemble est connu dans le public hippique sous le nom de *Méthode* ou de *Système Baucher.*

·BAUCHER (Henri).

Ecuyer français, fils du précédent, 1818-1912.

M. Henri Baucher a partagé les travaux de son père. Son séjour à Lunéville, en 1842, pendant lequel il enseigna la nouvelle méthode à un groupe d'officiers de cavalerie (voy. François Baucher), doit être signalé. Il fit connaitre également la méthode de son père à l'étranger, notamment en Russie où il resta assez longtemps, et fit, à des officiers russes, un cours auquel assista quelquefois l'Empereur Nicolas. Il a aussi beaucoup voyagé en province où il a fait, notamment à St-Etienne, Bordeaux, Montpellier, Fontainebleau, etc., de nombreux cours d'une durée uniforme de 30 leçons. Plusieurs des derniers élèves de son père furent aussi les siens.

Réponse de M. Henri Baucher à M. le Comte Savary de Lancosme-Brèves, précédée de la lettre insérée dans le *Figaro* du 16 juin et de la réponse de M. de Brèves publiée dans le *Figaro* du 25 juillet. *Paris, chez Dumaine, chez Dentu et chez M. Baucher,* 1861.

Broch. in-8° de 22 p.

Polémique relative à un dressage sans bride préconisé par M. de Lancosme-Brèves. (Voy. ce nom.)

Cours pratique d'équitation. Dressage du cheval en trente leçons méthodiquement classées de F. Baucher, publié par H. Baucher. *Paris, Baudoin,* S. D. (1881).

Broch. in-12 de 45 p. Il y a eu quatre éditions sans changement.

Aperçus Equestres, par Henri Baucher. *Paris, Morris,* 1888.

Broch. in-8° de 30 p.

Détails d'application pratique de la Méthode du père de l'auteur.

BAUDELOT de DAIRVAL (Charles-César).

Avocat et archéologue français, membre de l'Académie des Inscriptions 1648-1722.

Lettre à Monsieur Lister (1) de la Société royale de Londres, Médecin de Son Excellence Mylord Portland, Ambassadeur extraordinaire d'Angleterre en France. *A Paris, chez Pierre Auboüyn, Libraire de Nosseigneurs les Enfans de France et Charles Clouzier, Quay des Augustins à la Croix d'Or,* 1700.

Broch. in-8° de 33 p. datée du 28 février 1698, publiée deux ans plus tard et signée Baudelot.

Amusante lettre au sujet d'une pierre trouvée dans le corps d'un cheval qui depuis 25 ans était employé au service du bât chez les Religieuses Bernardines d'Argenteuil.

Le cheval étant mort, les sœurs, aidées du jardinier, en firent l'ouverture et l'une d'elles qui était armée d'une bêche, frappa sur les entrailles du cheval et découvrit ainsi la pierre qui pesait près de deux livres et était accompagnée d'autres plus petites. Mais l'auteur ignore dans quel organe elles étaient placées.

BAUDEMENT (Emile).

Naturaliste français, professeur à l'Institut agronomique, puis au Conservatoire des Arts et Métiers, 1810-1864.

Programme d'un Cours de Zootechnie, par M. Emile Baudement, Membre de la Société Philomatique, Section de Zoologie. *Paris, Imp. Martinet,* S. D. (1849.)

Broch. in-4° de 40 p.

L'auteur donne la définition et explique le but de la zootechnie. Il « précise « les points par lesquels elle touche au « domaine des Ecoles vétérinaires, des « Haras... et l'étendue de son propre « domaine ».

Le Cheval, l'Ane et le Mulet occupent une place considérable dans ce programme très complet.

Etudes expérimentales sur l'Alimentation du Bétail, par M. Emile Baudement, Professeur à l'Institut National agronomique. *Versailles, Imp. de Beau jeune,* S. D. (1851).

Broch. in-4° de 27 p.

(1) Lister (Martin), célèbre médecin et naturaliste anglais, né vers 1638, mort en 1711. Il a été médecin de la reine Anne.

Ces études s'appliquent exclusivement à l'alimentation du cheval et contiennent le compte rendu des pesées faites sur 48 chevaux du 1er Carabiniers, 60 chevaux du 1er Lanciers et 60 autres chevaux de la cavalerie de réserve, avec l'indication de la taille du cheval, de la date des pesées, du résultat définitif et du dépôt de remonte d'origine.

Société Nationale et Centrale d'Agriculture — Rapport sur le Concours d'Animaux reproducteurs ouvert par le Congrès des Agriculteurs du Nord par M. Baudement, Professeur au Conservatoire des Arts et Métiers (précédemment à l'Institut agronomique). *Paris, V*ve *Bouchard-Huzard,* S. D. (1852).

Broch. in-8º de 14 p.

Ce concours ne concernait que les races de chevaux de trait. L'auteur étudie les moyens les plus convenables pour obtenir le cheval de trait léger et rapide, de plus en plus demandé par le commerce et se déclare opposé au croisement et partisan de la sélection.

Des Concours d'animaux reproducteurs dans leurs rapports avec la production animale, par M. Emile Baudement, Professeur au Conservatoire des Arts et Métiers, Membre de la Société Centrale d'Agriculture. *Paris, Firmin-Didot frères,* S. D. (1854).

Broch. gr. in-8º de 16 p. (Extrait du *Journal d'Agriculture pratique,* Nº du 5 juin 1854.)

L'opuscule contient plusieurs passages qui concernent le cheval.

Bibliothèque de l'Agriculture publiée sous la direction de J. A. Barral — Principes de Zootechnie par Emile Baudement, Professeur au Conservatoire des Arts et Métiers, etc. Précédés d'une Introduction par Guy de Charnacé. *Paris, Ch. Delagrave,* 1869.

1 vol. in-12 de xxxvi-215 p.

Cet ouvrage a été publié après la mort de l'auteur par M. de Charnacé (voy. ce nom) qui l'a fait précéder d'une intéressante préface.

Outre les généralités applicables au cheval comme aux autres animaux, les chap. xviii, xix, xx et xxi concernent spécialement le cheval, l'âne et le mulet avec 5 fig. par L. Rouyer, représentant un cheval anglais, un percheron, un boulonnais, un arabe et un baudet du Poitou.

BAUDESSON (A.)

Académie de Reims — Observation d'un cas de Fièvre intermittente chez le Cheval, par M. A. Baudesson, Vétérinaire — Séance du 10 janvier 1851 — *Reims, P. Régnier,* 1851.

Broch. in-8º de 8 p.

Extrait des Séances et Travaux de l'Académie de Reims — Un mot sur l'état général de la Production chevaline dans l'Arrondissement de Reims, par M. Baudesson, Médecin vétérinaire. *Reims, P. Régnier.* 1852.

Broch. in-8º de 11 p.

BAUDOIN.

Desseins de Harnois pour les Selliers, Inventés par Baudoin. *A Paris, chez N. J. B. de Poilly, Rue St-Jacques à l'Espérance,* S. D.

Album in-fº de 7 pl.

Desseins de Harnois pour les Boureliers, Inventés par Baudoin. *A Paris, chez N. J. B. de Poilly, Rue St-Jacques à l'Espérance et à présent chez Daumont, Rue St-Martin, près St-Julien,* S. D.

Les harnais pour les selliers et ceux pour les bourreliers sont identiques : c'est la même édon avec un titre nouveau.

Chaque pl. représente deux chevaux recouverts de harnais et quelques pièces accessoires, fleurons, boucles, etc. Les harnais des premières pl. sont garnis de riches ornements, mais d'un goût médiocre. Les derniers sont plus simples.

Le Cte de Contades, dans son *Driving en France,* indique 1750 comme date approximative de la publication (1) et M. Henri Bouchot dans son ouvrage *Le Cabinet des Estampes de la Bibliothèque nationale* dit : vers 1770; Je crois que cette dernière indication se rapproche davantage de la réalité. En tout cas, l'indication d'un nouveau dépositaire ou libraire montre que les dessins pour les bourreliers, quoique de la même édon, ont été vendus postérieurement à ceux pour les selliers.

Il n'est pas impossible que l'auteur de ce recueil rarissime et très curieux soit

(1) Le Cte de Contades ne cite que les *Harnais pour les selliers.*

Simon René, Cte de Baudoin, Colonel d'infanterie français, né en 1723, célèbre graveur auquel on doit les belles pl. de l'*Exercice de l'Infanterie françoise*, publié en 1757.

BAUDOIN (Raoul).

Quelques réflexions sur la question des Haras. *Caen, Imp. G. Philippe*, S. D. (1861).

In-8° de 4 p. non chiffrées ; l'auteur signe à la fin Raoul Baudoin.

Il est partisan de la liberté des Haras et pense que de puissantes sociétés fondées par souscriptions peuvent remplacer l'action de l'Etat.

BAUDOT (Henri).

Archéologue français, 1799-18..

Notice sur les Vases antiques en verre représentant les Jeux et les Combats du Cirque et de l'Amphithéâtre, par Henri Baudot, Président de la Commmission des Antiquités de la Côte-d'Or, Correspondant du Ministère de l'Inst. publique et Membre de plusieurs Sociétés savantes Françaises et Étrangères. *Dijon, Lamarche; Paris, Dumoulin*, S. D. (vers 1869).

Broch. in-4° de 15 p. avec une pl. double contenant 6 fig. lith. en couleurs ; celles qui concernent les courses de chars sont dessinées par l'auteur, celles qui concernent les combats de gladiateurs sont dessinées par F. Rabut.

BAUDOUIN (Le Dr Marcellin-Edmond, dit Marcel).

Médecin et archéologue français, secrétaire général de la Société préhistorique française et des Congrès préhistoriques de France, né en 1860.

Découverte d'une Gravure de Sabot de Cheval de l'Epoque néolithique sur le rocher du Grand Chiron à l'Ile d'Yeu (Vendée) par le Dr Marcel Baudouin, Secrétaire général de la Société préhistorique de France, chargé de Missions archéologiques — Extrait du *Bulletin de la Société préhistorique de France*, séance du 27 Mai 1909 — *Paris, Bureaux de la Société préhistorique de France. Le Mans, Imp. Monnoyer*, 1909.

Broch. in-8° de 24 p. avec une pl. h. t. et 5 fig. d. l. t.

Découverte de Gravures de Sabots d'Equidés sur Rocher au Pas du Roi à Saint-Just, près Marennes (Charente-Inf^re) par A. Cousset (Etaules, Ch.-I.) membre, et le Dr M. Baudouin (Paris), Secrétaire Général, de la Société préhistorique française et des Congrès préhistoriques de France — Sixième Congrès préhistorique de France, Session de Tours 1910 — *Paris, Secrétariat général. Le Mans, Imp. Monnoyer*, 1911.

Broch. in-8° de 48 p. avec 2 pl. h. t. contenant 4 fig. et 13 fig. d. l. t.

Découverte d'une seconde Gravure de Sabot de Cheval de l'époque néolithique complétant le centre actuel du Sud de l'Ile d'Yeu (Vendée), par le Dr Marcel Baudouin (Paris). — Extrait du *Bulletin de la Société Préhistorique Française*, Séance du 23 Mai 1912. — *Le Mans, Imp. Monnoyer*, 1912.

Broch. in-8° de 12 p. avec 7 fig. d. l. t.

Le Pas de la Mule de Saint Maurice à Esse, près Confolens (Charente). Sculptures sur Rocher d'un Sabot de Cheval et de Rainures, par le le Dr Marcel Baudouin (Paris) et A. Cousset (Char.-Inf.) — Huitième Congrès Préhistorique de France, Session d'Angoulême, 1912). *Paris*, 1, *Rue des Arènes*, 1913.

Broch. in-8° de 24 p. avec 6 fig. d. l. t.

BAUDRY (Ferdinand).

Note sur un Eperon du xiie siècle, trouvé au Bernard (Vendée) par M. l'abbé Ferd. Baudry. *Poitiers, Typ. A. Dupré*, 1868.

Broch. in-8° de 7 p. av. 1 pl. contenant 3 fig. dessinées par Ballereau.

BAUDRY D'ASSON (Léon-Armand-Charles).

Eleveur et homme politique français, député de la Vendée depuis 1876. Né en 1836.

Conseil Général de la Vendée — Séance du 31 Août 1887 — Rapport sur l'Industrie chevaline en Vendée à la session d'Août 1887 par M. de Baudry d'Asson, Député, Conseiller

général. *La Roche-sur-Yon*, Vve *Eugène Ivonnet*, 1887.
Broch. in-8º de 19 p.

Rapport de la Commission d'Agriculture sur l'Industrie chevaline en Vendée, présenté par M. de Baudry d'Asson. *Paris, Imp. Lutier*, 1890.
Broch. in-8º de 16 p.

BAUM (H.); voy. ELLENBERGER (W.).

BAUME (Louis).
Mœurs sportives. Autour des courses, par Louis Baume. *Paris, Chamuel*, 1895.
1 vol. in-12 de 300 p.

BAUSIL (Paul-Marie-Antoine).
Officier de cavalerie français, né en 1872.

Paris-Rouen-Deauville (12, 13, 14 Août 1903). S. L. N. D. ni nom d'auteur. (*Paris, Silva et Leclerc*, 1904.)
Broch. in-8º de 62 p., non mise dans le commerce.

M. le lieut^ut Bausil est arrivé premier dans le raid Paris-Deauville. Sa brochure donne le détail des précautions à prendre, des soins à donner, régime, alimentation, entraînement, allures, etc., et des écueils à éviter. Voy., pour le compte rendu complet de cette épreuve, d'*Ideville*, Le Raid national..., la brochure de M. Bausil y est en grande partie reproduite.)

Paris-Rouen-Deauville. Avec une lettre de M. le Général de Division Baron Faverot de Kerbrech. Dessins par Magne de la Croix. *Paris, Silva et Leclerc*, 1904.
1 vol. pet. in-8º carré de 169 p. Couverture illustrée et lettres du Gal Faverot et du Vétérinaire Aureggio. Nombreux et jolis dessins d. l. t. et 3 pl. h. t.
Cet ouvrage traite du même sujet que la brochure précédente, mais avec des développements importants.

BEAUCHAMP (Marie-Louis-Maurice, ROBERT de).
Officier de cavalerie français, né en 1858, sous-lieut^nt en 1879, capitaine en 1890, démissionnaire en 1898.

Etude de la Cavalerie française pendant les Guerres du 1er Empire de 1800 à 1815 et Comparaison avec la Cavalerie moderne. Conférence faite à MM. les Officiers de la Garnison de Compiègne le 5 janvier 1893 et à MM. les Officiers de la Garnison de Senlis le 19 Janvier 1893 (par le) Capitaine M. de Beauchamp f. f. d'Instructeur au 9e Régiment de Cuirassiers. *Senlis, Imp. de Mme Vve Ernest Payen*, 1893.
Broch. in-8º carré de 42 p. Frontispice rappelant les affaires auxquelles le 9e Cuirassiers a pris part.
Non mis dans le commerce.

BEAUCHÊNE fils (LE DOCTEUR)
Médecin français. Commencement du XIXe siècle (1).

Considérations sur l'organisation de l'Œil et sur l'Opération de la Cataracte appliquée au traitement des Animaux domestiques présentées et soutenues à la Faculté de Médecine de Paris le 19 Janvier 1809, par M. Beauchène fils, Docteur en Médecine, Prosecteur de l'Ecole de Paris. *Paris, Imp. de Didot j^ne*, 1809.
Broch. in-4º de 19 p.
Dédicace au Cte de Fontanes, Grand-Maître de l'Université.
C'est une Thèse qui concerne exclusivement le Cheval.

BEAUCHESNE (Henri-Alcide DU BOIS DE).
Général de division français (cavalerie) né en 1836. Sous-lieutenant en 1856, colonel en 1887, général de division en 1897, passé dans le cadre de réserve en 1901.

Stratégie et Tactique cavalières, par le Général de Beauchesne. *Paris et Limoges, Henri-Charles-Lavauzelle*, S. D. (1905).
1 vol. in-8º de 103 p.

Dressage du Cheval d'Armes, par le Général de Beauchesne. *Paris et Limoges, Henri Charles-Lavauzelle*, S. D. (1905).
Broch. in-8º de 92 p.

(1) C'est *probablement* le fils de Beauchêne (Edme-Pierre Chauvot de), médecin français, 1748-1824, qui fut médecin des Ecuries de Monsieur avant la Révolution, médecin en chef de plusieurs établissements importants, sous l'Empire, puis médecin de Louis XVIII à la Restauration.

BEAUDEAN (DE) DE **PARABERE**, voy. MILITAIRE (LE) EN FRANCONIE.

BEAUDESSON (Albert-Louis). Officier de cavalerie français, né en 1861.

Le Combat à pied de la Cavalerie. Essai d'un traité pratique et complet, par L. Beaudesson, Lieutenant au 5ᵐᵉ de Hussards. *Paris et Nancy, Berger-Levrault,* 1897. Broch. gr. in-8° de VII-79 p.

BEAUGRAND (Nicolas). Maitre Maréchal à Paris, fin du XVIᵉ et commencement du XVIIᵉ siècle. On l'a aussi, dans les dernières éditions de son ouvrage, appelé Beauregard.

Le Mareschal expert traictant dv natvrel et des marqves des beaux et bons chevavx, de leurs maladies & remedes d'icelles avec vn Examen et Forme de l'Estat de Mareschal et une description de toutes les parties & ossemens du Cheval représentez en figures par feu Nicolas Beaugrand Mᵉ Mareschal a Paris. Dédié à Monseigneur le duc de Montbazon. *A Paris, de l'Imprimerie de Claude Hvlpeav, ruë Mauconseil, près l'Hostel de Bourgongne,* 1619.

1 vol. in-4° de 3 fᵗˢ non ch. pour le titre, la dédicace de Claude Hulpeau à « Très haut et très puissant Seigneur « Mᵍʳ Hercules de Rohan, dvc de Mont- « bazon, Pair et grand Veneur de Fran- « ce, etc.. » un sonnet acrostiche au même seigneur et la table, plus 57 p. de texte avec 9 pl. pour la figure des os de la teste du cheval — pour la fig. de la fourchette — pour la fig. de l'eschine — pour la fig. du coffre — 2 pour la fig. des jambes et des pieds — pour le squelette complet — pour le pourtraict du cheval au naturel — pour le pourtraict de la cavalle morte et ouverte avec son poulain. Chaque pl. est accompagnée d'une légende explicative.

Cette 1ʳᵉ édⁿ est de la plus insigne rareté. Ni la Bib. Natˡᵉ, ni les Bib. des 3 Ecoles vétérinaires, ni les nombreuses bib. publiques ou privées que j'ai visitées en province, ni la bib. Sᵗᵉ-Geneviève, ni celle de l'Arsenal ne possèdent cet ouvrage. Huzard ne l'avait pas, et je ne l'ai jamais vu annoncé dans aucun catalogue de vente depuis plus 30 ans.

Le seul exemplaire que j'aie rencontré se trouve à la Bib. Mazarine.

Même ouvrage, même titre, augmenté et enrichy de diuerses Receptes, tirees des escrits de plusieurs Escuyers, tant anciens que modernes. Dédié à Monseigneur le Duc de Montbazon. *A Paris, de l'Imp. de Claude Hulpeau, ruë de la Harpe, à l'enseigne du petit Renard,* 1622.

1 vol. pet. in-8° de 10 fᵗˢ non ch. pour le titre, la dédicace, un sonnet, le salut au lecteur, les tables et le portrait de Beaugrand, 141 p., 2 fᵗˢ non ch. pour le privilège et 7 p. chiffrees à part pour « autres receptes données à l'Imprimeur « par le sieur L. S. D. T. », avec les mêmes pl.

Même ouvrage, même édition, avec un titre nouveau au nom de *Rolin Baraigne,* 1627.

Même ouvrage, même titre, augmenté d'une seconde partie contenant plusieurs Receptes tres approuuees du Sieur de l'Espiney (1) pour toutes maladies ou accidens qui peuuent arriuer aux Cheuaux. *Paris, Anthoine Robinot,* 1628.

1 vol. pet. in-8° de   p. avec les mêmes pl.

Même ouvrage, même titre. Dédié à Mᵍʳ le Duc de Villards. *A Rouen, chez Iean Boulley, près le Palais,* 1628.

1 vol. pet. in-8° de 8 fᵗˢ pour le titre, la dédicace de Jean Boulley au Duc de Villards, le salut au lecteur, les tables et 144 p. de t. avec les mêmes fig.

Même ouvrage, même titre, augmenté et enrichy de diuerses receptes, tirées des escrits de plusieurs Escuyers, tant anciens que modernes. Dédié à Monseigneur le Duc de Montbazon. *a Paris, chez Louis Vendosmes, demeurant dans la Cour du Palais, place du Change, proche la Perle de Venise,* 1629.

1 vol. pet. in-8° de 8 fᵗˢ non ch. pour le titre, le sonnet, la dédicace, le Salut au Lecteur, le privilège et la table, 158 p. avec 10 pl. Celle ajoutée se déplie et représente un cheval dont les différentes parties sont numérotées pour corres-

(1) Voy. ce nom.

pondre à l'indication des maladies. Vignette sur le titre reproduisant le « pourtraict du cheval au naturel ».

Même ouvrage, même titre. A Lyon, de l'Imp. de Simon Rigaud, Marchand Libraire, en ruë Merciere, devant S. Antoine, 1631.

1 vol. pet. in-8° de 8 f^{ts} lim. pour le titre, la dédicace, un sonnet, le Salut au Lecteur, le portrait de Beaugrand, la table des chapitres et receptes, une 2e table des receptes, 142 p avec 9 pl., celle de la jument ouverte gravée sur cuivre.

Même ouvrage, même titre. Augmenté d'une seconde partie.... Paris, Anthoine Alazert, 1632.

1 vol. pet. in-8° de   p.

Même ouvrage, même titre. Paris, Guillaume Loyson, 1632.

Même éd^{on} que la précédente avec un titre nouveau.

Même ouvrage, même titre, augmenté et enrichy de diverses receptes.... Lyon, de l'Imp. de Simon Rigaud, rue Mercière, devant St Antoine, 1633.

1 vol. in-8° de VIII — 140 p. avec la dédicace de Claude Hulpeau. Mêmes pl.

Même ouvrage, même titre, augmenté d'une seconde partie contenant plusieurs receptes tres approuuées du Sieur de l'Espiney, Gentil-homme Perigourdin, pour toutes les maladies ou accidents qui peuvent arriuer aux cheuaux. A Paris, chez Rolin Baragne, au Palais, au second pillier de la grand Salle, 1636.

1 vol. pet. in-8° de 8 f^{ts} non ch. pour le titre, la dédicace d'Anthoine Alazert (l'éditeur de 1632) à Messire Louis Arman de Polignac, Marquis de Chalençon, le Salut au Lecteur, la table et le portrait de Beaugrand, 104 p. pour le Mareschal expert et 84 pour la seconde partie (receptes du sieur de l'Espiney) avec les mêmes pl.

Même ouvrage, même titre. A Paris, chez Nicolas Rousset, 1637.

1 vol. pet. in-8° de

Même ouvrage, même titre. A Paris, chez Antoine Robinot, sur le Pont-Neuf, deuant la Samaritaine, 1639.

1 vol. pet. in-8° de 8 f^{ts} non ch., 182 et 168 p. avec les mêmes fig.

Même ouvrage, même titre. A Lyon, Simon Rigaud, 1643.

1 vol. pet. in-8° de 5 f^{ts} non ch., 84 et 103 p. plus 2 f^{ts} non ch. à la fin.

Même ouvrage, même titre. Paris, Anthoine Robinot, sur le Pont-Neuf, devant la Samaritaine, 1646.

1 vol. pet. in-8° de 8 f^{ts} non ch., 186 p. pour la 1re partie et 168 pour la 2e qui a un titre spécial daté de 1639.

Même ouvrage, même titre, à Lyon, chez Iean-Aymé Candy, ruë du Puy pelu, à l'Enseigne du Dauphin, 1647.

1 vol. pet. in-8° de 6 f^{ts} non ch., 103 p. pour la 1re partie, 4 f^{ts} non ch. et 84 p. pour la 2e.

Même ouvrage, même titre. A Lyon, chez Jean Guillermet, 1651.

1 vol. pet. in-8° de...

Même ouvrage, même titre. Lyon, chez Claude La Rivière, 1655.

1 vol. pet. in-8° de...

Même ouvrage, même titre. A Troyes, chez Nicolas Oudot, en la ruë Notre-Dame, au Chappon d'or couronné, 1655.

1 vol. pet. in-8° de 6 f^{ts}, 103 et 84 p. Quoique la pagination soit la même que celle de l'éd^{on} de 1647, chez Candy, décrite ci-dessus, c'est une éd^{on} différente.

Même ouvrage, même titre. A Rouen, chez Remy Le Boullenger, 1656.

1 vol. pet. in-8° de 4 f^{ts} et 134 p. pour la 1re partie ; 4 f^{ts} et 118 p. pour la 2e, qui a un titre particulier daté de 1657.

Même ouvrage, même titre. A Lyon, chez Iean Huguetan, 1656.

1 vol. pet. in-8° de...

Même ouvrage, même titre. A Lyon, chez Iacques Olier, 1660.

1 vol. pet. in-8° de...

Même ouvrage, même titre. A Lyon, chez Iean Molin, Marchand libraire en la ruë Tupin, 1660.

1 vol. pet. in-8° de 6 f^{ts} et 103 p., 4 f^{ts} et 84 p.

Même ouvrage, même titre. Troyes, chez Nicolas Oudot, 1661.

1 vol. pet. in-8° de...

Même ouvrage, même titre. A Troyes et se vend à Paris chez Antoine de Rafflé, Imprimeur et Marchand Libraire, Ruë de petit-Pont, à l'Image de S. Antoine, S. D. (vers 1662).

1 vol. pet. in-8° de 4 f^{ts}, 103 et 80 p., avec les mêmes fig.

Même ouvrage, même titre. *Lyon, chez Claude La Rivière*, 1663.

1 vol. pet. in-8° de...

Même ouvrage, même titre, *Rouen, David Berthelin et Rouen, Robert Séjourné*, 1668.

1 vol. pet. in-8° de...
C'est la même éd^{on} avec un titre différent.

Même ouvrage, même titre. *Troyes, Pierre Garnier*, S. D.

1 vol. in-8° de...
Il y a 3 éd^{ons} différentes avec le titre ci-dessus.

Même ouvrage, même titre. *Troyes, Vve Jacques Oudot*, 1731-1750.

1 vol. pet. in-8° de...

Même ouvrage, même titre. *Rouen, Béhourt*, S. D.

1 vol. pet. in-8° de...

Même ouvrage, même titre. *Lons-le-Saulnier, Gauthier neveu*, S.D.

1 vol. pet. in-8° de 195 p.
Dans cette éd^{on} et les suivantes, Beaugrand est appelé Beauregard.

Même ouvrage, même titre et *même éditeur*, S. D.

1 vol. in-8° de...
Edition différente de la précédente.

Même ouvrage, même titre. *A Troyes, chez la Cit. Garnier*, S. D. (vers 1794).

1 vol. pet. in-8° de 88 et 72 p., plus la table et la dédicace.
Dans cette éd^{on}, le sonnet et l'épître au duc de Montbazon ont disparu, la lettre à l'Amy Lecteur est conservée ainsi que l'épître à Messire de Polignac, Marquis de Chalençon, mais on a fait un léger sacrifice au goût du jour en l'appelant Monsieur au lieu de Monseigneur.

Même ouvrage, même titre. *A Néac, chez P. Nipolach*, S. D. (vers 1800).

1 vol. in-16 de 68 et 60 p., sans dédicace.

Cette éd^{on} fait partie d'une série de livres populaires édités au commencement du XIXe siècle par l'éditeur *Chalopin à Caen* qui a retourné son nom et celui de sa ville sur le titre de quelques-uns de ces petits ouvrages.

Même ouvrage, même titre. *A Rouen, chez Lecrêne-Labbey, Rue de la Grosse Horloge, n° 12*, 1803.

1 vol. in-12 de 80 et 76 p.
Cette éd^{on} ne contient aucune dédicace.

Le Maréchal expert, contenant un Traité du naturel et des marques des beaux et bons Chevaux, avec la manière de connoître et guérir leurs maladies. Une instruction sur l'état du Maréchal et une description de toutes les parties du Cheval Par feu N. Beauregard, Maréchal à Paris. *Nouvelle Edition*, Revue, corrigée et augmentée de plusieurs recettes approuvées du Sieur de l'Espiney et autres. Avec figures. *A Rouen, chez Lecrêne-Labbey, rue de la Grosse Horloge n° 173*, 1811.

1 vol. in-12 de 80 et 76 p.
Comme on le voit, le titre, déjà légèrement abrégé dans l'éd^{on} précédente, l'a été sensiblement dans celle-ci.

Même ouvrage, même titre que dans les éd^{ons} précédant les deux dernières. *A Montbéliard, chez les f^{res} Deckherr*, 1815.

1 vol pet. in-8° de 191 p.

Même ouvrage, même titre que dans l'éd^{on} de 1811. *Neufchâteau, Godfroy*, 1817.

1 vol. in-12 de 142 p.
Dans cette éd^{on}, la dédicace est conservée.

Le Maréchal expert traitant du naturel et des marques des beaux et bons Chevaux et de leurs maladies et remèdes d'icelles, avec un examen et forme de l'état du Maréchal et une description de toutes les parties et ossemens du Cheval par figures. Par feu N. Beauregard Maître Maréchal à Paris. Augmenté d'une seconde partie, contenant plusieurs recettes approuvées du sieur de l'Espiney. *A Montbéliard, chez les frères Deckherr*, 1820.

Bibliogr. hippique. T. I. — 7.

1 vol. pet. in-8° de 191 p.

Je ne connais pas d'éd^on postérieure à 1820, mais il est possible qu'il en existe. En effet, une cinquantaine d'années après son apparition, le *Maréchal Expert* de Beaugrand devint un livre de colportage et fut imprimé dans toute la France. La liste ci-dessus, établie d'après les renseignements puisés dans ma bib., à la Bib. nationale, dans plusieurs bib. publiques et particulières, et dans le catalogue de la bib. Huzard, est certainement incomplète (1).

Dans les dernières éd^ons, le texte est quelquefois altéré, Beaugrand est devenu Beauregard ; Anthoine Alazert, qui signe toujours l'épître au Mis de Chalençon, est devenu Alazeri, Azazari, Azazeri, Azazart Le papier et les fig. sont de plus en plus grossiers, et dans l'éd^on de 1820, celles-ci sont presque informes.

Ce petit livre mérite qu'on s'y arrête un instant. C'est un monument d'ignorance, de barbarie, de superstition et un instructif recueil des préjugés de l'époque. Pas une ligne n'y traite de la ferrure. *L'Examen et forme de l'Estat de Mareschal, où le Maistre interroge le compagnon*, roule surtout sur la connaissance des signes du zodiaque et des planètes et du « gouvernement » qu'ils ont sur les différentes parties du cheval. On sait que c'était une importante préoccupation pour les anciens hippiâtres. C'est ainsi que « le Bélier gouverne la teste... « le Cancer l'estomach et la poitrine... « la Balance les reins et les fesses... le « Scorpion les parties honteuses... », etc. L'ouvrage se compose presque entièrement de « Receptes », et les remèdes fournis par cette polypharmacie extravagante sont dangereux ou ridicules, ne reposent pas sur la moindre connaissance de la pathologie et s'appliquent, ainsi que les opérations inutiles et barbares recommandées par Beaugrand, à des maladies dont il ne décrit même pas les symptômes.

Eh bien ! peu de livres ont eu un pareil succès. La liste ci-dessus, encore incomplète, en donne une idée. Pendant plus de deux cents ans, le *Mareschal Expert*, imprimé dans la France entière, répandu par le colportage, a été le bréviaire des maréchaux de campagne et même des villes ! En 1820, après les travaux de Bourgelat, de Lafosse surtout, il était toujours publié... peut-être l'est-il encore.

En constatant ce fait attristant, on ne peut plus s'étonner que la routine des maréchaux soit, de nos jours encore, si difficile à déraciner.

BEAULIEU (Henri-René).

Littérateur français, né en 1873.

Bibliothèque du vieux Paris — Les Théâtres du Boulevard du Crime — Cabinets galants — Cabarets — Théâtres — Cirques — Bateleurs — De Nicolet à Déjazet (1752 1862) par Henri Beaulieu. Ouvrage orné de 3 planches hors texte et d'un plan du Boulevard du Temple. *Paris, H. Daragon*, 1905.

1 vol. in-8° de 180 p. Vignette sur le titre.

Le chap. sur le Cirque, p. 101 à 111, contient une biographie de la famille Franconi, l'historique de son cirque et quelques détails sur les cirques d'Astley et de Balp. (Voy. Contades.)

BEAUMONT.

Avis sur la Maladie épizootique qui se manifeste dans les Chevaux de l'Armée du Rhin, et sur les moyens à employer pour la prévenir et la combattre avec quelque succès; par Beaumont aîné, Vétérinaire en chef de l'Armée, *Augsbourg, Roesl*, 1800.

Broch. pet. in-8° de 18 p. que je ne connais que par le Catalogue Huzard.

BEAUMONT (comtesse André de).

Histoire d'un Cirque, par Madame la Comtesse de Beaumont. *Paris, Gautier*, 1889.

1 vol. in-12 de 251 p.

Une Histoire de Cirque, par la Ctesse André de Beaumont. *Tours, Mame*, S. D. (1897).

1 vol. in-8° de 191 p. avec 1 grav. h. t et 11 d. l. t., dessinées par Lacaille.

BEAUMONT (Louis IMBOTTI DE).

Ecuyer français, mort peu avant 1679 (1). Il était élève de Bernardi, qui était lui-même élève de Solleysel (voy.

---

(1) Les édit^ons pour lesquelles la pagination n'est pas indiquée sont celles que je ne connais que par leur titre.

(1) Il y avait en 1646, à la Grande Ecurie du Roi, un maître de voltige nommé Bernardin Imboty, sans doute parent de Louis Imbotti de Beaumont.

ce nom), écuyer du Roi et qui tenait une Académie (1) à Paris.

L'Escvier françois qui enseigne a monter a Cheual et a voltiger par une methode toute particuliere jnventee par le Sr Imboti de Beaumont, tres utile et necessaire aux academiste (sic) pour leur faire comprendre par figures les exercices a monter a cheual, tour de force et de souplesse. Dediez a Monsieur Bernardi, Ecuyer du Roy presente par sa tres humble servante la veufue de Beaumont. *Et se vendent rue Daufine a la bôte de Grenoble a la premiere chambre sur le derriee* (sic) Auec privilege du Roy.

Ce titre, entièrement gravé, est signé Ladame et forme frontispice. Il est encadré de deux personnages.

Le titre imprimé qui le suit est semblable jusqu'aux mots « Ecuyer du Roy » et se termine ainsi :

... *A Paris, chez la Veuve de Beaumont, proche la Porte Dauphine, à la Botte de Grenoble & Antoine Cellier ruë de la Harpe à l'Imprimerie des Roziers, 1679.*

1 vol. in-8° de 50 f^{ts} non ch. dont 4 au commencement pour le feuillet de garde, le frontispice, le titre, la dédicace de la Vve de Beaumont à M. Bernardi, 44 pour le Traité de voltige avec 35 fig. de voltige à pleine p., par Ladame, généralement au recto des f^{ts} avec texte explicatif au verso, et 1 f^t à la fin pour l'*Avis* de la Veuve du Sieur de Beaumont et le privilège, plus 1 f^t blanc.

Les pl. représentent les exercices de voltige sur le cheval de bois, la table, au mur et avec la corde. Contrairement à l'indication du titre, il n'y a rien sur l'équitation.

L'avis final de la Vve de Beaumont annonce « qu'elle a le secret que son « deffunt mary avoit... de faire tirer « toutes sortes d'Armes à feu quatre fois « plus loin que leur portée ordinaire ». Plus modeste dans les éd^{ons} suivantes, elle se contente d'annoncer « trois fois » plus loin.

Ouvrage curieux et rarissime.

L'Escuyer François qui enseigne a monter a Cheval, a voltiger et

(1) Sur les *Académies* de cette époque, leur organisation, leurs règlements, l'enseignement qui y était donné, voy. Pluvinel, Pont-Aimery, et Duplessis, *L'Equitation en France*, p. 278 et suiv.

a bien dresser les Chevaux. La maniere de les emboucher & ferrer; l'Anatomie de leurs Veines & de leurs Os. La science de connoitre leurs Maladies, & des Remedes souverains & eprouvez pour les guerir ; Le moyen de faire & gouverner un bon Haras avec profit. Et l'Art de voltiger & combattre à Cheval. Enrichi de Figures tres-utiles, tant à la Noblesse qu'à tous ceux qui ont, ou qui gouvernent des Chevaux. Divisé en trois Livres. Dédié à Monsieur Coulon, Escuyer du Roy. *A Paris, chez l'Autheur au Fauxbourg Saint Germain, à l'entrée de la ruë de Bussy, au grand Hyver & Jean Vaugon, sur le Pont au Change, au Conclave,* 1682.

1. vol. in-8° de 6 f^{ts} non ch. pour les armoiries de M. Coulon (1), le titre, la dédicace, l'approbation, le privilège, 402 p. de texte; 6 f^{ts} pour la table, et 1 pour l'avis concernant les armes à feu ; avec 39 pl. à pleine p., mais comprises dans la pagination et contenant de nombreuses fig. sur les sujets variés annoncés au titre.

Toute cette partie est nouvelle. L'*Art de Voltiger*, qui constituait à lui seul l'éd^{on} primitive, est réimprimé à la suite, toujours sans pagination, mais il ne contient plus que 32 f^{ts} et 21 pl. au lieu de 35. Celles qui représentent la voltige sur la table, au mur et à la corde, sont supprimées. La pl. 18 manque et la pl. 17 est en double.

Même ouvrage, même titre — *Seconde Edition*, Reveu, corrigé & augmenté. *A Paris chez l'Auteur au Faux-bourg Saint Germain à l'entrée de la rue de Bussy, au grand Hyver* — Et se vend un écu — *Et Jacques le Gras, dans la grande Salle du Palais,* 1684.

Malgré les augmentations et corrections annoncées au titre, c'est le même éd^{on} avec un titre nouveau. Il est à remarquer qu'elle est intitulée 2e Edⁿ, quoiqu'elle

(1) De Coulon... avait une Académie à Paris, rue du Pot-de-fer, qu'il dirigea avec talent et succès de 1667 à 1689, date à laquelle elle fut fermée par ordre du grand Ecuyer. Il se retira alors de l'enseignement, après vingt et quelques années d'exercice, avec la réputation d'un excellent maître.... On ignore la date de sa naissance et celle de sa mort. (Duplessis, *L'Equitation en France.*)

soit la 3ᵉ pour l'*Art de Voltiger*, mais elle n'est bien que la 2ᵉ pour la partie ajoutée.

En 1685, un titre nouveau a été imprimé au nom de l'Auteur et de *Th. Guillain* (1).

Toutes ces édᵒⁿˢ sont beaucoup moins rares que la 1ʳᵉ de 1679. Le *Traité d'Equitation* remplit à peu près la moitié de l'ouvrage. On n'en connaît pas l'auteur, mais il est presque littéralement tiré de Newcastle (voy. ce nom). Le reste, embouchures, ferrure, maladies et haras, n'est qu'une compilation des Traités de l'époque. *L'Art de Voltiger* reste donc, dans cet ouvrage, la seule partie originale et nouvelle.

BEAUMONT (LE COMTE René DE).

Mémoires d'un Dolman de Chasseur à Cheval sous le premier Empire (1805-1806) par R. de Beaumont — Ouvrage orné de gravures — *Paris, J. Lefort, A. Taffin-Lefort, succʳ, Lille*, S. D. (1898).

1 vol. gr. in-8° de 156 p avec 4 pl. h. t. et 9 dessins d. l. t. Dédicace de l'auteur à sa mère.

C'est le récit humoristique des événements auxquels est mêlé un cavalier du 27ᵉ chasseurs, propriétaire du dolman qui prend la parole.

Voy. aussi *Bingley* et *Sidney*.

BEAUPRÉ (LE COMTE Jules).

Note sur deux Fers à Chevaux trouvés en Lorraine dans des gisements Hallstattiens, par le Cᵗᵉ J. Beaupré, Membre non résidant du Comité des Travaux historiques. *Le Mans, Imp. Monnoyer*, 1912.

Broch. in-8° de 11 p., avec 1 pl. contenant environ 30 fig. et 2 fig. d. l. t.

BEAUPRÉ DE LA NAURAYE (Louis-Denis-Félix-Aimé BQUIN DE).

Avocat français, vice-président de la Société protectrice des animaux. 1811-1877.

Conseils en action donnés aux Cochers et aux Charretiers et suivis d'une Conférence sur le Cheval, son histoire naturelle, ses travaux et ses souffrances, son utilité alimentaire, par M. de Beaupré, Avocat, Docteur en droit, Professeur à l'Association philotechnique, Délégué du Conseil départemental de la Seine pour l'Instruction primaire, Membre du Conseil de la Société protectrice des Animaux. *Paris, Célestin Gauguet*, 1868.

1 vol. gr. in-18 de 107 p.

Le meilleur de nos Serviteurs, le Cheval. Comment il doit être traité et gouverné. Son histoire naturelle. Ses travaux et ses souffrances. Son utilité alimentaire, par M. de Beaupré, Docteur en droit ; Officier d'Académie ; Délégué cantonal ; Vice-Président et Lauréat de la Société protectrice des Animaux — *Deuxième Edition*, avec gravures. *Paris, Auguste Ghio*, 1874.

1 vol. in-12 de 140 p.

Même ouvrage que le précédent sous un titre un peu différent, avec l'addition de quelques développements et de fig. d. l. t.

BEAUPUY (Nicolas-Michel-Pierre-Armand BACHARETTE DE).

Ancien officier de cavalerie, administrateur et homme politique français, 1752-1802. Il était en 1791 capitaine à Mestre de Camp Dragons. Il quitta alors le service, fut élu député de la Dordogne à l'Assemblée législative où il fut membre de la commission militaire. Non réélu à la Convention, il fut élu aux Anciens en l'an VII, prêta son concours au 18 Brumaire et fut nommé en l'an VIII membre du Sénat conservateur.

Rapport et Projet de Décret concernant la création de Compagnies de Volontaires Gardes-Nationaux, Chasseurs à cheval, présentés au nom du Comité militaire par Nicolas Beaupuy, Député du Département de la Dordogne, le 2 juin 1792, l'an 4 de la Liberté. Imprimés par ordre de l'Assemblée Nationale, *Imp. Nationale* (1792).

Broch. pet. in-8° de 12 p.

Les considérants du projet de décret sont très curieux : malgré la phraséologie révolutionnnaire alors inévitable — et cependant Beaupuy était un modéré — on sent que l'ancien officier de cavalerie ne se paye pas seulement de mots et sait que les belles phrases ne suffisent pas pour faire un cavalier.

---

(1) D'après le catalogue Huzard ; je n'ai pas rencontré d'exemplaires de 1685.

BEAUREGARD (Henri).
Médecin et naturaliste français, 1851-1900.

Nos Bêtes, par le Dr Henri Beauregard, assistant de la Chaire d'Anatomie comparée du Muséum. 228 fig. en couleur, 272 fig. en noir dessinées d'après nature par A. Millot. Tome I. Animaux utiles. *Paris, Armand Colin*, 1896.

1 vol. in-f° de XII-192 p.
Le cheval, l'âne et le mulet occupent les p. 8 à 19 avec 1 pl. h. t. en couleur et 15 fig. en noir d. l. t.
L'ouvrage comprend 2 vol. Le T. II, *Animaux nuisibles ou sans utilité* n'a aucun caractère hippique et n'est pas décrit ici.

BEAUREGARD (Louis-Charles-Octave, COMTE DURAND DE).
Littérateur, historien et homme politique français, 1850-1911.

Etude et Revue de l'Histoire de Napoléon III — Jadis et Maintenant ! D'après les matériaux et les documents les plus authentiques, par le Cte D. de Beauregard. *Nice. Ventre f^{res}*, 1903.

1 vol. in-8° de 325 p. avec 24 pl. dont 4 portraits.
Le chap. XXII concerne les écuries impériales, le chap. XXIII la vènerie et les chevaux de chasse.
Sur le même sujet, voy. Conegliano.

Même ouvrage, même titre. *Paris, Société des publications littéraires illustrées*, 1911.

1 vol. in-8° de 128 p., imp. sur 2 col., avec vignette sur le titre (famille impériale) et portrait de l'auteur.

BEAUREGARD (N.), voy. BEAUGRAND (Nicolas).

BEAUREGARD (Philippe D'ERAFFLON, SIEUR DE).
Gentilhomme, écuyer et hippiatre français, né vers le milieu du XVIe siècle, mort en 1613. Il étudia les sciences hippiques à Rome pendant plusieurs années, sous la direction d'un écuyer célèbre nommé Sylvestre, revint en France au moment des guerres civiles et semble avoir servi d'instructeur d'équitation et d'art militaire à de nombreux seigneurs qui y prirent part. Retiré chez lui, « tout « le monde venait le consulter sur le « manage (sic) et sur les secrets pour « entretenir, nourrir et guérir les che- « vaux ». Il laissa des écrits que son fils P. d'Erafflon de Beauregard mit au jour dans l'ouvrage décrit ci-dessous.

L'Escuyer parfait, receptes approvvees par l'Autheur, pour guarir toutes sortes de Maladies de Cheuaux, leur nature & bonté & le moyen de les dompter. Le tout recueilly des Memoires et Manuscrits du Sieur de Beauregard, le plus expert Escuyer de nostre temps. *A Paris, chez Jean Promé, en sa boutique au coin de la rue Dauphine*, 1632.

1 vol. in-16 de 4 f^{ts} non ch. pour le titre et la dédicace et 44 f^{ts} ch., le f^t 42 chiffré 24 par erreur.
Dédicace à M. du Fay, Maistre d'Hostel du Roy, gentilhomme ordinaire... etc., signée P. Derafflon, sieur de Beauregard, fils de l'Autheur, et dans laquelle j'ai puisé les renseignements biographiques donnés plus haut.
Ce petit livre ne contient que les recettes ordinaires des hippiâtres de cette époque pour les accidents ou maladies des chevaux. L'auteur a conservé leur nom italien à quelques-unes de ces maladies, probablement en souvenir de ses études à Rome, auprès du Sieur Sylvestre.
L'ouvrage est de la plus grande rareté. Je n'en ai jamais rencontré d'autre exemplaire que celui qui se trouve à la Bibliothèque de Bordeaux. Huzard ne le possédait pas.
Il ne faut pas le confondre avec le *Maréchal Ex ert* de Beaugrand dont le nom est devenu *Beauregard* dans les dernières éd^{ons} (voy. Beaugrand). Les deux ouvrages n'ont rien de commun.

BEAUREPAIRE (Charles et Joseph DE), voy. ROBILLARD DE BEAUREPAIRE.

BEAUREPERE ou BEAUREPAIRE (Samuel FOUQUET DE), voy. FOUQUET DE BEAUREPERE.

BEAUTÉS ET DÉFECTUOSITÉS DU CHEVAL, voy. INSTRUCTION POUR LES GARDES DU CORPS.

BEAUVAL (Emmanuel-Désiré-Stanislas BOUCQUEL DE).
Officier d'infanterie français, 1844-1885. Sous-lieut^{nt} en 1868, capitaine en

1876, mort en activité de service en Algérie.

L'Infanterie montée en Algérie par E. de Beauval, Capitaine breveté. *Paris, J. Dumaine,* 1882.
Broch. in-8° de 15 p.
Extrait du *Journal des Sciences Militaires* (Octobre 1882).

Armée coloniale d'Algérie — Organisation des Troupes d'allure par E. de Beauval, Capitaine breveté. *Paris, L. Baudoin,* 1883.
Broch. in-8° de 20 p.
Extrait du *Journal des Sciences Militaires* (Mai 1883).
Cette brochure fait suite à la précédente et développe la même question. Voy. aussi, sur un sujet analogue : *Infanterie (l') montée,* Geslin de Bourgogne, Conte (M.-P.-A.), Champeaux, Gruys, Renol, Hélo, Besset, Lassence, Salagnax, Maurel.

BECAN ou BECANUS (G.), voy. ENTREES DE FERDINAND....

BECKER-BEY.
Réflexions sur la Cavalerie et l'Infanterie montée, par Becker-Bey, Officier de l'Armée Egyptienne. *Le Caire, Typographie française Delbos-Demouret,* 1873.
Broch. in-8° de 34 p.
Après avoir défendu la cavalerie contre ses détracteurs, l'auteur propose la création d'une infanterie montée ; mais afin d'être certain que ses montures servfront uniquement à la transporter et qu'on ne cédera pas à la tentation de l'employer comme cavalerie, il ne veut employer que des mulets.

BECQUEREL (Alfred).
Médecin français, professeur à la faculté de médecine, 1814-1862.
Histoire d'un cas de Morve aiguë chez l'Homme, recueillie dans le Service de M. le Professeur Andral, par Alfred Becquerel. Interne à l'Hôpital de la Charité. *Paris, Imp. Félix Malteste,* S. D. (1839).
Broch. in 8° de 19 p. Extrait de la *Gazette Médicale de Paris.*
Cet opuscule a pour but de combattre, par une observation précise, l'opinion encore soutenue à cette époque par beaucoup de médecins et de vétérinaires, malgré les récents travaux de Rayer (voy. ce nom), que la morve n'était pas transmissible à l'homme.

BEDOS (Joseph).
L'Ami du Cheval ou Moyens pour bien monter à Cheval, le bien conduire, connaître son âge et le guérir des maladies accidentelles, par J^h Bedos. *Perpignan, Pourtet* An X (1801).
Broch. in-12 de 24 p.

BEDOUT (L.).
Ecrivain sportif et éleveur dans le Gers.
Notes sur la Méthode de classification créée par Bruce Lowe dans son application aux grandes Epreuves françaises, par L. Bedout. (Publiées par *Le Jockey* les 27, 28, 29, 30 et 31 Décembre 1897.) *Paris, Adolphe Legoupy,* janvier 1898.
Broch. gr. in-8° de 49 p.

BEGOUEN DE MEAUX (A.), voy. FLEMING (G.).

BEHAGUE (Amédée, COMTE DE).
Agronome français, 1803-1884.
Société impériale et centrale d'Agriculture — Des Producteurs — Note par M. de Béhague. *Paris, Imp. Mme Vve Bouchard-Huzard.* S. D. (1853).
In-8° de 4 p.
Concerne le cheval.

BEHAULT DE DORNON (Jean-l'Evangéliste-Mariano-Armand).
Archéologue belge attaché au ministère des Affaires Etrangères, né en 1853.
Le Tournoi de Mons de 1310, par Armand de Behault de Dornon, Membre effectif du Cercle Archéologique de Mons — Extrait des *Annales du Cercle Archéologique de Mons,* T. XXXVIII — *Mons, Imp. Dequesne-Masquillier,* 1909.
1 vol. in-8° de 154 p.
M. de Behault a publié en 1885, sur le même sujet : *Un Tournoi à Mons au XIVe siècle,* ouvrage que je ne connais que par son titre.

BEILLARD.
Des Chevaux — Art de les bien conduire, mener et soigner, par M. Beillard, ancien Postillon, Conducteur de Diligence (Gran'e Messagerie) et Relayeur, ancien Entrepreneur de Voitures publiques,

Maitre d'hôtel à Verneuil (Eure). *Versailles, Imp. G. Beaugrand et Dax*, 1873.
Broch. in-16 de 18 p.

Même ouvrage, même titre — *Deuxième Edition — Versailles, Imp. G. Beaugrand et Dax*, 1873.
Broch. in-16 de 36 p.

Même ouvrage, même titre — Notions indispensables à tous les Cultivateurs et Propriétaires de Chevaux, par M. Beillard... (etc., comme ci-dessus) — *Quatrième Edition — Paris, Roucoux et Perinet; Versailles, Beaugrand et Dax, et chez tous les libraires*, 1875.
Broch. in-16 de 72 p.
Petit ouvrage contenant quelques bons conseils pratiques. Je ne connais pas la 3e Ed^on.

BELET (Albert-Alfred).
Vétérinaire militaire français, né en 1874.
Conférences sur l'hygiène des animaux — L'enseignement agricole dans l'armée par A. Belet, Vétérinaire au 4e Chasseurs, Licencié en droit, Lauréat de la Faculté de droit de Nancy. *Paris et Limoges, H. Charles-Lavauzelle*, S. D. (1903).
1 vol. in 8° de 99 p.
Le cheval tient une place importante dans cette conférence.

BELEURGEY (P.-S.), voy. EXAMEN DES DIVERS MODES DE REMONTE.

BELIN (Victor).
Analyse comparative du Lait d'une Jument qui n'a pas reçu les approches de l'Etalon avec celui d'une Jument mère, par Victor Belin, Pharmacien, lue à la Société des sciences naturelles et médicales de Seine-et-Oise, le 2 mars 1852. *Versailles, Imp. de Montalant-Bougleux*, 1852.
Broch. in-8° de 8 p.
Observation singulière sur une jument vierge qui a donné jusqu'à 6 litres de lait par jour. L'auteur tire de cette étude une conclusion inattendue se rapportant à la médecine légale.

BELLA (Stefano DELLA), dit aussi LABELLE et SYLVESTRE (Israël).
Stefano della Bella, célèbre gravure florentin, 1610-1644 — Israël Sylvestre, dessinateur et graveur lorrain, 1621-1691, qui s'associa avec le précédent pour donner plus d'extension à son commerce d'estampes.

Diverses Excercices (sic) de Cavalerie Dedié A Monsieur Destissac Enfant d'honneur du Roy (1). Faict par S. D. Bella. Israël excudit cum privilegio Regis. S. L. N. D. (*Paris*, 1642.)

Recueil petit in-4° de planches gravées représentant des chevaux ou des cavaliers dans différentes attitudes D'après Larousse, il se composerait de 19 pl., mais il y en a certainement davantage, car l'exemplaire que je possède en contient 21.

BELLAMY (Pierre).
Ancien vétérinaire militaire français, 1817-1890. Entré au service à l'Ecole d'Alfort comme élève surnuméraire, en 1835; élève titulaire et engagé volontaire en 1837, diplômé en 1838, vétérinaire en 2e au 13e d'Artillerie en 1839, s'est fait remplacer en 1841, a quitté le service et s'est fixé à Rennes où il est devenu vétérinaire départemental d'Ille-et-Vilaine jusqu'en 1869.

Multiplication et amélioration des Espèces Chevaline et Bovine dans le Département d'Ille-et-Vilaine, par P. Bellamy, ex-Vétérinaire d'Artillerie, Vétérinaire du Département, Professeur à l'Ecole d'Agriculture, Membre de la Commission hippique départementale, Membre du Conseil central d'Hygiène et de Salubrité, de la Société d'Agriculture, de plusieurs Comices et de la Chambre consultative d'Agriculture. *Rennes, Imp. Ch. Catel*, 1854.
Broch. in-8° de 35 p.
Bellamy rend compte au Préfet et au Conseil général d'une tournée qu'il vient d'effectuer dans le département et expose la situation, ses défauts et les remèdes à y apporter. L'opuscule traite presque exclusivement de la race chevaline ; les 2 dernières p. seules concernent la race bovine.

(1) *Enfant d'honneur* avait à peu près la même signification que le mot : *page*.

A M. le Préfet et à Messieurs les Membres du Conseil général d'Ille et-Vilaine. *Rennes, Imp. Ch. Catel*, (1855).

In-f° de 2 p., signé à la fin : Bellamy.

L'auteur expose la situation des animaux de la ferme dans le département et annonce une prochaine tournée pour juger des besoins et se rendre compte des résultats obtenus.

Multiplication et amélioration des Espèces Chevaline, Bovine, Ovine et Porcine dans le Département d'Ille-et-Vilaine, par P. Bellamy, ex-Vétérinaire d'Artillerie..., (etc., comme ci-dessus, et en plus :) Membre correspondant de la Société impériale de Médecine vétérinaie. *Tome premier. Rennes, Ch. Catel*, 1856.

1 vol. in-8° de VII-239 p. Dédicace au Préfet et aux membres du Conseil général.

L'auteur fait connaître le nombre d'animaux que possède le département puis expose, par canton : 1° l'état des espèces chevaline, bovine, ovine et porcine ; leurs qualités et leurs défauts ; 3° les moyens d'amélioration employés ; 4° ceux dont il propose l'adoption.

Le 2° vol. qui n'a, je crois, jamais paru, ne devait, en tout cas, d'après une annonce qui se trouve au dos du T. I, rien contenir qui eût trait aux chevaux.

BELLANGER (François-Louis).

Archiviste généalogiste, né en 1857.

Les Gardes du Corps sous les anciennes Monarchies (1191-1791), par F. Bellanger. *Paris et Limoges, Henri Charles-Lavauzelle*, 1895.

Broch. in-16 de 76 p. Dédicace à M. Lucien Cochin.

Les gardes du corps appartenaient à la cavalerie.

BELLARD (Pierre).

Officier de cavalerie français, 1839-1892. Sous-lieut^nt en 1869, capitaine en 1879, retraité en 1890. 2 campagnes d'Afrique, campagne de 1870-71.

Etudes hippiques du Capitaine Bellard. Etude de l'extérieur du Cheval — Principes d'équitation — Ecole d'équitation — Dressage du Cheval — Hygiène pratique. *Constantine, Imp. Ph. Leca*, 1885.

1 vol. in-8° de XII-185-VII p. Vignette sur le titre.

Questions hippiques — Examen du Cheval — Production et élevage — Amélioration des variétés françaises — Les Remontes de l'Armée — Equitation — Dressage du Cheval de selle — Entraînement du Cheval de course — Dressage du Cheval de trait — Instruction des troupes de Cavalerie — Par le Capitaine Bellard. *Paris et Limoges, Henri Charles-Lavauzelle*, 1889.

1 vol. in-8° de 212 p. avec 1 pl. sc dépliant.

Cet ouvrage traite à peu près les mêmes matières que le précédent, mais certains chapitres ont été modifiés et d'autres ajoutés.

Questions hippiques (suite). Dressage du Cheval de selle, leçons à pied. Progression du Dressage des Chevaux de cinq ans, par le Capitaine Bellard. *Paris et Limoges, Henri Charles-Lavauzelle*, 1891.

Broch. in-32 de 29 p. complétant l'ouvrage précédent.

BELLE-FOREST (F. DE), voy. GALLO (Aug.).

BELLET (Charles).

Le Commandement des Charges de Cavalerie à Floing le 1er septembre 1870, par Charles Bellet. *Paris. Alphonse Picard et fils*, 1910.

Broch. gr. in-8° de 29 p.

BELLEVAL (Louis-René DE), MARQUIS DE BOISROBIN.

Officier de cavalerie français. Il est inutile de donner ici sa biographie qui est contenue en détail dans ses *Souvenirs*.

Souvenirs d'un Chevau-Léger de la Garde du Roi, par Louis-René de Belleval, Marquis de Bois-Robin, Mestre-de-Camp de Cavalerie, Lieutenant des Maréchaux de France pour Abbeville et le Ponthieu, Lieutenant-général au Gouvernement des Ville et Duché d'Aumale, Chevalier de Saint-Louis, publiés par René de Belleval, son arrière-petit-fils. *Paris, Aug. Aubry*, 1866.

1 vol. in-8° de VIII-323 p., avec un portrait.

Outre une partie historique et anecdotique intéressante, l'ouvrage contient de nombreux renseignements sur l'organisation, la composition, l'uniforme, l'armement, la remonte, les campagnes, etc., des Chevau-Légers et, accessoirement, sur d'autres corps de la cavalerie et sur ceux de la Maison du Roi. A signaler, parmi ces anecdotes, l'émouvant récit du licenciement des Mousquetaires en 1775, conduisant à pied leurs chevaux par la figure, déposant à terre devant eux leurs uniformes et leurs armes, abandonnant leurs chevaux et se retirant en silence les yeux remplis de larmes sans que plus d'un siècle de gloire et de bravoure ait pu sauver de la destruction leurs deux compagnies.

BELLIARD (Augustin-Daniel).
Lieutenant-général et Pair de France, 1769 1832.

Il est inutile de donner ici sa biographie ; elle est contenue dans l'ouvrage dont la description suit :

Mémoires du Comte Belliard, Lieutenant Général, Pair de France, écrits par lui-même, recueillis et mis en ordre par M. Vinet (1), l'un de ses aides de camp, Chef de Bataillon en retraite, Officier de la Légion d'honneur, Chevalier de l'Ordre des Deux-Siciles. *Paris, Berquet et Pétion*, 1842.

3 vol. in 8° de 367, 416, et 342 p.

Belliard avait débuté dans l'infanterie, mais, en 1805, il devint chef d'état-major de Murat, puis, en 1812, colonel général des cuirassiers et commandant de toute la cavalerie en 1814. C'est à ce titre que ses mémoires sont cités ici. Ils s'occupent d'ailleurs beaucoup plus de sa vie politique que de sa vie militaire.

Voy., pour d'autres biographies du Gal Belliard, Staub (P.-A.) et Derrécagaix (V.-B.).

BELLOC (A.), voy. POSTE AUX CHEVAUX.

(1) Vinet (Jean-Baptiste), officier d'infanterie français, 1791-1878. Engagé volontaire en 1809, sergent la même année, sous-lieut^t en 1812, lieutst en 1813. J'ignore quand il a été nommé capitaine et chef de bat^{on}, ni quand il a été retraité, son dossier s'arrêtant en 1815. Il avait fait les campagnes de 1809 à 1813 en Espagne et celle de 1814 à l'armée du Nord en Belgique. Le Gal Belliard, dont il était le compatriote et le proche parent, et qui lui portait un intérêt dont les traces demeurent dans son dossier, le prit pour aide de camp en 1815.

BELLOT (E.).
Maréchal-expert français. Il était le père du lieutenant de vaisseau Joseph Bellot qui périt victime de son dévouement en accompagnant en 1853 l'expédition anglaise organisée pour aller à la recherche de Sir John Franklin, et dont la mémoire fut aussi honorée en Angleterre qu'en France.

L'Econome, Manuel hygiénique de la santé des Animaux domestiques à l'usage journalier et à la portée des Propriétaires, suivi de la catégorie des Vices rédhibitoires ainsi que d'indications hygiéniques et des principes qui consistent à élever et à maintenir les bonnes races d'animaux, à les guérir et même à les préserver de maladies par E. Bellot, Maréchal-expert et Praticien vétérinaire à Rochefort (Charente-Inférieure). Recueil de trente années d'expériences. *Angoulême, Imp. A. Nadaud*, 1862.

1 vol in-8° de XI-447 p.

Les matières traitées sont disposées par ordre alphabétique, et il y a, à la fin, un article spécial sur le cheval. C'est un simple recueil de recettes et de procédés empiriques. L'ouvrage, à peine écrit en français, a pour but de permettre aux propriétaires d'animaux de se passer du vétérinaire, mais il est loin de l'atteindre et ne sort pas de la plus complète médiocrité.

BELOT (Emile).
Professeur à la Faculté des lettres de Lyon, 1829-1....

Histoire des Chevaliers Romains considérée dans ses rapports avec les différentes Constitutions de Rome, depuis le temps des Rois jusqu'au temps des Gracques, par Emile Belot, ancien élève de l'Ecole normale, professeur au Lycée de Versailles. *Paris, A. Durand*, 1866.

Histoire des Chevaliers Romains considérée dans ses rapports avec les différentes Constitutions de Rome, depuis le temps des Gracques jusqu'à la division de l'Empire Romain, par Emile Belot, Professeur d'Histoire au Lycée Corneille, délégué à la Faculté des Lettres de Lyon. *Paris, Durand et Pedone-Lauriel*, 1873.

2 vol. in-8° de xxiv-432 et 434 p. avec une carte et 2 tableaux se dépliant au 1er ouvrage.

Ces deux volumes forment les T. I et II du même ouvrage, sans qu'il y ait d'indication de tomaison.

Savante étude qui comprend de nombreux et intéressants détails sur la cavalerie romaine.

Voy., sur le même sujet, Gomont (H.).

BENARD (N.-A.).

Mémoire sur la Maladie qui a régné sur les Chevaux, en 1826, dans quelques Communes du Canton de Desvres, Arrondissement de Boulogne-sur-Mer, par M. Bénard, Vétérinaire à Boulogne-sur-Mer, Membre honoraire de la Société d'Agriculture de la même Ville. *Paris, Imp. de Me Vve Delaguette*, S. D. (1826).

Broch. in-8° de 20 p.

C'est une coupure, probablement du *Bulletin* de la Société d'Agriculture de Boulogne, dont on a conservé la pagination, p. 529 à 546, et pour laquelle on a imprimé un titre particulier.

Il s'agit d'une maladie infectieuse que Bénard ne peut déterminer et qui a entraîné la mort d'une trentaine de juments, presque toutes saillies par le même étalon. Il ne s'agit cependant pas de la dourine.

Essai sur l'Hygiène du Cheval, de la Vache et du Mouton ou Instructions sur les moyens de maintenir ces Animaux en santé et de les préserver des maladies par les règles du Régime ; par N.-A. Bénard, Vétérinaire. Membre honoraire de la Société d'Agriculture, du Commerce et des Arts de Boulogne-sur-Mer. Ouvrage qui a été couronné par la Société royale et centrale d'agriculture. *Boulogne, Le Roy-Berger*, 1828.

1 vol. in-8° de 110 p.

L'auteur traite de toutes les parties de l'hygiène : habitations, alimentation, travail, harnachement, soins aux mères et aux nouveaux-nés, etc , particulièrement en ce qui concerne le cheval.

BENCRAFT.

Brevet d'invention — Système Bencraft, pour atteler et seller les Chevaux. *Paris, au Bureau du Journal des Chasseurs*, 1846.

Broch. in-8° de 4 p. avec 3 fig. Extrait du *Journal des Chasseurs* de juin 1846.

Le commencement de l'article est signé du Bon de Curnieu. La suite et les figures sont d'un autre rédacteur du journal.

Le système Bencraft, bien oublié maintenant, mais qui eut un moment de succès, consistait à fixer le trait aux attelles par deux points d'attache différents, de sorte que le trait formait une fourche dans sa partie antérieure.

BEND OR.

Les Courses et la Société hippique d'Alger, par Bend Or. *Alger, Jourdan*, 1881.

Broch. in-8° de 28 p.

BENION (Adolphe).

Vétérinaire et propriétaire agriculteur français, 1833-1880.

Extrait du Journal d'Agriculture pratique — De l'Hydrothérapie appliquée aux Maladies externes des Animaux par A. Bénion, Médecin vétérinaire, membre titulaire de la Société de médecine d'Angers, de la Société impériale d'agriculture, sciences et arts de la même ville, de la Société vétérinaire de l'Ouest, des Sociétés protectrices des animaux de Paris et de Lyon, vétérinaire de la Société des courses d'Angers, auteur des *Races canines*, ouvrage récompensé par les Sociétés protectrices de Bruxelles et de Paris, etc., etc. *Paris, Librairie agricole de la Maison Rustique*, 1869.

Broch. in-4° de 8 p. à 2 col.

Concerne en grande partie le cheval.

Traité des Maladies du Cheval. Notions usuelles de pharmacie et de chirurgie vétérinaires ; description des Maladies. Par A. Bénion, Médecin Vétérinaire et Propriétaire agriculteur. *Paris, Librairie agricole de la Maison Rustique*, 1877.

1 vol. in-18 de xii-3 5 p. avec 25 gravures.

Même ouvrage, même titre, 2e édition, 1882.

Même ouvrage, même titre, 3e édition, 1888.

Même ouvrage, même titre, 4e édition, 1894.

1 vol. in-18 de VIII-325 p.
Cette 4° éd°ⁿ, la dernière à ce jour (1907), est semblable aux précédentes, et l'on y a même reproduit, au chapitre *Jurisprudence vétérinaire* qui termine l'ouvrage, la loi de 1838 sur les vices rédhibitoires, sans mentionner celle de 1884 qui modifie profondément la première et qui cependant a été promulguée entre la publication de la 2ᵉ éd°ⁿ et celle de la 3ᵉ de l'ouvrage de Bénion.

Rapports sur l'Exposition universelle de 1878 — XXI Agriculture — Les Animaux domestiques — Race bovine — Espèce ovine — Race porcine — Animaux de basse-cour — Les Léporides — Les Chiens — Espèce chevaline — Par MM. Bénion et le Marquis de Bonald, Propriétaires Agriculteurs — Extrait des Etudes sur l'Exposition publiées par M. E. Lacroix, Chevalier de la Légion d'honneur, Ingénieur civil, Membre de l'Institut royal des Ingénieurs de Hollande, de la Société industrielle de Mulhouse, etc *Paris, Eugène Lacroix*, S. D. (1879).
1 vol. in-8°. C'est une coupure, pour laquelle on a imprimé un titre particulier et une couverture, de l'ouvrage de E. Lacroix signalé au titre, de la p. 301 à la p. 538, avec 48 fig. d. l. t. et 2 pl. h. t.
L'article concernant le cheval est signé par Bénion et occupe les p. 501 à 537 avec 1 fig. d. l. t. représentant « Drouze, étalon de p. s. arabe appartenant au grand duc Nicolas ».
Cet article contient la division des 6 espèces du genre Cheval, la description des 4 types spécifiques principaux du cheval domestique, des détails sur les animaux exposés, sur l'élevage en France et à l'étranger, sur les courses, etc.
Bénion est aussi l'auteur de plusieurs ouvrages sur le porc, la chèvre, le chien, les oiseaux de basse-cour et d'agrément, etc.

BENJAMIN (Henri-Marie).
Vétérinaire français, fils du suivant.
Né en 1850, diplômé d'Alfort en 1872.
De la Polyurie du Cheval, 1885.
En collaboration avec Albert Robin.
Voy. Robin (Albert).

Société de Médecine pratique de Paris — Des progrès de la Médecine vétérinaire par M. Henri Benjamin, Rapporteur de la Section de Médecine vétérinaire. *Clermont (Oise), Imp. Daix fʳᵉˢ*, 1889.
Broch. in-8° de 28 p.
Dans cette revue, l'auteur examine particulièrement les progrès accomplis dans le traitement des maladies des chevaux.

BENJAMIN (Louis-Auguste).
Vétérinaire français, 1816-1880. Elève d'Alfort en 1833, engagé volontaire en 1835, breveté vétérinaire en 1837, vétérinaire surnuméraire au 4ᵉ hussards, puis vétérinaire en 2ᵉ aux spahis d'Oran en 1838. Libéré du service en 1843, il s'établit à Paris.

Traité abrégé des connaissances extérieures du Cheval, ou moyens de reconnaître l'aptitude des Chevaux aux différents services, renfermant la description de toutes les parties externes du Cheval, l'étude des dents et des moyens de reconnaître l'âge, la description des vices rédhibitoires et l'application de la Loi eu égard à ces mêmes vices, les ruses employées par les maquignons, l'examen du Cheval en vente et les premiers soins à donner à certaines maladies faciles à reconnaitre ; par Benjamin, Médecin-Vétérinaire à Paris, ex-Vétérinaire de l'Armée d'Afrique, Membre titulaire et Lauréat de la Société Impériale et centrale de Médecine vétérinaire, auteur de plusieurs mémoires et observations pratiques sur la Médecine et la Chirurgie Vétérinaires. Avec figures. *Paris, l'Auteur et Vᵛᵉ Comon*, 1854.
1 vol in-12 de 264 p., avec 3 pl. se dépliant, les 2 premières pour l'âge et la 3ᵉ pour l'œil.

Considérations générales sur l'emploi du Cheval hongre affecté aux transports rapides et aux Services publics des grandes villes ; par M. Benjamin, Médecin-vétérinaire à Paris, Membre de la Société Impériale et centrale de médecine vétérinaire. *Paris, Renou et Maulde*, 1864.
Broch. in-8° de 35 p. dans laquelle l'auteur cherche à démontrer les avantages de l'emploi du cheval hongre.

Quelques considérations sur la Maréchalerie rationnelle — Ferrure améliorée facilitant la marche des chevaux et mise à la portée de tous les ouvriers maréchaux par sa simplicité et sa facilité d'application ; par M. Benjamin, Médecin-vétérinaire à Paris, Membre de la Société Impériale et centrale de Médecine vétérinaire. — Communication faite à la Société Impériale et centrale de Médecine vétérinaire dans sa séance du 8 février 1866. *Paris, Renou et Maulde*, 1866.

Broch. in-8° de 16 p.

C'est une critique raisonnée de la ferrure Charlier. L'auteur, pour la remplacer, propose un fer d'épaisseur égale dans toute son étendue, mais dont la plus grande largeur, en pince, n'est que de 2 centimètres et diminue jusqu'à 1/2 centimètre à l'extrémité des branches.

Société Impériale et centrale de Médecine vétérinaire, Séance ordinaire du 10 décembre 1808 — Rapport de la commission chargée de suivre les expériences faites à la Compagnie générale des Omnibus de Paris sur l'application de la Ferrure périplantaire. *Paris, Typ. Renou et Maulde*, 1869.

Broch. in-8° de 24 p., signée à la fin : le Rapporteur, Benjamin.

Les investigations de la commission ont porté sur de très nombreux chevaux de la Comp^{ie} des Omnibus dont Signol (voy. ce nom) était alors vétérinaire et où il avait fait adopter la ferrure Charlier (voy. ce nom) légèrement modifiée, ainsi que sur des chevaux de la Comp^{ie} des Ch. de fer de l'Ouest.

Le rapporteur conclut en disant que tout a été dit et écrit pour et contre la ferrure périplantaire, et qu'il faut maintenant laisser au public consommateur et intéressé le soin de discerner si, après un certain temps de son emploi, les inconvénients de cette ferrure ne l'emportent pas sur ses avantages.

BENKENDORFF (Constantin DE).

Général russe, a commandé une brigade de cosaques en 1812, 1813 et 1814. En 1827, il fit la guerre contre les Persans et mourut en 1828 devant Schumla.

Des Cosaques et de leur utilité à la guerre. Mémoire rédigé et présenté à S. M. l'Empereur de Russie, en 1816, par le Général C. de Benkendorff. Traduit de l'Allemand. *Paris, Anselin*, 1831.

Broch. in-8° de VIII-67 p.

Opuscule rare et intéressant. Les mœurs, le caractère, la manière de combattre, les qualités et les défauts de ces remarquables cavaliers y sont étudiés par un homme qui les connaissait bien.

Voy., sur le même sujet, *Niessel*.

BENOIST (Arthur-Marie-Paul DE).

Général de brigade français (cav^{ie}), né en 1844, sous-lieutenant en 1865, général de brig. en 1895, passé au cadre de réserve en 1906.

Passage des Cours d'eau par la Cavalerie, par le Général Paul de Benoist, commandant la 20e Brigade de Cavalerie. *Paris, R. Chapelot*, 1899.

1 vol. in-12 de 114 p. avec 4 fig. d. l. t.

Le Pigeon voyageur dans le Service d'exploration par le Général Paul de Benoist, commandant..., etc., avec 12 figures dans le texte. *Paris, R. Chapelot*, 1900.

1 vol. in-12 de 140 p.

BENOIST (Charles-Marie-Jules DE).

Général de division français (cavalerie). 1842-1903. Sous-lieutenant en 1861, colonel en 1888, général de division en 1898, mort en activité de service Campagne de 1870-71 contre l'Allemagne.

Procédés d'instruction employés par le Général Jules de Benoist au 28e Dragons (1887-1889), au 22e Lanciers (1889-1893) et à la 7e Brigade de Dragons-Lanciers (1893-1894) pour mettre les pelotons à même : 1° de suivre leur chef à toutes les allures et à travers tous les terrains ; 2° d'exécuter en ordre, au galop allongé, les manœuvres préparatoires à la charge ; 3° de charger et de combattre. *Paris et Nancy, Berger-Levrault*, 1898.

1 vol. in-12 de 136 p., avec quelques fig. d. l. t.

Procédés d'instruction employés par le Général Jules de Benoist au 28e Dragons (1887-1889), au 22e Lanciers (1889-1893) et à la 7e Brigade de Dragons-Lanciers (1893-1894) pour mettre les escadrons à même :

1° de suivre leur chef à toutes les allures et à travers tous les terrains ; 2° d'exécuter en ordre, au galop allongé, les manœuvres préparatoires à la charge ; 3° de charger et de combattre. *Paris et Nancy, Berger-Levrault,* 1898.

1 vol. in-12 de 174 p., avec quelques fig. d. l. t.

Dressage et conduite du cheval de guerre, par le Général Jules de Benoist, avec 34 figures dans le texte. *Paris et Nancy, Berger-Levrault,* 1899.

1 vol. in-8° de 200 p.

BENOIT (Arthur).

Historien et archéologue lorrain, 1828-1897. En 1848, il s'était engagé dans un régiment d'infanterie. Il y devint sous-officier et fit ainsi le siège de Rome où il demeura quatre ans et où il prit le goût des études historiques. Ses nombreux travaux concernent l'histoire et les antiquités lorraines et alsaciennes. Il était membre de l'Académie de Metz, de la Société d'Archéologie lorraine, de la Société d'Emulation des Vosges, etc.

Les Gendarmes Rouges à Lunéville, 1768-1788, par Arth. Benoit. *Lunéville, Imp. Majorelle,* Mai 1868.

Broch. in-8° de 78 p. avec une lith. coloriée représentant un gendarme rouge.

Liste des Gardes d'Honneur du Département du Bas-Rhin, par Arthur Benoit. *Mulhouse, Imp. Bader,* 1869.

Broch. in-8° de 28 p.

Les Gendarmes Rouges à Lunéville, par Arth. Benoit. *Lunéville, A. Quentin,* 1892.

Broch. in-8° de 66 p.

BENOIT (Jehan).

Equitation — Manuel élémentaire à l'usage du Cavalier, par Jehan Benoît. *Paris, L. Baudoin,* 1893.

Broch. in-18 de vi-64 p.

BENOIT (LE PÈRE), Pseudonyme ?

Guide des Propriétaires, Cultivateurs et Maquignons pour la connaissance du Cheval, comprenant l'étude des diverses parties du corps de cet animal, les moyens de reconnaître son Age, ses Qualités, ses Défauts et ses Aplombs, suivi de la loi du 20 Mai 1838 sur les Vices rédhibitoires et des Règlements relatifs aux Maladies contagieuses, par le Père Benoît. *Lyon, Imp. Jevain et Bourgeon,* S. D. (vers 1871).

Broch. in-16 de 31 p. avec 10 fig. d. l. t. pour l'extérieur, l'âge et les aplombs.

Petit Manuel à l'usage des Cultivateurs et Eleveurs de Bétail indiquant les signes auxquels on reconnaît les Maladies des Animaux et les meilleurs moyens de les guérir. Ce livre donne les notions les plus justes sur les principales Maladies, notamment la Morve des Chevaux, la Fièvre aphteuse ou Cocotte des Vaches, la Rage du Chien, etc., etc. Par le Père Benoît. *Lyon, Imp. Jevain et Bourgeon,* S. D. (vers 1871).

Broch. in-16 de 32 p.

Petits ouvrages populaires et de vulgarisation. Le même auteur en a publié d'autres du même genre sur divers sujets agricoles non hippiques.

BEQUET (Léon), voy. BROSSARD-MARSILLAC (Louis).

BERGASSE DE LAZIROULES (G.).

Du Cheval de montagne — Quelques idées sur la production, l'élève et le perfectionnement de cette race, par G. Bergasse de Laziroules, Propriétaire-Eleveur à Saurat (Ariège). *Paris, G. Laguionie et au Bureau du Journal des Haras,* 1843.

Broch. in-8° de 30 p. Extrait du *Journal des Haras.*

L'auteur demande, pour l'élevage de son pays, l'emploi exclusif de l'étalon oriental.

BERGEAUD DE VERNEUIL (Louis-Nicolas-Anatole).

Vétérinaire français né en 1846.

Causeries d'un Homme de Cheval, par M. Bergeaud de Verneuil. Tome I. *Paris, Asselin,* 1874.

1 vol. in-8° de 150 p. Ce tome I est le seul paru, du moins à ma connaissance.

BERGER (Etienne).

Vétérinaire militaire français, 1805-18... Diplômé d'Alfort en 1827, vétérinaire en 1er en 1838, retraité (?) vers 1858.

Hygiène vétérinaire militaire. Extrait de l'*Argus des Haras* du 15 Déc. 1843. *Paris, Pierre Baudoin.*

Broch. in-8° de 34 p. signée et datée à la fin : Rennes, le 25 Octobre 1843, B rger, Vétérinaire en 1ᵉʳ au 13ᵉ d'artillerie.

L'auteur émet cette opinion singulière que la ration est suffisante et le travail du cheval de troupe insuffisant. Il donne d'ailleurs de bons conseils pour acclimater le cheval, former son tempérament et le préparer au travail.

BERGER (Henri), voy. PROST-LACUZON.

BERGER dit PERRIÈRE (Jean-Auguste).

Vétérinaire militaire français, 1780-1857. Diplômé d'Alfort en 1808, il fut nommé en 1809 vétérinaire en 1ᵉʳ au 27ᵉ Dragons ; en 1813, au 1ᵉʳ Régᵗ de Gardes d'honneur ; en 1814, aux Gardes du Corps, compˡᵉ Ecossaise ; en 1815, à la compˡᵉ d Havré, laquelle devint compˡᵉ de Croï en 1825. Licencié en 1830, il reprit du service en 1839 aux 4ᵉ et 5ᵉ escᵘⁿˢ des Parcs d'artillerie, devint membre de la Commission d'hygiène hippique en 1848 et fut retraité en 1852. Il avait été répétiteur à Alfort et avait fait les campagnes de 1810, 11 et 12 en Espagne, 1813 en Allemagne et 1814 en France.

Mémoire sur la Maladie naviculaire et la Névrotomie, par Berger, Vétérinaire aux Gardes du Corps du Roi. S. L. N. D. (1828).

Broch. in-8° de 20 p. avec 1 pl. se dépliant. (Extrait du *Journal pratique de Médecine vétérinaire*, publié par M. Dupuy.)

Instruction élémentaire pour les Eleveurs de Chevaux, par Berger-Perrière, ancien Médecin Vétérinaire (1). *Versailles, Marlin,* 1837.

Broch. in 8° de 15 p.

Mémoire sur une Maladie cutanée contagieuse qui a régné Epizootiquement sur un grand nombre de Chevaux dans plusieurs Régiments de Cavalerie et d'Artillerie, en 1842. *Versailles,* le 15 novembre 1842. *Imp. autogr. de Locard-Davi.*

---

(1) *Ancien* vétérinaire : il était alors licencié et reprit du service plus tard.

C'est le titre de la couverture. En tête du texte, se trouve le titre suivant :

Mémoire sur une Maladie cutanée contagieuse qui a régné pendant plusieurs mois de l'année 1842 sur un grand nombre de Chevaux de troupe, particulièrement dans l'Est de la France, par Berger-Perrière, ancien Vétérinaire militaire, ex-Professeur à l'Institut agronomique de Grignon, Membre de plusieurs Sociétés scientifiques, &ca.

Broch. in-4° de 21 p. (autographiée)

C'est le compte rendu d'une inspection dont il avait été chargé par le Ministre dans différents corps de cavalerie et d'artillerie à Huningue, à Sᵗ-Louis, à Belfort, à Thionville, à Metz et à Sᵗ-Avold. Il considère la maladie comme une sorte de gale distincte de la gale ordinaire et en étudie les causes et les moyens préservatifs et curatifs.

Notice sur une Maladie qui survient à la Fourchette des pieds des Chevaux et autres Solipèdes domestiques, et qui est occasionnée par les Chaumes et autres corps étrangers, par M. Berger-Perrière, Médecin Vétérinaire, Membre de la Société d'Agriculture de Seine-et-Oise. *Versailles, Imp. de Marlin,* S. D.

Broch. in-8° de 7 p.

Berger Perrière est aussi l'auteur des nombreuses notes et observati ns qui accompagnent la traduction française de Goodwin (voy. ce nom). *Guide du Vétérinaire et du Maréchal,* due à deux Gardes du Corps de la compˡᵉ de Croï qui se sont naturellement adressés au vétérinaire de leur compagnie pour annoter leur travail.

BERGERAT (Auguste Emile).

Poète et critique d'art français, né en 1845.

Les Cuirassiers de Reichshoffen, par Emile Bergerat. *Paris, Alphonse Lemerre,* 1871.

Broch. in-12 de 14 p. Dédicace à C. Coquelin.

Ce petit poème fait partie d'un recueil de plusieurs pièces du même auteur réunies sous le titre de *Poèmes de la Guerre* et a été dit par Coquelin, à la Comédie française, le 25 Oct. 1870.

BERGERET de FROUVILLE (Antoine-Salomon).

Officier de cavalerie français, né vers 1753. Il avait été nommé cadet gentilhomme avec rang de sous-lieut[t] sans appointements en 1772 à Royal-Lorraine Cavalerie, mais il ne semble avoir fait qu'un très court séjour à ce régiment, si même il y a jamais paru. D'après une note du contrôle des officiers de Royal-Lorraine, il aurait écrit, le 20 janvier 1785, à M. le Mis de Pusigneu qu'il avait été passé dans la nomination des sous-lieut[ts] de remplacement le 5 sept. 1784, et de ne point le proposer à l'avenir, n'ayant pas joint depuis longtemps. En 1791, il était sous-lieut[t] aux Dragons coloniaux de la Guadeloupe ; en 1793, Capitaine d'Armes sur le vaiss au Le Vengeur, et Garde de la Porte du Roi en 1815. Il avait reçu 3 coups de feu, mais son dossier ne fait pas connaître à quelles affaires il a été blessé.

Equitation Militaire ou manière de dresser les Chevaux et d'apprendre aux Cavaliers à les monter, à l'usage de la Cavalerie & des Amateurs ; traduit de l'anglois par M. Bergeret de Frouville. Officier au Régiment Royal-Lorraine Cavalerie. *A Londres et à Paris, chez la Veuve Duchesne, Libraire, rue Saint-Jacques, au Temple du Goût,* 1784.

1 vol. in-8º de VIII-127 p. avec 16 pl. au trait représentant certains procédés de dressage, le travail à la longe, le saut des obstacles en hauteur et en largeur, une figure de mors identique à notre mors anglais actuel et les licols d'écurie décrits à la p. 112. La pl. des fers et des pieds, signalée à la p. 95 de l'ouvrage, et qui aurait dû être la pl. 16, manque (1). Les 9 premières sont signées : de Frouville fecit.

L'original anglais est de lord Pembroke, excellent écuyer et ami personnel de Bourgelat (2). Il parut sous le titre suivant :

Military Equitation, or a method of breaking horses, and teaching soldiers to ride, designed for the use of the army, by Henry, earl of Pembroke. *London,* 1761.

1 vol. pet. in-8º de 112 p. et 12 pour le titre, l'épître dédicatoire et la table, avec 2 pl.

Il y a eu une traduction allemande. *Frankfurt,* 1768, in-8º, 78 p., et une italienne, *Naples,* 1768, in-4º.

En 1778 parut une 3e éd[on] anglaise pet. in-4º, 140 p. et 8 pour le titre, l'épître, &a, avec 17 pl. au trait.

C'est cette 3e éd[on] qui a servi à Bergeret de Frouville pour sa traduction dans laquelle, d'ailleurs, il ne nomme même pas Pembroke. Celui-ci avait ajouté, dans cette 3e éd[on], un chapitre sur le trot, qui ne se trouve pas dans la 1re et qui est littéralement copié dans la traduction anglaise du *Nouveau Newcastle* de Bourgelat. Bergeret l'a innocemment traduit — fort mal d'ailleurs — sans songer qu'il eût été plus simple de le reproduire d'après l'original français dont il ne pouvait cependant ignorer l'existence, puisque Pembroke, en tête de ce chapitre, en indique la provenance.

Les préceptes de Pembroke, en ce qui concerne la ferrure, contiennent d'excellents passages, notamment celui où il recommande (p. 91) la conservation de la fourchette et indique la manière de parer les pieds à talons hauts.

Dans son avertissement, Bergeret de Frouville annonce qu'il fera paraître un autre ouvrage beaucoup plus complet sur l'équitation et l'hippiatrique, mais il n'est pas à ma connaissance que ce projet ait jamais été mis à exécution.

BERGERON (Adolphe-Casimir-Marie).

Vétérinaire militaire belge, professeur à l'Ecole de cavalerie d'Ypres, né en 1856.

Guide théorique et pratique de Maréchalerie à l'usage des maréchaux et élèves-maréchaux-ferrants ; par Ad. Bergeron, Professeur à l'Ecole d'équitation à Ypres. *Ypres, Derveerdt,* 1889.

1 vol. in-12 de 258 p., avec 3 pl. renfermant 151 gravures.

BERGGRUEN (Oscar).

Cortège historique de la Ville de Vienne le 27 Avril 1879, par Oscar Berggruen.

C'est le fx titre. Le titre, rouge et noir, ne mentionne pas le nom de l'auteur.

27 Avril 1879 — Cortège historique de la Ville de Vienne à l'occa-

---

(1) *L'Almanach vétérinaire* de 1792 (v. *Almanachs*), dans sa bibliographie des ouvrages hippiques récemment publiés, indique à tort qu'il manque 2 pl.

(2) M. de Münchaussen, dans son *Père de famille,* prétend que Pembroke n'a fait que mettre son nom à cet ouvrage et qu'il est plutôt dû à son habile écuyer Angelo (auteur d'un célèbre ouvrage sur l'escrime), mais il n'appuie sur aucune preuve cette opinion qui semble inexacte.

sion des noces d'argent de Leurs Majestés François-Joseph Ier et Elisabeth. *Paris, A. Quantin*, S. D. (1882).

1 vol. gr. in-f° de 22 f^ts non ch. pour les titres, la dédicace de la Ville de Vienne aux Souverains, l'avant propos, un article sur Vienne ancienne et moderne, un autre sur les préparatifs de la fête, une note sur les dispositions artistiques, la description sommaire du cortège, une pièce de vers (trad^on f^se en prose), la nomenclature explicative de chaque groupe, une note sur la publication de l'ouvrage et le tableau des artistes d'après les dessins desquels les pl. ont été exécutées. Toutes ces pièces sont entourées de personnages, d'ornements variés, de lettres ornées, de culs-de lampe, etc.

L'illustration se divise en deux parties : la 1re comprend le frontispice, une vue de Vienne en 1854 (entrée de l'Impératrice), une autre en 1879 deux adresses de la municipalité en allemand, la médaille de l'Empereur et de l'Impératrice, le revers de la même, les détails du pavillon impérial, la place de la fête et la formation des groupes au Prater, soit 10 pl. h. t., mais intercalées entre les f^ts du texte, plus 7 grands dessins d. l. t., parmi lesquels le portrait du célèbre peintre Makart (1), le principal organisateur de cette fête mémorable.

La 2e partie de l'illustration se compose des 36 pl en long représentant les différents groupes et cortèges de la cavalcade, parmi lesquels de nombreux cavaliers et chars attelés.

Les pl., en héliogravure, sont dessinées par des artistes de talent.

Bel ouvrage, tiré à 550 exemplaires, mais qui se rencontre assez facilement. Toutefois les pl. ne sont pas toujours au complet, et c'est pourquoi j'en ai donné le détail.

L'éd^on originale allemande comprend de beaux exemplaires avec les pl. en couleurs.

BERGIER.
Principes d'Equitation, par Bergier. *Londres, Cox*, 1803.
Broch. in-12 de 36 p. avec 2 fig., que je ne connais que par le catalogue Huzard (1).

BERGMANN (Frédéric-Guillaume).
Philologue français, né et mort à Strasbourg, 1812-1887.

Les Amazones dans l'Histoire et dans la Fable, par F. G. Bergmann, Professeur de Littérature étrangère à la Faculté des Lettres de Strasbourg. *Colmar, Imp. de Mme veuve Decker*, S. D. (1853).
Broch. in-8° de 30 p. Dédicace à M. B. Guérard, membre de l'Institut.

J'ai cité cet opuscule à cause de son titre, mais c'est surtout une discussion historique et archéologique dans laquelle les Amazones sont bien envisagées comme peuplade guerrière mais non comme peuplade cavalière.

BERGOUNIOUX (Jean-Ferdinand).
Médecin militaire français, né en 1849, médecin principal en 1903, retraité en 1907.

La fête du 15e Dragons — Anniversaire de Rezonville. *Libourne, G. Maleville*, 1892.
Broch. in-8° de 52 p. Vignette sur la couverture et sur le titre. Dédicace signée par l'auteur, qui était alors médecin-major au 15e Dragons, au 15e Dragons et au Colonel de Vitré.

C'est un petit historique du 15e Dragons, en vers.

BERJEAU (Ph.-Charles).
Peintre animalier anglais.

The Horses of Antiquity, Middle Ages, and Renaissance from the Earliest Monuments down to the XVIth. Century, by Ph. Charles Berjeau. *London, Dulau & C°*, 1864.
1 vol. in-4° de 20 p. de texte et 60 pl. représentant des chevaux d'après des bas-reliefs, peintures, gravures, depuis l'antiquité égyptienne et assyrienne jusqu'au XVIe siècle. Vignette sur le titre et

---

(1) Makart (Hans), peintre autrichien, 1840-1884. Après un court séjour à l'Académie de Vienne, il entra à Munich dans l'atelier de Piloty. Après quelques succès, il exposa à Paris en 1867, voyagea ensuite en Egypte, en Belgique et en Espagne, puis s'établit à Vienne d'où sa réputation s'étendit dans le monde entier « et où il mena un train princier ».

(1) Ce petit ouvrage rarissime avait été acheté à la vente de la Bib. Huzard par le Cte de Lancosme-Brèves dont la Bib. a été acquise en 1905 par un libraire parisien. J'ai eu cet exemplaire entre les mains chez le propriétaire de la Bib. du Cte de Lancosme-Brèves et j'ai fait mettre de côté par le libraire acquéreur, mais il a disparu dans le transport et toutes nos recherches pour le retrouver ont été vaines.

sur la couverture. Dédicace de l'auteur à Charles-George Phillips.
Le titre et le texte sont en anglais, mais l'explication des pl. est en anglais et en français.

BERNARD (Antoine).
Vétérinaire français, 1796-1848. Fut longtemps professeur aux Ecoles Vétérinaires de Lyon et de Toulouse puis directeur de cette dernière. Il était membre de l'Académie des sciences et d'agriculture de Mâcon. Il fut le fondateur du *Journal des Vétérinaires du Midi* dans lequel il a publié de nombreux articles sur les sujets les plus variés.

Guide des Vendeurs et Acheteurs d'animaux domestiques, ou Instruction simple sur les cas rédhibitoires suivant la nouvelle Loi du 20 mai 1838, contenant : 1° La Loi et le Résumé de ses motifs, 2° une Description succincte de chaque vice réputé rédhibitoire, 3° la manière de procéder pour faire valoir ses droits dans les cas prévus par la Loi — par M. Bernard, Professeur de médecine légale à l'Ecole vétérinaire de Toulouse, Membre correspondant de la Société d'Agriculture de Paris, etc. *Toulouse, Imp. J. M. Corne*, 1838.
1 vol. in-12 de VI-108 p.
Le *Guide* de Bernard est un des premiers manuels pratiques qui ait paru sur la loi de 1838.

BERNARD (Bernard).
Officier de cavalerie français né en 1869, lieutenant en 1899. Il est correspondant du Comité des Travaux historiques et scientifiques.

Le Cheval dans les Mosaïques de l'Afrique du Nord, par M. le Lieutenant Bernard. *Paris, Imp. Nationale*, 1906.
Broch. in-8° de 31 p. avec 32 pl. en phototypie contenant 39 reproductions de mosaïques hippiques et 28 portraits de chevaux de l'Afrique du Nord à l'époque actuelle, pour servir de points de comparaison avec les types anciens des mosaïques.
Extrait du *Bulletin archéologique du Comité des Travaux historiques et scientifiques*. Année 1906, 1re livraison, et non mis dans le commerce.
Intéressante et savante dissertation archéologique et zoologique.

BERNARD (F.).
Instruction sur la Gourme des Poulains et des jeunes Chevaux du Perche, à l'usage des Cultivateurs, contenant les causes de cette maladie, les symptômes qui la font reconnaître, les moyens de la guérir et d'en préserver les Animaux; suivie de quelques détails sur les Remèdes inutiles ou dangereux des Charlatans, par F. Bernard, Vétérinaire. *Nogent-le-Rotrou, Imp. de Gouverneur*, 1847.
Broch. in-16 de 61 p. dont v pour le titre et l'avant-propos.
L'ouvrage, écrit avec méthode, indique les causes de la gourme dont beaucoup sont dues à l'incurie et sont évitables, son traitement, et contient à la fin une nomenclature des principaux remèdes dangereux des empiriques et charlatans contre lesquels l'opuscule est principalement dirigé.
Voy., sur le même sujet, Champetier.

BERNARD (Frédéric) (1).
Bibliothèque des Merveilles — Les Fêtes célèbres de l'Antiquité, du Moyen Age et des Temps modernes, par Frédéric Bernard. Ouvrage illustré de 23 vignettes par Goutzwiller. *Paris, Hachette*, 1878.
1 vol. gr. in-18 de 311 p. avec les 23 fig. annoncées au titre, dont 13 h. t.
Cet ouvrage donne la description de plusieurs fêtes hippiques : courses de chars et de chevaux, tournois, pas d'armes, carrousels, entrées solennelles, cortèges équestres, Derby d'Epsom, etc.

BERNARD (Jacques).
Ecole impériale vétérinaire de Toulouse — Etude sur les Marais de la Vendée et les Chevaux de St-Gervais, par Bernard (Jacques) d'Angles (Vendée). Thèse pour le Diplôme de Médecin Vétérinaire. *Toulouse, L'Hébrail, Durand et Cie*, 1868.
Broch. in-8° de 35 p.

BERNARD (Louis) et HOCQUARD (Charles-Edouard).
Bernard, vétérinaire militaire français, né en 1843, diplômé de Toulouse en 1866, vétérinaire en 1er en 1880, retraité en 1894.

(1) Pseudonyme, dit Lorenz, mais il ne fait pas connaître le véritable nom.

BER — 114 — **BER**

Hocquard, médecin militaire français, né en 1853, aide-major en 1875, médecin principal de 1re classe en 1899.

Etude sur la fluxion périodique du Cheval, par M. F. Bernard (1) Vétérinaire en 1er au 3e d'Artillerie et M. E. Hocquard, Médecin Aide-Major au 99e Régiment d'Infanterie, *Paris, Asselin,* 1882.

Broch. in-8° de 74 p. avec 7 pl. h. t. contenant 11 fig. lithog. par S. Nicolet et 4 fig. d. l. t.

L'ouvrage est précédé d'un rapport du Professeur Nocard, d'après lequel « ce « mémoire... des plus remarquables... « constitue le premier effort sérieux que « l'on ait fait en France pour appliquer « les précieuses ressources de l'Ophtal- « moscopie à l'étude des maladies ocu- « laires du cheval et notamment de la « fluxion périodique ».

Le Cancer du Cheval (Carcinome), par M. Louis Félix Bernard, Vétérinaire en 1er au 17e d'Artillerie à Douai. (Médaille d'Or.) Extrait des *Mémoires* de la Société centrale de Médecine vétérinaire pour 1882. *Paris, Typ. de Ve Renou, Maulde et Cock,* 1882.

Broch. in-8° de 24 p.

BERNARD (P.).

La Pulpe de sucrerie. Sa valeur dans l'Alimentation du Bétail, son importance dans les Contrats entre Cultivateurs et Fabricants de Sucre, par P. Bernard, Rédacteur en Chef du Progrès Agricole. *Amiens, éditions du Progrès Agricole,* 1906.

Broch. pet. in-8° de 24 p. avec 4 fig. d. l. t.

Concerne en partie l'alimentation du cheval.

BERNAUD (Eugène) et LALOY (Louis).

Le premier, ancien vétérinaire à La Gorgue (Nord), vétérinaire à l'Urbaine, né en 1869 ; le second, chef de dépôt à la même comp^{ie}, a servi dans la cavalerie, né en 1870.

Guide pratique du Cocher de Fiacre à Paris, par E. Bernaud, Médecin vétérinaire, officier d'Aca-démie, avec la collaboration de L. Laloy, Chef de dépôt à l' « Urbaine ». *Paris, Lucien Laveur,* S. D. (1906).

1 vol. in-16 de VIII-328 p. avec 7 fig. d. l. t.

L'ouvrage contient des préceptes pour l'entretien des voitures et des harnais, le menage, les soins à donner aux chevaux, etc., ainsi que l'exposé des règlements de voirie et de ceux spéciaux à la profession de cocher de fiacre.

BERNEDE (C.), voy. POSTE AUX CHEVAUX.

BERNHARDI (Frédéric DE).

Général de cavalerie allemand.

La Cavalerie Allemande dans la prochaine Guerre, d'après le Colonel von Bernhardi. *Paris, R. Chapelot,* 1900.

Broch. in-8° de 40 p.

Réflexions sur le remaniement du Règlement de Cavalerie, par le Général de Bernhardi, Commandant le 7e Corps d'Armée. Traduit de l'Allemand par le Capitaine de Vaulgrenant (1), du 28e Régiment de Dragons et le Lieutenant de Malherbe (2), du 14e Régiment de Dragons. *Paris, R. Chapelot,* 1909.

Broch. in-8° de 92 p.

Notre Cavalerie dans la prochaine Guerre. Considérations sur son Emploi, son Organisation et son Instruction, par le Général Frédéric von Bernhardi, traduit de l'Allemand par P. S. (3). *Paris et Nancy, Berger-Levrault,.* 1910.

1 vol. gr. in-8° de XII-255 p.

BERNHEIM (André-Léopold-Samuel).

Médecin français, né en 1855.

Le Cheval Aliment, par MM. les Docteurs Samuel Bernheim, Président Fondateur de l'Œuvre de la Tuberculose Humaine, et Paul Rousseau, son assistant, Médecin de l'Œuvre de la Tuberculose Humaine. *Paris, Jules Rousset,* 1908.

---

(1) J'ignore pourquoi le titre de l'ouvrage indique l'initiale F. pour le prénom de M. Bernard. D'après les annuaires, son unique prénom est Louis.

(1) Vaulgrenant (Albert-Charles-Marie Péting de), officier de cav^{ie} français, né en 1872.
(2) Malherbe (Marie-Pierre-René de), officier de cav^{ie} français, né en 1881.
(3) Silvestre (P.-J.). Voy. ce nom pour d'autres ouvrages.

1 vol. in-16 carré de 224 p. dont les 22 dernières ne contiennent que des annonces de librairie.
Etude complète sur l'hippophagie au point de vue sanitaire, hygiénique, économique, culinaire. Un chapitre est consacré aux maladies du cheval transmissibles à l'homme, et une bibliographie sur le sujet termine l'ouvrage.
Congrès de l'Industrie Chevaline tenu à Paris en janvier 1909 — Conférences de M. le Dr Samuel Bernheim, Médecin du Ministère du Travail, Président de l'Œuvre de la Tuberculose Humaine, Vice-Président de la Société Internationale de la Tuberculose, et de M. Albert Letrillard, Directeur de l'Annuaire général de l'Industrie chevaline de France, Rédacteur en Chef du journal *l'Industrie Chevaline*. (Rouen), *Imp. du Journal de Rouen*, S. D. (1909).
Broch. in-8° de 22 p.
Les 2 Conférences concernent exclusivement l'hippophagie.

BERNIER (Emile).
Médecin militaire français, 1811-1886. Sous-aide en 1832, Médecin major de 1re cl. en 1859.
De la Morve et du Farcin communiqués par infection médiate ou immédiate du Cheval à l'Homme de guerre, et des moyens pratiques propres à en diminuer la fréquence dans l'Armée, par M. Bernier, Médecin-major au 8e Régiment de Dragons *Paris, Henri et Charles Noblet*, 1857.
Broch. in-8° de 61 p.
L'ouvrage contient 6 observations sur l'homme, un tableau donnant 45 cas de morve et de farcin observés chez l'homme et presque tous terminés par la mort, puis l'étiologie, le traitement, la prophylaxie, etc. A la fin, l'auteur donne de bons conseils sur la tenue, les consignes et la discipline dans les infirmeries des chevaux.

BERTERÈCHE DE MENDITTE (Pierre-Jean-Baptiste-Edouard, COMTE DE).
Officier de réserve de cavalerie français, né en 1867.
Les Courses de résistance, par le Comte de Berterèche de Menditte.

Clermond-Ferrand, Louis Bellet, 1903.
1 vol. in-8° de 146 p.
Cet intéressant ouvrage contient un grand nombre d'exemples bien choisis, en France et à l'étranger, et des conseils pratiques pour les longs parcours à cheval.

BERTHAUD, voy. DELACROIX et BERTHAUD.

BERTHELOT.
Ancien maréchal-ferrant au 10e Hussards, sous le premier Empire.
Pratique de l'art du Maréchal-ferrant. Par Berthelot, ancien Maréchal-Expert, rue de Buffault à Paris, ex-Maréchal-ferrant de cavalerie légère. *Se vend chez l'Auteur, Rue Bleue, 25, et chez différents libraires*. Prix 2 francs, 1845.
1 vol. in-8° de 100 p. avec 12 pl. lithog. contenant de nombreuses fig.
Outre la partie technique, les premières p. contiennent quelques anecdotes de guerre.

BERTHELOT (J.).
Le Cheval et l'Hygiène, par le Dr J. Berthelot, de la Faculté de Médecine de Paris. *Paris, Alfred Leclerc*, 1908.
Broch. in 8° de 78 p.
Thèse pour le doctorat en médecine. Dédicace d'usage de l'auteur à ses parents et à son président de thèse, le professeur R. Blanchard.
Dans son Introduction, l'auteur annonce « qu'il se propose d'étudier le rôle « joué par le Cheval comme cause d'in-« fection pour l'homme, d'énumérer les « mesures prophylactiques prises et les « bons résultats qui ont suivi la stricte « application des lois de police sani-« taire.... ». Le 1er chap. est consacré à l'hippophagie.

BERTIN (G.) et PICQ (J.).
Hématothérapie — Résultats expérimentaux et cliniques obtenus par les injections de sang des Caprins dans le Traitement de la Tuberculose et par les injections de sang des Bovidés dans le Traitement de la Morve expérimentale, par le Dr G. Bertin, Médecin des Hôpitaux, Professeur chargé du Cours d'Hygiène à l'Ecole de Mé-

decine de Nantes, Membre du Conseil Central d'Hygiène — et J. Picq, Médecin Vétérinaire, Directeur de l'Abattoir et du Service sanitaire, Membre du Conseil central d'Hygiène, Chevalier du Mérite Agricole — Communication faite au Congrès de la Tuberculose de Paris (28 Juillet 1891). *Nantes, Imp. du Commerce*, 1891.

1 v .l. gr. in-18 de 116 p.

L'ouvrage concerne principalement la tuberculose. Les expériences relatives à la morve occupent les p. 39 à 55.

BERTIN (Louis-Émile).

Ingénieur de la Marine et chef de la section technique des constructions navales, membre de l'Institut, né en 1840.

Mémoires présentés par divers Savants à l'Académie des Sciences de l'Institut national de France — Tome XXII — N° 7 — Etude sur la Ventilation d'un Transport-Ecurie, par L. E. Bertin, Ingénieur de la Marine. *Paris, S. D. (et sans nom d'imprimeur)* (vers 1873).

Broch. in-4° de 56 p. avec 2 pl. in-f° se dépliant et contenant 12 fig. représentant les coupes longitudinales et horizontales du Transport-Ecurie *Le Calvados*, avec les détails de l'installation des chevaux.

Tirage à part des *Mémoires* de l'Académie des Sciences.

Voy., sur le transport des chevaux par mer, Billot (F.-F.), Le Cornué (L.), Liguistin.

BERTIN (Nicolas).

Général de brigade français (cavalerie), 1752-1816. Entré au service en 1770 comme cavalier au régiment de Champagne, Bertin était « maréchal des logis en chef » en 1785. Il fut congédié en 1790 avec 59 de ses camarades, puis rétabli dans ses droits et incorporé avec son grade au 17ᵉ Chasseurs le 1ᵉʳ oct. 1792. Il se distingua à l'armée de Hollande, fut nommé sous-lieutⁿᵗ en novembre 1792, lieutenant en janvier 1793, capitaine le 12 mars, chef d'escadron le 1ᵉʳ juillet et fait général de brigade le 2 octobre par les représentants du peuple Treillard (1) et Berlier. Mais, en Prairial An II, le conventionnel Duquesnoy le suspendit pour avoir perçu une double

(1) C'est probablement Treillard de la Côte-d'Or. Treilhard de Seine-et-Oise était alors au Comité de Salut public.

gratification de campagne. Bertin réclama avec énergie et persévérance, et la commission chargée d'examiner son cas reconnut sa bonne foi et conclut à sa réintégration. Toutefois, dans le rapport qu'elle adressa au Comité de Salut public, elle faisait remarquer que Bertin était resté si peu de temps capitaine qu'on pouvait fort bien le replacer dans le grade de chef d'escadron. Mais cette boutade inattendue n'entraîna pas la décision du Comité de Salut public qui répondit que, puisque Bertin était innocent, il fallait lui rendre son grade de général, ce qui fut fait.

Il fut alors envoyé à l'armée des Alpes où il combattit bravement et fut grièvement blessé devant Mantoue en l'An IV. Sa blessure et ses infirmités le firent alors réformer. Il demanda vainement à reprendre du service actif et fut retraité en 1809.

Théorie pratique — Principes d'Equitation. Ecole d'instruction pour la Cavalerie française rédigée par le Citoyen Bertin, ancien Instructeur de Cavalerie, et depuis, Général de brigade. *A Paris, de l'Imprimerie de Guffroy, Cour des ci-devant Capucins, rue Honoré, n° 35.* L'an 3ᵐᵉ de la République française, une et indivisible.

1 vol. in-8° de xv-185 p., plus 1 fᵗ d'errata.

Même ouvrage, même titre..., par le Citoyen Bertin, ancien Instructeur de Cavalerie, et depuis, Général de brigade dans l'Armée d'Italie. *A Paris, chez Lefort, Libraire, grande Place du Carrousel, maison du coin de la rue Nicaise, en face de l'ancienne ferme de tabac et du dépôt des Lois.* An Vᵉ — 1797.

Sans changement. C'est la même édᵒⁿ avec un titre nouveau.

Au début de sa préface, l'auteur déclare « que la France régénérée a fait
« éclore les talents avec les vertus répu-
« blicaines, et qu'une foule de citoyens
« ont donné l'essort à leur goût naturel
« pour les arts et développé cette éner-
« gie qu'inspire le génie de la liberté...,
« mais que, seul, l'art de l'Equitation ne
« paraît pas.. , etc. »

C'est cette lacune qu'il s'efforce de combler. Il ne s'est d'ailleurs pas mis pour cela en grands frais d'imagination, car sa théorie est presque entièrement copiée sur l'*Ordonnance* de 1788. Bertin renvoie à des pl. qui n'ont jamais existé, ni dans son ouvrage, ni dans l'*Ordon-nance*. Voy. dans la notice *Règlements d'Exercices et de Manœuvres*, la partie qui se rapporte à l'*Ordonnance* de 1788. Quelques notions d'hippologie terminent le livre de Bertin.

BERTINI (Henri).
Professeur d'Equitation à Bordeaux.

Cours d'Equitation par Henri Bertini. *Paris, Imp. Les Elégantes, 26, rue Censier*, 1894.

1 vol. in-8° carré de 117 p. avec 23 illustrations h. et d. l. t. par G. Dutriac (non mis dans le commerce).

BERTON (Paul-Alfred).
Vétérinaire militaire français, né en 1859, diplômé d'Alfort en 1880, vétérinaire major en 1907.

Etiologie et Pathogénie des Tares osseuses du Cheval, par Paul Berton, Vétérinaire militaire, Lauréat de la Société Centrale de Médecine vétérinaire et de la Société Nationale d'Agriculture de France. *Toulouse, Imp. Lagarde et Sébille*, 1902.

1 vol. in-8° de 148 p. avec 6 pl. h. t. en phototypie contenant chacune plusieurs fig.

Extrait de la *Revue générale de Médecine vétérinaire*, 1er juillet 1907, n° 109 — Sur les Efforts de Tendon par M. P. Berton, Vétérinaire en 1er à l'Annexe de Remonte de La Rochebeaucourt. *Toulouse, Imp. Douladoure-Privat*. (1907.)

Broch. in-8° de 5 p.

Deux Autopsies de Tiqueurs — Considérations pathogéniques par M. Berton, Vétérinaire en 1er, directeur de l'annexe de remonte de Larochebeaucourt. *Paris, Henri Charles-Lavauzelle*, S. D. (1907.)

Broch. in-8° de 16 p.

Extrait de la *Revue générale de Médecine vétérinaire*, 15 Mars 1908, N° 126. Etudes sur le Tic par M. P. Berton, Vétérinaire-Major au 11e Régiment d'Artillerie *Toulouse, Imp. Douladoure-Privat*, 1908.

Broch. in-8° de 14 p.

BERTOUILLE (Léandre-Henri-Joseph).
Officier de cavalerie belge, né en 1871, sous-lieut^{nt} en 1898.

Essai sur l'Emploi et l'Entraînement du Cheval de Troupe par le Lieutenant L. Bertouille, du 1er de Chasseurs. *Bruxelles, Alfred Castaigne*, S. D. (1906.)

Broch. in-16 de 69 p.

Equitation et Dressage. Leçons données aux Sous-Officiers de 1902 à 1912, par le Lt Bertouille, du 1er de Chasseurs à cheval. *Tournai, Delcourt-Vasseur*, S. D. (1912.)

1 vol. in-16 de 97 p.

BERTRAND (Léon), voy. HIPPODROME (L') ANNALES DES COURSES.

BERTRANG (François-Joseph-Jacques-Alfred).
Officier d'art^{ie} belge, né en 1847.

Emploi de l'Artillerie à Cheval dans le Combat, par le Major Alfred Bertrang, commandant l'Artillerie de la 1re Division de Cavalerie Belge. *Bruxelles, C. Muquardt; Th. Falk, Editeur*, 1894.

1 vol. in-8° de 137 p. (Extrait de la *Revue de l'Armée Belge*, n^{os} de Mars, Mai et Juillet 1894).

Concerne exclusivement l'artillerie des divisions de cavalerie.

BERTTIER.

Manuel de Médecine et de Chirurgie vétérinaires ou l'Art de prévenir, soigner et guérir toutes les Maladies des Animaux propres à l'exploitation des biens ruraux, tels que Chevaux, Mulets, Taureaux, Bœufs, Vaches laitières, Veaux, Moutons, etc., et généralement tous les animaux des fermes et basses-cours et suivi de l'indication des meilleurs procédés connus pour étendre et améliorer les races d'animaux divers, etc., par M. Berttier, Vétérinaire, élève de l'Ecole d'Alfort. *Paris, à la Lib. scientifique*, 1856.

1 vol. in-8° de 559 p. L'explication des pl. n'en mentionne que 4 relatives à

l'âge, mais il en existe en outre 1 pour l'extérieur du cheval, 2 pour ses tares et maladies et 1 pour son squelette, toutes très médiocres.
Le cheval, l'âne, le mulet et le bardot occupent les p. 37 à 191. En outre, de nombreux passages sur les maladies, etc. sont applicables au cheval.

Le parfait et nouveau Vétérinaire ou Manuel de Médecine et de Chirurgie vétérinaire donnant d'une façon simple et pratique les moyens de prévenir, soigner et guérir toutes les Maladies des Animaux propres à l'exploitation des biens ruraux tels que Chevaux, Mulets... (etc., comme ci-dessus), terminé par une instruction sur les Abeilles, par M. Berttier, Vétérinaire, élève de l'Ecole d'Alfort. *Paris, Le Bailly*, S. D. (1882.)

1 vol. in-12 de 548 p. avec 2 pl. dont une se dépliant et 2 vignettes à la fin. On a ajouté 6 pl. coloriées représentant diverses plantes sans rapport avec les sujets traités.

C'est le même ouvrage que le précédent avec un titre et sous un format différents.

Ouvrage de colportage.

BESSET (Gabriel-Jules-Louis). Officier d'infanterie français, né en 1872, sous-lieut^t en 1893, capitaine en 1904.

L'Infanterie montée avec la Cavalerie en avant des Armées — Projet d'organisation d'une compagnie montée adjointe à une division de cavalerie. Par le Capitaine Besset du 49e Régiment d'Infanterie. *Paris, R. Chapelot*, 1908.

Broch. in-8° de 59 p. avec 8 fig. d. l. t.

Voy., sur le même sujet, Beauval, Conte, Infanterie montée en liaison..., Infanterie montée dans les guerres coloniales, Geslin de Bourgogne, Champeaux, Gruys, Rénol, Hélo, Lassence, Salagnax, Maurel.

BEUDANT (Etienne-Pierre-François-Arthur-Marie).
Ancien officier de cav^{le} français, né en 1863, sous-lieut^t en 1888, démissionnaire comme lieutenant en 1892.

Le Cheval d'Amateur — Son dressage simple et rationnel. *Blida, Imp. A. Mauguin*, 1912.

Broch. in-8° de 40 p. avec 10 pl. h. t. en phototypie contenant 19 fig. d'airs de manège. L'auteur signe la dédicace à M. Ch. de Salverte, Officier de cav^{le}.

BEUGNOT (Jean-François) et plusieurs collaborateurs.
Vétérinaire français 1805-18... Entré comme élève militaire à Alfort en 1821, il quitta l'école l'année suivante, y rentra en 1828 et fut diplômé en 1831. Il était depuis quelques mois vétérinaire dans un régiment de cavalerie quand il fut nommé chef de service à Alfort. Il occupa peu de temps ces fonctions, exerça sa profession en Picardie, demanda à reprendre son emploi de chef de service et ne put y parvenir.

Dictionnaire usuel de Chirurgie et de Médecine vétérinaires. Manuel pratique où l'on trouve exposés avec clarté et dans un langage à la portée de tout le monde : 1° Tout ce qui regarde l'histoire naturelle, la propagation, l'entretien et la conservation des Animaux domestiques; 2° La description de toutes les maladies auxquelles ces Animaux sont sujets; 3° Les moyens de les traiter de la manière la plus efficace et la plus économique; 4° La législation vétérinaire. Avec 20 Planches gravées sur acier — Rédigé par une Société de Médecins Vétérinaires d'après les travaux de Bourgelat, fondateur des Ecoles vétérinaires, Vitet, Docteur en Médecine et Professeur à l'Ecole vétérinaire de Lyon; de M. Huzard, Inspecteur des Ecoles vétérinaires, de Chabert, Chaumontel, Gohier, Flandrin, Fromage; MM. Dupuy, Girard, Yvart, Moiroud, Vatel, Professeurs des Ecoles vétérinaires d'Alfort, de Lyon et de Toulouse, M. Hurtrel d'Arboval, etc., etc. (1), sous la direction d'un Comité de rédaction composé de MM. Beugnot, Médecin Vétérinaire, ancien Chef de Service à l'Ecole d'Alfort, Mignon (1), Médecin Vétérinaire, Chef de service à l'Ecole d'Alfort, de Moléon, ancien Elève de l'Ecole Polytechnique, auteur de plusieurs ouvrages sur la Salubrité et l'Hygiène publiques,

(1) Voy. ces noms.

Aug. Thillaye, Docteur en Médecine Conservateur adjoint de la Faculté de Médecine de Paris, Rédacteur principal du *Dictionnaire de Médecine et Art vétérinaire* de l'Encyclopédie méthodique, Bayle, Professeur agrégé de la Faculté de Médecine de Paris. — Ouvrage nécessaire aux Propriétaires, aux Fermiers, aux Cultivateurs, aux Officiers de Cavalerie, aux Vétérinaires, aux Maréchaux, etc. *Paris, Bureau Central (Imp. Ducessois). A la Caisse générale des Recouvremens*, 1835-1836.

2 vol. gr. in-8° de 644 et 744 p. à 2 col. Les pl., bien dessinées et finement gravées, sont tirées d'un recueil intitulé : *Agriculture progressive*, mais aucune ne concerne le cheval.

Même ouvrage, même titre (jusqu'aux mots : 4° La Législation vétérinaire). Rédigé par M. Beugnot, ancien Chef de service à l'Ecole d'Alfort. D'après les travaux de Bourgelat... (etc., comme ci-dessous). — *Nouvelle Edition*, revue, corrigée et mise au courant de la Science d'après les travaux les plus récents des Professeurs et Praticiens français et étrangers de l'époque — Ouvrage nécessaire... (etc., comme ci-dessus). *Paris, Labé ; Lyon, M¹ Savy ; Bruxelles, Tircher ; Toulouse, Gimet ; ibid., Delbo*, 1859.

2 vol. gr. in-8° de 11-676 et 727 p. à 2 col. avec les mêmes pl.

Dans cette éd°ⁿ, les corrections et additions du T. I se trouvent pour la plupart dans un *Supplément* qui occupe les 18 dernières p. du volume ; dans le T. II, elles sont toutes dans le t.

Dans la préface, l'éditeur dit que le *Nouveau Dictionnaire de Médecine et de Chirurgie vétérinaires* (voy. ce titre, dû à la collaboration de MM. Bouley, Reynal et autres, (et qui était alors en cours de publication), est au-dessus de la portée des personnes étrangères à la science, tandis que celui-ci s'adresse à tout le monde.

Même ouvrage, même titre... Rédigé par M. Beugnot, ancien Chef de Service à l'Ecole d'Alfort — *Nouvelle Edition*, complètement remaniée et mise au courant de la Science d'après les travaux les plus récents des Professeurs des Ecoles vétérinaires d'Alfort, Lyon, Toulouse. Ouvrage nécessaire... (etc., comme ci-dessus). *Paris, Asselin et Houzeau*, 1882.

2 vol. gr. in-8° de 11-781 et 549 p.

Dans cette éd°ⁿ, la table méthodique a été supprimée, le texte est à longues lignes, les pl. des éd°ⁿˢ précédentes ont disparu et sont remplacées par 8 pl. pour l'extérieur et l'anatomie du cheval et 10 pl. pour l'anatomie et les coupes de boucherie du bœuf, tirées des *Tableaux synoptiques* de Mégnin, voy. Mégnin (J.-P.).

Même ouvrage, même titre. *Paris, Asselin et Houzeau*, 1890.

2 vol. gr. in-8° de 11-781 et 549 p. avec les mêmes pl. qu'à la précédente éd°ⁿ

BÉVIÈRE (C.).

Etude sur l'amélioration de l'espèce chevaline dans le département de l Isère, par C. Bévière, Médecin Vétérinaire à Grenoble, Membre de la Société de statistique du département de l'Isère ; de la Société de médecine et de pharmacie du même département ; du Conseil d'hygiène et de la salubrité publique de l'arrondissement de Grenoble ; Vétérinaire chargé de l'étude des épizooties du même arrondissement ; chargé également de l'inspection de l'espèce bovine du canton de Villard-de-Lans ; Membre de la Société d'agriculture de l'arrondissement de Grenoble — Mémoire présenté à la Société de statistique du département de l'Isère aux Séances de juillet, d'août, de novembre et de décembre 1872. *Grenoble, Typ. et Lith. de Maisonville et fils*, 1873.

Broch. in-8° de 35 p.

L'auteur demande l'étalon anglo-normand pour l'amélioration du cheval de plaine, et l'étalon arabe, limousin ou petit anglais pour le cheval de montagne.

BEYLOT (Elie-Léonard).

Vétérinaire militaire français. Né en 1858, diplômé de Toulouse en 1881, aide vétérinaire en 1882, démissionnaire vers 1885 et vétérinaire en 2° de l'armée territoriale.

Elevage — Haras et Remontes, par E. Beylot, ancien Vétérinaire militaire. *Libourne, G. Maleville*, 1892.

Broch. in-8° de 52 p.
Cet opuscule contient de très judicieuses observations et mérite l'attention.

BEZIAT (E.-T.-U.-F.), voy. ROLE DE LA CAVALERIE FRANÇAISE.

BIAIS (Emile).
Archéologue français, archiviste et conservateur du Musée archéologique d'Angoulême.

Des Statues Equestres sculptées aux façades de certaines Eglises Romanes, par Emile Biais, Archiviste de la Ville d'Angoulême, Conservateur du Musée archéologique, Membre de la Société libre des Beaux-Arts (Paris), etc. *Angoulême, F. Goumard*, 1880.

Broch. gr. in-8° de 17 p. avec 1 pl. contenant 2 fig. Extrait du *Bulletin de la Société archéologique et historique de la Charente*, années 1878-1879, et tiré à 100 exemplaires.
Opuscule très rare. Voy., sur le même sujet, Auber (C.-A.), Audiat (L.), Musset (G.), Arbellot (F.).

BIANCONI (Jean-Louis).
Médecin, philosophe et archéologue italien, 1717-1781. Il est l'auteur de nombreux ouvrages écrits en italien. Le titre du suivant est en italien seulement, mais le texte est accompagné d'une traduction française. Bianconi l'avait laissé tout préparé, mais il ne fut publié que 8 ans après sa mort, probablement à cause de l'exécution des belles planches qui l'accompagnent.

Descrizione dei Circhi particolarmente di quello di Caracalla e dei giuochi in essi celebrati. Opera postuma del Consigliere Gio. Lodovico Bianconi ordinata e publicata con note dall' Avvocato Carlo Fea e corredata di Tavole in rame e della versione francese. *In Roma, nella Stamperia Pagliarini*, 1789. *Con licenzia di Superiori.*

1 vol. in-f° de xxi-cxxx p., plus 1 f¹ pour l'approbation et l'imprimatur, avec 20 pl., la plupart se dépliant et représentant les détails du Cirque de Caracalla, plans, coupes et élévations. L'une reproduit une peinture curieuse qui représente une femme ayant sur ses genoux du fourrage que viennent manger quatre mulets. Il y a en outre une grande vignette sur le titre, représentant un quadrige au galop, dessinée par G. Delera et gravée par G. Bossi, et 4 fig. d. l. t. au commencement et à la fin de la préface et de l'ouvrage lui-même. Les pl. sont pour la plupart dessinées par A. Uggeri et gravées par Vinc. Feoli, Franç. Barbazza, G. Bossi. Dédicace de l'abbé Angelo Uggeri — l'auteur des pl. — au Pape Pie VI. Texte à 2 col., italien-français, le français en caractères italiques. 2 tables alphab., l'une en italien, l'autre en français

La partie hippique est plus développée dans cet ouvrage que dans la plupart de ceux qui traitent le même sujet : chevaux employés, leur provenance et leur origine — on y voit que les Romains se préoccupaient déjà de la généalogie de leurs chevaux — dressage, harnachement, attelage, noms des chevaux, leur nombre, soins particuliers — on leur mettait des bandes aux membres postérieurs — organisation et menage des biges et quadriges ; apprentissage des auriges, règles des courses, emploi des mulets qui couraient quelquefois, etc., etc.

BIDAULT (Camille-Alfred).
Vétérinaire militaire français, né en 1872, diplômé d'Alfort en 1894 ; vétérinaire en 1ᵉʳ en 1907.

Extrait de la *Revue générale de Médecine vétérinaire*, 1ᵉʳ Nov. 1905. — La lutte contre les Epizooties avant et après la Révolution, d'après les documents recueillis aux Archives nationales (F. 10, 1447 à 1462) par M. C. Bidault, Vétérinaire militaire. *Toulouse, Imp. Douladoure-Privat* (1905).

Broch. in-8° de 18 p.
Concerne en partie les épidémies de morve.

Les Chevaux de l'Armée sous la Révolution et l'Empire par Camille Bidault, Vétérinaire en premier au 6ᵉ Régiment du Génie. *Paris et Nancy, Berger-Levrault*, 1909.

1 vol. gr. in-8° de 174 p.

BIELER (Samuel).
Vétérinaire et agronome suisse, né en

1827, diplômé d'Alfort en 1851 et à Vaud la même année.

Les Evolutions du Garrot chez quelques Animaux domestiques, par S. Bieler, Directeur de l'Institut agricole. *Lausanne, Imp. Georges Bridel*, 1903.
Broch. in-8° de 16 p. avec 7 fig. d. l. t. (Extrait de la *Chronique agricole* du Canton de Vaud, N°s de Nov. 1903.)

BIENSAN (Joseph-François-Edouard-Vincent-Robert DE).
Officier de cavalerie français breveté, né en 1848. Sous-lieut[t] en 1869, colonel en 1899, retraité en 1908.

Conduite d'un Escadron de contact, avec 3 grandes cartes, par R. de Biensan, capitaine au 3e cuirassiers. *Paris, J. Dumaine*, 1881.
1 vol. in-8° de 208 p.

Traduction anglaise, par le major C.-W. Bowdler-Bell. *Londres, Mitchell*, 1883.

BILLAUDEL (Ernest).
Romancier français, ancien officier de cavalerie, 1835-1879. Sorti de St-Cyr et sous-lieut[nt] au 6e Lanciers en 1857, il donna sa démission en 1864.

La Vie en Casque. Carnet intime d'un Officier, par Ernest Billaudel. *Paris, Auguste Ghio*, 1875.
1 vol. in-18 de 278 p. Dédicace à M. J. Valfrey.
Plusieurs tirages dans la même année, sans changement.
Suite de nouvelles retraçant les aventures de garnison d'un officier de cavalerie.

BILLOT (Florentin-Frédéric).
Avocat français, 1805-18...

Les Hippiscaphes, par Frédéric Billot (Suite et complément de la *Révolution navale*). *Paris, Imp. H. Carion père*, 1855.
1 vol. in-12 de 233 p.
Bizarre élucubration dans laquelle l'auteur propose et décrit en détail un bateau de son invention destiné à transporter les chevaux outre-mer. Chacun d'eux peut contenir mille chevaux et la cavalerie peut ainsi être amenée à son point de débarquement avec facilité, rapidité et économie. « L'Hippiscaphe, dit-il, sera l'omnibus des mers. »

Il faut se rappeler que ce petit livre fut écrit pendant la guerre de Crimée et que les grosses difficultés que présenta le transport des chevaux devaient nécessairement éveiller la verve des inventeurs.

Plan et Description de l'Hippiscaphe — Développements divers — Navigation comparée (Suite et complément de la *Révolution navale*) par Frédéric Billot. *Arles, Typ. Dumas et Dayre*, 1855.
Broch. in-8° de 16 p.
Dimensions, aménagement intérieur, hygiène, embarquement et débarquement des chevaux, relevé du tonnage, y compris les chevaux et les fourrages, etc.
Voy., sur les transports des chevaux par mer, Bertin (L.-E.), Le Cornué (L.), Liguistin.

BILLOT (Pierre-Jules).
Officier de cavalerie français, 1821-1873. Sous-lieut[nt] en 1853, cap[ne] en 1862, mort en activité de service.

1870. Notes de Guerre du Capitaine Billot, du 4e Régiment de Cuirassiers, publiées par M. Billot de Göldlin. *Paris, Honoré Champion*, 1913.
1 vol. gr. in-8° de 101 p. avec portrait de l'auteur.

BINET (A.), voy. TRENEL (L.-C.-F.-H.).

BINET (LE P. Estienne).
Savant jésuite[!] et auteur ascétique français, 1569-1639. Fut recteur des principales maisons de son ordre en France. Il prit le nom de René François, par allusion à celui de Binet, (bis natus).

Essay des merveilles de natvre et des plvs nobles artifices piece tres necessaire a tovs cevx qui font profession d'Eloqvence par René François, Predicatevr du Roy. *A Roven chez Romain de Beauuais et Jean Osmont*, 1621.
Ce titre est gravé dans un cartouche orné et décoré de jolies figures. Le titre imprimé, qui suit, est semblable, sauf que le libraire Romain de Beauvais y est seul nommé. Mais le privilège, à la fin de l'ouvrage, est bien au nom des deux libraires.
1 vol. in-4° de 8 f[ts] non ch. pour les deux titres, la dédicace à Monseigneur de Verdun, Conseiller du Roy, curieux

spécimen de cette littérature ultra-laudative, l'Epistre necessaire au Lectevr ivdicievx, l'indice des matieres, un advertissement au lecteur de la Venerie et 570 p.

Dans l'Epistre au Lecteur judicieux, l'auteur demande qu'on lui pardonne les fautes d'impression, parce qu'il n'était pas sur les lieux « pour examiner les épreuves et chastier le compagnon ».

C'est une sorte d'encyclopédie où il est traité de la chasse, de l'escrime, des merveilles, des métaux, des armoiries, de la médecine, de l'architecture, etc.

Mais il y a aussi un chapitre sur *la Guerre*, de la p. 91 à 105, qui contient quelques détails sur la cavalerie de l'époque, un très curieux chapitre sur *le Cheval*, de la p. 290 à 308, et enfin un chapitre sur *le Duel à cheval*, de la p. 486 à 489.

C'est à cause de ces 3 chapitres que cet ouvrage est décrit ici. Il contient quelques fig. pour la vènerie, l'architecture et le blason.

Cette éd^{on} est la première, mais l'*Essay des Merveilles de nature* eut un succès prodigieux attesté par plus de vingt éditions.

Dès 1622, *Romain de Beauvais* en publiait une 2e in-4° à *Rouen* et *Jean Fraye* à *Besançon* une autre in-8°. Celles de *Rouen*, *Jean Osmont*, de 1624, 1626 et 1631 sont in-4°.

La quatriesme édition, reveuë et augmentee par l'auteur, *Besançon*, *Cleriardus Boutechou*, 1627, est in-8°.

Les suivantes : 8e, *Rouen*, *Jean Osmont*, 1631 ; 9e *Paris*, *Jacques Dugast*, 1632 ; 9e également, Reveuë, corrigee et augmentee de nouveau, *Lyon*, *Iean Iacqvemetton*, 1636 ; 9e également, augmentée d'un chapitre sur les monnoyes *Rouen*, *Charles Osmont*, 1644 ; 10e *Lyon*, *Jean Huguetan*, 1643 ; 10e également, *Rouen*, *Antoine Ferrant*, 1657 ; 13e *Paris*, *Michel Bobin*, 1657, etc., etc., sont toutes in-8° et contiennent environ 600 p.

Les augmentations annoncées pour certaines d'entre elles sont dès chapitres ajoutés, mais ceux concernant la *Guerre*, *le Cheval* et *le Duel à cheval* sont sans changement.

Les éd^{ons} in-8° se rencontrent fréquemment ; celles in-4° sont plus rares, surtout la 1re décrite ci-dessus.

BINGLEY (Thomas).
Journaliste anglais.

Anecdotes sur les Chevaux, par Thomas Bingley — Traduit par le Comte René de Beaumont. *Hennebont, Ch. Normand*, 1900.
1 vol. in-8° de 137 p.
L'original anglais avait paru à Londres, en 1839.

BINITCH (H).

Stable-book, ou Méthode à suivre pour les hommes dans leur travail, par H. Binitch, ex-postillon de Daumont. *Paris, Dentu et à l'Etablissement Chéri*, S. D.
Broch. in-8° de 9 p.
Ce petit opuscule fort rare donne les heures et l'ordre du travail ainsi que la tenue et les différents détails du service journalier des cochers et hommes d'écurie.

BIOGRAPHIE DES ÉCUYERS ET ÉCUYÈRES DU CIRQUE.

Biographie des Ecuyers et Ecuyères du Cirque-Olympique, par un Flaneur — Prix 25 centimes — *Paris, chez l'Editeur du Répertoire Dramatique, 34, Boulevard du Temple*, 1846.
1 vol. in-32 de 80 p.
Opuscule rare qui donne la biographie de 29 écuyers ou écuyères de Cirque, en 1846.

BIRAC (LE SIEUR DE).

Officier de cavalerie francais du XVIIe siècle. Il dit, dans sa préface, qu'il a servi le Roi pendant neuf ou dix campagnes dans les dernières guerres de Guyenne et d'Italie, mais je n'ai pu découvrir sur lui aucun autre renseignement biographique.

Les Fonctions du Capitaine de Cavalerie et les principales de ses Officiers subalternes. Où les Capitaines, les Lieutenans, les Cornettes, les Mareschaux des Logis, les Brigadiers & les Caualiers mesme trouueront la maniere de s'acquitter de leurs deuoirs dans chaque occasion, chacun suiuant la fonction & le degré de sa Charge, Et par consequent de bien & fidellement seruir Le Roy. Auec vn Abregé des Ordonnances & Reglemens du Roy, pour la Caualerie depuis l'année 1661 iusques en 1669. Et l'Exercice de la Cavalerie par le Sieur B. *A Paris, chez G. Qvinet, au Palais,* à *l'entrée de la Gallerie des Prisonniers, à l'ange Gabriel* (1), 1669.

1 vol. pet. in-12 de 158 p. pour les *Fonctions*. 1 f¹ pour le privilège et 70 p. pour l'*Abrégé des Ordonnances* et l'*Exercice de la Cavalerie*. Cette éd⁰ⁿ n'a pas de frontispice.

Même ouvrage, même titre... par le Sieur de Birac. *Dernière édition* augmentée & corrigée par l'Autheur. Jouxte la copie imprimée à Paris *Chez Gabriel Quinet, au Palais, en la Gallerie des Prisonniers, à l'Ange Gabriel*, 1675.

1 vol. pet. in-12 de 6 f¹ˢ pour un joli frontispice allégorique par R. de Hooghe (2), chez Arnoud Leers, le titre, la préface, la table et 141 p. de t.

Dans cette éd⁰ⁿ, la pagination se suit pour les *Fonctions*, l'*Abrégé des Ordonnances* et l'*Exercice de la Cavalerie*. Elle est imprimée en Hollande.

Ce volume contient à la suite : 1° *Les Fonctions de tous les Officiers d'Infanterie* par M. de Lamont, 2° *Pratique et Maximes de la Guerre* par M. le Chevalier de La Valière avec l'*Exercice général & militaire de l'Infanterie* du Sieur Daigremont.

Même ouvrage, même titre, par le Sieur de Birac. *Dernière Edition*, augmentée & corrigée par l'Autheur — Suivant la Copie de Paris — *A La Haye, chez Henry van Bulderen, Marchand Libraire dans le Pooten, à l'Enseigne de Mézeray*, 1688.

1 vol. in-12 de 6 f¹ˢ non ch. pour le frontispice copié sur celui de R. de Hooghe, un peu agrandi et signé A. D. Winter, le titre, la préface, la table et 104 p.

À la suite, les deux mêmes ouvrages que dans l'éd⁰ⁿ précédente.

Même ouvrage, même titre, par le Sieur de Birac. *Dernière Edition*, augmentée d'un Traité des Devoirs de l'Homme de guerre — Tome premier — Suivant la Copie de Paris — *A La Haye, chez Henry van Bulderen, Marchand Libraire, dans le Pooten, à l'Enseigne de Mézeray*, 1693.

(1) Le prénom de Quinet était *Gabriel*, ce qui explique le choix de son enseigne.

(2) Romain de Hooge ou Hooghe, graveur hollandais, né à la Haye vers 1650, mort vers 1720.

1 vol. in-12 semblable à l'éd⁰ⁿ de 1688, sauf que le titre est rouge et noir, qu'on a ajouté un ouvrage aux deux déjà ajoutés précédemment, et que la tomaison I, II, III, IV est indiquée sur le titre des 4 ouvrages qui sont toujours reliés en 1 vol.

Le T. I comprend l'ouvrage de Birac, le T. II les Fonctions des Officiers d'Infanterie, et le T. IV les Pratique et Maximes de la Guerre, décrits ci-dessus, mais avec le millésime de 1693, sans autre changement

Le T. III est nouveau :

Les Devoirs de l'Homme de Guerre, avec des Remarques importantes sur les disgrâces qui sont arrivées à plusieurs Officiers, dans ces dernières années, pour les avoir négligez — Tome troisième — Suivant la Copie de Paris — *A La Haye..., etc., comme ci-dessus*, 1693.

1 vol. in-12 de 140 p., y compris une Préface dans laquelle l'auteur ne fait pas précisément preuve de modestie.

Cet ouvrage concerne principalement la cavalerie. C'est un officier de cavalerie qui en est l'auteur (1), mais ce n'est certainement pas Birac.

Il est très intéressant et contient une foule d'anecdotes, de récits de mésaventures survenues à des officiers négligents ou ignorants, de renseignements sur la vie militaire à cette époque, y compris les rapports souvents aigres avec les habitants, de maximes de guerre, etc.

Quant à l'ouvrage de Birac, c'est ce qu'on appellerait maintenant un *Aide-Mémoire* : il inglige avec plus ou moins de détails les fonctions de chaque grade en garnison et en campagne. Il faut remarquer que ces sortes d'ouvrages étaient alors fort utiles, puisqu'il n'existait aucun règlement officiel sur l'exercice, les manœuvres et le service en campagne de la cavalerie. Il y avait bien de nombreuses ordonnances royales, mais elles étaient éparses et concernaient surtout l'administration, le commandement, les préséances, les campements, le service des places, le recrutement, les créations, réformes, etc.

L'ouvrage du Sieur de Birac a été traduit en Allemand, *Breslau*, 1754, in-8°.

BIRAUD (Jacques).

Titre de la couverture :
Conseils d'un habitant de la Commune de Rom (Deux-Sèvres) aux

(1) Préface de l'ouvrage.

Propriétaires et Fermiers pour soigner et préserver de plusieurs Maladies très graves les Bestiaux de leurs Fermes. *Poitiers, Imp. Henri Oudin,* 1855.

Titre intérieur :

Recettes assurées contre : 1° Le Pissement de sang de jeunes animaux nouvellement nés ; 2° Le Traitment de la Gale des Chevaux ; 3° La Morsure des Animaux venimeux ; 4° La Gale des Moutons ; 5° La Morsure des Loups et des Chiens ; 6° L'Enflure des Bœufs et des moutons, par J. Biraud, Cultivateur à Balzan, Commune de Rom. *Poitiers, Imp. Henri Oudin,* 1855.

Broch. in-8° de 31 p. Vignettes sur la couverture, sur le titre intérieur et d. l. t.

Les 13 premières p. contiennent les recettes ; les suivantes 20 attestations de propriétaires cultivateurs certifiant que Biraud a guéri leurs chevaux ou bestiaux des diverses maladies énumérées au titre de la brochure.

BISHOP (Mlle E.-R.), voy. FLOWER (E.-F.).

BISMARK (Frédéric-Guillaume, COMTE DE), SCHAUENBURG (M.-J. DE) et DURFORT (A.-C. DE), traducteurs.

Bismark, lieutenant-général wurtembergeois, 1783-18... Cadet dans l'infanterie légère hanovrienne en 1796, il passa au service de Nassau, puis à celui d'Angleterre ; à la suite d'un duel, il revint en 1807 sur le continent et fut nommé lieutenant puis capitaine aux Chevau-légers wurtembergeois. Il fit campagne avec les armées françaises jusqu'en 1813, se distingua en 1809, prit part à tous les combats que le corps de Ney soutint en Russie, fit la campagne de 1813 en Saxe, où il fut blessé et fut fait prisonnier à Leipzick. Rendu presque aussitôt à son pays, il devint chef d'état-major général du prince Adam de Wurtemberg et fit avec lui les campagnes de 1814 et 1815.

Le Cte de Bismark prit ensuite une part importante à la réorganisation de l'armée wurtembergeoise, et dirigea spécialement celle de la cavalerie dans la tactique de laquelle il introduisit des transformations ardemment discutées alors dans toute l'Europe. Il a aussi rempli des missions diplomatiques à Berlin, à Dresde, à Hanovre et à Bade.

De 1818 à 1835, il a publié de nombreux ouvrages qui traitent tous de la cavalerie. Les suivants ont seuls été traduits en français. Bismark avait été fait chevalier de la Légion d'honneur en 1809 et officier à une date que j'ignore.

Pour les biographies de' Schauenburg et de Durfort, et pour d'autres ouvrages, voy. ces noms.

Tactique de la Cavalerie par le Cte de Bismark, Colonel du 3e régiment de cavalerie wurtembergeoise, Commandant de brigade ; Aide-de-camp de S. M. le Roi de Wurtemberg ; Commandeur de l'ordre royal du mérite militaire de Wurtemberg, décoré de la médaille d'honneur militaire en or de la 1re classe ; Chevalier de l'ordre russe de S. George, 4e classe, de celui de Sainte Anne, 2e classe et de l'ordre autrichien de Léopold ; Officier de l'ordre royal de la Légion d'honneur, etc. Suivie d'Elémens de Manœuvres pour un Régiment de Cavalerie, traduit de l'Allemand, sur la 2e Edition revue et corrigée, par Max J. de Schauenburg, Chef d'escadron aux Chasseurs de la Marne, Officier de l'ordre royal de la Légion d'honneur. *Paris et Strasbourg, F. G. Levrault,* 1821.

1 vol. in-8° de 4 f^{ts} non ch. pour les titres, l'Avis du traducteur et la table, 319 p. avec 26 pl. se dépliant.

Même ouvrage, même titre. *Bruxelles, Lib^{ie} militaire de J-B. Petit,* 1838.

1 vol. in-12 de 324 p. avec les mêmes pl.

Des forces militaires de l'Empire Russe en l'année 1835, ou mon voyage à Saint-Pétersbourg, par le Lieutenant-Général Comte de Bismark, traduit de l'Allemand par un Officier Général (1). *Paris, Imp. Bourgogne et Martinet,* 1836.

1 vol. in-8° de 159 p. avec 3 pl. h. t. lithog., dessinées par Auguste de Valmont et représentant un officier, un sous-officier et un cavalier de l'Escadron de la Garde des Montagnards du Caucase. Extrait du *Spectateur Militaire*.

Cet ouvrage, intéressant et rare, est

(1) Le Cte de Durfort.

cité ici parce qu'il concerne principalement la cavalerie.

BISSAUGE (René-Etienne).
Vétérinaire à Orléans, diplômé d'Alfort en 1883.

Médecine Vétérinaire — Premiers Secours en cas d'accidents et de Maladies subites. Par R. Bissauge, Médecin-Vétérinaire à Orléans, Secrétaire du Conseil d'Hygiène, Inspecteur suppléant des Abattoirs d'Orléans. *Paris, Asselin et Houzeau*, 1894.
Broch. in-12 de VII-83 p., à l'usage des cultivateurs.

Médecine Vétérinaire — Premiers Secours en cas d'accidents et de Maladies subites. Par R. Bissauge, Médecin-Vétérinaire, Commandeur du Mérite agricole, Officier de l'Instruction publique, Médaille d'Honneur des Epidémies — *Deuxième Edition*, revue et augmentée. *Paris, Asselin et Houzeau*, 1910.
1 vol. in-18 de X-108 p.

La Ferrure du Cheval dans l'Histoire, par R. Bissauge, Vétérinaire, Chevalier du Mérite agricole, Officier d'Académie. *Orléans, Imp. Paul Pigelet*, 1899.
Broch. in-8° de 23 p. non mise dans le commerce.

La Castration par le procédé de Julié, Vétérinaire à Castres, par R. Bissauge, Vétérinaire à Orléans, Officier du Mérite agricole, Officier d'Académie. *Orléans, Imp. Paul Pigelet*, 1902.
Broch. in-8° de 4 p. non mise dans l commerce.

BIXIO (Jacques-Alexandre), voy. MAISON RUSTIQUE DU XIXe SIECLE.

BIXIO (Maurice).
Industriel français, 1836-1906. Fils d'Alexandre Bixio, ministre en 1848, et neveu du général italien Nino Bixio, l'un des mille de Garibaldi. Il avait fait la campagne d'Italie comme aide de camp de Victor-Emmanuel et celle de 1870 comme commandant des mobiles de la Seine. Il avait pris, en 1865, la direction de la *Librairie agricole de la Maison Rustique*, qu'il quitta peu après pour se consacrer à la direction de la *Compagnie générale des Voitures*, et avait alors aussi renoncé à s'es fonctions de Conseiller municipal de Paris. Il est resté jusqu'à sa mort, c'est-à-dire pendant plus de quarante ans, à la tête de cette importante entreprise industrielle.

De l'Alimentation des Chevaux dans les grandes Ecuries industrielles. Cinq ans d'expériences sur une Cavalerie de 10.000 Chevaux. Rapport adressé au Conseil d'administration de la Compagnie générale des Voitures à Paris, par M. Bixio, Président du Conseil d'Administration. *Paris, Lib. agricole de la Maison Rustique*, 1878.
1 vol. in-8° de XII-144 p.
Avant 1878, il avait déjà été fait, à différentes reprises, dans un ou deux dépôts de la Compagnie des expériences partielles sur l'alimentation des chevaux, expériences abandonnées au bout de peu de temps. Mais, à la suite de ce rapport, la Compagnie créa, près de la porte de Clignancourt, la manutention à laquelle furent annexés les laboratoires et les écuries d'expériences.
C'est alors que furent instituées les longues et intéressantes expériences sur l'alimentation du cheval de trait, qui font l'objet des savants mémoires ou rapports adressés, à partir de 1880, au Conseil d'administration de la Compagnie, par MM. Grandeau, Leclerc, Ballacey et Alekan (voy. ces noms), et dont la publication est à peine terminée.

BLACHÉ (Charles).
Vétérinaire français, diplômé d'Alfort en 1888.

La production chevaline dans le Tarn. Rapport lu au Comice agricole de l'arrondissement d'Albi dans sa séance du 6 juin 1903 par M. Charles Blaché, Vétérinaire, Secrétaire du Comice. *Albi, Imp. Henri Amalric*, 1903.
Broch. in-8° de 26 p.
L'auteur demande plus d'encouragements pour la production, dans le Tarn, du cheval de trait léger.

BLACK (Gustave).
Industriel français, fabricant de chicorée.

Master Steeple, par Gustave Black. *Paris, L. Baudoin*, 1882.

1 vol in-12 de 186 p. avec 1 fig. coloriée.
Petit ouvrage humoristique.
M. Black a aussi collaboré à la *Gazette des chasseurs* avec Florian Pharaon.

BLACK-EYES, voy. OLLIVIER (A.-P.-M.).

BLACQUE-BELAIR (Henri-Louis-Paul-Robert).
Officier de cavalerie français, né en 1862, sous-lieut' en 1885, lieut'-colonel en 1911.

Ludus pro Patria — La Cavalerie et les Sports — Les Officiers et les Courses militaires — Le Règlement de 1892 — Recherche d'un nouveau Programme. *Paris, Berger-Levrault*, 1898.
1 vol. in-16 de 165 p., publié sans nom d'auteur.

Même ouvrage, même titre, par le Lieutenant-Colonel Blacque-Belair, Ecuyer en Chef à l'Ecole de Cavalerie de Saumur — *Nouvelle Edition — Paris et Nancy, Berger-Levrault*, 1912.
Sans autre changement que l'addition du nom de l'auteur.

Saumur, son Rôle et son Avenir, Réflexions d'un Officier de Cavalerie. *Paris et Nancy, Berger-Levrault*, 1902.
Broch. in-8° de 35 p., publiée sans nom d'auteur.

Chansons d'Avril — Notes sur l'Equitation militaire, par l'Auteur de « Ludus pro Patria », avec une Préface de M. le Général Donop (1), ancien Président du Comité de Cavalerie, ancien Membre du Conseil supérieur de la Guerre. *Saumur, J.-B. Robert*, 1906.
1 vol. gr. in-8° de VIII-95 p., publié sans nom d'auteur.

Causeries sur l'Equitation et l'Instruction militaires — A Hue et à Dia — Chansons d'Avril, par le Commandant Blacque-Belair, ancien Ecuyer à l'Ecole de Cavalerie — Avec une Préface de M. le Général Donop (1), ancien Président

(1) Voy. ce nom pour d'autres ouvrages.

du Comité de Cavalerie, ancien Membre du Conseil supérieur de la Guerre. *Saumur, J.-B. Robert*, 1909.
Même ouvrage et même éd°ⁿ que le précédent, avec un titre nouveau donnant le nom de l'auteur.

Leçons d'Equitation, de Dressage, d'Elevage données à l'Ecole d'Application de Cavalerie — Questionnaires — *Saumur, J.-B. Robert*, 1911.
Broch, in-8° de 36 p., signée à la fin.

A propos du nouveau Manuel d'Equitation et de Dressage par le Lieutenant-Colonel Blacque-Belair, Ecuyer en Chef à l'Ecole de Cavalerie de Saumur. *Paris et Nancy, Berger-Levrault*, 1912.
Broch. gr. in-8° de 19 p. (Extrait de la *Revue de Cavalerie*.)

Réponses au Questionnaire d'Equitation de l'Ecole de Cavalerie — Principes et Directives classiques par le Lieut'-Colonel Blacque-Belair, Ecuyer en Chef. *Saumur, J.-B. Robert*, 1912.
1 vol. pet. in-8° carré de 198 p. avec 5 fig. h. t. et 4 d. l. t. Dédicace aux Instructeurs de Cavalerie et aux Ecuyers de l'Ecole.

BLAIN-ANGUILLE.

Recueil des Connaissances indispensables à tous Fermiers et Propriétaires d'Animaux domestiques, par Blain-Anguille à Saint-Epain — Première Edition — Prix : 2 fr. 50 — *Tours, Imp. G. Debenay-Lafond*, 1897.
Broch. in-8° de 58 p.
Les 18 premières p. et plusieurs passages sont consacrés au cheval. Recueil de remèdes empiriques et bizarres en usage dans les campagnes. Celui du début, pour guérir les coliques des chevaux et des vaches, se compose de pratiques cabalistiques accompagnées d'une oraison qu'on doit répéter 9 fois.

BLAINVILLE (Henry-Marie DUCROTAY DE).
Zoologiste français, 1777-1850.
Elève de l'Ecole militaire de Beaumont-en-Auge, près Touques, il la quitta en 1792, monta sur un bâtiment de guerre où il prit part à quelques combats,

vint ensuite à Rouen où il se prépara à entrer dans les ponts et chaussées, puis vers 1801 à Paris où il se prit de passion pour les sciences naturelles. Il les étudia sous la direction d'illustres professeurs et notamment de Cuvier qu'il remplaça plus tard quelquefois pendant les absences de ce savant, et auquel il succéda en 1832 dans sa chaire d'anatomie comparée au Muséum. Il était membre de l'Académie des Sciences depuis 1825. Après avoir publié plusieurs travaux importants, il commença en 1839 son *Ostéographie* qui parut par fascicules séparés formant chacun un tout complet. A sa mort, 24 avaient été publiés et il laissait le manuscrit du 25e qui est précisément celui des équidés et qui fut publié par les soins de M. Pol Nicard.

Ostéographie ou description iconographique comparée du Squelette et du Système dentaire des Mammifères récents et fossiles, pour servir de base à la Zoologie et à la Géologie par H. M. Ducrotay de Blainville, Membre de l'Institut (Académie des Sciences), Professeur d'Anatomie comparée au Muséum d'Histoire naturelle, etc. Ouvrage accompagné de 329 Planches lithographiées sous sa direction par M. J. C. Werner, Peintre du Muséum d'Histoire naturelle de Paris. Précédé d'une Etude sur la vie et les travaux de M. de Blainville par M. P. Nicard. *Paris, J. B. Baillière et fils; Londres, Hipp. Baillière; New-York, Baillière brothers; Madrid, Bailly-Baillière,* 1839-1864.

3 vol. in-4° contenant 25 fascicules paginés séparément. Le 25e, qui seul intéresse la présente bibliographie, porte le titre suivant :

Monographie du Cheval. G. Equus (1864).

Broch. in-4° de 80 p plus 2 fts pour l'explication des pl. et 5 pl. in-f°, lithographiées, dessinées par Delahaye et contenant de très nombreuses fig. sur l'ostéographie du cheval.

Ce fascicule comprend : Ostéographie — Odontographie — Des traces que le cheval a laissées dans les écrits des hommes — (Ce chapitre traite de l'origine du cheval et est le plus important) — Des traces que le cheval a laissées dans les monuments de l'art chez les anciens — Sur les traces que le cheval a laissées dans le sein de la terre — puis les notes de l'auteur et celles de M. Pol Nicard qui réfutent plusieurs assertions de l'auteur dans le chap : Des traces que le cheval a laissées dans les monuments de l'art.

BLAISE (Léon-Marcel).
Officier d'art¹ᵉ français, né en 1877, capⁿᵉ en 1910.

Harnachement et Traction des Voitures dans l'Artillerie Italienne, par M. Blaise, Lieutenant d'Artillerie — Avec 36 Figures dans le texte — *Paris et Nancy, Berger-Levrault,* 1906.

Broch. in-8° de 31 p.

BLANCARNOUX (Paul) et BLANCARNOUX (Pierre).

L'Agriculture au xxe Siècle. — Encyclopédie publiée sous la direction de H.-L.-A. Blanchon et J. Fritsch. — Constructions rurales. Matériaux — Habitations des Gens. Logements des Animaux et des Récoltes, par Paul Blancarnoux, Ingénieur civil (et) Pierre Blancarnoux, Publiciste agricole   Avec 56 illustrations (1). *Paris, Lucien Laveur,* S. D. (1909).

1 vol. in-16 de 2 fts pour les titres. 269 p. et 1 ft d'annonces.

La 3e partie traite des logements des animaux. Le chap. I, de la p. 75 à 103, avec 2 fig., contient les généralités dont la plupart sont applicables au logement des chevaux. Le chap. II, de la p. 104 à 141, avec 11 fig., traite spécialement des écuries.

BLANCHARD DE BOISMARSAS (C.-Olivier).

Employé au Ministère de l'Intérieur sous la Restauration.

Notice sur la nouvelle Statue Equestre de Louis XIV, fondue d'après le modèle de M. Bosio, membre de l'Institut ; précédée de quelques considérations critiques et d'un aperçu historique sur la Place des Victoires et sur les divers monuments qui l'ont décorée depuis sa construction ; avec une Gravure ; par C. Olivier Blanchard de Bois-

(1) Le titre de la couverture en indique à tort 57.

marsas. *Paris, M. Mondor; ibid., Martinet*, 1822.

Broch. in-8° de 23 p. avec 1 grav. représentant la statue.

BLANCHE (Eugène).

Officier du Train des équipages français. Né en 1855.

Organisation du Train dans les armées européennes ; par le Lieutenant Blanche, du 6° Escadron du Train des Equipages militaires. *Paris, R. Chapelot*, 1901.

1 vol. in-8° de VI-168 p.

BLANGY (LE COMTE A. DE).

Archéologue français, membre de la Société des Antiquaires et de la Société de l'Histoire de la Normandie.

La Forme des Tournois au temps du Roy Uter et du Roy Artus suivie de l'Armorial des Chevaliers de la Table ronde. *Caen, Imp. Charles Valin*, 1897.

1 vol. in-4° de 74 p. suivies de 150 f[ts]. contenant chacun les armoiries en couleurs d'un Chevalier de la Table ronde. A la suite, XVII p. pour la table alphabétique des noms des Chevaliers de la Table ronde avec la description de leurs armes et blasons et 1 f[t] pour la table des matières.

L'auteur signe à la fin de l'Avant-Propos qui occupe les 34 premières p. de l'ouvrage.

Le Chap. intitulé : *La forme qu'on tenoit des tournoys et assemblees au temps du Roy Uter pandragon et du Roy Artus entre les Roys et Princes de la grande Bretagne et chevaliers de la table ronde*, occupe les p. 43 à 74. Il donne le détail des règles d'après lesquelles étaient organisés les préparatifs, les formalités préliminaires, l'exécution et, finalement, la distribution des prix de ces belles fêtes hippiques.

BLANPRÉ (DE).

Conseil général de l'Orne — Session de 1840 — Première commission — Chevaux — Haras — Rapport fait par M. de Blanpré au Conseil général au nom de la 1re Commission. *Mortagne, Imp. Glaçon* (1840).

Broch. in-8° de 20 p.

Réquisitoire contre l'adm[on] des Haras que l'auteur accuse de contribuer à faire des chevaux de course, incapables d'aucun service, au lieu d'une bonne race de chevaux de commerce.

BLASIUS ou BLAES (Gérard).

Médecin flamand né près de Bruges, mort en 1682. Il étudia la médecine à Copenhague et à Leyde, où il fut reçu docteur de l'Université en 1646. Il se fixa ensuite à Amsterdam et devint en 1660 professeur de médecine et bibliothécaire à l'Université de cette ville.

Titre gravé dans un encadrement entouré de 5 portraits de savants :

Ger. Blasii Prof. Amst. Observata Anatomico Practica in Homine Brutisq. Variis. *Lugd. Batav. et Amstelodami apud Gæsbekios*. S. D.

Titre imprimé :

Gerardi Blasii ab Ost-Vliet, Méd. Doct. & Prof. Amstelod. Observata Anatomica in Homine, Simiâ, Equo, Vitulo, Ove, Testudine, Echino, Glire, Serpente, Ardeâ, variisque animalibus aliis. Accedunt extraordinaria in Homine reperta Praxin medicam æque ac Anatomen illustrantia. *Lugd. Batav. & Amstelod. apud Gaasbeeck*, 1674.

Pet. in-8° de 3 f[ts] pour les titres, la dédicace de Blasius à Wonter et Aegidius Valkenier et à Louis Trip, consuls et sénateurs de la République d'Amsterdam, sa lettre à l'Ami Lecteur, 141 p. et 4 f[ts] pour l index, avec 15 pl. contenant un grand nombre de fig.

Le cheval occupe les p. 50 à 61 avec 1 pl.

BLATIN (Henri).

Médecin français. Il a été l'un des fondateurs de la *Société protectrice des animaux*, 1808-1869.

Viande de cheval. Communications faites à la Société protectrice des Animaux. *Paris, de Soye et Bouchet*, 1864.

Broch. in-8° de 23 p. dont les 7 premières contiennent la communication du Dr Blatin sur l'usage alimentaire de la viande de cheval.

Usage alimentaire de la Viande de Cheval. Banquet des Hippophages. *Paris, Imp. de Soye*, 1865.

Broch. in-8° de 72 p. donnant le menu du banquet et signée par ses organisateurs, parmi lesquels le Dr Blatin. Voy. aussi, pour cet opuscule, Decroix.

Nos Cruautés envers les Animaux, au détriment de l'Hygiène, de la Fortune publique et de la Morale, par le Docteur H. Blatin, Vice-Président de la Société protectrice de l'Enfance, Vice-Président de la Société protectrice des Animaux ; Membre de la Commission d'hygiène du 6ᵉ Arrondissement et de la Société médicale d'Emulation, Membre honoraire de la Société médico-chirurgicale et des Sociétés protectrices de Bruxelles, Vienne, Hambourg, Trieste, Membre correspondant de plusieurs Sociétés médicales et scientifiques, Chevalier de la Légion d'honneur. *Paris, L. Hachette*, 1867.

1 vol. in-12 de 440 p.
Concerne en grande partie le cheval.

BLESSURES (LES) DU CHEVAL DE GUERRE.

Les Blessures du Cheval de guerre. *Paris et Nancy, Berger-Levrault*, 1893.

Broch. gr. in-8° de 11 p. Extrait de la *Revue de Cavalerie* et non mis dans le commerce.

BLESSURES (LES) PAR LE HARNACHEMENT.

Les Blessures par le Harnachement. *Paris et Limoges, Henri Charles-Lavauzelle*, S. D. (1900).

1 vol. in-8° de 100 p.
L'auteur étudie les différentes blessures, leurs causes, les palliatifs essayés jusqu'ici, les moyens préventifs et curatifs à employer et conclut que la selle actuelle et la répartition du paquetage doivent être modifiées. Cette étude ne s'applique qu'aux blessures des chevaux de selle.

BLÉAS (F.-M.)

Les Chevaux Bretons, par F.-M. Bléas, Eleveur, Lettre Préface de Mʳ A. de Mun, de l'Académie française, Député du Finistère. *Morlaix, Imp. A. Lejat*, S. D. (1913).

1 vol. in-8° obl. de 4 fᵗˢ pour le titre, orné de 3 vignettes et la Préface, 135 p. avec 62 fig. en phototypie d. l. t., dont plusieurs à pleine p. et une carte hippique de la Bretagne, se dépliant.

BLIER.

Rapport sur les maladies des Chevaux de Réquisition rassemblés à Rouen, présenté au Comité d'Instruction publique de ladite Commune ; par Blier fils, Maréchal-Expert. *Rouen, Imp. du District et du Journal*, An IIIᵉ de la République.

Broch. in-8° de 26 p.
En exécution des lois de vendémiaire et de germinal an II, des chevaux de réquisition, en nombre très considérable, avaient été rassemblés à Rouen et entassés aux « ci-devant Chartreux ». Plus de dix mille passèrent dans cet établissement. Naturellement ils furent décimés par des maladies de tout genre et il en périt beaucoup.

Blier avait été adjoint au citoyen Leprevost, « artiste vétérinaire », pour donner ses soins aux « chevaux de la République » réunis à Rouen. Sa curieuse brochure a pour but de prouver son zèle et de justifier son administration contre « les soi-disans savans, qui rôdent journellement dans nos dépôts, pour tâcher, sous les apparences de civisme et de patriotisme, d'exercer leur censure, etc, etc. »

On ne saurait sans doute affirmer que cette race ait, de nos jours, entièrement disparu.

BLONDEAU (J.), voy. **ALBUM DE LA SELLERIE FRANÇAISE** et **MONITEUR DE LA SELLERIE.**

BLONDEAU (Mᵉˡˡᵉ), voy. **SAINCTHORENT (DE).**

BLUMENTHAL (MADAME Jeanne DE), née DE PLATEN.

Femme de lettres allemande et gouvernante à la cour de la Princesse douairière du Prince Henri de Prusse (1). Elle était nièce de Zieten dont elle a retracé la vie dans l'ouvrage suivant :

La vie de Jean-Joachim de Zieten, Général de la Cavalerie au service de Prusse, Colonel du Régiment des Houssards du Corps, Chevalier de l'Ordre de l'Aigle Noir, Seigneur de Wustrau, etc., etc. Par Madame de Blumenthal, Grande-Gouver-

(1) Henri de Prusse, frère puîné de Frédéric le Grand, mort en 1802. Il s'était établi à Paris en 1788, mais la Révolution l'obligea à s'éloigner.

nante à la Cour de S. A. R. Madame la Princesse douairière du Prince Henri de Prusse *Berlin, chez Fr. de La Garde*, 1803.

2 vol. in-8° de 280-viii et xiv-336 p. avec, au T. I, 4 f^{ts} non ch. au commencement pour les titres et la dédicace au Roi et à la Reine de Prusse, et 4 également au T. II pour la dédicace à la Princesse douairière de Prusse, née landgrave de Hesse-Cassel, plus 4 à la fin pour la table. Une carte au T. I et une au T. II. Frontispice au T. I dessiné et gravé par F. Poolt, représentant la statue de Zieten à Berlin (1) entourée d'un groupe de militaires et un autre au T. II représentant les bas-reliefs de cette statue.

Ouvrage rare et intéressant par les détails qu'il donne sur Zieten, qui fut un des grands cavaliers du xviiie siècle, ainsi que sur l'organisation et les campagnes de la cavalerie prussienne pendant une partie du xviiie siècle et notamment pendant la guerre de Sept ans.

BOCH. ou BOCHIUS (Jean).

Littérateur et poète latin, né et mort en Belgique, 1555-1609.

Descriptio pvblicæ gratvlationis, spéctacvlorvm et Lvdorvm in Adventv Sereniss. Principis Ernesti Archidvcis Avstriæ, Dvcis Bvrgvndiæ, Comitis Habsp. Avrei velleris Equitis Belgicis provinciis a Regia Ma^{te} Cathol. Præfecti, an. 1694. xviii Kal. Ivlias, aliisqve diebvs Antverpiæ editorum. Cvi est præfixa, de Belgii Principatu a Romano in ea Provincia Imperio ad nostra usq. tempora breuis narratio. Ad Princip. Sereniss. et S. E. R. Cardinalem Archiepiscopum Toletanum Albertum Archiducem Austriæ, Ducem Burgundiæ, etc. Cum carmine Panegyrico in eiusdem Principis Ernesti suscepto a Regia Ma^{te} Catholica Belgicarum ditionum imperio, in easdem Prouincias aduentum. Accessit denique Oratio funebris in Archiducis Ernesti obitum iisdem Provinciis luctuosissimum. Omnia a Ioanne Bochio S. P. Q. A. a secretis conscripta. *Antverpiæ ex Officina Plantiniana,* 1595.

(1) Par le sculpteur Schadow.

Ce titre est gravé dans un frontispice allégorique. Les 48 premières p. sont occupées par « De Belgii Principatu brevis Narratio ». A la p. 49, se trouve un nouveau titre gravé dans un frontispice différent du précédent :

Descriptio Gratvlationis pvblicæ Spectacvlorvm et Lvdorvm, in adventv serenissimi Principis Ernesti Archidvcis Avstriæ, Dvcis Bvrgvndiæ, Stiriæ, Carinthiæ, Carniolæ, et Wittembergæ, Comitis Habspvrgi et Tirolis, Avrei Velleris Eqvitis, Belgicis Provinciis a Regia Maiest. Catholica Præfecti, An. Millesimo qvingentes, nonagesimo qvarto xviii Kal. Ivlias, aliisque diebvs Antverpiæ editorvm. *Antverpiæ, ex officina Plantiniana,* 1595.

1 vol. in-f° de 174 p. plus 1 f^t pour l'approbation, le privilège et la souscription suivante : *Antverpiæ, ex Officina Plantiniana, apvd Vidvam et Ioannem Moretvm,* 1595.

La description des fêtes est en prose, le panégyrique du prince Ernest en vers et son oraison funèbre (il était mort peu après son entrée) en prose, le tout en latin.

L'ouvrage contient 33 pl. à pleine p. mais qui comptent dans la pagination. La 1re représente un curieux défilé d'infanterie et de cavalerie. La dernière est intitulée : *Ludi equestres apparatissimi* et représente une cavalcade et des joutes ou tournois avec une multitude de personnages à cheval. Toutes deux sont signées : Petrus Vander Borcht. Les autres pl. n'ont pas de caractère hippique, sauf qu'elles contiennent quelques personnages à cheval : elles représentent des décorations architecturales et autres.

Historica narratio Profectionis et Inavgvrationis Serenissimorvm Belgii Principvm Alberti et Isabellæ, Avstriæ Archidvcvm. Et eorvm optatissimi in Belgium Aduentus, Rerumque gestarum et memorabilium, Gratulationum Apparatum, et Spectaculorum in ipsorum susceptione et Inavgvratione hactenus editorum accurata Descriptio Avctore Ioanne Bochio S. P. Q. A. secretis. *Antverpiæ, ex Officina Plantiniana, apud Ioannem Moretum,* 1602.

1 vol. in f° de 500 p., plus 6 f^{ts} pour les Omissa, une pièce de vers latins de

circonstance, l'index alphabétique, l'approbation, le privilège et la souscription : *Antverpiæ, ex Officina Plantiniana, apud Ioannem Moretum.* Anno 1602

Le titre est gravé dans un joli frontispice entouré d'attributs divers et surmonté des portraits en buste d'Albert et d'Isabelle. Dans le corps de l'ouvrage, il y a 3 autres titres dans de nouveaux frontispices, p. 195, 317, 409. Ce dernier est entouré des portraits en pied d'Albert et d'Isabelle. Ces parties contiennent des récits d'autres auteurs, le tout en latin, vers et prose entremêlés.

L'ouvrage contient 30 pl., y compris les titres frontispices du corps de l'ouvrage, et comprises dans la pagination. La pl. I représente le défilé des magistrats de la ville, tous à cheval, la pl. II des seigneurs à cheval saluant l'archiduc et sa femme, la pl. III l'entrée d'Albert et d'Isabelle dans la ville, à cheval (Isabelle assise à droite), précédés et suivis de nombreux cavaliers. Les autres pl. n'ont pas de caractère hippique, sauf le char de Neptune attelé de chevaux marins et quelques groupes ou cavaliers isolés en spectateurs au milieu des arcs de triomphe ou autres décorations.

BOCHART (Samuel).
Ministre protestant, philologue et théologien français, 1599-1667.

Bochart était considéré comme un des plus savants hommes du monde. Après avoir étudié la théologie, il apprit l'hébreu, l'arabe, le syriaque, le chaldéen, le persan, le copte, le celtique, l'italien, l'anglais et demanda au juif Ludolf, qui savait 25 langues, des leçons d'éthiopien. En 1625, il fut nommé ministre à Caen et y demeura 43 ans. En 1628, il soutint, contre le jésuite Véron, une discussion publique qui dura 9 jours.

Un de ses principaux ouvrages concerne en partie le cheval, l'âne et les autres équidés, y compris les centaures et certains animaux fabuleux. Il écrit en latin et traite des animaux dont il est question dans les saintes écritures. Mais Bochart ne s'y occupe pas seulement de leurs rapports avec les textes religieux : il y étudie aussi leur histoire naturelle, leurs origines, leur emploi, les traditions, anecdotes, proverbes, etc., qui les concernent.

Hierozoicon Sive bipartitum opus de Animalibus sacræ Scripturæ. Pars prior agit Libris quatuor de Animalibus in genere et de Quadrupedibus viviparis et oviparis — Pars posterior Agit Libris sex de Avibus, Serpentibus, Insectis, Aquaticis et Fabulosis Animalibus — Cum Indice septuplici. I Locorum Scripturæ. II Auctorum qui citantur. III Vocum Hebraici, Chaldaici, Syriaci, Samaritanici & Æthiopici sermonis. IV Vocum Arabicarum. V Grecarum. VI Romanorum quæ passim explicantur. VII Rerum — Auctore Samuele Bocharto. *Londini, excudebat Tho. Roycroft, Regiæ Majestatis in Linguis Orientalibus Typographus; Impensis Jo. Martyn & Jac. Allestry, ad insigne Campanæ, in Cœmeterio D. Pauli,* 1663.

2 vol. in-f° de 48 f^{ts} non ch. pour le titre, rouge et noir, la dédicace de Bochart au Roi Charles II. surmontée des armes d'Angleterre, la préface, l'avertissement, l'index des chapitres, le portrait de Bochart par L. Lochon, avec un quatrain latin au bas, 1094 col. de texte (l'ouvrage est imprimé sur 2 col.), plus, à la fin, 64 f^{ts} non ch. pour l'index des passages des Saintes Ecritures cités, celui des auteurs cités, loués, critiqués ou corrigés, les mots hébreux, chaldéens, syriaques, samaritains, éthiopiens, dont l'explication est donnée dans cette 1re partie, l'index alphab. des sujets traités, les errata et addenda et un curieux salut Lectori Candido signé par 3 savants : Guillaume Kings, Jean Cant, Olaf Sylvestre. Le tout pour le T. I.

Le T. II, dont le titre est un peu abrégé, contient 4 f^{ts} liminaires, 888 col. de texte, et, à la fin, 56 f^{ts} non ch. pour les mêmes pièces qu'au T. I.

Le cheval occupe les chap. VI à XI, l'âne les chap. XII à XVIII (11), le mulet les chap. XIX à XXI du Livre I du T. I. Le chap. XXII : Cur animalia heterogenea copulare per legem Mosis non licuerit, traite aussi du mulet. L'onagre occupe le chap. XVI du Livre III.

Le Livre VI du T. II traite des animaux douteux ou fabuleux, parmi lesquels l'Onocentaure, avec une longue dissertation sur l'existence des centaures, qui occupe le chap. X, le Monoceros ou Asinus Indicus est au chap. XII ; le chap. XIII traite des animaux fabuleux chez les Arabes, parmi lesquels les chevaux de Mahomet : « jumentum fulgure volocius ».

D'autres éd^{ons} du *Hierozoïcon* ont été publiées à Francfort-sur-le-Mein chez

(1). Avec une curieuse dissertation sur la prétendue tête d'âne adorée par les Juifs dans le temple de Jérusalem. Sur le même sujet, voy. V:rcontre.

David Zunner en 1675 ; à Leyde et Utrecht chez Corneille Boutesteyn, Jordan Luchtmans et Guillaume Van de Water en 1692 ; cette éd[on] forme les tomes II et III des Œuvres complètes ; à Leyde et à Utrecht chez les mêmes en 1712. Ces éd [ns] sont in-f°. Celles de 1692 et 1712 ont la même pagination et le même texte que la 1re, et n'en diffèrent que par des pièces accessoires, notes nouvelles, corrections, rectifications, dédicaces des annotateurs, frontispice et vignettes ajoutés, etc.
Il est probable qu'il en est de même de celle de 1675, mais je n'ai pu la rencontrer (1).

L'éd[on] suivante, d'un format différent, a été publiée à la fin du XVIIIe siècle :

Samuelis Bocharti Rhotomagensis, Ecclesiæ Cadomensis olim Pastoris Hierozoicon sive de Animalibus S. Scripturæ recensuit suis notis adiectis Ern. Frid. Car. Rosenmüller (2) Phil. Doct. A. A. L. L. M. *Lipsiæ, in Libraria Weidmannia*, 1793-1794-1796.
3 vol. in-4° de XX-820, X-870, et XVI-1092 p.
Le cheval, l'âne, le mulet, l'onagre et les équidés fabuleux occupent les mêmes livres et chap. qu'à l'éd[on] de 1663 décrite ci-dessus. Mais Rosenmüller a eu la singulière idée de renvoyer, dans ses tables et index, aux p. de cette éd[on] de 1663 au lieu de celles de sa propre éd[on] ; pour trouver le sujet traité, il faut suivre le numérotage des chap. Cette éd[on] est très bien imprimée et plus facile à lire que les éditions in-f°.

L'ouvrage du savant pasteur, alourdi par d'innombrables notes et citations dans toutes les langues du monde, est prodigieusement indigeste. Dans les éd[ons] suivantes, Jean Leusden et Rosenmüller y ont encore ajouté leurs propres notes et commentaires, ce qui n'en facilite pas la lecture, mais le *Hierozoïcon* n'en contient pas moins des passages très curieux sur les chevaux et les divers équidés.

BOCHETEL (G.), voy. ENTRÉES DE LA REINE ELÉONORE.

(1) Brunet ne cite que les œuvres complètes et l'éd[on] in-4°. Il ne parle ni de la 1re ni de celle de 1675.
(2) Rosenmüller (Ernest-Frédéric-Charles), savant orientaliste et théologien protestant allemand, professeur de langues orientales à l'Université de Leipzig, 1768-1835.

BODENHORST, (voy. SCHLIEBEN).

BODET (J.).
Ecole impériale vétérinaire de Toulouse — De l'alimentation du Cheval, par J. Bodet, né à Saint-Médard-de-Guizières (Gironde) — Thèse pour le diplôme de Médecin-Vétérinaire. *Montauban, Typ. Victor Bertuot*, 1868.
Broch. in-8° de 37 p. Dédicace de l'auteur à ses parents, ses professeurs et ses amis.

BODIN (Eugène).
Médecin français, né en 1868.
Faculté de médecine de Paris — Thèse pour le doctorat en Médecine présentée et soutenue le Mercredi 29 avril 1896, à 1 heure, par Eugène Bodin, Né à Rennes (Ille-et-Vilaine) le 18 février 1868, ancien interne de l'Hôtel-Dieu de Rennes, Lauréat de l'Ecole de médecine de Rennes (Médaille d'argent, 1888), ancien interne des hôpitaux de Paris — Les Teignes tondantes du Cheval et leurs inoculations humaines — Président M. Fournier, professeur ; Juges MM. Straus, professeur, Gaucher et Netter, agrégés — *Paris, G. Steinhel*, 1896.
1 vol. in-4° de 128 p. avec 16 fig. d. l. t. Dédicace de l'auteur à ses professeurs.

Sur l'origine saprophytique des Pasteurelloses Equines, par MM. les Docteurs E. Bodin et G. Geay. *Paris, Imp. Nationale*, 1910.
Broch. in-8° de 8 p. (Extrait des *Comptes rendus du Congrès des Sociétés savantes en 1909*. Sciences.)

BOËLLMANN (Jules).
Vétérinaire militaire français ; né en 1852, diplômé d'Alfort en 1875, vétérinaire principal en 1906, retraité en 1906.

De la Fulguration — Histoire, Etiologie, Statistique, Pathologie, Pathogénie et Médecine légale des Accidents déterminés par la Foudre sur l'Homme et les Animaux, par J. Boëllmann, Vétérinaire en 1er au 14e Régiment de Chasseurs. *Paris, L. Baudoin*, 1888.
1 vol. in-8° de 104 p.

Les observations relatées concernent en partie le cheval. Elles font ressortir la facilité avec laquelle les quadrupèdes sont foudroyés à côté de leurs conducteurs restant indemnes (1). Sur le même sujet, voy. Laquerrière (Albert).

Etude sur le Surmenage du Cheval, par J. Boëllmann, Vétérinaire en 1er, Chef de service à la Légion de la Garde Républicaine, Chevalier de la Légion d'honneur. *Paris et Nancy, Berger-Levrault*, 1899. 1 vol. gr. in-8° de 95 p.

BOGHAERT-VACHÉ (A.).

Royaume de Belgique. 75e Anniversaire de l'Indépendance nationale — Commission nationale des Fêtes de 1905. Section militaire — Grand Cortège Historique et Allégorique organisé à Bruxelles par les Soins du Gouvernement — Sorties : 22 juillet, 6 et 15 août 1905 — Programme et Notice par A. Boghaert-Vaché — *Bruxelles, Imp. et Lith. Corné-Germon*, S. D. (1905).

Broch. in-8° de 48 p. avec couverture illustrée et 12 pl. par F. Maglin, représentant différents groupes de la cavalcade.

Pour le Tournoi organisé à la même occasion, voy. *Tournoi de Chevalerie (Scenario du)* et *Prelle de la Nieppe (E. de)*. Pour la description générale des fêtes, voy. *Jubilé national de 1905*.

BOGUSLAWSKI et COUTURIER (A.-A.), traducteur.

Boguslawski, officier allemand ; Couturier (Antoine-Alphonse), général français (inf^{ie}), né en 1846, sous-lieut^t en 1866, général de div^{on} en 1908.

Publications de la Réunion des Officiers — Mélanges militaires (2e Série) IV. V. — Rôle et Tactique de la Cavalerie, par Boguslawski, traduit de l'Allemand par M. Couturier, lieutenant au 55e d'infanterie. *Paris, Ch. Tanera*, 1873.

(1) J'en ai vu les exemples les plus extraordinaires dans le cours de ma carrière et notamment en 1873, en Algérie, où 8 chevaux de mon régiment furent foudroyés sous un hangar, sans que les cavaliers qui étaient au milieu d'eux fussent atteints. Depuis l'installation des tramways électriques à conducteurs souterrains, de nombreux chevaux ont été foudroyés en passant sur les *plots*, et leurs conducteurs sont restés indemnes.

Broch. pet. in-8° de 18 p.
Etude sommaire, mais intéressante, de l'emploi de la cavalerie dans les guerres récentes.

BOHAN (François-Philibert LOUBAT, BARON DE).

Officier de cavalerie français, 1751-1804.

Entré en 1768 à l'Ecole militaire, où il fut élève de d'Auvergne, il en sortit comme sous-lieut^{nt} à Royal-Pologne. Capitaine en 1776, il devint colonel des Dragons de Lorraine en 1784 et fut en même temps Major général de la gendarmerie.

C'est à ce titre qu'il dirigea le manège de Lunéville, rival de celui de Saumur. Retraité en 1791, il se retira à Bourg, où il fut nommé commandant de la Garde nationale à cheval, ce qui ne l'empêcha pas d'être déclaré suspect par le conventionnel Albite, qui logeait dans sa propre maison. Ce fait seul, dit Delalande, lui sauva la vie.

Il vécut alors dans la retraite, s'occupant de travaux scientifiques et entouré de l'estime de ses concitoyens.

Examen critique du Militaire français, suivi des principes qui doivent déterminer sa constitution, sa discipline et son instruction, par L. B. D. B. *Genève*, 1781.

2 parties en 3 vol. in-8° de XXII-325 p., XVI-231 p., et IV-191 p., avec 2 tableaux au T. I, 4 pl. h. t. au T. II et 6 au T. III.

Le tome I passe en revue la constitution, la discipline, l'habillement, le harnachement, l'organisation et l'administration pour l'infanterie, le génie et la cavalerie, mais cette dernière y tient une place prépondérante.

Le tome II contient la tactique et les manœuvres de l'infanterie et de la cavalerie.

Le tome III est exclusivement consacré à la cavalerie et comprend les chapitres XII, *Principes pour monter et dresser les chevaux de guerre*, et XIII, *Ecole particulière des régiments de cavalerie*.

Le tome III a été réimprimé à part sous le titre suivant :

Principes pour monter et dresser les Chevaux de guerre, formant le 3e volume de l'ouvrage de M. le Baron de Bohan, intitulé : *Examen critique du Militaire français*, suivi de passages extraits des tomes 1 et 2, qui ont paru les plus dignes d'être conservés. *Paris, Anselin et Pothard*, 1821.

1 vol. in-8° de x-334 p. avec 6 pl.

Dans un *avis aux éditeurs*, daté de l'Abb... le 29 août 1820 et signé de R..., Capitaine aux hussards du ...... (1), cet officier, qui a dirigé la réimpression de l'ouvrage de Bohan, annonce qu'il a « retranché quelques passages qui ne « paraissoient plus en harmonie avec les « idées actuelles », et qu'il y a joint « des fragmens extraits des deux pre-« miers volumes et quelques lignes en « forme de notes ».

Mémoire sur les Haras considérés comme une nouvelle richesse pour la France, et sur les moyens qui peuvent augmenter les avantages de la Cavalerie française, par le feu Baron de Bohan, Colonel de Dragons, Aide-Major général de la Gendarmerie, revus et publiés par Jérôme Delalande. *Paris, Courcier*, An XIII — 1804.

1 vol. in 8° de VIII-90 p.

Dans la 1re partie de l'ouvrage, Bohan adopte l'utopie de l'Etat producteur et développe tout un plan pour cet objet. Mais il faut dire qu'à l'époque où il écrivait, l'industrie chevaline française était complètement anéantie et que beaucoup de gens pensaient qu'elle ne pouvait se relever qu'avec la participation effective de l'Etat.

La 2e partie, relative à la cavalerie, est plus intéressante. Bohan y montre qu'il possédait à fond la connaissance de son arme.

Jérôme Delalande, qui a publié ce livre après la mort de Bohan dont il était l'ami intime, n'était autre que le

---

(1) D'Aldézuier (voy. ce nom) nous apprend dans son ouvrage : *Des Principes qui servent de base à l'Instruction et à la Tactique de la Cavalerie*, p. 90, que l'initiale de R... désigne M. de Rochemur. Il n'y avait, à cette époque, d'autre officier portant ce nom que M. Carra de Rochemur (Jean-Louis), né en 1796, entré au service à la 2e compagnie de Mousquetaires en 1814, passé comme lieutenant aux Dragons du Rhône en 1815, puis au 2e régiment de Grenadiers à cheval de la Garde en 1820. Nommé capitaine au 1er Carabiniers en 1826, il fut autorisé à conserver son emploi de lieutenant dans la Garde royale et donna sa démission en 1828. C'est certainement de cet officier qu'il s'agit, puisqu'il était seul de son nom dans l'armée. Une note manuscrite, sur un exemplaire qui m'a été communiqué, le confirme d'ailleurs. Pourquoi, de l'Abbaye où il expiait sans doute quelque frasque de jeunesse, s'intitule-t-il capitaine de hussards ? Je n'ai pu jusqu'ici le découvrir.

célèbre astronome. Tous deux étaient membres de la Société littéraire de Bourg avant la Révolution.

De Lalande a inséré, en tête de l'ouvrage — devenu très rare — une biographie de son ami.

Le nom de Bohan mérite d'être conservé dans la mémoire des cavaliers. Il s'éleva, souvent avec succès, contre la routine des règlements de son époque, et surtout celui de 1777; recommandant l'équitation d'extérieur, le travail quotidien, et proscrivant, non sans vigueur, « les singeries » et les « chipotteries » de ses devanciers. Il était doué d'un remarquable esprit d'observation et beaucoup de ses préceptes ou de ses critiques, frappés au coin du bon sens, n'ont pas vieilli.

L'ordonnance de l'an XIII, dit l'avertissement de l'édition de 1821, lui doit une grande partie de ses détails et de ses meilleurs principes.

L'*Examen critique* a été traduit à l'étranger et notamment en portugais, *Li bonne, Ferreira*, 1791, in-8°. L'ouvrage de 1821 a été traduit en espagnol, *Madrid*, 1827, in-8°.

BOIGNE (Pierre-Charles-Benoist de).

Littérateur français, 1808-18... Il a écrit quelques ouvrages de littérature légère, un ouvrage sur les chemins de fer et l'étude hippique suivante :

Du Cheval en France, par Charle (sic) de Boigne. *Paris, Bohaire*, 1843.

1 vol. in-8° de XVI-320 p. Dédicace à M. Achille Fould, député, (voy. ce nom). Ecrit à un moment où (déjà !) les Haras n'étaient pas d'accord avec la Guerre, ce livre a pour but de défendre la première de ces administrations.

BOILLEAU (Jean-Louis).

Notaire et adjoint-maire du 2e Arrondt de Paris sous le 1er Empire.

Eloge historique du Général d'Hautpoul, Inspecteur Général de Cavalerie, Commandant la deuxième Division de Cuirassiers, Grand Officier, décoré du Grand Cordon de la Légion d'Honneur et Membre du Sénat conservateur. *Paris, Imp. P. Didot l'aîné*, 1807.

1 vol. in-8° de 101 p. Les 8 premières, qui comprennent les faux-titre et titre, la dédicace de l'auteur à S. M. l'Empereur et Roi et l'Avertissement, ne sont pas chiffrées.

Le nom de l'auteur ne figure pas au titre, mais il signe la dédicace.

Boilleau était un ami personnel du G^al d'Hautpoul, qui fut un des grands cavaliers de la République et de l'Empire. Son biographe donne le récit des principales actions de guerre auxquelles prirent part d'Hautpoul et sa cavalerie. Mais il ne donne aucune date, de sorte que son historique n'est pas très facile à suivre.

L'ouvrage a été publié la même année, avec la même pagination, chez le libraire A. Bertrand, également à Paris.

BOIRET (H.).

Chaire d'Agriculture de la Haute-Savoie — La Production Mulassière en France. Passé, Présent, Avenir, par H. Boiret, Professeur Départemental d'Agriculture. *Annecy, Imp. Hérisson f^res*, 1909.

Broch. in-8° de 38 p.

BOISDEFFRE (Jean-Baptiste LE MOUTON, CHEVALIER DE) (1).

Officier de cavalerie et écuyer français, 1747-1827.

Lieutenant aux Carabiniers du Comte de Provence en 1775 et chargé de l'enseignement de l'équitation au corps, puis sous-gouverneur des pages de la grande Ecurie jusqu'en 1792 ; il fut ensuite écuyer à l'Ecole de St-Cyr en 1811, 1812 et 1813. Il était un des élèves les plus remarquables de d'Auvergne.(2).

Principes de Cavalerie, par M. le Chevalier de Boisdeffre, ancien lieutenant de Carabiniers avec commission de capitaine, élève de l'Ecole royale Militaire. *Paris, chez Didot fils aîné, rue Dauphine*, 1788.

1 vol. in-16 de 2 f^ts non ch. pour le titre et la dédicace « à Monsieur d'Au-« vergne, lieut^nt colonel de cavalerie, « commandant l'équitation de l'Ecole « royale Militaire » et 211 p.

Malgré le titre de cet ouvrage, l'équitation et le dressage y tiennent plus de place que la cavalerie proprement dite. Cependant, l'instruction de la 1re classe indique que « c'est une troupe qu'il faut dresser en « l'habituant à « l'ensemble » et la 2e partie est consacrée à la manœuvre de l'escadron et du régiment.

(1) Jean-Baptiste de Boisdeffre est dit, dans certains papiers de famille, Jean-François-René. (Communication du Gal de Boisdeffre, petit-neveu de l'auteur.)

2) Duplessis, *L'Equitation en France.*

Principes d'Equitation et de Cavalerie, par J.-B. Boisdeffre, ancien élève de l'École Militaire. *Paris, Magimel*, an XI (1803).

1 vol. in-12 de 212 p.

C'est une 2e éd^on de l'ouvrage précédent, mais entièrement remaniée. Certains articles, notamment pour le dressage, ont été mis dans un ordre plus logique, et une table des matières a été ajoutée. La dédicace à M. d'Auver, 1e a disparu et certains exemplaires en contiennent, paraît-il, une au Prem: Consul.

Principes de Cavalerie par le Chevalier de Boisdeffre, ancien lieutenant de Carabiniers avec commission de capitaine, Elève de l'Ecole Royale Militaire. Avec avant-propos et notes par le Lieut^nt de réserve Bonnet, du 24e Régiment d'Artillerie. *Paris, Henri Charles-Lavauzelle,* S. D. (1897).

Broch. in-8° de 94 p.

C'est une nouvelle éd^on de l'ouvrage de 1788.

Observations sur l'établissement d'une Ecole de Cavalerie par le Chevalier de Boisdeffre, Elève de l'ancienne Ecole royale militaire et Auteur d'un ouvrage intitulé *Principes d'Equitation et de Cavalerie*. *Versailles, chez Vitry*, S. D. (vers 1810).

Broch. in-8° de 8 p.

Il est probable que cet opuscule — devenu introuvable — a contribué à faire nommer le Chev^er de Boisdeffre écuyer à St-Cyr.

Il est aussi l'auteur d'autres ouvrages étrangers à l'équitation : *Tableau de la France révolutionnaire, Leipzig, Maklot et Gebhardt*, 1794 et *Courtes réflexions sur les Mémoires de Dumouriez, Hambourg*, 1794.

BOISGILBERT.

Pseudonyme de M. Dubois (Jean-Charles), né en 1835, sous-lieut^nt en 1857, capitaine en 1867. Il était capitaine instructeur au 2e chasseurs quand il est passé dans l'intendance, en 1871. Sous-Intendant de 1re cl. en 1886, retraité en 1895.

L'Officier d'Infanterie à cheval, par Boisgilbert. *Paris, R. Chapelot*, 1903.

Broch. in-8° de 14 p.

L'auteur conseille, pour reprendre l'habitude du cheval, quand on a interrompu cet exercice pendant un temps plus ou moins long, le travail au galop sans étriers et en donne la progression.

Baucher et l'Equitation d'extérieur — Ses dernières Instructions, par Boisgilbert. *Saumur, J.-B. Robert*, S. D. (1909).
Broch. in-16 de 54 p. dont VIII pour les titres et l'Avant-Propos.

BOISSE (Cosme-Henry).
Vétérinaire militaire français, né en 1858, diplômé de Lyon en 1879, vétérinaire major en 1908.

De l'Erythème solaire chez le cheval, par M. H. Boisse, Vétérinaire en second au 22ᵉ Dragons. *Reims, Imp. Matot-Braine*, 1887.
Broch. gr. in-8° de 39 p. Dédicace à Mᵐᵉ Vᵛᵉ Élie Augay.
Etude sur le *coup de soleil* des chevaux, inconnu en France; mais bien connu des Africains et qui cause les plus vives douleurs aux animaux qui en sont atteints.

Traitement de la fourbure chronique, par H. Boisse, Vétérinaire en second au 22ᵉ Dragons, Membre correspondant de la Société des Sciences physiques, naturelles et climatologiques de l'Algérie. *Paris et Limoges, Henri Charles-Lavauzelle*, 1890.
Broch. in-8° de 48 p. avec 15 fig. d. l. t. Dédicace au général Faverot de Kerbrech.

Castration sans douleur des Animaux mâles par des Injections de Cocaïne par M. Boisse, Vétérinaire en 1ᵉʳ au Dépôt de Remonte de Mâcon. S. L. N. D., *ni nom d'imprimeur*. (*Mâcon, presse régimentaire du 134ᵉ d'Inf^ie*, 1904.)
Broch. gr. in-8° de 22 p.

BOISSIER (E.).
Considérations pratiques sur l'emploi du Cheval de Mine dans le bassin houiller du Gard, par E. Boissier, Vétérinaire. *Alais, J. Martin*, 1895.
1 vol. in-8° de 190 p. avec 1 pl. se dépliant.
Voy. sur le même sujet André (Étienne).

BOITELLE (Albert-Eugène).
Vétérinaire militaire français, né en 1866, diplômé d'Alfort en 1889, vétérinaire en 1ᵉʳ en 1904, retraité en 1912.

Le meilleur Modèle sous ses différents aspects et la question chevaline par A. Boitelle, Vétérinaire militaire — Avec 13 fig. dans le texte — *Paris et Limoges, Henri Charles - Lavauzelle*, S. D. (1903).
1 vol. in-8° de 337 p.

BOJANUS (Ludwig-Heinrich).
Savant médecin hessois, 1776-1827.
Le gouvernement de Hesse-Darmstadt, voulant fonder une Ecole vétérinaire, Bojanus fut envoyé en mission et étudia l'enseignement vétérinaire à Alfort où, sur la recommandation de Chaptal, il fut inscrit en 1801 comme *Elève amateur*, puis à Londres, à Hanovre, à Copenhague, à Berlin et à Dresde. Professeur d'Art vétérinaire en 1804 à Wilna, où plus tard fut fondé un Institut dont il eut la direction, il publia d'importants ouvrages et, en particulier, en 1805, un Mémoire remarquable sur le but et l'organisation des Ecoles vétérinaires. En 1814, il fut nommé professeur d'anatomie comparée et se retira à Darmstadt en 1824.

Ses ouvrages ont été publiés en allemand, sauf un mémoire en latin sur la médecine vétérinaire en général et un autre en français dont la description suit.

Bojanus est souvent cité dans l'*Histoire de l'Ecole d'Alfort* de MM. Railliet et Moulé (voy. ces noms), à cause des intéressantes observations qu'il fit sur l'organisation, le fonctionnement et l'enseignement de cette Ecole dans son ouvrage sur l'organisation des Ecoles vétérinaires.

Des principales causes de la dégénération des Races des Cheveaux (sic) et des règles à suivre pour les relever. Discours prononcé à l'ouverture solemnel (sic) du Théatre anatomique à l'Université Impériale de Vilna l. 13 Oct. 1815 par L. H. Bojanus. *A Vilna, de l'Imp. de Joseph Zawadeki*, 1815.
Broch. in-8° de 33 p.
Petit ouvrage de la plus insigne rareté. Huzard — qui avait tout — ne le possédait pas et je ne l'ai jamais rencontré. J'en dois la description à l'obligeance de M. Neumann qui l'a découverte dans une *Esquisse biographique* sur Bojanus, publiée en allemand par A.-J. Adamowycz, professeur à Wilna.

M. Neumann (voy. ce nom) donne d'ailleurs des détails complets sur Bojanus et sur ses ouvrages dans ses *Biographies vétérinaires.*
La bibliographie hippique anglaise de Huth cite aussi l'ouvrage de Bojanus sur la Dégénération des Races de Chevaux, mais sans aucun détail.

BOLE, voy. POSTE AUX CHEVAUX.

BONA (T.).
Architecte belge, directeur de l'Ecole de tissage et de dessin industriel de Verviers, mort en 1866.
Manuel des Constructions rurales. 5ᵉ *Edition*, complètement refondue, par T. Bona, ancien Architecte, Directeur de l'Ecole de tissage et de dessin industriel de Verviers, auteur du *Tracé et ornementation des Jardins*, membre de plusieurs Sociétés agricoles — Accompagné de 200 figures — *Bruxelles, Rozen,* 1879.
1 vol. in-12 de 296 p. dont IV pour un avis de l'éditeur dans lequel il annonce que les édᵒⁿˢ précédentes sont l'œuvre de plusieurs auteurs et que celle-ci est la 1ʳᵉ signée par M. Bona.
Les écuries occupent les p. 166 et suiv., avec 8 fig.

BONACOSSA (Hippolyte).
Gentilhomme et jurisconsulte de Ferrare, XVIᵉ siècle.
Compendiosus in materia Equorum Tractatus Iv. Vt. D. Collegiati D. Hippolyti Bonacossæ, nobilis Ferrariensis, Judicibus, Advocatis et Procuratoribus proficuus. *Venetiis, apud Franciscum de Franciscis Senensem,* 1564.
C'est le titre de la 1ʳᵉ partie du *Tractatus* qui en contient trois. La 2ᵉ porte le titre suivant :

Secunda Pars. Tractatus in materia Equorum Hippolyti Bonacossæ Iv. Vt. D. Ferrariensis, *Ferrariæ, Typis Francisci Rusci de Valentia,* 1564.
La troisième porte le titre suivant :

Tertia Pars. Tractatus in materia Equorum Hippolyti Bonacossæ Iv. Vt. D. Ferrariensis, 1565.
A la fin, en souscription :

Ferrariæ, Excudebat Franc. Roscius Valentianus, 1565.
1 vol. in-8° de 40 p. pour la 1ʳᵉ partie, 36 pour la 2ᵉ et 26 pour la 3ᵉ. A la fin de la 2ᵉ partie on lit : « Errata insignora Venetæ impressionis ». Dédicace au Prince François d'Este, Marquis de Massa, etc.
Cette édᵒⁿ est de la plus insigne rareté. J'en dois la description à l'obligeance d'un professeur d'Alexandrie qui a trouvé l'ouvrage dans une bib. de cette ville.

Tractatus in materia Equorum. Mag. & Excellentiss. D. Hippolyti Bonacossæ, Iu. Cons. ac Nobilis Ferrariensis. Novissimè ab ipso recognitus ac CLXXX Questionibus auctus. Summa, ac diligenti cura impressus. Cvm Privilegiis. *Venetiis,* 1574, *apud Damianum Zenarum.*
1 vol. pet. in-8° de 28 fᵗˢ non ch. pour le titre, la dédicace au Prince François d'Este, l'index et 200 p. A la fin, on lit : *Venetiis, Excudebat Aegidius Regazola,* 1574. Dans cette édᵒⁿ, une 4ᵉ partie a été ajoutée. Jolies lettres ornées en tête des principales divisions. Marque de l'imprimeur sur le titre.

Même ouvrage, même titre, même libraire, 1590.
Sans changement, sauf que la souscription au nom d'Aegidius Regazola a disparu.

Tractatus in materia Equorum. Mag. & Excellentiss. D. Hippolyti Bonacossæ, Iu. Cons. ac Nobilis Ferrariensis. Novissimè ab ipso recognitus, ac CLXXX Quæstionibus auctus. Summâ ac diligenti curâ impressus. *Augustæ Vindelicorum* (1), *Sumptibus Joannis Weh Junioris, ex Typographeo Ulmensi, Matthæi Wagneri,* 1678.
1 vol. in-4° de 128 p. et, à la fin, 8 fᵗˢ non ch. pour l'Index. Même dédicace et même texte qu'aux édᵒⁿˢ précédentes. Marque de Mathieu Wagner sur le titre.
Il semble probable que cet ouvrage a eu d'autres édᵒⁿ entre 1574 et 1678, mais je n'en connais pas.
Les contestations auxquelles donnent lieu le commerce, le louage, l'habitation ou le simple usage des chevaux sont très anciennes. Les premières lois sur la question remontent à la fin de la Répu-

(1) Augsbourg.

:blique romaine, époque à laquelle fut publié un Edit des Ediles qui réglait certaines difficultés. Ces lois tombèrent en désuétude et ce ne fut qu'au xve siècle que quelques municipalités italiennes commencèrent à faire entrer la loi dans les contrats en fait d'animaux. A peu près vers la même époque, les Anglo-Saxons définirent les vices rédhibitoires et réglèrent les contestations de vente et d'achat des animaux domestiques (1).

Le livre de Bonacossa semble être le premier recueil complet publié sur la matière. Il semble n'avoir jamais été traduit, ni en italien, ni en français.

L'ouvrage donne la solution de 550 questions litigieuses et on se demande ce que le bon Bonacossa a oublié : accidents de route ou d'auberge, accidents causés par les chiens ou les bêtes féroces, difficultés entre vendeurs, acheteurs, loueurs, prêteurs, vols, recels et jusqu'aux legs et testaments concernant les chevaux : tout est défini et réglé. Il prévoit les accidents les plus bizarres et les plus compliqués : un cheval est mordu par un chien ; il rue et tue un porc placé derrière lui. Qui est responsable ? Et cent autres de ce genre. Mais quel latin ! Celui des médecins de Molière en donne une assez juste idée.

BONALD (Louis-Gabriel-Ambroise, VICOMTE DE).

Littérateur, sociologue, moraliste et homme politique français, 1754-1840. Entra tout jeune aux mousquetaires où il servit jusqu'à leur suppression en déc. 1776, fut président du dép[t] de l'Aveyron, émigra en 1792, servit à l'armée des princes, puis se retira en Suisse. Il rentra secrètement en France en 1797 et fut rayé de la liste des émigrés en 1802. Elu député de l'Aveyron en 1815, il fut réélu en 1821 et nommé pair de France en 1823. Il refusa le serment en 1830 et passa les dix dernières années de sa vie dans ses terres de l'Aveyron. Il était membre de l'Académie française depuis 1816.

Chambre des Députés — Opinion de M. de Bonald, Député de l'Aveyron, Sur le Chapitre XI du Budget de la Guerre — Séance du 20 Juin 1820. *Paris, Hacquart*, (1820).

Broch. in-8° de 10 p.

L'orateur demande que la remonte augmente ses prix et qu'elle n'achète que des chevaux français.

(2) Prangé. *Discussion de la Loi de 1838.* (Voy. Discussion.)

Chambre des Députés — Opinion de M. de Bonald, Député de l'Aveyron, sur l'Article du Budget du Ministère de l'Intérieur relatif aux Haras — Séance du 21 Mars 1822. *Paris, Hacquart* (1822).

Broch. in-8° de 7 p.

L'orateur revient sur les précédentes propositions et défend les Haras.

BONAMY (Eugène).

Morve aiguë chez l'Homme. Influence des conditions individuelles sur son développement ; par Eugène Bonamy D.-M., Médecin-Suppléant à l'Hôtel-Dieu de Nantes. *Nantes, Imp. Camille Mellinet*, S. D. (1842).

Broch. in-8° de 24 p.

BONHEUR (Marie-Rosalie, dite Rosa).

Peintre d'animaux, 1822-1899. Rosa Bonheur a représenté les animaux les plus variés, presque toujours cependant, sauf dans quelques études, les animaux domestiques. Son œuvre comprend un assez grand nombre de tableaux ou de dessins dont les Chevaux constituent le sujet principal ou accessoire. Elle a choisi la plupart de ses modèles parmi les chevaux de trait ou de labour, mais a cependant représenté toutes les races.

Parmi ses principales œuvres hippiques qui ont été reproduites par la gravure ou la lithographie, on peut citer :

Par Laurens, lithographe : Cheval Percheron et études diverses de différentes parties du cheval, d'après ses tableaux ou dessins ;

Par Sirouy, lithographe : Etudes de chevaux, Cheval Anglais demi-sang ;

Par Soulange Teissier, lithographe : Cheval Breton.

Par W. Simmons et Atkinson, graveurs : Le Marché aux Chevaux, le vaillant Coursier, Seigneur Normand ;

Par Ch.-G. Lewis, graveur : Le Marché aux chevaux, Poneys du Shetland ;

Par Mlle Boetzel, graveur sur bois et *par Veyrassat, aquafortiste* : le Marché aux chevaux de Paris.

Le sujet : Allant au Marché aux

Chevaux a aussi été reproduit en gravure et en lithographie (1).

Tous les chevaux de Rosa Bonheur présentent une anatomie très étudiée et très exacte. Le mouvement en est, en général, correct, mais la nature de ses modèles ne lui a pas permis d'aborder le galop.

Son *Marché aux Chevaux*, qui a été, comme on vient de le voir, souvent reproduit par la lithographie et la gravure, et dont il existe d'ailleurs plusieurs originaux, est son œuvre la plus populaire. La scène est vivante, les chevaux pleins de puissance, de mouvement et de vérité.

BONIE (Jean Jacques-Théophile).

Général de division (cavalerie) et écrivain militaire français, 1828-1911. Sous-lieut^t en 1849, colonel en 1874, général de div^{on} en 1887, passé au cadre de réserve en 1893. Campagnes : contre l'Allemagne et à l'intérieur en 1870-71 ; prisonnier de guerre à Sedan, il fut un des rares officiers à l'échange desquels consentirent les Allemands et il rejoignit l'armée de Metz avec laquelle il fut de nouveau prisonnier le 29 oct. 1870 ; en Algérie en 1873, 74 et 75 ; en Tunisie en 1881 (comme colonel) et en 1881-82 (comme général). Il y conduisit une importante colonne de cavalerie et y livra le combat de Heidra pour lequel il reçut les félicitations du ministre.

Remarquable et fin cavalier, il avait un goût particulier pour le dressage, et même pour le dressage de cirque qu'il avait autrefois étudié à l'Hippodrome ; on se rappelle encore le brillant carrousel que son régiment donna à Orléans en 1876, à l'occasion des fêtes de Jeanne d'Arc (2).

De l'Entraînement des Chevaux de troupe, par T. Bonie, Chef d'escadrons au 6e Lanciers. *Paris, J. Dumaine*, 1869.

Broch. in-8° de 91 p., non mise dans le commerce et devenue rare.

Campagne de 1870. La Cavalerie française, par le Lieut^t-Colonel T. Bonie. *Paris, Amyot*, 1871.

1 vol. pet. in-8° de v-203 p.

Cet ouvrage a été l'objet d'observa-

(1) Cette nomenclature est extraite de l'ouvrage de M. Roger-Milès : *Rosa Bonheur, sa vie et son œuvre*. Paris, 1900, in-4°.

(2) Voy. le *Monde Illustré* du 13 mai 1876, texte et dessins.

tions critiques du colonel allemand Borbstaedt (voy. ce nom).

Fond et Vitesse d'une Troupe de Cavalerie en Campagne. Influence du Poids et de la Nourriture sur le Fond et la Vitesse — Equitation militaire — Entraînement, par T. Bonie. Lt-Colonel de Cavalerie. *Paris, Amyot*, 1872.

1 vol. in-12 de 168 p.

Etude sur le Combat à pied de la Cavalerie, par le Colonel T. Bonie, commandant le 11e Hussards. *Paris, J Dumaine*, 1877.

1 vol. in-12 de 172 p. avec quelques croquis d. l. t.

Service d'Exploration et de Sûreté pour la Cavalerie, par le Colonel T. Bonie, commandant le 11e Hussards. *Paris, J. Dumaine*, 1879.

Broch in-12 de 95 p. avec 1 pl. se dépliant et contenant 2 cartes.

Tactique française. Cavalerie au Combat, par le Général T. Bonie. *Paris, L. Baudoin*, 1887.

1 vol. in-8° de 249 p. Dédicace au g^{al} Saussier.

Tactique française. Cavalerie en Campagne, par le Général T. Bonie. *Paris, L. Baudoin*, 1888.

1 vol. in-8° de 249 p. Dédicace au g^{al} Février.

Les Remontes françaises. Historique et projets de réforme, par le Général T. Bonie. *Paris, L. Baudoin*, 1890.

Broch. in-8° de 65 p. dont vi pour l'introduction.

Pour la critique de cet opuscule, voy. *Remontes (Les) françaises, d'après le g^{al} Bonie*.

BONNAL (Guillaume-Auguste-Balthazar-Eugène-Henri).

Général de brigade français breveté (inf^{ie}), né en 1844, sous-lieut^t en 1865, général de brigade en 1902, retraité en 1906.

Equitation, par le Commandant Bonnal. *Paris, L. Baudoin*, 1890.

1 vol. in-8° de viii-267 p. avec couverture illustrée, 8 pl. h. t. au cours de l'ouvrage et, à la fin, 7 pl. se dépliant et contenant de nombreuses photog. instantanées dues à M. Marey (voy. ce

nom). Dédicace de l'auteur à la mémoire de C. Raabe (voy. ce nom), mort l'année précédente et qui avait été pendant 15 ans son maitre et son ami.

Ce livre avait primitivement paru autographié à quelques exemplaires, mais sans les pl. de photog. instantanées.

Pour un *Abrégé d'Équitation* dérivant de cet ouvrage, voy. Bonnan.

BONNAN (Jean-Louis-Charles).

Officier d'artillerie français breveté, né en 1854, sous-lieut^t en 1875, l^t-colonel en 1905, retraité en 1909.

Nouvel Abrégé d'équitation, par Ch. Bonnan, Capitaine d'Artillerie. Avec Figures de Henri Germain. *Paris, L. Baudoin,* 1892.

1 vol. in-8° de 134 p. avec nombreuses fig. au trait d. l. t.

L'ouvrage, dit l'auteur dans sa préface, « dérive de celui publié en 1890 par le Com^{dt} Bonnal ». (Voy. ce nom.)

BONNATERRE (P.-J.).

Récueil de Médecine vétérinaire ou collection de Mémoires, d'Instructions et de Recettes sur les Maladies des Animaux domestiques, par le Citoyen P. J. Bonnaterre, Professeur d'Histoire naturelle à l'École centrale de l'Aveiron, Correspondant du Gouvernement pour la partie de l'Économie rurale, Membre de la Société d'Agriculture du Département de l'Aveiron et Associé correspondant de celle du Département de la Seine. *Rodez, Imp. de L. B. Carrière,* An 7 de la République.

1 vol. in-8° de xiv-422 p. plus 2 f^{ts} pour la table.

Médecine vétérinaire ou Collection de Mémoires... (etc., comme ci-dessus)... par M. P. J. Bonnaterre... (etc., comme ci-dessus). *Imprimé à Rodez, chez L. B. Carrère et se vend à Toulouse, chez Joseph Douladoure aîné,* An XIII-1805.

Sans changement. C'est le même ouvrage avec un titre nouveau.

Ce Recueil concerne plus le bétail que le cheval.

BONNEAU DU MARTRAY (E.), voy. NOLAN (L.-E.).

BONNEFONT (Louis-Léon-Hippolyte-Georges).

Ingénieur agronome et officier des Haras français. Né en 1872, sorti de l'École du Pin en 1895.

Encyclopédie agricole publiée par une réunion d'Ingénieurs agronomes sous la direction de G. Wery. — Élevage et dressage du Cheval par Georges Bonnefont, Ingénieur agronome, Officier des Haras — Introduction par le Dr P. Regnard, directeur de l'Institut national agronomique, Membre de la Société N^{le} d'Agriculture de France — Avec 214 figures intercalées dans le texte. *Paris, J.-B. Baillière et fils,* 1908.

1 vol. in-18 de xii-456 p.

Les très nombreuses fig. qui accompagnent le texte en facilitent beaucoup la lecture et l'intelligence. Ouvrage très complet et bien rédigé.

BONNEVAL (Frédéric).

Traité du Tic des Chevaux et de la Vieille Courbature ou procédés pratiques pour guérir ces deux vices, par Frédéric Bonneval, Médecin Vétérinaire, Membre correspondant de plusieurs Sociétés savantes. Avec figure explicative dessinée d'après nature. *Paris, A. Raynal,* S. D. (vers 1853).

Broch. in-16 de 48 p. avec 1 pl. représentant une sorte de travail dans lequel l'auteur plaçait les chevaux tiqueurs, le nez tendu en l'air par une corde passant sur une poulie fixée au plafond et portant à son extrémité libre un poids de 20 à 40 kilog.

Le cheval ne pouvait se coucher pendant ce traitement qui durait 8 jours et à la suite duquel l'auteur affirme que tous étaient guéris.

Son traitement des maladies de poitrine n'offre rien de particulier.

BONNEVAL (Gabriel, COMTE DE).

Inspecteur général des haras. Avait été élève-écuyer à l'école de d'Abzac et était officier au régiment de Berry à la Révolution. Il fut très grièvement blessé en défendant Chantilly, puis jeté en prison. En 1806, l'Empereur le nomma directeur du dépôt de Tarbes; il remplit ensuite les mêmes fonctions à Pompadour et au Pin, puis celles d'inspecteur général. Il se retira en 1833 [1].

[1] Préface et introduction des « Haras français ». Son dossier des Haras a disparu.

Les Haras français. Production, amélioration, élevage, par le comte Gabriel de Bonneval, ancien directeur, ancien inspecteur général des haras de France (de 1806 à 1833). Ouvrage publié par le comte Timoléon de Bonneval. Préface par Eug. Gayot. *Paris, Librairie agricole de la Maison Rustique,* 1884

1 vol. in 8° de xvi-289 p.

Cet important ouvrage, où l'auteur montre une grande expérience et des connaissances étendues, commence par une « Relation historique des haras en France », dans laquelle les auteurs qui ont traité la même question ont pu puiser de précieux renseignements. L'auteur étudie ensuite, avec ordre et méthode, les différentes parties de son sujet : reproduction, climat, sol, éducation, etc. Mais, soit dans l'Historique, soit dans le reste de l'ouvrage, il n'est question que des Pyrénées, du Limousin et de la Normandie.

BONNEVIE (Pierre-Étienne).

Prêtre français, 1761-1849. Après avoir fait sa théologie à la Sorbonne, il fut forcé par la Révolution de s'enfuir à l'étranger et fut aumônier à l'armée des Princes. Appelé à Lyon en 1802 par le cardinal Fesch, il accompagna ce dernier à Rome quand il y fut nommé ambassadeur. Il revint ensuite à Lyon, puis à Marseille. A la première Restauration, il en adopta avec ardeur la politique, mais fut bientôt menacé d'arrestation et s'enfuit à Gibraltar. Rentré en France, il se livra à la prédication dans la plupart des grandes villes de France. Il fut chanoine de la Primatiale de S* Jean, à Lyon, de 1802 à sa mort.

Discours pour la bénédiction du Guidon donné par le Roi au 13ᵉ Régiment de Dragons, prononcé le 11 Décembre 1814, dans l'Eglise primatiale de S* Jean, par M. Bonnevie, Chanoine de la même Eglise — Dédié au 13ᵉ Régiment de Dragons. *Lyon. Imp. Ballanche,* 1814.

Broch. in-8° de 16 p.

Opuscule curieux et rare. Pour un discours analogue, voy. Noé (M.-A. de).

BONNEVILLE-COLOMB (C. DE) et COSTE (L.).

Comment les Maîtres-Selliers du Puy-en-Velay accompagnaient aux processions la Sainte Image de Notre-Dame — Transaction entre l'Abbé de Saint-Pierre-la-Tour et les Maîtres-Selliers du Puy (21 Avril 1525), par C. de Bonneville-Colomb et L. Coste. *Saint-Etienne, Imp. Théolier — J. Thomas et Cⁱᵉ,* 1908.

Broch. gr. in-8° de 22 p. avec 1 pl. h. t.

Curieux récit de la transaction qui mit fin à un différend survenu entre l'abbé de Saint-Pierre-la-Tour et les maîtres selliers du Puy.

Le texte de la transaction est à 2 col. latin-français.

BONZOM (Eugène-Louis-Joseph).

Ancien vétérinaire militaire, né en 1843. Diplômé de Toulouse en 1865, aide-vétérinaire au 8ᵉ Lanciers en 1866, démissionnaire en 1869.

Aperçu sur la Morve et le Farcin à Alger, par E. Bonzom, Médecin-Vétérinaire, Membre de la Société de Médecine, de Climatologie et d'Agriculture d'Alger, Membre honoraire de la Société scientifique du S.-O. de la France, de la Société Sciences et Arts de Poligny. *Alger, V. Aillaud,* 1873.

Broch. in-8° de 42 p.

L'auteur considère la morve et le farcin comme des variétés de la même maladie. Le farcin d'Europe est grave et inguérissable, celui d'Alger est curable. L'opuscule se termine par un article de pathologie comparée : *La Morve et le Farcin chez l'homme.*

De la Production et de l'Amélioration de la Race chevaline en Algérie, par M. E. Bonzom, Membre des Sociétés de Médecine, de Climatologie, d'Agriculture et de la Société hippique d'Alger. *Alger, Typ. Juillet Sᵗ Lâger,* Mai 1874.

Broch. in-8° de 26 p. Dédicaces au Général Chanzy, Gouverneur de l'Algérie et au Colonel directeur des Etablissements hippiques de l'Algérie.

L'auteur dit que la race barbe, quoique provenant de la race arabe, est dégénérée tant au point de vue du modèle qu'à celui du sang, et que le pur-sang arabe seul peut fournir des étalons vraiment régénérateurs à l'exclusion des barbes. L'apathie et la mauvaise volonté des éleveurs indigènes auraient fait tomber la race barbe au niveau du cheval camargue, sans les efforts soutenus de l'administration depuis le maréchal Bugeaud.

Du Caroubier et de la Caroube. Plantation et greffage du Caroubier en Algérie. Nourriture des Animaux domestiques par les Caroubes. Essai de propagation. Par M. E. Bonzom, Médecin-Vétérinaire à Alger, Delamotte, Vétérinaire militaire en Algérie, Ch. Rivière, Directeur du Jardin d'Essai du Hamma. *Paris, Typ. de V*^{ves} *Renou, Maulde et Cock*, 1878.

Broch. in-8° de VI-66 p.

L'ouvrage, dans sa 3e partie, traite de l'emploi de la caroube pour l'alimentation des chevaux, ânes et mulets.

Dissertation critique sur la production du Cheval de trait en Algérie, par E. Bonzom, Médecin-Vétérinaire. (Extrait du Journal *l'Algérien agricole*.) *Alger, Imp. J. Lavagne*, 1881.

Broch. in-8° de 21 p.

L'auteur reconnaît que les besoins de l'agriculture réclament le cheval de trait, mais il pense que toute importation de reproducteurs est une faute, et il ne voit le succès que dans la sélection, en choisissant les sujets les plus doublés et en augmentant leur alimentation.

La Production chevaline en Algérie par E. Bonzom. *Alger, Imp. J. Lavagne*, 1884.

Broch. in-8° de 36 p.

BORBSTAEDT.
Officier et écrivain militaire allemand.

Etude critique sur l'ouvrage du lieutenant-colonel T. Bonie, intitulé la Cavalerie française, campagne de 1870, par le colonel Borbstaedt, rédacteur en chef du « Militär-Wochenblatt ». — Traduit de l'allemand. *Paris, Amyot*, 1872.

Broch. in-12 de 71 p. Voy. Bonie.

BORGARELLI D'ISON (Joseph, COMTE).

Officier piémontais, au service de France de 1800 à 1814, 1756-18... Sous-lieutenant au régiment de Piémont en 1774. Entré au service de France en 1800 comme lieutenant-colonel commandant d'armes à Blaye puis au Texel où il se distingua par son énergie après avoir été abandonné par ses troupes. Il avait fait les campagnes de 1792, 93, 94, 95 et 96 au service de Sardaigne. En 1814, il demanda à quitter le service de France et « à offrir au Roi de Sardaigne, dont il « est un ancien serviteur, le reste de ses « jours... » et obtint la retraite de Colonel. J'ignore par suite de quelles circonstances il était conseiller général du Calvados en 1844.

Congrès central d'agriculture, tenu à Paris, au palais du Luxembourg, sous la présidence de M. le duc Decazes, du 27 février au 4 mars 1844. — Industrie chevaline. Opinion émise par le Colonel Cte Borgarelli d'Ison, Membre du Conseil général du Calvados, dans la séance du 4 mars 1844. *Paris, M*^{me} *Bouchard-Huzard et Ledoyen. Caen, Leroy*, 1844.

Broch. in-8° de 27 p.

Dans le but de protéger l'élevage français contre la concurrence étrangère, l'auteur demande que tout cheval entrant en France soit frappé d'un droit de douane de 240 fr.; toutefois ce droit serait restitué aux importateurs de chevaux et juments propres à améliorer les races et ayant été employés à la reproduction.

BORGEAUD (A.), voy. LUNGWITZ (A.).

(BORODINE).
Chef de la chancellerie du Comité des haras de l'empire russe.

De l'Elève du Cheval et des Institutions hippiques en Russie. *S*^{t} *Pétersbourg*, 1859 (*Imp. de D. Quesneville*).

1 vol. in-8° de 209 p. Avec une carte hippique de la Russie (qui manque presque toujours) et un tableau statistique.

Ouvrage puisé aux meilleures sources et où l'on trouve, parmi d'autres renseignements intéressants, l'historique résumé de diverses missions russes envoyées en Orient pour y acheter des étalons et des poulinières.

Le titre est anonyme, mais l'auteur se nomme à la p. 76. Rare.

BORROMEI (Joseph-Félix).
Officier de réserve de cavalerie français.

Un mot sur le Cheval de Course Arabe, la manière de le reconnaître, de le nourrir, de le panser, de l'entraîner et de le monter sur l'hippodrome, par un ancien Elève instructeur de l'Ecole d'Application de

Cavalerie. *Oran, Imp. A. Nugues*, 1882.

Broch. in-12 de 63 p.

Le nom de l'auteur ne figure pas sur le titre, mais à la fin de la préface. Opuscule rare.

BOSC (Ernest).

Architecte français, né en 1837.

Encyclopédie générale de l'Architecte-Ingénieur — Architecture rurale — Traité des constructions rurales, par Ernest Bosc architecte. *Paris, V*^{ve} *A. Morel et C*^{ie}, 1875.

1 vol. gr. in-8º de XIII-420 p. avec 8 pl. h. t. et 576 fig. d. l. t.

Le chapitre IV comprend le logement des animaux domestiques ; les écuries occupent les p. 197 à 242, avec 62 fig. Après la description des écuries ordinaires, il y a un article pour les écuries spéciales d'élevage, de chasse, de courses. La question des accessoires, selleries, magasins à fourrages, etc., y est également traitée et l'auteur applique de bons principes d'hygiène hippique.

Dans d'autres parties de l'ouvrage, il décrit les remises, hangars à voitures, silos, greniers à foin, coffres à avoine, réservoirs, abreuvoirs, etc., tant pour les constructions rurales que pour les écuries de maître.

BOSCQ (DU) DE BEAUMONT (G.).

Historien et littérateur français, né en 1857.

Souvenirs Normands — Les Gardes d'Honneur de la Manche 1808-1814 — Un peintre Bayonnais au XVIIIᵉ siècle (Joachim Rupalley) — Les conséquences de la Saint-Barthélemy dans le diocèse de Bayeux — Le compte du Bourreau de Caen 1545, etc. Préface d'Adolphe Chennevière. *Paris, Emile Lechevalier*, 1903.

1 vol. in-8º de 200 p. avec 1 portrait en héliogravure.

L'article sur les Gardes d'honneur de la Manche occupe les p. 9 à 82. Il concerne surtout les gardes d'honneur instituées dans différentes villes pour servir d'escorte et de garde à l'Empereur lors de ses passages, et qu'il ne faut pas confondre avec les régiments de Gardes d'honneur.

Voy., sur les Gardes d'honneur, *Defontaine. Juzancourt, Cramer, Buc-*quoy (*E-L.*), *Dépréaux, Boymans, Sagot* (*Fr.*), *Juster, Clément* (*F.-P.*), *Massé*(*A.*), *Uniforme des Gardes d'Honneur..*, de la Hollande, *Rossigneux, Souancé* (*de*).

BOTREAU-ROUSSEL-BONNETERRE (Georges-Théophile-Jules).

Officier de cavalerie français, né en 1860.

Etude sur les Races chevalines du Soudan français, par G. Botreau-Roussel-Bonneterre, Capitaine commandant au 1ᵉʳ Régiment de Chasseurs. *Paris et Nancy, Berger-Levrault*, 1904.

Broch. gr in-8º de 28 p. avec 5 photograv. d. l. t., représentant des types de chevaux soudanais (Extrait de la *Revue de Cavalerie* de Mars 1904.)

BOTTET (Maurice).

Officier d'infanterie français (réserve), membre de la Sabretache et du Comité de perfectionnement du Musée de l'Armée, né en 1862.

Monographie de l'Arme blanche des Armées Françaises de terre et de mer, 1789-1870, par Maurice Bottet, Capitaine de réserve au 51ᵉ régiment d'infanterie de ligne, Membre du comité de perfectionnement du Musée de l'Armée O. A. — Ouvrage orné de 16 Planches par L. Lacault. *Paris, Ernest Flammarion*, S. D. (1903)

1 vol. in-8º de VIII 90-p.

Les 16 pl., finement dessinées, contiennent un grand nombre de fig. d'armes blanches dont la plupart concernent l'armement de la cavalerie, sabres, lances et cuirasses.

An II-1818. La Manufacture d'Armes de Versailles. Boutet, Directeur-Artiste, par le Capitaine Maurice Bottet. *Paris, J. Leroy fils*, 1903.

1 vol. gr. in-fº de 61 p. dont VI pour le titre et la dédicace à M. Edouard Detaille, plus, à la fin, 4 f^{ts} pour les pièces annexes, la Table et l'indication des sources, avec d'importantes vignettes, des en-tête de chapitres, des culs-de-lampe, 15 fig. d. l. t. et 16 pl. h. t. dont 6 en couleurs contenant 98 fig.

Très bel ouvrage, parfaitement illustré et qui concerne en grande patrie l'armement de la cavalerie.

L'Arme blanche de Guerre française au XVIIIᵉ Siècle, par le Capitaine Maurice Bottet. *Paris, Leroy*, 1910.

1 vol. in-4° de 86 p. avec vignette en tête du t. et 22 pl. à pleine p. contenant 207 fig. numérotées, mais de nombreux n⁰ˢ contiennent plusieurs fig.

Cette étude est le complément de l'ouvrage de 1903 décrit ci-dessus, et concerne aussi en grande partie l'armement de la cavalerie.

BOUCHARD (Georges).

Université de France — Académie de Rennes — Faculté de Droit — Thèse pour le Doctorat — De la Vente et de l'Echange des Animaux domestiques atteints de Vices rédhibitoires ou de Maladies contagieuses — Thèse présentée et soutenue le Samedi 8 Janvier 1898, à 3 h. de l'après-midi, par Georges Bouchard, Avocat à la Cour d'Appel de Rennes, Lauréat de la Faculté de Droit — Examinateurs : MM. de Caqueray, Chatel, Chauveau. *Rennes, Imp. Fr. Simon*, 1898.

1 vol. in-8° de 134 p. Dédicace d'usage de l'auteur à la mémoire de ses parents et à sa famille.

Concerne en partie le cheval.

BOUCHARD-HUZARD (Louis).

Agronome français, 1824-1873. Rédacteur aux *Annales de l'Agriculture française*, secrétaire général de la Société imp^{le} et centrale d'Horticulture de France. Il était le petit-fils de J.-B. Huzard père (voy. ce nom).

Traité des Constructions rurales et de leur disposition ou des Maisons d'habitation à l'usage des Cultivateurs, des Logements pour les Animaux domestiques, Ecuries, Etables, Bergeries, Porcheries, Chenils, Poulaillers, etc., des Abris pour les Instruments, les Récoltes et les Produits agricoles, Hangars, Remises, Fenils, Granges, Gerbiers, Laiteries, Celliers, etc., et de l'ensemble des Bâtiments nécessaires à une Exploitation rurale selon son importance, par Louis Bouchard, propriétaire, Membre des Sociétés Impériale zoologique d'Acclimatation, d'Horticulture de Paris, l'un des Rédacteurs des *Annales de l'Agriculture française*. *Paris*, Mme Vve *Bouchard-Huzard*, S. D. (1858-1860).

3 parties en 2 vol. gr. in-8° dont la pagination se suit, le T. I contenant xvi-472 p., plus 12 f^{ts} non ch. pour la table, le T. II de la p. 473 à 888, plus 8 f^{ts} non ch. pour la table, avec 531 fig. d. l. t. et h. t. au T. I, et les fig. 532 à 750 au T. II. En réalité, il y en a davantage, plusieurs fig. ayant un n° bis. Dédicaces à la mémoire de son aïeul J.-B. Huzard et à celle de plusieurs autres membres de sa famille.

Même ouvrage, même titre (augmenté), par Louis Bouchard-Huzard ... *Deuxième Edition*, augmentée. *Paris Vve Bouchard-Huzard*, S. D. (1868-69).

3 parties en 2 vol. gr. in-8° dont la pagination se suit. 576 p. pour le T. I, plus 12 f^{ts} non ch. pour la table ; et de la page 577 à 1056 pour le T. II, plus 8 f^{ts} non ch. pour la table des matières et la table alphabétique. Pl. et fig. comme à la 1re éd^{on}.

La construction et l'aménagement des écuries ordinaires et de leur mobilier ainsi que celle des boxes d'élevage et loges pour haras sont traités au T. I, avec 39 fig. d. l. t. ; la question de leur emplacement relativement aux autres bâtiments et au point de vue de la surveillance est traitée au T. II ; celle des remises et abreuvoirs au T. I.

BOUCHARDAT (Apollinaire).

Chimiste et pharmacien français, 1806-1886. Agrégé à la Faculté des sciences en 1832, il devint pharmacien en chef de l'hôpital St-Antoine, puis de l'Hôtel-Dieu, fut élu membre de l'Académie de médecine en 1850 et devint, en 1852, professeur de chimie organique à la Faculté.

Formulaire vétérinaire contenant le mode d'action, l'emploi et les doses des Médicaments simples et composés prescrits aux Animaux domestiques par les Médecins-Vétérinaires français et étrangers, par M. A. Bouchardat, agrégé de la Faculté de Médecine de Paris, Pharmacien en Chef de l'Hôtel-Dieu, Rédacteur du *Répertoire de Pharmacie*, Membre de la Société nationale et centrale d'Agriculture, etc. *Paris, Germer-Baillière ; Lyon, Savy ; Londres, H. Baillière ; Toulouse, Gimet ; Madrid, Ch. Bailly-Baillière*, 1849.

1 vol. in-18 de VIII-542 p.

Même ouvrage, même titre... suivi d'un Mémorial thérapeutique par M. A. Bouchardat, Professeur d'hygiène à la Faculté de médecine de Paris, Membre de l'Académie impériale de médecine, de la Société centrale d'Agriculture et du Conseil d'hygiène publique et de salubrité du département de la Seine. *Deuxième Edition* considérablement augmentée. *Paris, Germer Baillière*, 1862.

1 vol. in-18 de IX-706 p.

Nouveau Formulaire vétérinaire précédé de notions de pharmacie vétérinaire, de généralités sur l'Art de formuler, suivi de la technique des Injections hypodermiques, des Inoculations et Vaccinations, de la loi sur la police sanitaire, de la pratique de la désinfection des étables et des Règlements de Pharmacie Vétérinaire militaire, par A. Bouchardat, Professeur honoraire à la Faculté de médecine de Paris, Membre de l'Académie de médecine et C. Vignardou (1), Chef des travaux de chimie et de pharmacie à l'Ecole vétérinaire d'Alfort, terminé par un Mémoire de M. Bouchardat sur l'atténuation des virus — *Troisième Edition*, conforme au nouveau Codex, revue et augmentée — *Paris, Félix Alcan*, 1886.

1 vol. in-18 de XLVIII-472 p.

Nouveau Formulaire vétérinaire, précédé de notions de Pharmacie vétérinaire, de généralités sur l'Art de formuler, de la pratique des recherches chimiques utiles aux vétérinaires, suivi de la technique des Injections hypodermiques, des Inoculations et Vaccinations, de données pratiques sur la méthode antiseptique en chirurgie, de la loi sur la police sanitaire..., etc. (comme ci-dessus, mais sans le Mémoire final de l'éd^{on} précédente).... *Quatrième Edition*, conforme au dernier Codex, revue et augmentée—*Paris, Félix Alcan*, 1891.

1 vol. in-18 de LXXX-460 p. avec 1 fig.

(1) Vignardou (Antoine-Joseph), 1855-1893. Diplômé d'Alfort en 1878, D^r en médecine en 1892.

Même ouvrage, même titre... de données pratiques sur la méthode antiseptique en chirurgie, de l'emploi de la tuberculine et de la malléine... par A. Bouchardat, Professeur honoraire à la Faculté de médecine de Paris, Membre de l'Académie de médecine et G. Desoubry (1), Vétérinaire, Chef des travaux de Thérapeutique et de Physiologie à l'Ecole d'Alfort — *Cinquième Edition*, conforme au dernier Codex, revue et augmentée — *Paris, Félix Alcan*, 1895.

1 vol. in-18 de LXXII-490 p.

Même ouvrage, même titre... par A. Bouchardat... et G. Desoubry, Vétérinaire, ancien Chef des travaux de Thérapeutique et de Physiologie à l'Ecole d'Alfort, Membre de la Société centrale vétérinaire — *Sixième Edition*, conforme au dernier Codex, revue et augmentée — *Paris, Félix Alcan*, 1904.

1 vol. in-18 de LXXXIV-510 p.

Outre les généralités, dont un grand nombre concernent le cheval, le chapitre de la désinfection des écuries, celui sur la pharmacie vétérinaire militaire, celui sur la Police sanitaire, concernent en grande partie la race chevaline et de nombreux médicaments lui sont spécialement applicables ainsi que le passage sur l'emploi de la malléine.

BOUCHER et PINGERON.

Les Commissaires autorisés à surveiller la levée extraordinaire de Chevaux de trait dans la dix-huitième division en exécution du décret du 18 Germinal aux Administrateurs des Départements & Districts, & aux Municipalités des chef-lieux des cantons, sections & arrondissemens de paix de la division. *A Chalons, de l'Imp. de Mercier*, An IIe de la République.

Broch. in-8° de 8 p., signée : Boucher, Pingeron. Pour copie conforme : Marchal.

Les commissaires, dans cette curieuse note, s'efforcent de persuader aux cultivateurs que la réquisition d'un cheval sur 25 (avec les conducteurs, voitures et harnais nécessaires) ne leur causera aucun dommage et leur rappellent que les chevaux de selle « qui ne servent qu'à pro-

(1) Voy. ce nom pour d'autres ouvrages.

Bibliogr. hippique. T. I. — 10.

BOU — 146 — BOU

« mener des propriétaires riches et pares-
« seux ... » sont tous requis. Je doute
qu'ils les aient convaincus. Sur le décret
du 18 Germinal, voy. *Poste aux Chevaux*,
(note).

BOUCHER (Hubert-Eugène).
Vétérinaire français, professeur à l'École de Lyon, diplômé de Lyon en 1888.

De l'Hyoïde et du Larynx chez
les Equidés. Contribution à l'étude
de l'Hybridité, par M. H. Boucher,
Répétiteur à l'Ecole vétérinaire de
Lyon (Travail du laboratoire de
M. Cornevin). *Lyon, Imp. L. Bourgeon*, 1892.
Broch. in-8° de 22 p. avec 8 fig. d. l. t.

Encyclopédie vétérinaire publiée
sous la direction de C. Cadéac. —
Hygiène des Animaux domestiques,
par H. Boucher, Chef des travaux
d'Hygiène et de Zootechnie à l'Ecole
nationale vétérinaire de Lyon, avec
une Préface par Ch. Cornevin, Professeur à l'Ecole Vétérinaire de Lyon
— Avec 71 figures intercalées dans
le texte. — *Paris, J.-B. Baillière et fils*, 1894.
1 vol. in-18 de xii-504 p.

Outre les généralités, un grand nombre
d'articles de cet ouvrage sont spécialement applicables au cheval : écuries,
couvertures, harnais, pansage, tondage,
bains, alimentation, régime, vert, etc.,
etc.

BOUCHET (Guillaume).
Littérateur et libraire français, il exerça
son commerce à Poitiers et devint Prévôt des Marchands de cette ville, 1526-
1606, d'après certains de ses biographies ;
1513-1593 ou 94, d'après d'autres.
Bouchet est l'auteur d'un livre facétieux, quelquefois érudit et souvent licencieux, rédigé sous forme de dialogues,
qu'il intitula les *Sérées*. Ces *Sérées* sont
au nombre de 36 et sont divisées en 3
livres. Le premier contient les 12 premières, et la 11e traite du cheval, du
mulet, et de l'âne ; c'est une suite d'anecdotes historiques, fabuleuses et facétieuses sur ces trois animaux. Les autres
Livres n'ont aucun caractère hippique et
ne seront par conséquent pas décrits ici.

Serees de Gvillavme Bovchet,
Ivge & Consul des Marchands, à
Poictiers, Livre Premier — Et nugæ
Seria ducunt — *A Poictiers, par les
Bouchetz*, 1584.

1 vol. in-4° de 10 f^ts pour le titre, le
privilège, la lettre « à Messieurs les Marchands de la ville de Poictiers », le Discours de l'auteur sur son livre, la table
et 368 p.
La 11e Sérée est intitulée *Des Chevaux,
des Juments, des Asnes & des Mules &
Muletz*. Elle occupe les p. 333 à 356.

Même ouvrage, même titre —
Imprimé sur la Copie faicte à Poictiers, 1585.
1 vol. in-16 de 16 f^ts pour les pièces
préliminaires semblables aux précédentes
et 790 p.
La 11e Sérée occupe les p. 713 à 764.

Premier livre des Serees de Gvillavme Bouchet, Sievr de Brocourt.
Reveu & augmenté par l'Autheur
en ceste derniere Edition, presque
de moitié *Se vendent à Paris, chez
Ieremie Perier, en sa boutique sur
la petite montee du Palais*, 1608.
1 vol. in-12 de 20 f^ts non ch. pour le
titre, la lettre aux Marchands, le discours de l'auteur, l'avis de l'imprimeur
au lecteur, la table et 587 f^ts ch.
La 11e Sérée occupe les f^ts 349 à 375.

Même ouvrage, même titre. *A
Lyon, par Thibaud Ancelin, Imprimeur ordinaire du Roy*, 1608.
Mêmes format et pagination (1).

Même ouvrage même titre. *A
Rouen, chez Claude le Villain,
Libraire Relieur du Roy, Rue du
Bec, à la bonne Renommée*, 1615.
Mêmes format et pagination (1).

Même ouvrage, même titre. *A
Rouen, chez Jean Crevel tenant sa
boutique au portail des Libraires*,
1615.
Mêmes format et pagination (1).

Les Serees de Gvillavme Bovchet,
sievr de Broncourt (sic) Diuisees
en trois Liures. Livre premier. Où
sont contenues diuerses matieres
fort recreatives & serieuses, utiles
& profitables à toutes personnes
Melancholiques & Ioviales. Comme
appert à la page suiuante. Edition
derniere. Augmentee & reueuë par

(1) Je crois que les exemplaires de 1608 chez
Jérémie Perier et chez Thibaud Ancelin, ceux de
1615 chez Claude le Villain et Jean Crevel sont
la même éd^on, mais je ne puis l'affirmer, n'ayant
pu avoir les quatre exemplaires *en même temps*
sous les yeux.

l'Autheur dudit Liure, outre toutes les precedentes Impressions cy devant faictes. *A Lyon, dé l'Imp. de Simon Rigaud, Marchand Libraire en ruë Merciere*, 1615.

1 vol. in-16 de 464 p. Titre rouge et noir.

La 11ᵉ Sérée (pour laquelle la Table indique une pagination inexacte) occupe les p. 422 à 451.

Serees de Guillavme Bouchet, Ivgé et Consvl des Marchands à Poictiers. Livre premier. *A Rouen, chez Lovys et Daniel Lovdet, rue aux Iuifs, près le Palais*, 1635.

1 vol. pet. in-8° de 8 fˢ pour les pièces préliminaires déjà citées et 382 p.

La 11ᵉ Sérée occupe les p. 345 à 369.

Les Serees de Guillaume Bouchet, Sieur de Brocourt, avec notice et index par C.-E. Roybet. *Paris, Alphonse Lemerre*, 1873-1882 (1).

6 vol. in-16.

Le T. II a 271 p. et contient les 6ᵉ à 12ᵉ Sérées. La 11ᵉ occupe les p. 221 à 255. Cette édᵒⁿ est publiée d'après celle de 1608, *Paris, Jérémie Périer*, décrite ci-dessus.

En outre, j'ai relevé, sur divers catalogues de vente, une édᵒⁿ de 1598 à Poitiers, très probablement semblable à celle de 1585 décrite ci-dessus, deux autres de 1614 et 1618 à Lyon chez Pierre Rigaud qui sont sans doute les mêmes que celle de 1615 chez Simon Rigaud, également décrite ci-dessus, et une de 1615 à Rouen chez Jean Berthelin, qui doit être la même que les deux de 1615, à Rouen aussi, chez Claude le Villain et Jean Crevel, aussi citées plus haut. Mais ne les ayant pas rencontrées jusqu'ici, je ne puis l'affirmer. D'ailleurs, dans toutes, le texte de la 11ᵉ Sérée est le même.

Toutes les édᵒⁿˢ des Sérées sont rares.

BOUCHET de LA GÉTIÈRE (François-Jean-Baptiste).

Ancien Inspecteur des Haras sous Louis XV, 1737-1801. Fils d'un contrôleur des guerres qui était grand amateur de chevaux, il étudia et pratiqua l'hippologie et se fit connaître de Bourgelat qui le fit nommer Inspecteur des Haras en 1766. Il fut chargé, en cette qualité, d'aller chercher des étalons en Allemagne, en Italie et en Turquie. En 1793, il fut mis en réquisition par le Comité militaire, le Comité d'Agriculture et celui de Salut public pour donner des plans de réorganisation des haras, anéantis par la loi du 31 Août 1790 et fournit à cette occasion plusieurs mémoires qui n'ont pas été imprimés.

En l'an VI, le Conseil des Cinq-Cents nomma une commission pour s'occuper du rétablissement des Haras. Elle fit appel aux lumières de Bouchet de La Gétière dont les *Observations* reçurent l'approbation du Conseil des Cinq-Cents et furent imprimées par son ordre à la suite du rapport d'Eschassériaux, rapporteur de la commission. Elles en occupent les p. 33 à 59, sous le titre suivant :

Observations sur le territoire de la République, considéré sous ses rapports avec les établissements nationaux de haras.

Et, en note : Ces observations ont été présentées par le citoyen Bouchet-Lagétière à la commission sur la demande de laquelle le Conseil en a ordonné l'impression.

Le travail de Bouchet de La Gétière partage la France en 12 divisions, indique les départements compris dans chacune d'elles, l'emplacement des dépôts d'étalons et le nombre des étalons placés dans les dépôts, de ceux confiés aux gardes et de ceux leur appartenant.

Pour la composition de la commission, les circonstances qui ont précédé sa réunion et le rapport d'Eschassériaux, voy. ce nom.

Bouchet de La Gétière a laissé, paraît-il, de nombreux rapports et travaux manuscrits sur l'organisation des haras. Peut être les retrouverait-on, au moins en partie, aux Archives nationales, et leur publication serait sans doute intéressante.

BOUCHOTTE (Émile-Jean-Didier).

Agronome et industriel français. Maire de Metz après 1830. Il était le neveu de Bouchotte, ministre de la guerre de la Convention, 1796-1878.

Du mauvais état actuel des Chevaux dans le Département de la Moselle, par un Propriétaire Cultivateur. *Metz, Bosquet*, 1824.

Broch. in-8° de 23 p. publiée sans nom d'auteur.

BOUCHOTTE (Jean-Baptiste-Noël).

Officier de cavalerie et ministre de la

---

(1) C.-E. Roybet est, paraît-il, le pseudonyme de MM. Ch. Royer et Ernest Courbet.

BOU — 148 — **BOU**

Guerre sous la Convention, 1754-1840. Entré à 16 ans dans un régiment allemand au service de France, sous-lieut^{nt} dans Royal-Nassau hussards en 1775, réformé en 1776 et replacé la même année dans Royal-Cravattes ; passé au 2e Chevau-légers en 1778 ; capitaine en 1785 à Esterhazy-hussards. Après la campagne de 1792, il fut nommé lieut^{nt}-colonel et commandant de Cambrai ; colonel l'année suivante, il prit les mesures nécessaires pour empêcher la place de tomber entre les mains des Autrichiens. Sa réputation d'ordre, de probité et de désintéressement le désignèrent au choix de la Convention qui en fit son ministre de la guerre le 4 avril 1793. Mais la tâche était au-dessus des forces humaines et Bouchotte, mal secondé, en butte à d'incessantes et violentes dénonciations, particulièrement de Bourdon (de l'Oise) qui s'acharna contre lui avec une inlassable ténacité, donna peu après sa démission ; elle ne fut pas acceptée et sa situation empira encore. Il continua à être attaqué de tous côtés, mais il eut aussi d'ardents défenseurs. En 1794, Carnot fit supprimer le conseil exécutif, et les six ministres qui le composaient furent remplacés par six commissions exécutives. Bouchotte fut alors rendu à la vie privée, mais ses ennemis ne désarmèrent pas et il fut arrêté quelque temps avant le 9 thermidor. Après 16 mois de détention, le tribunal d'Eure-et-Loir qui devait le juger n'avait encore reçu aucune pièce pour servir de base à l'accusation et il fut mis en liberté.

On ne peut refuser à Bouchotte d'avoir montré, au milieu d'inextricables difficultés, d'incessantes dénonciations, de revers militaires, une prodigieuse activité et d'avoir accompli d'immenses efforts. Beaucoup de ses choix furent heureux et c'est lui qui mit à l'œuvre ceux qui devinrent les plus illustres de nos généraux.

État général de la situation des Dépôts de Remonte et états particuliers de celui de Paris. *Paris, Imp. Nationale,* 1793.

Broch. in-4° de 10 p., signée Bouchotte.

C'est un intéressant compte rendu adressé au Président de la Convention à la date du 1er Sept. 1793 au sujet de l'exécution du Décret du 29 août sur le recensement et l'emploi des chevaux de luxe mis à sa disposition d'après la loi du 28 mars.

On y voit le désordre et les gaspillages qui caractérisèrent les opérations faites par les municipalités et les départements qui fournissaient des états incomplets, sans renseignements numériques, et souvent sans l'indication des corps de troupes sur lesquels les chevaux avaient été dirigés.

On y trouve des détails plus précis sur ceux des anciennes écuries royales et des « ci-devant princes ». Ils étaient au nombre de 879. 791 ont été délivrés à l'administration des vivres et aux officiers généraux auxquels ils ont été remis pour remplir leur service à l'armée. Au 31 mars, il en restait 98 sur lesquels tous ceux propres au trait ont été partagés entre l'administration des relais et celle des transports militaires, et le surplus « a été distribué aux représ-« sentans du peuple à Tours ». Comme il n'y a aucune indication d'emploi, il semble fort probable que c'était pour leur usage personnel.

BOUDIN (Jean-Christian-Marc-François-Joseph).

Médecin militaire français, 1806-1867. Entré au service en 1824, Médecin-Principal de 1re classe en 1851.

Statistique de l'État sanitaire et de la mortalité du cheval de cavalerie, par M. J. Ch. Boudin, Médecin en chef de l'Hôpital Militaire du Roule, un des Rédacteurs des Annales d'Hygiène publique. *Paris, J. Dumaine,* 1850.

Broch. in-8° de 22 p. (Extrait du *Spectateur Militaire* d'Octobre 1849.)

Dangers des Unions consanguines et nécessité de Croisements dans l'Espèce humaine et parmi les Animaux par J. Ch. M. Boudin, Médecin en Chef de l'Hôpital militaire St-Martin, président de la Société d'anthropologie de Paris, officier de la Légion d'honneur, commandeur de l'ordre de François-Joseph d'Autriche, officier de l'ordre des saints Maurice et Lazare d'Italie. *Paris, J. B. Baillière et fils; Londres, Hipp. Baillière; New-York, Baillière brothers; Madrid, C. Bailly-Baillière,* 1862.

Broch. in-8° de 82 p.

L'ouvrage traite principalement des unions consanguines dans l'espèce humaine et de la surdi-mutité qui en est souvent le résultat, mais plusieurs passages concernent l'espèce chevaline, notamment la création du pur sang anglais.

BOUGÈRE (Laurent).

Réflexions sur la situation des Haras nationaux et celle du dépôt d'Angers en particulier comparée à la situation de l'élevage en France et dans les départements de Maine-et-Loire, la Mayenne et la Sarthe. Nécessité de modifier la loi du 29 mai 1874, d'augmenter le quantum des primes aux étalons approuvés, d'augmenter l'effectif général des Haras nationaux, d'augmenter l'effectif du dépôt d'Angers de 71 étalons; par Laurent Bougère, Conseiller d'arrondissement du canton de Candé. *Angers, Lachèse et Dolbeau*, 1890.

Broch. in-4° de 22 p.

BOUGYVAL (G.).

Pseudonyme de M. André Champrosay, né à Bougival en 1861 (d'après Lorenz).

Femmes et Sport, par G. Bougyval. *Argentan, Imp. du Journal de l'Orne*, 1886.

1 vol. in-16 de 88 p.

Suite de 6 nouvelles qui se déroulent dans le monde hippique, chasses à courre, courses, etc.

BOUILLÉ (Comte de).

Abum de la Cavalerie française, par le Comte de Bouillé. *Paris, L. Baudoin*, 1881.

Album in-f° oblong de 3 p. de texte et 66 pl. coloriées, par Armand Dumaresq. Il y a de plus un texte au verso de chaque planche.

L'ouvrage est dédié par l'auteur au duc de Chartres qui a dirigé et mis en œuvre cette publication.

BOUILLET (Jean-Baptiste).

Géologue, archéologue, historien et banquier français, correspondant du ministère de l'Instruction publique pour les travaux historiques. Ses études se rapportent toutes à l'Auvergne. 1799-18...

Etat de l'Auvergne en 1765, présenté à M. de L'Averdy, Contrôleur général des Finances, par M. de Ballainvilliers, Intendant d'Auvergne, publié par J. B. Bouillet.
— Extrait des *Tablettes historiques de l'Auvergne. Clermont-Ferrand, Imp. Perol*, 1846.

1 vol. in-8° de 199 p.

L'ouvrage contient des passages sur les foires, les courriers, les postes et les haras. La notice consacrée à ces derniers est intéressante, mais malheureusement trop courte.

Courses et Fêtes de Moulins, les 7, 8, 9, 10 et 11 Août 1851. Compte rendu des Courses, des Concours, de l'Exposition des Animaux par la Société d'Agriculture, de l'Exposition d'Horticulture, du Carrousel, des Bals, du Feu d'artifice, etc., par J. B. Bouillet, Membre de plusieurs Académies et Sociétés savantes nationales et étrangères, Auteur de plusieurs ouvrages sur la Haute et Basse Auvergne. *Clermont-Ferrand, Imp. Perol*, 1851.

Broch. in-8° de 32 p.

BOUIRE DE BEAUVALLON (François-Marie).

Officier de cavalerie, puis de gendarmerie français, 1791-1865. Elève à St-Cyr en 1810 ; sous-lieut^{nt} en 1812 ; capitaine en 1816 ; lieut^{nt}-colonel au 9e chasseurs en 1838 ; colonel com^{dt} la 5e légion de Gend^{le} en 1841 ; retraité en 1851. Il avait fait les campagnes de 1812, 1813 et 1814 en Espagne où il avait été blessé d'un coup de feu.

Essai d'organisation d'une nouvelle troupe de Cavalerie sous le nom d'Eclaireurs. *Auch, L. A. Brun*, 1840.

Broch. in-8° de 21 p. signée à la fin : Le Lieut^{nt}-Colonel du 9e Chasseurs, Bouire-Beauvallon.

BOULARD (Jean-Nicolas).

Officier d'infanterie français, qui a aussi, comme Garde du Corps, servi dans la cavalerie, 1793-1873. Entré au service en 1812 comme soldat au 18e d'inf^{ie} ; sergent-major en 1813 ; licencié, puis passé à la Légion de la Marne en 1815 et au 6e rég^{nt} d'inf^{ie} de la Garde royale en 1816. Garde du Corps de 3e cl. (sous-lieut^{nt}) à la Comp^{ie} de Gramont en 1822 ; de 2e cl. (lieut^{nt}) en 1828 ; en non-activité en 1830, lieut^{nt} au 16e de ligne en 1837, capitaine en 1838, retraité en 1844. Campagnes de 1813 et 1814 en Prusse et en France, de 1815 à l'armée du Rhin.

Retiré à Châlons, il était membre de la Société d'agriculture de la Marne et a publié plusieurs rapports ou notices sur des questions agricoles. Les deux suivants traitent de questions hippiques.

Rapport sur un ouvrage de M. Eugène Gayot, intitulé *Etudes hippologiques*, par J. N. Boulard, Chevalier de l'Ordre royal de la Légion d'honneur, ancien Officier de Cavalerie, Membre titulaire de la Société d'Agriculture, Commerce, Sciences et Arts de la Marne et Secrétaire du Comice agricole du même Département. *Châlons s/M. Imp. Martin fils*, 1847.

Broch. in-8° de 18 p.

Même ouvrage, même titre. *Ste-Menehould, Imp. Poignée-Darnaud*, 1847.

Broch. pet. in-8° de 16 p.

Le format et les caractères sont plus petits, le texte est le même.

Rapport fait le 16 août 1862 à la Société d'Agriculture, Commerce, Sciences et Arts de la Marne sur un ouvrage de M. Eugène Gayot intitulé *La Connaissance générale du Cheval, Etudes de Zootechnie pratique*, par M. le Capitaine Boulard, Chevalier de la Légion d'Honneur, Membre titulaire, ancien Secrétaire du Comice agricole central de la Marne ; Membre correspondant de l'Académie impériale de Reims ; de la Société impériale des Sciences, Belles-Lettres et d'Agriculture de Saint-Quentin ; des Sociétés d'Agriculture, etc., de la Haute-Garonne, de Seine-et-Oise, de la Sarthe, de la Société impériale d'Histoire naturelle et Arts utiles de Lyon, etc., etc., etc. *Châlons, T. Martin*, S. D. (1863 ?).

Broch. in-8° de 20 p.

Ces deux opuscules contiennent une analyse détaillée et très élogieuse des deux ouvrages d'Eug. Gayot. (Voy. ce nom.)

BOULAY DE LA MEURTHE (François-Joseph, COMTE).

Homme politique français (frère puîné de Henri-Georges B. de la M. qui fut vice-président de la République en 1849), 1799-1880. Il fut secrétaire du Ministère de l'agriculture et du commerce, conseiller d'État et sénateur en 1857.

Discours prononcé par M. le Cte Boulay de la Meurthe sur des pétitions relatives au maintien de l'Administration des Haras — Sénat — Séance du 25 fév. 1846. *Paris, Ch. Lahure*, 1864.

Broch. in-8° de 30 p.

Ces pétitions, appouvées par l'orateur, tendaient au maintien de l'administration des Haras, par opposition à l'intention, déjà suivie d'un commencement d'exécution, du général Fleury (voy. ce nom) de la remplacer partiellement et progressivement par l'industrie privée.

BOULENGER (Jules-César) ou **BULENGERUS**.

Savant jésuite français, historien et littérateur, fils du grammairien Pierre Boulenger, 1558-1628.

Jul. Caesaris Bulengeri de Circo Romano Circensibusque Ludis, Liber. Cui accessit D. Ioan. Chrysostomi Constantinopolitani Archiepiscopi Oratio de Circo ex vetere Graeco manusc. excerpta, nusquam hactenus edita ; cum eiusdem Bulengeri interpretatione. *Editio prima. Lutetiae Parisiorum Impensis A. Saugrain & G. Des Rues, in Vico D. Ioannis Bellovacensis*, 1598.

1 vol. pet in-8° de 6 f^{ts} non ch. pour le titre, le privilège, la dédicace « Illustrissimo viro D. Reginaldo Belnaeo, Archiepiscopo Bituricensi..., etc. », une autre « Clarissimo viro D. Ludovico Servino..., etc. », la table et 160 f^{ts} ch.

Le discours de Jean Chrysostome sur le cirque, en grec, avec la traduction latine de Boulenger occupe les 10 premiers f^{ts}.

Même ouvrage, même titre *Lutetiae Parisiorum, apud Robertum Nivelle, Viâ Iacobaeâ, ad insigne Columnarum*, 1598.

C'est la même éd^{on}. Le nom seul du libraire est changé, mais le privilège est toujours au nom de Saugrain et Des Rues.

A la suite, se trouve généralement relié un autre ouvrage latin du même auteur sur la Chasse dans les Cirques et les Amphithéâtres, mais qui ne concerne pas les jeux hippiques.

Boulenger avait écrit d'autres ouvrages sur des sujets divers et, plus tard, ses œuvres furent réunies en 2 vol. in-f° dont suit la description :

Ivlii Cæsaris Bulengeri Ivliodvnensis (1) Doctoris Theologi, Opvscvlorvm Systema, Dvobvs Tomis digestvm — Prior continet libros tres de instrumento Templorum, in quorum primo agitur de veste Pontificum, Episcoporum & Sacerdotum : in secundo de Donariis, in tertio de forma Templorum, in quibus difficillima quæque Anastasii Bibliothecarii libro de vitis Pontificum explicantur ; opus a nemine adhuc tentatum. Præterea alios de tota Ratione Divinationis : de Oraculis, Sortibus, Auguriis & Auspiciis : de Ominibus & Prodigiis : de Terramotu & Fulminibus : de Magia licita & vetita ; qui omnes antehac lucem non viderunt— Posterior complectitur Libros de Trivmpho : de Circo Romano ludisque Circensibus : de Theatro & de Venatione Circi — Nvnc demvm hoc Ordine in Lucem editvm, atque in posteriori volumine ab ipso Auctore sedulò & accurate auctum & recognitum, duplicique locupletissimo Indice exornatum— *Tomvs primvs* — *Lvgdini Sumptibus Antonii Pillehotte, sub signo Sanctissimæ Trinitatis*, 1621.

1 vol. in-f° de 8 f¹ˢ non ch. pour le titre, la dédicace au Cardinal Barbarini, la lettre au « lecteur bénévole », les approbations, le privilège, la table des chapitres, 648 p. de texte et, à la fin, 11 f¹ˢ non ch. pour la table alphabétique.

Le titre du T. II est différent :

. Ivlii Cæsaris Bvlengeri Ivliodvnensis, Doctoris theologi, Systematis Opvscvlorvm *Tomus Secundus*. In Qvo habentvr Libri de Triumpho : de Circo Romano, ludisque Circensibus : de Theatro & de Venatione Circi. Avctoris Opera passim avctvs atqve accuratè & ad amussim recognitus. Cui accessère Indices vberrimi Capitum & rerum notatu digniorum. *Lvgdvni, Sumptibus Antonii Pillehotte, sub signo sanctissimæ Trinitatis*, 1621.

1 vol. in-f° de 4 f¹ˢ n. ch. pour le titre, la table des chapitres et le privilège, 456 p. de texte et, à la fin, 16 f¹ˢ non ch. pour la table alphabétique.

(1) de Loudun.

L'ouvrage est imprimé par Claude Cayne à Lyon.
Ainsi qu'on le voit par les titres de ces 2 vol., le T. II traite seul de sujets hippiques. J'ai voulu néanmoins donner la description de l'ouvrage entier.
Au T. II., le livre du Cirque romain, Courses de chars, etc., occupe les p. 87 à 198, les 4 dernières traitant spécialement du cheval : mode d'attelage et nourriture ; le livre suivant *Tractatus de Equis*, de la p. 198 à la p. 215, comprend des dissertations, des recherches et des descriptions sur les chevaux marins, les chevaux des dieux, les chevaux sauvages, l'intelligence, les qualités, les défauts des chevaux, leur prix, les ornements dont on les couvre, les mors et autres instruments, leurs maladies, leurs robes, et enfin des détails sur les écuyers et dompteurs de chevaux. Toutes ces dissertations sont appuyées de nombreuses citations.

Boulenger est aussi l'auteur de nombreux ouvrages d'érudition étrangers aux questions hippiques. A celui intitulé *Liber de Spoliis bellicis, Trophæis, Arcubus triumphalibus et Pompa Triumphi*, publié en 1601, a été ajouté l'ouvrage de Panvinius sur les *Jeux du Cirque*. Voy., pour sa description, Panvinius.

BOULEY (Henri-Marie).
Vétérinaire français, fils de Jean-François, 1814-1885. Diplômé d'Alfort en 1836, il y devint rapidement chef de clinique puis professeur et, en 1866, il fut nommé Inspecteur général des Ecoles vétérinaires. En 1844, il fut l'un des fondateurs de la Société de Médecine vétérinaire de la Seine qui prit ensuite le titre de Société centrale de Médecine vétérinaire (1I. Elu en 1855 membre de l'Académie de Médecine, il en devint président en 1877 ; il était aussi membre et devint également président de l'Académie des sciences. En 1879, il fut nommé professeur de pathologie comparée au Muséum. Il a été, à diverses reprises, chargé de missions importantes à l'étranger, notamment pour l'étude de la peste bovine et des mesures à prendre pour en arrêter les progrès. C'est à lui que la France doit d'avoir été préservée en 1865 et 1866 de la peste bovine qui fit périr plus de 500.000 têtes de gros bétail en Angleterre et en Hollande.
« Consulté par l'administration sur toutes les questions de police sanitaire, de « jurisprudence, de médecine légale..., on

(1) Pour l'historique de cette Société, voy. *Bulletin de la Société centrale*.

« ne saurait dire la quantité de rapports
« sortis de sa plume. » (1).

Les ouvrages décrits ci-après concernent plus particulièrement le cheval ; H. Bouley est en outre l'auteur d'un grand nombre d'articles insérés dans les recueils spéciaux, notamment dans l'*Encyclopédie d'Agriculture pratique*, dans le *Bulletin de la Société centrale vétérinaire* dont il-fut le Secrétaire général de 1849 à sa mort et dans le *Recueil de Médecine vétérinaire* (voy. ces titres) qu'il a dirigé de 1839 à 1885. Il a aussi publié divers ouvrages vétérinaires qui ne concernent pas le cheval et de nombreuses notices biographiques ou nécrologiques qui se distinguent par l'exactitude des renseignements et l'élégance du style. « Elles offrent aussi, dit M. Neu-
« mann, une revue savante et rapide de
« maintes questions médicales. »

Rapport sur l'ouvrage de Galy, Traitement de la Morve, 1836.

En collaboration avec Dupuy, qui fut le rapporteur. Voy. Dupuy (A.-C.) et Galy.

Traité de l'organisation du Pied du Cheval, comprenant l'étude de la Structure, des Fonctions et des Maladies de cet organe ; par M. H. Bouley, Professeur de clinique et de chirurgie à l'Ecole nationale vétérinaire d'Alfort, Secrétaire général de la Société nationale et centrale de médecine vétérinaire. Avec un Atlas de 34 Planches lithographiées, dessinées d'après nature par M. Edm. Pochet. *Paris, Labé*, 1851.

1 vol. in-8° de xix-320 p. L'Atlas porte le même titre et se compose de 34 belles pl. lithog. en couleurs avec 1 f¹ de texte explicatif pour 2 pl. Dédicace à J. Girard (voy. ce nom).

Dans sa préface, l'auteur annonce que cette 1ʳᵉ partie, qui n'embrasse que l'anatomie et la physiologie, sera suivie de deux autres : l'une traitant de l'anatomie et de la physiologie pathologiques, etc. ; l'autre donnant la description spéciale et le traitement des maladies du pied, ainsi que les principes de ferrure. Ces deux parties n'ont jamais paru, et l'œuvre est restée inachevée. « Mais on
« peut la reconstituer presque en entier,
« dit M. Neumann, par les nombreuses
« monographies de H. Bouley sur les
« maladies du pied. Elles se trouvent
« réparties dans les 13 premiers volu-
« mes du *Nouveau Dictionnaire pratique*

(1) Neumann, *Biographies*.

« de *Médecine, de Chirurgie et d'Hygiène*
« *vétérinaires*. »

Nouveau Dictionnaire de Médecine, de Chirurgie et d'Hygiène vétérinaires..., etc. 1856.

H. Bouley fut l'âme de cette œuvre considérable, dont il dirigea, avec l'aide de plusieurs collaborateurs, la publication jusqu'à sa mort, et qui n'est pas encore terminée. Pour la description de l'ouvrage, voy. *Nouveau Dictionnaire...*, etc.

Mémorial thérapeutique du Vétérinaire praticien pour l'année 1861. Indication sommaire des moyens de traitement à opposer aux Maladies des diverses espèces d'Animaux domestiques, avec les doses des Médicaments et leurs formules magistrales ; par M. H. Bouley, Professeur de clinique à l'Ecole impériale vétérinaire d'Alfort, secrétaire général de la Société impériale et centrale de médecine vétérinaire, etc., et M. A. Sanson (1), ex-chef de service de pharmacologie, de thérapeutique, etc., à l'Ecole impériale vétérinaire de Toulouse, secrétaire adjoint de la Société impériale et centrale de médecine vétérinaire, etc. *Paris, P. Asselin.* (1861.)

1 vol. in-12 de 100 f¹ˢ non ch. et ne portant que la date des 365 jours de l'année, le reste en blanc, pour servir d'agenda, et 90 p. de texte. A partir de la p. 73, l'ouvrage ne contient que des annonces.

Les maladies, avec le traitement propre à chacune d'elles, sont classées par ordre alphabétique. Beaucoup d'articles concernent le cheval.

Le titre de l'ouvrage indique que cette publication devait être annuelle, mais elle n'a pas été continuée.

Morve farcineuse chronique terminée par la guérison — Considérations sur le diagnostic, le pronostic et le traitement de cette maladie lu à l'Académie impériale de Médecine le 8 Décembre 1857 par M. Hipp. Bourdon, Médecin de l'Hôpital Lariboisière, suivi du Rapport fait à l'Académie impériale de médecine le 18 Juin 1861 par M. H. Bouley. *Paris, J. B. Baillière et fils*, 1861.

(1) Voy. ce nom pour d'autres ouvrages.

Broch. in-4° de 40 p.
L'observation du Dr Bourdon occupe les 22 premières p. et le rapport de Bouley la suite. Il s'agissait d'un palefrenier qui avait pansé pendant plusieurs jours un cheval morveux au dernier degré et qui avait contracté la morve. Il avait été atteint de la manière la plus grave et guéri par le 'Dr Bourdon.

Exposition universelle de 1867 à Paris — Rapports du Jury international publiés sous la direction de Michel Chevalier — La Maréchalerie — Résumé historique de la Ferrure et des Progrès accomplis par M. H. Bouley, Membre de l'Institut, Rapporteur du Jury de la Classe 75. *Paris, Paul Dupont*, 1867.

Broch. in-8° de 16 p.

L'opuscule commence par un intéressant historique de la ferrure et des progrès qu'elle a fait faire à la civilisation en multipliant les rapports d'un pays à l'autre et les échanges commerciaux. Bouley rend ensuite justice à la révolution que Lafosse apporta à l'art de ferrer (voy. Lafosse fils) et termine par une étude approbative de la ferrure Chárlier (voy. ce nom) et de la fabrication mécanique du fer à cheval.

Ministère de l'Agriculture et du Commerce — Comité consultatif des Epizooties — Projet de Loi sur la Police sanitaire des Animaux. Mars 1878 — *Paris, Imp. Nationale*, 1878.

En tête du texte, se trouve le titre suivant :

Rapport à Monsieur le Ministre de l'Agriculture et du Commerce au nom du Comité consultatif des Epizooties chargé de préparer un Projet de Loi sur la Police sanitaire des Animaux par M. H. Bouley, Membre de l'Institut, Inspecteur général des Ecoles vétérinaires.

1 vol. in-f° de 119 p.

L'ouvrage commence par un historique des règlements et ordonnances sur la matière, dont le premier date du 10 avril 1714. Il contient ensuite le rapport de Bouley, le texte de la Loi et enfin les Annexes qui reproduisent tous les règlements précédents sur la police sanitaire. Le projet mentionne les maladies contagieuses propres à l'espèce chevaline : morve, farcin et dourine.

Muséum d'histoire naturelle — Leçons de pathologie comparée — La nature vivante de la Contagion. Contagiosité de la Tuberculose, par H. Bouley, Membre de l'Institut. 1882-1883. *Paris, Asselin et Cie*, 1884.

1 vol. in-8° de iv-390 p.

Concerne en partie le cheval et la morve.

BOULEY (Henri-Symphorien). Vétérinaire français, fils et successeur de Bouley (Henri-Claude) 18..-1866.

Mort de l'Etalon The Physician. Fracture complète comminutive et compliquée du Radius (os de l'avantbras). Rapport lu à la Société vétérinaire de la Seine dans sa Séance du 14 août 1845 par H. S. Bouley, Vétérinaire à Paris. *Paris, Imp. d'Alexandre Bailly*, S. D. (1845).

in-4° de 4 p. non ch.

Ce cheval appartenait à un dépôt d'étalons non désigné dans l'opuscule, mais qui se trouvait à Paris ou environs. Il eut le radius fracturé par un coup de pied. On essaya de lui appliquer un bandage inamovible, mais son caractère irascible occasionna de graves complications et il fallut l'abattre le lendemain. Bouley défend les vétérinaires qui le soignèrent contre les attaques de certains journaux politiques.

BOULEY (Jean-François), dit BOULEY jeune.

Vétérinaire français, 1787-1855. Diplômé d'Alfort en 1808, il prit la direction de l'atelier de maréchalerie de son père, rue de Normandie, à Paris, et s'attira rapidement une nombreuse clientèle. En 1824, il contribua à la fondation du *Recueil de Médecine Vétérinaire* (voy. ce titre) et y publia la plupart de ses travaux. Il fut chargé d'un grand nombre d'expertises judiciaires et d'arbitrages et fit ensuite partie de la commission qui prépara la loi de 1838 sur les Vices rédhibitoires. Il avait été élu membre de l'Académie de médecine en 1823 et faisait aussi partie de plusieurs sociétés savantes françaises et étrangères.

Observations sur les Etranglemens internes et les Invaginations dans le Cheval, par J. F. Bouley jeune. Extrait de la *Nouvelle Bibliothèque médicale*, 1823.

Broch. in-8° de 14 p. (1).

Observations de Coliques calculeuses chez deux Chevaux, par Bouley jeune, Vétérinaire à Paris, avec des remarques particulières et quelques considérations sur les Calculs intestinaux et les dérangemens qu'ils occasionnent par J. Girard, Directeur de l'Ecole royale vétérinaire d'Alfort. S. L. N. D. (vers 1824).

Broch. in-8° de 16 p. (Extrait de la *Nouvelle Bibliothèque médicale*.)

Notice nécrologique sur François-Narcisse Girard, Professeur à l'Ecole vétérinaire d'Alfort, Membre de l'Académie royale de Médecine. Par M. Bouley jeune, Vétérinaire à Paris, Membre adjoint de l'Académie royale de Médecine. *Paris, Imp. Gueffier*, 1825.

Broch. in-8° de 16 p. (voy. Girard F.-N.)

Des Maladies de la Moelle Epinière et de ses Enveloppes chez le Cheval, par Bouley jeune, Vétérinaire à Paris, Membre-adjoint de l'Académie royale de Médecine. Extrait du *Recueil de Médecine vétérinaire. Béchet jeune, éditeur*, 1830.

Broch. in-8° de 59 p.

Oblitération des Artères fémorales observée chez une Jument chez laquelle cette maladie avait déterminé une Claudication intermittente très remarquable, par Bouley jeune, Vétérinaire à Paris, Membre adjoint de l'Académie royale de Médecine. Extrait du *Recueil de Médecine vétérinaire*, n° d'Octobre 1831.

Broch. in-8° de 13 p.

Jurisprudence vétérinaire — Question médico-légale — Un cheval chez lequel les testicules n'ont acquis que le cinquième environ de leur développement normal, vendu et garanti cheval entier, doit-il être considéré comme tel. (Résolution négative.) Rapport fait au tribunal de commerce du département de la Seine ; par M. Bouley jeune, Vétérinaire à Paris, membre adjoint de l'Académie royale de médecine. Extrait du *Recueil de médecine vétérinaire*, n° de Septembre 1832.

Broch. in-8° de 16 p.

Mémoire sur les Altérations essentielles du Sang dans les principales espèces d'Animaux domestiques, par M. Delafond, Professeur de pathologie, de thérapeutique et de police sanitaire à l'Ecole d'Alfort — Rapport fait à l'Académie royale de Médecine dans la séance du 2 Juillet 1839 au nom d'une commission composée de MM. Bouillaud, Piorry, Barthelemy (1) et Bouley (rapporteur). *Paris, Imp. Félix Locquin*, 1839.

Broch. in-8° de 24 p.

Causes générales de la Morve dans nos Régiments de Cavalerie et les Moyens d'y rémédier. Rapport fait à l'Académie royale de Médecine, dans la séance du 17 Mars 1840, par M. Bouley jeune, Rapporteur. *Paris, Imp. Félix Locquin*, 1840.

Broch. in-8° de 15 p.

Synovite sésamoïdienne rhumatismale observée chez le Cheval à la suite d'une pleurésie, par M. Bouley jeune, Médecin Vétérinaire à Paris, Membre de l'Académie royale de Médecine. *Paris, Félix Locquin*, 1840.

Broch. in-8° de 24 p.

Introduction accidentelle de l'air dans la jugulaire gauche, immédiatement après une saignée pratiquée sur cette veine. Mort sept heures après l'opération. Observation recueillie sur une jument affectée d'entérorrhagie et communiquée à l'Académie royale de Médecine dans sa séance du 27 octobre 1840 par M. Bouley jeune. *Paris, Imp. Félix Locquin*, 1841.

Broch. in-8° de 16 p.

---

(1) Je ne connais cette brochure que par le catal. de la Bib. Huzard.

(1) Bouillaud (Jean-Baptiste), médecin français, 1796-1881. Piorry (Pierre-Adolphe), médecin français, 1794-1879. Barthélémy (Eloi), vétérinaire français, 1785-1851.

BOULEY (Jean-Joseph), voy. NONAT.

BOULIGNY (Louis - Alphonse DE).
Général de brigade français (cavalerie), 1828-1908. Sous-lieut^{nt} en 1848, général de brigade en 1885, retraité en 1887.

Intonation des Commandements dans la Cavalerie, par L. A. Boulligny, Lieutenant-Colonel du 6e Dragons. *Chambéry, A. Perrin*, 1874.
Broch. in-16 de 65 p. dont 3 p. de musique notée.

BOULLAIRE (François-René).
Officier de cavalerie français breveté, né en 1870, sous-lieut^t en 1890, capitaine en 1900.

La Cavalerie Russe en Mandchourie, par le Capitaine breveté Boullaire, de l'Etat-Major de la 8e Division de Cavalerie — Avec trois planches — *Paris et Nancy, Berger-Levrault*, 1911.
Broch. gr. in-8° de 55 p. avec 3 pl. se dépliant et contenant 11 cartes. (Extrait de la *Revue Militaire générale.*)

Aéroplanes et Cavalerie, par le Capitaine Boullaire..., etc. *Paris et Nancy, Berger-Levrault*, 1911.
Broch. in-8° de 24 p. (Extrait de la *Revue Militaire générale.*)

BOULLIER (Pierre-Jean-Baptiste.)
Officier de cavalerie français, 1792-18... Garde du Corps de Monsieur en 1818, Garde de 1re cl. (lieutenant) en 1819, il donna sa démission en 1821.

Histoire des divers Corps de la Maison militaire des Rois de France depuis leur création jusqu'à l'année 1818, par M. Boullier, Garde du Corps de S. A. R. Monsieur. *Paris, Imp. de Le Normant*, 1818.
1 vol. in-8° de 2 f^{ts} non ch. pour le titre, la dédicace à S. A. R. Monsieur, XVI p. pour l'introduction et 452 p. de t.
La Maison du Roi comprenait principalement de la cavalerie : aussi l'ouvrage nous donne-t-il l'historique des Chevau-légers, Gendarmes, Mousquetaires, Grenadiers à Cheval et Gardes du Corps. On y trouve également des détails sur le rétablissement de la Maison militaire du Roi en 1814, sa suppression et sa réorganisation en 1815 et sur les Gardes particulières des C^{tes} de Provence et d'Artois avant la Révolution et aussi après, pour le dernier.

BOULY (E.), voy. CAVALCADES DE CAMBRAI.

BOUNICEAU (Pierre-Prosper).
Ingénieur des Ponts et Chaussées et agriculteur français, 1810-1883.

Le Cheval du laboureur et du soldat ou le Cheval de service en France, par Prosper Bouniceau, Membre de la Société d'agriculture de la Charente, Ingénieur en chef des Ponts et Chaussées en retraite, agriculteur, officier de la Légion d'honneur. *Angoulême, Imp. Lugeol*, 1879.
Broch. gr. in-8° de 57 p.
Plaidoyer en faveur de l'amélioration par la sélection.

Même ouvrage, même titre, par Prosper Bouniceau, Ingénieur en chef des Ponts et Chaussées, Démissionnaire-retraité, Propriétaire-Agriculteur, Officier de la Légion d'Honneur — *Deuxième Edition* — *Paris, Auguste Goin*, 1881.
Br. in-8° de 65 p.

BOURDELLE (S.-E.), voy. MONTANÉ (P.-L.)

BOURDON (Hippolyte), voy. BOULEY (Henri-Marie).

BOURGE (Antoine-Romain DE).
Officier de cavalerie français, 1786-1865. Engagé volontaire au 11e Chasseurs en l'an XIII, sous-lieut^{nt} en 1809, capitaine en 1813, brigadier aux Gardes du Corps (comp^{ie} de Raguse) en 1814, capitaine aux hussards de la garde en 1815, aux dragons de la garde en 1826, licencié en 1830, lieut^{nt}-colonel en 1831, colonel du 2e chasseurs en 1834, retraité en 1846. Campagnes à l'armée des côtes ans XII et XIII, à la grande armée, en Allemagne et en Espagne de 1805 à 1814. 6 actions d'éclat et 1 blessure.

Quelques idées sur les Troupes à Cheval de France, et principalement sur la Cavalerie légère. Dédié à Son Excellence le Duc de Raguse, Maréchal de France, Major-Général de la Garde Royale ; par R. de Bourge, Chef d'Escadron, Capitaine en premier aux Hussards de la Garde Royale, Chevalier de Saint-Louis, Officier de la Légion d'Honneur. *Paris, chez Magimel, Anselin et Pochard*, 1817.

Broch. in-8° de 32 p., plus 3 f^{ts} pour l'explication des pl. En frontispice, 2 lithog. d'Horace Vernet représentant un éclaireur du 1er rang, armé de la lance et à cheval, et un éclaireur du 2e rang à pied. A la fin, 2 pl. de formations tactiques, 1 pl. représentant une bride et 1 tableau d'effectif.

L'auteur s'attache à montrer la nécessité de la création d'éclaireurs.

M. de Bourge a soumis au Ministre, en 1833, un manuscrit intitulé : *Instruction sur le Service en Campagne pour les Sous-Officiers et Brigadiers mise en accord avec l'Ordonnance réglementaire de 1832 sur le Service des Armées en Campagne.* Le Ministre lui adressa des éloges pour ce travail et, par une singulière contradiction, n'en autorisa pas l'impression.

Extrait du *Spectateur Militaire*, 86e Livraison — Quelques mots en réponse à M. Merson. *Paris, Paul Renouard*, S. D. (1833).

Broch. in-8° de 4 p. signée à la fin.

C'est une verte réponse à un article de M. Merson, alors capitaine instructeur au 10e cuirassiers, publié dans le *Spectateur Militaire* d'Avril 1833, qui contenait une critique des propositions de de Bourge au sujet des remontes, et des attaques personnelles contre cet officier.

M. Merson continua d'ailleurs à publier les élucubrations les plus singulières sur les remontes. En 1835, dans un article du *Spectateur Militaire*, il demandait que la remonte cessât tout achat en France pendant 3 ans et que, pendant ce temps, « nos 50 régiments de cavalerie fussent « remontés au moyen de 15.000 juments « de choix prises par tiers dans les « bonnes races du Mecklenbourg, du « Holstein et du Danemark ». Ces juments seraient ensuite réformées et vendues aux cultivateurs. Il demande aussi l'introduction d'étalons « importés de « nos possessions d'Afrique... puisque, « disait-il, pour avoir de bons chevaux « de guerre, il ne faut pas songer au pur « sang anglais ».

Il est inutile d'ajouter que ces bizarres propositions furent facilement et vigoureusement réfutées dans le même journal.

Tableau synoptique d'Embouchures comparées. Résumé du Traité d'Embouchures par le Colonel de Bourge. Offert, en 1833, à M. le Lieutenant-Général Vicomte de Préval, Directeur de la Cavalerie. *Nancy, Imp. lithographique de Paullet*.

1 feuille gr. in-f° contenant 24 fig. lith. représentant des mors de bride et de filet et des gourmettes, avec un texte divisé en *Rapport analytique* et *Description des Mors*.

Projet d'avancement dans l'Armée de terre pour 1851 par le Colonel R. de Bourge. Extrait du *Spectateur Militaire*. *Paris, Imp. Martinet*, 1851.

Broch. in-8° de 39 p.

C'est une élucubration assez bizarre et qui d'ailleurs ne concerne pas spécialement la cavalerie.

De Bourge a été un collaborateur assidu du *Spectateur Militaire* et y a publié de nombreux articles sur les remontes, sur l'organisation de la cavalerie, etc. A signaler, dans le N° de Juin 1831, une critique du fameux mors annulaire de Brack (voy. ce nom.)

BOURGELAT (Claude).

Ecuyer, médecin, hippiâtre et vétérinaire français, fondateur des Ecoles vétérinaires, 1712-1779. Issu d'une honorable famille lyonnaise, il reçut une éducation distinguée, étudia le droit et fut reçu avocat à Toulouse. Inscrit au barreau du Parlement de Grenoble, il gagna une cause injuste, rougit de son triomphe et quitta le métier d'avocat (1). Il entra ensuite aux mousquetaires (2), suivit les leçons d'équitation des meilleurs maîtres de Paris, satisfaisant ainsi le goût très vif qu'il avait, dès sa jeunesse, témoigné pour le cheval et mérita, par ses connaissances étendues en équitation et en hippologie, d'être nommé en 1740, écuyer tenant l'Académie d'Equitation de Lyon. Il y resta 25 ans et, sous sa direction, cette école où la jeune noblesse affluait de toutes parts, acquit une réputation méritée.

(1) Cet épisode est relaté dans toutes les anciennes biographies de Bourgelat, mais des recherches récentes permettent d'en contester l'authenticité. M. Neumann *(Biographies vétérinaires)* pense même que Bourgelat ne fut ni étudiant en droit à Toulouse, ni avocat à Grenoble.

(2) Le passage de Bourgelat aux Mousquetaires est aussi signalé dans toutes ses biographies, mais aucune ne fait connaître en quelle qualité il y serait entré. Pour plusieurs raisons, trop longues à énumérer, je crois que cet incident est très douteux.

Mais, tout en enseignant l'équitation, il s'était lié avec les chirurgiens Poutaud et Charmeton. Secondé par ces deux savants, il se livra pendant plusieurs années à la dissection des animaux domestiques et particulièrement du cheval et fit une étude approfondie de tous les ouvrages anciens et modernes sur la maréchalerie et la médecine des animaux.

En 1760, il obtint la place d'Inspecteur de la Librairie de Lyon (1).

Il s'était lié avec Bertin, Intendant de la Généralité de Lyon, qui devint Contrôleur général des finances. C'est à son appui que Bourgelat dut de voir réaliser le vœu qu'il avait formé depuis longtemps et souvent exprimé : la création d'Ecoles vétérinaires. Il en fut donc le fondateur et la première s'ouvrit à Lyon, sous sa direction, le 1er Janvier 1762, sous le titre d'*Ecole pour les maladies des Bestiaux*. En 1764, elle reçut celui d'*Ecole Royale vétérinaire* et, l'année suivante, Bourgelat, qui avait été nommé par Bertin Inspecteur général de toutes les Ecoles vétérinaires établies ou à établir dans le royaume, et Commissaire-général des Haras, partit pour Paris afin d'établir à Alfort la deuxième Ecole dont Bertin avait obtenu la fondation. Il laissait à l'abbé Rozier (voy. ce nom) la direction de celle de Lyon.

Bourgelat eut à lutter contre de nombreuses difficultés financières et autres et fut violemment attaqué par Lafosse fils (voy. ce nom) qui publia contre lui plusieurs écrits auxquels, dit son biographe Grognier, Bourgelat ne répondit « qu'avec décence et modération ». Bourgelat, cependant, avait un caractère cassant et autoritaire : sa sévérité dans la répression des infractions à la discipline (2), sa conduite violente et inexcusable envers l'abbé Rozier, son successeur à l'Ecole de Lyon, permettent de croire que ses répliques ne furent pas beaucoup plus modérées que les attaques de son fougueux adversaire.

Mais ces travers doivent être oubliés et la postérité ne doit se rappeler que le grand service qu'il a rendu à son pays et à l'agriculture par la fondation des Ecoles vétérinaires uniquement dues à ses efforts persévérants et dont il soutint les

---

(1) Voir, à ce sujet, dans la *Revue de Paris* du 15 Janvier 1901, un curieux article de MM. Lemoine et Lichtenberger, dans lequel est relaté le rôle joué par Bourgelat dans l'affaire de la publication clandestine des poésies de Frédéric II.

(2) Il obtint en quatre ans, dit M. Railliet, quinze lettres de cachet contre les élèves de l'Ecole vétérinaire.

débuts difficiles de ses ressources personnelles. Très désintéressé, il ne laissa aucune fortune, et Bertin fit donner une pension du Roi à la veuve et à la fille de son ami.

Le nouveau Newcastle ou nouveau Traité de Cavalerie, géométrique, théorique et pratique. *A Lausanne & à Genève, chez Marc-Michel Bousquet et Compagnie, 1744.*

1 vol. in-8° de xiv-190 p. Titre rouge et noir.

Le nouveau Newcastle ou nouveau Traité de Cavalerie. *A Paris, au Palais, chez Grangé, dans la Gallerie des Prisonniers, à la Sainte Famille, 1747.*

1 vol. pet. in-12 de xx-312 p. Joli frontispice gravé (par Lassale ? La signature se trouve dans les hachures et est difficile à lire).

Même ouvrage, même titre. *Lyon, Joseph-Sulpice Grabit, rue Mercière, 1771.*

1 vol. pet. in-12 de xx-310 p., plus 1 ft pour l'approbation et le privilège. Même frontispice.

Malgré son titre, cet ouvrage, publié sans nom d'auteur, ne rappelle en rien celui de Newcastle. Il est assez curieux que Bourgelat, après avoir couvert Newcastle de louanges pour avoir « illus-« tré la Cavalerie par une prodigieuse « étendue de connaissances... », l'accuse quelques lignes plus bas — et avec raison d'ailleurs — de n'avoir mis dans ses écrits que de la confusion, sans ordre et sans netteté.

C'est pour y remédier, ajoute-t-il, qu'il publie le présent ouvrage. En réalité, il n'y reste rien de Newcastle, et c'est bien une œuvre originale où l'on trouve de la clarté, de la méthode et beaucoup de bons principes d'équitation et de dressage, très supérieurs, en tout cas, à ceux de Newcastle.

Elémens d'Hippiatrique, ou nouveaux Principes sur la connoissance et sur la Médecine des Chevaux, par M. Bourgelat, Ecuïer du Roi, Chef de son Académie établie à Lyon — *Tome Premier*, Contenant la connoissance du Cheval considéré extérieurement, & un traité abbrégé théorique & pratique sur la ferrure — *Tome second, Première*

Partie, contenant un Abbrégé Hippo-stéologique, Myologique & Angeïologique — *Tome second, seconde Partie*, contenant un précis anatomique de la tête & de la poitrine du Cheval.— *A Lyon, chez Henri Declaustre et chez les Frères Duplain*, 1750, 1751, 1753.

3 vol. pet. in-8° de xxx p. pour le Discours préliminaire, 2 f^ts pour l'approbation et le privilège, 516 p. de texte et xliv p. pour la table des matières au T. I ; lvi-409-xlix p. plus 2 f^ts pour l'approbation et le privilège général au T. II ; vii-573-xciii p. plus 2 f^ts pour la répétition de l'approbation et du privilège au T. III.
Titre rouge et noir. Frontispice dessiné et gravé par Delaunoncé, vignette en tête du texte et pl. des proportions géométrales du cheval au T. I., 5 vignettes en-tête de chapitres au T. II et 2 au T. III. L'ouvrage est rédigé par demandes et réponses.
Les *Elemens d'Hippiatrique* devaient comprendre 6 vol. et sont restés inachevés. Cet ouvrage, dans lequel Bourgelat s'annonce comme un réformateur des vieilles doctrines alors reçues et dans lequel il montre et cherche à combler les lacunes des ouvrages antérieurs, « eut un « grand retentissement et valut à son « auteur le titre de correspondant de « l'Académie des Sciences de Paris, puis « de l'Académie de Berlin ».

Art vétérinaire ou Médecine des Animaux. *Lyon, Imp. de Jean-Marie Bruyset.* S. D. (1761).

Broch. in-4° de 6 p. publiée sans nom d'auteur, mais qui est de Bourgelat.
C'est une sorte de programme établi au moment où l'Ecole de Lyon allait s'ouvrir et qui trace les travaux qu'on y doit faire et le but que l'institution doit se proposer.
Après la création de l'Ecole d'Alfort, l'opuscule fut réédité et augmenté :

Art vétérinaire ou Médecine des Animaux. *A Paris, chez Vallat-la-Chapelle, au Palais, sur le Perron de la Sainte Chapelle*, 1767.

Broch. in-4° de 31 p. également publiée sans nom d'auteur.
Elle reproduit la précédente avec l'addition des Reglemens qui seront observés dans l'Hôtel de l'Ecole Royale vétérinaire de Paris et les Reglemens qui seront observés à l'Auberge, tant par les Elèves de l'Ecole Royale vétérinaire que par l'Entrepreneur chargé de leur nourriture et l'Instruction pour le Suisse de la porte de l'Hôtel.

En 1777, Bourgelat fit imprimer un *Règlement* beaucoup plus détaillé dont on trouvera la description à cette date.

Matière médicale raisonnée ou Précis des Médicamens considérés dans leurs effets, à l'usage des Elèves de l'Ecole Royale vétérinaire, avec les Formules médicinales de la même Ecole par M. Bourgelat, Directeur & Inspecteur général des Ecoles vétérinaires, Commissaire général des Haras du Royaume, Correspondant de l'Académie Royale des Sciences de France, Membre de l'Académie Royale des Sciences et Belles Lettres de Prusse, ci-devant Ecuyer du Roi et chef de son Académie établie à Lyon. *A Lyon, chez Jean-Marie Bruyset*, 1765.

1 vol. in 8° de xxiv-227 p. plus 56 p. pour *Histoire ou Connoissance abrégée de quelques drogues faisant partie des substances qui entrent dans les Formules de l'Ecole Royale Vétérinaire* et 239 p. pour les *Formules médicinales à l'usage de l'Ecole Royale Vétérinaire*. Titre rouge et noir.

Même ouvrage, même titre. *A Lyon, chez Jean-Marie Bruyset*, 1771.

1 vol. in-8° identique au précédent, sauf que le titre est en noir. Mais c'est cependant bien une nouvelle impression.

Elemens de l'Art Vétérinaire — Matière médicale raisonnée, ou Précis des Médicamens considérés dans leurs effets, à l'usage des Elèves des Ecoles vétérinaires, avec les formules médicinales et officinales des mêmes Ecoles. Par M. Bourgelat. *Troisième Edition*, corrigée et augmentée. *A Paris, de l'Imp. et dans la Lib. vétérinaire de Jean-Baptiste Huzard*, 1793.

2 vol. in-8° de 420 p. dont xxvi pour l'Avis des Editeurs et le Discours préliminaire au T. I et 424 p. dont viii pour l'Avertissement des Editeurs au T. II.
Cette éd^on existe aussi avec un nouveau titre au millésime de l'an IV.

Même ouvrage, même titre. *Quatrième Edition* publiée avec des notes par J. B. Huzard, Vétérinaire, Membre de l'Institut national de France, etc. *A Paris, Imp. et Lib. de Madame Huzard,* An XI.

2 vol. in-8° de 436 p. dont xxxii pour l'Avis de l'Editeur signé Huzard et le Discours préliminaire de l'auteur au T. I, et 504 p. au T. II.
Cette éd°ⁿ a reçu d'importantes additions et notes d'Huzard.

Même ouvrage, *même éd°ⁿ*, avec un titre au millésime de l'An XIII-1805 et, plus tard, de 1808.

On voit que cet ouvrage a eu le plus grand succès. Il passe cependant pour être le plus médiocre de ceux qui sont sortis de la plume de Bourgelat. Il n'intéresse d'ailleurs le cheval que fort indirectement.

Elémens de l'Art vétérinaire — Zootomie ou anatomie comparée à l'usage des Elèves des Ecoles Vétérinaires, par M. Bourgelat, Commissaire général des Haras du royaume, Directeur & Inspecteur général desdites Ecoles, de l'Académie royale des Sciences & Belles-Lettres de Prusse, ci-devant Correspondant de l'Académie royale des Sciences de France, etc. *A Paris, chez Vallat-la-Chapelle, Libraire, au Palais sur le Péron (sic) de la Sainte-Chapelle,* 1766.

1 vol. in-8° de 530 p.
Ce livre se divise en plusieurs parties publiées à des dates différentes, mais dont la pagination se suit. La 1ʳᵉ comprend les généralités, l'Ostéologie j. q. la p. 76, puis, avec un titre nouveau, daté de 1767, la Sarcologie et la Myologie, j. q. la p. 192. Vient ensuite le Précis angéiologique, névrologique, ou Traité abrégé des Vaisseaux sanguins, des Vaisseaux nerveux et des glandes du Cheval avec un titre particulier daté de 1768, de la p. 193 à la p. 280. Le Précis splanchnologique ou Traité abrégé des Viscères du Cheval, aussi avec un titre particulier daté de 1769, occupe les p. 281 à 527 ; la table termine l'ouvrage.

Malgré son titre général, l'ouvrage ne traite que de l'anatomie du cheval.

En 1769, des titres furent réimprimés à ce millésime, et Bourgelat y remplaça les mots : *Zootomie ou Anatomie comparée* par *Précis anatomique du Corps du Cheval,* qui fut adopté pour les éd°ⁿˢ suivantes, mais les exemplaires de 1769 sont de la même éd°ⁿ que celle de 1766-69 décrite ci-dessus, sauf que quelques *cartons* ont été réimprimés pour corriger des fautes.

Elémens de l'Art Vétérinaire — Précis anatomique du Corps du Cheval à l'usage des Elèves des Ecoles Vétérinaires par M. Bourgelat. *Nouvelle Edition* (2ᵉ) corrigée et augmentée. *A Paris, dans la Lib. vétérinaire de J. B. Huzard,* 1793.

2 vol. in-8° dont la pagination se suit. Le T. I contient 336 p. dont viii pour les titres et l'Avertissement. Après 1 fᵗ pour le titre, identique à celui du T. I, le T. II commence à la p. 337 et se termine à la p. 654.

Dans certains exemplaires on a enlevé le titre du T. II, qui est d'ailleurs inutile et il n'y a plus qu'un vol. de 654 p. Mais comme l'indication de la tomaison subsiste au T. I, on a cru quelquefois à tort que ces exemplaires étaient incomplets du T. II.

Elémens de l'Art vétérinaire — Précis anatomique du Corps du Cheval, comparé avec celui du Bœuf et du Mouton, à l'usage des Elèves des Ecoles Vétérinaires, par C. Bourgelat. *Troisième Edition,* corrigée et augmentée. *A Paris, de l'Imp. & dans la Lib. vétérinaire de la Citoyenne Huzard,* An VI (et An VII) de la République Franç.

2 vol. in-8° de 378 p. dont xvi pour les titres, l'Avis de l'Editeur (Huzard) et l'Avertissement de l'auteur au T. I et 466 p. au T. II, paru un an plus tard. Comme on le voit, cette éd°ⁿ diffère de la précédente par la pagination distincte des 2 volumes. La partie qui concerne le bœuf et le mouton, quoiqu'elle soit annoncée au titre pour la 1ʳᵉ fois, existait déjà dans l'éd°ⁿ précédente. Elle est d'ailleurs peu importante et ne traite guère que de la rumination. De plus, Huzard a ajouté un important avis préliminaire et des notes.

Même ouvrage, même titre. *Quatrième Edition,* augmentée. *A Paris, de l'Imp. et dans la Lib. de Madame Huzard,* 1807.

2 vol. in-8° de 424 p. dont xvi pour les titres, l'Avis de l'éditeur et l'avertissement de l'auteur au T. I et 455 p. au T. II.

Même ouvrage, même titre. *Cinquième et sixième Editions. Paris, Madame Huzard,* 1808.

2 vol. in-8° que je crois sans changement, mais que je n'ai pas rencontrés jusqu'ici.

Hippomètre ou Instrument propre à mesurer les chevaux & à juger des dimensions & proportions des parties différentes de leurs corps, avec l'explication des moyens de faire usage de cet instrument. *A Paris, chez Vallat la Chapelle, Libraire au Palais, sur le Perron de la Sainte-Chapelle, au Château de Champlâtreux*, 1768.

Broch. in-8° de 2 f^ts pour le titre et l'approbation et 38 p.

Elémens de l'Art Vétérinaire — De la Conformation extérieure des Animaux, des considérations auxquelles on doit s'arrêter dans le choix qu'on en doit faire ; des soins qu'ils exigent, de leur multiplication, etc., etc. Le tout à l'usage des Elèves des Ecoles vétérinaires, par M. Bourgelat, Commissaire général des Haras du Royaume, Directeur et Inspecteur général desdites Ecoles, de l'Académie royale des Sciences et Belles-Lettres de Prusse, ci-devant Correspondant de l'Académie royale des Sciences de France, etc. *A Paris, chez Vallat-La-Chapelle... (etc., comme ci-dessus)*, 1768-1769.

1 vol. in-8° de 270 p. dont 119 pour la 1re partie. La 2e a un titre particulier :

Elémens de l'Art vétérinaire, ou Traité du choix des Chevaux et des soins qu'ils exigent, par M. Bourgelat... (etc., comme ci-dessus). *A Paris, chez Vallat-La-Chapelle... (etc., comme ci-dessus)*, 1769.

La pagination de cette 2e partie suit celle de la 1re et contient [les p. 121 à 270 et dernière.

Malgré le titre général « qui annonce, « dit Huzard, la vaste étendue du plan « de ces ouvrages qui devaient comprendre toutes les espèces d'animaux domestiques », l'ouvrage ne traite que du cheval, ainsi d'ailleurs que l'indiquera le titre des éd^ons suivantes.

Explication des Proportions géométrales du Cheval vu dans ses trois principaux aspects, suivant les principes établis dans les Ecoles Royales Vétérinaires. *A Paris, chez Vallat-La-Chapelle (etc., comme ci-dessus)*, 1770.

Broch. in-8° de 14 p. publiée sans nom d'auteur, avec 1 pl. se dépliant. C'est la fameuse pl. des proportions du cheval, dessinée par Vincent (voy. ce nom), si souvent reproduite et discutée dans tous les ouvrages d'hippologie et d'extérieur (1). Elle avait d'ailleurs déjà paru dans les *Elémens d'Hippiatrique* de 1750 (voy. plus haut), mais sous un format plus réduit et avec de sensibles différences dans le dessin et les renvois au texte.

En 1770, l'éd^on de la *Conformation extérieure* décrite ci-dessus fut de nouveau publiée, mais avec l'addition des *Proportions géométrales* et de sa pl. L'ouvrage contint alors 282 p.

Elle porte l'indication de T. II « parce « que la Zootomie ayant été publiée « avec le titre préliminaire et général « d'*Elémens de l'Art vétérinaire*, que « Bourgelat vouloit donner à tous ses « ouvrages... celui-ci étoit réellement « le second volume avec ce titre... Il « est d'autant plus important de faire « observer cette remarque, que l'on ne « trouve souvent cet ouvrage cité que « sous le titre d'*Elémens de l'Art vétérinaire*, Tome II » (2).

Cette indication a d'ailleurs disparu dans les éd^ons suivantes.

Elémens de l'Art Vétérinaire. Traité de la conformation extérieure du Cheval, des considérations auxquelles il importe de s'arrêter dans le choix qu'on en doit faire, des soins que cet animal exige, &c., &c. A l'usage des Elèves des Ecoles Royales Vétérinaires de France. Par M. Bourgelat, Directeur & Inspecteur Général... (etc., comme à la 1re éd^on) — *Seconde Edition* — *A Paris, chez la Veuve Vallat La-Chapelle, Libraire au Palais, sur le Perron de la Sainte Chapelle*, 1775.

1 vol. in-8° de 2 f^ts non ch. pour le titre et l'Avertissement du Libraire et 287 p.

Dans cette éd^on, l'ouvrage est toujours divisé en 2 parties, la 1re jusqu'à la

(1) J'ai dû intercaler la brochure des *Proportions géométrales* entre la 1re et la 2e Ed^on de la *Conformation extérieure*, parce qu'elle est reproduite dans ce dernier ouvrage à partir de la réimpression de 1770.
(2) Huzard, Préface de l'Editeur à partir de la 4e éd^on.

p. 126, la 2ᵉ précédée de son titre particulier de la p. 127 à 287.
Les *Proportions géométrales* avec la pl. et l'*Hippomètre* sont souvent reliés à la fin de cette édᵒⁿ avec une pagination particulière de 14 et 38 p.

Même ouvrage, même titre. *Paris, chez la Vᵛᵉ Vallat la Chapelle*, 1785.

1 vol. in-8º de 4 fᵗˢ pour les titres et l'avertissement du libraire et 303 p , sans indication d'édᵒⁿ, mais c'est bien la 3ᵉ. Il y a quelques notes d'Huzard.
Comme dans la précédente, les *Proportions géométrales* et l'*Hippomètre* sont souvent reliés à la fin de l'ouvrage.

Même ouvrage, même titre (sauf qu'on a supprimé les titres scientifiques et les fonctions de Bourgelat) — *Quatrième Edition*, revue, corrigée et augmentée du Traité des Haras du même auteur — Avec figures — Publiée avec des notes par J. B. Huzard, Vétérinaire, Membre de l'Institut national de France, etc. *Paris, Imp. et Lib. Vétérinaire de M. R. Huzard*, An V (1797).

1 vol. in-8º de XVI-512 p. avec portrait de Bourgelat en frontispice, et ¡pl. des *Proportions géométrales*.
Huzard a ajouté à cette édᵒⁿ des notes et une importante préface dans laquelle il donne l'historique et la bibliographie des œuvres de Bourgelat. Il a aussi ajouté la 3ᵉ partie, *le Haras*, restée jusque là manuscrite dans les papiers laissés par Bourgelat. Cette partie occupe les p. 375 à la fin.
Le titre de la 5ᵉ. édᵒⁿ est légèrement différent :

Elémens de l'Art vétérinaire. Traité de la Conformation extérieure du Cheval ; de sa beauté et de ses défauts ; des considérations auxquelles il importe de s'arrêter dans le choix qu'on doit en faire ; des soins qu'il exige ; de sa multiplication, ou des Haras, etc., etc. — A l'usage des Elèves des Ecoles vétérinaires ; par C. Bourgelat. *Cinquième édition*, publiée avec des Notes par J. B. Huzard, Vétérinaire, Membre de l'Institut national de France, etc. — Avec Figures — *Paris, de l'Imp. et dans la Lib. de Madame Huzard*, An XI-1803.

1 vol. in-8º de 580 p. dont XVI pour la préface. Portrait et pl. des *Proportions géométrales*.

Même ouvrage, même titre. *Sixième édition*, publiée avec des notes par J. B. Huzard, Vétérinaire, Membre de l'Institut de France, Commissaire du Gouvernement, Inspecteur général des Ecoles Impériales vétérinaires, etc. Avec Figures — *Paris, Imp. et Lib. de Madame Huzard*, 1808.

1 vol. in-8º de 575 p. dont XVI pour les titres et la préface. Mêmes pl.

Même ouvrage, même titre (7ᵉ Edition). *Paris, Imp. et Lib. de Madame Huzard, née Vallat-la-Chapelle*, 1818.

1 vol. in-8º ; mêmes pagination et fig. qu'à la précédente édᵒⁿ.

Même ouvrage, même titre, *Huitième Edition. A Paris, chez Mᵐᵉ Huzard (née Vallat La Chapelle)*, 1832.

1 vol. in-8º de 486 p. Mêmes fig.
C'est la dernière édᵒⁿ. Le texte, à partir de la 4ᵉ, est resté sans autre changement que la correction de quelques fautes, mais Huzard a ajouté de nouvelles notes à chacune d'elles.

Elémens de l'Art vétérinaire — Essai sur les Appareils et sur les Bandages propres aux Quadrupèdes. A l'usage des Elèves des Ecoles Royales Vétérinaires. Avec Figures. Par M. Bourgelat... (etc. Titres et fonctions comme ci-dessus, 1765). *A Paris, de l'Imp. Royale*, 1770.

1 vol. in-8º de XIV-154 p. avec 21 pl. gravées, se dépliant et contenant de très nombreuses fig. dessinées par A.-F. Vincent (voy. ce nom).
L'ouvrage concerne presque exclusivement le cheval.

Même ouvrage, même titre (sauf Ecoles Impériales au lieu de Royales) — *Deuxième Edition. Paris, Imp. et Lib. vétérinaire de Madame Huzard (née Vallat la Chapelle)*, 1813.

1 vol. in-8º de XVI-152 p. avec les mêmes pl.

Bibliogr. hippique. T. I. — 11.

Essai théorique et pratique sur la Ferrure. A l'usage des Elèves des Ecoles Royales Vétérinaires. Par M. Bourgelat..... (etc. Titres et fonctions comme ci-dessus, 1765). *A Paris, de l'Imp. Royale*, 1771.
1 vol. in-8° de XVI-206-XX p.

Essai théorique et pratique sur la Ferrure. à l'usage des Elèves des Ecoles Vétérinaires, par C. Bourgelat. *A Paris, chez Madame Huzard, An XII-1804.*
1 vol. in-8° de XVI-230 p. Quoique le titre ne l'indique pas, c'est une 2e éd^{on}.

Même ouvrage, même titre (sauf qu'on a ajouté Impériales à Ecoles). *Troisième Edition — A Paris, Imp. et Lib. de Madame Huzard (née Vallat la Chapelle)*, 1813.
1 vol. in-8° de XVI-222 p.

Reglemens pour les Ecoles royales Vétérinaires de France, divisés en deux parties ; la première contenant la Police & la Discipline générale ; la seconde concernant l'Enseignement en général, l'Enseignement en particulier & la Police des Etudes. *A Paris, de l'Imp. Royale*, 1777.
1 vol. in-8° de XIV-255 p. plus 4 tableaux, publié sans nom d'auteur, mais qui est l'œuvre de Bourgelat.

Les traductions de Bourgelat en langues étrangères sont nombreuses :
Le *Nouveau Newcastle* a été traduit en anglais par Richard Bérenger, *Londres, Vaillant*, 1754, gr. in-4° et en espagnol par Don Francisco de Layglesia, avec l'addition d'un dict^{re} d'Equitation, de notes et de fig. *Madrid, Sancha*, 1801, in-12.

Les *Elémens d'Hippiatrique* ont été traduits en anglais par Richard Bérenger, *Londres*, 1754, 1 vol. in-4° ; ibid., 1771, 2 vol. in-4° qui comprennent aussi l'*Equitation* de Xénophon et d'autres ouvrages.

La *Matière médicale* a été traduite en italien par Odoardi (qui a traduit toutes les œuvres de Bourgelat), *Belluno*, 1776-1779, 8 vol. in-8° ; en espagnol par Malats, *Madrid*, 1793-1794, in-8°; en allemand, *Dantzig*, 1782, in-8°.

La *Zootomie* a été traduite en allemand, *Dantzig, Florke*, 1772, in-8° ; en italien par Odoardi (voy. ci-dessus) ; en espagnol par Malats, *Madrid*, 1793 et 94.

La *Conformation extérieure* a été traduite par Odoardi (voy. ci-dessus) en italien ; par Hipolite Estevez en espagnol, *Madrid*, 1793, 2 vol. in-4° ; en allemand par Knoblock, *Prague et Leipzig, Diesbach*, 1789-90, 2 vol. in-8°.

L'*Essai sur les Appareils* a été traduit en allemand, *Leipzig*, 1801 ; et *Berlin, Lagarde*, même année, in-8° ; en italien, par Odoardi (voy. ci-dessus).

L'*Essai sur la ferrure*, en italien par Odoardi (voy. ci-dessus).

En outre de ces ouvrages, Bourgelat fournit de nombreux articles à l'*Encyclopédie* de Diderot et d'Alembert sur l'Art vétérinaire, le Manège, la Maréchalerie, plusieurs articles de l'*Almanach vétérinaire* et des *Instructions et Observations* (voy. ces titres) qui y font suite sont extraits des papiers qu'il a laissés.

On connaît de lui un *Traité sur les Haras*, resté manuscrit et signalé par le catalogue Huzard. C'est fort probablement de ce travail qu'Huzard a extrait la 3e partie, *Haras*, ajoutée par lui à la 4e éd^{on} de la *Conformation extérieure* (1).

Bourgelat est aussi l'auteur de divers opuscules sur les épidémies du bétail, qui ne concernent pas le cheval, ainsi que de trois ouvrages étrangers à ses travaux habituels : *Lettres pour servir de suite à l'Ami des Hommes ; Lettres d'un Ingénieur de province à un Inspecteur des Ponts et Chaussées pour servir de suite à l'Ami des Hommes; Réflexions sur la Milice et sur les moyens de rendre l'administration de cette partie uniforme et moins onéreuse;* ces 3 ouvrages ont été publiés en 1760.

« Les écrits de Bourgelat, dit M. Neumann,... ont formé les nouvelles assises de la science vétérinaire et montré aux chercheurs qui sont venus après lui les premiers et les plus pressants problèmes à résoudre » (2).

Son traité de la *Conformation extérieure du Cheval* est celui de ses ouvrages qui a été le plus répandu et qui est resté le plus connu dans le monde hippique. Il a été cité et discuté par tous les auteurs qui ont traité le même sujet. Ses principes, sans doute trop absolus, n'ont pas été acceptés sans réserves ni même sans modifications importantes ; mais on a pu dire que « c'est à Bourgelat que nous devons, sinon l'idée mère, du moins l'établissement rationnel des

(1) Je possède aussi un important manuscrit qui n'est pas de la main de Bourgelat, mais qui est son œuvre, intitulé *Physique des Haras* et un autre intitulé *Notes concernant les Haras*.

(2) Neumann, *Biographies*.

« proportions » (1) et que « c'est à l'illustre écuyer hippologue Bourgelat... « que revient, sans aucun doute, le mérite d'avoir le premier posé les bases « sérieuses de la proportionnalité des « parties constituantes du cheval » (2).

Les ouvrages de Bourgelat se lisent aisément : ils sont écrits avec méthode et clarté ; le style en est toujours élégant et souvent brillant.

BOURGÈS (Jules).

Vétérinaire militaire français, né en 1856, diplômé de Toulouse en 1878, vétérinaire principal en 1907.

Notice sur le Soudan français et le Tonkin, par J. Bourgès, Vétérinaire en premier au 4e Hussards — Climatologie — Aperçu de l'Agriculture — Animaux domestiques — Hygiène des Equidés d'importation — Pathogénie — *Paris, Asselin et Houzeau*, 1893.

1 vol. in-8° de xii-162 p.
De nombreux passages de cet ouvrage traitent du cheval et du mulet.

Considérations pratiques sur l'Etiogénie de la Pneumonie, par M. Bourgès, Vétérinaire militaire, Membre correspondant de la Société centrale de Médecine vétérinaire (Extrait du *Recueil d'hygiène et de médecine vétérinaires militaires*). *Paris et Limoges, Henri Charles-Lavauzelle*, S. D. (1902).
Broch. in-8° de 41 p.

BOURGUIGNON (LE DOCTEUR H.), voy. DELAFOND.

BOURGUIN (Louis-Auguste).

Ancien magistrat et Président, en 1866 et 67, de la Société protectrice des Animaux, 1809-1880.

Viande de Cheval — Communication faite à la Société protectrice des Animaux. *Paris, de Soye et Bouchet*, 1864.
Broch in-8° de 23 p.
L'opuscule contient une communication du Dr Blatin sur l'usage alimentaire de la viande de cheval, une autre de Decroix sur les préjugés qui s'opposent à cet usage, et p. 19 à 23, une lettre sur la viande de cheval adressée par M. Bourguin au Vte de Valmer, Président de la Société.

Les premiers Animaux domestiques et les premières Plantes cultivées dans la contrée qui, plus tard, fut la Gaule — Les Animaux domestiques dans l'antique Egypte — Rapports faits à la Société impériale d'Acclimatation par M. Bourguin, Président honoraire de la Société protectrice des Animaux, Membre de la Société impériale d'acclimatation. *Paris, Imp. E. Martinet*, 1867.
Broch. in-8° de 30 p.
La 1re note ne contient que de courts passages sur le cheval, la 2e traite avec détails la question de l'introduction du cheval en Egypte et de l'emploi, beaucoup plus ancien, de l'âne. Voy. aussi, sur cette question, Piétrement et Chabas.
Les rapports de M. Bourguin avaient été faits à l'occasion de l'Exposition universelle de 1867.

La viande de Cheval. Deux lettres adressées à M. Jules Duval, Directeur de l'*Economiste français*, par L. A. Bourguin, Président honoraire de la Société protectrice des Animaux, Secrétaire du Comité de propagation de la viande de Cheval. *Paris, Imp. Ch. Schiller*, 1868.
Broch. in-12 de 36 p. (Extrait de l'*Economiste français*.)

BOURNAY (Joseph) et SENDRAIL (Jean-Marie-Mathieu-Laurent).

Bournay, vétérinaire français, 1867-1901. Diplômé de Lyon en 1889, répétiteur en 1890, chef des travaux et professeur à l'Ecole de Toulouse en 1893.
Sendrail, vétérinaire français, né en 1872, diplômé de Toulouse en 1893.

Pathologie générale et Anatomie pathologique générale des Animaux domestiques, 1893.
En collaboration avec Cadéac ; voy. Cadéac.

Encyclopédie vétérinaire publiée sous la direction de C. Cadéac —

(1) Lecoq, *Traité d'Extérieur*.
(2) Jacoulet et Chomel, *Traité d'Hippologie*. Voy. aussi Lesbre, *Etudes Hippométriques* et *Précis d'Extérieur*. Il y défend les proportions de Bourgelat contre les critiques de Richard (du Cantal).

Obstétrique vétérinaire, par J. Bournay, Professeur de Clinique à l'Ecole vétérinaire de Toulouse, ancien Professeur de Pathologie bovine et d'Obstétrique — Avec 72 fig. intercalées dans le Texte — *Paris, J. B. Baillière et fils*, 1900.

1 vol. in-12 de VII-524 p.

Encyclopédie vétérinaire publiée sous la direction de C. Cadéac — Chirurgie du pied des Animaux domestiques, par J. Bournay et J. Sendrail, Professeurs à l'Ecole vétérinaire de Toulouse — Avec 135 fig. iutercalées dans le texte — *Paris, I. B. Baillière et fils*, 1903.

1 vol. in-12 de VIII-492 p.

Cet ouvrage n'a été publié qu'après la mort de l'auteur par M. Sendrail qui l'a complété et mis au point. Il concerne presque exclusivement les solipèdes.

BOURRIER, voy. **VILLAIN (E.-S.-L.)**.

BOURROUSSE DE **LAFFORE (Timoléon** DE**)**.

Un mot sur le cheval français, par M. Timoléon de Bourrousse de Laffore. *Paris, J. Dumaine*, 1862.

Broch. in-8° de 32 p.

L'auteur propose d'autoriser les jeunes gens à s'exonérer du service militaire, soit par une somme d'argent, ainsi que le stipulait alors la loi, soit « par une « valeur équivalente en nature, repré-« sentée par un ou plusieurs chevaux « élevés par eux ».

Il estime que ce stimulant encouragerait les pères de famille à élever « afin « d'exonérer leur fils sans bourse délier », semblant oublier que les chevaux ne se font pas gratis.

BOUSQUET (F.-F.).

Vétérinaire français, diplômé de Toulouse en 1884.

Petit guide de Médecine vétérinaire pratique, par F. F. Bousquet, Médecin-vétérinaire. *Cahors, Imp. Bergon*, 1894.

Broch. in-16 de 32 p.

BOUSSANELLE (Louis DE**)**.

Officier de cavalerie français, 1720-1788. Cornette au régiment de St Aignan (qui devint Beauvillier) en 1734, capitaine en 1749, obtint le rang de Mestre de camp en 1761 et passa au régiment de Commissaire-général-Cavalerie en 1762. En 1769, avant sa retraite qu'il obtint la même année, il fut nommé brigadier, distinction très rare pour un capitaine. Il avait reçu à Rosbach 7 coups de sabre et un coup de feu. « Cet officier a de « l'esprit et de la valeur, disent ses notes « de 1763 et 1764. Il écrit sur le militaire « et est fort attaché à sa troupe. » Il cultivait aussi la poésie et c'est en vers qu'il a demandé au ministre Choiseul d'être nommé colonel.

Commentaires sur la cavalerie, par M. de Boussanelle, chevalier de l'Ordre royal militaire de St Louis, capitaine au régiment de cavalerie de St Aignan, membre de l'Académie des sciences et beaux-arts de la ville de Béziers. *Paris, Guillyn*, 1758.

1 vol. in-12 de VII-400 p. Dédié au prince de Turenne, colonel-général de la cavalerie. Vignette sur le titre, armoiries du Prince de Turenne en tête de la dédicace et en-tête à la p. 229, par Eisen, gravé par Legrand.

Cet ouvrage est un exposé des batailles et combats, de 481 à 1712, dans lesquels l'action a été décidée par la cavalerie. Il est destiné à combattre les théories de Folard.

Observations militaires par M. de Boussanelle, chevalier de l'Ordre royal militaire de St Louis, capitaine au régiment de Cavalerie de Beauvillier, ci-devant St Aignan, Membre de l'Académie des sciences et beaux-arts de la ville de Béziers. *Paris, Jombert*, 1761.

1 vol. in-8° de VIII-232 p. Dédié au marquis de Castries, Lieutenant Général et Mestre-de-camp général de la cavalerie.

Malgré son titre général, cet ouvrage ne concerne que la cavalerie. C'est une suite d'observations, quelquefois superficielles ou puériles, sur des sujets divers. A remarquer, p. 28, que l'auteur préconise le guide au centre de l'escadron. Les passages de rivière, les simulacres de guerre, destinés « à graver dans chaque tête les images de la guerre », embryon des grandes manœuvres, sont intéressants. Les « Mœurs d'un militaire » sont un petit traité de morale assez curieux.

Le livre second, *du Cheval*, est un aperçu des races des différents pays. Ces notices sont une compilation des auteurs anciens ou de l'époque et des récits souvent fantastiques, des voyageurs. On y trouve les « chevaux aquatiques produits par le Nil », les « chevaux marins » et même le dressage des hippopotames! On y lit, non sans quelque surprise, que « la cavalerie angloise, moins lourde que « celle des Hollandois, l'est encore trop, « et que tous les chevaux des cavaliers « pris à Fontenoi et à Lawfelt n'ont pu « servir qu'à tirer les bateaux ».

Réflexions militaires par M. de Boussanelle, chevalier de l'Ordre royal & militaire de St Louis, Mestre de Camp de Cavalerie, Capitaine au Régiment de Commissaire général, Membre de l'Académie des Sciences & Beaux-Arts de la Ville de Béziers. *Paris, Duchêne*, 1764.

1 vol. in-12 de LX-198 p., avec un plan. Dédié au Cte de Caraman, Maréchal des camps et armées du Roi ; 4 chapitres sont consacrés à la cavalerie.

Le Bon Militaire par M. de Boussanelle, Brigadier des armées du Roi, ancien capitaine au Régiment du Commissaire général de la cavalerie, Membre de l'Académie des Sciences et Beaux-Arts de la ville de Béziers. *Paris, Lacombe*, 1770.

1 vol. in-8° de XVI-286 p. Frontispice dessiné et gravé par Moreau le jeune.

Ce livre est une sorte de traité de morale militaire. Quelques passages cependant s'appliquent spécialement à la cavalerie.

BOUSSON (Marie-Amédée-Edmon).

Officier d'artie français, né en 1849, sous-lieutnt en 1870, chef d'escon en 1873, retraité en 1896.

Etude de la Représentation du Cheval, par E. Bousson, Capitaine d'artillerie. *Paris, L. Baudoin*, 1892.

1 vol. in-8° de 90 p. avec nombreuses fig. d. l. t.

BOUTARIC (Edgard-Paul).

Historien et archéologue français, chef de section des Archives nationales, professeur à l'Ecole des Chartes, membre de l'Académie des Inscriptions, 1829-1877.

Institutions militaires de la France avant les Armées permanentes, suivies d'un Aperçu des principaux Changements survenus jusqu'à nos jours dans la formation de l'Armée, par Edgard Boutaric, Archiviste aux Archives de l'Empire, Membre de la Société des Antiquaires de France. *Paris, Henri Plon*, 1863.

1 vol. in-8° de VIII-499 p.

L'ouvrage contient de nombreux et curieux détails sur la chevalerie et la cavalerie : origines, créations, tactique, armement, remonte, etc., et même, p. 297 et suiv. un passage sur le dressage, dont les Lombards et Gascons, venus en 1410 à l'appel du duc d'Orléans, donnèrent l'exemple aux chevaliers français incapables alors de charger autrement qu'en ligne droite, sans pouvoir « tourner en courant ».

BOUTET (Antoine-François-Daniel).

Vétérinaire français, 1820-1891. Diplômé d'Alfort en 1842, il s'établit à Chartres, devint maire de cette ville et conseiller général d'Eure-et-Loir.

Expériences d'inoculation de la pustule maligne à l'Homme et aux Animaux. Extrait des Rapports de l'Association médicale d'Eure-et-Loir des 29 Septembre 1850 et 30 Janvier 1851 (M. Salmon, rapporteur); du 27 Mai 1851 (M. Boutet, rapporteur). *Paris, Imp. W. Remquet*, S. D. (vers 1852).

Broch. in-8° de 7 p.

Les Vices rédhibitoires des Animaux domestiques et le Projet de Code rural soumis au Sénat, par D. Boutet, Vétérinaire à Chartres, Vice-Président du Comice agricole de l'Arrondissement de Chartres, Conseiller général d'Eure-et-Loir. *Chartres, Imp. Durand fres*, 1877.

Broch. in-8° de 48 p.

Deuxième Congrès national des Vétérinaires de France. Congrès sanitaire de 1885. — Rapport sur la fièvre charbonneuse par MM. Boutet, Daridan et Dubois. *Angers, Imp. Lachèse et Dolbeau*, 1885.

Broch. in-8° de 11 p.

BOUTET (Ernest), voy. WATRIN (Hyacinthe).

BOUTROLLE (J.-G.).

Le Parfait Bouvier ou instruction

concernant la connoissance des Bœufs et Vaches, leur âge, maladies & symptômes, avec les remedes les plus expérimentés, propres à les guérir. On y a joint deux petits Traités pour les Moutons & Porcs, ainsi que plusieurs remedes pour les Chevaux aussi expérimentés & qui n'ont point encore paru; le tout le plus abrégé qu'il a été possible. Par M. J. G. Boutrolle. *A Rouen, chez la V*^{ve} *Besongne et chez Besongne fils*, 1766.

1 vol. in-12 de III-135 p. Les remèdes pour les chevaux occupent les p. 121 à 135. A la suite : *Dissertation sur la maladie des Chevaux qu'on nomme la morve* et deux mémoires, le 1er intitulé : *Expériences faites au sujet de la Maladie des Chevaux nommée la Morve* par M. Malouin, 1er Avril 1761; le 2e : *Suite des expériences faites au sujet de la Maladie des Chevaux nommée Morve*; et, à la fin : *Electuaire contre la morve des Chevaux*, en tout 70 p. paginées séparément et dont les 6 dernières contiennent la table du premier ouvrage.

L'*Electuaire contre la morve* n'est autre que celui inventé par le Bon de Sind (1) (voy. ce nom), avec l'indication de son dépositaire M. Girost, demeurant, rue St-Dominique, la 2e porte cochère à gauche par la rue d'Enfer. Le fameux remède était délivré par le sieur Mareaux, dans des pots d'une livre et demie chacun, moyennant la somme de quinze livres.

Le *Parfait Bouvier* de Boutrolle, devenu ouvrage de colportage, a eu un grand nombre d'éd^{ons}, environ douze, avec quelques additions et modifications sans grand intérêt. Je n'ai pu en rencontrer qu'une faible partie. Il était encore publié vers 1820.

Dans quelques éd^{ons}, notamment dans celle de 1790, d'ailleurs semblable à celle décrite ci-dessus, on a ajouté au nom de Boutrolle, sur le titre, ceux de Garsault et de Lafosse.

L'ouvrage a eu aussi plusieurs éditions italiennes depuis 1780.

BOUVIER (Aimé).

Zoologiste et explorateur français.

Résumé d'Histoire naturelle pratique — Les Mammifères de la France. Etude générale de toutes nos Espèces considérées au point de vue utilitaire, par A. Bouvier, Fondateur du Musée des Faunes françaises appliquées aux Arts et à l'Industrie, etc..., ex-Zoologiste attaché à l'Expédition du Mexique, chargé de diverses missions scientifiques à l'étranger, promoteur de l'Exploration scientifique du Gabon et du Congo, Fondateur et Membre de plusieurs Sociétés savantes, etc. *Paris-Neuilly, au Musée des Faunes françaises*, 1886.

1 vol. in-12 de 128 p.

Enseignement populaire et pratique — Les Mammifères de la France. Etude générale de toutes nos Espèces considérées au point de vue utilitaire, par A. Bouvier, ex-Zoologiste attaché à l'Expédition du Mexique, chargé de diverses missions scientifiques à l'étranger, promoteur de l'Exploration scientifique du Gabon et de l'Ogoué, Membre et Fondateur de plusieurs Sociétés savantes, Fondateur du Musée pratique des Ecoles, etc., etc. — Illustré de 266 fig. dans le Texte — *Paris, Georges Carré*, 1891.

1 vol. in-16 de LII-570 p.

Dans l'éd^{on} de 1886, les équidés n'occupent que les p. 56 à 61, sans fig. Dans la 2e, le cheval, l'âne et le mulet sont traités plus longuement, de la p. 213 à 252 avec 22 fig.

BOUVIER (Sauveur-Henri-Victor).

Médecin français, membre de l'Académie de Médecine en 1839, né dans les dernières années du XVIIIe siècle, mort en 1877.

Académie impériale de Médecine — De la vaccine du Cheval — Discours prononcé à la séance du 2 février 1864 par M. Bouvier. *Paris, J. B. Baillière et fils*, 1864.

Broch. in-8° de 31 p.

Savante étude sur la maladie éruptive du cheval dont l'un des symptômes est connu sous le nom d'eaux aux jambes et sur les liaisons de ces phénomènes avec ceux du cowpox.

BOUVIER (T.).

Commissaire colonial en Algérie, ancien officier de cavalerie et Directeur de Haras.

---

(1) Que l'auteur appelle Syndt.

Agriculture—Rapport sur l'Agriculture, les Haras, les Courses de Chevaux, les Remontes militaires considérées dans leurs rapports avec l'éducation générale et spéciale des diverses espèces d'animaux domestiques et sur la nécessité de fonder des Fermes-Ecoles en Algérie ; par M. Bouvier, Commissaire colonial, chargé des Haras et de l'éducation générale et spéciale des diverses espèces d'animaux domestiques en Algérie. *Blidah, Typ. Tissot et Roche,* 1845.

Broch. in-8° de 80 p.

L'auteur fait d'abord un historique de l'administration des Haras, dont il critique vivement les tendances actuelles, puis il propose au Ministre un plan détaillé pour la création d'une ferme-école dans chaque province algérienne.

BOUZONNET-STELLA (Antoinette).

Graveur français, 1641-1676. Elle appartenait à la famille des peintres flamands Stella, dont le véritable nom était Van den Star et dont le plus anciennement connu est Jean, fils de Martin Stella [1] qui était né à Anvers en 1525, se fixa à Paris où il mourut en 1601 et où demeurèrent ses descendants. Antoinette était sa petite-nièce. Elle mourut à 35 ans des suites d'une chute et n'a laissé que deux gravures qui ont suffi à établir sa réputation : *Romulus et Remus* allaités par la louve et *L'Entrée,* décrite ci-dessous. Sa sœur Claudine était aussi graveur, et les critiques d'art estiment que les deux sœurs avaient un égal talent. Claudine a d'ailleurs collaboré à l'ouvrage suivant :

L'Entrée de l'Empereur Sigismond à Mantoüe, gravé en Vingt-cinq feuilles, d'après une longue Frise exécutée en Stuc dans le Palais du T. de la même Ville, sur un dessin de Jules Romain, par Antoinette Bouzonnet-Stella. *A Paris, chez Joubert, graveur et Marchand d'Estampes, Rue des Mathurins, aux 2 Piliers d'Or,* 1675.

Album gr. in-f° oblong de 25 belles pl. gravées, y compris le frontispice qui contient le titre.

On lit à l'angle du frontispice : cette frise a esté faite de Stuc soubs la conduite et sur les dessins de Jule Romain au Palais du TÉ dans Mantouë et grauée par Antoinette B. Stella ; et, en bas de la 1re pl. : Antonia B. Stella sculp. Claudia B. Stella excudit, 1575.

Les 15 dernières pl. représentent des cavaliers, des chars attelés, des cortèges hippiques, chevaux et mulets, et c'est à ce titre que j'ai signalé ce recueil intéressant et assez rare.

BOYER (René-Théophile-Henri).

Officier d'artillerie français breveté, né en 1853, sous-lieut^{nt} en 1876, lieut^t-colo-lel en 1907, retraité en 1910.

Note sur l'Instruction à Cheval dans les Régiments d'Artillerie par H. Boyer, Capitaine instructeur au 19° Régiment d'Artillerie (Extrait de la *Revue d'Artillerie*). *Paris et Nancy, Berger-Levrault,* 1888.

Broch. in-8° de 25 p. avec 11 croquis d. l. t.

BOYMANS (J.-A.).

Avocat hollandais, garde d'honneur du 1er Empire, dont la vie militaire — qu'il nous raconte naïvement — consista à blesser son cheval sur le dos et à simuler une maladie pour se faire envoyer au dépôt, puis à déserter en Suisse.

Le Garde d'Honneur ou Episode du Règne de Napoléon Buonaparte, par J.-A. Boymans d'Utrecht, désigné en 1813 comme Garde d'Honneur. *A Bruxelles, chez Weissenbruch,* 1822.

1 vol in-8° de XXXIII-69-XLI-XII p., avec 2 cartes et 5 vues lithog. se dépliant, peintes par P.-F. de Noter, dessinées par E.-J.-J. Verboeckhoven et lith. par J. Kierdoff. Dédicace au Bon G.-F. de Derfelden de Hinderstein.

Très curieux et très rare ouvrage, non mis dans le commerce et tiré à très petit nombre. L'auteur avait une égale horreur de l'Empereur et du métier militaire auquel il sut se soustraire en s'enfuyant en Suisse où il faillit être arrêté comme espion. Nombreuses et intéressantes notes sur la levée des gardes d'honneur, le nombre à fournir par chaque département, leur remonte, leur uniforme, etc.

Sur les Gardes d'Honneur, voy. aussi Bosq (du) de Beaumont — Bucquoy (E.-L.) — Cramer — Defontaine — Drapeaux — Juzancourt — Sagot (Fr.) — Juster — Clément (F-P.) — Massé (A.). Uniformes des Gardes d'Honneur... de la Hollande — Rossigneux — Souancé (de).

---

[1] Sur Martin Stella, voy. aussi *Alberti.*

BRACK (Antoine-Fortuné DE). Général de brigade français (cavalerie), 1788-1850. Après avoir fait de bonnes études à Paris, il entra en décembre 1806 à l'école de Fontainebleau et en sortit deux mois après comme sous-lieut^{nt} au 7e hussards qu'il rejoignit en Silésie, et où il se lia intimement avec Curély (voy. ce nom). Lieutenant en 1809, il fut nommé aide de camp du Gal Edouard de Colbert, combattit à Heilsberg et à Wagram, après quoi son régiment cantonna en Hongrie, puis en Allemagne. En congé à Paris au commencement de 1811, il y fit la conquête de la belle Pauline Borghèse et inspira plus tard une semblable passion à Mlle Mars. Il suivit en Russie le g^{al} Colbert, prit part aux batailles de Smolensk, de Valontina, de la Moskowa, puis passa, en 1813, comme capitaine chef d'escadrons, au 2e Lanciers de la vieille Garde, dont Colbert venait d'être nommé colonel (1). Son régiment combattit à Bautzen, à Wurtzchen, à Reichenback, à Dresde, à Leipzig, à Culm et à Hanau. Après l'abdication, le 2e Lanciers de la Garde fut conservé avec tous ses privilèges, et de Brack combattit encore à Waterloo avec ce régiment.

Mis en non activité en 1815, il tenta en vain de se faire replacer, prit du service en 1829 au Brésil comme aide de camp de l'Empereur don Pedro et chevalier d'honneur de sa femme, la princesse Amélie. Rentré en France en 1830, il fut nommé, en septembre de la même année, lieut^t-colonel du 8e chasseurs, qu'il commanda avec ce grade, et, en 1832, colonel du 4e Hussards. Maréchal de camp en 1838, il prit aussitôt le commandement de l'Ecole de Saumur, mais il ne put s'entendre avec le colonel Saint-Victor, qui commandait en second, et, en novembre, fut atteint d'une attaque, dont il se rétablit mal et qui diminua surtout son activité physique. Il resta néanmoins à la tête de l'Ecole de cavalerie jusqu'en Déc. 1840. Il commanda alors le département de l'Eure, fut mis en disponibilité par le gouvernement provisoire de 1848, en retraite en 1849 et mourut l'année suivante.

Avant-Postes de Cavalerie légère — Souvenirs — par F^é de Brack, Elève de l'Ecole militaire de Fontainebleau, Officier d'avant-Postes sous les Généraux Lasalle, Montbrun, Pajol, Colbert, Maison et Of-

(1) Les chefs de corps des régiments de la Garde avaient rang de général.

ficier de la Garde Impériale. *Paris, Anselin, succ^r de Magimel, 1831.*

1 vol. in-18 de 557 p. avec 2 pl. h. t. se dépliant au chap. de l'Etude des Terrains et quelques petits croquis d. l. t. à celui de la Fortification.

Première éd^{on} rare et recherchée.

Avant-Postes de Cavalerie légère — Souvenirs —. par F. de Brack, Général de Cavalerie, Commandeur de l'Ordre royal de la Légion d'honneur; Grand Dignitaire de l'Ordre impérial de la Rose; Commandeur de l'Ordre impérial du Crusero; Commandeur de l'Ordre royal du Christ, Chevalier de Saint-Louis, etc.; Elève de l'Ecole militaire de Fontainebleau; Officier d'Avant-Postes sous les Généraux Lasalle, Montbrun, Pajol, Colbert, Maison et Officier de l'ex-Garde impériale — *Deuxième Edition — Paris, J. Dumaine, 1844.*

1 vol. in-18 de 495 p., suivies de 2 p. de table, irrégulièrement paginées, avec les mêmes croquis de fortification et 3 pl. h. t. qui sont les mêmes qu'à l'éd^{on} précédente, mais l'une est dédoublée.

Même ouvrage, même titre. *Troisième Edition — Paris, J. Dumaine, 1863.*

1 vol. in-18 de 488 p. avec les mêmes fig. et pl.

Même ouvrage, même titre — *Quatrième Edition — Paris, J. Dumaine, 1869.*

1 vol. in-18 de 488 p.

A cette éd^{on} est ajoutée une Préface signée *Un Général de Cavalerie* et qui est due au g^{al} Ambert (voy. ce nom pour sa biographie et d'autres ouvrages).

Même ouvrage, même titre — *Cinquième Edition — Paris, J. Dumaine, 1873.*

Sans changement.

Même ouvrage, même titre — *Sixième Edition — Paris, J. Dumaine, 1880.*

Sans changement.

Même ouvrage, même titre — *Septième Edition* avec une biographie de l'auteur par le Lieutenant Prodhomme — *Paris et Nancy, Marc Imhaus et René Chapelot, 1912.*

1 vol. in-18 de LXXXIII-366 p., ces dernières ne commençant qu'à la p. 13, sans fig. ni pl.

Dans cette éd°ⁿ, les éditeurs ont supprimé « des passages devenus tout à fait « caducs et sans intérêt, notamment dans « les chapitres relatifs à la fortification, « à l'artillerie, aux maladies et aux soins « médicaux ». Mais ils ont ajouté une importante biographie de de Brack, œuvre posthume du lieutᵗ Prodhomme (1).

De Brack fut un des plus brillants officiers de cavalerie légère du 1ᵉʳ Empire. « Il avait su discerner et compren-« dre, dit son biographe Prodhomme, « l'emploi et le rôle de la cavalerie et « eut le talent d'exprimer sa doctrine « avec autant de clarté que de verve... « Justice lui a été rendue trop tard, « (mais) son influence posthume est « énorme. »

D'autre part, le Gᵃˡ Ambert, dans la préface de la 4ᵉ éd°ⁿ des Avant-Postes (réimprimée dans toutes les suivantes), dit : « Ecrit avec une intelligence vaste « et prompte, avec un cœur brûlant, « avec un esprit observateur et plein de « finesse, avec un admirable amour du « soldat, ce livre improvisé fut un petit « chef-d'œuvre. »

On doit aussi à de Brack :

Instructions pour l'emploi du Mors annulaire présenté à M. le Maréchal Soult, Ministre de la Guerre, par le Lieutenant-Colonel de Brack, Commandant le 8ᵉ Régiment de Chasseurs à cheval (ex-13ᵉ) — La rédaction de ces Instructions a été ordonnée à cet Officier par M. le Maréchal Ministre — *Dôle, Imp. F. Prudont,* 1831.

Broch. in-12 de 12 p., avec 1 pl. h. t. contenant 2 fig.

« Le mors décrit, dit l'auteur, n'est autre chose que le mors bédouin. » Cependant il est semblable, non pas au mors dont se servent les Arabes pour les chevaux, mais à leur mors de mulet, qui est fort différent. Le Lieutⁿᵗ-Colonel de Bourge (voy. ce nom) a fait la critique du mors annulaire dans le *Spectateur militaire* de juillet 1831.

De Brack a aussi réuni, en 1 vol. in-18, publié chez Anselin, en 1834, un certain nombre de petits manuels qu'il avait rédigés ou fait rédiger sous sa direction

(1) Prodhomme (Georges-Gaston-François), officier de cavalerie français, né en 1867, sous-lieutᵗ en 1894, lieutᵗ en 1896. Mis en non-activité pour infirmités temporaires en 1904, il est mort en 1911.

pour l'instruction des sous-officiers, brigadiers et hussards du 4ᵉ hussards qu'il commandait alors et qui traitent de parties accessoires de l'instruction de la cavalerie légère, étude du terrain, topographie, fortification de campagne et même mathématiques. Il a paru inutile d'en donner le détail.

Enfin il a traduit la brochure de Balassa sur la *Ferrure sans contrainte*, et le livre de de Decker sur la *Tactique des trois Armes*. Pour le détail de ces ouvrages, voy. Balassa et Decker (Ch. de).

BRACY-CLARK.

Vétérinaire anglais, 1770-1860. Il fut un des premiers élèves du collège vétérinaire fondé à Londres par le vétérinaire français Vial de Sᵗ-Bel. Après plusieurs voyages, il se fixa à Passy, près de Paris, vers 1815 et fut l'un des fondateurs du *Journal de médecine vétérinaire théorique et pratique.* En 1836, il retourna à Londres et s'y fixa définitivement.

Sa carrière a été marquée par de nombreux travaux sur la physiologie du pied, son hygiène et sa ferrure. Il a surtout appelé l'attention sur l'élasticité du sabot, au sujet de laquelle il a institué d'ingénieuses expériences, mais qu'il a fort exagérée.

On ne saurait, d'ailleurs, lui attribuer entièrement la découverte, mais il faut reconnaître que les travaux et les théories de Bracy-Clark ont contribué aux progrès de la ferrure.

Il a publié en anglais de nombreux ouvrages, mais il ne sera question ici que de ceux qui ont été traduits en français. Ce sont « A series of original experiments of the foot of the living horse, etc. », *London Sherwood*, 1809, in-4° et « Stereoplea, or the artificial Defence of the Horse's hoof consiịered, *London*, 1817 ». Son « Hippodonomia... also podophtora », *London*, 1819, in-4°, n'est qu'une nouvelle édition augmentée de ses deux premiers livres sur le pied, lesquels sont déjà à peu près semblables. Ce dernier ouvrage est orné de 12 belles pl. et suivi d'un appendice qui contient une pl. sur le pied et diverses dissertations entièrement étrangères au sujet du livre.

Sa « Pharmacopœia Equina, *London*, 1819, in-4°, a été également traduite en français.

Recherches sur la construction du sabot du cheval et suite d'expériences sur les effets de la ferrure, avec une Dissertation sur quelques moyens que les anciens employaient pour protéger les pieds de leurs chevaux et sur l'origine de la ferrure actuelle. Par M. Bracy-Clark, F. L. S., vétérinaire, correspondant de l'Académie royale des sciences de France, &a. Ouvrage traduit de l'anglais et revu par l'auteur. Avec huit planches. *Paris, Mme Huzard*, 1817.

1 vol. in-8° de xxiv-191 p.

Structure du sabot du cheval et expériences sur les effets de la ferrure, avec une dissertation sur les connaissances des anciens relatives aux moyens de conserver les sabots des chevaux, par M. Bracy-Clark, F. L. S., vétérinaire, membre de la Société Linnéenne de Londres, correspondant de l'Académie royale des sciences de France, &a., ouvrage traduit de l'anglais et revu par l'auteur. 2e éd^on, ornée de 8 pl. *Paris, Mme Huzard*, 1829.

1 vol. in-8° de 204 p.

Malgré la différence du titre et celle de la rédaction de la table des matières, les deux éditions sont semblables, texte et planches. Huzard est l'auteur de cette traduction.

Pharmacopée vétérinaire, ou nouvelle Pharmacie hippiatrique, contenant une classification des Médicamens, les moyens de les préparer et l'indication de leur emploi, précédée d'une Esquisse nosologique et d'un Traité des substances propres à la nourriture du Cheval et de celles qui lui sont nuisibles. Par M. Bracy-Clarck, membre de la Société Linnéenne de Londres, de l'Académie des Sciences de Paris, des Sociétés d'histoire naturelle de Berlin, de Copenhague, de New-York et de la Société royale d'agriculture de Stutgard. *Paris, Raynal*, 1829.

1 vol. in-12 de 100 p. avec 2 pl. gravées représentant le Cabinet et la Pharmacie vétérinaires.

Même ouvrage, même titre. *Paris, Bourayne, Succ^r de Raynal*, 1835.

1 vol. in-12 de 100 p. avec les mêmes pl.

BRAHAUT (Germain-Nicolas).
Officier d'Etat-Major français, 1786-1861 (voy. PASCAL (Adrien).

BRASIER (Claude-Joseph).
Médecin et vétérinaire franc-comtois. 1739-1808.

Projet qui indique les moyens les moins coûteux et les plus sûrs de relever l'espèce des Chevaux en Franche-Comté, par M. Brasier, Docteur en Médecine. *Besançon, Imp Métoyer*, 1790.

Broch. in-8° de 65 p. A la p. 45 se trouve un projet d'Edit du Roi portant établissement d'une nouvelle administration des Haras de Franche-Comté. A la suite, supplément de 24 p. contenant une *Table des défauts de conformation des parties qui constituent extérieurement le Cheval et des maladies dont elles peuvent être affectées*, avec une dédicace à Messieurs de l'Assemblée du Département du Doubs.

Réponse aux observations que M. de Forno (1) a faites sur le projet qui indique les moyens les moins coûteux et les plus sûrs de relever l'espèce des Chevaux en Franche-Comté, par M. Brasier, Docteur en Médecine. *Besançon, Métoyer*, 1790.

Broch. in-8° de 27 p.

Le même auteur a publié plusieurs opuscules au sujet de la terrible épizootie qui régnait sur les bêtes à cornes en Franche-Comté en 1793 et années suivantes. L'une d'elles, de l'An III, est adressée sous forme d'avis aux habitans des communes du District de *Doubs-Marat, ci-devant Saint-Hypolite*.

BRASSART (Félix).
Archiviste de la ville de Douai; archéologue français, né en 1834.

Le Pas du Perron Fée, tenu à Bruges en 1463, par le Chevalier Philippe de Lalaing, publié pour la première fois avec l'autorisation de M. le Ministre de l'instruction publique et accompagné de notes généalogiques et héraldiques sur les princes, les seigneurs et les gentilshommes qui ont figuré dans ce Pas d'Armes, par Félix Brassart, Douaisien. *Douai, L. Crépin*, 1874.

(1) Voy. ce nom.

1 vol. in-8° de 95 p. Extrait des *Souvenirs de la Flandre Wallonne*, année 1874 et tiré à 60 exemplaires.

Ce brillant tournoi est décrit en détail : installation des lices, armement des chevaliers, harnachement de leurs chevaux, nombre de lances rompues par chacun d'eux, etc. Ouvrage rare et intéressant.

Le Duel judiciaire du Comte de Fauquembergue et du Seigneur de Sorel (Mons, 29 Juin 1372), avec des notes sur les Comtes de Fauquembergue, par M. Brassart, Membre correspondant à Douai de la Société des Antiquaires de la Morinie. *Saint-Omer, H. d'Omont,* 1884.

Broch. in-8° de 43 p.

L'ouvrage donne le détail des préparatifs du combat et l'organisation du champ clos, mais il est muet sur le combat lui-même, cette partie manquant aux sources consultées ; il est toutefois probable qu'il eut lieu à cheval.

Etude de mœurs chevaleresques au XIVe siècle — Relation du Champ clos de Nancy du 11 Septembre 1386, ordonné pour les Seigneurs de Chin et de Cavrines, Wallons-Picards — Extraite du Manuscrit français 11602 de la Bibliothèque nationale, annotée et éditée par Félix Brassart, Archiviste de la Ville de Douai, Membre correspondant de la Société historique et archéologique de Tournai, et le Cte du Chastel de la Howarderie-Neuvireuil, Membre titulaire et Bibliothécaire de ladite Société. *Tournai, Vasseur-Delmée,* 1897.

1 vol. in-8° de 104 p. La couverture porte 1898.

Le combat, qui devait se faire à cheval, n'eut pas lieu, les deux adversaires ayant été réconciliés par le duc de Lorraine, mais l'ouvrage contient le récit de ses préparatifs et de son organisation.

BRAULT (Albert).

Causes et traitement du Crapaud — Symptômes idiopathiques de la Péripneumonie chez le Mâle, par A. Brault, Président de la Société Vétérinaire de la Seine-Infre et de l'Eure. *Pont-Audemer, Imp. Charles Dugas,* 1893.

Broch. in-8° de 21 p.

Le traitement du crapaud occupe les 16 premières p.

Maximes vétérinaires pour éviter la mortalité du Bétail, par A. Brault, ex-Vétérinaire civil, ancien Président de la Société Vétérinaire de la Seine-Infre et de l'Eure, Membre correspondant de la Société Vétérinaire pratique de Paris, Lauréat de différentes Sociétés savantes. *Evreux, Imp. Charles Hérissey,* 1900.

1 vol. in-18 de x-419 p.

C'est un dictionnaire alphabétique des maladies des animaux, avec les moyens de les reconnaître. Celles du Cheval y occupent une place importante.

BRAY (Gustave).

Traité pratique et complet des Ateliers de Sellerie, Bourrellerie civils et militaires, par Gustave Bray, Rédacteur du « Moniteur de la Sellerie civile et militaire ». *Paris, Garnier frères,* 1904.

1 vol. gr. in-8° de 628 p. avec 134 fig. d. l. t. et 1 pl. représentant des outils.

L'ouvrage contient des renseignements complets sur la fabrication et les différents modèles de tous les objets de sellerie et de harnachement, y compris les appareils de dressage, ceux destinés aux chevaux malades, blessés, vicieux, voyageant en chemin de fer, etc., et même quelques principes d'hippologie et d'hygiène.

BRAZIER (Nicolas).

Vaudevilliste et chansonnier français, 1783-1838.

Chronique des petits Théâtres de Paris depuis leur création jusqu'à ce jour, par N. Brazier. *Paris, Allardin,* 1837.

2 vol. in-8° de VIII-335 et 364 p.

Histoire des petits Théâtres de Paris depuis leur origine par Brazier. *Nouvelle Edition,* corrigée et augmentée de plusieurs chroniques. *Paris, Allardin,* 1838.

2 vol. in-12 de XVI-304 et 264 p.

Chroniques des petits Théâtres de Paris, par Nicolas Brazier, réimprimées avec Notice, Variantes et Notes par Georges d'Heylli. *Paris, Ed. Rouveyre et G. Bloud,* 1883.

2 vol. in-12 de xxxiv-390 et 495 p.

Dans ces 3 éd°ⁿˢ, le T. I contient un chapitre sur le *Cirque Olympique* : p. 137 à 163 de la 1ʳᵉ; p. 83 à 99 de la 2ᵉ et p. 137 à 163 de la 3ᵉ, avec des détails sur l'origine, les vicissitudes, les directeurs, acteurs, écuyers et écuyères de cet établissement.

BRÉAL (Auguste), voy. RICHTER (Karl).

BRÉAUTÉ (E.).
Souvenir de la Cavalcade de la Mi-Carême le jeudi 4 mars 1869, à Vernon. *Vernon, Imp. Bordier*, (1869).

1 feuille in-f° imprimée sur 2 col. au recto seulement et signée : E. Bréauté.

Description détaillée de la cavalcade qui se composait de 4 chars et de nombreux cavaliers suivis de voitures de maîtres mises à la disposition des quêteuses.

BRÉHIER (Louis).
Professeur et archéologue français, né en 1868.

Revue Archéologique publiée sous la Direction de MM. G. Perrot et S. Reinach, Membres de l'Institut. — Le motif du Galop volant sur une Cassette d'ivoire Bysantine. *Paris, Ernest Leroux,* 1911.

Broch. in-8° de 6 p. avec 1 fig.

Sur le terme « Galop volant », voy. Reinach (S.), *La Représentation du Galop*.

Dans la brochure de M. Bréhier, le galop volant s'applique à d'autres animaux que le cheval, mais le sujet est le même.

BREHM (Alfred-Edmond).
Naturaliste et voyageur allemand, 1829-1884.

Merveilles de la Nature — L'Homme et les animaux. Description populaire des Races humaines et du Règne animal par A. E. Brehm. — Edition française revue par Z. Gerbe. — Les Mammifères, caractères, mœurs, chasses, combats, captivité, domesticité, acclimatation, usages et produits. *Paris, J.-B. Baillière et fils,* S. D. (vers 1878).

2 vol. in-4° de xxi-766 p. au T. I, 870 p. au T. II, à 2 col., avec nombreuses pl. h. t. et fig. d. l. t.

Le T. I ne contient aucune question hippique. Le cheval, l'âne, le mulet, le bardeau et les zèbres occupent les p. 296 à 432 du T. II avec 3 pl. h. t. et 80 fig. d. l. t.

L'ouvrage complet comprend 15 vol. publiés de 1869 à 1885.

BRÉMOND D'ARS (T.-C. DE) et **BREMOND D'ARS (A.-M.-J. DE)**, voy. HISTORIQUES (21ᵉ CHASSEURS).

BRESCHET (Gilbert).
Médecin français, 1784-1845. Reçu docteur en médecine en 1812, il fut chirurgien de l'Hôtel-Dieu, membre de l'Académie de Médecine et professeur d'anatomie à la Faculté.

Considérations sur une altération organique appelée dégénérescence noire, mélanose, cancer mélané, etc., par G. Breschet, Chef des travaux anatomiques à la Faculté de Médecine de Paris, Chirurgien en chef de l'hospice des Enfans-Trouvés, professeur d'anatomie, de physiologie et de chirurgie, Membre titulaire de l'Académie royale de Médecine, etc. *Paris, Béchet jⁿᵉ,* 1821.

Broch. in-8° de 24 p. avec 1 pl. en couleurs se dépliant et contenant 3 fig.

Concerne en partie la mélanose du cheval.

BRESSON (COMTE Paul DE).
Sportsman vendéen.

Aux propriétaires, éleveurs et sportsmen du département de la Vendée, par le Comte de Bresson. *Fontenay-le-Comte, Imp. Gouraud,* 1891.

Broch. in-12 de 39 p.

L'auteur demande une organisation nouvelle des courses de la Vendée, avec courses au galop pour les chevaux de demi-sang, et l'augmentation des poids et des distances pour encourager la production du hunter, qui est en même temps le cheval de guerre.

Quelques idées sur l'encouragement direct à la production du Cheval de guerre en France ; par Vermouth. *Paris, Legoupy,* 1894.

Broch. in-16 de 24 p.

Même ouvrage, même titre, *Seconde Edition,* 1895.

Broch. in-16 de 69 p.
La 1re édon contient une lettre à MM. les membres du Comité de la Société des Steeple-Chases de France. Pour la 2e, on a ajouté une lettre à MM. les Membres du Comité de la Société d'Encouragement. Dans ces deux lettres, l'auteur poursuit l'examen des moyens destinés à encourager la production du hunter et du cheval de guerre.

BRÉTEX(Jacques), DELMOTTE (Ph.) et DELMOTTE (Henri) (1).

Les Tournois de Chauvenci, donnés vers la fin du treizième siècle, décrits par Jacques Brétex, 1285, annotés par feu Philibert Delmotte, Bibliothécaire de la vi' de Mons et publiés par H. Delmotte, son fils, Bibliothécaire conservateur des Archives de l'Etat, à Mons. *Imp. A. Prignet à Valenciennes*, 1835.

1 vol. in-8° de 165 p., plus un supplément de 28 p. donnant les noms des chevaliers qui ont rompu des lances à ces tournois, ceux des dames qui y ont assisté, des notes topographiques et un glossaire. Frontispice gravé représentant un tournoi.

C'est un poëme en vieux français de 4.500 vers, imprimé en caractères gothiques, mais les notes et commentaires sont en caractères ordinaires.

Chauvency-le-Château (que les auteurs de ce livre écrivent Chauvenci et Chauvanci) est un village du dépnt de la Meuse, sur la Chiers, entre Stenay et Montmédy.

Voy., sur le même sujet, Duvernay (Emile).

BRETON (François-Adolphe) et LARIEUX (Eugène-Léon-Charles).

Breton, vétérinaire français, né en 1876, diplômé d'Alfort en 1897. Larieux, vétérinaire militaire français, né en 1873, diplômé d'Alfort en 1897, vétérinaire en 1er en 1912.

Eléments de Clinique vétérinaire (Affections et Maladies du Cheval) par F. Breton, ex-Chef des travaux de Clinique à l'Ecole d'Alfort, Vétérinaire à Paris et E. Larieux, Vétérinaire en 2e au 13e Régiment d'Artillerie. *Paris, Asselin et Houzeau*, 1908.

(1) Pour la biographie de P. et H. Delmotte, voy. ce nom.

1 vol. pet. in-8° de xvi-367 p.

Les Maladies du Cheval (Eléments de Clinique vétérinaire) par F. Breton, ex-Chef des travaux de Clinique à l'Ecole d'Alfort, et E. Larieux, Vétérinaire en 1er au 6e Escadron du Train des Equipages militaires — *Deuxième Edition* — *Paris, Asselin et Houzeau*, 1913.

1 vol. in-16 de xx-403 p.

BREUIL-POMPÉE (Gabriel de OLLANDE, SIEUR DU).

Gentilhomme poitevin du XVIIe siècle. Il appartenait à la famille italienne Pompeo de Ollando qui vint se fixer en Poitou au XVIe siècle et était Seigneur du Breuil-Bessé, terre qui a repris son ancien nom quand elle sortit de la famille Pompée (1).

Duplessis (2) dit qu'on ne possède aucun renseignement biographique à son sujet et qu'on ignore « s'il a professé « l'Equitation ou s'il ne fut, pour cet « art, qu'un théoricien ». Du Breuil répond lui-même à cette question dans la note suivante qui termine son Traité et qui montre que c'était un homme de cheval et un veneur amateur ; ce que, de nos jours, on appellerait un *sportsman* : « Amy Lecteur, forcé par mes amis de « mettre sous la Presse ce mien petit « œuure, ie te supplieray de m'excuser « si ie ne te le fay voir écrit auec plus « de politesse ; l'œuure sort d'un Escuyer « Chasseur et non d'un Orateur... » (3).

Traité de l'Instruction du Cavalier pour le rendre capable de dresser et emboucher toutes sortes de Cheuaux, sans qu'il aye besoin de l'ayde d'un Escuyer. Auec un raisonnement uniuersel sur tous les Airs du Manege. Dédié à la Noblesse Françoise. Par le Sieur Dv Breüil Pompee, Gentilhomme Poictevin. *A Poictiers, par Jean Fleuriau Imprimeur ordinaire du Roy et de l'Uniuersité*, 1666.

In-8° de 2 fts liminaires, 62 p. plus

(1) Renseignement fourni par M. Ginot, conservateur de la Bib. de Poitiers.
(2) *L'Équitation en France* (voy. Duplessis).
(3) Le brave Du Breuil-Pompée a d'ailleurs littéralement copié son avis à « l'Amy Lecteur » sur celui que Baret, Sieur de Rouvray (voy. ce nom) a joint à son *Traicté des Chevaux*. On voit que ce n'est pas d'aujourd'hui que les auteurs qui grillent de se faire imprimer imputent leur détermination aux instances de leurs amis.

BRÉ — 174 — BRÉ

1 f¹ non ch. pour la Table. Au dos du titre est la permission d'imprimer accordée le 30 janvier 1666 par Jean Derazes, Lieutenant-général en la sénéchaussée du Poitou à « Gabriel de Hollande, escuyer, « Sieur du Breüil Pompee ».

C'est un petit traité d'extérieur, de dressage, d'hygiène et de remèdes Dans le seul exemplaire que j'aie vu (1) se trouvent les 4 mêmes pl. que dans les éd^{ons} in-8º de Pluvinel et Charnizay. Je crois qu'elles ont été ajoutées.

Même ouvrage, même titre : par le Sievr Dv Breüil Pomee (sic) gentilhomme Poictevin. *Arnhem, Jean Frederic Haagen*, 1669.

Pet. in-8º de 2 f^{ts} liminaires pour le titre et la dédicace à la Noblesse Françoise, signée Le Breuil-Pompee, et 52 p. de t.

Abrégé des sciences en général. Instruction de la Grace & belle Posture que le Caualier doit auoir à Cheual tres vtile aussi aux Femmes qui, a present, pour leur commodité & fermeté, prennent la meme Assiette & Posture que le Caualier obserue. La description des qualitez d'vn beau & bon Cheual en François & en Latin. Par le Sieur Du Breüil Pompee, gentilhomme Pottevin (sic). *Arnhem, Jean Frederic Haagen*, 1669.

In-8º de 38 p.

Ce petit ouvrage est divisé en 13 chapitres qui traitent des facultés de l'homme, des sciences, etc. Les 3 derniers sont seuls consacrés au cheval. Ce sont : *Instruction de la Grace et belle Posture...*, la *Description des qualitez d'un beau et bon Cheval* et *la même* en latin.

Tous les ouvrages de Du Breuil Pompée sont très rares.

Ils ont été réimprimés à la suite de l'éd^{on} de 1670 de Pluvinel, in-fº. Texte français et allemand, *Francfort, chez Matthieu Méryan* (voy. Pluvinel).

Dans cette éd^{on}, l'*Abrégé des Sciences en Général...* occupe les p. 145 à 163, et le *Traité de l'Instruction du Cavalier* les p. 164 à 203, y compris la table qui ne concerne que le 2e ouvrage. Chacun d'eux a un titre particulier en Français et en Allemand. Le texte, sur deux colonnes, est également Français-Allemand.

Cette édition de Pluvinel est rare. Elle est d'ailleurs identique à celle de 1640,

(1) A la Bib. Ste Geneviève.

in-fº, la date de 1670 est seulement ajoutée sur le titre gravé, celui imprimé conservant celle de 1640. Il est à remarquer que les p. 145 à la fin, ajoutées pour les deux ouvrages de Du Breuil-Pompée sont imprimées par *Johann Görlin* et l'ouvrage de Pluvinel par *Wolfgang Hoffmann*.

BRÉZÉ (Comte DE).

Officier de cavalerie au service de Sardaigne, 18e siècle.

Essai sur les Haras, ou examen méthodique des moyens propres pour établir, diriger et faire prospérer les Haras. Suivi de deux courts Traités. Dans l'un, on montre une méthode facile de bien examiner les Chevaux que l'on veut acheter, afin de les choisir avec intelligence et n'être point trompé par les Maquignons. Dans l'autre, on traite de la méchanique du Mors, et on enseigne l'Art de le bien assortir aux différentes bouches des Chevaux. On y a encore joint un Chapitre en forme de supplément sur les préjugés, les abus et l'ignorance de la Maréchalerie. *A Turin, chez les frères Reycends*, 1769.

1 vol. in-4º de IV-131 p. plus l'errata ; avec 1 vignette sur le titre et 3 pl. se dépliant, la 1re pour l'extérieur, la 2e contenant 10 fig. pour l'âge et la 3e 21 fig. de mors. Il y a une erreur de pagination de la p. 121 à la p. 128, chiffrées 221, etc.

Même ouvrage, même titre, même éditeur et même année.

1 vol. in-8º de XX-288 p., avec les mêmes pl. que dans l'éd^{on} in-4º, et une vignette en tête de l'ouvrage. Mais cette éd^{on} contient deux chapitres ajoutés : *Des Haras particuliers* et *Du gouvernement économique d'une Ecurie*. La table, qui est à la fin du livre dans l'éd^{on} in-4º, est au commencement dans celle-ci et donne le détail des deux chapitres ajoutés.

Les deux éd^{ons} ont été publiées sans nom d'auteur.

Traductions italiennes, *Turin, Bayno*, 1770 — *Venise, Locatelli*, 1782 — *ibid., Martini*, 1795.

Traduction allemande (abrégée), 1797.

Observations historiques et critiques sur les commentaires de Folard et sur la cavalerie, par le comte de Brézé, ci-devant Officier de cavalerie au service de S. M. le Roi de Sardaigne. *A Turin, chez les frères Reycends*, 1772.

2 vol. in 8° de XXIV-327 p. et 25 pl. pour le tome Ier; de VIII-232 p. et 4 pl. pour le tome II.

Cet ouvrage a surtout pour objet de combattre les théories de Folard en ce qui concerne la cavalerie dont, comme on le sait, cet écrivain militaire s'est montré l'adversaire en niant les services qu'elle peut rendre.

A la fin du tome II, l'auteur reproduit le *Traité de la connoissance extérieure du cheval* et celui de *La Méchanique du mors* de l'ouvrage précédent, mais celui sur les *Préjugés et l'ignorance de la maréchalerie*, et celui du *Gouvernement économique* d'une écurie n'y figurent pas.

Réflexions sur les Préjugés militaires, par le M[ls] de Brézé, Adjutant (sic) Général de Cavalerie au service du Roi de Sardaigne. *A Turin, chez les Frères Reycends*, 1779.

1 vol. in-8° de VIII-209 p. Jolie vignette sur le titre et 2 pl. h. t.

L'ouvrage concerne en partie la Cavalerie : il y a un Chap. spécial sur cette arme et il en est particulièrement question dans celui qui traite des Troupes légères.

BRIALMONT (Henri-Alexis).

Lieutenant-général, écrivain militaire et député belge, 1821-1903. Sous-lieut[t] et député en 1841, il passa dans le corps du génie en 1843, et, comme capitaine, dans celui d'état-major en 1855. Colonel en 1868; général-major en 1874; lieut[t] général en 1877; retraité en 1892. Il fut alors élu député de Bruxelles et se retira de la politique en 1894. Brialmont a occupé de hautes fonctions dans l'armée belge : directeur des opérations militaires au ministère de la guerre en 1868; inspecteur général des fortifications et du corps du génie en 1875 ; chef du corps d'état-major en 1886, etc. A deux reprises différentes, en 1877 et en 1884, il s'occupa de l'organisation de l'armée roumaine et des fortifications de Bucarest. Il fut surtout ingénieur militaire et on lui doit les plans du camp retranché d'Anvers, qu'il dressa en 1859. Presque tous ses nombreux ouvrages traitent de la fortification ; le suivant seul concerne en partie la cavalerie.

Tactique de Combat des trois Armes par le Lieutenant Général Brialmont. *Bruxelles et Leipzig, Muquart, Merzbach et Falk; Paris, J. Dumaine, L. Baudoin*, succ[r], 1881.

2 vol. de XLIV-366 et 322 p. avec 1 atlas de 9 pl. se dépliant.

La tactique de combat de la cavalerie occupe les 101 premières p. du T. II. De nombreux passages, et notamment l'étude du service de sûreté, lui sont en outre applicables. Les fig. de la pl. VII et une partie de celles de la pl. VIII concernent les formations de la cavalerie.

BRICOGNE (H. DE).

Causerie équestre ou quelques Conseils donnés à des Amis, à des Elèves, sur la position du Cavalier, le dressage du jeune Cheval, la position de l'Amazone, l'Attelage et la façon de procéder pour choisir un Cheval, soit de Selle ou d'Attelage chez l'Eleveur ou le Marchand de Chevaux par M. H. de Bricogne, ancien Ecuyer à l'Ecole de dressage de Sées et de Paris. *Montpellier, N. Arles*, 1880.

Broch. gr. in-8° de 52 p. dont IX pour l'Avant-Propos. Dédicace à M. Alfred Chabert.

Opuscule tiré à petit nombre et devenu rare.

BRICOGNE (Jules DE).

Inspecteur général des Haras français, 1826-1902. Entré dans l'administration en 1850 et retraité en 1887.

Le Cheval Oriental. *Paris, Georges Chamerot*, 1872.

Broch. in-4° de 66 p. avec 1 pl. de Lalaisse représentant un cheval arabe. Dédicace à S. A. Mahmoud Médim Pacha, Grand-Vizir de S. M. I. le Sultan, signé J. de Bricogne, Directeur des Haras nationaux.

Ouvrage bien étudié et intéressant ; il n'a été tiré qu'à un petit nombre d'exemplaires non mis dans le commerce et est fort rare.

BRINGARD (Marie-Joseph-Paul).

Vétérinaire militaire français, né en 1858, diplômé d'Alfort en 1879, vétérinaire en 1er en 1894, retraité en 1906.

De l'Elevage du Cheval et des Moyens de l'améliorer — Hygiène des Reproducteurs et de leurs Produits — Maladies dont ils peuvent

être atteints — Organisation et Fonctionnement des Haras et des Remontes — Manuel de l'Eleveur — Par M. Bringard, Vétérinaire en 1er au Dépôt de Remonte d'Angers, Chevalier de la Légion d'honneur, Officier d'Académie. *Angers, J. Sireaudeau,* 1905.
Broch. pet. in-8° de 93 p. avec 1 pl. contenant 2 fig.

BRIQUET (DE).
Commis au Ministère de la guerre sous Louis XV.

Code militaire ou compilation des Ordonnances des Roys de France, concernant les Gens de Guerre, par le Sr de Briquet, Chevalier de l'Ordre de Saint Michel & l'un des premiers Commis de M. d'Angervilliers, Secrétaire d'Estat de la Guerre. *A Paris, de l'Imp. Royale,* 1728.

3 vol. in-12 de 24 fts non ch. pour les titres, l'Epistre de l'Auteur au Roy, la Préface et la Table et 548 p. au T. I; 12 fts pour les titres et la Table et 535 p. au T. II; au T. III, la pagination suit approximativement celle du T. II; après 12 fts non ch., ce tome comprend les p. 528 à 1156 et dernière.

Sauf quelques passages qui concernent les troupes de toutes armes, la cavalerie est traitée au T. II : Gendarmerie, Gardes du Corps, Chevaux (sic)-légers, Mousquetaires de la Garde, Régimens de Cavalerie, Régimens de Dragons; rang des Officiers et des Troupes, prix des Charges; taille des chevaux; service; armement; timbaliers, trompettes et haut-bois; formation du Régiment royal des Carabiniers, etc.

L'ouvrage a été, comme on dirait maintenant, tenu au courant, et les édons suivantes ont enregistré les ordonnances successives qui concernaient l'armée. A chacune d'elles, le nombre de volumes augmente. Je citerai les principales en indiquant sommairement les volumes et les passages qui se rapportent à la cavalerie.

Même ouvrage, même titre. *Paris, Jean-Baptiste Coignard Fils, Imprimeur du Roi, à la Bible d'Or,* 1734.

4 vol. in-12.

Comme dans l'édon précédente, c'est le T. II qui contient les ordonnances sur la cavalerie. Les 3 premiers volumes sont d'ailleurs semblables aux précédents, sauf quelques corrections, et le T. IV forme un *Supplément* dans lequel se trouvent de nombreux articles applicables à la cavalerie et, en particulier, un Projet d'Instruction détaillé pour la marche d'un régt de cavalerie en route et pour le Service de la Cavalerie en campagne; un autre pour les Evolutions de la Cavalerie, etc., etc.

Même ouvrage, même titre... & l'un des premiers Commis de M. de Breteuil, Secrétaire d'Etat de la Guerre. Mis dans un nouvel ordre & augmenté considérablement dans cette Nouvelle Edition. *A Paris, chez Pierre Gandouin (1), Quai des Augustins, vis à vis la descente du Pont-Neuf, à la Belle Image, 1741.*

5 vol. in-12.

Cette édon est entièrement remaniée. Le T. I contient, outre l'Epître au Roi, une nouvelle dédicace au duc de Chartres, et une grande partie des ordonnances sur la cavalerie qui étaient au T. II dans l'édon précédente, avec, en plus, les additions ou modifications; le T. II contient aussi de nombreux passages sur la cavalerie; le T. III ne concerne cette arme que par quelques généralités; le T. IV traite des fourrages, de la solde et des massés et contient les très nombreuses ordonnances de 1737 pour la réduction des compagnies de tous les corps de cavalerie de la garde et de celles des Dragons et des Hussards, etc. Le T. V ne contient rien sur la cavalerie, mais il se termine par une Table chronologique des Ordonnances, Edits et Déclarations et par une Table alphabétique très étendue. Ces deux Tables rendent les recherches très faciles.

Même ouvrage, même titre. Nouvelle Edition, augmentée des dernières Ordonnances. *A Paris, chez Savoye, Rue St Jacques, à l'Espérance,* 1761.

8 vol. in-12.

Le T. I contient, de la p. 340 à la fin du volume, une série d'ordonnances concernant la cavalerie et les dragons; le T. II, du commencement à la p. 360, en contient la suite. Le T. III n'intéresse pas particulièrement la cavalerie. Le T. IV contient des ordonnances sur la

(1) A la fin du T. V de cette édon, se trouve la cession de son privilège par Briquet à Pierre Gandouin; la cession par ce dernier de la moitié de son privilège à Jean Hourdel et du quart à Rollin fils, etc. Aussi certains exemplaires de cette édon portent différents noms de libraires.

cavalerie, la gendarmerie, les gardes du corps ; sur le prix des régiments et compagnies de toutes armes. Les T. V, VI, VII et VIII ne contiennent que des ordonnances concernant l'infanterie, la marine, les milices, etc., et quelques dispositions d'ordre général (marche des troupes de toutes armes, etc.) qui s'appliquent en partie à la cavalerie. L'ouvrage est terminé par les mêmes tables — chronologique et alphabétique — que l'éd^{on} précédente.

Je ne connais pas d'éd^{on} postérieure à 1761.

L'ouvrage de Briquet est une mine inépuisable de renseignements et un guide indispensable pour tous ceux qui étudient l'organisation de la cavalerie française avant la Révolution.

Bardin cependant traite Briquet et son œuvre sans aucune indulgence ; mais les reproches qu'il lui adresse ne me semblent pas fondés : on sait d'ailleurs que ses jugements ne se distinguent pas par la bienveillance.

BRISSAUD (J.), voy. MOMMSEN (T.).

BRITT (L.-P.) et DIDIERJEAN (A.).

Nouveau Fer à Cheval Système Britt permettant de fixer le Fer sur le Sabot sans le secours d'aucun Clou, au moyen de Crampons. *Boulogne-sur-Mer, Société typographique et lithographique*, 1893.

Broch. gr. in-8° de 4 f^{ts} non paginés, avec 8 fig. d. l. t., la dernière (pied du cheval après ferrage) reproduite sur la couverture. L'opuscule est autographié.

A la fin, se trouve la note suivante : *S'adresser pour tous renseignements et pour traiter à M. A. Didierjean, 5, Boulevard Beaumarchais, Paris, fondé de pouvoir de M. le Dr Britt pour tous les pays d'Europe.*

Le fer, dans ce système, est maintenu par des sortes d'agrafes qui s'implantent à faible profondeur dans la paroi, et par de petites pointes verticales qui y pénètrent en dessous. L'auteur de la brochure — qui est probablement M. Didierjean — prétend qu'il a été expérimenté avec succès pendant de longs mois en Amérique, sur des chemins pierreux comme sur le macadam. Je n'ai pas connaissance qu'il l'ait jamais été en France, et il n'est pas mentionné par Jacoulet et Chomel (voy. ces noms).

BRIVET (Vincent).

Vétérinaire militaire français, an VIII-18... Entré au service en 1823, retraité comme vétérinaire en 1er en 1853, a fait la campagne de 1823 en Espagne et celle de 1851 à l'intérieur.

Nouveau Traité des Robes ou nuances chez le Cheval, l'Ane et le Mulet ; chez l'espèce bovine et les petites espèces domestiques, par V. Brivet, vétérinaire en 1er au 4e escadron du Train des Equipages militaires. *Paris, Labé*, 1844.

1 vol. in-8° de VIII-209 p. avec 2 pl. lithog. en couleurs, peintes et dessinées par l'auteur.

BROCHERIOU (René-Jean-Célestin).

Vétérinaire militaire français, né en 1857, diplômé d'Alfort en 1878, vétérinaire major en 1909, retraité en 1913.

Sérothérapie et Thoracentèse — Traitement de la Pleurésie aiguë chez le cheval (8 cas traités, 8 guérisons), par R. Brocheriou, Vétérinaire en premier au 12e Chasseurs. *Thouars, Imp. Thouarsaise*, 1900.

Broch. in-8° de 79 p., plus 18 tableaux de diagrammes indiquant la marche de la température des chevaux traités.

BROCHOWSKI (Georges-Vincent-Armand-Alexandre).

Officier de cavalerie belge d'origine saxonne, 1807-1872, voy. HUNERSDORF.

BROCONAT (J.-C.).

Vétérinaire français, diplômé de Toulouse en 1873.

Ecole nationale vétérinaire de Toulouse — Essai sur l'alimentation au point de vue des aptitudes, par J. C. Broconat, Médecin-vétérinaire. Thèse pour le diplôme de Médecin vétérinaire présentée le 25 juillet 1873. *Toulouse, Imp. Paul Savy*, 1873.

Broch. in-8° de 62 p. qui concerne en grande partie le cheval.

BROCQ-ROUSSEU (Denis) et GAIN (Edmond).

Brocq-Rousseu, vétérinaire militaire français, né en 1869, diplômé d'Alfort en 1891, vétérinaire en 1er en 1905.

Gain, professeur à la Faculté des Sciences de Nancy.

Les Ennemis de l'Avoine, par Brocq-Rousseu, Docteur ès Sciences, Vétérinaire en 1ᵉʳ au 5ᵉ Hussards (et) Edmond Gain, Docteur ès Sciences, Professeur adjoint à la Faculté des Sciences de Nancy, avec 24 Planches de Maurice Gonnet. *Paris, Asselin et Houzeau*, 1909.

1 vol. in-8° de XVI-184 p.

BROGLIE (LE MARÉCHAL DUC DE), voy. INSTRUCTION POUR LA CAVALERIE DE L'ARMÉE DU ROI.

BROGNIEZ (André-Joseph). Vétérinaire belge, 1802-1851. Il avait fait ses études à Alfort où il avait été répétiteur d'anatomie et de physiologie, puis il devint professeur de médecine opératoire à l'Ecole vétérinaire de Bruxelles.

Son habileté chirurgicale et l'invention de plusieurs instruments de chirurgie ingénieux qu'il exécutait lui-même lui ont valu une légitime notoriété.

Cours de Sidérotechnie vétérinaire ou de Maréchallerie appliquée à la Médecine opératoire du pied des grands quadrupèdes domestiques, par A. J. Brogniez, Professeur à l'Ecole vétérinaire et d'Economie rurale de Bruxelles, Vétérinaire de 1ʳᵉ classe, ancien Répétiteur d'Anatomie et de Physiologie à l'Ecole Royale d'Alfort, Professeur de Médecine opératoire, de Médecine légale, d'Extérieur, etc., à l'Ecole vétérinaire et d'Economie rurale de Bruxelles, Membre du Jury institué pour l'examen et l'admission des Vétérinaires, Membre correspondant de la Société des Sciences physiques, chimiques, arts industriels et agricoles de France. *Bruxelles, à l'Ecole vétérinaire et d'Economie rurale*, 1835.

1 vol. in-8° de IX-329-VIII p., plus un fᵗ d'errata avec 1 pl. d'enclumes.

Nouvelle invention appliquée à la Médecine opératoire vétérinaire. Notice sur l'évulsion du Tissu corné du pied des Animaux monodactyles domestiques, où sont démontrées quelques théories nouvelles de Médecine opératoire vétérinaire : par A. J. Brogniez, Professeur à l'Ecole Vétérinaire et d'Agriculture de l'Etat à Cureghem près Bruxelles. *Bruxelles, Société encyclopédique des Sciences médicales*, 1838.

Broch. in-8° de 40 p. avec 2 pl. se dépliant et contenant 6 fig.

Traité de Chirurgie vétérinaire par A. J. Brogniez, Professeur à l'Ecole vétérinaire et d'Agriculture de l'Etat à Cureghem lez Bruxelles, Vétérinaire de 1ʳᵉ classe, ancien Répétiteur d'Anatomie et de Physiologie à l'Ecole d'Alfort, Membre de plusieurs Sociétés scientifiques. Ouvrage contenant comme accessoire le *Résumé du Cours de Sidérotechnie Vétérinaire* dont la première Edition, publiée en 1835, est épuisée. Orné de planches dessinées et coloriées d'après nature par D. Meulenbergh, peintre à Bruxelles. *Bruxelles, Société Encyclopédique des Sciences médicales*, 1839-1845.

3 vol. in-4° de LXI-202 p. pour le T. I (dont la couverture porte 1842 et le titre intérieur 1839), 455 p. pour le T. II et 408 p. pour le T. III (qui est de 1845) avec 1 atlas de 47 pl. en noir et coloriées (dont plusieurs dépliantes) représentant 433 fig. et daté de 1842.

Aperçu historique sur la Prothèse locomotrice depuis le XVIIᵉ siècle jusqu'à nos jours, par A. J. Brogniez.... *Bruxelles*, 1847.

Broch. in-12 de   p.

Note sur la possibilité de la guérison de la Morve, par A J. Brogniez... *Bruxelles*, 1849.

Broch. in-12 de   p.

Extrait des *Bulletins* de l'Académie de Médecine, 1848-1849.

Bibliothèque rurale, instituée par le Gouvernement — Manuel du Maréchal Ferrant, par M. Brogniez, Chevalier de l'Ordre de Léopold, Professeur à l'Ecole de Médecine vétérinaire de l'Etat. *Bruxelles, G. Stapleaux*, 1850.

Broch. in-18 de 79 p. avec 20 fig. d. l. t. Les 2 dernières représentent l'étau dilatateur du maréchal belge Defays inventé vers 1829 et perfectionné par son fils, vétérinaire, par Brogniez et par plusieurs vétérinaires et maréchaux français. Cet instrument bien connu a rendu souvent des services pour le traitement de l'encastelure.

BROGNY (Jacques-Théophile).
Officier de cavalerie français, 1782-1860. Fourrier en 1803, sous-lieut' en 1809, capitaine en 1816, il avait obtenu 3 citations pour faits de guerre en Autriche, en Espagne et en Russie.

Extrait du Cours d'Hippiatrique comprenant la description de toutes les parties extérieures du Cheval, leurs beautés et leurs défectuosités ; suivies de quelques Instructions sur les Races et sur la Ferrure et d'une notice sur l'Hygiène ; rédigé par le Capitaine Brogny. *Vienne, J. Ch. Timon,* 1820.
Broch. in-8° de 56 p., rédigée par demandes et réponses.

BROSSARD-MARSILLAC (Louis) et **BEQUET** (Léon).
Le premier, Maître des requêtes au Conseil d'Etat, né en 1849 ; le second, Conseiller d'Etat, né en 1842.

Traité de la Législation relative aux Animaux utiles et nuisibles, commentaire des Lois et Règlements relatifs aux Epizooties, aux Haras, aux Bergeries et Vacheries nationales, à la Louveterie, au Phylloxera, au Doryphora, aux Abeilles, etc., présentant l'ensemble de tous les documents à consulter, par Louis Brossard-Marsillac, Maître des Requêtes au Conseil d'Etat ; avec Préface par M. Léon Béquet, Conseiller d'Etat. *Paris, Paul Dupont,* 1885.
1 vol. in-8° de XI-315 p.

BROUSSET (Emile).
Chambre syndicale des Entrepreneurs de Voitures de place du Département de la Seine, 51 *bis*, Rue Sainte-Anne — A MM. les Cochers des Voitures de place. Quelques conseils par Emile Brousset. *Rennes, Imp. Oberthür,* 1906.
Broch. in-16 de 16 p.
L'opuscule contient d'excellents conseils, mais qui ne sont guère mis en pratique.

BROUSSONET (Pierre-Marie-Auguste).
Médecin et naturaliste français, 1761-1807. Il était membre de l'Académie des sciences et fut élu député à la Législative en 1791 ; bientôt effrayé de la marche des événements, il se retira près de Montpellier à la fin de 1792. Il y fut arrêté et emprisonné, s'évada, s'enfuit à Madrid, de là à Lisbonne et au Maroc où il fut consul à Mogador, puis aux îles Canaries. Chaptal, son parent, le fit revenir en France comme professeur de botanique à Montpellier où il mourut.

Vues sur le Jardin royal des Plantes et le Cabinet d'Histoire naturelle. *A Paris, chez Baudoin, Imprimeur de l'Assemblée nationale,* 1789.
Broch. in-8° de 7 p.
Dans cet opuscule, l'auteur propose de réunir, en un seul établissement, à Paris, les Ecoles de médecine, le Collège royal, la Chaire de minéralogie de la Monnaie, celle du Jardin du Roi, du Jardin des Apothicaires et *l'Ecole vétérinaire d'Alfort.* « La réunion de tous ces établisse-« ments, dit-il, formerait l'ensemble le « plus imposant et le plus justement « célèbre. »

Réflexions sur les avantages qui résulteraient de la réunion de la Société royale d'Agriculture, de *l'Ecole vétérinaire* et de 3 Chaires du Collège royal au Jardin du Roi. *De l'Imp. au Journal Gratuit, Boulevart de la Porte St Martin à celle de St Denis, N° 3,* S. D. (1789 ?)
Broch. in-8° de 42 p.
C'est le développement de la précédente. Broussonet, dont le nom ne figure pas sur les titres, est l'auteur de ces deux opuscules.

BROUT (Charles-Marc).
Vétérinaire militaire français,1795-18... Breveté d'Alfort en 1815, il exerça sa profession à Pont-Audemer et environs. En 1828, il demanda à entrer dans l'armée et fut nommé vétérinaire en second au 2ᵉ carabiniers. Au commencement de 1830, n'ayant pas obtenu l'avancement qu'il sollicitait, il donna sa démission.

Traité des Maladies des Animaux domestiques, avec des renseignements pour en connaître l'Age et les Vices rédhibitoires, par Brout, d'Honfleur, Médecin vétérinaire, breveté en 1815. *Honfleur, C. de Baudre,* 1849.
Broch. in-8° de 52 p.

L'ouvrage traite de l'extérieur, de l'âge et des maladies du cheval.

BROUVIER (Léon).

Vétérinaire militaire belge, né en 1847.

La Viande de Cheval utilisée à l'alimentation de l'homme par Léon Brouvier, Vétérinaire militaire. *Liège, G. Bertrand*, 1880.

Broch. in-8° de 54 p.

BROWN (John-Lewis).

Peintre, lithographe et graveur français d'origine écossaise, 1829-1890.

John-Lewis Brown fut par excellence un peintre hippique. Dès sa première jeunesse, il dessina les chevaux, et pour acquérir une complète connaissance de son sujet favori, il suivit les cours de l'Ecole des Haras du Pin. Il exposa pour la première fois en 1848, puis resta 10 ans sans rien envoyer au Salon, s'adonna à la lithographie vers 1859 et exposa de nouveau à tous les Salons depuis cette époque jusqu'à sa mort.

Les premiers sujets qu'il traita furent des chevaux de trait et des intérieurs d'écurie, mais son goût le porta bientôt vers les sujets militaires, élégants ou aristocratiques, promenades, chasses, etc.

Vers 1868, il commença à s'adonner à la gravure. Son œuvre lithographié et gravé est considérable, et ses travaux ont été presque tous reproduits par la gravure. Il a publié de nombreuses lithographies hippiques dans le *Journal des Haras* (voy. ce titre) et a illustré de 3 jolies eaux-fortes la 2ᵉ Edⁿ de l'*Equitation des Dames* du Cᵗᵉ de Montigny (voy. ce nom).

Ses chevaux sont remarquablement étudiés et dessinés et les études qu'il avait faites à l'Ecole du Pin ont certainement contribué à la correction des attitudes, des mouvements et enfin de l'anatomie et de l'extérieur de tous ceux qu'il a représentés, depuis le cheval d'omnibus jusqu'au pur sang.

M. Léonce Bénédite a publié en 1903 une intéressante étude, à laquelle j'ai emprunté la plupart des détails qui précèdent, sur John-Lewis Brown; elle est suivie du catalogue complet de son œuvre.

BROYE (Hippolyte DE).

Les Courses de Marseille et l'Elevage du Cheval dans le S. E. de la France, par Hippolyte de Broye — Prix : 75 Centimes — *Paris, E. Dentu*, 1865.

Broch. in-8° de 18 p.

L'auteur reproche à la Société des courses de Marseille de ne pas encourager l'élève du cheval dans le S.-E. et demande qu'elle fonde des réunions spécialement réservées aux chevaux de cette circonscription.

BRU (P.).

Vétérinaire français, diplômé de Toulouse en 1872.

Ecole nationale vétérinaire de Toulouse. — De la Gourme des Solipèdes, par P. Bru, né à Laure (Aude). Thèse pour le Diplôme de Médecin Vétérinaire, présentée et soutenue le 28 juillet 1872. *Toulouse, Imp. Pradel, Viguier et Boé*, 1872.

Broch. in-8° de 41 p.

BRUGALIÈRES (J.).

Université de Toulouse — Faculté de Droit — De la vente des Animaux domestiques atteints de Maladies contagieuses — Thèse pour le Doctorat, par J. Brugalières, Avocat. *Toulouse, Imp. Saint-Cyprien*, 1898.

Broch. in-8° de IV-120 p.

Concerne en partie les maladies contagieuses du cheval : morve, farcin et dourine. La plupart des généralités lui sont en outre applicables.

BRUGNONE (C.-J.), voy. BARENTIN DE MONTCHAL (C.-L.-D.).

BRUN (L.).

Ancien officier d'infanterie puis de la garde nationale de Paris.

Manuel spécial et complet des Gardes Nationaux de France, Infanterie et Cavalerie. Contenant la Loi de 1791 sur l'organisation de la Garde nationale. Par L. Brun, ancien Capitaine d'Infanterie, l'un des Adjudants majors provisoires de la Garde nationale de Paris. *Paris, Lebigre*, 1830.

1 vol. in-16 de 161 p. avec 1 pl. se dépliant et contenant 3 fig. dont une représente un garde national à cheval.

Le Manuel du Garde national à cheval occupe les 10 dernières p. avec 1 tableau donnant la formation d'un escᵒⁿ en bataille.

BRUNET (E.), DESLANDRES (Paul) et MONTGOBERT (A.).
E. Brunet, vétérinaire et professeur à l'Ecole primaire supérieure de Dourdan (S.-et-O.). Paul Deslandres, éleveur à Ste-Mesme (S.-et-O.) et A. Montgobert, professeur d'agriculture à Dourdan.

L'Elevage du Cheval — I. Petit Guide pratique de l'Eleveur par E. Brunet, Vétérinaire à Dourdan (Seine-et-Oise) — II. Quelques conseils sur l'Alimentation, le Dressage, la Ferrure, etc., par Paul Deslandres, Eleveur à Ste-Mesme (Seine-et-Oise) — III. Amélioration des Prairies, création d'une Pâture, par M. Montgobert, Professeur d'Agriculture à Dourdan (Seine-et-Oise). *Paris, Imp. Ch. Noblet et fils*, 1898.

Broch. in-8° de 47 p. avec vignette sur la couverture et 7 fig. La couverture porte l'indication suivante : *Offert par M. Paul Deslandres.*

Ce petit ouvrage contient sous une forme concise et familière beaucoup de bons conseils et d'utiles préceptes.

BRUNET (Jules-Auguste-Romuald).
Officier de Cavalerie territoriale, né en 1844.

Traité d'Escrime, Pointe et Contre-Pointe, par Romuald Brunet. Ouvrage illustré de 5 dessins par Eugène Chaperon et de 27 planches inédites. *Paris, Ed. Rouveyre et G. Blond*, 1884.

1 vol. in-12 de 115 p. Les p. 69 à 110 sont consacrées à l'escrime au sabre et c'est à ce titre que l'ouvrage est cité ici.

La Cavalerie de seconde ligne en France et à l'étranger — Appels et période d'instruction par Romuald Brunet. *Paris et Limoges, Henri Charles-Lavauzelle*, 1886.

1 vol. in-16 de 95 p.

BRUNET (Pierre-Auguste) et ANNE (Juste-Norbert).

Deuxième Congrès national des Vétérinaires de France — Congrès sanitaire de 1885 — Rapport sur la Fièvre typhoïde du Cheval, suivi de quelques considérations sur plusieurs autres Maladies contagieuses des Animaux susceptibles d'être introduites dans la Loi sanitaire, par MM. J. Anne, Vétérinaire à Caen, Conseiller général du Calvados, Président de l'Association des Vétérinaires Normands et A. Brunet, Vétérinaire à Mézidon, Secrétaire général de la Société vétérinaire du Calvados, de la Manche et de l'Orne et de l'Association des Vétérinaires du Nord-Ouest — M. Brunet, Rapporteur — *Angers, Imp. Lachèse et Dolbeau*, 1885.

Broch. in-8° de 27 p.

BRUNETTE (E.), voy. MAUROY (A.).

BRUNOT.

Etudes anatomiques du Cheval, utiles à sa Connaissance Intérieure et Extérieure, à son Emploi et à sa représentation relativement aux Arts. Par Brunot, Sculpteur — L'Ouvrage est composé de quatre Cahiers de chacun quatre feuilles de Figures et d'un texte explicatif — Le Cahier en Noir, 5^F. — id. Colorié, 10^F. *Paris, l'Auteur ; ibid., Anselin et Pochard ; ibid., Chaillou-Potrelle ; ibid., Mme Huzard*, S. D. (1825-1826).

Album gr. in-f° oblong de 2 f^{ts} de texte (imprimé seulement au recto) et 5 cahiers de 4 pl. chacun, en noir ou coloriées, suivant les exemplaires. Jolie vignette sur le titre.

Comme on l'a vu, le titre n'annonce que 4 cahiers ; le 5e a été ajouté postérieurement.

Brunot n'a été que le directeur de cette publication. C'est Aubry qui a dessiné les 2 premiers cahiers, Lœillot les 2 suivants et fort probablement le 5e, qui n'est pas signé. (Voy. ces noms.)

Toutes les pl. de ce beau recueil sont remarquablement dessinées et finement coloriées. Elles ont servi de modèle à de nombreuses publications similaires.

BRUSLARD (MARQUIS DE).

Le Cheval ; par le Mis de Bruslard. *Paris, Panckoucke*, 1856.

Broch. in-8° de 15 p.

L'auteur donne un petit historique de l'espèce chevaline et conclut au retour à la race Arabe pour l'amélioration.

BRUTUS, voy. DELISLE DE SALES.

BRUUN-NEERGAARD (T.-C.).
Agronome, minéralogiste et économiste danois, gentilhomme du roi de Danemark, XVIII et XIXe siècles.
Broch. in-8° de 16 p.

Notice sur les Haras du Roi de Suède et observations sur l'agriculture d'une partie du Dauphiné faites en 1801 par M. Bruun-Neergaard, Danois. *Paris, de l'Imp. de Madame Huzard,* 1807.

La notice sur les haras du roi de Suède, que l'auteur a visités en sept. 1803, occupe les 5 premières p. L'auteur décrit les deux haras de Strömsholm et de Kongsör situés dans le Westermanland, à 30 lieues de Stockholm et contenant en tout 360 chevaux. Les habitants des environs pouvaient amener leurs juments aux étalons de ces établissements qui produisaient des chevaux estimés.

BRUYN (Abraham DE).
Peintre et graveur flamand, né à Anvers vers 1540, mort à Cologne dans un âge avancé.

Diversarum Gentium Armatura Equestris. Ubi fere Europæ, Asiæ, atq. Africæ equitandi ratio propria expressa est (figuris 52). *Abrahamus Bruynus excud. S. L. (Cologne),* 1576.

Recueil in-4° de 52 pl. gravées sur cuivre et représentant des cavaliers civils et militaires de diverses nations (1).

Même ouvrage, même titre (sauf que le nom de l'auteur ne s'y trouve pas). *S. L. Ioos de Bosscher, Excude. S. D.*

Recueil in-4° contenant, outre les 52 pl. primitives, 24 (ou 26 ?) pl. ajoutées. La plupart de ces dernières sont entourées d'une bordure de fleurs, fruits et animaux. On peut affirmer que presque toutes les pl. ajoutées ne sont pas l'œuvre de Bruyn. Le dessin en est très différent, surtout pour les chevaux.

Même ouvrage, même titre (également sans nom d'auteur). *Amstelodami, mpressæ in œdibus Nicolai Iohannis Wisscheri,* 1617.

(1) Je cite cette éd[on], que je n'ai pas rencontrée, d'après le catal. de la Bib. Huzard, T. III, 4952.

Recueil semblable au précédent et contenant 77 ou 80 pl., mais les épreuves sont sensiblement moins belles.

Dans ces 3 éd[ons], le titre est gravé dans un joli frontispice orné de sujets hippiques. A chaque pl., une légende en allemand et en latin indique la qualité ou la fonction du personnage représenté.

Le dessin des cavaliers et des chevaux, surtout celui de ces derniers, est très médiocre, toutefois la gravure en est fine.

L'ouvrage est très rare. Il est difficile de savoir le nombre exact de pl. qu'il doit contenir, à cause de celles ajoutées en nombre variable suivant les éd[ons] et suivant les exemplaires.

BRY (Jean-Théodore DE), voy. BASTA (G.).

BRYON (Thomas J.).
Sujet anglais, fixé en France sous la Restauration. Il avait une grande expérience des questions relatives aux courses, et fut nommé secrétaire de la « Société d'encouragement pour l'amélioration des races de Chevaux en France » (Jockey-Club) à sa formation, en 1833, et remercié l'année suivante « à cause de sa « connaissance imparfaite de la langue « française ». Les tribunes des courses étaient encore rudimentaires à cette époque, et Bryon en possédait une « démontable et transportable » qui fu utilisée par la Société d'encouragement de laquelle il recevait, pour cette location, une indemnité annuelle.

Manuel de l'Amateur de courses, contenant les règles qui sont observées en Angleterre aux courses de chevaux, suivi des calculs mathématiques de T. Gard pour parier et servir de guide aux amateurs de courses de Paris, dédié (par permission) à Monseigneur le Duc de Guiche par son très humble et très respectueux serviteur Thomas Bryon. (Le titre est répété en anglais.) *S. L. N. D. (Paris,* 1827.) *Imp. Firmin-Didot, en vente chez Galignani.*

1 vol. in-8° de 90 p. plus, au commencement, 10 f[ts] non paginés pour l'avis aux amateurs, la liste des souscripteurs, l'avertissement, l'explication de quelques termes techniques et la table. Frontispice de Victor Adam représentant une « Course Royale de France au Champ

de Mars » (1). Tout l'ouvrage est écrit en français au recto et en anglais au verso de chaque page.

Les Haras français, contenant, en langues française et anglaise, la généalogie de tous les Etalons, Juments, &a, célèbres connus dans ce pays, ainsi que des détails sur les Etalons et juments étrangers qui ont produit les races actuelles de chevaux de course en France et en Angleterre, Dédié avec permission à S. A. R. Monseigneur le Dauphin. *Paris, Jules Didot*, 1828.

1 vol. in-8° de XXIII-104 p., mais chaque page est double, portant le même numéro pour le texte français et pour le texte anglais.

Le nom de l'auteur ne figure pas sur le titre, mais il signe la dédicace au Dauphin. En tête de l'ouvrage, une gravure signée Chrystal et représentant une jument suitée au haras de S. A. R. Mgr le Dauphin. A la fin, appendice de deux pages dans lequel Bryon annonce la publication, pour le mois de janvier 1829, et d'année en année, du *Calendrier des courses*, mais ce projet ne fut réalisé que quatre ans plus tard.

Pour cette publication, voy. *Calendrier des Courses*.

BUCHARD (J.), pseudonyme de M. QUESNEL (E.) (2).

Constructions agricoles et Architecture rurale, par J. Buchard, Ingénieur agricole, Lauréat de plusieurs Sociétés d'Agriculture. Avec figures intercalées dans le texte. — Matériaux de construction, Préparation et Emploi — Maisons d'habitation — Hygiène rurale — Etables, Ecuries, Bergeries, Porcheries, Basses-cours, Granges, Magasins à grains et à fourrages — Laiteries, Cuveries, Pressoirs, Magnaneries, Fontaines, Abreuvoirs, Citernes, Pompes, Hydraulique agricole, Drainage — Disposition générale des Bâtiments, Alignements, Mitoyenneté et Servitudes — Devis et Prix de revient. *Paris, J.-B. Baillière et fils*, 1889.

(1) Le frontispice n'est pas uniforme. Dans certains exemplaires, il représente la jument Angelica, à M. Chesnut, et il est signé : Woodward.

(2) Lorenz.

1 vol. in-16 de 392 p. qui fait partie de la *Bibliothèque des Connaissances utiles*.

Outre les généralités et de nombreux passages applicables au logement des chevaux, aux abreuvoirs et magasins à fourrages, les écuries occupent les p. 126 à 143 avec 12 fig.

BUCHET (Gaston).

Revue des Sciences naturelles appliquées publiée par la Société nationale d'Acclimatation de France paraissant à Paris les 5 et 20 de chaque mois — Quelques remarques sur les Animaux domestiques d'Islande, par Gaston Buchet, chargé de Mission par le Ministère de l'Instruction publique. N° 6 — 20 Mars 1895. *Paris, au Siège social de la Société, 41, Rue de Lille*, 1895.

Broch. in-8° de 6 p.

Revue très sommaire des animaux domestiques d'Islande, y compris les poneys.

BUC'HOZ (Pierre-Joseph).

Naturaliste et médecin français, 1731-1807.

Il a publié un nombre considérable d'ouvrages — plus de 300 volumes — sur la botanique, l'histoire naturelle, l'art vétérinaire, etc. Ces ouvrages, écrits à la hâte, n'ont pas grande valeur scientifique. Quelques-uns cependant ont eu un grand succès et de nombreuses éd[ons]. (Son *Traité d'Aviceptologie* en a eu au moins 9.) Les ouvrages suivants se rapportent en partie à la race chevaline.

Les Secrets de la nature et de l'art, développés pour les Alimens, la Médecine, l'Art vétérinaire & les Arts et Métiers. Ausquels on a joint un Traité sur les Plantes qui peuvent servir à la Teinture & à la Peinture. *A Paris, chez Durand, Rue S. Jacques, à la Sagesse*, 1769.

4 vol. in-12 de VIII-498 p. plus 4 f[ts] pour une observation du rédacteur et les errata du T. I; 4 f[ts] et 496 p. au T. II; 495 p. au T. III; 382-166 p. au T. IV.

Le T. III est consacré à la médecine vétérinaire et concerne en grande partie la médecine du cheval. L'ouvrage a été publié sans nom d'auteur.

Dictionnaire vétérinaire et des Animaux domestiques, contenant leurs mœurs, leurs caractères, leurs descriptions anatomiques, la manière de les nourrir, de les élever & de les gouverner; les Alimens qui leur sont propres, les Maladies auxquelles ils sont sujets & leurs propriétés, tant pour la Médecine & la Nourriture de l'Homme que pour tous les différens usages de la Société civile; auquel on a joint un Fauna Gallicus. Par M. Buc'hoz, Médecin du feu Roi de Pologne, Docteur agrégé du Collège Royal & de la Faculté de Médecine de Nanci, Associé des Académies de Mayence, de Chaalons, d'Angers, de Dijon, de Béziers, de Caen, de Bordeaux et de Metz, Correspondant de celle de Rouen & de Toulouse. *Paris, J. P. Costard*, 1770-1775.

6 vol. pet. in-8° de 624, 640, 630, XVI-634, 636 et CLXXIV-506 p. avec 44 pl.

Même ouvrage, même titre. *Nouvelle Edition*, ornée de 60 pl. gravées en Taille-douce. *Paris, Brunet*, 1775.

6 vol. pet. in-8°.

C'est la même éd[on] que la précédente, avec 16 pl. ajoutées et quelques modifications au frontispice et à la préface. De plus, les XVI p. qui sont en tête du T. IV de cette éd[on] sont au T. III de l'autre.

Les CLXXIV premières p. du T. VI contiennent la fin du dictionnaire. Les 506 p. qui suivent comprennent le *Fauna Gallicus*, une liste de coquillages, une Zoologie du Mont Pilat, une Bibliographie vétérinaire selon M. Amoreux fils, Médecin de Montpellier (voy. Amoreux), la liste des animaux dont il est question dans le dictionnaire avec leurs noms « triviaux et scientifiques », une table des maladies des chevaux et autres animaux domestiques, une liste des animaux propres à servir de nourriture à l'homme et une table générale.

Traité économique et physique du gros et menu Bétail, contenant la Description du Cheval, de l'Ane, du Mulet, du Bœuf, de la Chèvre, de la Brebis & du Cochon; la manière d'élever ces animaux, de les multiplier, de les nourrir, de les traiter dans leurs maladies & d'en tirer profit pour l'économie domestique & champêtre. *Paris, Lacombe*, 1778.

2 vol. in-12 de XII-544 p. au T. I; 488 p. au T. II, plus 2 f[ts] non ch. pour l'approbation et le privilège, sans nom d'auteur.

Le T. I est entièrement consacré au cheval, à l'âne et au mulet; il contient l'anatomie, le haras, la gestation, l'élevage, le dressage, la castration, la connaissance et l'achat du cheval, le pansage, la ferrure, les fourrages, les maladies, les propriétés médicinales du cheval, chapitre bizarre qui utilise pour diverses maladies humaines les testicules, les verrues, le sabot, la fiente, les calculs du cheval, le lait de la jument, etc. Il donne aussi les remèdes tirés des différentes parties de l'âne : « Le sang d'âne guérit la manie. « J'ai connu une dame qui s'en est bien « trouvée pour cette maladie. »

Le chap. v du T. II traite du jumart.

Même ouvrage. *Paris, Laporte*, 1782.

Sans changement, c'est la même éd[on] avec un titre nouveau.

Le Faune François ou Traité historique de tous les Animaux terrestres, aquatiques, amphybies et volatils qui habitent la France, avec tous les détails économiques qui les concernent; par M. Buc'hoz, Médecin de Monsieur; ancien Médecin du feu Roi de Pologne & de Monseigneur le Comte d'Artois, &c. *A Paris, chez l'Auteur, rue de la Harpe, au-dessus du Collège d'Harcour*, 1782.

C'est le titre du T. I. Celui du T. II est différent :

Traité historique de tous les Animaux qui habitent la France contenant leur description, la manière de les élever, de les nourrir & de les traiter dans leurs maladies, lorsqu'ils font partie des animaux domestiques; & lorsqu'ils sont sauvages, la façon de les soumettre à l'empire de l'homme & les moyens de tirer avantage des uns & des autres pour la Médecine, les Arts et l'Economie champêtre, en un mot, la conservation de ceux qui sont utiles & la destruction de ceux qui sont nuisibles; le tout rangé suivant le système de feu M. le Chevalier de Linnée & connu particulièrement sous le nom de Faune François. Par M. Buc'hoz, Médecin de Monsieur, ancien Médecin du feu Roi de Pologne, duc de Lorraine & de Monseigneur Comte d'Artois, Membre du Collège royal des Médecins de Nancy & de plusieurs Académies tant étrangères que nationales. *A Paris, chez l'Auteur, rue de la Harpe, au-dessus du Collège d'Harcourt*, 1786.

2 vol. in-4° de 398 et 406 p.
Le cheval occupe la plus grande partie du T. II : anatomie, haras, choix des chevaux, éducation, dressage, achat, extérieur, ferrure (d'après Lafosse), races, alimentation, maladies, remèdes, etc.

Même ouvrage, même titre. *Seconde Edition*, 1787.

2 vol. in-4° dont le texte et la pagination sont sans changement. Mais c'est cependant bien une impression nouvelle.
Au commencement de l'article qui concerne le cheval, Buc'hoz renvoie aux figures de son *Histoire générale des Animaux... qui se trouvent dans le Royaume représentés en gravure et dessinés d'après nature. Paris*, 1776, in f°, et à son autre ouvrage intitulé *Les Dons merveilleux et diversement coloriés de la Nature dans le Règne animal ou Collection d'Animaux précieusement coloriés.... Paris*, 1782, in-f°.
La pl. 45 du 1er ouvrage représente le Cheval ; la pl. 46 l'Ane ; la pl. 47 le Jumart ; la pl. 48 le Mulet.
Dans le 2e ouvrage, il y a deux sujets par pl. La pl. 68 représente l'Ane et le Cheval comtois ; la pl. 71 le Mulet et le Cheval navarrois.

Médecine des Animaux domestiques, renfermant les différens Remèdes qui conviennent pour les maladies des Chevaux, des Vaches, des Brebis, des Cochons, de la Volaille, des Oiseaux de Fauconnerie, des petits oiseaux, etc., par M. Buc'hoz, Auteur de différens ouvrages économiques. *Paris, l'Auteur*, 1783.

1 vol. in-12 de VI-360 p.
Au verso du titre, l'auteur annonce que c'est par erreur que l'imprimeur a mis au bas de la 1re page de chaque *feuille*, Tome II, tandis que ce n'est que le Tome Ier. Il ajoute que le second volume paraîtra l'année suivante et qu'on en fera présent aux souscripteurs, quoiqu'ils ne se soient inscrits que pour ce premier volume.

Même ouvrage, même titre. *Seconde Edition* augmentée. *Paris, l'Auteur*, 1785.

1 vol. in-12 de 2 f[ts] pour le titre et la préface, 365 p. et 2 f[ts] pour la liste des ouvrages de l'auteur.
Comme dans la 1re éd[on], les remèdes pour les chevaux occupent les 205 premières p. C'est une liste de recettes applicables aux diverses maladies des chevaux, mais sans aucune description de la maladie elle-même, de sorte que l'emploi du remède est laissé à la sagacité du lecteur. Les maladies sont énumérées sans ordre ni classification.
Le T. II. dont la publication prochaine était annoncée à la 1re Ed[on], n'a paru que deux ans après le T. I de la 2e et, naturellement, sans l'indication « 2e Ed[on] », puisque la 1re ne comportait qu'un volume :

Même ouvrage, même titre — Tome second — *A Paris, chez Guillot, Libraire de Monsieur, Frère du Roi, Rue Saint-Jacques, vis-à-vis celle des Mathurins*, 1787.

1 vol. in-12 de IV-299 p.
Ce vol. ne contient que des *Suppléments* aux articles publiés dans le T. I. Celui qui concerne les Maladies des Chevaux en occupe les 107 premières p., avec un important article sur la Morve, dans lequel Buc'hoz reproduit les erreurs des hippiâtres d'alors sur cette maladie.

Manuel vétérinaire des Plantes ou Traité sur toutes les Plantes qui peuvent servir de nourriture ou de médicamens : 1° Aux animaux domestiques, tels que les chevaux, les vaches, les chèvres, les brebis & les cochons, &c. 2° Aux oiseaux, principalement à ceux des basses-cours. 3° Aux abeilles & autres insectes qui y forment leurs principaux séjours. 4° Aux poissons pour la pêche desquels elles servent le plus souvent d'appât — On y a joint quelques notices sur les prairies naturelles & artificielles, sédentaires & momentanées, sur les principales plantes dont on peut se servir pour former une pharmacie vétérinaire ; & deux Dissertations de Linné. Ouvrage d'une utilité première aux Cultivateurs & aux Elèves dans l'Art vétérinaire. Par J.-P. Buc'hoz, auteur de différens ouvrages de Médecine, d'Histoire

Naturelle & d'Economie champêtre. *A Paris, chez Pernier, rue de la Harpe n° 188,* An VII (1799). 1 vol. in-8° de VIII-388 p.

Même ouvrage, même titre (légèrement modifié et sans nom d'auteur). *Seconde Edition. A Paris, chez Pernier,* An IX (1801). 1 vol. in-8° de VIII-388 p.

L'ouvrage est divisé en 3 parties. La 1re contient de nombreux passages sur les fourrages et l'alimentation des chevaux, les 2e et 3° quelques-uns.

Mémoires vétérinaires sur la manière de réduire les Fractures des jambes des Chevaux et autres grands Quadrupèdes ; sur les Maladies épizootiques des Bestiaux ; sur la Clavelée des Brebis, semblable en tout à la petite Vérole des hommes ; sur les avantages de conserver les Bêtes à laine en plein air pendant l'hiver ; sur les moyens à employer pour engraisser les Bœufs, les Moutons, les Veaux et les Cochons ; sur la Propagation en France de l'Ouistiti et du Perroquet. Ouvrage de première nécessité pour l'Economie champêtre. 1er Opuscule concernant le Règne animal, l'Art vétérinaire, etc., par J. P. Buc'hoz, Médecin naturaliste. *Paris, aux frais de la Dame Buc'hoz, épouse de l'Auteur, et se trouve chez elle, rue de l'Ecole de Médecine, n° 20,* 1806. Broch. in-8° de 78 p.

L'ouvrage est rédigé sous forme de lettres (à qui adressées ?) dont la 1re, sur les fractures, intéresse les chevaux, ainsi que quelques passages de la 2e sur les maladies épizootiques.

La lettre sur les fractures donne un récit de M. Guyoz de Daignon, « Chevau-Léger de la Garde du ci-devant Roi », qui a fait traiter et guérir, en 1776, deux mulets et une vache, et contient aussi des observations analogues sur un poulain et deux chevaux atteints de fractures.

L'appareil employé n'est autre que l'appareil à suspension du Bon de Sind (voy. ce nom), décrit et représenté par une pl. ses 2e et 3e édons de son *Art du Manège,* 1772 et 1774.

BUCHOZ-HILTON.

Les Chemins de fer — Rêve d'un Cheval, par le Citoyen Buchoz-Hilton, dit La Poire molle, ex-Commandant en chef de deux Régiments de volontaires de la Charte. *Bordeaux, Imp. d'Aurélien Castillon,* 1840. Broch. in-8° de 8 p.

L'auteur suppose que, cherchant un abri, il s'est réfugié dans la paille d'une écurie et qu'il y a entendu un cheval faire à ses compagnons la description du chemin de fer qui doit mettre un terme à leurs souffrances et aux divisions du genre humain. Mais ce mirage disparaît au réveil. Curieux opuscule entremêlé de déclamations démocratiques où les « députés ventrus », les « pairs jugeurs », ceux « qui se reposent dans l'édredon et « la soie », qui fréquentent « le harem banal de l'Opéra », etc., sont mis en regard des « malheureux qui languissent « dans la fange de la misère..., du peu-« ple souverain qui languit dans la « servitude... » etc.

BUCQUOY (LE COMTE DE), voy. DEFFAITE (LA) DE LA CAVALLERIE.

BUCQUOY (Eugène-Louis).

Officier d'infanterie, puis de gendarmerie français, né en 1879, sous-lieutnt en 1901, lieutnt en 1903.

Les Gardes d'Honneur du 1er Empire, par le Lieutenant E. L. Bucquoy, Licencié en droit, Docteur ès lettres, Membre de la Sabretache — Avec une Préface de M. Edouard Detaille et 8 planches en couleur de l'Auteur. *Nancy, A. Crépin-Leblond,* 1908.

1 vol. gr. in-8° de XV-501 p. Dédicace de l'auteur à son père et à M. Detaille.

L'ouvrage traite des gardes d'honneur organisés dans les villes pour servir d'escorte à l'empereur et remplacer sa garde habituelle à son passage dans ces villes, et aussi des régiments de gardes d'honneur qu'il ne faut pas confondre avec les précédents.

Voy., sur le même sujet, Defontaine, Juzancourt, Cramer, Boscq (du) de Beaumont, Depréaux, Boymans, Sagot (Fr.) Juster, Clément (F.-P.), Massé (A). Uniformes des Gardes d'Honneur... de la Hollande, Rossigneux, Souancé (de).

BUÉ (Hector-Joseph) (1).

(1) Ce sont les seuls prénoms qui figurent sur ses états de service et sur l'annuaire. Dans l'autobiographie qui se trouve à la p. 223 du *Livre d'or des Carabiniers,* il y ajoute celui d'Alphonse qu'il avait adopté pour sa signature.

Officier de cavalerie français, 1829-1899.

Sous-lieut‡ en 1850, capitaine en 1860, retraité en 1874. Campagnes : d'Italie en 1859 ; en Algérie en 1863, 64, 65 ; contre l'Allemagne en 1870-71.

Etude sur les Cavaleries étrangères. Première partie — Cavalerie Anglaise, par un Officier de Cavalerie. *Paris, J. Dumaine*, 1862.

1 vol. in-8° de 131 p., publié sans nom d'auteur.

A propos de la Réorganisation de l'Armée — Cavalerie — *Paris, J. Dumaine*, 1867.

Broch. in-8° de 59 p., publiée sans nom d'auteur.

L'ouvrage contient l'exposé d'une méthode de gymnastique individuelle particulièrement applicable au cavalier militaire et qui comprend les assouplissements à pied et à cheval, la voltige et l'escrime à cheval.

Le même auteur a publié en 1863, sous le titre de — *Ordonnance sur l'Exercice et les évolutions de la Cavalerie du 6 Déc. 1829 appropriée à chaque Arme, modifiée d'après les décisions ministérielles qui ont paru jusqu'à ce jour, annotée et augmentée d'une Instruction pratique pour donner la leçon sur le terrain, par A. Bué, Capitaine adjudant-major au 3ᵉ Cuirassiers. Paris, J. Dumaine*, 1863, 31 vol. pet. in-12 qui contiennent séparément tout ce qui est applicable, de l'Ordonnance de 1829, aux diverses subdivisions d'arme, — Carabiniers et Cuirassiers — Dragons — Lanciers — Chasseurs et Hussards, plus, à l'usage de toutes armes, le *Tracé des Lignes*, publié en 1862 et le *Service des Places*, en 1864.

Voy. aussi, du Capⁿᵉ Bué, le *Livre d'Or des Carabiniers* aux *Historiques des Régiments de Cavalerie*.

BUFFARD (Paul-Jules-Victor).

L'Elevage et les courses de chevaux en France et à l'étranger. Etude d'économie financière et rurale, par Paul Buffard, Docteur en Droit, Avocat à la Cour d'Appel, Rédacteur à la *France Chevaline*. *Paris, ancienne Maison Jouve, Boyer, imprimeur*, 1900.

1 vol. gr. in-8° de 260 p.

Les Courses — Etude sur le développement en France des Courses et des Paris. Les Courses à l'étranger. Le Jeu aux Courses : Application pratique. La descendance des principaux Etalons. Indications sur les aptitudes des produits, par Paul Buffard..., etc. *Paris, L.Boyer*, 1901.

1 vol. in-16 de 271 p.

BUFFON (George-Louis (1) LECLERC, COMTE DE).

Célèbre écrivain et naturaliste français, 1707-1788. Fils d'un conseiller au parlement de Dijon, il reçut une éducation soignée et fit de brillantes études. Il fit un long voyage en Europe en compagnie d'un jeune voyageur anglais, le duc de Kingston, et prit ainsi le goût des études de la nature. Il se livra d'abord aux mathématiques, puis étudia les bois, exploitation, reproduction, emploi, etc., ainsi que les sciences physiques. Nommé Intendant du Jardin du Roi, en 1739, élu à l'Académie des sciences la même année, il fut élu à l'Académie Française en 1753.

Dès son installation au Jardin du Roi, il se consacra entièrement à l'histoire naturelle, s'associa avec Daubenton, conserva pour lui l'étude des grands phénomènes de la nature, des mœurs des animaux, tandis que Daubenton se chargeait de leur description extérieure et anatomique. Aussi a-t-on pu dire que la part de Buffon était plutôt littéraire que scientifique, et celle de Daubenton purement scientifique.

Après 10 ans de travaux assidus, ils firent paraître en 1749 les 3 premiers volumes de leur *Histoire naturelle*. Le célèbre article sur le *Cheval*, devenu classique et toujours cité comme un modèle de style, ne permet pas de passer sous silence l'œuvre de Buffon dans une Bibliographie hippique. Mais son *Histoire naturelle* a eu de très nombreuses édᵒⁿˢ (2), et il m'a semblé suffisant de donner la description de la 1ʳᵉ (en ce qui concerne la partie hippique seulement), d'autant plus que dans plusieurs autres, on a supprimé la partie très importante due à Daubenton.

L'*Histoire naturelle* ne fut terminée que longtemps après la mort de Buffon, par Daubenton, Guéneau de Montbéliard, l'abbé Bexon et Lacépède. Elle comprit alors 44 vol. parus entre 1749 et 1804.

Histoire naturelle, générale et

---

(1) Et non Jean-Louis, comme l'appelle un de ses biographes.

(2) Leur nomenclature remplit 46 colonnes du nouveau *Catalogue alphabétique* de la Bibliothèque nationale, et encore ne les possède-t-elle pas toutes.

particulière, avec la Description du Cabinet du Roi — Tome IV — *Paris, Imp. Royale*, 1754 (1).

1 vol. in-4° de xvi-544 p.

Le Cheval occupe les p. 174 à 376 ; la description générale (de Buffon) se termine à la p. 257 ; la partie anatomique (de Daubenton) occupe les p. 258 à 376. Il y a une pl. pour le « Cheval au naturel » par Oudry, gravée par Baquoy, et 9 pl. d'anatomie par de Sève, gravées par Basan.

L'Asne occupe les p. 377 à 436 avec 1 pl. pour l'extérieur et 1 pour le squelette, par de Sève, gravées par Ouvrier et par Moitte.

Même ouvrage, même titre — Tome XII — *Paris, Imp. Royale*, 1764.

Ce vol. contient *Le Zèbre*, p. 1 à 21, avec 2 pl. par de Sève, gravées par Baquoy.

Le T. XXXII (ou III du supplément) a un titre différent :

Histoire naturelle, générale et particulière, servant de suite à l'Histoire des Animaux quadrupèdes, par M. le Comte de Buffon, Intendant du Jardin & du Cabinet du Roi, de l'Académie françoise et de celle des Sciences, &c. *Paris, Imp. Royale*, 1776.

1 vol. in-4° de 6 f^{ts} liminaires et 330 p.

Ce vol. contient *Les Mulets*, p. 1 à 38. avec 1 pl. pour le Mulet, par de Sève, gravée par J^{nne} Mansard et 1 pour le Bardeau, par de Sève, gravée par Baron. Il contient également, p. 39 à 51, une *Addition à l'Article du Cheval*, avec 1 pl. par de Sève, gravée par Guttenberg, représentant le Cheval d'Espagne. A la suite, p. 52 à 56, *Addition aux articles de l'Ane* (T. IV) et du *Zèbre* (T. XII) avec 1 pl. par de Sève, gravée par la Vve Tardieu.

Même ouvrage, même titre — Tome XXXV (ou VI du Supplément). *Paris, Imp. Royale*, 1782.

1 vol. in-4° de viii-405 p.

Ce vol. contient un article sur *Les Chevaux sauvages*, p. 34 à 36, et un autre sur *Le Czigitai, L'Onagre* et *Le Zèbre*, p. 37 à 42, sans pl.

(1) On remarquera que le nom des auteurs ne figure pas au titre, mais la dédicace au Roi, qui est en tête du T. I, paru en 1749, est signée *Buffon*, Intendant de votre Jardin des Plantes — *Daubenton*, Garde et Démonstrateur de votre Cabinet d'Histoire Naturelle.

Même ouvrage, même titre — Tome XXXVI (ou VII du Supplément). *Paris, Imp. Royale*, 1789.

1 vol. in-4° de xx-304 p.

Ce vol. contient, p. 140 à 145, un article sur la *Mule*, intitulé *Exemples d'accouplement prolifique de la Mule avec le Cheval*.

L'article primitif sur le Cheval a été reproduit dans toutes les éd^{ons} des *Œuvres complètes* de Buffon, dans les *Morceaux choisis*, dans les *Abrégés*, dans les *Buffon de la Jeunesse*, *Buffon des Enfants*, *Buffon pittoresque*, *Buffon illustré*, *Génie de Buffon*, *Petit Buffon*..., etc. Mais il a été l'objet d'un tirage à part récent, sous la forme suivante :

Les Titres de Noblesse du Cheval, par Buffon. *Limoges, Ch. Barbou*, S. D. (1882).

1 vol. in-12 de 125 p.

Histoire du Cheval, par Buffon, précédée de la biographie de l'Auteur. *Limoges, Marc Barbou*, S. D. (1885).

1 vol. in-12 de 125 p.

C'est le même ouvrage que le précédent, mais, quoique la pagination soit identique, c'est une éd^{on} différente.

Quoique la biographie ne soit pas annoncée au titre de l'éd^{on} de 1882, elle s'y trouve également.

On ne saurait terminer cette notice sans signaler l'amusante critique du fameux article de Buffon sur le Cheval faite par Albert Cler (voy. ce nom), dans sa *Comédie à Cheval*, et il faut bien reconnaître qu'elle est justifiée. Le cheval, en effet, n'est ni fier — car il se laisse maltraiter sans révolte par un enfant de quatre ans — ni fougueux, car il ne demande qu'à rester tranquille au pâturage ou à l'écurie — qu'il ne brave pas le péril — car une feuille de papier le met en fuite — et qu'il n'aime pas le bruit des armes — car les officiers de cavalerie savent au prix de quel patient dressage on l'habitue non seulement à la mousqueterie, mais au simple contact du fourreau de sabre.

« C'est le plus craintif, le plus poltron des animaux », dit Albert Cler, et je me permets d'ajouter c'est grâce à ces qualités négatives que nous arrivons sans trop de peine à le dresser.

D'ailleurs Job en avait dit autant, mais il avait au moins l'excuse de n'avoir jamais vu l'effet produit sur l'âme du cheval par la mousqueterie.

Albert Cler ajoute avec irrévérence :

« M. de Buffon nous paraît avoir écrit
« sur le cheval comme les voyageurs
« sédendaires écrivent sur le Kam-
« tchatka... »
Mais il faut reconnaître qu'il s'est
trompé en une langue magnifique.

BUGEAUD DE LA PICONNERIE, duc D'ISLY (Thomas-Robert).

Maréchal de France, 1784-1849.

Vélite aux grenadiers à pied de la Garde imp[le] en 1804; caporal en 1805; sous-lieut[nt] et lieut[nt] en 1806 ; capitaine en 1809 ; chef de bat[on] en 1811 ; major et colonel en 1814. Licencié et mis en demi-solde en 1815, il fut admis au traitement de réforme en 1828. Le gouvernement de Juillet le remit en activité comme colonel du 56e de ligne en 1830 et le nomma maréchal de camp en 1831. En 1833, il fut nommé commandant de la ville et du château de Blaye et chargé d'y garder la duchesse de Berry, puis de la reconduire en Sicile. Lieutenant-général en 1836, il exerça le commandement de la province d'Oran en 1837, puis celui de la 4e d[on] d'inf[ie] du corps de rassemblement sur la frontière du Nord. Disponible par suite du licenciement de ce corps, il devint membre du Comité d'inf[ie] et de cav[ie] et, en 1840, gouverneur de l'Algérie. En 1843, il fut nommé Maréchal de France et maintenu dans ses fonctions de gouverneur. Le 14 juillet 1844, il gagna sur les Marocains la bataille d'Isly, puis rentra en France en 1847. Au 24 février 1848, il reçut le commandement de l'armée et de la Garde nationale de Paris et, après la Révolution, il offrit son concours au Gouvernement provisoire qui le refusa d'abord, puis lui donna le commandement de l'Armée des Alpes.

Il avait fait les campagnes de l'An XIII sur les côtes ; An XIV, 1806, 1807, à la grande armée ; 1808, 1809, 1810, 1811, 1812, 1813 et 1814, en Espagne ; 1815, armée des Alpes ; 1836, 1837, 1841, 1842, 1843, 1844, 1845, 1846, 1847, en Afrique.

En 1823, il avait demandé à être replacé en activité pour faire la campagne d'Espagne, mais le gouvernement de la Restauration le lui refusa.

Il avait été élu député de la Dordogne en 1831, réélu en 1834, et élu député de la Charente-Inf[re] en 1849. Il mourut du choléra un mois après.

Quand il fut mis en demi-solde en 1815, il se retira à Excideuil (Charente) où il se livra à l'agriculture.

Le M[al] Bugeaud fut aussi un écrivain militaire distingué, mais, sauf quelques rares passages, et sauf la brochure décrite ci-après, ses nombreux ouvrages (1) ne concernent que l'infanterie et la colonisation de l'Algérie. Il a également publié quelques brochures sur l'agriculture.

De l'établissement des Troupes à cheval dans de grandes Fermes. Par le Général Bugeaud. *Paris Imp. E. Brière,* 1840.

Broch. in-8° de 22 p.

Très curieux opuscule, dans lequel l'auteur cherche à prouver qu'en supprimant les casernements des troupes à cheval et en les installant dans des établissements agricoles, la préparation à la guerre des hommes et des chevaux serait meilleure ; que la mortalité des chevaux — qui alors était formidable dans la cavalerie — serait moindre et que les frais d'entretien des troupes à cheval seraient largement diminués.

On sait que le M[al] Bugeaud avait une prédilection toute particulière pour le *Soldat-Laboureur* et qu'il a toujours cherché à en faire l'élément principal de la colonisation en Algérie où les colonies militaires n'étaient d'ailleurs qu'une réminiscence de la domination turque. La brochure décrite ci-dessus ne concerne que la France, et les propositions qu'elle contient n'y furent jamais — à ma connaissance du moins — mises en essai.

Mais il n'en fut pas de même en Algérie pour les troupes indigènes, et les Spahis furent organisés en Smalas agricoles par le M[al] Randon en 1850. Il est permis de supposer que celui-ci trouva le germe de cette organisation dans les modestes cultures que Bugeaud avait créées à côté d'Oran pour le 2e Chasseurs d'Afrique et dont le Colonel Randon hérita quand il vint prendre le commandement de ce régiment en 1838.

BUHOT de KERSERS (Alphonse-Louis-Marie).

Archéologue et numismate français, 1835-1897.

Note sur trois Epées de bronze et un Mors de bride Gaulois trouvés en Berry, par A. Buhot de Kersers. *Bourges, Typ. Pigelet et fils et Tardy,* S. D. (vers 1890 ?).

Broch. in-8° de 9 p. avec 2 pl. h. t., la 1re représentant les épées et la 2e le mors de bride qui est de forme annulaire.

---

(1) Les *Œuvres* du Maréchal Bugeaud ont été réunies par le capitaine Weil en 1 vol. in-8° publié chez l'éditeur militaire *Baudoin*, en 1883.

BUISSON (Émile).
Officier de cavalerie français, né en 1860 ; sous-lieut' en 1881, chef d'esc^{ons} en 1906.

Une Instruction pratique sur le Service de la Cavalerie en Campagne, par E. Buisson, Capitaine commandant au 2e Hussards. *Senlis, Imp. Administrative et Commerciale*, 1900.

1 vol. in 12 de 119 p. avec 2 modèles de correspondance et 5 croquis pour l'installation au bivouac des hommes et des chevaux.

BUISSON (F.-S.), dit DUBUISSON.

De l'Hémite ou Doctrine médicale nouvelle appliquée à beaucoup de Maladies des Animaux domestiques, spécialement à la Pousse, à la Morve, à la Gourme et à la fourbure du Cheval. Accompagnée d'une esquisse analytique des Doctrines médicales et suivie d'un grand nombre d'observations diverses ; par F.-S. Buisson, dit Dubuisson, Médecin Vétérinaire de la Ville et de l'Arrondissement de Château-Thierry et Membre du Comice agricole de la même Ville. Ouvrage qui intéresse les Vétérinaires, les Médecins, les Officiers de cavalerie et des haras royaux, et en général tous ceux qui s'occupent de philosophie médicale. *Paris, Béchet j^{ne} ; ibid., Laguionie ; Château-Thierry, l'Auteur*, 1838.

1 vol. in-8° de 4 f^{ts} non ch. pour les titres, la dédicace à MM. Yvart, Renault, Girard, Delafond, Rigot, Lassaigne, Vatel, professeurs ou anciens professeurs à Alfort, et 464 p.

L'auteur rapporte presque toutes les maladies à un état pathologique du sang et les traite en conséquence. Aussi, il « phlébotomise » abondamment.

BUJAULT (Jacques-Pierre).
Célèbre agronome français, 1771-1842. Il fut, dans sa jeunesse, libraire, imprimeur, puis avocat à Melle (Deux-Sèvres) ; mais, ayant hérité du domaine de Chaloue, près de Melle, il quitta le barreau pour l'agriculture. Membre du Conseil général des Deux-Sèvres, il fut élu, en 1815, représentant de ce département à la Chambre des Cent Jours, puis député de 1822 à 1824. Son rôle parlementaire fut effacé, mais il acquit une grande notoriété comme agriculteur et comme moraliste populaire. Il avait en particulière horreur les paresseux et les ivrognes, et ses conseils agricoles sont toujours accompagnés de conseils moraux, les uns et les autres souvent exprimés sous la forme de proverbes, d'adages et de sentences. Ses ouvrages, écrits dans un style alerte, incisif et très personnel, s'adressent aux paysans. Il fonda, à leur usage, l'*Almanach du Cultivateur* qui fut bientôt très répandu et qui lui survécut. Un monument lui a été élevé à Melle.

Il publia une quantité de brochures, de lettres, d'articles divers dont la bibliographie serait à peu près impossible. Mais toutes ses œuvres, dont une partie concerne les chevaux et surtout les mulets, ont été réunies en un seul volume qui a eu plusieurs éditions.

Œuvres de Jacques Bujault Laboureur à Chaloue, près Melle ; recueillies et précédées d'une introduction de Jules Rieffel, Directeur de la Ferme modèle de Grand Jouan. Illustrées de trente-quatre sujets gravés sur bois par Guillaumot, d'après les dessins de Gellé. *Paris, Félix Malteste*, 1845.

1 vol. in-8° de xx-520 p. Portrait de Bujault en frontispice.

L'Agriculture populaire. — Œuvres de Jacques Bujault, laboureur à Chalouë, près Melle. *Niort, Imp. Morisset*, 1850.

1 vol. in-12 de xI-526 p.

Cette éd^{on} populaire a été tirée à 2.000 exemplaires, d'après les dispositions testamentaires de Jacques Bujault et aux frais de sa succession. Elle était destinée à être répandue dans les campagnes et ne coûtait que 1 fr. 50.

Œuvres de Jacques Bujault, laboureur à Chaloue, près Melle (Deux-Sèvres), précédées d'une introduction et accompagnées de notes par Jules Rieffel, directeur de l'Ecole impériale d'Agriculture de Grand-Jouan, et E. Ayrault, Vétérinaire, Membre correspondant de la Société impériale et centrale d'Agriculture. 3me *Edition*, ornée de gravures de Gellé. *Niort, L. Clouzot*, 1864.

1 vol in-8° de xvi-544 p., avec le portrait de Jacques Bujault en frontispice et 32 pl. h. t., dont une représente une jument mulassière suitée.

Œuvres de Jacques Bujault, laboureur à Chaloue, près Melle, accompagnées de notes par M. Guillemot, Professeur à l'Ecole normale de Parthenay, avec une notice bibliographique. Cette édition contient plusieurs lettres inédites de Jacques Bujault. *Niort, Typ. de L. Favre, Editeur,* S. D. (1871).

1 vol. in-8° de iv-527 p. Cette éd°ⁿ n'a pas de fig.

Un grand nombre d'articles traitent de l'élevage du cheval et surtout du mulet. Ils sont disséminés dans tout l'ouvrage, mais une table alphabétique permet de les retrouver facilement.

Jacques Bujault connaissait bien le cheval de culture et surtout le mulet dont il prêchait énergiquement la production. Toutefois, « certaines connais-« sances physiologiques lui faisaient « défaut », et il a quelquefois été entraîné au-delà du but par son tempérament combatif et son ardent amour pour l'industrie mulassière. Eugène Ayrault (1) a souvent relevé ses erreurs, et notamment sa définition légendaire de la jument mulassière : « une barrique « qui a le ventre gros, montée sur quatre « soliveaux. »

BULLETIN DE LA SOCIÉTÉ CENTRALE VETERINAIRE (Périodique).

Cette Société fut constituée, après approbation des statuts par le Ministre de l'Intérieur, le 6 sept. 1844, sous le nom de *Société Vétérinaire du Département de la Seine* et fut autorisée à prendre le titre de *Société centrale de Médecine vétérinaire* par arrêté du Ministre du Commerce et de l'Agriculture en date du 21 nov. 1845.

En 1848, elle devint *Société nationale et centrale...;* sous le 2ᵉ Empire, *Société impériale et centrale...;* et enfin, par décret présidentiel du 16 avril 1878, elle a été reconnue comme établissement d'utilité publique sous le titre de *Société centrale de Médecine vétérinaire.*

Peu après sa constitution, la Société fit paraître un *Bulletin* qui donna l'a-

---

(1) Notes de la 3ᵉ édᵒⁿ des œuvres de Jacques Bujault et *De l'industrie mulassière en Poitou*, Niort, 1867. Voy. Ayrault.

nalyse de ses travaux et de ses discussions.

Le 1ᵉʳ volume qui contient les comptes rendus de 3 années, à commencer par l'historique de la fondation et les statuts, parut en 1847 sous le titre suivant :

Bulletin de la Société centrale Vétérinaire publié par les soins du Bureau et rédigé par M. H. Bouley, Secrétaire annuel — Années 1844, 1845 et 1846 — Tome Iᵉʳ — *Paris, Labé,* 1847.

1 vol. in-8° de x-722 p.

Le *Bulletin* était alors publié à la suite du *Recueil de Médecine vétérinaire* (voy. ce titre) sans pagination spéciale.

En 1866, le *Bulletin* parut dans le T. XLIII du *Recueil*, mais avec une pagination spéciale.

De 1867 à 1874, le *Bulletin* ne figure plus dans le *Recueil*.

De 1875 à 1882, on l'y voit figurer à nouveau, mais sans pagination spéciale.

Enfin, à partir de 1883, commence, avec le T. LX du *Recueil*, la publication à part du *Bulletin* qui paraît le 30 de chaque mois, tandis que le *Recueil* paraît le 15. Les deux publications, comprises dans le même abonnement, sont publiées sous forme de livraisons in-8° d'environ 90 p., plus les annonces paginées à part comme Supplément.

Actuellement, les Nᵒˢ qui contiennent le *Bulletin* portent, sur la couverture, le titre suivant :

Recueil de Médecine vétérinaire paraissant le 15 et le 30 de chaque mois, publié par le Corps enseignant de l'Ecole d'Alfort. — Bulletin et Mémoires de la Société centrale de Médecine vétérinaire rédigés et publiés sous la direction de M. Railliet, Secrétaire général, par M. G. Petit, Secrétaire des Séances. *Paris, Asselin et Houzeau.*

La Société a également publié, de 1852 à 1882, 12 vol. de *Mémoires.* Cette publication a été, en 1883, réunie au *Bulletin* qui a pris alors le titre de *Bulletin et Mémoires...*

Il est inutile d'ajouter que les questions hippiques occupent une place considérable dans ce journal.

BULLETIN HIPPOLOGIQUE (Périodique).

Le premier N° de cette publication a paru en avril 1845. Le journal paraissait deux fois par an, au 15 avril et au 15 octobre. C'était l'organe de la Société d'Encouragement de Pompadour.

Bulletin hippologique publié par la Société d'Encouragement de Pompadour pour la propagation et l'amélioration des Chevaux — N° 1. Avril 1845. *Limoges, Imp. Chapoulaud f^{res}*, 1845.

Broch. in-8° de x-66 p. Vignettes au recto et au verso de la couverture.

Ce n° contient un avertissement expliquant le but et le programme de la Société; son règlement, la liste de ses membres, celle des membres de son Conseil d'administration, l'historique de la Société qui fut définitivement organisée en août 1843 et divers articles hippologiques, parmi lesquels un important rapport d'Eugène Gayot (voy. ce nom), alors directeur du Haras de Pompadour, adressé en 1844 à la Société, et traitant de la production chevaline en Limousin. Le N° est signé : Les Membres du Comité de rédaction, Eug. Gayot, Jules Dumont-St Priest, Baron Gay de Vernon.

La publication avait principalement pour but l'amélioration de la race limousine par l'étalon arabe. Ses directeurs s'étaient assuré le concours d'écrivains hippiques notoires et expérimentés, et bon nombre d'articles sont intéressants et bien documentés.

Malgré tout, le *Bulletin hippologique* n'eut qu'une courte existence. Il continua à paraître deux fois par an, par N^{os} de 70 à 80 p. et disparut vers 1851.

BURDE (Friedrich-L.).

Peintre et dessinateur de chevaux allemand, 1re moitié du XIXe siècle. Je n'ai trouvé aucun renseignement biographique sur lui.

Il a publié à Berlin de 1821 à 1823, une suite de 18 pl. in f° (lithographiées ?) représentant « Les principaux Etalons « des Haras royaux de Trakelmen, de « Neustadt et de Graditz », que je ne connais que par la mention qui en est faite au f^t de ce qui précède un autre recueil « qui y fait suite » et qui se compose de 8 pl. gr. in-f° en largeur, lithographiées par C. Constans, représentant « le développement des chevaux « depuis l'âge de 18 mois jusqu'à l'âge « adulte, d'après des modèles pris au « Haras de Neustadt, en 1824 » et desquels « il s'est attaché à donner des « modèles conformes à la nature ».

Plusieurs de ces 8 pl. contiennent des groupes de 2 ou 3 chevaux, de sorte qu'il y a 17 portraits. Ces chevaux sont très distingués, d'un dessin correct et élégant. Le recueil se trouve au Cabinet des Estampes de la Bibliothèque Nationale.

Pour une critique détaillée et élogieuse de cet ouvrage, voy. Huzard (père).

BURDELOT (F.).

Les Aides du Cavalier ou simples observations sur l'art de conduire et de dresser les chevaux, suivi de dialogues : simplification du dressage, etc., dédié aux jeunes gens appelés à faire partie de l'Armée dans la Cavalerie, par F. Burdelot. *Paris, J. Dumaine,* 1875.

1 vol. pet. in-8° de VIII-276 p.

L'Elevage du cheval en Normandie par Gent. de Provinc. (Sujet imposé. Récompensé au Concours de la Pomme en 1898). *Avranches, Imp. Jules Durand,* 1902.

Broch. in-8° de 21 p., publiée sous un pseudonyme.

Rosa Thalestris. Escales de Cirque en Vers, par Gent. de Provinc. *Avranches, Imp. Jules Durand,* 1904.

Broch. in-8° de 28 p.

BURDON (William).

Capitaine de cavalerie anglais, XVIIIe siècle.

Il fit paraître à Londres, en 1730, The Gentleman's Pocket-Farrier (*le Maréchal de poche*), réédité en Angleterre en 1731, 1732, 1735, 1737, 1748, 1806, traduit deux ou trois fois en allemand et très souvent en français. Je ne signalerai que les traductions françaises.

Le Maréchal de Poche d'un Cavalier, qui enseigne comment se servir de son Cheval en voyage, et les Remedes qui conviennent dans les maladies & accidents qui arrivent en Route par le Capitaine William Burdon, traduit de l'Anglois, par M. S. M. Officier Suisse. *A La Haye, chez C. de Rogissart & Sœurs,* 1737.

Broch. pet. in-8° de 73 p., les 11 premières non ch., plus 3 f^{ts} pour la table. Lettre dédicace de William Burdon à M. William Morgan de Tredegar, Chevalier du tres honorable ordre des Bains.

Le Manuel du cavalier, traduit de l'anglois, du capitaine Burdon (1).

(1) Par Demours.

Paris, Chaubert et Joseph Bullot, 1737.

1 vol. pet. in-8° de xx p. pour l'avertissement du traducteur et la préface de l'auteur, 92 p. de texte et 4 f^{ts} non ch. pour la table, l'approbation et le privilège. Avec 1 pl. ajoutée par le traducteur et prise dans le *Nouveau Guide du maréchal*, de l'auteur anglais Gibson.

Le traducteur, après avoir, dans sa préface, reproduit le titre anglais de l'ouvrage, ajoute que « celui qu'il lui a « donné exprime à peu près la même pensée », ce qui prouve que les mots ont changé de sens depuis 1737.

On remarquera que cette éd^{on} et la précédente ont paru la même année, mais les traductions sont sensiblement différentes. Celle de Demours est plus complète.

Le Maréchal de poche d'un Cavalier, qui enseigne la Manière de se servir de son Cheval en voyage, & les Remèdes qui conviennent dans les maladies & accidens qui arrivent en Route par le Capitaine William Burdon, traduit de l'Anglois par M. S. M.*** *A La Haye, chez Antoine van Dole*, 1748.

1 vol. in-16 de 73 p., les 11 premières non ch., plus 3 f^{ts} pour la table. Titre rouge et noir, jolie vignette finement gravée sur le titre.

Cette éd^{on} est semblable, pour la pagination, à celle de 1737 à La Haye. C'est cependant une éd^{on} différente, mais traduite aussi par l'officier suisse. Le texte est le même, sauf quelques mots changés.

Le Maréchal de Poche d'un Cavalier, qui enseigne la manière de se servir de son Cheval en voyage, et les Remedes qui conviennent dans les maladies et accidens qui arrivent en route ; par le Capitaine William Burdon ; traduit de l'anglois par M. S. M.***. *Besançon, chez la Vve de Claude Rochet*, 1749.

Broch. pet. in-12 de 73 p.

Le Maréchal de poche, qui apprend comment il faut traiter son Cheval en voyage, et quels sont les remedes pour les accidens ordinaires qui peuvent lui arriver en route ; avec une planche qui montre l'âge du cheval par ses dents. Traduit de l'Anglois. *Paris Vve Thiboust*, 1777.

Broch. in-12 de 64 p., les 8 premières non ch. Cette traduction est faite par l'Anglais Thomas Hammond, qui signe l'épître dédicatoire au duc de Chartres, dans les écuries duquel il était employé, mais qui ne nomme pas l'auteur original. L'ouvrage, imprimé en très petits caractères pour justifier son titre et le rendre plus portatif, est précédé d'un frontispice gravé, assez curieux, représentant « des garçons de forge « massacrant un cheval qu'ils prétendent guérir ».

La traduction Hammond n'est pas la même que celle de l'officier suisse, ni que celle de Demours. Les éd^{ons} suivantes reproduisent tantôt l'une, tantôt l'autre de ces 3 traductions, avec plus ou moins de variantes et d'additions.

Le Maréchal de Poche, qui apprend comment il faut traiter son cheval en voyage & quels sont les remèdes pour les accidens ordinaires qui peuvent lui arriver en route ; avec une Planche qui montre l'âge du cheval par ses dents. Traduit de l'Anglois. *A Genève, chez Isaac Bardin*, 1779.

Broch. in-16 de 72 p.

Même ouvrage, même titre. *A Genève et se trouve à Bruxelles, chez Lemaire*, 1789.

Broch. in-16 de 72 p.

Malgré la similitude du nombre de p., c'est une éd^{on} différente.

Même ouvrage, même titre. *A Bruxelles, chez B. Le Francq, rue de la Magdelaine*, 1791.

Broch. in-16 de 70 p., plus 2 f^{ts} de table.

Dans cette éd^{on}, le 2e plat de la couverture porte une reproduction grossière du frontispice de l'éd^{on} de 1777 : *Garçons de forge massacrant un cheval qu'ils prétendent guérir*.

Le Maréchal de poche, qui apprend comment il faut traiter son cheval en voyage & quels sont les remèdes pour les accidens ordinaires qui peuvent lui arriver en route ; avec deux planches qui montrent l'âge du cheval & l'autre représente des instruments. Traduit de l'Anglois, augmenté par un capitaine de cavalerie. *A Tubingen, de l'Imp. de George Henri Reiss*, 1796.

Bibliogr. hippique. T. I. — 13.

Broch. in-16 de 77 p., plus un f¹ pour la table et les 2 pl. annoncées au titre. Les légères modifications et additions de cette éd⁰ⁿ sont *probablement* dues à un capitaine de cavalerie nommé Ch. Dourches.

Le Maréchal de poche, qui apprend comment il faut traiter son cheval en voyage et quels sont les accidens ordinaires qui peuvent lui arriver en route. Enrichi de plusieurs planches. Traduit de l'Anglois par T. Hammond. *Nouvelle édition*, considérablement augmentée, à laquelle on a joint des instructions sur la ferrure des chevaux et differens remedes pour leurs maladies, de même que pour celles des bêtes à cornes et des moutons. *Paris, Courcier,* l'an V. (1796, v. st.)

1 vol. in-18 de XXII-95 p. pour la 1ʳᵉ partie et 228 pour la 2ᵉ. Burdon n'est pas nommé dans cette traduction dont la 2ᵉ partie a été entièrement ajoutée. Les 65 premières pages de cette 2ᵉ partie, qui seules sont consacrées aux chevaux, sont la reproduction littérale de l'*Instruction sur les soins à donner aux chevaux pour les conserver en santé sur les routes et dans les camps*, etc. (par Huzard), imprimée en l'an II, par ordre du Comité de Salut public et de l'*Instruction sur les moyens propres à prévenir l'invasion de la morve*, etc., de Chabert, qui y fait suite.

La planche de fers qui termine l'ouvrage est la réduction de celle qui porte le n° XX du *Nouveau parfait Maréchal* de Garsault.

Le Maréchal de Poche avec lequel on apprend comment il faut traiter son Cheval en voyage, et quels sont les Remèdes pour les accidens ordinaires qui peuvent lui arriver en route; orné d'une Planche qui fait connoître l'âge du Cheval par ses Dents. Traduit de l'Anglais. *Rouen, Lecrêne-Labbey,* S. D. (vers 1811).

Broch. pet. in-12 de 72 p. dont IV pour l'avertissement.

En dehors de ces éd⁰ⁿˢ, le catal. Huzard mentionne celles de :

Liège, *Everard Kints*, 1756.
Avignon, *Guichard*, 1786.
Rouen, *Labbey*, 1796.

que je n'ai pas rencontrées jusqu'ici.

Ce petit ouvrage, dans lequel la polypharmacie de l'époque est un peu simplifiée, et où l'empirisme, l'ignorance et la barbarie des maréchaux sont souvent combattus, avait l'avantage de présenter un recueil concis et portatif des principales règles d'hygiène et des remèdes simples à apporter aux accidents les plus fréquents qui survenaient pendant les voyages, lesquels, alors, se faisaient presque toujours à cheval. Aussi est-il devenu rapidement très populaire. Le colportage s'en est emparé et il est très probable qu'il en existe d'autres éd⁰ⁿˢ que celles signalées ci-dessus.

BURGMAIR (Hans), voy. TRIOMPHE DE MAXIMILIEN Iᵉʳ.

BUSSCHER (Edmond DE) et VIGNE (Félix DE).

Description du Cortège historique des Comtes de Flandre, par Edmond de Busscher, Secrétaire de la Société royale des Beaux-Arts et de Littérature de Gand, Membre de plusieurs autres Sociétés et Académies de Sciences et Arts. *Nouvelle Edition*. Avec Planches. *Gand, de Busscher frères,* 1849.

Broch. gr. in-8° de 4 fᵗˢ non ch. pour les titres, la dédicace au Cᵗᵉ de Flandre, une lettre de M. E. Conway, Intendant de la liste civile, annonçant à l'auteur l'envoi d'une bague en brillants offerte par LL. MM., 79 p. de texte, avec 5 pl. h. t. dessinées par de Vigne, la dernière in-f° oblongse dépliant et représentant tous les groupes de cette brillante cavalcade, suivie d'une légende explicative.

Le titre indique nouvelle éd⁰ⁿ. Je n'ai pu rencontrer la 1ʳᵉ. D'après un renseignement, elle serait semblable à celle-ci.

Album du Cortège des Comtes de Flandre, personnages et costumes dessinés par Félix de Vigne, Peintre d'histoire, Professeur à l'Académie de Gand, Membre de la Société royale des Beaux-Arts, de l'Académie d'Amsterdam, etc., et texte historique et descriptif par Edmond de Busscher, Secrétaire de la Société royale des Beaux-Arts et de Littérature de Gand, Membre de plusieurs autres Sociétés et Académies de Sciences et Arts. *Gand, Imp. et Lithog. de de Busscher frères,* 1852.

1 vol. in-8° de 11-205 p. avec 79 pl. h. t. Dédicace à M. Auguste de Cook, ancien gouverneur de la Flandre orientale, Président du Comité directeur des Fêtes historiques de Gand, en 1849.

Chars du Cortège des Comtes de Flandre, dessinés par Félix de Vigne, Peintre d'histoire,... etc. (comme ci-dessus) avec texte historique et descriptif par Edmond de Busscher, Secrétaire... etc. (comme ci-dessus). *Gand, Imp. et Lithog. de de Busscher frères,* 1853.

Broch. in-8° de 11-48 p. avec 10 pl. h. t.

Ces deux ouvrages donnent la description détaillée du Cortège historique organisé à Gand en 1849, sous la forme d'une riche cavalcade. Les pl. du premier représentent les personnages ou groupes historiques, la plupart à cheval, et celles du 2ᵉ les chars attelés. Quelques pl. sont coloriées.

La préface du premier ouvrage contient une intéressante revue rétrospective des solennités hippiques du même genre célébrées à Gand.

Pour d'autres cavalcades à Gand, voy. *Cavalcades de Gand.*

BUSSY (Charles DE).

Pseudonyme de Charles Marchal, polygraphe français, 1822-1870.

Dictionnaire de l'Art vétérinaire à l'usage des Cultivateurs et des Gens du monde — Hygiène — Médecine — Pharmacie — Chirurgie — Production — Conservation — Amélioration — des Animaux domestiques, par Ch. de Bussy, avec le concours de plusieurs Vétérinaires praticiens. *Paris, J. Rothschild,* 1865.

1 vol. in-12 de 340 p.
Ouvrage de vulgarisation.

BUTAYE (Séverin-Benoît-Amand).

Officier d'artillerie belge, né en 1823.

Méthode simplifiée théorique et pratique d'Enseignement, d'Instruction et d'Education militaires, suivie de notions précises sur le Cheval et l'Equitation militaire : manière de traiter le Cheval, de le conserver en bonne santé et disponible, de le manier et utiliser ; à l'usage de toutes les armes ; par le Capitaine commandant d'Artillerie Butaye, Instructeur à cheval, ex-capitaine adjudant-major et Directeur de l'École régimentaire au 3ᵉ Régiment d'artillerie de campagne, ex-Officier d'instruction à l'École de cavalerie. *Bruxelles, Muquart et Paris, J. Dumaine,* 1874.

1 vol. in-16 de XII-131 p. pour la 1ʳᵉ partie et 82 pour la 2ᵉ.

L'ouvrage ne traite guère que de l'instruction à cheval. L'auteur a noté les commandements en musique.

BUTHOD (Charles) (1).

Causeries Equestres et Militaires — Les Aides naturelles, par Charles Buthod. *Paris, R. Chapelot,* 1911.

1 vol in-16 de 347 p. Dédicace de l'auteur à son ami Philipot.

BUXBAUM (Emile) et SAINTE-CHAPELLE (A.-M.-G.), traducteur.

Buxbaum, général bavarois ; Sainte-Chapelle, Colonel de Cavalerie français. Voy. ce nom pour sa biographie et d'autres ouvrages.

Seydlitz, par le Général-Major Emile Buxbaum, de la Cavalerie Bavaroise, traduit de l'Allemand par le Colonel Sainte-Chapelle. *Paris et Nancy, Berger-Levrault,* 1911.

1 vol. gr. in-8° de 199 p.
Pour une autre biographie de Seydlitz, voy. Varnhagen von Ense.

C

C***, voy. ESSAI SUR LA MANIÈRE D'AVOIR DES CHEVAUX...

C*** (LE COMMANDANT DE), voy. GUIDE DU DRESSAGE DU CHEVAL DE TROUPE.

C. (LE COMTE F. DE), voy. CHERISEY (F.-F.-L.-V., COMTE DE).

C. (LE VICOMTE A. DE), voy. ESSAI SUR LA SITUATION DE L'INDUSTRIE CHEVALINE.

(1) Pseudonyme du Commandant Bastien (Joseph-François-Charles), officier de cavᵗᵉ français, né en 1861.

C. B., voy. ROI (LE) ET LE DIEU DES COURSES.

C** DE M***, voy. LIVRE DE LA GRANDE MARÉCHALLERIE.

CABANIS (Jean-Paul-Alexandre Siffrein DE GEORGES DE).
Officier d'infanterie, puis d'État-major français, 1768-1826. Entré au service en 1784 comme sous-lieut¹ au Régiment de Rohan - Soubise. Capitaine en 1792 ; 12 campagnes : en 1793, à l'armée de l'Ouest où il reçut 2 blessures, puis à l'armée de Rhin et Moselle et en Italie aux ans VII, VIII et IX; adjoint à la 3ᵉ division de dragons en 1805, a fait en cette qualité les campagnes d'Autriche, de Prusse et de Pologne. Réformé en 1809 et retraité peu après.

Essai sur les Dragons, ou abrégé de l'histoire de cette Arme. Par un officier de l'Etat-major de la réserve de cavalerie (1). *Hanovre*, 1808.
Broch. in-12 de 68 p..

« Ce que l'auteur de l'Essai sur les
« Dragons dit de l'étymologie de cette
« dénomination, de l'origine de cette
« arme, n'est pas neuf et se trouve dans
« plusieurs ouvrages connus, tels que
« l'*Ecole de Mars* par Guignard, l'*Histoire de la Milice françoise* par Daniel,
« la *Chronologie militaire* par Pinard,
« les *Essais historiques sur les régiments*
« par Roussel, l'*Encyclopédie* au mot :
« Dragons, &a. »
« Mais ceux qui ne connoissent pas
« ces ouvrages peuvent savoir gré à
« l'auteur d'avoir rassemblé ces notions.
« Quant aux faits militaires cités à la
« gloire de cette arme, ils ne peuvent
« aussi qu'exciter une noble émulation. »
« C'est aux gens du métier à juger
« des changemens qu'il propose dans
« l'organisation, l'armure, l'habillement,
« le choix des chevaux et la manière de
« monter à cheval des Dragons. L'auteur
« annonce une 2ᵉ partie qui traitera de
« l'Equitation et des manœuvres et une
« 3ᵉ qui renfermera l'instruction nécessaire pour faire la guerre à la Dragone » (2).
Ces deux dernières parties n'ont jamais paru, l'auteur ayant été réformé

(1) Alexandre de Cabanis, d'après l'envoi autographe de l'auteur au Ministre de la guerre sur l'exemplaire de la bibliothèque du Ministère de la guerre.
(2) C'est-à-dire à pied et à cheval — Extrait d'une note manuscrite de M. Massieu (de l'Oise), bibliothécaire du ministère de la guerre de 1796 à 1815. C'est une bonne analyse de l'ouvrage.

pour infirmités l'année suivante. L'ouvrage, imprimé à l'étranger, est rempli de fautes d'orthographe. Il a été réimprimé en 1877 par Routlin de la Roy (v. ce nom).

CABASSE (J.-A.), voy. FORMATION D'ECLAIREURS A CHEVAL.

CABÉ (P.-Victor).
Historique des Courses de chevaux, par P.-Victor Cabé, rédacteur sportif à l'Indépendant des Basses-Pyrénées et au Sport du Sud-Ouest. *Pau, Garet*, 1900.
1 vol. in-8º de 427 p.

CABOCHE DEMERVILLE (J.).
Littérateur français, auteur de plusieurs ouvrages pour la jeunesse.

Les Animaux célèbres, intelligents et curieux, par J. Caboche Demerville. *Paris, Lib. Pittoresque de la Jeunesse*, S. D. (1845) (1).
1 vol. gr. in-8º de 236 p. Jolie vignette sur le titre et nombreuses illustrations d. l. t. par Achille Giroux (2).
Le cheval, l'âne et le zèbre occupent les p. 57 à 88 avec 9 fig.

CABRIFORCE (Jean-François).
Vétérinaire militaire français, né en 1864, diplômé de Toulouse en 1888, vétérinaire en 1ᵉʳ en 1904.

Zootechnie du Petchili, par le Vétérinaire Cabriforce — Avec 4 gravures dans le texte. (Extrait de la *Revue des Troupes coloniales*). *Paris, Henri Charles-Lavauzelle*, S. D. (vers 1904).
Broch. in-8º de 55 p.
Concerne en partie le cheval, l'âne, le mulet et leur harnachement.

CABRIOLETS (LES) JUSTIFIÉS.
Les Cabriolets justifiés. S. L. N. D. (*Paris*, vers 1760).
Plaquette in-4º de 4 p.
C'est une critique des cabriolets sous la forme d'éloges exagérés. L'auteur dit en particulier qu'il est si difficile de conduire ces légères voitures au milieu

(1) Le titre de la couverture porte Caboche de Merville et indique l'auteur des illustrations ; le millésime est au dos de la couverture.
(2) Voy. ce nom pour la biographie et un autre ouvrage de Giroux.

des embarras de Paris, qu'elles servent à montrer l'adresse de leurs conducteurs et que, grâce à elles, on ne manquera plus de cochers habiles.

CACAULT (Jean-Baptiste, BARON).

Général de brigade français (infanterie), 1766-1813. Soldat au rég[t] de Rouergue (58e Rég[t]) en 1783, caporal en 1785 ; sergent en 1788, il servit avec son régiment en Amérique en 1790 et 1791. Rentré en France, il passa aux Hussards des Ardennes en 1792. Il reçut l'année suivante un certificat du conseil d'adm[on] de ce corps, constatant qu'il était impropre au service de la cavalerie et l'autorisant à servir dans l'infanterie où bon lui semblerait. Il en profita pour passer au 3e bataillon d'Égalité-sur-Marne (Château-Thierry) où il fut aussitôt nommé chef de bataillon et où il se fit délivrer par son propre bataillon un curieux certificat de civisme : « Il n'a « jamais cessé, disent les signataires, de « nous inspirer l'horreur des Rois et « l'amour de la patrie, et son seul désir « fut toujours de coopérer avec ses frères « d'armes à la destruction de la tyran-« nie... » Il a d'ailleurs, ajoutent-ils, contribué au maintien de l'ordre. Il fut nommé adjudant général en l'an II et général de brigade en 1809. Campagnes de 1792, 1793, ans II et III aux armées des Ardennes, de Sambre-et-Meuse et en Italie. Il servit aussi en Espagne, fut ensuite commandant de l'Arrondissement de Worms, puis renvoyé en France par l'empereur à la suite de divers incidents. Il obtint bientôt de reprendre du service actif et, le 6 sept. 1813, au combat de Juterbock, il eut le bras gauche emporté par un boulet. Amputé le lendemain, il mourut le 30.

Proget (sic) de Manœuvres d'Infanterie contre la Cavalerie par J. Cacault, Adjudant-Commandant. *A Ivrée, chez Louis Franco, Imprimeur de la Municipalité.* An Neuf.

Broch. in-12 de 15 p.

Nouvelles manœuvres de l'Infanterie contre la Cavalerie, par J. Cacault, Adjudant-Commandant. *A Paris, chez Brochot père et Cie*, An XI (1802).

Broch. pet. in-8° de 31 p. avec 2 jolies pl. se dépliant et représentant non seulement des plans de formations, mais des combats d'infanterie et de cavalerie avec personnages. Ces pl. sont d'ailleurs signées Bertaux. (Duplessis-Bertaux.)

CACCIA (Maximilien-Guillaume-Antoine, COMTE).

Officier de cavalerie français, 1807-18.. Engagé volontaire en 1834, sous-lieut[t] en 1838, capitaine en 1845, démissionnaire en 1848 (1).

Réflexions sur l'Equitation militaire, par M. le Comte Maximilien Caccia, Sous-Lieutenant au 4e Régiment de Cuirassiers. *Paris, Imp. Le Normant*, 1839.

Broch. in-8° de 52 p. Lettre de dédicace au Ministre de la Guerre.

L'auteur traite de l'habillement, de l'équipement, du harnachement et de l'équitation.

De l'Equitation Militaire, par M. le Comte Maximilien Caccia, Lieutenant au 9e Hussards. *Paris, Imp. Le Normant*, 1842.

1 vol. in-8° de 103 p. Dédicace au M[al] duc de Dalmatie, Ministre de la Guerre et à M. Pellier.

Historique de l'équitation, propositions nouvelles de l'auteur qui veut baser l'instruction équestre sur les principes de La Guérinière. Il fait, en passant, la critique de la méthode Baucher et donne, en note de la p. 24, une biographie de Louis-Charles Pellier. (Voy. ces noms.)

Projet relatif à l'Etablissement d'un Manège militaire à Paris. Présenté à S. A. R. Mgr le Duc de Nemours. Par M. le Comte Max. Caccia, Lieutenant au 9e Hussards. *Paris, Imp. Le Normant*, S. D. (1844).

Broch. in-8° de 23 p. Lettre d'hommage au duc de Nemours.

CACHELEU (A.-F. DE).

Système rationnel de Haras général au point de vue de la spécialité des Races et de leur épuration continue sous notre régime français de libre production ; par M. A. F. de Cacheleu, ancien Membre du Conseil général du Calvados, Membre de la Société libre d'Agriculture, Sciences, Arts et Belles-lettres du Dép[t] de l'Eure. *Pont-Audemer, Imp. Dugas-Lecomte*, 1846 (1847).

Broch. in-8° de 83 p. datée à la fin du

(1) Je crois qu'après 1848, cet officier a pris du service dans l'armée piémontaise et qu'il y a obtenu le grade de major.

1er février 1847. C'est par suite d'une erreur que le titre indique 1846.

L'auteur, reprenant une utopie souvent produite, voudrait un pur sang spécial pour chaque genre de service ; « on l'ob-« tiendrait, en élevant graduellement les « primes avec le mérite héréditaire et en « les augmentant suivant les degrés de « noblesse ; » mais il ne s'occupe que des juments et repousse les preuves d'origine du côté paternel. « Ce sera « toujours par les mères, dit-il, et uni-« quement dans la ligne maternelle, que « devront se faire toutes les preuves « généalogiques. » On sait que d'autres ont soutenu la même thèse singulière.
Eug. Gayot a fait la critique de cet ouvrage au T. I de la 2e partie de la *France chevaline*, p. 143 et suiv.

CADÉAC (Jean-Raymond-Célestin).
Vétérinaire français. professeur à l'École de Lyon, né en 1858. Parmi ses nombreux ouvrages, les suivants intéressent, en tout ou en partie, le cheval.

Recherches expérimentales sur la Morve, par C. Cadéac, Professeur de clinique à l'Ecole vétérinaire de Lyon, et J. Malet, Chef des travaux de Physiologie à l'Ecole vétérinaire de Toulouse — Mémoire récompensé par l'Académie des Sciences et par l'Académie de Médecine — *Toulouse, Durand, Fillous et Lagarde*, 1886.

1 vol. in-8° de 160 p.

Sur la transmission des Maladies infectieuses par contagion miasmatique — Détermination expérimentale du rôle des émanations cadavériques et des produits virulents liquides dans la contamination de l'atmosphère, par MM. Cadéac et Malet — Mémoire lu à la Société des Sciences médicales de Lyon. — *Lyon, Association typographique*, 1887.

Broch. in-8° de 16 p.
Concerne en partie la morve.

Précis de Chirurgie vétérinaire. 1887. En collaboration. Voy. Peuch.

Encyclopédie vétérinaire publiée sous la direction de C Cadéac — Pathologie générale et anatomie pathologique générale des Animaux domestiques, par C. Cadéac, Professeur de Clinique à l'Ecole Vétérinaire de Lyon, avec la collaboration de J. Bournay, Répétiteur de Clinique à l'Ecole Vétérinaire de Lyon pour l'article *Tumeurs*. Avec 46 fig. intercalées dans le texte. *Paris, J.-B. Baillière et fils*, 1893.

1 vol. in-18 de VIII-478 p.

Même ouvrage (Etiologie, Technique, Sémiologique et Sémiologie de la peau). *Deuxième Edition*. Avec 37 fig. intercalées dans le texte. *Paris, J.-B. Baillière et fils*, 1904.

1 vol in-18 de x-432 p.

Encyclopédie vétérinaire... (etc., comme ci-dessus) — Sémiologie, Diagnostic et Traitement des Maladies des Animaux domestiques par C. Cadéac, Professeur... etc. Tome I. Sémiologie des appareils digestif, respiratoire et circulatoire — Avec 67 fig. intercalées dans le texte. *Paris, J.-B. Baillière et fils*, 1894.

1 vol. in-18 de VII-404 p.

Même ouvrage. Tome II. Sémiologie (fin). Diagnostic, Pronostic et Traitement des Maladies. Prophylaxie, Vaccination, Thérapeutique curative. — Avec la collaboration de A. Morey, Chef des travaux à l'Ecole vétérinaire de Lyon pour l'article *Vaccination*. Avec 64 fig. intercalées dans le texte. *Paris, J.-B. Baillière et fils*, 1894.

1 vol. in-18 de 420 p.

Même ouvrage, même titre — *Deuxième Edition* — Tome I. Appareil digestif — Appareil respiratoire — Appareil circulatoire — Appareil urinaire — Avec 57 fig. — *Paris, J.-B. Baillière et fils*, 1905.
Tome II. Appareil génital — Mamelles et Lactation — Appareil de l'innervation — Organes des sens — Appareil locomoteur — Température — Evolution des Maladies — Diagnostic et pronostic — Avec 129 fig. *Paris, J.-B. Baillière et fils*, 1905.

2 vol. in-18 de 450 et 532 p.

Encyclopédie vétérinaire... (etc., comme ci-dessus) — Pathologie interne des Animaux domestiques, par C. Cadéac, Professeur de Cli-

nique à l'Ecole vétérinaire de Lyon.
— Tome I. — Appareil digestif —
Avec 61 fig. intercalées dans le
texte. — *Paris, J.-B. Baillière et
fils*. 1896.
1 vol. in-18 de xii-478 p. (1).

Tome II — Intestin — Avec
78 fig., 1896.
1 vol. in-18 de 516 p.

Tome III — Foie, Péritoine,
— Fosses nasales et Sinus — Avec
60 fig., 1896.
1 vol. in-18 de 464 p.

Tome IV – Larynx, Trachée,
Bronches, Poumons — Avec 55 fig.,
1897.
1 vol. in-18 de 468 p.

Tome V — Plèvre, Péricarde,
Cœur, Endocarde, Artères — Avec
57 fig., 1897.
1 vol. in-18 de 506 p.

Tome VI — Maladies du sang,
Maladies générales et maladies de
l'Appareil urinaire — Avec 18 fig.,
1899.
1 vol in-18 de 523 p.

Tome VII — Maladies de l'Appareil urinaire (fin), Maladies de la peau et Maladies parasitaires des muscles — Avec 94 fig., 1899.
1 vol. in-18 de 496 p.

Tome VIII — Maladies du Système nerveux — Avec 85 fig., 1899.
1 vol. in-18 de 500 p.
Les 7 derniers vol. sont, comme le premier, publiés chez *J.-B. Baillière et fils*.

Encyclopédie vétérinaire..., etc.
— Pathologie chirurgicale générale par P. Leblanc, C. Cadéac, C. Carougeau. — Avec 82 fig. intercalées dans le texte. *Paris, J.-B. Baillière et fils*, 1902.
1 vol. in-18 de 432 p.

Encyclopédie vétérinaire..., etc.
— Pathologie chirurgicale de la Peau et des Vaisseaux, par C. Cadéac, Professeur,... etc., avec la collaboration de MM. Carougeau et Leblanc — Avec 103 fig. *Paris, J.-B. Baillière et fils*, 1905.
1 vol. in-18 de 422 p.

Encylopédie vétérinaire,... etc. —
Pathologie chirurgicale des Tendons, des Muscles et des Nerfs, par J. Pader, Vétérinaire Major et C. Cadéac, Professeur..., etc. — Avec 122 fig. *Paris, J.-B. Baillière et fils*, 1905.
1 vol. in-18 de 476 p.

Encyclopédie vétérinaire,... etc.
— Pathologie chirurgicale des Articulations, par C. Cadéac, Professeur..., etc. — Avec 148 fig. *Paris, J.-B. Baillière et fils*, 1907.
1 vol. in-18 de 468 p.

Encyclopédie. vétérinaire,... etc.
— Anatomie pathologique et Pratique des Autopsies, par C. Cadéac et V. Ball, Professeurs à l'Ecole vétérinaire de Lyon. *Paris, J.-B. Baillière et fils*, 1907.
1 vol. in-18 de 475 p. avec 100 fig. d. l. t.

Encyclopédie vétérinaire..., etc.
— Pathologie interne. I. Bouche, Pharynx, Estomac, par C. Cadéac, Professeur..., etc. — Avec 136 fig. interc. dans le texte — *Deuxième Edition*, entièrement refondue — *Paris, J.-B. Baillière et fils*, 1909.
1 vol. in-18 de 580 p.

Encyclopédie vétérinaire..., etc.
— Pathologie interne. II. Intestin, par C. Cadéac, Professeur..., etc. — Avec 231 fig. interc. dans le texte — *Deuxième Edition*, entièrement refondue. *Paris, J.-B. Baillière et fils*, 1909.
1 vol. in-18 de 580 p.

Encyclopédie vétérinaire..., etc.
— Pathologie chirurgicale des Articulations I. Entorses-Luxations — Hygromas et Synovites — avec 148 fig. interc. dans le texte — II. Arthrites, avec 143 fig. interc. dans le texte, par C. Cadéac, Professeur..., etc. *Paris, J.-B. Baillière et fils*, 1909.

(1) La 2ᵉ édᵑ des 8 vol. de cet important ouvrage commence à paraître au moment où cette notice est rédigée. Il n'est donc pas possible de donner la description de la 2ᵉ édᵑ de chacun d'eux à la suite de chaque vol. de la 1ʳᵉ et ceux de la 2ᵉ seront placés à leur date de publication respective.

2 vol. in-18 de 468 et 446 p.
L'ouvrage concerne en très grande partie le cheval. Quoique le titre ne l'indique pas, c'est bien une 2ᵉ édᵒⁿ, très augmentée, de l'ouvrage publié sous le même titre en 1 vol. en 1907.

Encyclopédie vétérinaire..., etc. Pathologie interne — Pancréas, Foie, Péritoine, Fosses nasales et Sinus, Larynx. Par C. Cadéac, Professeur,... etc. — Avec 156 figures intercalées dans le texte — 2ᵉ Edition entièrement refondue. *Paris J.-B. Baillière et fils*, 1910.
1 vol in-18 de 572 p.

Encyclopédie vétérinaire..., etc. Pathologie chirurgicale de l'Appareil digestif — Bouche, Pharynx, Œsophage, Estomac, Intestin, par C. Cadéac, Professeur... etc., Avec 186 figures intercalées dans le texte. *Paris, J.-B. Baillière, et fils*, 1910.
1 vol. in-18 de 520 p.

Encyclopédie vétérinaire..., etc. Pathologie interne. — Bronches, Poumons, Plèvres, par C. Cadéac. Professeur..., etc. Avec 86 figures intercalées dans le texte — *Deuxième Edition*, entièrement refondue. *Paris, J.-B. Baillière et fils*. 1911.
1 vol. in-18 de 472 p.

Encyclopédie vétérinaire..., etc. Pathologie interne. V. Médiastin, Cœur, Vaisseaux, Sang, par C. Cadéac, Professeur.., etc. Avec 87 figures intercalées dans le texte — *Deuxième Edition*, entièrement refondue. *Paris, J.-B. Baillière et fils*, 1911.
1 vol. in-18 de 460 p.

Encyclopédie vétérinaire..., etc. Pathologie interne. VI. Sang, par C. Cadéac, Professeur..., etc. Avec 112 Figures intercalées dans le texte. *Deuxième Edition*, entièrement refondue. *Paris, J.-B. Baillière et fils*, 1913.
1 vol. in-18 de 540 p.

CADIOT (Pierre-Juste).
Vétérinaire français, né en 1858, diplômé d'Alfort en 1879, répétiteur la même année, professeur en 1888, membre de l'Académie de médecine en 1905.

Projet de Programme de la Chaire de Pathologie chirurgicale. Manuel opératoire, Ferrure, Obstétrique et Clinique, présenté par M. Cadiot. *Paris, Imp. A. Davy*, 1888.
Broch. in-4° de 60 p.
La pathologie chirurgicale du cheval, principalement celle du pied, ainsi que la ferrure, occupent une partie importante de ce programme.

Traitement chirurgical du Cornage chronique, par P.-J. Cadiot, Professeur à l'École vétérinaire d'Alfort. — Avec 18 figures intercalées dans le texte. — *Paris, Asselin et Houzeau*, 1891.
Broch. in-8° de 31 p.

De l'Ovariotomie chez la Jument et chez la Vache, par P. J. Cadiot, Professeur à l'École vétérinaire d'Alfort. — Avec 11 figures dans le texte. — *Paris, Asselin et Houzeau*, 1893.
Broch. in-8° de 44 p.

De la Castration du Cheval cryptorchide, par P. J. Cadiot, Professeur à l'Ecole vétérinaire d'Alfort — Avec 11 figures intercalées dans le texte. *Paris, Asselin et Houzeau*, 1893.
Broch. in-8° de 56 p.

Les Tumeurs malignes chez les Animaux, par MM. Cadiot, Gilbert et Roger. Extrait de la *Presse médicale. Paris, Georges Caire*, 1894.
Broch. in-8° de 35 p., avec 11 fig. d. l. t.
S'applique principalement au chien, mais il y a néanmoins 5 observations sur le cheval.

Les exercices de Chirurgie hippique à l'Ecole d'Alfort, par P. J. Cadiot — Avec 56 figures dans le texte. *Paris, Asselin et Houzeau*, 1895.
1 vol in-8° de 115 p.

Traité de Thérapeutique chirurgicale des Animaux domestiques, par P. J. Cadiot, Professeur à l'Ecole d'Alfort et J. Almy [1], Répétiteur à l'Ecole d'Alfort. Tome

(1) Almy (Julien), né en 1868, diplômé d'Alfort en 1892, chef de travaux en 1896, professeur en 1900, démissionnaire en 1902.

premier — Chirurgie générale — Maladies communes à tous les tissus — Affections des Membres — Avec 118 figures dans le texte.

Tome second — Maladies des Régions — Avec 419 figures dans le texte, la plupart dessinées par G. Nicolet, Bibliothécaire à l'Ecole d'Alfort — *Paris, Asselin et Houzeau*, 1895-1898.

2 vol. gr. in-8° de xii-631 et xiv-921 p.

Même titre — Tome premier — Chirurgie générale — Affections communes à tous les tissus — Affections des Régions — Avec 282 figures dans le texte, la plupart dessinées par G. Nicolet, Bibliothécaire à l'Ecole d'Alfort — *Deuxième édition*.

Même titre — Tome second — Affections des Régions — Avec 310 figures dans le texte... (etc., comme ci-dessus) — *Deuxième Edition — Paris, Asselin et Houzeau*, 1901-1903.

2 vol. gr. in-8° de xii-808 et xi-744 p.

Hôpitaux de l'Ecole d'Alfort — Etudes de Pathologie et de Clinique expérimentales, par P. J. Cadiot — Avec 65 figures dans le texte et 4 Planches en Chromotypographie, la plupart dessinées par G. Nicolet, Bibliothécaire à l'Ecole d'Alfort. — *Paris, Asselin et Houzeau*, 1899.

1 vol. gr. in-8° de viii-618 p.

Précis de Chirurgie vétérinaire, par P. J. Cadiot — Avec 195 figures dans le texte — *Paris, Asselin et Houzeau*, 1903.

1 vol. in-8° carré de xi-332 p.

Cet ouvrage contient les matières des *Exercices de Chirurgie hippique* de 1895, décrits plus haut, dont il forme ainsi une 2ᵉ édᵒⁿ avec additions, et, en plus, la chirurgie des animaux de l'espèce bovine, des petits ruminants, du porc et du chien.

Pour une traduction, voy. Friedberger.

Précis de Chirurgie vétérinaire, par P.-J. Cadiot — *Troisième Edition* — Avec 258 fig. dans le texte. *Paris, Asselin et Houzeau*, 1910.

1 vol. in-8° de xiv-518 p.

CADIX (L.), voy. GUILLEMAIN (A.).

CAGNAT (René-Louis-Victor)..

Epigraphiste et archéologue français, né en 1852, professeur au Collège de France, membre de l'Académie des Inscriptions. Il s'est adonné particulièrement à l'archéologie romaine et accomplit en Tunisie plusieurs missions du ministère de l'Instruction publique.

Ministère de l'Instruction publique — L'Armée Romaine d'Afrique et l'occupation militaire de l'Afrique sous les Empereurs par M. René Cagnat, Professeur au Collège de France, Membre de la Commission de l'Afrique du Nord. *Paris, Imp. Nationale*, 1892.

1 vol. in-4° de xxiv-811 p. avec 22 pl. h. t., y compris 5 cartes et nombreuses fig. d. l. t. Dédicace à l'Armée française d'Algérie et de Tunisie.

L'ouvrage contient des détails sur la cavalerie romaine, la cavalerie maure, la composition des troupes mixtes, infᵗᵉ et cavᵗᵉ, sur les troupes irrégulières « assez analogues à nos goums », sur la remonte — fournie par la prestation, mais qui était soumise, avant acceptation, à des spécialistes analogues à nos officiers de remonte actuels — sur la distribution de la cavalerie dans les légions et les armées, etc., etc.

CAGNY (Paul).

Vétérinaire français, ancien président de la Société centrale vétérinaire. Parmi ses nombreux ouvrages, les suivants concernent en partie le cheval.

Précis de Thérapeutique de Matière médicale et de Pharmacie vétérinaires, par Paul Cagny, Président de la Société centrale de Médecine vétérinaire, avec une préface par F. Peuch, Professeur de Clinique à l'Ecole vétérinaire de Lyon — Avec 106 fig. intercalées dans le texte. *Paris, J.-B. Baillière et fils*, 1892.

1 vol. in-18 de vi-676 p.

Société centrale de Médecine vétérinaire — Notes pour servir à l'Histoire de la Médecine vétérinaire en France. Discours prononcé le 27 Octobre 1892 dans la Séance solennelle de la Société Centrale de Médecine vétérinaire par M. Paul Cagny, Membre de la Société centrale de Médecine vétérinaire, de la Société de Médecine pratique de

Paris, Membre honoraire de la Société vétérinaire d'Alsace-Lorraine, de la Société vétérinaire du Grand-Duché de Bade, de la Société vétérinaire Suisse, de la Société médicale du Grand Duché de Luxembourg, du Collège royal vétérinaire de la Grande-Bretagne. *Paris, Typ. A. Maulde*, 1892.
Broch. in-8° de 48 p. avec 1 pl. contenant 17 fig.

Conférence sur la Police sanitaire vétérinaire faite le 2 février 1893 aux Elèves de l'Ecole normale de Beauvais par M. Paul Cagny, Délégué cantonal, Vétérinaire sanitaire de l'Arrondissement de Senlis, Président de la Société vétérinaire de l'Oise — Cette Conférence a été publiée dans le *Bulletin Officiel du Ministère de l'Agriculture* (Juillet 1893) et dans le *Bulletin de l'Instruction publique* du Dép[t] de l'Oise (Oct. 1893) — *Beauvais, Imp. A. Schmutz*, 1893.
Broch. in-8° de 18 p.

Rapport de M. Cagny sur la réorganisation du Service sanitaire dans le Dép[t] de l'Oise. *Clermont (Oise), Imp. du Journal de Clermont*, 1893.
Broch. in-8° de 8 p.

3e Congrès national vétérinaire. Paris, Novembre 1897. — 6e Question — Recherche des moyens permettant d'obtenir une exécution plus complète de la Loi de Police sanitaire vétérinaire — Rapport présenté par M. Paul Cagny, Vétérinaire à Senlis (Oise). *Besançon, Imp. M. Ordinaire*, 1897.
Broch in-8° de 25 p.

Dictionnaire vétérinaire, par P. Cagny, Membre de la Société Centrale de Médecine vétérinaire, Membre correspondant de la Société nationale d'Agriculture, Membre du Collège royal vétérinaire de Londres et H.-J. Gobert (1), Vétérinaire en 2e de l'Armée. *Paris, J.-B. Baillière et fils*, 1902-1904.
2 vol. gr. in-8° de 4 f[ts] pour les titres et la préface, 768 p. avec 4 pl. en couleurs et 880 fig. au T. I ; 854 p. avec 4 pl. en couleurs et 932 fig. au T. II ; texte sur 2 col.

Aide-Mémoire du Vétérinaire. En collaboration avec J. Signol à partir de la 3e Ed[on]. Voy. Signol.

Encyclopédie agricole publiée par une réunion d'Ingénieurs agronomes sous la direction de G. Wéry — Hygiène et Maladies du Bétail, par Paul Cagny, Membre de la Société Centrale de Médecine vétérinaire, Corresp. de la Soc. Nat. d'Agriculture (et) Raoul Gouin (1), Ingénieur agronome, Propriétaire agriculteur. — Introduction par le Dr P. Regnard, Directeur de l'Institut national agronomique, Membre de la Société N[le] d'Agriculture de France. — Avec 170 fig. intercalées dans le texte. — *Paris, J.-B. Baillière et fils*, 1909.
1 vol. in-18 de XII-480 p.
L'hygiène et les maladies des chevaux, ânes et mulets, occupent les 200 premières p. avec 80 fig. En outre, de nombreux passages leur sont applicables dans les derniers chap., de la p. 390 à la fin.

Le cheval de Course, 1911 — En collaboration. Voy. *Gobert*.

CAHIERS D'ENSEIGNEMENT ILLUSTRÉS.

De 1884 à 1888, l'éditeur *Ludovic Baschet* publia une série de brochures qu'il intitula *Cahiers d'Enseignement Illustrés*. La collection se compose de 80 (ou 81 ?) Cahiers in-4° de 16 p. (2).

Le texte est dû à MM. de Bouillé, Jules Richard, Juillerat, Kauffmann, A. Dally. Marius Roy, Armand Dumaresq. H. Barthélemy, Romuald Brunet, Dick de Lonlay, Désiré Lacroix, George Bagge, Bon de Vaux.

Les dessins sont de MM. Armand Dumaresq, E. Grasset, E. Juillerat, Marius Roy, P. Kauffmann, Eugène Chaperon. Dick de Lonlay, J. Geoffroy, Gustave Bagge, P. Eriz, Myrbach, Hansen Reistrup, Perboyre. Quelques-uns ne sont pas signés. Ils sont gravés sur bois par Gillot.

Dans certains Cahiers, le texte et les illustrations sont dus au même auteur.

(1) Voy. ce nom pour d'autres ouvrages.
(2) Je connais 79 Cahiers numérotés, plus le n° 40 *bis*. Je crois que le n° 80 existe, mais je ne l'ai pas rencontré jusqu'ici.

(1) Voy. ce nom pour d'autres ouvrages.

Chaque Cahier de 16 p. contient un dessin colorié à pleine p. sur les deux plats de la couverture, d'autres, souvent aussi à pleine p., à l'intérieur et des fig. en noir d. l. t. Toutes ces illustrations sont dues à des dessinateurs de talent.

Quelques Cahiers concernent les temps préhistoriques, l'histoire naturelle et les Colonies françaises, mais la plupart traitent de l'*Armée française de terre et de mer* et des *Armées étrangères*. On y trouve non seulement les uniformes, mais l'organisation, l'instruction d'ensemble et de détail, tir, escrime à pied et à cheval, équitation, voltige, service en campagne, etc., avec les fig. qui se rapportent à ces différents sujets.

Les Cahiers 1, 2, 17, 18, 27, 30, 31, 32, 33, 49, 51, 52, 53, 54, 55 concernent, en tout ou en partie, la *Cavalerie française*; les Cahiers 13, 14, 15, la *Cav^{le} allemande*; 19, 20, 21, 22, la *Cav^{le} anglaise*; 35, 36, la *Cav^{le} suédoise*; 38, 39, 40, 40bis, la *Cav^{le} espagnole*; 41, 42, 43, 44, la *Cav^{le} autrichienne*; 45, 46, 47, 48, la *Cav^{le} italienne*; 60, 61, 62, la *Cav^{le} danoise*; 63, 64, la *Cav^{le} norvégienne*; 72, 73, 74, 75, 76, 77, la *Cav^{le} russe*.

Collection intéressante, bien rédigée et bien illustrée, difficile à trouver complète, et qui mérite d'être recherchée.

CAHOUET (L.-E.-F. DE), voy. DES RACES MODERNES.

CAHU (Jules-Nicolas-Théodore). Littérateur et journaliste français, né en 1853, ancien officier de cavalerie. Sous-lieut^{nt} en 1880, lieutenant en 1884, il a donné sa démission l'année suivante. Ses ouvrages sont souvent signés : Théo-Critt.

Nos farces à Saumur par Théo-Critt. Vignettes et Dessins par O' Bry. *Paris, Paul Ollendorff*, 1882.

1 vol. gr. in-18 de xxi-252 p. Dédicace « à tous ceux qui, dans Saumur, ont gémi « ou fait des dettes ».

Souvent réimprimé, sans changement.

Le 13e Cuirassiers, par Théo-Critt. Vignettes et Dessins par O' Bry, Préface par Paul Ginisty. *Paris, Paul Ollendorff*, 1882.

1 vol. in-18 de xi-236 p. Couverture illustrée. Dédicace « à M. le Baron « Xam » (1).

(1) Ouvrage de fantaisie comme le 101e de Noriac, le 13e Hussards de Gaboriau et le 27e Dragons de Bambini. Le 13e Cuirassiers n'existait pas en 1882.

Plusieurs tirages, sans changement.

La Vie en Culotte, par Théo-Critt. Vignettes et Dessins par Henriot, Préface par Pierre Véron. *Paris, Paul Ollendorff*, 1883.

1 vol. in-18 de iv-287 p. Couverture illustrée. Nombreuses et jolies illustrations d. l. t.

Journal d'un Officier malgré lui, par Théo-Critt (Septembre 1873 — Mai 1885). Saumur — Prytanée militaire — Les Cuirassiers — La Remonte — Les Chasseurs. *Paris, Paul Ollendorff*, 1886.

1 vol. in-12 de 372 p. Edition réimprimée sans changement.

Même ouvrage, même titre. *Paris, Georges Hurtrel*, 1887.

1 vol. in-16 de 326 p., avec nombreuses illustrations de Kaufmann.

Le Régiment où l'on s'amuse, par Théo-Critt. *Paris, C. Marpon et Flammarion*, S. D. (vers 1888).

1 vol. in-18 de 355 p. Nombreuses et jolies illustrations d. l. t., par Henriot.

Théo-Critt à Saumur, par Théodore Cahu. Illustré par Job, Louis Vallet, K. d'Eroussel, P. Sinibaldi, L. Bombled, Girardet, Félix Régamey, Laurent-Zell, Besnier, X. Y. Z. *Paris, E. Dentu*, 1889.

1 vol. in-8° de 379 p., avec nombreuses illustrations d. l. t. et h. t.

Nos Farces au Régiment, par Théodore Cahu. *Paris, Guyot*, S. D. (1896).

1 vol. in-16 de 185 p.

Les ouvrages décrits ci-dessus traitent, sous une forme humoristique, de la vie militaire dans la cavalerie. Malgré son titre, le volume intitulé « *Les Loisirs d'un Hussard* » n'entre pas dans cette catégorie, non plus que les nombreux ouvrages que M. T. Cahu a publiés sur des sujets divers.

CAILLAVET.

L'Immortalité du Carrovsel de Monseignevr d'Espernon, Dvc et Pair de France, Colonel de l'Infanterie Françoise, Gouuerneur & Lieutenāt Général par le Roy en Guyenne : Auec le Trophée de ses Victoires. *A Paris, chez la veufue de Carroy, ruë des Carmes à la*

Trinité. Iouxte la coppie imprimée à Bordeaux, par Guillaume Millange, Imprimeur du Roy, 1627.
Broch. in-8° de 32 p. Le nom de l'auteur ne figure pas au titre, mais il signe la dédicace au duc d'Epernon et à la fin.

Le carrousel, dont l'opuscule nous donne la narration en vers, avait été donné à Bordeaux, la même année, en l'honneur du duc d'Epernon qui, d'ailleurs — il avait alors 81 ans — n'y prit pas une part active. C'est son fils puîné, le duc de la Valette, qui le dirigeait de sa personne.

Pour un récit beaucoup plus détaillé de cette belle fête, voy. *Morillion*.

CAILLIEUX (Henry).

Vétérinaire militaire français, 1794-1859. Elève militaire à Alfort en 1809, breveté agriculteur en 1811 et vétérinaire en 1814. Après avoir servi aux dragons de la garde impériale, puis royale, aux chasseurs de la Somme, aux hussards du Nord, il fut attaché, comme vétérinaire en 1er, aux dépôts de remonte de Caen et d'Alençon et se retira à Caen où il continua à exercer sa profession. Il avait fait la campagne d'Espagne en 1823.

Manuel d'Hippiatrique à l'usage de MM. les Officiers de Cavalerie, par H. Caillieux, Vétérinaire en 1er au Régiment des Hussards du Nord. *Vendôme, de l'Imp. de Morard-Jahyer*, 1825.

1 vol. in-12 de VIII-201 p., avec 3 pl. lith. se dépliant, dessinées par de Boisvillette, l'une pour le squelette, l'autre pour la connaissance de l'âge, la 3e pour la ferrure.

Ce petit ouvrage, rédigé par demandes et réponses, ne dépasse pas la valeur moyenne des innombrables traités sur le même sujet; mais il est très rare.

Société royale d'Agriculture et de Commerce de Caen — Des causes de la diminution du Commerce des Chevaux en Normandie; des moyens de le rétablir, et Instruction sur les Chevaux nouvellement castrés — Mémoire lu à la Société, dans la séance du 20 novembre 1835, par M. Caillieux, Médecin-Vétérinaire à Caen, Membre de la Légion d'Honneur, de la Société d'Agriculture et de Commerce de Caen, et de plusieurs Sociétés savantes. *Caen, F. Poisson*, 1835.

Broch. in-8° de 24 p.

Travail bien étudié mais qui n'a plus qu'un intérêt rétrospectif : les éleveurs normands ont depuis longtemps renoncé aux procédés vicieux signalés par Caillieux.

Société royale d'Agriculture et de Commerce de Caen — Conseils aux Cultivateurs sur l'emploi pernicieux des Fourrages mal récoltés, et sur l'influence des intempéries atmosphériques de la saison actuelle sur la santé des Chevaux — Mémoire lu à la Société dans sa séance du 18 novembre 1836, par M. Caillieux, Médecin Vétérinaire, Membre de la Société, Président de la Société vétérinaire des Départements du Calvados et de la Manche, et Correspondant des Sociétés royales et centrales d'Agriculture de Paris et de Rouen. *Caen, F. Poisson. S. D.* (1836).

Broch. in-8° de 12 p.

L'auteur passe en revue les moyens préservatifs, puis les moyens curatifs applicables aux maladies des chevaux causées par les intempéries et les fourrages avariés.

Société royale d'Agriculture et de Commerce de Caen — Réflexions sur quelques-unes des causes occasionnelles de la Morve et du Farcin communiquées à la Séance du 17 Décembre 1841, par M. Caillieux, Membre de la Société et Président de la Société Vétérinaire. *Caen, Imp. F. Poisson*, 1841.

Broch. in-8° de 16 p.

Quelques réflexions sur la cause déterminante de certaines boiteries et sur les procédés suivis et à suivre dans la ferrure des Chevaux. Caen, Imp. E. Poisson, 1850.

Broch. in-8° de 10 p. signée à la fin : Caillieux, Médecin Vétérinaire..., etc.

Caillieux estime qu'on abat trop les talons, qu'il faut les laisser élevés pour éviter le tiraillement des tendons fléchisseurs et du ligament suspenseur, et qu'il est nécessaire de les élever par des éponges épaisses quand ils sont naturellement trop bas. Les bons résultats de la ferrure Poret ont fait justice de cette théorie.

Extrait des Séances de la Société d'Agriculture et de Commerce de

Caen. — Quelques observations concernant l'Industrie Chevaline, et spécialement applicables aux soins à donner aux Chevaux qui viennent de subir la Castration, lues à la Société, dans la Séance du 19 décembre 1856, par M. Caillieux, Médecin-Vétérinaire, Membre de la Société. *Caen, Imp. Buhour*, 1857.
Broch. in-8° de 12 p.

Mémoire sur la Castration, en réponse à une question mise au concours par la Société centrale de Médecine vétérinaire, par M. Caillieux, Médecin vétérinaire à Caen, Chevalier de la Légion d'honneur. *Caen, Imp. E. Poisson*, S. D. (1858).
Broch. in-8° de 35 p.
Ce mémoire date de 1849, époque à laquelle il valut à son auteur une médaille d'argent. En 1858, il fut imprimé et distribué aux cultivateurs du département par les soins de la Société d'agriculture de Caen. L'auteur y apporta alors quelques additions et modifications pour le mettre au courant des progrès accomplis.

CAILLOL (Jean-Antoine).
Officier d'infanterie français, né en 1846, sous-lieut[nt] en 1870, chef de bat[on] en 1891, retraité vers 1899.

Rôle du Cheval, de la Bicyclette et des Voitures automobiles à la Guerre, par le Chef de Bataillon Caillol. *Paris et Limoges, Henri Charles-Lavauzelle*, S. D. (1897).
Broch. in-8° de 24 p.

CAIX (Amédée-Georges-Henri DE).
Officier des Haras français, 1819-18...
Sorti en 1844 de l'Ecole du Pin, il y fut conservé comme répétiteur d'équitation ; il passa ensuite comme agent spécial à Jussey, à Cluny, à Aurillac, à Rochefort comme directeur de l'Ecole de dressage en 1852 ; puis comme agent spécial à Rosières et à Pompadour. Il a donné sa démission en 1853.

Considérations générales sur l'Equitation, envisagée dans ses rapports avec les Sciences hippiques — Thèse présentée au jury d'examen de l'Ecole royale des Haras, le 6 Août 1844, par M. Amédée de Caix, Elève à l'Ecole royale des Haras. *Paris, Imp. royale*, 1844.
Broch. in-4° de 20 p.

CAJOT (DOM Jean-Joseph), voy. ELOGE DE L'ASNE.

CALDECOTT (R.).
Dessinateur humoriste anglais.

Scènes Humoristiques, par R. Caldecott. *Paris, Hachette*, 1882.
Album in-f° obl. de 41 pl. coloriées, dont 2 double in-f°. Couverture illustrée en couleurs.

Nouvelles Scènes Humoristiques, par R. Caldecott. *Paris, Hachette*, 1887.
Album in f° oblong de 34 pl. coloriées. Couverture illustrée en couleurs.

Dernières Scènes Humoristiques, par R. Caldecott. *Paris, Hachette*, 1887.
Album in-f° oblong de 35 pl. coloriées. Couverture illustrée en couleurs.
Jolie suite d'amusants dessins parmi lesquels se trouvent de nombreux sujets hippiques.
Ils ressemblent étonnamment à ceux de Crafty. (Voy. ce nom.)

CALENDRIER DES COURSES.

Calendrier des courses de chevaux ou « Racing-Calendar » français, relation détaillée de toutes les courses (à peu d'exceptions) qui ont eu lieu en France depuis 1776 jusqu'à la fin de 1833, par T. Bryon (1), auteur du Manuel de l'amateur de courses et du Haras français (ou French Stud-Book), agent et gardien des archives de la Société d'Encouragement pour l'amélioration de la race des chevaux en France. Dédié à la Société. Vol. I. *Paris, Galignani, ibid. Bemis — Bruxelles, Pratt — Londres, Pittmann*.
1 vol. in-12 de 612 p. avec 1 grav.
Le *Calendrier* de Bryon fut publié sous le même format, avec quelques additions relatives aux courses à l'étranger, jusqu'en 1841, en 7 vol., avec une gravure dans chacun. Après 1841, il fut remplacé par le *Calendrier des courses* publié par la Société d'Encouragement elle-même, dont suit la description :

(1) Voy. ce nom pour d'autres ouvrages.

Calendrier officiel des courses de chevaux (1841-1842) publié sous les auspices de la Société d'encouragement pour l'amélioration des races de chevaux en France, d'après les documents fournis par ladite Société et par l'Administration des Haras, par le Secrétaire de la Société d'encouragement (Jockey-Club). Un chapitre est spécialement consacré aux Courses de Belgique et d'Angleterre. *Paris, au Secrétariat du Jockey-Club et Bruxelles, Parent.*

1 vol. in-12 de 646 p.

Depuis 1842, cette publication a continué régulièrement chaque année. A partir de l'année 1864, la mention de vente à *Bruxelles*, chez *Parent*, disparaît du titre. Mais l'augmentation des courses entraîne rapidement celle de l'ouvrage, qui, en 1855, contenait déjà 654 p., en 1875, 918 p. A partir de 1876, le *Calendrier des courses* se divise en deux volumes : le 1er pour les courses passées, le 2e pour les courses à venir, avec 742 et 274 p. En 1899, les deux volumes ont 1598 et 776 p. &a.

La publication continue.

Pour les publications analogues de la *Société des Steeple-Chases* et du Journal *La Chronique du Turf*, voy. *Annuaires de Courses.*

CALLOT (Jules-Alphonse).

Vétérinaire militaire français, né en 1847, diplômé d'Alfort en 1868, aide-vétérinaire en 1869, vétérinaire en 1er en 1881. Il donna sa démission l'année suivante pour se fixer à Rosario de Santa Fé, dans la République Argentine où il était en mission depuis plusieurs années.

Le Cheval de la Plata et son importation en France comme Cheval de Guerre, par J. Callot, Vétérinaire en 2e au 9e Régiment de Dragons. *Vitry-le-François, Typ. Pessez,* 1876.

Broch. in-8º de 68 p.

Intéressante monographie de la situation agricole et économique de la République Argentine au point de vue de la production et de l'exportation des chevaux.

On sait que l'essai des chevaux de La Plata a été fait dans plusieurs régiments de cavalerie — dont le mien — vers 1876 et qu'il a complètement échoué. Les chevaux importés n'avaient, sauf de rares exceptions, ni cœur, ni fond.

Voy. sur le même sujet, *Balcarce* et *Barbier (Charles)*.

CALLWELL (C.-E.) et SEPTANS (A.), traducteur.

Callwell, major d'artillerie anglais.

Septans (Albert), officier d'inf[ie] de marine français breveté, né en 1855, sous-lieut[t] en 1876, colonel en 1899, retraité en 1905. Nombreuses campagnes aux colonies.

Petites Guerres, leurs principes et leur exécution, par le Major C.-E. Callwell, Royal Artillery (Division des Renseignements, Ministère de la Guerre) — Traduit et annoté par le Lieutenant-Colonel breveté Septans, de l'Infanterie de Marine, et publié avec le consentement du Controller of Her Britannic Majesty's Stationery Office. — Avec douze Croquis dans le texte. *Paris et Limoges, Henri Charles-Lavauzelle* S. D. (1899).

1 vol. in-8º de xvi-369 p.

L'ouvrage traite principalement des expéditions coloniales. Une partie importante est consacrée à l'emploi de la Cavalerie.

Sur la petite guerre ou la guerre de partisans, voy. aussi *Davidoff* — *Traité de la Constitution des Troupes légères* — *Jeney (de)* — *Wüst (de)* — *Ray de St-Geniès* — *Petit Guide des Guerillas* — *Rustow* — *La Roche (de)* — *Grandmaison (A.-T. de)* — *Le Miere de Corvey* — *Decker (de)* — *La Roche-Aymon (de)* — *Létang*, etc.

CALOSSO.

Officier de cavalerie d'origine italienne ; au service de France de 1806 à la chute de l'Empire, puis dans l'armée sarde jusqu'en 1821. Exilé à la suite d'une conspiration militaire, il erra en Europe et finit en Turquie, instructeur militaire de la cavalerie ottomane et ami du sultan Mahmoud.

Mémoires d'un vieux soldat. *Turin, Gianini et Fiore; Nice, Imp. Société typographique.* S. D. (1857).

1 vol. pet in-8º carré de 307 p.

L'auteur, dont le nom ne figure pas sur le titre, a fait précéder l'ouvrage d'une *Lettre au lecteur*, datée du 30 août 1857 et signée « Colonel Calosso ». Il y a en outre une préface signée Burnel. Ouvrage rarissime.

CALVEL (Etienne).

Prêtre et agronome français. Mort en 1830, « à un âge très avancé ».

Mémoire sur l'Ajonc ou Genêt épineux, considéré sous le rapport du Fourrage, de l'Amendement des Terres stériles et de Supplément au Bois, par Etienne Calvel, de plusieurs Sociétés littéraires et d'Agriculture. *Paris, Marchant,* 1809.
Broch. petit in-8° de 32 p.

Même ouvrage. *Deuxième Edition,* revue et corrigée. *Paris, Marchant,* 1809.
Broch. pet. in-8° de 32 p.
Dans cet opuscule, il est traité de l'emploi de l'Ajonc pour la nourriture du cheval.

Extrait de la Pharmacie Vétérinaire ; par M. Le Bas, Pharmacien Vétérinaire de S. M. L'Empereur et Roi, etc., précédé de quelques recherches sur l'Art Vétérinaire, sur Bourgelat, et particulièrement sur son Ouvrage concernant les Elémens de Matière médicale (Article tiré du 8ᵉ Cahier de la *Bibliothèque Physico-Economique,* mois d'Août 1811). *Imp. de Mᵐᵉ Vᵛᵉ Jeunehomme. Paris, chez Marchant,* 1811.
Broch. in-8° de 32 p. signée à la fin : Calvel.
Critique modérée de la *Matière médicale raisonnée* de Bourgelat et beaucoup plus vive de l'éd^{on} corrigée et augmentée donnée par Huzard. Eloge de la *Pharmacie Vétérinaire* de Le Bas, « production « neuve, qui n'avoit pas de modèle dans « l'art vétérinaire et qui en servira... »
Voy. Bourgelat et Le Bas.
L'opuscule traite en partie de la médecine des chevaux.

CAMBRELIN (Alfred-Léon).

Officier d'Etat-major belge, né en 1828.

Publication de la *Revue Belge* d'art et de sciences militaires — Cavalerie et forteresses. Force en Cavalerie nécessaire à la Belgique. Plan de dispersion de la Cavalerie pour assurer la Mobilisation de l'Armée. Constitution d'un réseau de Forts d'arrêt ou de Positions interceptant les communications : 1° afin de soutenir par l'Infanterie la Cavalerie avancée, et 2° afin d'appuyer les opérations ultérieures de la campagne. De l'éducation et de la préparation de la Cavalerie, d'après des écrivains militaires estimés, par M. le Major d'Etat-Major A. L. Cambrelin. *Gand, Imp. C. Annoot-Braeckman,* 1877.
1 vol. in-8° de 159 p. avec 4 pl. se dépliant.

CAMERARIUS (Joachim) le père, voy. XENOPHON et CAMERARIUS.

CAMERARIUS (Joachim) le fils.

Savant médecin allemand, 1534-1598. Il a publié un ouvrage sur les *Symboles* et les *Emblèmes* en 3 centuries : plantes, quadrupèdes et oiseaux. Plus tard, il ajouta une 4ᵉ centurie sur les animaux aquatiques et les serpents. La 2ᵉ contient quelques pièces sur les Equidés, réels ou fabuleux.

Symbolorum et Emblematum ex Animalibus quadrupedibus desuntorum centuria altera collecta a Ioachimo Camerario Medico Norimberg. Exponuntur in hoc libro rariores tum animalium prorietes tum historiæ ac sententiæ memorabiles. An° Salut. 1595. (En souscription) : *Noribergæ Excudebat Paulus Kaufman,* 1595.
1 vol. petit in-4° de 116 f^{ts}. Titre gravé dans un joli frontispice allégorique.
Chaque Emblème comporte 1 p. de t. et 1 fig. en face, dans un médaillon. Les Emblèmes XII, XIII et XIV de la 2ᵉ Centurie concernent la licorne ; XXVIII, XXIX, XXX, XXXI, XXXII, le cheval ; LXXIV, LXXV, l'âne.

Joachimi Camerarii Medici V Cl. Symbolorum et Emblematum Centuriæ tres. I. Ex herbis et stirpibus. II. Ex Animalibus quadrupedibus. III. Ex Volatilibus & Insectis — *Edition secunda,* auctior & accuratior. Accessit noviter Centuria IV ex Aquatilibus & Reptilibus. Cum Figuris Aeneis. (*Leipzig*), *Typis Vœgelinianis,* Anno 1605.
1 vol. in-4° de 6 f^{ts} pour le titre imprimé, la dédicace à l'Electeur Archevêque de Mayence, le titre frontispice qui porte la date de 1590 et qui ne se

rapporte qu'à la 1re centurie (plantes) avec 102 f^{ts}.

La 2e centurie a aussi un titre particulier (le même que ci-dessus) et porte la date de 1595 avec 103 f^{ts}.

Les 3e et 4e n'ont aucun caractère hippique.

L'éd^{on} de *Francfort Impensis Johannis Ammonij*, 1564 et 1661, est semblable, sauf le frontispice de la 1re Centurie.

CAMILLE (Alphonse).
Sellier à Paris.

Ancienne Maison Trousselle & Camille j^{ne}, Alp. Camille j^{ne}, Succ^r, 24, Rue de Château-Landon, Paris — *Paris, Imp. A. Janniot. S. D.* (vers 1897).

Album in-f° de 138 pl. très soignées, la plupart en couleurs et quelques-unes rehaussées d'or et d'argent, dessinées et gravées par E. Oberlin, et contenant un très grand nombre de figures : hippologie, chevaux harnachés et sellés, harnais, selles, brides, mors, étriers, éperons, pièces détachées et accessoires de toute sorte.

CAMON (Hubert).
Officier d'artillerie breveté français ; né en 1855, sous-lieut^t en 1876, colonel en 1909.

La Manœuvre Napoléonienne dans le Combat de Cavalerie, par le Colonel. Camon, breveté d'Etat-Major. *Paris et Nancy, Marc Imhaus et René Chapelot*, 1912.

Broch. in-8° de 19 p. avec 2 croquis.

CAMP DE LUNEVILLE EN 1842.

Camp de Lunéville en 1842. Extrait du *Spectateur Militaire* (Cahier de Novembre 1842). *Paris, Imp. Bourgogne et Martinet* (1842).

Broch. in-8° de 14 p. avec un *Plan du Carrousel qui devait être exécuté sur la Terrasse du Château à Lunéville*, levé par F. de Grandval, Capitaine d'Etat-Major.

Intéressant et rare opuscule dont l'auteur discute l'emploi des dragons à pied et à cheval et donne le résumé des essais de la Méthode Baucher à Lunéville, sous la direction de son fils. (Voy Baucher F. et H.)

Quant au Carrousel, il devait être exécuté devant le duc d'Orléans avec un grand éclat, mais la mort tragique de ce prince le fit remplacer par une grande revue passée par le duc de Nemours et suivie de quelques exercices de carrousel.

CAMP (DU), voy. **PASCAL (Adrien).**

CAMPARDON (Emile).
Littérateur français, élève de l'Ecole des Chartes et attaché aux Archives nationales. Né en 1834.

Les Spectacles de la Foire — Théâtres, Acteurs Sauteurs et Danseurs de corde, Monstres, Géants, Nains, Animaux curieux ou savants, Marionnettes, Automates, Figures de cire et Jeux mécaniques des Foires Saint-Germain et Saint-Laurent, des Boulevards et du Palais-Royal, depuis 1595 jusqu'à 1791. Documents recueillis aux Archives nationales par Emile Campardon. *Paris et Nancy, Berger-Levrault*, 1877.

2 vol. in-8° de XLVIII-407 et 511 p. Titre rouge et noir.

L'ouvrage contient plusieurs articles sur les cirques et les chevaux : Asthley, entrepreneur d'un spectacle équestre, T. I, p. 28 (1) — Balp, directeur d'une troupe équestre, T. I, p. 80 (2) — Beates, directeur d'une troupe équestre, T. I, p. 104 (3) — Cheval escamoteur, T. I, p. 201 — Cheval turc, animal savant qu'on voyait aux foires, T. I, p. 201 — Cirque royal, T. I, p. 204 — Hyam, directeur d'une troupe équestre, qui s'était surnommé lui-même « Le Héros Anglais » T. I, p. 404 — Mlle Masson, écuyère chez Hyam, T. II, p. 112.

CANAT DE CHIZY (Marcel).

Le Pas d'Armes de la Fontaine de Plours. Chronique chalonnaise du XVe Siècle (1449-1450), par M. Marcel Canat de Chizy. *Chalon-sur-Saône, Imp. J. Dejussieu*, 1879.

---

(1) Voy. aussi, sur Asthley : *Cirques (Les Anciens).*

(2) Je possède une curieuse gravure in-f° intitulée *Noble Course de Chevaux, exécutée par le Sieur Balp, Ecuier français privilégié du Roi*, et gravée à Lille par Merché. Elle contient 60 médaillons de 5 centim. de diamètre, dont 2 un peu plus grands. Chacun d'eux représente un exercice équestre de Balp. En haut, armoiries royales, en bas, insignes de la franc-maçonnerie.

(3) Voy., sur Beates ou Bates, un article du *Journal Œconomique*, Sept. 1767, p. 411. L'article est accompagné d'une pl. se dépliant et contenant 14 fig. représentant *Jacob Bates, Piqueur Anglois, faisant ses exercices publiquement.*

Broch. in-16 de 82 p.
Récit détaillé d'une belle joute équestre.

CANCEL (E.-L.), voy. DROUET (J.-G.-A.-T.)

CANISY (A.-L.-M.-E. CARBONNEL DE), voy. GUIDE DU DRESSAGE DU CHEVAL DE TROUPE.

CANITZ-DALLWITZ (BARON DE).
Général et diplomate prussien, né vers 1788, mort en 1850. Il était le petit neveu du célèbre poète allemand F.-R.-L. de Canitz. Entré au service en 1806, il fit toutes les campagnes contre la France, puis fut nommé professeur à l'Ecole militaire de Berlin. Après avoir été, de 1827 à 1829, ministre plénipotentiaire en Turquie, il suivit en 1831 les opérations de l'armée russe contre la Pologne, fut envoyé en mission à Hanovre et à Vienne et prit enfin à Berlin le portefeuille des affaires étrangères.

Histoire des Exploits et des Vicissitudes de la Cavalerie prussienne, par le Baron de Canitz. Traduite de l'Allemand, revue, accompagnée d'observations par un Officier de Cavalerie — Première partie du Tome Ier — *Paris, J. Corréard*, 1843.
1 vol. gr. in-8° de 140 p.

Histoire des Exploits et des Vicissitudes de la Cavalerie prussienne dans les Campagnes de Frédéric II, par le Baron de Canitz. Traduite de l'Allemand, revue, accompagnée d'observations par un Officier de Cavalerie. *Paris, J. Corréard*, 1849.
1 vol. in-8° de 140 p.
C'est le même ouvrage et la même éd^{on} avec un titre nouveau. Celui de 1843 mentionnait que la 1re partie du T. I était alors seule publiée. La suite n'ayant jamais paru, et l'ouvrage s'arrêtant à 1762, il a fallu lui donner un nouveau titre en rapport avec son contenu.
Tel qu'il est, le livre, après des considérations générales sur l'emploi de la cavalerie isolée ou réunie aux autres armes, donne la description de 23 batailles ou combats, de 1741 à 1762, avec l'indication du rôle qu'y a joué la cavalerie, une courte critique et quelques renvois aux sources.

CANONGE (A.-H.), voy. HISTORIQUE DU 3e CHASSEURS.

CANTAL (Pierre), pseudonyme.
Etude sur la Cavalerie, par Pierre Cantal, Capitaine d'Infanterie breveté H. C. — *Paris et Limoges, Henri Charles-Lavauzelle*, S. D. (1909).
Broch. in-8° de 68 p.

CANTER (pseudonyme).
A. B. C. des Courses, par Canter. *Paris, Librairie Internationale, Lacroix et Verbœckhoven*, 1868.
1 vol. in-12 de 207 p.
Historique. description. règlements, paris, &a.

CAPEL (Charles).
Ancien capitaine de cav^{le} belge.
Quelques réflexions sur l'utilité de la Cavalerie, par M. Capel, Capitaine de Cavalerie retraité, Chevalier de l'Ordre de Léopold. *Bruxelles, Imp. Beauvais*, 1868.
Broch. in-8° de 46 p.

CAPT (Jean-Pierre).
Les admirables Secrets et Remèdes du Sr Jean-Pierre Capt contenant des Receptes assurées de tout ce qu'il faut faire pour guérir les Bœufs, Vaches, Chevaux, Moutons & autres; & comment il faut s'en servir, suivant les diverses Maladies dont le Bétail peut être attaqué, avec la manière de le gouverner. *Genève, Pellet*, 1760.
1.vol. in-12 de 120 p.

Même ouvrage, même titre. Augmenté de plusieurs Avis & Remedes des plus celebres médecins du Pays sur ces Maladies. *A Lyon, chez les Frères Perisse*, S. D. (1764).
Broch. in-12 de 84 p.
Le titre ci-dessus se rapporte à la 1re partie, j. q. la p. 44. La 2e est intitulée *La Science du Bouvier* et ne concerne que les bœufs. La 1re partie contient de nombreux remèdes pour les chevaux, réunis à la table des matières.

Le parfait Bouvier ou les admirables Secrets et Remedes de Jean-Pierre Capt... (etc.. comme ci-dessus).*Nouvelle Edition*, augmentée...

à Lyon, chez les frères Perisse, 1813.
Broch. in-12 de 84 p.

CARAMAN (Victor-Marie-Joseph-Louis RIQUET, MARQUIS DE).
Général de Brigade français (Artillerie) 1786-1837.
A servi d'abord à l'étranger, a fait la campagne de 1809 au service de Hollande puis est passé au service de France et y a fait celles de 1812, 1813, 1814. Colonel en 1818, Maréchal de camp en 1830 ; mais en avait déjà le rang en 1823 comme Colonel commandant le Régiment d'Artillerie à cheval de la Garde Royale.

Réflexions sur l'emploi de la Cavalerie dans les batailles par le Général Marquis de Caraman (Extrait du *Spectateur Militaire*).
Paris, Paul Renouard, 1835.
Broch. in-8° de 31 p.

CARAN D'ACHE (Emmanuel POIRÉ dit).
Dessinateur et caricaturiste français, 1858-1909.
Né à Moscou, où son grand-père, qui avait servi sous Napoléon, s'était établi ; il y fit ses études puis rentra en France pour y accomplir son service militaire. Il devint alors collaborateur assidu de plusieurs journaux satiriques ou comiques et obtint en particulier un gros succès au *Chat Noir*, avec son *Epopée*, scène d'ombres dont il avait dessiné les innombrables personnages. En 1907, à l'*Exposition des Humoristes*, il avait exposé d'amusantes suites de personnages en bois découpé et peint. La plupart sont des cavaliers militaires de différentes époques, et il avait su rendre avec fidélité la transformation successive du modèle des chevaux de l'armée. Plus d'un an avant sa mort, la maladie qui l'emporta l'avait plongé dans une mélancolie noire et il avait cessé de dessiner.

On sait que son pseudonyme Caran d'Ache signifie crayon, en Russe.

Parmi ses nombreux dessins, on rencontre beaucoup de sujets hippiques isolés. En outre, dans ses recueils ou albums, se trouvent des séries de caricatures exclusivement consacrées au cheval.
— *Les Courses dans l'Antiquité*, album in-f° oblong de 2 frontispices et 46 pl. en couleurs. Dans d'autres albums, les séries de dessins intitulés : *Le Cheval* — *La plus belle conquête de l'homme* — *Cheval moderne* — *Souvenirs d'autrefois* — *Le départ pour la Revue* — *Une Course pressée* — *A quoi rêvent les Chevaux de Fiacre* — *Cheval chanteur* — *Le Cheval qui a son amour-propre* — *Le Centaure de Marseille* — l'album intitulé *Grand-Prix* — etc., etc., tous publiés chez Plon.

Caran d'Ache était un caricaturiste plein d'esprit et d'humour, mais ce n'est qu'au point de vue de la représentation du cheval qu'il doit être apprécié ici.
« Il dessina les animaux d'une façon admirable... Ses chevaux, aussi savamment construits que ceux de Meissonier... toutes ses bêtes aux attitudes si finement observées constituent le meilleur d'une œuvre originale entre toutes (1). »

Le fait est que tout en représentant les chevaux sous une forme plus ou moins caricaturale, cet artiste les dessina très correctement et montra qu'il en connaissait parfaitement la structure, l'anatomie et le mouvement.

CARAYON LA TOUR (Philippe-Marie-Joseph DE).
Homme politique et agriculteur français, 1824-1886.
Ancien élève de l'Ecole polytechnique, prit une part brillante à la campagne de l'Est en 1870-71 comme commandant des mobiles de la Gironde. Représentant à l'Assemblée nationale en 1871, puis sénateur inamovible de 1878 à sa mort.

Quelques mots sur l'industrie chevaline en France par M. Joseph de Carayon La Tour. *Bordeaux, Typ. V*^{ve}* Justin-Dupuy*, 1860.
Broch. in-8° de 32 p.
L'auteur défend l'administration des Haras, mais voudrait ne lui laisser que les étalons qu'il appelle *de croisement* et abandonner entièrement à l'industrie privée les étalons de *tête*, c'est-à-dire de pur-sang.

CARBILLET (Jean-Baptiste-Jules).
Général de div^{on} français (infanterie), né en 1850, sous-lieut^{t} en 1870, général de div^{on} en 1910.

Place d'Antibes, 1893 — Conférences de garnison — Action et Emploi de la Cavalerie en Campagne, par J. Carbillet, Chef de Bataillon breveté au 112e d'Infanterie — Cette brochure n'a pas été mise dans le commerce. — *Marseille*,

(1) Article nécrologique signé d'Antin dans *La Liberté* du 28 février 1909.

Typ. et Lith. Barlatier et Barthelet, 1893.
Broch. gr. in-8° de 59 p.

CARBON DE BEGRIÈRES.

Capitaine de cav^{ie} français, ancien écuyer du duc de Mantoue, XVIIIe siècle.

Manuel des Ecuyers ou Recüeil des differens Remedes pour la guerison des maladies qui arrivent aux Chevaux & autres Animaux servants (sic) à l'utilité de l'Homme. Par le Sr Carbon de Begrieres. *A Paris, chez André Cailleau, Place de Sorbonne, au coin de la ruë des Maçons, à S. André,* 1725.

1 vol. in-8° de 4 f^{ts} pour le titre, la dédicace à Son Altesse Sérénissime Mgr le Duc (1), le catalogue des livres nouveaux qui se vendent chez Cailleau, 205 p., et 2 f^{ts} à la fin pour l'approbation et le privilège. Portrait du duc de Bourbon, gravé par de Rochefort.

La Science ou Manuel des Ecuyers sur les différens remedes... (etc., comme ci-dessus) — *Seconde Edition* — *A Paris, chez Libraire, ruë S. Jacques, au-dessus Cailleau, de la ruë des Mathurins, à S. André,* 1751.

1 vol. in-8°. C'est la même éd^{on}, avec un titre nouveau et le même portrait.

Sauf 2 pages sur le mulet et l'âne, l'ouvrage traite exclusivement des maladies du cheval, et il n'y est pas question des « autres animaux » indiqués au titre. Carbon de Begrières ne fait d'ailleurs que reproduire les remèdes extravagants des vieux hippiâtres sur lesquels il n'est aucunement en progrès.

CARDINI (François-Joseph-Zanobi-Gaëtan).

Officier de gendarmerie d'origine italienne (né à Florence), naturalisé français en 1816. 1782-18... Entré au service de Toscane dans le régiment de dragons Royal-Ferdinand, en 1802, passa comme maréchal des logis à la compagnie de gendarmerie de l'Arno, en 1808. Il devint officier et fit, dans diverses prévôtés, les campagnes d'Espagne et de France, sous l'Empire. Il avait fait partie du détachement de gendarmerie qui, sous les ordres de Radet, arrêta le pape en 1809 et on le lui rappela avec quel-

(1) Louis-Henri de Bourbon, prince de Condé.

que aigreur sous la Restauration. Il continua cependant sa carrière et fut même nommé chevalier de St Louis, passa à la Guadeloupe puis en Algérie où il commanda quelque temps la gendarmerie d'Afrique et fut retraité en 1842 comme lieut^t-colonel chef de la 5eme Légion.

Dictionnaire d'Hippiatrique et d'Equitation, par F. Cardini, Lieutenant-Colonel chef de Légion de gendarmerie en retraite, Officier de la Légion d'honneur, Chevalier de l'Ordre royal et militaire de St Louis. *Paris,* Vve *Bouchard-Huzard et chez Dumaine,* 1845.

1 vol. gr. in-8° de XVI-751 p. à 2 colonnes, avec 13 pl. au trait représentant les aplombs et qui semblent copiées sur celles du *Cours d'équitation* de Saumur.

Dictionnaire d'Hippiatrique et d'Equitation, ouvrage où se trouvent réunies toutes les connaissances hippiques, par F. Cardini, Lieutenant-Colonel en retraite, ancien chef de la Légion de gendarmerie d'Afrique, Officier de la Légion d'honneur, etc. *Deuxième édition,* revue, corrigée, augmentée de la moitié et ornée de 70 figures. *Paris,* Vve *Bouchard-Huzard et chez Dumaine,* 1848.

2 vol. gr. in-8° de XVI-720 et 596-V p.

Cette éd^{on}, très augmentée, contient outre les fig. des aplombs de la 1re des lith. h. t., par Ch. de Luna, représentant les diverses races de chevaux, des types des différentes espèces du genre cheval : couagga, hémione, zèbre, etc., des portraits de chevaux, des fers, selles, mors, brides, etc.

L'ouvrage est puisé à de bonnes sources ; il contient beaucoup de renseignements intéressants et peut être utilement consulté.

CAREL DU HAM.

Courses plates de 1912. Les Chevaux de trois ans ayant couru en 1911, classés d'après les performances et le record de temps de toutes leurs Courses à deux ans, par Carel du Ham. Memento indispensable à tous ceux qui suivront les Courses classiques de plat de cette année, poules, prix de Diane, Jockey-Club, grands prix, etc., etc. *Paris, Imp. et Libr. Guérin, Lluis,*

Lang et C¹ᵉ; *ibid.*, *Messageries de Journaux*, 1912.
1 vol. in-8° de 316 p.

CARLIER (Emile).
Types de Constructions rurales. Culture mixte — Fermes — Ecuries — Etables — Bergeries — Celliers — Granges — Laiteries — Citernes — Réservoirs, etc., etc., par Emile Carlier, Architecte municipal à Gournay en Bray. *Paris, Ducher*, 1881.
Atlas in-f° de 16 p. de t. avec 30 pl. finement gravées.
Plusieurs passages du t. et quelques fig. se rapportent aux écuries.

CARNÉ (Gaston DE).
Littérateur français, 1856-1900.
Les Pages des Ecuries du Roi. L'Ecole des Pages, par Gaston de Carné. *Nantes, Vincent Forest et Emile Grimaud*, 1886.
1 vol. in-16 carré de XI-209 p. avec 1 frontispice représentant un page de Louis XIV. Couverture illustrée en couleurs au nom de l'éditeur Ed. Monnier.
Après quelques détails sur l'organisation de la Grande et de la Petite Écurie, l'auteur donne le programme d'instruction des pages, dans lequel l'équitation et le manège tenaient une place considérable. Les exercices de manège avaient lieu tous les deux jours, sous la direction des écuyers ; et, dans la seconde moitié du XVIII° siècle, on adjoignit un maître de la connaissance du cheval à ceux chargés des divers cours d'instruction générale ou d'exercices du corps (1).

CARNET DE LA SABRETACHE (Périodique).
Cette publication a commencé à paraitre en Janvier 1893, par fascicules mensuels d'environ 30 p. sous le titre suivant :
Carnet de la Sabretache, Revue militaire rétrospective, publié par la Société « La Sabretache». *Paris, Berger-Levrault*.
Gr. in-8° de 30 p. environ. Vignette sur le titre.
La pagination se suit d'un N° à l'autre, de manière que les 12 Nᵒˢ de chaque année forment un vol. Le T. I a 456 p.,

mais les fascicules ont augmenté d'importance, de sorte que l'année 1896 a 676 p., l'année 1906 en a 795, etc. La plupart des Nᵒˢ contiennent des pl. en noir et en couleurs et des dessins d. l. t. Ces pl., un peu clairsemées au début, ont augmenté de nombre et d'importance et leur exécution s'est beaucoup perfectionnée. Le *Carnet de la Sab·etache* s'occupe de l'ancienne armée : histoire, mémoires, anecdotes, uniformes, drapeaux et étendards, harnachement, armement, etc., etc. Mais, quoique les questions traitées concernent toutes les armes, la cavalerie y tient une place prépondérante et c'est à ce titre que ce recueil est cité ici.

La société *La Sabretache*, dont le *Carnet* est l'organe, a été formée à la suite de l'exposition de 1889 comme réunion périodique et fut alors présidée par Meissonier. « Son but était de préparer et « d'obtenir la création d'un *Musée de* « *l'Armée* où seraient reconstituées en « permanence, et avec tous les développe-« ments comportés par un établissement « national de ce genre, ces belles salles « de l'Exposition militaire rétrospective, « au seuil desquelles on lisait : *Aux* « *anciennes Armées françaises.* »

Ce but a été atteint.

Meissonier mourut quelques jours après avoir remis au Ministre son projet d'organisation du Musée, et la Société lui donna comme successeur le peintre Ed. Detaille, son élève favori. (Voy. ce nom.)

A la mort de Detaille, le vice-amiral Duperré a pris la présidence de la Société.

De 1903 à 1913, le *Carnet de la Sabretache* a été publié par l'éditeur J. Leroy. Actuellement (1914), il l'est par les soins du *Secrétariat de la Rédaction, 9, Rue Sᵗ-Georges* et le Directeur est le Comᵈᵗ Emm. Martin.

CARRÉ (Alfred-Aristide-Hector-Ernest).
Officier du train des équipages français, né en 1858.
Le Train allemand sur le pied de paix ; par le Capitaine A. Carré, du 19ᵉ Escadron du Train des Equipages. *Cahors, Imp. Coueslant. Paris, 18, rue de Caumartin*, S. D. (1903).
Broch. in-8° de 46 p. avec 1 carte. (Extrait de la *Revue militaire mensuelle illustrée*.)

CARRÉ (Jean-Baptiste-Louis).
Ecrivain français, 1749-1835.

---
(1) Voy. sur le même sujet, un article de M. le Vᵗᵉ de Noé dans la *Revue contemporaine*, N° du 31 Déc. 1861.

Il fit de brillantes études à l'Ecole du génie de Mézières et acquit des connaissances étendues en physique, en chimie, en mécanique et en botanique. Il fut successivement avocat, juge de paix et inspecteur des forêts.

Panoplie ou Réunion de tout ce qui a trait à la Guerre, depuis l'origine de la Nation française jusqu'à nos jours. Armes offensives et défensives de l'homme et du cheval ; Engins, machines de sièges et de batailles ; ornemens, enseignes, instrumens de musique ; duels, combats-de-jugement; pas-d'armes, tournois, carrousels, etc. Précédée d'une connoissance exacte du mode militaire ancien et actuel et de toutes les milices qui ont existé : ainsi que d'un grand vocabulaire, qui en est la clef, et rendra familiers au Lecteur tous ces termes obscurs et barbares qu'il rencontrera, non seulement dans ce Traité, mais aussi dans l'Histoire des peuples de ce Continent, en lui en donnant les définitions vraies et précises — Quarante et un grands Dessins, en manière de lavis, rendront ces objets présens et formeront la collection la plus complète — Par J. B. L. Carré, de Clermont-la-Meuse, en 1783. *A Chaalons-sur-Marne, chez Pinteville-Bouchard, Imprimeur et à Paris, chez Fuchs, libraire*, 1795, 3ᵉ année de l'Ere Républicaine.

1 vol. in-4º de 558 p. et atlas in-fº renfermant 41 belles pl. doubles, gravées à l'aquatinte et contenant de nombreuses fig.

Ouvrage rare et toujours recherché. Le volume de texte contient de nombreux articles relatifs à la cavalerie, à ses armes offensives et défensives, aux courses de la Quintane et du Faquin, à l'armure et au harnachement du cheval, aux mors, éperons, étriers, aux tournois, joutes et carrousels, etc., avec, dans l'atlas, les fig. explicatives se rapportant à ces différents sujets.

Ainsi que le titre l'indique, Carré avait composé son ouvrage en 1783 : mais le censeur royal chargé de l'examiner exigea des changements qui portaient sur certains passages politiques. « L'auteur, dit-il dans sa Préface, avait peint de couleurs trop naturelles une Caste formidable pour ne pas encourir son ressentiment et produit, avec trop de franchise, ses réflexions sur l'oppression et l'avilissement du Peuple, pour ne pas essuyer des désagrémens. » Il se refusa aux corrections demandées et ne fit paraître son ouvrage qu'en 1795.

Il ne faut pas oublier la date de cette préface, dans laquelle on retrouve la phraséologie ampoulée de l'époque : mais l'ouvrage lui-même, écrit 12 ans plus tôt, est beaucoup plus anodin, et sauf quelques passages, assez inoffensifs d'ailleurs, sur les horreurs de la guerre, la barbarie de nos aïeux « voués à Mars dès le berceau, instruits pour toute science de celle des combats... », on se demande ce qui avait pu exciter les scrupules du censeur royal.

Ce livre est le fruit de recherches consciencieuses et laborieuses et contient, sur l'organisation et l'armement de l'ancienne cavalerie. d'intéressants détails.

CARRÉ-KÉRISOUET (E.-L.-M.), voy. NABAT (J.-A. DE).

CARRELET (Paul).
Général de division français (cavalerie), 1821-1886.

Sous-lieut^{nt} en 1843, colonel en 1868, général de division en 1879, placé dans le cadre de réserve en 1886 et mort peu après. Il avait fait 3 campagnes en Afrique, celle du Mexique en 1862, 63 et 64, où il avait obtenu 2 citations, celles de 1870 contre l'Allemagne et de 1871 à l'intérieur

Encore un mot sur l'avenir de la Cavalerie, par P. Carrelet, Chef d'escadrons au 12ᵉ Chasseurs. *Blidah, Jules Brencq*, 1860.

Broch. in-8º de 8 p.

L'auteur demande le perfectionnement du travail individuel, un meilleur recrutement, la création d'écoles de pupilles à cheval, le passage successif de tous les régiments de cavalerie légère en Algérie, etc.

CARRÈRE (Joseph-Germain).
Officier de cavalerie français, né en 1860.

Examen des yeux du Cheval dans les achats. Guide pratique d'ophtalmoscopie à l'usage de MM. les Officiers acheteurs, par M. le Lieutenant Carrère, du 9ᵉ Régiment de Chasseurs. *Auch, Imp. Bouquet*, S. D. (1900).

Broch. in-8º de 24 p. avec fig.

Méthode progressive et résumée de Dressage par le Capitaine Carrère, Instructeur du 14ᵉ Régiment de Chasseurs. *Paris et Limoges, Henri Charles-Lavauzelle*, 1904.

Broch. in-16 de 54 p.

CARRICHON (A.).

Réfutation d'une lettre de M. le Directeur des Haras publiée dans le Journal *La Presse*, le 11 Avril 1848 et adressée à Monsieur le Rédacteur du *Charivari*. *Paris, Imp. Lange, Lévy et Cⁱᵉ*, 1848.

Broch. in-8° de 15 p. signée à la fin : A. Carrichon.

Le *Charivari* avait attaqué l'Administration des Haras. Eug. Gayot (voy. ce nom), alors Directeur des Haras, défendit son administration par une lettre reproduite dans la brochure ci-dessus et que son auteur cherche à réfuter.

CARRIÈRE (Antoine-Honoré-Joseph).

Officier de cavalerie français, 1794-18...

Elève à Sᵗ-Cyr en 1813, sous lieutⁿᵗ au 1ᵉʳ Tirailleurs de la jeune Garde en 1814, Garde du Corps à la Compᵍⁱᵉ Ecossaise en 1814, Brigadier à la Compⁱᵉ d'Havré en 1816, capitaine aux chasseurs de l'Orne en 1819, chef d'escᵒⁿ en 1830, lieutⁿᵗ-colonel en 1838, colonel en 1845, retraité en 1848. Il avait fait la campagne de 1814 en France, celle d'Espagne en 1823, 24 et 25, celle d'Afrique en 1830 et 31.

Des Remontes de l'Armée et de leurs rapports avec les autres branches du Service public, par Mʳ Carrière, Lieutenant-Colonel du 3ᵉ Lanciers. *Paris, Imp. de P. Bineteau*, 1842.

Broch. in-8° de 49 p., autographiée (1).

Travail bien étudié et intéressant, qui indique la cause de plus d'un mécompte et qui montre comment le service des remontes était alors à chaque instant bouleversé par l'incohérence des systèmes successivement adoptés et les changements continuels des règlements.

Voy., pour une analyse critique de cet ouvrage : *Compte-rendu sur l'ouvrage de M. Carrière.*

CARRIÈRE (Auguste).

Vétérinaire militaire français, né en 1874, diplômé d'Alfort en 1898, vétʳᵉ en 1ᵉʳ en 1912.

Notions sur l'Extérieur, l'Hygiène et la Ferrure du Cheval, à l'usage des Candidats au Brevet d'aptitude des Armes à Cheval, par A. Carrière, Vétérinaire en 1ᵉʳ, Conférencier à la Société de Préparation militaire l'Escadron Girondin. *Paris et Limoges, Henri Charles-Lavauzelle*, 1913.

1 vol. in-16 de 190 p. avec 90 fig. numérotées d. l. t., mais la plupart des nᵒˢ comprennent plusieurs fig.

CARROUSEL DE CHARLES XI, voy. **CERTAMEN EQUESTRE.**

CARROUSEL DE 1566, voy. **ENTREVUE de BAYONNE.**

CARROUSEL DE 1612 ou DE LA PLACE ROYALE.

Ces brillantes et célèbres fêtes hippiques furent données à l'occasion du double mariage de Louis XIII avec l'aînée des princesses espagnoles l'Infante Anne d'Autriche et de sa sœur Elisabeth avec l'Infant d'Espagne, depuis Philippe IV. Ces mariages venaient d'être décidés et annoncés après deux ans de négociations, mais ils n'eurent lieu que trois ans plus tard. Les Carrousels furent célébrés sur la Place Royale qui avait été créée par Henri IV peu d'années auparavant et durèrent trois jours. Il en fut publié de nombreuses relations.

Le Camp de la Place Royale ou Relation de ce qui s'est passé les cinquiesme, sixiesme, & septiesme iour d'Avril mil six cents douze, pour la publication des Mariages du Roy, & de Madame, avec l'Infante & le Prince d'Espagne. Le tout recueilly par le comandement de Sa Maiesté. *A Paris, de l'Imp. de Iean Laquehay, prez la Boucherie Sᵗᵉ Geneviève, devant le College de la Marche*, 1612.

1 vol. in-4° de 4 fᵗˢ non ch. pour le titre, avec les armes de France et de Navarre, le privilège, les portraits de Louis XIII et d'Anne d'Autriche, finement gravés et non signés, la table, la lettre aux Chevaliers des Courses, 368 p. plus un Supplément de 31 p. contenant diverses pièces de vers de circonstance.

---

(1) Carrière n'avait pas été autorisé à faire imprimer sa brochure qui contenait de vertes critiques sur l'admᵒⁿ de la guerre. Il tourna assez plaisamment la difficulté en la faisant *autographier*.

Même ouvrage, même titre. A *Paris, chez Iean Micard, demeurant au bout du Pont S*[t] *Michel, ruë des Augustins, à l'Image S. Iaques & en sa boutique au Palais*, 1612.

1 vol. pet in-8° de 4 f[ts] lim[res] pour les mêmes pièces qu'à l'éd[on] précédente (sauf les portraits qui n'existent pas dans celle-ci), 342 p. et 38 p. pour le Supplément. Armes de France et de Navarre sur le titre.

Même ouvrage, même titre. A *Paris, chez Toussaint du Bray, ruë S. Iaques, aux Espics-meurs* (1) *& en sa boutique au Palais en la Gallerie des prisonniers*, 1612.

C'est la même éd[on] que la précédente avec un titre nouveau, sur lequel les armoiries royales sont remplacées par la marque de Toussaint du Bray.

L'auteur de cet ouvrage est Honoré Laugier, sieur de Porchères, au nom duquel est établi le privilège.

Cartel présenté par les Chevaliers de la Gloire Soutenants contre tous Assaillans, publiée (sic) à Paris le 13 Mars 1612 en resiouïssance des Mariages des plus grands Rois de l'Univers. *A Lyon, par Iean Poyet*, 1612.

Broch. pet. in-8° de 7 p.

Le Carousel (sic) des Pompes et Magnificences faictes en faveur du Mariage du tres-Chrestien Roy Louys XIII Avec Anne Infante d'Espagne, le Ieudy, Vendredy, Samedy, 5, 6, 7 d'Apvril 1612 en la Place Royalle à Paris. Par tous les Princes & Seigneurs de France, avec leurs noms. *A Paris, par Iean Fuet*, 1612.

Broch. pet. in-8° de 16 p.

Même ouvrage, même titre. A *Paris, pour Iean Milot et Iean de Bordeaulx*, 1612.

Broch. pet. in-8° de 16 p.

Même ouvrage, même titre. A *Paris, pour Louis Mignot, demeurant rue S. Iaques à la Corne de Cerf*, 1612.

Broch. pet. in-8° de 16 p.

Même ouvrage, même titre. A *Paris, chez Guillaume Maret, à la ruë Sainct Iacques*, 1612.

Broch. pet. in-8° de 15 p.

Même ouvrage, même titre. *Suivant la coppie imprimee à Paris pour Iean Mignot*, 1612.

Broch. pet. in-8° de 16 p. Armes royales sur le titre.

Même ouvrage, même titre... Ensemble l'estat auquel marchoient les Princes & Seigneurs avec leurs noms & comment ils estoient richement habillez. *A Lyon, par Claude Cayne ; pris sur la Coppie imprimée à Paris*, 1612.

Broch. in-8° de 15 p. 2 fleurs de lys sur le titre ; deux autres à la fin, ornées, enlacées et couronnées avec la devise : *Et flori flos jungitur alter.*

Le Triomphe royal. Contenant un brief Discours de ce qui s'est passé au Parc Royal (1) à Paris au mois d'Avril 1612. En faveur du Mariage du Roy avec l'Infante d'Espagne. *A Paris de l'Imp. d'Anthoine du Brueil ruë S. Iaques au dessus de S. Benoist à la Couronne*, 1612.

Broch. pet. in-8° de 24 p.

Même ouvrage, même titre. A *Troyes, par Noel Moreau dit le Coq, ruë nostre Dame, à l'enseigne du Coq*, 1612.

Broch. pet. in-8° de 16 p.

Le t. est identique à celui de la précédente éd[on].

Complainte du Facquin (2) du Parc Royal qui a sousteu tous les Cavaliers du Carousel tant deffendants qu'assaillans. *Suyvant la copie imprimé* (sic) *à Paris, par Fleury Bouriquant, au mont S. Hilaire*, 1612.

Broch. pet. in-8° de 8 p.

Les Courses de bague, faictes en la place Royalle, en faveur des heureuses alliances de Frāce & d'Espagne. Par les Princes & Seigneurs de France. Composé par

(1) La Place Royale portait aussi le nom de Parc Royal.

(2) *Faquin*, mannequin de bois ou de paille qui servait de but aux cavaliers qui s'exerçaient à la lance. Ils cherchaient à l'atteindre à l'œil.

N. L. M. S. D. P. *A Paris, pour Iean Millot & Iean de Bordeaulx*, 1612.

Broch. pet. in-8º de 14 p.

Le Romant des Chevaliers de la Gloire contenant plusieurs Hautes & Fameuses adventures des Princes & des Chevaliers qui parurent aux Courses faictes à la Place Royale pour la feste des Alliances de France & d'Espagne. Avec la Description de leurs Entrees, Equipages, Habits, Machines, Devises, Armes & Blasons de leurs Maisons. Dedie à la Reine Regente, par François de Rosset (1). *A Paris, chez la vefve Pierre Bertaud au mont S. Hilaire à l'Estoile couronnée & à sa boutique en la grande cour du Palais près de l'Audience*, 1612.

1 vol. in-4º de 4 f¹ˢ non ch. pour le titre, la dédicace et le privilège, 120 p. de t. après quoi l'ouvrage est paginé par fᵗˢ ; de 61 à 94, de 1 à 86 (ce dernier chiffré 76 par erreur) et de 1 à 12 pour les 3 journées. Nombreuses fautes de pagination.

L'Histoire du Palais de la Félicité contenant les Aventures des Chevaliers qui parurent aux Courses faictes à la Place Royale pour la feste des Alliances de la France & de l'Espagne. Avec la suitte de ce qui s'est passé sur ce subject depuis ces triomphes & ces magnificences, iusques à l'accomplissement des deux Mariages & retour de leurs Majestés en leur ville de Paris. Ou l'on peut voir encore la Forme des Entrées, des Ioustes & des Tournois, les Equippages, les Habits, les Machines, les Devises, les Armes & les Blasons des plus grands Seigneurs du Royaume. Dédiee à leurs Maiestez tres chrestiennes par François de Rosset. *A Paris, de l'Imp. de François Huby, ruë S. Iacques, à la Bible d'Or. Et en sa boutique au Palais, en la gallerie des prisonniers*, 1616.

1 vol. in-4º. C'est le même ouvrage, avec la même pagination que le précédent, mais avec un titre nouveau et une dédicace aux deux Reines au lieu de la

(1) François de Rosset, littérateur français, né vers 1570, mort après 1630.

Régente seule, car les mariages, seulement annoncés en 1612, avaient eu lieu en 1615.

Aussi Rosset a-t-il ajouté une *Suitte à l'Histoire des Chevaliers de la Gloire...* donnant le récit des événements accomplis entre 1612 et le retour du Roi et de la Reine. Ce supplément contient 61 p.

Tous ces ouvrages donnent, avec plus ou moins de détails, le récit de ces fêtes magnifiques, les règles des joutes, tournois et carrousels, l'équipement, l'armement, les costumes et les noms des seigneurs qui y prirent part, le harnachement et parfois même la provenance de leurs chevaux, etc., etc.

Il y avait aussi des chars attelés sur lesquels étaient montées de belles dames costumées et enfin de nombreux chevaux de main, 160 environ. On sait que dans toutes les cérémonies de ce genre, y compris les entrées solennelles, les princes et seigneurs qui eux-mêmes étaient couverts de riches étoffes ornées de broderies d'or et de pierreries, avaient soin de faire admirer leurs écuries en faisant défiler leurs chevaux richement harnachés, tenus en main par des pages ou des écuyers, le tout au grand dommage de leurs fortunes.

Les carrousels de 1612 eurent leur écho à Naples. Mais quoique les narrateurs aient donné le nom de Carrousel et de Tournoi aux fêtes qui y furent célébrées, il n'y eut que des combats à pied, à la pique et à l'épée, précédés toutefois par le défilé de personnages à cheval et de chars attelés de divers animaux, dont un traîné par 20 chevaux.

Les Magnificences faites au Carrozel (sic) de la ville de Naples, en faveur du mariage du Roy de France & de l'Infante d'Espagne. *A Paris, chez Iean Nigaut, à l'Imp. de taille douce*, 1612.

Broch. pet. in-8º de 37 p.

Le Magnifique Tournoy de Naples pour la feste des Alliances de France et d'Espagne. Ou est faicte la description des plus somptueux habits, des plus ingénieuses Machines & des plus rares inventions qui se puissent imaginer. Utile à tous ceux qui auront semblables desseins à l'advenir. Ensemble les ambassades de Messieurs les Ducs du Mayne & de Pastrana ou Relation tres-particuliere & tres-veritable de tout ce qui s'est passé en leurs voyages. *A Paris, par la Vefve de Pierre Bertault, au Mont Sainct Hilaire à l'Estoile d'or*, 1612.

1 vol. pet. in-8° de 4 f¹ˢ non ch. pour le titre, l'avis au lecteur, le privilège et 120 p.

Les voyages des ambassadeurs de France en Espagne et d'Espagne en France occupent les 84 premières p. La description du Tournoi les p. 85 à la fin.

CARROUSEL DE 1627, voy. CAILLAVET et MORILLON.

CARROUSEL DE 1662, voy. PERRAULT.

CARROUSEL DE 1685 ou CARROUSEL DAUPHIN.

La brillante Journée ou le Carrousel des Galans Maures entrepris par Monseigneur le Dauphin, Avec la Comparse (1), les Courses & des Madrigaux sur les Devises — *Se vendra à Versailles, le jour du Carrousel & se débite à Paris, chez la Veuve Blageart, Court-neuve du Palais, au Dauphin*, 1685.

Broch. in-4° de 2 fᵗˢ non ch. pour le titre et l'avis au lecteur et 28 p.

On trouve généralement relié à la suite l'ouvrage suivant :

Seconde relation du Carrousel des Galans Maures entrepris par Monseigneur le Dauphin contenant de nouvelles particularités & quatre grandes Planches qui représentent — L'Ordre des deux Quadrilles dans l'Avant-Court de Versailles pour commencer la Marche — La Comparse — L'Ordre des Chevaliers & de leur suite pendant les Courses — L'Ordre de Bataille des deux Quadrilles pour sortir de la Carrière — Comme aussi tout ce qui regarde les Maisons, Dignitez & Emplois de chaque Chevalier. *A Paris, chez la Vᵛᵉ C. Blageart, Court-neuve du Palais, au Dauphin*, 1865.

(1) Dans les carrousels de cette époque, on appelait *comparse* un défilé solennel exécuté au pas, suivant un ordre convenu et avec des formations variées, par les personnages qui devaient prendre part aux exercices. C'était une sorte de revue préparatoire aux acteurs de ces belles fêtes hippiques dans lesquelles, au grand dommage de leurs fortunes, ils luttaient de luxe et de magnificence.

Broch. in-4° de 2 fᵗˢ non ch. pour le titre et l'avis au lecteur, 82 p. de texte et 2 p. pour le privilège.

Les 2 pl., qui se déplient, représentent simplement les plans de la marche et des amphithéâtres, etc.

Le texte donne les noms des Seigneurs qui composaient les quadrilles, leurs costumes, l'ordre suivi, le récit des courses, le harnachement et même quelquefois la robe des chevaux, etc.

Relation des particularitez du Carousel (sic) Dauphin & Course des Testes, faits à Versailles en présence de Sa Majesté & de toute la Cour, le quatrième Mars 1685. Avec les Noms, Armes & Devises des Chevaliers & leur Explication. A leurs Altesses Royales, Monsieur et Madame, par le Sieur Laurent. *A Paris, chez Antoine Rafflé, ruë du Petit-Pont, à l'Image Saint Antoine*, S. D. (1685).

Broch. in-8° de 16 p.

C'est la description en vers du carrousel avec, au verso du titre, la « clef « des noms des chevaliers », c'est-à-dire les personnages historiques ou fabuleux représentés par chacun d'eux.

La galante et magnifique Adresse des Chevaliers Maures au grand Carrousel Dauphin, à Versailles, le 1 & 2 Juin 1685 avec leurs Marche, Noms & Devises, expliquées par des Madrigaux. A leurs Altesses Royales Monsieur et Madame. Par le Sieur Laurent. *A Paris, chez Antoine Rafflé, ruë du Petit-Pont, à l'Image Saint Antoine*, S. D. (1685).

Broch. in-8° de 40 p.

C'est une suite de pièces de vers donnant les devises, accompagnées de madrigaux, des acteurs du carrousel.

Au verso du titre, se trouve l'amusant avis suivant :

« Un Rhume fort fâcheux qui me « tomba sur la Poitrine au sortir du « Carrousel, suivy d'une fièvre tierce de « six accez, est cause que je n'ay pas pû « vous donner plûtost cet Ouvrage ; je « vous prie d'en excuser les fautes. »

Jean Bérain le fils a exécuté une suite de 27 aquarelles in-f°, y compris le titre, qui représentent les principaux personnages de ce Carrousel. Elles sont ravissantes, d'une finesse admirable et font partie de la riche bibliothèque de M. Jacques Doucet. Je ne crois pas.

qu'elles aient jamais été reproduites par la gravure.

CARROUSEL DE 1686.

Carrousel de Monseigneur le Dauphin. Fait à Versailles le de May (1). *Se vendra à Versailles le jour du Carrousel; et se débite à Paris chez la Veuve Blageart*, 1686.

1 vol. in-4° de 4 f^{ts} non ch. pour le titre, l'Avis au Lecteur et le Sujet du Carrousel, 72 p. (la pagination saute de 44 à 49), plus une partie ajoutée de 63 p. qui contient des pièces de vers adressées aux seigneurs et aux dames qui devaient faire partie des quadrilles.

Cet ouvrage est un programme rédigé d'avance Il s'étend sur les costumes, les harnachements et donne le détail des différents mouvements exécutés par les acteurs de cette fête dont le règlement devait être le même que celui du carrousel de 1685. L'auteur de la notice en avait suivi les répétitions et les décrit de visu. C'était un pauvre littérateur nommé Devizé et, en tête de l'exemplaire qu'il a adressé au Roi et qui se trouve maintenant à la Bib. Nat^{le} [L^{b37} 3891. Rés.], il a ajouté une dédicace manuscrite dans laquelle il implore la générosité de Louis XIV pour l'indemniser des frais de sa publication.

Je n'ai trouvé aucun document sur l'exécution de ce carrousel, et il ne semble pas certain qu'il ait jamais eu lieu.

Pour un autre ouvrage de Devizé, voy. *Cavalcade de Naples*.

CARROUSEL DES GALANS MAURES, voy. CARROUSEL DE 1685.

CARS (Jean-François DE PÉRUSSE, DUC DES) (2).

Brigadier de Cavalerie français sous l'ancien régime et lieutenant-général à la Restauration. 1747-1822. Sa biographie est entièrement contenue dans ses *Mémoires*, ainsi que dans l'avant-propos et dans l'épilogue qui les accompagnent. Il est donc inutile de la donner ici.

Mémoires du Duc des Cars, Colonel du Régiment de Dragons-

---
(1) L'ouvrage ayant été publié d'avance, la date du carrousel était encore incertaine et elle est laissée en blanc sur le titre. Le mois seul est indiqué. Le chiffre 28 est ajouté à la main sur quelques exemplaires, le chiffre 3 sur un autre.

(2) Le nom de cette famille a aussi été orthographié d'Escars. Pour un ouvrage dû à un autre de ses membres, voy. Escars (d').

Artois, Brigadier de Cavalerie, premier Maître d'Hôtel du Roi, publiés par son neveu le Duc des Cars. Avec une Introduction et des notes par le Comte Henri de Lépinois — Ouvrage accompagné de deux portraits. *Paris, E. Plon, Nourrit et Cie*, 1890.

2 vol. in-8° de xxiv-391 et 433 p.

Cet ouvrage, écrit par un officier de cavalerie, contient d'intéressants détails sur la cavalerie prussienne et ses généraux, sur l'instruction et les manœuvres de la cavalerie française, sur les travaux qui préparèrent l'*Ordonnance* de 1788 (voy. *Règlements*) et sur la part importante qui doit en revenir à l'auteur de ces Mémoires. C'est à ce titre qu'ils sont cités ici.

CARTE HIPPIQUE DE LA FRANCE, voy. LÉGER (Ch.) ; voy. COLLAINE ; voy. GAYOT (Eug.) ; voy. CORMETTE (DE); voy. CLERJON DE CHAMPAGNY; voy. LOI ORGANIQUE DE 1874; voy. ITIER; voy. JACOULET ; voy. ATLAS HIPPIQUE.

CARTELZ DES PRINCES DE SCYTHIE.

Cartelz des Princes de Scythie. S. L. N. D.

In-12 de 12 p.

Ce petit opuscule contient une adresse des Princes de Scythie au Roy (de France), signée Coraxes, Palimedon, Melidor et Cloridamas, un défi des mêmes aux Chevaliers de France, les articles et conditions pour le Combat de la Barrière, de la Course de bague, de la Course du Sarrazin et du Combat en lice. Ces exercices se passent à Paris ; le lieu, le jour et le mois sont indiqués pour chacun d'eux, mais pas l'année. Il est probable que cette plaquette se rapporte à quelque tournoi ou fête équestre du XVIIe siècle. Je ne saurais affirmer qu'elle soit complète en 12 p., car je n'en connais pas d'autre exemplaire que celui que je possède et ne puis comparer.

CARTERON (J).

Bibliothèque de la Photo-Revue — Les Animaux en Photographie, par J. Carteron. *Paris, Charles-Mendel*, S. D. (1913).

Broch. in-16 de 31 p. avec 4 pl. h. t. en phototypie.

Concerne en partie le Cheval. Sur le même sujet, voy. *Gautier* (G.-E.-M.).

CASAQUE (LA) ILLUSTREE.

La Casaque illustrée. Livre d'Or des Propriétaires d'Ecuries de Courses — Reproductions en couleurs des Casaques de Courses — Tableau des différentes dispositions de Couleurs — Plans des Champs de Courses Parisiens — Composition des différents Comités et Commissions — Liste complète à ce jour des Propriétaires d'Ecuries de Courses dont les couleurs sont déposées aux Sociétés d'Encouragement (Plat), des Steeple-Chases (Obstacles), et de Demi-Sang (Trot), ainsi que la liste complète des Gentlemen-Riders, Entraîneurs, Jockeys et Apprentis-Jockeys inscrits à ces différentes Sociétés, les Codes et Règlements des Sociétés de Courses, du Pari Mutuel, des Steeple-Chases Militaires, etc. — F. A. Bianconi, Directeur-Gérant. — 1907 — *Rédaction et Administration, 34, Rue des Martyrs, Imp. Minot, Paris.*

1 vol. in-4° de 851 p., avec très nombreuses fig. en couleurs, donnant la reproduction des casaques adoptées par les propriétaires d'écuries de courses.
Première et seule année parue.

CASELLA (Georges).

Littérateur français, né en 1881.

Le Sport et l'Avenir par Georges Casella — Opinion des écrivains contemporains sur l'influence sociale des Sports. *Paris, A. Z. Mathot,* 1910.

1 vol. in-16 de 356 p. avec couverture illustrée et 28 pl. h. t. Dédicace à M. Binet-Valmer.
Le sport hippique occupe les p. 57 et suiv. avec 2 pl. h. t. et 1 fig. d. l. t.

CASIMIR-PERIER (Jean-Paul-Pierre).

Homme politique français, 1847-1907. A été député de l'Aube en 1874 et souvent réélu ; vice-président de la Chambre en 1885 et Président de la République du 27 juin 1894 au 14 janvier 1895. Il s'est occupé des questions chevalines, et particulièrement de celle des remontes. A ce titre, il a été président de la Commission mixte des Remontes instituée en 1887 par le général Ferron, ministre de la guerre (1).

Les Effectifs de la Cavalerie et l'Administration de la Remonte, par M. Casimir-Perier, Député de l'Aube. *Paris L. Baudoin,* 1890.
Broch. in-8° de 28 p.
Dans cet opuscule, l'auteur critique vivement l'administration de la remonte et les achats de jeunes chevaux de 3 ans et 3 ans et demi.
Pour la réplique à sa théorie, voy. : *Le Cheval de guerre français*, par un Ancien Cavalier de Remonte et *Question des Remontes*, par la Société des Agriculteurs de France Pour son approbation, voy. *Les Remontes, Réponse à M. Casimir-Perier.*

CASSE-COU.

Casse-Cou ! Etude sur notre Cavalerie pour nos Cavaliers par un vieux Chass. d'Af. *Paris et Nancy, Berger-Levrault,* 1907.

1 vol. gr. in-8° de xxxii-456 p.
L'auteur de cet ouvrage est M. Mercier de Sainte-Croix (Ludovic-Hilaire-Jules), officier de cavalerie français, 1860-1909. Sous-lieut[t] en 1881, lieut[t]-colonel en 1909, mort en activité de service.

CASTANDET (Didier).

Vétérinaire militaire français, 1807-1885. Entré au service en 1828, vétérinaire diplômé en 1833 et retraité comme vétérinaire en 1er en 1861. Campagne d'Orient, en 1854.

Manuel d'Hippiatrique, à l'usage des Officiers, des Sous-officiers et Maréchaux du corps, par Didier Castandet, Vétérinaire en 1er au 6e Dragons et Médecin de la faculté de Paris. *Châlons-sur-Marne, Dortu,* 1845.

1 vol. in-12 de 348 p. avec 1 tableau et 2 pl.

CASTEL (Georges-Abdon).

Garde général des Forêts, 1837-1863. Garde général stagiaire en 1859, titulaire en 1860. A la fin de 1862, il se fit mettre en congé et mourut 4 mois après.

Du cheval à deux fins et de sa production au moyen du croisement Arabe avec le Percheron, par G. Castel, de Nancy, Garde-général des Forêts à Munster, Membre de

(1) Sur le rôle, les travaux et la composition de cette commission, voy. *Lavalard.*

la Société d'Agriculture du Haut-Rhin. *Nancy, Imp, V*ve *Raybois*, 1863.
Broch. in-8° de 31 p.

Même ouvrage, même titre... Mémoire honoré d'une médaille par la Société d'Emulation des Vosges. *Nancy, Imp. V*ve *Raybois*, 1867.
Broch. in-8° de 36 p.
Dans cette 2e édon, publiée après la mort de l'auteur, on a ajouté quelques notes, ainsi qu'un extrait du *Bulletin de la Société d'Acclimatation* pour 1865 sur l'Elève du Cheval et un autre de la lettre d'Abd-el-Kader au général Daumas. (Voy. ce nom.)

CASTEL (René DU).

Université de Lille — Faculté de Droit — De la garantie des Vices cachés dans les Ventes d'Animaux domestiques — Thèse pour le Doctorat — L'Acte public sur les Matières ci-après sera soutenu le Mardi 11 Décembre 1906 à 5 h. du soir par René Du Castel — Jury : Président, M. Pilon, professeur ; Assesseurs, MM. Lévy-Ullmann, Professeur, Demogue, Agrégé. *Lille, Camille Robbe*, 1906.
1 vol. in-8° de 173 p.
Une partie importante de l'ouvrage concerne le cheval.

CASTEX (J.-M.-Th.)

Le Trésor des Cultivateurs ou le Médecin vétérinaire chez soi, par J. M. Th. Castex, Médecin Vétérinaire. *Cognac, Imp. Gustave Bérauld*, 1871.
1 vol. in-12 de 190 p. avec quelques fig. d. l. t. et vignette sur le titre.

Même ouvrage, *même éd*on, 1872.
Sans changement, sauf la date.
Les maladies des chevaux occupent les p. 15 à 60, le choix du cheval et l'extérieur les p. 64 à 75 avec 6 fig. En outre, la partie de la Jurisprudence et celle de la Pharmacie vétérinaire lui sont en partie applicables.

CASTILLON (A.).

Le Vétérinaire — Manuel pratique à l'usage des Propriétaires, Fermiers, Eleveurs et Chasseurs — Notions d'Anatomie et de Physiologie élémentaires, Hygiène, Elevage, Reproduction des Animaux domestiques, description et traitement de leurs principales Maladies, par A. Castillon — Suivi des textes les plus récents des Lois sur la Police sanitaire et les Vices rédhibitoires — 130 figures dans le texte avec légendes explicatives — *Paris, Nodot*, S. D. (1907).
1 vol. in-16 de 447 p.

Même ouvrage, même titre. *2*e *Edition* revue et corrigée. *Paris, Nodot*, 1912.
Mêmes pagination et fig.

CASTRIES (Charles-Marie-Maurice, COMTE DE LA CROIX DE).

Ancien officier de cavalerie français, né en 1877, démissionnaire comme lieutenant vers 1902.

Guide du parieur. Courses plates, 1903, par le Comte M. de Castries. — Prix, 5f. — *Paris, Legoupy, Lecaplain et Vidal*, succrs, (1903).
1 vol. in-16 carré de 105 p.

Guide du parieur. Le Classement actuel des chevaux de trois ans et la Forme de deux ans ; par le Comte M. de Castries. *Paris, Lecaplain et Vidal*, 1903.
Broch. in-16 de 79 p.

CASTRO (Luiz DE).
Journaliste brésilien.

Le Brésil vivant, par Luiz de Castro. *Paris, Fischbacher*, 1891.
1 vol. in-16 de XII-173 p.
L'ouvrage est cité ici pour le Chap. IX, *Les Courses*, qui donne un tableau des courses à Rio-Janeiro.

CATELAN (Laurent).

Pharmacien hermétique et naturaliste français, vivait aux XVIe et XVIIe siècles à Montpellier où il exerçait sa profession. Il s'est particulièrement occupé de la confection des remèdes.

Histoire de la nature, chasse, vertus, proprietez et usage de la Lycorne. Par Laurens Catelan, Apoticquaire de Monseigneur le Duc de Vendosme et Maistre Apoticquaire de Montpellier. *A Montpellier, par Iean Pech, Imprimeur ordinaire du Roy, & de ladicte Ville*, 1624.

1 vol. pet. in-8° de 4 f¹ˢ non ch. pour le titre, la dédicace de Catelan à Mᵍʳ frère unique du Roy, sa Préface aux lecteurs et 100 p. avec 1 pl. grav. se dépliant et représentant la licorne.

On sait que les naturalistes du XVIIᵉ siècle croyaient fermement à la licorne qu'ils plaçaient quelquefois dans la famille des cerfs, quelquefois dans celle des équidés et qu'ils décrivaient aussi comme appartenant à plusieurs espèces. Ils l'appelaient monoceros, unicorne, etc. Voy. sur le même sujet : *Jonston, Gesner, Winter, Bartholin, Baccio, Fresnel*, etc.

CATERS (BARON Louis DE), voy. SAINT-GEORGES.

CATINAT.
Histoire d'un vieux Cheval de fiacre ; par Catinat. *Paris, Lecène et Oudin*, 1889.
Broch. in-12 de 71 p. avec gravures.

CATTIER (E.), voy. CORTÈGE DES MOYENS DE TRANSPORT.

CATUHE (Jules).
Vétérinaire français, diplômé de Toulouse en 1873.
Ecole nationale vétérinaire de Toulouse — Du cheval Landais, par Jules Catuhe, né à Grenade (Landes). Thèse pour le Diplôme de Médecin vétérinaire, présentée le 28 Juillet 1873. *Toulouse, Imp. Troyes, Ouvriers réunis.* (1873).
Broch. in-8° de 36 p.

CAUBERT (Jean-Baptiste-Charles-Marie).
Officier de cavalerie français, né en 1856, sous-lieutenant en 1882, chef d'escᵒⁿˢ en 1908, retraité en 1912.
Cavalier... tous — Ecuyer... qui veut — Du Cheval bien mû et bien mis. Suites de Causeries écrites au fil de la Pratique, par le Capitaine Caubert, Commandant le 4ᵉ Escadron du 6ᵉ Hussards. *Paris, H. Le Soudier ; ibid., Adolphe Legoupy, Lecaplain et Vidal, ses Neveux, Succʳˢ*, 1906.
1 vol. gr. in-8° de VI-350 p. avec XXX pl. h. t., contenant 75 fig. en phototypie. Dédicace au Général de La Forgue de Bellegarde (1) et lettre pré-

(1) Le général de Bellegarde a été un des premiers écuyers militaires de la 2ᵉ moitié du XIXᵉ siècle. Il est mort pendant l'impression de l'ouvrage du Capⁿᵉ Caubert.

face de ce dernier. Vignettes sur la couverture.

CAUCHOIS (Louis).
Hippologue français, directeur du journal *La France Chevaline*.
Saison sportive de 1911 — La Revanche du Trotteur. Réponse aux critiques dont ce cheval est l'objet au point de vue de la selle. Expériences et résultats décisifs — Prix 1 franc — *Paris, Bureaux de la France Chevaline*, S. D. (1912).
Broch. in-8° de 36 p. avec 1 fig. d. l. t. représentant Harmonie III, gagnante du Prix des Veneurs.
L'auteur signe à la préface.
Voy. aux *Stud Book* : du même auteur, *Stud Book Trotteur*.

CAULAINCOURT, DUC DE VICENCE (Armand-Alexandre-Joseph-Adrien DE).
Ancien diplomate, sénateur du second Empire, membre du Conseil général de l'Aisne, 1815-...
De l'influence que les Courses au trot exercent sur la Race chevaline et de leur organisation dans le département de l'Aisne par M. de Caulaincourt, duc de Vicence. *Laon, Typ. de Ed. Fleury et L. Hurez*, 1842.
Broch. in-8° de 31 p.
L'auteur demande l'amélioration par le demi-sang et la création, dans l'Aisne, de deux courses au trot attelé et une au trot monté.

De l'influence que les Courses au trot exercent sur la Race chevaline et de leur organisation dans le département de l'Aisne — Rapport présenté au Conseil général en 1842 par M. de Caulaincourt, duc de Vicence. *Paris, Imp. H. Fournier*, S. D. (1843).
Broch. in-8° de 35 p.
C'est la réimpression de la broch. précédente, qui occupe les 16 premières p., mais elle est suivie, de la p. 17 à la fin, par une réponse critique faite à ce rapport par le Cᵗᵉ de La Tour du Pin. (Voy. ce nom pour le détail de la réponse.)

CAUMARTIN (Jean-Baptiste-Marie-Bernard).
Magistrat et homme politique français, 1775-1842.

Chambre des Députés. Session de 1828 — Discours de M. Caumartin, député du dép‍‍ᵗ de la Somme, dans la discussion sur le Budget du Ministère de l'Intérieur, Section de la Direction générale des Haras et de l'Agriculture. Extrait du *Moniteur*, n° 198. *(Paris), Imp. A. Henry* (1828).
Broch. in-8° de 8 p.

L'auteur demande que la direction des Haras et de l'Agriculture soit enlevée au ministère de l'Intérieur pour être donnée à celui du Commerce et de l'Agriculture.

CAUSERIE SUR L'ÉQUITATION.

Causerie sur l'Equitation. *Paris et Limoges, Henri Charles-Lavauzelle*, 1892.
Broch. in-8° de 40 p.

CAUSSADE (Léo).

Notes et causeries sur le dressage des Chevaux en liberté, par Léo Caussade, Officier de l'ordre du Libérateur des Etats-Unis de Vénézuela. *Bruxelles, Bourlard et Havaux*, 1885.

La couverture, illustrée d'un dessin représentant un cheval qui s'agenouille, porte un titre un peu différent :

Dressage des Chevaux en liberté, approuvé par M. E. Pierantoni, Ecuyer, directeur du Grand Cirque péninsulaire.
1 vol. in-8° de 94 p. Dédicace à M. Pierantoni.

C'est un des rares ouvrages traitant du dressage du cheval en liberté.

CAUVET (Just).

De l'Affection typhoïde du Cheval, par M. Just Cauvet, Médecin Vétérinaire à Narbonne (Département de l'Aude) — Ce Mémoire a obtenu une Médaille d'Or de 400 francs au Concours de la Société centrale vétérinaire en 1873. — *Paris, Typ. Vᵛᵉˢ Renou, Maulde et Cock*, 1874.
Broch. in-8° de 51 p.

CAVAILHON (Edouard).

Romancier, poète et hippologue français. A été rédacteur de plusieurs journaux sportifs, né en 1844.

Le Cirque Fernando, par Gladiateur II. *Paris, Imp. Paul Libéral*, 1875.
1 vol. in-12 de 204 p. avec le portrait de l'auteur en acrobate masqué, reproduit sur la couverture. Dédicace à Edgar Rodrigue.

Ce petit livre, qui se vendait au Cirque même, est devenu introuvable. Il est d'ailleurs surtout biographique, et la partie hippique y est à peine effleurée.

Les Sportsmen pendant la Guerre. Episodes de 1870-1871, par Edouard Cavailhon. Avec une Préface d'Armand Sylvestre. *Paris, E. Dentu*, 1881.
1 vol. in-12 de VI-326 p.

Monologue de Sport, par Edouard Cavailhon. *Paris, Marpon et Flammarion*, 1884.
Broch. in-18 de 27 p.

Les Courses et les Paris, par Edouard Cavailhon. *Paris, E. Dentu*, 1885.
1 vol. in-12 de 324 p. Dédicace à M. de Sᵗ-Albin.

Les Chants du Cavalier, Poésies, par Edouard Cavailhon. *Paris, Léon Vanier*, 1886.
1 vol. in-12 de 345 p.

Les Haras de France. Les Haines contre les Courses — Les deux Haras de M. Lupin — Le Haras de Lonray — Le Haras de la Celle Sᵗ-Cloud — Le Haras de la Chapelle — Le Haras de Semailly — Le Haras de Bois-Roussel — Variétés : les Entraîneurs qui boivent — Compiègne et Chantilly — La Marquise sportive, par Edouard Cavailhon. *Paris, E. Dentu*, 1886.
1 vol. in-12 de XCVI-272 p. Dédicace à M. Léon Guillet.

Plusieurs tirages sans changement.

Les Haras de France, par Edouard Cavailhon. Avec un portrait de l'auteur par Tristan Lacroix — Tome II — Historique des diverses familles de pur sang en Angleterre et en France. — Le Haras du Pin — Rôle de l'Administration des Haras — Pur sang et demi-sang — Les écrivains de lettres hippiques — Réforme ou suppression du Con-

cours hippique — Le tiers état du Turf. *Paris, Sussel,* 1889.
1 vol. in-12 de xii-401 p.

Le Seize Mai hippique, par Edouard Cavailhon — 1re Série — *Paris, Sussel,* 1887.
Broch. in-18 de 50 p. 1re Série seule parue.
Satire du pari mutuel.

Les Chevaux de Course en 1889, par Edouard Cavailhon — Tous les renseignements désirables sur les Chevaux qui doivent courir en 1889 se trouvent dans ce volume — Dessins de Tristan Lacroix, Cotlison, Desmoulins. *Paris, tous les Libraires,* 1889.
1 vol. gr. in-8° de 369 p. Grande vignette sur le titre. Nombreux portraits de propriétaires, d'entraîneurs, de jockeys et de chevaux.

Les grands Etablissements d'élevage, par Edouard Cavailhon... 1895 ou 1896.
1 vol. illustré que je n'ai pu rencontrer jusqu'ici.

L'Elevage Lallouet, par Ed. Cavailhon. *Paris, Pairault,* 1908.
1 vol. in-18 de 296 p. Vignette sur la couverture et sur le titre, et 7 pl. h. t. en phototypie.

La Dordogne chevaline, par Edouard Cavailhon — Prix : un Franc — *Périgueux, Imp. Jean Robbin,* 1910.
Broch. in-16 de 50 p. Vignette sur la couverture.
Les autres ouvrages de M. Cavailhon sont étrangers aux questions hippiques.

CAVALCADE D'ABBEVILLE.

Les grandes Epoques historiques d'Abbeville — Cavalcade du 19 Mai 1895 — Illustrations par Ch. Jouvenot et B. Le Vaigneur. *Abbeville, Imp. C. Paillart* (1895).
Broch. in-8° de 8 fts non ch. Au recto de chaque ft se trouve la représentation d'un des groupes de la cavalcade avec l'explication au verso du ft précédent. Couverture illustrée.

CAVALCADE D'ANGERS.

Fêtes de Charité de la Ville d'Angers, Juin 1853 — Ouvrage orné de planches et publié sous les Auspices de l'Administration municipale d'Angers. *Angers, Imp. de Cosnier et Lachèse,* 1853.
1 vol. in-12 de 128 p. avec 13 jolies pl. h. t. lith. à 2 teintes par R. Vétault, représentant les cortèges et chars de la cavalcade.

CAVALCADE D'AUXERRE.

Ville d'Auxerre — 1789-1889 — Album de la Grande Retraite Illuminée, 5 Août 1889. *Auxerre, Typ. et Lith. L. Bonsant,* 1889.
Album in-4° contenant 4 p. de texte, signé Francis Molard (alors architecte et bibliothécaire à Auxerre), donnant l'historique et l'origine de ces retraites illuminées, et une longue frise de 5 m. 20 de long, repliée au format in-4° et contenant, en blanc sur fond noir, la représentation de la cavalcade dans laquelle figuraient de nombreux cortèges de cavaliers et chars attelés. Couverture illustrée.
Fête très curieuse, spéciale à la ville d'Auxerre où elle se renouvelle tous les 9 ou 10 ans. Les personnages, leurs déguisements, leurs coiffures, les chars, etc., sont entourés d'enveloppes transparentes, éclairées en dedans, qui produisent un effet fantastique. Cette cavalcade attire à Auxerre une affluence très considérable de spectateurs.
Alexandre Dumas, qui avait assisté en 1856 à une représentation de cette fête, a publié à son sujet le petit ouvrage suivant :

La Retraite illuminée, par Alexandre Dumas, avec divers appendices sur la Fête Auxerroise, par MM. Joseph Bard et Sommeville. *Auxerre, Ch. Gallot,* 1858.
1 vol. in-16 de 88 p. Titre rouge et noir, dédicace de C. Gallot *Aux Artistes de l'Illumination auxerroise.*
Opuscule très rare, tiré à 75 exemplaires.

CAVALCADE DE BERGUES.

Millénaire de St Vinoc à Bergues. Album du Cortège historique et religieux du 4 Juin 1900. *Album édité par la Société industrielle de Photogravure à Paris; imprimé par Ch. Herissey, d'Evreux.* Documents rassemblés et coordonnés par M. l'abbé Rajon (1900).
Album in-f° oblong de 41 p. avec 22 pl. h. t. et très nombreuses fig. d. l.

t. en phototypie représentant les chars attelés, cortèges de cavaliers, cavaliers isolés et groupes à pied de la cavalcade. Ouvrage non mis dans le commerce.

CAVALCADE DE BERNE.

Album du Cortège historique de Morat. 22 Juin 1476-1876. C'est le titre de la couverture. Le titre intérieur est en allemand.

400 jährige Jubelfeier der Schlacht bei Murten am 22 Juni 1876. Album des historischen Zuges nach den Originalen und nach der Natur gezeichnet und Gemalt von C. Jauslln & G. Roux. — *Farbendruck der Kunstaustalt von C. Knüsli in Zurich Bern, Buri & Jechker; ibid., J. Dalp'sche Buch-und Kunsthandlung*, S. D.

Album gr. in-f° obl. de 5 f^{ts} de t. pour l'explication en allemand, suivie du programme et état nominatif du Cortège historique, en allemand et en français pour certains groupes, en allemand seulement pour d'autres, avec cartonnage illustré en couleurs, frontispice et 40 belles pl. en chromolithographie, représentant les différents groupes de la cavalcade, parmi lesquels se trouvent de nombreux cavaliers. Les pl. sont d'une exécution très soignée et sont signées C. Jauslin et G. Roux. Les légendes sont en français et en allemand.

CAVALCADE DE BOULOGNE-SUR-MER.

Revue épatante !!! de l'année Mil huit cent soixante huit composée, débitée et vendue au profit des pauvres, à la Cavalcade de la Mi-Carême 1869 par le féroce Tap-Chose montreur de bêtes plus domptées que lui. (*Boulogne*), *Lith. Berr et Simonaire*, S. D. (1869).

1 feuille in-f° contenant les 12 couplets de la Revue, avec des dessins représentant quelques scènes de la cavalcade.

Un programme de cette fête était également publié sur une feuille in-4° par l'*Imp. Ch. Aigre, de Boulogne.*

CAVALCADE DE CHARTRES.

Fête de bienfaisance. 15 mars 1860 — Cavalcade historique représentant l'entrée du Roi Henri IV dans la Ville de Chartres, lorsqu'il vint s'y faire sacrer Roi de France. *Chartres, Garnier*, 1860.

Broch. pet. in-8° de XII-52 p. L'avant-propos est signé K. L. M. (Kergestain-Lucien Merlet). L'opuscule contient l'ordre et la description du cortège et les noms des principaux acteurs, parmi lesquels plusieurs officiers, sous-officiers et cavaliers du 3e hussards. Ce régiment était alors en garnison à Chartres et participa activement à l'organisation de la cavalcade. Il est regrettable que quelques pl. n'aient pas été jointes à ce petit ouvrage.

CAVALCADE DE DIJON.

Ville de Dijon — Livret Souvenir. Entrée de Charles le Téméraire à Dijon en 1474. Cavalcades historique et fantaisiste organisées par le Comité des Fêtes de Bienfaisance du Commerce et de l'Industrie. *Dijon-Paris, Imp. G. Gérin*, S. D. (1903).

Album in-8° obl. de 5 f^{ts} de texte et formé par une longue bande de près de 6 m. de long, repliée au format in-8° et contenant la reproduction, en dessins lithographiés, de 46 groupes équestres, cavaliers isolés et chars attelés. Couverture illustrée.

Un programme illustré de 8 f^{ts} in-4° a été publié en même temps que cet album.

CAVALCADE DE GISORS.

Là Cavalcade de Gisors — 22 mai 1879 — Compte Rendu — *Gisors, Bardel; ibid., Lapierre*, 1879.

Broch. in-4° de 15 p. avec 9 grav. sur le titre et d. l. t.

CAVALCADE DE MARSEILLE.

Ville de Marseille — Programme des Fêtes de Charité des 12, 13 et 14 Avril 1868 — Cavalcade historique (Entrée de François Ier à Marseille, le 8 Octobre 1533). Prix : 25 Centimes au Profit des Pauvres. *Marseille, Cayer*, 1868.

Broch. in-8° de 16 p.

CAVALCADE DE NANCY.

Fête séculaire de la Réunion à la France de la Lorraine et du Barrois — Programme officiel des Fêtes qui auront lieu à Nancy les 14, 15,

16 et 17 Juillet 1866 — Prix 30 cent. — *Nancy, N. Collin*, 1866.

Broch. pet. in-8° de 32 p.

Après les fêtes, la relation détaillée en fut donnée dans l'ouvrage suivant :

Relation des Fêtes qui ont eu lieu à Nancy les 14, 15, 16 et 17 Juillet 1866 à l'occasion de l'Anniversaire séculaire de la Réunion à la France de la Lorraine et du Barrois et de la visite de Sa Majesté l'Impératrice et du Prince Impérial. *Nancy, Ed. André; ibid., Nicolas Grosjean*, 1866.

1 vol. in-8° de 176 p. avec 1 grande pl. se dépliant.

Ces fêtes comprenaient des courses de chevaux et une riche cavalcade historique dont le détail est donné dans l'ouvrage et qui est représentée sur la pl.

Sur le même sujet, voy. *Voyage en Lorraine de S. M. l'Impératrice*.

CAVALCADE DE NANGIS.

Souvenir de la Cavalcade de Nangis du 3 Avril 1893. *Nangis, Imp. Léon Ratel*, S. D. (1893).

Broch. in-8° de 15 p., signée T. T., et plus bas, pour extrait : A. Meuret.

Cet opuscule n'est cité ici qu'à cause de son titre, car il ne donne aucune description de la cavalcade ; celle-ci rappelait sans doute des souvenirs historiques que retrace la brochure dont le titre de départ est : *Nangis au commencement du siècle*.

CAVALCADE DE NAPLES.

Relations diverses, contenant — La Journée de Nimègue, & tout ce qui s'est passé depuis ce jour là à l'Armée de Monseigneur le Duc de Bourgogne (1) — La suite du Journal de l'Armée du Roy en Italie — La suite du Journal de tout ce qui s'est passé à Naples pendant le séjour de sa Majesté Catholique, & depuis son départ pour le Milanez. Dédiées à Monseigneur le Duc de Bourgogne. *A Paris, au Palais, chez Michel Brunet, dans la grande Salle, au Mercure Galant*, 1711.

1 vol. très pet. in-8° de 20 fts non ch. pour la dédicace de l'auteur au duc de Bourgogne, signée Devizé (1), suivis de 5 parties ou *Relations* de 95, 84, 144, 93 et 104 p.

L'ouvrage est cité ici pour la 5ᵉ *Relation* qui comprend la description détaillée d'une splendide *Cavalcade* qui eut lieu pour la réception à Naples du Roi d'Espagne Philippe V (2).

La partie précédente donne celle des Arcs de Triomphe, Machines et Décorations qui ornaient la ville pour cette entrée.

CAVALCADE DE NEUCHATEL.

Costumes du Cortège historique, 15 et 19 Septembre 1887 à Neuchâtel, à l'occasion de la Vᵐᵉ Exposition Suisse d'Agriculture. Croquis par A. Bachelin. *Lith. H. Furrer.* (1887).

Album in-f° de 24 pl. coloriées dont 9 représentent des cavaliers et 1 une amazone.

CAVALCADE DE NIORT.

Le défilé de cette cavalcade a été dessiné et publié par M. Rad. Gaignard sous deux formes différentes.

1° 4 pl. in-f°, numérotées, donnant la représentation de tous les groupes de cavaliers et chars, lithog. au trait, sous forme de croquis. Certains détails et notamment les visages des personnages sont seulement indiqués. En bas de chaque pl. on lit : Cavalcade de Niort, 1ʳᵉ (2ᵉ, 3ᵉ et 4ᵉ) partie. Avril 77. *Lith. artistique Vᵛᵉ Echillet et fils, Niort*.

2° 1 pl. in-plano dont la description suit :

Plan descriptif et général de la Cavalcade du 2 Avril 1877 qu'avec le concours du 9ᵉ Cuirassiers et 33ᵉ d'Artillerie MM. de Godefroy et de Montenon, Présidents, menèrent à si bonne fin. — 10.000 francs pour les pauvres — E Lutetia venit, in via delineavit ipseque in illo lapide transcripsit Radulphus Gaignard, Mense aprili 1877. *Niort, Lith. artistique Vᵛᵉ Echillet et fils, L. Clouzot, éditeur* (100 exempl.).

1 pl. in-plano donnant une vue panoramique de la cavalcade, d'après les cro-

---

(1) Il s'agit de Louis, duc de Bourgogne, fils du grand Dauphin et petit-fils de Louis XIV, 1682-1712.

(1) Pour un autre ouvrage de Devizé, voy. *Carrousel de 1686*.

(2) Philippe V, chef de la maison des Bourbons d'Espagne, 1683-1746. Petit-fils de Louis XIV, il monta sur le trône d'Espagne en 1700. On sait qu'il perdit le royaume de Naples en 1713.

Bibliogr. hippique. T. I. — 15.

quits précédents, mais avec les personnages de dimension réduite et complètement terminés : groupes, chars, cavaliers, plusieurs centaines de personnages et de chevaux très bien dessinés. La pl. est entourée d'un texte qui donne le nom de tous les acteurs de cette belle fête dont le président civil était le Cte de Godefroy Menilglaise et le président militaire M. Geay de Montenon, alors cap^{ne} au 9e cuirassiers et actuellement général. Dédicace de M. Gaignard à « son Maître et ami René Princeteau ».

Très jolie publication, tirée à petit nombre et devenue rare.

CAVALCADE DE PARIS.

Le Carnaval et Marche burlesque du Bœuf gras à Paris. Vingt-quatre Dessins par MM. Seigneurjan et Achille Giroux, gravés par Porret. Texte par un Professeur de Philosophie de l'Académie d'Yvetot. *Paris, Charles Warée et chez tous les Marchands de Nouveautés.* S. D. (vers 1847).

Album in-4° obl. de 82 p. avec 23 pl. humoristiques à pleine p. dont 2 se dépliant. Vignette sur la couverture

La moitié des pl. représentent des cortèges de cavaliers, et une un char attelé de 8 chevaux. Les chevaux sont très agréablement dessinés par Achille Giroux (voy. ce nom pour d'autres ouvrages). Album très rare.

CAVALCADE DE REIMS, voy. MAUROY (A.).

CAVALCADE DE ROUBAIX.

Ville de Roubaix — Fête philanthropique au profit des pauvres — Cavalcade de la Mi-Carême. *Programme. Roubaix, J. Reboux.* S. D. (1857).

Broch. in-8° de 7 p.

Même titre — *Roubaix, Imp. Vve Beghin,* S. D. (1857).

Broch. in-8° de 7 p. qui contient le même texte que la précédente.

La cavalcade comprenait différents cortèges et 21 chars ; le 21e portait le titre de « *Souvenir de Crimée, hommage aux Armées alliées* ».

CAVALCADE DE SAINT-GERMAIN-EN-LAYE.

Ville de Saint-Germain en Laye — Notice et Programme de la grande Cavalcade de Bienfaisance du Jeudi 23 Mars 1876. *Saint-Germain, Imp. E. Heutte,* 1876.

Broch. in-12 de 26 p. dont la dernière moitié ne contient que des annonces commerciales.

CAVALCADE DES ÉCOLIERS DE LA COMP^{ie} DE JESUS.

Description de la Cavalcade, accompagnée de Chars de Triomphe qui sera exécutée par les Ecoliers du Collège de la Compagnie de Jésus, à l'occasion du Jubilé de quatre cens ans du Très-Saint Sacrement de Miracles, à Bruxelles, le 16 & le 29 de Juillet 1770. *A Bruxelles chez J. Van den Berghen, Imprimeur Libraire, rue de la Magdelaine.* S. D. (1770).

Broch. in-4° de 36 p. avec 5 pl. se dépliant et représentant 5 chars attelés de 6 chevaux.

La cavalcade se divisait en 5 groupes. En tête de chacun d'eux marchait un cavalier porteur d'une sorte de pancarte. Les personnages représentant la cour de Maximilien, celle de Marie de Bourgogne, celle de Philippe IV, celle de Charles II et celle de Charles VI étaient probablement à cheval, mais le texte ne l'indique pas clairement. Chaque groupe était suivi de 6 chevaux de main.

Ouvrage rarissime, « inconnu aux bibliographes ».

CAVALCADE DE TOULOUSE.

Ville de Toulouse — Souvenir des Fêtes de Charité données à l'occasion du Concours Régional du 22 au 30 Avril 1877 — Dessins des Chars, Groupes et Personnages isolés composant la grande Cavalcade allégorique et de Fantaisie du 29 Avril 1877 — M. Delorme, Préfet de la H^{te} Garonne — M. Henri Ebelot, Maire de Toulouse. *Toulouse, Imp. Sirven, Editeur,* S. D. (1878).

Album in-f° oblong de 20 pl. lithog. en rouge, dessinées par Bordieu, Serres, Gesta, et représentant des chars attelés et de nombreux cavaliers. Titre rouge et noir. Pas d'autre texte que la légende de chaque pl.

Par une singulière inadvertance, une partie des conducteurs de chars sont montés sur le cheval de droite.

CAVALCADE DE VERNON, voy. BREAUTÉ (E.).

CAVALCADE DE VIENNE (Autriche), voy. BERGGRUEN (O.).

CAVALCADE DU QUESNOY. Programme Officiel. Fastes du Quesnoy. Cortège historique du 19 Août 1894 — Fêtes du Centenaire de la Reprise de la Ville du Quesnoy sur les Autrichiens par l'Armée Française en 1794. *Le Quesnoy, Imp. Lesnes-Dutrieux* (1894).
Broch. in-12 de 24 p. Couverture illustrée en couleurs.
Deux communes du Nord, une du Pas-de-Calais et trois de la Somme portent le nom de *Le Quesnoy*. Il s'agit ici du chef-lieu de canton de l'arrond^t d'Avesnes.

CAVALCADE (LA) ROYALE, voy. ENTRÉE DE LOUIS XIV.

CAVALCADES D'ANVERS.

Mémorial des Fêtes brillantes célébrées à Anvers l'an 1875 comprenant la description du Cortège historique organisé par la Chambre de Rhétorique de Olỹftak (1) avec le concours de l'Administration communale — Description de N. J. Cupérus, *Typographie J.E. Buschmann* — Dessins de F. van Kuyck (Bruxelles), *Photolithographie Alker et Chotteau*, S. D. (1876.)
Album gr. in-f° de 6 f^{ts} non ch. pour le t. et 15 pl. en photolithographie à deux teintes.
La plus grande partie du cortège se composait de personnages à cheval. Les pl. ne sont pas sans mérite.

Ville d'Anvers. Landjuveel. 1561-1892. I de Moor, des. *Bruxelles, Bertels, Editeur* (1892).
Album in-4° oblong de 28 pl. lith. en bistre, représentant les chars et cortèges de la cavalcade, imprimées au recto et au verso de chaque f^t précédées d'une p. de texte. Titre de l'ouvrage et titres des pl. en flamand et en français.

Cinquantenaire de l'Académie d'Archéologie de Belgique — Album des Fêtes du « Landjuweel

(1) La branche d'olivier.

d'Anvers » du 14, 16 et 21 Août 1892 — Texte néerlandais de Pol de Mont, traduction française de Jef van de Venne, dessin de Jos. de Pooter. *Anvers, Jaack Mössly*, 1892.
Album in f° oblong de 11 f^{ts} non ch. pour le titre, le texte néerlandais et la traduction f^{ze} à 2 col. et 32 pl. en noir représentant presque toutes des chars attelés et des cortèges de cavaliers. C'est la même cavalcade que celle décrite sommairement dans l'album précédent.

Ensemble panoramique du Grand Cortège « L'Art à travers les Siècles » sorti à Anvers les 14, 16, 20 et 27 Août 1899 à l'occasion du 3e Centenaire de la naissance d'Antoine Van Dyck — Dessin d'après nature — Edité par « *l'Actualité par l'Image* », Phototypie Weck f^{res}, *Bruxelles*, S. D. (1899.)
Frise de près de 3 m. de long, repliée au format in-4° obl., sur papier teinté, représentant les différents groupes, cortèges et chars de la cavalcade, signée Jacob Fietens.

CAVALCADES D'ARRAS.

Fête anniversaire de la levée du Siège d'Arras (en 1654) et première Fête historique représentant la Joyeuse Entrée à Arras, en 1469, de Charles le Téméraire, Duc de Bourgogne — Tournoi, Carrousel et Passe d'armes — Se vend au profit de la Société de Bienfaisance — Prix : 25^c — Programme. *Arras, Imp. Aug. Tierny*, 1841.
Broch. in-8° de 12 p.

Ville d'Arras — 17 Juillet 1910 — Marche historique — 5 Siècles de l'Histoire d'Arras (1194-1789). Programme officiel. (*Arras), Imp. Répessé, Cassel et Cie* (1910).
Broch. in-8° de 12 f^{ts} non ch., couverture illustrée en couleurs et nombreuses vignettes d. l. t. par M. Maurice Leclercq.

CAVALCADES DE BRUGES.

Grand Album historique du Cortège organisé à l'occasion du Mariage de S. A. R. le Duc de Brabant, avec S. A. I. l'Archiduchesse Marie-Henriette d'Autriche, dessinées et lithographiées (sic) par MM. Van

Hollebeke et Vandeputte, accompagné d'un texte historique, par M. L. Macquet, jeune. *Bruges, Imp. Alphonse Bogaert*, 1853.

1 vol. in-4° de 58 p. de t. suivi de 16 pl. se dépliant et représentant les groupes de la cavalcade.

Pour les fêtes célébrées à Bruxelles à la même occasion, voy. *Cérémonies et fêtes à Bruxelles*, 1853.

J. Breidel — P. de Coninc — 1302-1887. E. Legendre, inv. et del. P. Raoux, lith. *Bruges, Lithog. P. Raoux*, 1887.

Album in-4° obl. contenant une longue frise d'environ 6 m. de long, repliée au format du cartonnage et représentant l'entrée à Bruges de divers personnages historiques à la suite de la journée des éperons d'or. Au-dessous de chaque groupe ou personnage important, se trouve une légende en flamand et en français.

Scénario du Pas de l'Arbre d'Or, par le Baron A. van Zuylen van de Haar — Fêtes inaugurales des Ports de Bruges, 24-28 Juillet 1907. *Bruges, L. de Haene-Bodart*, 1907.

Broch. in-8° de 55 p. avec couverture illustrée, 4 pl. h. t. et 13 vignettes d. l. t.

Un programme de ces fêtes, en flamand et en français, édité pour la maison de bijouterie Jadem, sous forme d'une brochure in-16, fut aussi imprimé et distribué. Un autre programme in f° représentait les groupes et cortèges se déroulant en serpentant sur la même feuille. Enfin une jolie série de cartes postales fut publiée à la même occasion.

CAVALCADES DE BRUXELLES, voy. CÉRÉMONIES ET FÊTES DE 1853 et DE 1856, voy. BOGHAERT-VACHÉ, voy. HYMANS, voy. CORTÈGE HISTORIQUE, voy. DESCRIPTION DE LA CAVALCADE, voy. JUBILÉ DE 1905, voy. CAVALCADE DES ÉCOLIERS DE LA COMP^ie DE JÉSUS, voy. MARIAGE DU DUC DE BRABANT.

CAVALCADES DE CAEN.

La Cavalcade historique de Caen en 1863 — I Notice sur l'entrée de François Ier à Caen, en 1532, d'après De Bras. — II Compte-rendu de la Fête du 12 mars — III Note sur les personnes qui ont prêté leur concours à la Cavalcade — IV Harangues authentiques adressées par le Recteur de l'Université au Roi et au Dauphin, d'après un texte très-rare. Par M. L. Puiseux (1). *Caen, Legost-Clérisse*, 1863.

C'est le titre de la couverture. Le titre intérieur est différent :

Notice sur l'Entrée de François Ier à Caen en 1532 et sur les principaux personnages qui y ont figuré par L. P. *Caen, Imp. G. Philippe*, 1863.

Broch. in-12 de 61 p.

Cavalcade 1868 — Entrée triomphale de Charles VII à Caen en 1450 — Notice historique par L. Puiseux — Détails sur la Fête du 19 Mars — 15 centimes — *Caen, A. Massif*, 1868.

Broch. in-12 de 38 p. La couverture de certains exemplaires porte 2e éd^on.

La fin de l'opuscule est occupée par un compte rendu des préparatifs de la cavalcade signé : Georges Pignet.

Ville de Caen — Dimanche 8 Juillet 1883 — Grande Cavalcade historique de Bienfaisance. Entrée de Guillaume le Conquérant à Caen — Costumes de la maison Lepère, de Paris — Panorama de la Cavalcade. *Paris, E. Girard, Editeur-Dessinateur*, S. D. (1883 ?).

Album in-8° obl. contenant une longue frise de 0.12^c de haut sur 6^m75 de long, se dépliant, dessinée au trait sur papier teinté et représentant les différents groupes et cortèges de la cavalcade.

CAVALCADES DE CAMBRAI.

Ville de Cambrai — Programme de la Fête communale du 15 Août 1821. (*Cambrai), Chez Samuël Berthoud, Imp^r du Roi et de Mgr l'Evêque* (1821).

Broch. in-4° de 28 p. Armes de la ville sur le titre qui est encadré d'une bordure de fleurs de lys. A la fin, appro-

---

(1) Puiseux (François-Léon), professeur d'histoire au Lycée de Caen, puis directeur de l'Ecole normale de Paris et inspecteur g^al de l'Instruction publique, 1815-1889.

bation du sous-Préfet de Cambrai, Cardon de Garsignies.
L'opuscule donne le détail des chars et des cortèges de cavaliers.

Programme de la Fête communale de Cambrai, 15 Août 1822. Précédé d'une Notice sur les principales Fêtes et Cérémonies publiques, qui ont eu lieu en cette Ville, depuis le douzième siècle jusqu'à nos jours. (*Cambrai*), *Chez Samuël Berthoud...*, etc., 1822.
Broch. in-4° de 38 p. Armes de la ville sur le titre encadré d'une bordure de fleurs de lys. A la fin, même approbation qu'à la précédente.
La notice sur les fêtes et cérémonies qui ont eu lieu à Cambrai occupe les 23 premières p. Elle est intéressante. La suite donne une description de la cavalcade analogue à la précédente.

Programme de la Marche triomphale des Chars, Cavalcades, etc., à la Fête communale de Cambrai — 15 et 17 août 1838. *Cambrai, Typ. de J. Chanson*, 1838.
Broch. in-8° de IV-39 p. avec 1 pl. se dépliant et donnant une vue d'ensemble de la cavalcade, 7 pl. lith. h. t. dont 4 représentent des cavaliers, vignettes et culs-de-lampe.
La broch. est précédée de IV p. de t. contenant l'arrêté du maire François Deloffre au sujet de la fête.

Programme de la Marche historique qui aura lieu pendant la Fête communale de Cambrai — 15 Août 1852 — *Cambrai, Imp. P. Lévêque*, 1852.
Broch. in-8° de 12-46 p.
L'ouvrage se divise en 2 parties. Les XII premières p. de la 2ᵉ contiennent un Avant-Propos de M. E. Bouly.

CAVALCADES DE DOUAI.

Notice sur Philippe le Bon, Duc de Bourgogne et Comte de Flandre, considérée sous les rapports des faits généraux de l'Histoire et principalement des actes particuliers qui intéressent la Ville de Douai, par H. Pilate Prévost, Secrétaire de la Mairie de Douai, suivie de strophes, de notes sur le programme de la seconde Fête historique et ornée de lithographies représentant tous les personnages du Cortège rangés suivant l'ordre de la Marche, par Félix Robaut, Dessinateur et Imprimeur-Lithographe à Douai. *Douai, Félix Robaut*, S. D. (vers 1840).
Album in-4° oblong de 16 p. et 2 f^{ts} de texte, suivis d'une longue bande repliée mesurant près de 8^m de long, contenant la représentation lith. au trait des 5 tableaux de la cavalcade. Nombreux cortèges de cavaliers et chars attelés.
On vendait séparément la notice sur Philippe le Bon et la lithographie représentant la cavalcade sous le titre suivant :

Panorama du Cortège de la Société de Bienfaisance de Douai, *Douai, Félix Robaut*, S. D.
Album in-4° oblong contenant la pl. décrite ci-dessus.
Dans certains exemplaires, elle est découpée en 15 pl. séparées.

Souvenir Douaisien — Fête historique de 1861. Compte rendu complet de la Fête, par Lucien Crépin. *Douai, Lib. nouvelle*, Juillet 1861.
Broch. in-12 de 24 p.
La fête, qui dura 4 jours, comprenait une cavalcade représentant l'entrée à Douai de Jean sans Peur et de Marguerite de Bavière, sa femme, en 1405, accompagnés d'autres personnages. La brochure donne le détail de la cavalcade, sa composition et son itinéraire.

CAVALCADES DE FONTENAY-LE-COMTE, voy. ANGELY (N. D') et FILLON (Benjamin).

CAVALCADES DE GAND, voy. JUBILÉ DE St MACAIRE, voy. BUSSCHER (E. DE), voy. FREDERICQ (Paul), voy. INAUGURATION DE LEOPOLD II.

CAVALCADES DE LILLE, voy. ORDRE DES TRIOMPHES, voy. MARCHE (LA) HISTORIQUE DE LILLE, voy. FASTES (LES) DE LILLE.

CAVALCADES DE LOUVAIN, voy. VAN EVEN (E.), voy. ALBUM ILLUSTRÉ.

CAVALCADES DE MALINES.
Description de la Cavalcade ornée de Chars de Triomphe, Em-

CAV — 230 — CAV

blêmes, &c., &c., qui, à l'occasion du Jubilé millénaire de Saint Rombaut, Evêque, Apôtre, Martyr et Patron de la Ville et Province de Malines, sera exécutée le 26 & 27 de Juin, 3 & 10 de Juillet 1775, sous la protection du Magistrat & l'assistance de la Noblesse & des Citoïens de ladite Ville par la Jeunesse[1] des Ecoles Latines sous la direction des Prêtres de la Congrégation de l'Oratoire. *A Malines, chez Jean-François Vander Elst, Imprimeur de la Ville*, S. D. (1775).

1 vol. in-f° de 6 f^{ts} non ch. et 24 p. avec 16 pl., la plupart se dépliant et représentant principalement des chars attelés de 6 chevaux. Dans quelques-unes, la dimension du char n'a pas permis de représenter l'attelage. Les chars et les personnages qu'ils contiennent sont variés, mais le même cuivre a servi pour les chevaux et leurs conducteurs.

Description de la Cavalcade et des Fêtes publiques qui eurent lieu à l'occasion du Jubilé de Notre-Dame d'Hanswyck, à Malines, pendant la dernière quinzaine du mois d'Août 1838 — Prix 50 centimes — *Malines, P. J. Hanicq*. On y trouve la même description en flamand. S. D. (1838).

Broch. in-18 de 72 p.

Cet opuscule donne non seulement la description de la cavalcade, mais aussi le programme des réjouissances qui l'accompagnèrent et parmi lesquelles figure un carrousel-course de bagues. La cavalcade comprenait deux musiques militaires dont une montée, deux détachements de cavalerie pour ouvrir et fermer la marche, et plus de deux cent cinquante personnages, jeunes gens et jeunes filles de la ville dont on nous donne les noms et prénoms, la plupart à cheval et les autres sur des chars. Chaque verset des litanies de la Vierge était représenté par de nombreux personnages, anges, saints et saintes, prophètes, martyrs, etc.

Le Roi, la Reine, leurs deux fils, leur maison militaire, les vertus qui leur étaient attribuées étaient également représentés par près de 30 personnages montés ou figurant sur un char.

La brochure est accompagnée d'un album qui porte le titre suivant, gravé :

Cavalcade religieuse à l'occasion du Jubilé de 850 ans célébré avec grande pompe en l'honneur de Notre-Dame d'Hanswyck, à Malines, pendant la dernière quinzaine du mois d'Août. *P. J. Hanicq, Imprimeur*, 1838.

Album in-8° oblong de 20 pl. se dépliant, dessinées par J. Vervloet, gravées par Jos. Coomans et qui représentent chaque groupe de cette importante cavalcade. Elles sont d'un assez bon dessin et ne manquent pas de grâce ; mais, par une singulière inadvertance, l'auteur a assis à droite toutes les jeunes filles qui sont à cheval.

Ouvrage intéressant et peu commun.

Fêtes inaugurales de la Statue de Marguerite d'Autriche, à Malines — Vie de Marguerite d'Autriche — Programme des Fêtes — Cavalcade — Avec douze Planches. *Malines, Imp. de Van Velsen-Van der Elst*, S. D. (1849).

Broch. in-4° de 25 p. avec 12 pl. h. t. dont 1 en frontispice représentant la statue de Marguerite d'Autriche, les 11 autres les chars attelés et groupes de cavaliers de la cavalcade, dessinés par J. Vervloet.

Cavalcade et Fêtes publiques données par la Ville de Malines, à l'occasion de la visite de S. M. le Roi et la Famille Royale, le 3 Juillet 1854. Quinze Planches en gravure lithographiées par Ed. Seldenslagh, à Malines — Avant-Propos — Cavalcade — Programme des Fêtes — Dessins des Chars — *chez l'Editeur C. Seldenslagh, Malines, Typ. de A. Steenackers Klerkx*, S. D. (1854).

Album in-f° obl. de 16 p. de t. à 2 col. et 15 pl. dont quelques-unes se dépliant, dessinées par Victor Vervloet et représentant des cortèges de cavaliers et d'amazones et des chars attelés.

Album du Jubilé de 875 ans, en l'honneur de Notre-Dame d'Hanswyk ou Description historique de la Grande Cavalcade et des Fêtes publiques qui seront célébrées solennellement à Malines, pendant la dernière quinzaine du mois d'Août 1863. Orné de vingt planches lithographiées représentant la Cavalcade, et dessinées par M. Victor Vervloet (1), Artiste-Peintre. *Malines, Typ. H. Dierickx-Beke fils,* S. D. (1863).

Broch. in-4° de 40 p. avec frontispice représentant une statue de la Vierge et 20 pl. doubles, lith., donnant les détails des cortèges de cavaliers et d'amazones et des chars. Texte encadré d'élégantes bordures bleues.

Chaque pl. est accompagnée d'un texte donnant le nom de toutes les personnes qui figurent dans les cortèges ou sur les chars. Il y avait 9 cortèges à cheval, 9 chars attelés, plus la famille des Géants, le cheval Bayard, les chameaux et la Roue de la Fortune. Comme son père, Victor Vervloet a assis ses écuyères à droite, mais pour la file de droite seulement. Celles de la file de gauche sont assises à gauche.

Ommegang de Saint-Rombaut (1875). Cavalcade historique organisée par la ville de Malines, à l'occasion du Jubilé de Saint-Rombaud, Patron de la Commune. Plans et Dessins de M. Willem Geets, Directeur de l'Académie des Beaux-Arts, texte français par M. Emmanuel Neefs, Docteur en Sciences politiques. *Bruxelles, Etablissement lithographique Ve Simonau-Toovey* (1875).

Album gr. in-f° obl. de 7 pl. en couleurs représentant les chars de la cavalcade, précédées de 7 f^{ts} de t. explicatif sur 2 col., francais et flamand. L'auteur des pl., d'ailleurs très soignées, a malheureusement donné à ses chars de telles dimensions, qu'il n'est plus resté de place pour leurs attelages, qui ne sont pas représentés, non plus que les cortèges de cavaliers dont seul le t. donne la description.

Fêtes jubilaires de Notre-Dame d'Hanswyck à Malines — Cavalcade de l'ancien Ommegang dont la sortie aura lieu les 20 et 26 Août et le 6 Septembre. — Notice historique et texte explicatif par l'Abbé G. Van Caster, Membre correspondant de la Commission royale des monuments Dessins de Léon de Pape, Artiste peintre, Professeur à l'Académie des Beaux-Arts à Malines. Publié par la Commission or-

---
(1) Fils de Jean Vervloet qui a dessiné les pl. de la cavalcade de 1838, décrite ci-dessus.

ganisatrice. *Malines, H. Dessain,* 1888.

Album in-f° oblong de 12 f^{ts} de t. non ch. et de 20 pl., la plupart en chromolithographie, plus, à la fin, 3 f^{ts} de t. donnant les noms des jeunes gens et des jeunes filles qui ont représenté les personnages de la cavalcade.

CAVALCADES DE NANTES.

Tournois et Fête équestre de 1850 — Notice historique sur la Cérémonie du Mariage du Roi Louis XII et de la Reine Anne — Se vend 2 sous au profit des pauvres — *Nantes, Imp. Bourgine, Masseaux et comp.*, Février 1850.

Broch. in-12 de 23 p.

L'opuscule contient un petit historique anonyme sur la Reine Anne et le Roi Louis XII et une description détaillée des fêtes de leur mariage : cortèges, cavalcades, tournois, etc., ainsi que le programme de la fête équestre de 1850. Un autre programme a été publié chez Mme Vve C. Mellinet, sans modification dans le t.

1852. Cavalcade de la Mi-Carême — Les Noces de Gamache, Episode de Don Quichotte — Se vend au profit des pauvres, 10 centimes — *Nantes, Imp. Merson* (1852).

Broch. in-16 de 15 p.

C'est une simple reproduction du chapitre de Don Quichotte sur les noces de Gamache, sans détail sur la cavalcade.

CAVALCADES DE NICE.

Carnaval de Nice 1881, par Mossa. *Nice, Imp. Malvano Mignon*, 1881.

Album in-4° contenant une frise de 1 m. 55 de long, donnant les détails de la cavalcade.

Ville de Nice. Comité des Fêtes. — Défilé et Cavalcade des Epoques historiques organisés par le Comité des Fêtes sous la direction de M. Raoul Gunsbourg avec le concours de l'Armée, Mercredi 12 Février 1890. Dessins de M. Al. Mossa. *Imp. V.-Eug. Gauthier* (1890).

L'autre plat de la couverture porte :

1890 — Carnaval de Nice — Album de la Cavalcade historique. Dessin et composition de M. Alexis Mossa.

Album in-8° obl. contenant une frise

de 4 m. 50 de long se dépliant et représentant les cortèges et chars de la cavalcade.

CAVALCADES DE SAINT-OMER.

Fête historique donnée par la Société de Bienfaisance de Saint-Omer le **Mardi 23** Juin 1840 à l'occasion de la Kermesse — Sujet de la Fête, Entrée de Guillaume Cliton à Saint-Omer. *Saint-Omer, Imp. Lemaire* (1840).
Broch. in-8° de 8 p.

Fête historique offerte en la Ville de Saint-Omer à Mgr le Duc d'Orléans — Tournoi et Carrousel, en présence de Guillaume Cliton, XIVe Comte de Flandre. *Saint-Omer, Imp. Lemaire* (1846).
Broch. in-8° de 12 p., signée : Alexandre Legrand.

Programme de la Fête historique donnée les 3 et 4 Juillet 1865 — Entrée de Guillaume Cliton, XIVe Comte de Flandre à Saint-Omer, le 14 Avril 1127. — Fêtes chevaleresques, Tournoi et Carrousel en l'honneur de ce Prince. *Saint-Omer, Imp. Fleury-Lemaire*, 1865.
Broch. in-8° de 16 p.

D'après une note de la p. 16, le cortège se composait de 800 personnes et de 300 chevaux.

Pour d'autres fêtes hippiques dans la même ville, voy. *Hermansart (d')* et *Lefebvre du Preÿ*.

CAVALCADES DE TOURNAI.

Carrousel costumé du 20 Septembre 1875 — Cortège historique de Tournai. 1874-1875. Dessiné par Vasseur f^{res} — Texte historique par Léopold Michel. *Tournay, Vasseur-Delmée*, 1875.
Album in-f° obl. de 4 f^{ts} pour le titre illustré et l'introduction, 15 pl. coloriées précédées chacune de 1 ou 2 f^{ts} de t. explicatif et suivies de 3 f^{ts} de t. pour le Résumé et la liste des souscripteurs. Les pl. représentent de nombreux cortèges de cavaliers et quelques chars attelés.

Album-Souvenir des Fêtes royales de Tournai. *Tournai, Vasseur-Delmée*, 1880.
1 vol. gr. in-8° de 93 p. Titre rouge et noir. 6 portraits sur papier teinté et 11 pl. h. t. coloriées dont la plupart représentent des cortèges de cavaliers et des chars attelés.

Ville de Tournai. 1513-1913. Cortège-Tournoi 13, 14, 20 et 21 Juillet — Scénario par A. Hocquet, Archiviste de la Ville. *Tournai, Etablissements Castermann* (1913).
Broch. in-8° de 63 p. avec 4 pl. h. t. et nombreuses fig. d. l. t.

Cette fête représentait « la reconstitu-
« tion du Tournoi de Chevalerie donné
« sur la Grand'Place le 11 Octobre 1513
« par le Roi Henri VIII d'Angleterre en
« présence de l'Empereur Maximilien et
« de Marguerite d'Autriche ».
Elle a été reproduite dans un autre ouvrage plus important, publié peu après le précédent :

Ville de Tournai — Cortège-Tournoi, 1513-1913 — *Tournai, Etablissements Casterman, S. A. Editeurs*, S. D. (1913).
Album gr. in-4° oblong de 82 p. avec frontispice en couleurs, vignette sur le titre, portraits des princes Léopold et Charles de Belgique, 31 portraits des organisateurs de la fête, près de 100 fig. en phototypie d. l. t., dont 10 à pleine p., représentant les différents groupes et personnages de la cavalcade et du tournoi, et 2 p. de musique notée.

CAVALCADES DE TOURS.

Album de la Mascarade parée organisée par le 8e Hussards et les Jeunes Gens de la Ville de Tours, le Dimanche gras, 1844. *Tours, Lib. Chevrier* (1844).
Album pet. in-8° obl. contenant une pl. repliée et coloriée formant une frise de 1^{m}45 de long et représentant les groupes, chars et cortèges de la cavalcade. Couverture cartonnée avec titre illustré en couleurs.

Ville de Tours — Fête de Bienfaisance à l'occasion de l'Exposition — Grande Cavalcade Dimanche 31 Juillet 1881. Entrée du Roi Louis XI dans sa bonne ville de Tours en 1461. *Publié par P. Thibaut. Tours, Imp. Henri Beau* (1881).
Album in-8° obl. de 62 p. de texte dont 21 pour la notice explicative et le reste en annonces commerciales, suivies de 36 pl. autographiées donnant le détail des groupes, chars et cortèges de la cavalcade.

CAVALCADES DE VALENCIENNES.

Description de la Cavalcade des Ecoliers du Collège de la Compagnie de Jésus, présentée à Monseigneur de Montmorency Luxembourg, prince de Tingry, par Messieurs les Magistrats de la Ville de Valenciennes, au jour de la Procession solennelle de cette Ville le 8 Septembre 1733. *A Valenciennes, chez Gabriel François Henry Imprimeur du Roy & de Messieurs du Magistrat*, S. D (1733).

Broch. in-4º de 4 f^{ts} non ch.

C'est la description des devises, symboles et emblèmes qui accompagnaient les blasons des illustres familles alliées à la Maison de Montmorency-Luxembourg de Tingry, et que chaque cavalier portait sur son bouclier, mais il n'y a pas d'autre détail sur la cavalcade elle-même.

Marche triomphale de 1851 — Description des Fêtes populaires données à Valenciennes les 11, 12, 13 Mai 1851 par la Société des Incas, par A. Dinaux (1). *Lille, E. Vanackere*, 1854.

1 vol. gr. in-8º de 220 p., avec portrait en frontispice, titre gravé et orné, et 23 pl. in-fº obl. pliées au format de l'ouvrage, dessinées et gravées par W. Marks. Texte encadré en bleu.

Les pl. représentent les diverses scènes de cette brillante cavalcade, chars, cortèges de cavaliers, etc.

Elles avaient été publiées l'année précédente, sans texte, sous la forme d'un album in-fº oblong.

Au commencement de son ouvrage, Dinaux donne une longue liste de cavalcades, d'entrées solennelles, de tournois, etc., qui eurent lieu en Flandre depuis le moyen âge, mais malheureusement sans indiquer les sources où il serait probablement possible de retrouver la description de la plupart d'entre elles.

Un nouvel ouvrage sur cette cavalcade fut publié 15 ans plus tard :

Description des Fêtes populaires données à Valenciennes en Mai et Juin 1851 par la Société des Incas. Par J.-B. Foucart. *Valenciennes, Binois-Cambray*, Juin 1866.

Album in-fº obl. de 16 p. de t. donnant le compte rendu de la Marche de 1851 publié par l'*Illustration* (Mai et Juin 1851) et la série des 22 pl. (sur 23. Celle des Croisades n'est pas reproduite).

Société de Bienfaisance des Incas. — Souvenir de la Marche qui a eu lieu à Valenciennes les Dimanche et Mardi 17 et 19 Juin et noms des Sociétaires qui ont représenté les principaux personnages. *Valenciennes, Imp. E. Prignet*, 2 Juillet 1866.

Broch. in-8º de 48 p. qui est l'œuvre collective des membres de la Commission d'organisation. Cavalcade différente de la précédente.

Fêtes du Centenaire à Valenciennes — Marche historique des 21 et 22 Juillet 1895 — Valenciennes a bien mérité de la Patrie — Illustrations en Héliotypie de J. Delsart. *Valenciennes, P. et G. Giard*, 1895.

Album in-fº de 8 p. de t., suivies de 24 pl. en phototypie, contenant environ 60 fig. représentant les divers groupes et personnages de la cavalcade, à pied et à cheval.

CAVALCADES DE VIENNE (Isère).

Ville de Vienne — Cavalcade de bienfaisance, 16 Mai 1858. *Vienne, Imp. J. Timon*, 1858.

Broch. in-8º de 32 p.

L'opuscule contient 4 pièces de vers sur la cavalcade, signées J. Guillemaud, M. P., A. D. et J. Windeck.

Cavalcade de Bienfaisance à Vienne. Poésie par Raymond Laire. *Vienne...*, 1868.

Broch. in-8º de 30 p.

Je ne connais ce dernier ouvrage que par ce titre probablement inexact et, en tout cas, incomplet.

CAVALCADES DU MANS.

Ville du Mans. Dimanche 11 Juillet 1880. Grande Cavalcade historique de Bienfaisance. Entrée de Louis XIII et de Marie de Médicis en la Ville du Mans le 5 Septembre 1614. Panorama de la Cavalcade. *Le Mans, Imp. E. Lebrault*, (1880).

Album in-8º oblong contenant une longue pl. lith. à 2 teintes, se dépliant et représentant les 76 groupes ou per-

---

(1) Dinaux (Arthur-Martin), ancien magistrat, archéologue et historien français, 1795-1864.

sonnages isolés presque tous à cheval, qui prirent part à cette fête, avec 2 p. de t. au verso des couvertures.

Entrée solennelle du Roi Louis XIII et de Marie de Médicis en la ville du Mans, le 5 Septembre 1614. *Nouvelle Edition* publiée et annotée par l'Abbé Gustave Esnault, Pro-Secrétaire de l'Evêché, Correspondant du Ministère pour les Travaux historiques, Secrétaire de la Société historique et archéologique du Maine. *Le Mans, Typ. Edmond Monnoyer*, 1880.

Broch. in-12 de 78 p., plus un supplément de 8 p. donnant la composition et l'ordre de marche de la cavalcade. Le cortège est représenté par un graphique accompagné des noms des principaux acteurs. Frontispice se dépliant.

Album de la Cavalcade historique du 20 Juillet 1890 — Composition et Dessins de M. Alexandre Cottereau, couverture de M. A. Raoulx. *Le Mans, Imp. et Lib. T. Lebrault*, S. D. (1890).

Album in-4° de 1 p. de t. et 30 pl. représentant les différents groupes de la cavalcade, presque tous composés de cavaliers. Couvertures illustrées en couleurs, titre rouge et noir.

CAVALERIE — AIDE-MÉMOIRE.

Cavalerie — Aide-Mémoire de Campagne, par E. P. Avec 79 photogravures dans le texte et 1 planche hors texte. *Paris et Nancy, Berger-Levrault*, 1912.

1 vol. in-16 allongé de 192 p.

CAVALERIE (LA) ALLEMANDE, voy. SAINTE-CHAPELLE.

CAVALERIE (LA) ALLEMANDE DANS SA MARCHE SUR REZONVILLE.

— La Cavalerie Allemande dans sa marche sur Rezonville, par J. D. de F., ancien Elève de l'Ecole polytechnique. *Paris, L. Baudoin*, 1892.

Broch. in-8° de 16 p.

L'auteur de cet opuscule est M. Duval de Fréjacques (Jules-Célestin-Xavier-Auguste), officier du génie, né en 1853.

CAVALERIE (LA) ALLEMANDE SUR LA LOIRE.

La Cavalerie Allemande sur la Loire, 1870-1871, par le Commandant M. *Paris, R. Chapelot*, 1904.

Broch. in-8° de 80 p.

CAVALERIE (LA) A MADAGASCAR.

La Cavalerie à Madagascar, par le Capitaine de L***. *Paris, G. Kleiner*, S. D. (1901).

Broch. pet. in-8° de 13 p.

Voy., du même auteur, *Sport (Le) Hippique et l'Armée*.

CAVALERIE (LA) AMÉRICAINE, voy. CHABOT (J.-M.-E. DE).

CAVALERIE (LA) ARGENTINE.

La Cavalerie Argentine et la conquête de La Plata (Campagne de 1879-1880). *Paris et Nancy, Berger-Levrault*, 1887.

Broch. gr. in-8° de 22 p. avec 1 carte.

CAVALERIE (LA) AU CAMP DE CHALONS.

La Cavalerie au Camp de Châlons. *Paris, L. Baudoin*, 1890.

Broch. in-8° de 16 p.

CAVALERIE (LA) AU TONKIN.

La Cavalerie au Tonkin — Extrait du *Journal des Sciences militaires* (Février 1885). *Paris, L. Baudoin*, 1885.

Broch. in-8° de 16 p.

CAVALERIE (LA) AUX GRANDES MANŒUVRES.

La Cavalerie aux Grandes Manœuvres de 1887. *Paris, L. Baudoin*, 1888.

Broch. in-8° de 23 p.

Opuscule écrit d'un style alerte dans lequel l'auteur défend avec esprit la cavalerie contre les critiques passionnées dont elle fut l'objet aux manœuvres de 1887.

CAVALERIE (LA) AUX MANŒUVRES DE 1912.

La Cavalerie aux Manœuvres

d'automne de 1912. *Nancy et Paris, Berger-Levrault*, 1913.
Broch. in-8° de 35 p. Extrait de la *Revue de Cavalerie*, Janvier 1913.

CAVALERIE (LA) AUX MANŒUVRES DU CAMP DE CHALONS.

La Cavalerie aux Manœuvres du Camp de Chalons en 1888, par un Officier de Cavalerie. *Paris, L. Baudoin*, 1889.
Broch. in-8° de 48 p. avec 2 croquis d. l. t.

CAVALERIE (LA) DANS LA GUERRE FUTURE.

A l'issue des Manœuvres du Centre de Septembre 1908 — La Cavalerie dans la Guerre future, par un Colonel de Cavalerie. *Paris, R. Chapelot*, 1909.
Broch. in-8° de 53 p.

CAVALERIE (LA) DES ANCIENS.

La Cavalerie des Anciens et la Cavalerie d'Aujourd'hui. *Paris et Limoges, Henri Charles-Lavauzelle*, S. D. (vers 1896).
1 vol. in-18 de 117 p.

CAVALERIE DIVISIONNAIRE, voy. LA COTE (P. DE).

CAVALERIE (LA) EN AVANT DES ARMÉES.

La Cavalerie en avant des Armées, par un Officier supérieur de Cavalerie breveté d'Etat-Major. *Paris et Limoges, Henri Charles-Lavauzelle*, 1893.
1 vol. in-8° de 136 p.
L'auteur de cet ouvrage est M. Gouget (Henri-Etienne-Espérance), officier de cavalerie français, né en 1852.
Pour un autre ouvrage portant le même titre, voy. Chabot (J.-M.-E. de).

CAVALERIE EN CAMPAGNE, voy. CHERFILS.

CAVALERIE (LA) EN CENT PAGES.

La Cavalerie en cent pages — Petit Manuel illustré du Cavalier, par l'Auteur de « La Cavalerie en un volume » (Ce manuel contient tout ce que le Cavalier doit savoir). *(Nancy et Paris) Marc Imhaus et René Chapelot*, 1913 (1).
1 vol. in-12 de 135 p. avec nombreuses fig. d. l. t.

Même ouvrage, même titre. *(Nancy et Paris) Marc Imhaus et René Chapelot*, 1914 (2).
1 vol in-12 de 141 p. avec nombreuses fig. d. l. t.

CAVALERIE (LA) EN LIAISON AVEC L'INFANTERIE.

La Cavalerie en liaison avec l'Infanterie (par un Officier de Cavalerie). (Extrait de la *Revue d'Infanterie.*) *Paris et Limoges, Henri Charles-Lavauzelle*, 1890.
Broch. in-8° de 15 p. La couverture porte 1891.

CAVALERIE (LA) EN LIAISON AVEC L'INFANTERIE.

La Cavalerie en liaison avec l'Infanterie. *Paris et Nancy, Berger-Levrault*, 1899.
Broch. gr. in-8° de 44 p. Extrait de la *Revue de Cavalerie*.

CAVALERIE (LA) EN UN VOLUME.

Cette publication, dont la 1ʳᵉ édᵒⁿ a paru à la fin de 1911, avec le millésime 1912, a remplacé le *Manuel de l'Elève Brigadier et des Gradés de la Cavalerie* (voy. ce titre) qui a cessé de paraître en 1911.

La Cavalerie en un Volume — Manuel d'Instruction militaire à l'usage des cavaliers, élèves-brigadiers, brigadiers, sous-officiers, élèves officiers de réserve, candidats aux Ecoles de Sᵗ-Cyr et de Saumur — *Nouvelle édition* (3) refondue et mise à jour. *Paris, R. Chapelot*, 1912.
1 vol. in-16 de 4 fᵗˢ limʳᵉˢ et 1028 p., avec 1 pl. h. t. en couleurs pour les fanions et très nombreuses fig. d. l. t.

Même ouvrage, même titre — *Nouvelle édition* refondue et mise

---

(1) A paru en 1912.
(2) A paru en 1913.
(3) C'est une nouvelle édᵒⁿ du *Manuel de l'Elève Brigadier et des Gradés de Cavalerie*, mais c'est la 1ʳᵉ sous ce titre.

à jour. *Paris et Nancy, Marc Imhaus et René Chapelot*, 1914.
1 vol. in-16 de 2 f^{ts} et 1084 p. avec 2 pl. en couleurs h. t. pour les fanions et pour les uniformes allemands et très nombreuses fig. d. l. t.

CAVALERIE ET COSAQUES.
Règlement de 1884 pour les détachements à pied de Cavalerie et de Cosaques, rectifié conformément aux Ordonnances du Ministère de la Guerre du 12 Mai 1885 et 8 Décembre 1889, avec cinq figures dans le texte. Extrait de la *Revue Militaire Universelle*. *Paris et Limoges, Henri Charles-Lavauzelle*, 1895.
Broch. in-8° de 75 p.

CAVALERIE (LA) ET L'ARTILLERIE.
La Cavalerie et l'Artillerie en face de l'armement actuel de l'Infanterie. *Paris, L. Baudoin*, 1892.
Broch. in-12 de 77 p.

CAVALERIE (LA) ET LE CANON.
La Cavalerie et le Canon; par l'auteur de la Physionomie de la Bataille future (V. B.). *Nancy et Paris, Berger-Levrault*, 1903.
Broch. in-8° de 20 p.

CAVALERIE (LA) ET L'ÉCOLE EXOTIQUE.
La Cavalerie et l'École exotique. *Paris et Nancy, Berger-Levrault*, 1903.
Broch. gr. in-8° de 40 p.

CAVALERIE (LA) ET LE SERVICE D'EXPLORATION.
La Cavalerie et le Service d'Exploration — Extrait du *Journal des Sciences Militaires* (Février 1879). *Paris, J. Dumaine*, 1880.
Broch. in-8° de 11 p. avec 1 carte.

CAVALERIE (LA) ET SES DÉTRACTEURS.
La Cavalerie et ses Détracteurs. *Paris et Nancy, Berger-Levrault*, 1907.
Broch. in-8° de 29 p.

CAVALERIE (LA) HIER ET AUJOURD'HUI.
La Cavalerie hier et aujourd'hui. *Paris et Nancy, Berger-Levrault*, 1909.
Broch. gr. in-8° de 91 p. (Extrait de la *Revue de Cavalerie*).

CAVALERIE (LA) INDÉPENDANTE.
La Cavalerie indépendante — Extrait de la *Revue d'Infanterie*. *Paris et Limoges, Henri Charles-Lavauzelle*, 1889.
Broch. in-8° de 70 p.
L'auteur étudie le rôle de la cavalerie indépendante : 1° pendant la période de mobilisation, 2° après que les hostilités sont engagées.

CAVALERIE(LA) ITALIENNE, voy. CAVALERIES (LES) ÉTRANGÈRES.

CAVALERIE (LA) POUR LA GUERRE MODERNE.
La Cavalerie pour la guerre moderne. *Paris, L. Baudoin*, 1890.
Broch. in-8° de 39 p. avec 2 cartes indiquant les emplacements des divisions de cavalerie dont l'organisation est demandée par l'auteur, et leurs voies de mobilisation.

CAVALERIE (LA), SA SITUATION...
La Cavalerie, sa situation actuelle et son amélioration prochaine. *Bruxelles et Leipzig, Émile Flatau*, 1863.
1 vol. gr. in-8° de 129 p.
L'auteur étudie la tactique, le recrutement, la remonte, l'instruction, le harnachement, l'armement, etc. L'ouvrage, dont l'auteur est un officier belge, concerne principalement la cavalerie belge.

CAVALERIE — SERVICE D'EXPLORATION.
Cavalerie — Service d'Exploration et de Sûreté, par...***. *Paris, L. Baudoin*, 1884.
Broch. in-8° de 68 p. (Extrait du *Journal des Sciences militaires*, Juin-Juillet 1884.)

CAVALERIES (LES) ÉTRANGÈRES.
Les Cavaleries étrangères — La Cavalerie Italienne — Histoire,

organisation, recrutement, avancement, administration, instruction et discipline, par G. R., Capitaine breveté de cavalerie, avec 56 gravures. *Paris et Nancy, Berger-Levrault*, 1898.

1 vol. gr. in-8° de 208 p.

Les pl. représentent des uniformes, le maniement d'armes, l'équitation et les manœuvres.

L'auteur de cet ouvrage est M. Reynaud (Jean-Gabriel-Irénée), officier de cavalerie français, né en 1860.

CAVALIER (LE) AU SERVICE EN CAMPAGNE.

Le Cavalier au Service en campagne — Une méthode d'Instruction — Traduit de l'Allemand, par B***, Lieutenant au 10e Chasseurs. *Paris, L. Baudoin*, 1891.

Broch. in-12 de 84 p., plus, à la fin, 12 f[ts] non ch. pour les appendices, croquis, modèles de rapports et la table des matières.

Le traducteur est M. Baudran (Louis-Joseph), officier de cavalerie français, né en 1858, sous-lieutenant en 1884, lieutenant en 1888.

CAVALIN (Ernest-Jean-Marie).

Vétérinaire militaire français, né en 1851, diplômé de Toulouse en 1874, vétérinaire-major en 1902.

Considérations hygiéniques et médicales sur le transport par mer des Animaux domestiques, par Ernest Cavalin, Médecin-Vétérinaire. *Toulouse, Imp. Louis Lupiac*, 1874.

Broch. in-8° de 57 p.

Thèse pour l'obtention du diplôme. Concerne principalement le cheval.

CAYLA (Charles).

Médecin suisse.

Faculté de Médecine de Paris — Thèse pour le Doctorat en Médecine présentée et soutenue le 13 Août 1839 par Ch. Cayla de Genève (Suisse). Observations d'Anatomie microscopique sur le Rein des Mammifères, mais plus particulièrement sur celui du Porc et du Cheval. — (Le Candidat répondra aux questions qui lui seront faites sur les diverses parties de l'Enseignement médical.) *Paris, Imp. de Rignoux*, 1839.

Broch. in-4° de 48 p. avec 1 pl. contenant 5 fig. lith. dessinées par l'auteur, dont 2 concernent le cheval. Dédicace d'usage de l'auteur à ses parents et au Dr Prévost (de Genève).

CAZALAS (J.-Arthur).

Vétérinaire français, diplômé de Toulouse en 1868.

Ecole Impériale Vétérinaire de Toulouse — De l'Aération permanente des Habitations des Animaux par J.-Arthur Cazalas, né à Saverdun (Ariège). Thèse pour le diplôme de Médecin Vétérinaire. *Toulouse, Imp. J. Pradel et Blanc*, 1868.

Broch. in-8° de 43 p. Dédicace d'usage aux parents et professeurs de l'auteur.

Concerne en grande partie le cheval.

CAZALBOU (Léon-Bernard).

Vétérinaire militaire français, né en 1866, diplômé de Toulouse en 1887, vétérinaire en 1er en 1906.

Les Trypanosomiases de l'Afrique occidentale, par le Vétérinaire en premier L. Cazalbou, du 10e Régiment d'artillerie, Membre correspondant de la Société centrale de Médecine vétérinaire, de la Société de Pathologie exotique, Lauréat de l'Académie des Sciences et du Ministère de la Guerre (Médaille d'Or, Concours 1909). *Paris et Limoges, Henri Charles-Lavauzelle*, S. D. (1910).

Broch. gr. in-8° de 76 p. avec 22 fig. d. l. t.

Concerne en grande partie le cheval. La brochure n'est pas mise en vente.

CAZE DE CAUMONT (Frantz).

Le Sport il y a cinquante ans, par Caze de Caumont. *Paris, Adolphe Legoupy; Lecaplain et Vidal, Succ[rs]*, 1905.

Broch. petit in-8° de 51 p.

Cet opuscule contient d'intéressants détails sur les courses, les champs de course et les manèges au milieu du XIXe siècle.

Lawn-Tennis — Golf — Croquet — Polo — Par MM. Paul Champ, F. de Bellet, A. Després, F. Caze de Caumont — 50 gravures — *Paris, Larousse*, S. D. (1911).

1 vol. in-8° de 80 p. avec 50 phototypies h. t.

L'article sur le Polo, dû à M. Caze de Caumont, occupe les p 65 à 75, avec 4 pl. Sur le Polo et ses règles, voy. aussi Miller (Ed.).

CAZENAVE (E.).

Vétérinaire français. diplômé de Toulouse en 1873.

Ecole nationale vétérinaire de Toulouse — Du bistournage chez les solipèdes, par E. Cazenave (du Vignau, Landes) — Thèse pour le diplôme de Médecin-vétérinaire présentée le 20 Juillet 1873. *Toulouse, Imp Paul Savy*, 1873.

Broch. in-8° de 35 p.

CAZENAVE DE LA ROCHE.

Médecin français.

De l'Equitation dans les Maladies de poitrine, par le Docteur Cazenave de La Roche. *Pau, Imp. et Lith. Veronese*, 1875.

Broch in-8° de 19 p.

Extrait du *Bulletin de la Société des Sciences, Lettres et Arts de Pau*, 2ᵉ Série, T. IV et tiré à 25 exemplaires.

C'est l'examen des effets physiologiques et thérapeutiques produits par l'équitation.

CAZENOVE (Quirin-Macaire-Arthur de).

Officier d'infanterie breveté français, né en 1861, sous-lieut' en 1883, chef de bat[on] en 1904.

La Cavalerie légère en France à la fin de l'ancien régime — Saxe-Hussards, par le Commandant de Cazenove, de l'Etat-Major du 15ᵉ Corps d'Armée — Avec 5 portraits et 1 gravure — *Paris et Nancy, Berger-Levrault*, 1908.

1 vol. gr. in-8° de 217 p.

CAZIN (D[r]).

Cas de Farcin chronique chez l'Homme, suivi de guérison. Observation recueillie par M. le Docteur Cazin, à Boulogne-sur-Mer (Extrait des *Travaux de l'Académie impériale de Reims* — 1856). *Reims, Imp. P. Regnier*, S. D. (1856).

Broch in-8° de 8 p.

Il s'agissait d'un homme employé dans une écurie de chevaux farcineux.

CÉCITÉ DES CHEVAUX.

Cécité des Chevaux — La Société d'Agriculture de Boulogne-sur-Mer à ses Correspondans et aux principaux Cultivateurs du département. *Boulogne, Imp. Le Roy-Berger*, Juin 1813.

Broch. in-8° de 7 p.

Hurtrel d'Arboval (voy. ce nom), voulant faire un travail général sur la cécité des chevaux, avait adressé, sur cet objet, à de nombreuses sociétés d'agriculture, un questionnaire détaillé. Celle de Boulogne reproduit ce questionnaire en le faisant suivre d'observations d'Hurtrel d'Arboval sur la manière de répondre à ses questions et y ajoute une note pour ses correspondants, signée Wissocq, Président et Demarle, Secrétaire.

CELIÈRES (Eugène).

Avocat, archiviste du dép' de Tarn-et-Garonne, puis sous-préfet de Prades et de Lavaur, 1821-...

Manuel de la Police du Roulage à l'usage des Propriétaires, des Voituriers, des Agents chargés de constater les contraventions, par Eugène Célières, Avocat, Archiviste du Département. *Montauban, Lapie-Fontanel*, 1848.

Broch. in-8° de 72 p. dont v pour la préface, avec 2 tableaux se dépliant.

Cet opuscule n'est cité qu'à cause de son titre, car il ne concerne guère que la forme, le poids, les dimensions des voitures, celles des essieux et des jantes, les déclarations et plaques, mais il n'y est pas question des règlements de voirie pour la conduite des voitures.

Traité pratique de l'Impôt des Voitures et des Chevaux — Nouvelle Edition contenant, avec le texte annoté de la loi nouvelle, les textes maintenus de la loi du 2 Juillet 1862, les décisions du conseil d'Etat qui ont conservé leur application ainsi que les règles à suivre et les formules-modèles pour chaque nature de réclamations, par E. Célières, Sous-Préfet de Lavaur (Tarn), Chevalier de la Légion d'Honneur — Prix 1 franc — L'ouvrage sera envoyé franco sur demande par lettre affranchie et contenant 1ᶠ en timbres-poste. — *Lavaur, Imp. Vidal; Paris, Lib. Muzard*, 1872.

Broch. in-8° de 31 p.

La Loi de 1862 avait donné lieu à de

telles difficultés d'application que l'impôt sur les voitures et les chevaux était resté presque improductif et avait été finalement abandonné en 1865. Le même résultat s'est produit quand l'Assemblée nationale a remis la loi en vigueur en 1872 ; l'Assemblée l'a alors modifiée et ces modifications sont l'objet de la brochure qui contient aussi les anciens articles maintenus.

Le 1re édon, qui ne contenait pas ces modifications, avait paru l'année précédente. Je n'ai pu la rencontrer jusqu'ici. Voy. sur le même sujet *Deshaires*.

CELLIER (Camille).

Deux ans aux Dragons. Souvenirs d'un Volontaire, par Camille Cellier. *Paris, C. Dillet*, 1881.

1 vol. in-12 de 358 p.

Même ouvrage — *2e Edition* — *Paris, C. Dillet*, 1883.

Sans changement.

Tableau humoristique de la vie militaire dans un régiment de cavalerie.

CELLIER (Jacques).

Avocat à Paris.

Faculté de droit de Paris — Des paris sur les Courses de Chevaux. Étude de droit civil et de droit pénal — Thèse pour le Doctorat présentée et soutenue le jeudi 14 juin 1900 à 2 h. 1/2 par Jacques Cellier — Président : Saleilles, professeur — Suffragants : MM. Le Poittevin, professeur, Colin, professeur. *Paris, Jouve et Boyer, imprimeurs*, 1900.

1 vol. in-8° de 210 p.

Outre la question juridique traitée, l'ouvrage contient un historique des courses à l'introduction et une bibliographie sportive à la fin.

CELLIER (LE P. Réginald-Laurent).

Jésuite et poète latin, xviiie siècle.

Ludovici Magni Equus Triumphalis Œneus Divione dedicatus, Jussu et Auspiciis Serenissimi Principis Ludovici Ducis Borbonii Principis Condæi. *Divione, Typis Typographi Regii*, 1725.

Broch. in-16 de 31 p., signée Regn. Laur. Cellier, de la Compagnie de Jésus.

L'ouvrage se compose d'un petit poème latin et de sa traduction en vers français.

Il concerne une statue équestre élevée à Louis XIV, à Dijon, par les soins du prince Louis-Henri de Bourbon (1) et détruite à la Révolution. Le cheval sur lequel était représenté le roi est l'objet d'une description, et c'est à ce titre que l'opuscule est cité ici.

CENTAURE (LE) (*Périodique*).

Le Centaure, Revue illustrée du Sport, de la Vénerie, de l'Agriculture et des Arts, avec de magnifiques Photolithographies coloriées faites d'après nature. *Paris, Bureaux et Administration Léon Crémière, 28, Rue de Laval*, 1866.

Ce journal, remarquablement illustré, a paru mensuellement depuis le 1er Janvier 1866, par fascicules, in-f° de 16, puis de 12 p. et formait annuellement un vol. de 150 à 200 p. Le dernier n° que j'aie rencontré est celui de Décembre 1869. Peut-être quelques nos ont-ils encore paru au commencement de 1870, mais en tout cas c'est en cette année qu'a cessé la publication de ce recueil dans lequel les questions hippiques tenaient une large place.

Il ne faut pas le confondre avec une publication purement littéraire qui avait pris le même nom.

CE QUE DOIT ÊTRE UN RÉGIMENT DE CAVALERIE.

Ce que doit être un Régiment de Cavalerie — *Nancy, Imp. Berger-Levrault*, S. D. (1899).

Broch. gr. in-8° de 8 p. (Extrait de la *Revue de Cavalerie*.)

CE QUE L'ON DIT DANS LA CAVALERIE.

Ce que l'on dit dans la Cavalerie, S. L. N. D. *ni nom d'imprimeur*.

Broch. in-8° de 20 p., anonyme.

Cet opuscule a dû être imprimé vers 1879 ou 1880. L'auteur en est certainement un officier de cavalerie. Il demande d'importantes réformes, en particulier la création de deux nouvelles divisions de

(1) Louis-Henri, prince de Condé, connu sous le nom de duc de Bourbon ou « M. le Duc », arrière-petit-fils du grand Condé, gouverneur de Bourgogne, fut premier ministre du jeune Louis XV à la mort du Régent, de 1723 à 1726. On lui doit les embellissements de Chantilly et notamment la construction des majestueuses écuries, ainsi que la création de la manufacture de porcelaines. C'est son fils qui commanda l'armée des émigrés pendant la Révolution. 1692-1740.

cavalerie, une diminution considérable du nombre d'officiers dans les régiments, etc. Opuscule très rare.

CERBELAUD (René).
Pharmacien chimiste français.

Manuel vétérinaire ou Formulaire des Médications rationnelles et des Remèdes secrets (conforme au Codex 1908), par René Cerbelaud, Pharmacien-Chimiste, ancien Interne des hôpitaux de Paris, ex-Interne des Asiles de la Seine, Médaille de Vermeil (Prix de Chimie), ancien Élève de l'Institut Pasteur, ex-Chimiste expert de la Ville de Paris. — Prix 14 fr. — *En vente chez M. Cerbelaud, Pharmacien, Paris*, 1910.

1 vol. in-18 de 1290 p.
Outre les généralités dont un grand nombre lui sont applicables, l'ouvrage contient sur le cheval un chap. spécial, p. 359 et suiv., avec 2 fig. : hippologie, alimentation, principales maladies, vices rédhibitoires, etc.

CÈRE (Emile).
Littérateur et député français, né en 1863.

Madame Sans-Gêne et les femmes soldats, 1792-1815, par Emile Cère. *Paris, Plon, Nourrit et C*ie, S. D. (1894).

1 vol. in-12 de 320 p.
La plupart des héroïnes de ce livre servaient dans la cavalerie, et c'est à ce titre que l'ouvrage est cité ici. Il contient en particulier un résumé de l'histoire de Thérèse Figueur, dragon aux 15e et 9e régiments, dont la biographie détaillée a été écrite par St Germain Leduc (voy. ce nom). M. Emile Cère a écrit une préface pour la 2e édon de cet ouvrage.

CÉRÉMONIES ET FÊTES... A BRUXELLES, (1853).

Cérémonies et Fêtes du Mariage de S. A. R. Monseigneur le Duc de Brabant et de S. A. I. Madame Marie-Henriette-Anne, Archiduchesse d'Autriche, célébré à Bruxelles, le 12 Août 1853. *Bruxelles, Jules Géruzet*, 1853.

1 vol. gr. in-fo de 30 p. plus 1 ft de table, avec 20 pl. presque toutes en couleurs, par Toovey, d'après H. Hendricks. Dédicace de Jules Géruzet à LL. AA.

Mgr le Duc et Madame la Duchesse de Brabant.
La partie principale de ces fêtes était une brillante cavalcade historique représentée par les 14 dernières pl., toutes en couleurs, bien dessinées et très soignées.
La description en est donnée aux p. 26, 27 et 28.
Bel ouvrage devenu rare.
Il s'agit du mariage de Louis-Philippe-Marie-Victor, alors duc de Brabant, qui devint roi des Belges sous le nom de Léopold II, 1835-1909, et de la princesse Marie-Henriette-Anne d'Autriche, fille de l'archiduc Joseph-Antoine-Jean, Palatin de Hongrie, 1836-1902.
Pour une autre fête historique célébrée à la même occasion, voy. *Cavalcades de Bruges.*

CÉRÉMONIES ET FÊTES... A BRUXELLES (1856).

Cérémonies et Fêtes qui ont eu lieu à Bruxelles, du 21 au 23 Juillet 1856, à l'occasion du XXVe Anniversaire de l'Inauguration de Sa Majesté le Roi Léopold 1er, précédé d'un Résumé historique des vingt-cinq premières années du Règne du Roi, par André Van Hasselt. *Bruxelles, Jules Géruzet*, 1856.

Album gr. in-fo de 41 p. de texte, avec 1 portrait du Roi, 1 frontispice dessiné et lith. par Jules Helbig, et 23 pl. coloriées, dont 2 doubles, dessinées et lith. par Gerlier, Simonau, Edwin Toovey, Claessens, Léon Suys et Canelle. Dédicace de l'éditeur Jules Géruzet au Roi.
La partie principale de ces belles fêtes était une cavalcade comme savent les organiser nos voisins et représentée dans les 17 dernières pl., cortèges de cavaliers, chars attelés, etc.
Pour les fêtes du 50e anniversaire, voy. *Tournoi de Chevalerie.*

CERSOY (Joseph-Marie-Abel), traducteur.
Officier de cavalerie français, 1838-1905. Sous-lieutnt en 1859, colonel en 1892, retraité en 1898.

Publication de la Réunion des Officiers — Règlement d'Exercices et d'Évolutions pour la Cavalerie Italienne, 1872. Traduit de l'Italien par A. Cersoy, Capitaine au 19e de Dragons. *Paris, J. Dumaine*, 1874.

1 vol. in-16 de vii-155 p. avec 23 croquis de formations d. l. t.

CERTAMEN EQUESTRE.

Certamen. Equestre cæteraque Solemnia Holmiæ Suecorum (1) Ao 1672 M. Decbr. celebrata cum Carolus XI omnium cum applausu Aviti Regni Regimen capesseret.

Ce titre est dans un joli frontispice gravé par G.-C. Eimmart (2) de Nuremberg qui contient le portrait du Roi de Suède Charles XI (3) en buste, entouré d'amours qui portent les attributs de la royauté. Le titre imprimé suit :

Certamen Equestre cæteraque Solemnia celebrata Holmiæ Suecorum anno 1672 Mense Decembri cum Serenissimus & Potentissimus Princeps ac Dominus Carolus XI Aviti Regni Regimen omnium cum applausu capesseret. *Holmiæ, Litteris Joh. Georg. Eberdt,* S. D.

Album in-f° obl. de 2 f[ts] pour les titres gravé et imprimé. Au verso de ce dernier, dédicace de David Klöcker Ehrenstrahl (4), « Serenissimo Potentissimoque Domino, Domino Carolo XI, Suecorum, Gothorum, Vandalorumque Regi... etc., etc. ». (L'énumération de ses titres et possessions remplit la page entière.) Le texte, qui donne le détail du défilé, les noms et qualités des cavaliers et des juges, ainsi que le récit de l'exécution du carrousel, comprend 13 p. à 2 col. et est suivi de 62 pl.

Les 4 premières pl. n'ont pas de caractère hippique, mais, de la 5e à la 59e, elles représentent les seigneurs qui prirent part au carrousel, précédés et suivis de musiciens, de timbaliers, d'écuyers,

etc., tous à cheval. De plus, les princes et les hauts dignitaires sont suivis de nombreux chevaux de main, richement harnachés, conduits par des palefreniers à pied, dont plusieurs nègres. On sait qu'à cette époque, lors des fêtes et entrées solennelles, les grands seigneurs tenaient à honneur de faire admirer les chevaux de leurs écuries et le luxe de leurs harnachements.

La légende de chaque pl. donne le nom et les fonctions des personnages représentés. Le jeune Roi — qui naturellement obtint le 1er prix — figure dans le cortège, suivi d'une escorte imposante. On y voit aussi de nombreux Turcs, dont un debout sur sa selle. Mais, contrairement à ce qui passait dans les pays catholiques, on n'y voit aucun personnage ecclésiastique.

La pl. 60 représente l'arène où devait avoir lieu le carrousel « Locus ad certamen paratus ». Un chevalier y est entré et d'autres attendent leur tour. Le texte nous apprend qu'il fallut éclairer l'enceinte par des milliers de lumières qui firent briller du plus vif éclat les pierreries et les ornements d'or et d'argent dont les cavaliers étaient couverts.

La pl. 61 représente la salle du festin remplie d'une foule considérable. Ces 2 pl. se déplient, ainsi que l'une des 4 premières (1).

Ouvrage très rare, surtout complet.

CERVIER (L.-D.-F.).

Maréchal expert français. Commencement XIXe siècle.

Le Manuel ou le Trésor du Bouvier et des Bergers, suivi du Guide du Maréchal-Expert; Ouvrage indispensable aux Fermiers, aux Laboureurs et aux Marchands de Bestiaux. Contenant : 1° Un Traité sur les bêtes à cornes, sur les soins à leur donner, sur les maladies auxquelles elles sont sujettes et sur les remèdes à leur administrer ; 2° Un Traité sur les bêtes à laine, sur les chèvres et les cochons, rédigé dans les mêmes principes ; 3° Un Traité sur les Chevaux, dans lequel on développe les secrets de l'art vétérinaire, pour obvier à toutes les maladies de ces animaux. Par L. D. F. Cervier, Maréchal-

---

(1) Holmia Suecorum — Stockholm.

(2) Eimmart (Jean-Christophe) le jeune, peintre et graveur, élève de son père (qui portait les mêmes prénoms que lui) et de Sandrart, 1638-1705.

(3) Charles XI, qui monta sur le trône de Suède en 1660, gouverna par lui-même en 1672. Il avait alors 17 ans. Les fêtes dont l'ouvrage donne la description furent célébrées en l'honneur de cet événement. Il est mort en 1697, laissant à son fils un royaume riche, puissant et prospère.

(4) Klöcker von Ehrenstrahl (David), peintre et graveur, élève de P. Rerettini, né à Hambourg en 1629, mais établi plus tard en Suède où il mourut en 1698. Il est presque certain que Eimmart et lui sont non seulement les graveurs, mais les dessinateurs des pl. du *Certamen.* Klöcker serait l'auteur des pl. de décorations et de feux d'artifice, et Eimmart celui des chevaux et des cavaliers. Le catalogue de la Bib. Huzard (T. III, n° 4903) attribue ces pl. à Théodore Rehbenitz, mais l'erreur est certaine, car Rehbenitz naquit 120 ans plus tard.

(1) Les mots Certamen Equestre peuvent aussi bien se traduire par *Tournoi* que par *Carrousel.* Mais certains détails du texte indiquent qu'il s'agit d'un carrousel.

Expert. Cet ouvrage est terminé par un Traité sur la manière d'élever et de soigner les abeilles, rédigé d'après les instructions des personnes les plus versées dans cette partie. Orné de 12 gravures. *Paris, Locard et Davi*, 1819.

1 vol. in-12 de 310 p. dont viii pour les titres et la préface avec 4 pl. gravées contenant chacune 3 fig. Les p. 167 à 268, avec 1 pl., traitent du cheval.

Même ouvrage, même titre. *Paris, Locard et Davi*, 1821.

1 vol. in-12 de 288 p. avec les mêmes pl.

Le texte est le même que dans l'éd^{on} précédente. Dans celle-ci, les p. 164 à 252, avec 1 pl., traitent du cheval.

Médiocre ouvrage de colportage.

CESBRON-LAVAU (Jules-Henri-René).

Officier de Cavalerie français, né en 1863, sous-lieut^t en 1888, capitaine en 1903, retraité en 1913.

La Guerre à Cheval moderne. Mitrailleuses de Cavalerie par Jules Cesbron-Lavau, Capitaine Commandant au 15e Dragons. *Angers, J. Siraudeau*, 1908.

2 vol. in-8° de xxviii-657 et xviii-923 p., plus 6 f^{ts} non ch. à la fin du T. II, et très nombreuses fig. d. l. t.

CHABANNES (Jean-Baptiste-Marie-Frédéric, MARQUIS DE).

Homme politique français, 1770-1851.

Après avoir été officier, il émigra en 1790, servit à l'armée des Princes jusqu'à son licenciement, passa en Angleterre où il s'occupa d'entreprises industrielles, rentra en France en 1802 et organisa un service de voitures publiques qu'il appela *Vélocifères* ; c'est à cette entreprise qui sombra et qui força le Mis de Chabannes à passer en Angleterre, que se rapportent les 2 broch. décrites ci-dessous. En 1814, il devint aide de camp de Louis XVIII, retourna en Angleterre, pendant les Cent-Jours et fut pair de France de 1815 à 1830. Sous la Restauration et sous le gouvernement de Juillet, il harcela tous les ministres de brochures, de chansons, d'épigrammes, d'articles de journaux en nombre prodigieux (1).

Mémoire sur les Voitures publiques et sur le moyen de soutenir les postes. S. L. N. D. *ni nom d'imprimeur* (vers 1806).

Broch. in-4° de 53 p. (signature manuscrite dans l'exemplaire que je connais).

Mémoire sur les Voitures publiques et sur le moyen de soutenir les Postes, par J. F. de Chabannes, propriétaire de l'Entreprise des Vélocifères. *Paris, Imp. de N. Renaudière*, An 1806.

Broch. in-4° de 61 p.

Même texte que celui de la précédente broch., avec quelques légères modifications et un ordre différent dans les matières traitées.

L'auteur expose les causes de la ruine de son entreprise et formule des propositions pour relever l'industrie des transports par terre. L'ouvrage traite surtout de la construction des voitures et des frais d'exploitation de ces entreprises. Mais il y a aussi des passages sur leurs frais et leurs bénéfices en ce qui concerne les chevaux et sur la manière la plus avantageuse de les utiliser pour les relais. C'est à ce titre que j'ai cité cet opuscule (1).

CHABANNES LA PALICE (Alfred-Jean-Edouard DE).

Maréchal de camp français (cavalerie), 1799-1868.

Entré au service aux Gardes du Corps (comp^{ie} de Luxembourg), en 1814, chef d'Escadrons en 1830, Colonel en 1837, Maréchal de camp en 1845, retraité en 1848. Il avait été officier d'ordonnance du Roi en 1832 et aide de camp du Roi en 1840. Campagne d'Anvers et 4 campagnes en Afrique où il avait obtenu 4 citations.

De la Cavalerie en Afrique par M. A. de Chabannes, Lieutenant-Colonel au 3e Régiment de Chasseurs d'Afrique (Extrait du *Spectateur Militaire*). *Paris, Paul Renouard*, 1835.

Broch. in 8° de 26 p.

C'est un bon travail, auquel l'expérience personnelle de l'auteur donne une véritable autorité.

CHABAS (François-Joseph).

Egyptologue français, 1817-1882.

Etudes sur l'Antiquité historique d'après les sources égyptiennes et

---

(1) Les titres de ces pamphlets occupent plusieurs pages du Catalogue de la Bib. Nat^{le}.

(1) Non cité par le Cte de Contades dans son *Driving en France*.

les monuments réputés historiques. *Deuxième Edition,* revue et augmentée, avec 6 Planches et 260 Figures dans le texte, par F. Chabas, Correspondant de l'Académie des Inscriptions et Belles Lettres, Membre de l'Académie Royale Néerlandaise, de l'Académie d'Archéologie de Belgique, de la Société Royale de Littérature et de la Société d'Archéologie biblique de Londres, de la Société Philosophique Américaine de Philadelphie, de l'Institut de Correspondance archéologique de Rome, de l'Institut Égyptien d'Alexandrie, de la Société Nationale des Antiquaires de France, etc., etc. *Paris, Maisonneuve,* 1873.

1 vol. in-8° de VIII-606 p. avec les pl. et fig. annoncées au titre.

La 1re éd°n, un peu moins complète, et sur laquelle je suis sans renseignement, aurait paru la même année.

Le Chap. VII, de la p. 421 à 457, est intitulé *Le Cheval chez les Egyptiens.* On y trouve des détails sur la production, l'éducation, l'emploi, le prix et l'époque de l'introduction du cheval en Egypte et plusieurs fig. sur ce sujet.

L'auteur pense que malgré l'absence de toute trace de représentation du cheval avant le *Nouvel Empire,* cet animal était en usage en Egypte avant l'invasion des Hyksos ou Pasteurs, qui asservirent l'Egypte pendant plusieurs siècles, entre la XVIIe et la XVIIIe dynastie. M. Piétrement (voy. ce nom) est d'un avis contraire et pense que le cheval, inconnu en Egypte avant l'invasion des Hyksos, y a été introduit par eux.

CHABBERT (Gaston).
Publiciste français, né en 1860.

Notes sur l'Exposition Militaire de 1889 à l'Esplanade des Invalides, suivies de la composition des commissions, comités et Jurys militaires de l'Exposition universelle de 1889, de la liste des Exposants de la Classe LXVI de l'Exposition avec l'indication des objets exposés, la localisation des emplacements et la récompense qui a été décernée aux Exposants par le Jury de la Classe ; de la liste des Collaborateurs, Contremaîtres et Ouvriers des Exposants récompensés par ce Jury ; de la liste des Exposants de la Section V « Arts Militaires »; de l'Exposition rétrospective du Travail et des Sciences anthropologiques ; de la liste des Architectes, Artistes et Entrepreneurs des Bâtiments de l'Exposition militaire et de Renseignements divers sur l'administration de cette Exposition, le fonctionnement de ses services, ses emplacements et son budget, par Gaston Chabbert. *Paris, Paul Dupont,* 1891.

1 vol. in-4° de 2 fts pour le titre et l'Avant-propos et 132 p., avec très nombreuses pl. à pleine p. et fig. d. l. t.

L'ouvrage concerne en grande partie la cavalerie : service, modèles, maréchalerie, harnachement, équipement, armement, historiques, portraits de cavaliers célèbres, etc., etc.

Ouvrage intéressant et devenu rare.

CHABERT (Philibert).
Vétérinaire français, 1737-1814.

Fils d'un maréchal-ferrant, fut d'abord élève de Lafosse (voy ce nom). Pendant la guerre de Sept ans, il fut attaché, comme maréchal, à la maison du prince de Condé ; après la paix, en 1763, il entra à l'Ecole vétérinaire de Lyon, puis fut appelé, par Bourgelat, à celle d'Alfort où il fut nommé successivement professeur de maréchalerie, des maladies et opérations, puis inspecteur des études et enfin, en 1780, directeur et inspecteur général des Ecoles royales vétérinaires. Il devint aussi correspondant de l'Institut. Pendant la Terreur, dénoncé par un ouvrier de Maisons, à cause de ses relations amicales avec la famille de Luxembourg, il fut emprisonné. Mais Girard (voy. ce nom), un de ses élèves, réussit à obtenir de Couthon de faire l'oubli sur lui, puis, au 9 Thermidor, à le faire relâcher, par l'entremise de Bourdon de l'Oise. Chabert reprit alors ses fonctions de directeur à Alfort et les conserva jusqu'à sa mort.

Ecoles royales vétérinaires — Description et traitement du Charbon dans les Animaux. Par M. Chabert, Directeur & Inspecteur général des Ecoles royales vétérinaires, etc. *Paris, de l'Imp. Royale,* 1780.

Broch. in-4° de 28 p.

Traité du Charbon ou Anthrax dans les Animaux. Par M. Chabert,

CHA — 244 — CHA

Directeur & Inspecteur général des Ecoles royales vétérinaires de France, Correspondant de la Société royale de Médecine, &a. *Paris, de l'Imp. Royale,* 1782.

1 vol. in-8° de 109 p.

Cette éd°ⁿ est considérablement augmentée.

Même ouvrage, même titre. *Paris, de l'Imp. Royale,* 1783.

1 vol. in-8° de 140 p.

Cette éd°ⁿ contient quelques additions.

Même ouvrage, même titre. *Paris, de l'Imp. Royale,* 1786.

Ed°ⁿ identique à la précédente.

Traité du Charbon ou Anthrax dans les Animaux, par M. Chabert, Directeur & Inspecteur général des Ecoles Royales Vétérinaires de France, Associé des Sociétés Royales d'Agriculture de Paris, des Arts & des Sciences du Cap François, Correspondant de celle de Médecine, &c. — *Septième Edition* — (1) *A Paris, chez la veuve Vallat-la-Chapelle, Libraire, Grand'Salle du Palais,* 1790.

1 vol. in-4° de 150 p.

Dans cet ouvrage, Chabert nous apprend à quelle hygiène déplorable étaient soumis les animaux agricoles : on peut s'étonner qu'un seul y ait survécu. Les rapports établis par quelques vétérinaires locaux et surtout par les élèves d'Alfort envoyés en mission nous renseignent sur les causes des terribles épizooties qui désolaient alors l'agriculture et l'élevage en France.

Almanach Vétérinaire. 1782.

C'est en 1782 que parut la 1ʳᵉ éd°ⁿ (in-12) de l'*Almanach Vétérinaire,* réédité sous le même titre en 1792 (in-8°) et qui prit ensuite celui de *Instructions et Observations sur les Maladies des Animaux domestiques...* etc. Chabert en

(1) Cette éd°ⁿ contient un avertissement qui est très probablement rédigé par Huzard, et qui donne l'historique des diverses éd°ⁿˢ de l'ouvrage. On y compte sa 1ʳᵉ publication dans le *Journal d'Agriculture,* en Juin-Juillet 1779 et sa reproduction dans l'*Almanach Vétérinaire* de 1782 (voy. ce titre) comme 2 é °ⁿˢ séparées, ce qui, avec les 5 décrites ci-dessus, forme bien 7 éd°ⁿˢ, comme l'indique le titre de celle de 1790 que je crois le dernier tirage à part. Toutefois l'ouvrage a encore été reproduit dans l'éd°ⁿ in-8° de 1792 de l'*Almanach Vétérinaire,* p. 157-220.

fut le principal rédacteur, avec la collaboration de Flandrin et d'Huzard (voy. ces noms). Pour le détail de cette publication, voy. *Almanachs.*

Traité des Maladies vermineuses dans les Animaux. Par M. Chabert, Directeur & Inspecteur général des Ecoles royales vétérinaires de France, Correspondant de la Société royale de Médecine, etc. *Paris, de l'Imp. Royale,* 1782.

1 vol. in-8° de 120 p. avec 2 pl. contenant 36 fig. dessinées par Vincent et gravées en couleurs par Dagoty.

Concerne en partie le cheval.

Même ouvrage, même titre... Correspondant de la Société royale de Médecine, Associé de celle d'Agriculture, &c. *Paris, de l'Imp. Royale,* 1787.

1 vol. in-8° de 194 p.

Traité de la Gale et des Dartres des Animaux. Par M. Chabert, Directeur & Inspecteur général des Ecoles royales vétérinaires de France, Correspondant de la Société royale de Médecine, &c. *Paris, de l'Imp. Royale,* 1783.

Broch. in-8° de 56 p.

Même ouvrage, même titre. *Paris, de l'Imp. Royale,* 1785.

Sans changement.

Même ouvrage, même titre. *Paris, de l'Imp. Royale,* 1787.

Sans changement.

Traité de la Gale et des Dartres dans les Animaux & particulièrement dans les Chevaux, par Philibert Chabert, Directeur des Ecoles nationales vétérinaires — Imprimé par ordre du Ministre de la Guerre — *Troisième Edition* — (1). *Paris, de l'Imp. de Guillaume, Imprimeur du Département de la Guerre,* L'an deuxième de la République.

Broch. in-8° de 42 p.

Traité de la Gale et des Dartres dans les Animaux. Par P. Chabert,

(1) Dans l'*Avis* qui précède la 5ᵉ Ed°ⁿ signalée ci-après, Huzard avertit que c'est par ses soins, pendant l'incarcération de Chabert, que l'éd°ⁿ de l'An II a été publiée, et que c'est par erreur qu'elle est indiquée comme étant la 3ᵉ. C'est bien en effet la 4ᵉ.

CHA — 245 — CHA

Directeur de l'Ecole Vétérinaire d'Alfort, Membre associé de l'Institut national, de la Société de Médecine de Paris, de la Société d'Agriculture du département de la Seine, etc., etc. — Imprimé par ordre du Gouvernement — *Cinquième Edition — Paris, de l'Imp. et dans la Lib. de Madame Huzard*, An XI.

Broch. in-8° de 56 p.

Cette éd^{on} est précédée d'un avertissement d'Huzard. L'ouvrage concerne en grande partie le cheval, l'âne et le mulet.

Instruction adressée aux Artistes Vétérinaires. *Paris, de l'Imp. Royale*, 1785.

Broch. in-8° de 13 p., publiée sans nom d'auteur, mais qui est bien de Chabert.

Instruction sur les moyens de s'assurer de l'existence de la Morve et d'en prévenir les effets. *Paris, de l'Imp. Royale*, 1785.

Broch. in-8° de 69 p., publiée sans nom d'auteur.

Cet opuscule fut répandu dans toute la France et réimprimé la même année par les soins des Intendants des Provinces, par un grand nombre d'imprimeurs locaux, mais sans changement dans le texte.

Même ouvrage, même titre, par M. Chabert, Directeur général des Ecoles vétérinaires — *Seconde Edition — Paris, de l'Imp. Royale*, 1790.

Broch. in-8° de 63 p.

Même ouvrage, même titre. Imprimée par ordre du Conseil exécutif provisoire du 15 Frimaire, An II — *Troisième Edition — Paris, Imp. des Administrations nationales*, An II.

Broch. in-8° de 38 p.

Même ouvrage, même titre. Par P. Chabert et J. B. Huzard, de l'Institut national, de la Société de Médecine de Paris, etc. Imprimées par ordre du Gouvernement — *Quatrième Edition* à laquelle on a ajouté la dernière Loi sur les Maladies contagieuses. *Paris, Imp. et Lib. vétérinaire de M. R. Huzard*, An V (1797, v. st.).

1 vol. in-8° de 104 p.

Même ouvrage, même titre. Par Philibert Chabert Directeur général des Ecoles vétérinaires — *Quatrième édition* à laquelle on a ajouté la Loi sur les Maladies contagieuses. *Paris, Meurant*, An VI de la République.

Broch. in-8° de 80 p.

Toutes ces éd^{ons} ont été, comme celle de 1785, publiées en province par l'ordre du gouvernement royal ou républicain et imprimées à des milliers d'exemplaires par les soins des Intendants des Provinces, puis des Directoires des Départements, chez des imprimeurs locaux et chez divers imprimeurs de Paris. Les éd^{ons} décrites ci-dessus ont servi de type à toutes les autres.

Je n'ai pas rencontré d'éd^{on} postérieure à celle de l'an VI, mais je ne saurais affirmer qu'il n'en existe pas. Pour la collaboration d'Huzard à cet opuscule, voy. ce nom.

Description et Traitement préservatif et curatif de la Maladie charbonneuse qui règne sur les Chevaux de Lamballe et des environs ; par M. de Chabert, Directeur & Inspecteur général des Ecoles royales vétérinaires. — Imprimée par ordre de M. de Bertrand, Intendant de Bretagne. *A Rennes, chez la Veuve de François Vatar & de Bruté de Rémur, Imprimeur du Roi et du Parlement*, 1786.

Broch. in-4° de 11 p.

A la fin : Délibéré à l'Ecole vétérinaire le 24 février 1786, Chabert.

Des Lois sur la Garantie des Animaux ou Exposé des Cas rédhibitoires, suivant le Droit ancien et moderne, avec un plan pour améliorer cette Législation ; et une Instruction utile aux Propriétaires, aux Marchands de Chevaux, etc., pour reconnaître les cas qui peuvent entrer dans la garantie. Par P. Chabert, Directeur de l'Ecole Vétérinaire d'Alfort, de la Légion d'honneur, membre et associé de l'Institut national, de la Société d'Agriculture de Paris, etc., et C. M. F. Fromage, Professeur à l'Ecole

Vétérinaire d'Alfort, membre associé de l'Athénée d'Alençon et de la Société d'Agriculture et de Commerce de Caen. *De l'Imp. de Marchant. Paris, M*^{e} *Huzard; ibid., Rondonneau*, An XII-1804.
1 vol. in-8° de 131 p.

Dans la plupart des exemplaires, on a ajouté le supplément suivant :

De la Garantie des Animaux ou exposé des cas rédhibitoires qui leur sont relatifs suivant le Droit ancien, suivant le Code civil des Français et suivant les Coutumes de plusieurs pays étrangers, avec une Instruction utile aux Propriétaires et aux Marchands pour reconnoître les cas qui doivent entrer dans la garantie et pour faire valoir les droits de l'acheteur, Par P. Chabert... (etc.) et C. M. F. Fromage... (etc.). *Paris, Marchant*, An XIII-1805.
Broch. in-8° de 6 p.

De la Garantie des Animaux, ou exposé des Cas rédhibitoires, d'après le Code civil des Français, le Droit ancien et moderne, les Coutumes, etc. Avec une Instruction utile aux Propriétaires et aux Marchands pour reconnoître les cas qui doivent entrer dans la Garantie ; et la marche à suivre pour cette action devant les Tribunaux. Par P. Chabert... (etc., comme ci-dessus) et C. M. F. Fromage... (etc., comme ci-dessus). *Paris, Marchant; ibid., M*^{e} *Huzard; ibid., Rondonneau. Et à Charenton, chez M. Boucher, Horloger*, An XIII-1805.
1 vol. in-8° de 131 p.

Dans cette éd^{on}, le supplément de la précédente est incorporé dans l'ouvrage; mais il y a un autre supplément, de 6 p. également, de la p. 127 à 132, qui forme une double pagination avec la Table des matières qui comprend aussi les p. 127 à 131.

Des moyens de rendre l'Art vétérinaire plus utile en améliorant le sort de ceux qui l'exercent, tant dans les Départemens que dans les Troupes à cheval, avec un aperçu des principaux devoirs des Vétérinaires et des Vues pour réprimer l'empirisme. Mémoire présenté au Gouvernement par P. Chabert... (etc. comme ci-dessus) et C. M. F. Fromage... (etc., comme ci-dessus). *Paris, Marchant*, Brumaire An XIII.
Broch. in-8° de 52 p.

Les auteurs examinent successivement la situation des vétérinaires civils, celle des vétérinaires militaires et proposent les réformes et améliorations nécessaires. La plupart ont été accomplies, mais bien des années après la mort des auteurs de cet intéressant opuscule.

De l'importance de l'Amélioration et de la Multiplication des Chevaux en France, et projet économique d'un système d'encouragement perpétuel des Haras. (Extrait d'un ouvrage plus étendu) (1). Par P. Chabert... (etc., comme ci-dessus); C. M. F. Fromage... (etc., comme ci-dessus); et A. T. J. de Chaumontel, Professeur à l'École impériale vétérinaire d'Alfort, Membre de l'Académie des Sciences et Arts de Caen et des Sociétés d'Agriculture de la Somme et du Calvados. *Paris, Marchant, et Charenton, chez Boucher* (*Horloger*), Germinal An XIII (1805).
Broch. in-8° de 67 p. avec un *Tableau des parties extérieures des Animaux quadrupèdes domestiques et principalement du Cheval*, par Chabert et Fromage, — se dépliant.

Encouragements, impuissance des particuliers, courses, élevage, étalons, etc.

Dans les T. XI et XII du *Cours d'Agriculture* de l'Abbé Rozier, qui forment le *Supplément* de cet important ouvrage (voy. Rozier), et qui ont été publiés en 1805, Chabert inséra de nombreux articles sur le cheval et ses maladies, avec la collaboration de Fromage et de Chaumontel. La plupart ont été tirés à part chez Marchant, l'imprimeur de ce *Supplément*, et publiées sous forme de plaquettes in-4° à 2 col. du format de l'ouvrage. Ces tirages à part sont malheureusement devenus introuvables. Voici les titres de ceux que j'ai pu rencontrer :

Des Maladies charbonneuses dans les Animaux, par MM. Cha-

(1) Quel était cet ouvrage? Il existait sans doute alors en manuscrit, mais je ne pense pas qu'il ait été jamais publié.

bert, Directeur de l'Ecole Vétérinaire d'Alfort et Fromage, Professeur. (*Paris*) *Imp. de Marchant, Collège d'Harcourt, Rue de la Harpe.* S. D. (1805 ou 1806).
Broch. in-4° de 7 p. à 2 col.

Du Farcin qui attaque les Chevaux, Mulets, etc., par MM. Chabert, Membre de la Légion d'honneur, de la Société impériale d'Agriculture, Directeur de l'Ecole vétérinaire d'Alfort et Fromage, de plusieurs Sociétés savantes, Professeur à la même Ecole. *Paris*, *Marchant*, S. D. (1805 ou 1806).
Broch. in-4° de 7 p. à 2 col.

Des Boiteries ou Claudications des Animaux et particulièrement dans le Cheval. Par MM. Chabert... et Fromage. . *Paris, Marchant*, S. D. (1805 ou 1806).
Broch. in-4° de 7 p. à 2 col.

De la Fluxion périodique qui attaque les Chevaux, Mulets, etc. par MM. Chabert... et Fromage... *Paris, Marchant*, S. D. (1805 ou 1806).
Broch. in-4° de 12 p. à 2 col.

De la Gourme, par MM. Chabert... et Fromage... *Paris, Marchant*, S. D. (1805 ou 1806).
Broch. in-4° de 12 p. à 2 col.

C'est surtout dans les *Instructions Vétérinaires* (voy. ce titre) que Chabert a publié les plus importants de ses travaux, mais il est aussi l'auteur de nombreux mémoires imprimés dans les *Mémoires de la Société d'Agriculture*, dans la *Feuille du Cultivateur*, etc., ainsi que de plusieurs ouvrages sur les bêtes à cornes et les moutons. Il avait aussi collaboré avec Bourgelat (voy. ce nom) pour le *Traité des Bandages et Appareils* et pour l'*Essai sur la Ferrure* de cet auteur.

« Ses nombreux écrits, dit M. Neumann, sa situation à l'Ecole d'Alfort lui ont donné une influence prépondérante sur la médecine vétérinaire pendant au moins le premier quart de ce siècle. Il était de ces maîtres dont la parole est avidement écoutée et les conseils aveuglément suivis, d'autant plus qu'à sa science pratique, très sûre et très vaste, il joignait un solide jugement et une extrême bonté. »

CHABERT (Pierre-Eugène).
Officier de cavalerie français. Né en 1840.

Règlement d'exercices de la Cavalerie autrichienne — Titre II. Instruction du cavalier à cheval — Traduit de l'allemand par le Commandant Chabert, Major du 4ᵉ Chasseurs. *Paris et Nancy, Berger-Levrault*, 1887.
1 vol. in-12 de XIV-154 p., avec quelques fig. d. l. t.

Manuel d'Equitation de la Cavalerie allemande. Traduit de l'allemand par le Commandant Chabert, Major du 4ᵉ Chasseurs. *Paris et Nancy, Berger-Levrault*, 1887-1888.
2 vol. in-12 de XVI-178 et XX-392 p. avec 8 et 10 pl. se dépliant.

Cet ouvrage mérite d'être lu et étudié par tous les cavaliers. Quoique les Allemands s'en défendent, l'influence de la méthode Baucher y est visible.

Ces deux traductions permettent de comparer les principes de l'équitation militaire mis en pratique en Autriche-Hongrie et en Allemagne.

CHABOT (Jacques-Marie DE).
Général français (cavalerie), né en 1844, sous-lieut^{nt} en 1864, général de div^{on} en 1905, passé au cadre de réserve en 1909.

Aide-Mémoire de l'Officier de Cavalerie en campagne par Jacques de Chabot, Major du 15ᵉ Chasseurs. *Paris, L. Baudoin*, 1883.
1 vol. in-24 de 206 p. avec plusieurs tableaux et quelques fig. d. l. t.

CHABOT (Jules-Marie-Eugène DE).
Officier de cavalerie français, 1845-1905. Sous-lieut^{nt} en 1865, Colonel en 1897, retraité en 1903. Frère du précédent.

Etude historique et tactique de la Cavalerie allemande pendant la guerre de 1870-1871, par Jules de Chabot, Major du 3ᵉ Chasseurs. Première partie, avec une carte et un plan. *Paris et Nancy, Berger-Levrault*, 1887.
1 vol. gr. in-8° de 159 p.

Etude historique et tactique de la Cavalerie allemande pendant la guerre de 1870-1871, par Jules de

Chabot, Chef d'escadrons au 3e Hussards. Deuxième partie, *Paris et Nancy, Berger-Levrault,* 1890.

1 vol. gr. in-8° de 151 p.

La 1re partie comprend : les généralités, l'organisation de la cavalerie allemande et l'historique jusqu'après Sedan ; la 2me partie : la marche sur Paris, les opérations au Sud de Paris, &a, jusqu'à l'armistice.

La Cavalerie allemande pendant la guerre de 1870-1871. Etude tactique par le Colonel Jules de Chabot, du 10e Régiment de Chasseurs. *Nouvelle édition,* corrigée et augmentée, avec 5 cartes. *Paris et Nancy, Berger-Levrault,* 1899.

1 vol. gr. in-8° de 423 p. C'est la 2me édition de l'ouvrage précédent.

La Cavalerie en avant des armées. Etude tactique par le Colonel Jules de Chabot. *Paris et Nancy, Berger-Levrault,* 1900.

1 vol. gr. in-8° de 119 p. avec 2 croquis. C'est une suite d'études tactiques, d'après les exemples fournis par la guerre russo-turque de 1877-1878, par celle de 1870-1871, par celle de 1866 et par les campagnes de 1805 et 1806 (1).

La Cavalerie Russe dans la guerre de 1877-1878 par le Colonel Jules de Chabot. *Paris et Nancy, Berger-Levrault,* 1902.

1 vol. gr. in-8° de 127 p. avec 3 cartes

La Cavalerie américaine dans la Guerre de la sécession. Avec deux cartes. *Paris et Nancy, Berger-Levrault,* 1903.

1 vol. gr. in-8° de 125 p., publié sans nom d'auteur.

CHALARD (Christian DU).

Le Cheval Limousin, Monographie adressée à MM. les Membres du bureau des anciens de l'Institut agricole ; au concours général agricole de Paris et ayant obtenu une Médaille d'Argent, le 23 mars 1907, par Christian du Chalard. *Limoges, Ducourtieux et Gout,* 1907.

Broch. in-8° de 33 p. avec 1 pl. en phot. représentant le cheval Rhadamès, p. s. anglo-arabe.

(1) Pour un autre ouvrage portant le même titre, voy. *Un Officier supérieur de Cavalerie breveté.*

CHALENDAR (Arsène-Frédéric-Joseph-Vincent DE).

Général de division français (cavalerie), 1792-1863. Sous-lieutenant en 1812, Colonel en 1832, Général de brigade en 1846 et de division en 1852. Campagnes de 1812 en Russie, de 1813 en Saxe, de 1814 en France, de 1823 en Espagne, de 1850 et 1851 en Afrique. Blessé à Leipzick en 1813.

Observations sur l'Ordonnance du Roi du 6 Décembre 1829 sur l'exercice et les évolutions de la Cavalerie par M. de Chalendar, Colonel du 5e Régiment de Cuirassiers. *Lille, Bronner-Bauwens,* 1838.

1 vol. in-8° de xv-86 p.

Manœuvres de la Cavalerie — Observations sur l'ordonnance du 6 Décembre 1829 sur l'exercice et les évolutions de la Cavalerie par de Chalendar, Général de Division, Membre du Comité de la Cavalerie, Inspecteur Général. *Paris, Leneveu,* 1856.

1 vol. in-16 de xi-84 p. qui est la reproduction textuelle de l'ouvrage précédent.

Le Général de Chalendar passait pour un des plus habiles manœuvriers de son temps. Les modifications qu'il demande pour l'ordonnance de 1829 sont bien modestes, ce qui n'empêche pas qu'elles furent, à leur apparition, sévèrement jugées par les officiers généraux d'alors, pères de cette ordonnance, et qui n'admettaient pas qu'on pût y apporter le moindre changement.

CHALENDAR (Frédéric-Jules-Edmond DE) et BREUIL Edgard-Marie-Victor DU HAMEL DE).

Officiers de cavalerie français. De Chalendar, fils du précédent, né en 1835, sous-lieutmt en 1856, capitaine en 1864, chef d'escadrons en 1875 et mort la même année. Du Hamel de Breuil, né en 1838, sous-lieutmt en 1860, chef d'escadrons en 1881, retraité en 1891.

Manuel des Volontaires d'un an dans la Cavalerie, d'après le programme fixé par le Règlement du 7 février 1873 pour les examens de fin d'année ; par MM. de Chalendar et de Breuil, Capitaines au 9e Régiment de Hussards. Ouvrage également recommandé aux Sous-Offi-

ciers. *Paris, Firmin-Didot frères et fils*, 1874.
1 vol. gr. in-18 de VII-363 p.

CHALETTE (DE).

Médecine des Chevaux, à l'usage des Laboureurs, tirée des Ecrits des meilleurs Auteurs; & confirmée par l'expérience, à laquelle on a joint des Observations sur la Clavelée des Bêtes à laine. *A Paris, chez Claude Hérissant, Lib^re Imp^r, rue neuve Notre-Dame, à la Croix d'Or*, 1763.
1 vol. in-12 de 285 p., plus 1 f^t pour le privilège, avec 2 pl. h. t. se dépliant, l'une pour l'*Extérieur du Cheval*, par de Sève, gravée par Bucquoy ; la 2e tirée des *Observations et Découvertes...*, publiées par Lafosse en 1754. (Voy. *Lafosse père*.) Dédicace de l'auteur à son père.

L'ouvrage est anonyme, mais l'attribution est certaine.

En 1776, le libraire Nyon aîné a publié : *Recueil de divers Ouvrages relatifs à l'Agriculture...*, etc., et : *Recueil de deux Ouvrages relatifs à la Médecine vétérinaire...*, etc., qui contiennent chacun plusieurs ouvrages sur l'Agriculture et les Bêtes à laine et auxquels il a ajouté celui de Chalette sur la *Médecine des Chevaux* qui figure également sur le titre de ces *Recueils*. Mais c'est toujours la même éd^on de 1763.

L'œuvre de Chalette n'est qu'une médiocre compilation tirée de *Bourgelat*, de *Lafosse*, de *Bartlett*, etc. (Voy. ces noms.)

CHALLAN (Antoine-Didier-Jean-Baptiste).

Magistrat, homme politique, littérateur et agronome français, 1754-1831.

Procureur du Roi à Meulan, puis Procureur syndic de Seine-et-Oise en 1790, emprisonné en 1792, rendu à la liberté au 9 Thermidor, membre du Conseil des Cinq-Cents en 1798 et du Tribunal après le 18 Brumaire; il se prononça pour l'Empire en 1804 et passa au Corps législatif en 1807. Il s'y montra ardent soutien de l'Empire, se rallia à la Restauration et fut fait officier de la Légion d'honneur par Louis XVIII. En 1815, il ne fut pas réélu et vécut depuis dans la retraite, s'occupant d'agriculture et de littérature.

Société d'Agriculture de Seine-et-Oise — Séance du 25 Fructidor, an 10 — Rapport fait par le citoyen Challan, au nom d'une Commission spéciale chargée de rendre compte d'un ouvrage du citoyen Huzard, ayant pour titre *Instruction sur l'amélioration des Chevaux en France* et d'en faire l'application au département de Seine-et-Oise — La Commission composée des citoyens Andrieu, Coillaut, Valois, Labbé et du Rapporteur. *Versailles, Jacob* (an X).
Broch. in-8° de 16 p.

Dans cet opuscule rare, l'auteur examine non seulement l'ouvrage de Huzard (voy. Huzard père), mais la question de l'élevage dans l'Ile de France, et demande la création d'un dépôt d'étalons et la translation de l'Ecole d'Alfort à Versailles, « dans les édifices nationaux qui y existent ».

CHAM, (pseudonyme d'Amédée de NOË).

Caricaturiste français, 1819-1879.

Chasses et Courses, par Cham — Prix : un franc — *Paris, Arnauld de Vresse*, S. D. (vers 1859).

Album in-4° de 16 f^ts, y compris le titre, contenant chacun 4 caricatures, plus 1 sur le titre.

Les caricatures des 4 derniers f^ts concernent la méthode Rarey (voy. ce nom).

Emotions de Chasse, Album par Cham — Un franc — *Paris, Librairie nouvelle ; ibid., Bureau du Charivari*, S. D. (vers 1860.)

Album in-4° disposé comme le précédent.

Quelques caricatures de cet album se rapportent à l'hippophagie.

Paris aux Courses, Album par Cham — Prix : un franc — *Paris, Martinet*, S. D. (vers 1862).

Album in-4° disposé comme les précédents.

Spahis et Turcos, par Cham — Prix : un franc — *Paris, Martinet*, S. D. (vers 1863).

Album in-4° disposé comme les précédents.

Les dessins de cet album concernent en grande partie les Spahis, leurs chevaux et leur équipement.

Les Courses. Album de 60 Caricatures par Cham — Prix : un franc — *Paris, Arnauld de Vresse*, S. D. (vers 1867.)

Album in-4° disposé comme les précédents.

Parmi les innombrables recueils de caricatures de ce fécond et spirituel artiste, je n'en ai pas trouvé d'autre ayant un caractère hippique.

CHAMBERLAND (Charles-Edouard).

Physiologiste français, 1851-1908. Agrégé de physique puis docteur ès sciences en 1879, il fut ensuite attaché au laboratoire de Pasteur dont il devint le collaborateur, prit part à tous les travaux de l'illustre savant et fit personnellement des découvertes de haute importance, principalement sur l'asepsie. Il a été député du Jura de 1885 à 1889.

Le Charbon et la Vaccination charbonneuse, d'après les travaux récents de M. Pasteur, par Ch. Chamberland, ancien Elève de l'Ecole normale supérieure, Docteur ès Sciences, Directeur du Laboratoire de M. Pasteur. *Paris, Bernard Tignol*, 1883.

1 vol. in-8° de vii-316 p., avec 14 fig. d. l. t.

Les généralités sont en grande partie applicables au cheval et certains passages le concernent spécialement.

CHAMBERT (Louis).

Vétérinaire français, né en 1778, diplômé d'Alfort en l'an VII.

Essai sur l'Amélioration des principaux Animaux domestiques dans le département de la Charente Inf^{re}, applicable, par ses principes, à beaucoup d'autres lieux : Ouvrage utile aux agriculteurs, aux hommes de cheval, aux commerçans et engraisseurs de bétail, par L. Chambert, Vétérinaire de première classe du Dépôt Royal d'Etalons de Saint-Jean-d'Angély, Médecin des épizooties du département, Membre de la Société d'agriculture de La Rochelle, de celle des sciences et arts de Rochefort, ayant obtenu une médaille d'or pour prix décerné par la Société d'agriculture de Paris, sur le concours des observations de Médecine Vétérinaire au mois d'Avril 1813, etc. *Paris, Madame Huzard,* 1815.

2 vol. in-8° de xiv-290 et 294 p. Dédicace à la mémoire de feu Chabert, directeur de l'Ecole royale vétérinaire d'Alfort.

Le cheval, l'âne et le mulet occupent les 122 premières p. du T. I.

CHAMBON (Augustin).

Maître d'armes d'infanterie.

Du Sabre à pied — Conseils pratiques sur son emploi en campagne, par Augustin Chambon, Adjudant Maître d'escrime au 142e Rég. d'Infanterie — Avec 15 Photogravures dans le texte — *Paris et Limoges, Henri Charles-Lavauzelle*, S. D. (1911).

Broch. in-8° de 53 p.

S'applique aussi à l'escrime à cheval.

CHAMBRAY (Georges de).

Officier d'artillerie français, 1783-1848. Elève à l'Ecole polytechnique en 1801, sous-lieut^{nt} en 1803 ; capitaine en 1811 ; chef de bat^{on} en 1813 ; en demi-solde en 1814 ; démissionnaire en 1815, sa démission fut annulée la même année ; major au rég^t d'artillerie à pied de la Garde royale en 1815, lieut^{nt}-colonel en 1817 ; colonel en 1825 ; mis en réforme pour cause de santé en 1826 ; retraité en 1829. Il fut nommé plus tard, à une date que je n'ai pu préciser, maréchal de camp honoraire. Il avait fait les campagnes de 1895 au camp de Boulogne, an XIV, 1805, 1806, 1807 et 1809 à la grande armée, 1812 en Russie. Il fut fait prisonnier à Vilna et resta en captivité jusqu'en 1814. L'atteinte que sa santé en ressentit fut la cause de sa mise en réforme en 1826.

Sur les Remontes de la Cavalerie française et sur les Haras du gouvernement. *Paris, Imp. de Pillet aîné*, S. D. (1842).

2 p. in-4° à 2 col. (Extrait du *Moniteur de la Propriété et de l'Agriculture, Journal des intérêts du sol.*) — Signé : Chambray, Maréchal de Camp d'Artillerie, membre correspondant de l'Académie de Berlin et de la Société royale et centrale d'Agriculture de France.

L'auteur était propriétaire éleveur en Normandie et dans le Nivernais. Il est partisan de l'achat direct par les corps et dit que le bas prix auquel le gouvernement paye les chevaux de remonte l'amène à acheter le rebut de la production française qu'il décourage et avilit, et le rebut aussi de la production étrangère.

CHAMPAGNE (Léonard).
Officier de cavalerie français, 1816 18...
Engagé volontaire au 12e chass. en 1839, sous-lieut^nt en 1852, cap^ne en 1861, il quitta le service actif, pour cause de santé, en 1866. Il avait fait campagne en Afrique en 1845 et 46 et en Italie en 1859.
Eléments Equestres — Analyse du Cours professé par M. Rul, élève de Baucher, à MM. les Officiers des 2e et 8e Chasseurs. *Saint-jean d'Angély, Imp. Saudau aîné*, 1865.
Broch. in-12 de 24 p. Une note préliminaire est signée par l'auteur : Champagne, capitaine au 2e Chasseurs.

CHAMPAGNY (J. DE), voy. CLERJON DE CHAMPAGNY (J.-C.).

CHAMPEAUX (Guillaume-Charles-Auguste DE).
Officier de cavalerie français, 1860-1913. Sous-lieut^t en 1889, retraité comme capitaine en 1910.
A travers les Oasis Sahariennes — Les Spahis Sahariens, par Guillaume de Champeaux. *Paris, R. Chapelot*, S. D. (1903).
1 vol. in-8° de VI-110 p. avec 22 pl. h. t. en phototypie et 1 carte.
Après la description historique et ethnographique des oasis, l'auteur donne l'histoire et décrit l'organisation de l'escadron de spahis sahariens. C'est à ce titre que l'ouvrage est mentionné ici.
Pour un petit historique du 1er Spahis paru en 1904, voy. *Historiques*.

CHAMPETIER (Prosper-Marie-Cyprien).
Vétérinaire militaire français, né en 1849, diplômé de Toulouse en 1870, vétérinaire principal en 1902, retraité en 1907.
Ecole Impériale vétérinaire de Toulouse — Des Tempéraments, par Calixte-Prosper (1) Champetier, Médecin Vétérinaire, né à Potelières (Gard), Thèse pour le diplôme de Médecin Vétérinaire, présentée et soutenue le 25 juillet 1870. *Toulouse, Imp. J. Pradel et Blanc*, a870.

---

(1) Les prénoms de M. Champetier ont été inexactement transcrits sur cette pièce. C'est bien *Prosper-Marie-Cyprien*.

Broch. in-8° de 34 p. Dédicace d'usage. Concerne presque exclusivement le cheval.

Les Maladies du jeune Cheval, par P. Champetier, Vétérinaire en 1er au 24e Régiment d'Artillerie à Tarbes. Avec 8 figures en Chromotypographie et 8 figures intercalées dans le texte. *Paris, J.-B. Baillière et fils*, 1892.
1 vol. in-16 de 348 p.

Même ouvrage, 2e Edition — *Paris, J.-B. Baillière et fils*, 1896.
Sans changement.

Etude sur la Gourme, par Champetier, Vétérinaire principal de 2e Classe, ex-Directeur du 10e Ressort et Payrou (1), Vétérinaire en 1er, Directeur de l'annexe de remonte du Gibaud — Avec deux croquis dans le texte — *Paris et Limoges, Henri Charles-Lavauzelle*, S. D. (1908).
1 vol. in-8° de 131 p.
Voy., sur le même sujet, Bernard (F.).

CHAMPION (Louis-Gustave-Michel).
Officier de cavalerie français, né en 1861, sous-lieut^nt en 1883, lieut^t-colonel en 1910.
Choses de sport. Courses militaires — Courses de Gentlemen — Rallie-papiers — Concours hippiques ; par un Gentleman. *Saumur, S. Milon, fils*, 1887.
1 vol. in-8° de 143 p. publié sans nom d'auteur.

Résumé des Réponses au questionnaire d'Hippologie de l'Ecole d'application de Cavalerie. « Ce « résumé n'a point pour but de « suppléer à l'étude des livres « d'Hippologie ; il doit servir à « diriger les recherches et plus « tard à rafraichir la mémoire « en vue d'un examen. » *Saumur, S. Milon fils*, 1888.
1 vol. in-4° de 90 p. publié sans nom d'auteur.
Ce Résumé est fait d'après le *Cours d'Hippologie* de Vallon. Un ouvrage ana-

---

(1) Payrou, vétérinaire militaire français, né en 1867, diplômé de Toulouse en 1889, vétérinaire en 1er en 1906.

logue, rédigé sous le titre de *Memento pour répondre au Questionnaire..* etc., par MM. des Michels et d'Ideville, répond au *Traité d'hippologie* de Jacoulet et Chomel, qui a remplacé le *Cours de Vallon* (v. *Memento*).

Du Cheval de Selle français. Ce qu'il est — ce qu'il pourrait être, par L. Champion, Capitaine-Commandant au 5ᵉ Chasseurs. Orné de 75 illustrations d'après des photographies prises par MM. les Lieutenants Baron et Ebeling, du 5ᵉ Chasseurs. *Paris, Rothschild*, 1898.

1 vol. in-8° de 160 p.

Jeanne d'Arc écuyère, par L. Champion, Capitaine Commandant au 5ᵉ Chasseurs. Préface de Victor Margueritte. Trente illustrations, la plupart inédites, dont six hors texte et une carte. *Paris, Berger-Levrault*, 1901.

1 vol. in-8° de XIV-260 p.

L'Elevage du Cheval dans l'arrondissement de Neufchâteau et les arrondissements voisins — Conférence faite au Comice Agricole de Neufchâteau par L. Champion, Capitaine Commandant au 5ᵉ Chasseurs. *Neufchâteau, Imp. Drevet-Lenoir*, 1902.

Broch. pet. in-8° de 35 p.

Le Raid Bruxelles-Ostende (27 Août 1902) par L. Champion, Capitaine-Commandant au 5ᵉ Chasseurs, *Paris et Nancy, Berger-Levrault*, 1902.

Broch. gr. in-8° de 23 p. avec le tableau du temps dans l'ordre de classement.

Les Chevaux et les Cavaliers de la Tapisserie de Bayeux, par L. Champion, Chef d'escadrons de cavalerie, commandant le Dépôt de Remonte de Caen. — Orné de douze illustrations dont quatre hors texte. *Caen, Louis Jouan*, 1907.

1 vol. in-16 de 156 p. Vignette sur la couverture et sur le titre et 12 grav. en phototypie, dont 4 h. t.

La description de la tapisserie de Bayeux a fait l'objet de nombreux ouvrages. Un livre récent l'envisage aussi sous le point de vue hippique. Voy. Lefebvre des Noëttes.

CHAMPIOT (Jean-François).

Officier d'artillerie français, né en 1842, sous-lieut[nt] en 1870, chef d'esc[on] en 1893, retraité en 1898.

Nouveau procédé de Ferrure à glace par M. le Capitaine Champiot, ancien Capitaine Instructeur du 37ᵉ d'Artillerie. *Issoudun, Typ. et Lith. A. Gaignault*, 1884.

Broch. in-8° de 16 p. avec 1 pl. se dépliant et contenant 10 fig.

Il s'agit d'une ferrure à chevilles mobiles.

Mémoire sur les objets exposés par le capitaine Champiot du 37ᵉ régiment d'artillerie, dans le but d'arriver à l'unification de l'armement, de l'équipement, de l'habillement, du harnachement de l'artillerie et de doter l'Armée d'une Ferrure à glace. *Paris, Imp. E. Capiomont*, 1889.

Broch. in-8° de 8 p.

Notice publiée à l'occasion de l'exposition de 1889 où le Cap[ne] Champiot avait présenté des modèles de harnachement, bride, selle, bricole, etc., et son système de ferrure à glace.

Notice sur le procédé de Ferrure à glace à crampons mobiles créé par Mr Champiot, Capitaine Instructeur au 37ᵉ d'Artillerie, 1881. — Système déposé et breveté S. G. D. G. *Issoudun, Imp. L. Sery*, 1900.

Broch. in-8° de 19 p., signée à la fin : Champiot, Chef d'esc[on] d'artillerie en retraite, avec 2 pl. contenant 17 fig. et 2 fig. d. l. t.

On y a joint une broch. de 15 p. contenant des attestations en faveur du système.

CHAMPOLLION - FIGEAC (Jean-Jacques) (1).

Helléniste, archéologue et littérateur français, 1778-1867. Il fut d'abord conservateur de la Bib. de Grenoble et professeur de littérature grecque à la Faculté des lettres de cette ville. Il devint ensuite conservateur des manuscrits de la Bib. royale, fut destitué en 1848 et replacé en 1849, comme bibliothécaire de l'Empereur, à la Bib. de Fontainebleau. C'était le frère aîné de

---

(1) Dans certaines biographies, il est prénommé à tort Jacques-Joseph.

Jean-François, le célèbre égyptologue qui déchiffra les hiéroglyphes.

Les Tournois du Roi René d'après le manuscrit et les dessins originaux de la Bibliothèque royale. Publiés par MM. Champollion-Figeac pour le Texte et les Notes explicatives ; L. J. J. Dubois pour les Dessins et les Planches coloriées ; Ch. Motte, Lithographe, Editeur de l'ouvrage. *Paris, chez Ch. Motte ; ibid., Firmin-Didot ; ibid., L. J. J. Dubois*, 1826.

C'est le titre de la couverture. Le titre intérieur, formant frontispice, lithog. et colorié, est orné de diverses compositions, avec le texte suivant :

Les Tournois du Roi René. Publié par MM. Champollion, Dubois et Ch^{les} Motte. *Paris, chez Charles Motte*, 1827.

1 vol. gr. in-f° de 12 p. pour la préface, 27 p. (chiffrées séparément) pour le texte en caractères gothiques, 1 f^{t} pour le glossaire des mots hors d'usage, plusieurs vignettes d. l. t. et 19 pl. h. t., la plupart coloriées, parmi lesquelles les pl. V, VI et VII représentent des détails d'habillement, de harnachement et d'armement des chevaliers ; la pl. VIII deux cavaliers combattant ; les pl. X, XII, XIV, XVI, XVII, XVIII de nombreux cortèges et des réunions de cavaliers.

A la fin, 1 f^{t} contient la liste des souscripteurs.

Important et bel ouvrage dont les pl. sont dessinées et coloriées avec soin. Voy., sur le même sujet, *de Quatrebarbes*.

CHAMPROSAT (A.), voy. BOUGYVAL (G.).

CHAMPSAVIN (Louis-Marie-Joseph LE BESCHU DE).

Officier de cavalerie français, né en 1867, sous-lieut^{t} en 1890, cap^{ne} en 1903.

28e D. (1). Notes sur l'Instruction à Cheval. *Sedan, Imp. Emile Laroche*, 1904.

Broch. in-8° de 61 p. avec 2 croquis d. l. t., anonyme.

Notes sur l'Instruction à Cheval, par le Capitaine de Champsavin — *Deuxième Edition — Sedan, Imp. Emile Laroche*, 1906.

Broch. in-8° de 64 p.

(1) 28e Dragons.

Même ouvrage, même titre ; — *Troisième Edition — Sedan, Imp. Emile Laroche*, 1909.

Sans changement.

Même ouvrage, même titre — *Quatrième Edition, revue — Paris, Adolphe Legoupy ; Charles Lecaplain, Succ^{r}*, 1913.

Broch. in-8° de 68 p. avec 2 fig. d. l. t.

CHANCELLERIE DE BERNE, Voy. [INSTRUCTION (COURTE) et ORDONNANCE DU CONSEIL DE SANTÉ.

CHANEL (Marie-Joseph).

Vétérinaire français, 1793-1859. Il était vétérinaire départemental de l'Ain et exerçait sa profession à Bourg.

Haras de l'Ain. Notice sur sa formation et ses résultats, adressée au Conseil général de l'Ain, par M. J. Chanel, Médecin-Vétérinaire attaché au Département. *Bourg, Imp. P. F. Bottier*, 1831.

Broch. in-8° de 31 p.

Statistique raisonnée des animaux domestiques du Département de l'Ain, par M. Chanel, Médecin-Vétérinaire de ce Département, Secrétaire-adjoint de la Société d'Emulation de l'Ain, Membre correspondant de la Société centrale de Médecine vétérinaire, etc. Ouvrage couronné par la Société centrale de Médecine-vétérinaire dans sa Séance publique du 27 Décembre 1846. *Paris, Typ. de E. et V. Penaud frères*, 1852.

1 vol. in-8° de 154 p.

Ces deux ouvrages, devenus introuvables, sont cités avec éloges, et souvent utilisés par M. O'Brien (voy. ce nom) dans son important ouvrage *Les Chevaux du Département de l'Ain*. Le second a d'abord paru dans le *Recueil de Médecine vétérinaire*. La question chevaline y est traitée avec développements.

CHANLAIRE (Léon DE).

Histoire d'un Cheval de Napoléon, écrite sous sa dictée par un cultivateur français qui l'a recueilli dans sa vieillesse. Avec gravure. Par Léon de Chanlaire. *Paris, les principaux libraires, et Boulogne, chez les frères Griset*, 1826.

Broch. in-8° de VIII-63 p., avec une gravure en couleurs représentant le cheval de Napoléon devant l'écurie de l'auteur. Les dernières lignes annoncent un « chapitre suivant » qui n'a jamais paru.

Cet opuscule, politique et anecdotique, a été joint aux : *Pasquinades françaises, ou recueil d'opuscules moraux, politiques et administratifs*, publiés par l'auteur, en 1830, chez *Barba*.

CHANSONS D'AVRIL, voy. BLACQUE-BELAIR.

CHANVALON (Abbé de).

Oratorien et agronome français, mort en 1765.

Manuel des Champs ou Recueil choisi, instructif et amusant de tout ce qui est le plus nécessaire & le plus utile pour vivre avec aisance & agrément à la Campagne, par M. de Chanvalon, Prêtre de l'ordre de Malthe. *A Paris, chez Lottin le j*^{ne}*, Libraire rue S. Jacques, vis-à-vis la rue de la Parcheminerie*, 1764.

1 vol. in-12 de XXVI-574 p.

Même ouvrage, même titre — *Nouvelle Edition*, revue, corrigée & considérablement augmentée. *A Paris, aux dépens de Lottin le j*^{ne}*... etc.*, 1765.

1 vol. in-12 de XXIV-588 p. dont les 4 dernières ne contiennent qu'un catalogue de la lib^{le} Lottin.

Même ouvrage, même titre (sauf que le nom de l'auteur n'y figure plus) — *Troisième Edition*, revue & corrigée exactement — Prix relié, trois livres — *A Paris, aux dépens de Lottin le j*^{ne}*... etc.*, 1769.

1 vol. in-12 de XXIV-580 p.

L'ouvrage est précédé d'une préface dans laquelle l'auteur est nommé et d'un avis annonçant que les augmentations de cette éd^{on} sont dues à M. *Drouet*, « écrivain judicieux & éclairé... »

Même ouvrage, même titre (avec 3 mots changés) — *Quatrième Edition*, revue, corrigée & augmentée — Prix relié, trois livres — *A Paris, chez Lottin le j*^{ne}*... etc.*, 1780.

1 vol in-12 de XX-578 p.

Dans cet ouvrage, une page est consacrée aux animaux employés à la charrue, parmi lesquels le cheval et l'âne ; de plus, les Chap. I et II de la 3e Partie traitent du cheval, du mulet et de l'âne : connaissance, extérieur, âge, alimentation, maladies et remèdes, 34 à 35 p., suivant les éd^{ons}.

L'abbé de Chanvalon était, parait-il, un horticulteur distingué, mais il faut reconnaître qu'il était médiocre hippologue.

La *Biographie Didot-Hœfer* signale une éd^{on} de 1786 à Liège, également in-12, que je n'ai pas rencontrée.

CHAPLET (Eugène).

Professeur d'équitation à Paris.

Projet — Etablissement d'une Ecole nationale modèle d'Equitation. Régénération de la race chevaline. Inauguration de fêtes équestres, populaires et historiques. Création d'un édifice destiné aux expositions des produits de l'industrie et de peinture, et à l'enseignement des sciences équestre et hippique combinées, par Eugène Chaplet, professeur d'Equitation. *Paris, Gros*, 1851.

Broch. in-8° de 16 p.

CHAPPÉE (A.).

Industriel français.

Drainage hygiénique des Écuries et des Étables à Sol horizontal. Système Basserie B. S. G. D. G. en France et à l'Etranger, par A. Chappée, Fondeur-Constructeur, Le Mans. Usines à Antoigné (Sarthe) et à Port-Brillet (Mayenne) — Témoignages après expérience — Exemples d'installations Renseignements pour installation. *Le Mans, Imp. Ernest Lebrault*, 1886.

Broch. gr. in-8° de 36 p. avec 2 fig.

Voy., sur le même sujet, *Basserie* et *Hennebert*.

CHAPUIS (Antoine), traducteur.

Le combat de Mvtio Ivstinopolitain Auec les Responses Chevaleresses, traduit par Antoine Chapuis, Dauphinois. *A Lyon, par Gvillav. Roville*, 1561.

1 vol. in-8° de 458 p. plus, à la fin, 7 f^{ts} non ch. pour la table des chapitres et la table (alphab.) des matières.

Ouvrage très rare qui contient un traité complet des combats singuliers, des causes qui les rendent licites, des formalités préliminaires, etc. Le livre est terminé par les réponses à des questions posées sur ces sujets par divers personnages. Certains passages indiquent qu'il s'agit de combats à cheval.

CHAPUIS (Félix).
Capitaine d'infanterie français, né en 1853, sous-lieut[nt] en 1882, capitaine en 1893, retraité en 1903.

Manuel complémentaire (1) de la Préparation militaire pour les Troupes à Cheval, à l'usage des jeunes gens et des Sociétés qui font de la préparation pour les Troupes montées, par le Capitaine F. Chapuis, Chevalier de la Légion d'honneur, Officier d'Académie — Avec une préface de M. A. Chéron, Président de l'Union des Sociétés de Préparation militaire de France. *Paris et Nancy, Berger-Levrault*, 1907.
Broch. in-12 de VIII-72 p. avec nombreuses fig. et vignettes d. l. t.
Ce petit ouvrage est divisé en 3 parties : 1° Connaissances théoriques se rapportant à la cavalerie, à l'artillerie et au train des équipages ; 2° hippologie ; 3° équitation.
Il a eu plusieurs éd[ons] sans autre changement qu'une distribution différente dans l'ordre des matières, la 1re partie comprenant actuellement l'hippologie, la 2e l'équitation, la 3e l'instruction théorique spéciale aux différentes armes, avec une légère modification au titre.
Pour un autre ouvrage du même auteur, voy. *Instruction (L') théorique du Cavalier.*

CHAPUS (Eugène).
Ecrivain et journaliste sportif. Né à la Pointre-à-Pitre, en 1800, mort à Paris en 1877. Il s'occupa toujours des questions de sport, de high-life, de réunions mondaines et enfin d'élégance dont il donnait, dans sa tenue personnelle, un exemple quelque peu étrange
Il fut, en 1854, l'un des créateurs du journal *Le Sport*, qui a publié sur lui, dans son numéro du 24 janvier 1877, un article nécrologique.

Le Turf ou les courses de chevaux en France et en Angleterre,

(1) *Complémentaire*, parce que le principal concerne l'infanterie, mais celui-ci forme bien un tout complet.

par E. Chapus. *Paris, Hachette,* 1853.
1 vol. in-16 de 380 p.

Même ouvrage, même titre, 2e éd[on], 1854.
1 vol. in-16 de 396 p. Cette augmentation est due à quelques légères modifications et à l'addition, à la fin du livre, de deux listes de gagnants.

Le Sport à Paris, ouvrage contenant Le Turf — La chasse — Le tir au pistolet et à la carabine — Les salles d'armes — La boxe, le bâton et la canne — La lutte — Le jeu de paume — Le billard — Le jeu de boules — L'Equitation — La natation — Le canotage — La pêche — Le patin — La danse — La gymnastique — Les échecs — Le whist, etc., par Eugène Chapus. *Paris, Hachette*, 1854.
1 vol. in-16 de 316 p.
Une partie importante de l'ouvrage est consacrée au sport et aux questions hippiques.

Annuaire du Sport en France. Guide complet du sportsman. Dates des courses — Classement des hippodromes — Listes des chevaux à l'entraînement — Noms des entraîneurs et des jockeys — Désignation des couleurs, etc., etc. — Théorie des paris de course — Vocabulaire spécial du Turf — Chasse : Vénerie française — Le personnel — Chasse à tir — Indication des Sociétés de chasse — Géographie cynégétique de la France — Vocabulaire de vénerie et de chasse — Traité de chasse à courre — Canotage : les régates, leur organisation ; indication des diverses sociétés en France. Liste des principales embarcations — La pêche — Indicateur du Sport à Paris — Publié sous la direction de M. Eugène Chapus. *Paris, Schiller*, 1858.
1 vol. in-12 de III-340 p. D'après les indications données par l'Avant-propos, cet ouvrage devait être un Almanach du Sport, et, par conséquent, être continué annuellement. Mais l'année 1858 est la seule parue.

Epsom, Chantilly, Bade, par Hiéron. *Paris, Dentu*, 1865.

1 vol. in-12 de 200 p. publié sous un pseudonyme.

Eugène Chapus a publié d'autres ouvrages n'ayant aucun rapport avec les questions hippiques et quelques-uns, dont suit l'indication sommaire, sur la chasse ; dans ces derniers, quelques parties traitent des écuries et du cheval de chasse.

Les Chasses de Charles X. *Paris*, 1837.

Les Chasses princières en France, de 1839 à 1841. *Paris*, 1853 et 1858.

Les Haltes de chasse. *Paris*, 1859.

Les ouvrages sportifs de cet auteur sont puisés à de bonnes sources et il y fait preuve d'une réelle compétence.

CHARDIN (Ch.), voy. PLAUT (A.-V.-B.).

CHARDIN (Joseph-Victor).

Vétérinaire militaire français, 1848-1912.

Diplômé d'Alfort en 1872, vétérinaire principal en 1904, retraité en 1906.

Hygiène du Cheval de Guerre. Guide pratique et raisonné de l'entretien des Equidés moteurs, de ceux de l'Armée en particulier, par V. Chardin, Vétérinaire en premier. *Paris, Asselin et Houzeau*, 1898.

1 vol. in-18 de XVIII-408 p. avec 9 fig. d. l. t.

CHARENCEY (Charles-Guillaume GOUHIER, COMTE DE).

Propriétaire et homme politique français, 1773-1838. Il a été maire de St-Maurice-lès-Charencey et député de l'Orne de 1822 à 1830.

Chambre des Députés. Session de 1823 — Opinion de M. de Charencey, Député de l'Orne, sur l'Article 3 du Projet de Loi de finances pour l'Exercice 1824. (Droit d'entrée sur les Chevaux étrangers) — Imprimée par ordre de la Chambre. *Paris, Hacquart*, (1823).

In-8° de 4 p.

L'auteur demande que les remontes de la cavalerie se fassent en France et que les chevaux étrangers soient frappés d'un droit d'entrée. Voy. sur le même sujet *Sirieys de Mayrinhac*.

CHARENCEY (LE COMTE Hyacinthe DE).

Archéologue français, né en 1832.

Symbolique Romaine — Des Couleurs affectées aux Cochers du Cirque, par M. H. de Charencey, Membre correspondant de l'Académie des Sciences, Arts et Belles-Lettres de Caen. *Caen, F. Le Blanc-Hardel*, 1876.

Broch. in-8° de 35 p. (Extrait des *Mémoires de l'Académie nationale des Sciences, Arts et Belles-Lettres de Caen.*)

Intéressante dissertation sur la signification symbolique des couleurs affectées aux cochers et aux harnachements des chevaux, sur celle des robes des chevaux, des attelages (suivant le nombre des chevaux) et du cirque lui-même.

CHARLES (Achille).

Conférence sur les Vices rédhibitoires dans la vente et l'échange des Animaux domestiques, par M. Charles. *Lille, Imp. Lefebvre-Ducrocq*, S. D. (1857).

Broch. in-8° de 23 p.

Concerne principalement le diagnostic à établir par l'expert. Les vices rédhibitoires du cheval en occupent la plus grande partie.

Aperçu rapide des Travaux de la Société vétérinaire des Départements du Calvados et de la Manche, par M. Charles, Médecin-Vétérinaire. *Lille, Imp. Lefebvre-Ducrocq*, S. D. (1857).

Broch. in-8° de 8 p.

La plupart des travaux cités concernent le cheval.

Comice agricole de Lille — Compte-rendu du Concours départemental d'Animaux reproducteurs tenu à Hazebrouck en Septembre 1859, accompagné de quelques considérations sur l'alternance de ce Concours et sur les Institutions d'Etalons départementaux, par M. A. Charles — Extraits des *Archives de l'Agriculture du Nord de la France* — *Lille, Imp. Aimé Chenu*, (1860).

Broch. in-8° de 23 p.

Concerne presque entièrement les chevaux. L'auteur cherche à démontrer que l'industrie privée, aidée par de fortes primes, remplacerait avantageusement l'institution des étalons départementaux.

Comice agricole de l'arrondissement de Lille — Rapport sur le Concours départemental d'Animaux reproducteurs tenu à Lille en 1860 avec Réflexions sur les motifs qui ont été allégués pour demander la suppression du système des primes d'encouragement à l'industrie privée et son remplacement par l'institution des étalons départementaux, sur ce que ces derniers ont produit et sur ce qu'on peut en attendre pour l'amélioration de l'espèce chevaline dans le département du Nord, par M. A. Charles, Vétérinaire, Secrétaire général du Comice agricole de Lille. *Lille, Imp. Leleux,* 1860.

Broch. in-8° de 62 p.

Même ouvrage, même titre, par M. A. Charles, Secrétaire général du Comice agricole de Lille, Membre de la Société centrale de médecine du département du Nord, de la Société de Médecine vétérinaire des départements du Nord et du Pas-de-Calais, Correspondant de la Société de Médecine vétérinaire des départements du Calvados et de la Manche. *Lille, Imp. Leleux,* 1860.

Broch. in-8° de 86 p.

Les 62 premières p. sont la reproduction de la brochure précédente. La fin contient une réplique de A. Charles à M. Pommeret, qui avait critiqué ses conclusions au sujet du remplacement des étalons départementaux par des étalons appartenant à des particuliers auxquels seraient allouées de fortes primes. Il confirme et complète par de nouveaux arguments ses précédentes propositions.

CHARLES (Hippolyte-Constant).

Etudes critiques sur le Cheval d'avenir en France — Extrait du *Journal d'Amiens* des 24 et 25 mars 1880 — *Amiens, Imp. E. Jeunet* (1880).

1 p. gr. in-f° à 4 col. signée H. Charles, Médecin vétérinaire.

L'étude débute par un exposé historique des transformations qu'a subies la race chevaline primitive suivant les besoins, la civilisation et les mœurs. L'auteur pense qu'à l'exception des races de gros trait et du cheval seule léger, il se produira une sorte d'unification de type répondant à des besoins identiques.

Il propose à cet effet l'ancienne jument marayeuse saillie par le gros demi-sang normand ou « le robuste et rapide Norfolk ».

Histoire du cheval Boulonnais, par H. Charles, Médecin-Vétérinaire, secrétaire général de la Société de médecine vétérinaire de la Somme, secrétaire général de la Société des courses au trot et épreuves d'Abbeville, membre correspondant de la Société de médecine vétérinaire du Nord et du Pas-de-Calais, etc. Extrait du journal *la France chevaline. Paris, au Bureau de la France chevaline; Abbeville, Duclercq ; Amiens, Hecquet-Décobert,* 1883.

1 vol. in-8° de VIII-212 p. Dédicace de l'auteur à son fils.

La Commission hippique et les Eleveurs de la Somme, par H. Charles, Médecin Vétérinaire, Président de la Société de Médecine Vétérinaire de la Somme, Membre du Comité d'initiative du Grand Conseil des Vétérinaires de France, Membre correspondant de la Société de Médecine vétérinaire du Nord et du Pas-de-Calais, Secrétaire général de la Société des Courses au trot et Epreuves d'Abbeville, Inspecteur des Subsistances et Marchés de la ville d'Abbeville, etc. *Abbeville, Imp. du Ralliement,* Janvier 1884.

Broch. in-8° de 28 p.

L'auteur étudie les 3 ou 4 types différents du cheval Boulonnais, se plaint du peu d'indépendance de la Commission hippique vis-à-vis de l'Ad^on des Haras, des variations dans le système et les jugements des jurys et présente des propositions pour la composition et le programme de la Commission hippique.

CHARLIER (Henri).

Vétérinaire français, fils du suivant.

Du pied du Cheval, de sa conservation physiologique et de sa régénération par la ferrure périplantaire, dite ferrure Charlier. — Thèse présentée à l'occasion du diplôme de Vétérinaire par Henri Charlier (de Paris). *Paris, Typ. Renou et Maulde,* 1868.

Bibliogr. hippique. T. I. — 17.

Broch. in-8° de 60 p. avec 3 pl. lith. contenant 6 fig.

La réponse de la ferrure Charlier, par Henri Charlier, Vétérinaire à Paris. Extrait du *Journal de Médecine vétérinaire militaire*, (oct. *1868*). *Paris, Imp. Donnaud.*

Broch. in-8° de 16 p.

CHARLIER (Pierre).

Vétérinaire français, 1815-1893. Il est l'inventeur d'une ferrure qu'il appela *Ferrure périplantaire* et qui est connue sous le nom de *Ferrure Charlier*. Quoique l'auteur s'en défende (1), elle est fondée sur les principes de Lafosse. Il y a même la plus grande ressemblance entre le fer « en croissant incrusté » représenté dans la pl. ajoutée à l'éd^{on} de 1758 de la *Nouvelle pratique de ferrer les Chevaux* de Lafosse père, reproduite par son fils dans le *Guide du Maréchal*, et le fer Charlier.

Quoi qu'il en soit, et sans que cette ferrure soit, comme le pensait Charlier, applicable à tous les pieds, elle a rendu de grands services à la Maréchalerie française et a rapidement acquis une réputation méritée et durable. Elle est encore fréquemment appliquée, quoique la ferrure dite *Poret*, d'une fabrication et d'une application plus simples — et qui n'est autre que la ferrure Lafosse (voy. ce nom) — l'ait, en beaucoup de cas, avantageusement remplacée.

De l'Hydroémie anhémique ou Cachexie aqueuse du Cheval — Mémoire destiné aux Cultivateurs et présenté à Messieurs les Membres du Comice agricole de l'Arrondissement de Château-Thierry, par P. Charlier, Médecin Vétérinaire à Fère-en-Tardenois et membre du Comice. *Château-Thierry, Imp. A. Laurent*, S. D. (1843).

Broch. in-8° de 49 p.

De l'Hydroémie anhémique ou Cachexie aqueuse du Cheval, et de la Congestion sanguine apoplectique du Mouton — Mémoires couronnés par la Société d'Agriculture de Château-Thierry et approuvés par le Conseil général de l'Aisne, par P. Charlier, Médecin Vétérinaire à Reims, Membre des Comices agricoles de l'Arrondissement de Château-Thierry et du Département de la Marne. *Reims, l'Auteur*. (*Ibid, Imp. Assy*), 1845.

1 vol. in-8° de 144 p.

C'est une 2e éd^{on}, avec l'adjonction de la congestion du mouton. L'Hydroémie du cheval occupe les 66 premières p.

Instruction aux Cultivateurs sur les coliques du Cheval et les Météorisations des Ruminants. Moyens de les guérir et de les prévenir ; par P. Charlier, Médecin-Vétérinaire à Reims, Lauréat de l'Académie de Reims et de la Société d'agriculture de l'arrondissement de Château-Thierry, Membre correspondant de la Société centrale de Médecine-vétérinaire. Extrait des *Séances et travaux de l'Académie de Reims*. *Reims, Régnier et chez l'Auteur*, 1847.

Broch. in-8° de 56 p.

Des Indigestions gazeuses du Cheval et de l'efficacité de la ponction du cœcum comme moyen curatif. Mémoire lu à la *Société impériale et centrale d'Agriculture*, (Séance du 1er Déc. 1858), par P. Charlier, Médecin vétérinaire de la Compagnie Impériale des voitures de Paris, auteur de la castration des vaches et des juments par le procédé vaginal, Membre titulaire de l'Académie Impériale et centrale de Médecine vétérinaire. *Paris, J. Louvier*, 1859.

Broch. in-8° de 16 p.

Sur l'Alimentation des Chevaux par l'Avoine et l'Orge comprimées, mélangées au Foin haché. Lettre adressée à M. le Rédacteur en chef du *Recueil de Médecine vétérinaire* par P. Charlier, Vétérinaire de la Compagnie Impériale des voitures de Paris. *Paris, Typ. Renou et Maulde*, 1859.

Broch in-8° de 15 p.

Société impériale et centrale de Médecine vétérinaire — Communication sur une Maladie régnant chez l'Espèce Chevaline faite dans la séance ordinaire du 12 Avril 1860 par M. P. Charlier, Membre titu-

---

(1) « Le fer Lafosse n'a pas la moindre analogie avec le mien », dit-il à la p. 9 de la brochure décrite plus loin, *Réponse aux critiques, etc*.

laire. *Paris, Typ. Renou et Maulde,* (1860).

Broch. in-8° de 13 p.

C'est une discussion avec le professeur Delafond au sujet d'une maladie qui avait sévi dans l'un des dépôts de la Comp^le imp^le des Voitures à Paris.

Communication sur un nouveau Système de Ferrure faite à la Société impériale et centrale de Médecine vétérinaire dans sa Séance du 10 Août 1865, par M. P. Charlier, Membre titulaire. *Paris, Imp. Renou et Maulde,* 1865.

Broch. in-8° de 20 p. avec 6 fig. d. l. t., donnant une description de sa ferrure et de son mode d'application.

Lettre sur un nouveau procédé de Ferrure des Chevaux adressée à M. le Directeur des *Annales de l'Agriculture française,* par M. P. Charlier, Vétérinaire, Membre de la Société impériale et centrale de Médecine vétérinaire. *Paris,* Vve *Bouchard-Huzard,* 1866.

Broch. in-8° de 20 p. avec 6 fig. d. l. t. traitant le même sujet que la précédente.

Réponse aux critiques dirigées contre la Ferrure périplantaire par MM. Leblanc, Weber, Benjamin, Villate et quelques autres Vétérinaires de Paris — Lettre adressée à M. le Directeur du *Recueil de Médecine vétérinaire* par M. P. Charlier. *Paris, Typ. Renou et Maulde,* 1866.

Broch. in-8° de 14 p.

Ferrure périplantaire — Son appréciation par des Expérimentateurs compétents — Lettres adressées à M. Charlier à ce sujet. *Paris, Typ. Renou et Maulde,* 1867.

Broch. in-8° de 23 p.

Lettre de Charlier à Henri Bouley (voy. ce nom) dans laquelle il lui annonce la communication de lettres élogieuses pour sa ferrure, suivie de la reproduction de 34 lettres de propriétaires, vétérinaires, maréchaux, etc., exprimant à Charlier leur satisfaction pour les bons résultats de sa ferrure.

Principes de ferrure périplantaire dite Ferrure Charlier, B^tee S. G. D. G., appliquée au Cheval et au Bœuf de travail ; ayant obtenu le premier prix de Maréchalerie à l'Exposition universelle de 1867 et la Médaille d'or à la Société Impériale et centrale d'Agriculture de France; par P. Charlier, Vétérinaire, Chevalier de la Légion d'honneur, Membre de la Société Impériale et centrale de Médecine vétérinaire et de plusieurs Sociétés scientifiques et agricoles. *Paris, chez l'Inventeur et à la Librairie agricole de la Maison Rustique,* 1868.

Broch. in-8° de 16 p. avec 14 fig. d. l. t.

La ferrure Charlier a été vivement discutée au moment où elle a fait son apparition. Voy., pour cette discussion, *Henri Charlier, Villate, Benjamin, U. Leblanc, Rochut, Peyrou, Lettres adressées à Charlier, A. Morin, Mégnin,* partisans ou adversaires de cette ferrure. V. aussi les *Cours ou Traités de Maréchalerie ou d'Hippologie* postérieurs à 1865, et enfin, pour son application aux écuries industrielles, Lavalard, *Le Cheval dans ses rapports avec l'Economie rurale et les Industries de transport,* T. I, p. 452 et suiv.

Une petite plaquette-réclame de 4 p., imprimée en 1872, chez Renou et Maulde, a pour titre : *Exposition de la Société hippique française de 1872. La Ferrure Charlier jugée par la Science compétente et impartiale.* Elle donne les opinions favorables de MM. H. Bouley, J. Gourdon, Eug. Gayot, Samson, Mégnin, Salle, de Béhague, et peut être attribuée à P. Charlier ou à son fils.

Charlier a aussi publié quelques brochures sur des sujets étrangers aux questions hippiques et des articles dans le *Recueil de Médecine vétérinaire.*

CHARMOY (M.-R.), voy. MOLIER (E.).

CHARNACÉ (Ernest-Charles-Guy de GIRARD, comte de).

Littérateur et agronome français, 1825-1909.

Etudes d'économie rurale, par le Cte Guy de Charnacé. *Paris, Michel Lévy,* 1863.

1 vol. in-12 de 303 p.

Les 96 premières p. renferment un chap. intitulé : *De la production chevaline en France* C'est un historique de la question et un plaidoyer pour l'industrie privée contre l'administration des Haras. Dans le chap. : *L'Agriculture à l'Exposition de Londres,* 12 p. sont consacrées à l'exposition hippique.

Etudes sur les animaux domestiques, par le Cie Guy de Charnacé. Amélioration des races — Consanguinité — Haras. *Paris, Victor Masson*, 1864.

1 vol. in-12 de viii-384 p.

La plus grande partie de l'ouvrage traite la question hippique dans le même sens que le précédent.

Les races chevalines en France, par Guy de Charnacé. *Paris, Ch. Delagrave*, 1869.

Broch. in-12 de 90 p. avec 7 fig. h. t.

Souvenirs d'une jument de chasse, suivis de Ecoute à Bois-Rosé, par Guy de Charnacé, Illustrés par A. de Clermont-Gallerande. *Paris, Pairault*, 1886.

1 vol. pet. in-8° carré de 107 p.

Cet ouvrage a été réimprimé chez *Dentu*, en 1890, dans la collection *Les Maîtres du Roman* (T. 21), à la suite du *Cha seur Noir*, in-16.

Le Cte Guy de Charnacé a publié de nombreux articles sur le cheval et l'élevage, dans plusieurs journaux, notamment dans *la Presse*, et d'autres ouvrages sans rapport avec les questions hippiques. Ses *Eléments de Zootechnie* ne concernent que les races bovines.

Il a fait aussi la préface des *Principes de Zootechnie*, de Baudement (1869). (Voy. ce nom.)

CHARNACÉ (Gui-Joseph GIRARD, marquis de).

Officier de cavalerie français, puis officier des Haras, 1760-18...

Fut page du roi à sa grande écurie en 1876, capitaine au régiment Royal-Piémont en 1779. Emigra en 1791 et servit à l'armée des Princes. Sous l'empire, il fut employé dans l'administration des Haras comme directeur du dépôt d'Angers. Au retour du Roi, en 1814, il fut fait lieut^nt-colonel de cavalerie et nommé directeur du Haras royal de Langonnet, en Bretagne.

Instruction pour les propriétaires qui élèvent ou peuvent élever des Chevaux dans le Département de Maine-et-Loir, par G. de Charnacé, Chef du Dépôt d'Etalons établi à Angers, Président du Canton de Vihiers. *Angers, Imp. des f^res Mame*, 1807.

Broch. in-8° de 22 p.

Extrait du Rapport général sur les avantages du rétablissement des Haras et des Ecoles d'Equitation en France, envoyé à S. E. Monseigneur le Ministre de l'intérieur, Comte de l'Empire, le 5 septembre 1809, par le Chef du Dépôt Impérial des Haras pour le service des Départemens de l'Ouest. — Aux Propriétaires et Agriculteurs des départemens de Maine-et-Loire et de la Loire-Inférieure : Par vos soins et par un appareillement bien combiné, vos élèves seront dignes d'être attelés au char du soleil ; ils combattront glorieusement avec vous, comme les chevaux de Darius et d'Alexandre — *Angers, chez les f^res Mame* (1809).

Broch. in-4° de 5 p. signée à la fin : G. de Charnacé. Vignettes au recto et au verso de la couverture.

CHARNIZAY (DE), voy. MENOU (DE), SIEUR DE **CHARNIZAY**.

CHARON (Amédée-Paul-Joseph).

Vétérinaire militaire français, fils du suivant. Né en 1864, diplômé d'Alfort en 1886, vét^re major en 1909.

Revue analytique de la Bactériologie du Tétanos, 1892.

En collaboration avec Delamotte. Voy. Delamotte.

L'Elevage à Madagascar, par P. Charon. *Suresnes, Imp. G.-A. Richard*, 1899.

Broch. gr. in-8° de 15 p.

Concerne surtout l'élevage du cheval.

CHARON (Paul-François).

Vétérinaire militaire français, né en 1837, aide vét^re en 1860, vét^re principal de 1re cl. en 1889, retraité en 1895.

Etude sur le Cornage chronique par P.-F. Charon, Vétérinaire en 1er au Dépôt de Remonte de Caen ; Chevalier de la Légion d'Honneur ; Membre titulaire de la Société de Médecine Vétérinaire du Calvados, de la Manche et de l'Orne, Membre correspondant de la Société de Médecine Vétérinaire pratique de la Seine — Médaille d'or de 500 fr. du Ministère de l'Agriculture (Concours de 1882). *Paris, Asselin et Houzeau*, 1886.

1 vol. in-8° de 147 p.
Avertissement par A. Brunet, Sec^{re} Gal de la Société Vét^{re} du Calvados, de la Manche et de l'Orne.

CHARPY (Louis-Désiré-Marcellin).

Officier d'artillerie français, né en 1867, sous-lieut^{nt} en 1889, cap^{ne} en 1900.

Le Trait léger — L'Artillerie — Le Commerce, par le Capitaine Charpy — Ouvrage couronné par la Société des Agriculteurs de France, Prix Henri Schneider (1909) — Préface du Comte Henry de Robien — Avec 16 illustrations hors texte. *Paris, Lucien Laveur*, 1909.

1 vol. in-8° de x-139 p. avec les 16 pl. h. t. annoncées au titre et 2 fig. d. le t.

CHARREYRON (Manuel-François-Joseph).

Général de division (cavalerie), 1824-1909.

Sous-lieut^{nt} en 1846, colonel en 1870, général de brigade en 1875 et de division en 1880 ; retraité en 1889.

Commission des conférences régimentaires — Conférence sur l'emploi de la Cavalerie en Allemagne pendant la campagne de 1866. Rapporteur, M. Charreyron, Lieutenant-Colonel du 11e Régiment de Chasseurs. *Paris, J. Dumaine*, 1869.

Broch. in-16 de 36 p.

CHARTON DE MEUR (Fernand-Maurice).

Avocat français, né en 1863.

Dictionnaire de Jurisprudence hippique, ouvrage contenant toute la Législation des Courses et des Paris ; Bookmakers, Droit des pauvres, Ecoles vétérinaires, Haras, Sociétés de courses, Transports par chemins de fer, Réquisitions militaires, Vétérinaires, Vices rédhibitoires, etc., par M. Charton de Meur, Avocat à la Cour de Paris, Officier d'Académie. *Paris, Garnier*, 1891.

1 vol. in-12 de 11-345 p.

CHARVET (Benoit-Jean Baptiste).

Médecin et archéologue français. Né et mort à Grenoble, 1820-1899. Fils d'un maître de poste, il eut dès son enfance des chevaux à sa disposition et devint un fin connaisseur en même temps qu'un bon cavalier. Il ne cessa d'avoir un cheval de selle que dans les dernières années de sa vie.

Ses recherches archéologiques furent principalement dirigées vers les questions hippiques et il avait rassemblé une bibliothèque d'art équestre et une importante collection d'objets de harnachement anciens et modernes. Il était membre de l'Académie Delphinale, de la Société de statistique de l'Isère et de la Société d'Anthropologie de Lyon.

Mors de bride mexicains anciens, munis d'un appareil galvanique. Etude rétrospective sur ce sujet par le Dr B. Charvet (Extrait des *Comptes rendus* du Congrès tenu à Vienne par la Société française d'Archéologie en Septembre 1879). *Tours, Imp. Paul Bouserez*, S. D. (1880).

Broch. in-8° de 11 p. avec 1 pl. contenant 7 fig.

Intéressante recherche sur des mors mexicains garnis d'olives ou d'anneaux en cuivre, qui, humectés par la salive du cheval, produisaient un petit courant électrique. L'appareil a été expérimenté par l'auteur qui a constaté une légèreté particulière de la mâchoire accompagnée d'une abondante salivation chez le cheval qu'il montait.

Plaques de bride muletière au XVIIe siècle. Recherches à ce sujet par le Dr B. Charvet, de Grenoble. *Grenoble, Imp. Gabriel Dupont*, 1882.

Broch. in-8° de 16 p. avec 2 pl. h. t. reproduisant des garnitures de têtes de mulets. Extrait du *Bulletin de l'Académie delphinale*.

Recherches historiques sur les marques des chevaux d'Italie et d'autres pays, par le Dr B. Charvet, de Grenoble. *Lyon, Imp. L. Bourgeon*, 1883.

Broch. in-8° de 19 p. avec nombreuses fig. d. l. t.

Quelques sources qui auraient été utilement consultées pour ce petit travail semblent avoir échappé à l'érudit archéologue.

Les harnachements des Chevaux de selle au moyen âge et avant cette époque, par le Dr Charvet, de

CHA

Grenoble. *Grenoble, Imp. Joseph Allier*, 1886.

Broch. in-8° de 8 p. avec 1 pl. contenant 6 fig. Extrait du *Bulletin de l'Académie delphinale*.

Essai de reconstitution d'époque et d'origine d'un mors de bride antique, par le Dr B. Charvet. *Lyon, Imp. Pitrat aîné*, 1885.

Broch. in-8° de 7 p. avec 3 pl. contenant 4 fig.

Cette brochure traite du mors trouvé à Verna (Isère) et des essais très curieux que l'auteur fit, sur divers chevaux montés par lui, d'un mors reconstitué par ses soins, d'après les débris retrouvés.

Essai de reconstitution d'époque et d'origine d'un étrier en fer trouvé à Rives (Isère) ; par le Dr B. Charvet. *Lyon, Imp. Pitrat aîné*, 1887.

Broch. in-8° de 8 p. avec 1 pl. contenant 5 fig.

Cet étrier, que l'auteur classe au VIIe siècle, est triangulaire et présente cette particularité que le plan de l'œil destiné à recevoir une forte et large étrivière est perpendiculaire à celui de l'étrier, dont l'ouverture se présente ainsi naturellement devant le pied du cavalier.

Essai de détermination d'époque et d'origine d'un frein de cheval trouvé à Francin, près de Montméllian (Isère) — d'une dénomination anatomico-équestre — de deux fragments de freins de chevaux trouvés à Gergovie, près de Clermont-Ferrand, par le Dr B. Charvet, de Grenoble. *Lyon, Imp. Pitrat aîné*, 1888.

Broch. in-8° de 38 p. avec 1 pl. contenant 9 fig.

Essai de reconstitution d'époque et d'origine d'un mors de bride antique conservé au Musée de Naples, par le Dr B. Charvet de Grenoble. *Lyon, Imp. Pitrat aîné*, 1888.

Broch. in-8° de 8 p. avec 5 pl. représentant divers modèles de freins et de mors anciens.

Dans cette brochure, le savant archéologue reprend la description du mors de Verna, décrit dans son opuscule de 1885 cité plus haut, et le compare à celui du musée de Naples.

Essai de détermination d'époque et d'origine d'un ancien frein de cheval trouvé à Craponne (Haute-Loire), par le Dr B. Charvet, de Grenoble. *Lyon, Imp. Pitrat aîné*, 1890.

Broch. in-8° de 8 p. avec 1 pl. contenant 4 fig.

Ces 5 dernières brochures ont été publiées par la *Société d'Anthropologie de Lyon*.

Essai de détermination d'époque et d'origine d'un éperon en fer trouvé au Saint-Eynard en 1875, par le Dr B. Charvet, de Grenoble. *Grenoble, Imp. F. Allier*, 1890.

Broch. in-8° de 3 p. avec 1 pl. Extrait du *Bulletin de l'Académie delphinale*.

Recherches sur deux freins de chevaux trouvés à Athènes en 1888 et 1889. *Lyon, Imp. Pitrat aîné*, 1891.

Broch. in-8° de 7 p. avec 2 pl. contenant 4 et 3 fig. (*Société d'Anthropologie de Lyon*.)

Après la mort du Docteur Charvet, sa collection fut, je crois, dispersée et on en publia le catalogue sous le titre suivant :

Catalogue de la collection d'objets se rapportant à l'Art hippique rassemblée par le Docteur B. Charvet, de Grenoble. *Grenoble, Baratier et Dardelet*, 1899.

Broch. in-8° de 20 p.

Cette intéressante collection comprenait 116 mors de bride, 98 éperons, 55 étriers et 55 objets divers, fers, bossettes, plaques, etc.

Les opuscules du Dr Charvet intéressent autant le cavalier que l'archéologue, à cause de ses appréciations et de ses expériences au sujet de l'emploi et de l'effet, pour la conduite du cheval, des freins divers qu'il décrit.

CHASSAIGNE (R.).
Médecin à Orléans.

De l'Equitation considérée au point de vue physiologique, hygiénique et thérapeutique, par le Docteur R. Chassaigne. *Paris, J.-B. Baillière et fils*, 1870.

1 vol. in-8° de 117 p.

CHASSANIOL (LE Dr Albert).

Notice sur les nouvelles découvertes paléontologiques trouvées en

Amérique, pouvant modifier nos connaissances sur l'origine de la Race chevaline, et s'appuyant sur le transformisme. *Brest, Imp. Gadreau,* S. D. (1881).

Broch. in-8° de 11 p., signée à la fin. (Extrait du *Bulletin de la Société académique de Brest.*)

CHASSES (LES) ET LE SPORT.

Les Chasses et le Sport en Hongrie d'après l'original Hongrois de M^{rs} M^{rs} les Comtes Emman. Andrăzy, Maur. Sandor, Bela Festetits, et les Barons Bela Orczy, Fréd. Podmaniczky, Bela Wehckheim et George Szalbek. Traduit par J.-B. Duringer et F.-A. Schwiedland, Professeurs à Pesth. — Orné de 25 Tableaux lithographiés en couleurs — *Pest, Armand Geibel,* S. D. (1857).

Album gr. in-f° contenant les 25 pl. annoncées au titre, accompagnées d'un texte explicatif détaillé.

Ces pl. représentent en grande partie des scènes de chasse à courre avec de nombreux cavaliers ; on y trouve aussi le portrait d'un cheval. Elles sont bien dessinées et très soignées. Recueil rare et recherché.

CHASTEL DE LA HOWARDERIE-NEUVIREUIL (COMTE DU), voy. BRASSART (F.).

CHATEAUVIEUX.

Pseudonyme de M. Georges Audigier, avocat français, né en 1863 (Lorenz).

Casque et Sabre. Scènes de la vie militaire, par Châteauvieux. Avec Préface de Lucien Descaves, *Paris, Albert Savine, L. Grasilier, Succ^r,* 1894.

1 vol. in-12 de IX-377 p.
La scène se passe dans la cavalerie.

CHATEL (E. DU).

Eleveur et étalonnier normand.

A MM. les Membres du Conseil général de la Manche. *Saint-Lô, Imp. Elie fils,* 1870.

Broch. in-8° de 21 p., signée et datée à la fin.

L'auteur défend l'établissement d'étalonnage qu'il possédait à Valognes contre le projet d'y installer un dépôt d'étalons de l'Etat, ce qui eût amené la ruine de son industrie.

CHATELAIN (René-Julien).

Officier de cavalerie français, 1771-1836. Entré au service en 1788 comme soldat au régiment d'Angoulême, passa dans la cavalerie en 1792, fit les campagnes de la Révolution, celle d Egypte et celles de 1805 à 1814. A la chute de l'Empire, il était major (lieut^{nt}-colonel) et il fut nommé colonel pendant les Cent-Jours. La Restauration ne reconnut pas ce dernier grade et mit même Chatelain à la retraite en 1816 ; mais elle le replaça peu après et lui confia en dernier lieu le commandement de l'île d'Oléron. Le Gouvernement de Juillet lui rendit son grade de colonel et il fut retraité en 1831.

Mémoire sur les chevaux Arabes — Projet tendant à augmenter et à améliorer les chevaux en France — Notes sur les différentes races qui doivent être préférées à ce sujet — Réflexions sur l'administration des Haras, leur utilité — Instruction pour les propriétaires qui font des élèves — Connoissance nécessaire pour faire un bon choix d'étalons et de chevaux de guerre. — Beautés et Défectuosités — Tableaux, recettes, dépenses et réformes. Par M. le Chevalier Châtelain, officier supérieur de cavalerie. *Paris, Mme Huzard,* 1816.

1 vol. in-8° de 158 p. avec un frontispice gravé représentant un cheval Arabe (mauvaise réduction d'une gravure connue de Carle Vernet).

Instruction ou théorie pratique à l'usage de MM. les Officiers et Sous-Officiers de Cavalerie. Par M. le Chevalier Châtelain, Lieutenant-Colonel de Cavalerie. *Paris, Cordier,* 1816.

Broch. in-8° de VII-75 p.

Le Guide des officiers de cavalerie, divisé en cinq parties, qui sont : 1° L'Administration et la Comptabilité ; 2° l'Habillement, l'Equipement, l'Armement et le Harnachement ; 3° l'Hippiatrique régimentaire ; 4° l'Equitation ; 5° l'Escrime à pied et à cheval. Par M. le Chevalier Chatelain, officier supérieur de Cavalerie. *Paris, Anselin et Pochard,* 1817.

1 vol. in-8° de XII p. pour l'avertissement, 99 p. pour la 1re partie, 64 p.

pour la 2ᵉ, 134 p. et 2 pl. pour la 3ᵉ, 114 p. et 9 pl. dont 1 reproduite de l'ouvrage précédent et 8 de l'*Encyclopédie*, pour la 4ᵉ, 88 p. et 8 pl. pour la 5ᵉ.

Ces parties se vendaient séparément. Pour une partie de l'édⁿ on a refait un nouveau titre au nom de *Cordier, Imprimeur libraire de la Garde Royale et des troupes de toutes armes*, 1817. C'est le même tirage.

La 5ᵉ partie, *Escrime*, a eu une 2ᵉ édᵒⁿ sous le titre suivant :

Traité d'escrime à pied et à cheval, contenant la démonstration des positions, bottes, parades, feintes, ruses et généralement tous les coups d'armes connus dans les académies par le Chevalier Chatelain, officier supérieur de cavalerie. 2ᵉ édᵒⁿ, revue, corrigée et augmentée des Leçons du maniement du sabre à pied et à cheval. *Paris, Magimel, Anselin et Pochard*, 1818.

1 vol. in-8° de 83 p. avec les 8 mêmes pl. que dans l'édᵒⁿ précédente. Un 38ᵉ article, intitulé : *Principes du maniement du Sabre, mis en usage dans plusieurs régiments de cavalerie, extrait d'un Manuel imprimé à Hambourg en 1812*, a été ajouté.

Manuel du Cavalier en temps de paix et en temps de guerre, imprimé pour la 1ʳᵉ Division de cavalerie de la Garde Royale, par ordre de Monsieur le Lieutⁿᵗ général comte de Bordesoulle, commandant cette Division (1), basé sur les Règlemens de service intérieur des 24 juin 1792 et 22 mai 1816 ; sur ceux de service en campagne du 12 août 1788, de Schœnbrünn, 1809 et sur les Instructions du roi de Prusse à ses troupes légères ; Melfort, Montecuculi, Guibert, &a, par l'Auteur du *Guide des Officiers de Cavalerie*. *Paris, Didot le jeune*, 1817.

1 vol. in-8° de VIII-73-24 p.

Manuel de Cavalerie, à l'usage des Cavaliers, Brigadiers et Sous-

(1) Bordesoulle (Etienne Tardif, Cᵗᵉ de), général et homme politique français, 1771-1837. Fit toutes les campagnes du 1ᵉʳ Empire dans lesquelles il se couvrit de gloire. celle de 1823 en Espagne, commanda à la Restauration la division de grosse cavalerie de la Garde royale, fut élu député de l'Indre, puis de la Charente, fut aide de camp de Monsieur, gentilhomme d'honneur du duc d'Angoulême et Pair de France.

Officiers en temps de paix et en temps de guerre ; imprimé pour la première division de cavalerie de la Garde royale, par ordre de Monsieur le Lieutenant-Général Comte de Bordesoulle, commandant cette division ; Basé sur les Règlemens... (etc., comme ci-dessus) par l'Auteur du *Guide des Officiers de Cavalerie*. *Paris, Didot jeune*, 1817.

1 vol. in-8° de XXVII-271-146 p.

L'ouvrage précédent ne concerne que les simples cavaliers ; celui-ci, beaucoup plus étendu, s'applique aussi aux sous-officiers et brigadiers. Les 64 premières p. sont identiques dans les deux.

Le même auteur a publié :

Mémoire sur les moyens à employer pour punir Alger et détruire la piraterie des puissances barbaresques, précédé d'un précis historique sur le caractère, les mœurs et la manière de combattre des Musulmans, &a. Par le Chevalier Châtelain, Lᵗ Colonel de cavalerie, Auteur du *Guide des Officiers de Cavalerie*. *Paris, Asselin*, 1828.

1 vol. in-8° de XII-104 p.

Cet ouvrage contient quelques passages relatifs aux Mamelucks et à leur cavalerie. C'est à ce titre seulement qu'il est mentionné ici.

Châtelain n'a été qu'un compilateur laborieux. La partie de ses ouvrages qui traite de l'équitation est une reproduction presque textuelle de Bohan (voy. ce nom).

CHATENET (Maurice DU).

Etude sur les Paris de Courses par M. Maurice du Chatenet. *Paris, Gauthier-Villars*, 1886.

Broch. in-8° de 54 p. Extrait des *Nouvelles Annales de Mathématiques*, 3ᵉ Série, T. V.

CHATTERBOX (Pseudonyme).

Officier d'infanterie français breveté.

Etude critique — Notre cavalerie — Par le Capitaine Chatterbox, breveté d'Etat-Major. *Paris et Limoges, Henri Charles-Lavauzelle*, 1893.

Broch. in-8° de 40 p., avec 1 croquis.

C'est une amère critique de l'instruction et des tendances de la cavalerie française.

CHAUMONT.

Essai sur la méthode de dressage des chevaux, soit à l'attelage, soit à la selle, par Chaumont, ancien cultivateur, Professeur provisoire de Zootechnie, à St-Angeau. *Paris, Vve Bouchard-Huzard,* 1852.

Broch. in-8° de 51 p. avec 5 pl. se dépliant.

Cet ouvrage est surtout destiné aux cultivateurs. Il renferme quelques conseils sages et assez pratiques.

CHAUSSÉE (P.).

Contribution à l'étude de la Gourme, par P. Chaussée, Vétérinaire — Travail fait au Laboratoire de Bactériologie d'Angers et honoré d'une médaille d'argent par la Société de Médecine vétérinaire (concours de 1900). *Angers, Germain et G. Grassin,* 1901.

Broch. gr. in-8° de 55 p. (Extrait des *Archives médicales d'Angers.*)

L'auteur démontre que la gourme peut évoluer sous la forme de *Lymphangite aiguë des membres* et étudie particulièrement la *Gourme coïtale,* alors peu connue.

CHAUVEAU (Adolphe).

Jurisconsulte français, professeur à la Faculté de droit de Toulouse, 1802-1869.

Impôt sur les Voitures et les Chevaux (Loi du 2 Juillet 1862), Questions résolues par Chauveau Adolphe, ancien avocat au Conseil d'Etat et à la Cour de cassation, professeur de droit administratif, auteur des *Principes de Compétence et de Juridiction administratives,* du *Code d'Instruction administratif,* rédacteur du *Journal du droit administratif,* etc., membre de la Légion d'Honneur. Avec un Formulaire des demandes en décharge ou réduction devant les Conseils de Préfecture et de recours devant le Conseil d'Etat. *Paris, Julien Lemer; Toulouse, Armaing,* 1863.

Broch. in-8° de 95 p.

L'auteur annonce la publication postérieure de *Suppléments.* Je crois qu'ils n'ont jamais paru.

CHAUVEAU (Jean-Baptiste-Auguste).

Vétérinaire français, membre de l'Académie des sciences et de l'Académie de médecine, né en 1828. Entré à l'Ecole d'Alfort en 1845, il se fixa à Lyon, fut professeur à l'Ecole vétérinaire de cette ville et en devint plus tard directeur. Il fut nommé Inspecteur général des Ecoles vétérinaires à la mort de Bouley (1885) puis, peu après, professeur au Muséum. Retraité en 1911.

Quelques notes sur la Structure et la Secrétion de la Corne. Influence du système nerveux sur les propriétés nutritives et secrétoires de la Membrane kératogène et sur la nutrition et les secrétions en général, par A. Chauveau, Chef des Travaux anatomiques à l'Ecole impériale Vétérinaire de Lyon. *Lyon, Charles Savy j^{ne},* 1853.

Broch. in-8° de 55 p.

L'opuscule traite exclusivement du sabot du cheval.

Traité d'Anatomie comparée des Animaux domestiques par A. Chauveau, Chef des travaux anatomiques à l'Ecole impériale vétérinaire de Lyon. Illustré de figures intercalées dans le texte, dessinées d'après nature. *Paris J.-B. Baillière; Londres, H. Baillière ; New-York, H. Baillière; Madrid, C. Bailly-Baillière,* 1855.

1 vol. in-8° de v-828 p., avec 207 fig. Dédicace à M. F. Lecoq, directeur de l'Ecole de Lyon et à M. H. Bouley, professeur à celle d'Alfort.

L'anatomie du cheval occupe une partie importante de cet ouvrage.

Même ouvrage, même titre, par A. Chauveau, Professeur à l'Ecole vétérinaire de Lyon — *Deuxième Edition,* revue et augmentée avec la collaboration de S. Arloing, Ex-Chef des Travaux anatomiques à l'Ecole vétérinaire de Lyon, Professeur à l'Ecole vétérinaire de Toulouse. *Paris, J.-B. Baillière, et fils,* 1871.

1 vol. in-8° de vi-992 p., avec 368 fig. d. l. t.

Même ouvrage, même titre, par A. Chauveau, Directeur de l'Ecole vétérinaire, Professeur de Médecine expérimentale et comparée à la Faculté de Médecine de Lyon. — *Troisième Edition,* revue et aug-

mentée avec la collaboration de S. Arloing, Professeur à l'Ecole vétérinaire, Chef des Travaux du Laboratoire de Médecine expérimentale à la Faculté de Médecine de Lyon .— Avec 406 figures intercalées dans le texte et en partie coloriées. — *Paris, J.-B. Baillière et fils*, 1879.
1 vol. in-8° de 1036 p.

Même ouvrage, même titre, par A. Chauveau, Membre de l'Institut (Académie des Sciences), Inspecteur général des Ecoles vétérinaires, Professeur au Muséum d'Histoire naturelle. *Quatrième Edition*, revue et augmentée avec la collaboration de S. Arloing, Directeur de l'Ecole vétérinaire, Professeur de Médecine expérimentale et comparée à la Faculté de Médecine de Lyon. — Avec 455 figures intercalées dans le texte et en partie coloriées. — *Paris, J.-B. Baillière*, 1890.
1 vol. in-8° de 3 f^{ts} non ch. pour les titres et la dédicace « à la mémoire » de Félix Lecoq et Henri Bouley et 1064 p.

Même ouvrage, même titre, par A. Chauveau, Membre de l'Institut, Inspecteur général des Ecoles vétérinaires, Professeur au Muséum d'Histoire naturelle et S. Arloing, Correspondant de l'Institut, Directeur de l'Ecole nationale vétérinaire, Professeur à la Faculté de Médecine de Lyon. *Cinquième Edition*, revue et augmentée, avec la collaboration de F. X. Lesbre, Professeur à l'Ecole nationale vétérinaire de Lyon. *Paris, J.-B. Baillière et fils*, 1903-1905.
2 vol. in-8° de XVI-684 et XV-744 p. avec 366 figures intercalées d. l. t. au T. I et 379 au T. II.

La Vie et l'Energie chez l'Animal. Introduction à l'étude des sources et des transformations de la Force mise en œuvre dans le Travail physiologique, par A. Chauveau, Membre de l'Institut. *Paris, Asselin et Houzeau*, 1894.
1 vol. in-8° de 104 p.

CHAUVEAU (Pierre-Georges-René).

Officier de cavalerie français, né en 1868, sous-lieut^t en 1889, cap^{ne} en 1901.

Un Escadron — Le Dressage (Equitation latérale) par le Capitaine Chauveau. Avec 5 figures dans le texte. *Paris et Limoges, Henri Charles-Lavauzelle*, S. D. (1909).
1 vol in-8° de 112 p.

Projet d'Ecole du Cavalier à cheval, par le Capitaine Chauveau. *Paris et Limoges, Henri Charles-Lavauzelle*, S. D. (1910).
- Broch. in-8° de 47 p. avec 8 fig. d. l. t.

CHAUVEAUX (Gabriel-Edouard).

Officier de cavalerie français, né en 1862, sous-lieut^t en 1884, chef d'esc^{ons} en 1905, retraité en 1910.

Aide-Mémoire du Maréchal des Logis de Cavalerie en Campagne, par le Capitaine G. Chauveaux. *Paris et Limoges, Henri Charles-Lavauzelle*, 1900.
Broch. in-16 de 49 p. avec 1 pl. en couleurs représentant les fanions en usage dans l'armée française.

CHAUVRAT (Jean-Jules).

Vétérinaire militaire français, 1851-1909.
Diplômé d'Alfort en 1874, aide-vétérinaire en 1875, vétérinaire principal en 1905, mort en activité de service.

Maladies ou Accidents les plus fréquents du Cheval. Premiers soins à lui donner en l'absence du Vétérinaire, par J. Chauvrat, Vétérinaire en 1er au 3e Régiment de Spahis, à Batna, Chevalier de la Légion d'Honneur, Lauréat du Ministère de la Guerre. *Batna, Imp. A. Beun*, 1896.
1 vol. in-32 de 148 p.

Même ouvrage, même titre, par J. Chauvrat, Vétérinaire principal de 2e classe — 2e *Edition* — *Paris et Limoges, Henri Charles-Lavauzelle*, 1902.
1 vol. in-32 de 162 p.

CHAVANNE (Maurice-Philippe-Joseph).

Officier de cavalerie français, né en

1862, sous-lieut^nt en 1884, chef d'esc^ons en 1890.

Aperçus sur la Tactique de la Cavalerie. *Nancy, Imp. Berger-Levrault*, S. D. (1895).
Broch. in-8° de 23 p. signée à la fin. Extrait de la *Revue des Deux-Mondes*.

Notions de Dressage, d'Equitation et d'Hippologie à l'usage de MM. les Officiers d'Infanterie, par le Capitaine M. Chavanne. *Paris et Nancy, Berger-Levrault*, 1897.
Broch. in-8° de 56 p. avec 6 fig. dont plusieurs multiples.

CHAVÉE (Emile-Joseph-Léopold).
Médecin et écuyer belge, né en 1834.

Les Allures du Cheval par un amateur étudiant en médecine. *Namur, Colin*, 1858.
Broch. in-18 de 35 p.

Nouvel Essai sur l'Equitation, et seconde expression du Bauchérisme, par un Amateur. *Louvain, Typ. de Vanlinthout*, 1863.
Broch. in-8° de 47 p. avec portrait de Baucher, et 1 fig. d. l. t.

Nouvel Essai sur l'Equitation et seconde expression du Bauchérisme par un Amateur (docteur en médecine). *Troisième Edition* (1) — *Louvain, Typ. de Vanlinthout f^res*, 1865.
Broch. in-8° de 96 p., avec 4 fig. d. l. t. Le portrait de Baucher a disparu. Dédicace de l'auteur à ses frères Antoine, Grégoire, Joseph, Jules.
Dans une courte préface, l'auteur, fervent apôtre de la *Méthode Baucher*, annonce que dans la 2e Ed^on il a cherché à répondre à quelques critiques, et que, dans celle-ci, il dira toute sa pensée.
La brochure contient, à la suite de l'*Essai sur l'Equitation*, un article intitulé *Histoire d'une Rosse ;* c'est l'histoire d'une jument vicieuse et méchante dont l'auteur est venu à bout ; puis des citations de philosophes ou moralistes divers intitulées *Passe-temps philosophiques* et enfin la reproduction de la brochure de 1858, *les Allures du Cheval*, avec 1 fig. d. l. t.

Démonstration physiologique de la mobilité du frein faite à Bruxelles dans une Conférence hippique du 30 Juin 1868 par E. C. *Bruxelles*, 1868.
Broch. in-8° que je ne connais que par son titre.

Un Catéchisme de Philosophie médicale à l'adresse des gens instruits par le Docteur E. C. — Prix 1 franc — *Bruxelles*, 1884.
Broch. gr. in-8° de 16 p. Dédicace de l'auteur à son père. La couverture porte : *Philosophie Médicale et Hygiène équestre*.

Hygiène équestre. Manuel de la Bauchérisation du Cavalier suivant le Docteur Chavée. *Bruxelles*, 1884.
Broch. gr. in-8° de 16 p. avec 1 pl. se dépliant.

Livret du Cavalier bauchériste suivant le bauchérisme belge du Docteur Chavée. *Bruxelles-Ixelles*, 1886.
Broch. gr. in-8° de 11 p. autographiée et signée *Eveline Chavée* ; mais une note lim^re du Dr Chavée indique que ces instructions ont été formulées sous ses yeux et sont parfaitement conformes à sa pensée.

L'Equitation et le XIXe siècle suivant un Ecuyer bauchériste. *Bruxelles*, 1886.
Broch. gr. in-8° de 60 p. avec 8 pl. h. t.
La partie hippique se termine à la p. 48. La suite contient un supplément intitulé : *l'Ordre social pour la réhabilitation politique de la paternité*.

Ces quatre dernières brochures ont été réunies en 1886 sous une couverture avec le titre suivant :

Philosophie médicale — Hygiène équestre — Livret du Cavalier bauchériste — L'Equitation et le XIXe siècle — par le Docteur Chavée. — Prix 5 francs — *Bruxelles*, 1886.

Les ouvrages hippiques du Dr Chavée sont très rares.

CHAVERONDIER (François-Marie).
Officier de cavalerie français, né en 1831. Sous-lieut^nt en 1859 ; colonel en 1883, retraité en 1891.

La question des remontes en

---

(1) Mes recherches pour rencontrer la 2e éd^on sont restées infructueuses.

1885, par un homme de cheval. *Caen, Imp. V*ᵛᵉ *Domin*, 1885.

Broch. in-8° de 26 p. sans nom d'auteur.

Notes sur la Cavalerie par F. Chaverondier, Colonel de Cavalerie en retraite. *Lyon, Imp. Schneider frères*, 1894.

Broch. in-8° de 19 p.

CHAVOT (Th.).
Jurisconsulte français.

Traité de la Garantie des Vices rédhibitoires, tant à l'égard des Animaux que des autres Marchandises, précédé d'une Préface critique et suivi d'une Dissertation sur la vente des choses qui s'estiment au poids, au compte ou à la mesure, ou que l'on est dans l'usage de goûter, par M. Th. Chavot, Docteur en Droit, auteur du traité de la Propriété mobilière. *Mâcon, Imp. de Chassipolet*, 1841.

1 vol. pet. in-12 de XLIII-226 p.

Concerne en partie le cheval et la loi de 1838.

CHEBROU DELESPINATS (LE CHEVALIER).

Eleveur et Officier des Haras français. Il était entré dans l'administration vers 1807, devint Inspecteur Général et son emploi fut supprimé en 1830 ou 1831. Son fils fut aussi Inspecteur général des Haras (voy. Lespinats).

Un mot sur les Haras de France, par le Chᵉʳ Chebrou Delespinats, Inspecteur Général supprimé, 1831. *Niort, Imp. de Dépierris*.

Broch. in-8° de 14 p.

C'est une défense de l'administration des Haras et une critique des économies que le gouvernement de Juillet avait opérées sur ce service au risque de compromettre son bon fonctionnement.

CHEDERIC (LE FRÈRE) et GENOSE ou GEGNOSE.

La Chirvrgie de Frère Chederic. Traitant des Cheuaulx & des remedes qui sont requis a leurs maladies : mesme du soin & entretien d'iceulx ; en demonstrant par certain ordre les raisons tres-veritables & de tout ce qu'est requis en celà, tirées de gens tres experimentez en cest art : Nouuellement traduite de Latin en nostre vulgaire François pour l'excellence & singularité de l'œuure. Auquel sont adioustez cinq Chapitres extraordinaire (sic) de l'Aucteur touchant la mesme matiere. Plus la Chirurgie de Genose, Hispanique Médecin traitant des maladies des cheuaulx & de leurs remedes. *Imprimé à Nancy, par la vesue I. Ianson, pour son filz Imprimeur de son Altesse*, 1581.

1 vol. in-4° de 64 fᵗˢ chiffrés. Dédicace « à tres hault, tres excellent et tres ge- « nereux Prince Henry de Lorraine, Mar- « quis du Pont-à Mon-son », signée Jean Barnet, Sonnet du même au même et épigramme à la louange de l'auteur par C. V. B.

D'après la dédicace, ce Jean Barnet a hébergé le traducteur chez lui pendant quelque temps et semble même avoir été son collaborateur.

La chirurgie de frère Chederic, qui contient surtout des formules de recettes de remèdes végétaux, a 82 chap. et se termine au fᵗ 54, au verso duquel commencent ses 5 chap. extraordinaires. La chirurgie de Genose, qui est ici appelé Gegnose, occupe les fᵗˢ 57 à 63 et la table la fin.

Au cours du livre, l'auteur est appelé Chideric.

Ouvrage de la plus grande rareté. Je n'en ai jamais vu d'autre exemplaire que celui de la Bib. Mazarine. Huzard ne le possédait pas.

CHÊNE-VARIN (Albert DE LA MARE DE).

Des Vices rédhibitoires chez les Animaux domestiques — Commentaire de la Loi du 2 Août 1884, par M. A. de Chêne-Varin, Licencié en Droit — (Extrait de la *France judiciaire*) — *Paris, G. Pedone-Lauriel*, 1885.

Broch. gr. in-8° de 32 p.

Code des Vices rédhibitoires chez les Animaux domestiques (Loi du 2 Août 1884 sur le Code rural), Lois anciennes et Loi nouvelle, Jurisprudence ; caractères et symptômes des Vices rédhibitoires, etc. ; suivi de la Loi du 21 Juillet 1881 sur la Police sanitaire des Animaux, du Décret du 22 Juin 1882 portant Règlement d'Administration publique sur la Police sanitaire des Ani-

maux, par A. de Chêne-Varin, Avocat. *Paris, G. Pedone-Lauriel*, 1886.
1 vol. in-18 de III-318 p.

De la Vente des Animaux atteints ou soupçonnés de Maladies contagieuses, par A. de Chêne-Varin, Avocat — Extrait de la *France judiciaire* — *Paris, G. de Pedone-Lauriel*, 1893.
Broch. in-8° de 24 p.

CHÉNIER (Gustave-Damas).

Vétérinaire militaire français, né en 1844. Diplômé de Lyon en 1867, il exerça d'abord sa profession à Pont-de-Roide (Doubs), puis entra dans l'armée, fut aide-vétérinaire en 1871, vétérinaire en 1er en 1883 et retraité en 1897.

La Clinique annexée à l'Ecole Vétérinaire de Lyon, par Gustave Chénier, Vétérinaire à Pont-de-Roide (Doubs). *Montbéliard, Imp. Henri Barbier*, 1868.
Broch. in-16 de 13 p.
Critique acerbe des errements et de certains professeurs de l'Ecole de Lyon.

Du tondage considéré chez le Cheval, par M. G Chénier, Vétérinaire militaire. *Langres, Imp. A. Vallot*, 1875.
Broch. in-8° de v-30 p.
Sans être complètement opposé au tondage, l'auteur demande qu'on ne l'applique qu'avec réserve. Il se plaint de « l'appréciation dédaigneuse et des « réflexions humiliantes », dont son *Mémoire* avait été l'objet à la Société centrale de Médecine vétérinaire.

De l'atrophie du coussinet plantaire, de ses causes, de ses conséquences et de son traitement. Nature véritable de l'encastelure. Indications propres à prévenir cette maladie et ses conséquences (seimequarte, bleime sèche, maladie naviculaire) et à les guérir sans interruption de travail, quelle qu'en soit la gravité. Par G. Chénier, Vétérinaire militaire. Travail couronné par la Société vétérinaire de la Marne. Médaille d'Or. (Extrait des *Mémoires de la Société vétérinaire de la Marne*). *Châlons-sur-Marne, Imp. Le Roy*, 1877.
Broch. in-8° de 58 p.

L'auteur cherche à établir que l'atrophie du coussinet plantaire n'est pas la conséquence mais la cause de la contracture de la paroi.

Sur la genèse des maladies virulentes, par M. G. Chénier, Vétérinaire en 2e au 11e de Cuirassiers. (Extrait du *Recueil de Médecine vétérinaire*). *Paris, Asselin*, 1877.
Broch. in-8° de 64 p.
Une partie importante de cet opuscule est consacrée à la morve. L'auteur est un contagioniste convaincu.

La ponction aspiratrice en vétérinaire, par G. Chénier, Vétérinaire militaire. *Lyon, Imp. L. Bourgeon*, 1879.
Broch. in-8° de 12 p.

Société de Médecine Vétérinaire de Lyon et du Sud-Est. (Séance du 13 Juillet 1879) — Le Budget de 1880 et les Ecoles vétérinaires de France, par MM. Chénier et F. Quivogne. *Lyon, Imp. Schneider*, 1879.
Broch. in-8° de 15 p.
M. Louis Legrand, député de Valenciennes, avait demandé l'inscription au budget d'une augmentation de crédit pour les Écoles vétérinaires. Les auteurs la combattent comme inutile.

Pathologie et Thérapeutique — Des causes de la bénignité des inoculations virulentes préventives, par G. Chénier, Vétérinaire militaire. *Lyon, Imp. Schneider f^{res}*, S. D. (1880).
Broch. in-8° de 3 p.

La Lymphangite farcineuse considérée comme entité morbide — Ses caractères généraux — Sa marche — Son diagnostic différentiel — Sa nature — Ses modes de propagation dans l'Armée — Son traitement — par G. Chénier, Vétérinaire à l'Etat-Major de la Place de Lyon, Membre correspondant de la Société de Médecine vétérinaire de Lyon et du Sud-Est et de la Société de Médecine vétérinaire pratique, Lauréat du Ministère de la Guerre, de la Société vétérinaire de la Marne et de la Société nationale d'Agriculture de France. — (Extrait de l'*Echo des Sociétés et Associations vétérinaires de Fran*-

ce). Lyon, Imp. Schneider frères, 1881.
Broch. in-8° de 16 p.

Le Service vétérinaire dans les diverses Armées de l'Europe — Grades, Effectif, Rang, Traitement des Vétérinaires — Par G. Chénier, Vétérinaire à l'Etat-Major de la Place de Lyon. (Extrait de l'*Echo*... etc., comme ci-dessus). *Lyon, Imp. Schneider f^res* (1881).
Broch. in-8° de 16 p.

Le Service vétérinaire dans les Armées de l'Europe — De l'avancement ; des Attributions des Vétérinaires dans les Commissions d'achat de Chevaux pour l'Armée ; une page de Règlement — (Extrait de l'*Echo*... etc., comme ci-dessus — Mai et Juin 1882). *Lyon, Imp. Schneider f^res* (1882).
Broch. in-8° de 13 p.
Ces deux brochures se font suite.
L'auteur conclut à l'infériorité de la situation matérielle et morale des vétérinaires militaires français par comparaison avec ceux des armées étrangères.

La question d'identité de la Morve et du Farcin. Par M. G. Chénier. *Lyon, Imp. Schneider f^res, S. D.* (1882).
Broch. in-8° de 15 p.
M. Chénier avait adressé, en 1878, au Ministre, un mémoire dans lequel il cherchait à établir que la morve et le farcin étaient deux maladies de nature différente. Il reprit la même thèse dans sa brochure de 1881, citée plus plus haut. Le vétérinaire principal Mitaut, chargé d'analyser le mémoire de M. Chénier, le jugea très sévèrement. L'opuscule ci-dessus est une aigre réponse au rapport Mitaut.

Considérations sur l'Etiologie des Maladies en général et de la Fluxion périodique en particulier — Contribution à l'étude des phénomènes de la virulence, par M. G. Chénier, Vétérinaire à l'Etat-Major de la Place de Lyon. (Extraits de l'*Echo des Sociétés et Associations vétérinaires de France*, février et mars 1882). *Lyon, Imp. Schneider f^res, S. D.* (1882).
Broch. in-8° de 8 p.
L'auteur discute les causes attribuées jusqu'alors à la fluxion périodique et lui suppose une origine parasitaire.

Contribution à l'étude des actes locomoteurs. Du Saut, sa nature, son déterminisme — Du rôle respectif des membres antérieurs et postérieurs dans la progression — Mode de développement de l'impulsion. *Lyon, Imp. Schneider f^res, S. D.* (1886).
Broch. in-8° de 16 p. signée à la fin.
Intéressante discussion dont certaines parties s'appliquent à l'équitation.

Pathologie comparée — La question d'identité de la morve et du farcin chez le cheval et chez l'homme, par G. Chénier, Vétérinaire en 1er au 10e Cuirassiers, Membre correspondant des Sociétés vétérinaires de l'Est, de Lyon et du Sud-Est, de la Société nationale et royale vétérinaire de Turin, de la Société vétérinaire de Liège, Lauréat du ministère de la guerre, de la Société nationale d'agriculture, de la Société vétérinaire de la Marne, etc. *Paris, Imp. Noizette*, 1886.
Broch. in-8° de 15 p.

Réponse aux objections faites à la doctrine de la dualité farcineuse, par G. Chénier, Vétérinaire en 1er au 10e Cuirassiers. *Paris, Imp. Noizette, S. D.* (1886).
Broch. in-8° de 14 p.

Traité des signalements, par G. Chénier, Vétérinaire en premier, Membre de la Commission d'hygiène hippique au Ministère de la guerre. *Paris, Léopold Cerf*, 1887.
Broch. in-8° de 16 p.
Cet opuscule est principalement destiné aux membres des commissions de recensement des chevaux. Il contient à la fin les devoirs des maires à ce sujet.

Le régime intérieur des Ecoles vétérinaires — Internat et externat — par G. Chénier. *Paris, Imp. P. Dubreuil*, 1888.
Broch. in-8° de 16 p.
L'auteur conclut à la suppression de l'internat.

Le traitement des tumeurs mélaniques par la ligature élastique, par M. G. Chénier, Vétérinaire

militaire. *Toulouse, Imp. Lagarde et Sebille,* S. D. (1890).
Broch, in-8° de 7 p.

La « Ferrure Watrin », par G. Chénier, Vétérinaire en 1er au 6e Cuirassiers, Chevalier de la Légion d'honneur, Membre honoraire de la Société vétérinaire de Liège, Membre correspondant de la Société royale et nationale vétérinaire de Turin, des Sociétés vétérinaires de l'Est, de Lyon et du Sud-Est, Lauréat du Ministère de la Guerre, de la Société nationale d'Agriculture, de la Société vétérinaire de la Marne, de la Société protectrice des Animaux, etc. *Paris, Imp. P. Dubreuil,* 1890.
Broch. gr. in-8° de 15 p.
Critique acerbe de l'ouvrage de Watrin (voy. ce nom) et de sa ferrure.
Les 3 dernières p. contiennent une bibliographie des ouvrages de l'auteur, parmi lesquels figure une *Monographie du Goître chez le Cheval,* qui aurait paru à Lyon en 1867 et dont je n'ai trouvé aucune trace.

Le Tondage du Cheval dans ses rapports avec l'hygiène et la pathogénie, par G. Chénier, Vétérinaire en 1er au 6e Cuirassiers... (etc., comme ci-dessus). *Paris, Asselin et Houzeau,* 1891.
Broch. in-8° de 16 p.
L'auteur est un adversaire du tondage. On a vu plus haut qu'il avait publié, en 1876, une brochure sur le même sujet.

Le régime intérieur des Ecoles vétérinaires. *Paris, Imp. Noizette,* 1892.
Broch. in-8° de 7 p., signée à la fin des initiales de l'auteur.
Il avait déjà traité la même question dans sa brochure de 1888 décrite ci-dessus. Il la reprend ici sous forme de lettre adressée au directeur du *Répertoire de Police sanitaire vétérinaire* dans lequel cette lettre avait d'abord paru.

Contribution à la Détermination des éléments de l'Impulsion et à l'Etude du Tirage chez le Cheval — Emploi comparatif du Collier et de la Bricole; par M. G. Chénier, Vétérinaire militaire. *Toulouse, Imp. Lagarde et Sebille,* 1894.
Broch. in-8° de 18 p. (Extrait de la *Revue vétérinaire.*)

La Dualité farcineuse en Médecine vétérinaire et en Médecine humaine. Histoire d'une découverte, par G. Chénier. *Thouars, Imp. Thouarsaise,* 1912.
Broch. in-8° de 16 p.
En outre de ces opuscules, M. Chénier en a publié plusieurs sur divers sujets étrangers aux questions hippiques. Il a aussi écrit et écrit encore dans divers journaux et recueils spéciaux à sa profession.

CHENOT (Pierre-Napoléon).
Vétérinaire militaire français, né en 1857, diplômé d'Alfort en 1879, vét[re] major en 1906.

Etude clinique — Exploration du membre boiteux. Sémiologie, diagnostic, pronostic, traitement et prophylaxie de quelques affections peu connues de l'appareil locomoteur, par P. Chenot, Vétérinaire en 1er à l'Etat-Major de la place d'Alger. *Lyon, Imp. L. Bourgeon,* S. D. (1902).
Broch. in-8° de 63 p. avec 12 fig. d. l. t.

CHENU (Arthur).
Vétérinaire français, diplômé de Toulouse en 1873.

Ecole nationale vétérinaire de Toulouse — De la pleurésie chez le Cheval, par Arthur Chenu, né à St-Germain de Prinçay (Vendée). Thèse pour le Diplôme de Médecin-Vétérinaire présentée le 20 Juillet 1873. *La Roche-sur-Yon, Imp. Cochard-Tremblay,* 1873.
Broch. in-8° de 72 p.

CHÉRADAME (A.).
Magistrat français, conseiller à la Cour de Caen.

Notice sur l'Etablissement hyppique (sic) créé et dirigé à Ecouché par le Sieur Frédéric Cheradame, et sur les innovations Agricoles introduites dans la localité par ce Cultivateur. *Caen, Imp. de Pagny,* 1846.
Broch. in-8° de 40 p., signée à la fin : A. Chéradame, Membre de l'Association Normande,... etc.
Opuscule très rare et non mis en vente. L'auteur a pour but d'attirer les encouragements de l'*Association Normande* sur son homonyme Louis-Noël-Frédéric

Cheradame, meunier, cultivateur et étalonnier à Écouché (Orne). Il donne sa biographie et l'historique de son établissement.

CHERBULIEZ (Charles-Victor).

Littérateur français, d'origine suisse, Membre de l'Institut, 1829-1899.

A propos d'un Cheval. Causeries athéniennes, par Victor Cherbuliez. *Genève et Paris, Joël Cherbuliez*, 1860.

1 vol. in-8° de 321 p. avec 1 pl. représentant deux chevaux du Parthénon. Dédicace au Comte Gibellini-Tornielli.

Un cheval de Phidias. Causeries athéniennes, par Victor Cherbuliez. *Deuxième édition. Paris, Michel Lévy*, 1864.

1 vol. in-12 de 342 p., avec la même pl. et la même dédicace.

Au milieu d'un récit romanesque et de dissertations archéologiques, cet ouvrage contient des passages historiques et zoologiques sur diverses races de chevaux, sur l'équitation et sur la représentation artistique du cheval.

Sauf le format et la légère modification au titre, les deux éd^{ons} sont semblables.

CHERFILS (Pierre-Joseph-Maxime).

Général de cavalerie français, né en 1849, sous-lieu^{nt} en 1869, colonel en 1895, général de brigade en 1905, passé au cadre de réserve en 1911.

Mémoire sur le service stratégique de la cavalerie. Conférence faite le 3 mai 1874, par Maxime Cherfils, capitaine d'Etat-major. *Paris, Tanera*, 1874.

Broch. in-12 de 35 p. avec 3 croquis.

Trois journées d'exploration par une division de cavalerie en avant d'une armée, sur la ligne d'opérations de Châlons à Metz. Essai d'après la carte avec un croquis des marches, par Max Cherfils, capitaine d'Etat-major. *Paris, J. Dumaine*, 1878.

Broch. pet. in-8° de 51 p.

Le Combat. Extrait de la *Revue de cavalerie. Paris et Nancy, Berger-Levrault*, 1887.

Broch. gr. in-8° de 62 p. avec 1 carte et 7 croquis d. l. t. Publié sans nom d'auteur.

Cavalerie en campagne. Etudes d'après la carte. *Paris et Nancy, Berger-Levrault*, 1888.

1 vol. gr. in-8° de 327 p. avec 3 cartes. Publié sans nom d'auteur.

Même ouvrage, 2me éd^{on}, par le Lieutenant-Colonel Cherfils, de l'Ecole de guerre. *Paris et Nancy, Berger-Levrault*, 1893.

1 vol. gr. in-8° de 347 p., avec 4 cartes. Dans cette éd^{on}, une petite étude tactique a été ajoutée.

Essai sur l'emploi de la Cavalerie. Leçons vécues de la guerre de 1870 et faites en 1895 à l'Ecole supérieure de guerre, avec une Carte générale et 10 croquis en couleurs, par le colonel Cherfils, commandant le 7me dragons. *Paris et Nancy, Berger-Levrault*, 1898.

1 vol. gr. in-8° de 702 p. La carte et les croquis forment un atlas séparé.

En marge de la Bataille de Rezonville par le Général Cherfils — Avec 4 planches — *Paris et Nancy, Berger-Levrault*, 1908.

Broch. gr. in-8° de 44 p. avec 4 cartes se dépliant. Extrait de la *Revue militaire générale*.

Concerne en grande partie la cavalerie.

CHÉRI R. HALBRONN, voy. HALBRONN.

CHÉRISEY (Frédéric-François-Louis-Victor, COMTE DE).

Officier de cavalerie français, 1824-1898. Sous-lieut^t en 1850, colonel en 1879, retraité en 1883.

Quelques idées sur la Cavalerie légère — Tenue et Harnachement proposés — Par le Comte de Cherisey, Chef d'Escadrons au 6e de Hussards, ancien Officier d'ordonnance de l'Empereur. *Abbeville, Lith. Gillard*, 1868.

Broch. in-f° de 8 p., autographiée, plus 2 f^{ts} contenant 7 photographies représentant 3 cavaliers revêtus de la tenue proposée, 3 selles et 1 bride.

La Cavalerie légère en 1870, par le Cte F. de C*** , Chef d'Escadrons de Cavalerie légère — Ne se vend pas — Fontainebleau, 8 mai 1870 — *Fontainebleau, Imp. E. Bourges* (1870).

Broch. in-8° de 37 p.

L'auteur, qui était alors chef d'esc^{ons} aux Chasseurs de la Garde à Fontainebleau, demande certaines modifications et améliorations à la tenue, à l'instruction, au recrutement et à l'emploi de la cavalerie légère. Plusieurs ont d'ailleurs été adoptées depuis. Mais sa brochure ayant été publiée avant la guerre de 1870, il appuie ses propositions seulement sur celle de 1866 et sur la récente adoption des armes à tir rapide.

CHESNEL DE LA CHARBONELAIS (Louis-Pierre-François, MARQUIS DE).

Officier d'infanterie et littérateur français, 1791-1862. Après avoir concouru à l'organisation de différents corps francs levés à Bordeaux en 1814 pour soutenir la Restauration, il fut nommé lieut^{nt}-colonel par le Cte de Damas le 31 juillet 1815 et confirmé par ordonnance royale du 17 Déc. 1815. Il passa avec ce grade à la Légion des Pyrénées-Orientales en 1816. Il y était encore en 1820, mais la fin de sa carrière m'est inconnue.

Dictionnaire des Armées de Terre et de Mer. Encyclopédie militaire et maritime — Etymologies — Technologie — Archéologie — Machines de guerre de l'Antiquité et du Moyen-Age — Balistique et Pyro-Balistique — Constructions navales de toutes les époques chez tous les peuples — Hydrographie — Pêche et Navigation fluviale et maritime — Instruments nautiques — Stratégie — Tactique — Fortifications — Gymnastique — Equitation — Armes de toutes les Nations — Uniformes et formation des divers Corps de troupes : Infanterie, Cavalerie, Artillerie, etc., etc. — Annales : Sièges, Batailles, Combats et Faits de guerre, tant sur mer que sur terre, chez tous les peuples et dans tous les temps — Voyages et Découvertes — Ligues et Traités — Administration militaire et maritime — Biographie — Anecdotes — Axiomes de Guerre — Géographie — Physique — Météorologie, etc., etc., par le Cte de Chesnel, Lieut^{nt}-Colonel d'Infanterie et ancien Marin, Auteur de nombreux ouvrages scientifiques, historiques, archéologiques, etc., etc.

Illustré dans le texte de plus de 1200 Gravures au trait représentant les Costumes de tous les Corps des Armées de Terre et de Mer, les Armes, Armures, Engins de Guerre depuis les époques les plus reculées jusqu'à nos jours chez les différents peuples ; les Vaisseaux anciens et modernes ; les Fortifications et Machines de Siège ; les Portraits des Célébrités militaires et maritimes françaises et étrangères, etc., etc., dessinés d'après les documents les plus authentiques et sur les modèles les plus estimés, par M. Jules Duvaux, Elève de Charlet, et contenant diverses Cartes géographiques et Planches. *Paris, Armand Le Chevalier*, 1862-1864.

2 vol. gr. in-8° de 576 p. pour le T. I. La pagination se suit pour le T. II, qui porte le millésime 1863-1864 qui contient les p. 581 à 1320. Les 7 dernières p. contiennent la Table analytique des gravures. Texte à 2 col.

L'ouvrage a eu plusieurs éd^{ons} sans aucun changement, y compris la 6e et dernière à ce jour, mais celle-ci contient un *Supplément*.

Même ouvrage, même titre (avec quelques légères modifications) ... contenant dans le texte plus de 1700 Eaux-fortes dessinées d'après les documents les plus authentiques et sur les modèles les plus estimés par M. Jules Duvaux, Elève de Charlet. Avec Cartes, Planches, Drapeaux et Pavillons coloriés. — *Sixième Edition* contenant un *Supplément* par E. Dubail, Capitaine d'Infanterie breveté d'Etat-Major, Officier d'Académie, Auteur de plusieurs ouvrages de Géographie d'Histoire et d'Art militaire, etc. (1) *Paris, Ch. Gallet*, S. D. (1881).

2 vol. gr. in-8° de 704 p. au T. I. La pagination se suit pour le T. II contient les p. 705 à 1320. Elle est la même que pour l'éd^{on} de 1862-1864 et la différence provient de ce que le tome I de celle-ci contient les lettres A-F, tandis que le T. I de la 6e éd^{on} contient les lettres A-I.

(1) Dubail (Auguste-Yvon-Edmond), général français, né en 1851, sous-lieut^{nt} en 1870, colonel en 1901, général de brigade en 1904. Il a commandé l'École de St-Cyr et est l'auteur de plusieurs ouvrages militaires.

Bibliogr. hippique. T. I. — 18.

Les 2 éd^{ons} sont donc identiques, sauf l'addition du *Supplément* qui a une pagination particulière de 103 p.

L'ouvrage contient un grand nombre d'articles sur la cavalerie : organisation, tactique, histoire, origines et formations, uniformes, hippologie, équitation, etc. Mais il embrasse un si grand nombre de matières que chacun d'eux est très écourté.

Pour un autre ouvrage du même auteur, voy. Nore (A. de).

CHEVAL (LE).

Le Cheval — Sa configuration extérieure, ses organes internes — 5 figures en couleurs superposées avec texte explicatif. *Paris, Asselin et Houzeau*, S. D. (1895).

Atlas in-4° oblong de 28 p. de texte avec 22 fig. intercalées et 5 pl. en chromo-lithographie superposées. (Voy. pour un ouvrage semblable : *Le Cheval* 1903.)

CHEVAL (LE).

Les Animaux domestiques — Le Cheval, extérieur et anatomie. 5 Planches coloriées à feuillets découpés et superposés avec explications — Fr. 2. 50 — *Paris, Schleicher frères*, S. D. (1903).

Atlas in-4° oblong de 4 p. de texte et 5 pl. coloriées. Cet atlas a beaucoup d'analogie avec celui publié en 1895 par Asselin et Houzeau, sous le même titre. (Voy. *Le Cheval*, 1895.)

CHEVAL (LE) (Périodique).

Ce recueil a commencé à paraître en mars 1903.

Le Cheval, organe spécial de ceux qui l'utilisent ou s'y intéressent et des professions qui s'y rattachent — Alimentation — Hygiène et médecine vétérinaire — Elevage et dressage — Achat et vente de chevaux — Amélioration et choix des races — Jurisprudence vétérinaire — Zootechnie — Courses — Sports — Concours, expositions et expertises — Foires et marchés — Protection des animaux — Laiteries — Industries de la ferme — Bestiaux, chiens et autres animaux domestiques, etc. — Maréchalerie — Carrosserie — Bourrellerie — Nouvelles et Recettes diverses — Première année, N° 1 — 1903 — *Administration et Rédaction : Bureau du Journal* « *Le Cheval* » *à Gilly, Imp. F. Reytter à Charleroi. Directeur Hector Lascaux*.

Le fascicule comprend 12 p. dont 8 sont à 3 colonnes et chiffrées, les autres contiennent les annonces. Vignettes. d. l. t.

En 1904, les bureaux ont été transférés à Bruxelles et sont actuellement 642, Chaussée de Waterloo, avec bureau succursale à Lille, 19, Rue de Paris.

Le prix du N° était au début de 0.10^c et est maintenant de 0.20^c.

CHEVAL (LE) BOULONNAIS.

Le Cheval Boulonnais et les Haras du Vimeu. *Abbeville, Imp. C. Paillart*, 1887.

Broch. in-16 de 8 p. avec une carte du pays de Vimeu, se dépliant et donnant l'emplacement des principales écuries avec les noms de leurs propriétaires.

Le Vimeu, centre important de l'élevage du cheval boulonnais, est un petit pays de l'ancienne Picardie, actuellement dans le dép^t de la Somme, entre la Somme et la Bresle.

CHEVAL (LE) D'ARTILLERIE.

Le Cheval d'artillerie, par P. C. *Paris, L. Baudoin*, 1889.

Broch. in-8° de 39 p.

L'auteur suit le jeune cheval depuis son arrivée au corps jusqu'à sa mise en service, propose diverses améliorations et donne les principes de son dressage à la selle et au trait.

CHEVAL (LE) DE GUERRE FRANÇAIS.

Le Cheval de Guerre Français, à propos d'une brochure de M. Casimir-Perier, par un ancien Cavalier de Remonte. *Paris, L. Baudoin*, 1890.

Broch. in-8° de 28 p.

C'est une réfutation de la brochure que M. Casimir-Perier (voy. ce nom) venait de faire paraître et dans laquelle il attaquait l'administration de la remonte et critiquait les achats de chevaux de 3 ans et de 3 ans et demi.

CHEVAL (LE) ET LE CAVALIER, voy. MELLINET.

CHEVAL (LE), HUMBLE REQUÊTE.

Le Cheval — Humble et poétique Requête adressée à la Société protectrice des Animaux par les Chevaux épuisés par de longs travaux pour la supplier de redoubler de surveillance afin qu'ils ne soient pas attelés à de trop lourdes Voitures comme on en voit encore trop souvent dans les rues de Paris où les Chevaux transportent tant de pesants fardeaux. *Paris, E. de Soye*, 1881.

Broch. in-8° de 47 p., anonyme.
Pièce de vers qui débute par un éloge du Cte de Grammont et qui est destinée à inspirer la compassion envers les chevaux. Elle est l'œuvre d'un membre de la Société protectrice des Animaux, auteur d'un *Éloge du Chien*, récompensé l'année précédente par cette Société.

CHEVAL (LE) PERCHERON EN AMÉRIQUE.

Société hippique percheronne de France. Siège social : Nogent-le-Rotrou (Eure-et-Loir) — Le Cheval Percheron en Amérique — Les Races de chevaux de trait français — Traduit de la *Breeder's Gazette*, de Chicago, Décembre 1887 — Janvier 1888. Extrait du *Nogentais*, Janvier-Février 1888. *Nogent-le-Rotrou, Imp. E. Lecomte*, 1888.

Broch. in-8° de 67 p.
C'est un recueil de documents, de questions et de réponses concernant les races françaises de trait et principalement la percheronne, le tout réuni par les soins de M. Daupeley-Gouverneur, membre de la Société hippique percheronne.

CHEVALLIER (Emile-Louis-Augustin).

Le Jeu et le Pari devant la loi pénale et devant la loi civile — Loteries, Maisons de Jeu, Courses de chevaux, Jeux de Bourse, par Émile Chevallier, avocat à la Cour d'appel, Docteur en droit, Lauréat de la Faculté de Paris. *Paris, A. Derenne*, 1874.

1 vol. in-8° de 167 p. (Thèse pour le doctorat). Dédicace de l'auteur à ses parents.

Bibliothèque professionnelle — Les Jeux et les Paris devant la Loi, par Émile Chevallier, Docteur en droit, Avocat à la Cour d'appel de Paris. — Jeux de Bourse — Courses de Chevaux — Maisons de Jeu — Loteries — *Paris, André Sagnier*, 1875.

1 vol. in-12 de 238 p.
La question des paris de courses est traitée en détail dans ces deux ouvrages.

CHEVALLIER (LE CHANOINE G.).

Société fraternelle des Cuirassiers de Reichshoffen — Allocution prononcée par M. le Chanoine G. Chevallier, Missionnaire Apostolique à l'occasion de la Messe commémoration dite à la Madeleine, le 6 Août 1903. *Paris, Imp. Eugène Petiot* (1903).

Broch. in-8° de 7 p. Jolie vignette sur le titre représentant la charge.

CHEVALLIER (H.), voy. MÉTIVIER (L.).

CHEVAUX (LES) AU MANÈGE.

Les Chevaux au Manège, Ouvrage trouvé dans le Portefeuille de Monseigneur le Prince de Lambesc, Grand-Ecuyer de France. *Aux Tuileries*, 1789.

L'ouvrage se compose de 3 brochures in-8° avec le même titre et le même millésime. La 1re et la 3e portent *Seconde et Troisième Partie*. La 1re contient 26 p., la 2e 29 et la 3e 22.
Il n'est cité ici qu'à cause de son titre et n'a aucun caractère hippique. C'est un pamphlet politique dans lequel l'auteur — resté inconnu — passe en revue les principaux personnages du jour, en donnant à chacun d'eux une qualification de cheval : le pétulant, l'ombrageux, le rétif, le peureux, la cabreuse,... etc.
L'auteur s'est visiblement inspiré pour son titre du lieu où l'assemblée tenait ses séances (1).

(1) Le manège des Tuileries, construit en 1721 pour l'instruction équestre du jeune Louis XV par les soins du duc d'Antin, en remplacement d'un ancien manège brûlé en 1694. Il avait 80^m de long sur 27 de large, était borné au N. par le couvent des Feuillants, à l'O. par la ruelle du Dauphin qui suivait à peu près le tracé de la rue de Castiglione actuelle. Au S., il longeait l'allée plantée du jardin des Tuileries qui borde actuellement la rue de Rivoli jusqu'au n° 228 environ. Il servit ensuite de garde-meuble à la Grande Ecurie, puis le Grand-Ecuyer le donna à La Guérinière (voy. ce nom) pour y établir son Académie d'Equitation et celui-ci fit construire les écuries, logements, selleries, etc.«
A la mort de La Guérinière, l'Académie passa

Dans quelques rares exemplaires, on a ajouté un frontispice représentant Mounier travesti en jockey désertant l'Assemblée nationale. Il s'enfuit sur un cheval qui rue. Cette pl. est tirée du n° 3 du journal de Camille Desmoulins, *Les Révolutions de France et de Brabant*.
Ouvrage très rare à trouver complet.

CHEVAUX DE TRAIT DE L'ARTILLERIE.

Chevaux de Trait de l'Artillerie — Rapport de la Commission chargée de suivre les Expériences sur le Cheval d'Attelage d'Artillerie en 1909 — Avec 49 figures dans le texte — *Paris et Nancy, Berger-Levrault*, 1910.

Broch. gr. in-8° de 79 p. Extrait de la *Revue d'Artillerie*, Avril-Mai 1910.

La commission était présidée par le Gal Chatelain, command^{t} l'art^{ie} du 20e corps.

Chevaux de Trait de l'Artillerie — Rapport de la Commission chargée de suivre les expériences sur les Chevaux d'attelage d'artillerie de taille comprise entre 1^{m}48 et 1^{m}53 effectuées à Vannes en 1910 par la 2e batterie du 35e Régiment d'Artillerie — Avec 62 figures dans le texte — *Paris et Nancy, Berger-Levrault*, 1911.

Broch. in-8° de 64 p. avec un tableau se dépliant. (Extrait de la *Revue d'Artillerie*, Janvier 1911.)

Cette commission était aussi présidée par le Gal Chatelain.

CHEVIGNI ou CHEVIGNY (LE SIEUR DE).

Personnage sur lequel je n'ai pas trouvé de renseignements biographiques. On sait seulement, par le titre de la 1re Ed^{on} de son ouvrage, qu'il était gouverneur du Mis de Janson, et, par Quérard, qu'il est mort en 1713.

Il publia, en 1706, un ouvrage intitulé : *La Science des personnes de la Cour, de l'Epée et de la Robe*, qui contenait un abrégé des connaissances historiques, géographiques, militaires, scientifiques,... etc., nécessaires à « un honnête homme », ainsi qu'on disait alors.

Cette 1re Ed^{on}, publiée à Paris, chez Jean de Nully, en 2 vol. in-12, ne contient rien d'hippique.

Mais, après la mort de Chevigni, l'ouvrage fut remanié et augmenté à chaque éd^{on} successive, et on y introduisit l'*Art du Manège* et la *Connaissance du Cheval*.

Les éd^{ons} publiées en 1717, 1719, 1723, 1729 à *Amsterdam*, en 1725 à *Paris* (1), comprennent 4 vol. et, au T. IV, il y a une vingtaine de p. sur le *Manège*, avec 1 pl. pour *La Posture du Cavalier au Manège*.

L'article est embrouillé — la connaissance de l'âge est entre les définitions des termes de l'Equitation et les principes de dressage — mal rédigé et sans aucune valeur pratique. Il m'a semblé trop peu important pour donner une description détaillée de ces diverses éd^{ons}.

En 1752, parut à *Paris*, chez *La Vve Lottin, et Butard, rue St Jacques*, une éd^{on} en 8 vol. pet. in-8°. Le T. VII contient, de la p. 392 à 431, un article sur le *Manège*, avec la même pl., un peu plus détaillé et mieux rédigé que dans les éd^{ons} précédentes.

La même année, l'ouvrage fut publié à *Amsterdam*, en 7 Tomes pet. in-8°, chacun d'eux divisé en 2 ou 3 parties dont la pagination se suit, mais qui ont un titre particulier et qui forment chacune un vol. séparé, soit en tout 18 volumes. C'est une véritable Encyclopédie *de omni re scibili*.

Dans cette éd^{on}, les chap. concernant le cheval sont beaucoup plus importants que dans les précédentes. Ils se trouvent aux 1re et 2e Parties du T. VI et sont accompagnés de 17 pl. En voici la description :

La Science des Personnes de Cour, d'Epée et de Robe, commencée par Mr de Chevigni, continuée par Mr de Limiers, revue, corrigée & considérablement augmentée par Mr Pierre Massuet, Docteur en Médecine. Tome sixième — *Partie I* — Qui contient le Droit privé, public & féodal ; les Principes de Droit naturel et politique ; les Intérêts des Princes, les règles d'un bon Gouvernement, les Maxi-

en plusieurs mains: de Croissy, Dugard (Jacques-Philippe), son neveu Dugard (Louis), De Villemotte, qui en était le directeur quand l'Assemblée nationale s'y établit. Villemotte réclama en vain en 1791 une indemnité de 50.000 fr., mais on lui remboursa cependant quelque matériel qu'il ne pouvait emporter, et il continua à habiter un logement dans les dépendances du manège.
Voy. Aubert pour l'utilisation du Manège pendant le Consulat. Il tombait déjà alors en ruines et fut démoli en 1803.

(1) Et d'autres, fort probablement, mais je n'ai rencontré que celles-là.

mes de Cour (1) & celles qui concernent la plupart des états de la vie ; la connoissance des différentes espèces de Chevaux, leurs qualités, la maniere de les traiter, de les exercer, les Tournois, les Joutes, les Carrousels, le Manège, ou l'Art de monter à Cheval. *A Amsterdam, chez Z. Chatelain & Fils*, 1752.

1 vol. pet. in-8° de 356 p.
Le Manège occupe les p. 267 à 356 avec 17 pl. h. t., gravées sur cuivre et se dépliant, la plupart contenant plusieurs sujets. Les 4 premières sont des copies très réduites de la suite de chevaux de divers pays de Ridinger (voy. ce nom), à 4 par pl. Les suivantes sont presque toutes des copies médiocres et réduites de celles de Parrocel dans les éd^{ons} in-8° de La Guérinière (voy. ce nom). La dernière représente un cavalier et une amazone : j'ignore de quel ouvrage elle est tirée ; l'amazone est assise à droite.

Même ouvrage, même titre. Tome sixième — *Partie II* — Qui contient un Dictionnaire de Manège ; la Guerre en général, sa théorie, les différentes sortes de Guerre ; l'Art militaire des anciens Peuples, surtout des Grecs & des Romains ; l'Histoire de la Milice Françoise jusqu'à la fin du règne de Louis XIV ; le Service & les fonctions des Officiers qui composent aujourd'hui les Armées, avec une liste historique des Troupes de France et d'Espagne, telles qu'elles sont actuellement sur pied. *A Amsterdam, chez Z. Chatelain & Fils*, 1752.

1 vol. pet. in-8° faisant suite au précédent et paginé de 357 à 774.
Le *Dictionnaire du Manège* occupe les p. 357 à 426. C'est une copie abrégée de celui qui se trouve à la fin de *La Connoissance parfaite des Chevaux* de Liger, lequel est lui-même presque entièrement tiré de celui qui est en tête de l'ouvrage de Guillet, *les Arts de l'Homme d'Epée* (voy. ces noms).

Quant au Chap. de *l'Art de la Guerre*, il donne de nombreux détails sur la cavalerie, l'historique et la formation des régiments de cavalerie, leurs uniformes,

(1) Curieux chapitre à l'usage des gens qu'on appelle actuellement arrivistes. Malgré la différence de temps et de milieu, il pourrai: encore leur servir.

etc., partie à peine effleurée dans les éd^{ons} précédentes.

CHEVILLET (Jacques).
Trompette au 8e Chasseurs, 1786-1837.
Ma vie militaire 1800-1810 par J. Chevillet, Trompette au 8e régiment de Chasseurs à cheval. Publiée d'après le Manuscrit original par Georges Chevillet, petit-fils de l'auteur. Avec une Préface par Henry Houssaye de l'Académie Française. *Paris, Hachette*, 1906.

1 vol. in-16 de XXIII-331 p.

CHEVROLAT.
Société française d'Importation chevaline Chevrolat et Cie. Société en Commandite par actions au Capital de 300.000 Francs — Exposé et Statuts — *Paris, Imp. H. Chérest*, 1906.
Broch. in-8° de 30 p.

CHEZELLES (Marie-Charles-Henry LE SELLIER, VICOMTE DE).
Ancien officier de cavalerie français, 1832-1900.
L'Homme de Cheval, soldat ou veneur. Causeries hippiques. Par le Vte Henri de Chézelles. *Paris, Hachette*, 1893.

1 vol. in-16 de VII-229 p.
Cet ouvrage, qui contient sous une forme condensée, un grand nombre de préceptes et de conseils pratiques, a eu, rapidement, plusieurs éd^{ons}. La 6e et dernière à ce jour est de 1906. Sans changement.

CHIGOT (Armand-Georges).
Vétérinaire français, né en 1870, diplômé de Toulouse en 1893.
Le Cheval. Eléments d'Anatomie et d'Hippologie à l'usage des Elèves des Sociétés de Préparation Militaire, par Armand Chigot, Médecin-Vétérinaire, Vétérinaire de Réserve — Prix : Un franc — *Paris, Louis Geisler*, 1910.

1 vol. in-18 de 97 p., avec 1 pl. se dépliant.

CHIRON.
Hippiâtre grec qui a été confondu avec le centaure Chiron et avec Apsyrte (voy. *Hippiatrika*). Dans l'intéressante préface de son savant ouvrage, M. Oder discute et établit la personnalité de cet auteur.

Claudii Hermeri Mulomedicina Chironis edidit Eugenius Oder. Adiecta est Tabula phototypa. *Lipsiæ, in Ædibus B. G. Teubneri*, 1901.

1 vol. in-16 de xxxvii p. pour la préface, les addenda et corrigenda, et 467 p. pour le traité d'art vétérinaire — *Mulomedicina* — de Chiron et les tables très détaillées, grammaticales, de noms d'hommes et de lieux, de mots, de plantes et de remèdes qui occupent les p. 298 à la fin sur deux colonnes, le tout en latin. Dédicace du commentateur-éditeur E. Oder à son père et à son ami Othon Morgenstern et 1 pl. se dépliant, donnant le fac-simile d'une page du manuscrit original de l'ouvrage, découvert à Munich en 1885.

CHOIN (Pierre-Louis-Joseph-Marie DE).

Ingénieur agronome et Officier des Haras français, né en 1883, entré dans l'adm^{on} en 1908, surveillant de 1re cl. en 1912.

Extrait des *Annales de l'Institut national agronomique*. 2e Série, Tome VIII. Fascicule 2e — Le Cheval de Trait. Mesure de sa puissance et meilleures conditions de traction, par Pierre de Choin, Ingénieur agronome, Officier des Haras au Dépôt d'Etalons de S^t-Lô. *Paris, J.-B. Baillière et fils; ibid., Librairie agricole de la Maison Rustique*, 1909.

Broch. gr. in-8° de 67 p., avec 10 fig. d. l. t.

N'est pas dans le commerce.

Le Haras et la Circonscription du Dépôt d'Etalons à Saint-Lô, par Pierre de Choin, Ingénieur-Agronome, Officier des Haras — Avec 15 figures et une carte — *Paris, J.-B. Baillière et fils*, 1912.

1 vol. in-8° de 164 p. Dédicace à M. de Pardieu, Directeur des Haras et à M. Bellamy, Directeur du Dépôt de S^t Lô.

CHOLLET (Octave-Alexandre-Ernest, VICOMTE DE).

Officier de cavalerie français, 1762-18... Cadet gentilhomme au Régiment de Schomberg, en 1778, sous-lieut^{nt}, lieut^{nt} et cap^{ne} dans ce Régiment où il est resté jusqu'en 1791, époque de son émigration. Servit ensuite à l'armée de Condé, puis à l'étranger et rentra en France en 1802. Il ne servit plus jusqu'à la Restauration et, en 1816, le roi le confirma dans le grade de colonel, mais il n'en eut que la situation honorifique et fut retraité comme lieut^{nt}-colonel en 182⁶.

Du Cavalier et de son Cheval, avec des conseils à un jeune Officier de cavalerie, par le vicomte de Chollet, Colonel de cavalerie. *Paris, Anselin et Pochard*, 1824.

1 vol. pet. in-8° de 111 p.

Cet ouvrage ne traite que de l'instruction de l'homme de recrue et du dressage. La 2e partie est un petit traité de morale militaire suivi de quelques conseils pratiques. Son intérêt est médiocre. Il a été cependant très répandu et a eu quelque réputation au moment où il a été publié.

Une 2me éd^{on} a paru en 1825.

CHOMEL (Claude).

Vétérinaire militaire et docteur en médecine français, né en 1860, diplômé de Lyon en 1881, vétérinaire-principal en 1914.

Histoire du Corps des Vétérinaires Militaires en France, par C. Chomel, Vétérinaire militaire, Lauréat de la Société centrale de Médecine vétérinaire. *Paris, Asselin et Houzeau*, 1887.

1 vol. gr. in-8° de viii-340 p. Dédicaces à M. Frangin, ancien maire de Reyrieux, à M. Astier, Officier supérieur en retraite et à M. Chauveau, Membre de l'Institut, Inspecteur général des Ecoles Vétérinaires.

Etude sur l'Entraînement et la préparation des Chevaux à la Guerre, par C. Chomel, Vétérinaire militaire, Lauréat de la Société centrale de Médecine vétérinaire. *Paris et Nancy, Berger-Levrault*, 1892.

1 vol. in-8° de 143 p. A été traduit en espagnol.

Traité d'Hippologie, 1894-1895. Avec M. Jacoulet. Voy. *Jacoulet et Chomel*.

Les Vétérinaires combattants et les Vétérinaires victimes du devoir professionnel, par Santeuil (1). (Extrait du *Répertoire de Police sanitaire vétérinaire et d'Hygiène publique*.) Prix franco : 1 fr. 25.

(1) Pseudonyme de M. Chomel.

En Vente au profit de l'Association des Vétérinaires militaires en retraite, *aux Bureaux du Répertoire de Police sanitaire et d'Hygiène publique et chez MM. Asselin et Houzeau, à Paris*, S. D. (1895).
Broch. in-8° de 23 p.
C'est une 2° éd^{on}. Je n'ai pu retrouver un seul exemplaire de la 1re.

Histoire du Cheval dans l'antiquité et son rôle dans la civilisation, par C. Chomel, Vétérinaire en 1er, Officier d'Académie, Chevalier du Mérite agricole, Membre de plusieurs Sociétés savantes — Inde, Perse, Chine, Assyrie et Chaldée, Judée, Egypte, Grèce, Rome — *Paris, Adolphe Legoupy ; Lecaplain et Vidal ses neveux*, succ^{rs}, 1900.
1 vol. gr. in-8° de 173 p. avec 7 pl. h. t. et fig. d. l. t. (1).

Chroniques scientifiques (*Première Série*). Les actualités médicales et vétérinaires en 1902 — par C. Chomel, Vétérinaire en 1er au 4e Rég^t d'Artillerie. Extrait du *Répertoire de police sanitaire vétérinaire et d'hygiène publique. Thouars, Imp. Thouarsaise*, S. D. (1903).
Broch. in-8° de 43 p.
C'est le commencement d'une publication annuelle dans laquelle M. Chomel passe en revue les nouveautés vétérinaires de l'année écoulée.
Cette publication continue sous forme de brochures dont l'importance augmente chaque année.

Le Tic de l'Ours chez le Cheval et les Tics d'imitation chez l'Homme. Etude de pathologie comparée par Fernand Rudler, Médecin-Major et C. Chomel, Vétérinaire en 1er. Extrait de la *Revue Neurologique*, n° 11, 15 Juin 1903. *Paris, Masson et Cie*, 1903.
Broch. gr. in-8° de 10 p.

Les Tics de l'Homme et les Tics du Cheval (Pathogénie et traitement) par C. Chomel, Vétérinaire en 1er et Fernand Rudler, Médecin-Major. Extrait du *Répertoire de police sanitaire vétérinaire*, Août

(1) Pour la critique de cet ouvrage, voy. *Piètrement*.

1903. *Thouars, Imp. Thouarsaise*, 1903.
Broch. in-8° de 8 p.

Tics et Stéréotypies de Léchage chez l'Homme et chez le Cheval, par F. Rudler, Médecin-Major et C. Chomel, Vétérinaire en 1er. Extrait de la *Nouvelle Iconographie de la Salpêtrière*, n° 6. Novembre-Décembre 1903. *Paris, Masson et Cie*, S. D. (1904).
Broch. gr. in-8° de 22 p.

Les Tics aérophagiques (en Pathologie comparée) par le Docteur Claude Chomel, de l'Université de Nancy, Vétérinaire en 1er au 4e Régiment d'Artillerie, Membre de la Société centrale de Médecine vétérinaire et de la Société de Médecine vétérinaire pratique, Membre honoraire de la Société vétérinaire de l'Oise, Officier d'Académie, Chevalier du Mérite agricole, Chevalier de la Légion d'honneur. *Besançon, Imp. Jacquin*, 1907.
1 vol. in-8 de 109 p. Dédicace à MM. les Professeurs Bernheim et Simon.
C'est la thèse de M. Chomel pour son doctorat en médecine. Les tics du cheval y sont particulièrement étudiés.

Origine de la Ferrure à clous appliquée au Cheval, par M. le Docteur C. Chomel, Vétérinaire-Major. (Extrait de la *Revue générale de Médecine Vétérinaire*. N° 242, 15 Janvier 1913.) *Toulouse, Imp. Douladoure-Privat* (1913).
Broch in-8° de 16 p. avec 2 fig. d. l. t. et 1 pl. à pleine p. contenant 37 fig.

CHOPPIN (Henri).

Officier de cavalerie et écrivain militaire français, né en 1831, sous-lieut^t en 1866, capitaine en 1877, retraité en 1883.

Histoire générale des Dragons depuis leur origine jusqu'à l'Empire, par Henri Choppin, Capitaine au 23e Dragons. *Paris, J. Dumaine*, 1879.
1 vol. in-12 de 392 p.

Une lettre de Corbulon, par le Capitaine Henri Choppin. *Paris, Ghio*, 1884.
Broch. gr. in-8° de 15 p.

Cet opuscule intéressant, qui fit quelque bruit alors, avait paru dans le *Spectateur Militaire*, en 1873.

L'armée française, 1870-1890, par le Capitaine Henri Choppin (Charles Delacour). *Paris, Savine*, 1890.

1 vol. in-12 de 306 p.

La cavalerie ne tient, dans cet ouvrage, qu'une place peu importante ; les questions traitées sont applicables à toutes les armes, sauf celle des remontes, qui fait l'objet d'un chapitre particulier.

Trente ans de la vie militaire, par le Capitaine Henri Choppin. Illustrations hors texte par E. Grammont. *Paris et Nancy, Berger-Levrault*, 1891.

1 vol. in-12 de xv-248 p.

La Cavalerie française, par le Capitaine Henri Choppin. Illustrée de nombreux dessins et de 16 gravures hors texte en couleurs. *Paris, Garnier*, 1893.

1 vol. gr. in-8° de iii-481 p. Dédicace « à la mémoire du Général de Division Comte Pajol ».

Le Livre d'Ordres d'un Régiment de Cavalerie (15e Chasseurs à cheval) pendant la guerre d'Espagne (1812-1813). *Paris et Nancy, Berger-Levrault*, 1894.

Broch. in-8° de 68 p.

Les documents contenus dans cet opuscule, qui a paru sans nom d'auteur, ont été recueillis et publiés par le Capitaine Choppin, d'après le Livre d'Ordres du Colonel Faverot, qui commandait alors le 15e chasseurs, père du Général de Division Bon Faverot de Kerbrech (voy. ce nom).

Marches de cavalerie — La cavalerie française en Turquie d'Europe — La division de cavalerie de la garde en Italie. Par le Capitaine Henri Choppin. *Paris et Nancy, Berger-Levrault*, 1896.

1 vol. gr. in-8° de 120 p. avec 1 croquis de marche et divers tableaux.

Trois Colonels de Hussards au XVIIIe siècle — Le Marquis de Conflans — Le Comte d'Esterhazy — Le Duc de Lauzun. Par le Capitaine Henri Choppin. *Paris et Nancy, Berger-Levrault*, 1896.

Broch. gr. in-8° de 27 p.

Souvenirs d'un cavalier du second Empire, par le Capitaine H. Choppin. *Paris, Plon*, 1898.

1 vol. in-12 de xi-323 p. Frontispice en phototypie représentant un cavalier de garde pendant l'hiver, en Crimée.

Un Inspecteur général de cavalerie sous le Directoire et le Consulat. — Le Général de Division Kellermann (ans VII-XI) par le Capitaine H. Choppin. *Paris et Nancy, Berger-Levrault*, 1898.

Broch. gr. in-8° de 71 p.

Les Hussards. Les vieux régiments 1692-1792, par le Capitaine H. Choppin. Illustrations de M. de Fonrémis, Capitaine territorial de cavalerie légère. *Paris et Nancy, Berger-Levrault*, S. D. (1899).

1 vol. in-4° de x-428 p. avec 13 pl. en couleurs h. t., 16 gravures en couleurs et 97 en noir d. l. t. L'auteur arrête son historique des Hussards à 1792.

L'Equitation militaire au XVIIIe siècle. L'enseignement du Lieutenant-Colonel d'Auvergne, d'après des documents inédits. Par le Capitaine H. Choppin. Avec 10 gravures. *Paris et Nancy, Berger-Levrault*, 1902.

Broch. gr. in-8° de 87 p.

Insurrections militaires en 1790. Mestre-de-camp général ; Royal-Champagne ; La Reine-Cavalerie ; par le Capitaine H. Choppin. Une préface par « Un Vieux chamborant ». *Paris, Lucien Laveur*, S. D. (1903).

1 vol. in-16 de xii-251 p.

Les régiments dont il s'agit dans cet ouvrage sont des régiments de cavalerie.

Le *Vieux Chamborant*, auteur de la Préface. est le Gnl de La Girennerie (Raoul-Ange-Edouard Lyonnard), 1832-1905. Sous-lieutnt en 1852, général de division en 1894, passé dans le cadre de réserve en 1897.

Les Origines de la Cavalerie Française — Organisation régimentaire de Richelieu — La Cavalerie Weimarienne — Le Régiment de Gassion — Par le Capitaine H. Choppin. *Paris et Nancy, Berger-Levrault*, 1905.

1 vol. gr. in-8° de 334 p

Le Maréchal de Gassion. 1609-1647. D'après des documents inédits par le Capitaine Henri Choppin. *Paris et Nancy, Berger-Levrault,* 1907.
1 vol. in-8° de xi-195 p. Portrait de Gassion en frontispice.
Cet ouvrage concerne en grande partie la cavalerie. On sait que Gassion avait levé un régiment de cavalerie qui conserva son nom et qu'il fut plus tard Mestre-de-Camp général de la cavalerie légère.

Souvenirs d'un Capitaine de Cavalerie (1851-1881) par le Capitaine Henri Choppin, avec une Lettre-Préface du Général Geslin de Bourgogne — 37 portraits et gravures — *Paris et Nancy, Berger-Levrault,* 1909.
1 vol. gr. in-8° de viii-406 p.

CHOUL (Guillaume DU).
Célèbre archéologue, né à Lyon au xvie siècle, fut nommé Conseiller du Roi et Bailli des Montagnes du Dauphiné et remplit ces emplois jusqu'à sa mort dont on ignore la date. Il publia deux ouvrages importants dont l'un concerne en partie la cavalerie ancienne.

Discours sur la Castramétation et Discipline militaire des Romains, Escript par Guillaume du Choul, Gentilhomme Lyonnois, Conseiller du Roy & Baillif des montaignes du Daulphiné — Des bains & antiques exercitations Grecques & Romaines — De la Religion des anciens Romains. *A Lyon, de l'Imp. de Guillaume Roville,* 1555.
1 vol. in-f° de 55 f[ts] ch. au recto seulement, avec 37 pl. par le Petit-Bernard gravées sur bois, à pleine p. mais comptant dans la pagination, plus 1 pl. se dépliant et donnant le plan d'un *Camp romain.* Belles lettres initiales ornées ; armes de Du Choul sur le titre et dédicace au Roi Henri II.
L'ouvrage sur les *Bains* y fait suite. Il contient 20 f[ts] ch. plus 4 f[ts] non ch. pour la table qui comprend les deux ouvrages.
Ce traité est suivi et, dans certains exemplaires, précédé du *Discours sur la Religion des anciens Romains* qui, n'ayant aucun caractère hippique, ne sera pas décrit ici.

Même ouvrage, *même libraire,* 1556.
Sans changement, sauf que le titre est imprimé en caractères plus petits, qu'on y a écrit *Bailly* au lieu de *Baillif* et que quelques fautes d'impression ont été corrigées.

Même ouvrage, même titre. *A Lyon, par Guillaume Roville à l'Escu de Venize,* 1567.
1 vol. in-4° de 154 p. plus 4 f[ts] pour la Table, avec les mêmes pl.
Dans les éd[ons] in-f° de 1555 et 1556, les pl. ont une large marge qu'il a suffi de rogner pour que les mêmes bois puissent servir pour les éd[ons] in-4°. Dans ces dernières, les armes de Du Choul ont été remplacées sur le titre par la marque de Guillaume Roville et se trouvent au verso du f[t] de titre.

Même ouvrage, même titre, 1580. Sans changement.

Même ouvrage, même titre, 1581. Sans changement.
Dans ces différents exemplaires in-4°, le *Discours sur la Religion* précède celui sur la *Castramétation,* et la grande pl. du *Camp romain* manque presque toujours.

Veterum Romanorum Religio, Castrametatio, Disciplina Militaris ut & Balneæ Ex antiquis Numismatibus & lapidibus demonstrata. Auctore Guilielmo du Choul, Consil. Regio &c. è Gallico in Latinum translata. *Amstelædami, apud Janssonio-Wœsbergios,* 1686.
Ce titre, rouge et noir, est précédé d'un titre abrégé, gravé au bas d'un frontispice allégorique à la date de 1685.
1 vol. in-4° de 4 f[ts] pour les titres, la dédicace de Joannes & Aegidius Janssonius à leur cousin Théodore Janssonius d'Almeloveen, médecin, 217 p. et 12 f[ts] non ch. pour le *Discours sur la Religion,* 121 p. pour la *Castramétation* qui n'a qu'un titre de 3 lignes sans autre indication et pour les *Bains,* plus 2 f[ts] d'index pour ces deux derniers ouvrages. Copies réduites et très médiocres des pl. des éd[ons] françaises.
Il existe une autre traduction latine de Louis Joachim Camerarius, 1578, une anonyme de 1748 et une éd[on] française à *Wesel, chez André de Hoogenhuyse,* 1672. Je ne connais pas les premières, et les deux seuls exemplaires que j'aie rencontrés de l'éd[on] de Wesel ne contiennent que le *Discours sur la Religion,* mais il en existe probablement de complets.

L'ouvrage de Du Choul sur l'Armée romaine contient de nombreux passages sur la cavalerie : Archers à cheval — Armes des Chevaux légers — Armes de la Cavalerie — Bardes des Chevaux des Persiens — Boute-selle — Cavalerie des Romains — Gens de cheval du grand Seigneur — Gendarmes Romains — Les Mulets de Marius — Tartares hippophages. 6 pl. représentent des cavaliers militaires montés.

Les éd^{ons} in-4° se rencontrent souvent, celles in-f° sont beaucoup plus rares et, avec raison, plus estimées. L'impression et les épreuves des pl. y sont très supérieures. Le titre porte quelquefois un millésime un peu différent.

CHRÉTIEN (P.-Henri).

Vétérinaire français, diplômé de Toulouse en 1877.

Ecole nationale vétérinaire de Toulouse — Du diagnostic de la Gestation chez les grandes femelles domestiques, par P. Henri Chrétien (de Reyniès, Tarn-et-Garonne). Thèse pour le diplôme de Médecin vétérinaire. *Montauban, J. Vidallet*, 1877.

Broch. in-8° de 35 p.

CHRISTIAN (Arthur).

Ancien directeur de l'Imprimerie nationale, 1838-1906.

Etudes sur le Paris d'autrefois — L'Art Equestre à Paris. Les Sports et Exercices physiques, par Arthur Christian. *Paris, G. Roustan ; ibid., Champion*, 1907.

1 vol. pet. in-8° de 249 p.

L'Art équestre : *Tournois,. Joutes, Carrousels, Académies, Courses et Cirques*, occupent les 2/3 du volume.

Cet ouvrage fait partie d'une série de 7 volumes publiés par M. Christian, de 1904 à 1906, sous le titre général d'*Etudes sur le Paris d'autrefois*.

CHUCHU (Henry).

Vétérinaire français, 1842-1896. Diplômé d'Alfort en 1863, exerça sa profession à Troyes, puis fut nommé en 1868 chef de service à titre provisoire à Alfort, et, en 1870, à titre définitif. Démissionnaire en 1873, il s'établit à Paris et il était, au moment de sa mort, président de la Société centrale de Médecine vétérinaire.

Société centrale de Médecine vétérinaire — Rapport de Commission. Ferrure à glace — Séance du 26 mars 1885. M. Chuchu, Rapporteur. *Paris, Imp. V^{ves} Renou et Maulde* (1885).

Broch. in-8° de 14 p.

Le rapport conclut à l'adoption de la ferrure Delpérier (voy. ce nom) et au rejet de la ferrure Bischwiller. Ce dernier était alors maitre-maréchal militaire, chargé de la ferrure des chevaux de l'Etat-major de la place d'Alger.

CHUQUET (A.), voy. HISTORIQUES (11e Hussards).

CHUTEAU (Olivier).

Entraîneur français.

Pratique de l'élève des Chevaux et de l'entraînement des Chevaux de course ; ouvrage traitant des soins que réclame l'Etalon ; de la monte, de la mise-bas et de la nourriture des poulinières de pur sang et autres ; du sevrage des poulins ; du régime alimentaire des jeunes chevaux, de la manière de les maintenir en état et en santé ; et des principes de l'entraînement, dont les résultats certains sont attestés par les succès que l'auteur a obtenus pendant une pratique de douze ans ; suivi d'observations sur l'état actuel de l'Elève chevaline, et sur les améliorations qu'elle réclame, par Olivier Chuteau, Chef du Haras de Viroflay. *Paris, Mme Huzard et chez l'auteur*, 1834.

Broch. gr. in-8° de 45 p. plus le titre et un état nominatif des chevaux courus par l'auteur avec 4 pl. lithographiées représentant des types de chevaux.

Même ouvrage, même titre : par Olivier Chuteau, ancien Chef du Haras de Viroflay et Directeur du Haras de la Société Verviétoise. *Deuxième Edition. Bruxelles, au Bureau du Journal des Haras*, 1837.

Broch. in-8° de 46 p. avec 2 pl. lithog.

Le Haras de Viroflay appartenait à M. Rieussec et fut vendu en déc. 1835, après la mort de son propriétaire.

CIROTTEAU (E.).

Etude élémentaire sur les Animaux domestiques à l'usage des Fermes-Ecoles par E. Cirotteau,

Médecin-Vétérinaire du Département de la Vienne, Membre de la Société de Médecine, de la Société d'Agriculture, du Conseil d'hygiène publique et de Salubrité de la Ville de Poitiers. *Poitiers et Paris, Oudin f*res*, 1876.

1 vol. pet. in-12 de 140 p. Dédicace à M. C. Lembezat, Inspecteur général de l'Agriculture pour la Circonscription *Centre-Ouest*.

Concerne en grande partie le cheval.

CIRQUE (LE) FRANCONI.

Le Cirque Franconi, détails historiques sur cet Etablissement hippique et sur ses principaux Ecuyers, recueillis par une Chambrière en retraite — avec quelques Portraits gravés à l'eau-forte par Frédéric Hillemacher (1). *Lyon, Louis Perrin et Marinet*, 1875.

Broch. in-8° de 69 p., tirée à 200 exemp. et devenue rare.

Je n'en ai pas découvert l'auteur et M. Charles Franconi, (2) que j'avais interrogé à ce sujet, n'a pu me renseigner.

Voy. aussi, sur le Cirque Olympique et la famille Franconi : M*me* B., née de V. ; N. Brazier ; Biographie des Ecuyers et Ecuyères ; Cuisin ; B*on* de Vaux ; Pougin ; Le Roux (Hugues) ; Villain de S*t*-Hilaire, Dalsème ; Christian ; un article de M. Aug. Luchet dans *Paris-Moderne* (p. 147), etc., etc.

CITOYENS (LES) ET SOLDATS-VOLONTAIRES DE LA SECTION DE MAUCONSEIL.

Les Citoyens et Soldats-Volontaires de la Section de Mauconseil à leurs Frères de tous les Départemens. Mémoire concernant les soixante Sous-Officiers et Cavaliers du Régiment de Royal-Champagne Cavalerie, congédiés avec des Cartouches flétrissantes. Imprimé par ordre de l'Assemblée Générale de la Section — Se vend au Bénéfice

(1) Hillemacher (Frédéric-Désiré), graveur, né à Bruxelles, 1811-18...

(2) Charles Franconi, écuyer et sportsman distingué, fils et successeur de Victor Franconi, mort en avril 1910 à 65 ans. Quelque temps avant sa mort, le goût du public pour les exercices équestres ayant presque disparu, il avait loué ou cédé le *Cirque d'Hiver* à une entreprise de cinématographe.

des Soixante Cavaliers — Prix 1 liv. 4 sols — *Au Comité civil, rue Saint-Denis et chez Masson, Libraire de la Section,* 1790.

Broch. in-8° de 82 p.

Intéressant et rare opuscule qui donne les plus curieux détails sur un épisode de l'insurrection de Royal-Champagne-Cavalerie, dont le principal instigateur était le sous-lieut*t* Davout, le futur duc d'Auerstaedt, qui sut plus tard faire oublier ce fâcheux début non seulement par sa gloire militaire, mais par son implacable et légendaire sévérité dans le maintien de la discipline.

Une députation de citoyens et de gardes nationaux parisiens, dépourvus de toute délégation officielle, s'étaient donné à eux-mêmes la mission d'aller enquêter — on devine dans quel esprit — à Hesdin, où Royal-Champagne tenait alors garnison, sur les causes et les circonstances de l'insurrection. La brochure donne le récit de leur enquête (1).

CIVRY (LE VICOMTE Ulric-Guelfe DE).

Episode de la Guerre Franco-Allemande — Un engagement de Cavalerie — Combat de Buzancy (27 Août 1870) par le Vicomte Ulric-Guelfe de Civry. *Londres, Arliss Andrews*, 1878.

Broch. in-8° de 11 p.

C'est le récit d'un vif engagement entre 3 escadrons du 12° chasseurs (corps Failly) et la cavalerie saxonne, très supérieure en nombre et accompagnée d'une batterie.

Episode de la Guerre Franco-Allemande — Armée de l'Ouest — Souvenir militaire — La Camisade d'Etrepagny (29 Novembre 1870) par le Vicomte Ulric-Guelfe de Civry. *Londres, Alph. Roques*, 1879.

Broch. in-8° de 14 p.

L'opuscule donne le récit d'un coup de main tenté par le général Briand. La cavalerie n'y joue d'ailleurs qu'un rôle accessoire, mais l'exemple est bon à citer aux partisans des milices et des troupes improvisées.

Esquisse historique et militaire — Le Duc de Chartres, Colonel du 12° Régiment de Chasseurs à Che-

(1) Voy. pour l'histoire de cette révolte : *H. Choppin, Insurrections militaires en 1790.* L'ouvrage est cité dans le présent travail.

val, par le Vicomte Ulric-Guelfe de Civry. *Rouen, Imp. Giroux et Fourey*, 1880.
Broch. in-8° de 19 p. Dédicace aux Chasseurs du 12e.

CLATER (Francis) et **PRÉTOT** (Pierre-Louis), traducteur.

Clater, vétérinaire anglais, né vers le milieu du xviiie siècle. Il a fait paraître, en 1783, son *Every Man his own Farrier* (*Chacun son propre Vétérinaire*) qui obtint un succès prodigieux, car cet ouvrage eut 30 éd°ⁿˢ anglaises, la dernière en 1854, et fut traduit en russe, en allemand et en français.

Prétot, officier d'infanterie, puis de gendarmerie et ensuite d'État-major français, 1777-1864.

Soldat au 2e bataillon auxiliaire de la Somme en l'an VII, il fut envoyé en Egypte, passa au régiment des dromadaires où il devint sergent-major, puis sous-lieutenant en l'an IX. Le 30 ventôse an IX, à la bataille d'Alexandrie, avec 125 hommes de ce régiment, il enleva 3 redoutes, tua 30 hommes et fit 100 prisonniers à l'ennemi, dont 5 officiers. Rentré en France, il fit campagne sur les côtes de la Manche de l'an XIII à 1808. Mais il fut fait prisonnier par les Anglais et ne fut rendu qu'à la paix, en 1814. Il devint ensuite aide de camp de plusieurs généraux, passa une année dans la gendarmerie, après quoi il entra dans l'état-major où il devint chef de bataillon en 1823 et lieutⁿᵗ-colonel en 1831. Il fut retraité vers 1835. Pendant sa longue captivité en Angleterre, il avait probablement connu le livre de Clater et il avait appris l'anglais, ce qui lui permit de publier sa traduction.

Le Vétérinaire domestique, ou l'Art de guérir soi-même ses Chevaux, par Francis Clater, Médecin-Vétérinaire de Newark et de Retford. Traduit de l'Anglais sur la 21e Edition par L. Prétot, Capitaine au Corps royal d'État Major, Chevalier des Ordres royaux de St Louis et de la Légion d'honneur. *Paris, Anselin et Pochard*, 1822.

1 vol. in-8° de xviii-452 p. Dédicace du traducteur au Lieutⁿᵗ Général Vicomte de Préval (voy. ce nom) dont il avait été l'aide de camp.

2 pl. gravées se dépliant, l'une pour l'extérieur et l'autre pour les maladies, ainsi que divers extraits de *l'Ecole de Cavalerie* de La Guérinière et du *Nouveau Parfait Maréchal* de Garsault ont été ajoutés par le traducteur.

L'ouvrage a été réimprimé en 1846 sous le titre suivant :

Le nouveau Vétérinaire domestique ou l'Art de guérir soi-même ses Chevaux et autres Animaux domestiques par Francis Clater, Médecin Vétérinaire, Capitaine au Corps Royal d'État-Major, Chevalier des Ordres royaux de St Louis et de la Légion d'Honneur, suivi et augmenté de réflexions sur l'Instruction vétérinaire par MM. Flandrin, Huzard et Chabert sur toutes les Maladies qui affectent les Races chevalines, bovines et ovines, avec un Dictionnaire des Plantes employées en Médecine vétérinaire — Publié par M. Ladrange — Formant un beau volume de plus de 500 pages, avec planches, comprenant la description anatomique du Cheval, tant externe qu'interne. *Troyes, Poignée*, 1846.

1 vol. in-8° de 4 fⁱˢ non ch. pour les titres et la préface et 436 p. Les pl. annoncées manquent dans les exemplaires que j'ai rencontrés.

C'est une copie littérale de la traduction de Prétot. Mais, comme on a pu le remarquer, on a supprimé sur le titre les mots « de Newark et de Ret-« ford, traduit de l'Anglais sur la 21e « Edition par L. Prétot », tout en y laissant sa fonction et ses titres, de sorte que Clater y a ainsi perdu sa nationalité anglaise et est devenu capitaine d'État-major, chevalier de St Louis et de la Légion d'honneur. De plus, dans le but évident de faire croire à une œuvre nouvelle, on a mis au commencement de l'ouvrage les additions à l'appendice qui sont à la fin de la traduction de Prétot.

Une 4e partie sur les maladies des bêtes à cornes et du petit bétail a été ajoutée. Le *Dictionnaire des Plantes* annoncé au titre est à la fin, mais les *Réflexions sur l'Art vétérinaire* qui y sont également annoncées ne se trouvent pas dans l'ouvrage qui se termine par la loi du 20 Mai 1838 sur les vices rédhibitoires. Enfin, on a remplacé les anciennes mesures employées par Prétot par celles du système métrique.

Malgré le succès du livre de Clater en Angleterre, sa valeur est médiocre. « C'est, dit M. Neumann, une sorte de « vétérinaire populaire qui dut sa vogue

« à sa simplicité et à l'accord qu'il « réalisait entre l'ignorance de l'auteur « et celle de ses lecteurs. »

En 1842 a paru à Nevers, chez Duclos : *Médecine vétérinaire appliquée*, etc., par Francis Clater, traduit de l'Anglais par Duverne, in-12. Mais cette traduction, ainsi que l'original paru en 1810, ne concerne que le bétail.

CLAUDE (François).
Vétérinaire départemental à Alger.

République française — Espèces chevaline et asine — Le Mulet en Algérie. *Alger, Giralt*, 1889.

Broch. gr. in-8° de 82 p., signée à la fin.

CLAVERIE (Eugène).
Vétérinaire français, diplômé de Toulouse en 1868.

Essai sur la Fourbure aiguë — Thèse présentée au Jury de l'Ecole de Toulouse pour l'obtention du Diplôme de Médecin Vétérinaire le 1ᵉʳ Août 1867, par M. Eugène Claverie, Médecin-Vétérinaire, né à Saint (sic) Eulalie, annexe de Sᵗ-Sever (Landes). *Toulouse, Imp. J. Pradel et Blanc*, 1867.

Broch. in-8° de 27 p. Dédicace d'usage aux parents et professeurs de l'auteur, et, en plus, à M. le Sénateur Bᵒⁿ Ernest Leroy, Préfet de la Seine-Infʳᵉ.

CLÉMENT (Charles-Joseph-Auguste).
Médecin militaire français, 1857-1895. Aide-Major de 2ᵉ classe en 1881, médecin-major de 2ᵉ classe en 1888.

Faculté de Médecine de Paris — Du Farcin chronique étudié au point de vue clinique et expérimental — Thèse pour le Doctorat en Médecine présentée et soutenue par C. J. A. Clément, Docteur en médecine de la Faculté de Paris, Médecin stagiaire au Val-de-Grâce. *Paris, A. Parent; A. Davy, succʳ*, 1881.

Broch. in-8° de 47 p. Dédicace d'usage aux parents, amis et professeurs de l'auteur.

CLÉMENT (Ed.-Jules).
Agronome français, 1811-18...

Le Vétérinaire, ouvrage pratique à l'usage des cultivateurs, fermiers, habitants des campagnes, pour le traitement des maladies des bestiaux, par Jules Clément, sous les auspices de M. Cavalier, Docteur en médecine. *Paris, Delahaye — A. de Vresse — Bernardin-Béchet*, 1858.

1 vol. in-12 de 240 p.

Même ouvrage, même titre. *Sens, Libˡᵉ Clément; Paris, tous libraires*, 1863.

1 vol. gr. in-18 de 240 p.

Même ouvrage, même titre, par Jules Clément, membre de la Société Linnéenne de Sens, sous les auspices de M. Cavalier, docteur en médecine, ancien chirurgien-major, Chevalier de la Légion d'honneur. *Paris, Bernardin-Béchet*, S. D. (1865).

1 vol. gr. in-18 de 248 p., avec 1 pl.

Ouvrage de colportage souvent réimprimé S. D. et sans changement. Il traite des soins à donner au bétail et aux chevaux.

Agenda formulaire du Vétérinaire praticien pour 1862, ou petit traité de pathologie, matière médicale et posologie, dans lequel on a réuni plus de 700 formules françaises et étrangères. Rédigé par Clément, chef de service de chimie et de pharmacie à l'Ecole impériale d'Alfort. Suivi d'un certain nombre de modèles de rapports et certificats rédigés par MM. Bouley, Delafond, Renault, etc, *Paris, Asselin*, 1862.

1 vol. in-24 de 391 p.

Même ouvrage, même titre (légèrement modifié), *même éditeur*, 1865.

1 vol. in-12 de 228 p.

Guide des cultivateurs pour l'achat des bestiaux et traité complet des vices rédhibitoires en matière de vente et échange d'animaux domestiques ; lois rurales et usages locaux ; hygiène des animaux ; conseils utiles par Jules Clément, membre de la Société d'agriculture de Joigny (Yonne) et du comice agricole de l'arrondissement de Sens. *Paris, Bernardin-Béchet*, 1865.

1 vol. gr. in-8° de 292 p.

Ouvrage souvent réimprimé sous le même titre et chez les mêmes éditeurs, jusque vers 1894.

Hygiène vétérinaire — L'Art de conserver la santé des Animaux domestiques et de prévenir leurs maladies. Ouvrage dédié aux agriculteurs, par Ed. Jules Clément, Membre correspondant de la Société d'Agriculture de Joigny, Membre du Comice agricole de Sens. *A Sens (Yonne), chez J. Clément; à Paris, chez tous les Libraires*. S. D. (vers 1872).

Broch. gr. in-18 de 36 p.
Concerne en partie le cheval.

CLÉMENT (F.-Pierre).

La Garde d'Honneur de Poitiers sous le 1er Empire, par F.-Pierre Clément, Docteur en Droit, Questeur-adjoint aux Antiquaires de l'Ouest, Membre de la « Sabretache ». — *Poitiers, Imp. Blais et Roy*, 1907.

Broch. gr. in-8º de 47 p. Extrait du *Bulletin des Antiquaires de l'Ouest*, 4e Trimestre 1907.

Sur les Gardes d'Honneur, voy *Juzancourt*. Defontaine, Cramer, Bucquoy (E.-L.), Bosq de Beaumont (du), Depréaux, Boymans, Sagot (Fr.), Juster, Massé (A.), *Uniformes des Gardes d'Honneur... de la Hollande, Rossigneux, Souancé (de)*.

CLÉMENT (Félix).

Musicien français, archéologue, membre de la commission des arts et édifices religieux, 1822-1885.

Symbolisme de l'Ane, par Félix Clément, Membre de la Commission des Arts religieux. *Paris, Victor Didron*, 1856.

Broch. in-4º de 28 p. avec 1 pl. dessinée par Léon Gaucherel, d'après Achille Zo et gravée par Eug. Guillaumot.

CLÉMENT (Mme), née HÉMERY.

Histoire des Fêtes civiles et religieuses, des Usages anciens et modernes du Département du Nord, par Madame Clément née Hémery, Membre correspondant de plusieurs Sociétés savantes, auteur des *Promenades dans l'Arrond^t d'Avesnes*, etc. Ornée d'une lithog^{ie} de la Procession de Cambrai, d'après un dessin original de M. Debaralle, dédiée à S. A. R. Madame la Princesse Adélaïde d'Orléans. *Paris,* *J. Albert Merklein*, 24 Août 1834.

1 vol. in-8º de 394 p.
Un titre nouveau, avec l'indication : 2e tirage, a été imprimé en 1845 chez *C. Viroux, à Avesnes*. C'est la même éd^{on}.

Histoire des Fêtes civiles et religieuses, Usages anciens et modernes de la Flandre et d'un grand nombre de Villes de France, par Madame Clément, née Hémery, Membre de plusieurs Académies savantes, auteur des *Fêtes civiles et religieuses du Dép^t du Nord*, des *Promenades dans l'Arrond^t d'Avesnes*, etc. *Avesnes, C. Viroux*, 1845.

1 vol. in-8º de 499 p., plus 4 f^{ts} non ch. pour l'Avis au relieur, les errata et la liste des Souscripteurs, avec 8 pl. grav., dont 6 de blasons, coloriées dans certains exemplaires. Dédicace aux Maires, Adjoints et Conseillers municipaux de Cambrai et d'Arras.

Ces deux ouvrages contiennent de nombreux récits de tournois, joutes et jeux hippiques, entrées solennelles avec cortèges de cavaliers, etc.

CLÉMENT-MULLET (J.-J.), voy. IBN-AL-AWAM.

CLEP (Julien-Victor-Camille).

Officier de cav^{ie} belge, né en 1830.

Questionnaire sur les différents Services qui incombent aux Cavaliers, par J. Clep, Capitaine à l'Ecole d'Equitation (1) — 2e Edition — *Ypres, Imp. Lambin-Geldof*, 1875.

1 vol. in-12 de VIII-158 p. avec 4 pl. se dépliant.
La 1re éd^{on} m'est inconnue.

CLER (Albert).

Né à Commercy (Meuse), vers 1804. (2)

La Comédie à cheval ou Manies et travers du monde équestre, jockey-club, cavalier, maquignon, olympique, etc, par Albert Cler, illustré par MM. Charlet, T. Johannot, Eug. Giraud et A. Giroux. *Paris, Ernest Bourdin*, S. D. (1842).

1 vol. pet in-8º de 154 p.
Petit ouvrage humoristique écrit avec esprit et rempli d'illustrations amusantes.

(1) d'Ypres.
(2) D'après Lorenz. Mais je n'ai trouvé, aux archives de l'état-civil de Commercy, ni en 1804, ni aux années précédentes et suivantes, aucune trace de la naissance d'Albert Cler dans cette ville.

Il a eu assez de succès et est devenu rare.

CLÈRE (Pierre-Gaspard).
Officier de cavalerie français, 1791-1865. Chasseur au 26e régt en 1807, sous-lieutnt en 1813, colonel en 1840, retraité en 1854. Campagnes de 1809 en Hollande, de 1810, 1811 et 1812 en Espagne ; 1813 et 1814 à la grande armée ; 1815 en Belgique ; 1823 et 1824 en Espagne. 3 blessures à l'arme blanche et 1 citation. Il avait été employé à l'Ecole de Saumur de 1817 à 1822 puis en 1825 et 1826.

Considérations sur la Bride et le mors de Bride actuellement en usage et proposition d'un système mieux approprié aux besoins de la Cavalerie, par le Lieutenant-Colonel Clère du 4e Régiment de Hussards. *Paris (sans nom d'imprimeur)*, 6 Janvier 1839.

Plaquette in-f° de 4 p. avec 4 fig.

Notes supplémentaires à joindre aux considérations sur la Bride et le Mors de Bride proposés au Comité supérieur de la Guerre, par le Lt Colonel Clère, du 4e hussards. *Paris, Lith. de Le Pelletier*, 1839.

Broch. in-4° de 8 p. avec 1 pl. se dépliant et contenant 8 fig.

Les deux opuscules sont autographiés ainsi que les pl. Les fig. sont très bien dessinées et peuvent être attribuées avec certitude à Aubry (voy. ce nom), dont Clère avait fort probablement fait la connaissance à Saumur où ils avaient passé plusieurs années ensemble.

Pour une biographie complète de Clère, voy. Marquiset (A.).

CLERJON DE CHAMPAGNY (Jean-Clément, *dit* Jules).
Officier de cavalerie français, puis officier des Haras, 1795-18...
Engagé volontaire au 14e cuirassiers le 7 févr 1813, brigadier le 7 sept., adjudant sous-offr dans la Garde nationale de Paris en 1814 ; mousquetaire à la 2e compie et lieutt de cavalerie la même année ; lieutt aux chasseurs de la Sarthe en 1815 et aux chasseurs de la Meuse en 1819 ; capitaine en 1823, mis en réforme pour cause de santé en 1826. Campagne de 1814 en France et de 1815 avec les Princes.
Il est entré dans l'adon des Haras en 1833, fut nommé Inspecteur général en 1842 et retraité vers 1847.

Conseils aux Agriculteurs qui élèvent des Chevaux, par M. Jules Clerjon de Champagny, Capitaine de cavalerie, membre de la Société pour l'Instruction élémentaire, etc. *Paris, Mongie aîné*, 1829.

1 vol. in-12 de 140 p. avec une pl. lithog. se dépliant. La couverture porte 1830.

Tableau statistique et géographique de l'Espèce Chevaline en France, par Jules Clerjon-Champagny, Inspecteur général des Haras, *Paris, Imp. Lith. de Roissy*, 1834.

1 feuille gr. in-f° en couleurs.

C'est une carte de France. Dans chaque département, il y a un cheval ou un mulet monté ou attelé soit par des civils soit par des militaires, suivant son espèce (1).

Notice sur les Haras impériaux d'Autriche par M. Jules de Champagny, Inspecteur général des Haras de France. *Paris, Imp. Paul Dupont*, 1842.

Broch. in-8° de 21 p. Vignette sur la couverture.

Cet opuscule a pour but de démontrer l'inexactitude des assertions du Gal Oudinot (voy. ce nom) qui, dans une brochure célèbre, avait affirmé que les troupes à cheval autrichiennes se remontaient au moyen des haras militaires.

Outre ces ouvrages, M. Clerjon de Champagny a aussi publié de nombreux articles dans le *Journal des Haras* (voy. ce titre).

CLERMONT - GALLERANDE (Adhémar-Louis, COMTE DE).
Peintre sportif français, 1836-1895. Elève de Félix Barrias et de Bluhm, paysagiste, le Cte de Clermont-Gallerande a exposé à presque tous les salons de 1868 à 1887 ; ses tableaux représentent, pour la plupart, des scènes de chasse avec de nombreux personnages à cheval.
En 1883, il fit le portrait équestre du Cte de Paris en tenue de manœuvres. Cette toile ne fut pas exposée au Salon, mais reproduite en chromolithographie par la maison Champenois à 30.000 exemplaires. L'original a été offert par l'auteur à Madame la Comtesse de Paris.

(1) Pour d'autres cartes hippiques, voy. *Cormette (de), Gayot (Eug.), Collaine, Léger (Ch.), Atlas hippique, Loi organique de 1874, Jacoulet, Itier.*

A partir de 1887, le Cte de Clermont-Gallerande n'exposa plus au Salon des Champs-Elysées, mais à l'exposition des peintres et sculpteurs de vénerie à l'Orangerie des Tuileries, exposition dont il était président.

Presque tous ses tableaux ont été reproduits par Ad. Braun, photographe, qui avait le monopole de la reproduction de ses œuvres.

Différents journaux parmi lesquels il faut citer la *Gazette des Chasseurs*, la *Vie Sportive*, l'*Art et la Mode*, le *Soleil du Dimanche*, la *Vie Moderne*, la *Mode de Style*, publièrent de nombreuses reproductions de tableaux et de dessins à la plume de cet artiste élégant.

L'*Art et la Mode* publia en particulier, en 1886, une grande pl. représentant le Carrousel militaire de Saumur. Enfin, en 1888, le Cte de Clermont-Gallerande fut chargé de peindre, pour la salle d'honneur du 13e Dragons, un épisode de la bataille de Mars-la-Tour.

Les chevaux de cet artiste sont du dessin le plus correct. Il leur donne, en général, un cachet particulier d'élégance et de distinction : c'est le beau cheval moderne, tel qu'il en sort de temps à autre un spécimen remarquable des écuries des grands marchands. Le superbe animal sur lequel le peintre a monté le Cte de Paris en est un des modèles les plus réussis.

CLIAS (Pierre-Henri).

Professeur de gymnastique suisse, né vers 1784, mort après 1853. Ses premiers essais datent de 1806 et il inventa alors son « triangle mouvant », c'est-à-dire le trapèze dont les deux cordes, au lieu d'être parallèles comme actuellement, se réunissaient à leur partie supérieure. Il professa en Hollande, en Allemagne et en 1811 à Berne où il devint professeur et écuyer du gouvernement à l'université de cette ville. Il était en 1814 officier d'artillerie légère, détaché à Interlaken où il soumit ses hommes à des exercices gymnastiques « qui eurent du « retentissement et un grand succès ». Il exerça aussi à Berne 3 comp^{ies} de voltigeurs. En 1817, il vint à Paris et donna des leçons aux sapeurs-pompiers et à de nombreux élèves. En 1821, il fut appelé en Angleterre et nommé par le roi Georges IV surintendant des exercices gymnastiques pour l'armée et la marine. Il y professa aussi dans les établissements d'instruction.

En 1841, il arriva à Besançon, appelé par le Recteur de l'Académie Ordinaire et par le Préfet Tourangin. Il y introduisit sa méthode dans diverses institutions, ainsi qu'au 75e de ligne et au 4e bataillon de chasseurs et y publia deux de ses ouvrages. De retour à Paris en 1843, il y continua son enseignement dans plusieurs écoles communales.

Gymnastique élémentaire, ou Cours analytique et gradué d'Exercices propres à développer et à fortifier l'Organisation humaine ; par M. Clias, Professeur Gymnasiarque de l'Académie de Berne ; précédé du Rapport fait à la Société de Médecine de Paris, par M. Bally, docteur-médecin. Et de considérations générales, par M. D. Baillot, ancien conservateur de la bibliothèque de Versailles. *Paris, L. Colas; ibid., Locard et Davi*, 1819.

1 vol. in-8° de LX-206 p. avec 1 frontispice et 12 pl. in-f° se dépliant, contenant 90 fig. gravées au trait par Gaitte et remarquablement dessinées par un artiste qui ne les a pas signées, plus les dessins de la salle et des appareils. Dédicace de Clias « à MM. les Membres « composant la Société pour l'Instruction « élémentaire ».

Cet ouvrage est cité ici pour le chap. de la *Voltige sur le cheval de bois* et celui de la *Voltige sur le cheval vivant*, ce dernier précédé d'une *Introduction à l'Art de l'Equitation*.

Ces chap. occupent les p. 165 à 179, avec 1 pl. et 7 fig. pour la voltige sur le cheval de bois, 1 pl. et 6 fig. pour celle sur le cheval vivant. Les 4 chevaux de cette pl. ainsi que celui d'une pl. précédente où sont représentés 6 jeunes gens faisant effort sur les traits d'un cheval, sont aussi d'un dessin irréprochable.

Il n'y a pas lieu de décrire les autres ouvrages de Clias qui concernent spécialement la gymnastique des femmes et des enfants, ni une autre éd^{on} de celui-ci, dans laquelle les chap. sur la voltige sont supprimés.

CLOOTEN (Henri-Louis-Laurent).

Officier de cav^{ie} belge, né en 1849, lieut^t en 1878, colonel en 1904.

Conférence de Garnison « A travers le rôle et l'importance de la Cavalerie » donnée à Gand le 6 mars 1895 par le Capitaine Commandant Adjoint d'Etat-Major Clooten, du 4e Régiment de Lanciers. *Gand, Imp. Vandermeulen*, f^{res} (1895).

Broch. in-8° de 40 p.

La Cavalerie au Combat — Conférence de garnison donnée à Gand le 19 mars 1896 par le Capitaine Commandant Adjoint d'Etat-Major L. Clooten, du 4ᵉ Régiment de Lanciers. *Gand, Imp. Vandermeulen f*ʳᵉˢ, 1896.
Broch. in-8° de 56 p. avec 2 pl. sur la même feuille se dépliant.

La Cavalerie en Service Stratégique (suite aux Etudes exposées en 1895 et 1896). Conférences de Garnison données à Gand le 11 et le 25 Mars 1897, par le Capitaine Commandant Adjoint d'Etat-Major L. Clooten, du 4ᵉ Régiment de Lanciers. *Gand, Imp. Vandermeulen f*ʳᵉˢ (1897).
1 vol. in-8° de 109 p. avec 3 cartes se dépliant.

Conférences de Régiment données à Tournai par le Lieutenant-Colonel Adjoint d'Etat-Major L. Clooten, du 1ᵉʳ Chasseurs à Cheval — I Introduction, développement et importance de l'Arme à feu dans les troupes de Cavalerie — II Synthèse des Armes de hast dans la Cavalerie. *Tournai, H. et L. Casterman*, 1901.
Broch. in-8° de 91 p.

CLOT-BEY (Le Dʳ Antoine-Barthélemy CLOT, dit).
Médecin français, 1793-1868. Il a longtemps habité l'Egypte où il a fondé une Ecole de Médecine et où il a été médecin du Vice-Roi d'Egypte, Méhémet-Ali.

Aperçu général sur l'Egypte, par A.-B. Clot-Bey, Officier de la Légion d'Honneur, Commandeur de plusieurs Ordres, Docteur en Médecine et en Chirurgie, Inspecteur général du Service médical civil et militaire d'Egypte, Président du Conseil de Santé, Membre de l'Académie Royale de Médecine de Paris, de l'Académie des Sciences de Naples et de plusieurs autres Sociétés savantes françaises et étrangères. *Paris, Fortin, Masson & C*ⁱᵉ, 1840.
2 vol. in-8° de xc-360 et 573 p. avec portrait de Méhemet-Ali en frontispice,

3 cartes ou plans au T. I et 4 au T. II. Dédicace à S. A. Méhemet-Ali, Vice-Roi d'Egypte.
Le cheval, l'âne et le mulet occupent les p. 126 et suiv. du T. 1 ; les exercices à cheval et l'équitation les p. 97 et 98 ; la cavˡᵉ bédouine, la p. 122 ; la cavˡᵉ égyptienne et l'Ecole de cavˡᵉ la p. 219 ; les chevaux, mulets et ânes employés comme moyens de transport, les p. 459 et suiv. ; la médecine et l'Ecole vétérinaire, les p. 437 et suiv. du T. II. Sauf ce dernier, ces articles sont très sommaires.

CLUSERET (H.), voy. YOUATT (W.).

COCHERIS (Hippolyte).
Archéologue français, conservateur de la Bibliothèque Mazarine, 1829-1882.

Entrées de Marie d'Angleterre à Abbeville et à Paris, publiées et annotées par Hipp. Cocheris. *Paris, Aug. Aubry*, 1859.
Broch. in-8° de x-35 p. avec 6 fig., tirée à 100 exemp.
Le texte donne le détail des cortèges et escortes de cavaliers qui prirent part à ces cérémonies.

COCHET (Jean-Benoît-Désiré).
Prêtre et archéologue normand, 1812-1875.

Le tombeau de Childéric Iᵉʳ Roi des Francs, restitué à l'aide de l'Archéologie et des découvertes récentes faites en France, en Belgique, en Suisse, en Allemagne et en Angleterre, par M. l'Abbé Cochet, Inspecteur des Monuments historiques de la Seine-Inférieure, Membre du Comité des Travaux historiques et des Sociétés savantes, Correspondant du Ministère d'Etat et du Muséum de Paris. *Paris, Derache; ibid., Didron, ibid., A. Durand; ibid., H. Bossange; Londres John et H. Parker; Rouen, A. Lebrument; Dieppe, Marais*, 1859.
1 vol. in-8° de xxxi-474 p. avec très nombreuses fig d. l. t., gravées sur bois.
Le Chap. v, de la p. 149 à 171, est intitulé *Le Cheval et le Fer de Cheval*. Il traite des brides, des mors, des fers, des éperons, des harnais de chevaux, de la taille du cheval de Childéric et des chevaux anciens, etc., avec 21 fig. sur ces différents sujets.

Bibliogr. hippique. T. I. — 19.

On sait que ce chapitre et les fig. qu'il contient ont été mis à profit par presque tous les auteurs qui se sont occupés des origines de la ferrure et de certaines questions d'archéologie hippique.

COCHET DE SAVIGNY DE St VALIER (Pierre-Claude-Melchior).
Officier de gendarmerie français, 1781-1855.

Était employé des contributions indirectes sous l'Empire ; entra aux Guides volontaires à cheval au commencement de 1814 et fit partie d'un corps d'employés des droits réunis organisés militairement. Il fut blessé d'un coup de feu à la jambe droite, en mars 1814, devant Paris. Il entra ensuite aux Gardes du corps, compagnie d'Havré, reprit son emploi dans les contributions pendant les Cent-Jours et rentra aux Gardes du corps à la 2e Restauration. Il passa dans la gendarmerie en 1816 et fit campagne à l'armée du Nord, en 1831. Violemment attaqué pour les opinions légitimistes qu'on lui attribuait, il fut mis en réforme en 1832 comme capitaine, replacé en 1835, chef d'esc{on} la même année et retraité en 1839.

Cours élémentaire d'Hippiatrique et de Maréchalerie, à l'usage de la Gendarmerie. Par M. Cochet de Savigny, Chef d'escadron de Gendarmerie en retraite, Officier de la Légion d'honneur. *Paris, Léautey,* 1844.

1 vol. in-12 de 214 p., avec 6 pl.

Dictionnaire de la Gendarmerie à l'usage des Officiers, sous-Officiers, Brigadiers et Gendarmes, par M. Cochet de Savigny, Chef d'Escadron, Officier de la Légion d'honneur et M. Perrève, juge au tribunal de Neufchâtel — mis au courant de la législation par un officier supérieur de l'arme. 35e Ed{on}. *Paris, Léautey,* S. D. (1900).

1 vol. in-8° de xxxvi-841 p.

Le *Cours d'Hippiatrique* n'est qu'une compilation bien présentée, mais sans grand mérite. Quant au *Dictionnaire de gendarmerie,* il intéresse tous les propriétaires de chevaux et de voitures en ce qui concerne les lois et règlements de voirie, de roulage, la circulation des chevaux et des voitures, les droits et les devoirs des cochers et cavaliers, et c'est à ce titre qu'il est signalé ici. La 1re édition de cet ouvrage a paru en 1844.

Il est revisé et mis à jour tous les deux ans. L'éd{on} ci-dessus est la dernière à ce jour.

CODE DES COURSES AU TROT.

Société d'Encouragement pour l'amélioration du Cheval français de demi-sang — Secrétariat général : 12, rue de l'Arcade, à Paris. — Règlement de la Société d'Encouragement formant le Code des Courses au trot. *Paris, Imp. spéciale des Courses, C. Champon,* 1er Janvier 1899.

Broch. in-16 de 78 p.

CODE DES COURSES (PLATES).

Code des Courses et Règlement de la Société d'Encouragement pour l'amélioration des Races de Chevaux en France. *Paris, Imp. Lefebvre,* 1er Janvier 1899.

Broch. in-16 de 86 p.

CODE DES STEEPLE-CHASES.

Société des Steeple-Chases de France — Code des Steeple-Chases — Règlement de la Société. *Paris, Imp. Spéciale des Courses, C. Champon,* 1899.

1 vol. in-16 de 126 p.

CODE MILITAIRE DES VOLONTAIRES ROYAUX.

Code militaire à l'usage du Corps des Volontaires Royaux. *Metz, François Antoine,* 1746.

1 vol. pet. in-8° de 136 p.

Une ordonnance royale du 15 Août 1745 avait prescrit de former un corps des compagnies franches d'infanterie et de dragons qui réunissait 13 comp{ies} d'infanterie et 8 de dragons (de Limoges, Mandres, La Croix, Goderneaux, Jacob, Galhau, Zoller et Sinceny), sous un commandement unique. Ce code en règle le recrutement, la remonte, l'habillement, l'équipement, l'armement, l'instruction, la discipline et l'administration. Ouvrage rare.

CODE VOITURIN, voy. POSTE AUX CHEVAUX.

CODES DES COURSES (en Algérie).

Société d'Encouragement pour

l'amélioration des Races de Chevaux en Algérie — Codes des Courses — Plat — Obstacles — Trot — Applicables à partir du 1er Janvier 1909 — Règlement de la Société. *Alger, Imp. Pierre Fontana*, 1909.

Broch. in-16 de 82 p.

COGENT (Laurent).
Officier de cavalerie français, 1808-1900. Etait Maître-sellier au 11e chasseurs. Très compétent dans toutes les questions relatives au harnachement, il fut envoyé, en décembre 1848, à Saumur, comme directeur de l'atelier d'arçonnerie de l'Ecole et nommé sous-lieutenant à cette occasion. Lieutenant en 1852 et capitaine en 1854, il conserva ces fonctions spéciales jusqu'à sa retraite, en 1860 (1).

Considérations sur le Harnachement de modèle nouveau en essai dans la Cavalerie, l'Artillerie et la Gendarmerie. Par Cogent, officier directeur des travaux d'arçonnerie à l'Ecole de cavalerie. *Saumur*, 1852.

Broch. gr. in-4° de 34 p. (autographiée) contenant une discussion sur les différents modèles de harnachement proposés ou adoptés.

Manuel du harnachement à l'usage des Troupes à Cheval, Par le Capitaine Cogent, Directeur de l'arçonnerie à l'Ecole impériale de cavalerie; chev^{er} de la Légion d'Honneur et des ordres royaux de l'Aigle-Rouge de Prusse, de l'Epée de Suède, des Saints Maurice et Lazare de Sardaigne et de la couronne de Wurtemberg. *Paris, Malteste*, 1856.

La couverture de certains exemplaires porte 1857.

1 vol. in-8° de 175 p. avec 40 pl. contenant un grand nombre de fig. dessinées par Vautrin. Dans cet ouvrage, Cogent, après avoir fait l'historique de la question et exposé la situation actuelle, propose un harnachement nouveau diminuant, dit-il, de 8 kil. le modèle 1853, alors en usage.

Notice sur le Harnachement mis en essai en 1861 dans les Régiments de Cavalerie au camp de Châlons, par M. Cogent, Capitaine en retraite, ancien Directeur et Fondateur de l'atelier d'arçonnerie à l'Ecole impériale de Cavalerie. *Angers, Cosnier et Lachese*, 1862.

Broch. in-8° de 20 p.

La cavalerie considérée au point de vue de son Harnachement et de son Equipement, par M. Cogent, Capitaine en retraite, Fondateur des ateliers d'arçonnerie à l'Ecole Impériale de Cavalerie, Chevalier de la Légion d'Honneur et des Ordres royaux de l'Aigle rouge de Prusse, de l'Epée de Suède, des Saints Maurice et Lazare d'Italie et de la Couronne de Wurtemberg, Membre de la Société protectrice des animaux et de l'Académie nationale de l'Industrie. *Paris, l'Auteur, (Imp. Towne)*, 1863.

Broch. in-8° de 47 p. avec une pl. se dépliant et contenant 22 fig. de détails sur le harnachement et l'équipement que l'auteur propose d'alléger.

Projet de nouvelle organisation pour la Cavalerie par L. Cogent, Capitaine en retraite. *Caen, Imp. Nigault de Pratlauné*, 1866.

Broch. in-8° de 16 p. avec 1 pl. se dépliant et contenant 12 fig. de détails sur le harnachement et le campement. Beaucoup des réformes proposées par Cogent dans cet opuscule sont judicieuses. La plupart, d'ailleurs, ont été réalisées après la guerre de 1870-71.

La Cavalerie française. *Paris et Saumur, Librairies militaires*, 1869.

Broch. gr. in-8° de 24 p. signée à la fin.

Elle contient des propositions pour l'allègement du paquetage et l'amélioration du harnachement. L'auteur fait le procès de la selle 1861 et propose un arçon en tôle.

Fantassins et Cavaliers Français — Revue de détail technique du Matériel affecté à leur usage, par L. Cogent, Capitaine en retraite, Chevalier de la Légion d'honneur et des Ordres royaux de Suède, de Prusse, d'Italie, de Wurtemberg, Officier du Nicham. *Nogent-le-Ro-*

(1) Voy., pour une biographie détaillée de Cogent, l'article nécrologique publié par le *Courrier de Saumur* du 20 Juin 1900.

trou, Imp. et Lib. E. Gouhier-Delouche; Paris, l'Auteur, S. D.(1887).

Broch. pet. in-8° de VI-58 p.

Les 20 dernières p. sont consacrées à l'habillement, à l'équipement du cavalier, et principalement au harnachement. Cogent propose une selle à arçons en tôle d'acier, avec une arcade articulée qui permettrait d'appliquer la même selle aux chevaux de toute taille et de toute conformation.

COINTET (Edouard-Henri, BARON DE).

Général de div^{on} français (cavalerie), né en 1830, sous-lieut^t en 1850, colonel en 1879, général de div^{on} en 1890, passé au cadre de réserve en 1895.

6e Corps d'Armée — Place de Lunéville — Conférences de Garnison — Conférence sur la Tactique de Combat de la Cavalerie, par M. le Général de Division Baron de Cointet, Commandant la 2e Division de Cavalerie. *S. L. (Lunéville) ni nom d'imprimeur (publié par une presse de régiment)*, 1898.

Broch. in-f° de 57 p. avec 3 pl. h. t. Ouvrage autographié et non mis dans le commerce.

Instructions données à la 2e Division de Cavalerie, par le Général Bon de Cointet. *Paris, L. Baudoin*, 1897.

1 vol. in-8° de 207 p. avec 2 pl. de formations, se dépliant.

COISY (P.-M.).

La Médecine mystérieuse, contenant des secrets pour guérir les maladies des Chevaux, Moutons et autres, et même des Hommes, par P. M. Coisy, à Coulommiers. *Paris, Imp. Stahl*, 1830.

Broch. in-18 de 36 p.

Ouvrage tout à fait singulier, surtout pour l'époque à laquelle il a été publié. C'est un répertoire de formules et d'invocations mystiques et religieuses, destinées à guérir les maladies ou accidents des animaux domestiques, à retrouver ceux qui sont égarés, à les préserver des loups, à éteindre les incendies, etc., etc.

Voici deux exemples de ces sortes d'incantations :

Tranchées des Chevaux, les guérir :

« Cheval (nommez le poil) appartenant à (N.), si tu as les avives, de quelque couleur qu'elles soient, et tranchées rouges ou tranchesons, ou de trente-six sortes de maux, en cas qu'ils y soient. Dieu te guérisse et le bienheureux Saint Eloy. Au nom du Père et du Fils et du Saint-Esprit, puis dire cinq fois Pater, et cinq fois Ave, etc., à genoux. »

Pour guérir un Cheval piqué ou encloué :

« Dites le Pater jusqu'à sicut in cœlo † et in terrà, etc., in nomine Patris et Filii et Spiritu Sancti, amen, en l'honneur de Dieu et de M. Saint Eloi. »

D'autres formules pour arrêter le sang d'une plaie, pour retrouver les animaux perdus, etc., etc., sont plus singulières encore, mais trop longues à reproduire.

COLBERT, MARQUIS DE CHABANAIS (Napoléon-Joseph).

Homme politique et historien français, 1805-1883. Député au Corps Législatif de 1860 à 1870.

Traditions et souvenirs touchant le temps et la vie du Général Auguste Colbert (1793-1809), par N. J. Colbert, marquis de Chabanais, son fils. *Paris, Firmin-Didot*, 1863, 1866, 1873.

5 vol. in-8° de V-413, 365, 432, 492 et 479 p. avec une carte au tome II et 2 au tome IV. Dédicace aux fils de l'auteur, Edouard et Jean-Baptiste Colbert.

Même ouvrage, même titre, 2e édition. *Paris, Havard*, 1882.

3 vol. in-12 de XI-530, 525 et 521 p.

Cet ouvrage n'est pas seulement une biographie, c'est aussi l'histoire complète de l'époque où a vécu le Général Auguste Colbert. La vie de ce brillant général de cavalerie a aussi été écrite par le général Thoumas (voy. ce nom).

COLET (Achille).

Vétérinaire militaire français, 1811-18... Diplômé de Lyon en 1831, vétérinaire en 2e en 1833, en 1er en 1845, retraité en 1865. Il avait fait campagne en Afrique de 1833 à 1845 et en Italie de 1849 à 1855.

1re Division militaire — Rapport à Son Excellence Monsieur le Maréchal Ministre de la Guerre sur la guérison, d'après la méthode de M. Mattei, des Maladies cutanées, telles que : Gale, Dartres, Démangeaisons, Crevasses, Blessures et Javarts. Par M. Achille Colet, Vétérinaire de 1re classe au 11e Régiment de Dragons, Chevalier de l'Ordre Impérial de la Légion d'honneur et de l'Ordre de S¹ Grégoire le Grand. *Batignolles, Lith. Martinoux*, 11 novembre 1856.

Broch. in-4° de 9 p. (autographiée).

M. Mattei était chef du dépôt des Omnibus des Batignolles, et le rédacteur du rapport présente plusieurs observations de chevaux d'omnibus rapidement guéris de maladies cutanées et même de gale invétérée par l'application de ce remède dont il ne donne d'ailleurs pas la composition.

COLIGNY (Marie-Auguste-Donat-Raoul DE PILLOT, COMTE DE).

Officier d'inf¹ᵉ français, né en 1846, sous-lieut¹ en 1870, démissionnaire comme lieut¹ en 1877, chef de bat^on de territoriale en 1878, démissionnaire en 1888. Campagne de 1870-71 contre l'Allemagne.

Du soutien de la Cavalerie par des fantassins dans les temps anciens et dans les temps modernes; par le Comte Raoul de Coligny, ancien Officier supérieur d'Infanterie, Chevalier de la Légion d'honneur. *Paris, à la Direction du Spectateur militaire*, 1892.

Broch. in-8° de 69 p.

COLIN (Gabriel-Constant).

Vétérinaire français. 1825-1896. Entré à 16 ans à l'Ecole de Lyon, il en sortit avec le N° 1 en 1845 et fut nommé chef de service à la fin de la même année. En 1847, il passa à l'Ecole d'Alfort où il fut nommé professeur en 1868. Il y occupa diverses chaires et, en 1878, celle de physiologie qu'il conserva jusqu'à sa retraite, en 1887. Il se retira alors dans sa propriété de Mollans (H¹ᵉ-Saône) et y continua en partie ses travaux et expériences. Il était membre de l'Académie de médecine depuis 1865 et de nombreuses Sociétés savantes françaises et étrangères. Il a publié une quantité prodigieuse de travaux, dont beaucoup concernent le cheval, dans le *Recueil de Médecine vétérinaire*, les *Comptes rendus de l'Académie des Sciences*, le *Bulletin de la Société centrale vétérinaire*, le *Bulletin de l'Académie de Médecine*, etc. Les ouvrages suivants — et d'autres peut-être — ont été publiés à part.

Traité de Physiologie comparée des Animaux domestiques, par G. Colin, Chef du Service d'Anatomie et de Physiologie à l'Ecole impériale d'Alfort, Membre de la Société centrale de Médecine vétérinaire et de la Société anatomique — Avec figures intercalées dans le texte — *Paris, J.-B. Baillière*, 1854-1856.

2 vol. in-8° de VIII-667 et 628 p. avec 57 fig. à chaque vol. Dédicace à M. Flourens.

Traité de Physiologie comparée des Animaux considérée dans ses rapports avec les Sciences naturelles, la Médecine, la Zootechnie et l'Economie rurale, par G. Colin, Professeur à l'Ecole vétérinaire d'Alfort, Membre de l'Académie de Médecine — *Deuxième Edition*, considérablement augmentée, avec figures intercalées dans le texte. — *Paris, J.-B. Baillière*, 1871-1873.

2 vol. in-8° de VI-854 et 940 p. avec 107 fig. au T. I et III au T. II. La dédicace a disparu.

Même ouvrage, même titre — *Troisième Edition* considérablement augmentée — *Paris, J.-B. Baillière et fils*, 1886-1888.

2 vol. gr. in-8° de 928 et 1112 p. avec 131 fig. au T. I et 130 au T. II.

De la comparaison de l'Estomac et de l'Intestin dans nos Espèces domestiques, par M. Colin, Chef de service à l'Ecole d'Alfort. *Lyon (Savy?)*, S. D. (vers 1860).

Broch. in-8° de 58 p.

Concerne en partie le cheval.

Société impériale et centrale d'Agriculture de France — Rapport sur un travail intitulé *Recherches sur les Egagropiles et les Calculs des Solipèdes et des Ruminants*, présenté à la Société par M. Colin, Chef de service d'Anatomie à l'Ecole impériale d'Alfort. Commissaires MM. de Kergorlay, de Béhague, Gareau, Baudement, Renault, Huzard et Delafond, Rapporteur. — Extrait des *Mémoires de la Société impériale et centrale d'Agriculture de France*, année 1860 — *Paris, Imp. de Mᵐᵉ Vᵛᵉ Bouchard-Huzard*, 1861.

Broch. in-8° de 16 p.

Société impériale et centrale de Médecine vétérinaire — Sur les transformations des Larves d'Oestres qui vivent dans l'estomac et l'intestin des Solipèdes — Lu dans la Séance du 23 Janvier 1862 par M. G. Colin, Membre titulaire. *Paris, Typ. Renou et Maulde,* (1862). Broch. in-8° de 10 p.

Société impériale et centrale de Médecine vétérinaire — De la digestion de l'Avoine au point de vue de la Physiologie et de l'Hygiène. Mémoire lu le 12 Juin 1862 par G. Colin. *Paris, Imp. Renou et Maulde,* (1862). Broch. in-8° de 19 p.

L'auteur recherche et montre comment le cheval, naturellement herbivore, devient granivore pour être propre au travail.

Des effets de l'Abstinence et de l'Alimentation insuffisante chez les Animaux, par M. G. Colin, Professeur d'agriculture, d'hygiène, de zoologie et de botanique à l'Ecole impériale vétérinaire d'Alfort ; Lauréat de l'Institut et de la Société centrale d'agriculture de France ; Membre de la Société centrale de médecine vétérinaire, de la Société anatomique, etc. *Paris, Typ. Renou et Maulde,* 1863. Broch. in-8° de 37 p.

Mémoire sur le développement et les migrations des Sclérostomes, lu à l'Académie impériale de Médecine dans sa séance du 28 Juin 1864 par M. G. Colin, Professeur à l'Ecole impériale vétérinaire d'Alfort. *Paris, Typ. Renou et Maulde,* 1864. Broch. in-8° de 16 p.

Concerne exclusivement le cheval.

COLLAINE (Louis-Victor).

Vétérinaire militaire français, 1780-1840. A sa sortie d'Alfort, il fut nommé vétérinaire du dép^t de la Moselle, ce qui n'empêcha pas le recrutement d'alors de l'incorporer dans la 55e demi-brigade d'infanterie. On voit que cette manière d'opérer n'est pas nouvelle. Il s'en plaignit au ministre par lettre du 11 Thermidor An XI, en lui faisant observer que ses connaissances vétérinaires ne lui seraient d'aucune utilité dans l'infanterie. On lui donna satisfaction en l'envoyant à l'armée de Hollande. Il fut ensuite professeur à l'Ecole vétérinaire de Milan, de 1807 à 1813, puis revint à Metz, sa ville natale, pour y exercer sa profession. Il y fut professeur d'hippologie à l'Ecole régimentaire d'Artillerie, de 1814 à 1828.

Notice sur l'état actuel de l'Ecole nationale d'économie rurale vétérinaire d'Alfort, par T. Hérouard fils et L. V. Collaine, Vétérinaires et ci-devant Répétiteurs à cette Ecole. *Paris, Belin,* An XI-1803. Broch. in-8° de 40 p.

Vive critique de l'Ecole d'Alfort et de son enseignement.

Compte rendu à la Société d'agriculture du Département de la Seine d'une expérience tentée et des succès obtenus contre la Morve et le Farcin, qui infectoient depuis dix-huit mois les Chevaux du 23e Régiment de Dragons ; par M. Collaine, Professeur à l'Ecole royale vétérinaire de Milan. Suivi du Rapport de MM. Desplas, Huzard et Tessier. Imprimés par Arrêtés de la Société. *Paris, Imp. de Mme Huzard,* 1810. Broch. in-8° de 47 p.

Même ouvrage, même titre. *Paris, Imp. et Lib. de Mme Huzard,* 1811. Broch. in-8° de 47 p.

Dans cette 2e éd^{on}, le texte est le même que dans la 1re, mais elle contient en plus une note du ministère de l'intérieur, qui fait connaître que le vétérinaire du haras impérial de Borculo, en Hollande, a mis en pratique le traitement de Collaine sur 60 chevaux morveux du 11e Hussards (1) et que les résultats ont été satisfaisants.

Du Marasme épizootique, des Fourrages extraordinaires et de l'emploi des matières animales pour restaurer les Herbivores ; ou Instruction sur les moyens d'arrêter la mortalité du Bétail qui périt d'épuisement. Rédigée par ordre de M. le Comte de Tocqueville, Préfet du département de la Moselle, par L. V. Collaine, Médecin vétérinaire du département, ancien Professeur à l'Ecole royale vétérinaire de Milan, Correspondant de la Société d'Agriculture Royale et Centrale

(1) Le 11e Hussards était alors un régiment hollandais, mais faisait partie de l'armée française.

de France, etc., etc. A Metz, chez Pierret, 1817.
Broch. in-8° de 19 p.
Concerne en partie la nourriture du cheval.

La Vie du Cheval, divisée en trois périodes, par L. V. Collaine. Metz, 1825.
1 feuille gr. in-f° lithog.

Essai Lippogénésique (1) et Hippostatique des variétés, souches, races, branches et familles de l'Espèce du Cheval, indiquant l'aptitude, les qualités et tares principales de chacune d'elles, pour servir à l'analyse de l'une des leçons du cours d'Hippognostique professé depuis 1814 à l'Ecole Royale régimentaire d'Artillerie. Dédié à M. le Comte d'Anthouard, Lieut^t Gal Inspect^r G^{al} d'Artill^{ie} par L. V. Collaine. Lith. à l'Ecole royale d'art^{ie} de Metz, 1826.
1 feuille gr. in-f°.
C'est une carte géographique lith. et coloriée qui indique, au moyen de renvois, l'origine et l'emploi des chevaux de toutes les races du monde. Réimprimée en 1828 (2).

Essai sur les Races des Chevaux, ou exposé des modifications dont cette espèce est susceptible, et de leurs causes majeures constituant les Principes fondamentaux de la Science des Haras, faisant partie du Cours professé de 1814 à 1828, à l'Ecole royale régimentaire d'Artillerie de Metz, par L.-V. Collaine, ancien Professeur à l'Ecole royale vétérinaire de Milan, Médecin Vétérinaire, Membre de plusieurs Sociétés savantes — Ouvrage utile aux Vétérinaires et aux Cultivateurs, indispensable aux Officiers de cavalerie et à ceux chargés de la direction des Haras. Metz, de l'Imp. de Collignon, 1832..
1 vol. in-8° de 162 p., dont XII pour la dédicace au Vte Tirlet, Lieut^t G^{al}, Insp^r G^{al} d'Artillerie... etc.. et l'introduction.

(1) Je pense que c'est une faute de copie du lithographe et qu'il faut lire Hippogénésique.
(2) Pour d'autres cartes hippiques, voy. Gayot (Eug.).Léger (Ch.), Atlas hippique, Cormette (de), Clerjon de Champagny, Loi organique de 1874, Itier, Jacoulet.

Dans certains exemplaires, on a joint la carte de l'Essai Lippogénésique mentionné plus haut.
Dans cet ouvrage, Collaine n'a pas toujours puisé ses renseignements à des sources assez sûres. Aussi, certaines de ses descriptions et de ses appréciations sont-elles inexactes. C'est ainsi qu'il affirme que les chevaux barbes ne peuvent supporter le climat de la France et qu'ils y périssent en hiver (1); que la masse générale des chevaux irlandais est parvenue au dernier degré de dégradation, et qu'ils ne peuvent supporter la fatigue, etc. Il sacrifie aussi au goût de son époque en s'élevant contre le pur sang, et sa description du cheval anglais montre qu'il le connait mal. Ce livre porte cependant la marque d'un travail considérable et contient d'utiles indications sur la répartition de l'espèce chevaline sur le globe.
Quant au traitement de la morve (par le soufre), il n'a heureusement pas survécu à son inventeur, malgré l'approbation de Desplas, Huzard et Tessier.
Les autres ouvrages de Collaine sont étrangers aux questions hippiques (2).

COLLARD (Albert).
Vétérinaire français, né en 1845, diplômé d'Alfort en 1866.

Thèse pour le Diplôme de Médecin Vétérinaire, présentée et soutenue le 1er Août 1866 à l'Ecole Impériale Vétérinaire d'Alfort, par Albert Collard, né à Epernay (Marne) — De l'Importance de la Couleur de la Robe, considérée chez le Cheval, comme moyen d'appréciation de ses qualités — Paris, Imp. Victor Goupy, 1866.
Broch. in-8° de 40 p. Dédicace d'usage aux parents et professeurs de l'auteur.

De l'Industrie chevaline dans le Département de la Marne, son état actuel et son avenir, par A. Collard, Médecin vétérinaire à Vitry-le-François (Marne) — Ce Mémoire a

(1) Depuis, et pendant de longues années, de nombreux régiments français ont été remontés en chevaux barbes, sans qu'il en résultat aucun inconvénient au point de vue de leur état sanitaire; la guerre de Crimée a d'ailleurs donné le plus éclatant démenti à l'assertion de Collaine.
(2) Toutefois, à la p. II de l'Introduction de son Essai sur les Races de Chevaux, il mentionne deux opuscules dont il ne donne pas les titres, mais qui semblent se rapporter à l'origine du cheval. Il les aurait publiés en 1817 et 1827. Je n'ai pu jusqu'ici en trouver d'autre trace.

obtenu une Médaille d'argent à la Société d'Agriculture, Commerce, Sciences et Arts du Département de la Marne (Concours de 1874). *Vitry-le-François, Typ. Pessez,* 1875.

Broch in-8° de 31 p.

L'auteur conclut à l'élevage du cheval de trait léger et du demi-sang étoffé. Il adresse une critique sévère — et méritée — à l'étalon rouleur belge, lymphatique et prédisposé aux tares et aux maladies.

De l'Amélioration du Cheval par les Courses dans le Département de la Marne et plus spécialement dans l'Arrondissement de Vitry-le-François, par A. Collard, Vétérinaire à Vitry-le-François, Secrétaire de la Société vétérinaire de la Marne, Commissaire des Courses de Vitry-le François, etc., etc. *Vitry-le-François, Typ. Pessez,* 1879.

Broch. in-8° de 19 p.

Historique des courses et plaidoyer pour les courses au trot et l'élevage du demi-sang étoffé.

L'Histoire du Cheval et des autres Animaux domestiques en France depuis les temps les plus reculés jusqu'au Moyen-Age, par A. Collard, Vétérinaire à Vitry-le-François — Médaille d'argent au Concours de 1888 de la Société nationale de Médecine vétérinaire — *Châlons-sur-Marne, Imp. de l'Union républicaine,* 1890.

Broch. in-8° de 77 p. Vignette [sur le titre.

Le Cheval et les autres Animaux domestiques en France dans les Institutions du Moyen Age, par A. Collard, Vétérinaire à Vitry-le-François, Membre et Lauréat de plusieurs Sociétés savantes. *Châlons-sur-Marne, Imp. de l'Union républicaine,* 1893.

Broch. in-8° de 53 p.

COLLART (Gaspar).

Écuyer et hippiâtre, né probablement vers 1570. Il avait été pendant 7 ans élève de Jean Paul Del Campo (1) qui

(1) Ce del Campo était-il de la même famille que Delcampe (voy. ce nom) qui fut écuyer ordinaire de la grande écurie du Roi de France dans la seconde moitié du XVIIe siècle? Cela semble fort possible.

était écuyer de l'infante Isabelle, fille de Philippe II et épouse du prince Albert d'Autriche (1). Collart fut ensuite, pendant 27 ans, officier de la grande écurie de cette princesse. Il avait été aussi employé aux haras de Marimont et du Bois de Soigne (2), ainsi que dans l'écurie du Marquis de Leganès duquel il était chargé d'emboucher les chevaux.

Recveil et Abbrege de Gaspar Collart, Officier de la Grande Escverie de la Ser^{me} Infante, &c. Commandant au harras des iumens de sa Ma^{té} au bois de Soigne. Contenant les qualitez de toutes les parties de la bouche du cheual, la curiosité du Caual leger; le deuoir du Maistre d'escuerie; l'effect de la poudre de la bonne bouche des cheuaux; & aucunes receptes les plus necessaires pour aucunes maladies & accidens qui peuuent suruenir aux cheuaux. *A Brusselles, chez Godfroy Schœuaerts,* 1627.

1 vol. très pet. in-8° de 4 f^{ts} non ch. pour le titre (au verso duquel se trouve une jolie vignette), la dédicace à « Monseigneur Don Diego Philippe de Gusman, Marquis de Leganes, du Conseil d'Estat et Cavallier de la Chambre de sa Majesté, Capitaine Generale de la Cauallierie legere de pardeça & de l'Artillerie d'Espagne, &c. », la lettre au lecteur, 178 p. de texte et 3 f^{ts} non ch. pour la table du second livre. Celle du premier est à la fin de celui-ci et comprise dans la pagination.

L'ouvrage est divisé en deux livres dont la pagination se suit. Le 1er comprend l'embouchure et le détail des mors. Le 2e a un titre particulier :

Second livre de Recveil de Gaspar Collart. De l'ordre, proprieté & curiosité du caual leger, & de

(1) C'est cette princesse qui, assiégeant en 1601 Ostende révoltée, fit, dit-on, le vœu de ne changer de linge qu'après la prise de la ville. Le siège dura 3 ans et le linge de la princesse avait pris une teinte jaunâtre à laquelle on donna le nom ce couleur isabelle. Cette locution s'applique encore à la robe de certains chevaux.

(2) Marimont, actuellement Mariemont, est situé dans la province du Hainaut. C'était alors un château dont quelques ruines subsistent encore, et c'est maintenant un charbonnage important.

Le haras du Bois de Soignes était probablement situé à Groenendael, au S.-E. de Bruxelles. C'est dans la forêt de Soignes que la légende place l'apparition à St Hubert d'un cerf qui portait un crucifix entre les bois, miracle qui détermina sa conversion.

celuy qui a le gouuernemēt d'escuerie, auec la perfectiō de la poudre de bonnes bouches de cheuaux; et d'autres receptes les plus necessaires pour toute sorte de maladies qui peuuent suruenir aux cheuaux. *A Brusselles, chez Godfroy Schœuaerts*, 1627.

Ce second livre traite de l'équipement « des esquipages » et de l'assiette du « caval leger », des « estrieux », du dressage à l'arquebuse, au tambour, à la chasse et contient enfin de nombreuses « receptes ».

Il faut savoir gré à Gaspar Collart de répudier l'usage des mors trop durs, de répéter qu'on ne doit pas offenser la bouche du cheval, que « la bride, com-« ment qu'elle puisse estre faicte, n'aura « pas de telle perfection, n'étant con-« duite par l'esprit scavant et bien expé-« rimenté & le cheval secondé de la main « subtile et diligente ». Il sait fort bien, et cela n'était pas commun à son époque, attribuer les défenses désespérées de certains chevaux à la brutalité des mors et à la main du cavalier.

Les écuyers italiens qui vivaient avant lui n'avaient pas de ces scrupules (voy. Rusé, Fiaschi, Grisone, etc.).

Le petit ouvrage de Gaspar Collart est de la plus insigne rareté.

COLLAS (Louis).

Le Cheval du Cuirassier, par Louis Collas. *Saint-Omer, Imp. Fleury-Lemaire*, 1874.

Broch. in-12 de 27 p.

Récit des souffrances infligées à un vieux cheval hors de service.

COLLENOT (Louis-François-Gaspard).

Erudit, agronome et avocat lorrain. Il a été longtemps maire d'Amance, près de Nancy. Sans être lui-même éleveur, il s'intéressait aux questions hippiques et possédait plusieurs chevaux, 1796-1877.

Opinion émise par M. Louis Collenot, de la Société d'Agriculture et Propriétaire dans le département de la Meurthe, sur le Rapport de la Commission des Haras. *Paris, Imp. de Lefebvre*, S. D. (1830).

Broch. in-8° de 16 p.

L'auteur demande que les étalons soient plus disséminés dans les campagnes afin d'éviter aux cultivateurs des déplacements onéreux; que les saillies soient gratuites ; que les étalons réformés par les haras, au lieu d'être castrés, soient employés dans les communes éloignées où il pourraient encore rendre quelques services, etc., etc.

Rapport fait au nom d'une Commission de la Société d'Agriculture chargée de l'examen d'un Bandage propre à guérir les Hernies des Chevaux, par M. Louis Collenot, Membre ordinaire. *Nancy, Imp. Thomas*, 1837.

Broch. in-8° de 12 p.

Ce bandage avait été inventé par un bourrelier d'Haussonville (Meurthe) nommé Tétard. Le rapport de Collenot est entièrement favorable à l'inventeur et à l'invention. En 1846, Tétard a aussi présenté son bandage à la Société royale et centrale d'agriculture à Paris. Voy., pour le rapport établi à ce sujet, Girard (Jean).

Résumé didactique sur les Hernies des Chevaux, par Louis Collenot, Avocat, ancien Membre de la Société centrale d'Agriculture de Nancy et du Jury du onzième Arrondissement des Courses de Chevaux sous le règne de S. M. Louis-Philippe et d'autres Commissions hippiques. *Nancy, Imp. de Hinzelin*, 1873.

1 vol. gr. in-8° de 101 p., avec 2 pl. h. t. photog. représentant un cheval muni du bandage Tétard pour la hernie inguinale et un autre muni de celui pour la hernie ombilicale.

Cet ouvrage revient sur le rapport de 1837 et en contient un second au sujet de l'essai du bandage fait sur des étalons du dépôt de Rosières, un troisième de M. Jacob, ancien vétérinaire mil[re], quatrième de M. Masson-Four, fait au Comité d'agriculture, le récit d'une visite faite à l'établissement orthopédique de Tétard, qui, de bourrelier, s'était fait bandagiste, par M. Aymar Bression; et enfin une correspondance de Tétard avec M. Collenot.

COLLETET (F.), voy. ENTRÉE DE LOUIS XIV et FOUQUET DE BEAUREPERE.

COLLIGNON (Léon-Maxime).

Archéologue français, né en 1849. Elève de l'Ecole française d'Athènes, puis professeur d'antiquités grecques à la Faculté de Bordeaux, il devint ensuite professeur d'archéologie à la Sorbone, et fut élu en 1894 à l'Académie des Inscriptions. Ses nombreux travaux concernent l'art ancien et l'archéologie grecque et romaine.

Cavalier Athénien et scènes de la vie guerrière. Coupe Attique du Musée du Louvre, par Maxime Collignon — Extrait des *Monuments Grecs*, nos 14-16, Années 1885-1888. *Paris, Typ. Georges Chamerot*, 1872.
Broch. gr. in-4° de 27 p. avec 3 fig. d. l. t. et 2 pl. h. t. qui représentent des chevaux et des cavaliers.

Intéressante dissertation qui traite de l'éducation équestre des jeunes Athéniens, de la cavalerie grecque, de l'équipement du cavalier et du harnachement du cheval, et de sa représentation dans l'art grec, etc.

Voy. aussi, sur la cavalerie grecque, *Martin* (*Albert*), dont le savant ouvrage est souvent cité dans la brochure de M. Collignon.

COLLIN (Louis-Octave).

Vétérinaire français, maire de Wassy, né en 1832, diplômé de Lyon en 1853.

Les Chevaux de l'Arrondissement de Wassy, par M. Collin, Médecin Vétérinaire à Wassy, Membre de la Société d'Agriculture de l'Arrondissement de Wassy, Vice-Président de la Société d'Agriculture de la Hte-Marne. Médecin Vétérinaire de la Ferme-Ecole de Saint-Eloi et Secrétaire du Comice agricole du Canton de Wassy. *Wassy, Typ. de J. Guillemin*, 1872.
Broch. in-8° de 16 p.

COLLIN (Pierre-Auguste).

Vétérinaire français, 1830-1877.

La Question chevaline au point de vue des intérêts du Département des Vosges, par A. Collin, Médecin Vétérinaire à Bulgnéville. *Neufchâteau, Imp. de Kienné*, 1875.
Broch. in-8° de 20 p.

Mémoire adressé au Conseil général des Vosges. L'auteur demande que l'administration des Haras envoie dans le pays des étalons plus corsés et plus près de terre, et que le dépt achète quelques étalons percherons ou bretons.

COLLON (Auguste-Louis-Antoine).

Officier d'artie belge, né en 1865.

La liaison des Armes sur le Champ de Bataille, par le Capitaine-Commandant A. Collon, Adjoint d'Etat-Major, Adjudant-Major de l'Artillerie de la Position fortifiée de Liège — Suivi d'une Note de M. le Général H. Langlois. *Paris et Nancy, Berger-Levrault*, 1911.
Broch. in-8° de 39 p. Extrait de la *Revue Militaire générale.*

Le chap. V concerne le rôle de la cavalerie dans la bataille.

COLLOT (George-Henri-Victor).

Général de brigade français, 1750-1805. Volontaire au régiment de Chamborant en 1765 : sous-lieutnt en 1768 ; capitaine en 1778 ; passé au régt de Bercheny en 1779 ; rang de Lieutnt-Colonel et aide-major général des logis à l'armée de Rochambeau en Amérique en 1783. Il fut fait prisonnier de guerre pendant cette campagne et on le chargea alors d'une mission de confiance pour étudier l'intérieur du pays aux Etats-Unis. Rentré en France, il obtint en 1787 le rang de Mestre de camp de Cavalerie et le grade de maréchal de camp en 1791. En 1792, il fut nommé gouverneur de la Guadeloupe où il fut soumis aux plus dures épreuves par l'insurrection terroriste qui y éclata. Finalement, attaqué par une escadre anglaise, abandonné par les troupes révolutionnaires levées par l'administration locale, qui s'empressaient de déserter et de passer à l'ennemi, il dut capituler et livrer l'île aux Anglais qui, malgré leurs promesses, l'embarquèrent le lendemain pour les Etats-Unis où il fut arrêté (1). Pendant son séjour aux colonies, il était passé à la Marine ; rentré en France, il demanda de revenir au Département de la Guerre qui le reprit en octobre 1801, mais qui lui déclara que ses cadres étaient complets, qu'on ne pouvait l'employer et qui, en conséquence, le mit au traitement de réforme au mois de décembre suivant. Il demanda en vain, jusqu'à sa mort, survenue quatre ans plus tard, à reprendre du service actif.

(1) En 1795, le gal Collot fit imprimer et présenta à la Convention un Mémoire justificatif de sa conduite à la Guadeloupe, qui contient un intéressant récit des événements qui se passèrent sous son administration : *Précis des Evénemens qui se sont passés à la Guadeloupe pendant l'administration de George Henry Victor Collot depuis le 20 mars 1793 jusqu'au 22 avril 1794, présenté à la Convention nationale. Philadelphie, Imp. de Thomas Bradford*, 1795.
Broch. in-4° de 50 p.

Essai sur la manière de relever les Races de Chevaux en France. Par le Général Collot. *Paris, Charles Pougens ; ibid., Henrichs*, An X, 1802.

1 vol. in-8° de 92 p.

Collot, qui avait fait plusieurs séjours en Angleterre, s'inspire des procédés anglais pour l'amélioration des races : importance accordée à l'origine et à la généalogie des reproducteurs, éducation, nourriture et hygiène rationnelles, etc. Mais il veut aussi, comme en Angleterre, abandonner cette amélioration à l'industrie privée — plus instruite toutefois, et mieux éclairée — et supprimer toute administration publique des Haras. On sait d'ailleurs qu'au moment où il écrivait, cette administration était supprimée depuis 12 ans et ne devait être rétablie que quatre ans plus tard.

COLMANT (Ph.).
Cocher belge.

Des soins à donner aux Chevaux, 22 années d'expérience ; par Ph. Colmant, Cocher au service de S. M. la Reine des Belges. *Bruxelles, H. Manceaux*, 1878.

Broch. in-8° de 16 p.

COLOMB (G.) et HOULBERT (Constant).
Docteurs ès sciences, nés le premier en 1856, le second en 1857.

Paléontologie animale, par G. Colomb, Docteur ès Sciences, sous-directeur du Laboratoire de Botanique de la Sorbonne (et) C. Houlbert, Docteur ès Sciences, Professeur de Sciences naturelles au Lycée de Rennes. *Paris, Armand Colin*, 1904.

1 vol. in-16 de 149 p. avec 114 fig. d. l. t.

L'Hipparion occupe les p. 114 à 116 avec 2 fig.

COLOMBEL.

Bulletin agricole — Rareté du foin — Moyens d'y suppléer pour la nourriture des Chevaux par les Carottes et la Paille hachée. *Evreux, Imp. de Du Breuil*, S. D. (vers 1840 ?).

Broch. in-8° de 8 p. signée à la fin : Colombel, prop^re à Claville près Evreux.

COLON (G.).

Courses — Observations sur les Courses de Chevaux en France — Première partie (1) par G. Colon. *Paris, Adolphe Legoupy ; Lecaplain et Vidal, Succ^rs*, 1903.

Broch. pet. in-8° de 88 p.

COLSENET DE MURTIN.
Officier de cavalerie français. Fin du XVIIIme siècle et commencement du XIXme.

L'Amateur de cavalerie. Ouvrage divisé en six parties, par M. Colsenet de Murtin, ancien Capitaine de cavalerie. *Sorèze, Imp. Brumas*, An XI, 1803.

1 vol. in-8° de IX-388 p.

C'est une sorte d'encyclopédie hippique sans aucune valeur pratique ou scientifique.

COMARMOND (Ambroise).
Médecin et archéologue français, conservateur des musées archéologiques de Lyon qu'il a enrichis par ses propres découvertes, 1786-1857.

Antiquités de Lyon — Dissertation sur trois fragments en Bronze, trouvés à Lyon à diverses époques, et en particulier sur une portion de Jambe de Cheval, un Pied d'Homme en bronze, un Avant Bras de Statue et d'autres objets antiques, découverts dans la tranchée du quai Fulchiron, en Mai 1840. Par le Docteur A. Comarmond, Bibliothécaire du Palais des Arts de la Ville de Lyon, Membre correspondant du Ministère de l'Instruction publique pour les travaux historiques..., etc. *Lyon, Imp. de L. Boitel*, 1840.

Broch. in-4° de 71 p. avec 1 pl. lith. contenant 8 fig. dont 4 se rapportent à des jambes de cheval trouvées à Lyon.

Leur description détaillée est accompagnée de dissertations sur l'origine des statues équestres, sur leur exécution, sur la représentation du cheval, sur la ferrure chez les anciens, etc.

COMBAT A PIED ET TIR.

Combat à pied et Instruction du Tir dans la Cavalerie. *Paris et Nancy, Berger-Levrault*, 1908.

Broch. gr. in-8° de 46 p.

(1) Seule parue.

COMBAT (LE) DE LA CAVALERIE.

Le Combat de la Cavalerie contre l'Infanterie, par un Officier d'Infanterie. *Paris, L. Baudoin,* 1889. Broch. in-8° de 52 p. avec 15 croquis de formations d. 1. t.

COMBAT (LE) DE LEKKERBETJEN ET DE BRÉAUTÉ.

Souvenirs militaires Belges — Le Combat de Lekkerbetjen et de Bréauté, le 5 Février 1600. *Bruxelles, Imp. et Lith. I. P. Van Asssche,* 1878. Broch. in-8° de 20 p.

Récit d'un combat à cheval entre 21 Français commandés par le Sieur Pierre de Bréauté, gentilhomme normand, qui résidait à Gertruidenberg, près de Bois-le-Duc, et 21 Belges commandés par Gérard Abraham, dit Lekkerbetjen. Les cavaliers français furent vaincus et presque tous tués.

Voy., sur le même combat, *Histoire et Discours véritable du Combat du 5 Février 1600.* Ce dernier opuscule est beaucoup plus intéressant et plus détaillé. Les noms des Belges cités diffèrent dans les deux récits.

On trouve aussi le récit de ce combat dans d'Audiguier (voy. ce nom).

COMBE (Jules) et GROSS (Ch.).
Vétérinaires suisses.

Manuel du Maréchal-Ferrant spécialement destiné aux Maréchaux-Ferrants de la Suisse Romande civils et militaires, aux officiers et soldats des troupes à cheval, ainsi qu'aux propriétaires de chevaux, par Jules Combe, major fédéral, médecin-vétérinaire à Orbe — Avec le concours de M. Ch. Gross, médecin-vétérinaire à Lausanne. *Lausanne, Howard-Delisle,* 1873.

1 vol. in-8° de 141 p. dont vii pour la préface, avec 37 fig. d. l. t.

J. Combe est aussi l'auteur de la traduction en français de l'ouvrage de Zschokke (voy. ce nom), *Instruction sur la Connaissance et l'Hygiène du Cheval.*

COMBE (Julien-Bouquet) (1).

Officier de cavalerie français, 1790-1869. Né à Cette (Hérault), il eut de bonne heure le goût du métier militaire, entra en 1808 à l'Ecole de Fontainebleau transférée peu après à St-Cyr où il devint caporal et fut nommé à sa sortie, en 1810, sous-lieut[t] au 8° chasseurs. Lieutenant en 1813, aide-de-camp du général de Périgord, la même année, capitaine en 1814, il fut compris, à la 1re Restauration, comme adjudant-major, dans l'organisation des Chasseurs du Roi (1er Chasseurs). Aux Cent-Jours, il participa à l'organisation d'un corps de partisans en Bourgogne. Licencié en 1815, il s'enfuit à Bruxelles où il se maria avec la fille d'un colonel anglais. Rentré en France, il fut admis à la réforme spéciale par renonciation en 1818 ; puis, compromis dans une conspiration bonapartiste, il fut enfermé pendant 14 mois à la citadelle de Besançon, après quoi il fut jugé et acquitté. En 1830, il fut replacé au 6° Lanciers comme chef d'esc[ons], grade qu'il prétendait avoir obtenu au corps franc de Bourgogne, puis en 1831, nommé lieut[t]-colonel par récompense nationale et placé en 1832 au 5° hussards, puis au 9° dragons et au 10° chasseurs. Il resta 10 ans lieut[t]-colonel et, malgré ses actives démarches, il ne put devenir colonel. Il entra alors dans l'Etat-major des Places, et commanda successivement la citadelle d'Oléron et la place de Soissons. En 1850, il fut mis d'office à la retraite et mourut à Paris à 79 ans.

Combe avait fait les campagnes de 1810 et 1811 en Italie, 1812 en Russie, 1813 en Saxe, 1814 en France. Ses états de services indiquent aussi celle de 1815 en Belgique, mais c'est sans doute une erreur, puisqu'il dit dans ses mémoires qu'il reçut la nouvelle de la bataille de Waterloo quand il était avec son corps de partisans en Bourgogne. Il avait été contusionné par un boulet à la Moskowa.

Mémoires du Colonel Combe sur les Campagnes de Russie, 1812 ; de Saxe, 1813 ; de France, 1814 et 1815. *Paris, Lib. Mil[re] de Blot,* 1853.

1 vol. in-18 de 320 p. Dédicace au G[al] Cte Tascher de la Pagerie, Grand Maître de la Maison de S. M. l'Impératrice Eugénie.

---

(1) Sur l'annuaire militaire, son nom est orthographié Oombes ; sur son acte de baptême, le nom de son père et de son frère aîné qui lui servit de parrain est successivement Oombes et Oombe ; la moitié des pièces de son dossier porte l's à la fin du nom ; l'autre moitié n'en porte pas. Mais les lettres de lui qui se trouvent dans son dossier sont toutes signées Oombe. C'est donc cette orthographe que j'ai adoptée et c'est d'ailleurs celle de ses *Mémoires*.

Même ouvrage, même titre — *Nouvelle Edition* — *Paris, E. Plon, Nourrit et Cie, 1896.*

1 vol. in-18 de 324 p. Même dédicace.
Mémoires curieux, intéressants et devenus rares, surtout la 1re éd[on]. Ils sont principalement anecdotiques, mais Combe, qui était un brillant officier de cavalerie, les a aussi rédigés en faisant ressortir l'emploi de son arme et presque chaque épisode concerne la cavalerie.

COMÉNY (Charles-Eugène-Gustave).

Vétérinaire militaire français, né en 1846, diplômé d'Alfort et aide-vétérinaire en 1870, vétérinaire en 1er en 1881, a quitté le service actif en 1894.

De la Névrotomie plantaire chez le cheval, par G. Coményy, Vétérinaire en second. Extrait du *Recueil d'Hygiène et de Médecine vétérinaires militaires.* Tome V, 2e série. *Paris, J. Dumaine,* 1878.

1 vol. in-8° de 105 p.
Ce travail comprend l'étymologie, la définition, l'historique, les accidents consécutifs possibles, les avantages, les indications et contre-indications, le manuel opératoire et un certain nombre d'observations sur la névrotomie.

COMICE HIPPIQUE.

Le *Comice hippique* fut constitué vers 1843, au moment où les questions chevalines, discutées dans une véritable pluie de brochures de toutes sortes, passionnaient les esprits. C'était une réunion assez éclectique de laquelle faisaient partie des hommes d'opinions différentes, mais qui tous étaient de véritables hommes de cheval. Il eut une influence incontestable sur les mesures prises à cette époque au sujet de la production chevaline en France.
Il était, à sa formation, composé de 20 membres, présidé par le duc de Gramont et comprenait d'éminentes personnalités hippiques, entre autres le Lt Général Cte de Girardin, le Bon de Curnieu, Yvart, insp[r] g[al] des Ecoles vétérinaires, le Cte de Lancosme-Brèves, le Cte de Montendre, insp[r] g[al] des Haras, etc.

La Question chevaline considérée sous le point de vue national, agricole, économique et militaire. *Paris, Imp. des Arts Agricoles,* 1843.
La couverture porte le titre :
Au pays et aux Chambres, le Comice hippique.

Broch. in-8° de VIII-83 p., signée du Lieut[t]-g[al] duc de Gramont, président, du Lieut[t] g[al] Cte de Girardin, vice-président et du Mis de Torcy, secrétaire.

Ces noms, ainsi que la plupart de ceux des membres du *Comice,* sont cités dans la présente bibliographie.

Le but des auteurs de la brochure est d'amener la France à se suffire à elle-même et d'arrêter l'importation des chevaux étrangers qui atteignait alors une moyenne annuelle d'environ 16.000 têtes. Ils passent en revue les diverses questions de croisement, d'amélioration, d'élevage, de douanes et surtout de remonte. Les remèdes proposés sont en partie très discutables.

Voy. pour la réfutation de cet ouvrage : *Réponse à la brochure publiée par le Comice hippique sur la question chevaline.*

COMITÉ CONSULTATIF DES COURSES (1).

Ministère de l'Agriculture — Comité consultatif des Courses — 1re Session, (1906-1907) — Procès-Verbaux des séances et Annexes. *Paris, Imp. nationale,* 1907.

Broch. gr. in-4° de 76 p.

Même titre — 2e session, 1907.
1re session 1908 — Procès-Verbaux des séances et Annexes. *Paris, Imp. nationale,* 1908.

Broch. gr. in-4° de 50 p.

Même titre — 2e session 1908 — Procès-Verbaux des Séances et Annexes. *Paris, Imp. nationale,* 1909.

Broch. gr. in-4° de 68 p.

Même titre — Sessions 1909 et 1911 — Procès-Verbaux des Séances et Annexes. *Paris, Imp. Nationale,* 1911.

Broch. gr. in-4° de 31 p.

La publication continue. Les Procès-Verbaux de 1912 et 1913 sont préparés et paraîtront au cours de la présente année (1914).

COMMINGES (Marie-Aymery, COMTE DE).

Ancien officier de cavalerie français, fils du suivant, né en 1862, sous-lieut[nt]

---

(1) Sur la création, la composition et les attributions du Comité consultatif des Courses, voy. *Loi du 2 Juin 1891 sur les Courses.*

en 1886, capitaine en 1897, démissionnaire en 1899

Quelques notes sur l'entretien du Cheval, sa nourriture, son pansage et les soins à donner en cas d'accidents ou de maladie, par le Cte A. de C. Avec une préface de M. le Marquis de Mauléon (1). *Poitiers, Typ. Oudin,* 1890.

1 vol. pet. in-8° carré de 124 p. avec vignettes sur le titre et d. l. t. dessinées pour la plupart par l'auteur.

Le Cheval, soins pratiques, par le Cte A. de Comminges, lieutenant au 29e Dragons. *Paris, Legoupy,* S. D. (1894).

1 vol. in-8° carré de VI-464 p. avec nombreuses vignettes et fig. d. l. t., quelques-unes à pleine p., dessinées par l'auteur et par le Lieut^t Drouhard, du 29e Dragons.

C'est une nouvelle éd^{on}, sous un titre différent et considérablement augmentée, de l'ouvrage précédent.

Le Cheval, soins pratiques, par le Cte de Comminges, lieutenant au 5e Dragons — *Deuxième Edition* (2) — *Paris, ancienne Maison Quantin, May et Motteroz, Directeurs; ibid; Legoupy,* S. D. (1896).

1 vol. gr. in 8° de 327 p., avec très nombreuses fig. et vignettes d. l. t. par R. de La Nézière.

Ed^{on} recherchée à cause des jolies illustrations de M. de La Nézière et devenue très rare. A partir de cette éd^{on}, on a supprimé le chapitre — texte et fig. — concernant l'attelage, les harnais et les voitures, l'auteur étant alors au moment de faire paraître son ouvrage *Dressage et Menage,* spécial sur ces matières (voy. plus loin).

Même ouvrage, même titre, par le Cte de Comminges, Capitaine au 15e Chasseurs — *Troisième Edition* — *Paris, Plon-Nourrit,* 1889.

1 vol. pet. in-8° carré de II-286 p. avec quelques fig. et vignettes techniques de l'auteur et de M. le Vétérinaire militaire Pradet.

A partir de cette éd^{on}, l'ouvrage a été publié chez Plon, sous la forme économique d'un vol. pet. in-8° carré d'environ 300 à 310 p., avec les mêmes fig. Son succès est attesté par ses nombreuses éd^{ons}. La dernière à ce jour est la 13e, de 1910.

Dressage et Menage, par le Cte de Comminges, Capitaine au 15e Chasseurs — Dessins de Crafty (1) — *Paris, E. Plon, Nourrit et Cie,* 1897.

1 vol. gr. in-8° de XII-195 p. avec couverture illustrée en couleurs, vignette sur le titre, nombreuses et jolies fig. d. l. t. dont quelques-unes à pleine p.

Le Cheval de Selle en France, par le Comte de Comminges, Capitaine au 15e Chasseurs — Dessins de R. Gignoux — *Paris, Adolphe Legoupy,* 1898.

1 vol. gr. in-8° de XVIII-192 p. avec couverture illustrée, nombreuses fig. (portraits de chevaux), toutes à pleine p., les unes dessinées par R. Gignoux et d'autres en phototypie.

L'Equitation des Gens pressés (Chit-chat about the pigskin) par le Cte de Comminges — Illustrations de F. Thelem (1). *Paris, Paul Ollendorff,* 1901.

1 vol. gr. in-8° de x-84 p. avec couvertures illustrées en couleurs et très nombreuses illustrations d. l. t.

Les Races de Chevaux de Selle en France. Comment et où on achète un Cheval de Selle, par le Cte de Comminges. *Paris, Plon-Nourrit,* 1904.

1 vol. in-16 de XVI-483 p. Vignette sur les couvertures.

C'est une nouvelle éd^{on}, entièrement remaniée et sans fig., de l'ouvrage décrit plus haut : *Le Cheval de Selle en France.*

Le Hunter et le Rapport de la « Hunters improvement Society » sur son Elevage, par le Cte de Comminges. *Paris, Plon-Nourrit,* 1907.

Broch. in-16 de 64 p. avec vignette sur la couverture et 1 pl. contenant 2 portraits de chevaux.

A travers l'Allemagne hippique, par le Cte de Comminges — Avec 19 gravures hors texte — *Paris, Plon-Nourrit,* 1911.

1 vol. in-16 de VIII-207 p. Vignette sur la couverture.

Les pl., en phototypie, contiennent toutes des portraits de chevaux.

(1) Voy. ce nom pour d'autres ouvrages.
(2) On voit qu'en réalité, c'est la 3e éd^{on}.

(1) Voy. ce nom pour d'autres ouvrages.

COM — 303 — COM

Le Cte de Comminges est aussi l'auteur, avec la collaboration de M. Léo Montaigut, du texte du n° 232 du *Figaro illustré*, Juillet 1909, gr. in-f° de 32 p. avec 125 illustrations dont 2 pl. in-f° et 2 pl. in-4° en couleurs, intitulé : *Le Cheval en France et eu Angleterre.*

Les Races chevalines, françaises et anglaises, par le Comte de Comminges. *Saumur, J.-B. Robert*, S.D. (1913).

1 vol. pet. in-8° de 322 p. avec vignette sur le titre, 24 pl. h. t. contenant de nombreuses fig. (portraits de chevaux), 1 carte hippique de la France en frontispice et 1 de l'Angleterre sur le 2e plat de la couverture.

COMMINGES (Marie-Bernard-Elie, COMTE DE).

Ancien officier de cav^ie français, père du précédent, 1831-1894. Sous-lieut^nt en 1855, démissionnaire en 1861. Campagne de 1859 en Italie et de 1870-71 comme commandant de mobiles.

Souvenirs d'Enfance et de Régiment, 1831-1870-71, par le Comte de Comminges — Avec un portrait — *Paris, Plon-Nourrit*, 1890.

1 vol. in-16 de 4 f^ts pour les titres, le portrait, une notice biographique, et 289 p.

Plusieurs tirages sans changement. Ouvrage posthume dont la 1re partie donne des détails sur la vie intérieure des régiments de cav^ie sous le 2e Empire et sur le Régiment des Guides pendant la campagne d'Italie en 1859.

COMMISSION HIPPIQUE DE L'ARRONDISSEMENT DE DOUAI.

Commission hippique de l'Arrondissement de Douai — Questions à soumettre à la Commission générale de la Circonscription du Dépôt d'Etalons d'Abbeville. *Paris, Imp. Schneider*, 1849.

Broch. in-8° de 20 p.

C'est une lettre adressée au sous-préfet de Douai et signée le Président Tarlier-Delcourt et le Secrétaire E. Delplanque. Plaidoyer en faveur de l'étalon boulonnais, et réquisitoire contre l'étalon anglais de p. s. ou de demi-sang.

COMMISSION MILITAIRE A L'EXPOSITION DE 1889.

Ministère de la Guerre — Rapport de la Commission chargée de rechercher et d'étudier à l'Exposition universelle de 1889 les Objets, Produits, Appareils et Procédés pouvant intéresser l'Armée — Fascicule N° III — *Sous-Commission de la Cavalerie* — Membre titulaire Rapporteur M. le Commandant Courtès-Lapeyrat (1). Membres adjoints, Sous-Rapporteurs MM. le Commandant Quincy (2), le Capitaine Heck (3), le Vétérinaire princ. de 1re classe Barthes (4). *Paris, Imp. Noizette*, 1890.

Broch. in-8° de 29 p.

L'opuscule traite de l'habillement, de l'équipement et des moyens d'instruction de la cavalerie ; de la médecine vétérinaire, de l'hygiène, de la maréchalerie et du harnachement.

COMMISSION MILITAIRE DE L'EXPOSITION DE 1900.

Ministère de la Guerre — Commission chargée de rechercher et d'étudier à l'Exposition Universelle de 1900 les Objets, Produits, Appareils et Procédés présentés dans la Section française et dans les Sections étrangères, et susceptibles d'être utilisés pour les besoins de l'Armée — Rapport — *Paris et Nancy, Berger-Levrault*, 1902.

4 vol. gr. in-8°.

Les 3 premiers vol. ne contiennent rien qui intéresse le cheval ou la cavalerie. Inutile de les décrire. Au T. IV. qui contient XII-532 p., se trouvent : p. 371 à 406, un *Rapport sur les Fourrages* : Denrées, Appareils de nettoyage, Presses à fourrages, avec 31 fig. d. l. t. ; p. 487 à 497, un *Rapport sur le Harnachement* : Harnais de Selle, Harnais de Bât, Harnais d'Attelage, avec 10 fig. d. l. t. ; p. 499 à 521, un *Rapport sur l'Hippologie* : Médecine vétérinaire, Hygiène vétérinaire, Maréchalerie et Exposition hippique internationale, sans aucune fig.

Tous ces rapports sont assez sommaires. On trouvera les titres d'autres ouvrages

(1) Voy. sa biographie à l'*Historique* du 5e Chasseurs.
(2) Quincy (Amédée-Joseph-Léon), général de div^on français (gend^ie), né en 1846, sous-lieut^nt en 1868, général de div^on en 1903.
(3) Heck (Hubert), officier de cav^ie français, né en 1850, sous-lieut^nt en 1877, colonel en 1907, retraité en 1910.
(4) Barthes (Claude-Alexandre), vétérinaire militaire français, né en 1833, diplômé de Lyon et aide vétér en 1855, vétér principal de 1re classe en 1888, retraité en 1891.

beaucoup plus complets sur les mêmes sujets à la Table méthodique du présent ouvrage, sous la rubrique : *Expositions*.

COMMISSION MIXTE DES HARAS ET DES REMONTES.

Cette Commission a été organisée en 1912 par M. Pams, alors ministre de l'Agriculture, afin de coordonner les procédés et les desiderata des Remontes et des Haras, au sujet de la production chevaline.

République française — Ministère de l'Agriculture — Commission mixte des Haras et des Remontes — Session de 1912 — Procès-verbaux des séances des 12 et 13 Mars, 9 Novembre, 2 et 3 Décembre 1912. S. L. N. D. *ni nom d'imp^r* (*Paris, Imp. nationale*, 1913).

1 vol. in-8° de 229 p.

Seul publié à ce jour (1914), la Commission ne s'étant pas réunie en 1913. Comme toutes les publications analogues, l'ouvrage n'est pas dans le commerce.

COMPAGNIE LA PRÉVOYANCE.

Service spécial des Chevaux de Course et d'Elevage de la Compagnie d'Assurances La Prévoyance, fondée en 1864 à Paris, 23, Rue de Londres. — Etude sur la Production, l'Amélioration et l'Assurance des Chevaux de Courses et d'Elevage en France. *Paris, Imp. L. Vauclin*, 1902.

Broch. in-8° carré de 78 p. Jolie vignette en cul-de-lampe à la fin.

COMPTE-RENDU SUR L'OUVRAGE DE M. CARRIERE.

Compte-rendu du Journal des Haras du mois de Mai 1843 sur l'ouvrage intitulé *des Remontes de l'Armée et de leurs Rapports avec les autres branches du Service public*, par M. Carrière, lieutenant-colonel au 3e Lanciers. *Paris, Imp. Schneider et Langard*, 1843.

Broch. in-8° de 8 p. signée A. V.

C'est un tirage à part d'un article du *Journal des Haras* contenant une analyse élogieuse de la brochure du Lt-Col. Carrière. (Voy. ce nom.)

CONCEPTION D'UNE TROUPE DE CAVALERIE LEGERE, voy. LUCAS (A.-L.-E.).

CONCOURS (LE) HIPPIQUE DE 1884.

Le Concours hippique de 1884 à Paris, par un Normand. *Caen, Imp. de l'« Avenir du Calvados »*, 1884.

Broch. in-16 de 16 p.

Eloge de la Société hippique française (voy. ce nom), exposé des services qu'elle rend « non seulement à l'éducation du « cheval et du cavalier, mais encore au « commerce des chevaux en général », et réfutation des critiques qui lui sont adressées.

CONDAMINE (Martin) et AUREGGIO (Eugène).

Condamine, vétérinaire militaire français, 1835-1902.

Diplômé de Lyon en 1856, aide-vét^{re} en 1859, vét^{re} principal en 1888, retraité en 1891.

Aureggio, voy. ce nom.

Grand Conseil des Vétérinaires de France — Session d'Alger 1891 — Le Cheval Algérien — Rapports de MM. Condamine, Vétérinaire principal de l'Armée et Aureggio, Vétérinaire en 1er à l'Etat-major d'Alger. *Besançon, Imp. M. Ordinaire*, 1892.

Broch. in-8° de 28 p.

CONDUITE (LA) DE MARS.

La Conduite de Mars ou l'Homme de Guerre, contenant les Fonctions des Officiers Généraux, & les Devoirs des Officiers Subalternes, tant de Cavalerie que d'Infanterie. Avec l'Exercice pour toute l'Infanterie de France : et la Pratique Manuelle ou Examen, pour l'Instruction des nouveaux Canonniers à laquelle on a joint l'exercice du Canon. *A Rouen, chez Jean-Bapt. Besongne ruë Ecuïere, au Soleil Roial*, 1711.

1 vol. in-16 de 6 f^{ts} non ch. pour le titre, la dédicace de Besongne au duc de Montmorency, avec les armes de ce seigneur, l'avertissement, l'approbation, le permis d'imprimer et 327 pp. avec un tableau se dépliant. Il y a une faute de pagination après la p. 256 qui termine la 1re partie et qui est suivie de 2 f^{ts} de table, après quoi l'*Exercice de l'Infanterie* commence à la p. 249 au lieu de 257.

L'auteur était un vieil officier de cavalerie nommé *de Busson*, et la 1re partie de son ouvrage concerne presque exclusivement la cavalerie ; ses préceptes et ses conseils sont appuyés par des exemples qui forment une suite d'anecdotes très intéressantes.

CONEGLIANO (Charles-Adrien-Gustave DUCHESNE DE GILLEVOISIN, MARQUIS puis DUC DE).

Homme politique français, petit-fils du M^{al} Moncey. En 1855, il fut nommé chambellan de l'Empereur et, de 1857 à 1869, il fut député du Doubs, 1825-1901.

Le second Empire — La Maison de l'Empereur, par le Duc de Conegliano. Préface de Frédéric Masson, avec 14 héliogravures d'après des documents de l'époque. *Paris, Calmann-Lévy*, 1897.

1 vol. gr. in-8° de xx-400 p.

L'auteur passe en revue les différents services de la maison de l'Empereur parmi lesquels les suivants ont un caractère hippique : le *Ministère de la Maison de l'Empereur* avait dans ses attributions la concession des prix de courses (Il avait même eu les haras, mais l'auteur n'en parle pas). — Le chap. V, *Service du Grand Écuyer*, comprend les matières suivantes : Grand Écuyer — 1er Écuyer — Écuyers — Service de grand gala — Service de ville — Service de d'Aumont — Service de la poste — Écurie de selle — Chevaux de selle de l'Empereur — Service de l'écurie de S. M. l'Impératrice — Chevaux de selle de l'Impératrice — Service de l'écurie du Prince impérial — Chevaux de selle du Prince impérial. Ce chap. contient 4 gravures : Cortège de grand gala à la distribution des récompenses à l'Exposition de 1867 — la promenade de l'Impératrice au bois de Boulogne — une grande revue passée par l'Empereur — la promenade du Prince impérial en voiture précédée et suivie de spahis.

Le Chap. VI, *Service du grand Veneur*, contient un passage important sur les chevaux de chasse, et le chap. VIII, *Maison militaire*, donne quelques biographies de généraux de cavalerie, ainsi que l'organisation et le service de l'escadron des Cent-Gardes.

Sur les écuries de Napoléon III, voy. aussi Beauregard (Cte D. de).

CONFÉRENCE SUR L'EMPLOI DU TIR.

Conférence sur l'emploi du Tir de la Cavalerie faite par le Lieutenant G. T. le 6 Mars 1903. *Gray, Bouffaut f^{res}*, 1903.

Broch. in-8° de 16 p.

L'auteur est M. Tixier (Pierre-Claude-Georges), officier de cav^{le} français, né en 1870, lieut^{nt} en 1895.

CONFEX-LACHAMBRE (Vincent-Octave-Armand).

Publiciste et hippologue français, né en 1867.

Généralités hippiques — Texte et Dessins par A. Confex-Lachambre. *Paris, Plon-Nourrit*, 1907.

1 vol. in-8° de 4 f^{ts} pour les titres et la préface, 283 p avec vignette sur la couverture et 32 pl. ou fig. d. l. t. et h. t.

L'ouvrage traite de toutes les connaissances nécessaires à un homme de cheval ou à un amateur, y compris le dressage à la selle et à la voiture.

CONGRÈS DES SOUS-AGENTS DES HARAS.

Compte rendu du premier Congrès des Sous-Agents des Haras, tenu à Tarbes les 2 et 3 octobre 1909. *Tarbes, Siège social*, 1909.

Broch. pet. in-8° de 16 p.

CONSCRIPTION DES CHEVAUX.

Projet d'une Organisation des Vétérinaires civils pour la Conscription des Chevaux (Lu à la Société des Vétérinaires de Seine-et-Marne et de Seine-et-Oise dans sa séance du 11 Juillet 1876). *Meaux, Imp. A. Cochet*, 1876.

Broch. in-8° de 8 p. signée : *Clément, A.*

CONSEIL SUPÉRIEUR DE L'AGRICULTURE.

Ministère de l'Agriculture et du Commerce — Conseil supérieur de l'Agriculture, des Manufactures et du Commerce. Session de 1850 — Question des Haras — *Paris, Imp. Nationale*, Avril 1850.

1 vol. in-4° de 204 p.

L'ouvrage donne le compte rendu des séances des 18, 19, 21, 23, 26, 27, 28 février, 2, 4, 5, 6 et 7 mars, entièrement consacrées aux Haras.

CONSEIL SUPÉRIEUR DES HARAS.

Le Conseil supérieur des Haras a été établi — ou plutôt rétabli, car il avait déjà existé sous différentes formes pendant le XIX⁰ siècle, depuis la réorganisation des Haras en 1806 (1) — par l'article 2 de la Loi du 29 Mai 1874. (Pour ce document, voy. *Lois, Décrets et Règlements sur les Haras.*) Les procès-verbaux de ses Séances étaient, au début, manuscrits ou autographiés. A partir de la Session de 1906, ils ont été imprimés et publiés — mais non mis dans le commerce — sous la forme suivante :

Ministère de l'Agriculture — Conseil supérieur des Haras, 1ʳᵉ session de 1906 — Procès-verbaux des Réunions des 19 et 28 Février. *Paris, Imp. nationale,* 1907.

Broch. in-8° de 27 p.

Même titre. Séances des 2 et 4 Juillet. *Paris, Imp. nationale,* 1907.

Broch. in-8° de 26 p.

En 1907 et 1908, les procès-verbaux ont été reproduits en deux brochures par an, de contenance à peu près semblable.

En 1909, ils ont été réunis en une seule brochure :

Même titre — Session de 1909 — Procès-verbaux des Séances des 3 et 4 Décembre 1909. S. L. N. D. ni nom d'impʳ. (*Paris, Imp. nationale,* 1909).

Broch. in-8° de 36 p.

La publication a, depuis lors, continué annuellement sous la même forme, mais avec quelques augmentations. Le dernier compte rendu est actuellement (1914) le suivant :

République française — Ministère de l'Agriculture — Conseil supérieur des Haras — Session de 1913 — Procès-verbaux des Séances des 17 Mars et 26 Juin 1913. S. L. N. D. ni nom d'impʳ. (*Paris, Imp. nationale,* 1914).

1 vol. in-8° de 100 p.

CONSEILLER (LE) DES COURSES.

Le Conseiller des Courses. *Paris, Imp. Paul Dupont,* 1908.

Broch. in-16 de 31 p.

(1) On trouvera l'organisation, le titre et la composition de ce Conseil dans les *Almanachs Impériaux, Royaux, Nationaux,* depuis 1807 jusqu'à nos jours.

CONSEILS AUX ÉLEVEURS DE CHEVAUX.

Conseils aux Eleveurs de Chevaux de la Charente-Inférieure. *Saintes, Imp. Vᵉ Hus,* 1868.

Broch. in-8° de 38 p.

CONSEILS ÉLÉMENTAIRES A MM. LES COCHERS, voy. SOCIÉTÉ PROTECTRICE DES ANIMAUX.

CONSIDÉRATIONS SUR LA REORGANISATION DE LA CAVALERIE.

Considérations sur la Réorganisation de la Cavalerie, par H. C., Capitaine de Cavalerie. *Paris, J. Dumaine,* 1871.

Broch. in-8° de 52 p.

CONSIDÉRATIONS SUR LES GARDES DU CORPS.

Considérations sur les Gardes du Corps et sur leur mode de recrutement — Prix 2 francs — *Paris, Demonville ; ibid., Pichard ; ibid., Le Normant ; ibid., Dentu et Delaunay,* 1821.

Broch. in-8° de 92 p.

L'auteur est lui-même garde du corps. Il critique le recrutement de ce corps d'élite, formé d'éléments disparates, soit comme origine, les uns sortant des sous-officiers, les autres de Sᵗ-Cyr, d'autres même de l'infanterie, soit comme situation sociale, soit même comme opinions politiques. Ces divisions étant une cause grave d'affaiblissement pour le corps, l'auteur demande la création d'une école spéciale pour le recrutement des gardes du corps.

CONSTITUTION DE LA CAVALERIE.

Constitution de la Cavalerie par M. L. A. Lieutenant-Colonel de Cavalerie — Extrait du *Journal des Sciences militaires* (Mai 1873) — *Paris, J. Dumaine,* 1873.

Broch. in-8° de 18 p.

L'auteur réfute les idées émises dans les *Etudes de Guerre* du Colonel (depuis Général) Lewal qui demandait que la cavalerie fût, pour ainsi dire, amalgamée avec les divisions d'infanterie de telle sorte qu'elle en devienne partie intégrante. Il n'y aurait plus eu que de la cavalerie divisionnaire.

La brochure du Lt-Col. L. A. est d'un homme qui connaissait son métier. Elle est loin d'avoir perdu son intérêt au milieu des discussions actuelles.

CONTADES (COMTE Gérard DE). Sportsman, bibliographe, auteur. de travaux biographiques et historiques estimés, 1846-1899.

Les Anciens Cirques — Un soir chez Astley (25 Avril 1786). *A Londres, chez John Adamson (Paris, Quantin)*, 1887.

Broch. in-16 de 16 p. publiée sans nom d'auteur. Vignettes sur la couverture et sur le titre.

Petit ouvrage tiré à 30 exemplaires et devenu introuvable. Il contient une biographie de Philippe Astley qui, après avoir été soldat dans un régiment de cavalerie anglais, écrivit un ouvrage sur l'équitation et un autre sur les soins à donner aux chevaux en campagne (1).

« Il fut le premier qui imagina de réunir « dans un même spectacle trois attrac- « tions jusqu'alors séparées : les chevaux, « les acrobates et la pantomime. De ce « rapprochement est issu le premier « Cirque. Il fut ouvert à Islington... En « 1782, Astley amena sa troupe à Paris... » Mais ce ne fut pas le premier cirque ouvert à Paris où plusieurs entrepreneurs de spectacles équestres avaient déjà précédé Astley.

Au moyen du *Programme de l'Amphithéâtre Anglois des Sieurs Astley père et fils* — *Ordre des Exercices du mardi 25 Avril 1786*, de divers articles de journaux, de mémoires et d'affiches du temps, le Cte de Contades reconstitue fidèlement la représentation dans tous ses détails (2).

Les Attelages d'Autrefois (La Litière de La Motte-Fouquet) par le Comte G. de Contades. *Paris, Honoré Champion*, 1892.

Broch. in-4° de 21 p. Vignette en tête du t. représentant la litière portée par deux chevaux et vignette d. l. t. représentant le colombier de La Motte-Fouquet.

L'ouvrage contient la description de la litière et des harnais au moyen desquels on la faisait porter par des chevaux ou des mulets. Les petits chevaux

(1) Non traduits en français. Pour les titres et les années de publication de ces ouvrages, voy. la *Bibliographie hippique* de Huth.
(2) Cette nouvelle avait paru la même année dans un recueil du Cte de Contades intitulé *Portraits et Fantaisies*. Paris, Quantin, 1887.

employés à cet usage en Basse-Normandie s'appelaient des hurlotiers. Les p. 17 à la fin sont occupées par un appendice intitulé *Les Voitures en Basse-Normandie à la fin du XVIIIe siècle.*

Bibliographie sportive — Les Courses de Chevaux en France (1651-1890) par le Comte G. de Contades. *Paris, Rouquette*, 1892.

1 vol. in-8° de XXVI-154 p. Vignette sur le titre. Titre rouge et noir.

Bibliographie sportive — Le Driving en France (1547-1896) par le Comte G. de Contades. *Paris, Rouquette*, 1898.

1 vol. in-8° de XXVIII-208 p. Titre rouge et noir, vignette sur le titre et 16 pl. h. t.

Ces deux derniers ouvrages forment une bibliographie de ce qui a été publié en France sur les courses, pour le premier ; sur les voitures, l'attelage et le ménage, pour le second. Ils sont rares, n'ayant été tirés chacun qu'à 250 exemplaires, dont 100 seulement furent mis dans le commerce.

Le Cte de Contades était l'un des fondateurs de la *Revue Normande et Percheronne* et a publié dans ce recueil de nombreux articles dont plusieurs traitent de sujets hippiques.

CONTAMINE (Jules-Maximilien).
Vétérinaire belge, né en 1826.

Commentaire des Articles 2, 3 et 4 de la Loi du 28 Janvier 1850 sur les Vices rédhibitoires, par J. Contamine. *Bruxelles, Manceaux*, 1867.

Broch. in-8° de 12 p.

Commentaires des Art. 8 de la Loi sur les Vices rédhibitoires du 28 Janvier 1850 et 1641 du Code civil appliqués au Commerce des Animaux de Boucherie, par J. M. Contamine, Médecin vétérinaire du Gouvernement à Péruwelz (Hainaut), Vice-Président de la Fédération vétérinaire de Belgique, etc. *Bruxelles, Combe et Vande Weghe*, S. D. (vers 1871).

Broch. in-8° de 12 p. (Ext. des *Annales belges de Médecine vétérinaire*).

Concerne en grande partie la boucherie chevaline.

Du Purpura hœmorrhagica (du Pourpre hémorrhagique) chez les

Animaux domestiques, par J. M. Contamine, Médecin vétérinaire du Gouvernement à Péruwelz (Hainaut), etc. S. L. N. D.

Broch. in-8° de 12 p.
L'opuscule contient une observation sur un cheval.

Nouvelle ferrure à glace applicable à toutes les variétés de Ferrure du Cheval, du Mulet, de l'Ane et des Bêtes bovines inventée par Contamine. *Peruwelz, Delmée*, 1876.

Broch. in-8° de 14 p. avec 2 pl.

Nouvelle ferrure à glace, par J. M. Contamine, Médecin Vétérinaire du Gouvernement à Péruwelz (Hainaut), Membre des Sociétés vétérinaires du Brabant, du Hainaut, de Liège, etc., etc. *Bruxelles, Jules Combe*, 1876.

Broch. in-8° de 11 p. avec 2 pl. se dépliant et contenant 9 fig.

De l'Epizootie typhoïde observée parmi les Chevaux de certaines contrées de Belgique et de France, par J. M. Contamine, Médecin Vétérinaire du Gouvernement à Péruwelz (Hainaut), Membre de la Société des Sciences du Grand Duché de Luxembourg, de la Société vétérinaire d'Alsace-Lorraine, des Sociétés de Médecine vétérinaire du Brabant, du Hainaut, de Liège, etc. (Ext. du *Bulletin de l'Acad. r. de médecine de Belgique*, 3ᵉ Sér. t. XVI, N° 3. *Bruxelles, H. Manceaux*, 1882.

Broch. in-8° de 33 p.

CONTE (Abdon-Louis-Pierre).

Chef de travaux à l'Ecole vétérinaire de Toulouse, puis vétérinaire départemental de l'Hérault.

Encyclopédie vétérinaire publiée sous la direction de C. Cadéac. — Police sanitaire des Animaux, par A. Conte, chef des travaux de Pathologie des Maladies contagieuses et de Police sanitaire à l'Ecole vétérinaire de Toulouse. Avec une Préface par E. Leclainche, Professeur à l'Ecole vétérinaire de Toulouse. *Paris, J.-B. Baillière et fils*, 1895.

1 vol. gr. in-18 de VIII-516 p.

Encyclopédie vétérinaire... etc. — Police sanitaire des Animaux, par A. Conte, ancien Chef de travaux à l'Ecole vétérinaire de Toulouse, Vétérinaire délégué, chef du Service sanitaire du Département de l'Hérault, avec une Préface par E. Leclainche, Professeur à l'Ecole vétérinaire de Toulouse. *Deuxième Edition*, entièrement refondue. *Paris, J.-B. Baillière et fils*, 1906.

1 vol. gr. in-18 de XII-532 p.

Encyclopédie vétérinaire... etc. Jurisprudence vétérinaire, par A. Conte, Chef de travaux de Pathologie des Maladies contagieuses et de Police sanitaire à l'Ecole vétérinaire de Toulouse. *Paris, J.-B. Baillière et fils*, 1898.

1 vol. gr. in-18 de 554 p.

CONTE (Edouard).

Paris sur le Turf, par Edouard Conte, 52 Illustrations photographiques d'après nature. *Paris, les Albums illustrés*, 1898.

Broch. in-4° de 12 fᵗˢ non chif. Couverture illustrée en couleurs.

Description d'une journée de courses et revue humoristique du monde des courses, avec de bonnes photographies.

CONTE (Marie-Paul-Alfred).

Officier d'infanterie français, né en 1843.

Le Uhlan et le Raid — Etude sur la Cavalerie et sur l'Armée nouvelle, par Paul-Alfred Conte, ex-Capitaine commandant au 11ᵉ Régiment de cavalerie mixte, (Armée des Vosges). (Traduction interdite en Allemand.) *Paris, Dentu; Lyon, Bonnaire; Bordeaux, Librairie centrale*, 1871.

Broch. gr. in-8° de 59 p. Vignette sur la couverture.

Le Raid et les Sapeurs à cheval, par P.-A. C.***, Capitaine à la Légion étrangère. *Paris, L. Baudoin*, 1885.

1 vol. in-8° de 98 p., avec 1 carte des raids américains de 1861-1865, 1 carte des raids russes de 1877-1878 et quelques fig. d. l. t. Extrait du *Journal des Sciences militaires*, Sept.-Déc. 1884.

L'Infanterie montée en liaison avec les Divisions de Cavalerie indépendante, par P.-A. C.***, Capitaine à la Légion Etrangère. *Paris, L. Baudoin,* 1885.

Broch. in-8° de 32 p. avec 11 croquis de formations d. l. t. Extrait du *Journal des Sciences militaires* de Nov. 1885.

Voy., sur le même sujet, Beauval, Inf^{ie} montée, Geslin de Bourgogne, Champeaux, Gruys, Renol, Hélo, Besset, Lassence, Salagnax, Maurel, Inf^{ie} montée dans les guerres coloniales.

CONTENSON (Simon-Jean-Guy DUBESSEY, BARON DE).

Officier d'Etat-major, puis d'infanterie français, né en 1844, sous-lieut^t en 1865, chef de bat^{on} en 1883, démissionnaire en 1884. Il a été attaché militaire en Chine vers 1872, puis en Espagne où il est resté plusieurs années.

Chine et extrême-Orient par le Baron G. de Contenson, ancien attaché militaire en Chine. *Paris, Plon, Nourrit et Cie,* 1884.

1 vol. in-18 de 294 p.

L'ouvrage est cité ici pour le chap. XII, p. 180 et suiv., intitulé *Les Chevaux Mongols.* L'auteur les étudie au point de vue de la race, de l'élevage, de l'alimentation, de l'emploi et du harnachement.

COOPER-NICK.

Courses et Paris. L'Institution des Courses, le Cheval de Pur Sang, le Jeu aux Courses : paris à la cote et paris mutuels, les Systèmes de parier par Cooper-Nick. *Bruxelles, H. Mommens,* 1899.

1 vol. in-12 de 138 p., plus 5 p. blanches pour notes.

COQ-A-L'ASNE (LE).

Le Coq-à-l'Asne, ou L'Eloge de Martin Zèbre, Prononcé dans l'Assemblée Générale tenue à Montmartre par MM. ses Confrères. *A Asniere. Aux dépens de qui il appartiendra,* 1000, 700, 60 (1760).

Broch. in-8° de 23 p.

Eloge burlesque de l'âne et de ses qualités présenté sous forme d'oraison funèbre, avec des allusions à certains littérateurs de l'époque.

COQUELET (Louis).

Ecrivain français, 1676-1754. Il est l'auteur de nombreux opuscules facétieux anonymes.

L'Asne. *A Paris, chez Antoine de Heuqueville père, Libraire, au coin de la ruë Gist-le-Cœur, à la Paix,* 1727.

Broch. in-12 de 2 f^{ts} pour le titre et la préface, 40 p. et 2 f^{ts} à la fin pour l'approbation et le permis d'imprimer (datés de 1729) et le catalogue des livres qui se vendent chez le Sieur de Heuqueville père.

L'Asne. *A Paris, chez Jean-François Tabarie, Libraire Quay de Conty, près la rue Guenegaud,* 1729.

Broch. in-12 de 2 f^{ts} pour le titre et la préface, 40 p. et un f^t final pour l'approbation et le permis d'imprimer.

Quoique la pagination soit la même que dans l'édition précédente, et que les p. commencent et finissent aux mêmes mots, c'est bien une éd^{on} différente.

Petit ouvrage facétieux entremêlé de quelques notes d'histoire naturelle et de passages historiques ou anecdotiques.

COQUELLE (P.).

Officier d'inf^{ie} territoriale.

19e Régiment territorial d'Infanterie — Réunion des Officiers — Formations contre la Cavalerie — Conférence faite le 13 Décembre 1898 par le Lieutenant Coquelle. *Paris, Henri Charles-Lavauzelle,* 1898.

Broch. in-32 de 36 p.

19e Régiment territorial d'Infanterie — Réunion des Officiers — La Cavalerie en liaison avec l'Infanterie — Conférence faite le 12 mars 1901 par le Lieutenant Coquelle. *Neuilly-sur-Seine, Imp. G. Desmares* (1901).

Broch. in-18 de 29 p.

CORBIÈRE.

Société vétérinaire du Calvados et de la Manche — Mémoire adressé à la Société en réponse à la question suivante mise au concours en 1852 : Est-il possible de déterminer physiologiquement le rôle des Reproducteurs dans l'acte de l'Accouplement ? — Dans l'affirmative, appuyer son opinion sur des faits pratiques nombreux et avérés — Dire si l'on peut formuler par des Lois toujours constantes le rôle de ces mêmes reproducteurs — Indiquer ces Lois, s'il en existe — M. Corbière, Médecin Vétérinaire à Lisieux (Calvados). *Caen, Imp. E. Poisson,* S. D. (1853). Broch. in-8° de 25 p.

Ce mémoire, qui concerne en grande partie le cheval, a obtenu une médaille d'or et la Société en a ordonné l'impression.

CORBIN (Abel).

Secrétaire de la Société d'Agriculture du Cher.

Société d'Agriculture du Département du Cher — Rapport sur la Production chevaline dans le Département du Cher. *Bourges, Imp. A. Jollet,* S. D. (1875). Broch. in-8° de 21 p., signée à la fin.

CORDIER (Jean-Baptiste-Remy, dit FRÉVILLE).

Officier de cav^{ie} et Ecuyer français. 1771-1849. Soldat au 23me chasseurs en 1792, sous-lieu^{t} au 19me chasseurs en 1796, lieut^{t} sur le champ de bataille de la Trebbia le 7 juillet 1799, capitaine en 1803. Cordier avait fait les campagnes de 1792-93, à l'armée du Nord, ans II et III, Ardennes, an IV, Sambre et Meuse, ans VI et VII, Italie, ans VIII, IX, X, XI, XII, XIII, 1806, 1807, 1808, 1809 et 1810, armée des côtes et d'Italie. Il avait reçu une balle dans la cuisse à l'affaire de Nerwinde, en Brabant, le 18 mars 1793, et cette blessure fut la cause de sa mise à la retraite, en 1810, « la balle, « disent les certificats médicaux, étant « restée dans la cuisse et ne lui permet- « tant plus de monter à cheval ». Elle ne l'empêcha pas cependant d'être nommé sous-écuyer à l'École de St-Germain en 1811, officier instructeur à la compagnie de gendarmerie du Roi en 1814, puis écuyer à Saumur en 1815, à St-Cyr en 1822, à Versailles en 1824 et de nouveau à Saumur en 1825. Il commanda le manège de 1825 à 1834, époque de sa mise à la retraite comme écuyer civil.

Le surnom de Fréville, qu'il ne porta qu'au début de sa carrière, « était un « nom de guerre comme on en donnait « à tous les militaires au moment où « M. Cordier est entré au service ».

La pl. 18 de l'*Histoire pittoresque de l'Equitation* d'Aubry (Voy. ce nom) le représente montant le cheval *Le Cerf,* au passage.

Ecole du Cavalier à pied, par demandes et réponses, pour servir d'introduction à l'Instruction détaillée, concernant les manœuvres de la cavalerie, mise en pratique à l'Ecole d'équitation de Versailles. *Paris, Magimel,* an XI-1803. 1 vol. in-8° de IV-80 p. avec 2 pl. se dépliant et représentant des mors.

L'ouvrage, publié sans nom d'auteur, contient l'école du cavalier et l'école d'esc^{on} à pied, plus, à la fin, une instruction sur le mors de bride et sur l'embouchure.

Ecole d'Escadron par demandes et réponses, basée sur l'Ordonnance de 1788, et pour faire suite aux neuf leçons de l'Ecole du cavalier; mises en pratique à l'Ecole d'Instruction des troupes à cheval établie à Versailles. Par le citoyen Cordier, officier au 19me Régiment de Chasseurs à cheval, Elève de l'Ecole d'Instruction. *Paris, Magimel,* an XI-1803. 1 vol. in-8° de 128 p. donnant tout le détail de l'instruction d'un escadron.

Traité raisonné d'équitation, en harmonie avec l'ordonnance de cavalerie, d'après les principes mis en pratique à l'Ecole royale d'application de cavalerie ; rédigé par M. Cordier, Chevalier des Ordres royaux de St Louis et de la Légion d'Honneur, premier Ecuyer ayant la direction du manège d'Académie de ladite Ecole, dédié à MM. les Inspecteurs Généraux de cavalerie et à MM. les Généraux commandant les Ecoles militaires. *Paris, Anselin et Pochard,* 1824.

1 vol. in-8° de 440 p. avec 3 pl. de mors.

C'est un traité très complet d'équitation et de dressage. Chaque leçon est accompagnée d'observations et de commentaires détaillés, judicieux, mais souvent un peu diffus. La progression des exercices donne aussi lieu à quelques critiques, et c'est avec raison que, dans l'analyse de cet ouvrage, le Commandant Picard fait observer que l'on enseigne le passage au cavalier quand il vient à peine de prendre les étriers (1).

Le chapitre : *De l'impulsion que le cheval communique au cavalier...* est intéressant. Pour le dressage, la progression est sage et rationnelle, mais l'abus de la

(1) Picard, Origines. II p. 24.

longe au début et celui des piliers à la fin du dressage rappelle trop la première éducation équestre de Cordier. Le dernier chapitre, qui traite des mors et de l'embouchure, se ressent aussi de principes déjà alors heureusement abandonnés. Il n'est d'ailleurs que le développement de celui sur le même sujet de son *Ecole du Cavalier à pied.*
Cordier n'en était pas moins un écuyer remarquable, élevé dans les principes de l'ancienne école française. Son influence sur l'instruction équestre de Saumur, dont il commanda le manège pendant dix ans, fut profonde et durable. Aussi a-t-il laissé une réputation méritée et un écrivain hippique (1) a-t-il pu dire « qu'il fut le réel fondateur de cet « enseignement académique de Saumur « qui, depuis plus de cinquante ans, « brille d'un si vif éclat en France et en « Europe... »
On sait enfin que Cordier fut l'un des deux rédacteurs du *Cours d'Equitation* de Saumur, publié en 1830. (Voy. *Cours* et *Flandrin.*)

CORHUMEL (Edouard-Joseph).
Officier de cavalerie français, 1865-1895. Sous-lieut' en 1886, fit l'expédition de Madagascar avec le détachement du 1er chasseurs d'Afrique. Mort en novembre 1895, au moment où, épuisé par la maladie, il allait se rembarquer pour la France. Il avait été cité à l'ordre du jour pour sa belle conduite au combat de Beritzoka (30 juin).

Journal de marche du Capitaine Corhumel à Madagascar — 1895 — *Mesnil-sur-l'Estrée* (*Eure*), *Firmin-Didot et Cie.*
1 vol. gr. in-8° de XVI-250 p. Lettre préface du Com^dt Aubier (Voy. ce nom) adressée à la mère du Capitaine Corhumel. Portrait de celui-ci en frontispice et photographie de son tombeau à Majunga.
Ouvrage non mis dans le commerce.

CORMETTE (Louis-Charles-Henry DE).
Directeur des Haras, 1820-1902. Sorti de l'Ecole des Haras en 1843, agent spécial à Tarbes en 1844, au Pin en 1846, directeur du dépôt de Montierender en 1849, du Pin en 1851, inspecteur général du 1er arrond^t en 1862, du 6e en 1867, directeur de l'adm^on des Haras en 1879, retraité en 1892.

Les Chevaux vendéens, 1re *partie.*

(1) Duplessis — L'Equitation en France.

Recueil généalogique des Etalons de race pure et de demi-sang employés à la reproduction dans les départements de la Vendée et de la Loire-Inférieure, de 1839 à 1869, par H. de Cormette, Inspecteur général des Haras Impériaux. *Abbeville, Imp. Briez, C. Paillart et Retaux,* 1869.
1 vol. in-8° de V-163 p.
La 2e partie n'a jamais paru.

Rapport sur les Institutions et Etablissements hippiques en Autriche-Hongrie (1881), par M. de Cormette, Directeur des Haras, chargé d'une mission spéciale.
Ce rapport occupe les p. 73 à la dernière d'un volume ayant pour titre général :
Ministère de l'Agriculture, Direction des Haras, Documents officiels — Rapports — Compte-rendu d'une mission en Autriche-Hongrie. *Paris, Imp. Nationale,* 1882.
1 vol. gr. in-8° de 156 p. suivi de 4 pl. de marques employées dans les haras de l'Etat ou des particuliers en Autriche-Hongrie, d'un plan du Haras de Mezöhegies et de 2 cartes hippiques de la monarchie austro-hongroise.

Rapport sur une mission hippique en Allemagne, en 1883, par M. H. de Cormette, Directeur des Haras. *Paris, Imp. Nationale,* 1885.
1 vol. gr. in-8° de 189 p., suivi de notices, de généalogies, de marques de haras, de la table et d'une carte hippique de l'empire d'Allemagne.
Ces deux rapports, extraits du *Bulletin du Ministère de l'Agriculture,* n'ont pas été mis dans le commerce et sont assez rares.
Pour d'autres cartes hippiques, voy. *Atlas hippique de la France* (qui contient aussi un rapport de M. de Cormette), *Léger* (Ch.), *Collaine, Gayot* (Eug.), *Clerjon de Champagny, Loi organique de 1874, Itier, Jacoulet.*

CORMIER (Charles-Louis-Maurice).
Vétérinaire militaire français, né en 1867, diplômé d'Alfort en 1889, aide vétérinaire en 1890, vétérinaire major en 1906.

Le Cheval Berrichon et le Cheval Limousin, par Charles Cormier, Vétérinaire militaire, Directeur de l'Annexe de Remonte du Busson (Indre). Avec de nombreuses siligravures hors texte. *Paris et Châteauroux, A-F. Patissier*, S. D. (1905).

1 vol. in-18 de 490 p. avec 26 pl. h. t. en phototypie représentant 52 types de chevaux.

Chevaux de Trot et Chevaux de Galop. (Banqueroute des Etalons trotteurs), par Charles Cormier, Vétérinaire militaire, Directeur de l'Annexe de Remonte de Busson (Indre), Lauréat de la Société nationale d'Agriculture. *Paris et Châteauroux, A.-F. Patissier*, S. D. (1906).

Broch. in-16 de 32 p. Dédicace au Gal Duparge, Insp^r permanent des remontes.

CORMOULS-HOULÈS (Gaston).

Utilisation des Ramilles d'arbres ensilées pour l'alimentation du Bétail. Simplicité de l'ensilage — (par) Gaston Cormouls-Houlès à Mazamet (Tarn), Lauréat de la Prime d'Honneur, 1er Juillet 1893. — Prix 25 centimes — *Mazamet, Imp. Victor Carayol*, 1893.

Broch. in-8° de 36 p. avec 2 pl.

L'opuscule concerne surtout l'espèce bovine, mais contient cependant des tableaux de rations diverses pour les chevaux de culture.

Voy., sur le même sujet, Grandeau.

CORNAY (Joseph-Emile).
Médecin français.

De la reconstruction du Cheval sauvage primitif par la réunion, chez un type idéal, de ses caractères spéciaux et spécifiques qui se trouvent épars chez ses propres races domestiques, à l'effet d'obtenir une race française de cavalerie et ses embranchements, qui pût, par ses marques originelles et légales, constituer la race sacrée, c'est-à-dire la race naturelle domestiquée, et de la restauration par l'omaimogamie de nos races chevalines régionales altérées par la sélection et le croisement, par J. E. Cornay, Docteur en médecine de la Faculté de Paris, Médecin du XIe Bureau de bienfaisance de Paris et de l'Assistance publique à domicile, Membre correspondant de la Société des sciences, arts et belles-lettres de Rochefort-sur-Mer, Membre correspondant étranger de l'Académie royale des sciences de Lisbonne, dans sa classe des sciences mathématiques, physiques et naturelles ; Membre correspondant étranger de l'Académie de Philadelphie ; Membre de l'Académie nationale agricole, etc., de Paris et de plusieurs autres sociétés savantes, Membre de la Société d'acclimatation. *Paris, Asselin*, 1861.

Broch. in-12 de 69 p. avec un tableau se dépliant et destiné à représenter l'échelle des robes depuis celle du cheval sauvage primitif soi-disant reconstitué par l'auteur. Dédicace « à mon pays ».

Zoologie. Ecole des races et exposition des principes de Généanomie considérés comme base du respect et du rétablissement ou de la réformation des races régionales Chevalines, Bovines, Ovines et Humaines, etc., et détermination de la Coudée humaine géométrique, par J. E. Cornay, Docteur en médecine de la Faculté de Paris, Membre correspondant... etc., etc. Ce livre est accompagné de 11 grands Tableaux de Physiométrie animale. *Paris, J.-B. Baillière*, 1865.

1 vol. in-12 de 115 p. avec 1 atlas autographié de 11 pl. in-f°. Hommage au professeur Flourens.

Le principe qui se dégage des élucubrations du Dr Cornay, c'est qu'il est absolument hostile à tout croisement et qu'il n'admet que la conservation de chaque race régionale. Mais ses ouvrages, aussi extraordinaires par la forme que par le fond, contiennent une foule de dissertations bizarres, souvent incompréhensibles, sur les lois qu'il attribue à la genèse des races et qu'il rattache, par les raisonnements les plus extraordinaires, à d'autres lois de nombre ou de géométrie.

Les autres ouvrages du Dr Cornay ne traitent pas de questions hippiques.

CORNEVIN (Charles-Ernest).

Vétérinaire français, 1846-1897. Diplômé de Lyon en 1868, il exerça d'abord sa profession à Montigny-le-Roi (H^{te}-

Marne), puis fut nommé chef de service à l'Ecole de Lyon en 1875 et professeur en 1876. Il était membre de plusieurs sociétés savantes de Lyon et de Paris et membre correspondant de l'Académie de médecine.

Cours de Zootechnie professé à l'Ecole Vétérinaire de Lyon pendant l'Année scolaire 1879-1880, par M. Ch. Cornevin. — Leçons recueillies par M. Fouque, Elève de 4e Année — *Lyon, L. Bourgeon*, 1881.

1 vol. in-8° de 436 p.
En tête, note de Cornevin attestant la fidélité avec laquelle ses leçons ont été reproduites.
Les généralités occupent les p. 1 à 66, les équidés les p. 67 à 160 : histoire, races, hygiène, alimentation, multiplication, administration des Haras, remontes militaires, etc.

Nouveaux cas de Didactylie chez le Cheval et interprétation de la Polydactylie des Equidés en général, par M. Ch. Cornevin, Professeur à l'Ecole vétérinaire de Lyon. *Lyon, L. Bourgeon*, S. D. (1881).

Broch. in-8° de 31 p. avec 3 pl. h. t. contenant 12 fig.

Sur quelques points de l'Histoire de la Domestication du Cheval par M. Cornevin, Professeur à l'Ecole vétérinaire de Lyon. *Lyon, Imp. Bourgeon*, 1883.

Broch. in-8° de 18 p.

Le Charbon bactérien... 1883.
En collaboration avec Arloing et Thomas. Voy. *Arloing*.

Rapport sur les mesures de Police sanitaire à appliquer au Charbon... 1885.
En collaboration avec Arloing et Thomas. Voy. *Arloing*.

Note sur un procédé d'augmentation de la virulence normale du Microbe du Charbon... 1886.
En collaboration avec Arloing. Voy. *Arloing*.

Bibliothèque de l'Enseignement agricole publiée sous la direction de M. A. Müntz, Professeur à l'Institut national agronomique — Des Plantes vénéneuses et des Empoisonnements qu'elles déterminent, par Ch. Cornevin, Professeur à l'Ecole nationale vétérinaire, Vice-Président de la Société d'Agriculture de Lyon. *Paris, Firmin-Didot*, 1887.

1 vol. in-8° de XI-524 p.
L'ouvrage traite des plantes vénéneuses pour les animaux domestiques ; plusieurs observations s'appliquent au cheval.

Traité de Zootechnie générale, par Ch. Cornevin, Professeur à l'Ecole vétérinaire de Lyon, Président de la Société d'Agriculture, Histoire naturelle et Arts utiles, ancien Président de la Société d'Anthropologie de la même Ville. Avec 4 Planches coloriées et 204 fig. intercalées dans le texte. *Paris, J.-B. Baillière et fils*, 1891.

1 vol. in-8° gr. de VIII-1088 p.
Outre les généralités applicables au cheval, l'ouvrage contient plusieurs chapitres qui traitent spécialement des équidés.

Cornevin est aussi l'auteur de 3 vol. de *Zootechnie spéciale* : — *Petits Mammifères de la Basse-Cour et de la Maison* — *Oiseaux de Basse-Cour* — *Porcs*, 1895, 1897, 1898. Ce dernier a paru après sa mort et devait aussi comprendre les chèvres et les moutons.

Le 4e vol. *Grands Ruminants* et le 5e *Equidés, Chevaux, Anes et Mulets*, n'ont jamais paru, mais l'auteur a, paraît-il, laissé les manuscrits presque terminés de ces ouvrages.

Bibliothèque de l'Enseignement agricole publiée sous la direction de M. A. Müntz, Professeur à l'Institut national agronomique — Des Résidus industriels dans l'Alimentation du Bétail, par Ch. Cornevin, Professeur à l'Ecole vétérinaire de Lyon, Membre correspondant de la Société nationale d'Agriculture de France. *Paris, Firmin-Didot*, 1892.

1 vol. in-8° de XI-552 p. avec 36 fig. d. l. t.
Concerne en partie l'alimentation du cheval.

Traité de l'Age des Animaux Domestiques d'après les Dents et les Productions épidermiques, par Ch. Cornevin et X. Lesbre, Professeurs à l'Ecole vétérinaire de Lyon. Avec 211 figures intercalées dans le texte. *Paris, J.-B. Baillière et fils*, 1894.

1 vol. gr. in-8° de VIII-462 p.
Outre les généralités, le Chap. IV, de la p. 90 à la p. 234, avec les fig. de 7 à 102, traite de l'âge des équidés. Ouvrage important dans lequel la question est étudiée d'une manière claire et complète.

Voyage Zootechnique dans l'Europe Centrale et Orientale, par Ch. Cornevin, Membre correspondant de l'Académie de Médecine et de la Société nationale d'Agriculture de France, Professeur à l'Ecole vétérinaire de Lyon. *Paris, J.-B. Baillière et fils*, 1895.

1 vol. gr. in-8° de 103 p. avec 8 fig. dont 5 concernent les chevaux.

Mémoire sur les Variations numériques de la Colonne vertébrale et des Côtes chez les Mammifères domestiques, par MM. Cornevin et Lesbre, Professeurs à l'Ecole vétérinaire de Lyon. *Lyon, Imp. Pitrat aîné; A. Rey, succ^r*, S. D. (1897).
Broch. in-8° de 41 p. qui a été publiée dans le *Bulletin de la Société centrale vétérinaire* et dans le *Bulletin de la Société d'Anthropologie de Lyon*.
Cornevin a publié d'autres ouvrages qui ne traitent pas de sujets hippiques et de nombreux articles dans les recueils et journaux spéciaux.

CORNIL (A.-V.), voy. TRASBOT.

CORNU (Louis).

Le Cheval Ardennais. Comment reconstituer rapidement une population homogène, par Louis Cornu, Professeur d'Agriculture et de Zootechnie à l'Ecole pratique des Ardennes. *Paris, Charles Amat; Rethel, Huet-Thiérard*, S. D. (1908).
Broch. in-8° de 3 f^{ts} pour le titre, avec vignette répétée sur la couverture, la dédicace de l'auteur à M. Charles Fauvel, Sous-Préfet de Rethel, un avertissement, 2 pl. h. t. contenant 7 fig. et 23 p.

CORNUDET (Léon-Alexandre-Marie).
Administrateur français, 1808-1876.
Extrait du *Moniteur Universel*, du 22 Mai 1864 — Discours de M. Léon Cornudet, Conseiller d'Etat, Commissaire du Gouvernement dans la séance du Corps Législatif du 21 Mai 1864. *Paris, Imp. impériale*, Juin 1864.
Broch. in-8° de 38 p.
Discussion intéressante au sujet de la substitution progressive de l'industrie privée — aidée toutefois par les primes de l'Etat à se procurer des étalons de choix — à l'administration des Haras. On sait que c'était la solution poursuivie par le g^{al} Fleury et à laquelle il avait même donné un commencement d'exécution. Il a fallu y renoncer rapidement.

CORRIC (Martial).
Eleveur breton.
Examen de la Situation actuelle de l'Elevage du cheval en Bretagne; par un Indépendant. *Landerneau, Imp. J. Desmoulins*, 1897.
Broch. pet. in-18 de 102 p., signée à la fin.
L'auteur, après avoir exposé la situation de l'élevage breton, demande et étudie la création d'un Stud-book pour la race bretonne.

CORTÈGE DES MOYENS DE TRANSPORT.

Bourse des Métaux et des Charbons — Cortège historique des Moyens de Transport. *Bruxelles*, 16 Août 1885.
Album in-8° obl. de 20 pl. (y compris la couverture) représentant presque toutes des cavaliers, des chevaux de bât et des voitures de toute sorte attelées. Chaque pl. est accompagnée, au verso ou au recto, suivant le cas, d'une p. de t.
Il y a des exemplaires avec les pl. coloriées.

Cinquantenaire des Chemins de fer Belges — Cortège historique des Moyens de Transport. Dessins et Aquarelles de A. Heins — Texte par Edmond Cattier — 1835-1885 — *Bruxelles, Lib. universelle de Vve J. Rozez*, 1886.
Album in-f° obl. de IV-82 p. de t. à 2 col. avec 36 pl. coloriées et 12 illustrations en noir d. l. t. Titre rouge et noir, lettres ornées et vignettes.

Cinquantenaire des Chemins de fer Belges — 1835-1885 — Cortège historique des Moyens de Transport — Dessins et Aquarelles de

A. Heins avec texte explicatif de E. Cattier, ou Histoire illustrée de la Locomotion depuis l'Antiquité jusqu'à nos jours — *Nouvelle Edition — Bruxelles, Comptoir de Librairie*, 1890.

Album in-f° obl. semblable à l'éd^{on} précédente, sauf les modifications du titre.

Les pl. représentent presque toutes des cavaliers, des chevaux de selle et de bât et des voitures attelées. Jolie publication, les dessins et le coloris sont bien exécutés.

CORTÈGE HISTORIQUE DE BRUXELLES.

Ville de Bruxelles — Cortège historique — Fêtes du 60e anniversaire de la proclamation de l'Indépendance Nationale, 1890. — Prix : 25 centimes — *Bruxelles, Dechenne* (1890).

Broch. in-8° de 36 p. Verso de la couverture illustré et 16 pl. à pleine p. représentant les chars et les cortèges.

Pour d'autres fêtes analogues, voy. *Cavalcades de Bruxelles.*

CORTÈGE HISTORIQUE DE VIENNE, voy. BERGGRUEN.

CORTÈGES HISTORIQUES (DE GENÈVE).

Le Retour de Bezanson Hugues et des autres Eydguenots Genevois fugitifs avec les lettres de Combourgeoisie de Fribourg et de Berne le 21 février 1526 — Cortège historique projeté pour les Fêtes de Septembre 1864. *Winterthur, Wurster, Randegger & Cie*, S. D. (1864).

Album de format in-12 contenant une frise repliée de 2^m.70, représentant les groupes et cavaliers isolés du cortège.

IIIe Centenaire de l'Escalade — Cortège historique, 1602-1902 — Les relations de Genève avec la Maison de Savoye. *Sécheron-Genève, Société anonyme des Arts graphiques*, 1903.

Album in-8° obl. contenant une frise repliée, de près de 9^m, représentant le défilé du cortège dans lequel figuraient de nombreux cavaliers, et suivie de 9 p. d. t., signé Th. Aubert, et donnant des détails sur *Bezanson Hugues* et les *Eyd-*

guenots (qui font l'objet de la fête précédente), sur la fameuse affaire de *l'Escalade*, et sur le *Traité de St-Julien* célébré dans la fête décrite ci-après.

Cortège Historique. Commémoration du Traité de St-Julien. 12 Juillet 1603 — 1er Juin 1903. *Genève, Atar*, 1903.

Album pet. in-4° obl. avec couverture illustrée en couleurs, 2 f^{ts} de t. explicatif, signé E. K. et 29 pl. en phototypie donnant le détail du cortège qui comprenait de nombreux cavaliers, des amazones et des chars attelés.

COSSÉ-BRISSAC (Augustin-Marie-Maurice, COMTE DE).

Officier de cavalerie français, 1846-1910. Sous-lieut^{nt} en 1866, chef d'escad^{ons} en 1887, a quitté le service actif en 1890, et a été nommé lieu^{nt}-colonel de cavalerie territoriale.

Leçons de chic. Souvenirs et traditions militaires par une Sabretache. *Paris et Nancy, Berger-Levrault*, 1894.

Broch. in-8° de 31 p. avec couverture illustrée et nombreux dessins d. l. t.

L'opuscule se rapporte à différentes parties de la tenue et de l'équipement dans la cavalerie avant et après 1870.

Trois Carrousels ; Bruxelles, 1891 — Paris, 1893 — Vienne, 1894; par le Comte M. de C.-B. *Fontainebleau, M.-E. Bourges*, 1894.

Broch. in-16 de 86 p. Dédicace « à « Messieurs mes compagnons de la Sa-« bretache ».

Un Carrousel à la Cour d'Autriche, par le Commandant de Cossé-Brissac. *Nancy, Berger-Levrault*, S. D. (1895).

Broch. in-8° de 23 p., avec 7 photogravures d. l. t. et 1 h. t.

Un Carrousel (Vienne, 1894), un Manège paré à *L'Etrier* (Paris, 1898) par le Comte M. de Cossé-Brissac. *Fontainebleau, Imp. Bourges*, S. D. (1899).

1 vol. in-8° de 105 p. tiré à 200 exemplaires et non mis dans le commerce.

M. le Cte de Cossé Brissac a collaboré en 1901, à la *Notice sur l'Exposition centennale des moyens de transport*. Pour la description détaillée de cet ouvrage, voy. *Exposition centennale*.

COSSÉ-BRISSAC (R.-M.-T. de), voy. HISTORIQUE DU 7ᵉ DRAGONS.

COSTE (L.), voy. BONNEVILLE-COLOMB (C. de).

COTTEREAU (A.), voy. CAVALCADES DU MANS.

COUBERTIN (Pierre FRÉDY, baron de).
Littérateur et écrivain sportif français, né en 1863.

Traité d'Escrime Equestre, rédigé par Pierre de Coubertin et Louis Pascaud. *Editions de la Revue Olympique, Auxerre, Imp. Albert Lanier,* 1906.
Broch. in-8º de 8 p. avec v fig. d. l. t.
Extrait de la *Revue Olympique* de Février 1906 et non mis dans le commerce.

Essais de Psychologie Sportive, par Pierre de Coubertin. Avec une Introduction de Roger Dépagnat (1). *Lausanne et Paris, Payot,* 1913.
1 vol. in-16 de 266 p.
Sauf quelques passages, l'ouvrage n'intéresse les Sports hippiques que par ses généralités.

COUCHARD (J.).
De la Conscription des Chevaux et Mulets au point de vue de la pénalité qui peut être encourue par les Propriétaires — Etude sur la Loi du 1ᵉʳ Août 1874 — par J. Couchard, Substitut du Procureur de la République à Bellac (Hᵗᵉ-Vienne). *Paris, A. Maresq aîné,* 1877.
1 vol. in-8º de 100 p.

COUESME.
Art hippiatrique — Médecine théorique et pratique vétérinaire réduite à sa plus simple expression ou véritable manière de bien connaître et de bien traiter les Maladies des Animaux domestiques, à l'usage des Vétérinaires, des Cultivateurs et des Amateurs ; par Couesme, exerçant la Médecine vétérinaire à Saint-Mards en Othe. *Troyes, E. Caffé,* 1857.
1 vol. in-8º de xxv-575 p. avec 4 pl. se dépliant.
Ouvrage tombé dans un juste oubli.
1) Voy. ce nom pour un autre ouvrage.

COULET Pierre-Claude).
Vétérinaire militaire français, 1824-1881. Diplômé de Lyon en 1853, aide-vétérinaire en 1854, vétérinaire en 1ᵉʳ en 1870.

Méthode rationnelle du traitement des plaies chez le Cheval et chez l'Homme. Guérison radicale, prompte et certaine des plaies les plus compliquées, par M. Coulet, Vétérinaire en 1ᵉʳ au dépôt de Remonte d'Angers, Chevalier de la Légion d'Honneur. *Angers, P. Lachèse et Dolbeau,* 1879.
Broch. in-8º de 23 p.
L'auteur traite les plaies par l'onguent vésicatoire et relève 26 observations suivies de guérison.

COULON (J.-B.).
Epoques Saumuroises ou Esquisses historiques et anecdotiques sur Saumur et ses Environs depuis son origine jusqu'à nos jours avec la Biographie de ses Hommes célèbres et l'Histoire de ses monuments, par J. B. Coulon. *Saumur, Javaud,* 1842. (1)
1 vol in-12 de vi-568 p., plus 2 fᵗˢ de table et d'errata, avec 1 frontispice et 5 pl. h. t.
Cet ouvrage contient des détails sur l'arrivée des Carabiniers à Saumur, en 1763, ainsi que sur la création et les développements de l'Ecole de Cavalerie.

COUP D'ŒIL SUR LE RÈGLEMENT DE 1899, voy. LUCAS (A.-L.-E).

COUP D'ŒIL SUR LES COURSES, Voy. LOTTIN.

COUP D'ŒIL SUR LES RACES CHEVALINES, voy. TESTARODE.

COUPÉ (Jacques-Michel).
Prêtre, agronome et homme politique français, 1737-1809. Il était en 1789 curé de Sermaize en Picardie ; à la Révolution, il adopta avec ardeur les idées nouvelles, fut envoyé par le dépᵗ de l'Oise à la Législative, puis à la Convention, et fut un moment président du

(1) Il y a un titre gravé dans le frontispice, suivi d'un titre imprimé. Tous deux présentent des fautes et des lacunes et je les ai complétés l'un par l'autre.

Club des Jacobins. Il s'occupa activement des questions d'enseignement agricole à la Convention et rédigea de nombreuses instructions sur ce sujet. En l'an IV, il devint membre du Conseil des Cinq-Cents et rentra dans la vie privée en l'an VI.

Convention nationale — Des Animaux de travail et de leur tenue par J.-M. Coupé (de l'Oise). Imprimé en vertu du décret du 25 vendémiaire. *De l'Imp. nationale*, Germinal An III.
Broch. in-8° de 28 p. qui concerne en partie le cheval.

De nos Prairies marécageuses, de leurs foins et de la nourriture des Chevaux de nos Armées, etc; par J.-M. Coupé (de l'Oise), Membre du Conseil des Cinq-Cents. *Paris, Baudoin*, S. D. (vers 1796).
Broch. in-8° de 19 p.
L'opuscule donne des détails intéressants sur la nourriture des chevaux de l'armée à cette époque. Grâce à l'incurie et aux malversations des administrations et des fournisseurs, ils ne recevaient que des fourrages avariés, et d'effroyables épizooties en étaient la conséquence.
Coupé, d'ailleurs, n'échappe pas à la phraséologie du temps : « Homme sensible, qui que tu sois, si tu y peux quelque chose, veille et conserve ce bon et généreux animal !... »

COUPÉ (Jean-Marie-Louis), voy. HEINSIUS.

COURAJOD (Louis).
Ancien élève de l'Ecole des Chartes, historien d'art et conservateur au Musée du Louvre, 1841-1896.

Léonard de Vinci et la Statue de Francesco Sforza, par Louis Courajod. *Paris, Honoré Champion*, 1879.
Broch. gr. in-8° de 52 p. avec 23 pl. ou fig. d. l. t et h. t.
C'est une discussion artistique et historique au sujet des esquisses préliminaires d'une statue équestre de François Sforza modelée par Léonard de Vinci, mais qui n'a jamais été coulée en bronze.
Cette dissertation, bien éclairée par les dessins qui l'accompagnent, est très intéressante au point de vue de la représentation artistique du cheval et notamment du modèle et des attitudes que lui attribuent d'ordinaire Léonard de Vinci (voy. ce nom) et d'autres artistes, ses prédécesseurs ou ses contemporains.
On regrettera toutefois le lapsus de l'éminent critique d'art quand il parle des « *jarrets de derrière* du prétendu « cheval de Praxitèle ».

COURCELLE-SENEUIL (J.-L.).
Historien et archéologue français.

Les Dieux Gaulois d'après les Monuments figurés, par J.-L. Courcelle-Seneuil — Ouvrage illustré de 112 gravures et de 11 planches hors texte. *Paris, Ernest Leroux*, 1910.
1 vol. in-12 de 430 p.
Cet ouvrage est cité ici à cause de l'important article sur Epona, la déesse des chevaux, qui occupe les p. 196 à 204, avec 6 fig., plus la p. 305.
Voy. aussi, sur Epona, *Reinach* (S), *Espérandieu, Moulé* (L.).

COURCIER (Jean-Félix-Albert).
Officier de cavalerie français, né en 1855, sous-lieut en 1876, cap^ne en 1896, retraité en 1906.

L'Officier d'Infanterie et son Cheval, par A. Courcier, Capitaine de Cavalerie. Illustrations de H. Courcier. *Paris, L. Fournier*, S. D. (1909).
C'est le titre de la couverture, le titre intérieur porte :

L'officier d'Infanterie et son Cheval — Son Equitation nécessaire et suffisante en 100 pages et 50 dessins, par A. Courcier et H. Courcier. *Paris, L. Fournier, Editeur militaire*, S. D. (1909).
1 vol. in-8° de 104 p. Grande vignette sur la couverture et nombreuses fig. d. l. t. Dédicace de l'auteur au Com^dt Hasenwinkel et à ses camarades de l'Infanterie.

COURIER (Paul-Louis), voy. XENOPHON et COURIER.

COURNAULT DE SEYTURIER.
Le Cheval Lorrain — Quelques notes historiques sur l'Elevage en Lorraine, par Cournault de Seyturier. *Le Nouvion, Imp. Ed. Catrin*, 1909.
Broch. pet in-8° de 26 p. avec 4 fig. en phototypie d. l. t.

COURONNEMENT DE CHARLES-QUINT.

Le couronnement de l'Empereur Charles-Quint à Bologne, en 1530, donna lieu à l'une des plus splendides fêtes hippiques connues. La cavalcade qui se déroula à cette occasion comprenait une foule de princes, grands seigneurs, dignitaires de l'église avec leurs escortes, leurs hérauts, leurs pages, trompettes, timbaliers, etc., revêtus de costumes et d'armures de la plus grande beauté et montés sur des chevaux richement harnachés.

Le peintre-graveur Hogenberg (1), qui avait sans aucun doute assisté à cette cérémonie, la reproduisit, avec l'agrément de l'Empereur, en une série de 38 pl. pet. in-f° se faisant suite, plus 2 tableaux contenant l'un une dédicace en vers latins à l'Empereur, l'autre une exposition, également en vers, de la cavalcade. Cette 1re éd^{on}, dont E.-F.-D. Ruggieri possédait un exemplaire « probablement unique » dans sa célèbre bibliothèque de livres sur les fêtes publiques, est décrit au n° 891 du catalogue de sa vente en 1873 et au n° 347 du catalogue de celle de 1885.

Je n'en puis donner d'autre description, ne l'ayant jamais vue, pas plus que la reproduction qui en fut faite, vers la fin du siècle, par un artiste, probablement Schrenck, qui a accompagné l'œuvre de Hogenberg de tableaux et d'ornements, ni que la 4e éd^{on} décrite aussi aux mêmes catalogues.

Mais plus tard, le graveur Hondius (2) qui, paraît-il, avait acheté, mais en tout cas, possédait les cuivres de Hogenberg, en donna une éd^{on} dont la description suit. Il fit subir aux planches quelques retouches, modifia légèrement deux ou trois figures, mais en somme respecta l'ensemble et les détails de l'œuvre de Hogenberg, de sorte que l'éd^{on} de Hondius donne une idée très exacte de cette fête unique.

Gratæ et Laboribus Æquæ posteritati Cæsareas Sanctique Patris longo ordine turmas aspice et artificemter venerare manum tradere quæ potuit rigido mansura metallo nomina magnorum tot generosa virum pictor Hoghenbergus quod per tua sæcula cernas hoc tibi posteritas vivida fecit opus — Ih (1) excudit. S. L N. l).

Ce titre est gravé dans un encadrement architectural très simple. Il est suivi de 38 pl. pet. in-f° représentant le cortège qui précéda, accompagna et suivit Charles-Quint et le pape Clément VII au couronnement de Bologne. Ces pl. sont gravées sur des cuivres séparés, mais elles se font suite sans interruption ni dans le dessin ni dans les titres en latin qui sont gravés sous chaque groupe ou cavalier isolé, de sorte qu'il arrive souvent que les légendes, les personnages et les chevaux sont coupés en deux et se trouvent sur deux pl. qui se suivent.

Presque tous les personnages, au nombre de plusieurs centaines, de ce brillant défilé sont à cheval, y compris l'Empereur et le Pape, qui marchent côte à côte sous un dais, et ainsi que les princes, magistrats, docteurs, seigneurs dont quelques-uns sont armés de pied en cap, trompettes, timbaliers, gardes, porte-enseignes, hérauts, etc. Il y a aussi six chevaux de trait (Helciarii) tenus en main et richement harnachés. Mais les cardinaux et les autres dignitaires ecclésiastiques sont montés sur des mules. Enfin, Antoine de Leyva « Antonius de Liva, capitaneus generalis » (2), auquel la goutte ne permettait pas de monter à cheval, est représenté assis sur la chaise, qui, portée par quatre hommes qu'on voit derrière lui, lui servait de monture dans les combats.

Le dessin des chevaux n'est pas meilleur que dans les estampes de cette époque ; leur harnachement est rendu avec détail et probablement avec fidélité. Quant aux personnages, leur attitude et l'expression de leur visage est bien en

---

(1) Hogenberg ou Hoghenberg (Jean-Nicolas), peintre et graveur, né à Munich, vers 1550, mort au commencement du XVIIe siècle.

(2) Hondius ou de Hoondt (Henri) le vieux, graveur et marchand d'estampes, né à Duffel, en 1575, d'après un de ses biographes, à Gand, en 1573 d'après un autre, mort en 1610 à La Haye.

(1) Ih Monogramme d'Henri Hondius le vieux.

(2) Antoine de Leyva ou de Lève, célèbre capitaine espagnol, né vers 1480, mort en 1536. Il s'enrôla tout jeune dans les milices et passa par tous les grades inférieurs, combattit à Naples, chassa en 1523 Bonnivet de Milan, défendit Pavie contre François Ier et contribua puissamment à la défaite des Français. Nommé gouverneur du Milanais, il battit François Sforce à Marignan, Jacques de Médicis à Casal, fit le Cte de St Pol prisonnier et chassa définitivement les Français du Milanais. Entre temps, il avait combattu à Vienne contre les Turcs et accompagné Charles-Quint à Tunis. Il conseilla à son maître d'entrer en Provence, prétendant le mener à Paris, mais Charles-Quint n'y consentit pas, et Leyva mourut peu après de la fièvre qui ravageait alors l'armée espagnole.

rapport avec leur profession : les ecclésiastiques ont un air particulier de componction ; les magistrats, de gravité ; le visage de quelques seigneurs a au contraire un aspect frappant d'orgueil et de fierté, encore accentué par leur coiffure fortement inclinée sur l'oreille.

Les 3 dernières pl. représentent les réjouissances populaires : distribution de viande avec un bœuf entier qui rôtit ; il est farci de petits animaux « variis animalculis infarcitus » dont les têtes lui sortent du flanc ; distribution de vin « vinum album et rubrum », avec des scènes d'ivrognerie particulièrement réalistes ; distribution de pains que le peuple s'arrache à coups de poing (1).

Une autre représentation de la même cavalcade fut exécutée par un artiste anonyme et publiée à Anvers, en 1579. En voici la description :

Hæc pompa & hic triumphus est quo omnium post hominum memoriam celeberrimo & splendidissimo Imp. Carolus V à Clemente VII Pontifice Max. Bononiæ diademate & corona Imperatoria ornatus, aliisq. Imperii insignibus inauguratus, exceptus & deductus fuit a templo D. Petronii usque ad palatium, in quo hospitatus fuit, anno à Christo nato 1530, 24 die Februarii, qui D. Matthiæ sacer, ut Carolo huic natalis fuit, ita per omnem vitam partis victoriis plurimis & clarissimis, ac rebus gestis felicissimè semper eidem accidit faustissimus, fortunatissimus, lætissimus & festivissimus. *Antwerpiæ, apud Antonium Tilenium Brechtanum, ad insigne Struthionis*, 1579.

Ce titre est en haut de la dernière pl. d'un recueil de 24 pl. in-f° obl. non signées, numérotées par les lettres de l'alphabet et représentant le défilé du couronnement. Elles sont gravées sur bois, d'un dessin assez grossier et complètement différentes des précédentes, mais on y retrouve certains groupes de l'œuvre de Hogenberg. Dans les 12 premières, les personnages marchent vers la droite et, dans les 12 dernières, vers la gauche.

Ce recueil n'est cité ni dans les catalogues Ruggieri, ni dans la brochure de M. P. J. Goetghebuer, *Sur l'entrée de Charles-Quint à Bologne en 1529 et aperçu des ouvrages imprimés en Belgique concernant le règne de cet Empereur*, Gand, 1864.

L'ouvrage de Hogenberg et ses différentes éditions sont souvent désignées sous le nom d'*Entrée* de Charles-Quint à Bologne. C'est une erreur ; l'Empereur avait fait son entrée dans cette ville en 1529 et les fêtes de 1530 sont celles du couronnement.

L'entrée de 1529 a d'ailleurs été aussi représentée en un recueil de 13 pl. dont M. Goetghebuer possédait un exemplaire « peut-être unique », mais je n'en ai jamais rencontré.

On trouvera dans la brochure de M. Goetghebuer et dans les catalogues Ruggieri d'intéressants détails bibliographiques sur ces différents ouvrages et sur ceux qui ont été publiés en italien, en allemand, en flamand, ainsi que sur les petites plaquettes de quelques pages et sans figures aussi publiées au sujet de ces fêtes.

La Cavalcade de Bologne a été reproduite en 1875, par Sir William Stirling, à Edimbourg, en 1 vol. in-f° de 40 pl., dont je ne connais que le titre : *The procession of Pope Clement VII and the Emperor Charles V...*, etc.

COURRÈGES (H. DE), voy. DOUMY (BARON DE).

COURS ABRÉGÉ D'HIPPOLOGIE.

Ministère de la Guerre — Cours abrégé d'Hippologie à l'usage des Sous-Officiers, des Brigadiers et Elèves Brigadiers des Corps de Troupes à Cheval, rédigé par les soins de la Commission d'Hygiène hippique, approuvé par le Ministre de la Guerre le 2 avril 1875. *Paris, Imp. Nationale*, 1875.

1 vol. in-16 de 288 p. avec 90 fig. d. l. t.

L'ouvrage a reçu de légères modifications en 1906 :

Même ouvrage, même titre... approuvé par le Ministre de la guerre le 30 Avril 1906. *Paris, Imp. Nationale*, 1906.

1 vol. in-16 de 268 p. avec 78 fig. d. l. t.

Ces deux éd[ons] ont été aussi imprimées et souvent réimprimées chez les

---

(1) L'auteur du catal. Ruggieri dit que cette reproduction de Hondius est fort inférieure à la première (celle attribuée à Schrenck) et qu'il est facile de s'en procurer des exemplaires. Pour ma part, je n'en ai jamais rencontré un seul dans les ventes ou chez les libraires.

principaux éditeurs militaires, *Berger-Levrault, Imhaus et Chapelot, Henri Charles-Lavauzelle*, avec le même texte et les mêmes fig. et de légères différences dans la pagination.

COURS DE HARNACHEMENT.

Ecole d'Application de Cavalerie. Saumur — Cours de Harnachement. *Saumur, Imp. E. Roland fils*, 1893.

Broch. gr. in-8° de 40 p.

Questionnaire comprenant 6 questions au commencement de l'ouvrage.

Ecole d'Application de Cavalerie. Saumur — Cours de Harnachement. *Saumur, Imp. E. Roland fils*, 1897.

Broch. gr. in-8° de 50 p. avec 1 pl. h. t.

Questionnaire comprenant 6 questions au commencement de l'ouvrage.

COURS D'ÉQUITATION MILITAIRE.

Cours d'Equitation militaire, à l'usage des Corps de troupes à Cheval, approuvé par S. Exc. le Ministre de la Guerre. *Saumur, Degouy; Paris, Anselin*, 1830.

2 vol. in-8° de VIII-408 et 356 p. avec 1 Atlas in-f° obl. de 22 pl. au trait, dessinées par Aubry (voy. ce nom) dont la dernière porte le n° 20, mais deux ont un n° bis. La pl. 20 (Haras de l'Ecole) a été refaite et existe sous deux aspects différents.

Ces pl. sont du dessin le plus correct.

L'ouvrage a été réimprimé en 1849, chez *Dubosse, à Saumur*, sans aucun changement, et une copie littérale a aussi été publiée en Belgique sous le même titre, à *Gand, Imp. de Vanderhaegue-Maya*, 1841, 2 vol. in-8° de IV-343 et 304 p.

Le programme de ce Cours avait été arrêté par une commission composée d'officiers généraux dont le *Rapport*, daté de 1825, occupe le commencement du T. I. La rédaction en fut confiée aux Ecuyers Cordier et Flandrin (voy. ces noms) et dura plusieurs années. Il a servi de règle à Saumur et dans les corps de troupes à cheval pendant plus de 20 ans.

Ses auteurs ont donné à la signification du mot *Equitation* une singulière extension : « On comprend, disent-ils au « début, sous la dénomination d'Equita- « tion militaire, la réunion des connais- « sances théoriques et pratiques relatives « au cheval et à son application aux « exercices et travaux de l'Art mili- « taire. »

L'ouvrage est en effet une véritable encyclopédie hippique : hippologie, extérieur, emploi à la selle, au trait et au bât, alimentation, hygiène, maladies et accidens, haras et remontes. Dans les ouvrages postérieurs, cette confusion a disparu et on a séparé avec raison l'Equitation de l'Hippologie et de l'Elevage du cheval.

Un Abrégé de ce Cours fut publié à l'usage des sous-officiers. Voy. *Abrégé du Cours d'Equitation*.

COURS D'HIPPOLOGIE ET D'ÉQUITATION DE L'ECOLE DE GUERRE.

Ecole militaire supérieure — 2ᵉ Division — Hippologie, 1878.

1 vol. in-4° de 163 p., plus 2 fˡˢ d'errata et de table, avec 10 pl. à pleine p. contenant de nombreuses fig. Autographié et tiré à petit nombre.

Progression permettant le Dressage de la plupart des Chevaux (vers 1878).

1 vol. in-8° de 92 p., autographié.

Ecole supérieure de Guerre — 2ᵉ Division — Hippologie, 1881.

1 vol. in-4° divisé en 2 parties, la 1ʳᵉ de 207 p. avec 10 pl. à pleine p. contenant de nombreuses fig., la 2ᵉ de 254 p., le tout autographié et tiré à petit nombre.

Les cours de l'Ecole supérieure de guerre ne sont pas dans le commerce.

Ceux-ci sont l'œuvre de M. Poulard (Alfred-Théodore-Just), officier de cavalerie français, 1829-1912 — Sous-lieutⁿᵗ en 1855, colonel en 1884 et retraité en 1889. Il était en 1878 Ecuyer en chef à l'Ecole de guerre.

COURSES DE TESTES ET DE BAGUE, voy. PERRAULT.

COURSES MILITAIRES.

Courses militaires. Conseils pratiques ; par un Officier de cavalerie légère. *Paris et Nancy, Berger-Levrault*, 1899.

Broch. in-12 de VI-76 p.

COURSON (Aurélien DE).

The Horse Book — Guide pratique des soins à donner aux Chevaux de Selle et de Trait publié par la

« Royal Society P. C. A. », traduit de l'Anglais par A. de C. *Paris et Limoges, Henri. Charles-Lavauzelle*, 1892.

Broch. in-8° de 58 p., avec 1. pl. h. t. en phototypie et 4 fig. d. l. t.
L'ouvrage est terminé par un réquisitoire contre l'enrènement.

Même ouvrage, même titre. Traduit de l'Anglais par Aurélien de Courson. (Ouvrage couronné par la Société protectrice des Animaux.) — *Deuxième Edition* — *Paris et Limoges, Henri Charles-Lavauzelle*, 1899.
Sans autre changement que l'addition du nom de l'auteur sur le titre.

COURT (Emile).

Nouveau Manuel du Cocher contenant une étude sur les principales Races de Chevaux, des notions d'hygiène, de dressage et de médecine vétérinaire usuelle &a, par Emile Court, cocher. *Paris, L. Baudoin*, 1886.

1 vol. in-12 de XI-292 p. avec 3 pl. représentant les aplombs du cheval et une représentant un cheval attelé, cette dernière tirée du *Manuel des Piqueurs* du Cte de Montigny.
Malgré son titre, cet ouvrage ne traite qu'à peine du menage et du dressage à la voiture. Le volume est presque entièrement rempli par un médiocre Cours d'Hippologie, bien inutile à un cocher.

COURTE INSTRUCTION SUR LA MALADIE DES CHEVAUX...

Courte Instruction, de quelle manière on peut connoître & guerir la Maladie qui règne présentement parmi les Chevaux & les Bêtes à Cornes. *A Berne, Imprimé dans l'Imprimerie de Leurs Excellences*, l'An 1732.

Pet. in-4° de 4 feuillets non paginés, signé à la fin : Chancellerie de Berne.
Il s'agissait du charbon.
Pour une autre publication de la Chancellerie de Berne, voy. *Ordonnance du Conseil de Santé.*

COURTELINE (Georges).

Pseudonyme de M. Moinaux (Georges-Victor-Marcel), littérateur français, né en 1861.

Les Gaietés de l'Escadron, par G. Courteline. Illustrations de Léo Brac. *Paris, Marpon et Flammarion*, 1886.

1 vol. in-18 de 320 p., avec gravures et frontispice. Souvent réédité.

Le 51e Chasseurs, par Georges Courteline. Illustrations de Léo Brac. *Paris, Ernest Flammarion*, S. D. (1887).

1 vol. in-16 de 256 p.

La vie de Caserne — Le Train de 8 h. 47, par Georges Courteline. Illustrations en couleurs d'Albert Guillaume. *Paris, Ernest Flammarion*, S. D. (1888).

1 vol. in-18 de 337 p.

Même ouvrage. *Paris, Ernest Flammarion*, S. D. (1896).

1 vol. in-4° de 4 f^{ts} pour le titre et la dédicace à Jacques Madeleine et 447 p.

Même ouvrage. Illustrations de Steinlen et Durvis. *Paris, Marpon et Flammarion*, 1901.

1 vol. in-18 de 299 p.

La vie de Caserne, par Georges Courteline. Compositions originales d'Henry Dupray. *Paris, Emile Testard, Armand Magnier, Succ^r*, 1896 et 1897.

1 vol. gr. in-8° de 149 p. avec couverture et 6 pl. h. t. en couleurs. Nombreuses vignettes d. l. t. Dédicace à Armand Sylvestre.

Les Gaîtés de l'Escadron — Lidoire et Potiron, par Georges Courteline. Illustrations de C. Bombled, Albert Guillaume, Barrère et de Sta. *Paris, Albin Michel*, S. D. (1905).

Broch. in-16 de 79 p.

Même titre. — Illustrations en couleurs de A. Guillaume, Steinlen, H. de Sta, G. de Scevola. *Nouvelle Edition.* — *Paris, Marpon et Flammarion*, S. D.

1 vol. in-18 de 283 p.
Les scènes de ces ouvrages humoristiques se déroulent toutes dans la cavalerie.

COURTILS (Marie-René-Charles-Jean, COMTE DES).

Bibliogr. hippique. T. 1. — 21.

Officier de Cav^le français, né en 1866, sous-lieut^nt en 1887, capitaine en 1900, démissionnaire en 1901.

Equitation. Les moyens de Dressage combinés avec les règles d'Equitation. Quelques définitions, principes et conseils pratiques à l'usage des jeunes Cavaliers, par le Comte Jean des Courtils, *Paris, Plon*, 1898.

La couverture porte :

Equitation, Définitions, principes et Conseils applicables à toutes les méthodes, par Jean des Courtils, Lieutenant de Cavalerie, Instructeur à l'Ecole spéciale militaire.

1 vol. in-16 carré de VIII-92 p. Vignette sur la couverture.

COURTIN (Victor).
Lieutenant-général belge, 1821-1890.

Etude sur le service de la Cavalerie en campagne; par le Lieutenant-Général V. Courtin. *Tournai, Van Gheluwe-Coomans,* 1887.

1 vol. in-16 de 165 p. avec fig. dans le t. et 3 pl. h. t.

Notice sur la selle et le paquetage de la Cavalerie par le Lieutenant-Général Courtin. *Tournai, Van Gheluwe-Coomans,* 1887.

Broch. in-12 de 32 p. avec 2 pl.

COURTOIS (Aimé-Charlemagne).
Ingénieur en Chef des Ponts et Chaussées, Directeur du Dépôt des Cartes et Plans du Ministère des travaux publics, 17..-1864.

Traité théorique et pratique des Moteurs destiné à faire connaître les moyens d'utiliser tous les Moteurs connus, d'apprécier leur travail possible en toute circonstance et de les employer de la manière la plus avantageuse pour économiser le capital, le temps et la force, suivi de l'application des Moteurs aux Machines par C. Courtois, Ingénieur en Chef des Ponts et Chaussées — *Tome premier, première partie,* Moteurs animés — *Tome second, deuxième partie,* Moteurs inanimés. *Paris, L. Mathias (Augustin),* 1846-1850.

2 vol. in-8° de 293 et 604 p. avec 3 pl. h. t. au T. II.

Le T. I concerne en grande partie le cheval : travail qu'il peut développer suivant son propre poids, celui de son fardeau s'il est employé au bât, celui du véhicule s'il est employé au trait, l'état de la route, le mode d'attelage, la pente, la vitesse, etc. Etude du travail du cheval de malle-poste, de messageries, etc.

Le T. II concerne les moteurs hydrauliques et n'a aucun caractère hippique.

Recherches techniques et mathématiques sur les Routes, les Voitures et les Attelages, pour servir à la solution de différentes questions relatives au Roulage ; par M. C. Courtois, Ingénieur en Chef des Ponts et Chaussées, Directeur du Dépôt des Cartes et Plans du Ministère des Travaux publics. *Paris, L. Mathias (Augustin),* 1850.

Broch. in-8° de 89 p.

Outre l'examen de la construction des chaussées et de leur résistance au roulage, l'auteur étudie toutes les questions relatives au tirage et à l'attelage des chevaux, à leur travail maximum, au nombre de chevaux nécessaires pour traîner les voitures suivant leur poids, etc., etc.

Ouvrages non cités par le Cte de Contades.

COURTOIS (Edouard-Jean-Ange-Aristide).
Officier de cav^le français, né en 1858, sous-lieut^nt en 1881 chef d'esc^ons en 1904, retraité en 1910.

Le Cheval de guerre en France et à l'Etranger. Manuel de l'Officier acheteur, par le Capitaine Courtois, Acheteur à titre permanent au Dépôt de Remonte d'Aurillac. *Paris et Limoges, Henri Charles-Lavauzelle,* S. D. (1903).

1 vol. in-18 de 163 p.

Ce petit ouvrage renferme les connaissances administratives et techniques nécessaires à l'officier acheteur.

COUSIN (Camille).
Officier d'infanterie français breveté. Né en 1852.

Cavalerie contre Infanterie, par le Commandant Cousin. *Paris, L. Baudoin,* 1898.

Broch. in-8° de 19 p. (Extrait du *Journal des Sciences militaires* d'Avril 1898.)

COUSIN (Charles-Louis-Joseph). Ancien vétérinaire militaire français, 1824-1908. Diplômé d'Alfort et sous-aide vétérinaire en 1847, démissionnaire en 1848.

Nouvelle Ferrure du Cheval, avec ses applications au traitement des maladies du pied, encastelure, seimes et formes, par Charles Cousin, ex-Vétérinaire au 6e Cuirassiers, ex-Inspecteur des épizooties, ex-Président de l'Association vétérinaire de l'arrondissement de Valenciennes, Chevalier de la Légion d'honneur. Avec 7 figures. *Paris, J.-B. Baillière et fils*, 1897.

Broch. in-8° de 48 p.

Le fer inventé par l'auteur et pour lequel il annonce avoir pris un brevet d'invention est plus épais sur le bord externe avec ajusture inverse de l'ajusture française ordinaire.

Nouvelle Ferrure du Cheval. Comparaison avec l'ancienne ferrure, par Ch. Cousin, ex-Vétérinaire au 6e Cuirassiers... etc. Avec 4 figures. *Paris, J.-B. Baillière et fils*, 1897.

Broch. in-8° de 8 p.

Nouvelle démonstration des avantages de sa ferrure.

COUSSET (Arthur), voy. BAUDOUIN (Marcel).

COUSTAN (Camille-César-Clément-Adolphe). Médecin militaire français, né en 1843 ; aide-major de 2e cl. en 1872 ; médecin-major de 1re cl. en 1885, retraité en 1893.

Manuel du Médecin Militaire Aide-Mémoire de Chirurgie militaire, Maladies externes, Traumatismes professionnels par le Dr Adolphe Coustan, Médecin-major de 1re classe des Hôpitaux militaires, en retraite, Officier de la Légion d'honneur et de l'Instruction publique, Lauréat de l'Institut et du Ministère de la Guerre (Prix de médecine d'armée 1887, 1888, 1889, 1890). *Paris, J.-B. Baillière et fils*, 1897.

1 vol. in-18 de 300 p.

La 2e partie, article II, est consacrée à l'examen des traumatismes et accidents causés par l'emploi et l'exercice du cheval et intéresse non seulement les médecins, mais les officiers de cavalerie, ainsi que les industriels et propriétaires qui utilisent le cheval.

COUSTÉ (Henri-Jean-Paul). Officier de cavle français, né en 1852. Sous-lieutt en 1878, colonel en 1907.

Stud-Book Normand — Les Etalons de demi-sang rangés par familles, par le Commandant Cousté. *Alençon, Guy Vve et fils*, 1897.

1 vol. in-4° de 6 fts non ch. pour les titres, l'introduction et les errata et 183 p.

Le Stud-Book de la Race pure — Les Etalons de pur sang rangés par familles, par le Commandant Cousté. Ouvrage honoré des souscriptions de M. le Ministre de l'Agriculture et du Conseil général de l'Orne et dont l'achat a été autorisé par Monsieur le Ministre de la Guerre pour les Corps de troupes à cheval, les Ecoles et les Etablissements militaires. *Alençon, Vve Félix Guy*, 1898.

1 vol. in-4° de XII-259 p.

Une Foulée de Galop de course, par le Colonel Cousté, Commandant la circonscription de Remonte de Tarbes — Avec 4 Figures dans le texte. *Paris et Limoges, Henri-Charles-Lavauzelle*, S. D. (1909).

Broch. in-8° de 33 p.

COUTIER (C.). Vétérinaire français, diplômé d'Alfort en 1861.

Le Cultivateur Vétérinaire, ouvrage pratique indispensable à tout Cultivateur, Eleveur, Fermier et principalement à la petite culture, contenant les procédés de conservation, de multiplication et d'amélioration de nos espèces domestiques, les causes de leurs maladies, les moyens souvent très simples de les éviter, les caractères précis qui permettent de les reconnaitre et de les différencier, le traitement le plus efficace à leur opposer, le choix et la valeur nutritive des aliments, le rationnement, etc. Suivis du procédé simple, pratique et peu coûteux que tout Cultivateur doit employer pour se mettre à l'abri des pertes causées par la mortalité. Par C. Coutier, Médecin-Vétérinaire. *Troyes, Martelet*, 1890.

1 vol. in-18 de 346 p. dont XI pour la Préface.

Les p. 85 à 113 concernent le Cheval auquel s'appliquent en outre un grand nombre de généralités, alimentation, maladies, vices rédhibitoires, police sanitaire, etc.

COUTURIER (A.-A.), voy BOGUSLAWSKI.

COUTURIER (Philidor).
Des Vices rédhibitoires et de la Médecine vétérinaire, par M. Philidor Couturier, de Châlon-sur-Saône. *Châlon-sur-Saône, J. Dejussieu*, 1861.

Broch. in-16 de 32 p.

L'auteur reproduit et commente la loi de 1838 puis traite sommairement quelques questions d'hygiène, d'alimentation, d'accidents qui concernent en partie les chevaux.

COZETTE (P..), voy. GODART (E.).

CRACHET (Pierre-Marie).
Médecin et vétérinaire français. Fin du XVIIIe et commencement du XIXe siècles. Son père, maréchal-ferrant à Nielles-lez-Bléquin, près de St-Omer, avait soigné les chevaux d'un régiment de cavalerie atteints de la morve et n'en avait recueilli que des déboires auxquels son fils attribua sa mort. Il embrassa alors avec ardeur les idées révolutionnaires, mais défendit d'une manière touchante la mémoire de son père.

Exposition d'une nouvelle doctrine sur la Médecine des Chevaux, offrant les moyens de prévenir avec certitude, de guérir malgré leur violence ou leur malignité des maladies qui avoient toujours passé pour des fléaux nécessaires, insurmontables, parceque l'origine et le caractère en étaient voilés à tous les yeux ; par Pierre-Marie Crachet, Médecin de l'Université de Montpellier — Mémoire composé sur les notes d'observation de Robert Crachet, son Père, de son vivant Maréchal et Laboureur à Nielles-lez-Bléquin, près de St Omer — Prix 25 sous — *Paris, Croullebois ; ibid., Aubry ; de l'Imp. de Didot jeune*, l'an 2e de la République.

Broch. in-8° de XX-40 p. Dédicace « à Robert Crachet, ce mémoire, fruit « de ses travaux, sujet de ses malheurs, « cause de sa mort, est dédié sous l'œil « de la Justice nationale par Pierre-Marie « Crachet, son vengeur et son fils ».

Exposition d'une nouvelle doctrine sur la Médecine des Chevaux, par Pierre-Marie Crachet, Médecin de l'Université de Montpellier, ex-Inspecteur général pour la Maladie de la Morve. Ouvrage composé d'après les notes d'observations de Robert Crachet... *Troisième Edition*, avec des augmentations et plusieurs éclaircissements et à laquelle on a ajouté sous forme d'appendice des extraits de pièces relatives aux travaux du Père et du Fils. *Paris, l'Auteur ; ibid., Didot le jeune ; ibid., Croullebois*, An VII.

1 vol. in-8° de XX-132 p. Les 32 premières sont paginées en chiffres romains et contiennent, sous le titre de *Le nouveau Socrate rustique*, une biographie de Crachet père.

L'ouvrage traite de la morve et de son traitement par l'opium. C'est un curieux spécimen de la phraséologie ampoulée de l'époque.

Quant à la 2e éd[on], Crachet nous dit, dans l'Avant-Propos de la 3e, qu'elle était intitulée : *Instruction adressée aux Inspecteurs commissaires et autres agents employés dans les dépôts de troupes à cheval de toutes les armées de la République*, et qu'elle a dû être publiée par ordre de la commission des transports et convois militaires.

Il me semble certain qu'elle ne l'a jamais été, car il n'en existe aucune trace à ma connaissance. De plus, Huzard possédait le manuscrit, signé et daté de 1794 (Catal. de la Bib. Huzard, T. III, n° 4060). Il faisait lui-même partie de la commission des transports et aura sans doute jugé que l'*Instruction* de Crachet faisait double emploi avec celle de Chabert et avec la sienne propre et ne l'aura pas fait imprimer. Si elle l'avait été, Huzard n'en aurait pas conservé le manuscrit mais bien un exemplaire imprimé.

Des Esquinancies simples, malignes, contagieuses et épizootiques, reconnues et observées pour la première fois chez les Chevaux, les Bêtes à cornes et les Porcs, avec quelques aperçus nouveaux sur les Épizooties, par Pierre-Marie Crachet, Médecin de l'Université de Montpellier, Ex-Inspecteur général des Chevaux pour la Maladie de la Morve, Vétéran à la 10ᵉ Demi-Brigade. D'après la doctrine et la pratique de son Père. Mémoire détaché d'un manuscrit intitulé *Le Vétérinaire Rustique*. *Paris, A. J. Marchant*, An XI (1802).

Broch. in-8° de VIII-46 p.

CRAFTY.

Pseudonyme de M. Victor Gérusez, écrivain et dessinateur humoristique, 1840-1896. La presque totalité de ses ouvrages et de ses dessins concernent le cheval. Tous sont publiés sous le pseudonyme de *Crafty*.

Snob à Paris, par Crafty. *Paris, Crémière*, S. D. (1867).

Album in-4° oblong de 38 caricatures sportives, la plupart hippiques. Devenu rare.

Paris à cheval, texte et dessins par Crafty, avec une préface par Gustave Droz *Paris, Plon*, 1883.

1 vol. in-4° de XIII-404 p. Très nombreuses pl. h. t. et dessins d. l. t. Dédicace à M. Marcelin, directeur de *La Vie Parisienne*. Cet ouvrage a été réimprimé sans changement en 1884 et 1889.

L'Équitation puérile et honnête, petit Traité à la plume et au pinceau, par Crafty. *Paris, Plon*, S. D. (1884).

Album in-4° oblong de 48 p. de dessins en couleurs accompagnés chacun de quelques lignes de t.

La Province à cheval, texte et dessins par Crafty. *Paris, Plon*, 1886.

1 vol. in-4° de X-404 p. Même format, même dédicace et même genre d'illustrations que *Paris à cheval*.

La Chasse à courre. Notes et croquis par Crafty. *Paris, Plon*, S. D. (1886).

Album in-4° de 48 pl. en couleurs accompagnées chacune de quelques lignes de t.

A travers Paris Texte et dessins par Crafty. *Paris, Plon*, S. D. (1887).

Album in-4° de 48 p. de dessins en couleurs avec un texte explicatif.

Album Crafty. Les chevaux. *Paris, Plon*, S. D. (1888).

Album gr. in-4° de 44 p. de dessins en noir, avec une simple légende.

Paris au bois. Texte et croquis par Crafty. *Paris, Plon*, 1890.

1 vol in-4° de 325 p. Très nombreux dessins en noir et en couleurs d. l. t. et h. t.

Album Crafty. Quadrupèdes et Bipèdes. *Paris, Plon*, S. D. (1891).

Album gr. in-4° de 46 p. de dessins en noir avec une légende.

Album Crafty. Croquis parisiens *Paris, Plon*, S. D. (1892).

Album gr. in-4° de 46 p. de dessins en noir, avec une légende. Les chevaux y tiennent moins de place que dans les autres ouvrages analogues.

Anciens et nouveaux sports. Paris sportif. Texte et dessins par Crafty. *Paris, Plon*, 1896.

1 vol. in-4° de 322 p. Dédicace à M. Armand Genest. Très nombreux dessins en noir, d. l. t. et h. t. Les p. de 220 à la fin concernent les sports hippiques.

Sur le Turf. Texte et dessins de Crafty. Courses plates et steeple-chases. *Paris, Plon*, 1899.

1 vol. in-4° de IV-404 p. Dédicace au baron Finot. Très nombreux dessins en noir d. l. t. et h. t.

M. Victor Gérusez, toujours sous le nom de Crafty, a fourni, jusqu'à la fin de sa vie, de nombreux dessins aux publications illustrées sportives et autres, et particulièrement à la *Vie Parisienne*. Il a en outre illustré les ouvrages suivants : *Les Chasseurs*, par Gyp, *Paris, Calmann-Lévy*, 1866 ; *Les Courses de Chevaux en France*, par A. de Sᵗ-Albin, *Paris, Hachette*, 1890 ; *A pied, à cheval, en voiture*, par Paul Gérusez (son frère), *Paris, Lévy*, 1895 ; *Dressage et Menage*, par le Cᵗᵉ de Comminges, *Paris, Plon*, 1897 ; *Le cheval de chasse en France*, par Paul Gérusez, *Paris, Rothschild*, 1898. (Voy. ces noms). Ses autres ouvrages ou dessins ne traitent pas de sujets hippiques.

CRAMER (F.-A.), voy. SOLDATS SUISSES AU SERVICE ÉTRANGER.

CRAPELET (Georges-Adrien).
Imprimeur et philologue français, 1789-1842.

Le Pas d'armes de la Bergère, maintenu au Tournoi de Tarascon; publié d'après le Manuscrit de la Bibliothèque du Roi, avec un précis de la Chevalerie et des Tournois, et la relation du Carrousel exécuté à Saumur, en présence de S. A. R. Madame, Duchesse de Berry, le 20 juin 1828; par G. A. Crapelet, Imprimeur. *Paris, Imp. Crapelet*, 1828.

1 vol. gr. in-8° de IV-151 p., avec une gravure coloriée.

Même ouvrage, 2ᵉ Ed^{on}, 1835.
Sans changement.

Cérémonies des Gages de Bataille selon les Constitutions du bon roi Philippe de France, représentées en Onze Figures; suivies d'instructions sur la manière dont se doivent faire Empereurs, Rois, Ducs, Marquis, Comtes, Vicomtes, Barons, Chevaliers; avec les Avisemens et Ordonnances de guerre; publiées d'après le Manuscrit de la Bibliothèque du Roi, par G. A. Crapelet, Imprimeur, Chevalier de la Légion d'honneur, Membre de la Société royale des Imprimeurs de France. *Paris, Imp. Crapelet*, 1830.

1 vol. gr. in-8° de XII-88 p. avec 11 pl. h. t. lithog.

La 1ʳᵉ partie de l'ouvrage jusqu'à la p. 36 ainsi que les 11 pl. contiennent l'ordonnance et les règles d'après lesquelles se faisaient les combats singuliers, joutes et passes d'armes à cheval.

CRAZANNES (René-Paulin-Antoine CHAUDRUC DE).
Officier de cavalerie français, né en 1867, capitaine en 1901.

Les Etendards du 5ᵉ Cuirassiers, par le Capitaine de Crazannes. A-propos dit par l'auteur à la Fête du Centenaire de Wagram le 6 Juillet 1909. *Tours, Imp. Deslis*, S. D. (1909).

Broch. in-16 de 15 p.
Suite de 12 petites pièces de vers sur les campagnes auxquelles le régiment a pris part.

CRÉCY (LE VICOMTE DE).
Quelques réflexions sur le Dressage des jeunes Chevaux. *Besançon, Paul Jacquin*, 1887.

Broch. in-12 de 24 p., signée à la fin.
L'auteur ne s'occupe que du simple débourrage à la selle d'un cheval entièrement neuf. Il suit une progression sage et prudente.

CRÉMIEUX (aîné)
Création projetée de deux Courses destinée aux Poulains à naître ou âgés seulement d'un an. Proposition qui a été publiée par le *Journal des Haras* dans son numéro du 1ᵉʳ Février dernier. Par M. Crémieux aîné. *Paris, Imp. de Decourchant*, 1830.

Broch. in-8° de 16 p.
Enoncé de la proposition, considérations à l'appui et projet de règlement. A la fin, note approbative des Éditeurs du *Journal des Haras*.

CRÉPIN (Jean-Baptiste).
Vétérinaire français, 1788-1866.
Breveté vétérinaire à Alfort en 1811, il servit au 20ᵉ Dragons et fut fait prisonnier à Leipzig. Il s'échappa peu après et s'établit plus tard à Paris. En 1844, il faisait partie de la *Société vétérinaire du dép^{t} de la Seine*, point de départ de la *Société centrale vétérinaire* dont il fut deux fois président.

Quelques mots sur un système de ferrure dit podométrique, à froid et à domicile, que l'on s'efforce de substituer, dans l'armée, à la ferrure pratiquée partout où l'on ferre bien, proprement, solidement et avec économie, adressés à l'auteur dudit système et à toutes les personnes que le sujet intéresse; par M. Crépin, Maréchal-ferrant, Membre de la Société médicale d'émulation et de la Société de Médecine de Paris ; Sécrétaire-général de la Société vétérinaire de la Seine. *Paris, Imp. Alexandre Bailly*, 1845.

Broch. in-8° de 44 p.
Réquisitoire acerbe contre la ferrure à froid — qui fut pendant un moment adoptée dans l'armée. (Voy. Dabrigeon et Riquet).

CRÉPIN (Lucien), voy. CAVAL-CADES DE DOUAI.

CRÉQUI (P. DE).
Contribution à l'étude des Tics d'habitude chez le Cheval, l'Ane et le Mulet, notamment du Tic à la Crèche ou Tic à l'Appui et des Moyens de les Guérir, par P. de Créqui. *Paris, Imp. Commerciale,* S. D. (vers 1909).
Broch. pet. in-8° de 15 p. avec 2 fig. d. l. t.

CRESCENS ou CRESCENZI (Pierre DE ou DES), en latin DE CRESCENTIIS (Petrus).
Célèbre agronome italien, né à Bologne en 1230, mort vers 1320. On ne sait guère de sa vie que ce qu'il en raconte lui-même dans la préface de son ouvrage. Il étudia dans sa jeunesse la logique, la médecine et les sciences naturelles, puis fut avocat et assesseur au Podestat de Bologne d'où les troubles l'obligèrent ensuite à s'éloigner. Il voyagea alors pendant 30 ans, s'occupant de recueillir des observations agricoles. Rentré à Bologne à plus de 70 ans, il y fut nommé sénateur et continua ses expériences dans un domaine qu'il possédait près de cette ville. « Ce fut sur l'invitation de Charles II, roi de Sicile, mort « en 1309, qu'il composa son *Traité* « *d'Économie rurale* dans lequel il réunit « à une théorie lumineuse les résultats « certains d'une longue pratique exempte « de beaucoup de préjugés qui étaient « encore en faveur plus de 300 ans « après... »
Son Traité, composé en latin, resta longtemps manuscrit, mais fut néanmoins très répandu et même traduit dans plusieurs langues, notamment en français par l'ordre du roi Charles V.
Il fut ensuite imprimé pour la 1re fois en 1471, en latin ; peu après, en 1486, en français, et, vers la même époque, dans presque toutes les langues de l'Europe, principalement en italien. Son succès fut considérable et mérité, et fut prouvé par les très nombreuses éd^{ons} qui se succédèrent rapidement.
Suivant le plan que je me suis tracé, je ne donnerai la description que des éd^{ons} latines et des traductions françaises que j'ai pu rencontrer.
Dans toutes, d'ailleurs, l'ouvrage se compose de XII livres, et c'est le livre IX qui traite des animaux entretenus dans une exploitation rurale. Ce livre se divise en 105 courts chapitres ; les 57 premiers concernent le cheval, le 58e le mulet et le 59e l'âne. Crescens y traite de l'âge, de l'extérieur, du dressage, de la nourriture, des soins, de l'écurie, des signes auxquels on reconnaît les qualités et les défauts du cheval, et enfin de ses maladies, y compris celles du pied, avec leurs remèdes. Cette dernière partie est la plus étendue.
De plus, dans le livre XI, qui contient les récapitulations de tout l'ouvrage, les chap. XLIV à XLVIII concernent aussi le cheval.

1° **Éditions latines.**

Petri de Crescentiis ciuis Bononiensis epistola in librũ comodor. ruralium.
Ce titre est en tête du texte. Il est suivi d'une lettre dédicatoire de Crescens (1) « venerabili... patri aimerico de placetia, sanctissimi ordĩs frat. p̃dicatorũ generali... »
A la fin :

Petri decrescentiis ciuis bonoñ ruraliũ cõmodorum libri duodecim finiunt feliciter *p. iohannẽ Schussler ciuem augustensem* (2) *impressi.* circit. XIII Kalendas marcias. Anno vero a partu Virginis salutifero Millesimo quadringentesimo et septuagesimo primo (1471).
1 vol. in-f° de 209 f^{ts} non paginés, à longues lignes de 35 à la p. ; initiales rubriquées, caractères gothiques se rapprochant beaucoup des caractères romains (gothique réformé).
L'ouvrage, malgré la beauté de l'impression et la netteté des caractères, est difficile à lire : les différents chapitres sont à peine séparés et le texte se suit sans intervalles ; de plus, les mots présentent des abréviations considérables.

In nomine sancte et individue Trinitatis amen. (suit la même dédicace qu'à l'éd^{on} précédente après laquelle on lit :) Incipit liber ruraliũ comodorũ a Petro de Crescentiis cive Bonoñ : ad honorẽ dei omnipotentis : et serenissimi regis Karoli cõpilatus.
A la fin, imprimé en rouge :

(1) Cette dédicace se trouvait sans doute sur le manuscrit que Schussler avait entre les mains, car Crescens était mort depuis longtemps à l'époque de l'impression de l'ouvrage.
(2) Citoyen d'Augsbourg.

Presens opus ruralium comodorum Petri de crescentiis, quodam industrioso caracterisandi stilo : novissime omnipotentis dei suffragio adinvēto extitit hac littera vera modernata abscisa♃ formata *impressum p. Joannem de westfalia Paderborneñ dyocesis. In alma ac florētissima universitate Louaniēsi residente.* Anno incarnationis dominice, 1474 . mensis Decembris die nona.

1 vol. in-f° de 196 f^ts non paginés à 2 col. de 42 lignes chacune. Initiales rubriquées et, dans certains exemplaires, rehaussées en or et couleurs, caractères gothiques modernisés comme dans l'éd^on précédente.

In nomine sancte et individue Trinitatis, amen. (Suit la dédicace, comme ci-dessus). Incipit liber ruralium cōmodorum a Petro de Crescentiis cive Bononiensi ad honorē dei ōipotentis et serenissimi regis. Kraoli (sic) opilatus. (sic.)

A la fin :

Presens opus ruralium comodorum Petri de Crescentiis hoc industrioso caracterisandi stilo ad cuncto♃ utilitatem omnipotentis dei suffragio novissime impressum ē *in domo Johannis de Westfalia. Alma ac florentissima in universitate Lovaniensi.* S. D. (vers 1480).

1 vol. in-f° de 196 f^ts à 2 col. de 41 lignes chacune. Caractères gothiques modernisés, belles rubriques.

Opus ruralium commodorum Petri de crescentiis.

Au f^t suivant :

Petri de crescentiis civis Bononiensis epistola commodorum ruralium. In nomine sancte et individue trinitatis amen.

Suit la dédicace à Aymeric de Placentia (Plaisance), général des frères prêcheurs ; après cette dédicace et sur la même p. :

Incipit liber ruralium cōmodo♃ a Petro de crescētiis cive bononiensi ad honorē dei omnipotētis et serenissimi regis Karoli copilatus.

Suit la table. A la fin :

Finis ruralium cōmodorū Laus sit altissimo qui vivit per seculo♃ secula sine fine benedictus amen.

Presens opus ruraliū cōmodo♃ Petri de Crescentiis hoc industrioso caracterisandi stilo ad cuncto♃ utilitatē omnipotētis dei suffragio impressum est argentine. Anno domini 1486. *Finitum qnta feria ante festum sancti Gregorii.*

1 vol. in-f° de 147 f^ts non ch. Caractères gothiques, texte à 2 col., initiales laissées en blanc et, dans certains exemplaires, très élégamment ornées à la main, 46 lignes à la p. Aucun nom d'imprimeur ni de libraire. Belle impression en ancien gothique. L'ouvrage est rempli d'abréviations qui le rendent assez difficile à lire.

Petri de Crescentiis Civis Bononieñ in commodū ruralium cum figuris libri duodecim.

1 vol. in-f° de 153 f^ts chiffrés à 2 col. de 53 lignes, plus 4 f^ts non ch. pour le *Registrum*, qui contient une table détaillée des livres et de leur contenu. Le *Prohemium* est à longues lignes. Caractères gothiques, nombreuses fig. sur bois, assez grossières. Il y en a 8 pour le cheval, 1 pour le mulet et 1 pour l'âne. Il n'y a aucune indication de lieu ou d'année de publication, ni de nom d'imprimeur. D'après les uns l'ouvrage aurait été imprimé à *Louvain ;* d'après d'autres à *Strasbourg,* mais en tout cas vers 1500.

De agricultvra omnibusqve plantarvm & animalivm generibus, Libri XII in quibus nihil non experientia comprobatum, causaq. & vires rerum ita explicatæ, ut confidamus non solū œconomiæ studioso & medico, verumetiam philosopho aliquid hinc accessorum. Autore optimo agricola & philosopho Petro Crescentiensi. Qui hæc senator Bononiæ, multis legationibus functus, rogatu regis Siciliæ Caroli, ante An. CXX literis mandavit. Nunc autem tandem castigata ad exemplaria, autoris tempore scripta. *Basileæ per Henricum Petrum.*

A la fin :

Basileæ ex Aedibus Henrici Petri Mense Augusto anno 1538.

1 vol. pet. in-f° de 20 f^ts non ch. pour le titre avec la marque de l'imprimeur, la dédicace de Crescens « Serenissimo et Potentissimo principi D. Carolo, gratia Dei Hierusalem & Siciliæ regi », l'index

alphab. à 2 col. et 574 p. de texte, la dernière chiffrée par erreur 564, plus 1 ft pour la marque de l'imprimeur, répétée au verso. Caractères italiques.

De omnibus agriculturæ partibus, & de Plantarum animaliumq ; natura & utilitate lib. XII non minus Philosophiæ & medicinæ, quàm œconomiæ, agricolationis pastionumq. studiosis utiles. Per longo rerum usu exercitatum optimum agricolam & Philosophum Petrum Crescentiensem principem Reipub. Bononiensis, probata fide & doctrina conscripti ad Carolum Sicilie regem, ante An. CXXXX Ad autoris tempore scripta exemplaria denuò collati & emendati. *Basileæ per Henricum Petri* (1548).

1 vol. in-f° de 6 fts non ch. pour le titre, la dédicace au roi Charles II (entourée d'une décoration ornementale), l'index et 386 p. de texte, la dernière portant en souscription : *Basileæ per Henricum Petri.* Mense Martio. Anno 1548, plus un ft blanc portant sa marque au verso. Nombreuses fig. sur bois d. l. t. dont 6 pour le cheval, le mulet et l'âne. Lettres ornées en tête de chaque livre, caractères romains ordinaires, belle impression.

2° Editions françaises.

Le Prologue — Cy commence le livre des ruraulx prouffitz du labour des chāps — Le quel fut compile en latin par Pierre des crescens bourgois (sic) de boulongne la grasse. Et depuis a este translate en françoys ala requeste du roy Charles de France, le quint de ce nom. Et premierement s'ensuyt... etc.

(Il n'y a pas de titre proprement dit. La note ci-dessus forme le commencement du texte.)
A la fin :

Cy fine ce present liure intitule des prouffitz chāpestres et ruraulx compile par maistre Pierre des crescens bourgeois de boulongne la grasse *Et iprime a paris par Jehan bon hōme libraire de l'universite de Paris* le xv iour d'octobre 1486.

1 vol. in-f° non paginé de 226 fts d'après Hain. L'exemplaire que j'ai eu sous les yeux en compte 243 ; texte sur deux col., caractères gothiques, lettres initiales rubriquées et ornées. Il y a quelques fig. sur bois dont une est répétée plusieurs fois.

D'après Hain, certains exemplaires de cette édon porteraient l'indication : *à Paris, pour Antoine Vérard,* 10 Jul. 1486.

Le Liure des prouffitz champestres et ruraulx. Touchant le labour des chāps vignes et iardis (sic). Pour faire puys, fontaines, citernes, maisons et aultres edifices. Lequel a este extraict du iardin de sante du grand proprietaire de Virgile et de plusieurs aultres docteurs auctentiques. Et fut iadis compose par Maistre pierre des crescens contenāt la vertu des herbes et de faire entes et arbres de plusieurs sortes. Contient aussi la maniere de nourrir et garder chevaulx et mules et a congnoistre leur nature silz sont bōs. Traicte aussi des beufs vaches cheures, moutons, pourceaulx et aultres bestes domestiques. *Imprime a Paris pour Jehan petit et Michel le noir Libraires iurez en Luniversite de Paris.*

A la fin, après une invocation à Dieu, à la Vierge et à Saint Denis :

Cy fine ce present liure intitule des prouffitz champestres et ruraulx. Cōpile par maistre Pierre des crescens bourgeoys de Boulongne la grasse. *Imprime nouuellement a Paris pour Jehan Petit et Michel le noir libraires iurez en luniversite de Paris* et fut acheue le troisième iour de decembre mil cinq cens et seize (1516).

Au-dessous, marque de Jehan Petit. 1 vol. pet. in-f° de 6 fts non ch. pour le titre et la table et 136 fts ch. Le ft 96 est répété 2 fois et il n'y a pas de ft 98. Au-dessous du titre, grande vignette qui représente Crescens composant son ouvrage ; au verso, autre qui le montre présentant son livre au roi Charles II. Plusieurs fig. sur bois d. l. t. Texte à 2 col., caractères gothiques, lettres ornées en tête des chapitres.

Même ouvrage, même titre (jusqu'aux mots autres bestes domestiq̄s). *Imprime a Paris En la grāt*

CRE — 330 — CRE

rue saint Jaques a lenseigne de la roze blanche couronee.

A la fin :

Cy fine ce present liure... (etc., comme ci-dessus). *Imprime nouuellemēt a Paris par la veufue de feu michel le noir libraire iure en luniversite de Paris.* Et fut acheue Le quinziesme iour de iuing Mil cinq cens et vingt et ung (1521).

Au-dessous, marque de Michel le Noir avec sa curieuse devise : *Pour acquérir — son doulx plaisir — C'est mon désir — de bien servir.*

1 vol. pet. in-f° avec les mêmes pagination, y compris la faute du f^t 96, disposition, caractères et fig. qu'à l'éd^{on} de 1516 ci-dessus décrite. Ce sont cependant deux éd^{ons} différentes.

Même ouvrage, même titre (sauf qu'il n'y est pas question des bœufs, vaches, chèvres, moutons et pourceaux). *Imprime a Paris, en la grāt ruë sainct Jaques a lenseigne de la roze blanche couronnee.*

Ce titre, rouge et noir, se trouve dans un curieux encadrement de fig. grotesques et scatologiques.

A la fin :

Cy fine ce present livre intitule des prouffitz champestres et ruraux. Compile par maistre Pierre des crescens, bourgeois de Boulongne la grasse. *Imprime nouuellement a Paris p Philippe le noir libraire et lung des deux relieurs de liures iurez en luniversite de P.* Et qui fut acheue le quinziesme iour de Freuier (sic) Mil cinq cens XXIX (1529).

Au verso de ce f^t, belle marque à pleine p. de Philippe Le Noir.

1 vol. pet. in-f° de 4 f^{ts} non ch. pour le titre et la table et 136 f^{ts} ch. Caractères gothiques, à longues lignes. Fig. sur bois, quelques-unes répétées.

Maistre Pierre des Crescens. Le livre des prouffitz chāpestres et ruralx. Lequel a este extraict du Jardin de sante du grāt Proprietaire de Virgile et de plusieurs aultres docteurs auctentiques. Et fut iadis cōpose par Maistre Pierre des crescens bourgeys de Boulongne la grasse. Et depuis a ete translate de latin en frāçoys a la requeste du roy Charles V^e de ce nom. Declarāt le labour des champs vignes et iardins. Pour faire puys fontaines, cisternes maisons et aultres edifices. Contenant la vertu des herbes et de faire entes et arbres de plusieurs sortes. Contient aussi la maniere de nourrir et garder cheuaux et mules et a cognoistre leur nature silz sont bons. Traicte aussi des beufz vaches chieures moutōs pourceaulx et aultres bestes domestiques. Avec les maladies qui leur surviēnent et les remedes dicelles. Nouuellemēt corrige et en plusieurs lieux mis en meilleur ordre que ceulx qui ont este imprime par cy deuant. *On les vend a Lyon en la maison de Claude nourry dict Le prince : pres nostre dame de Confort.*

Ce titre, rouge et noir, est encadré de fig. de saints personnages. Au milieu, portrait de Crescens, différent des précédents : il est sans barbe. Au verso, portrait du roi : Charles II de Sicile (ou Charles V de France ?).

A la fin :

Cy fine le present liure intitule des prouffitz champestres et ruraulx. Compose par maistre Pierre des Crescens bourgeoys de Boulongne la grasse. Et depuis a este translate de latin en frāçoys a la requeste du roy Charles V^e de ce nom. *Imprime nouuellement a Lyon par Claude Nourry dict Le Prince.* Et fut acheue le xxviiie iour de May Lan de nostre seigneur mil cinq cens et trente (1530).

Au-dessous, marque de l'imprimeur : un cœur couronné au-dessus d'un lion rampant avec la devise : *Cor contritum et humiliatum Deus non despicies.*

1 vol. in-f° de 8 f^{ts} non ch. pour le titre et la table et 171 f^{ts} ch. ; fig. sur bois en tête de chaque livre, caractères gothiques, texte à 2 col.

Le liure des prouffitz chāpestres et ruraulx touchāt le labour des champs edifices de maisons puys et cysternes compose par maistre Pierre des crescens bourgeoys de boulongne la grasse. Contenant la vertu des plantes, herbes, bestes et autres choses moult utiles et prouffitables à toutes gens. Et de plusieurs nomme le*s* mesnaiger nouuellement corrige et *imprime en paris pour Jacques huguetan* (sic) *marchant libraire de lyon*. Et en trouvera len a vendre a Paris a lymage nostre dame devât saint benoist en la rue saint iacques, Et a lyon en la rue merciere en la maison dudit Jaques Huguetau.

Marque de Jacques Huguetau sur le titre.

A la fin :

Cy fine ce presāt liure intitule des prouffitz champestres et ruraulx Compile par maistre pierre des crescens bourgeois de bouïogne la grasse. *Et imprime a paris par maistre thomas du guernier Demourant a la grant rue de la herpe deuant la rue de la percheminirie. Pour honnorable hôme Jaques Huguetau Marchant Lybrayre demourât a Lyō a la rue merciere. Ou a la grant rue sainct iaques a Paris devât sainct benoist.* S. D. (vers 1530).

1 vol. in-f° de 7 f^{ts} non ch. pour le titre et la table, 186 f^{ts} ch. à 2 col., caractères gothiques. Mêmes fig. sur bois qu'à l'éd^{on} f^{se} de 1486 décrite plus haut.

Même ouvrage, même titre qu'à l'éd^{on} de 1529 de Philippe le Noir décrite ci-dessus et entouré de mêmes fig. grotesques et licencieuses.

A la fin, *même souscription*, avec le millésime de 1532.

1 vol. in-f° de 4 f^{ts} non ch. pour le titre et la table et 136 f^{ts} ch. Texte à 2 col., caractères gothiques, mêmes fig.

Le bon Mesnager. Au present volume des prouffitz champestres et ruraulx est traicte du labour des Champs, Vignes, Jardins, Arbres de tous especes. De leur nature et bonté, de la nature et vertu des herbes, de la maniere de nourrir toutes bestes, volailles et oyseaulx de proye. Pareillement la maniere de prendre toutes bestes saulvages, poissons et oyseaulx. Œuvre moult utile et prouffitable. Ledit liure côpile par Pierre des Crescens iadis bourgeoys de Boulongne la grasse.

Nouuellemēt corrige, veu et amendé sur les vielz originaulx au paravāt imprimez. Audit liure est adiousté, oultre les précedentes impressions : la maniere de enter, planter et nourrir tous arbres, selon le iugement de maistre Gorgole de Corne. *On les vend a Paris... en la boutique de Galliot du Pré*.

A la fin :

Le present liure fust acheve de imprimer a Paris par Nicolas Cousteau imprimeur demourant audict lieu le xve iour de Janvier mil cinq cens XXXIII (1533).

1 vol. in-f° de 8 f^{ts} non ch. pour le titre et la table, 185 f^{ts} ch., plus un dernier f^t avec une pl. d'armoiries, texte à 2 col., caract. gothiques, fig. sur bois (1).

Même ouvrage, même titre. *On les vend a Paris en la rue saint Jacques a lenseigne du Pellican deuant sainct yues*.

A la fin :

Le present liure fut acheve de imprimer (sic) *a Paris* le XXIIe de auril lan mil cinq cens XXXVI. (1536).

1 vol. in-f° de 6 f^{ts} non ch. pour le titre, le prologue et la table et 174 f^{ts} ch. Texte à 2 col.; caractères gothiques, très belle impression, 3 fig. sur bois. Aucun nom de libraire ni d'imprimeur sur l'exemplaire que j'ai consulté, mais, d'après un catalogue de vente, il existerait des exemplaires de cette éd^{on} au nom du libraire *Iehan André, au premier pillier de la grand salle du Palais*.

Le Livre des prouffitz châpestres et ruraulx Compose par Maistre Pierre des Crescens selon la doctrine des anciens ascauoir de Aristote, Theophraste, Dioscorides, Cato, Columella, Palladius, Pline et aultres qui ont diligēment traicte des labours et fruictz de la terre. Traduict de langue Tuscane en Francoys. Auquel est traicte de la cognoissance du bon Air de la boñe terre, des bonnes Eaues, du Labour des châps, Vignes, Jardins Arbres

(1) Je n'ai pas réussi jusqu'ici à rencontrer cette éd^{on}. Je ne garantis pas l'exactitude absolue de la description que j'en donne d'après deux catalogues de vente et le ca^talogue Huzard.

de toutes sortes et de la maniere de les enter. De la nature et vertu des herbes, de la maniere de nourrir toutes bestes volailles et oyseaulx de Proye Pareillemēt la maniere de prendre toutes bestes sauvages poissons et oyseaulx. Ledict liure a este nouuellement reveu et diligemment corrige sur ung ancien exemplaire en langue Tuscane. *On les vend a Lyon en la maison de Pierre de Saincte Lucie dict le Prince, pres Nostre Dame de Confort.*

A la fin :

Cy fine le present liure intitule des prouffitz champestres et ruraulx compose par maistre Pierre des Crescens bourgeoys de Boulōgne la grasse. Et depuis a este translate de Latin en Francoys a la requeste du Roy Charles cinquiesme de ce nom. *Imprime nouuellemēt a Lyon par Pierre de Saicte* (sic) *Lucie dict le Prince*. Lan de grace mil cinq cens trente et neuf (1539).

1 vol. pet. in-f° de 8 f^is non ch. pour le titre et la table, 171 f^ts ch. à 2 col., caractères gothiques, quelques fig. sur bois.

A remarquer que cette éd^on est traduite d'italien en français et non de latin en français, comme toutes les autres.

Même ouvrage, même titre qu'à l'éd^on de 1533, chez *Galliot du Pré* et imprimée par *Nicolas Cousteau*, décrite ci-dessus. *On les vend a Paris en la rue neufve nostre dame a l'enseigne de sainct Nicolas*, 1540.

A la fin :

*Le present liure fut acheue de imprimer a Paris, par Estienne Caueiller le xvie iour Da*p*uril mil cinq cens* XL (1540).

1 vol. petit in-f° de 6 f^ts non ch. pour le titre rouge et noir, le prologue, l'ordonnance des livres de ce présent volume, la table et 174 f^ts ch. à 2 col., caractères gothiques. Une seul fig. au commencement, représentant une habitation seigneuriale devant laquelle circulent plusieurs animaux sauvages.

Le catal. Huzard signale des exemplaires également imprimés par *Etienne Caveiller* en 1540, l'un au nom de *Charles Langellier* et l'autre à celui de *Denis Janot*, tous deux libraires. C'est vraisemblablement la même éd^on.

Je ne connais pas d'éd^ons latines postérieures à 1548 ni de françaises postérieures à 1540 et d'ailleurs ni le catal. Huzard, ni ceux des Bib. Nat^le et Mazarine n'en mentionnent aucune. Mais il ne s'agit que de l'ouvrage *complet* : l'extrait qui comprend les plantations ainsi que la manière d'enter et de greffer a été souvent réimprimé depuis.

L'ouvrage de Crescens est très curieux et très intéressant. La partie hippique est bien une œuvre personnelle dans laquelle il se montre observateur sagace et consciencieux. Pour l'extérieur et la connaissance du cheval, il donne en général de bons principes. Pour les maladies et les remèdes, il faut sans doute faire une large part à l'époque à laquelle il écrivait, car alors la médecine vétérinaire était encore dans l'enfance ; mais les chap. où il en traite portent bien aussi sa marque personnelle et il ne paraît pas certain qu'il ait connu les œuvres des anciens hippiâtres grecs. En tout cas, il faut lui savoir gré de décrire soigneusement chaque maladie avant d'en indiquer le remède, ce que nombre de ses successeurs ont négligé ; et aussi d'avoir donné des remèdes plus simples, plus sages et moins barbares que ceux, souvent si extravagants, des hippiâtres et des maréchaux italiens et français qui ont écrit après lui.

Toutes les éd^ons de Crescens, surtout les premières, sont rares et recherchées et atteignent des prix élevés dans les ventes.

CRESTEY (Pierre-Charles-Jacques-Nicolas).

Officier de cav^ie français, 1795-1863. Engagé volontaire dans le génie, il avait fait toute sa carrière dans cette arme en France, à la Martinique et au Sénégal, et il était capitaine depuis1832 quand il passa en 1835 aux spahis réguliers d'Alger comme adjudant-major. Major en 1839 au 4e chasseurs d'Afrique, puis chef d'escadrons au même régiment, il fut retraité d'office en 1845, malgré de beaux états de services, à la suite de la publication d'une brochure où il attaquait violemment Yusuf, alors colonel.

Considérations générales sur la Cavalerie d'Afrique, — 1re Partie. Un mot de vérité sur la cavalerie indigène — 2e Partie. Des chasseurs d'Afrique. Importance de cette cavalerie d'élite. Par M. Crestey,

Chef d'escadrons au 4ᵉ régiment de Chasseurs d'Afrique. *Alger, Imp. A. Bourget*, Novembre 1844.

Broch. in-8° de 47 p.

Curieux ouvrage dont la 1ʳᵉ partie est un violent réquisitoire contre les troupes indigènes. Les spahis, dit l'auteur, coûtent très cher et sont lâches et traîtres. Ce tableau passionné est suivi d'un éloge des chasseurs d'Afrique qui ont toutes les vertus, et dont Crestey veut organiser 12 régiments, avec des escadrons à gros effectifs, chacun d'eux installé dans une ferme-modèle et se suffisant à lui-même. L'avenir, en prouvant de plus en plus l'utilité des troupes indigènes dans nos diverses colonies, a démenti les théories exclusives de Crestey.

CREUTZ, voy. ANALYSE DE L'ORDRE... DE LA CAVALERIE.

CREVAT (Jules).

Agronome français.

Nouvelle Méthode de rationnement. Ouvrage couronné par la Société des Agriculteurs de France (1885) — Alimentation rationnelle du Bétail, par Jules Crevat, Agriculteur praticien, ancien Elève de l'Ecole d'Agriculture de la Saulsaie, Membre de la Société des Agriculteurs de France. *Lyon, Auguste Cote*, 1885.

1 vol. in-18 de xvi-454 p.

Même ouvrage, même titre. Par Jules Crevat, Agriculteur praticien, ancien Elève de l'Ecole d'Agriculture de la Saulsaie, Membre correspondant de la Société nationale d'Agriculture de France, Membre de la Société des Agriculteurs de France — *Nouvelle Edition*, considérablement augmentée — *Lyon, Auguste Cote*, S D. (1894).

1 vol. in-8° de xvi-484 p.

Dans cet ouvrage, un grand nombre de généralités concernent le cheval. De plus, le Chap. 1 de la 2ᵉ Partie, de la p. 169 à 217 dans la 1ʳᵉ édᵒⁿ, et de la p. 199 à 245 dans la 2ᵉ, lui est entièrement consacré.

CROCHOT (Henri-Louis).

Enzootie typhoïde du Cheval à Auxerre et ses environs en 1881, du 13 Août au 10 Décembre, par M. Cróchot, Médecin Vétérinaire à Auxerre. *Auxerre, Imp. Albert Gallot*, S. D. (1882).

Broch. in-8° de 11 p. (Extrait du *Bulletin de la Société Médicale de l'Yonne*).

L'opuscule contient 17 observations. L'auteur traite ses malades par la méthode dosimétrique.

CROIX D'HEUCHIN (Ernest-Charles-Eugène, MARQUIS DE).

Ancien officier de cavalerie, homme politique, agronome et éleveur français, 1803-1874. Il sortit à 18 ans de l'Ecole militaire comme sous-lieutⁿᵗ au 4ᵉ chasseurs, fit la campagne de 1823 en Espagne, accompagna comme officier d'ordonnance le Mᵃˡ duc de Raguse au sacre de l'empereur de Russie en 1826, et donna sa démission en 1832 ; il était alors capitaine au 6ᵉ hussards. Il s'occupa désormais, dans ses propriétés du dépᵗ de l'Eure, d'agriculture et particulièrement de l'élevage et de l'amélioration du cheval. En 1852, il fut nommé sénateur, rentra dans la vie privée au 4 Sept. 1870 et mourut en Belgique à son château de Francwaret.

Remonte de l'Armée Française — Un Mot sur l'augmentation des Ressources chevalines dont elle a besoin pour pouvoir passer du pied de Paix au pied de Guerre par le Marquis de Croix, Propriétaire du Haras de Serquigny, ancien Officier de Cavalerie. *Rouen, Imp. Ch. F. Lapierre*, S. D. (1872).

Broch. in-8° de 7 p.

La Vérité sur les Etalons de l'Etat et sur ceux de l'Industrie privée, faisant suite à *Un Mot sur la Remonte de l'Armée Française*, par le Marquis de Croix, Propriétaire du Haras de Serquigny, ancien Officier de Cavalerie — Renseignements sur les Etablissements hippiques à l'étranger. *Rouen, Imp. Lapierre*, S. D. (vers 1873).

Broch. in-8° de 11 p.

CROQUEVILLE, voy. FITZ-JAMES (DUCHESSE DE).

CROSCO (DU), voy. LE BOUCHER DU CROSCO.

CRUYPLANTS (Louis-Théodore-Eugène).

Officier de cavˡᵉ, puis d'état-major belge, né en 1848.

Histoire de la Cavalerie Belge au service d'Autriche, de France, des Pays-Bas et pendant les premières années de notre nationalité, par Eugène Cruyplants, Officier d'État-Major de la Garde Civique de Gand. *Gand, Imp. Vanderhaegen,* 1880.

. 1 vol. in-8° de xii-422 p., avec 7 pl. h. t.

Ouvrage tiré à cent exemplaires dont la plupart ont été offerts en hommage par l'auteur.

Même ouvrage, même titre ; par le Capitaine E. Cruyplants, Aidé de Camp du Général-Commandant supérieur de la Garde civique de Gand, Officier de l'ordre de Takovo de Serbie. *Deuxième édition. Bruxelles, Spineux,* 1883.

1 vol. gr. in-8° de xii-423 p. avec 6 pl. en couleurs. Cette éd^{on} est revue et corrigée.

La Belgique sous la domination française (1792-1815). Les conscrits de 1813 dans les ci-devant Pays-Bas Autrichiens par le Major E. Cruyplants, aide de camp honoraire du Général Commandant Supérieur de la Garde civique de Gand, Chevalier des ordres de Léopold de Belgique et de la Couronne de Chêne des Pays-Bas, officier des ordres de Takowo de Serbie et du Cambodge (République française), Officier d'académie, collaborateur de la Belgique militaire, &a, &a. *Bruxelles, Imp. Gustave Deprez,* 1901.

1 vol. in-8° de xv-571 p. Dédicace « à la glorieuse mémoire des soldats nés dans les Provinces Belgiques, tombés sur les champs de bataille de l'Europe au service de la République et de l'Empire français ».

De la page 54 à la p. 157, l'ouvrage concerne la cavalerie française, Carabiniers, 1e; 5e. 8e, 9e, 14e Cuirassiers, 2e, 14e, 17e, 20e Dragons, 27e Chasseurs, Chevau-légers Lanciers, 3e et 9e régiments ; puis de la p. 264 à la p. 382, les Grenadiers à cheval, Dragons de l'Impératrice, Chasseurs à cheval, Compagnie des Mamelucks, Lanciers rouges, Gendarmerie, Gardes d'Honneur de la Garde Impériale, et apporte ainsi une intéressante contribution à l'historique de ces corps.

CUBIÈRES (Simon-Louis-Pierre, MARQUIS DE).

Agronome et naturaliste français, 1747-1821. Il fut d'abord page de Louis XV, puis écuyer cavalcadour et capitaine de cavalerie. Apprécié de la cour, des artistes et des gens de lettres, il donnait de brillantes fêtes dans son hôtel où il avait rassemblé des collections minéralogiques et installé un laboratoire de physique et de chimie. Aux journées d'octobre, il faillit être massacré, fut emprisonné au 10 août et. sortit de prison à peu près ruiné. Il devint sous l'Empire conservateur du Jardin de Versailles et installa chez lui une pépinière qui lui permit d'entreprendre un fructueux commerce d'arbres d'agrément. A la Restauration, il reprit son service d'écuyer cavalcadour et mourut subitement à 74 ans. Il était membre de l'Académie des sciences et écrivit de nombreux ouvrages sur la minéralogie et la botanique (1).

Rapport sur les Étriers élastiques de M. Granier fait à la 1re Classe de l'Institut de France en sa séance du 4 février 1811 par M. de Cubières l'aîné, Correspondant de l'Institut et membre de plusieurs Académies étrangères. *Versailles, J. P. Jacob,* 1811.

Broch. in-8° de 12 p.

Le rapport est contraire à l'invention qui est estimée inutile et dangereuse.

CUISIN (J.-P.-R.).

Fécond polygraphe français, 1777-18..

Le Peintre des Coulisses, Salons, Mansardes, Boudoirs ; Mœurs et Mystères nocturnes de la Capitale, ou Paris en miniature. Petite galerie, aussi instructive qu'amusante, et sous des formes allégoriques, d'esquisses philosophiques, sombres, gaies ou sentimentales, de secrets et usages inconnus de la première ville du Monde, par un Lynx Magicien. *Paris, chez François, Lib^{re} au Palais-Royal, l'An des bigarrures de l'Esprit humain,* 1822.

1 vol. in-18 de 305 p. Frontispice

(1) Une *Notice Biographique* sur le Mis de Cubières a été publiée en 1822 chez Mme Huzard par A.-F. Silvestre et une *Notice Historique sur sa vie et ses travaux* par le Ch^{er} A.-D.-J.-B. Challan, la même année et chez le même éditeur.

lith. se dépliant et représentant une répétition de ballet à l'Opéra.

Le Rideau levé ou petit Diorama de Paris Description des Mœurs et Usages de cette capitale ; par un Lynx Magicien. *Paris, Eymery ; ibid., Delaunay ; ibid., Martinet,* 1823.

1 vol. in-18 de 305 p. Frontispice lith. intitulé « un Songe prophétique ».

C'est la même éd^{on} que la précédente avec un titre et un frontispice nouveaux.

Cet ouvrage est cité ici à cause du chap. intitulé *Le Cirque Olympique de MM. Francony (sic) frères. Directeurs privilégiés...* qui donne quelques détails sur cet établissement, p. 87 et suiv.

L'ouvrage est anonyme, mais l'attribution à Cuisin est certaine.

CUISINIÈRE (LA) ASSIÉGÉE.

La Cuisinière assiégée ou l'Art de vivre en temps de Siège, par une Femme de Ménage — Il sera versé sur la vente de cet ouvrage 10 p. 100 à la Caisse des Veuves et Orphelins des défenseurs de Paris — Prix : 50 Centimes. *Paris, A. Laporte,* 1871.

Broch. in-8° de 36 p.

Plaquette rare et curieuse, destinée à faciliter l'alimentation pendant le siège de Paris. Elle concerne principalement l'hippophagie, et donne des recettes pour accommoder le *cheval, l'âne et le mulet,* mais aussi le chien, le chat et le rat.

L'ouvrage donne également un aperçu du prix des principaux comestibles pendant le siège : un chou-fleur coûtait 5 fr. ; un boisseau de pommes de terre, 25 fr. ; une livre de jambon, 45 fr. ; une livre de beurre, 40 fr. ; une dinde, 125 fr. ; une poule, 40 fr., etc., etc. ; le corbeau n'était relativement pas cher et ne coûtait que 3 fr.

Sur le même sujet, voy. Destaminil.

CULANT-CIRÉ (René-Alexandre, MARQUIS DE).

Officier de cavalerie français, littérateur et musicographe 1718-1788. Lieutenant au Régiment du Roi en 1736, capitaine au Régiment Royal-Pologne Cavalerie en 1739, s'est retiré pour affaires de famille en 1744 Commandant des Dragons garde-côtes (1) du pays d'Aunis en 1748, réformé en 1749 ; commandant des Dragons garde-côtes de Saintonge en 1756, avec rang de colonel ; rang de Mestre de camp en 1758.

Dans toutes les biographies — sauf dans le *Dictionnaire des Parlementaires* — on l'a confondu avec son parent Alexandre-Louis, Cte de Culant, brigadier des armées du Roi et député aux États-Généraux pour le baillage d'Angoulême, 1733-1799.

Remarques sur quelques Evolutions de la Cavalerie et des Dragons, présentées à Monseigneur le Maréchal Duc de Belleisle, Prince du Saint Empire, Chevalier des Ordres des Rois de France & d'Espagne, Ministre de la Guerre, Commandant en Chef, pour sa Majesté, sur toutes les Côtes de l'Océan, etc., etc., par le Marquis de Culant, Mestre de Camp de Dragons. *A Paris, chez Ch. Ant. Jombert, Imprimeur-Libraire du Roi pour l'Artillerie et le Génie, rue Dauphine, à l'Image Notre-Dame,* 1758.

Broch. in-4° de 8 p. avec 1 fig. de formation d. l. t. Dédicace laudative au M^{al} de Belleisle.

Le mouvement proposé est un demi-tour par compagnie dans un défilé resserré. Il parait qu'il ne plut pas au ministre.

Discours sur la manière de combattre de la Cavalerie contre l'Infanterie, en plaine, Par M. le Marquis de Culant, Mestre de Camp de Dragons. S. L. (*Paris, Jombert*), 1761.

Broch. in-8° de 22 p. avec 2 pl. de formations.

Discours sur la manière de combattre de la Cavalerie contre l'Infanterie, en plaine. Par M. le Marquis de Culant-Ciré, Mestre de Camp de Dragons. Imprimé chez Jombert, rue Dauphine, en 1761. Réimprimé & dédié à Sa Majesté le Roi de Prusse. *Se trouve à Paris chez les Libraires qui vendent les Nouveautés,* 1785.

Broch. in-8° de 1 f^t pour une épître en vers libres à Fédéric II (sic), Roi de Prusse et composée par l'auteur, 22 p. et les mêmes pl. qu'à l'éd^{on} de 1761, dont celle-ci ne diffère que par le titre

---

(1) Les Milices garde-côtes étaient des corps provinciaux dont le nom indique la destination et qui, en temps de paix, n'existaient que sur le papier. Elles étaient formées de contingents fournis par les paroisses du littoral et comprenaient de l'infanterie et des dragons.

et la curieuse épitre adulatrice au Roi de Prusse, ajoutée.

L'auteur conclut à la supériorité de la cavalerie dans l'attaque.

CUPERUS (N.-J.), voy. CAVALCADES D'ANVERS.

CURMER (Albert).

Le Marquis de Chamborant, Mestre de Camp, propriétaire d'un Régiment de Hussards de son nom, Lieutenant-Général des Armées du Roi, grand Bailli d'épée à Sarreguemines, par Albert Curmer. *Paris, Emile-Paul f^{res}*, 1913.

1 vol. in-8° de IV-135 p.

Ouvrage tiré à 300 exemplaires.

CURNIEU (Charles-Louis-Adélaïde-Henri MATHEVON, BARON DE).

Eleveur, hippologue et professeur à l'Ecole des Haras, né vers 1811, mort en 1871. Elève distingué du Collège Bourbon, où il s'était fait remarquer comme helléniste, M. de Curnieu entra ensuite dans l'Etat-Major mais ne resta que peu de temps au service et se livra entièrement aux études chevalines. Passionné pour l'équitation et le menage, dans lequel il excellait, il savait employer une brillante fortune à ses occupations favorites. Il allait souvent en Angleterre où il avait affermi ses goûts cavaliers.

M. Dittmer (voy. ce nom), Directeur général des Haras, son ami et son parent, le chargea de professer la science hippique à l'Ecole des Haras du Pin, au moment de son organisation.

M. de Curnieu possédait une très belle bibliothèque hippique, et avait acquis un grand nombre d'ouvrages rares et précieux à la vente d'Huzard dont la collection d'ouvrages hippiques était la plus riche du monde.

Il est mort en son château de Beaurepaire, près de Pont-Ste-Maxence (1).

De l'Equitation, par Xénophon, traduit en français par le Baron de Curnieu, ex-Officier au corps royal d'Etat-Major. *Paris, au Bureau du Journal des Haras, et au dépôt central des meilleures productions de la Presse*, 1, *rue Neuve-Racine et* 44, *rue de la Ferme des Mathurins*, 1840.

(1) Extrait d'un article d'Houël, ami du Bon de Curnieu, dans le *Journal des Haras* de novembre 1871.

1 vol. in-8° de XXI-268 p.

Ainsi que le dit justement Houël, cet ouvrage n'avait été jusqu'alors traduit que par des savants étrangers aux choses hippiques, sans en excepter Paul-Louis Courier (voy. ce nom), « peu connaisseur en chevaux », quoique officier d'artillerie. Aussi la traduction du Bon de Curnieu a-t-elle le mérite particulier d'avoir été faite par un bon helléniste doublé d'un hippologue de premier ordre. C'est la meilleure à consulter (1). Elle est précédée d'une intéressante préface et suivie de notes explicatives nombreuses et détaillées. Le texte grec est en regard de la traduction française.

Observations d'un Eleveur sur la mesure récemment adoptée par le Ministère de la guerre d'entretenir des Etalons dans les Dépôts de remonte de Cavalerie, par le Baron de Curnieu, ancien Elève de l'Ecole d'Etat-Major. *Paris, Maulde et Renou*, 1841.

Broch. in-8° de 31 p.

C'est une des innombrables brochures de polémique entre la Guerre et les Haras publiées vers 1840, et dont la plupart sont citées dans le présent ouvrage. Curnieu blâme la mesure qu'il considère comme « illégale et inopportune ».

Observations d'un Eleveur sur la brochure intitulée « des Remontes de l'Armée, par le Lieutenant Général Marquis Oudinot », et sur le rapport présenté par M. le Cte de Morny au Conseil général de l'Agriculture par la commission des chevaux. Par le Baron de Curnieu. *Paris, Bureau du Journal des Haras*, 1842.

Broch. in-8° de 63 p Le titre ci-dessus est celui qui se trouve en tête du texte. Celui de la couverture diffère légèrement.

Notions sur le Dressage des jeunes Chevaux, au trait et à la selle, par L. D., cocher. *Paris, Maillet-Schmitz*, 1848.

Broch. in-8° de V-46 p., imprimée sous un pseudonyme, pour un prix proposé par le Ministre de l'Agriculture pour le meilleur ouvrage élémentaire sur le dressage des jeunes chevaux. Ce concours n'eut pas lieu, à cause des événements de 1848, et le Bon de Curnieu publia sa brochure qu'il signa à la préface.

(1) Pour les autres traductions de Xénophon, voy. ce nom.

Leçons de Science hippique générale ou Traité complet de l'art de connaître, de gouverner et d'élever le Cheval, par le Bon de Curnieu. *Paris, J. Dumaine*, 1855, 1857, 1860.

3 vol. in-8° de xvi-436, 494 et lxxx-611 p., avec 107 fig. au T. I, 55 au T. II et 50 au T. III. Toutes ces fig. sont d. l. t. et exécutées au trait, blanc sur fond noir. Dédicace au Lieutenant-Général Marquis de Lawœstine.
Cet ouvrage, écrit avec talent et originalité, est un monument important élevé à la science hippique. Les connaissances de son auteur étaient aussi étendues en pratique qu'en théorie, car il était éleveur, écuyer, cocher, et avait été professeur de science hippique au Haras du Pin. Il a naturellement été discuté et critiqué dans certaines de ses parties, mais il contient nombre d'enseignements irréfutables et que tout homme de cheval doit connaître.
Les *Leçons de Science hippique* n'ont pas été réimprimées et l'ouvrage est devenu très rare.
L'élevage et l'hippologie sont les principales matières traitées ; le tome II, cependant, est presque entièrement consacré à l'équitation et au menage. Sans être un élève personnel de Baucher, le Bon de Curnieu se déclare chaudement en faveur de sa Méthode.
Le même auteur a publié, en outre, de nombreux articles dans le *Journal des Haras*, et dans *la Vie à la Campagne* dont il était un des collaborateurs. Il a écrit notamment, dans cette dernière publication, tomes IV, V, VI et VII, des articles critiques et biographiques sur plusieurs écuyers célèbres.
M. de Curnieu a aussi publié dans le *Journal des Chasseurs* de juin 1846, sur le système d'attelage Bencraft, un article qui a été tiré à part et suivi d'observations et de 3 fig. par un autre rédacteur du journal (voy. Bencraft).

CUROT (Edmond).
Vétérinaire français, né en 1868, diplômé d'Alfort en 1889.

Les Aliments du Cheval, 1903. En collaboration avec P. Dechambre. Voy. *Dechambre*.

Etude sur les Marcs mélassés, — a) Composition chimique, b) Valeur alimentaire et hygiénique, c) Etude sur les rations de l'armée française, d) Etude sur les rations à base de Marcs mélassés. Conclusion, par Ed. Curot. *Nancy, Imp. de l'Est*, 1904.
Broch. in-8° de 19 p.

Le Sucre dans l'Alimentation des Animaux, par Ed. Curot, Médecin-Vétérinaire, Directeur de la Cavalerie des Equipages du Commerce, Lauréat de la Société nationale d'agriculture. *Paris, Lib. J. Rothschild, Lucien Laveur, Editeur*, 1905.
1 vol. in-16 de viii-381 p.
Dans la 4e partie de cet important travail, l'auteur étudie spécialement l'alimentation sucrée du cheval et donne aussi une étude sur le *doping*.

Le Pur Sang... 1906. En collaboration avec Paul Fournier. Voy. *Fournier*.

Comment nourrir le Pur-Sang au Haras et à l'Entraînement ? par Ed. Curot, Médecin Vétérinaire, Lauréat de la Société nationale d'Agriculture, Officier d'Académie, Officier du Mérite agricole, et Paul Fournier (Ormonde), ancien Chef de travaux de physiologie, Rédacteur au *Sport universel illustré*, à la *Dépêche de Toulouse*, Chevalier du Mérite agricole. *Paris, Asselin et Houzeau*, 1907.
1 vol. gr. in-8° de xv-580 p.

Assurances des Chevaux contre les Accidents et la Mortalité — Etude technique et médico-légale par Ed. Curot... (etc., comme ci-dessus). *Paris, Asselin et Houzeau*, 1907.
1 vol. in-18 de xv-279 p.

Encyclopédie de l'Agriculture et des Sciences agricoles — Zootechnie spéciale — Fécondation et Stérilité dans les Espèces domestiques, par Ed. Curot,...(etc., comme ci-dessus). *Paris, Charles Amat*, 1908.
1 vol. in-18 de vii-287 p.
Concerne en grande partie le cheval.

La Ferrure de Course du Galopeur et du Trotteur au Haras et à l'Entraînement — Anatomie — Physiologie — Hygiène — Pathologie du Pied, par Ed. Curot... (etc., comme ci-dessus) — Préface de Frédéric Chapard, Médecin-Vétérinaire à Chantilly, Membre

CUR — 338 — CUY

de plusieurs Sociétés savantes — Avec 42 Illustrations. *Paris, Lucien Laveur*, 1908.

1 vol. gr. in-8° de XIV-200 p.

Notice sur l'utilisation des Boues radioactives ferrugineuses actinifères (Marque Bourad) sur le Cheval de Course, par Ed. Curot. *Bois-Colombes, Imp. Hubert*, S. D. (1913).

Broch. in-8° de 23 p. avec 1 fig.

L'ouvrage contient 20 curieuses observations. Il a été traduit en anglais, à l'usage des entraîneurs de Chantilly. Sur le même sujet, voy. *Petit (G.)*.

Des effets hygiéniques et énergétiques de la radioactivité sur le Cheval de Course, par MM. F. Chapard, Vétérinaire à Chantilly, et Ed. Curot, de Paris — Communication faite à la *Société de Pathologie comparée*, Séance du mois d'avril 1913 — *Saint-Dizier (Haute-Marne), Imp. J. Thévenot* (1913).

Broch. in-8° de 5 p.

CURTO (Jean-Baptiste-Théodore, BARON).

Général de brigade français, 1772-1835. Entré au service en 1786 comme dragon à Bourbon-Dragons (devenu depuis 3e Dragons); adjudant sous-lieut¹ en 1792; capitaine en 1799; chef d'esc^on au 7e bis de Hussards en 1800; adjudant-commandant en 1803; colonel du 8e Chasseurs en 1804; général de brigade en 1811. Il avait été créé baron en 1809 pour sa belle conduite à Wagram. Aux Cent-Jours, il commandait l'arrondissement de Thionville et resta fidèle aux Bourbons. Il fut alors destitué par l'Empereur, mais replacé à la 2e Restauration. Inspecteur général de cavalerie en 1820, il fut retraité en 1824 et nommé Lieut^t général honoraire par Charles X, en 1825.

Sa carrière fut particulièrement remplie, et il ne cessa de se battre de 1792 à 1814 : 1792 et 1793 aux armées du Nord et de Belgique; ans II, III et IV, Nord et Sambre-et-Meuse; V, VI, Italie et Helvétie; VIII, IX, X, Egypte et Syrie; XIII et XIV, Hollande et Grande Armée; 1809, Italie et Allemagne; 1812 et 1813, Portugal; 1813 et 1814, Grande Armée. Partout il donna les preuves de la plus éclatante bravoure, et cependant, par une exception bien rare alors, ses états de services ne mentionnent aucune blessure.

Changemens au Règlement de Police intérieure des Corps de Cavalerie de 1792, pouvant aussi servir à l'Infanterie en ce qui touche les Devoirs et Fonctions des grades institués par les nouvelles Ordonnances; proposés par le Maréchal de Camp baron Curto. *Paris, Magimel*, 1815.

Broch. in-8° de 16 p.

Idées sur une nouvelle Organisation intérieure à donner aux Régimens de Cavalerie, à leur Armement et au Passage du Pied de Paix au Pied de Guerre, par le Baron Curto, Lieutenant-Général en retraite. *(Paris), Imp. L. E. Herhan*, Janvier 1835.

Broch. in-8° de 12 p.

CUVELIER (Joseph), voy. TOURNOI DE CHEVALERIE.

CUVIER (Frédéric).

Naturaliste français, frère de l'illustre George Cuvier, fut directeur de la Ménagerie du Roi, Inspecteur général des études et Membre de l'Académie des Sciences, 1773-1838.

Histoire naturelle des Mammifères, 1824. En collaboration avec Geoffroy-Saint-Hilaire (Etienne), (voy. ce nom).

Essai sur la domesticité des Mammifères, précédé de considérations sur les divers états des Animaux dans lesquels il nous est possible d'étudier leurs actions. Par M. Frédéric Cuvier. *Paris, A. Belin*, 1826.

Broch. in-4° de 50 p.

Concerne en partie le cheval et les équidés.

Du genre Cheval (par F. Cuvier). *Paris, Imp. Le Normant*, S. D.

Broch. in-8° de 32 p. (Extrait du *Dictionnaire des Sciences naturelles*.)

CUYER (Edouard).

Peintre français, professeur à l'Ecole des Beaux-Arts de Rouen et prosecteur à celle de Paris, né en 1852.

Les Allures du Cheval démontrées à l'aide d'une Planche coloriée, découpée, superposée et articulée. Texte et Dessins d'après nature par

Edouard Cuyer, Peintre, Prosecteur à l'Ecole nationale des Beaux-Arts, Professeur d'Anatomie à l'Ecole des Beaux-Arts de Rouen — Avec une Introduction par M. Mathias Duval, Membre de l'Académie de Médecine, Professeur d'Anatomie à l'Ecole des Beaux-Arts — Avec une planche coloriée et 13 figures intercalées dans le texte. *Paris, J.-B. Baillière et fils*, 1883.

Broch. gr. in-8° de 43 p. dont VIII pour l'introduction, avec la pl. annoncée au titre et les cartons accessoires nécessaires à son fonctionnement. Titre rouge et noir.

Anatomie artistique des Animaux; par Edouard Cuyer, Peintre, Professeur suppléant d'Anatomie à l'Ecole nationale des Beaux-Arts, Professeur à l'Ecole des Beaux-Arts de Rouen. *Paris, J.-B. Baillière et fils*, 1903.

1 vol. in-8° de XVI-300 p. avec 143 fig.

L'anatomie et la représentation artistique du cheval occupent une place importante dans cet ouvrage.

M. Cuyer est aussi l'auteur des pl. et fig. de l'ouvrage de M. Alix, *Le Cheval*, publié en 1886. Voy. Alix.

D

D***, Docteur de la Faculté, voy. SECRETS UTILES.

D*** (LE CAPITAINE), voy. DEUX HUSSARDS ESTERHAZY.

D*** (LE CHEF D'ESCADRON), voy. FORMULAIRE DU CHEVAL DE COURSE.

D*** (LE COLONEL), voy. MANUEL DU COCHER.

D. DE F., voy. CAVALERIE (LA) ALLEMANDE DANS SA MARCHE SUR REZONVILLE.

D. DE S., voy. NOTICE SUR F. BAUCHER.

D. L. C., voy. SERVICE JOURNALIER DE LA CAVALERIE.

DABRIGEON (Charles-Auguste).

Vétérinaire militaire français, 1809-18... Diplômé d'Alfort et vétérinaire surnuméraire au 2ᵉ Cuirassiers en 1830, vétérinaire en 1ᵉʳ en 1839, démissionnaire en 1843, replacé en 1846 et démissionnaire de nouveau en 1847. Campagne de Belgique en 1832-1833 et 8 campagnes d'Afrique.

Essai sur la Ferrure podométrique ou la manière de ferrer les Chevaux à froid et à domicile, par M. C. A. Dabrigeon, Vétérinaire en premier au deuxième Régiment de Cuirassiers. *Vendôme, Imp. Henrion*, 1841.

Broch. in-8° de 40 p. avec 1 pl. lithog. se dépliant et contenant 8 fig. dessinées par H. Renouard et se rapportant au podomètre.

C'est une contribution à la diffusion de la ferrure podométrique inventée par Riquet (voy. ce nom).

DABRY (Claude-Philibert) (1).

Officier d'infanterie français, puis consul en Chine, 1826-1898.

Sous-lieutᵗ au 1ᵉʳ régᵗ d'infanterie de marine en 1847, capitaine en 1857; passé l'année suivante dans l'armée de terre et attaché en 1859 à l'Etat-major du corps expéditionnaire de Chine. Détaché comme commissaire du gouvernement à Ting-Haï (île de Chusan) puis à Tien-Tsin; placé en mission hors cadres et nommé consul de France à Hang-Kao en 1862, il a donné sa démission d'officier en 1865 pour entrer définitivement dans la carrière consulaire. Il est devenu plus tard consul à Canton et a été retraité vers 1878.

Il a fait campagne à la Guadeloupe de 1848 à 1853; en Orient, où il a été fait prisonnier, de 1854 à 1856, et en Chine de 1859 à 1862.

La Médecine chez les Chinois, par le Capitaine P. Dabry, Consul de France en Chine, Chevalier de la Légion d'Honneur, Membre de la Société asiatique de Paris. Ouvrage corrigé et précédé d'une préface par M. J. Léon Soubeiran, Doc-

(1) Il s'est appelé plus tard Dabry de Thiersant.

teur en médecine, Docteur ès-sciences, Professeur agrégé à l'École de Pharmacie. Orné de Planches anatomiques. *Paris, Henri Plon*, 1863.

1 vol. in-8° de XII-580 p. avec 2 pl. se dépliant.

L'ouvrage traite aussi de la médecine vétérinaire ; celle des chevaux occupe les pages 499 à 524, Il contient de plus un mémoire sur les chevaux par le P. Cibot, missionnaire, de la p. 534 à la p. 555.

DAGOBERT DE FONTENILLES (Luc-Siméon-Auguste).

Général de division français (inf^{ie}), 1736-1794.

Lieut^{nt} au rég^t de Tournaisis en 1756; capitaine en 1768 ; passé au Rég^t Royal Italien en 1775 ; major en 1787; major du Bat^{on} des Chasseurs Royaux du Dauphiné (devenu 2e Bat^{on} d'Inf^{ie} légère) en 1788 ; Lieut^{nt}-Colonel en 1791 ; Colonel du 51e d'Inf^{ie} en 1792 ; nommé provisoirement par les commissaires de la Convention près l'Armée des Alpes Maréchal de Camp commandant l'avant-garde de l'armée du Var en 1792 ; confirmé dans ce grade, passé à l'armée des Pyrénées et général de division en 1793 ; nommé par les Représentants du peuple général en chef provisoire de l'armée des Pyrénées-Orientales la même année ; emprisonné à l'Abbaye en août 1793 et suspendu par les Représentants du peuple en nov.; réintégré dans son commandement en février 1794 ; il mourut des fatigues de ses campagnes le 18 avril suivant, après avoir remporté les plus éclatants succès sur les Espagnols.

Il avait fait campagne de 1757 à 1762 en Allemagne; 1768 et 1769 en Corse ; 1792 armée du Var ; 1793 et 1794 armées d'Italie et des Pyrénées. Blessé d'un coup de feu à la figure à Minden, à la main gauche à Ober Weimar, contusionné à l'épaule à Wetzlar, en 1759. Près de Wesel, l'année suivante, il reçut deux coups de feu et conserva jusqu'à sa mort, dans le pied droit, une balle qu'on ne put extraire et qui l'avait rendu boiteux.

La Convention — qui l'avait emprisonné huit mois auparavant — accorda à sa veuve une pension de 1500 fr., à titre de récompense nationale (1) et décida que son nom serait inscrit sur la colonne élevée au Panthéon. Il figure maintenant sur le côté Ouest de l'Arc de Triomphe de l'Étoile.

(1) On sait qu'à cette époque, les veuves d'officiers n'avaient pas de droits réguliers à une pension.

Nouvelle Méthode d'ordonner l'Infanterie pour le choc ou contre la Cavalerie, combinée d'après les Ordonnances Grecque et Romaine, pour être particulièrement d'Ordonnance des François. Précédée de quelques réflexions & notions préliminaires sur l'importance de la science militaire, sur la discipline, la désertion, les armes offensives & défensives, & sur la vraie composition des troupes légères. Par un Major d'Infanterie. *Paris, Imp. de Vve Hérissant*, 1790.

1 vol. in-8° de LXIV-164 p.

Les LXIV p. du commencement contiennent une dédicace « à Messieurs les « Officiers François » signée Dagobert de Fontenilles, Major des Chasseurs Royaux du Dauphiné et un Avant-Propos très étendu.

L'ouvrage ne concerne la cavalerie qu'assez indirectement, car si Dagobert s'étend longuement sur les formations que l'infanterie doit prendre pour lui résister, il ne s'occupe guère de celles que prend la cavalerie pour attaquer l'infanterie. Les propositions de Dagobert sont en partie tirées de Folard (voy. ce nom].

DAGONET (Auguste-Edmond).

Officier de cav^{ie} français, né en 1863, sous-lieut^t en 1888, chef d'esc^{ons} en 1913.

Questionnaire-Guide des Gradés subalternes pour servir à l'Instruction des Recrues de la Cavalerie, par le Lieutenant Dagonet, du 31e Dragons. *Paris et Limoges, Henri Charles-Lavauzelle*, S. D. (1898).

1 vol. in-32 de 183 p.

Même ouvrage, même titre — 2e *Edition* — *Paris et Limoges, Henri Charles-Lavauzelle*, 1906.

1 vol. in-32 de 212 p. avec 1 pl. en couleurs, se dépliant et représentant les insignes de grade et les fanions de l'armée allemande.

Cette 2e éd^{on} est mise à jour en ce qui concerne les règlements parus depuis 1898, et contient en outre un intéressant chapitre moral par lequel commence l'ouvrage et qui est intitulé : *L'Honneur, La Patrie, Le Devoir militaire, Utilité de l'Armée*. Les théories actuelles des antimilitaristes ne justifient que trop cette addition.

DAIREAUX (Émile).

Avocat à la Cour d'appel de Paris, ancien avocat à Buenos-Ayres, né en 1843.

La vie et les mœurs à la Plata, par Emile Daireaux. *Paris, Hachette*, 1888.

2 vol. gr. in-8° de VI-428 et 471 p. avec 2 cartes en couleurs se dépliant. Dédicace de l'auteur à ses fils.

Le T. I ne contient que quelques lignes sur les courses (p. 238), mais, dans le T. II, le chap. IV, p. 266, et suiv., est intitulé : *L'Elevage du Cheval Pampa* et donne des détails sur l'origine, les croisements, l'élevage, le dressage, le commerce, etc., du cheval de la Plata, ainsi que sur les courses locales des chevaux de la Pampa, et celles des grands centres où paraissent des chevaux de pur sang importés. Ce chap. contient un passage intéressant sur l'insuccès de la tentative d'exportation en France des chevaux de la Plata, regrettable expérience dont les officiers de cavalerie qui l'ont subie conservent le plus fâcheux souvenir. Ces chevaux étaient pour la plupart de vrais veaux, sans cœur et sans fond.

L'année suivante, la lib¹ᵉ Hachette publia séparément plusieurs monographies extraites de l'ouvrage décrit ci-dessus. La suivante contient ce qui se rapporte à l'élevage.

République Argentine — L'Industrie pastorale. Les terres vierges et les grands troupeaux de bœufs — L'exportation de la viande — L'Elevage du Cheval Pampa — Bergers et Bergerie — Extrait de l'ouvrage *La Vie et les Mœurs à la Plata*, par Emile Daireaux, Avocat à la Cour de Paris, Docteur en Droit de l'Université de Buenos-Ayres. *Paris, Hachette*, 1889.

Broch. in-8° de 96 p.
L'élevage du cheval occupe les p. 43 à 64.

DALMAY (Etienne).

Officier d'infanterie français, 1766-18...
Volontaire au 1ᵉʳ bataillon de la Corrèze en 1790, capitaine l'année suivante, chef de bataillon en l'an IV, il fut remplacé dans son commandement en l'an VII, réformé pour cause de santé en l'an VIII et retraité en 1810. Il avait alors 21 ans de services, avait fait 8 campagnes à l'armée du Rhin de 1792 à l'an VIII, reçu une blessure grave et obtenu un certificat attestant son civisme et sa bravoure; mais alors la Légion d'honneur n'était pas prodiguée, car il se retira sans l'avoir obtenue.

Observations du Sieur Dalmay, Chef de Bataillon retraité, résidant à Brive, sur les causes qui produisent l'inflammation dans l'organe de la vue de nos jeunes Chevaux et qu'on attribue à la prédisposition héréditaire, aux défauts de confection de l'organe, à la nuance du poil, etc., etc. *Brive, Imp. J. Crauffon*, 1822.

Broch. in-8° de 8 p.
Dalmay soutient l'assertion singulière que ces maladies sont dues à ce que les chevaux sont nourris avec des fourrages desséchés artificiellement, et qu'il ne faut leur donner que des herbes séchées sur pied.

DALSÈME (Achille-J.).

Journaliste et littérateur français, 1840-1912.

Le Cirque à pied et à cheval, par A.-J. Dalsème. *Paris, Lib. Illustrée*, S. D. (1888).

1 vol. in-12 de 302 p. avec 21 vignettes en tête des chapitres.

DAMALIX (Claude-Ignace).

Vétérinaire français, 1747-1822.
Après avoir été garde-visiteur des Haras de Franche-Comté, il fut, en 1792, attaché comme inspecteur vétérinaire à l'armée de réserve du Midi; puis à celle du Rhin-et-Moselle. En 1805, il fut nommé vétérinaire du dépôt d'étalons de Besançon et retraité en 1818.

Coup d'œil sur l'état actuel des Haras de Franche-Comté, par Damalix l'aîné, Elève des Ecoles vétérinaires de France, Soldat au Régiment national de Besançon, etc. *Besançon, Imp. Simard*, 1790.

Broch. in 8° de 31 p. destinée à défendre l'ancienne administration des Haras (1).

Notice et observations sur les Haras de la ci-devant province de Franche-Comté, sur le dépôt royal d'étalons de Besançon et précis des moyens économiques propres à ajouter aux utiles résultats de

---

(1) Voy. pour la réponse à cette brochure : *Lamesia*.

cet établissement, par C. I. Damalix, Vétérinaire breveté du Roi, ancien garde-visiteur des Haras, ci-devant attaché audit dépôt. *Paris, Imp. de Mme Huzard (née Vallat-la-Chapelle),* 1819.
Broch. in-8° de 31 p. Extrait des *Annales de l'Agriculture française,* Tome VII, 2ᵉ Série.

DAMAS d'ANLEZY (Maxence de).

En Nivernais. Etude de la production animale dans le Canton de Saint-Benin d'Azy, par Maxence de Damas d'Anlezy — Préface de M. H. Ratouis de Limay, Ingénieur agricole, Secrétaire général de la Société d'Agriculture de l'Indre. *Nevers, Mazeron f^res,* S. D. (vers 1910).

1 vol. in-8° de 131 p. avec 1 carte géologique du canton, 1 plan d'étable, 2 fig. d. l. t. et 7 pl. h. t.
Le Chap. VII, p. 83 à 107, concerne les équidés, avec 2 pl. L'auteur étudie successivement le cheval nivernais de gros trait et le demi-sang.
Thèse agricole soutenue devant le Jury de l'Ecole supérieure d'Agriculture d'Angers.

DAMBROWKA (Jean de).

Gentilhomme silésien du XVIIᵉ siècle.

Juvet Actum Deus quem de Ludis Equestribus Magnifico, atque Nobilissimo JCtorum ordine in illustrissima ad Albim Academiciâ approbante sub Præsidio Viri Nobilis, Amplissimi, Consultissimi, atque Excellentissimi DN. Gothofredi Suevi, J. U. D. & P. P. celeberrimi Curiæ Electoralis, facultatis Juridicæ nec non scabinatus Adsessoris gravissimi & p. t. Decani spectabilis Præceptoris, Hospitis, ac Patroni mei ætatem devenerandi. Publicè ventilandum propono Johannes à Dambrowka, Eqves Silesius, A. & R. In Auditorio JCtorum ad d. Maji, hor. pomerid. *Ienæ, Literis Bauhoferianis,* Anno 1688.

Broch. in-4° de 12 f^ts non ch.
C'est une thèse qui traite des jeux équestres des anciens. Opuscule très rare.

DAMOISEAU (Louis).

Vétérinaire français, 1775-1832.
Diplômé d'Alfort en 1792, il exerça d'abord sa profession à Chartres, puis fut vétérinaire au haras du Pin. C'est là qu'il fut choisi par M. de Portes, officier des Haras, envoyé en Syrie en 1818 pour y acheter des étalons arabes, pour l'accompagner dans cette mission que M. Lainé, ministre de l'intérieur, avait organisée pour réparer les pertes que nous avaient fait éprouver, en étalons orientaux, les deux invasions de 1814 et 1815. Par son activité, ses connaissances hippiques et son intelligence, Damoiseau contribua puissamment à la réussite de cette mission, qui dura près de dix-huit mois pendant lesquels ses membres coururent de réels dangers, et qui ramena 27 chevaux, dont 18 de première race et 9 de seconde, « remonte, dit M. de Les- « pinats, qui fut une des plus remar- « quables qu'on ait jamais faite pour la « France ».

A son retour, il fut nommé inspecteur vétérinaire de la Préfecture de Police et, comme tel, fit partie de la commission chargée, en 1825 et 1826, de présenter au Préfet de police Delavau, un rapport sur l'enlèvement des chevaux morts et les chantiers d'équarrissage de la Ville de Paris, rapport rédigé par Parent-Duchâtelet. (Voy. ce nom pour la description du *Rapport*).

Il avait rédigé, de son voyage, une relation qui parut par fragments dans le *Journal des Haras,* le *Voleur* et le *Cabinet de Lecture,* mais qui ne fut publiée en entier qu'après sa mort. Il succomba prématurément à une maladie d'intestins dont il avait contracté le germe pendant sa pénible expédition.

Il avait beaucoup désiré la croix de la Légion d'honneur, qu'il méritait et qu'il ne put obtenir : on lui avait offert une somme d'argent qu'il refusa.

Rapport sur la Maladie épizootique régnante fait à M. le Conseiller d'Etat Préfet de police par Damoiseau, Inspecteur Vétérinaire attaché à la Préfecture de Police le 3 Avril 1825. *Paris, G. C. Hubert,* 1825.
Broch. in-8° de 27 p.

Voyage en Syrie et dans le Désert, par feu Louis Damoiseau, attaché à la Mission de M. de Portes (pour achat d'Etalons Arabes). *Paris, Hippolyte Souverain,* 1833.
1 vol. in-8° de IV-288 p., avec, en frontispice, le portrait lith. de Damoiseau

en costume de Bédouin et jolie vignette signée de Valmont sur le titre.

Même ouvrage, même titre. *Bruxelles, Hauman*, 1839.

2 vol. in-16 de 248 et 240 p., sans le portrait.

En dehors de la question hippique, que Damoiseau traite en connaisseur, l'ouvrage contient une intéressante relation de voyage.

Il a été, dit M. Neumann, traduit en allemand dans des journaux spéciaux, en 1842.

La relation de Damoiseau devait se diviser en deux parties, la première comprenant tous les détails du voyage et la seconde l'histoire des principales races des chevaux de l'Orient, des croisements divers qu'elles ont subis et des différents modes d'élevage adoptés.

La mort ne permit pas à Damoiseau de terminer cette dernière qui n'a jamais paru.

DAMPIERRE (Jean-Baptiste-Elie-Adrien-Roger, MARQUIS DE).

Homme politique et agronome français, 1813-1896

Représentant des Landes aux Assemblées constituante et législative de 1848 et 1849, représentant à l'Assemblée de 1871. Il échoua aux élections de 1876 et se retira de la vie politique.

En 1878, il fut élu président de la Société des Agriculteurs de France où il traita, avec une grande autorité, de nombreuses questions agricoles. Il conserva la présidence de cette importante société jusqu'à sa mort.

La réorganisation des Haras. Réponse à M. le Baron Eugène Daru, par le Marquis de Dampierre, Membre de la Société centrale d'Agriculture, Député à l'Assemblée nationale. *Versailles, Imp. G. Beaugrand et Dax*, 1874.

Broch. gr. in-8° de 32 p.

Voy., pour les brochures auxquelles répond celle-ci, *Daru (Eugène)*.

DAMSEAUX (Adolphe), voy. WOLFF (Emile).

DANGEL (Jean-Emile).

Vétérinaire militaire français, né en 1838.

Diplômé d'Alfort en 1863, vétérinaire en 1er en 1877, retraité en 1891. Il a été professeur de maréchalerie à Saumur depuis 1882 jusqu'à sa retraite.

Vers 1887, M. Dangel fit autographier son *Cours de Maréchalerie*. Cette publication, non mise dans le commerce et devenue rare, comprend un texte et des planches. Le texte se compose de diverses pièces annexes et de leçons, chacune d'elles avec une pagination séparée. Malheureusement le numérotage des leçons et celui des planches a été laissé en blanc à l'impression et plus ou moins régulièrement rempli à la main dans la plupart des exemplaires. Les fascicules de texte sont, par suite, souvent intervertis ou incomplets ; mais la partie iconographique de cet ouvrage important est de beaucoup la plus considérable, et elle est ou doit être la même dans tous les exemplaires.

La description qui suit est celle de mon exemplaire, que je crois complet, mais sans qu'elle puisse s'appliquer exactement à tous les autres.

Ecole de Cavalerie — Atlas de Maréchalerie — Cours professé à MM. les Vétérinaires stagiaires par M. Dangel, Vétérinaire en 1er — Dessins de M. Jouannet et de MM. les Aides Vétérinaires stagiaires Hue, Barroux, Sthal (1885-1886), Chobaut et Delacroix (1886-1887) — Les dessins grandeur naturelle ont été copiés d'après la collection de l'Ecole de Maréchalerie dont la plupart des fers ont été faits par les moniteurs sous la direction de l'Adjudant chef d'atelier Lefebvre (1882-85) et de l'adjudant chef d'atelier Dumée (1885-87) S. L. N. D., *ni nom d'imprimeur* (*Saumur*, vers 1887).

3 vol in-4° autographiés.

Ce titre est précédé d'un frontispice dessiné par M. Hue et de 104 p. de texte donnant les circulaires ou notes ministérielles qui ont réglé le recrutement, la hiérarchie, le matériel, l'outillage, le manuel technique, la comptabilité, les approvisionnements et tous les détails du fonctionnement de la Maréchalerie militaire.

Après le titre se trouvent 11 f[ts] non ch. contenant la table des matières (fig. seulement) et 8+7 p. donnant l'indication des sources bibliographiques.

A la suite se trouvent les *Leçons* et les *Planches*. Chaque leçon est contenue dans un fascicule de 5 à 15 p.

L'ouvrage comprend 530 pl. h. t. autographiées dont le titre a été généralement ajouté à la main. Beaucoup d'entre elles contiennent plusieurs fig.

Le *Cours de Maréchalerie* de Dangel est généralement relié en 3 forts vol. in-4°, mais comme le 1ᵉʳ a seul un titre et qu'il n'y a ni pagination suivie, ni numérotage pour les pl., on comprend que le nombre de vol. peut varier suivant la fantaisie du propriétaire de l'exemplaire.

DANGUY (Jacques).

Encyclopédie agricole publiée par une réunion d'Ingénieurs agronomes sous la direction de G. Wéry. — Constructions rurales, par Jacques Danguy, Ingénieur agronome, Directeur des Études de l'École nationale d'agriculture de Grignon. Introduction par le Dʳ P. Regnard, Directeur de l'Institut national agronomique, Membre de la Société nationale d'agriculture de France ; avec 273 figures intercalées dans le texte. *Paris, J.-B. Baillière et fils*, 1904.

1 vol. in-16 de XII-442 p.

La construction et l'aménagement des écuries, abreuvoirs et accessoires divers, occupent une partie importante de l'ouvrage.

Même ouvrage, même titre, 2ᵉ *Édition* revue et augmentée. Avec 303 fig. intercalées dans le texte. *Paris, J.-B. Baillière et fils*, 1908.

1 vol. in-18 de XII-506 p.

Même ouvrage, même titre, 3ᵉ *Édition* revue et augmentée. Avec 300 figures intercalées dans le texte. *Paris, J.-B. Baillière et fils*, 1913.

1 vol. in-18 de VIII-502 p.

DANIEL (LE P. Gabriel).

Jésuite et historien français, 1649-1728.

Histoire de la Milice Françoise et des changements qui s'y sont faits depuis l'établissement de la Monarchie dans les Gaules jusqu'à la fin du Règne de Louis le Grand. Par le R. P. Daniel, de la Compagnie de Jésus, Auteur de l'Histoire de France. *Paris, chez Jean-Baptiste Coignard*, 1721.

2 vol. in-4° de 4 fᵗˢ non ch. pour le titre, l'Epitre au Roi, XXXVIII-626 p. avec 48 pl. h. t. pour le T. I ; XX-770 p. avec 22 pl. h. t. pour le T. II.

Savant ouvrage, encore recherché. La création, l'organisation, le service, l'uniforme, l'armement, etc., des différents corps de cavalerie de la Maison du Roi, ainsi que des régiments de cavalerie, hussards et dragons, y sont exposés avec détails.

La même édᵒⁿ existe aussi avec un titre au nom du libraire *Mariette*.

Même ouvrage, même titre. *Amsterdam, aux dépens de la Compagnie*, 1724.

2 vol. in-4° de XVI-448 et VIII-552 p. avec 48 pl. pour le T. I et 16 pour le T. II.

Cette édᵒⁿ, dit Brunet, est moins estimée que la précédente.

Abrégé de l'Histoire de la Milice françoise du P. Daniel. On y a ajouté un précis de son état actuel. Ouvrage curieux et instructif pour les militaires, avec Figures en taille-douce. *A Paris, Hôtel de Thou*, 1773.

2 vol. in-12 de X-516 p., avec 10 pl. pour le T. I, et 460 p. avec 4 pl. pour le T. II. Ces pl. sont des réductions modifiées de celles des édᵒⁿˢ in-4°.

Cet abrégé est l'œuvre d'Alletz ; il contient l'exposé de la situation de l'armée jusqu'à l'époque de sa publication, tandis que l'ouvrage primitif du P. Daniel s'arrêtait à la mort de Louis XIV.

DARBLAY (Auguste-Rodolphe).

Commerçant, agronome et homme politique français, 1784-1873.

Il était fils d'un maître de poste d'Etrechy et s'occupait depuis longtemps du commerce des grains et d'agriculture, lorsqu'il fut élu député de Seine-et-Oise en 1840 ; il fut réélu en 1842, puis fut représentant du peuple à la Législative en 1849, après quoi il se retira dans ses propriétés.

Chambre des Députés — Session de 1844-1845 — Discours prononcé par M. Darblay, député de Seine-et-Oise, dans la discussion du Budget des dépenses pour 1846. — Ministère de la guerre – Remontes — *(Paris) Imp. Panckoucke* (1845)

Broch. in-8° de 8 p.

L'auteur demande que les postes (qui employaient alors environ 40.000 chevaux) ne puissent se servir que de chevaux hongres ; il demande aussi des améliorations aux routes pour permettre d'employer des chevaux légers pour les transports et des modifications dans le système des remontes.

DARBORY (Em.).
Médecin et éleveur français.

Petite Encyclopédie d'Agriculture publiée sous la direction de M. A. Larbalétrier — Manuel pratique de l'Elevage du Bétail (Bêtes chevalines, Bovines, Ovines et Porcines) par le D^r Em. Darbory, Propriétaire-Eleveur — Ouvrage illustré de 55 figures — *Paris, Bernard Tignol*, S. D. (1899).
1 vol. in-16 carré de 156 p.
La 1re partie, p. 1 à 31, traite de l'alimentation et est en grande partie applicable au cheval. La 2e partie, de la p. 33 à la p. 69, concerne exclusivement les équidés, avec 20 bonnes vignettes d. l. t. représentant les diverses races de chevaux, l'âne et le mulet.

DARBOT (Jean-Ernest).
Vétérinaire et homme politique français, né en 1841.
Diplômé de Lyon en 1863, il exerça sa profession à Langres, devint maire de cette ville et sénateur de la H^{te}-Marne en 1888.

Sénat — Extrait du *Journal Officiel* des 30 décembre 1891 et 22 janvier 1892. Discours prononcés par M. Darbot. — Discussion d'un Projet de loi ayant pour objet d'augmenter l'effectif des Etalons des Haras — Séances des 29 déc. 1891 et 21 janvier 1892. *Paris, Imp. des Journaux Officiels* (1892).
Broch. pet. in-f° de 8 p. à 3 col.
L'auteur combat l'augmentation proposée.

DARCY (P.), voy. VILLATTE DES PRUGNES (R.).

DARESSY (Henry).
Offrande à la République d'un Cavalier Jacobin par la Société populaire de la Commune de Belleville — 1794 — Avec le nom des Citoyens qui ont participé à la Souscription. Publié d'après les Documents Originaux par Henry Daressy. *Paris, Pillet fils aîné*, 1871.
Broch. in-8° de 16 p.
On avait charitablement averti les citoyens que s'ils ne souscrivaient pas d'eux-mêmes pour l'armement et l'équipement du cavalier « destiné à combattre les satellites des Despotes », des commissaires passeraient chez eux pour les « engager » à participer à la collecte ; aussi les souscriptions furent nombreuses et produisirent 2579 livres 11 sols. Après la liste des souscripteurs se trouve le relevé détaillé des dépenses avec l'inventaire de tous les objets remis au citoyen Durin, le cavalier désigné, ainsi que la valeur de chacun d'eux. On y voit donc la composition et le prix de l'habillement, de l'équipement et de l'armement complets d'un cavalier à cette époque. Ces prix sont fort élevés : l'habit revient à 112 livres 7 sols, le manteau à 145 liv., la culotte de peau de daim à 70 liv., celle en peau de mouton à 25 ljv., 3 mouchoirs à 10 liv., le cheval à 1000 liv., la selle, housse, chaperon, monture de bride, rênes et bridon à 180 liv., le mors de bride à 15 liv.; etc., etc., soit au total 1919 liv. 10 s. Si toutefois, comme il est probable, la plupart des versements se firent en assignats, il faut beaucoup en rabattre.

Quoi qu'il en soit, comme la collecte avait produit 2579 liv. 11 s., il y eut un excédent de 660 liv. 1 s., qui fut remis à titre gracieux au citoyen Durin à son départ ; sans faire de tort à sa mémoire, il est permis de supposer qu'il but plus d'une rasade à la santé des citoyens et citoyennes de Belleville qui avaient si bien lesté sa bourse.

Voy., sur le même sujet, Anquetil (E.).

DARNIS (Antoine).
Vétérinaire français. Diplômé de Toulouse en 1838, il s'établit à Gramat (Lot), son pays natal, 1808-18...

Le Cheval du Causse (1), par M. Darnis, Vétérinaire à Gramat (Lot). *Figeac, Typ. Ve Lacroix et Louis Moles*, 1866.
Broch. in-12 de 40 p.
Plaidoyer en faveur de l'emploi de l'étalon arabe et conseils d'hygiène. Opuscule rarissime.

(1) *Causses*, plateaux calcaires de la France méridionale, généralement incultes, peu peuplés. Des troupeaux y viennent d'autres contrées pendant l'été pour en brouter les maigres pâturages. Des *causses* se trouvent dans l'Aveyron, l'Hérault, le Gard et le Lot. Ce dernier département en possède trois qui sont divisés par la Dordogne et le Lot : au N. de la Dordogne, le *causse* de Martel ; au S. du Lot, celui de Limogne ou de Cahors ; entre le Lot et la Dordogne, celui de Gramat ou de Rocamadour, le plus vaste des trois. C'est vraisemblablement de ce dernier que parle Darnis dans son opuscule.

DARSAC (Paul).

Petite Bibliothèque des Connaissances utiles — Pour devenir un bon Cavalier. Méthode pratique et rapide d'Equitation par Paul Darsac, Professeur d'Equitation, ancien Instructeur militaire. *Paris, Georges Varès*, 1908.

Broch. in-12 de 21 p.

DARU (LE BARON Eugène).

La question des Haras — Lettre à MM. les Députés par le Bon Eugène Daru. *Paris, A. Sauton*, 1873.

Broch. gr. in-8° de 16 p.

Encore un mot sur la question des Haras — 3e Lettre (1) à MM. les Députés, par le Bon Eugène Daru. *Paris, A. Sauton*. 1874.

Broch. gr. in-8° de 15 p.

Plaidoyer en faveur de l'étalonnage privé, et réquisitoire contre le monopole des Haras, l'Ecole du Pin, etc.

Voy., pour la réponse à ces brochures, Dampierre (Mis de).

DARU (Jérôme-Napoléon-Frédéric-Pierre-Martial, BARON).

Officier de cav^{ie} français, 1807-1873. Sous-lieut^{nt} en 1831, retraité comme chef d'esc^{ons} en 1861.

La Cavalerie légère par le C^t Bon Martial Daru. *Paris, Dumaine*, 1872.

Broch. gr. in-8° de 48 p.

DARWIN (Charles-Robert).

Célèbre naturaliste anglais, 1809-1882. Il prit ses grades universitaires à Cambridge, puis fit partie comme naturaliste, d'une expédition scientifique. Peu après, il publia son premier ouvrage sur le transformisme « et chercha à expliquer « la formation des espèces par les théo- « ries évolutionnistes ». On sait que cette théorie donna lieu à des discussions passionnées qui sont loin d'être éteintes.

De la Variation des Animaux et des Plantes sous l'action de la Domestication, par Charles Darwin M. A. F. R. S., etc. Traduit de l'Anglais par J.-J. Moulinié (2), Secrétaire général de l'Institut national Genevois. Préface de Carl Vogt (1) avec 43 gravures sur bois. *Paris, C. Reinwald*, 1868.

2 vol. in-8° de XVI-445 et 533 p.

De la Variation des Animaux et des Plantes à l'Etat domestique, par Charles Darwin M. A. F. R. S., etc. Traduit sur la *Seconde Edition* Anglaise par Ed. Barbier (2). Préface de Carl Vogt. Avec 43 gravures sur bois. *Paris, C. Reinwald*, 1879-1880.

2 vol. in-8° de XVI-494 et 523 p.

Ce sont deux traductions différentes du même ouvrage. Dans les deux, le cheval et l'âne occupent le chap. II du T. I avec 1 fig. De plus, de nombreux passages, principalement au Chap. de l'hérédité, de la sélection, du croisement. etc., les concernent également. Une table alphab. placée. dans les 2 traductions, à la fin du T. II, permet de les retrouver facilement.

D'après une courte préface de Darwin, la 2e éd^{on} a reçu quelques développements, corrections et annotations.

DASSONVILLE (Charles-Léon-Marguerite).

Vétérinaire militaire français, né en 1864, diplômé d'Alfort en 1886, vétérinaire major en 1910.

Valeur réelle des Avoines, par Ch. Dassonville, Licencié ès-Sciences naturelles, Vétérinaire en 2e aux batteries de la 2e Division de cavalerie, Membre de la Société de Zoologie, Membre de la Société des Vétérinaires du Centre, Membre de la Société d'Agriculture du Doubs. *Besançon, Imp. M. Ordinaire*, 1894.

Broch. in-8° de 24 p. avec 1 fig. d. l t.

L'auteur démontre que c'est à tort que les règlements militaires prescrivent de refuser les avoines pesant moins de 45 kil. à l'hectolitre et que les avoines légères ont souvent une valeur alimentaire supérieure à celle des avoines lourdes ; il indique les procédés d'analyse à employer (voy., sur le même sujet, Grandeau).

Action de la Cocaïne sur les Nerfs sensitifs, par Ch. Dassonville, Doc-

---

(1) Il semble évident qu'il y a eu une autre lettre entre la 1re et la 3e, mais je n'ai pu en trouver aucune trace.

(2) Moulinié (Jean-Jacques), naturaliste suisse, 1830-1872.

(1) Vogt (Carl), naturaliste suisse,. d'origine allemande, né dans la Hesse, pro.esseur à l'Université de Genève, correspondant de l'Institut de France.

(2) Barbier (Edmond), traducteur, 18..-1883.

teur ès-Sciences, Vétérinaire au 12ᵉ Régiment d'Artillerie à Vincennes. Extrait des Comptes rendus de l'Association française pour l'avancement des Sciences. — Congrès de Nantes, 1898. *Paris, Secrétariat de l'Association, Hôtel des Sociétés savantes* (1898).

Broch. in-8°. C'est une coupure des *Comptes rendus de l'Association pour l'avancement des Sciences*, de la p. 484 à 497, pour laquelle on a imprimé une couverture.

Les expériences et observations relatées concernent le cheval.

Sur l'Herpès du Cheval, 1898. En collaboration, voy. *Matruchot*.

Société de Médecine vétérinaire des Départements du Centre (Nièvre, Cher, Allier) — Les Injections de Cocaïne sur le trajet des Nerfs sensitifs, par C. Dassonville, Docteur ès Sciences, Vétérinaire militaire, Membre honoraire de la Société de Médecine vétérinaire des Départements du Centre. *Nevers, G. Vallière*, 1901.

Broch. in-8° de 40 p.
Concerne le cheval.

Nouvelle tentative de Séro-vaccination contre la Gourme chez le Cheval par MM. Dassonville et de Wissocq. *Paris, Imp. P. Dubreuil*, 1906.

Broch. in-12 de 23 p.

DATHAN DE SAINT-CYR.

Les Animaux. Sonnets par Dathan de Saint-Cyr. (83 Illustrations Hors Texte) Avec un Portrait de l'Auteur — Publié sous le patronage de la Société Protectrice des Animaux. *Paris, Librairie Française*, 1905.

1 vol. in-8° de 107 p. Dédicace à la Société protectrice des Animaux.

Le texte occupe le recto de chaque p.; au verso de la précédente se trouve la pl. représentant l'animal objet du sonnet. Celui du cheval est à la p. 23; celui de l'âne à la p. 29.

DAUBIAN-DELISLE (Ch.).
Sous-préfet de Nogent-le-Rotrou.

Le Cheval Percheron, la Société ippique percheronne, son Stud-Book, par Ch. Daubian-Delisle, Sous-Préfet de Nogent-le-Rotrou, ancien Secrétaire de la Commission Consultative des intérêts hippiques du département du Calvados. *Nogent-le-Rotrou, Imp. E. Lecomte*, 1886.

Broch. in-8° de 29 p.

Opuscule intéressant et devenu rare. L'auteur explique comment les éleveurs du Perche, sous l'influence de la demande américaine, ont transformé le Percheron, autrefois cheval rapide et de trait léger, en un massif cheval de gros trait. Il examine les conséquences de cette modification qu'il regrette, et engage les éleveurs à revenir à l'ancien modèle.

DAUDEL (Pierre-Joseph-Isidore).

Officier de cavˡᵉ français, 1826-18...

Engagé volontaire en 1844, sous-lieutⁿᵗ en 1851, chef d'escᵒⁿˢ en 1870, retraité en 1873. Avait été sous-maître de manège à Saumur comme sous-officier de 1848 à 1851 et y a fait un cours de lieutⁿᵗ d'instruction.

Traité de Locomotion du Cheval relatif à l'Equitation. Nouvelles proportions. Par I. Daudel. *Saumur, Imp. P. Godet*, 1854.

1 vol. in-8° de xii-96 p. avec 2 pl. se dépliant.

Méthode d'Equitation et de Dressage basée sur la mécanique animale, contenant : 1° Précis de l'Equitation depuis Xénophon jusqu'à nos jours; 2° Etude mécanique du Cheval; 3° Equitation proprement dite, ou Ecole du Cavalier, d'après une nouvelle méthode; 4° Instruction du Cheval, débourrage et dressage; 5° Equitation d'agrément : Haute Ecole, fariboles d'Equitation, Equitation de course, Equitation des dames; suivie du Dressage des Chevaux de remonte, dédiée à la Cavalerie, par Daudel, Lieutenant au régiment de chasseurs à cheval de la Garde Impériale. *Paris, Leneveu*, 1857.

1 vol. in-8° de xvi-283 p. avec 11 pl. se dépliant.

Les 96 premières p. de cet ouvrage ne sont que l'exacte réimpression du précédent. Dans sa préface, l'auteur annonce qu'il a emprunté au Comte d'Aure tout ce qui est équitation et à Baucher ses principes de dressage, en les modifiant toutefois. La lecture de son ouvrage, qu'il déclare lui-même supérieur à tous ceux de ses prédécesseurs, ne montre pas qu'il ait réussi à mettre ces deux maîtres d'accord, ni que ses prétentions soient entièrement justifiées. C'est néanmoins un travail estimable et qui a eu quelque notoriété à l'époque où il a paru, mais dans lequel la progression suivie prête à la critique. Il est tombé dans l'oubli.

Le cap^{ne} Raabe a publié, en 1856, une critique du premier ouvrage de Daudel. (Voy. Raabe.)

DAUFRESNE DE LA CHEVALERIE (Auguste).

Officier de cav^{ie} belge. 1818-1881. Sous-lieut^{nt} en 1846, major en 1868, retraité en 1873.

Manœuvres de Cavalerie, par Auguste Daufresne de la Chevalerie, Major au 1er Régiment de Chasseurs à Cheval, Chevalier des Ordres de Léopold et de St Grégoire-le-Grand, décoré de la Croix commémorative. *Bruges, Edw. Gailliard*, 1873.

Broch. in-8° de 77 p.

C'est une défense des anciens règlements et notamment de l'ordonnance de 1829 (1) contre les novateurs.

Biographie du Maréchal de Luxembourg, duc de Montmorency — Etude au point de vue de la Cavalerie, par Auguste Daufresne de la Chevalerie... (etc., comme ci-dessus). *Bruges, Typ. Edw. Gailliard*, 1873.

Broch in-8° de VIII-72 p.

L'auteur étudie la disposition, l'emploi, la tactique et les exploits de la cav^{ie} sous les ordres du M^{al} de Luxembourg, et examine ensuite la tactique moderne de cette arme et la situation de la cav^{ie} belge.

Biographie du Général C. A. Van Remoortere — Etude sur la Cavalerie, par Auguste Daufresne de la Chevalerie, Major en retraite, Chevalier des Ordres de Léopold et de Saint Grégoire-le-Grand, décoré de la Croix commémorative. *Gand, Imp. C. Annoot-Braeckmann*, 1875.

1 vol. gr. in-8° de 172 p. Portrait du g^{al} Van Remoortere en frontispice. Dédicace de l'auteur à Mme la Douairière C. A. Van Remoortere, née Vidal de Neuvy.

Le Gal Van Remoortere avait brillamment servi dans les rangs de la cav^{ie} française, de 1805 à 1815, en Prusse, Pologne, Allemagne, Croatie, Russie, Saxe, Italie et Belgique. Il avait été blessé 3 fois et avait obtenu plusieurs citations. Il servit ensuite dans l'armée des Pays-Bas de 1814 à 1830, puis de 1830 à 1841 dans l'armée belge où il devint général major.

Après la biographie du général, l'ouvrage contient des observations sur la cav^{ie} et notamment sur les procédés de commandement de Van Remoortere quand il était colonel du 1er Chasseurs à cheval belge.

DAUMAS (Melchior-Joseph-Eugène).

Général de div^{on} français (cav^{ie}), 1803-1871. Engagé volontaire en 1822, sous-lieut^{nt} en 1827, colonel en 1845, général de brigade en 1850, de division en 1853, passé dans la section de réserve en 1868. 18 campagnes en Algérie et 6 citations pour faits de guerre. A été longtemps directeur des affaires d'Algérie au ministère de la Guerre. De 1837 à 1839, il avait rempli, auprès d'Abd-el-Kader, à Mascara, les fonctions de consul, et en 1847 il fut chargé d'une mission spéciale auprès de l'Emir, alors détenu au fort Lamalgue, à Toulon. Ces relations amicales expliquent la part prise par Abd-el-Kader à certains ouvrages du Général Daumas.

Celui-ci fut nommé conseiller d'Etat en 1852 et sénateur en 1857.

Les Chevaux du Sahara, par le Général Daumas, Commandeur de la Légion d'Honneur, ancien Directeur central des affaires arabes, chef du service de l'Algérie au Ministère de la guerre. *Paris, Chamerot*, 1851.

1 vol. gr. in-8° de VI-384 p.

Les Chevaux du Sahara, par E. Daumas, Général de Division, Conseiller d'Etat, Directeur des affaires de l'Algérie au Ministère de la guerre. 2e éd^{on} augmentée de nombreux documents par l'Emir Abd-el-Kader. Ouvrage publié avec

---

(1) On sait qu'en 1833, le roi Léopold rendit no re *Ordonnance* du 6 Déc. 1829, sur l'Exercice et les Evolutions de la Cavalerie, réglementaire pour la Cav^{ie} belge. Un nouveau Règlement parut en 1844. Voy. *Précurseurs (les) de nos Règlements.*

DAU

l'autorisation du Ministre de la Guerre. *Paris, Schiller*, 1853.
1 vol. gr. in-8° de 480 p.

Les Chevaux du Sahara et les mœurs du désert, par le Général Daumas. *3ᵉ éd*ᵒⁿ augmentée, avec des commentaires par l'Emir Abd-el-Kader. *Paris, Michel Lévy,* 1855. 1 vol. in-12 de II-438 p.

4ᵉ et 5ᵉ éditions, 1858, sans changement.

Les Chevaux du Sahara et les mœurs du désert, par E. Daumas, Général de Division, Sénateur. *Nouvelle Edition,* revue et augmentée, avec des commentaires, par l'Emir Abd-el-Kader. Publié avec l'autorisation du ministre de la guerre. *Paris, Hachette,* 1862.
1 vol. gr. in-8° de VIII-544 p. avec les portraits du Gᵃˡ Daumas et d'Abd-el-Kader.

Même ouvrage, sans changement, *Michel Lévy,* 1866.

Les Chevaux du Sahara et les mœurs du désert par le Général Daumas. *6ᵉ édition,* revue et augmentée, avec des commentaires de l'Emir Abd-el-Kader; publié avec l'autorisation du Ministre de la Guerre. *Paris, Michel Lévy,* 1864.
1 vol. in-12 de 527 p.

Ce livre est l'œuvre d'un homme qui connaissait admirablement l'Algérie et les Arabes, et qui était aussi un hippologue instruit. Il est puisé aux sources les plus sûres et rempli d'observations intéressantes. Tout homme de cheval doit le connaitre. Il a eu un succès qui n'est pas encore épuisé et dont témoignent ses nombreuses édᵒⁿˢ.

Le Cheval de guerre, par M. le Général E. Daumas. Extrait de la *Revue des Deux Mondes,* livraison du 15 mai 1855. *Paris, Claye,* 1855.
Broch. gr. in-8° de 24 p.

C'est, naturellement, une apologie du cheval arabe comme cheval de guerre.

Même ouvrage, même titre. *Paris, Hachette,* 1855.
Broch. in-16 de 63 p.

L'auteur a ajouté, dans cette édᵒⁿ, des appréciations sur l'emploi de la race arabe par les Anglais dans l'Inde, tirées en partie de l'ouvrage de Nolan : *His-*

DAU

toire et tactique de la cavalerie (voy. ce nom).

Lettres sur le Cheval arabe par M. le Général Daumas et l'Emir Abd-el-Kader, et observations par M. Richard (du Cantal). Extrait du *Bulletin de la Société impériale d'acclimatation.* Nᵒˢ de Juillet et Août 1858. *Paris, au siège de la Société,* 1858.
Broch. in-8° de 23 p.

Principes généraux du cavalier arabe, par le Général E. Daumas. *Paris, Hachette,* 1854.
Broch. in-16 de 63 p. Cet opuscule a eu 4 édᵒⁿˢ la même année.

Le Général Daumas a publié d'autres ouvrages sur l'Algérie. Dans tous, une partie plus ou moins importante est consacrée au cheval, et c'est à ce titre que la liste en est donnée ici :

Le Grand désert ou itinéraire d'une caravane au pays des Nègres, — avec la collaboration d'Ausone de Chancel. *Paris,* 1840-1848-1856.

Le Sahara algérien. *Paris,* 1845.

La grande Kabylie. *Paris,* 1847.

Mœurs et coutumes de l'Algérie. *Paris,* 1853, 1855 et 1858.

La Vie Arabe et la Société musulmane. *Paris,* 1869.

DAUNASSANS (A.).

Du moyen le plus propre d'utiliser la Chair du Cheval, de l'Ane et du Mulet. *Toulouse, Imp. Ph. Montaudin,* S. D. (1856).

Broch. in-8° de 12 p. signée A. Daunassans, Membre résid. de la Soc. d'Agric. de Toulouse.

L'auteur n'est pas, en principe, hostile à l'hippophagie, mais il pense que les ressources que la chair de cheval pourra apporter à l'alimentation publique seront toujours insignifiantes, en quoi il s'est montré mauvais prophète. L'opuscule a été publié à l'occasion d'un banquet d'hippophages dont M. Joly, professeur à la Faculté des Sciences de Toulouse, a publié le compte rendu. (Voy. Joly (Nicolas.)

DAUNAY (P.), voy. LIGNÉE et DAUNAY.

DAUPHINOT (Ad.), voy. UN MOT SUR L'EQUITATION.

DAUZAT (Albert).
Docteur en droit et philologue français, né en 1877.

Revue de Philologie française et de Littérature — Recueil trimestriel publié par Léon Clédat (1), Professeur à l'Université de Lyon — **La Langue des Sports**, par Albert Dauzat. *Paris, H. Champion*, 1909. Broch. in-8° de 13 p.
Curieuse étude sur l'origine et la déformation des termes de sport.

DAVELOUIS (Edouard-Amadé).
Officier de cavalerie français, 1798-18...
Entré au service comme mousquetaire gris en mars 1815 (2), sous-lieut^{nt} aux Chasseurs du Cantal en décembre 1815, lieut^{nt} aux Hussards de la Garde royale avec rang de capitaine en 1824 ; capitaine au 11e Dragons en 1828 et démissionnaire en mai 1830.

Coup d'œil sur l'Education du Cheval et sur les Remontes en France, par E. Davelouis, ex-Mousquetaire de la Garde du Roi, Élève de l'Ecole royale de Saumur, Officier de Chasseurs. *Verdun, Villet, et Paris, Villet*, 1822.
1 vol. in-8° de VIII-134 p.
L'auteur s'appuie surtout sur des ouvrages alors déjà anciens, Lafont-Pouloti, le Gal Collot, Préseau de Dompierre, Pichard, Barentin de Montchal (voy. ces noms). Son ouvrage n'aurait donc pas grande originalité s'il ne faisait à la fin la proposition au moins bizarre de faire élever par l'Etat et dans ses forêts, *à l'état sauvage*, des poulains achetés tout jeunes et destinés à la remonte de l'armée.
Comme reproducteurs, il accepte avec éclectisme des étalons de toutes races et il en est encore aux persans, aux turcs, aux andalous, aussi bien qu'aux danois et aux anglais.

DAVESIÈS DE PONTÈS (A.-T.), voy. **DE LA CAVALERIE EN FRANCE**.

DAVIDOFF (Denis) et POLIGNAC (H.-A.-G., COMTE DE), traducteur.
Davidoff, général russe. Il commença sa carrière dans le Régiment des Chevaliers Gardes, devint aide de camp du Prince Bagration, fit campagne avec lui pendant 5 ans en Allemagne et en Turquie et s'y forma à la guerre de partisans. Il passa ensuite aux Hussards et fit, comme lieut^t-colonel, les campagnes de 1808 en Finlande et celles de 1812, 13 et 14 contre la France.
Polignac (Héraclius-Auguste-Gabriel, comte de), général d'inf^{ie} français, 1778-1871. Au service de Russie en 1796, aide de camp de Souvaroff la même année ; rayé des contrôles pour n'avoir pas rejoint le rég^t de Schlusselbourg où il avait été nommé ; réadmis au service en 1803 comme lieut^t au rég^t de Pavlowsky ; aide de camp du Prince Galitzin en 1809 ; capitaine en 1810 au rég^t de Préobrajenski ; colonel du rég^t d'Apscharowsky en 1814 ; attaché ensuite au Corps d'armée russe en France et admis à la retraite en 1818. Il rentra alors au service de France comme colonel d'inf^{ie} et fut nommé au commandement du 11e léger en 1829. Mis en congé en 1830, il fut rappelé à l'activité en 1840 comme commandant la place de Bougie puis comme colonel du 25e léger. Maréchal de camp en 1846, disponible en 1848, commandant la 4e subdiv^{on} de la 5e div^{on} mil^{re} en 1850, retraité en 1851.

Essai sur la Guerre de Partisans, par le Général Denis Davidoff ; traduit du Russe par le Comte Héraclius de Polignac, Colonel du 25e Léger ; revu et précédé d'une notice biographique sur l'auteur par le Général de Brack (1), Commandant l'Ecole de Cavalerie de Saumur. *Paris, J. Corréard*, 1841.
1 vol. in-8° de 124 p.
L'ouvrage concerne en partie la cavalerie.
Voy. aussi, sur la petite guerre ou la guerre de partisans : *Traité de la Constitution des Troupes légères* — Jeney (de) — Wüst (de) — Ray de St-Geniès — *Petit Guide des Guerillas* — Rustow — *La Roche* (de) — Grandmaison (A.-T. de) — *Le Miere de Corvey* — Decker (de) — *La Roche-Aymon* (de) — Létang — Callwell, etc.

DAVIS (Géo).
La Santé des Animaux par le Docteur Géo Davis, suivie des Recettes du Père Mathieu — **Traité pratique de Médecine Vétérinaire par les Plantes** — Prix : 1 Franc —

---

(1) Clédat (Léon), professeur de langue et de littérature française du moyen âge, à la Faculté des Lettres de Lyon, né en 1851.

(2) On sait que les Mousquetaires, rétablis en 1814, furent supprimés à la 2e Restauration.

(1) Voy. de Brack pour d'autres ouvrages et sa biographie.

En vente à la Médecine par les Plantes, 187, rue du Temple, Paris. (Poitiers, Imp. M. Bousrez) S. D. (1906).

Broch. in-16 de 64 p. Vignette sur le titre.

L'alimentation et les maladies du cheval sont traitées dans la 1re partie de ce petit opuscule populaire.

DAY (Villiam) et HÉDOUVILLE (Vte DE), traducteur.

Day, jockey et entraîneur anglais, XIXe siècle.

Le Cheval de Course à l'entraînement accompagné de conseils pour les Courses et de projets de réforme, par William Day. Traduit de l'anglais par le Vte de Hédouville (1) *Paris, E. Plon, 1881.*

1 vol. in-8° de XI p. pour les préfaces du traducteur et de l'auteur, 2 fts pour les tableaux de conversion des mesures anglaises et 271 p.

DEBACON BONNEVAL.

Précis de la connoissance des deffauts essentiels du Cheval, pour n'y être point trompé quand on les achette : par le Chevalier Debacon Bonneval. *Venise, Fenzo, 1774.*

Broch. pet. in-8° de 40 p.

Ouvrage que je ne connais que par le Catal. de la Bibl. Huzard.

DEBOST (Emile).

A servi comme sous-officier de cavalie. Etait titulaire instructeur à Saumur vers 1845 et années suivantes. A fait la campagne de 1870-71 aux Eclaireurs Franchetti.

Cinésie Equestre — Nouvelle étude du Cheval et principes inédits d'Equitation rationnelle et de Haute-Ecole (étude dédiée à l'homme de cheval et à l'écuyer militaire). Par Emile Debost, attaché au Ministère des Finances, ancien titulaire-instructeur de l'Ecole de Cavalerie de Saumur, ex-éclaireur Franchetti — Lettres-préfaces de M. Michaux, Officier général de Cavalerie et de M. E. Dally, membre de plusieurs sociétés savantes. *Paris, J. Dumaine, 1873.*

1 vol. in-8° de XX-180 p.

(1) Voy. ce nom pour un autre ouvrage.

Nouvelle étude du Cheval. Cinésie équestre ou Equitation rationnelle inédite basée sur le principe du mouvement de locomotion, par Emile Debost, attaché au Ministère des Finances, ancien titulaire instructeur à l'Ecole de Cavalerie de Saumur. — Lettres-préfaces de M. Michaux, Officier général de cavalerie et de M. E. Dally, membre de plusieurs Sociétés savantes. 2e *Edition*, augmentée : 1° d'une dédicace à M. le Général L'Hotte — 2° d'un exposé analytique de cinésie équestre — 3° d'extraits de lettres et de comptes-rendus de revues scientifiques et militaires. *Paris, J Dumaine, 1874.*

1 vol. in-8° de XX-224 p.

Les 176 premières p. de cette édon sont la reproduction de la précédente. La fin contient l'exposé analytique, un examen critique de la méthode Baucher, les lettres et les comptes rendus. Cette partie est nouvelle.

La *3e édon, Paris, J. Dumaine, 1875,* est semblable à la 2e.

Nouvelle étude du Cheval. Développement de la cinésie équestre. (Ouvrage présenté à l'Académie des sciences) — Traité complet d'Equitation rationnelle et de dressage du Cheval. — Causeries équestres précédées de la tactilité animale. Etude nouvelle de physiologie comparée, par Emile Debost, ancien titulaire-instructeur de l'Ecole de Saumur, membre et lauréat de la Société protectrice des animaux, auteur de plusieurs ouvrages sur le Cheval et l'Equitation. Admis à l'exposition universelle de 1878. *Paris, J. Dumaine, 1878.*

1 vol. gr. in-8° de 392 p.

Cet ouvrage est en partie tiré des précédents, mais avec un remaniement complet, des articles nouveaux et d'importantes augmentations. Les p. 353 à 388 contiennent une critique acerbe du *Traité des résistances du cheval* du Lt-Colonel Gerhardt (1) et des *Notes Equestres d'un vieil amateur*, ouvrage non signé, dont l'auteur était M. Gaussen (1). Celui-ci ne se plaignit pas, mais le Lt-Colonel Gerhardt protesta très énergiquement contre une critique

(1) Voy. ce nom.

dont les termes étaient si peu mesurés. Il en résulta que M. Dubost supprima ces pages dans tous les exemplaires restant chez l'éditeur et, à fortiori, dans l'éd^on de 1879, dont la notice suit. Ces pages sont curieuses, car elle donne la note de la violence que les polémiques équestres atteignent parfois et montrent une fois de plus à quel point l'art de l'équitation surexcite les amours-propres. Les p. 353 à 388 manquent donc dans presque tous les exemplaires et sont devenues fort rares. Elles ont été remplacées par une note de M. Dubost donnant l'explication de cette suppression.

Nouvelle étude du Cheval — Développement de la Cinésie Equestre. (Ouvrage présenté à l'Académie des sciences) — Traité complet d'Equitation rationnelle et du dressage du Cheval — *2e éd^on* modifiée et augmentée de nouveaux entretiens sur l'art de vaincre les résistances du Cheval par l'éducation des sens. Par Emile Debost, ancien titulaire-instructeur de l'Ecole de Saumur, auteur de plusieurs ouvrages sur le Cheval et l'Equitation, Lauréat de la Société protectrice des animaux et de l'Exposition internationale de 1878. *Paris, J. Dumaine*, 1879.

1 vol. gr. in-8° de VI-420 p.

C'est une éd^on remaniée et augmentée du précédent ouvrage.

Nouvelle étude du Cheval. Précis complémentaire de Cinésie équestre ou d'Equitation rationnelle — Nouveaux entretiens sur l'art de vaincre les résistances du Cheval sans nuire à son organisation ou du dressage des Chevaux difficiles par l'éducation des sens. Par Emile Debost, ancien titulaire-instructeur de l'Ecole de Saumur, auteur de plusieurs ouvrages sur le Cheval et l'Equitation, Lauréat de la Société protectrice des animaux et de l'Exposition internationale de 1878. *Paris, J. Dumaine*, 1879.

Broch. gr. in-8° de 76 p.

C'est une réimpression des articles sur les résistances du cheval qui terminaient l'éd^on précédente.

En 1874, M. Debost avait fait autographier la brochure suivante :

Rapport sur la nouvelle étude du Cheval adressé au comité de la Réunion des Officiers, rue de Bellechasse, à Paris — Résumé de Cinésie équestre.

Broch. gr. in-8° de 14 p.

En outre, le *Précis élémentaire de la tactilité animale*, qui forme les 42 premières p. de la *Nouvelle Etude du Cheval*, éd^on de 1878, a été publié la même année chez *Dumaine*, en une brochure séparée adressée au Comité de la Société protectrice des animaux.

Les ouvrages de cet auteur ont été traduits en espagnol.

DEBRA (Auguste).

Ingénieur belge.

Précis de l'alimentation des animaux domestiques à la portée de tout cultivateur par Auguste Debra, Ingénieur agricole. *Namur, Delvaux*, 1894.

Broch. in-8° de VI-61 p.

DEBRY (H.-C.).

Le Vétérinaire moderne ou Traité simple et pratique de l'Art Vétérinaire mis à la portée de tous, par H.-C. Debry, ancien Répétiteur de Sciences naturelles, Médecin-Vétérinaire de l'Ecole d'Alfort, Inspecteur Sanitaire du bétail, ancien Vétérinaire de l'Armée. *Wargnies-le-Grand (Nord), Ad. Elie Broquet*, 1895.

1 vol. in-8° de 732 p. avec fig. d. l. t. et 17 pl., la plupart coloriées, se pliant ou à pleine p.

Même ouvrage, même titre, *même libraire*, 1902.

1 vol. in-8° de 732 p. avec les mêmes pl. et fig.

Malgré la similitude du titre et du nombre de p., c'est une 2e éd^on légèrement différente de la précédente.

Dans la 1re, le cheval occupe les p. 9 à 321 ; dans la 2e, les p. 9 à 310, avec 32 fig. en noir et 4 en couleurs.

DECADES DE LA DESCRIPTION... DES ANIMAUX.

Decades de la description, forme et vertu naturelle des animaux tant raisonnables que Brutz. *Lyon, Balthazar Arnoullet*, 1549.

Petit in-8° de 36 f^ts non ch.

La Description, forme et nature des Bestes, tant priuees que sauuages auec le pourtret & figvre au plus près dv natvrel. *Rouen, Robert et Iehan du Gort, frères*, 1554.

Petit in-8° de 64 f^ts non ch.

C'est la 2e éd^on du précédent. Auteur inconnu.

Cet opuscule rarissime comprend 1 page, 1 figure et 1 pièce de vers sur chaque animal, y compris le cheval, l'âne et la « mulle ».

DECHAMBRE (Paul-Alfred).

Vétérinaire français, né en 1868, diplômé d'Alfort en 1889, nommé en 1897 professeur de zootechnie à l'Ecole de Grignon, puis à celle d'Alfort.

Eléments d'Hygiène et de Zootechnie, 1894. En collaboration avec H. Rossignol. Voy. *Rossignol* (H.).

Zootechnie générale. Par P. Dechambre, Professeur de Zoologie et de Zootechnie à l'Ecole nationale d'Agriculture de Grignon. *Paris, Rueff*, 1899.

1 vol. in-18 de xxx-316 p., avec 12 fig. d. l. t.

Le cheval et le mulet occupent une partie de l'ouvrage.

Ecole nationale d'Agriculture de Grignon — Compte rendu d'une excursion en Allemagne — Mars-Avril 1901 — Le Neckar et le Rhin — Stuttgart — Francfort — Cologne — *Paris, Imp. R. Chapelot*, (1901).

1 vol. in-8° de VIII-103 p., avec plusieurs photog.

Cet ouvrage, rédigé par M. Dechambre et plusieurs collaborateurs, n'a pas été mis dans le commerce. Il contient des articles sur le Haras de Marbach, l'Etablissement hippique de Scharnhausen et le Haras royal de Weil, près de Stuttgart.

Les Aliments du Cheval. Calcul du travail et de la ration. Origine des aliments. Substitutions. Altérations et intoxications alimentaires. Expertises. Par P. Dechambre, Professeur de Zootechnie à l'Ecole nationale d'Agriculture de Grignon et Ed. Curot (1), Médecin-Vétérinaire, Directeur de la Cavalerie des Equipages du Commerce à Paris. *Paris, Asselin et Houzeau*, 1903.

1 vol. in-12 de XVIII-455 p.

(1) Voy. ce nom pour d'autres ouvrages.

Congrès national vétérinaire — 1906 — Rapport présenté par MM. P. Dechambre et H. Rossignol. — *Lyon, Imp. R. Schneider*, 1906.

Ce titre a été modifié de la manière suivante, quand l'ouvrage a été mis en vente, sans autre changement :

La Production chevaline en France par M. P. Dechambre, Professeur à l'Ecole d'Agriculture de Grignon et M. H. Rossignol, Vétérinaire départemental. *Paris, Asselin et Houzeau; Lyon, R. Schneider*, 1906.

1 vol. gr. in-8° de 160 p. avec 1 carte hippique de la France.

Les Aliments du Bétail, par P. Dechambre, Professeur de Zootechnie à l'Ecole nationale d'Agriculture de Grignon. *Paris, Asselin et Houzeau*, 1906.

1 vol. in-18 de xv-578 p.

Cet ouvrage ne concerne le cheval qu'indirectement et par les généralités : valeur nutritive et nature des aliments.

Traité de Zootechnie, par P. Dechambre, Professeur de Zootechnie à l'Ecole nationale d'Agriculture de Grignon et à l'Ecole vétérinaire d'Alfort — Tome premier — Zootechnie générale — *Deuxième Edition*, entièrement refondue. *Paris, Ch. Amat; ibid., Asselin et Houzeau*, 1911.

1 vol. in-16 de XII-427 p., avec 9 fig. d. l. t.

L'ouvrage concerne en partie le cheval, non seulement par les généralités, mais aussi par des articles spéciaux, notamment sur le tirage. C'est une 2e éd^on des *Eléments d'Hygiène et de Zootechnie* publiés en 1894 et de la *Zootechnie générale* publiée en 1899, décrits ci-dessus, avec d'importantes additions et modifications. Préface de M. Rossignol.

Traité de Zootechnie, par P. Dechambre... (etc., comme ci-dessus) — Tome II — Les Equidés — Ouvrage illustré de six cartes et de 62 gravures. *Paris, Charles Amat; ibid., Asselin et Houzeau*, 1912.

1 vol. in-16 de 494 p.

Ecôle nationale d'Agriculture de Grignon — Eloge du Professeur

André Sanson (1), par M. P. Dechambre, Professeur de Zootechnie à l'École nationale d'Agriculture de Grignon, Président de la Société centrale de Médecine Vétérinaire. *Paris, Charles Amat*, 1912.
Broch. in-8° de 29 p. avec portrait d. l. t.

L'opuscule contient non seulement la biographie de Sanson, mais la bibliographie de ses travaux, y compris ceux qui n'ont pas été l'objet d'un tirage à part et qui, pour cette cause, ne figurent pas dans la notice sur Sanson.

DÉCHELETTE (Joseph).
Archéologue français, conservateur du Musée de Roanne, né en 1862.

Revue Archéologique publiée sous la direction de MM. Alex. Bertrand et G. Perrot. — Un fragment de Poterie Gauloise à représentation zoomorphique, par J. Déchelette. *Paris, Ernest Leroux*, 1896.
Broch. in-8° de 7 p. avec 1 pl. h. t. contenant 2 fig.

Il s'agit d'un fragment de vase sur lequel sont représentés 2 chevaux aux allures vives. L'auteur observe leur conformation particulièrement levrettée, caractère généralement reproduit, dit-il, sur les monnaies gauloises.

DECHY (Edouard-Frédéric-Guillaume-Claude).
Officier de cavalerie français, 1799-18.. Brigadier au 6e Cuirassiers en 1818; Garde du Corps à la Compie de Noailles (rang de sous-lieutnt) en 1823; sous-lieutnt au 5e Cuirassiers en 1830; lieutnt de gendle en 1836; chef d'escon en 1848 et nommé au commandement de l'escon de gendle de la Garde Imple en 1854; retraité en 1857. Il avait fait les campagnes de 1823 en Espagne et de 1831 en Belgique.

Mémoires d'un Garde du Corps du Roi de la Compagnie de Noailles — Composition des Gardes du Corps et des Mousquetaires créés en 1814; Portraits des Personnages de la Cour de Louis XVIII, de Charles X, et fonctions qu'ils exerçaient. Détails sur les faits qui se produisirent avant, pendant et après les Journées des 27, 28 et 29 Juillet 1830. Départ de Charles X pour l'exil. Relation du voyage de Saint-Cloud à Cherbourg, suivis des Souvenirs de l'auteur sur la désastreuse campagne de Russie (1) (1812) par Edmond Dechy, Officier de la Légion d'Honneur. *Paris, E. Dentu*, 1867.
C'est le titre de la couverture ; le titre intérieur est très abrégé. 1 vol. in-8° de 239 p.

L'ouvrage contient d'intéressants détails sur l'organisation de la Maison du Roi en 1814, Gendarmes, Mousquetaires, Chevau-Légers, ainsi que sur les Gardes du Corps. Il y a un chap. sur « la situation et le service du soldat et du sous-officier dans l'Armée » qui concerne presque exclusivement la Cavalerie.

En 1860, Dechy avait publié un ouvrage intitulé : *Souvenirs d'un Ancien Militaire*, mais, sauf un court passage sur les Gardes du Corps, ce livre ne contient rien qui concerne la cavalerie. C'est une suite d'élucubrations présentées sans ordre sur les sujets les plus variés.

DECKER (Charles DE).
Général et auteur militaire prussien, 1784-1844. Fils d'un officier d'artie, il servit lui-même dans cette arme et débuta tout enfant dans la batterie que commandait son père. Il prit part à plusieurs campagnes jusqu'en 1815 et, après la paix, publia de nombreux ouvrages militaires qui lui attirèrent de la réputation. Les suivants, qui concernent en partie la cavie, ont été traduits en français.

La petite Guerre ou Traité des Opérations secondaires de la Guerre, par C. Decker, Major de l'Etat-Major général prussien. Traduit de l'Allemand, avec des notes, par M. Ravichio de Peretsdorf (2), Maréchal de Camp honoraire d'Artillerie, employé au Ministère de la Guerre, suivie de l'Instruction secrète de Frédéric II. *A Paris, chez F-G. Levrault, rue de la Harpe n° 81 et rue des Juifs n° 33 à Strasbourg*, 1827.
3 vol. in-32 de XVI-205, 264 et 247 p. avec 4 pl. se dépliant aux T. I et II. Le T. III se termine par l'*Instruction secrète* de Frédéric II (voy. Frédéric II). Fait partie de la *Bibliothèque portative de l'Officier*.

(1) L'auteur, encore enfant, avait été emmené par son père, médecin militaire.
(2) Voy. ce nom pour sa biographie.

(1) Voy. ce nom.

Même ouvrage, même titre (sauf la suppression des mots : employé au Ministère de la Guerre). *Bruxelles, à la Société pour le développement des Connaissances utiles*, 1838.

1 vol. in-16 de 501 p., avec 8 pl. h. t. Contrefaçon belge en 1 vol. de l'ouvrage précédent.

Supplément à la troisième édition de la petite guerre, par Decker. Traduit de l'Allemand par le Général Baron Ravichio de Peretsdorf, Archiviste pour la partie technique et scientifique de l'Artillerie et du Génie au Ministère de la Guerre. *Paris, J. Corréard jne*, 1840.

Broch. in-8° de 47 p.

De la petite Guerre selon l'esprit de la Stratégie moderne, par Ch. de Decker, Général Major au service de Prusse, traduit de l'Allemand par L.-A. Unger (1), Professeur d'Allemand au Collège de Juilly. *Paris, J. Corréard*, 1845.

1 vol. gr. in-16 de VIII-340 p. avec 8 pl. h. t.

C'est une autre traduction du même ouvrage, avec un titre un peu différent. Unger, dans son avertissement, relève de nombreuses fautes dans la traduction de Ravichio. De plus. il a dû traduire une édon très postérieure à celles qui ont servi à Ravichio, car il parle de l'attaque d'un convoi de chemin de fer (2). Les pl. jointes à cette traduction sont très soignées.

La petite Guerre appropriée à l'esprit de l'art militaire des temps modernes, ou Traité sur l'emploi et l'usage des trois Armes dans la petite Guerre. Par C. de Decker, Major et Chevalier royal, etc., de Prusse. Mis à l'usage des Officiers Suisses, en ayant égard à la position géographique, à l'art de la guerre et à l'état militaire de la Confédération Suisse, par le Major J.-M. Rudolf — Avec une carte stratégique de la Confédération Suisse et 8 plans — *Berne, H. Fischer*, 1849.

1 vol. in-8° de VIII-486 p., avec les pl.

(1) Voy. ce nom pour d'autres ouvrages.
(2) Unger a d'ailleurs traduit et publié en 1845 un ouvrage sur les Chemins de fer considérés comme lignes d'opérations militaires.

annoncées au titre, en partie coloriées. Dans cette traduction, le texte primitif a reçu des modifications et des additions.

Voy. aussi, sur la petite guerre ou la guerre de partisans : *Traité de la Constitution des Troupes légères — Jeney (de) — Davidoff — Wüst (de) — Ray de St-Geniès — Petit Guide des Guerillas — La Roche (de) — Grandmaison (A.-T. de) — Le Miere de Corvey — La Roche-Aymon (de) — Létang — Callwell*, etc.

Traité de l'Art de combattre de l'Artillerie à Cheval réunie à la Cavalerie par E. (1) Decker, Major au Corps Royal d'Etat-Major Prussien, chevalier des ordres pour le mérite, de la croix de fer, 2e classe, de S. Wladimir, 4e classe, etc. Traduit de l'Allemand, avec des notes relatives à l'armée française par Ravichio de Peretsdorf, Maréchal-de-camp d'artillerie honoraire, Chevalier des ordres Royaux de Saint-Louis et de la Légion d'honneur, attaché au ministère de la guerre, etc. *Paris, et Strasbourg, F.-G. Berger-Levrault*, 1831.

1 vol. in-8° de XII-520 p. avec 5 pl. gravées, se dépliant et donnant des exemples de formations tactiques pour l'artillerie et la cavalerie, sur différents terrains.

Rassemblement, Campement et grandes manœuvres des Troupes Russes et Prussiennes, réunies à Kalisch (2) pendant l'été de 1835 (avec plans). Par M. de Decker, colonel commandant la 1re brigade de l'artillerie prussienne, suivi de deux notes supplémentaires sur le camp de Krasnoïe Selo et l'autre sur la nouvelle organisation de l'armée Russe — Traduit de l'allemand par M. C. A. Haillot (3), capitaine d'artillerie. *Paris, Corréard jne*, 1836.

(1) E. est probablement une faute d'impression pour C. D'après l'avertissement du traducteur, d'après le Catalogue de la Bib. Natle, et celui de la Bib. de la Guerre, l'auteur serait bien C. de Decker.
(2) Kalisch, ville de la Pologne russe, chef-lieu de l'ancienne waiwodie de ce nom, sur la grande route de Breslau à Varsovie, sur la Prozna, à 220 kil. de Varsovie.
(3) Haillot (Charles-Alexandre), officier d'artillerie français, 1795-1854. Sorti de St-Cyr en 1814 comme lieut au 8e d'artie à pied, lieut en 1er au bataillon de pontonniers en 1822, il servit au 15e d'artie (pontonniers) jusqu'à son grade

1 vol. in-8° de 116 p. avec 5 pl. se dépliant.

Très intéressant ouvrage dans lequel la cavalerie tient une place importante et qui montre avec quels soins et au prix de quelles dépenses les gouvernements russe et prussien organisaient dès cette époque des rassemblements considérables et des manœuvres en terrain varié. Ce n'est qu'après la terrible leçon de 1870 que nous nous sommes aperçus que l'éducation de la troupe et de ses chefs ne se faisait pas uniquement sur le terrain de manœuvres de leur garnison.

De la Tactique des trois armes, Infanterie, Cavalerie, Artillerie, isolées et réunies dans l'esprit de la nouvelle guerre; Cours fait à l'école militaire de Berlin, par C. de Decker, Colonel d'Artillerie Prussienne, Chevalier, Membre de l'Académie royale Suédoise des Sciences militaires. Traduit de l'Allemand et augmenté d'un résumé critique de l'ouvrage et d'observations sur l'état actuel de l'art par F. de Brack (1), Colonel au 4ᵉ Régiment de Hussards français, auteur des Avant-Postes de Cavalerie légère, etc. Tome Iᵉʳ contenant la Tactique de chaque arme isolée — Tome II contenant la Tactique des Trois Armes réunies. *Bruxelles, J.-B. Petit*, 1836 (pour le T. I); *Paris, J. Dumaine; Bruxelles, Fl. Leroy, S. D.* (1837) (pour le T. II).

2 vol. in-8° de 269 et IV-297 p. avec nombreux croquis de formations et de manœuvres, d. et h. t. aux 2 vol.

Les trois Armes ou Tactique divisionnaire du Colonel prussien Decker, traduit en Français sur la traduction Anglaise du Major J. Jones et annoté par A. de M*** (2), Capi-

de colonel qu'il obtint en 1851. Général de brigade en 1854, il mourut six mois après.

Embarqué pour la Martinique le 4 sept. 1814 sur la *Méduse* — dont le célèbre naufrage eut lieu 2 ans plus tard — il s'embarqua l'année suivante sur l'*Alfred* pour rentrer en France, mais ce bateau fut capturé par la frégate anglaise *Scamander*, et Haillot, fait prisonnier de guerre, ne rentra en France qu'en 1816. Outre sa campagne à la Guadeloupe, il avait fait celle de 1823 à l'armée des Pyrénées.

(1) Voy. ce nom pour d'autres ouvrages et sa biographie.

(2) Ces initiales désignent M. de Manne (Victor-Amédée), officier d'artᵗᵉ français, sous-lieutᵗ en 1832, chef d'escᵒⁿ en 1855, retraité vers 1862. — 1804-1886.

taine d'Artillerie — Publié avec l'autorisation du Ministre de la Guerre. *Paris, J. Corréard,* 1851.

1 vol. in-8° de 155 p. dont VI pour l'Avertissement du traducteur français et la Préface du traducteur anglais, avec nombreux croquis de formations et de manœuvres d. l. t.

Malgré la légère différence des titres, c'est une autre traduction de l'ouvrage précédent. Elle est beaucoup moins développée — quoique ayant les mêmes divisions — que celle de de Brack. On remarquera d'ailleurs qu'elle est faite de seconde main.

DECOSTE (Bienvenu).

Vétérinaire militaire français, 1801-18...

Entré au service en 1823 comme vétérinaire en 2ᵉ au 6ᵉ chasseurs, il passa en 1826 aux cuirassiers de Berry comme vétérinaire en 1ᵉʳ puis, en 1830, au 1ᵉʳ régᵗ de cuirassiers de la Garde Royale. Après la révolution de Juillet, il fut mis en solde de congé et exerça ensuite sa profession à Sézanne.

Hygiène — De l'emploi judicieux des Fourrages par B. Decoste, Médecin Vétérinaire à Sézanne, ancien Vétérinaire en premier au 1ᵉʳ Régiment de Cuirassiers de l'ex-Garde, Membre correspondant de la Société d'Agriculture, Commerce, Sciences et Arts du Dépᵗ de la Marne, Membre du Comice agricole, etc. *Châlons, T. Martin,* 1856.

Broch. in-8° de 28 p. avec un tableau se dépliant et donnant les équivalents de la valeur nutritive des différents fourrages.

Une partie des principes énoncés est très contestable.

DECOURCELLES.

Dictionnaire vétérinaire ou le Maréchal Expert, Ouvrage contenant une connoissance exacte de toutes les maladies du Cheval, Ane, Mulet, Bœuf, Brebis et Cochon ; la manière de les distinguer et les guérir. Ouvrage utile pour tous les Citoyens qui ont des Bestiaux : et surtout pour ceux des Campagnes, qui souvent, faute de connoissances, laissent souffrir, et même périr, leurs Bestiaux, faute d'administrer des Remedes qu'on trouve avec facilité, et dont les vertus sont

à la fin de ce petit Traité ; par le Citoyen Decourcelles, Maréchal à Villers-Bocage, Chef-lieu de Canton du Département de la Somme — Le Prix en est de 12ˢ en papier fin ; 10ˢ en papier ordinaire — *A Amiens de l'Imp. de Patin et Cⁱᵉ*, An VII de la République.

Broch. in-8º de 48 p.

Petit ouvrage populaire très rare. Il est moins extravagant que la plupart de ceux du même genre qui l'ont précédé. Le cheval en occupe la plus grande partie.

DÉCRET IMPÉRIAL DU 22 FÉVRIER 1813.

Décret impérial concernant le nombre de Chevaux de main, Chevaux de bât et voitures que les Militaires de tous les grades et autres fonctionnaires employés à l'Armée devront avoir à leur service du 22 février 1813. *Paris, Magimel* (1813).

Broch. in-8º de 12 (?) p.

Je ne connais ce titre que par la *Bibliographie de la France* de 1813 (nº 1451). La Bibliothèque nationale ne possède pas la brochure, mais le décret se trouve au *Moniteur* du 23 février. Il comprend V Titres et 33 articles. Les infractions aux prescriptions du décret étaient sévèrement réprimées. Dans plusieurs cas : voitures conduites par des militaires, voitures embarrassant l'artillerie quand elle commence à tirer, voitures appartenant à des personnes n'ayant pas le droit d'en avoir, etc., les voitures étaient brûlées sur place et les chevaux confisqués et versés dans un corps de troupe.

Les généraux de division avaient 8 chevaux de selle, 1 voiture, 4 chevaux de trait, 6 chevaux de bât et 18 rations. A remarquer que les capitaines et lieutenants d'infanterie âgés de 50 ans avaient droit à un cheval de selle. Pour un règlement analogue dans la cavalerie russe, voy. *Règlement sur le Service de la Cavalerie* (*Russe*).

DECROIX (Emile-François).

Vétérinaire militaire français, 1821-1901. Diplômé d'Alfort et sous-aide vétérinaire au 3ᵉ Chasseurs d'Afrique en 1845, vétérinaire principal en 1875, retraité en 1878. Campagnes de 1845 à 1855 en Afrique, en 1856 en Orient, en 1859 en Italie, de 1860 à 1862 en Afrique, en 1870-1871 à Paris.

Il était membre de la Société centrale de médecine vétérinaire, de la Société d'acclimatation, de la Société protectrice des Animaux, de celle contre l'Abus du tabac et devint président de ces deux dernières sociétés.

En 1870, il était vétérinaire de la Garde de Paris. L'année suivante, au moment de la Commune, quand les troupes régulières se retirèrent sur Versailles, Decroix n'eut pas le temps de les rejoindre. Il se transforma alors en médecin, déclara aux insurgés qu'il soignait les enfants de troupe, fit placer à la porte de la caserne un guidon avec la croix de Genève et y établit une ambulance. Il préserva ainsi la caserne de l'incendie que les communards se disposaient à y allumer.

Decroix était un homme de sentiments élevés et d'un caractère particulièrement désintéressé. Il fut surtout un apôtre et, aidé par le concours du Dʳ Blatin, d'Isidore Geoffroy-Saint-Hilaire, etc., il consacra sa vie à propager l'usage de la viande de cheval dont il avait apprécié l'utilité et les qualités nutritives dans quelques moments difficiles de ses expéditions en Afrique. Il était mû, dans cette croisade, par deux sentiments : procurer aux classes pauvres un aliment sain et économique et épargner aux chevaux vieux, usés ou blessés, les souffrances imposées par un travail au-dessus de leurs forces.

Il a pu, avant de mourir, assister au triomphe de ses idées et au résultat de ses efforts, car c'est surtout à lui qu'on doit l'établissement des nombreuses boucheries hippophagiques qui existent maintenant partout en France.

En juin 1902, on lui érigea un buste à Savy-Berlette (Pas-de-Calais), son village natal, et, en décembre 1904, un abattoir hippophagique ayant été inauguré à Paris, on plaça également son buste au-dessus de la grille d'entrée de cet établissement.

J'ai emprunté aux divers discours prononcés à ces occasions, quelques-uns des détails biographiques qui précèdent.

Decroix a aussi publié de nombreuses brochures de propagande contre l'abus du tabac. Une seule, qui est citée plus loin, concerne en partie le cheval.

Un banquet de Cheval — Épître aux Hippophobes par un Hippophage — Prix : 50 centimes au profit des pauvres — *Alger, Tissier*, 1861.

Broch. in-8º de 24 p., sans nom d'auteur,

C'est une pièce de vers de Decroix à l'occasion d'un banquet hippophagique, organisé à Alger par Desvignes, pharmacien, Tissier, libraire et par lui.

La viande de Cheval. Communications faites à la Société protectrice des Animaux. *Paris, de Soye et Bouchet*, 1864.

Broch. in-8° de 23 p.

L'opuscule contient une communication du Dr Blatin (en partie reproduite dans son ouvrage : *Nos Cruautés envers les Animaux*, Paris, 1867) qui en occupe les 8 premières p. La communication de Decroix vient à la suite.

Les Préjugés contre l'usage alimentaire de la viande de Cheval, par M. Decroix, Vétérinaire en premier à la Garde de Paris. *Paris, Imp. de Soye et Bouchet*, 1864.

Broch. in-8° de 12 p.

L'alimentation par la Viande de Cheval, par M. Decroix, Vétérinaire en 1er à la Garde de Paris. 2e Edition. *Paris, Asselin*, 1864.

Broch. in-8° de 24 p.

Usage alimentaire de la Viande de Cheval. Banquet des Hippophages. *Paris, Imp. de Soye*, 1865.

Broch. in-8° de 72 p.

L'opuscule contient le menu du banquet, la liste des convives et de nombreux extraits de journaux. Il est signé, à la p. 20, par les organisateurs parmi lesquels Decroix, Dr Blatin, Albert Geoffroy-St-Hilaire, etc.

De l'usage alimentaire de la viande de Cheval au point de vue des intérêts agricoles, par M. Decroix, Vétérinaire. *Clichy, Imp. Maurice Loignon*, S. D. (1866).

Broch. in-8° de 14 p.

Le Sort des Animaux en campagne, par M. E. Decroix, Vétérinaire — Mémoire lu à la Société protectrice des Animaux dans sa Séance du 26 Juin 1866. *Paris, E. de Soye*, 1866.

Broch. in-8° de 16 p.

Vivisections — La suppression des Vivisections serait fatale aux Animaux et compromettante pour la Fortune publique. Mémoire lu à la Société protectrice des Animaux à Paris, par M. Decroix, Chevalier de la Légion d'honneur, Membre de la Société protectrice des Animaux à Paris, Membre de la Société impériale et centrale de Médecine Vétérinaire, Membre de la Société impériale d'Acclimatation à Paris, Membre correspondant de la Société d'Agriculture d'Alger, Membre correspondant de la Société de Climatologie d'Alger, Membre fondateur de la Société de Médecine d'Alger. *Paris, P. Asselin*, 1867.

Broch. in-16 de 35 p.

Il s'agissait des exercices de chirurgie hippique pratiqués dans les Ecoles vétérinaires (1). Les auditeurs de Decroix furent fort surpris de ses conclusions inattendues, et il paraît qu'il fut quelque peu houspillé dans cette séance.

Recette pour la préparation culinaire de la Viande de Cheval, 1868.

Sans autre renseignement. Broch. réimprimée en 1884 à la suite de celle intitulée *Influence de l'Hippophagie sur la population chevaline* décrite ci-après.

Progrès de l'Hippophagie en France, 1869.

Sans autre renseignement.

Alimentation des Armées en campagne. Viande de Cheval par M. Decroix, Vétérinaire en 1er à la Garde de Paris. *Paris, Imp. Chaix*, 1870.

Broch. in-8° de 16 p.

Armées en campagne — Considérations relatives aux Hommes et aux Chevaux, par M. E. Decroix, Vétérinaire en premier, Chevalier de la Légion d'Honneur, Rédacteur de la Revue Vétérinaire, Membre titulaire de la Société impériale et centrale de Médecine vétérinaire, de la Société impériale d'Acclimatation et de la Société protectrice des Animaux de Paris; Membre fondateur de la Société de Médecine d'Alger, du Comité de la Viande de Cheval et de l'Association française contre l'abus du tabac, Membre correspondant de la Société centrale de Médecine du département du Nord, de la Société

---

(1) Au sujet de ces exercices, voy. *Cadiot* et *Deniau*.

'd'Agriculture et de la Société de Climatologie d'Alger, des Sociétés protectrices des animaux de Fontainebleau et de Dresde ; Membre honoraire de la Société protectrice des animaux de Palerme — Prix : 2 francs — Au Profit des Pauvres — *Paris, Dentu,* 1870.

Broch. in-8° de 95 p.

Cet ouvrage, écrit au commencement de la guerre, traite de sujets très divers : discipline, situation, blessures et soins des chevaux de selle et de trait en campagne, alimentation par la viande de cheval, paniques, usage et abus du tabac.

Siège de Paris — Alimentation des hommes et des chevaux. *Paris, Imp. A. Chaix,* 13 oct. 1870.

Broch. in-8° de 4 p. signée à la fin.

Siège de Paris — Usage alimentaire de la Viande de Cheval — Communication faite à la Société d'Acclimatation (Séance du 18 Novembre 1870) par M. Emile Decroix, Secrétaire général du Comité de la Viande de Cheval. *Paris, Martinet,* 1870.

Broch. in-8° de 15 p. (Extrait du *Bulletin de la Société d'Acclimatation,* n° de nov. 1870).

Inconvénients du vert pour les Chevaux de l'Armée — Lecture faite à la Société centrale de Médecine vétérinaire dans sa séance du 14 mars 1872, par M. Decroix, Vétérinaire en premier à la Garde Républicaine. *Paris, P. Asselin,* 1872.

Broch. in-8° de 16 p.

Decroix fait le procès du vert qui était alors donné à la prairie et comme unique nourriture, sans choix rationnel des herbages ni du sol, laissant les chevaux exposés aux intempéries et recevant le même traitement pour les maladies les plus diverses. Il a certainement contribué aux améliorations apportées depuis à l'administration du vert dans l'armée.

Inconvénients du tabac au point de vue de la protection due aux Animaux, par M. Decroix, secrétaire (Lu à la Société protectrice des Animaux). *Paris, Imp. Chaix,* S. D. (1872).

Broch. in-8° de 8 p.
Concerne en partie le cheval.

Extrait du *Bulletin de la Société d'Acclimatation* (n° de Février 1873). Note sur la consommation de la viande de Cheval en France, par M. Decroix. *Paris, Imp. E. Martinet,* S. D. (1873).

Broch. in-8° de 7 p.

Hippophagie — Médaille d'honneur — Diner de Cheval, par M. Decroix. Extrait de l'*Abeille Médicale,* n° du 1er Déc. 1873. *Paris, Imp. Walder,* 1873.

1 p. in-8°.

Il s'agit d'un diner fait chez Decroix pour convertir à l'hippophagie des Anglaises et des Américaines.

Réunion des Officiers — Des moyens d'augmenter la production et de prolonger la conservation du Cheval de guerre — Entretien fait à la Réunion des Officiers le 3 Février 1874, par M. E. Decroix, Vétérinaire militaire. *Paris, Ch. Tanera,* 1874.

Broch. in-12 de 44 p.

A cette époque, la France était encore loin de produire le nombre de chevaux nécessaires à l'armée. Pour améliorer la situation, Decroix propose d'employer en France l'étalon barbe bien choisi dans nos régiments d'Afrique, de faire saillir les plus belles juments des troupes à cheval en France, etc. Ces propositions impraticables n'ont plus maintenant qu'un intérêt de curiosité.

Situation de l'usage alimentaire de la Viande de Cheval par M. E. Decroix, Vétérinaire militaire, Chevalier de la Légion d'Honneur, Rédacteur à la *Revue vétérinaire,* Membre titulaire, etc. (comme à la brochure de 1870). Extrait du *Bulletin de la Société d'Acclimatation* (n° de Février 1874). *Paris, Asselin,* 1874.

Broch. in-8° de 8 p.

A la fin, liste des boucheries chevalines à Paris en 1874.

Influence curative du climat de l'Algérie sur le Farcin, par M. Decroix, Vétérinaire militaire. *Alger, Imp. Aillaud,* 1876.

Broch. in-8° de 20 p. (Extrait de la *Gazette médicale de l'Algérie.*)

Spontanéité et curabilité de la Morve. Extirpation de la contagion

par E. Decroix, Vétérinaire principal de l'Armée. (Extrait du *Journal de Médecine vétérinaire militaire*). *Paris, H. Asselin,* 1876.
Broch. in-8° de 24 p.

Palais du Trocadéro — 26 Septembre 1878 — Conférence sur l'usage alimentaire de la Viande de Cheval, par M. Decroix, Vétérinaire principal, Fondateur du Comité de Propagation pour l'usage alimentaire de la Viande de Cheval. *Paris,* 1878.
Broch. gr. in-8° de 17 p. Coupure de la p. 255 à 271, des *Conférences du Trocadéro*. dont la pagination se suivait, mais chacune d'elles était distribuée séparément.

Protection des Chevaux — Suppression des Œillères de la Bride, par E. Decroix, ancien Vétérinaire principal de l'Armée, Président honoraire de la Société protectrice des Animaux. S. L. N. D. (*Paris,* vers 1879).
Plaquette in-8° de 4 p., imprimée probablement pour la propagande par la Société protectrice des Animaux.

L'Hippophagie et les Viandes insalubres, par M. E. Decroix, Vétérinaire principal en retraite, Fondateur du Comité de la Viande de Cheval et de la Société contre l'abus du tabac (Extrait du *Bulletin de la Société d'Acclimatation,* N° d'Avril 1879). Sommaire : Historique de l'Hippophagie — Fondation du Comité de la viande de cheval — Perte de viande pendant le siège — Progrès de l'hippophagie — Statistique des chevaux, ânes et mulets consommés à Paris en quatorze ans — Bienfaits de l'hippophagie : travailleurs, éleveurs, chevaux, etc. — Hippophagie en Angleterre — Viandes dites insalubres — Viandes confisquées à Paris — Expériences avec la chair de cheval morveux — Expériences avec la chair de cheval, de bœuf, de mouton, etc., mort de maladies — Inspecteurs et Administrateurs rassasiés — Appréciations de M. de Quatrefages — Objections de M. Berthoule — Réponse de M. Decroix : bœufs typhiques, chiens enragés, etc. — *Paris, Asselin,* 1879.
Broch. in-8° de 16 p.

Ministère de l'Agriculture et du Commerce — Exposition universelle et internationale de 1878 à Paris — Congrès et Conférences du Palais du Trocadéro — Comptes rendus sténographiques publiés sous les auspices du Comité central des Congrès et Conférences et la direction de M. Ch. Thirion, Secrétaire du Comité, avec le concours des bureaux du Congrès et des Auteurs des Conférences — Conférence sur l'usage alimentaire de la Viande de Cheval, par M. E. Decroix, Vétérinaire principal, Fondateur du Comité de propagation pour l'usage alimentaire de la Viande de Cheval — 26 sept. 1878 — *Paris, Imp. Nationale,* 1879.
Broch. in-8° de 21 p.

La Ferrure à glace. Communication faite à la Société protectrice des Animaux, par M. E. Decroix, Vétérinaire principal en retraite. *Paris, E. de Soye,* S. D. (1879 ou 1880).
Broch. in-8° de 8 p. avec 3 fig. d. l. t. dessinées par M. Mégnin (voy. ce nom).

Publication de la Réunion des Officiers — Etudes sur la Ferrure à glace, par M. E. Decroix, Vétérinaire principal en retraite, Fondateur du Comité de la viande de cheval et de la Société contre l'abus du tabac. *Paris, Imp. Laloux fils et Guillot,* 1880.
Broch. in-12 de 16 p. avec 9 fig. d. l. t.

Pétition adressée au Sénat sur la nécessité d'une réorganisation du Service vétérinaire dans l'Armée, par M. E. Decroix, Vétérinaire principal en retraite. *Paris, Imp. Boner,* 1882.
Broch. in-4° de 8 p.
Decroix s'appuie, pour demander une amélioration de la situation des vétérinaires militaires, non seulement sur leurs mérites personnels, mais aussi sur les économies que procurent à l'Etat les soins qu'ils apportent à la conservation des chevaux et à la prolongation de leurs services.

Influence de l'alimentation sur les produits animaux, 1883.
Sans autre renseignement.

Influence de l'Hippophagie sur la population chevaline, par M. Decroix, Vétérinaire principal en retraite. *Paris, Imp^les réunies*, 1884.
Broch. in-8° de 10 p. (Extrait du *Bulletin de la Société d'Acclimatation*.)
La moitié de l'ouvrage est occupée par des recettes culinaires hippophagiques, réimpression de la brochure de 1868, *Recette pour la préparation culinaire de la viande de Cheval*. Voy. ci-dessus.

Recherches expérimentales sur la Viande de Cheval et sur les Viandes insalubres au point de vue de l'Alimentation publique — Mémoire présenté à l'Académie de Médecine par M. E. Decroix, Vétérinaire principal de l'Armée en retraite. *Paris, J.-B. Baillière et Fils*, 1885.
Broch. in-8° de 56 p.

Société protectrice des animaux à Paris — Séance solennelle de distribution des récompenses du 21 mai 1888 — Allocution du Président M. E. Decroix, Officier de la Légion d'Honneur. *Paris, Imp. Noizette*, 1888.
Broch. in-8° de 8 p.

Projet d'une langue hippique universelle. Communication faite le 13 Juin 1889 au 10ᵉ Congrès international des Sociétés protectrices des Animaux tenu à Dresde et à la Société protectrice des Animaux à Paris le 20 Juin 1889, par M. E. Decroix, Officier de la Légion d'Honneur, Vétérinaire principal de l'Armée en retraite, Président honoraire de la Société protectrice des Animaux à Paris. *Paris, Imp. Noizette*, 1889.
Broch. in-8° de 6 p.

Revue des Sciences naturelles appliquées. Bulletin mensuel de la Société Nationale d'Acclimatation de France fondée le 10 fév. 1854 — 36ᵉ année — Importance actuelle de la consommation de la viande de Cheval, par M. Decroix, Président honoraire de la Société protectrice des Animaux. *Paris, au Siège social de la Société d'Acclimatation. 41, Rue de Lille*, Mai 1889.
Broch. in-8° de 8 p.
Historique et statistique de l'Hippophagie. Cette broch. complète et rectifie celle publiée en 1873 sur le même sujet.

Avantages de l'Hippophagie, par E. Decroix, Officier de la Légion d'Honneur, Président fondateur du Comité de la Viande de Cheval — Sommaire : Historique de l'Hippophagie — Comité de la Viande de Cheval — Ouverture de la première Boucherie à Paris — Fonctionnement administratif — Perte de Viande pendant le Siège — Effets du Siège sur l'Hippophagie — Avantages de l'Hippophagie pour les riches, les pauvres, les Chevaux, les industriels, les animaux affamés — Hippophagie en province et à l'étranger — Souscription et Souscripteurs — Résumé et Conclusions — *Paris, 20 bis, Rue Saint-Benoît ; Versailles, Imp. Cerf* (1895).
Broch. in-8° de 28 p. — Extrait de la *Revue des Sciences naturelles appliquées* — Octobre 1895. (*Bulletin mensuel de la Société nat^le d'Acclimatation*.)

Bulletin de la Société nationale d'Acclimatation de France. (*Revue des Sciences naturelles appliquées.*) Projet de langage phonétique universel pour la conduite des Animaux, par E. Decroix, ancien Vétérinaire principal de l'Armée, Président de la 1ʳᵉ Section (Mammifères). *Au siège social de la Société nationale d'acclimatation de France, 41, rue de Lille, à Paris.* Année 1898.
Broch. gr. in-8° de 7 p.

DEDELAY D'AGIER (Claude-Pierre) (1).

Officier de cavalerie, hippologue, agronome et homme politique français, 1751-1827. Il servit pendant plusieurs années dans la Comp^le des Gendarmes Ecos-

(1) Sur les contrôles des Gendarmes Ecossais, il figure sous le nom de « de Delay ». Agier était le nom de sa mère qu'il ajouta plus tard au sien.

sais (1), donna sa démission peu avant la Révolution et fut nommé député suppléant de la noblesse du Dauphiné (il était né à Romans), aux Etats-Généraux. Il entra ensuite à l'Assemblée nationale, puis fut élu député de la Drôme au Conseil des Anciens en 1797 et en devint le président. Passé au Corps Législatif, il en devint aussi président, et entra en 1800 au Sénat conservateur. Pair de France en 1814, il entra à la Chambre des Cent jours et fut, pour cette cause, rayé de la pairie à la 2ᵉ Restauration. Mais il y fut réintégré en 1819. Dedelay d'Agier était un philanthrope éclairé et généreux. Il consacra une partie de sa fortune à des fondations et à des établissements d'utilité publique et contribua puissamment à l'amélioration de l'agriculture en Dauphiné.

Prospectus d'un Cours complet d'Hippotomie ou Anatomie du Cheval et de Pathologie. Avec un abrégé d'Hippiatrique. Quoique cet Abrégé ne soit que l'extrait de ce qui sera démontré dans le Cours annoncé, il peut cependant être regardé comme un corps d'ouvrage rédigé dans un ordre nouveau & l'on espère qu'il sera également utile à l'Amateur et au Praticien, puisqu'il leur présentera d'une manière succincte tout ce qui peut avoir rapport à la Conformation extérieure, à la Structure interne, aux Tares, aux Maladies & à la Ferrure du Cheval. Par M. Dedelay d'Agier, Gendarme Ecossois. *Nancy, Vᵛᵉ Leclerc*, 1778.

1 vol. in-8° de 359 p.

(1) Les Gendarmes Ecossais n'avaient plus alors, et depuis longtemps, d'écossais que le nom. Ils marchaient avec la *Maison du Roi* et formaient une compagnie qui a subsisté de 1422 à 1788. En 1763, ils furent, avec cinq autres compagnies de Gendarmes, envoyés à Lunéville où ils servirent quelquefois de Gardes d'honneur au Roi Stanislas, et où ils restèrent jusqu'à leur licenciement. Les Gendarmes avaient rang de sous-lieutenant. Bien entendu, ils n'avaient rien de commun avec la Gendarmerie actuelle, qu'on appelait alors la Maréchaussée. Les Gendarmes étaient un corps d'élite de cavalerie qui s'est couvert de gloire dans toutes les campagnes qu'ils ont faites pendant trois siècles.

Vers 1774, Lafosse fils (voy. ce nom) vint faire un cours d'hippiatrique à Lunéville où, comme on vient de le voir, se trouvait Dedelay d'Agier, qui devint son élève, son ami et son admirateur. On verra plus loin comment Lafosse l'en a récompensé.

Ce manuel renferme des détails myologiques inutiles à connaître pour les militaires auxquels il était destiné, mais il est en visible progrès sur ceux qui l'ont précédé. Les principes de ferrure, d'ailleurs tirés de Lafosse dont Dedelay était l'élève sont très bons. Le Cours annoncé au titre n'a jamais paru et semble être resté verbal.

Réponse de M. Dedelay, Membre du Comité central de la Guerre, à M. Servan, Ministre de ce Département, sur la dénonciation faite par M. Delafosse (1), artiste vétérinaire, employé dans les remontes générales de l'armée. *Paris, de l'Imp. Nationale*, le 6 Juin de l'an 4 de la liberté (1792) (2).

Broch. in-12 de 20 p.

Dedelay avait été nommé inspecteur des remontes et chargé, en cette qualité, avec plusieurs de ses collègues, d'installer à Lunéville un dépôt pour les 8.000 chevaux qu'on venait de faire acheter en Allemagne et qui arrivaient par Uckange, dans la Moselle. Lafosse, qui occupait dans les remontes une position importante qu'il devait aux recommandations de Dedelay, mais dont la susceptibilité et l'amour-propre toujours en éveil avaient été froissés par quelques incidents, oubliant tout ce qu'il devait à Dedelay, n'hésita pas à le dénoncer par deux factums imprimés adressés au ministre de la guerre, l'accusant d'incapacité et de malversations. La réponse de Dedelay est aussi digne que modérée, car il lui rappelle à plusieurs reprises qu'il fut l'élève de Lafosse et qu'il veut rester son ami, mais il démontre clairement l'injustice des accusations dont il était l'objet.

Il est d'ailleurs certain que leur brouille ne fut que passagère, car j'ai retrouvé une petite plaquette que Dedelay, alors sénateur, fit imprimer en 1806 et distribuer aux membres de l'Institut pour solliciter leurs suffrages en faveur de Lafosse, qui était candidat à la place de Gilbert.

DÉFAITE DE LA CAVALERIE DES REBELLES DE PUYLAURENS.

Défaite de la Cavalerie des Rebelles de Puylaurens, Revel & Soreze. Par Monsieur le Comte de Vieule. *A. Tolose, par Raymond*

(1) Lisez Lafosse.
(2) Ne pas confondre les *Ans de la Liberté* avec le calendrier républicain.

Colomiez, *imprimeur ordinaire de sa Majesté, & de l'Université*, 1622.

Broch. pet. in-8° de 8 p.
Opuscule curieux et très rare. Il s'agit d'un épisode des guerres de religion : combat de cavalerie qui eut lieu le 25 avril 1622 entre une compagnie de 60 maîtres commandés par le Cte de Vieule, l'un des lieutenants du duc de Montmorency (1) qui mit en déroute 80 cavaliers dont 40 cuirassés, commandés par le Sieur de Tanus, près de Saissac, entre Castres et Castelnaudary. L'auteur du récit donne le détail des dispositions prises par le Cte de Vieule et des formations de sa petite troupe.
Pour des relations analogues, voy. *Deffaite*..... et *Relation de la Défaite*...

DEFAYS (François-Joseph).
Vétérinaire belge, 1819-1871. Sorti de l'Ecole de Cureghem en 1847, il alla perfectionner son instruction à celle de Berlin où il passa deux ans. Il fut nommé à son retour répétiteur à Cureghem en 1849 et professeur en 1854 ; il s'est principalement occupé de ferrure. Il était membre de l'Académie de Médecine de Belgique et de plusieurs Sociétés savantes.

Appareil à Ethérisation inventé par F. Defays. *Bruxelles, Imp. Demortier*, 1847.
Broch. in-8° de 17 p. avec 1 pl.

Manuel de Médecine vétérinaire, par Defays et Husson (2), Répétiteurs à l'Ecole de Médecine vétérinaire et d'Agriculture de l'Etat — Première partie. Extérieur, Anatomie, Physiologie, Ferrure et Parturition. *Bruxelles, Bibliothèque rurale*, 1852.
1 vol. in-12 de 179 p. avec 3 fig. d. l. t. pour la ferrure.

Manuel..., etc. — Deuxième partie. Des Animaux domestiques à l'état de maladie. *Pathologie, Bruxelles, H. Tarlier*, 1856.
1 vol. in-12 de 359 p.

(1) Henri II. duc de Montmorency, 1595-1632. Gouverneur de Languedoc à la mort de son père, il y combattit énergiquement et victorieusement les protestants. Maréchal de France en 1629, il se révolta contre le Roi, fut battu et pris à Castelnaudary en 1632, condamné à mort et exécuté.
(2) Husson (Jean-Baptiste-Etienne), vétérinaire belge, 1827-1868.

Même ouvrage — *Deuxième Edition — Bruxelles, J. Rozez*, 1872.
1 vol. in-12 de 447 p.

Notice sur une nouvelle ferrure à glace, précédée de quelques considérations sur les aplombs défectueux, par F. Defays.... *Bruxelles, Tircher*, 1857.
Broch. in-8° de 17 p., avec 1 pl.

Notice additionnelle sur la nouvelle ferrure à glace, par F. Defays. *Bruxelles*..., 1857.
Broch. in-8° de... p.

Mémoire sur l'Encastelure par F. Defays, Professeur de Pathologie chirurgicale et de Maréchalerie à l'Ecole Vétérinaire de Cureghem-lez-Bruxelles. *Bruxelles, Tircher*, 1859.
Broch. gr. in-8° de 28 p. avec 1 pl. contenant 5 fig.

Même ouvrage (2e éd^{on}). *Bruxelles, Emile Tarlier*, 1860.
Broch. in-12 de 62 p. avec 5 fig. d. l. t.
Cet ouvrage donne la description détaillée et la figure de l'étau dilatateur inventé par Defays.

Les Ferrures Pathologiques ou application raisonnée de la Ferrure au traitement des affections du Pied et des Membres, par François Defays, Professeur.... *Bruxelles, J.-B. Tircher*, 1861.
Broch. in-8° de 60 p. avec 11 fig. d. l. t.

Même ouvrage — *Deuxième Edition — Bruxelles, Henri Manceaux*, 1866.
1 vol. in-16 de 117 p. avec 11 fig. d. l. t.

Hygiène du Pied du Cheval adulte, par F. Defays.... *Bruxelles, A. Lacroix, Verboeckhoven et Cie*, 1862.
Broch. in-8° de 7 p.

Considérations générales sur l'enseignement de l'Obstétrique vétérinaire, par F. Defays... 1868.
Broch. in-8° de 8 p.

DEFENSE (LA) DE L'ARGENT AUX COURSES.

La défense logique de l'argent aux courses. Guide indispensable

aux Parieurs. *Paris, Dumas*, S. D. (1902).
Broch. in-16 de 54 p.

DÉFENSE (LA) DES COURSES, voy. HYNDERICK.

DEFFAITE (LA) DE LA CAVALLERIE DES REBELLES DE BOHÊME.

La Deffaite de la Cauallerie des rebelles de Boheme, par le Comte de Bucquoy (1) general de l'armée de l'Empereur, le 12 du mois d'Auril dernier 1620. *A Paris, de l'Imp. de Fleury Bourriquant aux fleurs Royales*, 1620.
Broch. pet. in-8° de 7 p.
Curieuse et rare plaquette dans laquelle l'auteur donne la disposition, la nature et les formations de la cavalerie du Cte de Bucquoy à l'affaire de la Montagne Blanche, près de Prague, au commencement de la guerre de Trente ans.
Pour les relations analogues, voy. *Défaite...* et *Relation de la Défaite...*

DEFFAITE (LA) DE LA CAVALERIE DU DUC DE ROHAN.

La Deffaite de la Cavalerie du Dvc de Rohan. Par Monseignevr le Dvc de Vantadovr aux portes de Nismes, le 12 de Feb. 1628. *A Paris, chez Robert Fevgé au Mont S. Hylaire, près le puits Certain*, 1628.
Broch. pet. in-8° de 8 p.
Opuscule très rare qui donne le récit d'un curieux épisode des guerres de religion. On sait que le duc Henri de Rohan était alors le chef des calvinistes en France.
Pour des relations analogues, voy. *Défaite...* et *Relation de la Défaite...*

DEFONTAINE (Henri).

Le Recrutement militaire sous le 1er Empire — Les Gardes d'Honneur du Calvados 1808-1814, par Henri Defontaine, Rédacteur à plusieurs Journaux et Revues illustrées, Membre du Syndicat des Journaux et Publications périodiques, Membre de l'Association générale des Publicistes français, Membre de la Société d'Agriculture et d'Archéologie du Département de la Manche, Membre du Conseil et Secrétaire de l'Association des Vétérans de Terre et de Mer (XIVe section) — Cet ouvrage est orné d'une superbe aquarelle de M. Fort, l'artiste le plus documenté de France sur les Gardes d'Honneur, représentant les uniformes des Gardes du Calvados, luxueusement tirée en 25 couleurs, de 6 similigravures et de 10 dessins dans le texte d'après des documents du temps et des dessins de l'Auteur. *Paris, Paul Dupont ; ibid., E. Lechevalier ; Caen, Jouan*, 1906.
1 vol. in-8° de IV-150 p. plus un Appendice de 2 fts contenant une notice nécrologique sur le père de l'auteur, ancien Chirurgien-Major de la Marine, auquel le livre est dédié.
Voy. aussi, sur les Gardes d'Honneur, *Boscq de Beaumont (du)*, Bucquoy (E.-L.), Cramer, Ju3ancourt, Depréaux, Boymans, Sagot (Fr.), Juster, Clément (F.-P.), Massé (A.), *Uniformes des Gardes d'Honneur... de la Hollande*, Rossigneux, Souancé (de).

DEGIVE (Vincent-Joseph-Alphonse).

Vétérinaire belge, directeur de l'Ecole vétérinaire de l'Etat, Membre de l'Académie royale de médecine, né en 1844.

Un nouveau tube à trachéotomie, par A. Degive. *Bruxelles*, 1871.
Broch. in-8° que je ne connais que par son titre.

La Clef du Diagnostic et du Pronostic de la Morve et des Maladies infectieuses en général, par A. Degive. *Bruxelles, Combe*, 1874.
Broch. in-8° de 40 p.

Réponse aux Objections formulées par M. Hugues contre la clef du Diagnostic et du Pronostic de la Morve et des Maladies infectieuses en général, par A. Degive. *Bruxelles, Combe*, 1874.
Broch. in-8° de 49 p.

Mémoire sur la Castration des Animaux cryptorchides, par A. Degive. *Bruxelles, Manceaux*, 1875.
Broch. in-8° de 58 p.

---

(1) Charles de Longueval, Comte de Bucquoy, d'une famille originaire de l'Artois, général au service d'Autriche, se rendit célèbre pendant la guerre de Trente ans et fut tué devant Neuhausel, en Hongrie, 1551-1621.

De la Laparatomie et des principales opérations pratiquées subséquemment sur les organes abdominaux chez les Animaux domestiques, par A. Degive. *Bruxelles, Manceaux*, 1878.
Broch. in-8° de 32 p.

Manuel de Médecine opératoire vétérinaire, par A. Degive. *Bruxelles, Bourotte*, 1880.
1 vol. in-8° de 250 p. (autographié).

Manuel de Maréchalerie, par Alph. Degive, Professeur à l'Ecole de Médecine vétérinaire de l'Etat. *Bruxelles, H. Manceaux*, 1883.
1 vol. in-18 de 109 p.

Même ouvrage, 2ᵉ Ed^on, 1884.
Sans changement.

Même ouvrage, 3ᵉ Ed^on, 1891.
1 vol. in-16 de 200 p. avec 138 fig.

Même ouvrage, 4ᵉ Ed^on.
Sans renseignements.

Même ouvrage, 5ᵉ Ed^on, revue avec la collaboration de Hendrickx et Liénaux, Professeurs à ladite Ecole. *Bruxelles, Polleunis et Ceuterick*, 1901.
1 vol. in-16 allongé de vii-215 p. avec 18 pl. contenant 151 fig.

Une visite à « Grand'Mère ». Cas remarquable de longévité et de fécondité chez le Cheval, par Alph. Degive, Professeur à l'Ecole de Médecine vétérinaire de Cureghem — Extrait des *Annales de Médecine vétérinaire* — *Bruxelles, Imp. Charles Van de Weghe*, 1889.
Broch. in-8° de 8 p., plus 2 fᵗˢ d'addenda. Il s'agit d'une jument qui fut mère d'une pouliche à l'âge de 40 ans. Elle avait 38 ans en 1889 et vivait encore en 1893.

Précis de Médecine opératoire vétérinaire, par Alph. Degive, Directeur et Professeur à l'Ecole de Médecine vétérinaire de l'Etat, Membre de l'Académie royale de Médecine de Belgique. Avec un Atlas comprenant 720 fig. *Bruxelles, Henri Lamertin; Paris, Asselin et Houzeau*, 1908.
1 vol. in-8° de 554 p.

Neuvième Congrès international de Médecine Vétérinaire à La Haye, Septembre 1909 — L'Hémostase dans les Méthodes modernes de Castration — Rapport de A. Degive, Directeur émérite de l'Ecole de Médecine vétérinaire de l'Etat, à Bruxelles. *S. L. N. D.*, ni nom d'imprimeur (*La Haye*, 1909).
Broch. in-8° de 17 p. avec 8 fig. d. l. t.
Le rapport de Degive occupe les 11 premières p. La fin contient un résumé en allemand et en anglais. Pour un autre rapport fait à la même occasion et sur le même sujet, voy. Labat (A.).

DEHAN (Sébastien-Joseph).
Vétérinaire français, 1790-18... Diplômé d'Alfort en 1810, puis infirmier en second au 6ᵉ Dragons ; a reçu trois blessures de guerre en 1813.

Notice sur les Chevaux de l'Arrondissement de Lunéville, Département de la Meurthe. Présentée le 8 Janvier 1827 à la Société d'Agriculture de l'Arrondissement, par Dehan, Vétérinaire à Lunéville. *Lunéville, Guibal, Impʳ du Roi* (1827).
Broch. in-8° de 7 p.
La production chevaline de l'arrondᵗ de Lunéville était alors arrivée au dernier degré de misère et d'abâtardissement. Les chevaux étaient chétifs, mal soignés, mal nourris, élevés dans des écuries infectes ; un grand nombre étaient aveugles et depuis 10 ans la remonte n'avait pu y trouver un seul cheval. Dehan indique timidement les remèdes à apporter.

DEHÈS (J.).
Vétérinaire français, diplômé de Toulouse en 1868..

Ecole impériale vétérinaire de Toulouse. — Essai sur l'amélioration des Races chevalines de la France, par J. Dehès, Vétérinaire à Amou (Landes) — Thèse pour le diplôme de Médecin Vétérinaire — *Montauban, Victor Bertuot*, 1868.
Broch in-8° de 55 p. Le titre de la couverture est un peu différent.
C'est une réquisitoire passionné contre les courses ; le pur sang — dont l'auteur nous fait une description singulièrement fantaisiste — et l'administration des Haras. D'après lui, le pur sang n'a rien amélioré et a tout détérioré.

DEJEAN (Oscar).
Magistrat français, ancien juge de paix du canton de Pessac (Gironde), né dans ce département en 1818.

Traité théorique et pratique de l'action rédhibitoire dans le commerce des Animaux domestiques, contenant la législation, la doctrine et la jurisprudence sur la matière, la définition des Vices rédhibitoires l'explication détaillée des règles de la procédure, un formulaire complet de tous les actes nécessaires et une Table chronologique des Jugements et Arrêts ; par Oscar Dejean, juge de paix du Canton de Pessac (Gironde). *Bordeaux, Chaumas*, 1856.

1 vol. in-12 de VII-227 p.

Même ouvrage, 2ᵉ *Edition. Bordeaux, Durand*, 1861.

Même ouvrage, 3ᵉ *Edition*, revue, augmentée et mise au courant de la Jurisprudence. *Paris, Asselin*, 1868.

Même ouvrage, 4ᵉ *Edition*, entièrement remaniée d'après la Loi nouvelle et mise au courant de la Jurisprudence. *Paris, Asselin*, 1885.

1 vol. in-12 de VIII-271 p.

Même ouvrage, 5ᵉ *Edition*, entièrement remaniée d'après la Loi nouvelle et mise au courant de la Jurisprudence. *Paris, Asselin et Houzeau*, 1887.

1 vol. in-12 de VIII-281 p.

Cette édᵒⁿ est la dernière à ce jour. Toutes les précédentes sont aussi in-12.

DEJEAN (Pierre-François-Marie-Auguste, COMTE).
Lieutenant-Général français, 1780-1845. Fils du Général Cᵗᵉ Dejean, qui fut ministre de la guerre de 1802 à 1809 ; fut d'abord officier d'infanterie et aide de camp de son père en l'an III, passa comme capitaine au 20ᵉ dragons en l'an XII, colonel du 11ᵉ dragons en 1807, général de brigade en 1811, puis aide de camp de l'Empereur et commandant la 1ʳᵉ Brigade de Gardes d'Honneur ; Lieutenant-Général en 1814 ; suspendu de ses fonctions en 1815, il quitta la France puis y rentra en 1818 et fut pair de France au titre héréditaire en 1824 : mais il ne fut rappelé à l'activité qu'en 1831 et fut inspecteur général de cavalerie de 1832 à 1843. Campagnes : ans III, IV et V, armées de Sambre-et-Meuse et du Nord ; ans VIII et IX, Italie ; ans XIII et XIV, côtes de l'Océan ; 1806, 1807, 1808, Grande Armée ; 1809, 1810, 1811, Espagne et Portugal ; 1812, 1813, Grande Armée ; 1814, en France ; 1831, armée du Nord.

Le Général Dejean était un entomologiste distingué et possédait la plus belle collection d'insectes de l'époque.

Observations sur l'Ordonnance sur l'exercice et les évolutions de la Cavalerie, du 6 Décembre 1829 par M. le Comte Dejean, Pair de France, Lieutenant-Général, Inspecteur Général de Cavalerie, etc. *Paris, Gaultier-Laguionie*, 1838.

Broch. in-8° de 76 p.

Même ouvrage, même titre. 2ᵉ *Edition*, revue, corrigée, augmentée et suivie d'un projet de nouvelle rédaction de ladite Ordonnance. *Paris, Gaultier-Laguionie*, 1839.

1 vol. in-8° de 195 p.

Le Général Dejean avait fait la guerre pendant vingt ans et il passait aussi pour un habile manœuvrier du temps de paix. Il avait eu, à plusieurs reprises, le commandement de Divisions de cavalerie qu'on avait constituées sous son commandement au camp de Sᵗ-Omer et à celui de Compiègne, en 1833, 34 et 38. De plus, l'Ordonnance de 1829 était appliquée depuis dix ans quand il écrivait. On est donc un peu surpris en voyant de quelle main discrète il y touche et combien peu il cherche à la simplifier. Ses observations portent surtout sur la manière de commander et d'exécuter les mouvements si compliqués de l'Ordonnance, mais plus rarement sur les évolutions elles-mêmes. Le Général Dejean respecte toujours les inversions et cependant il dit, dans la préface de sa 2ᵉ édᵒⁿ :
« Je regrette beaucoup de n'avoir pu
« faire usage du nouveau système pro-
« posé par M. le capitaine Itier (voy. ce
« nom), sous le titre d'*Evolutions sans*
« *inversions*. C'est une belle et grande
« idée qui, je crois, produira de grands
« résultats par la suite et qui simplifiera
« beaucoup les évolutions ; mais c'est
« une idée qui n'est pas encore parvenue
« à sa maturité et à laquelle il faut en-
« core réfléchir longtemps avant de pou-
« voir l'adopter (1). »

(1) On y a, en effet, encore réfléchi pendant trente-huit ans.

On doit toutefois reconnaître que les observations et les nouvelles propositions du général Dejean, si elles ne modifiaient pas essentiellement l'ordonnance de 1829, la rendaient cependant plus claire et plus facile à exécuter. A noter aussi qu'il demandait que le guide fût placé au centre des lignes.

Plus tard, il revint encore sur l'ordonnance de 1829 dans un article du *Spectateur Militaire* de mai 1843, qui a été publié à part, sous le titre suivant :

Nouvelles observations sur l'Ordonnance sur l'exercice et les évolutions de la Cavalerie du 6 décembre 1829, par le Lieut^{nt} Général Comte Dejean. Extrait du *Spectateur Militaire* de mai 1843. *Paris, Imp. Bourgogne et Martinet*, 1843.

Broch. in-8° de 22 p.

Dans cet opuscule, le Général s'occupe des commandements et des inversions qu'il ne réussit pas à simplifier. Il semble avoir perdu de vue ce qu'il écrivait en 1839, sur les propositions d'Itier.

DELABARRE (Philippe).

Du Cornage des Chevaux, son origine et ses causes, par Philippe Delabarre. Précédé d'une lettre du Comte de Montigny. *Paris, Guérin*, 1884.

1 vol. in-12 de 104 p.

Cet ouvrage a été publié à la suite du concours ouvert en 1881 par le Ministre de l'agriculture et du commerce pour les meilleurs traités sur le cornage des chevaux.

DELABERE BLAINE.

Célèbre vétérinaire et médecin anglais, 1768?-1845. Il exerça tour à tour la médecine humaine et la médecine vétérinaire.

Notions fondamentales de l'Art vétérinaire ou principes de médecine appliqués à la connaissance de la structure, des fonctions et de l'économie du Cheval, du Bœuf, de la Brebis et du Chien, avec la manière de traiter leurs maladies, suivant les règles de l'art les plus conformes à l'expérience. Ouvrage enrichi de planches anatomiques. Traduit de l'Anglais de M. Delabere Blaine, Professeur de Médecine vétérinaire. *Paris, Imp. C. F. Patris*, 1803-An XI.

3 vol. in-8° de 483, 493 et 483 p. avec 9 pl. grav. se dépliant et contenant de nombreuses fig.: 2 au T. I, 3 au T. II et 4 au tome III.

Le même auteur a publié une *Pathologie canine* qui a été traduite en français, et *The Anatomy of the Horse*, avec 13 pl. in-f° coloriées, qui ne l'a pas été.

DE LA CAVALERIE EN FRANCE.

De la Cavalerie en France. *Batignolles-Monceau, Imp. A. Desrez*, 1840.

Broch. in-8° de 54 p., anonyme.

L'auteur est le général Davesiès de Pontès (Amédée-Théodore), 1795-1865. Garde d'honneur en 1813; Garde du Corps (Cie de Wagram) en 1814; Brigadier Garde du Corps de Monsieur (Cie de Puységur) en 1815; lient^{nt} au 1er Cuirassiers de la Garde la même année; cap^{ne} en 1818; colonel du 1er Carabiniers en 1835; M^{al} de Camp en 1847, passé dans la réserve en 1857. Il avait fait les campagnes de 1813 en Allemagne, 1814 en France, 1823 en Espagne, 1831 en Belgique.

Sa brochure est une acerbe censure de certains abus et de certains défauts dans l'organisation de la cavalerie et dans son commandement en 1840.

L'auteur annonce une 2e partie dont la table occupe les 2 dernières p. de la brochure, mais elle n'a jamais paru, du moins à ma connaissance. Il ne serait pas impossible que les vertes critiques de la 1re partie aient fait arrêter la publication de la seconde.

DELACROIX et BERTHAUD.

Le nouveau Maréchal Expert, ou le Guide du Maréchal ferrant, du Vétérinaire, de l'Ecuyer, du Propriétaire et de l'Amateur; avec un Précis de la connaissance et du choix des Chevaux, Anes et Mulets, de leur éducation et conservation, de leurs maladies et des moyens de les traiter. Suivi de l'indication des meilleures méthodes de ferrure, harnachement, et d'un Traité d'Equitation — Avec Figures. — par M. Delacroix, artiste vétérinaire. *Paris, B. Renault*, 1834.

1 vol. in-12 de 206 p. avec une pl. se dépliant et contenant 17 fig. pour la fer-

ture, 14 pour la selle et la bride, 1 pour l'extérieur et 1 pour la myologie.

Même ouvrage, même titre, *même éditeur*, 1835.

1 vol. in-12 de 218 p., avec la même pl.
La couverture porte : par Delacroix et Berthaud et les noms des libraires *Masson et Duprey à Paris*.

Même ouvrage, même titre. *Paris, Didier*, 1836.

1 vol. in-12 de 216 p., avec la même pl.
La couverture porte : par Delacroix et Berthaud et les noms des libraires *Didier à Paris et Martial Ardant à Limoges*.

Même ouvrage, et même titre. *Paris, Lebigre*, 1836.

1 vol. in-12 de 216 p., avec la même pl.
La couverture porte 1837 et le nom de Berthaud.

Même ouvrage, même titre — *Nouvelle Edition — Limoges et Isle, Martial Ardant; Paris, même maison*, 1861.

1 vol. in-12 de 192 p. avec la même pl.
Plus tard, l'ouvrage a été édité, sans changement, chez *Le Bailly*, avec une couverture au nom de Delacroix et Berthaud et un titre intérieur indiquant comme auteur Moslan. Enfin, revu et mis à jour, le livre a pris le seul nom de Moslan (voy. ce nom).

Le *Nouveau Maréchal Expert* de Delacroix et Berthaud n'est qu'une compilation sans valeur d'ouvrages anciens. Il reproduit en grande partie le *Parfait Maréchal Expert*, publié de 1822 à 1835 sans nom d'auteur et auquel il a succédé. Voy. *Parfait (Le) Maréchal Expert*.

DELAFOND (Henri-Mamert-Onésime).

Célèbre vétérinaire français, 1805-1861. Elève d'Alfort en 1823, il y devint rapidement professeur dès 1829. En 1833, il fut nommé professeur de pathologie, thérapeutique et police sanitaire, puis directeur de l'Ecole en 1860. Il était membre de la Société centrale de médecine vétérinaire, depuis sa fondation, de la Société d'agriculture, de l'Académie de médecine et de nombreuses sociétés savantes.

Recherches sur l'Emphysème pulmonaire des Chevaux par M. Delafond — Extrait du *Recueil de Médecine vétérinaire*, Août 1832 — *Paris, Imp. Cosson*.

Broch. in-8° de 60 p.

De la Morve des Solipèdes — Histoire de la Morve — Résumé de ses causes — Distinction de ses espèces — Contagion et non contagion — Moyens de police sanitaire — Usage des débris cadavériques — Contagion à l'espèce humaine — Par O. Delafond, Professeur de Pathologie, de Thérapeuthique et de Police sanitaire à l'Ecole royale vétérinaire d'Alfort. *Paris, Béchet jeune*, S. D. (1836).

Broch. in-8° de 72 p.

Programme des Cours de Pathologie, de Thérapeutique et de Police sanitaire professés à l'Ecole royale vétérinaire d'Alfort par O. Delafond, Professeur de Pathologie, de Thérapeutique et de Police sanitaire à la même Ecole, Associé honoraire de la Société vétérinaire de Londres. *Paris, Imp. Félix Locquin*, 1838.

Broch. in-8° de 34 p.

Traité de Pathologie et de Thérapeutique générales vétérinaires, par O. Delafond, Professeur de Pathologie, de Thérapeutique et de Police sanitaire à l'Ecole royale vétérinaire d'Alfort, Associé honoraire de la Société vétérinaire de Londres. *Première partie*. Pathologie générale. *Paris, Béchet j^{ne}*, 1838.

1 vol. in-8° de VIII-280 p.

Traité de Pathologie générale comparée des Animaux domestiques, par O. Delafond, Professeur de Pathologie, de Thérapeutique et de Police sanitaire à l'Ecole impériale vétérinaire d'Alfort, Membre de la Société impériale de Médecine vétérinaire, de l'Académie impériale de Médecine, de la Société impériale et centrale d'Agriculture; Membre correspondant de l'Académie royale de Médecine de Bruxelles, de la Société médico-chirurgicale de Turin ; Président de la Société vétérinaire du Loiret; Membre des Sociétés vétérinaires de Londres, du Calvados et de la Manche, etc., Chevalier de la Légion d'honneur. *Deuxième Edition*, considérablement augmentée et avec figures intercalées dans le texte. *Paris, Labé*, 1855.

1 vol. in-8° de x-724 p.

Traité sur la Police sanitaire des Animaux domestiques, ouvrage comprenant : l'histoire, les causes générales, les distinctions, la contagion, du Typhus du gros Bétail, des Maladies charbonneuses, de la Peripneumonie et de l'Angine gangréneuse ; de la Morve, du Farcin, de la Rage, du Piétin, des Maladies aphteuses, de la Gale, de la Dysenterie, etc., etc., la Contagion et la non-Contagion de ces maladies à l'Espèce humaine ; les articles de Lois, les Arrêts, les Ordonnances applicables à ces Maladies ; les Mesures préservatrices et extirpatrices à faire exécuter ; les Usages que l'on peut tirer des produits cadavériques ; une nombreuse série de Modèles et de Rapports aux Autorités, par O. Delafond, Professeur de Pathologie, de Thérapeutique et de Police sanitaire à l'Ecole royale vétérinaire d'Alfort, Associé honoraire de la Société vétérinaire de Londres. — Ouvrage utile aux Vétérinaires, aux Médecins et aux Autorités civiles et militaires. *Paris, Béchet jeune*, 1838.

1 vol. in-8° de 813 p.

Note sur une Maladie qui règne épizootiquement sur les Chevaux dans quelques parties de la France, lue et offerte à la Société royale et centrale d'agriculture dans sa séance du 14 Juillet 1841, par O. Delafond, Membre correspondant de la Société et Professeur de Pathologie à l'Ecole royale vétérinaire d'Alfort. (Extrait des *Annales de l'Agriculture française*, août 1841.) *Paris, Lib^le Bouchard-Huzard*, 1841.

Broch. in-8° de 12 p.

Traité de Thérapeutique générale vétérinaire par O. Delafond, Professeur de Pathologie, de Thérapeutique, de Police sanitaire, de Médecine légale et de Chirurgie pratique à l'Ecole royale vétérinaire d'Alfort, Membre correspondant de la Société royale et centrale d'agriculture, des Sociétés vétérinaires du Calvados et de la Manche, du Finistère, des Départements de l'Ouest, de la Société vétérinaire de Londres, etc. *Paris, anc. maison Béchet jeune, Labé succ.*, 1843-1844.

2 vol. in-8° de XII-550 et 552 p.

Ce traité, dit l'auteur dans sa préface, forme-la *seconde partie* du *Traité de pathologie générale* paru en 1838 et décrit ci-dessus.

Mémoire sur : 1° Les Maladies Morvo-Farcineuses du Cheval et de l'Homme ; 2° Leur identité dans le Cheval et chez l'Homme ; 3° Leur Contagion du Cheval à l'Homme ; 4° Leurs Moyens curatifs et préservatifs. En réponse aux questions mises au Concours par la Société médico-chirurgicale de Turin. Par O. Delafond, Chevalier de la Légion d'Honneur, Professeur de Pathologie, de Thérapeutique et de Police sanitaire à l'Ecole royale vétérinaire d'Alfort, Membre correspondant de l'Académie royale de Médecine vétérinaire de Bruxelles, Membre de la Société vétérinaire de la Seine, Membre correspondant de la Société royale et centrale d'Agriculture de la Seine, etc., etc. *Turin, Imp. Henri Mussano*, 1846.

1 vol. in-4° de 204 p.

(Extrait du 2e vol. des *Actes* de l'Académie Royale Médico-Chirurgicale de Turin.)

Eloge de F. J. J. Rigot (1), Professeur d'anatomie et de Physiologie à l'Ecole royale vétérinaire d'Alfort, lu à la Séance solennelle de la distribution des Prix et des Diplômes le 30 Août 1847, par O. Delafond, Professeur. *Paris, Imp. Alexandre Bailly*, 1847.

Broch. in-8° de 16 p.

Société nationale et centrale d'Agriculture — Sur l'emploi du Sel marin dans l'économie des Animaux domestiques, par M. O. De-

(1) Voy. ce nom.

Bibliogr. hippique. T. 1. — 24.

DEL — 370 — DEL

lafond, Professeur à l'Ecole nationale vétérinaire d'Alfort. *Paris, Imp. de M*^{me} *V*^{ve} *Bouchard-Huzard*, S. D. (1850).
Broch. in-8° de 26 p.

Société nationale et centrale d'Agriculture — Rapport présenté au nom de la Section d'économie des Animaux sur le Concours pour des Ouvrages ou Mémoires sur l'Amélioration, l'Hygiène et les Maladies des Animaux domestiques, par O. Delafond. *Paris, Imp. de M*^{me} *V*^{ve} *Bouchard-Huzard*, S. D. (1851).
Broch. in-8° de 24 p.
La plupart des mémoires analysés dans cet opuscule concernent le cheval.

Société Impériale et Centrale d'Agriculture de France — Observations sur les Races d'Animaux domestiques du Nord-Ouest de la France, exposées en 1859 au Concours régional de S^t-Lô (Manche) par O. Delafond, Directeur de l'Ecole Impériale d'Alfort. (Extrait des *Mémoires* de la Société Impériale et Centrale d'Agriculture de France. Année 1860). *Paris, Imp. de M*^{me} *V*^{ve} *Bouchard-Huzard* (1860).
Broch. in-8° de 46 p.
Les p. 32 à 46 sont consacrées aux chevaux et sont intéressantes au point de vue de la formation de la race anglo-normande.

Traité pratique d'Entomologie et de Pathologie comparée de la Psore ou Gale de l'Homme et des Animaux domestiques, par O. Delafond, Directeur de l'Ecole Impériale vétérinaire d'Alfort, Membre de l'Académie Impériale de Médecine, de la Société Impériale d'Agriculture, etc., Chevalier de l'Ordre Impérial de la Légion d'honneur, et H. Bourguignon, Docteur en Médecine, Lauréat de l'Institut, Médecin en chef de l'Etablissement hydrothérapique de Bellevue, Membre de la Société de Médecine de Paris, des Sociétés de Biologie et d'Hydrologie, etc., Chevalier de l'Ordre Impérial de la Légion d'honneur. — Ouvrage couronné par l'Institut. — *Paris, Imp. Impériale*, 1862.
1 vol. in-4° de 646 p. avec 7 pl. h. t. contenant 32 fig. (plus une bis) et 1 f^t de table.
Cet ouvrage remarquable n'a paru qu'après la mort de Delafond. La gale du cheval y est traitée en détail.

Delafond est aussi l'auteur d'ouvrages importants sur la matière médicale et la pharmacie vétérinaires, sur le gros bétail, sur les bêtes à laine, etc, qui n'entrent pas dans le cadre du présent travail, et de nombreux articles dans le *Recueil de Médecine vétérinaire*.

De plus, en 1848-1850, les éditeurs *Paulin et Lechevalier* ayant publié une sorte d'encyclopédie populaire intitulée *Instruction pour le Peuple — Cent traités sur les Connaissances les plus indispensables*, 2 vol. in-8°, Delafond y a rédigé et signé les articles *Chevaux* (Traité n° 72, p. 2.273 du T. II, avec 17 fig., la plupart de Victor Adam) et *Anes et Mulets* (Traité N° 73, p. 2.305 du T. II, avec 3 fig.) Ces traités, quoique n'ayant pas de pagination particulière pour chacun d'eux, se vendaient séparément. Ceux qui viennent d'être cités contenaient une étude soignée et assez complète sur le cheval, l'âne et le mulet.

Voy. Andral (G.) pour un ouvrage en collaboration.

DELAGENESTE (Marie-Charles-Emile).

Officier de cav^{le} français, né en 1853, sous-lieut^{nt} en 1882, capitaine en 1894, retraité en 1907.

Petite Bibliothèque de l'Armée Française — Notes sur le Sabre et la Lance, par le Capitaine Delageneste, du 5e Hussards. *Paris et Limoges, Henri Charles-Lavauzelle* S. D. (1899).
Broch. in-32 de 63 p.

L'Emploi du Sabre à Cheval, par le Capitaine Delageneste, du 5e Hussards. Avec 22 figures. *Paris et Nancy, Berger-Levrault*, 1903.
Broch. gr. in-8° de 27 p.

DELAGUETTE (Achille-Vincent).

Vétérinaire militaire français, 1779-1858. Breveté d'Alfort en l'an IX, vétérinaire en 1er au 9e Dragons en l'an XI, aux Dragons de la Garde impériale en 1806; compris dans la formation du Corps royal des Dragons de France en 1814 et dans la réorganisation des Dragons de la Garde impériale en 1815 ; passé en qualité de Maréchal vétérinaire aux Gardes du Corps, Comp^le de Gramont le 9 nov. 1815 ; licencié et admis à la solde de congé en 1830 ; retraité en 1841. Il avait fait campagne sur les côtes, en Autriche et en Prusse en 1804, 5 et 6 ; à la grande armée en 1807 ; en Espagne en 1808 ; en Allemagne en 1809 ; en Belgique en 1815.

Traité de la Morve, par V. A. Delaguette, Vétérinaire des Gardes du Corps du Roi, Compagnie de Grammont (sic). *A Paris, chez Delaguette, imprimeur*, 1816.

Broch. in-8° de 48 p.

Travail consciencieux, mais sans conclusion ferme. A la fin, l'auteur passe en revue les remèdes préconisés comme préservatifs et il parle entre autres du fameux élixir du Bon de Sind (voy. ce nom), bien oublié maintenant, mais auquel son auteur avait organisé une « réclame » rare à cette époque. Il dit que ce remède « n'a pas fait fortune, « malgré le rang de son inventeur ».

Delaguette est aussi l'auteur des notes qui accompagnent la traduction de l'*Abrégé de l'Art vétérinaire* de J. White (voy. ce nom) par Henry Germain et d'ouvrages sur les maladies des bestiaux et des chiens. Il fut l'un des fondateurs du *Journal de Médecine vétérinaire théorique et pratique*, en 1830, et de la Société vétérinaire de la Seine, en 1844.

DELAHARPE (J.).
Médecin suisse.

Quelques idées sur la Morve chez l'Homme et sur le traitement qu'elle réclame ; par le Dr J. Delaharpe, Médecin en Chef de l'hôpital de Lausanne (Extrait de la *Revue médicale*, cahiers de Février et Mars 1841). *Paris, Imp. Béthune et Plon*, 1841.

Broch. in-8° de 38 p.

DELALANDE (Jérôme), voy. BOHAN (F.-P. DE).

DE LA MAISON DU ROI.

De la Maison du Roi, de son zèle, de son dévouement, de la garantie qu'elle offrait aux amis du Roi, de la faute que l'on a faite de la réformer, et de la nécessité de la rétablir de suite. *Paris, Delaunay*, 1815.

Broch. in-8° de 32 p.

On sait que les corps de la Maison du Roi, rétablis en 1814, furent supprimés à la 2e Restauration. L'auteur de cet opuscule en demande le rétablissement. Brochure plus politique que militaire, mais qui contient cependant des détails sur la Cavalerie de la Maison du Roi. On y lit en particulier que la schabraque d'un Chevau-léger coûtait 350 fr.

DELAMOTTE (Désiré-Ernest).
Vétérinaire militaire français, 1849-1893. Diplômé d'Alfort en 1870, aide vétérinaire en 1871, vétérinaire en 1er en 1881.

Réparation du Sabot des Solipèdes à l'aide de la gutta-percha et de sa dissolution dans le sulfure de carbone, par Désiré Delamotte et Yves Geffroy, Elèves de 4e année à l'Ecole d'Alfort. Avec le concours de M. Lanneluc (1), Maître de l'atelier des forges à la même Ecole. *Paris, Mendel*, 1870.

Broch. in-8° de 32 p. Dédicace d'usage des auteurs à leurs parents et à leurs maîtres.

Du Farcin chronique des Mulets en Afrique. Son étiologie et son traitement — Mémoire présenté au Concours de la Société vétérinaire des Départements de l'Ouest (Rapport et mémoire). Membres de la Commission : MM. Abadie, Lecornué, Pichon rapporteur. *Château-Gontier, J.-B. Bézier*, 1874.

Broch. in-8° de 32 p. Dédicace à M. Tixier, Vétérinaire en 1er au 2e Rég^nt du Train des Equipages.

Le 10 premières p. contiennent le rapport de M. Pichon sur le travail de Delamotte, qui est nommé à la fin de ce rapport. Son mémoire occupe la fin de la brochure.

Du caroubier et de la Caroube, 1878.

En collaboration avec Bonzom et Rivière. Voy. Bonzom.

Du Farcin d'Afrique, 1879.

En collaboration avec Tixier. Voy. Tixier.

Revue critique de la Thérapeutique du Tétanos dans la Médecine

(1) Lanneluc (Pierre), né en 1826, nommé chef d'atelier à Alfort en 1855.

vétérinaire, par M. Delamotte, Vétérinaire de l'Artillerie d'Alger, Lauréat et Membre correspondant de la Société centrale de Médecine vétérinaire, Membre titulaire de l'Institut de Médecine dosimétrique et de la Société française d'Hygiène. *Alger, Imp. P. Fontana et Cie*, 1881.

Broch. in-8° de 41 p., plus 2 f^{ts} pour une lettre du Dr Burggraeve et la table.

Des Accouplements stériles dans l'Espèce chevaline par M. Delamotte, Vétérinaire en 1er au 11e Dragons à Montauban, Lauréat et Membre correspondant de la Société centrale de Médecine vétérinaire, Membre titulaire de l'Association française pour l'avancement des Sciences, de l'Association scientifique Algérienne, de la Société française d'Hygiène et de l'Institut de Médecine dosimétrique, Membre correspondant de la Société de Médecine vétérinaire pratique (Médaille d'or de la Société centrale de Médecine vétérinaire au Concours de 1880). *Alger, Adolphe Jourdan,* 1882.

Broch. in-8° de 69 p.

Aperçu sur les Epizooties de l'Algérie et sur la Production animale de la Colonie, par M. Delamotte, Vétérinaire de l'Artillerie d'Alger, Lauréat et Membre correspondant de la Société centrale de Médecine vétérinaire,... etc., etc. *P. Fontana et Cie,* 1882.

1 vol. in-8° de 128-XXVI p.

Quoique la couverture porte 1882, le tirage n'a eu lieu qu'en 1885. Les épizooties de la race chevaline, sa production et son commerce en Algérie sont traités en détail dans cet ouvrage.

Relation d'un cas de Sarcomes cutanés sur une Jument. Traitement par l'Acide arsénieux « intus « et extra ». Guérison, par MM. Delamotte et Roy, Vétérinaires militaires. *Toulouse, Durand, Fillous et Lagarde,* 1887.

Broch. in-8° de 39 p. (Extrait de la *Revue vétérinaire,* 1887).

Les Blessures du Harnachement chez les Chevaux et les Mulets de l'Armée — Etiologie — Prophylaxie — Conférence faite aux Officiers du 12e d'Artillerie le 10 mai 1887 par M. Delamotte, Vétérinaire militaire. (Extrait du *Répertoire de Police sanitaire vétérinaire et d'Hygiène publique). Paris, Asselin et Houzeau,* 1889.

Broch. in-8° de 90 p.

Castration des Juments nymphomanes, méchantes ou rétives, par M. Delamotte, vétérinaire en 1er au 12e d'Artillerie. *Paris, Asselin et Houzeau,* 1889.

Broch. in-8° de 50 p., avec 1 fig. d. l. t.

Contribution à l'étude de la Septicémie gangréneuse chez le Cheval, par M. Delamotte, Vétérinaire militaire. — Extrait du *Journal de Médecine vétérinaire et de Zootechnie* publié à l'Ecole de Lyon. — *Paris, Asselin et Houzeau,* 1891.

Broch. in-8° de 35 p.

Revue analytique de la Bactériologie du Tétanos par Delamotte et A. Charon, Vétérinaires militaires, avec une Lithochromie ajoutée au texte. Premier fascicule. *Paris, Asselin et Houzeau,* 1892.

1 vol. gr. in-8° de 103 p.

La suite n'a pas paru.

Delamotte a publié plusieurs travaux hippiques dans les journaux et recueils spéciaux et d'autres brochures sur des sujets étrangers aux questions hippiques.

DELARD (Auguste ou Guillaume-Auguste) (1).

Officier de cavalerie français, 1808-1875. Sous-lieut^{nt} par récompense nationale en 1830, passé aux spahis réguliers d'Alger en 1837, au 4e chass. d'Afrique en 1839, cap^{ne} en 1841, passé aux Guides d'Etat-Major (2) en 1848, au

(1) Ses états de services n'indiquent que le prénom Auguste. Certains annuaires et la signature de quelques articles portent : *Guillaume-Auguste.*

(2) Ce corps, formé en 1848, à 5 escadrons séparés, sans officiers supérieurs, était connu dans l'armée sous le nom de *Guides amarantes,* de la couleur de leurs épaulettes, retroussis et passe-poils. En 1851, ils furent réduits à 2 escadrons et en 1852 ces 2 escadrons reçurent l'uniforme bien connu du régiment des guides dont ils formèrent le noyau à sa création en 1853, et qui entra dans la composition de la Garde impériale.

6ᵉ Hussards en 1850, chef d'escᵒⁿˢ en 1854, lieutⁿᵗ-colonel en 1860, retraité en 1864. 7 campagnes en Afrique et campagne d'Italie en 1859.

Le capitaine Delard avait été trois fois à Saumur et était très bon cavalier. Fervent adepte de la méthode Baucher, il écrivait souvent dans le *Spectateur militaire*, et, dans un article de 1843, il ne se borna pas à défendre Baucher, mais il critiqua le Cᵗᵉ d'Aure. Celui-ci, qui ne supportait pas volontiers la contradiction, et qui avait la plume acerbe, répondit par une brochure dans laquelle il riposte aigrement à Delard, qu'il appelle « le Capitaine Guillaume-Auguste ». Cette querelle, épisode de la grande querelle d'Aure-Baucher (voy. ces noms), fit à ce moment quelque bruit.

Guides d'Etat-Major, par Guillaume-Auguste Delard, Capitaine commandant le 3ᵉ escadron des Guides. Extrait du *Spectateur Militaire* (cahier d'Avril 1849). *Paris, Imp. L. Martinet*, 1849.

Broch. in-8° de 27 p.

Delard montre la nécessité d'un « corps de cavalerie distinct et faisant exclusivement à la guerre le service des Etats-majors », et développe ses idées sur l'instruction et l'organisation de ce corps.

Les Chevaux du Sahara par le Général Daumas — Compte rendu par G.-A. Delard, Capitaine au 11ᵉ Régiment de Chasseurs à cheval — Extrait du *Spectateur Militaire* — *Paris, Imp. L. Martinet*, 1853.

Broch. in-8° de 88 p.

Compte rendu élogieux et détaillé de l'ouvrage du gᵃˡ Daumas (voy. ce nom), avec, au commencement, un aperçu sur sa vie et sa carrière militaire.

L'Art équestre chez les Arabes, par G.-A. Delard, Chef d'escadrons aux Lanciers de la Garde impériale — Extrait du *Spectateur Militaire* (Janvier 1859). *Paris, Imp. L. Martinet*, 1859.

Broch. in-8° de 16 p.

Concerne principalement l'extérieur et l'hygiène.

DE L'ARME DE LA CAVALERIE EN SUISSE.

De l'Arme de la Cavalerie en Suisse. *Genève, J.-J. Paschoud; même maison à Paris*, 1824.

Broch. in-8° de 48 p.

Opuscule intéressant et rare. Auteur inconnu.

DELATTRE (Léon).

Le Jeu féodal du Cheval Mallet à Saint-Lumine-de-Coutais, par Léon Delattre — Extrait du *Bulletin de la Société Archéologique de Nantes et de la Loire-Inférieure* — *Nantes, Imp, A. Dugas*, 1910.

Broch. in-8° de 23 p.

Description d'une cérémonie bizarre qui se déroulait autour d'un cheval de bois.

DELAURENS DE BEAUJEU (Jacques, CHEVALIER).

Officier de cavˡᵉ français, 1727-1781(1). Il fut d'abord lieutⁿᵗ au Régᵗ d'Auvergne, passa en 1750 à la Compᵉ de Grenadiers à Cheval (2), y devint lieutⁿᵗ en 1759, y obtint le rang de Mestre de Camp en 1760 et de Brigadier en 1770. Il fut nommé Maréchal de Camp en 1780.

Tactique des Grenadiers à Cheval. Aux Dépens de l'Auteur. *A Vitry, de l'Imp. de Seneuze*, 1771.

1 vol. in-4° de 82 p., la dernière se dépliant. Armes royales sur le titre.

(1) Son nom, orthographié Delaurens sur ses ouvrages et sa signature autographe, était de Laurens.

(2) La Compᵉ de Grenadiers à Cheval, qui faisait partie de la Maison du Roi, avait été créée en 1676 et fut réformée en 1776 par Ordᶜᵉ royale du 15 Déc. 1775. Son dernier capitaine fut ce Mⁱˢ de Lugeac, auquel Delaurens de Beaujeu dédie son 2ᵉ ouvrage.

La Maison du Roi était en garnison à Versailles, Paris et environs, mais les Grenadiers à Cheval faisaient exception à cette règle. Formée probablement à Beauvais, la Compᵉ fut ensuite envoyée en Champagne où, sauf un court séjour à Chauny, en Picardie, elle résida jusqu'à la fin, en garnison à Troyes, à Châlons, à Vitry-le-François où elle fut réformée.

Les Grenadiers avaient rang de sous-lieutᵗ et leur capitaine-lieutᵗ était ordinairement un lieutᵗ général. Ils ont été presque continuellement en campagne depuis leur formation jusqu'à la fin de la Guerre de Sept ans et se sont partout couverts de gloire.

Cette troupe d'élite, quoique montée, avait des tambours, l'armement et l'équipement de l'infanterie. Aussi son paquetage était-il si pesant qu'il écrasait et blessait les chevaux, et si compliqué que, dans les prises d'armes de la Maison du Roi, les Grenadiers arrivaient toujours les derniers. (Lettre de leur Capitaine-lieutᵗ, le bailli de Grille, du 28 mars 1748, pour réclamer l'allégement du paquetage.)

Ils manœuvraient aussi comme l'infanterie, ce qui offrait des difficultés et explique l'utilité des ouvrages de Delaurens.

Ouvrage anonyme, mais l'attribution est certaine (1).

Commandemens de l'Exercice des Grenadiers à Cheval du Roi, moyennant lesquels on maintient la Troupe toujours sur le même terrein, & en face du spectateur, sans répétition d'aucune Manœuvre. Aux dépens de l'Auteur. *A Chaalons, de l'Imp. de Seneuze, Impr du Roi*, 1772.

Broch. in-4° de 24 p. Dédicace, signée de l'auteur, au Mis de Lugeac, Lieut^t G^{al} des Armées du Roi et Capitaine-Lieutenant de la Comp^{ie} des Grenadiers à cheval.

Essai de Manœuvre de Cavalerie. Au dépens de l'Auteur. *A Vitry, de l'Imp. de Seneuze, Impr de la Ville & du Collège*, 1775.

1 vol. in-4° de 4 f^{ts} pour le titre, la dédicace signée de l'auteur au Cte de St-Germain, Ministre de la guerre, l'avis de l'auteur et VIII-III p. pour la table et le texte. Armes royales en tête de la dédicace.

Les ouvrages de Delaurens de Beaujeu sont tous rares.

Voy. aussi, pour l'instruction de détail des Grenadiers à Cheval, L. L. de S. (La Live de Sucy).

DELAY (F.-J.).

Vétérinaire français, diplômé de Toulouse en 1875.

Ecole nationale vétérinaire de Toulouse — Du Cheval Camargue et de son amélioration, par Delay (F. J.) (de Lunel, Hérault). *Toulouse, Imp. Troyes. Ouvriers réunis*, 1875.

Broch. in-8° de 41 p. (Thèse.)

DELBOS (François-Jérôme).

Officier de cav^{ie} français, né en 1863, sous-lieut^{nt} en 1893, cap^{ne} en 1909.

Petit Manuel pour servir au dressage du Cheval de Guerre; par J. Delbos. *Paris et Limoges, Henri Charles-Lavauzelle*, S. D. (1902).

1 vol. in-16 de 116 p.

DELBREIL (Charles).

Vétérinaire français, diplômé de Toulouse en 1867.

(1) Je possède un exemplaire qui porte un long envoi d'auteur signé par Delaurens.

Ecole impériale vétérinaire de Toulouse — Essai sur l'Amaurose — Thèse pour l'obtention du Diplôme de Médecin Vétérinaire, présentée au Jury de l'Ecole vétérinaire de Toulouse le 27 Juillet 1867 par Charles Delbreil, Médecin Vétérinaire, né à Sauzet (Lot). *Toulouse, Imp. de J. Pradel et Blanc*, 1867.

Broch. in-8° de 50 p.

DELCAMPE.

Ecuyer ordinaire de la Grande Ecurie du Roi au XVIIe siècle. — On ignore, dit Duplessis, la date de sa naissance et celle de sa mort, mais il semble probable qu'il est né dans les dernières années du XVIe siècle, et qu'il est mort à un âge avancé. Il appartenait à une famille espagnole dont un membre, Jean-Paul del Campo, fut le maître de Gaspar Collart (voy. ce nom) et était *Cavallerice* (écuyer) au Haras de Groenendael, construit en 1613 par Albert et Isabelle dans la forêt de Soigne (1). On a même pensé que Jean-Paul del Campo et Delcampe n'étaient peut-être qu'un seul et même personnage, et il n'y a rien d'impossible à cela. L'existence du Haras de Groenendael fut en effet courte et Delcampe aurait pu arriver en France vers 1640, car on ne le trouve pas sur l'état des dépenses des Ecuries du Roi avant 1642. De plus, sur le plan de Gomboust, édité en 1652, mais qui représente Paris en 1649, son Académie est mentionnée avec son nom espagnol : *Academie du Sr Del Campo* (2). Il était donc encore à ce moment connu du public sous ce nom. Lors de l'entrée de Louis XIV à Paris, le 26 août 1660, Delcampe figurait « le seul de ceux qui « tiennent Académie, comme ile) plus « ancien » à côté des seigneurs qui entouraient le cheval du Roi. (Voy. *Entrée de Louis XIV*, brochure du *Bureau d'Adresse*.)

L'Art de monter à Cheval où il est desmontré la belle methode de se pouvoir rendre bon homme de Cheval. Ensemble les remedes les plus efficaces pour les maladies des Chevaux. Par le Sieur Delcampe,

(1) Voy., sur cet établissement, Collart (Gaspar) et Pierron (Sauder).

(2) Elle était située entre la rue du Vieux Colombier au S., celle du Four au N., la Croix Rouge à l'O., et la rue de la Petite Corne à l'E. Cette dernière, maintenant disparue, correspond à peu près à la rue Bonaparte actuelle.

DEL — 375 — DEL

Escuyer de la grande Escurie du Roy. *A Paris chez Iacques le Gras, à l'entrée de la Galerie des Prisonniers*, 1658.

1 vol, pet. in-8º de 12 f^ts non chif. pour le titre, l'Epistre dédicatoire a Tres-Haut, Tres-Puissant et Tres-Illustre Prince Monseigneur le Comte d'Arcourt (sic), Grand Escuyer de France (1), l'Avertissement au Lecteur, la Table des Chapitres et 264 p. de t ; le privilège est à la dernière.

Cette édition est sans figures. La même année, on imprima, en conservant le même titre, des exemplaires différents, auxquels on ajouta 5 pl. et une partie nouvelle intitulée *De l'Excellence de l'Art de monter à cheval*. Mais ces exemplaires sont remplis de fautes, de suppressions et de transpositions. Il y manque des cahiers entiers, et la description n'en serait guère possible, car ils ne sont pas tous semblables. Dans tous, l'orthographe du nom de d'Harcourt est rectifiée.

C'est à la fin de la partie intitulée *De l'Excellence de l'Art de monter à Cheval* que se trouve l'anecdote lamentable du Napolitain Pierre et de son petit Cheval savant Mauraco qui faisait les tours les plus extraordinaires. L'homme et le Cheval, après avoir parcouru l'Europe, arrivèrent à Arles où le Consul de cette ville les fit brûler vifs tous deux comme sorciers.

L'Art de monter à Cheval, qui monstre la belle & facile méthode de se rendre bon homme de Cheval. Par le Sr Delcampe, Escuyer de la Grande Escurie du Roy, *Seconde Edition*. Augmenté d'une Seconde Partie, des Remedes les plus efficaces pour les Maladies des Chevaux. Par Messire Samuel Fouquet, Escuyer, Sieur de Beaurepaire, Escuyer de la Grande

(1) Harcourt (Henri de Lorraine, Comte d'), un des plus habiles capitaines du XVIIe siècle et qui ne compta guère que des succès, 1601-1666. Il fut grand Ecuyer de France, de 1643 à 1660. Il était chef de la maison de Lorraine-Armagnac qui conserva cette charge jusqu'à la Révolution. En 1660, dégoûté de la politique, il se retira à l'abbaye de Royaumont près de Paris, dont son fils, âgé de 16 ans, était abbé commendataire. Il en fit un lieu de plaisance où se réunissait l'élite de la société parisienne et embellit cette demeure par des tableaux, des meubles, et des objets d'art de toute espèce. Pour une intéressante biographie du Cte d'Harcourt, voy. Edouard de Barthelemy, *Les Grands Ecuyers de France*. Cet ouvrage est cité dans le présent travail.

Escurie du Roy. *A Paris, chez Iacques le Gras...* etc., 1664.

1 vol. pet. in-8º de 6 f^ts non chif. pour le titre, la dédicace au Cte d'Harcourt, l'Advertissement à tous ceux qui chérissent l'exercice de monter à cheval, dans lequel le lecteur est averti de toutes les fautes, transpositions et suppressions de la précédente édition « où il manque « des feuillets entiers, qui ont esté ou « perdus ou vollez par les ennemis de « l'Autheur », et la table des chapitres, 24 p. pour l'article *De l'Excellence de l'Art de monter à Cheval*, 320 p. pour *l'Art de monter à cheval*, avec 5 pl. h. t., se dépliant, par Ladame (1). L'en-tête des p. est *L'Art de monter à cheval* jusqu'à la p. 197, et *De L'Excellence de l'Art de monter à cheval* de la p. 198 à la fin. C'est la meilleure éd^on.

Le Traité des Remedes qui suit à le titre suivant :

Traité des Remedes les plus utiles & necessaires pour la guerison des Chevaux. Reveu & Augmenté en cette *seconde Edition*. Par le Sieur de Beaureper, Escuyer de la Grande Escurie du Roy. Seconde Partie. *A Paris, chez Iacques le Gras... etc.*, 1663.

1 vol. pet. in-8º de 152 p., plus 2 f^ts pour la table et le privilège qui est le même que pour la 1re éd^on.

Le noble Art de Monter à Cheval. Qui montre la belle & facile methode de se rendre bon homme de Cheval, Par le Sieur Delcampe, Escuyer de la grande Escurie du Roy. *Troisième Edition*. Augmenté d'une seconde Partie, des Remedes les plus efficaces pour les Maladies des Chevaux. Par Messire Samuel Fouquet, Escuyer, Sieur de Beaurepaire, Escuyer de la grande Escurie du Roy. *A Paris, chez Jean B. Loyson, dans la grand'Salle du Palais, à la Croix d'Or*, 1671.

1 vol. in-12 de 230 p. avec les mêmes pl.

Le titre de la 2e partie est identique à

(1) Ladame (Gabriel), graveur qui travaillait en France au milieu du XVIIe siècle. Il est l'auteur des pl. de voltige de l'*Escuyer François* d'Imbotti de Beaumont (voy. ce nom). Les pl. de l'ouvrage de Delcampe sont des copies réduites de celles de la *Pratique du Cavalier*, de René de Menon, Sieur de Charnizay. Ces copies ont été aussi utilisées, pour les éd^ons in-12 de Fouquet de Beaurepere (voy. ces noms).

celui de la 2⁰ éd^on, sauf qu'il porte 3⁰ éd^on, que le libraire est Jean-Baptiste Loyson et le millésime 1670. Elle a 106 p., la dernière chiffrée par erreur 506, plus 2 f^ts pour la Table de la 2⁰ partie et un nouveau privilège. L'en-tête des p. change à la p. 148, comme à l'éd^on précédente.

Le titre de la 4⁰ éd^on est un peu différent :

L'Art de monter à Cheval, pour elever la Noblesse dans les plus beaux Airs du Manege. Enseignée & pratiquée par les Illustres & Fameux Ecuyers de France, tant pour les Voltes, Caprioles, Courbettes, Passades, Sauts de terre à terre, Courses de Bagues ; que pour tout ce que le Cavalier doit sçavoir pour se rendre habile homme de Cheval. Avec les Figures necessaires, & les Remedes pour guerir les Maladies des Chevaux. Par Mr Delcampe, Ecuyer du Roy. *Nouvelle Edition. A Paris, chez Nicolas le Gras, au troisième Pillier de la Grand'Salle du Palaie (sic) à l'L couronnée, 1690.*

Des exemplaires de la même éd^on portent 1691.

1 vol. in-12 de 2 f^ts pour le titre et la Table des Chapitres et 208 p. dont l'en-tête change de la p. 136 à la fin, avec les mêmes pl., mais les costumes des cavaliers ont été mis à la mode du jour.

Le *Traité des Remedes*, qui suit, a le même titre qu'aux éd^ons précédentes, avec le nom de Nicolas Le Gras, le millésime 1691 et 96 p. plus 2 f^ts pour la Table des Remedes et le Privilège transféré de Jean-Baptiste Loyson à Nicolas Le Gras.

Cette éd^on a très probablement paru après la mort de Delcampe et certainement après celle de Beaurepaire, qui n'est pas nommé sur le titre et qui est mort 1677.

Les principes d'équitation de Delcampe sont en léger progrès sur ceux de Pluvinel et surtout de Newcastle. Ses moyens sont plus simples, il maintient ses chevaux plus droits et dans une action moins artificielle. Fouquet de Beaurepaire (voy. ce nom), auteur de la partie des Remèdes, a pris, paraît-il, une part importante à l'Art de monter à cheval de Delcampe dont il était l'ami. On doit, très probablement, lui attribuer l'*Advertissement* de la 2⁰ éd^on.

L'ouvrage de Delcampe, sans être très rare, n'est cependant pas commun.

Voy. aussi, sur Delcampe, Liger, et voy. Fouquet de Beaurepaire pour d'autres ouvrages de cet auteur.

DELCOURT (Léon).
Ingénieur agricole belge.

Résumé d'Alimentation rationnelle des Animaux domestiques, par Léon Delcourt, Ingénieur agricole, Assistant à l'Institut agronomique de Louvain. *Louvain, Imp. F. et R. Ceuterick, 1907.*

Broch. in-8⁰ de 40 p. plus 4 p. d'annonces.

Concerne en partie l'alimentation du cheval.

DE L'ECOLE ROYALE DE CAVALERIE.

De l'Ecole royale de Cavalerie et des Capitaines-Instructeurs, par un Officier supérieur de l'Ecole. S. L. N. D. (vers 1829).

Broch. in-4⁰ de 34 p., autographiée.

C'est une réponse à l'ouvrage du g^al de la Roche-Aymon (voy. ce nom), *De la Cavalerie.*

DÉLÉGUÉS (LES) DES CULTIVATEURS ET ELEVEURS.

Les Délégués des Cultivateurs et Eleveurs de l'Arrondissement de Caen (Calvados) à Messieurs les Députés de la France. *Paris, Imp. Paul Dupont*, S. D. (1842).

Broch. in-4⁰ de 11 p., signée à la fin par les 25 délégués.

Ils se plaignent des achats de chevaux faits par la remonte à l'étranger, des procédés et de la partialité des officiers de remonte, de l'établissement par la guerre des dépôts de poulains (essai qui n'a d'ailleurs pas duré). Ils critiquent la fameuse brochure du g^al Oudinot (voy. ce nom) qui souleva une polémique célèbre, et demandent la suppression des dépôts de remonte et l'achat direct des chevaux par les régiments.

DE L'EQUITATION... EN PRUSSE.

De l'Equitation dans les Régiments de Cavalerie en Prusse — par M. L. F. *Paris, Ch. Tanera,* 1872.

Broch. in-12 de 9 p. qui fait partie des *Mélanges militaires* publiés par la *Réunion des Officiers* pendant les années qui suivirent la guerre de 1870-71.

D'après un catalogue de Tanera, l'*Etude théorique sur l'Organisation d'un Corps d'Eclaireurs*, signée H. de la F., serait du même auteur.

DE L'ÉQUITATION ET DE LA HAUTE ECOLE.

Brochure anonyme — De l'Equitation et de la Haute Ecole ayant pour base la position de jambette. *Paris, J. Dumaine*, 1864.

Broch. in-8° de 32 p. signée à la fin : *Un Amateur d'Equitation*.

L'auteur prétend abréger des trois quarts, par sa méthode, la durée du dressage.

DE L'EXAMEN DU CHEVAL.

De l'Examen du Cheval. *Tarbes, Imp. J. A. Lescamela*, 1863.

Broch. in-4° de 15 p., publiée sans nom d'auteur et qui est l'œuvre de M. Poumier (Charles), officier de cav[ie] français, sous-lieut[nt] en 1844, chef d'esc[ons] en 1861 et alors commandant du Dépôt de remonte de Tarbes.

C'est un guide à l'usage des officiers acheteurs.

DELFAU (P.).

Vétérinaire français, diplômé de Toulouse en 1873.

Ecole nationale vétérinaire de Toulouse — Du Champignon consécutif à la Castration, par P. Delfau (du Lot). *Villefranche, Imp. de Prosper-Dufour*, 1873.

Broch. in-8° de 45 p. (Thèse.)

DELFORGE (H.).

Ingénieur agronome belge, né en 1822.

Traité des Constructions rurales contenant Vues, Plans, Coupes, Elévations, Détails et Devis des Bâtiments de Ferme, par H. Delforge, Agronome. *Liège, Alfred Faust*, 1867.

1 vol. gr. in-f° de 14 p. de t., 1 f[t] pour la nomenclature des pl., 3 tableaux et 32 pl. en couleurs contenant de très nombreuses fig.

Les pl. XI, XX, XXIII, XXVIII, XXX contiennent des vues d'ensemble et des détails sur la construction des écuries, leur aménagement intérieur, la forge, les abreuvoirs, la sellerie, etc.

DELFOSSE (Alphonse-Marie-François).

Officier de cavalerie belge, né en 1835.

Brochures militaires — 24 — Des Pointes et des Patrouilles, par Delfosse, Major de Cavalerie. *Bruxelles et Leipzig, C. Muquardt, Merzbach et Falk*, 1885.

Broch. in-12 de 37 p.

Extrait de la *Revue militaire belge*, T. II, 1885.

DE L'HIPPOPHAGIE DANS SES RAPPORTS... etc.

De l'Hippophagie dans ses Rapports avec la Protection due aux Animaux par un Zoophile. *Paris (Limoges, Imp. Ducourtieux)*, 1864.

Broch. in-12 de 11 p. avec vignette sur la couverture.

L'auteur est opposé à l'hippophagie et poursuit la chimère d'entourer de soins et de bons traitements les chevaux usés par l'âge ou le travail.

L'opuscule est attribué à M. Meunier, membre de la Société protectrice des animaux.

DELIMOGES (Jules).

Agronome français, membre de plusieurs sociétés agricoles, directeur du journal *La Bourgogne agricole*.

Quelques observations sur le système d'étalonnage suivi dans la Côte-d'Or, par J. Delimoges, Président du Comice agricole de Seurre, Membre de la Société des Agriculteurs de France, du Comité central d'agriculture de la Côte-d'Or, de la Chambre d'agriculture et du Conseil d'arrondissement de Beaune. *Dijon, Imp. Eug. Jobard*, 1877.

Broch. in-8° de 35 p.

Il y a eu, la même année, une 2e éd[on] sans changement.

Extrait de la *Revue Bourguignonne* — Question Chevaline par Jules Delimoges... (etc.), comme ci-dessus). *Beaune, Imp. Ed. Batault-Morot*, 1880.

Broch. in-16 de 17 p.

DELISLE (Pierre).

Officier du génie français, 1770-1828. Adjoint provisoire le 15 prairial An III, lieut[nt] le 23 ventose An VIII, chef de bat[on] le 3 janvier 1828 et mort quelques mois après. Il avait fait partie d'une « armée intermédiaire » rassemblée en l'An II à Réunion-sur-Oise (1) et s'y était

(1) Nom révolutionnaire de la ville de Guise, dans l'Aisne.

trouvé à quelques combats. Il avait fait ensuite les campagnes d'Egypte, de l'armée du Nord en 1809, puis fut employé à Dunkerque en 1814 et 1815.

Note sur un moyen que l'on croit propre à favoriser l'effet de la traction des chevaux attelés aux voitures, par Delisle, Capitaine du Génie. *Lille, Imp. de L. Danel*, 1826.

Broch. in-8° de 6.p. avec 1 fig.

Le moyen consiste à atteler les chevaux à un palonnier flexible, composé de lames d'acier, comme un ressort de voiture.

Une autre brochure du même auteur, publiée la même année chez le même imprimeur et jointe à celle-ci, traite de l'application des machines à vapeur à la marine de guerre, et il est à remarquer que Delisle y préconise l'abandon des roues et la propulsion par « la vis d'Ar« chimède », ce qui n'est autre que le principe de l'hélice. Delisle avait d'ailleurs fait la campagne d'Egypte dans la marine.

Il y a 3 pl. se dépliant pour les 2 brochures. La fig. qui se rapporte au tirage des chevaux porte le n° 7 de la 1re pl. Ce sont deux extraits d'un *Recueil* que je n'ai pu déterminer.

DELISLE DE SALES (J.-B. ISOARD, dit).

Ecrivain francais, 1743-1816. On l'a surnommé le singe de Diderot.

Lettre de Brutus sur les chars anciens et modernes. *Londres, 1771*.

1 vol. in-8° de xvi-287 p.

Ce petit ouvrage assez curieux n'est pas, comme son titre semblerait l'indiquer, un historique, mais une verte diatribe contre les écraseurs, maîtres ou cochers, destinée, ainsi que le dit l'épigraphe à :

« Venger l'humble vertu de la richesse
[altière
« Et l'honnête homme à pied du faquin
[en litière. »

Il est difficile d'imaginer un style plus emphatique, et l'ouvrage entier, mais surtout le « dialogue entre l'auteur et « l'éditeur » qui en forme le début, est un curieux monument de la phraséologie du temps. Quelques observations justes, au sujet de l'imprudence des cochers et de leur mépris pour la vie des piétons, mépris bien plus dangereux à cette époque, où les rues étaient très étroites et les trottoirs inconnus, sont cependant à retenir. Il y a aussi quelques passages sur les courses de chars dans l'antiquité.

Paradoxes, par un Citoyen. *A Amsterdam*, 1775.

2 vol. in-8° de 123 p. dont xii pour la préface au T. I et xvi-287 p. au T. II.

Le T. I contient des dissertations philosophiques et politiques. Le T. II, qui porte le même titre que le T. I, est la reproduction de la *Lettre de Brutus* décrite ci-dessus. Le titre seul est changé.

Il n'y a, dans les deux ouvrages, aucune indication d'imprimeur ni de libraire. Le premier, qui a été imprimé à Paris, se rencontre assez facilement; le second est très rare.

DELLA BELLA, voy. BELLA (Stefano DELLA).

DELMOTTE (Philibert-Ignace-Marie-Joseph).

Erudit belge, bibliothécaire de la ville de Mons, 1745-1824.

DELMOTTE (Henri-Florent).

Fils du précédent, lui succéda en 1824 comme bibliothécaire de Mons, fut membre de l'Académie royale des Sciences et Belles-Lettres de Bruxelles et de plusieurs autres Sociétés littéraires et savantes. 1798-1836.

voy. BRETEX, pour les deux.

DE L'OFFICIER DES REMONTES, voy. LABOUBÉE.

DELORT (Jacques-Antoine-Adrien).

Général de division français, 1773-1846. Soldat au 4e Baton du Jura en 1791, sous-lieutnt et lieutnt en 1792 au 8e d'infle, capne de cavie en 1793, chef d'escon en l'an VII, colonel du 24e Dragons en 1806, général de brigade en 1811 et de divon en 1814. Mis en non-activité en 1814, il commanda une Divon au 4e Corps de Cavie en 1815 et fut remis en non-activité à la 2e Restauration puis en retraite en 1824. Mais le Gouvernement de Juillet le rappela à l'activité et après avoir commandé les 8e et 7e Divons militaires, il fut nommé aide de camp du Roi en 1834. Il passa dans la section de réserve en 1841.

Delort avait fait les campagnes de 1792, 93, ans II, III, IV, aux armées des côtes, des Alpes, des Pyrénées et de l'intérieur; ans VII, VIII, IX en Italie; an XIV, grande armée; 1806, armée de Naples; 1807 et 1808, armée d'Italie; 1809, 10, 11, 12 et 13 en Espagne; 1814, en France; 1815, armée du Nord. Il avait reçu 7 ou 8 blessures, et toutes, sauf une, à l'arme blanche. Il avait été l'objet de 7 citations.

et s'était couvert de gloire dans plusieurs circonstances.

En 1830, il fut élu député du Jura et en 1837 le Roi le nomma pair de France.

Projet d'organisation pour les Troupes à cheval, par le citoyen J. A. A. Delort, Chef d'escadron au 22ᵉ régim. de cavalerie. Prairial, An IX. (*S. L. ni nom d'imprimeur*).

Broch. in-8° de 36 p. plus 4 tableaux.

Opuscule rare, très intéressant et qui donne de curieux détails sur l'état de désordre et d'anarchie où se trouvait la cavalerie à la suite des formations révolutionnaires « qui avaient mis en place « une foule d'hommes que le gouver- « nement ne pouvait connaître et qui, « par leur ineptie et leur immoralité, ont « déshonoré le titre d'Officier ».

Delort était un homme de jugement et d'expérience ; ses propositions pour l'organisation, la tenue et l'armement des différentes subdivisions de l'arme sont intéressantes et souvent instructives. Son article sur le *chapeau*, qu'il condamne, est tout d'actualité en ce moment (1903) (1).

Les compagnies d'élite, plus tard supprimées, et qui ont été sous la Restauration l'objet de vives discussions, avaient en Delort un ardent défenseur.

Delort était un lettré et un poète élégant. Il est l'auteur de nombreuses pièces de vers et en particulier d'une *Relation en vers des campagnes du 24ᵉ Dragons pendant les années 1808 et 1809*, qu'il composa en Espagne pendant un repos forcé que lui avait valu une de ses nombreuses blessures, mais qui n'a pas été imprimée. Il traduisit aussi en vers français les Odes d'Horace, « le poète latin cher aux vieux « soldats ». Cet ouvrage fut imprimé et eut 2 édᵒⁿˢ. Charles Nodier écrivit une préface pour la 2ᵉ.

On trouvera la liste complète des œuvres, presque toutes manuscrites, de Delort, et la reproduction de sa *Relation des campagnes du 24ᵉ Dragons* dans la *Biographie* du général publiée en 1906 par M. L. Stouff. (Voy. ce nom.)

DELOUPY (J.-P.-G.).

Lettre du S. Deloupy, Vétérinaire, au S. Noyez, Vétérinaire. *Limoux, Imp. B. M. Villemur*, S. D. (vers 1833).

In-4° de 2 p.

Lettre injurieuse dans laquelle Deloupy

(1) Ecrit au moment des fâcheuses expériences du gᵃˡ André sur la tenue *Boër*.

accuse Noyez (1) de s'être paré de titres auxquels il n'a pas droit, notamment en ce qui concerne sa participation à l'enseignement de la ferrure à l'Ecole de Toulouse et « d'avoir encloué la bourrique « du propriétaire de la maison qu'il a ornée « du caducée des boutons de son habit ».

Statistique générale et raisonnée des principaux Animaux domestiques de l'Arrondissement de Limoux-sur-Aude, suivi de la nomenclature, de la description et du traitement des maladies les plus communes qui attaquent nos espèces. Mémoire destiné à répondre à la question formulée par la Société nationale et centrale de Médⁿᵉ Vétʳᵉ de Paris dans son programme des prix à décerner. Par J.-P.-G. Deloupy, Mⁱⁿ Vétʳᵉ, Secʳᵉ adjoint de la Soc. de Médecine et d'économie rurale Vétʳᵉ de l'Aude, membre titulaire du Conseil d'Admᵒⁿ de l'Association Médicale de l'Arrondᵗ de Limoux. *Toulouse, Imp. Vᵉ Sens et Comp*, 1852.

Broch. in-8° de v-58 p.

Ce n'est que la 1ʳᵉ partie du *Mémoire*. J'ignore si la suite a été imprimée, mais je n'en ai trouvé aucune trace. Quoi qu'il en soit, cette partie traite principalement du cheval, de l'âne et du mulet.

DELPECH (Henri-Marie-Louis).

Littérateur et érudit français.

La bataille de Muret et la tactique de la Cavalerie au XIIIᵉ siècle (avec deux plans topographiques) ; par Henri Delpech, membre du Conseil de la Société pour l'étude des langues Romanes. *Paris, Picard; Toulouse, Duclos, et Montpellier, l'Auteur et au Bureau de la Société pour l'étude des langues Romanes,* 1878.

1 vol. in-8° de XVI-155 p.

Un dernier mot sur la Bataille de Muret, par Henri Delpech, de la Société pour l'étude des langues Romanes (avec trois Plans topographiques). *Montpellier, Imp. Firmin et Cabirou*, 1878.

Broch. in-8° de 16 p.

(1) La date et les termes de ce factum permettent d'affirmer qu'il ne s'agit pas de Pierre Noyès ou Noyez (voy. ce nom) qui exerçait la médᵉ vétʳᵉ à Montpellier à la fin du XVIIIᵉ et au commencement du XIXᵉ siècle.

La Tactique au XIIIe siècle; par Henri Delpech, *Montpellier, Grollier*, 1885.

2 vol. gr. in-8° de XVIII-468 et 387 p. Avec 11 cartes ou plans.
Une partie de l'ouvrage est consacrée à la tactique de la cav[le].

DELPECH-CANTALOUP (J.), voy: JACQUEY (A.-V.).

DELPÉRIER (Jean-Baptiste, dit Léon).

Vétérinaire français, né en 1838. Diplômé d'Alfort en 1861, à exercé sa profession à Paris, puis à Joinville et à Champigny, jusqu'à la fin de 1902. Lauréat de plusieurs sociétés savantes, a obtenu un grand nombre de médailles aux expositions de Paris et de province. A dirigé ses études principalement sur l'organisation du pied et la ferrure. Il est l'inventeur d'un clou à glace très connu et qui a été adopté dans un grand nombre d'écuries industrielles et d'établissements de transport en France et à l'étranger.

Du Levier digital. Etude sur le mécanisme de la région digitale des Solipèdes; par M. Léon Delpérier, Vétérinaire. *Paris, Schlesinger f*[res], 1869.
Broch. in-8° de 32 p., avec 11 fig. d. l. t.

Monographie des Ferrures à glace par M. J. B. Delpérier (Léon), Vétérinaire. *Paris, Asselin & C*[ie], 1881.
Broch. in-8° de 80 p. avec 1 pl. contenant 17 fig.

Cours de Maréchalerie. Ecole du ferreur. Première leçon (dédiée aux Agronomes). *Angers, Imp. Lachèse et Dolbeau*, S. D. (1885).
Broch. in 8° de 16 p., signée à la fin.
Cette 1re leçon est la seule publiée. La suite se trouve dans une série d'articles publiés dans le *Journal de la Maréchalerie française*, sous le titre de *Technique de Maréchalerie*.

Manuel raisonné de la ferrure à glace Delpérier, par J. B. Delpérier, Médecin-Vétérinaire. *Cahors, Imp. F. Delpérier*, 1886.
1 vol. in-16 de IV-184 p., avec 4 pl. contenant 30 fig.

La Bleime du Cheval; par J. B. Delpérier. Ouvrage couronné par la Société nationale et centrale de Médecine vétérinaire. Avec figures schématiques dans le texte. *Paris, Asselin et Houzeau*, 1888.
1 vol. in-16 de 320 p. avec 35 fig. d. l. t.
Dédicace à M. Lavalard (voy. ce nom) et lettre préface adressée à M. Chuchu, qui avait été rapporteur, devant la Société centrale de Médecine vétérinaire, du mémoire de M. Delpérier.

Etude spéciale du Sabot du Cheval et des altérations unguéales; par J. B. Delpérier, Médecin vétérinaire, Membre de la Société centrale de Médecine vétérinaire — Avec 180 fig. intercalées dans le texte. *Paris, Asselin et Houzeau*, 1898.
1 vol. in-8° de XIX-574 p.

Outre ces ouvrages, M. Delpérier a publié un grand nombre d'articles dans la *Presse vétérinaire*, le *Journal d'agriculture pratique*, la *Maréchalerie française*, etc.

DELPÉRIER (Paul).
Maréchal militaire français, fils du précédent.

Manuel du Maréchal ferrant. Comment on forge le Fer à Cheval, par Paul Delpérier, Brigadier Maître Maréchal au 19e Escadron du Train — Avec 5 planches et 54 figures dans le texte. *Paris, J.-B. Baillière et fils*, 1909.
Broch. in-18 de 83 p. Préface de M. A. Peillon.

DELSART (J.), voy. CAVALCADES DE VALENCIENNES.

DELSOL (J.-M.).
Vétérinaire du Gers.

La Production chevaline du Sud-Ouest, par J.-M. Delsol, Vétérinaire, Inspecteur Municipal; Membre fondateur, ex-secrétaire et Président de la Société vétérinaire du Gers; Membre correspondant des Sociétés vétérinaires du Lot-et-Garonne et des Hautes-Pyrénées, etc., etc. Suivi de la nomenclature avec définitions de quelques expressions de langage hippique souvent employées par les Eleveurs et les Marchands de Chevaux, par H. Agricol. — Vente au profit d'une bonne œuvre. Prix : 60 centimes. *Bordeaux*, *Imp. Gounouilhou*, 1902. Broch. in-18 de 24 p. Dédicace à M. J. Noulens, député de Mirande.

DELTON (Louis-Jean) père et **DELTON** (Louis-Jean) fils.

Delton père, 1807-1891, engagé volontaire au 12e Dragons en 1826, y fut nommé maréchal des logis en 1830. Il devait alors entrer aux Gardes du Corps, mais la Révolution de Juillet arrêta ces projets, et il quitta le service en 1832. Excellent cavalier, il conserva le goût du cheval, fut actionnaire des chasses à courre de La Morlaye en 1836 et monta dans les premières courses de gentlemen qui eurent lieu en France. Après plusieurs voyages en Europe, où il suivit de nombreuses chasses à courre, il revint à Paris et eut l'idée d'employer la photographie, alors près de ses débuts, à la représentation du cheval. En 1860, il fonda la *Photographie Hippique* à la Porte Dauphine et toutes les célébrités du second Empire passèrent devant son objectif. Mais, au second siège de Paris, l'établissement fut détruit, puis, en 1874, réédifié avec l'agrément de la Ville, au Bois de Boulogne, entre le Lac et l'Allée de St-Denis. Sa verte vieillesse permit à M. Delton de pratiquer l'équitation à un âge avancé et, à 80 ans, s'il avait abandonné les rênes, il tenait encore les guides.

M. Delton fils (qui porte les mêmes prénoms que son père), né en 1850 collabora dès 1867 à ses travaux. En 1870, il s'engagea pour la durée de la guerre au 11e Chasseurs, quitta le service en 1871 et, après l'installation de l'Etablissement au Bois de Boulogne, il eut la plus grande part à sa direction. Naturellement, il comprit toute l'importance, pour la représentation du cheval en mouvement, de la merveilleuse découverte de l'Américain Muybridge, dont les premiers travaux parvinrent en France vers 1878, et il s'adonna avec ardeur à la photographie instantanée dont il perfectionna les procédés par d'ingénieux appareils. La première photographie d'arrivée de course fut prise par lui à Longchamp, en juin 1882. C'était celle de *Little Duck*, au duc de Castries.

En 1876, l'établissement Delton publia *Les Equipages à Paris*, album in-8° obl. de 30 pl. phot.

En 1882, *Le Tour du Bois*, 1re Série, album in-4° obl. de 24 pl. phot.

En 1884, *Le Tour du Bois*, bel album in-4° obl. de 25 photogravures représentant toutes les célébrités hippiques d'alors, prises au passage.

En 1898, *Chevaux d'Algérie et de Tunisie*, par *Georges* Delton (frère de M. L.-J. Delton), album in-f° obl. de 80 pl. phot.

M. Delton fit paraître en Avril 1889 un recueil périodique mensuel intitulé *La Photographie hippique, album phototypique*. Le N° contenait 4 p. in-4° et des photographies.

En 1893, chaque n° contint 8 p. En 1895, le journal reçut le titre de *Revue chevaline illustrée publiée par la Photographie hippique*. Le dernier n° parut en Sept. 1895 et la publication fut alors fondue dans le *Sport universel illustré* (voy. ce titre).

Outre ces publications, on trouvera dans le n° 7 de la *Photographie hippique*, Oct. 1889, la longue liste des chevaux de course, étalons, poulinières, gagnants de prix et principaux produits de l'élevage français et étranger, dont les portraits sont dus à l'établissement du Bois de Boulogne, liste plus que doublée à l'époque actuelle (1913) : 650 sujets d'étalons et de poulinières de p. s. célèbres ; 1100 sujets de chevaux de course ; 2150 sujets d'instantanés de courses, 2 ou 300 sujets de chevaux primés à l'Exposition universelle de 1900, etc., etc.

Enfin, la photographie Delton a contribué à l'illustration des principaux ouvrages hippiques publiés depuis 30 ans : Barroil, Goubaux et Barrier, de St-Albin, Bonnal, Fillis, Howlett, Simonoff et Mœrder, Musany, Donatien Lévesque, Gallier, Duhousset, Liévin, Cte de Robien, Cte d'Havrincourt, St-Georges (Bon de Caters), Molier, Gal Faverot de Kerbrech, etc. (voy. ces noms) et à celle de nombreuses publications périodiques françaises et étrangères.

Cet établissement a puissamment contribué aux progrès de la représentation du cheval dans l'art. Grâce à lui, aussi, nous avons pu conserver le souvenir de nombreuses célébrités hippiques maintenant disparues et des brillants attelages que l'auto aura bientôt rendus préhistoriques.

DE L'UTILISATION DES REMONTES...

De l'utilisation des Remontes dans les Corps de Cavalerie. Dressage et soins généraux — Extrait du *Bulletin de la Réunion des Officiers* — *Paris, Imp. Laloux fils et Guillot*, 1879. Broch. in-16 de 8 p.

DELWART (Louis-Valentin).

Vétérinaire belge, 1801-1883. Sorti d'Alfort en 1824, il retourna dans son pays natal, à Rebecq (Brabant) et fut, en 1832, un des fondateurs de l'Ecole vétérinaire de Cureghem où il fut professeur de pathologie et de clinique, puis directeur. Il prit sa retraite en 1867. Il était membre de l'Académie de médecine de Bruxelles et de nombreuses Sociétés savantes.

Pathologie spéciale ou descriptive des principaux Animaux domestiques, par L. Delwart, Vétérinaire de 1re classe, Professeur de Pathologie, de Clinique et d'Epizooties à l'Ecole vétérinaire et d'Agriculture de l'Etat à Cureghem-lez-Bruxelles, ancien Répétiteur de Pathologie et de Médecine opératoire à l'Ecole royale vétérinaire d'Alfort, Membre du Conseil central de Salubrité publique de Bruxelles. *Bruxelles, J. B. Tircher*, 1837.

1 vol. in-8° de VI-602 p.

De la Parturition des principales Femelles domestiques; par L. V. Delwart... (etc., comme ci-dessus) *Bruxelles, Société encyclopédique des Sciences médicales*, 1839

1 vol. in-8° de 190 p. avec 2 pl. contenant 4 fig.

Du Carcinome du Pied du Cheval (crapaud) et de ses moyens curatifs, par L. V. Delwart, Médecin Vétérinaire, Professeur de Pathologie et de Clinique à l'Ecole vétérinaire et d'Agriculture de l'Etat, ex-Répétiteur des mêmes Cours à l'Ecole royale d'Alfort, membre honoraire de la Société de Médecine vétérinaire de Londres, membre adjoint de l'Académie royale de Médecine de Belgique, etc. *Bruxelles, J. B. Tircher*, 1843.

Broch. in-8° de 82 p. avec 1 pl. lith. se dépliant et contenant 4 fig.

Du Bandage inamovible et de son emploi pour la guérison des Fractures et des Luxations des Animaux domestiques, par L. V. Delwart... etc. (comme ci-dessus). *Bruxelles, J. B. Tircher*, 1844.

Broch. in-8° de 16 p. avec 2 pl. contenant 4 fig.

Concerne le cheval et le chien.

Traité de Médecine vétérinaire pratique, par L. V. Delwart, Professeur de Pathologie, de Clinique et d'Epizooties à l'Ecole vétérinaire de l'Etat à Cureghem-lez-Bruxelles ; Membre titulaire de l'Académie royale de Médecine; Président de la Société de Médecine vétérinaire de Belgique; Membre honoraire de l'Académie royale de Médecine de Madrid et de la Société de Médecine vétérinaire de Londres ; Membre correspondant des Sociétés vétérinaires du Calvados et de la Manche, du Nord et du Pas-de-Calais, de Lot-et-Garonne et de la Société des Sciences médicales et naturelles de Bruxelles; de la Société de Médecine pratique de Willebroeck, etc., etc. *Bruxelles, J. B. Tircher*, 1850-1852.

3 vol. in-8° de III-639, 608 et 588 p. avec 3 pl. contenant 10 fig. au T. I.

L'ouvrage est rédigé sous forme de dictionnaire alphabétique.

Rapport sur une Maladie particulière du Cheval, signalée par M. V. André, par L. V. Delwart et A. Thiernesse. *Bruxelles*, 1866.

Broch. in-8° de 12 p. dont je ne connais que le titre.

Delwart a publié en outre de très nombreux articles dans les recueils et journaux spéciaux.

DEMARBAIX (Alphonse).

Vétérinaire belge, professeur à l'Université de Louvain, 1825-1899.

Les Animaux domestiques à l'Exposition de la Société royale d'Agriculture d'Angleterre à Windsor. Rapport adressé à M. le Ministre de l'Agriculture, de l'Industrie et des Travaux publics, par M. de Marbaix, Professeur de Zootechnie à l'Institut agronomique de Louvain. *Bruxelles, P. Weissembruch*, 1889.

Broch. in-8° de 26 p. Extrait du *Bulletin de l'Agriculture*.

Cours de Zootechnie professé à l'Institut agricole de l'Université de Louvain, par M. Demarbaix. *Louvain, Emile Fonteyn*, 1892-1896.

2 vol. in-8° de II-387 et 380 p.

Le T. I contient de nombreux passages sur le cheval, et les 212 premières p. du T. II lui sont exclusivement consacrées.

Sommaire du Cours de Physiolo-

DEM — 383 — DEM

gie donné à l'Institut agricole de l'Université de Louvain, par A. Demarbaix. *Louvain, Emile Fonteyn*, 1898.

1 vol. in-8° de 314 p. avec gravures.

Sommaire du Cours de Zootechnie professé à l'Université de Louvain par A. de Marbaix — 1re Partie. Anatomie descriptive et comparée des Animaux domestiques — 2e *Edition* — *Louvain, Emile Fonteyn*, S. D.,

1 vol. in-4° de 228 p. (autographié).

Je crois que la 2e partie n'a jamais paru.

M. Demarbaix a en outre collaboré à plusieurs journaux et recueils de médecine vétérinaire et d'agriculture.

DEMAY (Jean-Germain).

Archéologue et écrivain français, archiviste aux Archives nationales, 1819-1886.

Le Costume de Guerre et d'Apparat d'après les Sceaux du Moyen-Age par M. G. Demay, Membre de la Société des Antiquaires de France. *Paris, J. B. Dumoulin*, 1875.

Broch. in-8° de 56 p. avec titre rouge et noir, vignette sur le titre, et xxvi pl. h. t. contenant 165 fig. Extrait du Tome XXXV des *Mémoires de la Société nationale des Antiquaires de France.*

L'ouvrage concerne exclusivement les combattants à cheval et contient de nombreux détails sur l'armement des chevaliers, les éperons, selles, brides, mors, harnachements et armures protectrices des chevaux, etc.

DEMAZY (Louis).

Gladiateur et le Haras de Dangu, à M. le Comte Frédéric de Lagrange. Par Louis Demazy, rédacteur en Chef du *Jockey. Paris, J. Rothschild*, 1865.

Broch. in-16 de 57 p. avec le portrait lith. de Gladiateur.

Cet opuscule porte l'indication : *Bibliothèque des Haras de France*, tome 1er, mais il n'y a pas eu de suite.

Une 2e édon a paru la même année, sans changement.

DEMEESTER (Fr.), voy. VAN ALLEYNNES.

DEMENTHON (François-Joseph).

Vétérinaire et pharmacien français, 1781-1850. En 1814, il fut chargé par le Préfet de l'Ain d'étudier et de combattre l'épidémie de peste bovine que les troupeaux qui suivaient les armées étrangères avaient introduite en France. C'est alors qu'il inventa un remède dont la brochure décrite ci-dessous est destinée à vanter les mérites.

Précis hygiénique sur l'éducation des animaux en général, suivi de conseils à MM. les Maîtres de Poste, Entrepreneurs de Diligences et autres, Propriétaires Amateurs de Chevaux, etc., par F. J. Dementhon, Médecin-Vétérinaire et Pharmacien-juré à Lagnieu (Ain). *Lyon, Imp. Boursy*, 1853.

Broch. in-12 de 24 p.

L'objet principal de cet opuscule est une réclame en faveur de la poudre inventée par l'auteur et qui était, suivant lui, une panacée universelle pour toutes les maladies des chevaux et du bétail. Les *Conseils aux Maîtres de Poste*, qui occupent la 2e moitié de l'ouvrage, contiennent de bons préceptes d'hygiène pour les chevaux soumis à un dur travail.

DEMILLY (Louis-Nicolas).

Vétérinaire champenois, 1802-1864. Diplômé d'Alfort en 1824, il cessa de bonne heure, pour raisons de santé, l'exercice de sa profession et se livra alors à l'étude des questions d'agriculture et d'élevage. Il devint vice-président du Comice agricole de Reims, fut membre fondateur puis vice-président de la Société vétérinaire de la Marne et membre de plusieurs Sociétés savantes.

Mémoire sur la Trachéotomie, par Demilly aîné, Ex-Elève de l'Ecole d'Alfort, Médecin Vétérinaire de l'Arrondissement, Membre du Conseil de Salubrité de la Ville de Rheims et de la Société d'Agriculture, Sciences et Arts du Département de la Marne. *Rheims, Imp. Luton*, 1836.

Broch. in-4° de 14 p. avec 1 pl. contenant 10 fig.

Concerne le cornage.

Observations sur l'espèce chevaline et son amélioration dans l'arrondissement de Reims; par Demilly aîné, Vétérinaire d'Alfort,

Médecin-Vétérinaire de l'arrondissement, Membre de la Société d'agriculture, commerce, sciences et arts de Châlons, du Conseil de Salubrité de la ville de Reims et Secrétaire du Comice agricole du département de la Marne pour la section de l'arrondissement de Reims. *Châlons, Imp, Boniez-Lambert*, 1844.

Broch. in-8° de 15 p.

Mémoire sur la contracture pelvienne comparée à la paraplégie sur le Cheval (ouvrage couronné par la Société impériale et centrale de Médecine vétérinaire) par Demilly aîné, Vice-président de la Société vétérinaire de la Marne, Membre de l'Académie impériale de Reims, correspondant de la Société impériale et centrale vétérinaire de Paris, de la Société d'agriculture, commerce, sciences et arts du département de la Marne, etc., etc. *Châlons, E. Laurent,* 1855.

Broch. in-8° de 96 p.

Société impériale et centrale de Médecine Vétérinaire — Nouvelles objections en faveur de la Contracture pelvienne chez le Cheval, faites dans la séance du 12 Juillet 1855 par M. Demilly aîné... etc. *Paris, Imp. E. et V. Penaud* (1855).

Broch. in-8° de 16 (?) p.

La gale des poules sur le Cheval. par Demilly aîné, Vice-Président de la Société vétérinaire de la Marne (etc., comme ci-dessus). Extrait du compte rendu de la *Société Vétérinaire de la Marne* (année 1847). *Reims, A. Huret,* 1856.

Broch. in-12 de 23 p.

Rapport de la commission déléguée en 1860 par le Comice agricole de l'arrondissement de Reims au Concours central d'agriculture pour l'examen des grands animaux domestiques au point de vue de cet arrondissement par Demilly aîné, Membre du bureau de ce Comice et de plusieurs Sociétés savantes. *Reims, Imp. E. Luton,* S. D. (1860).

Broch. in-8° de 16 p. dont les 7 premières sont consacrées au cheval.

Nouvelles considérations sur la fluxion périodique des yeux chez le cheval ; sur les causes réelles et sur le traitement rationnel et plus sûrement curatif qui lui est applicable. *Paris, Imp. Félix Malteste,* 1862.

Broch. in-8° de 30 p. En tête du t., le titre est répété et suivi de l'indication suivante : Lues à la séance du 21 août 1861 de la *Société vétérinaire de la Marne* par Demilly aîné, Membre, etc.

Conduite et gestion du Cheval, du Bœuf et du Mouton en Champagne, ou règles pour produire, loger, nourrir et gouverner nos trois grandes espèces d'animaux domestiques dans l'intérêt de l'hygiène et de l'agriculture par des économies bien entendues et l'amélioration raisonnée de nos races, par Demilly aîné, Membre du Bureau du Comice agricole, du Conseil d'hygiène et de Salubrité publique, de la Commission hippique et Commissaire du Gouvernement pour les épizooties dans l'arrondissement de Reims ; Vice-Président de la Société vétérinaire de la Marne, Membre de la Société d'Agriculture, Sciences et Arts de Châlons, de l'Académie impériale de Reims et de la Société impériale et centrale de Médecine vétérinaire. *Reims, Matot-Braine,* S. D. (1863).

1 vol. in-12 de VI-356 p.

Les XI premiers chapitres traitent de généralités applicables aux animaux de la ferme, le chap. XII, de la p. 188 à la p. 227, spécialement du cheval. C'est l'œuvre principale de Demilly qui a en outre publié diverses brochures étrangères aux sujets hippiques et des articles dans les publications spéciales.

Il a donné à ses compatriotes champenois de sages conseils, les engageant à produire et à élever le cheval qu'il appelle demi-fin, à l'exclusion de celui de gros trait et de celui de selle. Il faut aussi lui savoir gré de la campagne qu'il a menée contre l'étalon rouleur belge qui a empoisonné la Champagne et la Lorraine.

Agriculture — L'Industrie chevaline dans l'Arrondissement de Reims et comment le Comice peut lui être favorable. *Reims, Imp. E. Luton,* S. D. (vers 1863 ?).

Broch. in-8° de 16 p. signée à la fin : Demilly aîné.

DEMONT-BOURCHER, sieur de LA RIVAUDIERE (Paul).

Traicté des Ceremonies et Ordonnances appartenans à Gage de Bataille, et Combats en Camp-clos : Selon les institutions de Philippes de France. Donné au Roy par Paul Demont-Bourcher sieur de la Riuaudière. *A Paris, chez Guillaume Marette, ruë S. Iacques au Gril, près Sainct Benoist*, 1608.

Advis au Roy tovchant le restablissement du Gage de Bataille en Camp clos. Et du Duel et Combat libre entre la Noblesse pour empescher autres combats qui s'executēt tous les iours par aduantages & supercheries en diuers lieux de ce Royaume. Adressé premierement à Monseigneur le Connestable & aux Mareschaux de France : au Roy touchant le restablissement du gage de bataille, (anciennement tant practiqué en France) pour la nécessité qui arriue par autres combats malheureux entre la Noblesse. *A Paris, chez Guillaume Marette, ruë S. Iacques, au Gril, près Sainct Benoist*, 1608.

Ces deux ouvrages sont réunis en un volume pet. in-8° dont la pagination se suit et qui contient 38 f^{ts} chiffrés. Armes de France et de Navarre sur les titres.

Le premier est précédé d'une « Epistre « au Roy » et d'une lettre au lecteur ; il traite de toutes les formalités, déclarations, etc., qui précèdent et accompagnent les duels en champ-clos ; il donne les dimensions des « lisses et eschaffaux », les détails de leur installation, ceux du combat lui-même, les droits du vainqueur, etc. Il concerne exclusivement les *combats à cheval.*

Le second est précédé d'une « Epistre « à Mgr le Connestable et à MM^{grs} les « Mareschaux de France ». Il ne traite que des précautions et des formalités nécessaires pour empêcher les abus et les actes de déloyauté dans les combats singuliers, présentés sous forme de propositions faites au Roi.

Ouvrage curieux et rare.

DEMOUSSY (Achille) ou DE MOUSSY.

Vétérinaire des Haras, puis Chef de dépôt d'Etalons et Inspecteur des Haras, 17..-1863.

Mémoire sur la Maladie épizootique qui règne dans les communes de Chambéré et autres environnantes, par le Sieur Demoussy, Artiste Vétérinaire. *Tulle, Imp. Chirac*, 1810.

Broch. in-4° de 16 p.
Concerne le charbon et, en grande partie, les ânes. Les 4 premières p. contiennent l'envoi de l'instruction de Demoussy aux maires de la Corrèze par le préfet du département.

Mémoire sur les Chevaux Espagnols et coup d'œil général sur les Haras, par Achille de Moussy, Vétérinaire au Haras impérial de Pompadour : Mémoire couronné en 1809 par la Société d'Agriculture du Département de la Seine. *Paris, F. Buisson et chez l'Auteur, au Haras de Pompadour, Département de la Corrèze*, 1811.

Broch. in-12 de 72 p. dont 11 pour l'introduction.

Histoire d'une Maladie catarrhale qui régna, en 1808, sur les Chevaux du Haras de Pompadour, par M. de Moussy, vétérinaire de cet Etablissement. Mémoire couronné en 1809 par la Société d'Agriculture du Département de la Seine. *Paris, Imp. Vve Delaguette*, 1811.

Broch. in-12 de 31 p.

Mémoire sur la Pousse des Chevaux, par M. Demoussy, correspondant de la Société, Inspecteur du Haras royal de Pompadour (Extrait des *Mémoires de la Société royale et centrale d'Agriculture*). *Paris, Imp. de Mme Huzard, née Vallat la Chapelle*, 1824.

Broch. in-8° de 56 p.
Ce mémoire, ainsi que le précédent, et un 3e sur la fluxion périodique, qui a aussi été publié séparément vers 1830, est reproduit à la fin de l'ouvrage suivant :

Traité complet des Haras, et Moyens d'améliorer et de multiplier les Chevaux en France, par Achille Demoussy, Chef de dépôt d'Etalons (retraité), Membre correspondant de la Société centrale et royale d'Agriculture, de l'Académie de médecine de Paris, de l'Académie des Arts et Belles-Lettres de Poitiers; suivi de plusieurs Mémoires couronnés par la Société centrale et Royale d'Agriculture. *Tulle, J. M. Drappeau*, 1834.

1 vol. in-8° de xvi-455 p.

L'auteur repousse le croisement par les chevaux anglais et approuve l'amélioration par l'arabe et par la sélection; mais tout en étant l'ennemi de l'anglomanie, il préconise les coursés. Il est un des rares auteurs civils qui demandent, pour les Haras, une organisation entièrement militaire et veulent les placer sous la direction du Ministre de la guerre.

DEMOUY (P.-M.).

Les Serviteurs de l'Homme, par P.-M. Demouy — 16 gravures sur bois. *Paris, Charles Tallandier*, S. D. (1900).

1 vol. in-8° de 127 p.

Ouvrage destiné à la jeunesse et ayant pour but de lui inspirer les bons traitements envers les animaux domestiques. Le cheval, l'âne et le mulet occupent les 20 premières p. avec 2 fig.

DENAIFFE (Henri-Joseph-Léon) et SIRODOT.

L'Avoine. Description, Classification, Etude du grain des variétés françaises et étrangères, Culture, Production, Constitution, Composition, Usages, Insectes, Maladies, Plantes nuisibles, Prix de revient, Prix de vente, Transports, Douanes, Octrois, Emmagasinage agricole et commercial, Trafic national et international, par Denaiffe, Agriculteur, Horticulteur, Marchand de grains (et) Sirodot, Licencié ès sciences naturelles, Directeur de la Station agronomique de la Graineterie Denaiffe. Préface par E. Fagot, Ingénieur Agronome, Agriculteur, Sénateur des Ardennes — 210 Figures intercalées dans le texte — Honoré d'une souscription du Ministère de l'Agriculture. *Paris, J.-B. Baillière et fils; ibid., Librairie horticole; Carignan (Ardennes), Denaiffe et fils*, S. D. (1902).

1 vol. in-8° de 848 p.

Ouvrage qui contient, outre la partie agricole, une partie pratique importante sur l'alimentation du cheval, p. 592 à 682 avec 27 fig.

DENEUBOURG (François-Philippe).

Vétérinaire belge, diplômé d'Alfort en 1835, établi d'abord à Ath, puis à Saint-Gilles Bruxelles, 1813-1893.

Traité pratique d'Obstétrique ou de la Parturition des principales Femelles domestiques comprenant: tout ce qui a rapport à la génération et à la mise-bas naturelle; les soins à donner à la mère et au nouveau-né, de suite après la naissance, pendant l'allaitement et à l'époque du sevrage; les maladies les plus importantes qui attaquent les femelles et les nourrissons, ainsi que l'exposé des difficultés du part et des moyens d'y remédier, par François Deneubourg, ancien Vétérinaire du Gouvernement — Ouvrage utile aux Vétérinaires et aux Eleveurs — 38 Figures dessinées par l'Auteur sont intercalées dans le texte — *Bruxelles, H. Manceaux*, 1880.

1 vol. in-8° de 583 p.

Concerne en grande partie la jument et le poulain.

DENIAU (Georges).

Les Chevaux et l'organisation des Services publics de Voitures en Russie — (Notes de voyage) — Par Georges Deniau. *Paris, Imp. S. Lejay*, 1889.

Broch. gr. in-8° de 47 p. avec 8 fig. de types de chevaux, 3 de costumes de cochers dans le t. et 2 pl. représentant 7 modèles de voitures ou traîneaux attelés.

Introduction de l'auteur dans laquelle il offre son travail au Directeur et aux Administrateurs de la Compagnie des Voitures à Paris.

DENIAU (Olivier-Léon).

Vétérinaire français, diplômé de Toulouse en 1869.

Ecole impériale vétérinaire de Toulouse — De la Douleur chez les Animaux domestiques, par Olivier-Léon Deniau, né à Fontenay-le-Comte (Vendée) — Thèse pour le Diplôme de Médecin Vétérinaire, présentée et soutenue le 20 Juillet

1869 — *Toulouse, Imp. J. Pradel et Blanc,* 1869.
Broch. in-8° de 57 p. Dédicace d'usage.
Concerne en partie le cheval et notamment les exercices de chirurgie qui se pratiquent sur cet animal dans les Écoles vétérinaires.

DENNIÉE (Pierre-Paul, BARON).
Intendant militaire français, 1781-1848. Fils de l'ordonnateur en chef de l'armée d'Italie en 1796, il débuta dans l'armée comme élève commissaire des guerres en 1798, adjoint en 1801, commissaire des guerres en 1804, sous-inspecteur aux revues en 1807, inspecteur aux revues en 1813, intendant militaire en 1817. Il avait fait campagne à l'armée des Alpes en 1799 et 1800, armée de Hanovre et grande armée de 1803 à 1807, armée d'Espagne de 1808 à 1811, grande armée en 1812 et 1813, armée de la Moselle en 1815 et enfin armée d'Afrique en 1830, comme intendant en chef du corps expéditionnaire. En 1848, il fut nommé intendant en chef de l'armée des Alpes et mourut à son poste peu après. Il avait occupé diverses fonctions importantes au ministère de la guerre et était membre du Comité de Cavalerie depuis 1840 ; comme tel, il avait fait partie d'une commission chargée d'examiner plusieurs questions relatives aux Remontes, et c'est à cette circonstance que se rattache l'opuscule suivant.

De la Remonte et des Haras (par) le Baron Denniée, Intendant Militaire, Membre du Comité de Cavalerie. *Paris, Lith. Lutton,* 1846.
Broch. in-4° de 19 p. (autographiée).
Travail bien étudié et intéressant au point de vue de la situation des haras, des remontes et de l'industrie chevaline à cette époque. L'auteur termine en formulant 14 propositions destinées à l'améliorer et se rapportant aux courses, aux primes, au recrutement des officiers des haras, etc., etc. Parmi ces demandes figure bien entendu celle qui est invariablement reproduite dans tous les projets d'amélioration de cette époque, et qui est relative à la fixité des achats annuels de la remonte. Il a fallu quarante ans pour obtenir cette réforme indispensable à la production, à l'élevage et au recrutement du cheval de guerre, ce qui ne l'empêche pas d'être encore combattue de temps en temps.

DÉPAGNIAT (Roger).
Les Sports dans l'Antiquité, par Roger Dépagniat — Préface d'Henri Desgrange — Orné de 14 illustrations de A. G. Comerre. *Paris, Eugène Figuière,* 1911.
1 vol. in-12 de VIII-209 p.
Le Chap. XI, p. 149 à 180, traite des Courses de Chevaux et de Chars, avec 4 fig.

DEPRÉAUX (Albert).
La Garde d'Honneur d'Orléans (1807-1808), par M. A. Depréaux, Membre de la Sabretache et de la Société Archéologique de l'Orléanais — Avec une planche hors texte en couleurs. *Orléans, Imp. Paul Pigelet,* 1906.
Broch. in-8° de 33 p. Vignette sur le titre.
Extrait du *Bulletin de la Société Archéologique.* T. XIV, n° 185.

Les Gardes d'Honneur Lorrains à l'Époque du 1er Empire (Nancy, Lunéville, Metz), par Albert Depréaux, Membre de la Sabretache. Avec deux planches hors texte en couleurs, d'après E. Grammont. *Edition du Pays Lorrain et de la Revue Lorraine illustrée. Nancy,* 1907.
Broch. in-8° de 47 p.

Le 2e Régiment de Gardes d'Honneur pendant le Blocus de Mayence, (1813-1814), par Albert Depréaux — Extrait du *Carnet de la Sabretache* — *Paris, J. Leroy,* 1910.
Broch. in-8° de 45 p. avec le portrait du Mis de Pange, Colonel-major du 2e régiment des Gardes d'Honneur, en frontispice, et, à la fin, une vignette représentant le cachet du Conseil d'administon du régnt.
Ouvrage tiré à 50 exemplaires.

Les Gardes d'Honneur d'Alsace et de Lorraine à l'époque du premier Empire, par Albert Depréaux. Préface de M. Maurice Barrès, de l'Académie Française. *Paris, J. Leroy,* 1913.
1 vol. in-8° de 175 p., avec couverture illustrée en couleurs, 15 pl. h. t. dont 6 d'uniformes, 5 d'armoiries, également en couleurs et quelques vignettes d. l. t.
Dans les trois ouvrages de 1906, 1907 et 1913, il s'agit des Gardes d'Honneur qui furent formées dans différentes villes, dès le début de l'Empire, par des volon-

taires destinés à escorter l'Empereur à son passage dans ces villes et à remplacer, durant son séjour, sa garde habituelle. Ces troupes, formées en partie par la Garde nationale, comprenaient de la cavalerie. La brochure de 1910 concerne un des 4 Régiments de cav^le, dits *Gardes d'Honneur*, créés par le *Sénatusconsulte* du 3 Avril 1813. Malgré la similitude du nom, ce sont deux organisations différentes.

Voy., sur les Gardes d'Honneur, *Defontaine, Juzancourt, Cramer, Bucquoy (E.-L.), Bosq de Beaumont (du), Boymans, Sagot (Fr.), Juster, Clément (F.-P.), Massé (A.), Uniformes des Gardes d'Honneur... de la Hollande, Rossigneux, Souancé (de)*.

DÉPUTATION DES CHEVAUX DE FIACRE.

Députation à l'Assemblée Nationale envoyée par les Cheveaux (sic) de Fiacre de la Capitale, aux douze cens Jean-Foutres qui occupent leur Manège. Présidée par le Cheval d'Henri IV. S. N. L. D. (*Paris* 1791).

Broch. in-8° de 8 p., signée : Le Cheval d'Henri IV et les Chevaux de Fiacre de Paris.

Pièce contre-révolutionnaire, ordurière et rare.

DE QUELQUES CONSEILS PRATIQUES SUR L'EQUITATION.

De quelques conseils pratiques sur l'Équitation de Chasse, par G.-L. de R***. *Bayeux, Typ. St-Ange Duvant*, 1875.

Broch. in-8° de 75 p.

Ce petit ouvrage, utile à consulter, traite du choix, du dressage, de l'entraînement, de l'hygiène des chevaux de chasse et de l'équitation de chasse.

DERACHE (J.-B.), voy. WEHENKEL.

DÉRIGNY (Jean-Baptiste).

Officier de cavalerie français, 1828-1899. Engagé volontaire en 1848, sous-lieut^nt en 1854, colonel en 1883. Il avait fait la campagne de Crimée en 1854, 55 et 56, celle de 1870-71 contre l'Allemagne et 7 campagnes en Afrique.

Projet de règlement sur le Service stratégique de la Cavalerie avant le combat, par M. Dérigny, Chef d'escadrons au 10e hussards. Extrait du *Journal des Sciences militaires*, Juin 1876. *Paris, J. Dumaine*, 1876.

Broch. in-8° de 30 p. avec 3 tableaux de marche.

DERNIER SOUPIR DES COMPAGNIES ROUGES.

Dernier Soupir des Compagnies rouges, par le Mousquetaire noir, Auteur des Réflexions sur la suppression de la Maison du Roi. *Paris, A. Egron*, Décembre 1815.

Broch. in-8° de 15 p.

Eloquente oraison funèbre des Compagnies rouges (Mousquetaires, Chevau-Légers et Gendarmes) rétablies en 1814 et supprimées à la 2e Restauration lors de la réorganisation de la Maison du Roi.

DERRÉCAGAIX (Victor-Bernard).

Général de Div^on et auteur militaire français, Etat-major puis inf^ie. Né en 1833, sous-lieut^nt en 1854, général de div^on en 1894, retraité en 1898.

Les Etats-Majors de Napoléon — Le Lieutenant Général Comte Belliard, Chef d'Etat-Major de Murat, par le Général Derrécagaix. *Paris, R. Chapelot*, 1908.

1 vol. in-8° de 665 p. avec portrait de Belliard en frontispice et 8 cartes se dépliant.

La carrière de Belliard se poursuivit presque toujours dans les Etats-majors, mais principalement dans celui de Murat, et il fut un véritable officier de cavalerie. Son histoire se confond avec celle de la cavalerie napoléonienne et c'est à ce titre que l'ouvrage est cité ici.

Pour d'autres biographies de Belliard, voy. *Belliard* (*Mémoires*), *Staub, Merland (C.)*.

DÉRUÉ (François-Jules).

Officier de cav^le français, né en 1835, sous-lieut^nt en 1863, chef d'esc^ons en 1886, retraité en 1891 et lieut^nt-colonel de territoriale en 1892.

Nouvelle Méthode d'Escrime à Cheval, par le Capitaine Dérué. *Paris, A. Lahure*, 1885.

Broch. pet. in-8° de 43 p. avec vignette sur la couverture et 14 pl. h. t. par E. Collomb.

L'Escrime dans l'Armée par le

Commandant Dérué. *Paris, Quantin*, 1888.

1 vol. in-12 de XVI-188 p. Dédicace au Gal Gay.

Cet ouvrage traite de l'escrime en général, mais quelques passages concernent spécialement celle du sabre et l'enseignement de l'escrime dans la cav[ie].

L'Escrime au Sabre, par le Lt-Colonel Dérué. Ouvrage orné de 10 figures d'après les clichés de M. Boisdon. *Paris, L. Henry May*, S. D. (1898).
Broch. in-8° de 60 p.

DESAIVE (Jean-Maximilien-Joseph).

Docteur en médecine belge et professeur à l'Ecole vétérinaire de Liège, né en l'an XIII.

Les Animaux domestiques considérés sous le rapport de leur conservation, de leur amélioration et de la guérison de leurs maladies, ou Guide théorique et pratique du Propriétaire, du Fermier, du Cultivateur, de l'Eleveur et de l'Engraisseur, du Chasseur, etc., par Max Desaive, de Liège, Docteur en Médecine, ex-Directeur-Professeur à l'Ecole de Médecine vétérinaire de Liège. *Liège, chez l'Auteur, rue du Pot d'Or*, 1842.

1 vol. gr. in-8° de XV-782 p. plus 1 f[t] d'errata.

Les 406 premières p. sont consacrées au cheval, à l'âne et au mulet et contiennent, outre les principes de l'élevage et de l'hygiène, un bon historique de la race chevaline, souvent cité avec éloge par Eug. Gayot au T. I de sa *France chevaline*, et un historique de l'origine et des progrès de la cavalerie.

DESARGUS (Pierre-Jean-Baptiste-Martin).

Maréchal de camp honoraire français, 1776-1851. Engagé volontaire au 2e bat[on] de Paris en 1792 et passé la même année au 10e bat[on] des Fédérés; sergent-major à la comp[ie] d'artillerie de ce bat[on] en 1793; lieut[nt] à cette comp[ie] en l'an II; capitaine en l'an VII; il fut ensuite aide de camp de plusieurs généraux jusqu'en 1807, année où il fut nommé chef de bataillon; adjudant commandant à la 3e div[on] de Cuirassiers en 1809; colonel à la suite du 7e Cuirassiers la même année; colonel du 20e Dragons en 1811; licencié en 1815; colonel de la 13e Légion de gend[ie] en 1817, puis des 6e et 14e Légions. Maréchal de camp honoraire et retraité en 1824. Relevé de la retraite et commandant le département des Côtes-du-Nord en 1830, retraité définitivement en 1839.

Il avait fait les campagnes de 1792, 1793, ans II, III, IV, V, VI, VII, VIII et IX aux armées du Nord, de la Moselle et du Rhin, des ans X et XI à St-Domingue: celles de l'an XIV, 1806, 1807, 1808 et 1809 à la grande armée et avait été blessé à Essling.

Projet d'une réserve de Chevaux de remonte qui serait destinée à satisfaire aux besoins de l'Armée pour le cas de guerre, présenté par M. le Général Desargus qui, en 1826, a adressé à M. le Ministre de la Guerre un projet qui traite des poulains à élever dans des établissements au compte de la guerre, de l'hygiène et de leur alimentation. *Saint-Brieuc, Imp. Guyon f[res]*, S. D. (vers 1840).
Broch. in-8° de 8 p.

DESAULX (H.).

Le Vétérinaire des Villes et des Campagnes, par H. Desaulx, Médecin Vétérinaire. *Paris, Albin Michel*, S. D. (vers 1905).

1 vol. in-18 de 476 p.

Le cheval, l'âne et le mulet occupent les 115 premières p. En outre, la partie législative, le formulaire des remèdes, les observations sur les maladies et le petit dictionnaire vétérinaire qui terminent le livre leur sont en partie applicables.

Ouvrage de vulgarisation mais qui n'est pas sans mérite.

DESBONS (Anatole).

Eleveur français, 1831-1881.
Représentant en 1871, député de 1879 à 1881 et maire de Maubourguet (H[tes]-Pyrénées). Il était un des plus grands éleveurs du Midi, et il a publié, dans divers recueils, de nombreux articles d'économie agricole.

Ministère de l'Agriculture et du Commerce. Exposition universelle internationale de 1878 à Paris. — Groupe VIII — Classe 77. — Rapport sur l'Exposition hippique, par M. Desbons, ancien député à l'Assemblée nationale, Membre du Conseil supérieur des Haras. *Paris, Imp. Nationale*, 1881.

Broch. gr. in-8° de 60 p.

DESBORDEAUX (Frédéric).

Opuscule d'Hippiatrique dédié à MM. les Cultivateurs Eleveurs — Traité de la Boiterie des Poulinières — Définition des causes généralement ignorées et, à tort, jugées héréditaires — Méthode de traitement pour la guérison — Par M. Desbordeaux, Frédéric, Hippiâtre spécialiste pour la Boiterie des Chevaux — Prix 1 fr. — *Lisieux, E. Piel*, 1869.

Broch. pet. in-8° de 39 p.

L'auteur prétend que cette boiterie a son siège dans le pied et provient de l'humidité des pâturages.

DESBRIÈRE (Louis-Théodore-Edouard LESIEURE) et SAUTAI (Maurice-Théodore).

Desbrière, officier de cav^{le} français, né en 1859, sous-lieut^{nt} en 1882, colonel en 1911. — Sautai, officier d'inf^{ie} français, né en 1868, sous-lieut^{nt} en 1891, cap^{ne} en 1904 (1).

Publication de la Section historique de l'Etat-Major de l'Armée — Organisation et Tactique des trois Armes — 1er Fascicule — La Cavalerie de 1740 à 1789, par le Commandant breveté Edouard Desbrière, Chef de la Section historique et le Capitaine Maurice Sautai, attaché à la Section historique. *Paris et Nancy, Berger-Levrault*, 1906.

1 vol. gr. in-8° de VI-133 p. avec 1 plan.

Même titre — Cavalerie — 2e Fascicule — La Cavalerie pendant la Révolution du 14 Juillet 1789 au 26 Juin 1794 — La Crise — par le Commandant breveté Edouard Desbrière... etc., et le Capitaine Maurice Sautai,... etc. Avec une carte et de nombreux croquis dans le texte et hors texte. *Paris et Nancy, Berger-Levrault*, 1907.

1 vol. gr. in-8° de 438 p.

Même titre — 3e Fascicule —

(1) Voy. ce nom pour un autre ouvrage.

La Cavalerie pendant la Révolution. La fin de la Convention (du 19 Juin 1794 au 27 Octobre 1795) par le Lieutenant-Colonel breveté Edouard Desbrière, ancien chef de la Section historique et le Capitaine Sautai... etc. — Avec 20 Cartes et Croquis — *Paris et Nancy, Berger-Levrault*, 1908.

1 vol. gr. in-8° de 247 p.

Même titre — 4e Fascicule — La Cavalerie sous le Directoire — Avec 8 Cartes et Croquis. *Paris et Nancy, Berger-Levrault*, 1910.

1 vol. gr. in-8° de 457 p.

A propos de Brack — Essai sur la Tactique de Combat de la Cavalerie par le Lieutenant-Colonel E. Desbrières (1). *Paris et Nancy, Berger-Levrault*, 1911.

Broch. gr. in-8° de 39 p. (Extrait de la *Revue de Cavalerie*). (Voy. Brack.)

DESCHAMPS (Michel-Hyacinthe).

Médecin français, 1808-18...

De la Domesticité chez les Animaux et de la Souche des Animaux domestiques par le Docteur Deschamps, Secrétaire général de la Société protectrice des Animaux. *Paris, Typ. Félix Malteste*, S. D. (1850).

Broch. in-8° de 18 p. (Extrait de l'*Union médicale*, Mai 1850)

Concerne en partie le cheval.

DES CHEVAUX EN ANGLETERRE.

Des Chevaux en Angleterre ; Mémoire par M. Ch. de M., Amateur Belge. *Bruxelles*, 1838.

Broch. in-8° de 12 p. avec 1 carte et 1 pl. se dépliant et contenant 3 fig. (Plans d'écuries).

DES CHEVAUX EN FRANCE.

Des Chevaux en France et de leur régénération par le Comte de B... (2). *Paris, Delauney*, 1832.

1 vol. in-8° de 119 p.

Ouvrage intéressant mais devenu introuvable. L'auteur était bien au courant

(1) Faute d'impression : lisez Desbrière.
(2) Cte de Beaurepaire, d'après Barbier.

de la situation de l'élevage, de la production chevaline et des questions concernant les haras et les remontes au moment où il écrivait.

DESCLÉE (Philippe).
Manuel du Cavalier (L'Equitation sans Maître), par Philippe Desclée. *Paris, Imp. Georges Kugelmann,* 1870.
Broch. in-16 de 31 p.

Manuel du Cavalier — L'Equitation sans Maître, suivi d'un Traité d'Hippologie, par Philippe Desclée. *Paris, Jules Taride,* 1871.
C'est le titre intérieur. La couverture porte :
... par Philippe Desclée, suivi d'une Etude de haute Equitation par Salvador.
Broch. in-16 de 92 p avec vignette sur le titre et 14 fig. d. l. t.
L'ouvrage a été publié à plusieurs reprises avec un titre nouveau indiquant une 2ᵉ ou une nouvelle éd°ⁿ. et le millésime 1872, 1875, 1877, ou S. D., mais sans changement. C'est la même éd°ⁿ, à partir de 1871.

DESCOFFRE (Antoine-Gustave-Arthur).
Vétérinaire français, diplômé de Toulouse en 1867.
Ecole Impériale Vétérinaire de Toulouse — De la Phlébite traumatique de la Jugulaire consécutive à la Phlébotomie chez nos Animaux Solipèdes, par Antoine-Gustave-Arthur Descoffre, né à Blanzac (Charente). *Toulouse, Imp. J. Pradel et Blanc,* 1867.
Broch. in-8º de 46 p. Dédicace d'usage aux parents et professeurs de l'auteur.

DESCOINS (Henri-Vincent).
Officier de cavalerie français breveté. Né en 1869, sous-lieutᵗ en 1889, lieutⁿᵗ-colonel en 1913.
Progression de Dressage du Cheval de troupe par des procédés nouveaux, par le Capitaine breveté Descoins. *Paris et Limoges, Henri Charles-Lavauzelle,* S. D. (1904).
1 vol. pet. in-8º obl. de 119 p. avec 68 fig. d l. t.
Même ouvrage. 2ᵉ Edition — *Paris et Limoges, Henri Charles-Lavauzelle,* S. D. (1906).

1 vol. pet. in-8º obl. de 119 p. avec 68 fig. d. l. t.

Une année d'Instruction tactique des Cadres dans un Demi-Régiment de Cavalerie — 1ʳᵉ Série, Semestre d'hiver, par le Commandant Descoins, avec 2 fig. dans le texte et 2 cartes hors texte. *Paris et Limoges, Henri Charles-Lavauzelle,* S. D. (1910).
1 vol. in-8º de 251 p.

Deuxième Série d'Instruction tactique des Cadres — Exercices d'application, par le Commandant breveté Descoins — Avec 7 croquis dans le texte et 2 grandes cartes hors texte — *Paris et Limoges, Henri Charles-Lavauzelle,* S. D. (1911).
1 vol. in-8º de 176 p.

Mitrailleuses de Cavalerie (Traduit de l'allemand) par le Commandant breveté Descoins — Avec 9 Croquis dans le texte — *Paris et Limoges, Henri Charles-Lavauzelle,* S. D. (1912).
Broch. in-8º de 45 p.

DESCRIPTION DE LA CAVALCADE.
Description de la Cavalcade accompagnée de Chars. de Triomphe, qui sera exécutée en partie par les Ecoliers du Gouvernement, & en partie par les Sujets des Etats de Brabant, à l'occasion du Triomphe memorable de la décadence des Intendants, Capitaines, Commissaires & Secrétaires de Cercles, des Présidents et Juges de premiere instance. *En Brabant, de l'Imprimerie des Belges.* Le 15 Juin 1787.
Broch. pet in-8º de 15 p.
Description détaillée d'une cavalcade imaginaire dans laquelle sont nominativement désignés les personnages mentionnés au titre, chacun d'eux monté sur un animal bizarre et portant une devise latine sarcastique et souvent très libre. C'est un pamphlet politique curieux et rare en faveur de l'indépendance de la Belgique.

DESCRIPTION (LA)... DES BESTES, voy. **DECADES DE LA DESCRIPTION... DES ANIMAUX.**

DESCRIPTION DES FÊTES DE BRUGES EN 1468.

Description inédite des Fêtes célébrées à Bruges en 1468 à l'occasion du Mariage du Duc Charles le Téméraire avec Marguerite d'York, par Olivier de La Marche, publiée par MM. Auguste Dufour, Général d'Artillerie et François Rabut, Professeur d'histoire. *Dijon, Imp. Eugène Jobard*, 1877.

Broch. in-4° de 44 p.

L'ouvrage donne la composition et la description des cortèges de gentilshommes, chevaliers, chambellans, etc., et celle des joutes et tournois qui durèrent 9 jours.

Reproduction d'un manuscrit d'Olivier de La Marche qui est à la Bibliothèque de Turin.

DESCRIPTION (LA)... FESTIEMT & IOUSTES.

La Description et Ordre du Camp & Festiemt et Ioustes de treschrestiens et trespuissãs Roys de France & Dangleterre lã mil ccccc et vingt au moys de iuing. *A Paris, chez Aug. Aubry*, 1864.

Broch. in-12 de VIII-25 p.

Opuscule imprimé à 75 exemplaires qui donne quelques détails sur le cortège des deux rois François Ier et Henri VIII, le harnachement des chevaux et le commencement des joutes qui n'étaient pas encore achevées au moment où écrivait le chroniqueur.

L'original est au Musée Britannique.

Pour une description complète et ancienne, voy. *Ordonnance (L') et Ordre du Tournoy*.

DES ENGAGEMENTS VOLONTAIRES.

Des Engagements volontaires dans la Cavalerie. *Nancy, Imp. Berger-Levrault*, 1885.

Broch. gr. in-8° de 20 p. (Extrait de la *Revue de Cavalerie*, Novembre 1885).

DESGRANGES (D[r]).

Observation de Morve aiguë chez l'Homme, par M. le Docteur Desgranges, Chirurgien en Chef désigné de l'Hôtel-Dieu de Lyon, Membre de la Société de Médecine de cette ville. *Lyon, Imp. J.-B. Rodanet*, 1851.

Broch. in-8° de 56 p. (Extrait de la *Gazette Médicale de Lyon*).

Il s'agissait d'un maquignon qui achetait et conservait chez lui des chevaux morveux.

A la fin, observation concernant une mule à laquelle on on a inoculé du pus provenant d'un homme atteint de morve et qui est devenue morveuse.

DESGRAVIERS (Auguste-Claude).

Ancien officier de cav[ie] et commandant des chasses du Prince de Condé avant la Révolution, 1749-1822.

Le parfait chasseur, Traité général de toutes les chasses avec un appendice des meilleurs remèdes pour la guérison des accidens et des maladies des Chevaux de chasse et des Chiens courans, et un Vocabulaire général à l'usage des chasseurs, par M. Auguste Desgraviers, ancien Capitaine de Dragons, Chevalier de l'Ordre royal et militaire de St Louis, Ecuyer et Commandant des Véneries de Mgr le Prince de Condé. *Paris, Demonville; ibid., Ferra*, 1810.

1 vol. in-8° de VIII-431 p., avec 12 pl se dépliant et 8 f[ts] de musique pour fanfares.

L'ouvrage contient, au commencement, quelques p. sur le choix des *chevaux de chasse* et, au milieu, de la p. 135 à 140, des remèdes pour leurs maladies ou accidents. C'est à ce titre qu'il est mentionné ici.

Il a eu plusieurs éd[ons] la même année, la 3e à *Paris, chez Levrault*, corrigée et augmentée.

DESHAINES (Chrétien-César-Auguste).

Prélat français, archéologue et historien d'art ; il fut successivement archiviste de la ville de Douai et du Dép[t] du Nord, de 1870 à 1883. Retraité avec le titre d'archiviste honoraire, il est resté président de la Commission historique du Dép[t] du Nord et a été secrétaire g[al] des Facultés catholiques de Lille, 1825-1897.

Société des Sciences, de l'Agriculture et des Arts de Lille — Mémoires — Ve Série. Fascicule I — Fêtes et Marches historiques en Belgique et dans le Nord de la France, par Mgr Dehaisnes, Archi-

viste honoraire du Dép¹ du Nord.
Lille, Imp. L. Danel, 1895.
Broch. gr. in-8° de 47 p. Dédicace à
M. Emile Bigo-Danel.

Compte rendu sommaire de nombreuses solennités, la plupart hippiques : joutes, tournois, carrousels, entrées solennelles, etc.

DESHAIRES (Germain).

Chef de division à la préfecture de Montauban, 1818-18...

Commentaire sur l'Impôt des Voitures et des Chevaux (Loi du 2 Juillet 1862) par G. Deshaires, chef de Division à la Préfecture de Montauban. *Montauban, Imp. Forestié; Paris, Hachette*, 1863.
Broch. in-8° de 48 p.

Même ouvrage, même titre. *Deuxième Edition* augmentée des nouvelles Instructions de l'Administration. *Montauban, Imp. Forestié neveu; Paris, Hachette; Strasbourg, Berger-Levrault; Grenoble, Prudhomme*, 1863.
Broch. in-8° de 62 p.

Voy., sur le même sujet : *Célières*.

DES HARAS EN CE QUI CONCERNE LES ÉTALONS.

Des Haras en ce qui concerne les Etalons. Mémoire présenté par une Réunion d'Eleveurs des départements de la Manche, du Calvados, et de l'Orne. *Caen, Imp. Bonneserre*, 1835.
Broch. in-8° de 19 p., signée Aumont, Le Barillier, Mezaize, Sauvage, Dajon, J. Viel, Marion, J. Chardon, F. Henry, Adeline, Delaplace, Londe, Sénécal, Benard.

DESJACQUES (Gabriel).

Vétérinaire français, né en 1862, diplômé de Toulouse en 1885, entré dans l'admin^{on} des Haras en 1887.

Etude Zootechnique du Cheval, avec Notions spéciales à la Région Bretonne par Gabriel Desjacques, Médecin-vétérinaire des Haras, Hennebont (Morbihan); Professeur de Zootechnie à l'Ecole d'Agriculture de Lézardeau (Finistère). *Livre Premier* Etude de l'Extérieur du Cheval. *Hennebont, Ch. Normand*, 1903.

C'est le titre de la couverture; le titre intérieur est plus abrégé et ne porte pas de date.
1 vol. in-8° de 116 p.

Le Commerce des Chevaux en Bretagne. *Hennebont, Typ. Ch. Normand*, S. D.
Plaquette in-8° de 3 p. signée à la fin.

Etude du Cheval dans la Région bretonne. Mémoire ayant obtenu une médaille d'argent, grand module, au concours organisé, en 1907, par la Société des Agriculteurs de France, par G. Desjacques, ... (etc., comme ci-dessus). *Hennebont, Imp. C. Normand*, 1907.
Broch. in-8° de 4 f^{ts} lim^{res} et 56 p.
Dédicaces de l'auteur au Président de la Société d'Agric^{re} de Lorient, à ses Elèves et aux Eleveurs bretons.

DESLANDRES (Paul), voy. BRUNET (E.).

DESMARÈS.

Traitement pour toute espèce de Maladies des Chevaux, Bœufs, Vaches et Moutons, par Desmarès père, ancien Médecin vétérinaire et pensionné. *A Toulouse, chez Benichet Cadet.* Prix du Livre 1^f50. S. D. (1819).
Broch. in-12 de 24 p., pag. de 109 à 132.

Cette pagination montre que l'opuscule faisait partie d'un ouvrage plus important, mais la mention du prix indique qu'il se vendait séparément. C'est un recueil populaire de remèdes empiriques.

DESMICHELS (Louis-Alexis, BARON).

Lieutenant-général français (cav^{le}), 1779-1845. Soldat aux Guides de l'armée d'Italie en l'an IV, maréchal des logis aux Grenadiers à cheval de la Garde des Consuls en l'an VIII, sous-lieut^{nt} en l'an IX, colonel du 31e chasseurs en 1811, colonel du 4e chasseurs, puis en non-activité en 1815, colonel des chasseurs des Ardennes en 1821, maréchal de camp en 1823, commandant le territoire de la ville d'Oran en 1833, lieut^{nt}-général en 1835, a été ensuite employé jusqu'à sa mort comme Inspecteur général de cav^{le} et de gend^{le}.

Il avait fait toutes les campagnes de la République et de l'Empire en Italie, en Egypte, en Espagne, en Allemagne et, de 1833 à 1835 en Afrique. Il avait reçu un coup de feu à Eylau.

En 1805, après la prise d'Ulm, il avait accompli un fait d'armes extraordinaire : devant Nuremberg, avec un peloton d'avant-garde de 30 chasseurs, il avait pris 500 hommes d'infanterie, 2 drapeaux, 20 pièces de canon, 1 colonel, 3 officiers et 100 dragons de Latour, et en avait tué ou blessé 100 autres.

Quand il prit le commandement de la division d'Oran, il débuta par de brillants succès, mais il fit faire des ouvertures de paix à Abd-el-Kader, et signa avec lui un traité regrettable qui reconnaissait l'autorité de l'émir. Rappelé aussitôt en France, il ne fut cependant pas mis en défaveur et fut nommé lieut^{nt} général l'année suivante.

Instruction sur le Maniement du Sabre, pratiquée dans le 31e Régiment de Chasseurs à cheval à l'Armée d'Espagne, en 1811, et antérieurement dans les Vélites des Chasseurs à cheval de l'ex-Garde. *Paris, Anselin, succ^r de Magimel*, 1829.

Broch. in-8° de 15 p.

Cette *Instruction* est l'œuvre du général Desmichels, mais la publication en a été faite par le général de Durfort, à l'occasion de son fameux procès avec le capitaine Müller.

Elle est souvent reliée à la suite de l'*Instruction sur le Maniement le plus avantageux du sabre*, de Schmidt. (Voy. *Durfort, Müller* et *Schmidt*.)

DESORMEAUX (A.-Paulin).

Polygraphe français. Il a rédigé plusieurs volumes de l'*Encyclopédie Roret*.

Les amusemens de la campagne, contenant 1° la description de tous les Jeux qui peuvent ajouter à l'agrément des Jardins, servir dans les fêtes de famille et de village et répandre la joie dans les fêtes publiques, 2° l'Histoire naturelle, les soins qu'exige la volière, l'art d'empailler les animaux; le Jardinage, la Pêche, les diverses Chasses, la Navigation d'agrément ; des récréations de Physique, des notions de Géométrie pratique, d'Astronomie, de Gnomonique ; des principes de Gymnastique amusante, d'Equitation, de Natation, de Patinage, des leçons sur les arts de la Menuiserie, du Tour, du Dessin, de la Perspective; des Recettes agréables à connaître, etc., etc., et généralement tout ce qui peut contribuer à charmer les loisirs de ceux qui habitent la campagne. Recueillis par plusieurs amateurs et publiés par M. A. Paulin Desormeaux. Avec 40 Planches gravées. *Paris, Audot*, 1826.

4 vol. in-12.

Le T. I a viii-331 p. et le chap. iv, p. 169 à 225, concerne le cheval : notions d'hippologie, équitation, équitation spéciale des dames et 2 p. sur les courses à âne.

Les 3 derniers vol. ne contiennent rien qui se rapporte au cheval.

DESOUBRY (Gustave-Désiré).

Vétérinaire français, né en 1867. Diplômé d'Alfort en 1890, il y est devenu chef des travaux de physiologie. Démissionnaire en 1896, il s'est établi à Versailles.

Les Anesthésiques en Chirurgie vétérinaire, par G. Desoubry Chef des travaux de Physiologie et de Thérapeutique à l'Ecole vétérinaire d'Alfort. *Paris, Asselin et Houzeau*, 1896.

1 vol. in-12 de 124 p. dont viii pour la Préface de M. le Professeur Kaufmann et l'Avant-Propos, avec 4 fig. d. l. t.

Concerne en grande partie le cheval.

DESPINAY, voy. FLANDRE D'ESPINAY.

DESPIQUES (Paul).

Agrégé d'histoire et professeur aux lycées de Bar-le-Duc et de Reims, né en 1867.

Soldats de Lorraine. Chevert — Exelmans — Oudinot — Margueritte, etc., etc., par Paul Despiques, Agrégé d'Histoire, Professeur au Lycée de Reims — Préface de Paul et Victor Margueritte — Ouvrage orné de 33 illustrations. *Paris et Nancy, Berger-Levrault*, 1899.

1 vol. in-8° de xiv-310 p. Couverture illustrée, portraits et vues.

L'ouvrage contient les biographies de 3 cavaliers : Exelmans, le cuirassier Lataye et le g^{al} Margueritte. Pour une autre biographie d'Exelmans, voy. Thoumas, et pour d'autres biographies de Margueritte, voy. Margueritte (Paul), et Riste (J. de).

DES RACES MODERNES.

Hippologie — Des Races modernes. *Saumur, Imp. Paul Godet,* 1886.

Broch. in-4° de 14 p.

Hippologie — Des Races modernes — Entraînement du Cheval de Service de Pur Sang pour les Poules de Hacks et les Courses militaires. *Saumur, Imp. Paul Godet,* 1888.

Broch. in-4° de 20 p.

Ces opuscules sont l'œuvre de M. de Cahouët (Léon-Ernest-François), officier de cav^{le} français, 1850-1891, sous-lieut^{nt} en 1871, cap^{ne} en 1881, mort en activité de service.

DESROUSSEAUX (Alexandre-Joachim).

Poète populaire et musicien français, 1820-1892. Incorporé comme jeune soldat au 46e de ligne en 1841, il devint soldat musicien en 1844 et fut libéré le 31 déc. 1847. Il entra comme employé à la mairie de Lille en 1850, devint préposé en chef de l'octroi de cette ville en 1873 et fut retraité en 1884.

Il est l'auteur de poésies populaires, de récits et de chansons en patois flamand, qui retracent des scènes de mœurs locales. Il les écrivit d'abord sur des airs connus, puis en composa lui-même la musique et obtint un succès prodigieux. Son concours ne faisait jamais défaut aux œuvres de bienfaisance ni aux fêtes patriotiques, et il jouissait à Lille d'une grande popularité.

Œuvre des Vieillards indigents — Le Cirque d'Amateurs. Impressions d'un vieux Filtier (1), mises en couplets sur l'air de « Watteau-Polka », par Desrousseaux — Illustrations de G. H. *Lille, Imp. L. Danel,* 1885.

Broch. in-8° de 8 p. suivies de 15 grav. h. t. représentant des scènes de cirque.

Les couplets, écrits en langage populaire lillois, donnent le détail de la représentation offerte par le cirque d'amateurs.

(1) *Filtier*, en langage lillois, signifie un ouvrier qui s'occupe du fil et qui travaille à un métier, soit chez lui, soit en fabrique.

DESSART (J.-B.), voy. GALLEMAERTS (L.).

DESTAMINIL.

La Cuisine pendant le Siège. Recettes pour accommoder les Viandes de Cheval et d'Ane et en préparer une nourriture agréable, suivies de conseils sur la conservation ou l'utilisation de diverses substances, par M. Destaminil, Chef de Cuisine. *Paris, Librairie des Villes et des Campagnes,* S. D. (1871).

Broch. in-8° de 24 p.

Plaquette rare et curieuse, destinée à faciliter l'usage de l'hippophagie pendant le siège de Paris. Sur le même sujet, voy. *Cuisinière (La) Assiégée.*

DESVAULX (Urbin).

Les Chevaux et les Courses en France. Manuel de l'Amateur, par Urbin-Desvaulx — Prix 1 fr. 25. *Paris, Firmin Didot,* 1863.

1 vol. in-16 de 156 p.

L'ouvrage est divisé en deux parties. La 1re contient une sorte d'histoire du cheval et de son élevage ; la 2e est consacrée aux courses.

DESVAUX-LOUSIER.

Eleveur du Perche. Il a été membre de la commission de 40 membres instituée le 25 avril 1848 par M. Bethmont, alors ministre de l'agriculture et du commerce, pour étudier toutes les questions relatives à la production chevaline, commission dont faisaient partie des connaisseurs notoires, en particulier MM. Aug. Lupin, Bouley, d'Aure, de Lancosme-Brèves, de Sourdeval, Gayot, etc., etc., plus 3 généraux de div^{on} et le colonel, plus tard général, de Pointe de Gévigny, un des plus fins connaisseurs qu'ait possédé l'armée.

C'est à Desvaux-Lousier qu'appartient la phrase célèbre et si souvent reproduite : « Avec un terrain clos et du son, « je pourrais m'engager à faire le cheval « percheron partout, même en plein. « Limousin. »

De l'avenir du Cheval de Trait, par un Cultivateur du Perche. *Paris, Imp. Ed. Bautruche,* 1847.

Broch. in-8° de 31 p., signée à la fin.

Vive attaque contre les Haras et le pur sang. L'avenir du cheval de trait est, d'après Desvaux-Lousier, d'être bon à tout, aussi bien aux services publics qu'à celui de la remonte.

DESVERNOIS (Nicolas-Philibert, BARON).
Maréchal de Camp français (cav^ie) 1771-1859. — Engagé au 7ᵉ hussards en 1792, maréchal des logis en 1793; sous-lieutenant en 1794; capitaine en 1798; chef d'escadrons au service de Naples en 1806 ; colonel du 1ᵉʳ chasseurs à cheval napolitain en 1808; maréchal de camp en 1813. Réadmis au service de France en 1816, dans le grade de colonel; nommé maréchal de camp honoraire en 1823; replacé dans le service actif comme commandant la place de Rochefort en 1830 et retraité en 1833. Campagnes de 1792 à 1797, Rhin et Italie; 1797 et 98 jusqu'en 1801, Egypte ; ans XII et XIII sur les côtes ; de 1805 à 1814, Italie, Naples, Catalogne et Aragon. Blessé de plusieurs coups de sabre en Italie et en Egypte.
En rentrant en France, en juin 1815, ses chevaux, ses effets, son argent lui furent enlevés par un comité royaliste. Peu après, il fut reconnu dans le grade de colonel de cav^ie. Depuis ce moment jusqu'à sa mort, pendant quarante-cinq ans, il multiplia avec une ardeur inlassable les démarches, les suppliques, les pétitions pour obtenir d'être reconnu dans le grade de maréchal de camp qu'il tenait de Murat, mais ce fut en vain et il ne put obtenir que le grade honoraire. Chevalier de la Légion d'honneur en 1804, il ne fut nommé officier qu'en 1831 ; l'Empereur Napoléon III le nomma commandeur à une date que je n'ai pu retrouver, entre 1853 et 1857.

Souvenirs militaires du Baron Desvernois, ancien Général au service de Joachim Murat, Roi de Naples, Commandeur de la Légion d'Honneur et de l'ordre royal des Deux-Siciles, rédigés d'après des documents authentiques par Em. Bousson de Mairet. *Paris, Ch. Tanera*, 1858.
1 vol. in-8º de VII-210 p.
Souvenirs intéressants et devenus rares, dont une importante partie concerne les actions et combats des corps de cav^ie auxquels Desvernois a appartenu.

Mémoires du Général Bon Desvernois, publiés sous les auspices de sa nièce Mme Boussu-Desvernois, d'après les manuscrits originaux avec une Introduction et des Notes par Albert Dufourcq, ancien Élève de l'Ecole normale supérieure, ancien Membre de l'Ecole française de Rome, Agrégé d'histoire — 1789 — 1815 — L'Expédition d'Egypte — Le Royaume de Naples — *Paris, E. Plon, Nourrit et Cie*, 1898.
1 vol. in-8º de XXVII-563 p., avec un portrait en héliogravure.
Ces *Mémoires* sont beaucoup plus développés que les *Souvenirs* qui précèdent.

DETAILLE (Jean-Baptiste-Edouard) et **RICHARD** (Thomas-Jules-Richard MAILLOT, dit Jules).
Detaille, célèbre peintre militaire français, 1848-1912. Elève de Meissonier, il fit de rapides progrès et débuta au Salon de 1867. A partir de cette époque, il se consacra principalement à la peinture militaire. En 1870, il participa à la défense de Paris comme sous-lieut^nt au 8ᵉ Bat^on des Mobiles de la Seine. Après la guerre, il en reproduisit avec succès de nombreux épisodes. Detaille fut élu à l'Académie des Beaux-Arts en 1892 ; il était président de la Société de la Sabretache (voy. *Carnet de la Sabretache*), vice-président du Cercle de l'Union artistique et de la Société des Amis de Versailles.
Comme tous les peintres militaires, il fut aussi peintre de chevaux et il représenta le cheval aussi consciencieusement que son maître Meissonier. Ses chevaux sont remarquablement dessinés et leur anatomie est irréprochable. Au début, il les représentait plus volontiers arrêtés ou au pas qu'aux allures vives ; mais plus tard il exécuta d'importantes compositions qui contiennent des chevaux au galop. Il a su compléter ses consciencieuses études de la nature par les découvertes de la photographie instantanée — mais sans en abuser, comme tant d'autres — et reproduire avec la même fidélité les allures vives du cheval.
Presque toutes ses œuvres ont été popularisées par la gravure.
Richard, journaliste et littérateur français, 1825-1899.

Types et uniformes — L'Armée française par Edouard Detaille — Texte par Jules Richard. *Paris, Boussod et Valadon*, 1885-1889.
16 livraisons en 2 vol. gr. in-fº.
Les 5ᵉ, 6ᵉ, 7ᵉ et 8ᵉ livraisons, p. 66 à 128, avec 71 grav. d. l. t. et 16 pl. coloriées h. t., concernent la cavalerie de France.
Les 9ᵉ et 10ᵉ livraisons, p. 129 à 160,

sont consacrées aux troupes de l'armée d'Afrique, la 9ᵉ livraison à l'infanterie et la 10ᵉ, avec 16 gravures d. l. t. et 4 pl. coloriées h. t., à la Légion étrangère, à l'Infanterie légère d'Afrique et enfin aux Chasseurs d'Afrique et aux Spahis.

L'ouvrage contient non seulement la description et la représentation des uniformes, mais une partie historique. Malheureusement, les dessins ont été exécutés au moment où le g^{al} Boulanger, alors ministre, avait eu la déplorable idée de rendre le port de la barbe *obligatoire* pour la troupe, ce qui faisait le plus fâcheux effet sur de jeunes visages à la barbe à peine naissante.

Superbe publication ; les gravures sont admirablement dessinées et très finement gravées et coloriées.

Il a été publié une éd^{on} populaire, chez les mêmes éditeurs, 1885-1889, en 2 vol. in-f°. Le 1ᵉʳ contient la cavalerie à la fin, et le 2ᵉ les corps d'Afrique, dont la cavalerie, au commencement.

Les gravures sont sensiblement inférieures à celles de la grande éd^{on} décrite ci-dessus.

DETROYE (J.-V.)

Vétérinaire de la ville de Limoges, diplômé de Lyon en 1882.

Cancers et Tumeurs chez les Animaux. Observations et Expériences par J. V. Detroye, Médecin-Vétérinaire de la Ville de Limoges, Lauréat et Correspondant de la Société centrale de Médecine vétérinaire, Lauréat (prix unique) de l'Association des Industriels de France contre les Accidents du Travail, Lauréat de la Société d'Encouragement pour l'Industrie nationale, Lauréat et Membre de la Société des Agriculteurs de France, Mention honorable à l'Académie des Sciences et à l'Académie de Médecine, Ex-Président et Membre de la Société de Médecine et de Pharmacie de la Haute-Vienne, etc., etc. *Limoges, Imp. Ducourtieux et Gout*, 1905.

Broch. gr. in-8° de 67 p. avec 4 fig. d. l. t.

3 observations concernent le cheval et l'âne.

DEULLIN (P.)

Comment on joue à l'Electro-Sport — Notice complète expliquant la manière de jouer, les différentes combinaisons du jeu, l'âge, le sexe, l'entraînement et le pédigrée de chaque Cheval, suivie de deux tableaux donnant sur la distance de 2.500 mètres la valeur moyenne de chaque Cheval. Précédée d'un livre préface (1) de M. Pierre Monceau et suivie d'un appendice contenant un extrait du rapport de M. Fonville, expert, du jugement concernant l'Electro-Sport et de l'arrêt de la cour concernant les jeux d'adresse, de billard — établie à l'usage du Club International du Commerce, de l'Industrie et des Sports, ainsi que de toutes les réunions d'Electro-Sport, par P. Deullin, Secrétaire général et Fondateur du C. I. C. I. S. *Paris — Thouars, Imp. nouvelle*, 1904.

Broch. in-8° de 35 p. plus un supplément non pag. contenant 1 tableau se dépliant, un programme type et la table. 4 fig. d. l. t.

Stud-Book — Livre des engagements et de Pédigrée contenant tous les renseignements concernant l'âge, le sexe et l'entraîneur de chaque Cheval, suivi de deux tableaux donnant sur la distance de 2.500 mètres la valeur moyenne des différents Chevaux, portés au Studbook pour des pistes de 333 m. 1/3 et 600 mètres. — Etabli à l'usage du Club international du Commerce, de l'Industrie et des Sports, par P. Deullin, Membre fondateur et Secrétaire général du C. I. C. I. S. *Paris — Thouars, Imp. nouvelle*, 1904.

Broch. in-8° de 37 p. plus un supplément non pag. contenant 2 tableaux se dépliant, 2 fig., un programme-type et la table.

DEUTSCH (Eugène).

Les Courses, Monologue en prose, par Eugène Deutsch, dit par Coquelin cadet, de la Comédie française. *Paris, Lib. Théâtrale*, 1886.

C'est le titre intérieur; celui de la couverture indique (à tort) *Monologue*

---

(1) Faute d'impression. C'est « Une lettre préface » qu'il faut lire, et c'est ainsi qu'elle est intitulée dans le t.

en Vers, mentionne le prix : 1 franc, le millésime 1887, et est orné d'une vignette représentant l'acteur Coquelin.
Broch. in-16 de 6 p.

DEUX HUSSARDS ESTERHAZY.
Carnet de la Sabretache. Tirage à part. Deux Hussards Esterhazy. — 1778-1792. *Paris et Nancy, Berger-Levrault*, S. D. (1902).
Broch. gr. in-8° de 12 p. signée : Capitaine D. Portrait en couleurs.
Les 2 biographies concernent Marc-Antoine de Cazenove et Quirin-Henry de Cazenove, son neveu.
L'auteur est le Capitaine Descaves (Adrien-Paul), alors capitaine au 13ᵉ Chasseurs.
Pour un autre ouvrage du même auteur, voy. *Historique du 13ᵉ Chasseurs.*

DEVAUX (Paul).
Ecrivain sportif. Ecrit sous le pseudonyme de Mousk.
Guide du parieur aux Courses de Chevaux, par Paul Devaux (Mousk). — Le Mécanisme des courses — Les Epreuves définies — Le rôle des poids — L'Atavisme des étalons — L'Espionnage des essais — Les fraudes dévoilées — Les Paris proportionnnels — Combinaisons arithmétiques — Tableaux des certitudes — Echelles de poids — Lexique des termes spéciaux, etc., etc. *Paris, P. Arnould*, S. D. (1890).
Broch. in-18 de 71 p.

DEVIZÉ, voy. CARROUSEL DE 1686 et CAVALCADE DE NAPLES.

DHILAIRE-CHAMVERT.
Observations sur la Cavalerie et les Dragons, par Dhilaire-Chamvert. *Paris, Imp. Lerouge*, S. D. (vers le commencement du XIXᵉ siècle.)
Broch. in-8° de 14 p.

DICTIONNAIRE MEDECINAL.
Dictionnaire Medecinal contenant la Méthode la plus recevable pour connoître & guérir les Maladies critiques & chroniques par des Rémédes (sic) simples & proportionnés à la connoissance de tout le monde, & les Rémédes particuliers qu'on distribue dans l'Europe comme des secrets. On y a joint les Maladies des Chevaux rangées par ordre alphabétique, avec les Rémédes propres à les guérir, tirés d'un Cahier d'un des plus grands Ecuyers qui ait vécu jusqu'à nous. Par J. G. (1) Docteur en médecine — *Nouvelle Edition* — *A Bruxelles, chez Jean Léonard, Imprimeur & Libraire, près de la Cour*, 1742.
2 vol. in-16 de XXXII-278 p., plus 9 p. non ch. pour la Table au T. I. Le T. II contient 283 p., les p. 217 à 222 non ch. pour la Table. Les suivantes sont occupées par les *Remedes pour les Chevaux*. À la fin, Approbations et Privilège accordé à Bruxelles par Marie-Thérèse.

Même ouvrage, même titre (sauf qu'on a écrit : la Méthode sure, au lieu de : la plus recevable) — *Nouvelle Edition — A Paris, chez Prault pere, Quai de Gêvres, au Paradis*, 1757.
Cette édᵒⁿ est en un seul volume in-16 de XXIV-443 p., plus 8 fᵗˢ non ch. pour la Table.
Les *Remedes pour les Chevaux* occupent les p. 391 à la fin.

Dictionnaire Medecinal portatif, contenant une Methode sure pour connoître & guerir les Maladies critiques & chroniques, par des Remèdes simples & proportionnés à la connoissance de tout le monde. Et plusieurs Remèdes particuliers. On y a joint un Dictionnaire abrégé des Plantes usuelles. Par M.*** Docteur en Médecine — Prix 3 Liv. Relié. — *A Paris, chez d'Houry, Impʳ Libʳᵉ de Mᵍʳ le Duc d'Orléans, rue Vieille Bouclerie* (sic), 1763.
1 vol. in-12 de XXVIII-594 p., y compris 4 p. d'annonces de livres de médecine.
Quoique les *Remèdes pour les Chevaux* ne soient pas mentionnés au titre, le même article qu'aux édᵒⁿˢ précédentes occupe dans celle-ci les p. 409 à 460.
Dans sa Préface, l'auteur annonce que ses remèdes pour les chevaux sont supérieurs à tous ceux indiqués « dans l'ouvrage de Solleysel... et dans plusieurs « autres qui ont été mis au jour sur cette

(1) Ces initiales désignent un médecin nommé Jean Guyot.

« matière ». Cette prétention est loin d'être justifiée.

Il a été publié de cet ouvrage une éd^{on} en 2 vol. chez *Guil. Cawe, à Bruxelles*, en 1733, qui est vraisemblablement la 1re; une autre en 1 vol. chez *Prault, à Paris*, en 1762, et peut-être d'autres. Je n'ai pu les rencontrer jusqu'ici, mais l'article sur les *Remèdes pour les Chevaux* est, paraît-il, semblable dans toutes.

DICTIONNAIRE MILITAIRE.

Dictionnaire Militaire. Encyclopédie des Sciences Militaires rédigée par un Comité d'Officiers de toutes Armes. *Paris et Nancy, Berger-Levrault*, 1898-1910.

2 vol. gr. in-8°. T. I, A-H, 1584 p. — T. II, I-Z, p. 1585 à 3236 et dernière. Texte à 2 col.

Les questions hippiques et celles concernant la cavalerie sont l'objet de nombreux articles.

Dictionnaire militaire. Encyclopédie des Sciences Militaires rédigée sous la Direction de M. Charles Malo (1) par un Comité d'Officiers de toutes Armes — Supplément général mettant entièrement à jour le Dictionnaire jusqu'au 1er Octobre 1911. *Paris et Nancy, Berger-Levrault*, 1911.

1 vol. gr. in-8° de XVIII-404 p. Texte à 2 col.

DIDIERJEAN (A.), voy. BRITT (L.-P.)

DIDOT (Alphonse-Isidore-Joseph).

Médecin belge, directeur de l'École vétérinaire de l'Etat, 1785-1863.

Note sur la nature et le traitement chirurgical de l'Ophthalmie ou Fluxion périodique du Cheval; par le Docteur A. Didot, Directeur de l'Ecole de médecine vétérinaire de l'Etat, Chevalier de l'Ordre de Léopold, Membre titulaire de l'Académie royale de médecine de Belgique, Agrégé à l'Université de Liège, Membre des Sociétés de chirurgie de Paris, de médecine de Gand, Bruges, Willebrœck, Toulouse, d'agriculture du grand-duché de Luxembourg etc. *Bruxelles, Tircher*, 1860.

Broch. in-8° de 31 p.

L'auteur passe en revue tous les travaux publiés jusqu'en 1860 sur la fluxion périodique et indique un procédé opératoire qu'il n'a malheureusement expérimenté que sur un cheval sain, de sorte que les résultats de cette opération restent incertains.

DIEUDONNÉ (Robert).

Faculté de Droit de l'Université de Paris — Recours contre les décisions des Fédérations sportives — Thèse pour le Doctorat. L'Acte public sur les matières ci-après sera présenté et soutenu le Mercredi 7 Nov. 1906 à 3 heures par Robert Dieudonné. Président : M. R. Piédelièvre, professeur. Suffragants MM. Massigli, professeur; Ambroise Colin, professeur. *Paris, Emile Larose*, 1906.

1 vol. in-8° de 154 p.

La plus grande partie de l'ouvrage traite de contestations se rapportant aux courses de chevaux.

DIFFLOTH (Paul-Auguste).

Ingénieur agronome et professeur d'agriculture français, né en 1873.

Encyclopédie agricole publiée par une réunion d'Ingénieurs agronomes sous la direction de G. Wéry — Zootechnie — Zootechnie générale : production et alimentation du Bétail — Zootechnie spéciale : Cheval, Ane, Mulet par Paul Diffloth, Ingénieur agronome, Professeur spécial d'agriculture. Introduction par le Dr P. Regnard, Directeur de l'Institut national agronomique. *Paris, J.-B. Baillière et fils*, 1904.

1 vol. in-16 de XVI-504 p. avec 140 fig. d. l. t.

L'ouvrage se divise en deux parties : *Zootechnie générale* jusqu'à la p. 231, dont de nombreux passages se rapportent aux équidés et *Zoologie spéciale* de ces équidés de la p. 232 à la fin.

Deux autres volumes traitent de la Zootechnie spéciale des races bovine, ovine et porcine.

Encyclopédie agricole... (etc.,

---

(1) Malo (Charles), écrivain et historien militaire français, rédacteur militaire au *Journal des Débats*. De 1885 à 1910, il a dirigé la *Revue de Cavalerie* (voy. ce titre). Engagé volontaire en 1870, il avait reçu à 20 ans la médaille militaire. 1851-1912.

comme ci-dessus) — Zootechnie — Races chevalines par Paul Diffloth, Ingénieur agronome, Professeur spécial d'agriculture — Introduction par le Dr P. Regnard, Directeur de l'Institut national agronomique, Membre de la Société N^{le} d'Agriculture de France — 157 figures intercalées dans le texte. 24 planches hors texte. *Paris, J.-B. Baillière et fils*, 1908.

1 vol. in-18 de VIII-467 p.

Encyclopédie agricole... (etc., comme ci-dessus) — Zootechnie générale — Production et Amélioration du Bétail par Paul Diffloth, Ingénieur agronome, Professeur spécial d'agriculture — Introduction par le Dr P. Regnard, Directeur de l'Institut national agronomique, Membre de la Société nat^{le} d'Agriculture de France — 81 fig. intercalées dans le texte. *Paris, J.-B. Baillière et fils*, 1909.

1 vol. in-18 de XII-444 p.

Le cheval occupe une place importante dans cet ouvrage.

DILLAYE (Frédéric).

Littérateur français, attaché au ministère des finances, né en 1848. Il a publié plusieurs ouvrages sur les procédés techniques de la photographie.

Bibliothèque du Journal des Voyages — La vie aux quatre coins du Globe. Les Etapes du Cirque Zoulof, par Frédéric Dillaye. Illustrations de Charles Clérice. *Paris, Lib. Illustrée, S. D.* (1893).

1 vol. in-8° de 421 p. avec très nombreuses illustrations à pleine p.

Les pérégrinations d'un Cirque ambulant donnent à l'auteur l'occasion de décrire les mœurs des habitants et les particularités des pays traversés.

DINAUX (A.-M.), voy. CAVALCADES DE VALENCIENNES.

DIRECTIVES TACTIQUES..., voy. MARTIN (M.-F.-J.).

DISCOURS AU ROY POUR LE REIGLEMENT DE L'INFANTERIE.

Discours au Roy pour le Reiglement de l'Infanterie françoise. *A Paris, chez la Vefve Nicolas Rosset, sur le Pont sainct Michel, à la Rose blanche*, 1596.

Broch. in-16 de 43 p. datée à la fin du Camp devant La Fère le 23 Décembre 1595 et signée Salagnax. Marque de Nicolas Rousset sur le titre, armes de France et de Navarre au verso de la p. 43.

Cet opuscule est cité ici à cause des propositions contenues dans les 5 dernières p. L'auteur demande la création de « Har-« quebuziers à Cheval » pour être adjoints à l'infanterie, et de Carabins pour marcher avec la cavalerie légère.

Ses *Harquebuziers* sont une véritable infanterie montée. Destinés à occuper rapidement une position ou un passage, armés « de bonnes harquebuses à mes-« che... ils ne doivent jamais tirer à « cheval, mais tousiours combattre à « pied ».

Les Carabins « doivent avoir les che-« vaux meilleurs, quelque cuyrasine ou « plastron, & des escopettes ou harque-« buzes à rouet et attaches aux chevaux « legers, ceux-là sont toujours à l'erte (1) « & ne mettent gueres pied à terre ».

L'auteur propose la création de 4 compagnies de Carabins et de 6 compagnies d'Arquebusiers, suffisantes pour une armée. Il fait aussi des propositions pour l'entretien de la cavalerie.

Pour l'infanterie montée, voy. aussi *Beauval, Besset, Conte (M.-P.-A.), Champeaux, Geslin de Bourgogne, Infanterie montée, Hélo, Gruys, Renol, Lassence, Maurel.*

DISCOURS DE LA VICTOIRE DE CAVAILLERIE.

Discours de la Victoire obtenue par qvelqves Trovppes de Cavaillerie (sic) dv Roy Catholique, sur les rebelles & ennemis de sa Maiesté, pres de Sante au pays de Cleve le deuxiesme de Septembre 1595. Traduit de Flamen en François selon ce d'Anvers. *A Lille, chez Anthoine Tack*, 1595.

Broch. pet. in-8° de 4 f^{ts} non ch. avec une curieuse vignette sur le titre représentant un combat de cavaliers armés de lances.

---

(1) *Erte*, de l'italien *erta*, hauteur, élévation, escarpement et, par déduction, lieu propre à l'observation. Être toujours à l'erte peut se traduire par être toujours sur le qui vive. La réunion de ces mots a fourni l'interjection et le substantif féminin *alerte*. Le mot *Alerte!* avait autrefois remplacé le mot *Alarme!* Le règlement de campagne du 5 avril 1792 le remplaça par les mots : *Aux Armes!* (Bardin).

L'opuscule, très rare, donne le nom des chefs de la cavalerie « des rebelles « Hollandois », la composition et le nombre de leurs troupes, le nom « desdicts « chefs qui ont estez occis sur la place », ceux des prisonniers faits par la cavalerie catholique qui était commandée par « le Coronel Mondragon ».

Le discours est signé : V^t H. Dunghen, Canon. Ecclesiæ B. M. Antwerp.

DISCUSSION SUR LA LOI DU 20 MAI 1838.

Société Impériale et centrale de Médecine vétérinaire — Discussion sur la Loi du 20 Mai 1838 concernant la Garantie des Vices rédhibitoires des Animaux domestiques — Extrait du *Bulletin des Séances* de la Société. *Paris, Typ. Renou et Maulde*, 1858.

1 vol. in-8° de 340 p.

La Société centrale de Médecine vétérinaire avait d'elle-même commencé à discuter les améliorations ou modifications à apporter à la Loi de 1838, quand M. Rouher, Ministre de l'agriculture, du commerce et des travaux publics, la saisit officiellement de cette question, en vue de l'insertion de la Loi dans le Code rural alors à l'étude. L'ouvrage donne le détail de la longue discussion qui s'engagea alors. Il est à consulter par les personnes qui s'occupent des questions relatives aux vices rédhibitoires et au commerce des animaux domestiques.

DITTMER (Antoine-Didace-Adolphe).

Officier de cav^{ie}, puis officier des Haras français, 1795-1847.

Garde du Corps à la Cie de Wagram en 1814, puis passé au 2e Cuirassiers de la Garde royale et mis en réforme en 1824. Il avait fait la campagne de 1823 en Espagne. Il entra dans l'administration des Haras en 1832 et devint, en 1840, Inspecteur-général chargé de la Division de l'Agriculture et des Haras. Il était, par sa mère (Antoinette Mathevon^t, parent de M. de Curnieu (voy. ce nom), et c'est lui qui envoya le célèbre hippologue professer la Science hippique à l'École du Pin, au moment de sa création.

Les Haras et les Remontes, la Guerre et les brochures, par Adolphe Dittmer. *Paris, Lib^{le} Scientifique-Industrielle de L. Mathias, et au Bureau du Journal des Haras*, 1842.

Broch. in-8° de 50 p.

On sait que la fameuse brochure du Général Oudinot qui demandait que la Guerre s'emparât de l'administration des Haras avait amené à l'état aigu la vieille querelle — qui n'est pas éteinte, d'ailleurs — entre ces deux administrations. En 1842 et années suivantes, la polémique prit un caractère aigre et produisit une pluie de brochures soutenant les opinions les plus contradictoires. Celle de M. Dittmer a naturellement pour but la défense des Haras ; elle se fait remarquer par son style incisif et la vigueur de son argumentation. Le Général Oudinot ne se releva jamais entièrement de ce coup de massue.

DITTRICH (Hermann), voy. ELLENBERGER (W.).

DIVISION (LA) DU GÉNÉRAL MARGUERITTE.

La Division de Cavalerie du Général Margueritte à Sedan. Réponse au Général Lebrun, par un ancien Officier du 3e Chasseurs d'Afrique — Prix 1 franc — *Paris, E. Dentu*, 1884.

Broch. gr. in-8° de 40 p.

C'est une réfutation de certains passages du livre que venait de faire paraître le général Lebrun, *Bazeilles-Sedan*.

DJEMIL MUNIR BEY.

Officier de cav^{ie} turc. Il a fait ses études militaires en France.

La Cavalerie Turque pendant la guerre Turco-Bulgare, par Djemil Munir Bey, Officier de Cavalerie turque, ancien Saint-Cyrien — Avec 5 croquis — *Paris, Marc Imhaus et René Chapelot*, 1913.

Broch. in-8° de 66 p.

DOIRIER (Léon).

La Revanche du Sportsman, par Léon Doirier. *La Rochelle, Imp. Noël Texier*, 1906.

Broch. in-4° de 47 p.

C'est une suite de tableaux d'échelles de poids pour âge (plat et obstacles) avec quelques p. de texte, destinés à servir de guide aux parieurs.

DOLÉANCES DES OFFICIERS DES REGIMENS ROYAL ET ARTOIS.

Doléances du Comité des Chefs d'Escadron, Capitaines, Lieutenans, sous-Lieutenans de la Brigade de Cavalerie composée des Régimens Royal et Artois. S. L. (*Paris*) N. D. (1789).

Broch. in-4° de 11 p.

C'est une lettre adressée au Roi et signée par les 20 officiers composant le comité dont le Bon de Dampierre était président. Les *doléances* des officiers se rapportent à l'entrée au service, à l'avancement, à la croix de St-Louis, aux retraites, aux congés, à la discipline, à la solde, etc.

« Allier les droits inaltérables du Ci- « toyen », disent les signataires, « les « sentiments respectueux de tout sujet « fidelle ; les devoirs sévères de la pro- « fession des armes, présentent le der- « nier terme de notre ambition. »

Curieux et rare opuscule qui jette quelque jour sur l'esprit des officiers de l'armée, et particulièrement de la cavalerie, à cette époque.

DOLÉANCES ET SUPPLIQUE DES LOUEURS DE CARROSSES.

Doléances, Souhaits et Proposition des Loueurs des Carrosses de Place & des Loueurs des Carrosses de Remises, avec Prière au Public de les insérer dans les Cahiers de la Ville de Paris. S. L. N. D. *ni nom d'imprimeur*. (*Paris*, vers 1788).

Broch. in-8° de 30 p., signée par 48 loueurs.

Exposé des vexations et des abus dont les loueurs étaient victimes de la part de certaines entreprises privilégiées qui requéraient leurs chevaux et leurs voitures sans leur laisser un bénéfice équitable ou qui les empêchaient de louer leurs chevaux à des particuliers et qui leur enlevaient même la dépouille de leurs chevaux morts, « au nombre de plus de trois mille par an ». Les pétitionnaires terminent par des propositions destinées à réglementer leur industrie, de manière à la rendre moins précaire.

Très Humble Supplique des Loueurs de Carrosses de Remises & Places de la Ville de Paris à l'Assemblée nationale. *A Paris, chez Baudoin, Imprimeur de l'Assemblée nationale, rue du Foin St Jacques, n° 31*. S. D. (1789).

Broch. in-8° de 10 p.

Traite le même sujet que la précédente. Ces deux brochures, curieuses et rares, ne sont pas citées par le Cte de Contades dans son *Driving en France*.

DOLÉRIS (Jacques-Amédée).

Médecin français et éleveur dans les Basses-Pyrénées. Né en 1852.

L'Elevage du Cheval de Guerre dans le Sud-Ouest, par A. Doléris. *Pau, J. Empéranger*, 1896.

Broch. in-8° de 23 p. (Extrait du *Réveil agricole du Sud-Ouest*, n° de juillet 1896).

Travail bien documenté sur la production du cheval de guerre dans la région pyrénéenne et sur les encouragements qu'elle devrait recevoir de l'Etat et des Sociétés hippiques. Non mis dans le commerce.

Le Rapport loyal et habile de la Direction des Haras pour l'année 1897. S. L. N. D.

Broch. in-8° de 31 p. signée : Un Eleveur.

C'est une critique du rapport de M. Plazen en 1898.

Voy. pour d'autres sur le même sujet : *Faverot de Kerbrech* et *Un Député*.

DOLLFUS (Alfred).

Chef d'esc^on d'art^ie territ^le, né en 1854.

Etude sur la Cavalerie Suisse, par le Commandant Alfred Dollfus. *Paris et Nancy, Berger-Levrault*.

Broch. gr. in-8° de 30 p.

DOLLFUS-AUSSET (Daniel).

Membre fondateur de la Société industrielle de Mulhouse, et membre de plusieurs Sociétés savantes ; auteur d'ouvrages sur les Alpes et sur l'instruction populaire.

Passe-Temps Equestres, par Dollfus-Ausset. *Strasbourg, C. F. Schmidt*, S. D. (1865).

1 vol. in-18 de 280 p.

L'ouvrage est précédé d'une lettre de F. Baucher (voy. ce nom), datée de 1840 (1), et les 181 premières p. contiennent la reproduction de ses *Passe-Temps Equestres*. Les bizarres aphorismes du Maître sont au verso des p. et ses notes explicatives au recto de la p. suivante. La fin est occupée par divers articles sur l'Equitation.

DOMBALE (Henri DE).

Le Maréchal expert français, contenant la connaissance exacte du Cheval, la manière de connaître,

(1) Ce qui a fait croire quelquefois que l'ouvrage avait été publié en 1840 ou 41; mais il est bien de 1865.

soigner et guérir ses maladies avec des Instructions sur la ferrure, etc. D'après les meilleurs traités d'hippiatrique anciens et modernes, par M. Henri de Dombale (Meurthe), Auteur de la *Maison Rustique française*. *Paris, B. Renault*, S. D.. (vers 1842).

1 vol. in-18 de 168 p. avec 1 pl.

D'autres éd^{ons} ont paru en 1851, 1853, 1855, 1858, 1860 ; celles que je connais sont sans changements.

Ouvrage de colportage dont l'auteur n'a rien de commun avec Mathieu de Dombasle (voy. ce nom), le célèbre agronome.

DOMBASLE (DE), voy. MATHIEU DE DOMBASLE (C.-J.-A.).

* DOMENGEAU-VIGUERIE (Joseph).

Docteur en droit.

De l'Organisation des Haras, par Domengeau-Viguerie, Docteur en Droit. *Toulouse, Imp. Saint-Cyprien*, 1909.

1 vol. in-8° de 260 p.

Etude approfondie et historique de l'organisation des Haras et de l'élevage en France et à l'étranger.

DOMENGET (J.-C.).

Le Citoyen Domenget, demeurant à Grenoble, rue St Jacques, à la Convention nationale. *Grenoble*, 10 Septembre 1793 (*sans nom d'imprimeur*).

Broch. in-4° de 8 p.

L'auteur demande la création d'un établissement d'élevage de chevaux dans chaque district de la République. Sa lettre est un curieux spécimen de la phraséologie redondante de l'époque :
« C'est quand ce plan sera adopté dans
« toute l'étendue qu'il a dans la pensée
« du pétitionnaire, dit-il, que l'Univers
« étonné verra que la France a deux
« bras en balancier ; tandis que l'un
« s'abaisse pour écraser ce qui reste de
« tyrans, l'autre s'élève pour montrer
« tous les monuments utiles à l'huma-
« nité. »

Les administrateurs du département de l'Isère donnèrent un avis favorable à la demande de leur compatriote et obtinrent de la Convention un décret par lequel il devait être formé, dans chaque district, un établissement pour favoriser l'amélioration de l'industrie et de l'agriculture, comprenant un terrain de 50 arpens au plus et de 30 au moins, pris sur les biens d'émigrés ou autres.

Ce décret ne semble pas avoir reçu le moindre commencement d'exécution.

L'opuscule du citoyen Domenget est rarissime.

DOMINO (LE) ROUGE, voy. FANTAISIE SUR L'ART HIPPIQUE.

DOMJEAN (Georges).

La question des Paris sur les champs de Courses — Les Bookmakers et le Pari mutuel, par Georges Domjean — Prix : 50 centimes. *Paris, Imp. des Arts et Manufactures*, 1887.

Broch. in-8° de 24 p.

DONOP (Raoul-Marie).

Général de div^{on} français, 1841-1910. Sorti de Saint-Cyr et sous-lieut^t en 1861, il entra à l'Ecole d'Etat-major et servit dans ce corps jusqu'en 1875 ; les nouvelles formations de la cavalerie lui permirent alors de passer dans cette arme comme capitaine au 3e hussards. Colonel en 1886, général de division en 1897, il passa au cadre de réserve en 1906 et se fit mettre à la retraite peu après. Le Gal Donop avait été directeur de la Cav^{ie} au Ministère comme colonel. Il avait en dernier lieu commandé le 10e Corps, avait été président du Comité de cav^{ie}, puis membre du Conseil sup^r de la guerre. Il avait fait campagne en Algérie, avant et après la guerre de 1870-71, à laquelle il prit part comme officier d'état-major.

Six journées au Camp de Châlons (1899). *Paris et Nancy, Berger-Levrault*, 1900.

1 vol. gr. in-8° de 4 f^{ts} pour les titres et l'avertissement, 90 p. avec 31 croquis de formations d. l. t. et 23 cartes h. t., se dépliant. L'auteur signe l'avertissement-dédicace aux officiers de la 5e Div^{on} de Cav^{ie}. Ouvrage non mis dans le commerce et devenu rare.

Lettres d'un vieux Cavalier, par le Général Donop. *Paris et Nancy, Berger-Levrault*, 1906.

1 vol. gr. in-8° de VI-103 p.

Lettres d'un vieux Cavalier, par le Général Donop. — *Deuxième Série* — *Paris et Nancy, Berger-Levrault*, 1908.

1 vol. gr. in-8° de 211 p.

Pour un ouvrage attribué au Gal Donop, voy. *Gabriel.*

La biographie du g^al Donop a été publiée chez Berger-Levrault, en 1910, par le Commandant Brécard, in-8°, 20 p. avec portrait.

DORANGE (René).

Quand on monte à Cheval, il faut savoir..., par René Dorange, ancien « Cadre Noir ». *Paris, Éditions Nilsson, S. D.* (1913).

1 vol. in-12 de 124 p. avec couverture illustrée en couleurs et nomb. fig. d. l. t.

DORET (Augustin).

Vétérinaire français, né en 1847, diplômé de Toulouse en 1870.

Ecole impériale vétérinaire de Toulouse — De l'Elevage du Poulain, par A. Doret, Médecin Vétérinaire, né à Etaulières (Gironde) — Thèse pour le Diplôme de Médecin Vétérinaire présentée et soutenue le 22 Juillet 1870 — *Toulouse, Imp. J. Pradel et Blanc,* 1870.

Broch. in-8° de 38 p. Dédicace d'usage.

DORFEUILLE.

Vétérinaire français qui exerçait sa profession à Port-Ste-Marie (Lot-et-Garonne) au XVIIIe siècle.

Mémoire concernant le traitement d'une Maladie connue sous le nom de Charbon pestilentiel, qui vient d'attaquer les Bestiaux à grosse corne, les Chevaux et les Bêtes asines dans quelques Paroisses de la Province de Bigorre, par le Sieur Dorfeuille Artiste Vétérinaire, breveté du Roi. *Tarbes, Imp. de Mathieu Roquemaurel,* 1777.

In-4° de 3 p.

Instruction sur une Maladie épidémique qui attaque les Bestiaux à grosse corne, les Chevaux et Bêtes asines, dans quelques Paroisses de l'Agenois et du Quercy, par le Sieur Dorfeuille, Artiste Vétérinaire breveté du Roi, envoyé sur les lieux par ordre du Gouvernement. *Au Port-Sainte-Marie* ce 18 Août 1779. (*Sans indication d'imprimeur*).

Broch. in-4° de 10 p.
Il s'agissait du charbon.

Le catal. de la Bib. Huzard mentionne deux opuscules du même auteur publiés en 1780 et 1793, mais qui semblent ne concerner que les bêtes à cornes.

DORIAN (Tola).

Littérateur et auteur dramatique, femme de M. Dorian, ancien député de la Loire.

L'Invincible Race, par Tola Dorian. *Paris, Edouard Pelletan,* 1899.

1 vol. in-18 de 260 p. Titre rouge et noir et illustré ainsi que la couverture. Dédicace à Charles Dorian.

L'*Invincible Race*, c'est la Race chevaline, menacée par les moyens de transport modernes. L'ouvrage, qui se compose de 9 nouvelles hippiques, est un plaidoyer imagé en faveur du cheval.

DORIZON (Alfred).

Officier de cav^le français, né en 1843, sous-lieut^nt en 1864, chef d'esc^ons en 1887, retraité en 1895.

10e Corps d'Armée — Conférence sur la tactique de la Cavalerie et son emploi en campagne faite à MM. les officiers de la garnison de St-Malo, le 28 Janvier 1893, sous la présidence de M. le Général Gallimard, commandant la 20e Division d'Infanterie et à MM. les officiers de la garnison de Rennes, le 4 Février 1893, sous la présidence de M. le Général d'Aubigny, commandant la 19e Division d'Infanterie, par le Commandant Dorizon, du 13e Hussards. *Dinan, Imp. Peigné,* 1893.

Broch. in-8° de 49 p.

DORMOY (Charles-Victor-François-Paul-Renobert).

Général de brigade français (cav^le), 1797-1868. Mousquetaire à la 2e comp^ie en 1814, lieut^nt au 2e rég^t de grenadiers à cheval de la Garde royale en 1815 ; cap^ne en 1818 ; licencié avec brevet de chef d'esc^ons en 1830 ; lieut^t-colonel en 1838 ; colonel du 4e hussards en 1841 ; général de brigade en 1850. Après avoir commandé le département du Haut-Rhin et, temporairement, une brigade de cavalerie dans une division de manœuvres, il a terminé sa carrière comme membre du comité de gendarmerie et inspecteur général de cette arme et est passé au cadre de réserve en 1858. Il avait été employé pendant plusieurs années dans le service des remontes.

Observations sur la Remonte des Troupes à Cheval par M. Dormoy, Capitaine au 2ᵉ régiment des Grenadiers à Cheval de la Garde royale. *Saint-Denis, Imp. de Constant-Chantpie*, Août 1829.

Broch. in-8° de 43 p.

L'auteur étudie les ressources de la France en chevaux de cavalerie — sous l'ancien régime — pendant la révolution — sous l'empire — actuellement — et les moyens de les accroître. Il passe en revue les différents systèmes de remonte et conclut à la réunion des Remontes et des Haras en une seule administration. Travail intéressant.

DORMOY (Emile).

Ancien ingénieur des mines, puis directeur de la Compᵢᵉ d'assurances le Soleil, 1823-.....

Théorie mathématique des Paris de Courses, par M. Emile Dormoy, Ingénieur des Mines. *Paris, Gauthier-Villars*, 1874.

1 vol. in-8° de 103 p. (Extrait du *Journal des Actuaires français*, T. III, 873-1874).

DORY (Charles).

Ce qu'il faut savoir avant de parier aux Courses, par Charles Dory — Le parieur occasionnel — Premiers dangers — Les Courses à éviter — Les Courses à choisir et la meilleure façon d'y parier — Les Courses d'obstacles — Le favori de la presse — Le parieur habituel — Les paris réguliers qui font gagner — Conviction préalable — Comment on réduit les écarts — Des handicaps — Des progressions, etc... *Paris, Georges Varès*, S. D. (1911).

Broch. in-16 de 14 p.

DOUMY (BARON Henri DE).

Bibliothèque de la Famille — Les Mémoires de Léda. Histoire d'un Cheval, par le Baron de Doumy. Illustrations de Job, Chovin, Godefroy et Dunki. *Paris, Quantin*, S. D. (1888).

1 vol. gr. in-8° de 261 p. avec de nombreuses et jolies illustrations d. l. t.

Ouvrage à l'usage de la jeunesse. C'est l'histoire des vicissitudes d'une jument depuis sa naissance jusqu'au moment où on lui donne ses invalides. Elle est successivement cheval de course, de guerre, de charrette, de chasse et enfin poulinière.

Joies et Déboires d'un Sportsman par le Baron de Doumy (Henri de Courrèges). *Tours, Mame*, S. D. (1907).

1 vol. gr. in-8° de 239 p. avec de jolies illustrations d. l. t., quelques-unes à pleine p., par Henriot.

DOUSDEBÈS (Paul).

Courses plates (Année 1901), Handicap théorique, déterminant, par l'étude de la courbe arithmétique de leurs performances, la valeur de tous les Chevaux ayant couru sur les Hippodromes de Bernay, Deauville, Dieppe, Chantilly, Maisons-Laffitte, Compiègne, Paris (Bois de Boulogne), Saint-Cloud, Vincennes, avec vérification de chaque terme de la courbe à l'aide des tableaux mensuels de contrôle. Publié par Paul Dousdebès. Edition annuelle (1ʳᵉ année) — Prix 300 francs — *En vente, Imp. H. Langlois, 23, Rue Taitbout, Paris*, S. D. (1902).

1 vol. gr. in-f° de XII-228 fᵗˢ. (Les fᵗˢ sont numérotés du même chiffre, au verso d'un fᵗ et au recto du suivant.)

1ʳᵉ année, seule parue.

L'ouvrage est disposé par tableaux. Il se termine par des listes 1° des propriétaires gagnants ; 2° des éleveurs gagnants ; 3° des étalons gagnants ; 4° des chevaux gagnants ; 5° des chevaux nommés dans l'ouvrage.

DOUSSAUD (Alfred et Marc).

Projet d'une ferme-école à Pompadour, par Alfred Doussaud — Le cheval Limousin, son origine — Les causes de son anéantissement — Sa reconstitution, par Marc Doussaud. *Tulle, imp. Crauffon*, 1895.

Broch. in-8° de 74 p.

DOUTERLUIGNE (Pierre).

Vétérinaire militaire belge, 1809-1876.

Des races chevalines de la Belgique et des Institutions hippiques de l'Europe, par Douterluigne aîné, ancien Officier vétérinaire de l'armée belge, médecin-vétérinaire de S. M. le Roi Léopold, du gouvernement et de S. A. S. le duc d'Arenberg. *Bruxelles, G. Stapleaux*, 1850.

1 vol. gr. in-8° de VI-160 p. Portrait lith. de l'auteur en capitaine de la Garde civique de Bruxelles, par Billoin.

DOUTREMONT DES MINIÈRES (Anselme-Louis, COMTE).

Maréchal de camp français, 1779-1858. Entré au service en l'an VIII comme élève commissaire des guerres, commis d'admin^{on} de la marine en l'an X, soldat au 9e de ligne en l'an XII, sous-lieut^{nt} en 1806, colonel du 17e de ligne en 1820, passé dans la gend^{ie} comme chef de Légion en 1824, maréchal de camp en 1839, passé dans le cadre de réserve en 1841. Campagne des ans XII, XIII et XIV sur les côtes, et de 1805 à 1814 à la Grande-Armée, en Espagne et en France. Un cheval tué sous lui à la bataille de Sagonte en 1811, et un coup de feu au combat de Biar, en 1813.

Réflexions sur le mode de Remonte suivi pour la Cavalerie Française et sur les causes de la mortalité des Chevaux dans les régiments ; par le Général Doutremont, Commandant le département de Loir-et-Cher. *Blois, Imp. E. Dézairs*, Avril 1840.

Broch. in-8° de 15 p.

Le général Doutremont avait reçu, en 1831, le commandement de l'un des deux régiments de gend^{ie} créés par le gouvernement de Juillet et licenciés en 1834. Aussi, quoique officier d'inf^{ie}, il avait acquis quelque expérience des troupes à cheval.

Envoyé en Vendée avec son régiment, il avait été frappé de la faible mortalité de ses chevaux dont l'effectif était d'environ 600, comparée à celle qui sévissait alors sur les régiments de cav^{ie}. Il en conclut qu'on doit abandonner la remonte à la concurrence entre les marchands et les producteurs et n'acheter que des chevaux faits et prêts à entrer en service. Depuis, cette illusion a été partagée et défendue par bien d'autres, et récemment encore.

Suite et conclusion des Réflexions sur le Mode actuel de Remonte, en réponse au *Spectateur Militaire* du 15 Juin 1840 ; par M. le Général Doutremont, Commandant le département de Loir-et-Cher. *Blois, Imp. E. Dézairs*, 1840.

Broch. in-8° de 15 p.

C'est une lettre au Directeur du *Spectateur Militaire* qui avait publié une critique de la brochure précédente dont celle-ci confirme les propositions.

Rapport fait à la Société d'Agriculture par M. le Général d'Outremont, sur le système des Remontes proposé par M. le Lieutenant-général Oudinot (Séance du 12 Mars 1842). *Tours, Imp. Mame*, 1842.

Broch. in-8° de 11 p.

Le g^{al} Oudinot (voy. ce nom) avait proposé de remettre au ministère de la guerre l'admin^{on} des Haras et la production du cheval de guerre. Cette proposition avait soulevé une violente polémique et provoqué une véritable pluie de brochures, pour la plupart hostiles à ce projet auquel le Gal Doutremont est également opposé.

DOYEN (Dr E.-L.), voy. MOLIER (E.).

DOYEN-PARIGOT (P.-G.-A.), voy. MOLIER (E.).

DRÉE (Etienne-Gilbert, MARQUIS DE).

Administrateur et homme politique français, 1760-1848. Fut officier au régiment de Bourbon-Dragons, quitta le service et fut nommé en 1790 commissaire du roi pour la formation du dép^{nt} de Saône-et-Loire. Représentant à la chambre des Cent-Jours, il fut député de Saône-et-Loire, de 1828 à 1837. Il était minéralogiste, géologue et agronome.

De la régénération de l'espèce chevaline en France ; par le Marquis de Drée, membre de la Chambre des députés et membre de plusieurs Sociétés de Sciences et d'Agriculture françaises et étrangères. *Paris, Mme Huzard*, 1830.

1 vol. in-8° de 116 p.

Plan d'une administration de l'élève des chevaux, formé sur les principes énoncés dans le traité de la régénération de l'espèce chevaline en France ; par le Marquis de

Drée,... (etc., comme ci-dessus). *Paris, Mme Hu{ard*, 1831.

1 vol. in-8° de 2 f^ts pour le titre et la table et 101 p.

D'après le système exposé par le Mis de Drée, l'Etat serait chargé de faire naître et d'élever une élite de chevaux de race supérieure, qu'il appelle « chevaux de perfection ».

Opinion de M. de Drée, Député de Saône-et-Loire, sur le chapitre des Haras porté au budget de 1832. *Paris, Imp. de P. Dupont et Gaultier-Laguionie*, 1832.

Broch. in-8° de 15 p.

La commission du budget avait rogné le crédit attribué aux Haras. L'orateur combat cette réduction et appuie le chiffre proposé par le gouvernement.

DRESSAGE DU CHEVAL DE GUERRE..., voy. GERHARDT.

DRESSAGE DU CHEVAL — METHODE RAREY.

Dressage du Cheval — La Méthode Rarey mise à la portée de tous, par le Vte de R. M. — Démonstration des Positions — Cinq Planches — *En vente à Paris, au Bureau du Journal des Haras et chez tous les Libraires*, 1858.

Broch. in-8° de 16 p. avec 5 pl. h. t. (voy. Rarey pour l'exposé de la méthode).

DREUX (Alfred DE).

Peintre français, 1808-1860. Son oncle, M. de Dreux-Torcy, était l'ami intime de Géricault, et celui-ci donna de bonne heure au jeune Alfred de Dreux le goût des chevaux et de la peinture hippique, à laquelle il se consacra d'abord exclusivement, restant trop étranger à la représentation de la figure humaine. Aussi, dans ses premières œuvres, les cavaliers et les amazones laissent fort à désirer. Sentant cette insuffisance, il travailla quelque temps dans l'atelier de Coignet. En 1831, il obtint un vif succès au Salon avec un intérieur d'écurie et un jeune poulain sautant un fossé. La vogue lui vint alors et il eut beaucoup de succès — de toute nature.

En 1848, il alla travailler en Angleterre et en rapporta de bonnes études non seulement de chevaux, mais aussi de chiens qui, à partir de ce moment, figurent toujours à côté de ses cavaliers et de ses amazones.

Il obtint, vers 1860, la commande d'un portrait équestre de l'Empereur Napoléon III. On dit qu'il eut, avec l'intermédiaire chargé de cette négociation, une querelle suivie d'un duel où il fut tué.

Alfred de Dreux est le peintre de la haute vie et de l'aristocratie humaine et chevaline. Ses chevaux, ses cavaliers, ses amazones sont élégants et distingués.

Il connaissait suffisamment la charpente osseuse du cheval et, au point de vue du squelette, ses chevaux sont assez corrects. On n'en saurait dire autant de leurs muscles dont la forme et la situation sont souvent altérées. Certains de ses chevaux semblent bourrés d'étoupes, un peu au hasard.

Beaucoup de ses chevaux sont arrêtés ; ceux qui sont aux allures vives ont du mouvement et de la grâce. Pour la représentation des allures, il s'écarte sensiblement de la réalité, mais il en est de même de tous les peintres hippiques avant les découvertes « stupéfiantes » de la photographie instantanée. (Voy. Duhousset.)

Quoi qu'il en soit, Alfred de Dreux a laissé un nom estimable parmi les peintres du cheval. Son œuvre, très considérable, a été popularisé par de nombreuses reproductions gravées ou lithographiées et souvent en couleurs ou coloriées.

DRIMILLE (Louis-Jean-Marie-Joseph).

Instituteur français.

Publications du Comice agricole de Lille — Le Cheval Boulonnais et le Cultivateur, par L. Drimille, Instituteur — Une Médaille de vermeil a été décernée à cet ouvrage par le Comice agricole de Lille — *Lille, Imp. Laroche-Delattre, Succ^r de Castiaux*, 1896.

Broch. in-12 de 73 p.

DRIOUX (J.-M.), voy. LEROY (P.-A.).

DROUET (Joseph-Gaston-Aimé-Toussaint).

Vétérinaire militaire et médecin français, né en 1866, diplômé de Lyon en 1888, vétérinaire major en 1913.

De la Botryomycose, par le Docteur G. Drouet, Vétérinaire militaire. *Montpellier, Hamelin f^res*, 1902.

1 vol. in-8° de 102 p.

Le Cheval Camargue — autrefois — aujourd'hui. Histoire d'une Race, par le Docteur G. Drouet, Vétérinaire en premier, Officier acheteur au Dépôt de Remonte d'Arles. *Marseille, Ferran jeune,* 1910.

1 vol. in-8° de 4 f^ts limin. pour les titres et l'Avant-Propos, 101 p. avec couverture illustrée en couleurs, 24 fig. en phototypie d. 1. t. et 1 carte.

Contribution à l'étude du développement des jeunes Chevaux depuis la naissance jusqu'à l'âge adulte, par le Docteur Drouet, Vétérinaire en premier, et Cancel (1), Vétérinaire en premier. *Paris et Limoges, Henri Charles-Lavauzelle,* 1912.

Broch. in-8° de 20 p., avec graphique. Extrait de la *Revue vétérinaire Militaire* et non mis en vente.

DROUET (Paul-L.-M.).
Agronome français.

Examen sommaire de l'Agriculture et de l'Elevage aux États-Unis, à l'Exposition de Chicago et au Canada — Rapport officieux dédié à la Société d'Agriculture et de Commerce de Caen par son Secrétaire M. Paul Drouet. Membre de la Société des Agriculteurs de France. *Caen, Ch. Valin,* 1893.

1 vol. in-8° de 109 p.

La partie qui concerne les chevaux à l'Exposition de Chicago occupe les p. 40 à 57 ; l'ouvrage contient en outre un aperçu sur les chevaux en Angleterre et le compte rendu de plusieurs visites dans des fermes d'élevage au Canada. Extrait du *Bulletin* de la Société d'Agriculture et de Commerce de Caen.

Une visite au Concours hippique de Dublin en 1895. Etude suivie de quelques remarques générales sommaires sur l'Agriculture, le Commerce et l'ensemble de l'Irlande — Compte rendu officieux offert à la Société d'Agriculture et de Commerce de Caen par son Secrétaire honoraire Paul-L.-M. Drouet, Membre de plusieurs autres Sociétés savantes. *Caen, Charles Valin,* 1896.

1 vol. in-8° de 123 p. avec 1 pl. se dépliant. (Plan du parc et des bâtiments du Concours). Dédicace de l'auteur à ses collègues, à sa famille, à ses amis. (Extrait du *Bulletin* de la Société d'Agriculture et de Commerce de Caen.)

L'ouvrage est divisé en 3 chapitres. Le 1er est consacré au Concours, hippique et à son organisation.

DROUINEAU (L.-A.), voy. ALQUIER (J.).

DROUYN de LHUYS (Edmond).
Homme politique français, 1805-1881. Député de 1842 à 1848, puis représentant du peuple et sénateur. A été plusieurs fois Ministre des affaires étrangères sous le second Empire.

Nécessité d'améliorer les Races chevalines en France et de créer un enseignement spécial d'histoire naturelle appliqué au perfectionnement des Chevaux. Rapport présenté au Sénat sur une pétition de M Richard (du Cantal) par S. E. M. Drouyn de Lhuys, Membre du Conseil privé, Sénateur, Président de la Société. (Extrait du *Bulletin de la Société Impériale d'Acclimatation,* n° de Juillet 1867). *Paris, Imp. E. Martinet,* 1867.

Broch. in-8° de 13 p.

DROZ (Paul).

Lettres d'un Dragon. *Paris, Victor Havard,* 1883.

1 vol. in-12 de 291 p., anonyme.

Tableau de la vie militaire d'un engagé conditionnel d'un an. Ce petit ouvrage a eu plusieurs éd^ons sans changement. La dernière à ce jour est de 1894, chez l'éditeur Ollendorf.

DRUMMOND de MELFORT (Louis-Hector, COMTE).

Lieutenant-Général de Cavalerie, 1721-1788. Appartenait à une famille d'origine écossaise : un de ses parents, qui portait le nom de Lord Drummond de Perth, commanda le régiment français Royal-Ecossais et eut pour successeur, dans ce commandement, son frère Louis-Edouard Drummond de Perth, dit aussi Drummond de Melfort (1709-1792) qui devint Lieutenant-Général, et qu'il ne faut pas confondre avec celui qui fait l'objet de cette notice ; le père de celui-ci

---

(1) Cancel (Emile-Léon), vétérinaire militaire français diplômé de Toulouse en 1891, vét^re en 1er en 1905.

André Drummond de Melfort, servait aussi dans les rangs de l'armée française et était Mestre de Camp de cav^le.

Cornette en 1735 au régiment de Gesvres-Cav^le (devenu Clermont-Tonnerre et donné ensuite au marquis de Noë), Louis Drummond de Melfort commanda en 1745 le régiment de La Marche-Inf^ie et fut nommé Mestre de Camp lieutenant du Régiment d'Orléans-Cav^le, en 1747, Brigadier en 1758, Colonel de la Légion Royale en 1760 (1), Maréchal de Camp en 1761, Inspecteur des troupes légères la même année et Lieutenant-Général en 1780.

Il avait fait campagne de 1735 à 1762, en Allemagne, en Italie et en Flandre. Il avait aussi rempli des fonctions d'État-Major, ayant été nommé en 1757, « A^de Maréchal Général des Logis de « l'armée d'Allemagne ».

Il mourut en son château d'Ivoy-le-Pré et fut inhumé dans le chœur de l'église de cette commune (Cher) où son tombeau existe encore, et où ses armoiries sont reproduites aux voûtes des chapelles, ainsi qu'aux miséricordes des deux premières stalles du chœur (2).

Traité sur la Cavalerie, par M. le Comte Drummond de Melfort, Maréchal de Camp ès Armées du Roi, & Inspecteur-Général des Troupes-Légères. *Paris, Guillaume Desprez*, 1776.

1 vol. in-f° de XXII-505 p. avec 11 pl. au trait donnant le plan de diverses formations tactiques, 2 frontispices, dont le 1er, à pleine page, par Ingouf, est une œuvre ravissante ; le second, allégorique, par Macret, est contenu dans le titre. Jolie vignette par Ingouf, représentant un élevage de chevaux, en tête de la 1re partie ; une autre par Van Blarenberghe, représentant une contre-marche, en tête de la 2e ; une autre, par le même, représentant un fourrage armé, en tête de la 3e.

Charmants culs-de-lampe, gravés par Macret, et qu'on peut presque certainement attribuer à Ingouf, après les 1re et 2e parties ; et, après la 3e, gravure de Van Blarenberghe représentant la marche d'une colonne.

A cet ouvrage est joint un *Atlas* in-f° max. de 32 pl. doubles (l'une d'elles, dépliée, mesure 1^m,33) dessinées par Van Blarenberghe et gravées sur cuivre par 25 graveurs différents.

Ces superbes pl. représentent différentes parties de l'Instruction individuelle du Cavalier et du dressage, ainsi que les formations et mouvements tactiques de la Cavalerie. Ce ne sont pas de simples plans : chaque cavalier, chaque cheval est dessiné individuellement, et les scènes sont placées au milieu de paysages variés.

L'explication des pl. est donnée au volume de t., mais la plupart contiennent en outre un joli cartouche orné qui en donne le titre sommaire. Elles existent aussi coloriées, dit Brunet, mais je ne les ai jamais vues qu'en noir.

Un nouveau titre fut imprimé plus tard :

Traité de cavalerie, propre à conduire l'homme de guerre depuis l'état de simple cavalier jusqu'à celui de Général d'Armée, par feu M. le Comte Drummond de Melfort, Lieutenant-Général des Armées du Roi. Orné de XXXII estampes dessinées et gravées par les plus habiles Maîtres, représentant dans un grand détail les Marches et Evolutions de Cavalerie exécutées sous le Commandement des Maréchaux de Coigny, de Saxe, de Belle-Isle, de Soubise, de Contades, &a, & de XXII figures relatives à la pratique de l'Equitation qui ont été ajoutées.

---

(1) La *Légion Royale* était un corps mixte de fusiliers et de chasseurs à cheval, qui provenait des *Volontaires Royaux*, lesquels obtinrent en 1758, en récompense de leur valeur, le titre de *Légion Royale*. Le prédécesseur de Drummond de Melfort au commandement de ce corps d'élite, était le chevalier de Chabo. Voy. sur les Légions, *Règlements d'Exercices et de Manœuvres*, Ordonnance de 1769.

(2) Communication de M. le Curé d'Ivoy-le-Pré.

La branche française des Drummond s'est éteinte en 1880, et le dernier chef de la branche aînée (qui avait épousé en premières noces la veuve du général Rapp) est mort à New-Surrey, en Angleterre, en 1902.

Voy. un intéressant article de Mlle Clarisse Bader sur Drummond de Melfort et sa famille dans la *Revue des questions historiques* du 1er Janvier 1900, intitulé : *Un éducateur de l'Armée française, le Général de Melfort*. Voy. aussi les art. nécrologiques consacrés au dernier chef de la branche anglaise dans divers journaux de Paris de mars 1902 et notamment dans l'*Echo de Paris* du 7 mars.

En 1912, un ouvrage intitulé *Entre deux Révolutions. Une famille Ecossaise en Languedoc. Les Audibert de Lussan et les Drummond de Melfort*, par M. Bourgeois, a paru chez Émile Larose, à Paris. Il donne sur la famille de l'auteur du *Traité de Cavalerie* et sur lui-même d'intéressants détails. Toutefois, il le fait naître en 1726, ce qui semble difficile, puisqu'il était cornette en 1735. Je crois la date de 1721 plus exacte.

Paris, Nyon l'aîné et Firmin-Didot. S. D. (vers 1789).

C'est le même texte et la même éd^{on}. Le titre seul est changé. Le frontispice à pleine page a été conservé, mais on a remplacé celui qui se trouvait sur l'ancien titre par la Contre-Marche qui forme l'en-tête de la 2e partie.

On a aussi, à ce moment, ajouté à l'Atlas le titre suivant :

Marches et Evolutions de Cavalerie représentées en XXXII estampes dessinées et gravées par les plus habiles Maitres, exécutées dans plusieurs campagnes sous les Maréchaux de Coigny, de Saxe, de Belle-Isle, de Soubise, de Contades, &a, développées dans le Traité de Cavalerie de feu M. le Comte de Melfort, Lieutenant-Général des Armées du Roi — Auxquelles on a joint XXII figures relatives à la pratique de l'Équitation. *Paris, Nyon et chez Firmin Didot,* S. D. (vers 1789).

Les 22 figures ajoutées annoncées sur le titre du texte et sur celui de l'Atlas sont simplement tirées de l'éd^{on} in-f^o de l'*Ecole de Cavalerie* de La Guérinière. (Voy. ce nom.)

L'ouvrage de Drummond de Melfort a été également édité à Dresde, mais dans des conditions très différentes :

Traité sur la Cavalerie, par M. le Comte Drummond de Melfort, Maréchal de Camp des Armées du Roi et Inspecteur-Général des Troupes légères. *A Dresde, chez les Frères Walther,* 1786.

2 vol. in-4° de 6 f^{ts} non ch. pour le titre, la dédicace des frères Conrad et Frédéric Walther au Cte de Brühl, Grand-Maître d'Artillerie du Royaume de Pologne, Staroste de Varsovie, etc., etc., l'Avant-Propos, la Table des articles et 168 p. de t. au T. I ; 4 f^{ts} non ch. pour le titre, la table des articles, un catalogue des livres militaires imprimés chez les frères Walther à Dresde, et 124 p. de t. au T. II. Jolie vignette allégorique sur les titres.

Les pl. de cette éd^{on} diffèrent entièrement de celles de l'éd^{on} précédente par leur contenu, leur disposition, leur format et leur nombre : à la suite du T. I se trouvent 34 pl. in-4°, doubles, les pl. 11, 17 et 23 se dépliant et quelques-unes contenant 2 fig. Après le T. II, il y en a 4 marquées A. B. C. D et 22 numérotées ; les pl. A. B. C. D. et les pl.

15 et 22 se dépliant, soit en tout pour les 2 Tomes 60 pl.

On a réuni, à la suite de chacun des Tomes qu'elles concernent celles jointes au t. et celles de l'atlas de l'éd^{on} de 1776. Bien entendu, celles ajoutées aux exemplaires de 1789 (sur l'équitation) ne s'y trouvent pas.

L'augmentation du nombre des pl. a été nécessitée par la diminution de leur format ; en effet, les grandes pl. de l'éd^{on} de 1776 sont souvent, dans celle-ci, divisées en deux ou trois pour les ramener au format in-4°. Les dimensions des personnages et des chevaux sont très réduites, leur dessin est médiocre. Dans plusieurs pl., les formations et les mouvements sont représentés par de simples plans au lieu de l'être par les fig. individuelles des hommes et des chevaux. Enfin les cartouches sont supprimés et quoique le t. soit entièrement en français et identique à celui de 1776, les titres des pl., la désignation des mouvements, les grades des officiers et leur emplacement dans les manœuvres sont ici en allemand.

Drummond de Melfort avait fait en 1748 un Travail sur la Cavalerie qui constituait « une espèce de Code pour « l'exercice particulier d'un Régiment », et qui fut « lu et approuvé dans une « Assemblée d'Inspecteurs qui se tint, « en 1749, chez M. le Comte d'Argen-« son » (1). Ce *Travail* est resté manuscrit. En tout cas, je n'ai trouvé aucune trace de sa publication, ni dans les Bibliothèques Nationale, de la Guerre et de Saumur, ni dans diverses archives. Ce *Travail* est d'ailleurs souvent cité et, je crois, presque entièrement reproduit dans l'ouvrage de 1776.

Le *Traité sur la Cavalerie* se divise en 3 parties : la 1re traite des Haras, de l'Équitation et du Dressage, la 2e des Manœuvres, la 3e des Marches, du Service en campagne et des Combats. C'est un véritable monument élevé à la cav^{ie} par l'auteur (2) dont les idées furent parfois combattues de son temps. On prétendait que, rompant avec les traditions, il voulait tout bouleverser. Il fut cependant, sur bien des points, un précurseur. Il chercha, souvent avec bonheur, à simplifier les mouvements difficiles et compliqués d'alors, proposa le guide au centre, la formation sur deux rangs, donna de bonnes règles pour la direction, pour le réglage des allures et pour le service en campagne. Ce n'était pas un

(1) Préface du *Traité*.
(2) Il fut, dit-on, ruiné par les frais formidables de cette publication.

théoricien en chambre : il avait fait la guerre pendant près de trente ans et son *Traité* est le fruit de sa longue expérience. Certains de ses principes ont sans doute vieilli, surtout ceux qui touchent à l'emploi combiné des diverses armes, que la transformation des armes à feu a naturellement bouleversé, mais il n'en est pas moins vrai qu'après lui — et récemment encore — les règlements de manœuvre et les doctrines tactiques ont, plus d'une fois, porté la trace de ses travaux.

Son *Traité sur la Cavalerie* n'est pas très rare, mais il est assez difficile de le rencontrer en bon état.

L'éd^{on} de Dresde, très inférieure pour les planches, mais beaucoup plus commode à lire à cause de son format plus maniable, est très rare.

DRUMONT (Edouard-Adolphe).

Littérateur, historien et journaliste français, né en 1844.

Les Fêtes nationales à Paris, par Edouard Drumont. *Paris, Ludovic Baschet,* 1879.

1 vol. in-f°, sans pagination.

Plusieurs chapitres et de nombreuses pl. concernent les tournois, carrousels, cavalcades, etc.

DRUY-SCRIBE (André).

Traité hippique — Hippologie, par Druy-Scribe. *Paris, Adolphe Legoupy, Lecaplain et Vidal, Succ^{rs}.* S. D. (1906).

1 vol. in-16 de 191 p.

DUBOIS (Amable).

Médecin français, XIXe siècle.

Mémoire sur les ravages de la Morve dans le Département de la Somme, par M. Amable Dubois. *Amiens, Deval et Hermant,* S. D. (vers 1843).

Broch. in-8° de 11 p.

C'est un rapport fait au nom d'une commission et adressé à une société médicale ou savante qui n'est pas indiquée. L'auteur signale de très nombreux cas de morve dans le départ^t : les écuries de poste, de ferme, de l'armée étaient alors profondément infectées. Il s'élève contre la doctrine de la non-contagion qu'il reproche aux vétérinaires militaires d'avoir adoptée et insiste sur les dangers de la contagion, non seulement du cheval au cheval, mais du cheval à l'homme.

DUBOIS (Charles-Melchior).

Vétérinaire militaire belge, 1839-1905.

Précis d'Hippologie rédigé d'après le programme du cours d'Hippologie pour les officiers, par Ch. Dubois, vétérinaire de 1re classe, professeur d'hippologie et de maréchalerie à l'Ecole d'équitation, chevalier de l'ordre de Léopold. *Ypres, Deweerdt,* 1878.

1 vol. in-8° de III-358 p. avec 16 pl. C'est une 2e éd^{on} augmentée. La 1re était autographiée et n'a pas été mise dans le commerce

Précis d'Hippologie. Etude du Cheval de guerre, conditions de son emploi et de sa conservation, par C. M. Dubois, Vétérinaire en chef de l'Armée. *Troisième Edition — Bruxelles, O. Mayolaz et J. Audiarte,* 1899.

1 vol. in-12 de X-435 p. avec fig.

DUBOIS (Jean-Antoine).

Prêtre, missionnaire et orientaliste français, 1765-1848. Vers 1791 il se rendit dans le Mysore pour y prêcher le christianisme, resta 32 ans dans l'Inde sans avoir réussi à convertir les Hindous, rentra en Europe et publia un ouvrage dans lequel il affirma que, dans l'état actuel des choses, la conversion des Hindous n'était pas possible, ce qui lui valut de violentes attaques de la part de deux ministres anglicans. Il est l'auteur de plusieurs ouvrages sur l'Inde et ses habitants, dont quelques-uns furent d'abord publiés en anglais. Dubois était un savant modeste et consciencieux et appartenait à de nombreuses sociétés savantes françaises et étrangères.

Exposé de quelques-uns des principaux articles de la Théogonie des Brahmes contenant la Description détaillée du Grand Sacrifice du Cheval, appelé Assua-Méda, de l'Origine et des Grandeurs du Gange; du Temple célèbre de Gaya ; des principaux Avataras ou Incarnations de Vichnou, etc. Extrait et traduit des meilleurs originaux écrits dans les langues du Pays, par M. l'Abbé J.-A. Dubois, Ci-devant Missionnaire dans le Meissour, Membre de la Société Royale Asiatique de la Grande-Bretagne et de l'Irlande, de la Société asiatique de Paris et de la Société littéraire de Madras. *Paris, Librairie orientale de Dondey-Dupré père et fils*, 1825.

1 vol. in-8° de 143 p.
La *Description du Sacrifice du Cheval*, pour laquelle l'ouvrage est cité ici, occupe les 91 premières p., plus de la moitié du livre.
Le titre ci-dessus est le titre intérieur; celui de la couverture est un peu abrégé.

DUBOIS (Jean-Charles), voy. BOISGILBERT.

DUBOIS (Pierre-Joseph-Louis-Alfred).
Général de div^{on} français (cav^{le}), né en 1852, sous-lieut^{nt} en 1874, général de div^{on} en 1909.
La Crise du Demi-Sang Français — Evolution nécessaire, par le Général Dubois, Commandant la 1re Division de Cavalerie, Membre du Conseil supérieur des Haras. *Paris et Limoges, Henri Charles-Lavauzelle*, 1912.
1 vol. in-8° de 123 p. Vignette sur la couverture.

DUBOIS DE GENNES (Jean-Charles-Louis).
Ancien militaire, littérateur et journaliste français, 1814-18...
Engagé volontaire au 4e Hussards en 1832, sa carrière militaire fut singulièrement accidentée, et il la termina comme cavalier de 2e classe au 7e Dragons en 1849.
Drames des Casernes et des Camps — Le Troupier tel qu'il est... à Cheval, par Charles Dubois de Gennes. *Paris, E. Dentu*, 1862.
1 vol. in-18 de VIII-272 p. Couverture illustrée qui porte 1863. Dédicace « A la « Mémoire du bien regretté Colonel du « 7e Dragons Michel Ney, duc d'Elchin« gen (1..., en souvenir des bontés de ce noble cœur... ».
Suite de récits humoristiques dans lesquels l'auteur montre qu'il n'a pas vu l'armée par son beau côté.
Sous le Casque — Rimes à la Dragonne, par Ch. Dubois de Gennes, précédées d'une lettre de Victor Hugo et d'un portrait gravé par Jules Robert — Prix : un franc — *Paris, E. Dentu*, 1869.
(1) Voy. ce nom.

Broch. pet. in-8° carré de 34 p. Dédicace à Mme la V^{sse} Victor Hugo.
Suite de petites pièces de vers dont, malgré le titre, la première seule a un caractère à peu près militaire.

DUBOS (Ernest).
Vétérinaire français, diplômé d'Alfort en 1842, mort en 1905.
Publications scientifiques, industrielles et agricoles de E. Lacroix — De l'entretien et de l'amélioration des Animaux domestiques. Etudes zootechniques par Ernest Dubos, Vétérinaire de l'Arrondissement de Beauvais, Professeur de Zoologie à l'Institut agricole de Beauvais, Secrétaire de la Société d'Agriculture de la même Ville. *Paris, Eugène Lacroix*, 1865.
1 vol. in-8° de VIII-260 p.
L'ouvrage concerne en grande partie le cheval et contient de bons principes d'hygiène et d'élevage.
Pour un ouvrage en collaboration, voy. Mercier (Félix).

DUBOST (Antoine — ou Alexandre) (1).
Ancien adjoint du génie, peintre et lithographe français, 1769-1825. Nommé adjoint du génie en l'an II, il donna sa démission en l'an V et se fixa alors à Paris. Son père étant mort en 1799 et lui ayant laissé une belle fortune, il put satisfaire à son goût pour les chevaux et posséda des chevaux de course qu'il monta lui-même. Le n° 3 du *Bulletin décadaire de la République française* (3e Décade de Vendémiaire an VII) rend compte d'une course que le Directoire avait comprise au nombre des différents jeux par lesquels il fit célébrer à Paris, le 1er Vendémiaire an VII, la fête de la fondation de la République, Dubost gagna le 1er prix et Carle Vernet le second. Le 1er prix était un fusil double, garni en argent, les canons enrichis d'or et une carabine garnie en argent, à double détente, canon rayure à étoile ; deux groupes de porcelaine de Sèvres représentant le sacrifice d'Iphigénie et le triomphe de l'amour formaient le second. Le Ministre de l'Intérieur, précédé de deux huissiers et de quatre hérauts, donna aux vainqueurs, au pied de l'autel

(1) Le *Bulletin décadaire de la République française* l'appelle Alexandre; Larousse l'appelle Antoine; la feuille unique qui constitue son dossier aux Archives de la guerre ne por e aucun prénom.

de la Patrie « l'accolade fraternelle ». Ces distractions ne l'empêchaient pas de continuer ses études de peinture ; il exposa sa première œuvre au salon de 1801 et obtint une 1re médaille à celui de 1804.

Mais sa passion pour les chevaux l'entraîna vers 1807 en Angleterre, où il resta 6 ans et il n'est pas aisé de s'expliquer comment il put, à cette époque, y aller et y demeurer. Il paraît d'ailleurs « qu'il y éprouva de cruelles « persécutions », ce qui ne l'empêcha pas d'y obtenir des succès aux expositions de peinture. Il revint à Paris en 1813 et exposa des tableaux du genre classique et mythologique qui lui valurent une réputation méritée.

En 1825, il eut avec un architecte, son voisin, au sujet d'un pavillon, une querelle qui se termina sur le terrain de la manière la plus malheureuse : les deux adversaires furent tués.

Titre de la couverture, imprimé :

Newmarket — Collection d'onze Planches lithographiques représentant la vue de Newmarket et la vie du Cheval de Course, par A. Dubost, ex-Capitaine-Adjoint du Génie, Auteur des tableaux de Damoclès, Ulysse et Pénélope, Vénus et Diane, Cléosthène ou le Joueur dépouillé, Brutus et Porcia, Préparatifs de Course, La vue de Hyde-Park, l'Arabe du Désert, etc., etc., etc. — Le premier cahier contient les Planches suivantes. — Frontispice : la vue de Newmarket et de la principale Course — 1re Planche : le Cheval de Course au Haras (Poulain) — 2e Planche : le Cheval de Course à la longe (Poulain) — 3e Planche : le Cheval de Course à l'Ecurie (Plover, par Sir Peter) — 4e Planche : le Cheval de Course à l'Ecurie où l'on selle (Eaton, par Sir Peter) — 5e Planche : le Cheval de Course au Poteau de départ (Vandyke, par Sir Peter) — Le deuxième Cahier contient : — 6e Planche : le Cheval de Course courant à Epsom (Pope, par Waxey) — 7e Planche : le Cheval de Course dans l'enceinte de la Maison où l'on pèse les Jockeys (Juniper, par Whiskey) — 8e Planche : le Cheval de Course au Poteau d'arrivée (Sir David, par Trumpeter) — 9e Planche : le Cheval de Course que l'on bouchonne (Morel, par Sorcerer) — 10e Planche : le Cheval de Course en vente à la Criée (Marmion, par Whiskey) — *A Paris, chez l'Auteur, quai de Billy, n° 18 ; Théophile Barrois fils, Librairie des Langues étrangères, quai Voltaire, n° 11 ; à la Librairie française et étrangère de Galignani, rue Vivienne, n° 18 ; Delpech, Marchand d'Estampes, n° 23, quai de Voltaire et à Londres, chez R. Ackermann, Repository of Arts, Strand, 1818. De l'Imp. de J. Smith.*

Même titre en anglais.

Titre intérieur, imprimé :

Newmarket.— Collection d'onze Planches lithographiques représentant la vue de Newmarket et la vie du Cheval de Course depuis l'instant où il est dans le Haras jusqu'à celui de sa vente, figuré sous les formes des plus célèbres Chevaux de Course Anglais en 1809, comprenant les principaux sites et points de vue de Newmarket ; les portraits de plusieurs Amateurs de Course et des plus fameux Jockeys ; auxquels sont joints une notice sur Newmarket et un texte explicatif des Planches, les Actes du Parlement d'Angleterre relatifs aux Courses, les Règles des Courses en général et les Règles et Ordonnances du Jockey-Club, par A. Dubost, ex-Capitaine-Adjoint du Génie, Auteur des tableaux... (etc., comme ci-dessus). *A Paris, chez l'Auteur, quai de Billy, n° 18 — 1818, De l'Imp. de J. Smith.*

Même titre en anglais.

2e titre intérieur, lithographié, orné de vignettes avec la vue de Newmarket et formant frontispice :

Newmarket —. La vie du Cheval de Course, depuis l'instant où il est dans le Haras jusqu'à celui de sa vente, représenté sous les formes des plus célèbres Chevaux de Course Anglais en 1809, par A. Dubost, d'après ses tableaux peints à Newmarket.

Même titre en anglais.

Le titre frontispice et les 10 pl. sont

accompagnés d'un feuillet de texte explicatif, sur 2 col., en français et en anglais. Chaque pl. porte l'indication : A. Dubost, d'après ses tableaux peints à Newmarket en 1809.

A la fin, se trouve un supplément de 2 f^ts, également sur 2 col., mais en français seulement et sous le titre suivant :

Addition où il est traité de l'Origine des Chevaux anglais, de leur Éducation et des Soins à leur donner pour la Course.

On y trouve des généalogies, des remèdes, des renseignements de toute sorte, des extraits des Traités de Samuel Chiffeney et de John Lawrence sur l'entraînement et les races, des conseils sur l'installation des écuries, la ferrure, etc.

Enfin, au verso du 2e f^t de cette addition, se trouve un *Dessin Géométral représentant les proportions exactes du fameux Cheval l'Éclipse.*

Il est vu de face, de profil et par derrière et le dessin (au trait) est accompagné d'un texte explicatif en français seulement.

Album très gr. in-f° obl. comprenant la couverture, le titre intérieur imprimé, 11 pl. lithog., 11 f^ts de texte plus les 2 f^ts d'addition.

« Publication assez curieuse », dit M. Béraldi ; « collection de mauvaises « lithographies », renchérit le Cte de Contades (1). Ce recueil est digne d'une meilleure appréciation, car il est très intéressant — du moins pour les amateurs de chevaux et les collectionneurs d'ouvrages hippiques. — Le dessin n'est pas sans mérite, le modèle des chevaux est bien choisi et correctement rendu. Quelques-uns sont irréprochables et on voit que Dubost avait consciencieusement étudié le cheval. Cet ouvrage est rare, recherché et atteint d'ordinaire un prix assez élevé.

DUBOST (Paul-Claude).

Agronome et ingénieur français, ancien élève de l'Institut agronomique de Versailles, né en 1828, auteur de nombreux ouvrages sur l'agriculture.

Etudes agricoles sur la Dombes, par M. Dubost, Ingénieur draineur du département de l'Ain, Membre de la Société impériale d'Emulation du même département — Première Partie (2) — *Bourg, Dufour ; ibid.,*

(1) *Bibliographie sportive,* p. XIII.
(2) Seule parue, fort probablement. Je n'ai trouvé aucune trace d'une 2e Partie.

Francisque Martin ; Lyon, Giraudier, 1859.

1 vol. in 8° de 4 f^ts non ch. pour les titres, la dédicace à M. G. Segaud, Préfet de l'Ain, la Préface et 231 p.

Le Chap. VIII, p. 140 et suiv., contient une courte étude sur l'élevage du cheval dans la Dombes.

DUBOURDIEU (Charles-R.).

Vétérinaire français, diplômé de Toulouse en 1847.

Simples Observations sur la Ferrure, par Charles Dubourdieu, Médecin-Vétérinaire, Membre de la Société universelle de Londres pour l'Encouragement des Sciences, des Arts et de l'Industrie, Membre de la Société des Sciences physiques et naturelles de Bordeaux, etc. *Bordeaux, Imp. E. Mons,* 1855.

Broch. in-8° de 15 p.

Apologie de la ferrure à froid et du podomètre Riquet (voy. ce nom).

DUBOURG (A.-William).

Vétérinaire et agronome français.

Traité et Hygiène de l'Alimentation des Animaux domestiques basé sur l'observation, d'après les lois de la physiologie et de la Thermochimie, par A.-William Dubourg, Médecin Vétérinaire, Professeur départemental d'Agriculture, Membre correspondant de la Société vétérinaire du Nord, de la Charente-Inf^re, Membre de la Société d'Economie politique nationale, de la Société Sciences et Arts de La Rochelle, Lauréat de la Société centrale de Médecine du Nord, etc. *La Rochelle, Imp. E. Martin,* 1907.

1 vol. in-8° de 229 p.

Concerne en partie l'alimentation du cheval.

DUBOYS.

Utilisation des Mélasses pour l'Alimentation des Animaux, par M. Duboys, Directeur du Service des Voitures des Postes de Paris — Extrait du Compte Rendu du Congrès des Etudes économiques pour les emplois industriels de l'alcool, année 1903. *Paris, Imp. Nationale,* 1903.

Broch. in-8° de 12 p.

L'opuscule traite principalement de l'emploi des mélasses pour l'alimentation des chevaux.

DUBREUIL.

Méthode simplifiée donnant des résultats surprenants (Courses de Chevaux), par Dubreuil. *Paris, Imp. Rapide*, 1911.

Broch. in-16 de 8 p.

DUBREUIL - POMPÉE, voy. BREUIL-POMPEE (du).

DUBROCA (Daniel).

Vétérinaire militaire français, 1796-1853. Entré au service comme Vét^{re} en 2e aux Dragons du Doubs en 1823, libéré sur sa demande en 1825, puis replacé au 6e Lanciers en 1831, vétérinaire en 1er au 8e Dragons en 1833, il fut placé en mission hors cadre et mis à la disposition du gouvernement turc en décembre 1848, pour présider, à Constantinople, à la création d'une Ecole vétérinaire.

Cours d'Hippologie, ou exposé des connaissances hippiques utiles à MM. les Officiers de cavalerie, d'artillerie, etc., et à toutes les personnes qui s'occupent du Cheval, par position ou par goût, par Dubroca, Vétérinaire en 1er au 8e Régiment de Dragons, Membre de la Société d'agriculture des Ardennes. *Sedan, au Bureau central*, 1844.

1 vol. in-8° de 529 p. et atlas in-4° de xxx pl. Les pl. de 1 à ix et la pl. xvii sont celles de l'atlas du Cours d'équitation de Saumur, dessinées par Aubry (voy. *Cours*) ; les autres, dont la plupart représentent des plantes fourragères, sont spéciales à l'ouvrage de Dubroca dont on rencontre assez souvent le texte, mais dont l'atlas est devenu fort rare.

Traité des Chevaux Ardennais. Ce qu'ils étaient, ce qu'ils sont, ce qu'ils peuvent et doivent être, par Dubroca, Vétérinaire en 1er au 8e Dragons, Membre de l'Académie de Reims et des Sociétés d'agriculture des Ardennes, de médecine vétérinaire et comparée de la Seine et d'émulation de Cambrai. *Charleville, Jules Huart*, 1846.

1 vol. in-8° de 123 p. avec une pl. lithog. signée J. J. et représentant un cheval Percheron et un cheval Ardennais.

Les ouvrages de Dubroca restent dans une moyenne très modeste. Son traité d'hippologie, dit Merche, « peut à peine « convenir à des débutants dans la car- « rière hippique ». Son livre sur les chevaux Ardennais contient, sur le choix des étalons et les procédés d'amélioration, les principes les plus contestables.

Au tome IV de la 2e partie de *La France Chevaline*, p. 223 et suiv., Eug. Gayot a fait une critique sévère et détaillée de ce dernier ouvrage.

DUCASSE (Marcelin).

Vétérinaire militaire français, 1864-1912. Diplômé de Toulouse en 1887, vétérinaire en 1er en 1903.

Etude clinique de l'anesthésie du Cheval par le Chloroforme, par le Docteur Ducasse, Vétérinaire en 1er au 3e Chasseurs d'Afrique. *Paris, Asselin et Houzeau*, 1903.

Broch. in-12 de 83 p. avec 3 fig. d. l. t.

Cet auteur a aussi publié un *Précis de Pharmacie vétérinaire pratique* et une brochure sur le *Diagnostic précoce de la Tuberculose* qui ne se rapportent que très indirectement aux sujets traités dans la présente Bibliographie.

DUCASSE (Pierre - Emmanuel - Albert, baron).

Ecrivain militaire et historien français, 1813-1893. Sorti de St-Cyr et sous-lieut^{nt} en 1835, il entra dans le corps d'Etat-Major où il devint chef d'escadron en 1854. Il fut retraité en 1864. Il avait fait une campagne en Afrique, celle de 1851 à l'intérieur et celle de 1859 en Italie. Il devint alors conseiller référendaire à la Cour des Comptes et fut admis à la retraite en 1888. On a de lui des travaux militaires, politiques, historiques et littéraires très variés.

Les Origines, par le Baron A. Du Casse. *Paris, Th. Olmer*, S. D. (1880).

1 vol. in-12 de 240 p.

L'ouvrage traite des origines de différents usages, de celles du théâtre, etc. Les 16 premières p. sont consacrées à l'*Origine des Courses*.

Les Animaux intelligents, par le Baron A. Du Casse. *Paris, E. Dentu*, 1887.

1 vol. in-12 de xiv-287 p. avec grande vignette sur la couverture et sur le titre, et 12 pl. à pleine p. Dédicace à Mme la M^lse T. de F. et à Mme la M^lse C. de R. Plusieurs tirages sans changement. Les chevaux sont l'objet de 6 notices, p. 43 et suiv. avec 3 pl. En outre, la vignette du titre et 2 pl. des notices sur les chiens représentent des chevaux.

DUCASSÉ (Marc-Denis-Henry).
Général de brigade français (art^le), 1852-1910. Sous-lieut^nt en 1874, général de brigade en 1909, passé au cadre de réserve en 1910.

L'Artillerie à Cheval dans le Combat de Cavalerie, par le Commandant H. Ducassé. *Paris, L. Baudoin*, 1894.
Broch. in-8° de 35 p. avec 4 croquis d. l. t.

DUCHAND (Auguste-Jean-Baptiste, BARON).
Lieutenant-Général français (art^le), 1780-1849. Lieutenant en 1798, major (colonel) dans l'Art^le de la Garde Imp^le en 1815, démissionnaire la même année, réintégré en 1830, maréchal de camp la même année, lieutenant-général en 1840, retraité en 1848. Campagnes en Italie, en Espagne, à la Grande Armée et en France de l'an IX à 1815.

De la Méthode Baucher, par le Lieut-Général Baron Duchand. *Extrait du Spectateur Militaire*, Juillet 1845.
Broch. in-8° de 14 p.
Vive critique de la Méthode Baucher.

DUCHÉ (A.), voy. POSTE AUX CHEVAUX.

DUCHEYRON (Jean-Baptiste-Alfred).
Général de brigade français (cav^le), 1826-1888. Sous-lieut^nt en 1849, colonel en 1879, général de brigade en 1885, retraité et mort en 1888. Campagne de Crimée et 3 campagnes d'Algérie.

10e Cuirassiers. Conférences régimentaires — Du rôle de la Cavalerie pendant la campagne d'Orient. (Guerre de Crimée, 1854-1855-1856). *Paris et Limoges, Henri Charles-Lavauzelle*, 1886.
Broch. in-8° de 45 p., signée à la fin et non mise dans le commerce. 2 cartes se dépliant.

DUCHOSAL (Franz).
Vétérinaire suisse.

Le Kéraphyllocèle du Pied du Cheval — Thèse inaugurale présentée à la Faculté de Médecine vétérinaire de l'Université de Berne pour obtenir le grade de Docteur en Médecine vétérinaire par Franz Duchosal, Médecin-Vétérinaire à Génève (Suisse) — Avec 12 Figures dans le Texte. *Lyon, A. Rey*, 1909.
Broch. in-8° de 39 p. Dédicace de l'auteur à sa mère.

DUCHOUL (G.), voy. CHOUL (G. DU).

DU COMITÉ DE L'INFANTERIE ET DE LA CAVALERIE, voy. PRÉVAL.

DUCOMMUN (Jules-César), voy. WETTERWALD (Maurice).

DUCOUX (François-Joseph).
Homme politique, médecin et industriel français, 1808-1873. D'abord chirurgien de marine, il passa en 1831 dans l'armée de terre, séjourna plusieurs années en Algérie, puis donna sa démission, exerça sa profession à Blois où il fut nommé commandant de la garde nationale, conseiller municipal et président de la loge maçonnique. Il était à la tête du parti républicain de Loir-et-Cher.
Après le 24 février 1848, il fut Commissaire du Gouvernement provisoire à Blois et fut élu la même année représentant de Loir-et-Cher à l'Assemblée constituante. Préfet de police après les journées de Juin, il contribua au rétablissement de l'ordre. Il échoua aux élections de l'Assemblée législative pour le dép^nt de Loir-et-Cher, mais fut élu en 1850 par la Haute-Vienne. Au coup d'État de 1851, il fut arrêté et relâché peu après. Il se retira alors de la politique jusqu'en 1869, se présenta sans succès aux élections de cette année et fut élu représentant de Loir-et-Cher à l'Assemblée nationale en février 1871. Il mourut au cours de la 3e session de cette législature.
En 1857, les actionnaires de la Comp^ie imp^le des voitures Caillard et Cie nommèrent M. Ducoux président de la commission d'examen et de contrôle ; puis, la même année, la société devint *Compagnie impériale des voitures* et il en fut nommé Directeur-gérant. En 1866, la Comp^ie imp^le disparut pour faire place

à la Société anonyme qui prit le titre qu'elle porte encore de *Comp^le G^ale des Voitures à Paris*. M. Ducoux en fut le président jusqu'à sa mort et fut remplacé par M. Bixio (voy. ce nom).

Notice sur la Compagnie Impériale des Voitures de Paris depuis son origine jusqu'à ce jour. Avril 1859. *Paris, Imp. P. A. Bourdier.*

Broch. in-4° de 86 p., signée à la fin : Ducoux, administrateur judiciaire et Directeur gérant de la Comp^le Imp^le des voitures à Paris.

Cette brochure contient principalement un exposé financier et administratif des difficultés au milieu desquelles se débattait la Compagnie depuis sa fondation. Il y a cependant d'importants passages sur la cavalerie et la remonte : effectifs, origine, prix des chevaux, fourrages, alimentation, rationnement, etc.

DUCROC DE CHABANNES (Jean-François, MARQUIS).

Officier de cav^le français, 1754-1835. Sous-Lieut^nt au Rég^t du Roy Cavalerie en 1772, cap^ne en 1788, retraité en 1808. Fut ensuite régisseur de Haras à Langonnet, puis chef provisoire de Haras à Tervueren et enfin écuyer à l'Ecole de Saumur en 1815. Il avait fait les campagnes de 1792, 1793, ans II, III et IV en Italie ; XII et XIII, armée expéditionnaire des Iles-sous-le-Vent (commandée par le Général Lagrange) ; an XIV, 1806, 1807 et 1808, Armées du Nord et de Dalmatie.

A la suite de dissentiments avec un autre écuyer, Cordier (voy. ce nom), et le commandement de l'Ecole de Saumur, il fut remercié en 1817, puis replacé comme écuyer à la même Ecole en 1825 et se retira en 1827.

Traité élémentaire d'Equitation à l'usage des Lycées de l'Empire, précédé de quelques idées préliminaires relatives à cet exercice, par M. Ducroc, ancien Capitaine de Cavalerie. *Lorient, Imp. de Le Coat Saint Haouen.* S. D. (1812).

Broch. in-8° de 74 p. avec 1 pl. se dépliant, représentant la silhouette d'un homme à cheval. Cet opuscule est rarissime.

Cours élémentaire d'Equitation à l'usage de MM. les Elèves de l'Ecole royale militaire de Saumur ; précédé de quelques idées préliminaires relatives à cet exercice, par M. le Marquis Ducroc de Chabannes, ancien Capitaine de Cavalerie, Ecuyer de l'Ecole. *Saumur, Degouy,* 1817.

1 vol. in-8° de XVI-109 p. avec 1 pl. se dépliant.

Cours élémentaire et analytique d'Equitation ou résumé des principes de M. d'Auvergne ; suivi de questions et d'observations relatives aux Haras. Par M. le Mis Ducroc de Chabannes, ancien Capitaine de Cavalerie et ex-Ecuyer à l'Ecole de Cavalerie de Saumur. *Paris, Anselin et Pochard,* 1827.

1 vol. in-8° de XII-152 p. avec la même pl.

Le premier de ces ouvrages forme le fond des deux suivants qui en sont la reproduction successivement et considérablement augmentée, avec un meilleur classement des matières. Dans la préface du 3e, publié par l'auteur au moment où il venait de se retirer définitivement, il s'étend sur la disgrâce dont il avait été l'objet pendant dix ans.

Ducroc de Chabannes, élève de Dauvergne, et condisciple de Bohan, était plutôt l'homme de l'Equitation militaire que de l'Equitation académique, et proscrit, dans son *Traité*, les airs de manège, même le changement de pied et le rassembler. De là ses dissentiments avec Cordier qui, ainsi qu'on l'a vu plus haut, triompha de son adversaire.

Entretiens sur les Haras entre un vieux et un jeune Amateur, faisant suite au Traité élémentaire et analytique d'Equitation, du même Auteur. *Paris, Anselin,* 1829.

Broch. in-8° de 86 p.

Sans condamner absolument l'amélioration par le pur sang Anglais ou Arabe, Ducroc de Chabannes préfère le système de la sélection. Il en est de même des courses qu'il est loin d'approuver, du moins avec l'organisation et les règlements anglais. Sa brochure n'offre qu'un intérêt rétrospectif et assez médiocre.

DUCROTOY (J.-C.-A.), voy. LEMIRE (A.-L.).

DUFOUR (Auguste), voy. DESCRIPTION DES FÊTES DE BRUGES EN 1468.

DUFOUR (Charles-Valentin).

Prêtre et archéologue français, né en

Bibliogr. hippique. T. 1. — 27.

1826. Il a été élève de l'Ecole des Chartes, aumônier de la prison de Mazas et sous-bibliothécaire de l'Hôtel de Ville de Paris de 1866 à 1870.

Une question historique, 1720-1768, par l'Abbé Valentin Dufour. *Paris, P. Rouquette*, 1868.

Broch. in-18 de 72 p.

C'est une intéressante dissertation historique et hygiénique sur l'usage alimentaire de la viande de cheval, traduite du latin de Jean-Georges Keysler (voy. ce nom), avec notes et commentaires.

DUFOUR (Gilbert-Jean-Baptiste, BARON).

Intendant militaire français, 1769-1842. Entré au service en 1793 comme chef du 7ᵉ Batᵒⁿ de Bar, commissaire des guerres en 1794, commissaire ordonnateur en 1806, intendant militaire en 1817, retraité en 1841. A fait toutes les campagnes de la République et de l'Empire, aux armées du Rhin, Danube, Allemagne, Grande-Armée, Espagne, et de nouveau Grande-Armée jusqu'en 1814.

Baron de l'Empire en 1813, puis pair de France sous le gouvernement de Juillet, président du Conseil général de la Moselle pendant plusieurs années et maire de Metz de 1840 à sa mort.

Mémoire sur les moyens d'améliorer la race de chevaux en France, par G. Jⁿ Bᵗᵉ Dufour, intendant militaire de la 3ᵉ Division, membre du Conseil général du département de la Moselle. *Metz, Dosquet*, 1833.

Broch. in-8° de 78 p. avec 3 tableaux.

L'auteur propose l'institution de six nouveaux haras au profit des races communes et discute les propositions de M. le Duc de Guiche (voy. ce nom).

DUGOURC (Jean-Démosthène) (1).

Peintre, dessinateur, graveur, décorateur et architecte français, 1749-18... Il montra dès son enfance les plus grandes dispositions pour le dessin et l'architecture, et fut placé par son père, qui était contrôleur ordinaire de la Maison du duc d'Orléans, près du duc de Chartres (plus tard Philippe-Egalité)

(1) Dans les planches gravées ou lithographiées signées par lui, son nom est aussi orthographié Dugonre, Dugours, Dugour, mais c'est bien Dugourc qu'il faut lire.

pour partager ses études et ses récréations. A 15 ans, il fut emmené à Rome par le Cᵗᵉ de Cany, ambassadeur extraordinaire près du pape Clément XIII. Rentré en France peu après, il publia en 1779 un ouvrage sur le costume au théâtre, puis fut adjoint à son beau-frère Bélanger, architecte du Cᵗᵉ d'Artois, et contribua à la construction et à la décoration de plusieurs hôtels et palais princiers ou particuliers, y compris la salle de théâtre de Stockholm, une galerie pour le grand-duc de Russie, depuis Paul Iᵉʳ, et deux palais royaux à Madrid. Il avait, antérieurement, été nommé dessinateur du cabinet de Monsieur, frère du Roi, Intendant de ses bâtiments et dessinateur du Garde-Meuble de la Couronne. A la Révolution, il essaya de l'industrie : fabrique de papiers, de cristaux, collaboration à Sèvres, mais n'y réussit pas.

Pendant la Révolution, il dessina et grava de nombreux en-tête de lettres, de registres, de publications officielles diverses, accompagnés d'ornements et d'emblèmes républicains, notamment un joli tableau des *Campagnes des Français du 22 Fructidor An premier au 15 Pluviôse An III*.

En 1799, il fut prié par le Consul d'Espagne à Paris de diriger la construction et la décoration d'une voiture destinée au Roi Charles IV ; l'année suivante, il se fixa à Madrid et devint architecte du Roi.

Il semble qu'il rentra en France vers la fin de l'Empire et, à la Restauration, il sut faire oublier ses dessins révolutionnaires, et il fut nommé dessinateur de la Chambre du Roi (1).

Dugourc est l'auteur de jolies arabesques publiées en 1782, d'une illustration partielle de l'Edᵒⁿ de 1795 des *Contes de La Fontaine*, des emblèmes et en-tête de pièces officielles signalées plus haut, d'une suite de portraits de célébrités faisant probablement partie d'un ouvrage que je n'ai pu découvrir, des illustrations des *Incas* de Marmontel et d'*Atala* de Chateaubriand, etc.

Mais il fut aussi un élégant dessinateur de chevaux et c'est à ce titre que son nom est cité ici. Il est l'auteur des jolies illustrations des ouvrages de Mᵐᵉ B*** née de V...l, (voy. ce nom), *Les Animaux Savants* et *Le Cirque Olym-*

(1) Dans la note qui précède l'autobiographie publiée dans le T. V des *Nouvelles Archives de l'Art français*, M. Anatole de Montaiglon dit qu'il mourut vers 1810. C'est une erreur évidente, puisqu'il s'intitule, en 1817, dessinateur de la Chambre du Roi, et qu'il exposa la même année au *Musée Royal des Arts*.

pique et d'une suite de 7 pl. pet. in-f° en largeur intitulée *Histoire du Cheval depuis sa naissance jusqu'à sa mort*, dessinée par Dugourc d'après Martinet, lith. de Ch. Motte, publiée vers la même époque et qui n'est pas sans mérite. Cette suite existe en noir et coloriée.

DUHESME (Louis-Georges-Ernest, VICOMTE).

Officier de cav^{le} français, 1840-1914; sous-lieut^{nt} en 1866; colonel en 1894; retraité en 1901.

Conférence sur la Tactique de la Cavalerie et son emploi en Campagne faite à Messieurs les Officiers de la Garnison de Saint-Mihiel le 26 Janvier 1892. *Saint-Mihiel, Imp. Léopold Mathieu*, 1892.

Broch. in-8° de 25 p. avec 3 croquis de formations, signée à la fin.

DUHOUSSET (Louis-Emile).

Officier d'infanterie français, hippologue, ethnologiste, dessinateur et sculpteur. Il était membre associé de la Société d'Anthropologie, membre titulaire de la Société d'Ethnographie orientale et américaine, membre correspondant de l'Académie de Dijon, 1823-1911.

Sous-lieut^{nt} en 1844; chef de bat^{on} en 1859; lieut^{nt}-colonel au 1er rég^t d'inf^{ie} de marche en 1870, et au 1er rég^t d'inf^{ie} de ligne en 1871; remis chef de bat^{on} la même année; lieut^{nt}-colonel en 1872 et retraité en 1873.

Campagnes : de Rome en 1849-1850. Il fut autorisé à y rester après le départ de son régiment pour fournir des renseignements à Horace Vernet, « chargé « de représenter en peinture le siège de « Rome »; Perse, 1858-1861; en Afrique, 1863-1866; contre l'Allemagne, 1870-71. Prisonnier de guerre à Wœrth.

Il était resté 3 ans en Perse comme membre d'une mission envoyée par le gouvernement français et dont le chef était le com^{dt} d'art^{ie} Brongniart (1). Duhousset, outre ses fonctions militaires, était particulièrement chargé de la partie ethnographique, mais il y adjoignit l'étude du cheval et du chameau, et même celle de la céramique persane, sur la demande que lui en avait faite M. Regnault, alors directeur de la manufacture de Sèvres et membre de l'Institut.

Ses rapports et ses dessins qui les accompagnaient reçurent les plus grands éloges du ministère de la guerre et des corps savants, et notamment de M. de Quatrefages à la séance du 16 mars 1863 de l'Académie des Sciences, ainsi que de MM. Boudin, président de la Société d'Anthropologie, Brugsh, conservateur du Musée Egyptien à Berlin, Anitchkow, ministre plénipotentiaire de Russie en Perse, etc. En 1861, il avait présenté ses dessins à l'Empereur et à l'Impératrice, « et ils avaient vivement intéressé leurs « Majestés ». En 1862, il avait été maintenu au dépôt de la guerre « pour y sur- « veiller la publication de ses études « anthropologiques sur la Perse ».

Ses dessins et mensurations anthropologiques sont conservés au Muséum d'Histoire naturelle. J'ignore ce que sont devenus ses dessins sur les animaux.

Ses ouvrages traitent de l'ethnologie, de l'anthropologie et enfin de la représentation artistique du cheval. Ces derniers seront seuls cités ici.

Notice et Documents historiques sur les Chevaux Orientaux, par le Commandant E. Duhousset, Correspondant de l'Académie de Dijon, Titulaire de la Société d'ethnographie orientale et américaine, Membre associé de la Société d'anthropologie. *Dijon, Imp. J.-E. Rabutot*, S. D. (1862).

Broch. in-8° de 34 p. Extrait des *Mémoires de l'Académie de Dijon*. Les 7 dernières p. sont occupées par un article sur la chasse au faucon et au levrier en Perse.

Notice et Documents historiques sur les Chevaux Orientaux par le Commandant E. Duhousset. — Extrait du *Journal de Médecine Vétérinaire Militaire* (n° 7 — Décembre 1862). *Saint-Germain, H. Picault*, 1863.

Broch. in-8° de 22 p., suivie de 6 pl. h. t. au trait, dessinées par l'auteur et représentant des types de chevaux orientaux.

C'est une 2e éd^{on} de la brochure précédente, avec quelques légères modifications dans le texte, la suppression de l'art. sur la chasse et l'addition des 6 pl. (1).

(1) La couverture de cette brochure contient l'annonce de plusieurs ouvrages de Duhousset, parmi lesquels les suivants intéressent le cheval. Le premier, intitulé : *Tableaux bas-reliefs de l'Anatomie des formes extérieures du Cheval, exécutés d'après Nature à l'Ecole impériale d'Alfort sous la direction du Professeur d'Anatomie.*

(1) Brongniart (Victor-François), officier d'art^{ie}, puis de l'Etat-Major des Places, 1809-18...

Le Cheval — Etudes sur les allures, l'extérieur et les proportions du Cheval. Analyse de tableaux représentant des Animaux. Dédié aux Artistes, par E. Duhousset (Lieutenant-Colonel). *Paris, Chasles, Libraire-Expert et au Moniteur de l'Elevage du Cheval de Service,* 1874.
Broch. gr. in-8° de 63 p. avec 8 pl. h. t. contenant de très nombreuses fig.

Le Cheval. Allures, extérieur, proportions, par E. Duhousset, Lt-Colonel. *Paris, Vve A. Morel,* 1881.
1 vol. gr. in-8° de IV-115 p. avec 51 fig. d. l. t. dont beaucoup contiennent plusieurs sujets.
Vers la même année, le Col. Duhousset a publié :

Le Cheval, Structure, Conformation, Extérieur et Proportions. *Paris, Vve A. Morel, S. D.*

Le Cheval, Tableau synoptique des allures. *Paris, Vve A. Morel, S. D.*

Ce sont deux grandes et belles planches lithographiées sur papier teinté avec rehauts en blanc, contenant, la 1re 6 fig.. la 2e 8 fig.
Sans faire partie de l'ouvrage précédent, ces pl. s'y rapportent cependant. C'est probablement l'ouvrage annoncé sur la couverture de la brochure de 1863.

Le Cheval dans la Nature et dans l'Art, par E. Duhousset, Lieut^t-Colonel. Nombreuses Illustrations dans le texte et hors texte d'après les dessins de l'auteur et des documents photographiques tirés des œuvres de maîtres. *Paris, Henri Laurens, S. D.* (1902).
1 vol. in-4° de 204 p. avec 9 pl. h. t. et 80 fig. d. l. t.
L'ouvrage est divisé en deux parties : le Cheval dans la Nature et le Cheval dans l'Art.
Outre ces ouvrages, le Lt-Colonel Duhousset a publié de nombreux articles

est annoncé comme devant paraître prochainement; mais je pense qu'il s'agit des planches lithographiées publiées beaucoup plus tard, vers 1881, dont le sujet se rapporte bien à ce titre, et qui seront décrites plus loin.
Le deuxième, intitulé : *Album des Chevaux d'Orient, dessins à la plume en noir et en couleur,* est annoncé comme étant en vente chez Grobon, Directeur de l'Agence artistique des Beaux-Arts, 56, rue de l'Ouest. Je n'ai pu jusqu'ici en trouver d'autre trace.

sur la représentation du cheval, la plupart accompagnés de dessins. Je citerai les suivants :

Etude sur les proportions du Cheval.
Illustration des 18 et 25 août et 1er sept. 1883.

Le Cheval dans l'Art.
Gazette des Beaux-Arts, nov. 1883, janvier, mars et mai 1884.

Le Réalisme des Allures dans l'Art.
Magasin Pittoresque des 15 Juillet, 15 et 31 Août 1891.

Le Cheval dans l'Art.
Magasin Pittoresque des 15 avril, 15 juillet, 15 août, 31 oct., 30 nov. et 31 déc. 1892.

Menus propos sur Ninive et certains Jeux assyriens.
Magasin Pittoresque du 15 mars 1893.

Phidias réaliste.
Magasin Pittoresque du 1er mai 1893.

Les Cires de Meissonier.
Magasin Pittoresque du 15 juin 1893.

Le Cheval de Napoléon Ier à Iéna.
Magasin Pittoresque du 15 sept. 1894.
C'est une étude sur le célèbre tableau de Meissonier.

Le Lt-Col. Duhousset avait été chargé pendant plusieurs années, par un journal spécial, du compte rendu des tableaux qui, dans les Expositions, représentaient des chevaux. Artiste lui-même, bon cavalier, ayant soigneusement étudié le cheval en Orient et en France et connaissant parfaitement son anatomie, il avait été frappé de l'inexactitude de la représentation artistique de cet animal, tant au point de vue des proportions qu'à celui des mouvements. D'où ses patientes études.
Ses ouvrages, indispensables à connaître pour tous ceux qui s'occupent de la représentation du cheval, sont cités et commentés par Goubaux et Barrier, par Jacoulet et Chomel, et, tout particulièrement par Salomon Reinach (voy. ces noms).

A l'époque où parut la 1re éd^{on} de *Le Cheval,* on n'avait pas encore fait, sur le mécanisme et la représentation des allures, les découvertes dues à la photographie instantanée. On sait que c'est l'Américain Muybridge qui obtint, vers 1878, les séries d'épreuves photographiques représentant les diverses attitudes du cheval au galop. Elles furent d'abord accueillies en France par une complete incrédulité, et Muybridge fut traité de farceur. C'est Duhousset qui, le premier, au moyen d'un petit instrument appelé *Zootrope* (1), montra que les séries de Muybridge étaient une reproduction fidèle des attitudes successives du Cheval au galop allongé.

Ce fut une révolution considérable dans l'art de représenter le cheval en mouvement, car la photographie instantanée a montré que la représentation du cheval, depuis l'antiquité jusqu'à nos jours, avait été quelquefois fidèle pour le trot et le saut des obstacles, rarement pour le pas et *jamais* pour le galop.

Pour cette dernière allure, dit M. Salomon Reinach (voy. ce nom) dans son ouvrage *La Représentation du galop dans l'art ancien et moderne*, « l'art venait d'être
« convaincu d'une impuissance plus de
« trente fois séculaire à fixer, dans le
« marbre et sur la toile, un mouvement
« familier à tous, mais dont les détails
« échappent, par leur rapidité, à la
« vision ».

Mais l'art doit-il, sous prétexte d'exactitude, reproduire ce que l'œil humain ne perçoit jamais ? La discussion dépasserait les limites de cette notice, et je dirai seulement que le Dr Le Bon (voy. ce nom), dans son ouvrage *L'Equitation actuelle et ses Principes*, le conteste énergiquement : « Muybridge, dit-il,... rendit
« un grand service à la science, mais il
« exerça la plus désastreuse influence sur
« la peinture équestre ».

L'historique de ces ardentes discussions est fait clairement et exactement dans l'*Avant-propos* du dernier livre de Duhousset et la solution, qui n'est pas facile, en est donnée aussi complètement que possible dans le corps de cet intéressant ouvrage.

Voy., pour cette discussion, *Le Bon, Salomon Reinach, Duhousset, Bousson, Raabe*, ainsi que mes notices sur *Meissonier, Carle Vernet, le C*te* du Passage* (2), *Gautier*.

D'anciens travaux traitent aussi de la représentation du cheval. Voy. *Vincent et Goiffon, Bourgelat, de Garsault*, etc.

(1) Feuille de carton circulaire sur le contour de laquelle Duhousset dessina en silhouette, dans leur ordre successif, les photographies de Muybridge. Au moyen d'un petit essieu central, appuyé sur deux coussinets, on imprimait à la feuille de carton un mouvement de rotation rapide et, à l'étonnement de l'expérimentateur, le galop de course se trouva exactement reproduit, tel que l'œil le perçoit.

(2) « La photographie instantanée, c'est un
« mot dans une phrase », a dit très heureusement le Cte du Passage (papiers inédits).

DUINE (Joseph).
Propriétaire éleveur et agriculteur à Frendah en Algérie.

De l'élevage du Cheval algérien, par J. Duine, Propriétaire-Eleveur à Frendah (Oran). *Paris, Maloine*, 1902.
Broch. in-8º de 31 p.

DULIÈGE (R.-A.).
Vétérinaire français, diplômé d'Alfort en 1856.

Quelques mots sur la tonte du Cheval au point de vue de l'hygiène. Travail publié dans le *Journal d'Agriculture pratique*, par R. A. Duliège, Vétérinaire à Beaufort. *Paris, Librairie agricole*, 1870.
Broch. in-8º de 24 p.

L'auteur est partisan de la tonte. Voy., sur le même sujet, Chénier, Mouilleron, Favre (J.-C.), Noyès, Lassaigne, etc.

DULUC (Hippolyte).
Vétérinaire français, diplômé d'Alfort en 1843, mort en 1903.

Du Cheval. De ses qualités héréditaires; par M. Hipp. Duluc, Médecin-vétérinaire, Secrétaire général de la Société hippique de la Gironde. (Extrait du *Congrès scientifique de France*, 28e Session. T. IV.) *Bordeaux, Imp. & Lib. Maison Lafargue*, 1863.
Broch. in-8º de 34 p.

Ce mémoire répondait à la question suivante, posée au *Congrès scientifique de France* tenu à Bordeaux en 1861 :
« L'organisation actuelle des courses de
« chevaux n'est-elle pas plus nuisible
« qu'utile, en ce qui concerne la produc-
« tion des races destinées au trait ou à
« l'agriculture. »

L'auteur, qui semble n'avoir vu la question que par le petit côté, répond par l'affirmative. Il demande la création de jumenteries de l'Etat et se déclare favorable aux courses au trot.

DUMAS (LE COMTE Mathieu).
Général de division, administrateur, historien militaire et homme politique français, 1753-1837. Entré à 17 ans dans l'arme du génie, devint capitaine de chasseurs en 1776. Aide de camp du Mal de Puységur puis de Rochambeau, il prit une part glorieuse aux campagnes de l'Indépendance américaine. Il remplit ensuite d'importantes missions dans l'Ar-

chipel, sur les côtes d'Asie, dans la mer Noire, en Allemagne et en Hollande. Après avoir été directeur du dépôt de la guerre, il ramena à Paris le Roi arrêté à Varennes Nommé alors maréchal de camp, il fut élu, en 1791, député de Seine-et-Oise à l'Assemblée législative où il défendit courageusement Luckner et Lafayette et où il traita avec autorité les questions militaires. Il quitta la France en 1792, et se réfugia en Suisse où il resta jusqu'après le 9 Thermidor. En l'an IV, il fut élu au Conseil des Cinq-Cents, fut proscrit au 18 Fructidor, s'échappa, fut rappelé après le 18 Brumaire et fut nommé conseiller d'Etat en l'an IX. Général de division en l'an XIII, il prit part aux grandes batailles de 1805, fut ministre de la guerre de Joseph à Naples, aide-major général des armées impériales à Madrid puis en Allemagne où il prit part aux batailles d'Essling et de Wagram. Intendant général de la grande armée à la campagne de Russie, il y fut fait prisonnier et relâché à la paix. Conseiller d'Etat sous la Restauration, député de Paris en 1828, réélu en 1830, pair de France en 1831 et retraité en 1832. Il était, dans ses dernières années, devenu presque aveugle. Le g^{al} Mathieu Dumas est l'auteur de nombreux et importants ouvrages sur l'art et l'histoire militaires.

Rapport et Projet de Décret faits et présentés à l'Assemblée nationale, au nom des Comités militaire, diplomatique et de législation; par M. Dumas, Député du Département de Seine-&-Oise, concernant les 5e et 6e régiments de dragons, prévenus d'avoir abandonné leur poste de bataille à l'affaire de Mons; imprimés et envoyés à l'Armée par ordre de l'Assemblée Nationale. Du 11 Mai 1792. *Imp. Nationale* (1792). Broch. pet. in-8° de 8 p.

Rapport fait à l'Assemblée Nationale, au nom du Comité militaire, concernant le sixième régiment de Dragons; par M. Dumas, Député du Département de Seine-&-Oise; le (1) Juin 1792, l'an 4me de la Liberté. Imprimé par ordre de l'Assemblée Nationale. *Imp. Nationale*, (1792). Pet. in-8° de 4 p.

Ces deux rapports ont été établis à la suite d'une panique qui avait entraîné une partie des 5e et 6e dragons à l'affaire de Mons. Les fuyards arrivèrent jusqu'à Valenciennes, malgré les efforts du colonel et du général Biron. Le premier projet de décret prévoyait la composition d'une cour martiale, l'obligation pour les deux régiments de dénoncer les coupables, la cassation des deux régiments dont les guidons devaient être brûlés à la tête du camp et dont les N^{os} devaient rester « à jamais vacans » si les coupables n'étaient pas indiqués.
Mais les 15 plus coupables ayant été dénoncés, ces mesures de rigueur ne furent pas exécutées.

Rapport et Projet d'Arrêté sur l'Etablissement, le Service, l'Administration et l'Inspection générale des Haras par la Légion d'honneur. C^{en} Mathieu Dumas, Rapporteur (1). *A Paris, de l'Imp. de la République*, 18 Frimaire An XI.
Broch. in-4° de 10 p.

Le Rapport de Mathieu Dumas est suivi d'un Projet d'Arrêté d'après lequel « la Légion d'Honneur, à raison des « biens que la nation lui a affectés par « la loi du 28 Floréal An X, est tenue « d'entretenir, dans les propriétés qui lui « sont concédées, des étalons propres « à régénérer les races de chevaux.
« Il sera formé, aux frais de la Légion « d'honneur, cinq grands haras et onze « dépôts d'étalons dans les seize arron- « dissemens de cohortes, et autant qu'il « se pourra dans les chefs-lieux... etc. »
Ce projet n'a eu aucune suite, mais il est curieux et peu connu. Ni le Cte de Montendre, ni Eug. Gayot (voy. ces noms) n'en parlent.

DUMAS (Noël-Jean-Baptiste-Henri-Alphonse).
Général français (inf^{ie}), né en 1854, sous-lieut^{nt} en 1876, général de brigade en 1911. Il s'est occupé avec succès de dressage et d'équitation de haute école.

Equitation diagonale dans le mouvement en avant. *Paris et Nancy, Berger-Levrault*, 1892.

1 vol. in-16 de xvi-219 p., anonyme. Dédicace de l'auteur « à mes Professeurs : « les Chevaux ». Lettre-préface de M. Milne-Edwards, Membre de l'Institut.

Equitation diagonale dans le mouvement en avant. Album de Haute-Ecole d'Equitation, par le Capitaine J.-B. Dumas et le Vte de

---

(1) En blanc dans l'original.

(1) Au Conseil d'Etat.

Ponton d'Amécourt. *Paris, L. Baudoin*, S. D. (1895).

Album in-f° obl.

L'ouvrage se compose d'une préface de VIII p., d'une explication de 4 p. et de 78 pl. en phototypie contenant chacune de 1 à 12 fig., avec quelques p. de texte, ornées de vignettes et intercalées entre chaque division de l'Album.

Le cap^{ne} Dumas est l'auteur du texte et est représenté, ainsi que ses chevaux, sur toutes les photographies instantanées qui sont l'œuvre de M. *d'Amécourt*, alors cap^{ne} au 79e d'inf^{ie} et démissionnaire depuis.

L'éditeur *L. Baudoin* a publié en même temps un extrait de cet ouvrage, réduit aux 15 pl. qui ne contiennent qu'un seul grand sujet.

Peu après, le com^{dt} Dumas a écrit des *Lettres sur l'Equitation*, autographiées à très petit nombre, non mises dans le commerce et sur lesquelles je n'ai pas d'autre renseignement.

DUMAY (G.), voy. FIGUEUR (Thérèse).

DUMESNIL, voy. MESNIL (DU).

DUMONT (R.).

Manuel pratique de l'Alimentation du Bétail. Alimentation rationnelle, par R. Dumont, Professeur spécial d'Agriculture à Cambrai (Nord) — Les Aliments et leur digestibilité, Rations, Condiments, Boissons, Aliments humides (Fourrages verts, Racines, Produits d'ensilage, Résidus industriels) — Aliments secs (Foins, Pailles, Graines, Résidus industriels) — Pratique de l'Alimentation du Bétail, Chevaux, Bœufs, Moutons, Porcs (Animaux reproducteurs, Animaux de travail, Animaux laitiers, Animaux à l'engrais). *Paris, J.-B. Baillière et fils*, 1903.

. 1 vol. in-16 de 360 p.

Outre les généralités et l'étude des produits alimentaires, qui sont applicables au cheval, son alimentation spéciale comprend les p. 241 à 270 : étalon — jument poulinière — poulain — cheval de trait — cheval de course — cheval des armées. L'auteur emprunte de nombreux renseignements aux travaux de M.M. Bixio, Grandeau et Lavalard (voy. ces noms).

DUMONT SAINT-PRIEST (Pierre-François-Henri-Eugène).

Officier des Haras français, né en 1851.

Dépôt d'Etalons de Villeneuve-sur-Lot. — Stud-Book des Etalons qui ont fait partie de l'effectif de Villeneuve-sur-Lot de 1846 à 1903, par E. Dumont Saint-Priest. *Villeneuve-sur-Lot, Renaud Leygues*, 1903.

1 vol in-12 de 180 p. Frontispice en phototypie.

L'ouvrage se termine par des renseignements sur le dépôt (dont l'auteur est directeur), les concours de la région, la remonte de l'armée, les étalons particuliers, les hippodromes de la circonscription, les officiers du dépôt depuis 1846, etc.

DUMOURIEZ, voy. INSTRUCTION PROVISOIRE SUR LE CAMPEMENT DES TROUPES A CHEVAL.

DUNESME (H.).

Pseudonyme de M. Henri Richardot.

Les Cuirassiers de Freischwiller (sic) par H. Dunesme. *Paris, Imp. Viéville et Capiomont*, S. D.

Broch. in-12 de 7 p.

Pièce de vers en l'honneur des charges légendaires des cuirassiers à Frœschwiller, le 6 août 1870.

DUNGHEN (V.-H.), voy. DISCOURS DE LA VICTOIRE DE CAVAILLERIE.

DUNIS (F.-Aldrice).

Vétérinaire français, diplômé de Toulouse en 1868.

Ecole Impériale vétérinaire de Toulouse — Des Hydropisies synoviales, par F. Aldrice Dunis, Médecin-Vétérinaire — .Thèse pour le Diplome de Médecin Vétérinaire, présentée et soutenue le 28 juillet 1868. *Toulouse, Imp. J. Pradel et Blanc*, 1868.

Broch. in-8° de 61 p. Dédicace de l'auteur à ses parents et professeurs. Concerne le cheval.

DUPAS (Léon), voy. SÉDON (Paul).

DUPATY DE CLAM (Louis-Charles MERCIER).

DUP — 424 — DUP

Officier de cavalerie français, 1744-1782. Il était fils de Charles-Jean-Baptiste Mercier Du Paty, Président des Trésoriers de France au bureau des finances de La Rochelle et fut l'élève de La Pleignière (voy. ce nom), Ecuyer du Roi à Caen qui le présenta aux Mousquetaires où il entra le 29 Mai 1762 et servit à la 1re compagnie (1). Il quitta le corps par congé le 1er Décembre 1769 (2). Il devint alors membre de l'Académie des Sciences et Belles-Lettres de La Rochelle, où il semble s'être retiré, et de celle de Bordeaux.

Pratique de l'Equitation, ou l'Art de l'Equitation réduit en Principes par M. Dupaty de Clam, Mousquetaire dans la première Compagnie. *A Paris, chez Lacombe, Libraire, rue Christine,* 1769.

1 vol. pet. in-8° de VIII-256 p. Dédicace à M. le Cte de la Chèze, Lieut^t Général des Armées du Roi, Capitaine-Lieutenant de la 1re comp^{ie} des Mousquetaires.

Même ouvrage, même titre. *A Paris, chez Claude-Antoine Jombert Fils aîné, Libraire, rue Dauphine, près le Pont-Neuf,* 1769.

C'est la même éd^{on}, avec un titre nouveau.

Traités sur l'Equitation, par M. Dupaty de Clam, Membre de l'Académie des Sciences de Bordeaux, Auteur de la *Pratique de l'Equitation — Aux Deux-Ponts, de l'Imp. Ducale. Et se trouve à Paris, chez* Lacombe, *Libraire, rue Christine, près la rue Dauphine,* 1771.

1 vol. pet. in-8° de VI-216 p. Le faux-titre porte : *Traité de la Cavalerie de Xénophon, Traduit du Grec.*

Traités sur l'Equitation, avec une traduction du Traité de la Cavalerie de Xénophon. Par M. Dupaty de Clam... (etc., comme ci-dessus). *Aux Deux-Ponts et se trouve à Paris, chez Lacombe,* 1772.

C'est la même éd^{on} avec un titre nouveau.

L'ouvrage commence par la traduction du *Traité de la Cavalerie* (1) de Xénophon. Viennent ensuite l'*Essai sur la Théorie de l'Equitation* où les mouvements de l'homme et du cheval sont ramenés à l'étude de la mécanique, et enfin un *Discours* adressé aux membres de l'Académie de Bordeaux sur « les rapports de l'Equitation avec la Physique, la Géométrie, la Méchanique et l'Anatomie ».

La Science et l'Art de l'Equitation démontrés d'après la nature ; ou Théorie et Pratique de l'Equitation, fondées sur l'anatomie, la méchanique, la géométrie & la physique. Par M. Dupaty de Clam, ancien Mousquetaire, de l'Académie des Sciences, Belles-Lettres & Arts de Bordeaux. *A Paris, de l'Imp. de Fr. Amb. Didot, rue Pavée S. André,* 1776.

1 vol. in-4° de 364 p. avec 9 pl. gravées h./t. dessinées par Harguinier (2).

L'ouvrage débute par la reproduction du *Discours* qui se trouvait à la fin du précédent.

Même ouvrage, même titre. *Yverdon, de l'Imp. de la Soc. Litt. & Typog.,* 1777.

1 vol. in-8° de XXIV-348 p. Les pl. sont la reproduction réduite et médiocre de celles de l'éd^{on} précédente.

Mémoire sur l'Art de la Sellerie et description d'une Selle inventée par Monsieur Dupaty de Clam, des Académies Royales des Sciences,

---

(1) Les Mousquetaires faisaient partie de la Maison du Roi et formaient deux Compagnies, la 1re dite des Mousquetaires gris et la 2e des Mousquetaires noirs, d'après la robe de leurs chevaux. Primitivement, ils représentaient le corps des Dragons dans la Maison du Roi et étaient, comme eux, destinés à combattre à pied et à cheval. Aussi avaient-ils un étendard et un drapeau : on sortait l'un ou l'autre suivant le cas. Ils avaient aussi des tambours, même à cheval. Pour entrer dans ce corps d'élite, il fallait bien entendu faire preuve de noblesse, mais le candidat devait en outre être présenté par un personnage d'une suffisante notoriété dont les contrôles donnent toujours le nom et la qualité. Ils indiquent aussi la profession du père, probablement pour justifier qu'il n'avait pas dérogé. Les Mousquetaires avaient rang de sous-lieutenant ; le Capitaine-Lieutenant commandant la Compagnie était quelquefois Maréchal de Camp et, plus habituellement, Lieutenant-Général.

(2) C'est à tort que Duplessis, dans *L'Equitation en France,* dit qu'il devint Maréchal de Camp.

(1) Malgré ce titre, ce n'est pas le livre *Du Commandant de la Cavalerie* que Dupaty de Clam a traduit, c'est celui de *l'Equitation.* Mais on sait qu'alors le mot cavalerie avait un sens plus étendu qu'actuellement.

(2) L'auteur des planches du *Manège* de *l'Encyclopédie* et de celles du *Cours d'Hippiatrique* de Lafosse.

Belles-Lettres & Arts de Bordeaux, La Rochelle, etc. *A La Rochelle, chez Jérome Légier, Imprimeur du Roi et de l'Académie, 1779.*

Broch. pet. in-8° de 20 p.

Dupaty de Clam avait imaginé de supprimer les arçons, de manière à rendre la selle souple et flexible — ce qui eût inévitablement causé de graves blessures au dos du cheval. Sa selle, « qu'on peut « nommer Selle à la Rocheloise », se vendait chez le Sieur Gaborit, Sellier, rue Porte-Neuve, à La Rochelle.

Les études de Dupaty de Clam sur l'anatomie de l'homme et du cheval ont sans doute contribué aux progrès de l'équitation ; mais il a poussé trop loin l'assimilation de cet art aux sciences exactes, géométrie et physique. Aussi ses ouvrages, d'ailleurs savants et consciencieux, sont-ils souvent obscurs et, plus souvent encore, ennuyeux.

Mais c'est à tort qu'on l'a accusé d'être « un Ecuyer en chambre ». Il avait beaucoup et bien monté et ses principes d'équitation — quand il sort de la spéculation et qu'il passe à la pratique — sont souvent judicieux et témoignent de son expérience (1).

DUPLESSIS (Charles-Alphonse).

Vétérinaire militaire français, 1824-1895. Diplômé d'Alfort en 1848, vétérinaire en 1er en 1861, vétérinaire principal de 1re cl. en 1879, retraité en 1883. Est resté plusieurs années à Saumur, a fait la campagne d'Italie en 1859, et celle contre l'Allemagne en 1870-71.

De l'origine de la Ferrure à clous chez les Gaulois. Lecture faite à la Société Archéologique d'Ille-et-Vilaine, dans la Séance du 12 Juillet 1866. *Rennes, Imp. Catel*, (1866).

Broch. in-8° de 22 p.

Etude sur l'origine de la Ferrure du Cheval chez les Gaulois, résumé du Mémoire lu en plusieurs Séances à la Société archéologique de Rennes. 1865-1866 par M. Duplessis, Membre de la Société d'Archéologie d'Ille-et-Vilaine. *Paris, Imp. Impériale*, 1867.

Broch. in-8° de 14 p.

(1) Le Col. Picard, *Origines de l'Ecole de Cavalerie*, dit — T. I, p. 351 — que Dupaty de Clam publia en 1781 un ouvrage intitulé *Différentes parties de l'Equitation*. Je n'en ai trouvé trace ni à la Bib. Nat., ni à celle de Saumur, ni à celle de la Guerre, ni à celle de La Rochelle, etc., etc.

Dans ces deux opuscules, l'auteur combat l'opinion de plusieurs archéologues qui faisaient remonter l'usage de la ferrure aux Gallo-Romains du Haut-Empire, aux Gaulois leurs pères et même aux Celtes.

L'Equitation en France, ses Ecoles et ses Maîtres depuis le xve siècle jusqu'à nos jours, par Charles Duplessis. Préface de M. le Général L'Hotte, ancien Ecuyer en chef et ancien Commandant de l'Ecole de Saumur. *Paris et Nancy, Berger-Levrault*, 1892.

1 vol. gr. in-8° de VIII-640 p.

Ouvrage sérieux, bien documenté, puisé à de bonnes sources et renfermant beaucoup d'utiles renseignements sur l'histoire de l'Equitation et celle des principaux écuyers. Toutefois il y a quelques lacunes dans les notices sur les écuyers célèbres, surtout en ce qui concerne le XIXe siècle.

DUPON (J.), voy. MONTAGNAC (J.-B.).

DUPONT (Albert-Hector).

Bibliothécaire de l'Ecole de Saumur, né en 1840.

Recherches sur les raids de cavalerie et les courses de fond, par A. Dupont, Bibliothécaire-archiviste de l'Ecole de cavalerie, Chevalier de la Légion d'honneur. *Saumur, Milon*, 1897.

1 vol. in-12 de 194 p.

DUPONT (Jean-Baptiste-Aimé).

Officier de cavalerie français, 1803-1875. Engagé volontaire en 1823, sous-lieut^{nt} en 1832, retraité comme chef d'esc^{ons} en 1855. Il a été capitaine instructeur à Saumur de 1845 à 1851 et a fait la campagne de Crimée au 4e Hussards.

Album des Evolutions de Ligne pour une Brigade, avec les planches dans le texte, par A. D., Capitaine Instructeur. *Paris, Leneveu*, 1844.

Broch. in-32 de 73 p.

Même ouvrage, même titre. *Paris, Leneveu*, 1853.

Broch. in-32 de 79 p.

Pour ces évolutions, Dupont suit naturellement l'Ordonnance de 1829 et suppose la division composée de deux brigades et chaque brigade de deux régiments à 6 escadrons.

Cours abrégé d'Equitation militaire à l'usage des Troupes à cheval, par Dupont, capitaine. *Metz (Verronnais?)*, 1845.

1 vol. in-32 de p. avec 20 fig., que je ne connais que par son titre.

Eléments abrégés d'un Cours d'Equitation militaire par A. Dupont, Capitaine Instructeur à l'Ecole de Cavalerie de Saumur, illustrés de nombreuses gravures sur bois. — Adopté par la Cavalerie — Prix, cartonné 2 fr. 25 — *Saumur, chez les Libraires dépositaires et Paris, A. Leneveu*, 1847.

1 vol. in-18 de IV-256 p.

Cet ouvrage est une sorte d'encyclopédie hippique qui contient un résumé de toutes les connaissances nécessaires aux officiers et aux sous-officiers des troupes à cheval.

Guide de l'Instructeur pour la méthode d'application de l'École du Cavalier et du Peloton, à pied et à cheval, d'après la progression suivie à l'Ecole de Cavalerie de Saumur, avec 40 figures dans le texte. *Paris, Leneveu*, 1850.

1 vol. in-32 de 224 p., publié sans nom d'auteur. La couverture porte 1851.

Les nouveaux règlements ont enlevé leur intérêt aux petits ouvrages didactiques du cap^ne Dupont, sauf à celui de 1847. Aussi ont-ils à peu près disparu.

DUPONT (Jean-Prosper), dit **DUPONT (de BORDEAUX)**.

Vétérinaire français, diplômé de Toulouse en 1837, a été longtemps vétérinaire à Bordeaux, 1816-1879.

La Morve devant l'Académie, par M. Dupont, Médecin Vétérinaire (Extrait de *L'Union médicale de la Gironde*, octobre 1861). *Bordeaux, Imp. de Mme Crugy*, S. D. (1861).

Broch. in-8° de 15 p.

L'auteur pense que la morve peut se développer spontanément chez l'homme et donne une observation détaillée à l'appui de cette opinion.

Infécondité et stérilité au point de vue de l'Elevage, de la Médecine et de la Chirurgie vétérinaires, par M. Dupont (de Bordeaux). Extrait du *Recueil de Médecine vétérinaire*. *Paris, Renou et Maulde*, 1869.

Broch. in-8° de 30 p.

L'opuscule traite de la jument et de la vache.

Extrait des *Archives vétérinaires*. N° 20 — 25 Octobre 1877 — **La Loi du 20 Mai 1838 — Les réformes proposées**, par M. Dupont, Vétérinaire à Bordeaux. *Paris, Imp. E. Martinet*, S. D. (1877).

Broch. in-8° de 15 p.

Il était alors question de modifier la loi de 1838 et, en particulier, de supprimer de la rédhibition la fluxion périodique et la vieille courbature. Dupont demande leur maintien. Il n'obtint gain de cause que pour la fluxion périodique maintenue dans la loi de 1884, mais après sa mort.

Extrait des *Archives vétérinaires*, n° du 10 février 1878. **Induration double des parotides chez le Bœuf et chez le Cheval — Cornage consécutif, Guérison**; par M. Dupont (de Bordeaux). *Paris, Imp. E. Martinet*, S. D. (1878).

Broch. in-8° de 14 p.

Epizooties dans la Gironde. La confraternité et la science... anonymes par M. Dupont (de Bordeaux). *Paris, Imp. E. Martinet*, S. D. (1878).

Broch. in-8° de 9 p.

Traumatisme des muscles sous-lombaires, par M. Dupont (de Bordeaux). Extrait des *Archives vétérinaires* des 10 et 15 Janvier 1879. *Paris, Imp. E. Martinet* (1879).

Broch. in-8° de 24 p.

DUPONT (Marcelin).

Vétérinaire français, diplômé de Toulouse en 1873.

Origine et Domestication du Cheval, par M^n Dupont. *Tarbes, Imp. Larrieu*, 1873.

Broch. in-8° de 52 p. (Thèse de Toulouse).

L'Age du cheval et des principaux animaux domestiques, âne, mulet, bœuf, mouton, chèvre, chien, porc, oiseaux de basse-cour et de volière, par M. Marcelin Dupont, Médecin-Vétérinaire, Professeur à

l'Ecole d'Agriculture pratique A. Delhomme de Crézancy. Avec 30 pl. coloriées et 6 pl. noires. *Paris, J.-B. Baillière et fils*, 1893.
1 vol. in-18 de 188 p. dont VIII pour la Préface.

La santé du Cheval par les soins de la Denture par Marcelin Dupont, Médecin-Vétérinaire. Préface de M. Emile Thierry. *Paris, Lib. des Sciences agricoles, Charles Amat*, 1906.
1 vol. in-16 de IX-102 p., avec 26 fig. d. l. t.

DUPONT (Pierre-Louis), voy. VANDECASTEELE.

DUPONT (Prosper-François).
Officier de cav^{le} français, 1820-1897. Sous-lieut^{nt} en 1843, chef d'esc^{ons} en 1867, retraité en 1876. Campagne de 1870-71 contre l'Allemagne.

Si j'étais Ministre ! Ministre de la Guerre ! ! Simple exposé de considérations pratiques par P. Dupont, Chef d'escadron (sic) en retraite, Officier de la Légion d'honneur. *Tours, Imp. Rouillé-Ladevèze*, 1881.
1 vol. in-8° de 167 p.

L'auteur demande des réformes et des améliorations. Plus de la moitié de l'ouvrage est consacrée à la cav^{le} et aux remontes dans lesquelles Dupont avait été détaché pendant 4 ans.
Ouvrage assez curieux et peu commun.

DUPONT-DELPORTE (Camille-Hugues-Henry-Napoléon, BARON).
Officier de cav^{le} français, 1811-1887. Sous-lieut^{nt} en 1833 au 3me chasseurs d'Afrique, a fait les campagnes d'Algérie au commencement de la conquête et a reçu 3 blessures aux expéditions de Constantine. Démissionnaire en 1848 au moment où il venait d'être nommé chef d'esc^{ons} au 3me Lanciers (1).

Organisation militaire — De la nécessité d'établir des collèges et des haras militaires en France, par H. Delporte, lieutenant au 7me cuirassiers. *Paris, Gauthier-Laguionie*, 1840.
Broch. in-8° de 52 p.

L'auteur y détaille tout un plan d'éducation destiné à développer, dès le premier âge, le goût et l'aptitude militaires. Des écoles vétérinaires, des haras militaires et des dépôts de remonte devaient être joints à ces collèges pour l'instruction des élèves qui se seraient destinés à la cavalerie. Ecoles et collèges devaient être gratuits pour les fils de militaires seulement.

DUPORTAIL.

Le Vétérinaire incomparable, recommandé à tous les Propriétaires de Chevaux, Cultivateurs, Marchands de Bestiaux, etc., contenant un Traité complet de toutes les Maladies ou Accidents auxquels sont journellement exposés tous nos Animaux domestiques, par M. Duportail, ex-Médecin Vétérinaire, ex-Membre de diverses Sociétés scientifiques. *Lamarche-sur-Saône, J. Martin*, S. D. (vers 1879).
1 vol. in-8° de 448 p., avec 1 pl. pour le cheval, 1 pl. pour le bœuf et 6 pl. coloriées pour la botanique.

Le cheval occupe les 130 premières pages. Mauvaise compilation de remèdes empiriques empruntés, pour la plupart, aux anciens hippiâtres.

DUPRÉ (Edouard-Paul-François).
Officier de cav^{le} français, né en 1845. Sous-lieut^{nt} en 1866, chef d'esc^{ons} en 1883, retraité en 1901 (1).

Méthode d'Instruction pour un Escadron, par P. Dupré, Capitaine au 1er Régiment de Spahis. *Paris, J. Dumaine*, 1881.
Broch. in-18 de 26 p.

DUPUY (Alexis-Casimir).
Vétérinaire français, 1775-1849. Après avoir servi dans les armées républicaines de 1792 à 1795, il quitta le service et entra à Alfort où il fit de brillantes études et où il fut bientôt nommé professeur. Il se lia alors avec Dupuytren et collabora avec lui pour divers travaux. En 1828, il fut nommé directeur de l'Ecole vétérinaire qui venait d'être fondée à Toulouse, mais des désordres graves y éclatèrent et il fut mis à la retraite en 1832. Dupuy était membre de l'Académie de médecine et d'un grand nombre de sociétés savantes.

De l'Affection tuberculeuse vulgairement appelée Morve, Pulmo-

---

(1) C'est le père de l'auteur de l'*Historique du 22me Dragons*. (Voy. *Historiques*.)

(1) Voy. ce nom aux *Historiques de régiments*, 30e Dragons.

nie, Gourme, Farcin, Fausse-Gourme, Pommelière, Phthisie du Singe, du Chat, du Chien et des Oiseaux domestiques, comparée à l'Affection hydatideuse ou Pourriture du Mouton, du Lapin, du Lièvre et à la Ladrerie du Cochon, par M. Dupuy, Médecin-Vétérinaire et Professeur à l'Ecole royale d'Economie rurale et vétérinaire d'Alfort, Membre de la Société médicale d'Emulation. *Paris, Crochard; ibid., Gabon*, 1817.

1 vol. in-8° de XII-479 p., plus 2 tableaux se dépliant. Dédicace à M. Dupuytren, Chirurgien en chef de l'Hôtel-Dieu, etc.

« Dans ce livre, dit M. Neumann, sont
« faits les rapprochements... les moins
« justifiés, identifiées les affections les
« plus dissemblables, émises les hypo-
« thèses les plus fragiles. »

De la Fluxion vulgairement appelée périodique, ou Recherches historiques, physiologiques et thérapeutiques sur cette Maladie, auxquelles on a ajouté des considérations sur le Cornage, la Pousse, et la section des Nerfs Pneumogastriques ; par M. Dupuy, Directeur-Professeur de l'Ecole vétérinaire de Toulouse, Membre titulaire de l'Académie royale de Médecine, Membre résidant des Sociétés royales d'Agriculture et de Médecine de Toulouse, Correspondant spécial de la Société de Médecine de Paris, Membre honoraire de la Société des Sciences naturelles et médicales de Dresde, etc. Ouvrage utile aux Vétérinaires, aux Cultivateurs, aux Propriétaires et aux Amateurs de Chevaux. *Toulouse, Senac ; Paris*, Mme *Huzard née Vallat-Lachapelle*, 1829.

1 vol. in-8° de 204 p.

Académie royale de Médecine — Du Traitement de l'Affection calcaire vulgairement nommée Morve des Chevaux, par M. Galy, Pharmacien de l'Ecole de Paris — Rapport de MM. Bouley, Médecin vétérinaire et Dupuy, Rapporteur. *Paris, Imp. d'Hippolyte Tilliard*, 1836.

Broch. in-8° de 24 p.

Les chevaux soumis à l'expérience ont été sacrifiés avant que le traitement ne fût entièrement terminé. Dupuy n'en conclut pas moins que la guérison serait devenue complète en continuant un bon régime. C'était un peu hasardé.

Dupuy a aussi publié un nombre considérable d'articles dans les journaux et recueils spéciaux, principalement dans le *Journal pratique de Médecine vétérinaire*, qu'il avait fondé en 1826 ; beaucoup concernent le cheval.

DUPUY (Antoine-Joseph).

Vétérinaire militaire et docteur en médecine français. Né en 1856, diplômé d'Alfort en 1877, vétérinaire major en 1902.

Faculté de Médecine de l'Université de Nancy — A propos d'un cas de Morve humaine — Thèse présentée et soutenue publiquement le Samedi 12 juillet 1902. à 4^h ; pour obtenir le grade de Docteur en Médecine par Antoine-Joseph Dupuy né à Montréal (Gers), le 16 Avril 1856, Vétérinaire militaire. *Nancy, A. Crépin-Leblond*.

1 vol. in-8° de 176 p. avec 6 pl. h. t. dont 2 photographies. Dédicace d'usage aux maîtres de l'auteur.

L'ouvrage contient la relation d'un cas de morve humaine avec essais de sérothérapie, des généralités sur la morve et son bacille et un aperçu sur la morve de l'homme et celle des solipèdes.

DUPUY (B.).

Pharmacien français, établi à Bruxelles.

L'Agriculteur Vétérinaire, par B. Dupuy, Lauréat de la Faculté de Médecine de Paris. *Paris et Bruxelles, Lib. des Sciences pratiques*, S. D. (vers 1887).

1 vol. in-8° de 250 p.

C'est un dictionnaire alphabétique des maladies des animaux, avec l'indication du traitement médical ou chirurgical qui leur est applicable. Celles du cheval occupent une partie importante de l'ouvrage.

DUPUY (Jean-Raoul).

Officier de cav^ie français. Né en 1845, sous-lieut^nt en 1877, colonel en 1900, général de brigade en 1903, passé au cadre de réserve en 1907.

Notes sur l'Education morale du Cavalier. 1880.

1 vol. in-12 d'environ 150 p. non signé et autographié à la presse du 3ᵉ Hussards. N'a pas été mis en vente.

Historique du 3ᵉ Hussards, 1887 ; du 12ᵉ Chasseurs, 1891 ; des Régiments de Hussards, 1893 ; voy. *Historiques.*

Etude sur la Cavalerie des Etats-Unis d'Amérique, par le Lieutenant-Colonel Raoul Dupuy, du 4ᵉ Régiment de Dragons. *Chambéry, Imp. Savoisienne,* 1896.

Broch. in-8º de 63 p.

Les Raids dans la Cavalerie des Etats-Unis d'Amérique pendant la guerre de la Sécession (1861-1865), par le Lieutenant-Colonel Raoul Dupuy, du 2ᵉ Régiment de Dragons. *Chambéry, Imp. Savoisienne,* 1898.

Broch. in-8º de 94 p., avec une carte du théâtre de la guerre.

La Reconnaissance d'officier par le Lieutenant-Colonel Raoul Dupuy, du 2ᵉ Régiment de Dragons. *Chambéry, Imp. Savoisienne,* 1899.

Broch. in-8º de 39 p.

DUPUY (Victor).
Officier de cavˡᵉ français, 1777-1857.

Souvenirs militaires de Victor Dupuy, Chef d'escadrons de Hussards, 1794-1816. Publiés avec une préface par le Général Thoumas (1). *Paris, Calmann-Lévy,* 1892.

1 vol. in-12 de viii-316 p.

L'ouvrage contient la biographie militaire de Victor Dupuy, complétée dans la préface par le Gᵃˡ Thoumas en ce qui concerne les périodes écoulées avant son entrée au service et après qu'il l'eut quitté.

DUPUY DEMPORTES (J.-B.), voy. BARTLET (J.).

DURAND (Etienne), voy. CAVALCADE DE LILLE.

DURAND (Paul-Adrien-Hippolyte).
Général de division français (artˡᵉ), né en 1845, sous-lieutⁿᵗ en 1864, général de divᵒⁿ en 1903, passé au cadre de réserve en 1910. Il commandait en dernier lieu une divᵒⁿ de cavˡᵉ.

(1) Voy. ce nom pour d'autres ouvrages et pour la biographie de l'auteur.

L'Artillerie à cheval dans la Division de Cavalerie, par P. Durand, Chef d'Escadron commandant l'Artillerie de la 4ᵉ Division de Cavalerie (Extrait de la *Revue d'Artillerie*). *Paris et Nancy, Berger-Levrault,* 1886.

Broch. in-8º de 72 p. avec 4 croquis d. l. t.

A propos d'une nouvelle Tactique des Batteries de Cavalerie, par P. Durand, Chef d'Escadron, commandant l'Artillerie de la 4ᵉ Division de Cavalerie (Extrait de la *Revue d'Artillerie*). *Paris et Nancy, Berger-Levrault,* 1887.

Broch. in-8º de 17 p.

Dans ces deux brochures, l'auteur étudie l'action et la tactique de combat de la cavalerie aussi bien que celles des batteries qui lui sont attachées.

Une Doctrine sur le Combat de Cavalerie par le Général Paul Durand. *Paris et Nancy, Berger-Levrault,* 1912.

Broch. gr. in-8º de 35 p. (Extrait de la *Revue de Cavalerie*).

Evolutions de Combat, par le Général Paul Durand. Avec une planche hors texte. *Paris et Nancy, Berger-Levrault,* 1912.

Broch. gr. in-8º de 30 p. (Extrait de la *Revue de Cavalerie*).

8 fig. de formations se trouvent dans la pl. h. t. et 1 d. l. t.

DURAND-SAVOYAT (Napoléon).
Agriculteur et homme politique français, 1800-1859. Après avoir étudié et pratiqué l'agriculture, il fut élu représentant de l'Isère en 1848 et devint membre du Comité de l'Agriculture. Réélu en 1849 à la Législative, il rentra dans la vie privée après le coup d'Etat de 1851.

Rapport présenté à la Conférence agricole de l'Assemblée nationale, sur le Haras de Saint-Cloud, par le Citoyen Durand-Savoyat, Représentant du Peuple (Isère). *Paris, Imp. de l'Assemblée Nationale,* 1849.

Broch. in-8º de 14 p.

Opuscule rare et intéressant. Il donne en détail la composition du Haras de

St-Cloud, au moment de la Révolution de 1848, en étalons, juments et élèves.

Sur le Haras de St-Cloud, voy. aussi *Notices sur le Haras de St-Cloud* ; Guiche (duc de) ; Eug. Gayot, *France chevaline*, T. III ; Montendre, *Institutions hippiques*, T. II.

DURANDEAU (Joachim).
Ancien chef d'Institution à Paris, né en 1835.

La grande Asnerie de Dijon. Etude sur la Menée et la Chevauchée de l'Ane au mois de Mai, par J. Durandeau. *A Dijon, chez Darantière*, 1887.

Broch. in-8° de 44 p., tirée à 108 exemplaires. Titre rouge et noir.

Sur le même sujet, voy. *Recueil des Chevauchées de l'Asne*.

DUREAU DE LA MALLE (Adolphe-Jules-César-Auguste).
Archéologue, géographe et naturaliste français, 1777-1857. Dans sa jeunesse, il s'occupait de peinture. En 1792, il faisait, avec quelques amis, un voyage d'artiste sur les côtes de Normandie et de Bretagne. Pris pour des espions anglais ou des émigrés, ils faillirent être pendus sans jugement. Délivré à Touques, Dureau de la Malle vécut quelque temps de son pinceau, s'adonna à la poésie, entreprit ensuite des traductions latines, puis commença la publication de ses très nombreux ouvrages démographiques, archéologiques, géographiques et d'histoire naturelle parmi lesquels les suivants concernent le cheval. Il était membre de l'Institut, (Académie des Inscriptions).

Description du Bocage Percheron, des mœurs et coutumes des Habitans et de l'Agriculture de M. de Beaujeu. Par M. Dureau de La Malle, Membre de l'Institut royal de France. (Extrait des *Annales de l'Industrie nationale et étrangère*). *A Paris, Imp. de Fain*, 1823.

1 vol. in-8° de 123 p. avec 3 pl. se dépliant.

L'ouvrage contient, p. 44 et suiv., un chap. un peu écourté sur les chevaux de labour, de selle et de carrosse.

De l'influence de la Domesticité sur les Animaux depuis le commencement des temps historiques jusqu'à nos jours par M. Dureau de La Malle, Membre de l'Institut (Académie des Inscriptions et Belles-Lettres). *Paris, Firmin-Didot*, 1830.

Broch. in-8° de 17 p. (Extrait des *Annales des Sciences naturelles*, T. XXI).

Il est question dans cet opuscule du cheval et de ses origines, de l'influence de la domestication sur la transformation des allures naturelles en allures artificielles, ainsi que de l'âne et de l'onagre.

L'auteur dit que l'homme peut perfectionner à son gré les races animales, mais qu'il ne peut perfectionner sa propre race et ajoute cette amusante boutade : « Il est à regretter que des « monarques absolus, dans le cours d'une « longue dynastie, n'aient pas tenté cette « curieuse expérience et n'aient pas cher- « ché, par exemple, à augmenter le « bonheur des peuples en améliorant la « race de leurs ministres ».

Considérations générales sur la domestication des Animaux, par M. Dureau de La Malle, Membre de l'Institut — Histoire du genre Equus — Cheval, Hemionus, Ane, Zèbre, Mulet et Bardeau, Ginnus — *Paris, Imp. de Mad. Ve Thuau* (1832).

Broch. in-8° de 62 p. (Extrait des *Annales des Sciences naturelles*, T. XXIII).

Savant travail dans lequel l'origine du cheval et les transformations que l'homme lui a fait subir sont particulièrement étudiées.

Notice sur les Races domestiques des Chevaux, par M. Dureau de la Malle, de l'Institut. *Paris, Imp. Panckoucke*, 1855.

Broch. in-8° de 16 p.

En 1858, il a été publié un ouvrage contenant les deux discours prononcés par MM. Philippe le Bas et Texier aux obsèques de Dureau de la Malle, le 20 Mai 1857, et, à la suite, la reproduction de plusieurs de ses articles sur l'Histoire naturelle. L'ouvrage est in-8° et contient 334 p. et 1 pl. Mais, dans le seul exemplaire que j'en aie rencontré (à la Bibliothèque Nat^{le}), le titre et les deux discours manquent. On a inscrit au crayon le titre suivant : *Adolphe Dureau de la Malle, Mélanges d'Histoire naturelle*, 1858. A la fin : *Paris, Typ. Hennuyer*.

Cet ouvrage contient deux notices sur le cheval : *Notice sur les races domestiques de chevaux*, p. 184 à 199 (C'est la reproduction de la brochure de 1855) —

Considérations générales sur la domestication des Animaux, Histoire du genre Equus... etc., p. 121 à 183 (C'est la reproduction de la brochure de 1832). D'autres articles concernent le chien et la volaille.

Dureau de la Malle a publié en 1825 (dans les *Mémoires de l'Académie des Inscriptions*, probablement) un travail intitulé : *Recherches sur la patrie et l'origine des Animaux domestiques et des Plantes usuelles*. Je ne crois pas qu'il ait été tiré à part.

DURET (V.), voy. FOURNIER (P.).

DURFORT (Armand-Céleste, COMTE DE).
Maréchal de Camp français, 1774-1856. Sous-lieut^nt en 1789, servit à l'armée des princes en 1792 ; cadet au Rég^nt Royal-Allemand-Dragons au service d'Autriche en 1793 ; sous-lieut^nt au rég^nt Rohan hussards au service d'Angleterre en 1794 ; cap^ne au rég^nt de Hussards de Warren en 1795, revint en 1796 au régiment des Hussards de Rohan et au service d'Autriche qu'il quitta en 1803 comme lieut^nt au rég^nt de Latour-Chevau-Légers. Il avait été breveté major de Dragons par Louis XVIII en 1797. En 1814, il fut nommé colonel à la suite du Rég^nt du Roi Cuirassiers, puis lieut^nt chef de brigade des Gendarmes du Roi et enfin Maréchal de camp. En 1823, il reçut le commandement de l'Ecole spéciale militaire et fut admis au traitement de réforme en 1831. Il ne fut pas replacé, et ne put même obtenir une pension de retraite.

Quand il commandait l'École de St-Cyr. il fit lithographier pour ses élèves un *Traité d'Escrime à Cheval*. Un capitaine à la demi-solde, nommé Alexandre Muller (voy. ce nom), auteur d'un Traité antérieur sur le même sujet, lui intenta un procès en l'accusant de plagiat et en lui demandant plus de 300.000 fr. de dommages et intérêts. Muller perdit son procès qui eut à ce moment un retentissement considérable.

Les ouvrages du gén^al de Durfort se rapportent tous à l'escrime du sabre et à ce procès.

Recueil de Théories étrangères sur le Maniement du Sabre ou l'Escrime à cheval. Extrait des Règlemens d'exercice pour la Cavalerie Autrichienne, Prussienne et Hessoise. Traduit de l'Allemand, par un Officier Général. *Paris, Anselin et Pochard*, 1826.

Broch. in-8° de xvi-47 p.

Cet opuscule, comme les suivants, a pour but de montrer que de nombreux traités d'escrime à cheval existaient à l'étranger bien avant que le capitaine Muller n'ait publié le sien.

Recueil de Théories étrangères sur le Maniement du Sabre ou l'Escrime à cheval. IIe Partie — contenant : 1° la réfutation du rapprochement publié par le sieur Muller, 2° l'examen de sa théorie, 3° une instruction pour les flanqueurs, traduite de l'allemand. — par un Officier Général. *Paris, Anselin et Pochard*, S. D. (1826).

C'est le titre de la couverture. Le titre intérieur, différent, est le suivant :

Réfutation du rapprochement publié par le Sr Muller, entre sa *Théorie sur l'Escrime à cheval*, imprimée en 1816, et l'*Instruction sur le Maniement du Sabre*, rédigée et lithographiée pour l'usage de l'Ecole de cavalerie établie à Versailles en 1824 ; suivie de l'Examen de la Théorie Muller, par un Officier Général. *Paris, Anselin et Pochard*, 1826.

Broch. in-8° de 36 p.

A la suite :

Instruction pour les Flanqueurs — Traduite de l'Allemand par un Officier Général.

Cette brochure, qui a une pagination séparée, contient 22 p. et 1 pl. se dépliant. Elle a été ajoutée à la précédente en même temps que la couverture qui l'annonce sur le titre. Cette instruction « contient un grand nombre d'applications « des principes de l'escrime à cheval aux « exercices des flanqueurs ».

Instruction pour la Cavalerie sur le Maniement le plus avantageux du Sabre, publiée en 1796, par Schmidt, Professeur d'escrime du Corps royal des Cadets, à Berlin, accompagnée de planches. Traduite de l'Allemand par un Officier Général et précédée d'une dissertation sur l'antiquité de l'art de s'escrimer à cheval, par le Traducteur. *Paris, Anselin*, 1828.

1 vol. in-8° de cccxxxiii-84 p. avec 8 pl. au trait, se dépliant, dessinées et gravées par Ambroise Tardieu et représentant des cavaliers exécutant l'escrime du sabre en costume prussien de 1796.

Les cccxxxiii premières p. sont occupées par une longue et savante dissertation historique du général de Durfort sur l'histoire de l'escrime à cheval, les tournois et en général l'usage des armes blanches par les cavaliers. Elle est précédée par un *Index bibliographique* des ouvrages consultés.

La traduction de l'*Instruction* de Schmidt comprend 3 f^ts non chif. pour le titre, la dédicace au Roi de Prusse, datée de Berlin, 1796, et l'avant-propos, 84 p. de t. et les pl. décrites ci-dessus.

Cet ouvrage, d'après un avis inséré dans le suivant, forme la IIIe partie du *Recueil de Théories étrangères sur le Maniement du sabre*.

Recueil de théories étrangères sur le maniement du Sabre ou l'Escrime à cheval, traduites de l'Allemand, par un Officier-Général. IVe Partie. *Paris, Anselin,* 1828.

Broch. in-8° de xvi-48 p.

Défense du Gal Cte A. de Durfort, ancien Commandant de l'Ecole royale spéciale militaire, contre le Sieur Muller, Capitaine au traitement de réforme, auteur d'une *Théorie sur l'escrime à cheval*; et Réponse à un écrit intitulé : *Observations du Capitaine Muller, adressées aux Magistrats de la Cour royale de Rouen. Paris, Anselin et Pochard,* 1827.

Broch. in-8° de 60 p.

Supplément à la défense du Gal Cte A. de Durfort, ancien Commandant de l'Ecole royale spéciale militaire, dans le Procès de la prétendue contrefaçon de l'Escrime à cheval. *Paris, Anselin,* 1827.

Broch. in-8° de 37 p. dont les 16 dernières contiennent une bibliographie de l'Escrime extraite du Catalogue de Rumpf.

C'est à cette époque, 1827, que se rattachent les 3 petites broch. suivantes, qui n'ont de titre qu'en tête du texte. S. L. N. D. (*Imp. Demonville*).

Le procès de la prétendue contrefaçon de l'Escrime à cheval mis, en peu de mots, à la portée de tout le monde.

In-8° 6 p.

Procès de la prétendue contrefaçon de l'Escrime à cheval. Note en réponse à quelques assertions de l'avocat de M. Muller à l'audience du 14 août 1827.

In-8° 6 p.

Procès de la prétendue contrefaçon de l'Escrime à cheval. Réponse à une interruption du sieur Muller, à l'audience du 22 août 1827 au sujet de la Théorie hessoise.

In-8° 3 p.

Tableaux de rapprochement de la Théorie Muller avec douze théories. *Paris, Anselin,* 1828.

Broch. in-8° de 15 p. pour l'avertissement explicatif et 2 grands tableaux se dépliant, divisés en plusieurs colonnes contenant chacune plusieurs mouvements de l'exercice du sabre empruntés à diverses théories étrangères.

Instruction sur le maniement du Sabre, pratiquée dans le 31e Régiment de Chasseurs à cheval, à l'armée d'Espagne, en 1811; et antérieurement dans les Vélites des Chasseurs à cheval de l'ex-Garde. *Paris, Anselin,* 1829.

Broch. in-8° de 15 p.

Cette instruction avait été rédigée par le Gal Bon Desmichels, alors capitaine, vers 1807, et appliquée par lui quand il était colonel. Le Gal de Durfort la reproduit dans le but de montrer que Muller n'a rien inventé.

Extraits de quelques Ordonnances et Règlemens concernant les Troupes à cheval. *Paris, Anselin,* 1830.

Broch. in-8° de 13 p.

L'auteur cite différents extraits des Ordonnances de 1766, 1767 et 1773 pour prouver que l'escrime à cheval était pratiquée dans l'ancienne armée française.

Le général de Durfort est aussi l'auteur d'une bonne traduction des *Remarques sur la Cavalerie* de Warnery et d'un ouvrage du Cte de Bismark sur l'armée et principalement la cavalerie russes. Pour le détail de ces deux ouvrages, voy. *Warnery* et *Bismark*. Ces traductions sont anonymes, ainsi d'ailleurs que tous les ouvrages du Gal de Durfort, sauf la *Défense* et le *Supplément à la Défense* qui furent probablement rédigés par son avocat, sous son inspiration.

DUROSTU (Paul-Georges LÉVESQUE-) et **VOLLOT** (Louis-Hippolyte-Albert).

Le premier, officier d'Etat-major, puis

d'inf[ie] français, né en 1835; le second, officier du génie, né en 1840.

Publication de la Réunion des Officiers — Règlement du 4 Juillet 1872 pour l'Instruction tactique des Troupes de Cavalerie Italienne; traduit de l'italien par MM. Durostu, Chef d'Escadron d'Etat-Major et Vollot, Capitaine du Génie. Avec deux cartes françaises pour les applications du service de reconnaissance avancée à un terrain des environs de Paris. *Paris, J. Dumaine*, 1873.

1 vol. in-16 de 174 p.

DU SPORT A BORDEAUX.

Du Sport et des Steeple-Chases à Bordeaux. *Bordeaux, Imp. de Mme Crugy*, 1858.

Broch. in-8° de 20 p., anonyme.

Plaidoyer en faveur de l'utilité des courses et détails intéressants sur leurs origines à Bordeaux.

DUTEIL (Jean).

Général de div[on] français (art[ie]), 1738-1820. Surnuméraire au corps de l'art[ie] en 1747; cadet la même année; sous-lieut[nt] en 1748; cap[ne] en 1763; major en 1776; lieut[nt]-colonel en 1786 (1); colonel en 1791; démissionnaire la même année; replacé et maréchal de camp en 1792; général de div[on] en 1793. En l'an XIII, il fut nommé commandant d'armes à Lille, puis à Metz, où il resta jusqu'à sa mise à la retraite en 1814.

Il avait fait les campagnes de 1747 en Flandre (2); de 1758 sur les côtes; de 1759, 60, 61, 62 aux armées du Rhin; de 1779 en mer; de 1781 sur les côtes; de 1792 à l'armée du Rhin; de 1793 en Ita-

(1) Il était alors lieut[t]-colonel au régi[t] d'Auxonne-Artillerie et il avait tellement su gagner l'affection de ses subordonnés qu'en 1790, le bruit ayant couru que, par suite d'une nouvelle organisation, il allait être envoyé dans un autre corps, les Bas-Officiers et Canonniers du régiment adressèrent au Roi une touchante supplique pour conserver le chef « auquel ils « doivent la tranquilité (sic) dont ils ont joui « depuis ces malheureuses dissensions et la « bonne harmonie qu'il a sçu si bien entre« tenir... ils recourent donc à vous, Sire, « comme des enfants à leur père et des fidels « sujets pour vous prier de leur conserver un « chef si digne de leur amour, de leur recon« naissance et de leur obéissance... » Suivent les signatures, en tête desquelles celle du tambour-major Romont.

(2) Il avait alors 9 ans et était « surnuméraire » dans l'art[ie]. Il est probable qu'il accompagnait son père, qui était aussi officier d'art[ie].

lie. Il avait été blessé d'un éclat d'obus à Minden en 1759.

Manœuvres d'Infanterie pour résister à la Cavalerie et l'attaquer avec succès. Par le Chevalier Duteil, Major du Régiment de Toul, du Corps-royal de l'Artillerie; de plusieurs Académies. *A Metz, chez Jean-Baptiste Collignon, à la Bible d'or*, 1782.

Broch. in-8° de 75 p. plus 2 f[ts] pour la table et le privilège, avec 11 pl. de formations et un tableau se dépliant.

Les propositions de Duteil sont suivies d'un curieux appendice donnant les résultats d'expériences faites à Strasbourg sur la vitesse de la cavalerie d'alors.

DUTILH (Mathieu-François) (1).

Officier de cav[ie] français, 1828-1879. Sous-lieut[nt] en 1852; cap[ne] en 1860; chef d'esc[ons] en 1872 et retraité en 1877. Il a fait une grande partie de sa carrière à Saumur où il a été sous-officier sous-maître de manège de 1848 à 1852, puis sous-écuyer et écuyer comme sous-lieut[nt], lieut[nt] et cap[ne] de 1853 à 1861 et enfin écuyer en chef comme chef d'esc[ons] de 1874 à 1876, après avoir passé par le commandement de deux dépôts de remonte. Il a fait la campagne de 1870 et a été prisonnier de guerre.

Gymnastique équestre — Méthode progressive applicable au Dressage du Cheval de Troupe, d'Officier et d'Amateur, suivi d'un Essai sur l'Escrime du Sabre, par M. M.-F. Dutilh, Capitaine Instructeur au 1er Dragons, Chevalier de l'Ordre de l'Epée de Suède, ex-Capitaine Ecuyer à l'Ecole impériale de Cavalerie. *Toul, Imp. A. Bastien*, 1864.

1 vol. in-8° de 141 p.

Pendant que le Com[dt] Dutilh était écuyer en chef à Saumur, il fut pressé par ses élèves de publier de nouveau sa méthode. L'ouvrage précédent fut alors réimprimé sans changement quant au texte de la Méthode, mais en supprimant l'avertissement et l'article final emprunté à M. Thomann (2) sur le dressage des chevaux difficiles à seller, à brider, à ferrer et à panser, ainsi que l'*Essai sur l'Escrime du Sabre*, et prit le titre suivant :

(1) Dutilh a porté jusqu'en 1859 le nom de *Barada*.
(2) Voy. ce nom.

Méthode progressive applicable au Dressage du Cheval de Troupe, d'Officier et d'Amateur, par M. M.-F. Dutilh, Chef d'Escadrons, Ecuyer en chef à l'Ecole de Cavalerie, Chevalier de la Légion d'honneur et de l'Ordre de l'Epée de Suède. *Saumur, E. Milon et fils*, 1875.

Broch. in-8º de 73 p.

Même ouvrage, même titre (sauf les mots « ancien Ecuyer » au lieu de « Ecuyer » — *Nouvelle Edition — Saumur. S. Milon fils*, S. D. (vers 1896).

Broch. in-8º de 78 p.

Dutilh a tenu une place importante parmi les écuyers de Saumur. C'était un professeur clair et instructif qui a fait, suivant l'expression du com^{dt} Picard, « des élèves passionnés... Il s'appliqua « à la fusion intime des deux équitations « qui, avant lui, se pratiquaient... sans « trait d'union ».

Son ouvrage, toutefois, un peu résumé, avait besoin des explications orales qu'il savait y ajouter ; mais sa *Méthode* a été heureusement commentée et développée dans un ouvrage plus étendu par le Capitaine Sieyès (voy ce nom).

DUTOICT, voy. TOICT (DU).

DUTRIEUX (P.).
Médecin belge établi en Egypte.

Réflexions sur l'Epizootie chevaline au Caire en 1876, par P. Dutrieux, Docteur en Médecine, Chirurgie et Accouchements (des Universités de Bruxelles et de Gand), ex-Médecin adjoint dans l'Armée belge, ancien Chef de Clinique ophtalmologique, Lauréat de la Société de Médecine de Gand. *Le Caire, Typ. française Delbos-Demouret*, 1877.

Broch. in-8º de 24 p.

Il s'agit d'une sorte de typhus qui semble avoir été rapporté d'Abyssinie par les troupes égyptiennes qui venaient d'opérer dans cette région et qui a causé dans la cavalerie égyptienne et dans la population chevaline du Caire une mortalité formidable. Chose bizarre, cette mortalité a été beaucoup moins grande chez les chevaux blancs que chez les chevaux de robe foncée.

L'auteur examine les mesures préservatrices et curatives.

DUTS (Mathieu-François).
Ecuyer et vétérinaire belge. Né à Verviers en 1730, mort vers 1790.

Les Ruses du Maquignonnage dévoilées, ou le Moyen de se garantir de toutes fraudes dans l'achat des Chevaux, avec le vrai Miroir de leurs bonnes conformations, de leurs Ages et de tous les Défauts auxquels ils sont sujets, qui sont tous exactement observés dans la Subdivision de toutes leurs Parties en général. Par M. F. Duts, Médecin des Chevaux du Régiment de S. E. le Lieutenant-Général de Famars, au Service de Leurs Hautes Puissances. *A Maestricht, chez Jean-Edme Dufour, Imprimeur et Libraire et chez l'Auteur, dans le Raemstraedt*, 1773.

Broch. pet. in-8º de IX-74 p., plus 2 f^{ls} non chif. pour la table.

L'antimaréchal ou le vrai Miroir des Maladies internes des Chevaux, leurs Symptomes, les Causes, avec les Remedes le plus assurés, le plus simples, & de facile exécution. Joint un nombre de Dissertations sur les sentiments de presque tous les Auteurs anciens & modernes qui ont traité en ce genre. *Tome premier*. Par M. F. Duts, ci-devant Médecin du Régiment de S. E. le Lieut. Général de Famars, au Service de Leurs Hautes-Puissances. *Liège, chez J. Dessain, Imprimeur-Libraire, à la Bible d'Or, vis à vis du Palais*, 1773. *Aux fraix de l'Auteur*.

1 vol. pet. in-8º de 4 f^{ts} pour le titre et la préface, 296 p. et 3 f^{ts} pour la table.

L'antimaréchal. Chirurgie complette et Traité d'Opérations en ce qui concerne les Maladies Externes des Chevaux. *Tome second*. Par M. F. Duts, ci-devant Médecin des Chevaux du Régiment de S. E. le Lieutenant-Général de Famars, au service de Leurs Hautes-Puissances. *A Liège, chez J. Dessain, Imprimeur Libraire, à la Bible d'or, vis à vis du Palais*, 1773. *Aux fraix de l'Auteur*.

1 vol. pet. in-8° de 2 f^ts pour le titre et la préface, 136 p. et 4 f^ts non chif. pour la table, un avertissement final et les errata des 2 vol.

Cet ouvrage, en grande partie copié de Lafosse, dit avec raison Jauze, est divisé en *dissertations*. Le T. I en contient 19 sur la médecine interne et le T. II 14 sur la chirurgie. A remarquer que sur le titre du T. I, Duts s'intitule *Médecin du Régiment* et, sur celui du T. II, *Médecin des Chevaux du Régiment*.

Même ouvrage, *Cologne, Clément Guimbert*, 1787.

C'est la même éd^on, avec un titre nouveau.

Les ouvrages de Duts, sans grande valeur d'ailleurs, sont très rares.

DUVAL (Louis-Albert-Léocade).

Officier de cav^le français, 1788-1853. Entré au service en 1805 au 1er rég^t de hussards italiens devenu plus tard Dragons de la Reine, réformé pour cause de santé en 1811. Entré comme sous-officier à la Comp^le des Grenadiers de la maison du Roi en 1815; a suivi le roi à Gand. La Comp^le de grenadiers de la Maison du Roi ayant été licenciée au retour du Roi, Duval entra à la fin de 1815, comme sous-officier, au 1er Rég^nt de Grenadiers à cheval de la Garde royale ; sous-lieut^nt en 1816, cap^ne au 9e Dragons en 1827 et retraité en 1841. Campagnes de 1805, 1806 et 1807 en Italie.

Observations sur la Coiffure, l'Habillement, le Harnachement et l'Armement des Dragons, par A. Duval, Cap^ne Commandant au 12e Dragons. *Le Mans, Imp. et Lith. de Monnoyer*, 1839.

Broch. gr. in-4° de 19 p. avec 5 pl. contenant de nombreuses fig. bien dessinées et représentant les modifications demandées par l'auteur.

Il est à remarquer qu'à cette époque et longtemps après encore, les auteurs de propositions analogues ne s'occupaient guère d'alléger la charge écrasante que supportaient alors les chevaux de cav^le. Duval n'échappe pas à ce reproche.

DUVALPOUTREL-VAUNOISE.

Agriculteur lorrain. Commencement du XIXe siècle.

Système raisonné d'Economie rurale et observations sur l'Hygiène relative aux Animaux herbivores domestiques. par M. Duvalpoutrel-Vaunoise, Membre du Conseil du 5e Arrondissement communal et de l'ancienne Société d'Agriculture du Département de la Meurthe. *Lunéville, Guibal fils*, Juin 1808.

1 vol. in-8° de 104 p.

C'est un plaidoyer en faveur de l'usage des fourrages provenant des prairies artificielles pour la nourriture des animaux de la ferme et principalement des chevaux.

DUVERNOIS (LE CHEVALIER), voy. CARROUSELS (RECHERCHES SUR LES).

DUVERNOY (Emile) et HARMAND (René).

Le premier, archiviste de Meurthe-et-Moselle ; le second, professeur au Lycée de Nancy.

Le Tournoi de Chauvency, en 1285 — Etude sur la Société et les mœurs chevaleresques au XIIIe siècle par Emile Duvernoy, Archiviste de Meurthe-et-Moselle, Docteur ès Lettres et René Harmand, Professeur au Lycée de Nancy, chargé de Cours à la Faculté, Docteur ès lettres. *Paris et Nancy, Berger-Levrault*, 1905.

Broch. gr. in-8° de 51 p.

Voy., sur le même sujet, Brétex.

DUVERNOY (Georges-Louis).

Zoologiste et anatomiste français, membre de l'Académie des sciences, 1777-1855.

Institut de France — Académie des Sciences — Extrait des *Comptes rendus des séances de l'Académie des Sciences*, Tome XXVIII, séance du 16 avril 1849. — Rapport sur un Mémoire de M. A. Richard (du Cantal), Représentant du Peuple, ayant pour objet les Courses considérées comme moyen de perfectionner le Cheval de service et de guerre — Commissaires, MM. Boussingault(1),

(1) Boussingault (Jean-Baptiste-Joseph-Dieudonné), chimiste français, membre de l'Académie des sciences, représentant du peuple en 1848 ; 1802-1887.

DUV — 436 — ECO

Magendie (1), Rayer (2), Duvernoy, rapporteur. *Paris, Imp. de Bachelier* (1849).
Broch. in-4° de 14 p.
Pour l'opuscule analysé dans ce rapport, voy *Richard (Antoine)*.

DUVINAGE (H.).
Archiviste et Ingénieur civil (belge ?).
L'Architecture rurale, par H. Duvinage, Ingénieur civil, ancien Architecte attaché à la maison de S. M. le Roi des Belges, Membre de plusieurs Sociétés savantes, etc. *Mézières, Lelaurin-Martinet,* 1856.
1 vol. gr. in-8° de 452 p. avec 76 pl. h. t. contenant presque toutes plusieurs fig., dessinées et gravées par l'auteur.
La question des écuries et accessoires y est assez largement traitée, avec les fig. nécessaires.

E

E. B, voy. LOTTIN (A.-P.).

E. M., voy. ALIMENTATION (L') RATIONNELLE.

E. P., voy. CAVALERIE — AIDE-MÉMOIRE.

E. T., voy. TESTARODE, voy. ECUYER (L') MAGNETISEUR.

ÉCOLE DE CAVALERIE.
France. Ecole Impériale de Cavalerie. *Saumur, Javaud,* S. D. (1869).
1 vol. gr. in-f° de 7 p. de t. avec un frontispice formant titre, une vue panoramique de l'Ecole, lithog. à deux teintes et 13 pl. lithog. en couleurs, représentant des scènes équestres.
Important ouvrage d'une exécution soignée, intéressant non seulement au point de vue des exercices représentés,

(1) Magendie (François), physiologiste et médecin français, membre de l'Académie des sciences, a été longtemps président du Comité d'hygiène hippique au ministère de la guerre, 1783-1855.
(2) Rayer (Pierre-François Olivier), médecin français, membre de l'Institut, fut médecin du Roi Louis-Philippe et de l'Empereur Napoléon III, 1793-1867.

mais aussi à celui des uniformes de la cav^{le} à la fin du second Empire.
Le t. non signé est du com^t Humbert (voy. ce nom), alors prof. d'art et d'histoire militaires à l'École. Les pl. sont dues à la collaboration d'Albert Adam (1) et de Tom Drake qui avait été professeur de dessin à Poitiers, sauf le frontispice et le portrait du colonel L'Hotte qui sont d'Albert Adam seul et la chasse qui est de Tom Drake seul. La vue panoramique de l'Ecole est de Bachelier.

ÉCOLE D'ÉQUITATION DU REGIMENT DE LA REINE.
Ecole d'Equitation du Régiment de cavalerie de la Reine. *Besançon, Jean-Félix Charmet et chez les Frères & Sœurs Charmet, Grand'-Rue, à la Science,* 1765.
Broch. in-12 de 53 p. plus 2 f^{ts} de table.

ÉCOLE D'ÉQUITATION DU RÉGIMENT DE PENTHIÈVRE.
Ecole d'Equitation à l'usage du Régiment de Cavalerie de Penthièvre, en garnison à Colmar. *Imprimé chez Jean-Henri Decker, Imprimeur du Roi,* 1765.
Broch. pet. in-8° de 65 p. plus 2 f^{ts} de table.

ÉCOLE DES CHEVAUX-LÉGERS.
Abrégé du Plan général de l'Ecole des Chevaux-Légers de la Garde ordinaire du Roi. *Paris, Imp. de Vincent,* 1757.
Broch. pet. in-12 de 68 p.
L'opuscule donne la composition de l'Etat-Major de l'Ecole qui était commandée par le duc de Chaulnes, les règles de la discipline et du service intérieur. les fonctions des officiers et des gradés subalternes (2) et le programme fort étendu des cours : — Eléments de cavalerie (sur des chevaux de bois construits d'après nature) — Manège — Evolutions de la cavalerie — Equipement du cheval — Hippologie et ses diverses branches — Voltige — Evolutions de l'infanterie — Escrime — Danse — Natation — Mathématiques — Fortification — Artillerie — Dessin — Ecriture — Langue

(1) Fils de Victor Adam (voy. ce nom).
(2) Quoi que ce fût une Ecole de cavalerie les élèves étaient divisés en bataillons, compagnies et escouades, et leurs gradés étaient sergents et caporaux.

allemande — Histoire ancienne et moderne — Géographie.

ÉCURIE (L') EDMOND BLANC.

Les grandes Écuries françaises — L'Ecurie Edmond Blanc — Casaque orange, Toque bleue — M. Edmond Blanc — Ses collaborateurs — L'Entraîneur et les Jockeys — Les victoires de l'Ecurie — Les grands Cracks — Le trio invincible — Le péril... orange — Le Haras de Jardy — Etalons et Poulinières — La Fouilleuse — L'entraînement — *Edité par l'Office général d'Editions Artistiques, 58, Rue St-Lazare, Paris*, 1905.

Broch. in-8° de 32 p. avec 19 phototypies d. l. t.

D'après la préface, cette monographie devait être suivie d'autres études semblables sur les écuries françaises, mais la publication n'a pas été continuée.

ÉCURIE (L') ET LE CHEVAL.

L'Ecurie et le Cheval. Fantaisie équestre par un Palefrenier-Philosophe. — Prix : 50 c. *Bordeaux, Féret fils*, 1850.

Broch. in-16 de 58 p.

Ce petit opuscule présente une critique humoristique de l'anglomanie et des courses. Il est l'œuvre de Jean Saint-Rieul-Dupouy, littérateur, philologue et journaliste bordelais. 1814-18..

ÉCUYER (L') MAGNÉTISEUR.

L'Ecuyer magnétiseur, par E... T... *Paris et Limoges, H. Charles-Lavauzelle*, 1887.

1 vol. in-16 de 352 p.

Anecdotes hippiques dont la plupart se passent à St-Cyr et qui forment une sorte de roman.

ÉCUYÈRE (L') DE L'HIPPODROME (P.-J. PROUDHON ET), voy. AUDEBRAND (Philibert).

ÉDITEURS (LES) DU JOURNAL DES HARAS, voy. VAULABELLE.

ÉDUCATION (L') ÉQUESTRE.

L'Education Equestre dans nos Régiments (1). *Nancy, Imp. Berger-Levrault*, S. D. (1892).

Broch. in-8° de 11 p. (Extrait de la *Revue de Cavalerie*. Septembre 1892).

1) de Cavalerie.

Coupure de la p. 575 à 585 de la *Revue de Cavalerie*, avec une couverture.

EERELMAN, voy. HYNDERICK DE THEULEGOET.

EGELEY (Jean-Baptiste).

Traité des Animaux domestiques — Description de leurs maladies et moyen de les combattre avec succès par Jean-Baptiste Egeley. *Chatillon-sur-Seine, E. Parny*, 1865.

1 vol. in-12 de 263 p. avec 1 pl. pour l'extérieur du cheval.

L'auteur semble être propriétaire de bestiaux et cultivateur ; ses traitements sont purement empiriques ; il s'inspire aussi quelquefois de la *Maison Rustique* du XIXe siècle.

EGLI (Charles).

Colonel d'Etat-major suisse, né en 1865.

L'Armée Suisse, par Ch. Egli, Colonel d'Etat-major général. Avec une introduction historique par le Lieutenant-Colonel M. Feldmann — Edition française par le Major Marc Warnery. — Avec de nombreux tableaux et 4 cartes. *Paris et Nancy, Berger-Levrault*, 1913.

1 vol. in-16 de XII-422 p.

L'organisation, l'instruction, le recrutement et la remonte de la cavalerie, particulièrement difficiles dans une armée de milices, sont traités en détail dans l'ouvrage.

EIMMART (J.-C.), voy. CERTAMEN EQUESTRE.

EISENBERG (LE BARON D').

Ecuyer, hippologue et dessinateur allemand du XVIIIe siècle. Le peu qu'on sait de sa vie nous est appris par ses ouvrages.

Il passa une partie de sa jeunesse à « monter et manéger » à la cour de Saxe-Weimar, puis il entra au service de l'Empereur. Il fut Grand-Ecuyer du Cte de Daun, Vice-Roi de Naples et demeura 6 ans dans cette ville. Il alla ensuite à Vienne, où il fut l'élève de M. de Regenthal, Ecuyer du manège impérial, et semble avoir assisté, en 1711, au couronnement de l'Empereur Charles VI à Francfort, car il nous donne le portrait détaillé du cheval que montait le souverain pour cette cérémonie.

Il résida plus tard, pendant quelques

années, en Angleterre et y publia, en 1727, la 1re édon de son *Manège Moderne* qu'il dédia au Roi George II dont le nom figure en tête de la liste des souscripteurs à l'ouvrage.

Mais il revint ensuite dans les Etats de l'Empereûr et, en 1753, il était en Toscane, Directeur et premier Ecuyer de l'Académie de Pise. Il vivait probablement encore en 1764, année où fut publiée la 2e édon de l'*Anti-Maquignonage* (1).

Description du Manège Moderne dans sa Perfection. Expliqué par des Leçons necessaires, et representé par des Figures exactes, depuis l'Assiette de l'Homme à Cheval jusqu'à l'Arrest accompagné aussi de divers Mords pour bien brider les Chevaux, écrit et dessiné par le Baron d'Eisenberg et gravé par B. Picart. S. L. (*Londres*) 1727.

Album in-f° obl. Titre gravé et orné ; 2 f^{ts} pour l'avertissement et la dédicace au Roi George II ; 59 pl. dessinées par l'auteur et précédées chacune d'un f^t d'explications ; 2 f^{ts} à la fin pour la Liste des souscripteurs (qui est quelquefois au commencement) et la table.

Les VII premières pl. représentent des chevaux nus de diverses races ; les pl. VIII à LV des chevaux montés par des cavaliers qui exécutent différents airs de manège et les 4 dernières, des mors.

Même ouvrage, même titre gravé, après lequel se trouve le titre imprimé suivant :

L'Art de monter à Cheval, ou Description du Manège Moderne... etc. *A La Haye, chez P. Gosse et J. Néaulme,* 1733.

Même ouvrage. *A La Haye, chez Pierre de Hondt,* 1737.

Même ouvrage. *A La Haye, chez Pierre de Hondt,* 1740.

Ces édons sont semblables. Dans toutes, au verso du titre, l'éditeur avertit le public que l'Auteur a publié son ouvrage en Angleterre, il y a quelques années (c'est l'édon de 1727 décrite ci-dessus), mais que son prix excessif... en a empêché le débit, ce qui engage l'éditeur à le publier à un prix moitié moindre... etc.

Même ouvrage. La dédicace est datée de *Zuric,* 1743.

(1) *Manège Moderne* et *Anti-Maquignonage,* passim.

Dans cette édon, sur laquelle je n'ai pas d'autres renseignements, il y a 57 pl. au lieu de 59, les fig. de mors étant réunies sur 2 pl.

Même ouvrage... *Nouvelle Edition* augmentée d'un Dictionnaire des Termes du Manège. *Amsterdam et Leipzig, chez Arkstée et Merkus,* 1759.

Dans cette édon, l'ouvrage suivant est rélié après la *Description du Manège Moderne.* Il avait d'ailleurs été publié et vendu antérieurement et a été ensuite joint à la *Description du Manège Moderne,* et aussi, plus rarement, à l'*Anti-Maquignonage* :

Dictionnaire des Termes du Manege Moderne. Pour servir de Supplément à l'Art de Monter à Cheval du Baron d'Eisenberg. *A Amsterdam, chez Arkstée et Merkus,* 1747.

1 vol. in-f° obl. de 76 p. à 3 col.

Antimaquignonage pour éviter la Surprise dans l'Emplette des Chevaux par le Baron d'Eisenberg Directeur et premier Ecuïer de l'Académie de S. M. I. 1753.

Ce titre est gravé par C. Gregory dans un joli encadrement allégorique et est suivi d'un titre imprimé en italien, rouge et noir :

La Perfezione e i Difetti del Cavallo. Opera del Barone d'Eisemberg (sic) Direttore e primo Cavallerizzo dell' Accademia di Pisa, dedicata alla Sacra Cesarea Real Maestà dell' Augustissimo, Potentissimo, Invittissimo Imperatore Francesco I Duca di Lorena e di Bar, ec. Gran-Duca di Toscana ec. ec. ec. *In Firenze, nella Stamperia Imperiale,* 1753.

1 vol. in-f° de CXLIII p. suivies de 22 pl. h. t. contenant 119 fig. gravees d'apres les dessins de l'auteur. Une 23e pl., représentant le cheval « Favori, un Barbe de Tunis », se trouve entre les p. IV et V. Texte français et italien, sauf pour la dédicace qui est en français seulement.

Belle impression et beau papier. Les pl. sont finement gravées.

Une autre édon, sans texte italien, a été publiée 11 ans plus tard :

Anti-Maquignonage pour éviter la Surprise dans l'emplette des

Chevaux ; ou l'on traite de leur Perfection et de leurs Défauts. Par le Baron d'Eisenberg Directeur et premier. Ecuyer de l'Academie de Sa Maj. Imper. *A Amsterdam et a Leipzig, chez Arkstée et Merkus*, 1764.

1 vol. in-f° obl. de 2 f^ts pour le titre rouge et noir et la dédicace à l'Empereur, 52 p., 1 f^t de table et IX pl. h. t. contenant, légèrement réduites et très resserrées, les 119 fig. de l'éd^on précédente. Le portrait du cheval *Favori* est inversé.

Le texte est semblable, sauf quelques modifications dans certaines expressions et tournures de phrases. Deux traducteurs différents ont évidemment mis en français le même texte italien.

Comme écuyer, d'Eisenberg s'inspire surtout de Newcastle, dont il fut l'élève et dont il se proclame l'admirateur. Ainsi que son maître, il asseoit ses cavaliers sur l'enfourchure (1), ce qui leur donne un aspect de raideur caractéristique ; mais il faut lui savoir gré de recommander, dans le dressage, la douceur et une sage progression.

Comme hippologue, il ne s'occupe que de l'extérieur et des tares qu'il décrit assez clairement, mais il s'attache trop encore aux marques, épis et contrepoils qu'il estime « infaillibles, dignes de « réflexions & de connoissances ».

Ses ouvrages ne sont pas très rares, sauf l'éd^on de 1743 du *Manège Moderne* et la belle éd^on franco-italienne de l'*Anti-Maquignonage* de 1753.

ELBÉE (André-Victor d').

Officier de cav^le français, 1806-18... Sous-lieut^nt en 1830, chef d'esc^ons en 1853. Retraité en 1857 ou 58.

Progression nouvelle pour l'Ecole du Cavalier à cheval, par d'Elbée, Capitaine instructeur au deuxième Régiment de Cuirassiers. *Sedan, Imp. de Laroche-Jacob*, Avril 1847.

Broch. in-8° de 39 p. avec 2 tableaux se dépliant et concernant l'hippologie.

Ce petit ouvrage contient quelques innovations heureuses. Il était destiné aux amis de l'auteur et n'a pas été mis en vente.

Programme d'un Carrousel militaire servant de complément à l'Instruction des recrues. *Ver-*

---

(1) « O'est à tort que d'aucuns croient que « les fesses sont faites pour s'asseoir dessus... », disait Newcastle. (Voy. ce nom).

sailles, Brunox-Merlaud, Août 1849.

Broch. in-4° obl. de 36 p. avec couverture illustrée, frontispice portant le nom de l'auteur, 8 pl. h. t. et 2 f^ts de musique.

Certains exemplaires portent 2e éd^on. C'est le même tirage.

ELCHINGEN (Michel-Louis-Félix NEY, DUC D').

Général de cav^le français, 2e fils du Maréchal Ney, 1804-1854. Sous-lieut^nt d'art^le au service de Suède en 1824, lieut^nt en 1826, rentré en France et cap^ne au 1er Carabiniers en 1830, colonel du 7e Dragons en 1844, général de brigade en 1851. Il obtint le commandement d'une brigade de cav^le à l'Armée d'Orient en avril 1854 et mourut 3 mois après à Gallipoli. Il avait été à deux reprises différentes officier d'ordonnance du prince royal, avait fait avec lui 3 expéditions en Algérie et y avait obtenu une citation.

Evolutions des Cavaleries étrangères, par M. le Duc d'Elchingen, Lieut.-Colonel du 5e Dragons — Cavalerie du 8e Corps de la Confédération germanique — Extrait du *Spectateur Militaire*. (Cahier de Mars 1844) — *Paris, Imp. Bourgogne et Martinet* (1844).

Broch. in-8° de 19 p.

ELECTUAIRE CONTRE LA MORVE, voy. SIND. (BARON DE).

ÉLÉOUET (Jean-Marie).

Vétérinaire français, 1803-1869. La plupart de ses nombreux travaux sur l'art vétérinaire et l'agriculture ont été publiés dans les journaux, les revues et les recueils spéciaux.

Typhus chez les Animaux domestiques, par J.-M. Eléouet, Médecin Vétérinaire de l'Arrondissement de Morlaix — Prix 1^f,25. — *Morlaix, Imp. V^r Guilmer*, 1835.

Broch. in-8° de IV-59 p.

L'ouvrage se divise en deux parties. Dans la 1re, l'auteur traite du Typhus contagieux épizootique qui n'attaque que les bêtes à cornes : dans la 2e, du Typhus charbonneux qui attaque tous les animaux, y compris les équidés.

Considérations générales sur les Races Equestres et sur la Race Bovine dans le Département du Finistère, et sur les moyens à mettre en usage pour améliorer leurs races ; Mémoire lu à la Société d'Agriculture de l'Arrondissement de Morlaix, dans sa séance du 18 Février 1837, par J.-M. Eléouet, Médécin Vétérinaire de l'Arrondissement de Morlaix. *Morlaix, Imp. Lédan,* 1837.

Broch. in-8º de 72 p.

Considérations sur l'exercice de la Médecine vétérinaire en France, par J.-M. Eléouet, Médecin Vétérinaire, Secrétaire perpétuel de la Société vétérinaire du Département du Finistère, Secrétaire de la Société d'Agriculture de l'Arrondissement de Morlaix, Membre honoraire de la Société médicale vétérinaire de Londres, Membre correspondant de la Société des Sciences et Arts de Rennes, de la Société vétérinaire des Départements du Calvados et de la Manche, de celle du Département de l'Hérault et de la Société d'agriculture de l'Arrondissement de Brest. *Morlaix, Imp. de V^r Guilmer,* 1842.

Broch. in-12 de 47 p.

C'est un réquisitoire contre l'empirisme, avec la demande d'une loi de protection pour les vétérinaires diplômés.

Des Haras dans le Département du Finistère depuis 1667 jusqu'à nos jours, par J.-M. Eléouet... (etc., comme ci-dessus.) *Morlaix, Imp. V^r Guilmer,* 1842.

Broch. in-12 de 75 p.

L'opuscule contient un historique des haras bretons, privés et de l'Etat, en particulier du dépôt de Langonnet, et surtout une critique de l'ouvrage de Houël, qui était alors directeur de ce dépôt. *Traité complet de l'Elève du Cheval en Bretagne* (voy. Houël).

Statistique agricole générale de l'Arrondissement de Morlaix (Finistère) par J.-M. Eléouet, Médecin Vétérinaire, Secrétaire perpétuel de la Société vétérinaire des Départements du Finistère et des Côtes-du-Nord; Membre titulaire de la Société d'Agriculture de l'Arrondissement de Morlaix; Membre honoraire de la Société médicale vétérinaire de Londres ; Membre Correspondant de la Société nationale et centrale d'Agriculture de Paris, de la Société nationale et centrale de Médecine vétérinaire, de la Société de Médecine vétérinaire et comparée du Département de la Seine, des Sociétés vétérinaires des Départements du Calvados et de la Manche ; des Départements de l'Ouest; du Département de l'Hérault; de la Société des Sciences et Arts de Rennes, de la Société d'Agriculture, Sciences, Arts et Belles-Lettres de Bayeux; de la Société d'Agriculture de l'Arrondissement de Brest, etc., etc., etc. *Brest, J.-B. Lefournier aîné,* 1849.

1 vol. in-4º de IX-391 p. avec 14 pl. h. t. représentant des bâtiments et des instruments agricoles. Portrait lith. de l'auteur en frontispice, par W. Wyld. Dédicace à MM. Lacrosse, député et ministre des travaux publics et Eug. Gayot, directeur des Haras (voy. ces noms).

La race chevaline est traitée en détail de la p. 253 à la p. 314. Origines du cheval breton, races, description, commerce, étalons, élevage, alimentation, écuries, maladies les plus communes, etc.

Travail considérable, très consciencieux et qui peut servir de modèle pour des statistiques analogues.

Société d'Agriculture de l'Arrondissement de Morlaix — Amélioration des Races Equines Bretonnes — Commissaires : MM. de Villaréal, Basserie, J.-M. Eléouet, Rapporteur. *Morlaix, Imp. V^r Guilmer,* 1860.

Broch. in-8º de 23 p.

Même ouvrage, mêmes titre, imprimeur et millésime. *Deuxième Rapport.*

Broch. in-8º de 26 p.

Les conclusions des deux Rapports d'Eléouet ont été adoptées à l'unanimité. Le 1er contient des propositions d'amélioration et des vœux pour les obtenir. Le 2e est une polémique avec M. Briot, Président du Comice agricole de Quimper, sur la question chevaline en Bretagne.

ÉLÈVE DU CHEVAL EN RUSSIE, voy. BORODINE.

ÉLEVEUR (L'), JOURNAL DES CHEVAUX ET DES CHASSES (Périodique).

Ce journal fait suite au *Journal des Chevaux et des Chasses*, publié par J.-B. May en Mai et Juin 1834 et qui disparut après son 2ᵉ Nᵒ, son fondateur ayant été tué en duel le 24 Juin 1834. Voy. *Journal des Chevaux et des Chasses* pour la biographie de May et la description de ces 2 Nᵒˢ.

La publication en fut reprise en Janvier 1835, par le Cᵗᵉ Th. de Nompère de Champagny, sous le titre de *l'Eleveur, Journal des Chevaux et des Chasses*, mais, pour indiquer que c'était bien la suite du journal de J.-B. May, quoique le titre fût un peu différent, le Nᵒ de Janvier 1835 prit le nᵒ 3 et le titre mentionna 2ᵉ *année*.

L'Eleveur, Journal des Chevaux et des Chasses, paraissant du 1ᵉʳ au 5 de chaque mois. Publication nécessaire aux Eleveurs, Agriculteurs, Amateurs de Chevaux et à toutes les personnes qui en possèdent ou qui s'en occupent — 2ᵉ Année. Nᵒ 3. Janvier 1835 — *Paris, au Bureau du Journal, Rue Grange Batelière nᵒ 26, Chaussée d'Antin, Imp. de Bellemain, rue Sᵗ Denis, nᵒ 268.*

Fascicule in-8ᵒ de 32 p. à 2 col. Vignette sur la couverture et 1 lithog. dans chaque Nᵒ.

Le journal était mensuel et chaque Nᵒ avait sa pagination.

M. de Champagny en abandonna la direction au mois d'Avril suivant, et elle fut prise par A. Noël, ancien officier de cavᵉ et ami du malheureux May.

Le journal fut alors imprimé chez J.-A. Boudon, Rue Montmartre, 131 et fut publié régulièrement pendant l'année 1835.

En Janvier 1836 parut le Nᵒ 1 de la 3ᵉ année. Le titre un peu modifié était alors le suivant :

L'Eleveur, Journal des Chevaux, des Courses, des Chasses, des Voitures, et des Routes, paraissant une fois par mois. Publication utile à toutes les personnes qui élèvent, instruisent ou emploient des Chevaux; aux Officiers de Cavalerie et des Haras; aux Gardes Nationaux à Cheval, Amateurs de Chasses, Maîtres de Poste, Entrepreneurs de Messageries, Commissionnaires de Roulage, Constructeurs et Propriétaires de Voitures, Selliers et Armuriers. *Paris, au Bureau du Journal, Rue Grange-Batelière, 26,* Chaussée *d'Antin, Imp. de J.-A. Boudon, rue Montmartre, 131.*

La vignette de la couverture — Chasseur au galop — était la même que celle du *Journal des Chevaux*. Au Nᵒ de Juin 1836, la vignette représente une jument suitée.

A partir de Janvier 1836, le journal fut imprimé en longues lignes et avec une pagination se suivant d'un Nᵒ à l'autre afin de former un volume annuel.

Mais il disparut avant la fin de l'année car le Nᵒ 8, Août 1836, est le dernier que je connaisse.

L'Eleveur contenait une lithog. bien. dessinée à chacun de ses Nᵒˢ et de bons articles sur l'alimentation, la ferrure, l'hygiène, l'élevage, les courses, l'équitation, mais surtout sur la carrosserie, les harnais, la sellerie, les embouchures, etc. Tous les accidents de chevaux et voitures y sont soigneusement relevés et souvent suivis d'une réclame en faveur de quelque appareil destiné à les éviter. Il donnait aussi les nominations dans les Haras et la Cavalerie.

*Cette publication est assez recherchée. Le titre en a été en partie repris en 1885 par un journal dont la description suit mais qui n'est pas, comme l'ancien *Eleveur*, exclusivement consacré au cheval.

ÉLEVEUR (L'), JOURNAL DE ZOOLOGIE (Périodique).

L'Eleveur, Journal hebdomadaire illustré de Zoologie appliquée, de Chasse, d'Acclimatation et de la Médecine comparée des Animaux utiles — Publié par une Réunion d'Agronomes, de Naturalistes, de Chasseurs, de Légistes, de Docteurs en Médecine et de Médecins vétérinaires, honoré d'une souscription du Ministère de l'Agriculture — Rédacteur en Chef Pierre Mégnin, Lauréat de l'Institut — *Vincennes, aux Bureaux de l'Eleveur, 1885.*

Ce journal a paru pour la 1ʳᵉ fois le 4 Janvier 1885, en un fascicule in-4ᵒ de 12 p. avec fig. d. l. t. Les Nᵒˢ se sont succédé régulièrement chaque semaine, avec la même composition. L'année forme 1 vol. d'environ 630 p.

En 1901, la *Revue cynégétique et sportive* a été adjointe à *l'Eleveur* qui a pris alors le titre suivant :

L'Eleveur et la « Revue cynégétique et sportive » réunis, Journal hebdomadaire illustré de Zootechnie, d'Acclimatation, de Chasse et de la Médecine comparée des Animaux utiles. Journal officiel de la Société de Saint-Hubert de l'Ouest. (*Suit la liste des collaborateurs, variable suivant les années*), Directeur et Rédacteur en Chef Pierre Mégnin, ancien Vétérinaire de l'Armée, Membre de l'Académie de Médecine. *Vincennes, au Bureau de l'Eleveur* (Année).

L'Eleveur contient de nombreux dessins, presque tous de Pierre Mégnin. Il contient aussi, dans beaucoup de N°s, des articles sur le cheval, son emploi, son élevage, ses races, ses maladies, etc., avec des dessins correspondant aux sujets traités.

· A la fin de 1905, Pierre Mégnin mourut et son fils M. Paul Mégnin (voy. ce nom) a pris la direction du journal dont la publication continue par fascicules in-4° de 12 p. avec un titre légèrement modifié.

Malheureusement les dessins de Pierre Mégnin ont disparu avec lui et la rédaction du journal a dû faire appel aux procédés photographiques.

EL-HAFEZ SIRADJ EL-DIN.
Notes prises dans l'ouvrage de Cheikh El-Hafez Siradj El-Din Omar Iben Baslan Manuscrit arabe du XII° siècle traitant des questions de Sport arabe. Traduites par son Altesse le Prince Mohamed Ali frère du Khédive. *Paris, Imp. F. Devalois*, S. D. (1911).

Broch. in-8° de 19 p.

Appréciation, par les Arabes, des qualités et des défauts des chevaux, hygiène, élevage, anecdotes.

Ouvrage non mis dans le commerce et réservé au prince Mohamed Ali pour distribution privée.

ELIOTT (Harry), voy. KERVION (DE).

ELLENBERGER (LE Dr W.), BAUM (LE Dr H.) et DITTRICH (Hermann).

Traité d'Anatomie des Animaux à l'usage des Artistes, par MM. les Professeurs Dr W. Ellenberger, Dr H. Baum et M. Hermann Dittrich, artiste peintre — I. Le Cheval — 2° Edition (1). *Leipzig, Lib^le* Dieterich — *Théodore Weicher; Paris, Lib^le Fischbacher*, 1907.

Album gr. in-4° oblong de 48 p. de t. et 24 pl. en photogravure.

Le t. est une traduction française de l'éd^on allemande parue à Leipzig et on a aussi ajouté une traduction aux légendes et annotations des pl. Celles-ci sont particulièrement soignées et d'un dessin très correct.

ELLIMAN.
Pharmacien chimiste anglais.
Titre de la couverture :

Chevaux, Chiens, Oiseaux, Bétail — Premiers secours aux Animaux malades et blessés. Publié par Elliman fils & Cie. *Slough, England* (tous droits réservés).

Titre intérieur :

Les Usages de l'embrocation d'Elliman pour Chevaux, Chiens, Oiseaux et Bétail — 1re Partie, Chevaux — 2e Partie, Chiens — 3e Partie, Oiseaux — 4e Partie, Bétail. Première Edition française, 1900. Publiée par Elliman Sons and C°. *Slough, England*. Prix 2 francs (tous droits réservés). (*Paris, Imp. Paul Dupont*).

1 vol. in-8° de 188 p. dont les 78 premières sont consacrées au cheval, avec 32 fig. représentant le cheval et ses tares. C'est une réclame en faveur de *l'embrocation* dont Elliman est l'inventeur.

Même ouvrage. Mêmes titres. *Deuxième Edition française*, 1902.

1 vol. in-8° de 195 p. dont les 87 premières sont consacrées au cheval, avec 60 fig. sur le cheval et ses tares.

On voit que dans cette éd^on la partie consacrée au cheval a été sensiblement augmentée, pour le t. comme pour les fig. On a notamment ajouté les fig. qui se rapportent à l'extérieur du cheval et aux aplombs.

En outre, un supplément de 12 p. non ch., qui concerne aussi le cheval, est généralement placé sous la couverture de l'ouvrage.

ELLUIN (J.-B.-I.).
Maréchal vétérinaire (français ?) du XIX° siècle. Il a longtemps exercé sa profession en Portugal.

Secours immédiats. Thérapeutique en attendant le Vétérinaire — Nouveau Manuel pratique indispensable aux Propriétaires d'Ani-

(1) L'indication 2e éd^on s'applique à l'éd^on allemande, mais c'est la 1re éd^on française.

maux. Instructions pratiques mises à la portée de toutes les intelligences pour traiter soi-même les Affections et Maladies les plus fréquentes et les plus subtiles (Lire attentivement l'Introduction), par J. B. I. Elluin fils, Chevalier de l'Ordre du Christ de Portugal, agréé en Médecine vétérinaire et en Maréchalerie pathologique ; Inventeur du Moxa et du Topique Portugais — Médaille d'Or de 1re classe de la Société des Sciences. — Topique de C. Rouxel — Introducteur en France de plusieurs Agents thérapeutiques qu'il a découverts et perfectionnés dans son exercice en Portugal. *A Caen (Calvados), chez M. E. Poisson ; à Paris avec la Pharmacie domestique, chez M. Chambille Pharmacien,* 1861.

1 vol. in-18 de VI-220 p., dont les 185 premières sont consacrées au cheval, à l'âne et au mulet.

L'ouvrage se termine par le catalogue et le prix de ses fameux remèdes et a surtout pour but d'en répandre l'emploi. Il est d'ailleurs sans aucune valeur scientifique ni pratique.

Traité de Maréchalerie par le nouveau système de Ferrure en Caoutchouc durci et ses accessoires pédicuraux. Brevet d'invention et de perfectionnement en France et à l'Étranger, S. G. D. G. Inventeur J. Elluin, Chevalier de l'Ordre du Christ, Agréé en Médecine vétérinaire et en Maréchalerie thérapeutique, Inventeur du Topique Portugais, du Moxa et autres agents de Thérapeutique vétérinaire connus. *Paris, au siège de la Société, Rue St Charles,* 1 *(Paris, Typ. Dupray de la Mahérie),* 1863.

Broch. in-8° de 34 p. avec 6 fig. sur le titre et 5 d. l. t.

Les fers en caoutchouc durci sont tombés dans un juste oubli.

ÉLOGE DE L'ASNE (anonyme).

Éloge de l'Asne ou Discours où l'on prouve avec autant de force que de vérité, que cet Animal possède de rares et d'éminentes qualitez. *A Toulouse, chez Pierre Sotteville, demeurant proche les Moulins de Balsac,* 1735.

Broch. in-16 de 16 p.

Sur le même sujet, voy. *Heinsius, Un Docteur de Montmartre, Philonagre.*

ÉLOGE DE L'ASNE (par un Docteur...).

Éloge de l'Asne, par un Docteur de Montmartre. *Londres et Paris, Delaguette,* 1769.

1 vol. in-12 de II-259 p.

Ce petit ouvrage assez amusant est attribué à Dom Jean-Joseph Cajot, bénédictin de la congrégation de St Vanne, savant historien, né à Verdun en 1726, mort en 1779. Au milieu d'allusions aux ridicules et aux travers du jour, on y trouve quelques passages sur l'origine et l'histoire naturelle de l'âne. On dit que, dans cette facétie, Dom Cajot a voulu faire une critique du chapitre de l'âne dans l'histoire naturelle de Buffon.

Éloge de l'asne lu dans une séance académique, par Christophe Philonagre. *Paris, aux dépens du loisir,* 1782.

1 vol. pet. in-12 de 94 p., avec un frontispice gravé.

« C'est, dit Quérard (1), une 2e édon « de l'ouvrage précédent, qui aurait été « publiée après la mort de l'auteur. » Mais, si la forme humoristique est la même, ce dernier ouvrage est fort différent du premier ; quelques anecdotes sont communes, mais le t. ne se ressemble pas et la matière contenue est trois ou quatre fois moindre. Ce n'est donc qu'un extrait modifié et abrégé.

Éloge de l'Ane, contenant des détails curieux sur ses mœurs, sa noblesse, son éducation, sa philosophie, ses avantages extérieurs, ses travaux, sa supériorité sur le Cheval et sur tous les Animaux en général, ses nombreuses propriétés, son infaillibilité, les honneurs qui lui ont été rendus dans tous les temps, etc., etc. Le tout accompagné de notes historiques et scientifiques, par un Docteur de Montmartre. *Paris, Delarue; Lille, Blocquel-Castiaux,* S. D. (vers 1841).

1 vol. pet. in-18 de 108 p. avec un frontispice lith. se dépliant.

Même ouvrage, même titre,

(1) *Supercheries.*

mêmes libraires, S. D. (vers 1849).

1 vol. in-8º de VIII-166 p.

Ces 2 éd[ons] sont une réimpression de celle de 1769.

Sur le même sujet, voy. *Eloge de l'Asne* (anonyme) et *Heinsius*.

ELOIRE (Charles-François-Auguste).

Vétérinaire français, né en 1854, diplômé d'Alfort en 1876.

Petite Bibliothèque agricole pratique publiée sous la direction de J. Raynaud, Directeur de l'Ecole pratique d'Agriculture de Fontaines (Saône-et-Loire) — Tome VIII — Le Cheval, son hygiène, ses races, ses tares, sa description, sa ferrure, son signalement, ses aplombs. Avec 28 figures explicatives, par Aug. Eloire, Vétérinaire à Caudry-Nord, Rédacteur au *Progrès Agricole* d'Amiens, Lauréat des Sociétés d'Agriculture et autres Sociétés savantes. *Paris, Collection A.-L. Guyot*, S. D. (vers 1900).

1 vol. in-16 de 188 p. Couverture illustrée en couleurs.

Voy. *Seltensperger*, pour un ouvrage qui fait suite à celui-ci, dans la même collection.

Petite Bibliothèque... (etc., comme ci-dessus) — Tome XI — Les Maladies du Bétail, par Aug. Eloire, Vétérinaire à Caudry (Nord), Lauréat des Sociétés d'Agriculture et autres Sociétés savantes. *Paris, Collection A.-L. Guyot*, S. D. (vers 1903).

1 vol. in-16 de 120 p. avec 3 fig. d. l. t. Couverture illustrée en couleurs.

Les ouvrages de la collection *A.-L. Guyot* portent maintenant le nom du libraire éditeur *Vermot*.

ELOY (A.), voy. **SERVANGES** (J.).

EMBARRAS DE VOITURES DANS LE VIEUX PARIS.

Voy. *Brutus; Delisle de Sales; Moustaches (Les grandes) de Paris; Fiacre (Requête des); Cabriolets (Réponse des); Justes plaintes faites au Roy; Justes plaintes des Cabaretiers; Les Assassins ou Dénonciation au Peuple; Pétition d'un Citoyen; Apologie des Carrosses*.

ÉMERY (D') ou **HÉMERY** (D').

Recueil de Curiositez rares et nouvelles des plus admirables effets de la Nature. Avec de beaux secrets gallans. Et la métode pour la disposition & preparation de ce qui est util & necessaire pour la vie des Hommes. Ouvrage tres-util & necessaire à toutes sortes de personnes. Recherchées par le Sieur d'Emery. *A Paris, chez Louis Vendosme, Court du Palais, proche l'Hostel de M. le Premier Président, au Sacrifice d'Abraham*, 1674.

1 vol. in-16 de 6 f[ts] pour le titre, l'avis au lecteur, la table des chapitres, le privilège, 394 p. pour la 1re partie, et 203 pour la 2e.

Même ouvrage, même titre (sauf qu'on a mis : ... effets de la Nature et de l'Art... et que le nom de l'aùteur est orthographié d'Hemery). *A Paris, chez Pierre Triboulet, au Palais, dans la Galerie des Prisonniers, à l'Image S. Hubert, & a la Fortune, proche le Greffe des Eaux & Forests*, 1686.

1 vol. in-16 de 12 f[ts] pour le titre, l'avis au lecteur, la table, le privilège et 563 p. en une seule partie.

Au milieu de recettes de toute espèce, médicales, pharmaceutiques, industrielles, artistiques, etc., l'ouvrage contient un long chapitre sur les maladies des chevaux, à commencer par la morve, de la p. 371 à 391 de la 1re partie de 1 éd[on] de 1674; et de la p. 332 à 352 de celle de 1686. C'est une suite de remèdes plus extravagants les uns que les autres.

Ces sortes de recueils de secrets, de procédés divers et de remèdes, avaient au XVIIe siècle le plus grand succès, et il est bien possible qu'il y ait eu d'autres éd[ons] que celles que je viens de citer.

ÉMERY-COLLOMB (Léopold).

Professeur d'Equitation. A dirigé plusieurs établissements de dressage en Belgique.

Méthode d'Equitation, ornée de planches gravées par Wéber-Chapuis, simplifiée et abrégée, à l'usage des Commençants, Fermiers & Eleveurs de Chevaux; par Léopold Emery de Collombs, Ecuyer-Professeur, ex-Directeur de l'Ecole de

dressage de Brugelette. *Verviers, Imp. L. J. Crouquet*, 1866.
1 vol. in-8º de 82 p. avec 4 pl. h. t.

Méthode d'Equitation simplifiée et abrégée, à l'usage des Commençants, Fermiers et Eleveurs de Chevaux, par L. Emery-Collomb, Ecuyer-Professeur, ex-directeur de l'Ecole de dressage de Brugelette. *Deuxième Edition*, avec cinq planches gravées. *Bruxelles, Rosez*, 1867.
1 vol. in-8º de 127 p. Dédicace à M. Horace Douterluigne.

Même ouvrage, même titre, 3ᵉ *édition*, avec cinq planches gravées, suivie d'une notice explicative du Stick-rênes, par le même auteur. *Bruxelles, Lebègue*, 1878.
1 vol. in-8º carré de 131 p.

Le Stick-Rênes et le mors de sûreté (breveté) admis à l'Exposition de 1878. Nouvelle méthode pour le dressage des jeunes Chevaux et des Chevaux rétifs, indispensable aux Amateurs, Fermiers et Eleveurs; par E. de Collomb, Ecuyer-Professeur, ex-Directeur de l'Ecole royale de dressage de Brugelette (Belgique), Expert en Chevaux et Voitures. *Aux Docks commerciaux, 27, rue du Château-d'Eau, Paris*. Prix, 1 fr. S. D. (vers 1879).
Broch. in-16 carré de 28 p.
Voy., sur le même sujet, *La Césarderie (de)*.

EMPIS (Lucien SIMONIS).
Littérateur français, né en 1863.

Les Gaîtés du Sabre, par Lucien S. Empis. Avec Illustrations d'Albert Guillaume *Paris, H. Simonis Empis*, 1897.
1 vol. in-18 de 276 p. avec couverture illustrée en couleurs et 20 pl. à pleine p.
Suite de récits humoristiques qui se déroulent dans la cav^{le}.

EMPLOI (L') DU SABRE.
L'Emploi du Sabre — Etude raisonnée du Combat à l'Arme blanche d'après les principes posés par le Règlement sur les Exercices de la Cavalerie du 31 Mai 1882.

Paris et Limoges, Henri Charles-Lavauzelle, 1891.
Broch. in-32 de 25 p. de t. suivies de 11 pl. h. t. en phototypie.

EMPLOI (L') DU SUCRE DANS L'ALIMENTATION.
Société centrale d'Agriculture de Belgique — L'Emploi du Sucre dans l'Alimentation du Bétail. *Bruxelles, Vromant*, 1905.
Broch. in-8º de 32 p.
L'opuscule contient 3 communications : la 1re de M. G. Mulle, Inspecteur vétérinaire adjoint, la 2ᵉ de M. Aulard et la 3ᵉ de M. Ernotte ; ces deux derniers directeurs de sucreries. Concerne en partie l'alimentation du cheval.

EMSWORTH (D.).
Le Cheval et le Chien par D. Emsworth. *Bruxelles, Parent et Paris, Tanera*, S. D. (vers 1862).
1 vol. in-8º de 220 p. dont les 179 premières sont consacrées au cheval : races, courses, hygiène, dressage, entraînement, etc.
Une couverture et un titre nouveaux ont été imprimés au seul nom de l'éditeur *Tanera, Paris*, 1865, sans changement pour l'ouvrage.

ÉNAULT (Louis).
Voyageur, littérateur, critique, érudit français, 1820-1900.

Les Courses de Chevaux en France et en Angleterre par Louis Enault. Extrait de la *Revue française*. *Paris, Lainé et Havard*, 1865.
Broch. in-8º de 39 p.
Etude en partie tirée des ouvrages de Houël, de Youatt et de Chapus, cités d'ailleurs par l'auteur en tête de son opuscule (voy. ces noms).

ENCORE LES REMONTES ET LES HARAS.
Encore les Remontes et les Haras, par un Eleveur éligible. *Paris, Imp. Cosson*, 1843.
Broch. in-8º de 43 p.

ENCORE QUELQUES MOTS SUR LA CAVALERIE ALLEMANDE.
Encore quelques mots sur la Cavalerie Allemande en 1870 (Extrait de la *Revue de Cavalerie* — 1887).

Paris et Nancy, Berger-Levrault, 1887.

Broch. gr. in-8° de 55 p.

Cet opuscule est l'œuvre du général Cte de Sesmaisons (Claude-Marie-Rogatien), officier d'Etat-major, puis de cav[le] français, né en 1835. sous-lieut[nt] en 1855, général de div[on] en 1893, passé au cadre de réserve en 1900. Il était, en 1887, colonel du 6e chasseurs.

ENCYCLOPÉDIE.

L'*Encyclopédie* de Diderot et d'Alembert contient de nombreux articles et plusieurs pl. qui concernent le Cheval et la Cav[le].

Cet ouvrage se compose de 28 vol. in-f° dont 11 de pl., 1751-1772, auxquels a été ajouté un Supplément, 1776-1777, en 5 vol. in-f° dont 1 de pl. Enfin, la Table analytique et raisonnée des matières a été publiée en 1780, 2 vol. in-f°.

Les articles suivants sont à citer :

Ane — Bourrelier et Bourrelier-Bastier (avec 7 pl. par Goussier) — Châtrer — Cheval — Cochers — Courses (cet article comprend surtout les anciennes courses de chars, ainsi que les courses de têtes et de bagues) — Dragons — Eperonnier (avec 16 pl. par Goussier) — Equitation — Exercice (c'est à cet article que se trouvent les différents exercices des troupes. Au mot « Manœuvres », il n'est parlé que de la manœuvre des vaisseaux.) — Fer — Haras — Harnois — Hippiatrique — Hongrer — Hussards — Manège (avec 33 pl. par Harguiniez pour tout ce qui concerne l'Equitation, les Selles, les Ustensiles d'Ecuries, et par Goussier et Soufflot pour les plans des Ecuries et Manèges). C'est à cet article que se trouvent les détails les plus complets sur l'Equitation — Maréchalerie (avec 7 pl. pour le Maréchal-ferrant et opérant et 10 pour le Maréchal grossier, toutes par Harguiniez) — Mulet — Selle — Sellier.

La plupart de ces articles sont très étudiés et très complets — en tenant compte, bien entendu, de l'état des connaissances à cette époque — et plusieurs contiennent des détails historiques ou critiques bien souvent mis à contribution.

Malheureusement, leur recherche est assez laborieuse. En effet la plupart des détails qui forment chaque sujet sont disséminés dans tout l'ouvrage, chacun d'eux à son ordre alphabétique. Un des exemples les plus typiques est le mot : *Cheval*. Plus de 100 articles s'y rapportent ; ainsi les mots *Allures, Tête, Front, Dents, Barres, Flancs, Boulets, Jarrets, Pieds, Caractères, Vices, Maladies, Soins, Entretien, etc., etc.*, doivent être cherchés chacun à des endroits différents.

Il est donc indispensable, pour faire des recherches dans l'*Encyclopédie*, de consulter la Table. Au mot cherché, elle indique, d'une manière claire et méthodique, tous les articles qui s'y rapportent avec la mention du tome, de la page et de la colonne où ils se trouvent.

Peut-être les auteurs se sont-ils aperçus de ce grave inconvénient, car il est moins sensible dans le *Supplément*. C'est ainsi que le mot *Hippiatrique*, qui s'y trouve, forme un seul article complet de plus de 60 p.

L'*Encyclopédie* a été aussi publiée plusieurs fois sous les formats in-4° et in-8°, mais, pour ce dernier format, les pl. sont restées in-4°.

Il est inutile de donner ici le détail de ces différentes éd[ons], mais il faut signaler que dans celle de *Panckoucke*, 1786, in-4°, qui est la plus connue, les belles pl. de Harguiniez, relatives au Manège et à l'Equitation, ont disparu, et sont remplacées par 3 pl. seulement, par Benard.

ENDIVISIONNEMENT (L') DE LA CAVALERIE FRANÇAISE.

L'Endivisionnement de la Cavalerie française, par A. P. *Paris et Nancy, Marc Imhaus et René Chapelot*, 1913.

Broch. in-8° de 24 p.

ENQUÊTE SUR L'ÉLEVAGE.

Société d'Agriculture de l'arrondissement de Verdun — Enquête sur l'Elevage et ses résultats dans tout l'arrondissement — Rapport de la Commission d'enquête lu à la séance générale du 8 juin 1876, par M. Fourrier, rapporteur et Membre de la Commission permanente. Extrait du *Cultivateur de la Meuse. Bar-le-Duc, Imp. Constant-Laguerre* (1876).

Broch. in-4° de 23 p. avec 10 tableaux annexes de statistique.

ENSEIGNEMENT TACTIQUE... EN ITALIE, voy. LEMOYNE (J.-V.).

ENTRÉE D'ALBERT ET ISABELLE D'AUTRICHE A ANVERS, voy. BOCH.

ENTRÉE D'ALEXANDRE DE VENDOSME A ROME.

Le Récit de l'Arrivée et Solennelle Entrée du tres-illustre & excellent Seigneur Messire Alexandre de Vendosme, frère naturel de sa Maiesté très Chrestienne, Grand Prieur de Tholose de la Religion & de l'Ordre de Hierusalem. Faicte a Rome le 2 Octobre 1615. Avec la Cavalcade au Consistoire public, & autres particularitez. Traduict d'Italien en François. *A Paris, chez Laurent Sonnius rüe sainct Iacques au Cocq & Compas Dor*, 1615.

Broch. pet. in-8° de 19 p.

Vendôme (1) était à Malte quand il fut chargé par Louis XIII d'aller saluer le pape Paul V. Il s'embarqua le 26 Août 1615, escorté par une flottille, et après s'être assuré « que le Turc n'estoit pas « pour entreprendre rien de ceste année ». Il se dirigeait sur Naples et comptait ensuite arriver par mer au port « destiné « à son désembarquement & esloigné de « Rome de 12 milles », mais les vents contraires l'obligèrent « à s'enfermer « dans une isle prochaine appelée Procède » (Procida, près de Naples) et finalement à partir pour Rome par terre et en carrosse. Il y arriva vers la fin de Septembre et, après diverses cérémonies et surtout de somptueux dîners et soupers, il fit son entrée le Dimanche 2 Octobre. Le narrateur nous donne le détail de la cavalcade : d'abord 30 mulets portant le bagage, puis les Chevaux légers du Pape, suivis des 30 mulets des Cardinaux, montés par des palefreniers qui portaient sur leurs épaules le chapeau rouge de leurs maîtres, ceux-ci étant en carrosse. Venaient ensuite les pages de l'ambassadeur, montés « sur de très beaux Courtaux », les écuyers, d'autres pages, puis, deux à deux, plus de 400 gentilshommes et chevaliers parmi lesquels 12 gentilshommes Espagnols « montés sur de tres « excellens chevaux envoyés exprès ar « l'Ambassadeur d'Espagne ». Tous, jusqu'aux palefreniers, étaient somptueusement vêtus. Le mardi suivant, il y eut un consistoire public à l'occasion duquel cette brillante cavalcade se déroula..de.. nouveau.

Cette ambassade eut un côté plaisant : le bon pape avait envoyé au port de formidables provisions de bouche pour restaurer le grand prieur et sa suite à leur « désembarquement ». Quand il apprit son arrivée par terre, il dirigea toutes ses victuailles à sa rencontre, mais ce ne fut ni sans peine ni sans retard qu'elles lui parvinrent.

ENTRÉE DE CHARLES-QUINT A BOLOGNE.

L'Entrée de Charles-Quint à Bologne en 1529 — qu'il ne faut pas confondre avec les fêtes de son couronnement qui eurent lieu dans la même ville l'année suivante (1) — a été reproduite dans plusieurs suites de pl. devenues introuvables.

Le détail de ce qu'on connaît sur l'iconographie de cette splendide cavalcade se trouve dans une brochure intitulée : *Sur l'Entrée de Charles Quint à Bologne en 1529 et aperçu des ouvrages imprimés en Belgique sur le règne de cet Empereur*, par P. J. Goetghebuer. Extrait du Messager des Sciences historiques de la Belgique. Gand, L. Hebbelynck, 1864. In-8° de 23 p. qui se trouve à la Bib. Nat[le] (2).

Cet auteur donne la description de 4 suites de pl. qui représentent cette entrée, dont une faisant partie de sa propre collection et une autre « admirée par l'abbé Zani au Cabinet royal, à Paris ». Cette dernière, qui est la seule que je connaisse, existe en effet à la Bib. Nat[le] où j'ai eu quelque peine à la découvrir, parce qu'elle fait partie d'un recueil factice et n'a pas de titre particulier (3).

Elle se compose de 15 pl. in-f° gravées sur bois, qui ont reçu autrefois un coloriage assez grossier. Dans le haut de chacune se trouve un titre en italien. Les personnages à pied ont environ 18 cent. de hauteur, ceux à cheval, qui sont en plus grand nombre, 22 ou 23. Je ne crois pas que cette suite soit complète ; en tout cas, elle contient bien moins de personnages que celle de la

---

(1) Alexandre de Vendôme, grand prieur de France, 2e fils d'Henri IV et de Gabrielle d'Estrées, né en 1598. Compromis dans la conspiration de Chalais, il fut emprisonné en 1626 d'abord à Amboise, puis à Vincennes où il mourut trois ans plus tard.

(1) Voy. *Couronnement de Charles-Quint.*
(2) Cabinet des Estampes, cote Pd 21 a.
(3) Cabinet des Estampes. *Cérémonies et Entrées de Villes de 1500 à 1640*. Recueil in-f°, cote Pd 18. L'Entrée de Charles-Quint est la dernière pièce du recueil.

collection de M. Goetghebuer dont il nous donne une description détaillée. L'auteur des pl. est inconnu, je crois.

Paul Lacroix (voy. ce nom) a donné dans son ouvrage *Mœurs, Usages et Costumes au Moyen-Age et à l'Époque de la Renaissance*, 1870-1872, une reproduction réduite de 2 pl. représentant l'Entrée de Charles-Quint à Bologne en 1529.

Enfin, le Catalogue de la 1re vente de la Bib. Ruggieri (en 1873) signale deux plaquettes en allemand, de 4 f^{ts} chacune, sans pl., sur cette cérémonie.

ENTRÉE DE FRANÇOIS FILS DE FRANCE A ANVERS.

Il s'agit de l'entrée de François, duc d'Anjou, 4e fils de Henri II et de Catherine de Médicis, qui eut lieu le 19 février 1582. Il fut accueilli avec enthousiasme et couronné duc de Brabant à Anvers, mais son administration mécontenta bientôt ses sujets qui se révoltèrent, et il dut rentrer en 1583 en France où il mourut phtisique un an après, 1554-1584.

La iojeuse et magnifique Entrée de Monseigneur Françoys, fils de France, et frère unicque du Roy par la grace de Dieu, Duc de Brabant, d'Anjou, Alençon, Berri, &c, en sa tres-renommée ville d'Anvers. *A Anvers, de l'Imp. de Christophe Plantin*, 1582.

1 vol. in-f° de 2 f^{ts} pour le titre dans un frontispice allégorique et la préface, 46 p. et 1 f^t final pour le privilege avec 21 pl. h. t. double in-f°.

Les pl. 1, 3, 4, 20, représentent des cortèges de cavaliers ou des chars, ces derniers sans leurs attelages, la pl. 5 représente le prince à cheval sous un dais porté par six personnages à pied. Ces pl. ont été attribuées à A. de Bruyn, La composition et la description du cortège sont données à la p. 24 et suiv.

« S. A. était montée sur un coursier de « Naples de poil blanc, couvert d'une « housse de velours à grandes broderies « d'or. »

ENTRÉE DE FRANÇOIS Ier A LYON, voy. GUIGUE (G.).

ENTRÉE DE GUILLAUME CLITON, voy. CAVALCADES DE SAINT-OMER.

ENTRÉE DE HENRI III A MANTOUE.

La somptueuse et magnifique Entree du tres chrestien Roy Henry III de ce nom Roy de France & de Pologne, grand Duc de Lithuanie, &c. En la cité de Mantoüe, avec les portraicts des choses les plus exquises. Par B. D. Vig^{re} (1). *A Paris, chez Nicolas Chesneau rue S. Iacques au Chesne verd*, 1576. *Et se vendent aussi chez Iean Rabel, rue du Ferre pres les Escholes de Picardie à l'enseigne de la Baniere de France.*

Broch. in-4° de 48 p. avec marque de Nicolas Chesneau sur le titre et 8 pl. à pleine p.

Les pl. n'ont rien d'hippique et ne représentent que des décorations ; mais le t. donne la composition et la description des cortèges de cavaliers. Ouvrage rare.

ENTRÉE DE HENRY IV A METZ, voy. FABERT (Ab.).

ENTRÉE DE LA DUCHESSE DE LA VALETTE A METZ.

Combat d'Honneur concerté par les II-II Elemens sur l'heureuse Entrée de Madame la Duchesse de La Valette en la Ville de Metz. Ensemble la Resiouyssance publicq. concertée par les habitans de la Ville et du Pays sur le même sujet. *S. L. N. D. ni nom d'imp^r ou de lib^{re}.* (*Metz, Abraham Fabert*, 1624).

1 vol. in-f° de 4 f^{ts} limin. et 130 p. avec 3 pl. de blasons ; 10 pl. h. t. et 9 fig. d. l. t. Titre gravé dans un élégant frontispice.

Le t., dû au P. Jean Motet, ne contient guère que des pièces de vers et des discours, mais il y a 2 pl. de cortèges avec de nombreux cavaliers. Sur l'une d'elles, la duchesse est représentée dans une litière qui ressemble à une sorte de boite et qui est portée par 2 chevaux montés ; très habituellement, les chevaux ou mulets porteurs de litières étaient menés en main.

Il s'agit de la princesse Gabrielle-Angélique, fille légitimée de Henri IV et de la M^{ise} de Verneuil. Née en 1602, mariée en 1622 à Bernard de Nogaret, duc de La Valette puis duc d'Epernon. Elle mourut en 1627, et on accusa son mari de l'avoir empoisonnée. Son frère,

---

(1) Blaise de Vigenere, littérateur français, 1523-1596.

ENT — 449 — ENT

Gaston-Henri, duc de Verneuil, avait été nommé à l'évêché de Metz en 1608. Il avait alors 7 ans.

ENTRÉE DE L'AMBASSADEUR DE TURQUIE A PARIS.

Relation de l'Entrée de l'Ambassadeur extraordinaire du Grand Seigneur à Paris et de la première Audience qu'il a euë du Roy. *A Paris du Bureau d'Adresse* (1) *aux Galleries du Louvre devant la ruë S. Thomas* le 30 Mars 1721.

Broch. in-4° de 13 p. chif. 161-172.

Pour cette entrée, tout le monde était à cheval, y compris l'ambassadeur Mehemet Effendi. Il y avait un luxe considérable de chevaux de main, dont 6 « harnachez à la turque » pour l'ambassadeur. Une nombreuse cav^{le} augmentait l'éclat de cette brillante escorte : Gendarmes, Chevau-Légers, Mousquetaires, le Rég^t d'Orléans Dragons, les Grenadiers à cheval. « Tous les chevaux « servant à l'ambassadeur & aux gens de « sa suite estoient de la grande & de la petite Ecurie du Roy. »

Très curieuse et rare relation.

ENTRÉE DE L'EMPEREUR SIGISMOND, voy. BOUZONNET-STELLA.

ENTRÉE DE L'INFANTE REINE A PARIS.

Il s'agit de la jeune infante d'Espagne, Marie-Anne-Victoire, fille de Philippe V, qui arriva à Paris à l'âge de 4 ans, le 2 Mars 1722, pour être fiancée à Louis XV, alors âgé de 12 ans. On sait qu'elle fut reconduite en Espagne en 1725 et que Philippe V, sensible à cet outrage, renvoya en France les deux princesses d'Orléans et chassa tous les consuls français.

Relation de l'Entrée de l'Infante Reine en la Ville de Paris. *A Paris,*

(1) Le *Bureau d'Adresse et de Rencontre* était un établissement fondé par Théophraste Renaudot, médecin et journaliste français, 1584-1653. C'était un centre d'information et de publicité, un bureau de bienfaisance... etc. C'est là qu'il naquit, en 1631, la *Gazette de France*. Le Bureau d'Adresse survécut longtemps, comme on le voit, à son fondateur. Il en sortit une sorte de journal publié sous la forme de fascicules in-4° dont la pagination se suivait, mais qui étaient imprimés et vendus séparément avec un numéro d'ordre. Ils donnaient un récit assez fidèle et presque toujours intéressant des événements importants, ainsi qu'on le voit par celui cité ci-dessus. Cette publication est devenue très rare.

du Bureau d'Adresse (1) le 5 Mars 1722.

Broch. in-4° de 8 p. chif. 109-116.

Intéressante description du brillant cortège de cavaliers qui accompagnèrent la petite princesse, entremêlé, comme d'habitude à cette époque, de nombreux chevaux de main, et duquel faisaient partie plusieurs détachements de cav^{le}.

ENTRÉE DE LOUIS XIII A LYON, voy. SOLEIL (LE) AU SIGNE DU LYON.

ENTRÉE DE LOUIS XIII A PARIS.

Eloges et Discours sur la triomphante Réception du Roy en sa Ville de Paris après la Reduction de La Rochelle : accompagnez des Figures tant des Arcs de Triomphe que des autres preparatifs. *A Paris, chez Pierre Rocolet, Impr. & Libraire ordinaire de la Maison de Ville en sa boutique au Palais en la gallerie des prisonniers,* 1629.

1 vol. in-f° de 182 p., plus 12 p. ch. a part pour diverses pièces de vers et le privilège. Titre rouge et noir avec les armes de Paris, beau frontispice dessiné par A. Bosse, épître dédicatoire au Roi par le Prévost des Marchands et les Eschevins de la Ville et 15 pl. h. t.

Pour cette brillante fête, le cortège se composait de gens de pied et de très nombreux cavaliers. Les personnages montés sont désignés soit nominativement, soit par leurs fonctions, avec des détails sur leur costume et sur le harnachement, parfois même sur la robe de leurs chevaux. Sur les 15 pl., il y en a 12 d'arcs de triomphe et 3 de chars attelés, dont l'un représente un cirque romain, installé sur la plate-forme du char. Les personnages et les chevaux étaient sans doute de petits mannequins.

Le texte est dû au jésuite J.-B. Marchand.

ENTRÉE DE LOUIS XIV A PARIS.

L'Entree triomphante de leurs Maiestez Louis XIV Roy de France et de Navarre et Marie Thérèse d'Austriche son Espouse dans la Ville de Paris Capitale de leurs

(1) Pour l'historique du *Bureau d'Adresse*, voy. *Entrée de l'Ambassadeur de Turquie à Paris.*

ENT — 450 — ENT

Royaumes, au retour de la Signature de la Paix Generalle et de leur heureux mariage. Enrichie de plusieurs Figures, des Harangues et de diverses Pieces considerables pour l'Histoire. Le tout exactement recueilly par l'ordre de Messieurs de la Ville et imprimee l'an 1662. *Les exemplaires se vendent à Paris chez Pierre Petit, Imprimeur ordinaire du Roy, Ruë S. Jacques à la Croix d'Or; Thomas Ioly dans la petite salle des Merciers aux Armes d'Holande & à la Palme; Louis Bilaine au second Pilier de la grand Salle au grand Cæsar & à la Palme, au Palais.*

1 vol. gr. in-f° de VIII f^{ts} non ch. pour le frontispice, le titre, le portrait du Roi, par Mignard, gravé par N. Poilly, celui de la Reine par Baubrun, gravé par M. Pitau, une sorte de dédicace gravée et calligraphiée, l'Advis au Lecteur, la table des chapitres et celle des pl. Le t. qui suit est divisé en 4 parties de 7, 34, 28 et 12 p. avec 22 pl. h. t. dont quelques-unes doubles.

Les 15 premières ne contiennent que des décorations architecturales, mais les pl. 16, 17, 18, 19 et 20, qui n'en forment en réalité qu'une seule, découpée au format du livre, représentent la marche du cortège avec l'indication des corporations ou groupes représentés. Ce cortège offre cette curieuse particularité que tout le monde était à cheval, sauf la Reine et le Cardinal qui étaient en carrosse, et quelques grands dignitaires ecclésiastiques montés sur les mules. Il y avait en outre des *trains* considérables, c'est-à-dire de nombreux chevaux de main et de bagages. Mais magistrats, médecins, tailleurs, échevins, notaires, huissiers, parlement, etc., étaient tous à cheval. Les paroisses, les moines et l'université marchaient seuls à pied. Une autre pl. contient aussi de nombreux cavaliers : *La disposition de la Milice de Paris lorsqu'elle parut devant LL. MM.*

Le t. est dû à J. Tronçon. Les pl. sont signées Iean Marot fecit, mais elles sont, paraît-il, gravées par Le Pautre, Albert Flamen, Cochin.

On voit que cet ouvrage ne parut que deux ans après les brillantes fêtes dont il donne la relation. Mais, au moment même où elles eurent lieu, on publia de nombreuses brochures qui donnent le détail de certaines parties : arcs de triomphe, décorations, feux d'artifice, harangues, etc., et quelques-unes aussi, des cortèges hippiques et des cavalcades. Parmi ces derniers opuscules, on peut citer les suivants :

La Cavalcade royale, contenant la Reveuë generale de Messieurs les Colonels et Bourgeois de Paris faite au Parc de Vincennes en presence du Roy & de la Reyne, pour la disposition de leurs magnifiques Entrees dans leur bonne Ville de Paris. *A Paris, chez Jean-Baptiste Loyson, rue S. Jacques, près la Poste, à la Croix royale,* 1660.

Broch. in-4° de 24 p.

Mêmes titre, libraire et millésime.

Broch. in-4° de 8 p.

La Marche royale de leurs Maiestez, depuis le Chasteau de Vincennes jusqu'au Throsne, & du Throsne jusqu'au Louvre le jour de leur magnifique Entrée dans leur bonne Ville de Paris. *A Paris, chez Jean-Baptiste Loyson... etc.* 1660.

Broch. in-4° de 8 p.

Nouvelle Relation contenant la Royalle Entree de leurs Maiestez dans leur bonne Ville de Paris. Le vingt sixieme Aoust 1660. Avec une exacte et fidelle recherche de toutes les Cérémonies qui se sont observées, tant dans la marche du Roy, de la Reyne, & de toute la Cour, que dans celle des Cours Souveraines, des Prevost des Marchands, Eschevins & autres Corps qui ont paru dans cette celebre & auguste Entree. Ensemble les noms des Princes, Ducs, Pairs, Mareschaux de France, Seigneurs & autres Personnes remarquables. *A Paris, chez Jean-Baptiste Loyson... etc.* 1660.

Broch. in-4° de 24 p.

Cette relation, assez détaillée en ce qui concerne les cortèges, est l'œuvre de François Colletet (1628-1680). C'était un pauvre poëte sans talent, que Boileau a ridiculisé. Son père, Guillaume Colletet, auteur médiocre et fécond, fut un des premiers membres de l'Académie française.

La Muse en belle Humeur, contenant la Magnifique Entree de leurs Maiestez dans leur bonne Ville de Paris, suivant l'Ordre du Roy donné a Messieurs de Rhodes et de Saintot, grand Maistre & Maistre des Ceremonies. Avec les Eloges du Roy & de la Reyne, Princes & Seigneurs de la Cour, Chancelier, Presidens & Chefs de Compagnies qui s'y sont trouvez. Le tout en Vers burlesques. *A Paris, chez Jean-Baptiste Loyson...* etc. S. D. (1660).

Broch. in-4° de 2 f^ts pour le titre, l'Advis au Lecteur, la dédicace à Mgr Fouquet, Procureur Général de S. M., Sur Intendant des Finances & Ministre d'Etat, signée par Parent, l'auteur de la pièce et 82 p. de vers « burlesques », ainsi que l'indique le titre, avec 1 pl. in-f° oblong se dépliant, qui représente le Roi et les princes à cheval. Une vingtaine de cavaliers suivent le Roi et ils sont eux-mêmes suivis d'un carrosse à six chevaux dans lequel se trouve la Reine. La pl., signée par Gabriel Ladame (1), manque presque toujours.

Dans certains exemplaires, le titre a été refait ; on y a ajouté les mots : Dédié à Monseigneur Foucquet et le millésime 1660.

La magnifique Entrée du Roy et de la Reyne en leur bonne Ville de Paris, en vers burlesques — A son Altesse Madame la Princesse Palatine, Sur-Intendante de la Maison de la Reyne. S. L. N. D. *ni nom d'imprimeur.* (*Paris*, 1660).

Broch. in-4° de 7 p.

Pièce rarissime. L'auteur anonyme s'occupe particulièrement des cavaliers et de leurs chevaux dont il décrit soigneusement la robe et le harnachement.

La Magnifique et superbe Entrée du Roy et de la Reyne en la Ville de Paris. *A Paris, du Bureau d'Adresse* (2) *aux Galleries du Louvre, devant la rue S. Thomas*, le 3 Septembre 1660.

C'est un N° du Journal de Renaudot in-4°, p. 785 à 816.

(1) L'auteur des pl. du traité de Voltige publié en 1679 par *Imbotti de Beaumont* (voy. ce nom) sous le titre de *L'Escuier François*.
(2) Pour l'historique du *Bureau d'Adresse*, fondé par Renaudot, voy. *Entrée de l'Ambassadeur de Turquie à Paris*.

Il y a eu, de ce N°, un tirage à part, avec une pagination spéciale et irrégulière, auquel on a ajouté à l'époque les portraits en médaillons du Roi et de la Reine par Larmessin et la grande pl. de Ladame, représentant une partie du cortège, la même que celle de *La Muse en belle humeur*, décrite ci-dessus.

C'est dans cette brochure que Delcampe (voy. ce nom) est signalé parmi les cavaliers qui accompagnaient le Roi :
« Sa Majesté avoit au tour de son cheval
« les Sieurs de Bournonville, S. André,
« de Bezuel & de la Chapelle-Sermenton, Escuyers, & le Sieur Delcampe,
« le seul de ceux qui tiennent Académie,
« comme plus ancien. »

Relation brieve & exacte du rang & de l'équipage de tous ceux qui ont suivi leurs Majestez Treschrestiennes à leur Entrée solemnelle à Paris le 26 Aoust 1660. Extraitte d'une lettre d'un particulier à un de ses amis. *Imprimee à Bruxelles le 18 Septembre 1660 par Guillaume Scheybels ; & se vend chez Guillaume Hacquebaud, vis à vis de la Porte des Ecoles des PP. Jésuites.*

Broch. in-4° de 8 p.

Au point de vue hippique, ces deux dernières brochures sont particulièrement intéressantes : elles donnent la description très complète des cortèges, du costume des cavaliers, de la robe et du harnachement de leurs chevaux, et en indiquent même parfois la provenance.

Tous ces petits ouvrages sont rares, mais le dernier est introuvable.

ENTRÉE DE LOUIS XV A METZ.

Journal de ce qui s'est fait pour la Reception du Roy dans sa Ville de Metz, le 4 Aoust 1744. Avec un Recueil de plusieurs Pièces sur le même Sujet, & sur les Accidens survenus pendant son séjour. *A Metz, de l'Imp. de la Veuve de Pierre Collignon, Imprimeur de l'Hotel de Ville & du College, Place Saint Iacques, à la Bible d'Or*, 1744.

1 vol. pet. in-f° de 83 p. avec 8 pl. h. t. se dépliant, dont la dernière représente le Roi à cheval, suivi d'une nombreuse escorte de cavaliers.

Tous les chevaux ont la queue coupée très court, ce qui est exceptionnel dans les gravures de cette époque.

Parmi les cortèges de cavaliers qui se déroulèrent dans les rues de Metz, le plus brillant semble avoir été celui des Juifs : il y avait des vieillards à barbe blanche, à cheval, l'épée à la main, deux compagnies de 40 hommes à cheval, un char magnifiquement orné « d'un goût singulier » traîné par 4 grands chevaux de carrosse, conduit par un cocher en habit écarlate et un postillon en veste galonnée d'or ; quatre écuyers « super-« bement montez marchaient aux cotez « de ce char » qui était suivi d'une compagnie pareille aux deux premières, puis de deux autres compagnies «. cha-« cune de 40 jeunes gens bien montez ».

Les Juifs défilèrent ainsi les 6 devant le Roi, dans la cour du château et ne lui épargnèrent pas un long discours, après quoi le Roi passa en revue « le nouveau « régiment Hussard de Rougrave » (1) et tomba malade le lendemain.

Suit le récit de sa maladie, des prières pour sa guérison, des actions de grâces pour son rétablissement, etc., mais ces cérémonies ne comportaient naturellement aucune cavalcade.

ENTRÉE DE MARIE DE MÉDICIS A AMSTERDAM.

Medicea Hospes, sive Descriptio Publicæ gratulationis, qua Serenissimam, Augustissimamque Reginam, Mariam de Medecis excepit Senatus Populusque Amstelodamensis. Auctore Caspare Barlæo (2). *Amstelodami Typis Ioannis & Cornelii Blaeu*, 1638.

1 vol. in-f° de 8 f^{ts} non ch. pour le titre, le portrait de la Reine, la dédicace de Barlæus aux magistrats d'Amsterdam, 62 p. de texte avec 16 pl. h. t. dont une grande se dépliant et représentant un cortège de nombreux cavaliers avec quelques carrosses attelés de 6 chevaux. La dernière pl. représente aussi un cortège de cavaliers et des carrosses. Les autres contiennent des allégories et des scènes maritimes. Toutes sont de M. de Jonge et sont agréablement dessinées.

L'ouvrage a été traduit en français :

(1) *Raugrave-hussards*, levé le 27 sept. 1743 par Philippe-Bernard-Charles-Théodore, Cte de Raugrave. Il fit campagne sans interruption jusqu'en 1757 sur le Rhin, en Flandre, en Allemagne. Devint, en 1756, *Volontaires Liégeois* et en 1758 *Cavalerie Liégeoise*. Réformé en 1762.

(2) Van Baerle (Gaspard), dit Barlæus, poète, théologien, médecin et ministre protestant, professeur de logique à Leyde, puis de philosophie à Amsterdam.

Marie de Médicis entrant dans Amsterdam ou Histoire de la Reception faicte à la Reyne Mere du Roy tres-Chrestien par les Bourgmaistres & Bourgeoïsie de la Ville d'Amsterdam. Traduicte du Latin de Gaspar Barleus. *A Amsterdam, chez Iean & Corneille Blaeu*, 1638.

1 vol. in-f° de 97 p., les 14 premières non ch., avec les mêmes pl. qu'à l'éd^{on} latine.

L'entrée de Marie de Médicis à Amsterdam a aussi été représentée dans une suite de 9 pl. dont la description suit :

Effigies Mariæ de Medices Christianissimi Galliarum Regis Henrici Magni Conjugis, trium Regum matris Hetruriæ Ducis Filiæ — Urbem Amstelodamensem intravit Regina ipsis Calendis septembris anno 1638.

Ce portrait en médaillon est entouré de beaux ornements. Il forme la 3e pl. du recueil. La 1re est un frontispice représentant les armes d'Amsterdam dans un cartouche supporté par 2 lions, et surmonté de la couronne impériale, par Cornelius Danker. La 2e représente les 4 bourgmestres d'Amsterdam auxquels Cornelius de Davelaer, chef de la cavalerie patricienne, vient annoncer l'arrivée de la Reine. La 3e qui porte un titre vient d'être décrite. Les 6 autres représentent les cavaliers du cortège, au nombre d'une soixantaine. Les personnages, tous à cheval, ont environ 0,15^c de haut. La reine est en carrosse à six chevaux, accompagnée de la princesse Emilie de Salms et escortée d'une garde d'honneur formée par les notables d'Amsterdam. Les pl. sont in-f° obl. et gravées par P. Nolpe d'après J.-M. de Jonge. Elles ne sont accompagnées d'aucun texte et n'ont rien de commun avec celles de l'ouvrage précédent.

Ce recueil, très bien dessiné et gravé, est des plus intéressants pour les costumes, les chevaux et les harnachements. « Il est de la plus insigne rareté, sur-« tout complet, les pl. ayant été publiées « en feuilles volantes ».

ENTRÉE DE MARIE DE MÉDICIS A LYON.

L'Entrée de la Reine à Lyon le 3 Décembre 1600. *Par Thibaud Ancelin, Imp^r ordinaire du Roy. Avec privilège*.

Ce titre est gravé dans un frontispice orné. Suit le titre imprimé :

L'Entrée de Tres grande, tres chrestienne, et tres auguste Princesse Marie de Médicis, Reine de France & de Navarre en la ville de Lyon le 3 Décembre 1600.

1 vol. in-4° de 76 f^{ts} chif. au recto seulement. La pagination des f^{ts} 65, 66, 67, 68 est répétée. Dédicace à la Reine, signée Mathieu (1). Grande pl. se dépliant et représentant une partie du cortège serpentant et passant sous les arcs de triomphe. Très nombreux cavaliers et quelques carrosses. La Reine est dans une litière portée par deux chevaux montés par des enfants.
Ouvrage rare.

ENTRÉE DE MARIE DE MÉDICIS DANS LES PAYS-BAS.

L'Histoire curieuse de tout ce qui s'est passé a l'Entrée de la Reyne Mere du Roy Treschrestien dans les villes des Pays-Bas par le Sr de la Serre (2), Historiographe de France. *A Anvers, en l'Imp. Plantinienne de Balthazar Moretus, 1632.*

1 vol. in-f° de 4 f^{ts} pour la dédicace de La Serre à la Reine mère, 74 p. avec 2 frontispices et 3 pl.

Le 1er frontispice, gravé par Cornelius Galle représente la Reine recevant dans ses bras l'Infante Isabelle-Claire-Eugénie, fille de Philippe II d'Espagne, habillée en religieuse. Elle avait adopté ce costume depuis la mort de son mari l'Archiduc Albert en 1521. Le 2e contient les portraits élégamment disposés, de Marie de Médicis et de ses 5 enfants. Les 3 pl., gravées par A. Paulus, représentent les entrées de la Reine à Mons, à Bruxelles et à Anvers. Les 2 premières représentent des carrosses et des cortèges

---

(1) Mathieu (Pierre), historien et poète, auteur de plusieurs relations du même genre. Henri IV l'avait nommé son historiographe. 1563-1621.

(2) La Serre (Jean Puget de), littérateur français, 1600-1665. Il vint à Paris après avoir terminé ses études à Toulouse, sa ville natale, y prit le petit collet, l'abandonna pour se marier, devint bibliothécaire du duc Gaston d'Orléans, puis fut nommé historiographe de France et conseiller d'Etat. Il écrivit de nombreux et médiocres ouvrages sur les sujets les plus divers, y compris le théâtre. La Serre est aussi l'auteur d'une *Relation de l'Entrée de Marie de Médicis en Angleterre*, non citée ici, parce qu'elle ne contient que quelques lignes sur les cortèges de cavaliers.

---

de cavaliers, la 3e est exclusivement maritime.

Ouvrage curieux et rare qui a eu 2 éd^{ons} la même année. On reconnait la 2e à ce que les fautes de pagination des p. 57 et 64 sont corrigées et à ce que les épreuves des pl. sont moins belles.

Histoire de l'Entrée de la Reyne Mère du Roy tres-Chrestien dans les Provinces unies des Pays-Bas — Enrichie de Planches — Par le Sr de la Serre Historiographe de France. *A Londre, par Jean Raworth, pour George Thomason & Octavian Pullen, à la Rose, au Cimetière de Sainct Paul, 1639.*

1 vol. in-f° de 56 f^{ts} non pag. dont 12 pour le frontispice (avec un abrégé du titre), le titre, les dédicaces de La Serre aux Seigneurs des Etats-Généraux des Provinces Unies, au Prince et à la Princesse d'Orange, avec leurs portraits et 10 pl. h. t. dont une grande se dépliant et représentant « le Prince d'O- « range (1) allant au devant de la Reyne « aux approche (sic) de Boisleduc » avec des cortèges de nombreux cavaliers et des carrosses, attelés de 6 chevaux. Deux autres pl. représentent des cavaliers et des carrosses, mais, néanmoins, pour cette entrée, il y a plus de sujets maritimes que de sujets hippiques.

ENTRÉE DE PHILIPPE D'ESPAGNE A ANVERS, voy. GRAPHEUS.

ENTRÉE D'ERNEST ARCHIDUC D'AUTRICHE A ANVERS, voy. BOCH.

ENTRÉE DU DUC D'ANGOULÊME A PARIS.

Entrée triomphale de S. A. R. Monseigneur le Duc d'Angoulême (2), généralissime de l'Armée des Pyrénées ; gravures au trait du Bas-Relief sculpté d'après les ordres de M. le comte de Chabrol de Volvic (3), Conseiller d'Etat, Préfet de

---

(1) Henri-Frédéric de Nassau, Prince d'Orange, stathouder de Hollande, 1584-1647.

(2) Angoulême (Louis-Antoine de Bourbon, duc d'), dauphin, fils aîné de Charles X, 1775-1844.

(3) Chabrol de Volvic (Gilbert-Joseph-Gaspard, comte de), administrateur français, 1773-1843. Après avoir fait un an de service comme soldat, il fut emprisonné pendant la Terreur.

la Seine, pour orner l'une des salles de l'Hôtel de Ville, avec les deux Vues perspectives des Décors exécutés à l'occasion des Fêtes données par la Ville à S. A. R. Monseigneur le Dauphin, lors de son retour à Paris après sa glorieuse campagne d'Espagne. Ouvrage dédié à S. A. R. Madame la Dauphine. Par L. Lafitte (1) premier Dessinateur du Cabinet du Roi, Membre de l'Ordre royal de la Légion d'Honneur, auteur des Dessins sur lesquels ont été exécutés le Bas Relief et les Décors de la Barrière de l'Etoile et de la Place de l'Hôtel de Ville, gravé par Normand fils (2). *A Paris, chez L. Lafitte; ibid., Firmin-Didot; ibid., Bance aîné; ibid., M*^me^ *V*^ve^ *Lenoir; Imp. de Firmin-Didot, Imp*^r^ *du Roi*, 1824.

Album, gr. in-f° obl. de 2 f^ts de t. et 23 pl. au trait dont la plupart représentent des groupes de militaires des différents corps de la Garde royale, principalement de la cavalerie.

ENTRÉE DU DUC DE NEVERS.

Relations de la venue et Entree solemnelle en la ville de Rome au 25 du mois de Nouembre 1608 de Tres-illustre & Tres-magnanime Prince Charles de Gonsague, de Cleues, Duc de Nevers & de Rethe-

---

[Relaché en 1794, il entra peu après à l'Ecole Polytechnique, en sortit comme ingénieur des Ponts et. Chaussées, fit l'expédition d'Egypte en qualité de membre de la Commission des Sciences et Arts, fut ensuite sous-préfet à Pontivy, puis préfet de Montenotte pendant la captivité à Savone du Pape auquel il témoigna les plus grands égards. Rentré en France en 1812, il fut nommé préfet de la Seine et conservé par la Restauration qu'il le nomma Conseiller d'Etat. Il fut élu député de Paris en 1816, mais, à la session suivante, il choisit Riom, sa ville natale qu'il représenta jusqu'en 1830. A la Révolution de Juillet, il donna sa démission et vécut dans la retraite jusqu'à sa mort. Chabrol était un administrateur de premier ordre, éclairé, instruit, à la fois prudent et entreprenant. Partout où il passa il fit exécuter des travaux aussi utiles qu'importants. La ville de Paris a donné son nom à l'une de ses rues.

(1) Lafitte (Louis), peintre d'histoire, élève de Demarteau et de J.-B. Regnault, membre de l'Institut et des Académies de Rome et de Florence. Il fut peintre du Roi sous la Restauration. Né et mort à Paris, 1770-1828.

(2) Normand (Louis-Marie), graveur, élève de son père et de Lafitte, 1788-18..

---

lois, Pair de France, Prince souuerain d'Arches, Prince de Porcian, Marquis d'Isle, Comte de Sainct Manuldes, Gouuerneur & Lieutenant general pour sa Majesté Tres-chrestienne aux Prouinces de Champagne & Brie. Traduictes d'Italien en François sur la copie Imprimee à Rome chez Iaques Mascardi en l'annee 1608. Par L. S. D. D. *A Paris par François Huby, ruë S. Iaques au soufflet verd deuant le College de Marmoutier et en sa boutique... deuant la porte de la saincte Chapelle, joignant la salle des Merciers,* 1609.

Broch. in-12 de 24 p.

Description détaillée de la somptueuse entrée du duc Charles de Nevers à Rome où il avait été envoyé par Henri IV à l'occasion de l'élection du pape Paul V. Composition des cortèges de cavaliers, description des carrosses, des harnachements des chevaux, de ceux des 40 mules des cardinaux, ferrées d'argent. D'autres « avoient en or massif les fers, la bride, « les estrieus & tous autres harnache- « mens... L'archevesque de Sainct Notal « était monté sur un des plus beaux « chevaux qui onques ayent esté veux... » Plaquette intéressante et très rare.

ENTRÉE TRIOMPHANTE, voy. ENTRÉE DE LOUIS XIV.

ENTRÉES DE CHARLES VI A BRUXELLES ET A GAND.

Relation des Cérémonies et des Réjouissances publiques faites en la Ville de Cour de Bruxelles le 11 d'Octobre 1717, Jour de la Joyeuse Entrée & Inauguration de sa Sacrée Majesté Impériale et Catholique Charles VI Empereur des Romains toujours Auguste, & III du nom Roi des Espagnes (1) comme Duc de Lothier (2), de Brabant, de Limbourg & Marquis du S. Empire. *A Bruxelles, chez Joseph T'Serstevens, Libraire,* plus bas

---

(1) Charles VI, Empereur, fils de Léopold 1er et père de Marie-Thérèse, 1685-1740. On sait qu'il s'en porta le titre de Roi des Espagnes, il n'y régna jamais, et qu'il avait dû renoncer à cette couronne en 1714.

(2) Duché de Lothier, nom qu'on donnait alors à la Basse-Lorraine; il comprenait à peu près les Pays-Bas actuels et la Prusse rhénane.

que l'Eglise S. Jean, à la Bible d'Or, 1717.

Broch. in-f° de 12 p. avec 3 pl. dont 2 se dépliant et qui ne représentent que des décorations.

Mais le texte donne la composition et l'ordre du cortège qui accompagna le Souverain : « La Marche commença par « le Régiment de Cavalerie du M¹ˢ de « Westerlo... » Les Officiers et les Membres des Etats des Provinces et Duchés de Brabant étaient tous à cheval, et l'ouvrage contient le détail de cette somptueuse cavalcade qui précédait « Sadite Excellence (qui) parut ensuite « monté (sic) sur un très beau cheval « superbement harnaché ». La Marche était fermée par une compagnie de Grenadiers à cheval du Régiment du Prince de Holstein, « avec leurs trompettes et « timballes ».

Relation de l'Inauguration solennelle de sa sacrée Majesté Impériale et Catholique Charles VI Empereur des Romains toujours Auguste et Troisième du nom Roy des Espagnes comme Comte de Flandres, célébrée à Gand, Ville Capitale de la Province le 18 Octobre 1717. *A Gand, chez Augustin Graet, à l'Ange*, 1719.

Broch. gr. in-f° de 32 p. avec un beau frontispice par J.-B. van Volxsom, gravé par M. Beylbrouch, et 6 pl. se dépliant. La 2ᵉ, dessinée par C. Eykens et gravée par I.-B. Bestérham, représente la cérémonie au grand théâtre élevé à cette occasion. Tout le monde est entré, et les chevaux, au nombre de plusieurs centaines, sont tenus en main sur la place, devant le monument.

Le t. donne d'abord le récit de la cérémonie à l'église, après laquelle « ceux qui devaient composer la Caval-« cade étant montés à cheval, se for-« mèrent... & marchèrent dans l'ordre « suivant ». A la fin du cortège, marchaient 12 chevaux de main de S. E. guidés chacun par deux Estafiers, puis 3 superbes carrosses de S. E. attelés de 6 chevaux et enfin un escadron de Dragons de S. M. On se rendit au théâtre élevé pour cette cérémonie, où eut lieu la prestation de serment, puis toute la cavalcade se remit en marche dans le même ordre.

Ces deux ouvrages sont très rares.

ENTRÉES DE CHARLES IX.

La Celebre et Magnifique Entree de Charles neufiesme, Tres-chrestien Roy de France, faicte en la Ville & Cité de Metz. *A Paris, par Iean Dallier, Libraire, demeurant sur le Pont sainct Michel, à l'enseigne de la Rose blanche*, 1569.

Broch. très pet. in-4° de 12 fᵗˢ non ch. Au verso du dernier, armes de France.

Curieux et très rare opuscule qui donne le détail des nombreux cortèges de cavaliers qui précédèrent et accompagnèrent le Roi. A un certain moment, ils furent mis en désordre, « les redoublements « d'escoupterie & ronflemens d'Artil-« lerie » ayant effrayé leurs chevaux.

Bref et sommaire recueil de ce qui a esté faict, & de l'ordre tenuë (sic) à la ioyeuse & triumphante Entree de tres-puissant, tres-magnanime & tres-chrestien Prince Charles IX de ce nom, Roy de France, en sa bonne ville et cité de Paris, capitale de son royaume, le Mardy sixiesme iour de Mars. Avec le couronnement de tres-haute, tres-illustre & tres-excellente Princesse Madame Elisabet d'Austriche son espouse, le Dimanche vingtcinquiesme et Entree de ladicte Dame en icelle ville le Ieudi xxix, dudict mois de Mars 1571. *A Paris, de l'Imp. de Denis du Pré pour Olivier Codoré, rüe Guillaume Iosse, au Héraut d'armes, près la rüe des Lombars*, 1572.

1 vol. in-4° de 54 fᵗˢ, chiffrés au recto seulement, pour l'entrée du roi, 10 pour le couronnement de la reine, 28 pour son entrée, et 6 pour une pièce de vers adressée au roi, avec 16 pl. à pleine p. dont 1 double. Marque de Codoré sur le titre.

Une seule de ces pl. représente un cavalier. C'est, d'après le texte, un spécimen des jeunes gens du cortège. Les autres ne contiennent que des décorations architecturales, mais le t. donne de nombreux détails sur les cortèges de cavaliers, leur ordre, leur composition, le harnachement de leurs chevaux pour les militaires et les seigneurs, et de leurs mules pour les gens de robe ou d'église.

ENTRÉES DE FERDINAND D'AUTRICHE A ANVERS ET A GAND.

Pompa introitus honori serenissimi Principis Ferdinandi Austriaci (1) Hispaniarum Infantis S. R. E. Card. Belgarum et Burgundionum Gubernatoris etc. A. S. P. Q. Antverp. decreta et adornata. Cum mox à nobilissimâ ad Norlingam partâ Victoriâ. Antverpiam Auspicatissimo Adventu suo bearet XV Kal. Maii ann. 1635. Arcus, Pegmata, Iconesq. à Pet. Paulo Rubenio Equite inventas et delineatas. Inscriptionibus & Elogiis ornabat Libroq. Commentario illustrabat Casperius Gevartius (2) I. C. & Archigrammatæus Antverpianus. Accessit Laurea Calloana eodem Auctore descripta. *Antverpiæ, veneunt exemplaria apud Theod. à Tulden* (sic) *qui Iconum Tabulas ex Archetypis Rubenianis de lineavit et sculpsit. S. D.*

1 vol. gr. in f° de 6 f[ts] pour le beau titre gravé dans un élégant frontispice, le portrait équestre du duc Ferdinand, la dédicace de Gevaerts, la préface, 189 p. et 8 f[ts] à la fin pour la description synoptique de l'ouvrage, l'index des choses mémorables qui y sont contenues, la table des pl., les omissa, 2 pièces de vers latins, l'approbation, le privilège et la souscription suivante : *Antverpiæ, excudebat Ioannes Meursius, Typographus iuratus*, anno salutis 1642, plus 1 grande pl. finale.

L'ouvrage contient 39 pl., y compris le frontispice. Toutes sont dessinées et signées par Rubens (3) et gravées par

(1) Ferdinand, Cardinal-Infant d'Espagne et gouverneur des Pays-Bas, 1609-1641, 3e fils de Philippe III, roi d'Espagne et de Marguerite d'Autriche. Il fut nommé très jeune archevêque de Tolède, puis cardinal et, en 1633, il partit de Milan pour prendre le gouvernement des Pays-Bas, à la mort de l'Archiduchesse Isabelle-Claire-Eugénie. Chemin faisant, il prit part à la bataille de Nordlingen, ce qui explique que ce fait d'armes soit rappelé dans les deux ouvrages décrits ici. En 1635, il entra à Bruxelles, puis à Anvers et en 1636 à Gand. Attaqué par les Français et les Hollandais, et après des alternatives de revers et de succès, il tomba malade en 1640, remit le commandement de son armée à don Francisco de Mello et alla mourir à Bruxelles l'année suivante, à peine âgé de 32 ans. Tout cardinal qu'il était, sa vie se passa à faire la guerre.

(2) Gevaerts (Jean-Gaspard), littérateur et jurisconsulte belge, né et mort à Anvers, 1593-1666. Il est l'auteur des inscriptions et dédicaces des arcs de triomphe et du texte du récit.

(3) Rubens (Pierre-Paul), le plus illustre et et le plus fécond des peintres flamands, 1577-1640.

Théodore a Thulden (1) sauf le portrait de Ferdinand gravé par Paul Pons (2). Quelques planches (généalogies, plans, etc.) sont entièrement exécutées par Thulden.

La plupart de ces pl. représentent des décorations architecturales et n'ont aucun caractère hippique. Quelques-unes cependant représentent des cavaliers isolés, notamment le portrait équestre de Ferdinand, ou de nombreux cavaliers, comme celle de la bataille de Nordlingen et celle intitulée *Laurea Calloana*, etc.

Titre imprimé :

Serenissimi Principis Ferdinandi Hispaniarum Infantis S. R. E. Cardinalis triumphalis Introitus in Flandriæ Metropolim Gandavum. Auctore Guilielmo Becano S. I. (3). *Antverpiæ, Ex Officina Ioannis Meursi*, Anno 1636.

Le même titre est répété dans un beau frontispice au f[t] suivant. Belle vignette sur le titre imprimé représentant une poule couveuse et signée P. P. Rubens.

1 vol. gr. in-f° de 8 f[ts] pour les titres. le portrait (en buste) du Cardinal Infant, la dédicace des magistrats de Gand au roi Philippe IV (frère de Ferdinand), le portrait de Philippe IV, la liste nominative des magistrats de Gand qui formaient le cortège du prince, 68 p. de t. plus 2 f[ts] à la fin pour la table, l'approbation et le privilège, avec 42 pl. gr. in-f°, dont 3 se dépliant, y compris le frontispice et les portraits.

Ces pl. ne sont pas signées, sauf la vignette du titre, mais toutes sont dessinées par Rubens. Un certain nombre représentent soit de nombreux cavaliers, soit des cavaliers isolés, notamment les pl. 4, 8, 9 (bataille de Nordlingen), 10, 11, 15, 16, 18, 20, 22, 28, 29, 31, 35 (chevaux marins) et 41.

Malgré tout le respect que mérite la mémoire de Rubens et l'admiration qu'inspirent ses œuvres, il faut bien reconnaître que ce grand peintre ne s'était guère donné la peine de regarder comment un cheval était bâti et qu'il les dessinait aussi mal que ses prédécesseurs — à l'exception de Léonard de Vinci — que ses contemporains et

(1) Thulden (Théodore van), peintre et graveur à l'eau-forte, né à Bois-le-Duc en 1607, mort en 1686. Il était élève de Rubens.

(2) Pontius (Paul) ou Du Pont, graveur, né à Anvers vers la fin du XVIe siècle, élève de Lucas Vosterman, perfectionna son talent sur les conseils de Rubens qui le tenait en amitié.

(3) Bécan ou Becanus (Guillaume), littérateur, poète et jésuite flamand, 1608-1683.

que beaucoup de ses successeurs. La musculature de ses chevaux est absolument fantaisiste, leurs jarrets sont tarés et la pointe du jarret est remplacée par un méplat comme celui du genou ; leurs boulets sont plus tarés encore, etc., etc., mais leurs cavaliers et les personnages réels ou emblématiques qui les accompagnent sont superbes.

On dirait que les peintres de cette époque, pour lesquels l'anatomie humaine n'avait point de secrets, dédaignaient d'étudier celle du cheval et des animaux en général, car les lions que Rubens a représentés dans les deux ouvrages décrits ci-dessus sont aussi fantaisistes que ses chevaux.

ENTRÉES DE HENRI II A PARIS ET A ROUEN.

C'est l'Ordre qui a esté tenu à la nouvelle et ioyeuse entrée que tres hault tresexcellent & trespuissant Prince le Roy treschrestien Henry deuxiesme de ce nom a faicte en sa bonne ville & cité de Paris capitale de son Royaume, le seiziesme iour de Iuing 1549. *A Paris, par Iean Dallier, Libraire demourant sur le pont Sainct Michel a l'enseigne de la Rose Blanche*, S. D.

Broch. in-4º de 38 fᵗˢ avec 11 pl. dont une représente le roi à cheval.

L'entrée de la reine est dans le même fascicule. Nombreux cortèges de cavaliers dont l'ordonnance, les costumes et harnachements sont décrits en détail.

C'est la deduction du sumptueux ordre plaisantz spectacles et magnifiques theatres dressés et exhibés par les citoiens de Rouen ville Metropolitaine du pays de Normandie, A la sacree Maiesté du Treschristian Roy de France, Henry secōd leur souverain Seigneur. Et a tresillustre dame ma Dame Katharine de Medicis, la Royne son Espouze, lors de leur triumphant ioyeux & nouvel advenement en icelle ville, Qui fut es iours de Mercredy & Ieudy premier et secōd iours d'Octobre mil cinq cens cinquante. Et pour plus expresse intelligence de ce tant excellent triumphe, Les figures & pourtraictz des principaux aornementz d'iceluy y sont apposez chascun en son lieu comme l'on pourra veoir par le discours de l'histoire. Avec privilège du Roy. *On les vend a rouen chez Robert le Hoy, Robert & Iehan dictz du Gord tenantz leur boutique au portail des Libraires*, 1551.

(A la fin) : *Ici se terminent l'ordre & progrez du Triumphant & magnifique Advenement du Roy & de la Royne de Erance* (sic) *dautant prompte que liberale volonté celebré en leur bonne ville de Rouen et nouvellement imprimé par Iean Le Prest, audict lieu,* le IX iour de ce mois de Decembre 1551.

1 vol. in-4º de 68 fᵗˢ sans autre pagination que les signatures, avec 26 fig. à mi-p., à pleine p. et d'autres occupant deux pages, très curieuses, représentant des cortèges avec nombreux cavaliers, dont le portrait du Dauphin, plusieurs chars attelés de 4 chevaux, des éléphants, etc.

Les fig. sont intéressantes au point de vue des harnachements. Le t. en donne la description ainsi que celle des costumes et des chevaux eux-mêmes. L'ouvrage contient aussi 2 p. de musique notée.

Le premier de ces ouvrages est très rare, le second absolument introuvable.

L'Entrée de Henri II, Roi de France, à Rouen, au mois d'Octobre 1550 imprimé pour la première fois d'après le manuscrit de la Bibliothèque de Rouen, orné de dix planches gravées à l'eau forte par Louis de Merval, accompagné de notes bibliographiques et historiques par S. de Merval. *Rouen, Imp Henry Boissel*, 1868.

La couverture porte : *Rouen, A. Le Brument, Libʳᵉ de la Bibliothèque publique*, 1869. Sceau de la Société des Bibliophiles normands au fˣ titre.

1 vol. in-fº oblong de 10 p. de t. après lesquelles se trouve le titre suivant, reproduisant celui du manuscrit :

L'entrée du tres magnanime tres puissant et victorieux Roy de France Henry deuxiesme de ce nom en sa noble cité de Rouen ville metropolitaine de Normandie qui fut au iour de Mercredy premier d'octobre mil cinq cens cinquante. En rithme françoyse.

Armes de Rouen sur ce titre.

A la suite, XXVII fᵗˢ chiffrés au recto seulement contenant la dédicace au Roy et la pièce de vers décrivant son entrée. Le t. est entourés d'arcs, de carquois et de croissants entrelacés par trois; en marge de quelques p. se trouve aussi le fameux double D croisé, monogramme particulier aux monuments du règne de Henri II « dont l'interprétation a donné lieu à de si nombreuses controverses ».

Les 10 pl. à l'eau-forte représentent en grande partie des cortèges de cavaliers et des chars attelés. L'ouvrage a été tiré à 100 exemplaires pour la Société des Bibliophiles Normands.

A la suite, 10 p. de t. contenant les notes et variantes.

Cette narration en vers est tout à fait différente de la précédente.

Le Cortège historique organisé en 1880 par le Comité des Fêtes de Bienfaisance de Rouen. Entrée du Roy Henry II à Rouen en 1550 par Jules Adeline (1). — Vingt-deux Eaux fortes avec texte. *Rouen, E. Augé*, 1880.

Album pet. in-f°. oblong de 10 p. de t. et 22 pl. avec légendes, finement gravées, qui existent en noir et coloriées, et qui représentent presque toutes des cavaliers.

ENTREES DE HENRI IV A LYON ET A ROUEN.

L'Entree de Tres-Grand, Tres-Chrestien, Tres-Magnanime et Victorieux Prince Henry IIII, Roy de France & de Navarre, En sa bonne ville de Lyon, le IIII Septembre de l'an M.D.X.C.V. de son regne le VII, de son aage le XLII. Contenant l'ordre & la description des magnificences dressees pour ceste occasion par l'ordonnance de Messieurs les Consuls & Eschevins de ladicte ville. *A Lyon, de l'Imp. de Pierre Michel*, S. D. (1595).

1 vol. in-4° de 4 fts pour le titre, rouge et noir avec les armes de France et de Navarre, le privilège, la dédicace de Pierre Mathieu (2), l'auteur du livre, au Roi, la lettre au lecteur, l'avertissement et 3 notes en latin. La 2ᵉ nous avertit que Pierre Mathieu est l'auteur

---

(1) Adeline (Louis-Jules), architecte, dessinateur et graveur français (1845-1900). Il est l'auteur de nombreuses publications historiques et archéologiques, relatives à Rouen, sa ville natale.

(2) Mathieu (Pierre), historiographe du Roi, auteur de plusieurs autres relations du même genre, 1563-1621.

des décorations, peintures, statues et inscriptions; la 3ᵉ, imprimée en rouge, est un panégyrique d'Henri IV et un souvenir de son entrée, 104 p. de t. avec 1 grande pl. se dépliant et représentant le cortège qui se déroule en serpentant et les décorations architecturales. Le Roi est à cheval sous un dais, précédé et suivi de nombreux cavaliers.

La description détaillée de ce cortège, des costumes, des chevaux et des harnachements est à la p. 19 et suiv. La pl. n'en contient qu'une partie.

Les deux plus grandes, plus celebres et memorables resiouissances de la Ville de Lyon. La premiere pour l'Entree de tres grand, tres chrestien, tres victorieux Prince Henry IIII Roy de France & de Navarre, La seconde pour l'heureuse publication de la paix. Avec le cours & la suite des guerres entre les deux maisons de France et d'Austriche. *A Lyon, par Thibaud Ancelin, Impr ordinaire du Roy*, 1598.

1 vol. in-4° de 6 fts et 104 p. avec le portrait d'Henri IV, ajouté dans cette édᵒⁿ et la même pl. qu'à la précédente.

A la suite : Les causes, le cours et les effects des guerres entre les deux maisons de France et d'Autriche, mêmes libraire et millésime, 64 p. A la suite : Les Feux de ioye de la Ville de Lyon p. 65 à 80 et dernière avec une pl. se dépliant et représentant le feu de joie.

La 1ʳᵉ partie est la reproduction exacte du texte de la 1ʳᵉ édᵒⁿ, les deux autres sont nouvelles.

Cette entrée a été publiée très sommairement à Venise, en italien, avec la même pl. du cortège, sous la forme d'une petite plaquette in-16 de 4 fts n. ch.

Discours de la ioyeuse et triomphante Entrée de Tres-Haut, Tres-Puissant et Tres-Magnanime Prince Henri IIII de ce nom, Tres-Chrestien Roy de France et de Navarre faicte en sa ville de Rouën, capitale de la prouince et duché de Normandie, le Mercredy saizieme iour d'Octobre 1596. Auec l'ordre et somptueuses magnificences d'icelle, & les portraictz & figures de tous les spectacles & autres choses y representez. *A Rouen Chez Jean Crevel tenant sa bouticque au portail des Libraires*, 1599.

1 vol. in-4° de 4 f¹ˢ non ch. pour le titre, avec les armes de Rouen, une dédicace aux Conseillers et Eschevins de la Ville de Rouen signée F. d'Endemare et une lettre au lecteur, 88 p. avec 19 fig. sur bois attribuées à Custos (1) dont 9 d. l. t. et 10 h. t. se dépliant.

Les pl. suivantes ont un caractère hippique : Le Capitaine des Enfans d'honneur à cheval — Le portraict (équestre) du Roy s'acheminant pour entrer en sa ville de Rouen — Figure du Ciel qui estoit entre le Chasteau du Pont & le Pavillon de la Ville : dont un Ange descendoit apportant au Roy l'espee de Paix (Le Roi est à cheval, suivi de quelques cavaliers) — Portraict de Henry IIII Roy de France & de Nauarre marchant sous son Poile triomphal porté par les Eschevins modernes de la Ville de Rouen a son entree audit lieu — Ouvrage de la plus insigne rareté.

Une réimpression fac-simile en a été faite en 1887 à Rouen :

Entrée à Rouen du Roi Henri IV en 1596, précédée d'une Introduction par J. Félix et de notes par C. de Robillard de Beaurepaire. *Rouen, Imp. Espérance Cagniard*, 1887.

A la suite :

Discours de la ioyeuse et triomphante Entree... (etc., comme dans l'original). *A Rouen, chez Raphael du Petit Val, Libraire & Imprimeur du Roy, deuant la grand' porte du Palais*, 1599.

1 vol. in-4° de XLVI-88 p. avec les mêmes pl. Titre rouge et noir, vignette (armes de Rouen) sur le titre.

Les XLVI premières p. contiennent l'Introduction et les notes ; les 88 qui suivent contiennent la reproduction de l'ouvrage.

Cette réimpression, réservée aux membres de la Société des Bibliophiles Rouennais, n'est pas dans le commerce.

Le privilège est accordé à Martin Le Mesgissier, George L'Oyselet et Jean Crevel qui (un peu plus tard) « ont « accueilly avec eux Raphaël du Petit « Val, Libraire et Imprimeur du Roy en

(1) Custos (Dominique), que le catalogue de la vente Ruggieri, de 1873, n° 328, nomme à tort Custodis, graveur flamand, 1560-1612. Son vrai nom était Battens et il prit celui de Custos quand il s'établit à Augsbourg.

« ceste ville de Rouen », ce qui explique la différence entre le nom du libraire de l'éd°ⁿ originale et celui de la réimpression faite d'après un autre exemplaire de la même éd°ⁿ.

Le séjour de Henri IV à Rouen dura du 16 oct. 1596 au 6 fév. 1597.

L'ouvrage donne en détail la composition et la description des cortèges, parmi lesquels de nombreux cavaliers, avec celle de leurs costumes et de leurs harnachements.

ENTRÉES DE LA REINE ELÉONORE A DIJON ET A PARIS.

Entrée solennelle de la Reine Eléonore (1) à Dijon en Janvier 1530, par C.-X. G*** (2). *Dijon, Imp. Bernard-Defay*, 1819.

Broch. in-12 de 25 p., tirée à 25 exemplaires

L'opuscule donne la description des cortèges de cavaliers. La Reine était dans une litière dorée portée par deux mulets, autour de laquelle « caracolaient les fils des principaux de la ville, sur des coursiers superbement enharnachés ».

Lentree de la Royne en sa Ville & Cité de Paris. Imprimee par le Commãdemẽt du Roy nostre Sire. *On la vend a Paris en la Rue Sainct Iaques deuant Lescu de Basle & deuant Leglise de la Magdeleine A Lenseigne du Pot casse.* (A la fin :) Ce psẽt Liure fut acheve dimprimer le Mardy Neufuiesme iour de May 1531.

Broch. pet. in-4° de 24 f¹ˢ. Marque de Geoffroy Tory (3) sur le titre et au dernier f¹. Belle lettre ornée au commencement du t. et plusieurs autres au courant de l'ouvrage ; 9 f¹ˢ encadrés de jolis ornements au trait et fig. représentant un des deux chandeliers d'argent « hauts de « six pieds estimes a la some de dix « mille liures » qui avaient été offerts à la Reine, le tout dessiné et gravé par Geoffroy Tory dont le permis d'imprimer

(1) Eléonore d'Autriche, sœur aînée de Charles-Quint. Veuve en 1521 du roi Emmanuel de Portugal, elle épousa en 1540 François 1ᵉʳ. 1498-1558.

(2) C.-X. Girault.

(3) Geoffroy Tory, libraire, imprimeur, dessinateur, graveur, grammairien, philologue et professeur de philosophie. Il était aussi miniaturiste. Il fut le premier imprimeur du Roi. Les ouvrages imprimés par lui sont très recherchés. 1480-1533.

est au verso du titre et le privilège à la fin.

A la fin du t., on lit : « La dicte Entree « a este mise & redigee par escript au « vray ainsi quelle a este faicte par moi Bochetel (1). »

Ouvrage rarissime et très intéressant. Ses quelques pages contiennent des détails complets et curieux sur la composition et l'ordre du cortège qui comprenait de nombreux cavaliers, princes, seigneurs, princesses « montees sur Hacquenees « richement preparees auec Housses de « drap d'or frize... » A leur suite, « trois « grans chariotz richement pparez cou-« vers de drap d'or, les cheuaux enhar-« nachez de semblable parure dans les-« quels estoit le reste des Dames & « Damoiselles de ladicte Dame ». La Reine, la Reine mère, la Reine de Navarre étaient dans des litières portées par « deux Muletz couvers & enharnachez de « drap d'or ».

Comme dans toutes les cérémonies de ce genre, il y avait aussi de nombreux chevaux de main : « Le cheual de croppe « du 1er Ecuyer de lescuyrie » suivait en main, puis « la Hacquenee du pare-« ment ». Les pans de sa housse (ainsi que cela se faisait alors, principalement pour les chevaux de deuil dans les pompes funèbres) étaient portés par deux pages.

Quand la Reine était sur son « Es-« chaffault », avant le défilé, le légat, cardinal de Sens, était à côté d'elle pour répondre en son nom aux nombreux discours qu'on vint lui débiter.

Ce récit pourrait servir, sans y rien changer ni ajouter, de programme à une cavalcade historique dans laquelle cette entrée serait reconstituée.

ENTRÉES DE MARIE D'AN-GLETERRE, voy. COCHERIS (H.).

ENTRÉES SOLEMNELLES A LYON.

Relation des Entrées Solemnelles dans la Ville de Lyon, de nos Rois, Reines, Princes, Princesses, Cardinaux, Légats, & autres grands Personnages, depuis Charles VI jusques à présent. Imprimée pour Messieurs du Consulat. *A Lyon, de l'Imp. d'Aymé Delaroche, Imprimeur de Monseigneur le Duc de Villeroy, du Gouvernement & de l'Hôtel de Ville,* 1752.

1 vol. in-4° de VI-322 p. Titre rouge et noir, avec les armes de Lyon. Jolies vignettes en tête de quelques chapitres et culs-de-lampe.

L'ouvrage contient la description de plusieurs cavalcades et brillants cortèges, particulièrement pour l'entrée de Henri II.

Au premier abord, il ne semble pas complet. Il l'est cependant; voy. le *Nota* qui forme le dernier alinéa de la *Table chronologique des Entrées* qui se trouve après l'*Avertissement.*

ENTRETIENS SUR LES HARAS, voy. DUCROC DE CHABANNES.

ENTREVUE DE BAYONNE.

Recueil des Choses notables qui ont esté faites à Bayonne, à l'entreveuë du Roy Treschrestien Charles neufiesme de ce nom, & la Royne sa tres honoree Mere (1); avec la Royne Catholique (2) sa sœur. *A Paris, par Valcozan, Imprimeur du Roy,* 1566.

1 vol. in-4° de 56 f^{ts}.

Le récit des choses notables concerne presque exclusivement un carrousel-cavalcade auquel prirent part le Roi et les seigneurs de sa cour et qui comprenait aussi des chars.

Ouvrage de la plus insigne rareté.

EON (Auguste-Joseph).

Officier d'inf^{ie} français, né en 1857; sous-lieut^t en 1877; colonel en 1910.

Ecole subdivisionnaire d'Instruction de Lille — Conférence du 24 février 1895 — Notions sur la Cavalerie, par M. le Capitaine Eon, du 43e Rég^t d'Inf^{ie}. *Lille, Imp. L. Danel,* S. D. (1895).

Broch. gr. in-8° de 16 p.

ÉPÉE (Jean D'), pseudonyme.

Cavalier pied à terre, Défends-toi, par Jean d'Epée. *Paris, R. Chapelot,* 1909.

Broch. in-8° de 30 p.

L'auteur demande l'addition d'une baïonnette à la carabine de cavalerie.

---

(1) Bochetel (Guillaume) était secrétaire de François Ier. Il rédigea aussi la relation du couronnement de la reine Eléonore, également imprimée par Geoffroy Tory. Cette relation n'est pas citée ici parce qu'elle ne contient guère que des cérémonies religieuses et que les cortèges y sont traités très sommairement.

(1) Catherine de Médicis.
(2) Elisabeth de France, sœur de Charles IX, femme de Philippe II, 1545-1568.

Notre Cavalerie est mal harnachée, mal habillée et mal équipée, par Jean d'Epée. *Paris, R. Chapelot*, 1909.
Broch. in-8° de 38 p.

Etude sur le Règlement de Manœuvres de la Cavalerie Allemande d'après la traduction du capitaine F. Jung (1) par Jean d'Epée. *Paris, R. Chapelot*, 1910.
Broch. in-8° de 40 p.

A propos du nouveau Règlement de la Cavalerie, par Jean d'Epée. *Paris, R. Chapelot*, 1911.
Broch. in-8° de 31 p.

Des Indications,... des Procédés,... mais pas une seule Méthode d'Equitation, par Jean d'Epée. *Paris, R. Chapelot*, 1911.
Broch. in-8° de 30 p.

Projet de Réorganisation de la Cavalerie — Une solution de la question, par Jean d'Epée. *Paris et Nancy, Marc Imhaus et René Chapelot*, 1912.
Broch. in-8° de 68 p.

Une Méthode d'Instruction pour la Cavalerie — La Gymnastique du Groupe, par Jean d'Epée. *Paris et Nancy, Marc Imhaus et René Chapelot*, 1913.
Broch. in-8° de 48 p.

EPIZOOTIES DE SAINT-DOMINGUE.

Recherches, Mémoires et Observations sur les Maladies épizootiques de Saint Domingue, recueillis & publiés par le Cercle des Philadelphes du Cap-François. *Au Cap-François, de l'Imp. royale*, 1788.
1 vol. in-8° de 246 p.

C'est un recueil d'observations de différents auteurs sur diverses épizooties. Plusieurs concernent la morve et quelques-unes des cas de charbon sur les chevaux. Ouvrage très rare.

ÉQUITATION DE HAUTE ÉCOLE.

Equitation de Haute-Ecole — Moyens pratiques pour mettre un cheval « au Passage » en quelques jours. *Paris et Limoges, Henri Charles-Lavauzelle*, S. D. (1900).
Broch. in-8° de 20 p.

ÉQUITATION (L') EN 10 LEÇONS.

Bibliothèque de « Nos Chiens » — L'Equitation en 10 Leçons. Cours complet d'équitation et conseils pratiques d'hippologie, illustré de plusieurs gravures, à l'usage des Elèves-Cavaliers, par un Officier de Cavalerie (1). *Bruges, G. Geuens-Willaert*, S. D. (1911).
Broch. in-16 de 64 p. avec couverture illustrée en couleurs et 8 fig. d. l. t.

ÉQUITATION. LA MISE EN LÉGÈRETÉ.

Equitation — La mise en légèreté, par le Capitaine X***. *Paris, Henri Charles-Lavauzelle*, S. D. (1904).
Broch. in-8° de 80 p.

ÉQUITATION (L') MODERNE.

Encyclopédie des Sports, sous la direction de M. Philippe Daryl (2) — L'Equitation moderne, par un Officier de Cavalerie. *Paris, Librairies-Imprimeries réunies May et Motteroz*, 1892.
1 vol in-8° de 247 p. avec couverture illustrée en couleurs et très nombreux et jolis dessins d. l. t. par R. de la Nézière.

(1) Belge.
(2) *Philippe Daryl* est le pseudonyme de *Paschal Grousset*. Journaliste d'opposition sous l'Empire et rédacteur en chef de *La Marseillaise;* il envoya, à la suite d'une polémique de presse, ses témoins au prince Pierre Bonaparte qui tua l'un d'eux, Victor Noir, d'un coup de revolver. Arrêté à la suite de l'agitation que suscita cet événement, il fut délivré le 4 sept. et s'engagea au 18ᵉ Batᵒⁿ de chasseurs. Membre de la Commune en 1871, il fut nommé « délégué aux relations extérieures », et on dit alors de lui qu'il n'avait pas plus d'extérieur que de relations. Au moment de l'entrée des troupes à Paris, il s'enfuit déguisé en femme, mais fut arrêté, jugé et envoyé à la Nouvelle-Calédonie d'où il s'évada en 1874 avec Rochefort et deux autres condamnés. Il demeura en Angleterre jusqu'en 1881, y prit le goût de l'éducation sportive en honneur dans ce pays et, rentré en France, il fut « l'un des promoteurs « les plus marquants du mouvement de rénova- « tion physique qui a si profondément modifié « la physionomie de notre enseignement secon- « daire ». En 1893, il fut élu député de Paris et siégea à la Chambre jusqu'à sa mort. 1845-1909.

(1) Voy. ce nom.

ERPEL (Jean-Philippe).

Médecin allemand, xviiie siècle.

De Commodis et Incommodis Equitationis in Hominum Sanitatem reduntatibus, Divini Numinis Auspiciis et graciosi Medicorum Ordinis consensu præside D. Andrea Elia Büchnero (1) Sacri Romani Imperii Nobili Potentissimo Prussiæ Regi a Consiliis intimis, Medicinæ et Philosophiæ naturalis Profess. Publ. ordinario Imperialis Academ. Natur. curios. Præside et Comite Palat. Cæsareo; Pro gradu Doctoris summisque in medicina Honoribus et Privilegiis Doctoralibus legitime impetrandis D. xiii Septembr. A. S. R. 1749, Horis ante et pomeridianis consuetis in Regia Fridericiana disputavit Auctor Joannes Philippus Erpel, Halensis. *Halæ Magdeburgicæ* (2), *Typis Ioannis Christiani Hendelii, Acad. Typogr. S. D.* (1749).

Broch. in-4° de 68 p. suivies de 2 f¹ˢ contenant des éloges et deux pièces de vers en l'honneur de l'auteur.

Savante dissertation dans laquelle Erpel examine les effets salutaires de l'équitation sur la santé, mais aussi les maladies et les tempéraments pour lesquels elle aurait des dangers.

ESCADRON FRANCHETTI.

Franchetti (Léon-Joseph), né en 1834, à Livourne (Italie); engagé volontaire au 1ᵉʳ chasseurs d'Afrique en 1855, sous-lieutⁿᵗ en 1859, démissionnaire en 1864.

En 1870, il fut autorisé, par décision ministérielle du 5 sept., à prendre le commandement d'un corps franc de volontaires à cheval qui furent organisés par lui sous le nom d'*Eclaireurs de la Seine.*

Cet escadron et leur chef se distinguèrent pendant le siège de Paris, et Franchetti fut mortellement blessé à l'attaque du plateau de Villiers, le 2 Déc. Il mourut le 6, à l'ambulance du Grand-Hôtel.

Il avait fait campagne en Algérie, de 1855 à 1864, et en 1859 en Italie, où il avait eu le bras gauche traversé d'une balle au combat de Melegnano, le 9 juin. Il avait suivi un cours de sous-lieutⁿᵗ d'instruction à Saumur en 1862-63.

(1) Buchner (André-Léon), célèbre médecin allemand, né à Erfurth, 1701-1769.
(2) Hala Magdeburgica ou Hala Saxonum : *Halle*, ville de Prusse, sur la Saale.

Après sa mort, M. Benoit-Champy prit le commandement de l'escᵒⁿ jusqu'à la fin du siège.

Eclaireurs à Cheval de la Seine — Escadron Franchetti — Archives. 1870-1871 — *Paris, Imp. Georges Kugelmann,* 1871.

Broch. gr. in-8° de 47 f¹ˢ non paginés.

Cet opuscule contient les ordres et lettres concernant l'Escᵒⁿ d'Eclaireurs de la Seine avant et après la mort de Franchetti, le contrôle nominatif de ses officiers, sous-officiers et cavaliers et différents documents relatifs à la mort et aux funérailles de Franchetti.

Voy. aussi, sur l'Escᵒⁿ Franchetti, *Rodrigues (E.).*

ESCANDE (Jean-Joseph).

Publiciste et littérateur français, né en 1872.

Le Général Fournier-Sarlovèze, par Jean-Joseph Escande. *Sarlat, Imp. Lafaysse,* 1911.

Broch. in-8° de 48 p.

Pour une autre biographie de ce brillant officier de cavⁱᵉ, voy. *Thoumas (C.-A.).*

ESCARS (Amédée-François-Régis de PERUSSE, duc d') (1).

Lieutenant général et pair de France, 1790-1868. Cornette au 7ᵉ Hussards anglais en 1807, lieutⁿᵗ en 1810, il rentra en France à la Restauration, devint aide de camp du Duc d'Angoulême et fut nommé maréchal de camp en 1815. En 1823, il commanda le grand quartier général de l'Armée d'Espagne, se distingua particulièrement à la prise du Trocadéro et fut nommé lieutⁿᵗ général. En 1830, il commanda la 3ᵉ divᵒⁿ de l'armée d'Afrique, mais rentra en France à la Révolution de Juillet, suivit le roi Charles X en exil en Ecosse et en Allemagne et fut déclaré démissionnaire en 1833 pour non prestation de serment. Pair de France par droit héréditaire en 1823, il fut créé duc en 1825. En 1828, il avait été nommé Président de la Commission des Haras que le Roi venait de réorganiser.

Commission des Haras. Session de 1829 — Rapport présenté à son Excellence le Ministre Secrétaire d'Etat au Département de l'Inté-

(1) Le nom de cette famille a aussi été orthographié des Cars. Pour un ouvrage dû à un autre de ses membres, voy. Cars (des).

rieur. *Paris, Imp. royale*, Juin 1825.

Broch. in-4° de 67 p., signée à la fin : Duc d'Escars.

Travail important et bien étudié, discutable toutefois dans certaines de ses parties. Par suite de la Révolution de Juillet, il ne fut suivi d'aucun effet. Pour les circonstances qui ont amené ce travail, voy. *Lois, Décrets et Règlements sur les Haras.*

ESCHASSÉRIAUX (René).

Membre du Conseil des Cinq-Cents, puis député de Saintes sous la Restauration, 1754-1831.

Corps législatif. — Conseil des Cinq-Cents — Rapport fait par Eschassériaux jeune (de la Charente-Inférieure), sur l'organisation des Haras, & les moyens propres à concourir au but de ces établissemens. — Séance du 28 fructidor, an 6. *Paris, Imp. Nationale*, vendémiaire, an 7.

Broch. in-4° de 59 p., avec une carte en couleurs. Les p. de 33 à la fin sont remplies par les *Observations* du citoyen Bouchet-Lagétière *sur le territoire de la République, considéré sous ses rapports avec les Etablissemens nationaux de Haras* (1).

La commission se composait des représentans Jourdan (de la H^{te}-Vienne), Mamers, Leborgne, Frégeville et Eschassériaux jeune; ce dernier, rapporteur.

La Loi du 31 août 1790 avait détruit les Haras dont la dernière organisation datait du Règlement royal de 1717 ; celle du 19 nov. suivant ordonna la vente de tous les étalons appartenant à l'Etat, et la ruine fut consacrée par celle du 25 février 1791, qui supprima toute dépense relative aux Haras. Les discussions et les considérants indiquent la volonté du législateur de supprimer complètement l'intervention de l'Etat dans la production chevaline et de s'en remettre à l'industrie privée. Mais celle-ci, impuissante en tout temps à s'en charger entièrement, fut bientôt anéantie par la situation politique intérieure, les guerres et les réquisitions. La ruine de l'élevage fut alors complète. Une loi, du 2 germinal an III, essaya une timide restauration de sept Dépôts d'Etalons, mais la pénurie était telle que trois seulement furent organisés avec quelques débris sauvés du désastre.

(1) Pour la part prise par *Bouchet de La Gétière* au Rapport d'*Eschassériaux* et pour sa biographie, voy. ce nom.

Le Directoire appela sur cet état misérable l'attention du Conseil des Cinq-Cents, lequel nomma la commission dont la composition vient d'être donnée. Le rapport d'Eschassériaux est un exposé clair et complet de l'état de la question, des remèdes proposés et de l'organisation projetée. Il ne fut cependant pas adopté et rien n'indique même qu'il ait été discuté. Mais il fut repris en 1806 et c'est d'après ses principes qu'a été établi le décret impérial du 4 Juillet 1806 qui réorganisait les Haras, et qui, avec certaines modifications, sert lui-même de base, dans ses grandes lignes, à l'organisation actuelle. Aussi, ce rapport est-il cité par tous les auteurs qui ont sérieusement étudié l'historique de la production chevaline en France (1) et il a paru utile de donner quelques détails sur les circonstances qui l'ont précédé et suivi.

Voy. aussi *Lois, Décrets et Règlements sur les Haras.*

ESCLAUZE (Annet).

Vétérinaire militaire, né en 1865, diplômé de Lyon en 1887. Vét^{re} en 1er en 1903, retraité en 1914.

Aide-Mémoire des Vétérinaires de la Réserve et de l'Armée territoriale, par A. Esclauze, Aide-Vétérinaire au 27e Régiment de Dragons. *Paris, Asselin et Houzeau*, 1893.

1 vol. in-18 de XII-126 p.

De la Ferrure mécanique et de la Ferrure à froid, par A. Esclauze, Aide-Vétérinaire au 27e Dragons. *Paris, L. Baudoin*, 1895.

1 vol. in-8° de 151 p. avec nombreuses fig. d. l. t. et 2 tableaux.

Ferrure du cheval, par A. Esclauze, Vétérinaire militaire. *Paris, Imp. Lemercier*, S. D. (1897).

2 feuilles gr. in-f° formant tableaux synoptiques et contenant de nombreuses fig. et un t. explicatif.

Le 1er Tableau contient la constitution du pied, le fonctionnement de la fourchette, l'influence de la ferrure sur les aplombs, les moyens d'action de l'ouvrier, la contention du cheval, et l'indication des ferrures usuelles et des ferrures spéciales. Le 2e contient les indications de la ferrure pour remédier aux maladies du

(1) Le Cte de Montendre, dans ses *Institutions hippiques*, glisse trop rapidement sur cette période de l'histoire des Haras, mais elle est exposée en détail, et de main de maître, par Eug. Gayot, dans sa *France Chevaline*, tome I, p. 28 et suiv.

pied, aux irrégularités de la marche et aux vices d'écurie.

Un 2ᵉ tirage, sans changement, a été publié à la lib^le *Lequeux*, à La Fère.

ESCOUPÉRIÉ (Victor-Marius-Sébastien).

Ancien maréchal des logis au 1ᵉʳ Hussards, où il s'était engagé en 1856. Né en 1837.

Un engagé volontaire au 1ᵉʳ Hussards. 1856-1862, par Marius Escoupérié. *Perpignan, Imp. Ch. Latrobe; Barrière et Cie, succ^ts*, 1908.

1 vol. in-8º de 113 p. Dédicace de l'auteur à ses enfants.

Ouvrage tiré à 50 exemplaires. Anecdotes familières sur la vie de régiment dans la Cav^ie.

ESCRIVANT (Jacques-Louis-François).

Officier du Train des Equipages français, né en 1864.

Pour notre ami : Le Cheval — Deux Conférences; deux Planches dans le texte. Pl. A. — Ferrure à Lames discontinues, à griffes. Pl. B — Etrier humanitaire dit *Le Salvator* à l'usage des personnes des deux sexes. 1ʳᵉ Conférence : à propos du pied du Cheval et de la ferrure qui lui convient — Aperçus nouveaux. Suppression des boiteries — 2ᵉ Conférence : sur un nouveau modèle d'Etrier supprimant les risques d'accidents consécutifs à une chute de Cheval, le pied du Cavalier restant pris dans l'Etrier : 1º Notice contributive à l'étude d'un modèle d'étriers élastiques, pour la conservation des Chevaux et la préservation des Cavaliers; 2º Description justificative et emploi raisonné de l'Etrier élastique *Le Salvator*, par le Capitaine Escrivant du 9ᵉ Escadron du Train des équipages militaires. *Paris et Limoges, Henri Charles-Lavauzelle*, S. D. (1910).

Broch. in-8º de 39 p. avec 8 fig. d. l. t.

ESCUYER (L') FRANÇOIS, voy. IMBOTTI DE BEAUMONT.

ESNAULT (L'ABBÉ Gustave), voy. CAVALCADE DU MANS.

ESPÉRANDIEU (Jules-Emile).

Officier d'inf^ie et archéologue français, correspondant de l'Institut; né en 1857, sous lieut^nt en 1880, chef de bat^on en 1905, retraité en 1913.

Recueil général des Bas-Reliefs de la Gaule Romaine, par Emile Espérandieu, Correspondant de l'Institut. *Paris, Imp. Nationale*, 1907, 1908, 1910, 1911, 1913.

5 vol. in-4º de x 489, viii-478, viii-476, viii-467 et viii-502 p. à 2 col., avec très nomb. fig. d. l. t. Un index alphab. placé à la fin de chaque vol. rend les recherches faciles. A de très rares exceptions près, chaque notice est accompagnée d'une fig. représentant le monument décrit.

Le T. I concerne les Alpes Mar^es, les Alpes Cottiennes, la Corse, la Narbonnaise. Il contient 13 notices sur les cavaliers, 6 sur les centaures, 18 sur le cheval et un fer de cheval, 1 sur la selle.

Le T. II concerne l'Aquitaine. Il contient 3 notices sur les cavaliers, 10 sur le cheval, 2 sur les auriges, 2 sur la selle, 7 sur la déesse Epona (1).

Le T. III concerne la 1ʳᵉ partie de la Lyonnaise. Il contient 9 notices sur les cavaliers, 1 sur le centaure, 1 sur la course de chars, 4 sur le cheval, 1 sur l'aurige, 21 sur Epona.

Le T. IV concerne la 2ᵉ partie de la Lyonnaise. Il contient 11 notices sur le cheval, 10 sur les cavaliers, 1 sur le centaure, 3 sur Epona.

Le T. V concerne la 1ʳᵉ partie de la Belgique. Il contient 29 articles sur Epona, 1 sur un palefrenier, 14 sur les cavaliers, 22 sur l'anguipède, 6 sur le cheval, 4 sur le cheval marin.

L'ouvrage est présentement (1914) en cours de publication et comprendra d'autres volumes.

ESPINAY (D'), voy. FLANDRE D'ESPINAY.

ESPINCHAL (Hippolyte, COMTE D').

Officier de cav^ie français, 1777-1864. Il émigra à la Révolution et servit en 1794 à l'Armée de Condé, dans les Chevaliers de la Couronne (2), puis, en 1796,

---

(1) *Epona*, la déesse gauloise des Chevaux. Voy. aussi, à son sujet, Courcelle-Seneuil, Reinach (Salomon), Moulé (L.).

(2) Pour les *Chevaliers de la Couronne*, voy. Th. *Muret, Histoire de l'Armée de Condé*, T. I, p. 69, avec la pl. coloriée qui donne leur uniforme et leur harnachement.

en Russie au Régiment de Berry (1) jusqu'au licenciement. Rentré en France, d'Espinchal fut nommé en 1806 lieut^nt aux Gendarmes d'Ordonnance (2), ét passa avec son grade au 5ᵉ Hussards en 1807. Cap^ne en 1809, chef d'esc^on en 1813 au 31ᵉ Chasseurs, il passa en 1814 au 14ᵉ comme major-lieut^t-colonel. Aux Cent-Jours il fut destitué par l'Empereur et prit alors le commandement d'un corps de Volontaires Royaux, dissous peu après. A la 2ᵉ Restauration, il fut mis en demi-solde, demanda en vain à reprendre du service et fut retraité en 1836 comme lieut^nt-colonel. Campagnes de 1792, 1794, 1795, 1796, 1797, 1798 à l'Armée de Condé ; de Prusse et de Pologne en 1806, 1807, d'Autriche en 1809, d'Espagne en 1811, 1812, 1813 ; d'Italie en 1813, 1814, dans l'armée française ; cinq blessures et 7 chevaux tués sous lui, 1 citation.

Souvenirs militaires, 1792-1814, par Hippolyte d'Espinchal, publiés par Frédéric Masson et François Boyer. *Paris, Paul Ollendorff*, 1901.

2 vol. in-8° de xx-410 et 419 p.

Intéressante contribution à l'histoire de la cavalerie française sous le premier Empire, notamment en Espagne.

ESQUIROS (Henri-François-Alphonse).

Littérateur, économiste et homme politique français, 1812-1876. Elu député de Saône-et-Loire à la Législative de 1849, il siégea à la Montagne, fut exilé en 1851, passa en Hollande, puis en Angleterre. En 1869, il fut élu député des Bouches-du-Rhône dont il devint administrateur après la Révolution de 1870. Destitué par Gambetta, il fut élu député de ce département à l'Assemblée nationale en 1871, puis sénateur en Janvier 1876. Il mourut au mois de mai suivant.

Il a publié des romans, des poésies, des ouvrages historiques et surtout politiques et socialistes. Pendant son exil à Londres, il envoya à la *Revue des Deux Mondes* une suite d'articles sur l'*Angleterre et la Vie anglaise* qui furent très appréciés. Ces articles ont été réunis en 4 vol. in-12 publiés chez Hetzel, de 1859 à 1864. Le T. III, dont une partie importante est consacrée aux courses, sera seul décrit ici.

L'Angleterre et la Vie Anglaise par Alphonse Esquiros — Troisième Série — *Paris, J. Hetzel, lib^le Claye*, S. D. (vers 1862).

1 vol. in-12 de 338 p.

Le chap. v, de la p. 257 à la p. 332, est intitulé : *Scènes et Mœurs du Turf* et contient l'historique et la description des courses anglaises à cette époque, des détails sur les chevaux, les jockeys, les paris, le Jockey-Club, etc. Non cité par le Cte de Contades (voy. ce nom).

ESQUISSE HISTORIQUE SUR L'EMPLOI DU SABRE, voy. ROCHAS D'AIGLUN (DE).

ESSAI SUR LA CAVALERIE, voy. AUTHVILLE (D') DES AMOURETTES.

ESSAI SUR LA MANIÈRE D'AVOIR DES CHEVAUX...

Essai sur la manière d'avoir des Chevaux propres à monter la Cavalerie et les Dragons dans plusieurs départemens du Royaume, principalement ceux du Nord & du Pas-de-Calais, par M. C***, Aide-Maréchal-Général des Logis de l'Armée Française. S. L. N. D. (vers 1790).

Broch. in-8° de 16 p.

L'auteur pense qu'on créera en France une race de bons chevaux de selle par des croisements alternatifs avec le demi-sang anglais, en tenant un registre généalogique.

ESSAI SUR LA SITUATION DE L'INDUSTRIE CHEVALINE.

Essai sur la Situation de l'Industrie chevaline, ses besoins et les moyens de Régénération, par le Vicomte A. de C. *Paris, Dentu*, 1842.

Broch. in-8° de 93 p.

Verte diatribe contre l'Administration des Haras. L'auteur n'admet que l'étalon arabe et refuse au pur sang anglais toute qualité d'améliorateur. Il demande diverses créations, notamment celle de cinq haras, etc., etc.

---

(1) *Régiment noble à Cheval de Berry*, formé à l'arrivée de l'Armée de Condé en Russie en 1797. Voy. *Th. Muret*, T. II, p. 86.

(2) Voy. sur la formation et l'historique des *Gendarmes d'Ordonnance*, *Emile Marco St-Hilaire*, *Histoire anecdotique, politique et militaire de la Garde impériale*, p. 565, ainsi que la pl. coloriée jointe à ce chapitre; voy. aussi *Eugène Fieffé*, *Napoléon Ier et la Garde impériale*, p. 88. Ce corps, qu'il ne faut pas confondre avec les *Gendarmes d'Elite*, eut une courte existence et fut licencié en 1807.

Curieux spécimen de la fameuse discussion de 1842 qui a fait couler des flots d'encre (voy. *Oudinot*).

ESSAI SUR L'EMPLOI DE LA CAVALERIE.

Essai sur l'emploi de la Cavalerie dans la Guerre de Partisans d'après une traduction Russe commentée par un Officier de Cavalerie légère. *Saint-Malo, Mme Vve E. Hamel*, 1881.

Broch. in-8º de 64 p.

ESSAI SUR L'ÉQUITATION MILITAIRE.

Essai sur l'Equitation militaire. Abrégé d'une Instruction pratique. Avec 8 Planches. *Bruxelles (sans nom d'éditeur)*, 1840.

Broch. pet. in-4º de 61 p. (autographiée) avec 8 pl. lithog.

Les pl. 1 et 7 sont des graphiques de fig. de manège, les autres représentent des cavaliers de l'armée belge, la pl. 8 contient 6 fig. pour la tenue des rênes.

ESSAI SUR LES DRAGONS, voy. CABANIS.

ESSAI SUR LES PROCÉDÉS DE COMBAT DE LA CAVALERIE ALLEMANDE.

N'exagérons rien — Essai sur les Procédés de Combat de la Cavalerie Allemande, par F. T. *Paris et Nancy, Berger-Levrault*, 1912.

Broch. gr. in-8º de 40 p. (Extrait de la *Revue de Cavalerie*).

ESSAIS HISTORIQUES SUR LES MOUSQUETAIRES, voy. LE THUEUX.

ESSAIS SUR LA CONSTITUTION DES REGIMENS DE CHASSEURS.

Essais sur la Constitution des Régimens de Chasseurs et sur les Manœuvres et Evolutions propres aux Troupes légères. *A Genève*, 1786.

1 vol. in-8º de xvi-303 p., anonyme. (Voy. le nom de l'auteur plus loin.)

Les régiments dont la création ou la transformation est proposée sont de véritables *légions*, comprenant de l'inf^{ie}, de la cav^{ie}, de l'art^{ie}, un équipage de pont, une comp^{ie} d'ouvriers, etc. La cav^{ie} y est en proportion considérable.

L'ouvrage, très étudié, comprend le détail complet de l'organisation et de l'emploi à la guerre des régiments proposés.

« Il renferme, dit Barbier, des prin-
« cipes contraires aux ordonnances mi-
« litaires et a été condamné par un arrêt
« du Conseil. »

Il s'agit sans doute d'une simple condamnation de doctrine ; Barbier, d'ailleurs, ne dit pas quel est le Conseil qui l'a prononcée, et on sait qu'il y en avait bon nombre à cette époque. Toutefois il n'est pas surprenant que l'autorité militaire d'alors ait mal accueilli la proposition de ressusciter les légions, supprimées après longue expérience dix ans auparavant. Bardin aussi juge l'ouvrage sans indulgence : « C'est Maurice de Saye délayé », dit-il.

Barbier, et, d'après lui, Quérard et Bardin, attribuent le livre à un auteur nommé *Poultiret*. C'est une erreur : il est l'œuvre d'*Antoine-Eléonor, baron de Poutier*, maréchal de camp français, né en 1744, mort à une date inconnue, et dont la biographie n'est pas sans intérêt.

Chevau-léger de la Garde en 1759 ; cap^{ne} à Colonel Général des Dragons en 1762 ; réformé en 1763 ; replacé en 1771 ; lieut^{nt}-colonel du rég^{nt} provincial de Troyes (devenu 1er rég^{nt} d'Etat-major) en 1778 ; puis, en 1779, du 5e Chasseurs à cheval (devenu en 1784 Chasseurs du Gévaudan) ; lieut^{nt} du Roy de la citadelle de Besançon en 1789 ; colonel du 23e de Cav^{ie} en 1792. Maréchal de camp la même année, il fut envoyé à Givet dont la municipalité, après lui avoir accordé un certificat de civisme dans les termes les plus élogieux, le dénonça deux mois après au ministre Bouchotte pour son inaction et surtout pour n'avoir pas fait exécuter les lois contre les prêtres réfractaires « qui avaient
« prêché la contre-république », et qui n'étaient même pas en territoire français, mais « dans un village d'Empire », près de la frontière.

A la suite de cette dénonciation, et aussi en vertu de la Loi des suspects qui éloignait de l'armée tous les ex-nobles, il fut suspendu le 15 août 1793, et se retira à Gray, puis à Dijon, où il fut emprisonné. Sa suspension fut levée en l'an III, mais il ne reprit pas de service.

Le Bon de Poutier avait fait les campagnes de 1761 et 1762 à l'armée de Soubise et celles de 1792 et 1793 à l'armée du Nord.

Ses deux fils périrent à l'armée : l'aîné, lieut^{nt} d'art^{ie}, mourut de la peste en Egypte ; le second, officier d'inf^{ie}, fut tué à Eylau.

ESTERNO (LE COMTE Ferdinand D')
Agronome et publiciste français, membre du Conseil général d'Agriculture, 1805-1883.

Note présentée à la Société centrale d'Agriculture le 22 Avril 1874 — Du Mulet considéré comme animal de gros trait — Des mesures à tenter pour obtenir sa reproduction directe. *Dijon, Imp. Eug. Jobard*, 1874.
Broch. in-8° de 7 p., signée à la fin.
Le moyen proposé par l'auteur consistait à utiliser la mule féconde du *Jardin d'Acclimatation* en la faisant saillir alternativement par le cheval et le baudet (1).

ESTERRE (G.-C.-T. D').
Précis historique sur le Régiment de Crête-Dragons, suivi d'une notice sur la vie militaire, politique et privée de M. Baudry-Deslozières, Colonel Inspecteur dudit Régiment par M. G. C. T. d'Esterre, ancien Militaire. *Troisième Edition*, revue, corrigée et augmentée. *Se trouve chez les principaux Libraires de la France*, Juillet 1804.
1 vol. in-12 de 336 p. plus 2 f^{ts} d'errata.
Ouvrage rare. Je suis sans renseignement sur les 2 premières éd^{ons}.

ESTIENNE (P.-M.).
Propriétaire de la terre de Beauval (Loir-et-Cher) dans laquelle est installée une annexe de remonte.

Notes sur la réorganisation du Service des Remontes. *Orléans, Imp. Georges Michau*, 1887.
Broch. gr. in-8° de III-16 p., signée à l'avant-propos.

A MM. les Généraux Faverot de Kerbrech et de Bellegarde. — Le Cheval de guerre en 1897. *Paris, L. Baudoin*, 1897.
Broch. in-8° de 31 p., signée à la fin.

Les Remontes et le service de deux ans. *Orléans, Auguste Gout*, 1904.
Broch. in-8° de 14 p. signée à la fin P. M. E.

ETALLEVILLE (GUYOT, COMTE D').
Littérateur et poète français, 1752-1828. Fut officier de cav^{ie} avant la Révolution, puis émigra et vécut pendant six ans à Nuremberg de l'état de maître de langues. Rentré en France, il se livra à la littérature.

La calotte du Régiment Royal-Lorraine Cavalerie. Poëme en trois chants ; par M. d'Etalleville, Auteur de la *Diligence* et des *Eaux de Barrèges*. *Paris, Renard*, 1820.
1 vol. in-16 de XII-76 p.

La vie de l'Officier ; Poëme en trois chants ; par M. d'Etalleville, Auteur de la *Diligence ;* du *Changement de Garnison ;* des *Eaux de Barrèges ;* et de la *Calotte de Royal-Lorraine*, poëmes. *Paris, Dentu*, 1821.
1 vol. in-16 de 182 p.
Ces deux petits poëmes, assez facilement versifiés, forment un tableau de la vie en garnison des officiers de cav^{ie} avant la Révolution. Ils sont rares.

ETREILLIS (LE BARON D').
Sportsman et écrivain sportif français. 1820-1885. Avait été secrétaire d'ambassade ; abandonna cette carrière en 1848, et commença alors à monter en courses. A pris, pour son 1er ouvrage et pour les articles qu'il publiait dans le journal *le Sport*, le pseudonyme de Ned Pearson.

Dictionnaire du Sport français — Courses — Chevaux — Entraînement — Langue du Turf — Célébrités du Turf — Paris et parieurs — Règlements — Hippodromes. Par Ned Pearson, rédacteur du journal « le Sport ». *Paris, Lorenz*, 1872.
1 vol. in-12 de 676 p.
Ouvrage instructif et bien complet.

Les chevaux de pur-sang. Physionomie des Ecuries de Courses françaises. Propriétaires — Entraîneurs — Jockeys — par le Baron d'Etreillis (Ned Pearson). Ouvrage orné de vignettes. *Paris, Rothschild*, 1873.

---

(1) Cette mule, bien connue des habitués du *Jardin d'Acclimatation*, provenait d'une tribu arabe des environs d'Orléansville, où je l'ai souvent vue, et avait été envoyée à cet établissement après une première fécondation en Algérie.

ÉTU — 468 — ÉTU

1 vol. in-16 de XXXI-457 p. Nombreux portraits de célébrités du turf.

, Ecuyers et Cavaliers. Autrefois et aujourd'hui. Par M. le Baron d'Etreillis. *Paris, L. Baudoin*, 1883.
1 vol. in-8° de 169 p.
Historique intéressant, dans lequel le B[on] d'Etreillis montre — toutes réserves faites sur certaines de ses opinions équestres — qu'il connaissait aussi bien l'équitation d'école que celle de course.

. Même ouvrage, même titre.
2e *Edition*, avec 10 pl. gravées à l'eau-forte. *Paris, L. Baudoin*, 1887.
Semblable à la 1re éd[on], sauf l'adjonction d'un portrait équestre du B[on] d'Etreillis par J. Lewis Brown (voy. ce nom) et des 10 pl. à l'eau-forte de H. du Breignou.

ÉTUDE DES COURSES.
Étude mathématique et pratique des Courses. *Rouen, Imp. Charlet*, 1909.
Broch. pet. in-16 de 53 p.

ÉTUDE D'UNE MANŒUVRE DE CAVALERIE.
Étude d'une Manœuvre de Cavalerie par Echelons (à propos de la Bataille de Saint-Privat) — Avec quatorze Croquis — *Paris et Nancy, Berger-Levrault*, 1906.
Broch. in-8° de 36 p.

ÉTUDE SUR LA CAVALERIE.
Étude sur la Cavalerie après le progrès des Armes de précision. *Naples, Imp. Jean Limongi*, 1860.
Broch. in-8° de 14 p.
Ouvrage anonyme, mais dont l'auteur est certainement un officier de cavalerie italien.

ÉTUDE SUR LA CAVALERIE AUTRICHIENNE, voy. GOURMEL.

ÉTUDE SUR LA CAVALERIE — SAINT-CYR ET SAUMUR.
Étude sur la Cavalerie. Saint-Cyr et Saumur. *Paris, L. Baudoin*, 1889.
Broch. in-8° de 37 p.
Organisation, historique et comparaison de la Section de Cavalerie à St-Cyr et de l'Ecole de Saumur au point de vue du recrutement des officiers de cav[le]. Intéressante étude.

ÉTUDE SUR LA CAVALERIE, SA TACTIQUE...
Étude sur la Cavalerie, sa tactique, son rôle et sa réorganisation par A. C., Capitaine de Chasseurs — Suite de l'Etude sur les causes de nos désastres et la réorganisation de l'Armée — *Auch, Naboulet, Paris, principaux Libraires*, 1871.
Broch. in-8° de 35 p.
L'auteur passe en revue la tactique, l'organisation, la répartition, l'habillement, le harnachement, l'armement, la remonte, l'hygiène de l'homme et du cheval, la discipline, les conséquences morales du service court, etc., en ce qui concerne la cav[le].

ÉTUDE SUR L'ÉCOLE DE LA BRIGADE.
Cavalerie — Etude sur l'Ecole de la Brigade — 1re Partie. Application de l'Ecole de régiment — 2e Partie. Dispositions de combat. *Dinan, Imp. Peigné*, Décembre 1880.
Broch. in-12 de 57 p. avec 10 pl. de formations, h. t.

ÉTUDE SUR LES CAVALERIES ÉTRANGÈRES, voy. BUL.

ÉTUDE SUR L'INSTRUCTION DU TIR.
Étude sur l'Instruction du Tir dans la Cavalerie — Avec 12 Gravures dans le texte. *Paris et Limoges, Henri Charles-Lavauzelle*, S. D. (1903).
Broch. in-8° de 80 p.

ÉTUDE SUR L'ORGANISATION... D'ECLAIREURS.
Étude théorique sur l'Organisation d'un Corps d'Eclaireurs à cheval, par H. de La F. *Paris, Ch. Tanera*, 1872.
Broch. in-12 de 47 p.
L'auteur demande la formation de 20 régiments d'éclaireurs, soit un par corps d'armée et examine successivement le recrutement, la remonte, l'armement, l'habillement, l'équipement et l'instruction de ces corps.
Voy. aussi. *De l'Equitation dans les Régiments de Cavalerie en Prusse*.

ETUDES SUR LA CAVALERIE.

Publication de la Réunion des Officiers — Etudes sur la Cavalerie de la Grande Armée. (Campagnes de 1805 et 1806.) (Extrait du *Bulletin de la Réunion* des 1er, 8, 15, 22 et 29 janvier 1876). *Se vend à la Gérance de la Réunion des Officiers, 37, rue Bellechasse, à Paris*, 1876.

1 vol. in 12 de 99 p. avec 2 cartes repliées.

Ce petit ouvrage intéressant est dû, d'après les renseignements qui m'ont été donnés, aux Commandants Danloux (1) pour la 1re partie (camp. de 1805) et Lichtenstein (2) pour la 2e (camp. de 1806), sous la direction du Lieut-Colonel Haillot (3).

EUDES (Valentin).

Relation du Pas d'Armes de la Croix Pèlerine, par M. Eudes, lue à la Séance de la Société des Antiquaires (4) le 3 Janvier 1834. S. L. N. D. (*St-Omer*), 1834.

Broch. in-8° de 36 p. avec 1 pl. en frontispice. (Extrait des *Mémoires de la Société*.)

Relation d'un tournoi qui eut lieu en 1447, à St-Martin-au Laërt, près de St-Omer, et dans lequel figuraient Jean, bâtard de St-Pol, seigneur de Haubourdin et 5 de ses compagnons. Philippe le Bon, duc de Bourgogne, y assistait avec son fils le Cte de Charolais.

Après le récit de la joute, l'opuscule contient un article sur les tournois en général.

EURVILLE DE GRANGUES (Raymond-Daniel, MARQUIS D').

Eleveur et hippologue français.

De la Dépréciation des produits Français, en concurrence avec l'importation des Races Anglaises, et de l'Elevage dans le pays d'Auge, par M. le Mis d'Eurville de Grangues. *Pont-l'Evêque, Imp. Hippolyte Dauge*, 1846.

(1) Danloux (Joseph-Arthur), 1826-1892, sous-lieutᵗ en 1841, colonel en 1881, retraité en 1885.
(2) Lichtenstein (Philippe-Emile-Louis), 1831-1892, sous-lieutᵗ en 1858, colonel en 1885. Il est resté plusieurs années à la maison militaire du Président de la République.
(3) Haillot (Charles-Henri), 1827-1906. Sous-lieutᵗ en 1849, colonel en 1877, général de division en 1887. Il a été chef d'Etat-major du Ministre.
(4) De la Morinie.

Broch. in-8° de 31 p. Vignette sur le titre.
Concerne en grande partie l'élevage du cheval.

Question importante négligée pendant la Paix, rappelée par la Guerre. L'Elevage, le Commerce et la Remonte — Prix : 1 fr. — (*Caen*), *Typ. Delos*, 1854.

Broch. in-8° de 20 p. Dédicace signée au gᵃˡ des Carrières.

Etat de crise de la production d'Elève, ses causes, son terme possible. La situation telle qu'elle est ; Ecoles de dressage. *Caen, Imp. Vᵛᵉ Pagny*, S. D. (1855).

Broch. in-8° de 16 p., signée à la fin. Extrait du *Moniteur du Calvados* des 23 mai et 15 juin 1855.

Après diverses considérations, l'auteur demande la création d'Ecoles de dressage chargées de l'organisation et de la distribution des primes, avec une jumenterie et quelques étalons attachés à chacune d'elles.

Les Haras. Ce qu'ils n'ont pas fait, ce qu'ils pourraient faire ; par un ancien membre du Jockey-Club. A M. le Général Fleury, Aide de camp et premier Ecuyer de Sa Majesté l'Empereur. *Paris, Dentu*, 1857.

Broch. in-8° de 16 p, signée à la fin D., Eleveur.

Un dernier mot sur la Question hippique et sur l'Industrie herbagère dont elle fait partie, par M. le Marquis de Grangues, ancien Membre de la Société d'encouragement de Paris. *Paris, Bouchard-Huzard ; Caen, Massif*, 1861.

Broch. in-8° de III-64 p.

Dans la préface, l'auteur déclare qu'il est l'auteur de la brochure précédente et annonce que cet ouvrage est la réunion de ce qui lui a paru le plus concluant dans ses productions antérieures, disséminées dans diverses revues économiques et feuilles politiques.

EVERAT (L.-N).

Imprimeur-libraire et littérateur français.

Requête à Sa Majesté l'Empereur et Roi par les Chevaux de ses Ecuries (signé à la fin :) Everat, Imprimeur des Chevaux de Sa Ma-

jesté et Rédacteur de leur Pétition.
Rue S{}-Sauveur N° 41*, S. D. (1810).

Plaquette in-4° de 2 f{ts} non paginés (très rare).

C'est une pièce de vers assez bien tournée dans laquelle les chevaux demandent « à conserver leur pauvre imprimeur ».

Peut-être Evérat était-il chargé de certaines impressions pour le service des écuries impériales et craignait-il de se voir enlever cette fourniture ?

EVERTS (Jean-Bernard-Servais).

Vétérinaire militaire, né à Maëstricht en 1783, devenu Français en 1795 quand Maëstricht fut le chef-lieu de la Meuse-Inférieure, mort en 18...

Elève à Alfort en 1801, il fut, à sa sortie, nommé professeur de physique et de chimie à l'Ecole secondaire de St-Trond (1), en 1805. Artiste vétérinaire en pied à la Garde du G{d} duc de Berg et de Clèves en 1807, puis vétérinaire en chef de la Brigade des Lanciers de Berg au service de France jusqu'en 1813 ; vétérinaire au 8e cuirassiers en 1814. En 1816, il passa au régiment de cuirassiers de Condé (6e cuirassiers) et quitta le service vers 1819. Il devint ensuite vétérinaire départemental du Pas-de-Calais.

Everts avait fait les campagnes de 1809 en Autriche, 1810 et 1811 en Espagne, 1812 en Russie, 1813 en Saxe et 1814 en France. Son dossier contient plusieurs certificats particulièrement élogieux des conseils d'adm{on} des corps où il a servi.

Précis nosographique des Indigestions et Coliques dans les Animaux Domestiques, contenant les Causes, les Symptômes, le Traitement et les moyens préservatifs propres à chacune de ces affections, par J.-B.-S. Everts, Médecin Vétérinaire du Dép{t} du Pas-de-Calais, ancien Vétérinaire en chef aux Armées, Membre correspondant de plusieurs Sociétés savantes, etc. *Paris, Lecointe et Durey,* 1827.

1 vol. in-16 de 191 p. Dédicace « à, « mon illustre et savant maître J. Gi-« rard, Directeur de l'Ecole royale vét{re} « d'Alfort, ancien Professeur à la même « Ecole, Chev{er} de la Légion d'Honneur, « comme un témoignage public de mon « respect et de ma reconnaissance. »

L'ouvrage concerne presque exclusivement le cheval.

(1) Saint-Trond, entre Liège et Hasselt.

EVRARD (Cl.).

Bibliothèque des Professions et des Ménages — Manuel économique, élémentaire et résumé du Bourrelier-Sellier, par Cl. Evrard — Un sou la feuille de 16 pages contenant le même nombre de lettres qu'une feuille in-8° — Chaque Manuel de 40 centimes équivaut au tiers d'un volume de 7 f. 50 c. — *Paris, Auguste Desrez, au Bureau du Musée des Familles,* S. D. (1835).

1 vol. in-16 de 228 p.

Ce manuel est plus complet et plus détaillé que le titre ne pourrait le faire supposer ; mais il ne contient malheureusement aucune figure. Il fait partie d'une suite de petits ouvrages dont 12 avaient paru au moment de sa publication.

EXAMEN CRITIQUE DE LA DIRECTION DONNÉE... A LA CAVALERIE.

Examen critique de la Direction actuellement donnée aux Opérations de la Cavalerie. *Paris, J. Dumaine; L. Baudoin, Succ{r},* 1881.

Broch. in-8° de 39 p. (Extrait du *Journal des Sciences militaires*, Avril 1881).

L'auteur combat l'utilisation de la cav{le}, soit uniquement par ses feux, soit comme troupe mixte, « en lui attribuant la « double propriété du choc et du feu » et conclut que son véritable rôle est le combat à l'arme blanche.

EXAMEN DE LA QUESTION CHEVALINE.

Examen de la question chevaline dans le Département des Côtes-du-Nord, au point de vue des Encouragements et des Primes distribuées par l'Etat et par le Conseil Général. *St-Brieuc, Guyon frères,* 1859.

Broch. in-8° de 27 p.

EXAMEN DES DIVERS MODES DE REMONTES.

Examen des divers modes de Remontes militaires. *Saint-Lô, Imp. L.-L. Potier,* S. D. (1835).

Broch. in-8° de 24 p.

L'auteur de cet opuscule est M. *Beleurgey (Philibert-Symphorien)*, officier de cav{le} français, An IV-1851. Hussard en 1813, sous-lieut{nt} en 1823, chef d'esc{ons} en 1849 et retraité en 1850. Il était en 1835 officier de remonte au dépôt de S^t-Lô.

Il examine les 9 modes de remonte essayés depuis le commencement du XIXe siècle et donne la préférence au dernier, c'est-à-dire : achats faits par des officiers étrangers aux régiments qu'ils remontent, ayant une mission permanente et qui en font leur métier. C'est encore le système actuel. Il fonctionnait depuis peu de temps en 1835 et avait soulevé de violentes critiques auxquelles répond cet opuscule intéressant et rare.

Le Gal *Préval* (voy. ce nom, dans *Un Mot sur les Remontes et sur la Cavalerie*, p. 34, cite avec éloges le travail de *Beleurgey*.

EXAMEN DU RAPPORT DE M. BOCHER.

Examen du Rapport sur les Haras fait par M. Bocher à l'Assemblée Nationale en 1873 S. L. N. D. *ni nom d'imprimeur* (1873 ou 74).

Broch. pet. in-8° de 14 p., anonyme et autographiée.

Pour le *Rapport* dont cet opuscule fait la critique, voy. *Lois, Décret. et Règlements sur les Haras*, et *Société d'Encouragement*.

EXERCICE SIMULTANÉ DE LA LANCE ET DU MOUSQUETON.

Exercice simultané de la Lance et du Mousqueton. *Provins, Lebeau*, 1837.

Broch. in-8° de 14 p.

EXPOSITION CENTENNALE DES MOYENS DE TRANSPORT.

Exposition universelle de 1900. Exposition centennale des classes 30 et 31 réunies — Notice sur l'Exposition centennale des Moyens de Transport, publiée par les soins du Comité d'installation pour servir de compte rendu et de rapport sur cette Exposition rétrospective. *Paris, Hachette*, 1901.

1 vol. in-4° de IX-105 p. avec 54 pl. h. t., et de nombreuses fig. d. l. t., en phototypie. Préface de M. Maurice Bixio (voy. ce nom).

L'ouvrage contient, outre le compte rendu de l'Exposition de carrosserie, qui n'entre pas dans le cadre de ce travail, celui de l'Exposition des selles, brides, mors, étriers, accessoires, harnais, attelages, etc., par MM. Charles de l'Ecluse et le Cte de Cossé-Brissac (voy. ce nom).

Cette belle publication, entièrement distincte des comptes rendus officiels (voy. *Comptes rendus*), n'a pas été mise dans le commerce.

EXPOSITION (L') CHEVALINE A BATTERSEA, voy. MALEZIEUX.

EXTRAIT DE L'INSTRUCTION SUR L'EMPLOI DES ARMES.

Extrait de l'Instruction sur l'Emploi des Armes dans la Cavalerie Allemande, contenant tous les Exercices de l'Emploi du Sabre. *Saumur, S. Milon fils*, 1884.

Broch. in-8° de 47 p. avec 1 pl. se dépliant et contenant 6 fig.

Concerne exclusivement l'emploi et l'escrime du sabre à pied et à cheval.

EXTRAIT DE L'ORDONNANCE DU ROY.

Extrait de l'Ordonnance du Roy, portant Règlement pour le Logement & payement de la Cavalerie pendant le quartier d'Hyver prochain. Du vingtième Octobre, 1689. *A Bordeaux, chez Pierre Abegou, Imprimeur & Marchand Libraire, rue Saint Jâmes à l'Enseigne du Coq*, 1689.

Broch. in-4° de 8 p. Armes royales sur le titre.

J'ai cité cette ordonnance au milieu de beaucoup d'autres analogues, parce qu'elle donne des détails complets sur la solde des officiers de cavalerie et de leur troupe, ainsi que sur les rations des chevaux. Ceux-ci recevaient par jour quinze livres de foin et dix livres de paille, ou vingt livres de foin sans paille et deux tiers d'un boisseau d'avoine, soit environ 7 k. 300 de foin, 4 k. 800 de paille ou 9 k. 600 de foin sans paille et 2 k. 200 d'avoine. Celle-ci était mesurée en boisseaux de Paris, de 24 au septier.

EXTRAIT DE QUELQUES ORDONNANCES, voy. DURFORT.

EXTRAIT DU JOURNAL DES HARAS.

Extrait du Journal des Haras. *Paris, Imp. Schneider*, S. D. (1850).

Broch. in-8° de 42 p.

L'Assemblée législative venait de décider que la remonte de la gendarmerie se ferait à l'avenir en France. La brochure reproduit et commente la discussion qui avait eu lieu à ce sujet. Elle est signée N. de S.

F

F. T., voy. ESSAI SUR LES PROCÉDÉS DE COMBAT DE LA CAVALERIE ALLEMANDE.

FABERT (Abraham).
Imprimeur messin, né vers 1560 mort en 1638. Son père, Dominique Fabert, était directeur de l'imp^le du duc Charles III et fut anobli par ce prince. Abraham Fabert lui succéda dans cet emploi, mais il possédait en outre une imprimerie particulière dont les productions sont estimées. Il fut élu Maître-Echevin de Metz en 1610 et plusieurs fois réélu. Il était le père du maréchal Fabert.

Voyage du Roy à Metz, l'occasion d'iceluy. Ensemble les signes de résiouissance faits par les Habitans pour honorer l'entree de sa Majesté. Par Abr. Fabert. *S. L.* (*Metz*), 1610.

1 vol. pet. in-f° de 6 f^ts pour le titre entouré d'un frontispice, une pl. d'armoiries, la dédicace au duc d'Epernon signée par le Maître-Echevin, Conseil et Treize de la Ville et cité de Metz, 72 p. de t. et 20 pl. y compris le frontispice, les armoiries, une vue cavalière et un plan de Metz.

La 1re pl. représente des bataillons et des cornettes de cav^le ; la 2e, 3 cornettes de cav^le — qui sont d'ailleurs dans le plus complet désordre — la 5e, l'entrée du Roy « soubs le daiz » avec une nombreuse escorte de cavaliers ; la 12e, l'entrée de la reine dans une litière portée par deux mules et accompagnée de nombreux cavaliers. Les autres pl. n'ont aucun caractère hippique.

Pour une autre relation anonyme, mais due aussi à Ab. Fabert, voy. *Entrée de la Duchesse de La Valette.*

FABRE (A.-W.).
Propriétaire en Cochinchine.

De la création d'un Haras en Cochinchine et de l'amélioration de la Race chevaline, par A. W. Fabre, propriétaire à Giadinh. *Saïgon, Imp. Bock,* 1889.

Broch. in-8° de 15 p.

L'auteur donne des détails sur la race indigène, sur la mortalité des chevaux importés et dit que seul l'étalon de Java résiste au climat et à la nourriture du pays. Il demande qu'on lui fournisse les ressources nécessaires pour créer un établissement d'élevage.

Etude sur les moyens d'encourager à l'Elevage et à l'amélioration de la Race chevaline en Cochinchine, par A. W. Fabre, propriétaire à Giadinh. *Saïgon, Imp. Bock,* 1890.

Broch. in-8° de 17 p.

L'auteur veut restreindre ou supprimer la production de l'Etat et encourager, au moyen de primes et de courses, le petit élevage, surtout celui entrepris par les indigènes, la part de l'Administration se bornant à l'achat de quelques étalons.

Voy. sur un sujet analogue, Bauche (J.), Schein (H.), Viaud (S.).

FABRICY (Le P. Gabriel).
Dominicain français, archéologue. Né vers 1725, mort en 1800.

Recherches sur l'Epoque de l'Equitation et de l'usage des Chars équestres chez les anciens ; où l'on montre l'incertitude des premiers temps historiques des peuples, relativement à cette date. Par le R. P. Gabriel Fabricy, Lecteur en Théologie, de l'Ordre des FF. Prêcheurs, de l'Académie des Arcades de Rome. *Marseille, Jean Mossy et Rome, Pierre Durand,* 1764.

2 vol. in-8° de LX-224 et 283 p. avec frontispice, médaillon sur le titre rouge et noir, en-tête de chapitres et culs-de-lampe. Dédicace au comte de Caylus. Les deux volumes ont été, au moment de leur publication, presque toujours reliés en un seul.

L'ouvrage du savant dominicain touche à une foule de questions d'histoire ancienne assez étrangères à son sujet principal, mais dont beaucoup sont intéressantes.

FAIRE UN CAVALIER EN AUSSI PEU DE TEMPS QUE POSSIBLE.

Faire un Cavalier en aussi peu de temps que possible, par un Officier

de troupe. *Paris et Nancy, Berger-Levrault*, 1895.
Broch. gr. in-8° de 47 p. Extrait de la *Revue de Cavalerie.*

FALLOU (Louis-Alexandre).
Directeur de la Revue militaire *La Giberne*, né en 1870.

Nos Hussards (1692-1902), Formations, Uniformes, Equipements, Armements, Harnachements, par L. Fallou. *Paris, La Giberne, 54, Rue du Faubourg-Saint-Honoré*, 1902.
1 vol. in-8° de 4 f[ts] non ch. pour les titres, la dédicace à M. Julien Gérardin, de Nancy, et 300 p. avec couverture illustrée, vignette sur le titre et 20 pl. coloriées h. t. signées René Louis.
L'ouvrage, tiré à 300 exemplaires, traite des formations et licenciements successifs des régiments de hussards et de tous les détails d'uniforme, d'équipement, de harnachement, d'armement, etc., mais il n'y est pas question de l'historique des campagnes.

FANTAISIE SUR L'ART HIPPIQUE.
Fantaisie sur l'Art hippique et cavalier ??? *Isigny, Imp. A. Colleville*, S. D. (1910).
Broch. in-16 de 16 p.
Amusante facétie signée : *Le Domino Rouge.*

FARDOUET.
A MM. les Propriétaires, Cultivateurs et Eleveurs de l'Arrondissement de Mortagne. *Mortagne, Imp. Daupeley frères*, Novembre 1866.
Broch. in-8° de 7 p. signée à la fin *Fardouet, cultivateur à Verrières.*

FARGÈS-MÉRICOURT (P.-J.).
Relation du Voyage de Sa Majesté Charles X en Alsace, par P.-J. Fargès-Méricourt, Avocat. *Strasbourg et Paris, F.-G. Levrault*, 1829.
1 vol. in-4° de 184 p., plus, à la fin, 4 f[ts] non chif. pour la liste des souscripteurs, avec 1 carte de l'Alsace en frontispice et 12 pl. h. t., lithographiées, dont une, très jolie, dessinée par le général, alors colonel, Atthalin (1) et 2 par Victor Adam (voy. ce nom).

(1) Atthalin (Louis-Marie-Jean-Baptiste, Baron), général français, 1784-1856. Elève de

L'ouvrage est cité ici à cause des nombreux et importants cortèges de cavaliers et de chars attelés qui accompagnèrent le roi à son passage dans les différentes villes d'Alsace et dont le t. et les pl. donnent la description. Il y eut même, dans quelques villes, des *Gardes d'Honneur* à cheval, réminiscence de l'usage établi sous le 1er empire (1).

FARMAIN DE SAINTE-REINE (Antoine-Adolphe).
Ecuyer français, 1803-1878. — Il avait déjà pris en France le goût de l'Equitation lorsqu'il fut envoyé par son père à Gœttingue pour y suivre les cours de l'Université. Le fils du célèbre Ayrer (2) avait alors succédé à son père comme Ecuyer du Manège académique de cette ville ; Farmain de Ste-Reine fut son élève, puis devint lui-même Ecuyer du Roi de Hanovre. Il passa ensuite dans les Etats sardes, fut Ecuyer au manège de Pignerol et avait obtenu, pour remplir cet emploi, le grade de lieut[nt] de cav[le] dans l'armée sarde. Il rentra en France avant 1848, y fit la connaissance de Baucher, travailla avec lui et devint un des fervents partisans de la méthode de ce maître (3).

Essai sur le Dressage des Chevaux de dehors et de Guerre — Abrégé de l'Instruction progressive à donner aux commençants — Une famille d'Ecuyers — F. Baucher — par A. A. Farmain de Ste-Reine, ancien Officier de Cavalerie, ex-Ecuyer au service de Sardaigne, Elève d'Ayrer, au manège de l'Université de Gœttingue (Royaume de Hanovre). *Paris, Morris*, 1878.
1 vol. in-8° de 147 p. avec 3 pl. h. t.
Cet ouvrage est la réunion de quatre articles précédemment parus dans le

l'Ecole polytechnique en 1802, il en sortit dans le génie, cap[ne] en 1811 et officier d'ord[ce] de l'Empereur, colonel en 1814, lieut[nt] général et pair de France en 1840. Au début de la Restauration, il fut officier d'ordonnance du duc d'Orléans et conserva ces fonctions quand ce prince fut devenu le Roi Louis-Philippe. Il rentra dans la vie privée après la révolution de 1848. Peintre et dessinateur de talent, il était élève d'Horace Vernet et du peintre anglais Daniel.
(1) Sur les Gardes d'Honneur du 1er Empire, voy. Bucquoy, Depréaux, Defontaine, Juzancourt, etc., etc.
(2) Ayrer père, 1731-1813 ; Ayrer fils, 1774-1833.
(3) Gaussen, Article nécrologique dans le n° de juillet 1878 de la *Revue des Haras* et renseignements donnés par un membre de la famille.

Journal des Haras. Dans le 3ᵉ, l'auteur donne des détails biographiques sur Ayrer père, un des plus célèbres Ecuyers de l'Ecole allemande : sur son fils, qui fut aussi un Ecuyer de grand mérite et porta dignement le nom de son père, et sur les deux Schweppe, père et fils ; il était l'ami du dernier dont on a dit « qu'il fut le plus grand Ecuyer allemand avant 1870 ».

FASTES (LES) DE LILLE.

Les Fastes de Lille. Cortège-Cavalcade organisé sous le patronage de l'Administration Municipale, dans le but de fonder à Lille une Caisse de retraites pour les Invalides du Travail. — Prix : 25 Cent. au profit de l'Œuvre. *Lille, Imp. L. Danel*, 1858.

Broch. in-16 de 16 p.

Voy. aussi, pour d'autres Cavalcades de Lille : *Ordre des Triomphes* et *Marche (La) historique de Lille*.

FAUCHER (Paul).

Les paris de Courses et les jeux de hasard, par Paul Faucher (William, du *Williams' Turf*; Flavio, de *l'Evénement*). Prix : Un franc. *Paris, E. Dentu*, 1885.

Broch. in-8° de 32 p.

FAULON (Urbain).

Vétérinaire français, diplômé de Toulouse en 1877.

Ecole nationale vétérinaire de Toulouse — De la Névrotomie plantaire, par Urbain Faulon (de Seissan, Gers). Thèse pour le diplôme de Médecin-Vétérinaire. *Castres, Typ. du Progrès*, 1877.

Broch. in-8° de 37 p.

FAUR (Géo).

Causerie sportive, accompagnée d'une notice sur l'Art de se défendre aux Courses, d'y gagner et d'en vivre, par Géo Faur. *Paris, l'Auteur*, S. D. (1913).

Broch. gr. in-18 de 47 p.

FAURE (Guillaume-Paul-Daniel).

Officier d'art^{ie} français, né en 1856, sous-lieut^{nt} en 1878, chef d'esc^{ons} en 1906.

Une visite aux Houzards de Thuringe, par D. Faure, Chef d'Escadron au 20ᵉ Régiment d'Artillerie — Avec 1 plan et 12 photographies. *Paris et Nancy, Berger-Levrault*, 1909.

Broch. gr. in-8° de 32 p.

FAUVART-BASTOUL (François-René-Léon).

Officier de cav^{ie} français, né en 1845, sous-lieut^{nt} en 1870, chef d'esc^{ons} en 1892, retraité en 1901.

Des marches de la Cavalerie — Données théoriques, résultats d'expériences, par L. Fauvart-Bastoul, Capitaine Commandant au 1ᵉʳ Régiment de Chasseurs, Officier de l'Instruction publique. *Paris et Nancy, Berger-Levrault*, 1888.

1 vol. in-12 de XI-230 p. Avec 15 p. de tableaux ajoutés et pliés sous la couverture.

De la Poursuite. Rôle tactique des petites unités de Cavalerie. Escadron, demi-Régiment ou Régiment, opérant en liaison avec de l'Infanterie, Brigade, Division ou Corps d'armée; par Fauvart-Bastoul, Capitaine-commandant au 1ᵉʳ Régiment de Chasseurs, Officier de l'Instruction publique. *Paris et Nancy, Berger-Levrault*, 1890.

Broch. in-12 de VII-70 p. avec croquis d. l. t.

Tactique directive. Orientation sur une directive tactique — Emploi rationnel de la carte — Reconnaissance tactique du terrain, par Fauvart-Bastoul, Capitaine-commandant au 1ᵉʳ Régiment de Chasseurs, Chevalier de la Légion d'honneur, Officier de l'Instruction publique. *Paris et Nancy, Berger-Levrault*, 1892.

1 vol. in-12 de XI 159 p. Quelques croquis d. l. t.

Malgré son titre général, cet ouvrage est spécialement destiné à l'instruction de la Cav^{ie}, cadres et troupe.

Memento pour les Reconnaissances tactiques du terrain et des Positions militaires (Extrait de la *Tactique directive*), par Fauvart-Bastoul..., etc. *Paris et Nancy, Berger-Levrault*, 1892.

Broch. in-12 de 41 p. Reproduction

avec des corrections et additions, de l'une des parties de l'ouvrage précédent.

De l'Armement de la Cavalerie — Lance et Sabre — Cavalerie Allemande et Cavalerie Française, par le Commandant Fauvart-Bastoul, Chef d'Escadrons au 26ᵉ Régiment de Dragons, Chevalier de la Légion d'honneur, Officier de l'Instruction publique. — Mannequin pour l'Exercice contre la Lance — Modifications proposées au Sabre — Changement au port de la Carabine à la Grenadière — La Baïonnette du Cavalier. — *Paris et Nancy, Berger-Levrault*, 1897.

1 vol. in-12 de 135 p. Portrait de l'auteur en frontispice et dessins d. l. t.

De l'utilisation tactique du terrain par la Cavalerie en présence du nouvel armement — Conférence faite le 20 février 1896 aux officiers de la garnison de Dijon par le Commandant Fauvart-Bastoul..., etc. *Dijon, L. Venot*, S. D. (1896).

Broch. in-8° de 36 p., tirée à cent exemplaires et non mise dans le commerce.

FAUVEL (Raoul).

Le Vétérinaire du Village, traitant des soins à donner aux Chevaux, aux Bœufs, aux Chiens, aux Moutons, aux Abeilles et autres Animaux domestiques, suivi des Règlements, Lois et Ordonnances sur les Epizooties ou Maladies contagieuses des Troupeaux et sur les Cas rédhibitoires. *Paris, ancienne Maison Aubert, Ratier, succʳ*, 1877.

Broch. in-12 de 36 p. signée à la fin : Raoul Fauvel, ancien professeur à l'Ecole préparatoire vétérinaire de Maisons-Alfort.

Opuscule de colportage.

FAUVRY.
Eperonnier des petites écuries, fin du xviiiᵉ siècle.

Traité sur la Connoissance extérieure des Chevaux ; des Expériences sur l'Art de l'Eperonnerie ; & tout ce qui concerne la Sellerie, suivant les mesures ordinaires. Par le Sieur Fauvry, Eperonnier ordinaire des petites Ecuries du Roi. Dédié à M le Marquis de Beringhen, premier Ecuyer du Roi. *Paris, J. H. Butard*, 1767.

1 vol. in-12 de iv 200 p. plus, au commencement, 4 fᵗˢ non chif. pour le titre et le Privilège. Celui-ci indique que le Sʳ Fauvry désire faire « réimprimer » son ouvrage. De plus, l'approbation est datée de 1756. Il semble donc qu'il y a eu une édᵒⁿ antérieure à celle-ci, mais je n'en ai pas trouvé d'autre trace.

FAVEROT DE KERBRECH (François-Nicolas-Guy-Napoléon, BARON).

Général de Division français (cavᵉ), 1837-1905. Sous-lieutⁿᵗ en 1856, Colonel en 1881, Général de Divᵒⁿ en 1894. Campagne de 1859 en Italie, campagne de 1870-71 comme officier d'ordonnance du Général Ducrot et campagnes en Algérie. A été officier d'ordonnance du Général Fleury et chargé spécialement du dressage des chevaux de selle de l'Empereur Napoléon III, de 1867 à 1870.

Comme Général de Brigade et de Division, il a occupé, pendant dix ans et jusqu'à la fin de sa carrière, le poste d'Inspecteur général des Remontes.

Projet d'institution d'un corps permanent d'Eclaireurs volontaires à cheval : par un Officier supérieur de cavalerie. *Paris, Dentu*, 1872.

Broch. gr. in-8° de 16 p.

Les Chevaux de l'Amérique du Nord (Etats-Unis et Canada) par le Baron Faverot de Kerbrech, Colonel du 23ᵉ Régiment de Dragons. *Paris, J. Dumaine ; L. Baudoin, succʳ*, 1882.

Broch. in-8° de 40 p. (Extrait du *Journal des Sciences militaires*).

Cet ouvrage a été rédigé à la suite d'une mission officielle dont l'auteur avait été chargé pour étudier la production chevaline dans l'Amérique du Nord.

Dressage du Cheval du dehors. *Sedan, Imp. Jules Laroche*, 1889.

Broch. in-8° de 28 p., anonyme.

Même ouvrage ; par le Général Baron Faverot de Kerbrech. *Verdun, Imp. Louis Laurent*, 1902.

Broch. in-12 de 31 p.

Dressage méthodique du Cheval de selle d'après les derniers enseignements de F. Baucher, recueillis par un de ses Elèves. Avec portrait et vignettes. *Paris, J. Rothschild*, 1891.

1 vol. in-8° de. VIII-204 p., anonyme.

Réponse au Rapport sur la gestion des Haras en 1897. Lettre du Général Faverot de Kerbrech à Monsieur le Ministre de la Guerre. *Paris*, 13 octobre 1898.

Broch. in-f° de 8 p.

Cette réponse, non mise dans le commerce, est un document officiel. Le Rapport de M. Plazen, Directeur des Haras, sur la gestion de l'Administration des Haras en 1897, avait soulevé une ardente polémique: (Voy. *Un député: Le Rapport du Directeur des Haras*, et : *Un Eleveur* (1) : *Le Rapport loyal et habile de la Direction des Haras pour l'année 1897*).

Ce différend, qui n'est d'ailleurs qu'un épisode de la querelle légendaire soulevée depuis cent ans entre la Guerre et les Haras, et dont l'historique est donné par de nombreuses brochures citées dans le présent travail, s'est terminé à l'amiable dans la séance du 14 janvier 1899 au Conseil supérieur des Haras.

L'Art de conduire et d'atteler — Autrefois — Aujourd'hui — par le Général Baron Faverot de Kerbrech. *Paris, R. Chapelot*, 1903.

1 vol. gr. in-8° de XIII-489 p. avec 340 gravures d. l. t. et h. t., et 16 pl. h. t. dont 8 en couleurs

Important ouvrage, sérieusement documenté, qui constitue un traité historique, pratique et iconographique très complet de l'attelage et du menage ancien et moderne.

Mes Souvenirs — La Guerre contre l'Allemagne (1870-1871) par le Gal Bon Faverot de Kerbrech. *Paris, Plon, Nourrit et Cie*, 1905.

1 vol. in-16 de IV-335 p.

Cet ouvrage n'a rien de spécial à la cavalerie, mais il est très intéressant. Il a paru au moment de la mort, si rapide et si inattendue, du Gal Faverot.

FAVRE (Jean-Claude), dit FAVRE D'ÉVIRES.

Vétérinaire genevois, 1778-1845. Elève de l'Ecole de Lyon, il y reçut son diplôme et y fut répétiteur, puis s'établit en 1805 à Genève où il fit, en 1827 et 1828, des cours publics d'hygiène vétérinaire. Il devint, en 1835, correspondant

(1) Voy. Doléris.

de l'Académie de Médecine de Paris et était aussi correspondant de plusieurs Sociétés d'agriculture.

Considérations sur la Tonte des gros Animaux domestiques et examen de l'opinion du Médecin Vétérinaire Noyez par J. C. Favre d'Evires, ancien répétiteur à l'Ecole Royale vétérinaire de Lyon, Vétérinaire épizooastre du ci-devant dép^t du Léman ; actuellement Médecin vétérinaire de la République et Canton de Genève, Membre, Collaborateur et Correspondant de diverses Sociétés d'Agriculture, d'Economie rurale et d'Histoire naturelle. *Genève et Paris, J.-J. Paschoud*, 1819.

Broch. in-8° de 32 p.

Favre combat l'opinion de Noyez et est hostile à la tonte. Voy. Noyez pour la brochure à laquelle répond celle-ci.

Mémoire sur la proposition de l'établissement d'un Institut d'Economie rurale et de Médecine vétérinaire et comparée à l'usage de la Suisse Française. Présenté au Comité de la Classe d'Agriculture de Genève par M. Favre, Médecin Vétérinaire, Membre dudit Comité et de la Société des Arts. *Genève, L. Genicoud*, 1829.

Broch. in-8° de 64 p.

Concerne en partie le cheval, son élevage et les soins à lui donner. La 1re partie contient un virulent réquisitoire contre les empiriques, les guérisseurs et les sorciers, avec, à l'appui, des citations de faits curieux et presque incroyables, quelques-uns révoltants.

Les propositions de Favre ne furent suivies d'effet qu'en 1824, année de la réorganisation de l'Ecole vétérinaire de Zurich.

De l'Hématurie des feuilles, Hematuria frondalis, Hematuria atra, Hematurie noire ou du pissement de sang qui a lieu chez le gros Bétail surtout et qui, au printemps, a pour cause ordinaire le pâturage dans les taillis et les broussailles, par J. C. Favre, Médecin vétérinaire, Correspondant de la Société royale d'Agriculture, Histoire naturelle et Arts utiles de Lyon, etc., communiqué à cette Société et im-

primé par ses soins. *Lyon, Imp. J. M. Barret*, 1837.
Broch. in-8º de 50 p.
Concerne en partie le cheval.

Le Vétérinaire Campagnard — Manuel Génevois de Médecine Vétérinaire pratique et usuelle, à l'usage des Propriétaires de Chevaux et de gros Bétail, rédigé à la demandé du Comité d'Agriculture. Par J. C. Favre, d'Evires, Cultivateur, médecin-vétérinaire, membre de la *Société des Arts* et du *Comité d'Agriculture* de Genève, etc., correspondant de la *Société royale d'Agriculture, Histoire naturelle et Arts utiles*, de Lyon ; de l'Académie royale de Médecine de France, etc. *Genève, Abraham Cherbuliez*, 1837.
1 vol. in-8º de 476 p. dont IV pour l'Avis au Lecteur.

Même ouvrage, même titre — *Deuxième Edition*, avec notes rédigées à la demande du Comité d'Agriculture par J. Vicat, Médecin-Vétérinaire. *Genève, A. Cherbuliez*, 1872.
1 vol. in-12 de VII-507 p.
Sans autre changement que l'addition de quelques notes. La couverture indique aussi la Lib^{le} Sandoz et Fischbacher, à Paris.

Quelques considérations sur l'Amélioration des Animaux domestiques par J. C. Favre, Médecin-vétérinaire de la République de Genève, Membre de la Société des Arts de la même Ville, Correspondant de l'Académie royale de Médecine, de la Société royale d'Agriculture, Histoire naturelle et Arts utiles de Lyon, de la Chambre royale d'Agriculture et de Commerce du Duché de Savoie, etc. *Lyon, imp. Barret*, 1839.
Broch. in-4º de 36 p.
Concerne en partie le cheval. Favre se montre ennemi du croisement et favorable à la sélection. Ses autres ouvrages n'ont pas de caractère hippique.

FAVYN (André).

Historien français, né dans la seconde moitié du XVIe siècle, mort vers 1620. Il semble avoir fait partie de la maison de Nicolas Le Clerc du Tremblay, conseiller au Parlement et père du P. Joseph, le confident de Richelieu.

Le Théâtre d'Honneur et de Chevalerie ov l'Histoire des ordres militaires des Roys & Princes de la Chrestienté, & leur Genealogie : De l'Institution des Armes, & Blasons ; Roys, Heraulds & Poursuivants d'Armes ; Duels, Ioustes, & Tournois ; Et de tout ce qui concerne le faict du Chevalier de l'Ordre. Avec les figures en taille douce naïvement représentées : et Deux Tables : l'Vne des choses remarquables : & l'Autre des Armes des Illustres Familles de la Chrestienté. Par André Favyn, Parisien, Aduocat en la Cour de Parlement. *A Paris, chez Robert Foüet, Rue Sainct-Iacques, au temps, & à l'Occasion devant les Mathurins*, 1620.

2 vol. in-4º dont la pagination se suit ; au T. I, 10 f^{ts} non ch. pour le f^x titre orné des armes de France et Navarre, le titre rouge et noir orné d'une jolie vignette, la dédicace à Maistre Nicolas Le Clerc, Seigneur de Franconville, du Tremblay, de Sainct Remy, etc., Conseiller du Roy en sa Cour du Parlement, avec ses armoiries au verso du titre, le Sommaire des Livres de cette Histoire, la table des Ordres de Chevalerie, une dissertation sur Pharamond et sa généalogie, dédiée au Sieur Claude de Valles, Secrétaire ordinaire de la Chambre du Roy, l'emblème et la devise adoptés par André Favyn, un quatrain latin en son honneur et 915 p. de texte. Le T. II a le même titre suivi du privilège, soit 2 f^{ts} non ch. Il contient les p. 919 à 1882, plus, à la fin, 12 f^{ts} non ch. pour les tables alphabétiques des matières et des Royaumes, Provinces, Villes, Peuples et Familles dont les armes sont blasonnées dans l'ouvrage. Nombreuses fig. d'armoiries et d'insignes d'ordres de chevalerie, lettres ornées et culs-de-lampe.

Au T. I, p. 84 et suiv., se trouvent quelques passages sur les armes et les chevaux des anciens écuyers. Au T. II, les Duels et Combats à outrance occupent les p. 1690 et suiv., les Tournois, Joutes à cheval, les p. 1744 et suiv.

Ce chapitre comprend les règles des tournois et les comptes rendus de nombreux tournois avec des détails sur le harnachement des chevaux, les exercices préparatoires de la voltige, les résultats funestes de certains tournois, les prohibitions dont ils furent l'objet, etc., etc.

A signaler un passage curieux sur les « pierres & degrez » placés de cent pas en cent pas sur les chemins fréquentés par les cavaliers pour aider « les personnes aduancees sur l'âge ou bien incommodees au faict de leur santé » à se mettre en selle

L'usage de ces sortes de marches qu'on appelait *avantages* était répandu aux xviie et xviiie siècles et on en voit encore dans les cours ou près de la sortie d'anciens hôtels ou châteaux.

FÉDÉRATION DE L'ÉLEVAGE DU CHEVAL.

Fédération nationale de l'Elevage du cheval en Belgique — Assemblée générale des Eleveurs du 24 Nov. 1897 — Importation de Chevaux Américains — *Bruxelles, Imp. Vanbuggenhaudt*, 1897.

Broch. in-12 de 15 p.

La 1re partie de ce procès-verbal est signée par le président Cte Eugène d'Oultremont, la 2e par A. Van Schelle et la 3e par G. Hynderick (voy. ce nom).

FÉE (Antoine-Laurent-Apollinaire).

Naturaliste, médecin, pharmacien et professeur français, 1789-1874.

Les Misères des Animaux, par A.-L.-A. Fée, Professeur à la Faculté de Médecine de Strasbourg, Membre titulaire de l'Académie impériale de Médecine, Officier de la Légion d'Honneur. *Paris, Humbert*, 1863.

1 vol. in-12 de xvi-216 p. Dédicace à Fernan Caballero.

Le Cheval occupe le chap. iv, p. 93 à 128 ; l'âne, le chap. v, p. 129 à 138. Au commencement, l'auteur traite de l'Hippophagie, à l'avenir de laquelle il ne croit pas.

FÉLIX (Jules).

Médecin belge, professeur de biologie à l'Université nouvelle de Bruxelles, médecin du roi Léopold II, 1839-1912.

Considérations sur l'Attelage du Cheval et du Chien, par le Docteur Jules Félix, Chirurgien de l'Hospice Sainte Gertrude à Bruxelles, Membre de la Société protectrice des Animaux et de plusieurs Sociétés savantes. *Bruxelles, H. Manceaux*, 1877.

Broch. in-8° de 16 p.

FELIZET (L[nt]).

Vétérinaire et écrivain agricole français.

Dictionnaire vétérinaire à l'usage des cultivateurs et des gens du monde — Hygiène — Médecine — Pharmacie — Chirurgie — Multiplication — Perfectionnement des Animaux domestiques par L[nt] Félizet, Vétérinaire. Précédé d'une introduction par J. A. Barral. *Paris, Rothschild*, 1870.

1 vol. in-18 de iv-460 p.

Un 2e tirage a été fait en 1883. Sans changement.

Ouvrage de vulgarisation dans lequel la partie hippique occupe une place importante.

FENWICK de PORQUET (L.-P. R.).

Le système Wedlake pour le concassage des avoines ou moyen économique de nourrir un Cheval pour à peu près un franc par jour ; Par M. L. P. R. Fenwick de Porquet, Esq. *Londres, chez MM. Wedlake et Ce et à Paris, chez Prosper Blandin*. S. D.

Broch. in-8° de 44 p. Le traducteur est M. Prosper Blandin.

FERMES ET CHATEAUX (Périodique).

Cette publication a commencé à paraître le 5 sept. 1905, sous le titre et le format suivants :

Fermes et Châteaux — Publication nouvelle illustrée (le 5 de chaque mois) (Le « Country Life » Français). Abonnements : Un an. 12 numéros : Paris et Départements, 12 fr. ; Etranger, 18 fr. *9 et 11, Avenue de l'Opéra, Paris*.

Fascicule in-f° avec nombreuses fig. en phototypie. Chaque N° est ordinairement de 28 à 32 p., et la pagination se suit d'un N° à l'autre. Les annonces, qui contiennent aussi des fig., sont paginées à part, en chiffres romains.

L'éditeur *Pierre Laffite* a transporté en 1907 le siège de ses publications *90, avenue des Champs-Elysées* et, actuellement (1914), le journal paraît mensuellement sous le titre suivant :

Fermes et Châteaux — *Pierre Laffite et Cie. Rédaction et Admi-*

nistration, 90, Avenue des Champs-Elysées, Paris.

Chaque N° contient en outre, sur la couverture, un titre particulier indiquant le principal sujet traité et une fig. à pleine p. s'y rapportant.

Au début, la publication était sous la direction spéciale de M. Paul Mégnin (voy. ce nom). Elle est maintenant sous celle de M. Berthaud.

Les questions hippiques occupent une place assez importante dans ce recueil ; de plus, des numéros spéciaux, d'une contenance supérieure, sont de temps à autre exclusivement consacrés à l'hippisme : élevage, réunions sportives, concours hippiques, école de Saumur, attelages, etc.

Le texte des N^{os} ordinaires et des N^{os} spéciaux est accompagné de bonnes et abondantes fig. en phototypie, dont quelques-unes en couleurs.

FERRY.

Nouveau vocabulaire ou l'art de connaître les Chevaux, leurs âges, qualités, défauts, leurs maladies, la manière de les soigner, nourrir, le nom de chaque (maladie ?) et la description de ce qu'il faut leur donner pour les guérir, précédé de l'art du Maréchal-ferrant et opérant, accompagné de 15 planches dont une grande servant à la description intérieure du Cheval. Par une société d'artistes et maréchaux-ferrant. Publié par Ferry. *Rambervillers, Méjeat*, 1839.

1 vol. in-4° de 96 p. à 2 colonnes.

C'est une compilation sans grande valeur. La plupart des pl. sont elles-mêmes tirées d'ouvrages anciens.

FERRY (Joseph-Camille).

Officier de cav^{ie} français, né en 1874, sous-lieut^{nt} en 1911.

Service en Campagne pratique et Administration et Comptabilité d'un petit détachement en campagne à l'usage des Gradés de Cavalerie, par le Lieutenant Ferry du 8e Régiment de Dragons — Avec 15 Croquis dans le texte — *Paris et Nancy, Berger-Levrault*, 1911.

Broch. in-16 de 59 p.

FESTIVAL VAUDOIS.

Fêtes du Centenaire, 1803-1903 — Festival Vaudois-Lausanne, 4, 5 & 6 Juillet. Album officiel publié sous les auspices du Comité central de Fête. du Centenaire. *Lausanne, Corbaz & Cie* (1903).

Album in-8° obl. de 2 p. de t. explicatif avec couverture illustrée en couleurs, et 30 pl. en phototypie représentant les diverses scènes de la fête, dans laquelle figuraient des cavaliers, des amazones et des chars attelés.

Le festival avait pour but de célébrer le centenaire de l'entrée du Canton de Vaud dans la Confédération Suisse.

FÊTE PUBLIQUE DONNÉE PAR LA VILLE DE PARIS, voy. **MARIAGE DU DAUPHIN.**

FÊTES DE BINCHE, voy. **RUELLENS (Ch.).**

FÊTES DE BRUXELLES POUR LA PRISE DE BUDE.

Divo et Invictissimo Leopoldo I P. F. A. Fidei in Hungaria Assertori, Rebellium Domitori, Turcarum Debellatori, ob Budam septimó Inexpugnabilem Armis Victricibus occupatam Ignes Triumphales Bruxellis extructos Dedicant consecrantq. Fama et gloria. S. L. N. D. (vers 1688).

Ce titre est gravé dans un beau frontispice représentant l'Empereur Léopold dans son char de Triomphe entouré de Turcs enchaînés et précédés de cavaliers. Au-dessous, armes de Tour-et-Taxis avec 4 captifs enchaînés.

Recueil de 9 pl. in-f° obl., y compris le frontispice. Elles représentent les réjouissances qui eurent lieu à Bruxelles à l'occasion de la prise de Bude sur les Turcs par l'empereur Léopold Ier, en 1686. Au-dessous de chaque pl. se trouve une longue légende en latin, décrivant en détail la cérémonie représentée.

Les pl., non signées, sont de Hooghe (1).

Outre le frontispice, les 3 premières pl. représentent de nombreux cavaliers et plusieurs carrosses.

FÊTES DE STRASBOURG.

Représentation des Fêtes données par la Ville de Strasbourg pour la Convalescence du Roi, à l'arrivée et pendant le séjour de Sa

(1) Romain ou Romyn de Hooghe, peintre et graveur hollandais, à l'eau-forte et au burin, né vers 1630 ou 1638, mort vers 1718.

FÊT FIA

Majesté dans cette Ville. Inventé, Dessiné et dirigé par J.-M. Weiss (1), Graveur de la Ville de Strasbourg. *Imprimé par Laurent Aubert à Paris*, S. D. (1745).

1 vol. gr. in-f° comprenant un titre dans un élégant frontispice écrit par Le Parmentier, gravé par M. Marvie (2), un beau portrait équestre de Louis XV, peint par Parrocel (3), la Teste par J.-B. Chevallier, d'après le buste fait par J.-B. Lemoine (4), gravé par J.-G. Will (5), 11 pl. double in-f° dessinées par J.-M. Weiss et gravées par J.-P. Le Bas (6). Ces pl. sont suivies de 20 p. de t., précédées d'un nouveau titre et entourées d'ornements variés.

Les titres et le t. sont entièrement gravés La 1re pl., *Arrivée du Roi le 5 oct 1744 par la porte de Saverne*; la 2e, *Faubourg de Saverne au passage du Roi;* la 3e, *Une Place de Strasbourg au passage du Roi;* la 4e, *Le Roi et son cortège arrivant au principal portail de la Cathédrale;* la pl. qui occupe la moitié de la p. du titre du texte, *Retour du Pont du Rhin*, contiennent de très nombreux cavaliers militaires, gardes du corps, le Mis de la Fare à la tête du détachement de cavle de la garnison, etc.

Dans la pl. 3, le carrosse du Roi, attelé de 8 chevaux, est vu de face, avec une curieuse perspective. La 8e pl. qui représente *Les façade, cour, entrée et tout l'édifice du palais épiscopal*, contient de nombreux carrosses, tous attelés de deux chevaux et d'un modèle uniforme, qui semblent attendre leurs maîtres entrés dans le Palais. Le t. est suivi de deux importants culs-de-lampe.

Très bel ouvrage, de l'exécution la plus soignée ; les nombreux cortèges de cavaliers sont intéressants à étudier en détail.

(1) Weiss (Jean-Martin), graveur, né et mort à Strasbourg, 1711-1751.
(2) Marvie ou Marvye (Martin), peintre et graveur, né à Paris en 1712. On ignore la date de sa mort.
(3) Parrocel (Charles), peintre, 1688-1752. Voy. son nom pour sa biographie détaillée.
(4) Lemoine ou Le Moyne (Jean-Baptiste), célèbre sculpteur, élève de son père et de Le Lorrain, membre puis directeur de l'Académie de Peinture, né et mort à Paris, 1704-1778. Le buste dont il est question était en marbre et fut exécuté en 1745.
(5) Will (Jean-Georges), dessinateur et graveur, né dans la Hesse et mort à Paris, 1715-1808.
(6) Le Bas ou Lebas (Jacques-Philippe), graveur célèbre, élève d'Hérisset, académicien, né et mort à Paris, 1707-1783. Sur les pl. des *Fêtes de Strasbourg*, il fait suivre sa signature de la qualité de Graveur du Cabinet du Roi.

FIASCHI (César)

Gentilhomme de Ferrare et célèbre écuyer du commencement du XVIe siècle. Il fonda à Ferrare une Ecole d'Equitation et fut le maître du fameux Jean-Baptiste Pignatelli, dont, comme on le sait, il n'existe aucune œuvre imprimée (1), mais à l'école duquel furent instruits La Broue et Pluvinel (voy ces noms).

Son ouvrage, écrit en italien, eut de très nombreuses édons italiennes et fut l'objet de plusieurs traductions françaises. Je ne décrirai en détail que ces dernières, donnant seulement un aperçu sommaire des édons italiennes.

Traicté de la maniere de bien embrider, manier et ferrer les Chevaux : avec les Figures des mors de bride, tours & maniemens, & fers qui y sont propres. Faict en langage Italien par le S. César Fiaschi, Gentil-homme Ferrarois & nagueres tourné en François (2). *A Paris, chez Charles Perier, rue S. Iean de Beauuais, au Bellerophon*, 1564.

1 vol. in-4° de 8 fts pour le titre, avec les armes de Jacques de Silly au verso, l'Epistre du traducteur à Tres Hault et puissant Seigneur Jacques de Silly, Chevalier de l'Ordre du Roy, Capitaine de cinquante hommes d'armes de ses ordonnances... etc., l'Advertissement au Lecteur, dans lequel le bon Prouane se plaint d'avoir eu beaucoup de mal à traduire Fiaschi, qui « n'a pas usé du vray « & naïf langage Toscan ; ains se trou- « uent en son liure plusieurs phrases « & mots ressentans du terroir Ferrarois « dont l'idiome n'est pas commun auec « les autres peuples, citez et regions de « l'Italie » (3), le privilège et 129 fts, plus 3 fts non ch. pour la table. La dédicace de Fiaschi au Roi Henri II et son Prologue au Lecteur occupent les 3 premiers fts ch.

L'ouvrage est divisé en trois livres : le 1er traite des embouchures, avec 40 pl. de mors ; le 2e de l'équitation et du dressage, avec 15 fig. de « maniemens « du cheval », quelques-unes avec musique notée ; le 3e de la ferrure avec 5 pl. contenant 24 paires de fers, toutes

(1) Il a toutefois laissé des manuscrits. Huzard en possédait trois, voy. Catal. Huzard, T. III, nos 3785, 3786, 4380. Il serait bien intéressant de les rechercher et de les traduire. Mais que sont-ils devenus ?
(2) Par François de Prouane.
(3) De là les notes marginales qui servent à éclaircir les passages dont Prouane n'est pas bien sûr.

les pl. à pleine p., mais comptant dans la pagination, avec légendes en italien et en français. Marque du Bellérophon sur le titre et lettres initiales ornées aux principales divisions de l'ouvrage.

Même ouvrage, même titre (sauf) « emboucher » (au lieu de) « embrider ». *A Paris, chez Charles Perier*... etc., 1567.
1 vol. in-4° de 6 f^{ts} non ch. pour les mêmes pièces qu'à l'éd^{on} précédente, 129 f^{ts} ch. et 3 f^{ts} non ch. pour la table, avec les mêmes pl. et fig.
Malgré la similitude de la pagination — dont les fautes, toutefois, ont été corrigées — c'est une éd^{on} différente de la précédente.

Même ouvrage, même titre... *Auec le pourtraict du Cheual & remedes de ses maladies. A Paris, chez Guillaume Auvray, rue S. Iean de Beauuais, au Bellerophon couronné* (1), 1678.
1 vol. in-4° de 4 f^{ts} non ch. pour le titre, la dédicace de Guillaume Auvray à Illustre et puissant Seigneur Iacques de Pontbellanger, Sieur dudit lieu, Pont-Farcy... etc., l'Epistre de l'Autheur, traduicte de l'Italien. au Roy Henry second de ce nom, le privilège, 104 f^{ts} ch. et 3 f^{ts} non ch. pour la table.
Mêmes pl. et fig. qu'aux éd^{ons} précédentes, avec, en plus, la fig. du cheval au verso du f^t 80 (2), mais, malgré le titre il n'y a, ni dans cette éd^{on} ni dans les suivantes, aucun passage sur les maladies et les remèdes.

Même ouvrage, même titre — *A Paris, chez Thomas Perier, rue Sainct Iean de Beauuais, au Bellerophon*, 1579.
Sans changement, sauf la correction de la faute de pagination du f^t 41, mais on a laissé les autres. C'est la même éd^{on} avec un titre nouveau.

Même ouvrage, même titre — *A Paris chez Adrian Perier, ruë Sainct Iacques, au Compas d'Or*, 1611.
Sans changement, avec la même pagination et les mêmes pl., mais la dédicace de Guillaume Auvray à Jacques de Pontbellanger a disparu. Quoique l'enseigne d'Adrian Perier soit « Au Compas d'Or », la marque des Perier, le Bellerophon, subsiste sur le titre. Malgré la similitude du t., des pl et de la pagination — sauf quelques nouvelles fautes — c'est cependant une éd^{on} différente.
L'original italien porte le titre suivant :

Trattato dell'imbrigliare, maneggiare, et ferrare cavalli, diviso in tre parti, con alcuni discorsi sopra la natura di Caualli, con disegni di Briglie, Maneggi, & de ferri d'esso, di M. Cesare Fiaschi Gentilhvomo Ferrarese. *In Bologna, per Anselmo Giaccarelli*, 1556.
1 vol. in-4° de 4 f^{ts} pour le titre, la dédicace de Fiaschi au roi Henri II, la lettre au lecteur, et 171 p. de t., table comprise.
L'ouvrage contient les mêmes pl. et fig. que les éd^{ons} f^{ses}, plus 3 pl. qui n'ont pas été reproduites dans ces dernières, une un tête de chaque livre. La 1re représente un atelier d'éperonnier, avec un seigneur qui fait ajuster un mors à son cheval; la 2e un personnage à cheval dans une sorte de manège; la 3e un atelier de maréchal avec un seigneur qui surveille la ferrure de son cheval.
Cette 1re éd^{on} a été suivie de beaucoup d'autres, sur lesquelles les détails seraient inutiles. Le catal. Huzard cite les suivantes : *Venise*, 1561 et 1563 (même éd^{on} à ces deux dates, avec un titre nouveau pour 1563). Dans cette éd^{on}, qui est in-16, les 3 pl. qui sont en tête de chaque livre sont très réduites et inversées; *Venise* 1564, in-8°; *Venise* 1598, in-4°; *Venise* 1603, in-4°, éd^{on} à laquelle l'éditeur Vincent Somasco a ajouté le *Traité de Maréchalerie* de Philippe Scacco, avec ses 59 fig. si curieuses qui représentent les diverses opérations faites au cheval et principalement les saignées; *Venise*, 1613, in-4° (sans le *Traité* de Scacco); *Padoue*, 1628, in-4° (avec le *Traité* de Scacco) (1).
Je crois cette nomenclature des éd^{ons} italiennes assez complète. M. Moulé n'en cite pas d'autres et je n'ai jamais rencontré que celles-là dans mes recherches.
Le Livre I, qui traite de l'*Embouchure*, décrit les instruments de torture, nom-

---

(1) Le Bellerophon de Guillaume Auvray étai peut-être couronné sur son enseigne, mais sur le titre, c'est la même marque que celle des Perier. Auvray, d'ailleurs, était le beau-frère de Thomas Perier.

(2) Avec le monogramme HSP (entrelacé), qui est celui de Hans Sebald Beham, graveur allemand (1500-1550). Il avait aussi le monogramme HSB qui se rapporte mieux à son nom. Cette fig. de cheval, assez grossière, se trouve aussi dans certaines éd^{ons} de Rusé et d'autres anciens auteurs hippiques.

(1) Le *Traité* de Scacco n'a pas été traduit en français.

Bibliogr. hippique. T. 1. — 31

breux, variés et ingénieux, qu'on appelait alors mors de bride, et dont le choix a constitué pendant un siècle et demi la partie principale de la science de l'écuyer..

Naturellement le bon Fiaschi ne s'aperçoit pas que la cause des défenses du cheval, comme celle de sa ruine prématurée à la suite de son dressage, qu'il signale et déplore, vient précisément du supplice que ces terribles mors lui font endurer.

Le Livre II, *Equitation et dressage*, donne quelques bons principes et plus encore de mauvais : comme Grison (voy. ce nom), il recommande au début la douceur et une sage progression ; mais, comme Grison aussi, il ne peut admettre la moindre résistance sans recourir aux moyens les plus violents et à « d'âpres « et rudes châtiments » dont il faut lire le détail pour en apprécier la brutalité.

D'ailleurs, « les 17 chapitres qui com« posent ce second livre sont plutôt un « rendu compte des différents exercices « qu'un exposé de moyens pour les ob« tenir » (1).

Le Livre III, *Ferrure*, mérite qu'on s'y arrête, car « c'est à peu près le premier « traité complet de ferrure du cheval... « Jusqu'à Lafosse, sans en excepter « même les ouvrages de Bourgelat, c'est « ce qu'il y a de mieux sur cette ques« tion... » (2). Rien n'est plus exact; Fiaschi fut un précurseur et certains de ses principes sont excellents. On ne s'explique pas qu'ils aient été si rapidement et si longtemps perdus de vue, et c'est bien à Lafosse qu'on doit de les avoir repris, développés et perfectionnés.

FIEFFÉ (Eugène-Félix).
Commis principal au ministère de la guerre, 1821-1862.

Histoire des Troupes étrangères au Service de France, depuis les Origines jusqu'à nos jours et de tous les Régiments levés dans les Pays conquis sous la première République et l'Empire, par Eugène Fiefé, Commis principal aux Archives du Ministère de la Guerre — Europe : Angleterre, Autriche, Bavière, Belgique, Confédération germanique, Croatie, Dalmatie, Danemark, Deux-Siciles, Ecosse, Espagne, Etats de l'Eglise, Grèce, Hanovre, Hollande, Hongrie, Iles Ioniennes, Illyrie, Irlande, Italie, Pologne, Portugal, Prusse, Russie, Sardaigne, Saxe, Suède, Suisse, Toscane, Turquie, Wurtemberg — Asie : Circassie, Géorgie, etc. — Afrique : Egypte, Ethiopie, etc. — Amérique : Colonies — *Paris*, *Dumaine*, 1854.

2 vol. in-8° de XII-423 et 436 p. avec 11 pl. h. t. au T. I et 21 au T. II, dessinées par Sorieul et coloriées.

Les corps de cav[le] étrangers dont l'ouvrage donne l'historique sont en assez grand nombre, surtout sous le 1er Empire. Ouvrage estimé et devenu rare.

Napoléon Ier et la Garde Impériale. Texte par Eugène Fieffé, des Archives de la Guerre, Dessins par Raffet (1). *Paris, Furne fils*, 1859.

1 vol. in-4° de XVI -171 p., avec frontispice (La Revue nocturne), vignette sur le titre (carré de grenadiers) et 20 pl. gravées et coloriées dont un portrait équestre de Napoléon. Dédicace de l'éditeur au Prince impérial.

Bel ouvrage, recherché et peu commun, remarquablement illustré, dans lequel la cav[le] et les corps montés occupent une place importante, avec 9 pl.

(1) Raffet (Denis-Auguste-Marie), dessinateur et lithographe français, 1804-1860. Apprenti chez un tourneur, il fréquenta des cours de dessin du soir, fut remarqué par Cabanel qui lui fit décorer des porcelaines, apprit la lithographie et fut admis à l'Ecole des Beaux-Arts. Ses très nombreuses productions lithographiques eurent dès le début, vers 1830, un succès mérité. Il se consacra presque exclusivement à la reproduction de scènes militaires, batailles, épisodes, scènes anecdotiques ou humoristiques, qu'il a animées d'un souffle puissant et patriotique. Il a, en outre, illustré plus de 40 ouvrages divers, histoire générale, histoire militaire, voyages, romans, chansons. Il mourut à Gênes où il rapportait ses croquis de la campagne d'Italie de 1859.

Raffet était un dessinateur remarquable, doué d'une merveilleuse facilité. Comme tous les peintres militaires, il dessina beaucoup de chevaux, mais ce n'était pas sa spécialité, et le moindre de ses grenadiers vaut mieux que le plus beau de ses chevaux.

Les œuvres de Raffet sont à juste titre, très recherchées; gravures, lithographies, livres illustrés par lui atteignent des prix élevés et, à plus forte raison, ses œuvres originales.

Frémiet (voy. ce nom) lui a élevé en 1893 un charmant monument, placé dans le Jardin de l'Infante, au Louvre.

La biographie de Raffet et le catalogue de son œuvre ont été publiés en 1874 par Aug. Bry, en 1892 par H. Béraldi, en 1892 par F. Lhomme; son fils Auguste Raffet a publié en 1878 *Notes et Croquis de Raffet*.

(1) Cte de Lancosme-Brèves, *Guide de l'Ami du Cheval*, T. II, p. 359 et suiv.
(2) J.-P. Mégnin, *La Maréchalerie française*, p. 81 et suiv.

FIGUEUR (Thérèse) (BIOGRAPHIE DE).
Thérèse Figueur dite Madame Sans-Gêne, Dragon aux 15ᵉ et 9ᵉ Régiments (1793-1815). *Dijon, Paul Jobard*, 1904.
Broch. in-8º de 16 p. signée à la fin G. D. et dont l'auteur est M. G. Dumay.
Vignette-portrait sur la couverture et en frontispice, reproduite d'après celle de l'ouvrage de Saint-Germain Leduc de 1894.
Voy. sur le même sujet *Saint-Germain Leduc* et *Emile Cère*.

FILET (Henri-Paulin).
Vétérinaire et médecin français.
Nature et Pathogénie de la Morve — Etudes de Pathogénie comparée, par Henri-Paulin Filet, Vétérinaire, Lauréat de l'Ecole d'Alfort, Docteur en Médecine. *Paris, P. Asselin*, 1868.
Broch. in-8º de 52 p.

FILIP (N.).
Directeur de l'Ecole vétérinaire de Bucarest.
Institut zootechnique de l'Ecole supérieure de Médecine vétérinaire de Bucarest — Les Animaux domestiques de la Roumanie (Chevaux, Bœufs, Moutons et Porcs), par N. Filip, Professeur suppléant à l'Ecole vétérinaire et à l'Ecole d'agriculture — Avec 51 figures — *Bucarest, Etablissement graphique de I. V. Socecŭ*, 1900.
1 vol. in-4º de 11-250 p.
Le cheval occupe les p. 3 à 99 avec 9 fig. d. l. t. et 3 pl. h. t.

FILLAY (Arthur).
Vétérinaire français.
Guide pratique Vétérinaire du possesseur de Bestiaux ou Conseils sur les Soins et Traitements à appliquer dans les cas de Maladies ou Accidents des Animaux domestiques en attendant le Vétérinaire, comprenant : les Maladies ou Affections dont les Animaux peuvent être atteints — Les Remèdes à appliquer — Le Choix du Cheval au point de vue des différents services — Les Signes extérieurs dénotant le caractère du Cheval — L'Age du Cheval et de la Vache — Les Vices rédhibitoires, comment on doit procéder, Modèles de Requête à adresser — Les Maladies contagieuses, la Loi sur la Police sanitaire ; ce que l'on doit faire — L'Elevage des Animaux et des Oiseaux de Basse-Cour, de Parcs et de Faisanderies — Maladies et Traitements. Par Arthur Fillay, Médecin Vétérinaire à Beaugency (Loiret). *Beaugency, Imp. J. Laffray*, 1898.
1 vol. in-12 de VIII-253 p. Vignette sur le titre.

Même ouvrage, même titre — *Deuxième Edition — Paris, Charles Amat*, 1907.
Sans changement autre que celui du titre.
Les 20 premières p. concernent le choix du cheval. A la p. 63 commence la nomenclature alphabétique des maladies avec leur traitement, qui concernent en grande partie le cheval.

FILLIS (James).
Ecuyer et professeur d'équitation anglais, né à Londres en 1834, mort à Paris en 1913. Il est venu jeune en France et a monté au cirque des Champs-Elysées sous la direction de Franconi. En 1898, il a été nommé Ecuyer en chef à l'Ecole d'application des Officiers de Cav^le à St-Pétersbourg et a pris sa retraite en 1910.

Principes de Dressage et d'Equitation, par James Fillis. *Paris, C. Marpon et E. Flammarion*, 1890.
1 vol. in-8º de VI-375 p., avec portrait de Fillis hors du texte, et 35 pl. h. t., les 19 premières, ainsi que les pl. XXI, XXII, XXIII, XXX, lithographiées, sont dessinées par René Valette ; les autres sont des phototypies exécutées d'après des photographies instantanées de Delton (voy. ce nom).

Même ouvrage, même titre — *2ᵉ édition*, revue et corrigée — *Paris, C. Marpon et E. Flammarion*, 1891.
1 vol. in-8º de VI-377 p. Mêmes pl.

Même ouvrage, même titre — *3ᵉ édition*, revue, corrigée et considérablement augmentée — *Paris, E. Flammarion*, 1892.

1 vol. in-8° de XVI-425 p. Les pl. de René Valette sont copiées, légèrement réduites, un peu modifiées et signées par Louis Bombled. Une pl. XXIII bis a été ajoutée.

Cette éd^{en} contient une *Annexe* qui donne la progression du Cours fait par Fillis à Bruxelles, à la fin de 1890 et au commencement de 1891, aux officiers des deux Régiments des Guides. Ce cours comprenait 30 leçons.

Journal de Dressage, par James Fillis, Ecuyer en chef à l'Ecole centrale de Cavalerie à Saint-Pétersbourg. *Paris, Ernest Flammarion,* 1903.

1 vol. in-8° de XXVIII-409 p. avec portrait de Fillis sur le titre et 28 pl. h. t. en phototypie. Dédicace à la Ville de Paris.

Règlement pour le Dressage du Cheval d'Armes établi en 1908 par la Commission de l'Ecole d'Application de Cavalerie des Officiers à Saint-Pétersbourg — Traduction de James Fillis, Ex-Ecuyer en Chef à l'Ecole d'Application de Cavalerie à Saint-Pétersbourg, Chevalier de l'Ordre de Sainte-Anne et Chevalier de l'Ordre de Saint-Stanislas de Russie. *Paris, Ernest Flammarion,* S. D. (1914).

1 vol. in-18 de VIII-156 p., avec portrait de Fillis en uniforme russe, en frontispice, et 22 fig. d. l. t.

Ouvrage publié un an après la mort de l'auteur.

Fillis, élève de Caron, qui l'était lui-même de Baucher, s'inspire beaucoup, dans sa méthode, de celle de ce dernier maître qu'il proclame « le plus grand et « le plus habile écuyer que nous ayons « eu, si l'on ne considère que l'équitation « de haute-école ». Il s'en sépare cependant sur quelques points, parmi lesquels la technique des flexions, l'appui et la mise en main. De plus, ses ouvrages traitent autant de l'équitation d'extérieur que de celle de manège, à peu près seule enseignée par Baucher.

C'est surtout comme dresseur que la réputation de Fillis s'est affirmée et, à ce point de vue, on lira toujours avec intérêt son *Journal de Dressage :* mais on ne s'étonnera pas beaucoup des difficultés qu'il a rencontrées en examinant attentivement la photographie de ses chevaux.

FILLON (Benjamin).

Archéologue vendéen, 1819-1881.

Cavalcade historique de Fontenay-le-Comte. *Fontenay, Imp. Robuchon,* 1864.

Broch. in-12 de 12 p., signée et datée à la fin. Extrait de l'*Indicateur* du 30 Mars 1864.

Voy., pour une autre cavalcade de la même ville, Angély (N. d').

FISCHER (Achille-Jean-Charles).

Lieutenant-général belge, 1829-1903.

Conférences militaires belges — Etude sur l'emploi des Corps de Cavalerie au Service de sûreté des Armées, par A. Fischer, Major au 2e Chasseurs à cheval — Avec gravure — *Bruxelles, C. Muquardt, Henry Merzbarch, succ^r; Paris, J. Dumaine,* 1872.

Broch. pet. in-8° de 66 p.

La gravure annoncée est un croquis de formation et de marche d'une avant-garde.

Traité de Dressage des Chevaux de troupe, par le Colonel A. Fischer, Commandant du 1er Régiment de Lanciers. *Bruxelles, Imp. E. Guyot,* 1878.

1 vol. in-8° de VIII-197 p., avec 23 fig. d. l. t.

Même ouvrage, même titre (mais sans nom. d'auteur). *Bruxelles, Imp. militaire E. Guyot,* 1885.

Sans changement.

FISCHER (Eugène).

Vétérinaire luxembourgeois, ancien député et chef du service vétérinaire du Luxembourg, 1821-1903.

Nouveau Traitement curatif de l'Immobilité par M. Fischer, Vétérinaire à Cessingen-lès-Luxembourg. *Paris, Typ. E. et V. Penaud f^{res},* S. D. (1854).

In-8° de 3 p.

Le remède indiqué est la trépanation.

Le même auteur a publié, vers 1850, des *Considérations sur l'amélioration des Races d'Animaux domestiques dans le Grand Duché de Luxembourg,* dont je ne connais que le titre signalé par Huth.

FISCHER (Georges-Marie-Jacques-Alphonse).

Médecin militaire français, né en 1875.

La Contagion humaine des Maladies microbiennes des Animaux

domestiques. Epidémiologie — Prophylaxie — Police sanitaire des Animaux, par le Dr Georges Fischer, Médecin-Major de 2e classe de l'Armée. *Paris, A. Maloine*, 1905.

1 vol. in-12 de VIII-351 p.

La contagion du cheval à l'homme est traitée aux Chap. I, *Charbon*; II, *Morve*; VIII, *Horse-pox* En outre, le décret du 6 oct. 1904 sur la police sanitaire des animaux, reproduit dans l'ouvrage, est en partie applicable au cheval.

FISCHER (H.).
Vétérinaire prussien.

Le Vétérinaire Electro-Homéopathe — Guide pratique pour les Eleveurs, Fermiers, Agriculteurs et tous les Propriétaires d'animaux qui désirent traiter et guérir sûrement tous les animaux d'après la nouvelle Méthode Electro-Homéopathique. Par H. Fischer, Médecin-Vétérinaire. Traduit de l'Allemand par les soins de l'Institut Electro-Homéopathique. *Genève, Institut Electro-Homéopathique*, S. D. (vers 1894).

1 vol. in-16 de XVIII-436 p.

Les 30 premières p. contiennent la description générale du cheval; les p. 127 à 233 ses maladies et leurs remèdes.

FITTE (Ed. DE).
Ecuyer français. Après avoir servi pendant 6 ans dans la cav[ie], il devint élève de Baucher et fut un de ses plus ardents défenseurs. Il fut employé pendant 3 ans comme écuyer dans un manège de Paris puis devint, vers 1841, propriétaire-directeur du manège Duphot, fondé par le Cte d'Aure. En 1867 et années suivantes, il était écuyer à l'École de Dressage de Caen (1).

Revue des Brochures et Articles de Journaux qui ont attaqué la nouvelle Méthode d'Equitation de M. F. Baucher, par Ed. de Fitte, Directeur-Propriétaire du Manège Duphot. *Paris, l'Auteur*, 1843.

Broch. gr. in-8° de 51 p. avec un tableau se dépliant et donnant un résumé des moyens de dressage employés par les principaux écuyers, du XVIe siècle à nos jours.

C'est un exposé et une apologie de la Méthode Baucher qui attirèrent à de Fitte une réponse violente de Lecornué (voy. ce nom), un des plus fougueux adversaires de Baucher.

Lettre sur l'Equitation, par M. Ed. de Fitte, Directeur du Manège Duphot. *Paris, Imp. Guiraudet et Jouaust*, 1843.

C'est le titre de la couverture. Le titre de départ porte :

Lettre sur l'Equitation, lue à la Réunion du cercle Duphot le Jeudi 30 Nov. 1843, par M. Ed. de Fitte... etc.

Broch. in-8° de 16 p. qui traite le même sujet que la précédente.

Sur le 2e plat de la couverture, se trouve une curieuse réclame en faveur du *Cercle Duphot*, qui avait été fondé dans l'immeuble même du manège, et qui se divisait en plusieurs sections, dont une équestre. (Voy. d'Aure.)

FITTE (Joseph).
Vétérinaire, banquier et homme politique français, né en 1845.

Quelques considérations sur l'Elevage du Sud-Ouest par M. Fitte, Membre du Conseil supérieur des Haras, Député des Hautes-Pyrénées, présentées au Conseil supérieur des Haras (Séance du 18 Décembre 1902). *Rambouillet, Imp. du Progrès*, 1905.

Broch. in-8° de 15 p.

FITZ-JAMES (DUCHESSE DE).
Mme la Duchesse de Fitz-James, née de Lœvenhielm, était élève de Mackensie-Grieves (1) qui lui-même, sans avoir été l'élève de Baucher, était son ami et qui s'est inspiré de sa méthode quand, après avoir brillé dans l'Equitation d'extérieur, il a abordé l'Equitation de Manège.

Principes élémentaires d'Equitation, par la Duchesse de Fitz-James, *Paris, E. Plon, Nourrit et Cie*, S. D. (1892).

1 vol. in-f° obl. de IV-III p. à 3 col., avec plusieurs centaines de fig. d. l. t., dessinées par l'auteur.

Paris en voiture — à Cheval — aux Courses — à la Chasse, par

---

(1) Il y était encore en 1872. Voy. Gallier, *L'Académie d'Equitation de Caen*, p. 195, 201, 207.

(1) Sur Mackensie-Grieves, voy. Bon de Vaux, *Les hommes de Cheval depuis Baucher*, p. 123 ; B[on] d'Etreillis, *Ecuyers et cavaliers*, p. 103 ; Gibert et de Massa, *Historique du Jockey-Club*, p. 95 et passim.

Croqueville. *Paris, Lib. de la Nouvelle Revue*, 1892.

1 vol. in-18 de 393 p.

Un 2ᵉ *tirage* à la même librairie et une 3ᵉ *éd*ᵒⁿ chez *Legoupy*, S. D. (1903), le tout sans changement.

Ouvrage rempli de renseignements intéressants sur les amateurs de chevaux, les personnalités hippiques, les chevaux et les attelages en France, de 1830 à la fin du second Empire.

FITZ-PATRICK (Adolphe-Urbain).

Officier de santé et chirurgien militaire français, né en 1808. Entré au service en 1830, comme récompense de ses services pendant les journées de Juillet, se rendit ensuite en Pologne, pendant l'insurrection, pour « secourir les blessés « polonais et étudier le choléra-morbus », reprit du service en France — au 6ᵐᵉ hussards et au 10ᵉ chasseurs. Démissionnaire en 1834.

Considérations sur l'exercice du Cheval comme Moyen Hygiénique et Thérapeutique ; par A. Fitz-Patrick, ex-Médecin Aide-Major au 6ᵉ Régiment de Hussards. Prix 2 fr. 50 cent. *Paris, l'Auteur, chez Crochard et chez Gosselin*, 1836.

Broch. in-8º de 52 p.

Traité des Avantages de l'Equitation considérée dans ses rapports avec la Médecine, par le Dʳ Fitz-Patrick, Ex aide-major de la Garde municipale de Paris et du 6ᵉ Régiment de Hussards, ancien médecin-major dans la cavalerie Polonaise, ex médecin en chef de la Légion étrangère de Belgique, chevalier de la Croix-d'Or de Pologne, fondateur du manège hygiénique pour le traitement des convalescens, des maladies chroniques et des affections nerveuses, etc., etc. *Paris, l'Auteur et chez Baillière*, 1838.

1 vol. in-8º de 100 p. C'est le développement de la brochure précédente : traitement de diverses maladies par l'équitation.

FITZ ROYA.

Les Courses de l'avenir. Talisman du Parieur. Le Chronomètre, son application aux Courses de Chevaux, par Fitz Roya. *Bruxelles, Société générale d'Imprimerie, ancienne maison Vanderauwera*, 1895.

1 vol. in-8º de 4 fᵗˢ pour les titres, l'avertissement de l'auteur, la Préface du Chevᵉʳ Hynderick (voy. ce nom) et 86-127 p. Couverture illustrée.

FLAHAUT (Charles).

Notions pratiques et simples à la portée du petit éleveur sur la production, l'élevage des jeunes chevaux et leur ferrure — Elevage de l'âne et du mulet, principales maladies des poulains, élevage du cheval ; par Ch. Flahaut, Vétérinaire à Poitiers. — Ouvrage qui a reçu de la *Société des Agriculteurs de France* le prix agronomique de la onzième section (production chevaline) en 1897. Prix : 1ʳ 25 centimes — *Poitiers, Société française d'Imprimerie et de Librairie (Typ. Oudin et Cⁱᵉ)*, 1897.

1 vol. in-8º de 102 p.

FLAMME (Jules).

Sous-officier de cavalerie belge.

Les Régiments de Guides (1) depuis leur création, par Jules Flamme, Maréchal des logis chef secrétaire au 1ᵉʳ Régiment de Guides — Ouvrage illustré de 38 photogravures et de 4 planches en chromolithographie. *Bruxelles, S. Eggericx*, 1898.

1 vol. gr. in-8º de 183 p. Dédicace à S. A. R. Mgʳ le Comte de Flandre, Commandant supérieur de la Cavalerie et Commandant honoraire du 1ᵉʳ régiment de guides.

Ouvrage tiré à petit nombre et devenu rare.

FLANDRE D'ESPINAY.

Malgré de patientes recherches, je n'ai pu découvrir aucun document biographique certain sur ce personnage qui cependant occupait une place considérable à Lyon et aux environs au commencement du xixᵉ siècle : il correspondait avec les ministres et leur envoyait des gants et des « schalls » confectionnés avec la laine de ses mérinos ; le premier Consul lui donnait, en l'an X, pour son Haras, un étalon ramené antérieurement d'Egypte ; Carle Vernet faisait son portrait, celui de ses chevaux, et dessinait ses propriétés ;

(1) Belges.

enfin il exploitait une terre considérable, avec un haras, et dirigeait une Poste impériale... Il ne figure néanmoins, à ma connaissance du moins, sur aucune biographie, et, quoiqu'il s'intitule Colonel de Chasseurs, aucun dossier à son nom n'existe aux Archives de la Guerre.

Mais ses portraits, qui sont assez nombreux, nous donnent quelques indications. J'en possède trois, et même probablement quatre, car le personnage appuyé sur la barrière à côté de la fameuse jument sans poils et de son poulain, sur la planche dessinée par Carle Vernet et qui forme le frontispice de l'ouvrage de 1809 décrit plus loin, est sans doute le propriétaire lui-même. D'après la légende de cette gravure, la jument se trouvait « au haras de M. Flandre-Despinay dont le « château forme la perspective de ce des« sin ».

Une lithographie, publiée chez Engelmann d'après un dessin de Carle Vernet, représente « un cheval arabe nommé le « Conquérant... existant au haras d'expé« rience du Marquis Despinay, qui était « alors Colonel et Chevalier au service « de l'Ordre souverain de Malte, en « France par congé, parcourait en 1791 « ses établissements agricoles ». Le cheval est monté par Despinay, revêtu d'une sorte d'uniforme d'état-major assez fantaisiste. Engelmann n'ayant fondé son établissement en France que vers 1816, cette lithographie est très postérieure à la scène qu'elle représente.

Mais je possède encore deux autres documents qui nous donnent de nouvelles indications. L'un est une lithographie qui porte la légende suivante : « Vue per« spective du Haras d'expérience cons« truit... au bord des étangs et prairies « appartenants (sic) au Colonel Marquis « d'Espinay St Denis... » Il est représenté à cheval, une sentinelle garde l'entrée de la propriété et le salue à la fois de son arme qu'elle tient dans la main droite et de la main gauche qu'elle porte à la coiffure. Les mots « Haras d'expérience » appartiennent bien à notre auteur et le désignent clairement.

Le second est une très curieuse aquarelle, de 0 36° × 0.28°, exécutée par le Colonel d'Espinay ou sous sa direction, et représentant des manœuvres d'infanterie et de cavalerie, avec plusieurs centaines de petits personnages, fantassins et cavaliers, très finement dessinés et aquarellés, plus, dans la marge du bas, 3 médaillons représentant des cavaliers avec « une lance brisée cavaleriste » — on voit que l'idée de la lance démontable n'est pas nouvelle — et d'autres qui font usage d'un tromblon, également de son invention. D'après la légende qui accompagne cette aquarelle, elle a dû être exécutée vers 1792.

Elle n'est pas signée, mais elle a été gravée, avec quelques détails en moins, et je possède aussi un exemplaire de cette gravure, à laquelle on a ajouté, dans la marge du bas, l'inscription manuscrite suivante, d'une écriture ancienne : « Des« sin en perspective pour démontrer les « manœuvres des troupes légères... etc., « inventé et dessiné par le Marquis d'Espinay, Colonel d'Etat-Major... »

La Bibliothèque nat^{le}, au Cabinet des Estampes, possède aussi 3 portraits du Colonel d'Espinay. Le premier est un petit portrait en buste, avec, au bas, la légende manuscrite suivante : « Espinay « St Denis (Pierre-Marie Marquis d'). » Le 2e le représente en pied, en costume militaire de la fin du XVIIIe siècle. Audessous, la légende manuscrite suivante : « C'est le Colonel d'Espinay St Denis, « inventeur de divers moyens de défenses « militaires, chevalier de Malthe, émigré, « qui a fait parler de lui sous la restaura« tion. » Le 3e est une lithographie in-f°. Le personnage est représenté en pied, en uniforme de la Restauration, avec la légende suivante : « le Mis d'Espinay « St Denis, Colonel et Chevalier de diffé« rens ordres royaux et militaires, sau« veur des diamans ravis à la couronne. « Il perfectionna les foudres de Bellone. » Mais, sur ce portrait, il est singulièrement rajeuni.

En rapprochant ces divers documents et en y ajoutant une communication qui m'a été obligeamment faite par un érudit lyonnais sur les divers personnages du nom de d'Espinay qui figurent sur les anciens almanachs d'adresses ou annuaires lyonnais, en tenant compte aussi des renseignements que contiennent ses ouvrages, je crois qu'on peut conclure — presque avec certitude — qu'il s'agit du Marquis Pierre-Marie d'Espinay de Laye, plus tard d'Espinay St-Denis, né le 22 nov. 1764, que j'ai retrouvé sur les contrôles des Chevau-Légers de la Garde du Roi, où il fut inscrit comme surnuméraire le 24 août 1783.

Il serait ensuite passé au service du Grand-Maître de Malte, où il devint Colonel de Chasseurs, ce qui explique le titre de colonel qu'il prend sur les titres de ses ouvrages et sur ses portraits; et ce qui explique aussi qu'il n'y ait aucun dossier à son nom aux Archives de la Guerre. Le titre d'ancien Capitaine de Cavalerie, qu'il prend simultanément avec celui de Colonel de Chasseurs, lui viendrait de son passage aux Chevau-Légers. Rentré en France par congé en 1791 — comme l'indique la lith. de Carle Vernet citée plus haut — il se serait livré à des travaux militaires dont son aquarelle donne la synthèse, puis enfin. il se serait établi dans sa propriété des Tournelles de Flandre, près de l'Ecole vétérinaire de Lyon, s'y livrant à la grande culture, au perfectionnement de divers animaux domestiques, chèvres de cachemire, moutons mérinos, etc., et à l'élevage du cheval.

Maintenant, pourquoi ce nom de Flandre, ajouté au sien, mais seulement dans ses premiers ouvrages ? Fort probablement à cause de sa terre des Tournelles de Flandre et pour se distinguer des autres membres de sa famille ou des autres familles portant aussi le nom de d'Espinay, à une époque où cette distinction ne pouvait se faire par les titres nobiliaires de l'ancien régime, alors abolis.

Qu'est-il devenu à la chute de l'Empire ? Il semble bien s'être fixé à Paris, car il était électeur de la Seine et continuait ses démarches pour obtenir· la création de « fermes expérimentales » et de « haras « d'expérience », démarches dont ses ouvrages portent la trace et dont on appréciera la nature et les résultats éloignés dans la note qui suit sa bibliographie.

Je répète que, malgré la concordance des divers documents cités ci-dessus, je ne saurais affirmer avec certitude que cette biographie s'applique bien à l'auteur des ouvrages dont la description suit.

Projet pour l'établissement d'un Haras d'expériences dans le Département du Rhône, par M. Flandre-d'Espinay, ancien Colonel de Chasseurs et Membre de plusieurs Sociétés d'Agriculture. *Lyon, Imp. Tournachon-Molin*, S. D. (1807).

Broch. in-4° de 15 p. plus un supplément de 2 f^{ts} contenant des lettres au sujet de l'achat de 15 juments que devait faire en Hongrie et en Transylvanie un M. de Condé, ancien off^r de cav^{ie}. au moyen d'une souscription de notabilités lyonnaises.

M. de Condé venait de ramener « 32 « superbes étalons Turcs, Transylvains, « Hongrois et Allemands qui ont fait « l'admiration de tous les connais-« seurs ».

C'est dans cette brochure que se trouvent les lettres relatives aux envois de « schalls » et de gants faits par Despinay à divers personnages de marque et celle de Chaptal concernant l'étalon égyptien que lui donna ce ministre en l'an X. Dans la brochure, d'Espinay dit que cet étalon lui fut donné par l'empereur en l'an XII. C'est probablement une erreur, à moins que la promesse de Chaptal n'ait été tenue que deux ans après ?

Il propose au gouvernement de lui prendre en location une partie de son domaine pour y installer un « haras « d'expériences » qui serait sous la surveillance de l'Ecole vétérinaire de Lyon.

De l'influence du grand Propriétaire sur la prospérité agricole et commerciale lorsqu'il s'occupe de Haras d'expériences. et qu'il établit des Fermes expérimentales; ne traitant dans ce compte rendu, quant à présent, que des heureux résultats et nouvelles découvertes qui intéressent le Commerce et l'Agriculture de l'Empire, l'Auteur s'occupant d'un Ouvrage général sur cette partie, et de l'avantage qu'il y auroit d'établir plusieurs Fermes expérimentales et Haras d'expériences semblables à ses Etablissemens dont il donne une idée générale; par M. Flandre d'Espinay, ancien Capitaine de Cavalerie, Colonel de Chasseurs, Aide de Camp du général Conflans, Membre du Collège électoral du département du Rhône et de plusieurs Sociétés d'Agriculture et des Arts. *Paris, Imp. de Mme Huzard*, 1809.

1 vol. in-4° de VI-104 p. avec 1 pl. se-dépliant et représentant une « Jument « négresse sans poils couleur de bronze « antique, présumée de race Ethiopienne, « avec son Élève, provenant d'un Etalon « Turc existant au Haras de M. Flandre « d'Espinay, dont le Château, la Ferme « expérimentale et la Poste impériale « des Tournelles de Flandre forment la « perspective de ce dessin fait par le « Chevalier Vernet (1) », plus 1 pl. représentant une chèvre à poil de cachemire, une autre des sangliers métis de l'Inde et un pl. du Louvre et des Tui-

(1) Carle Vernet. Une note, au bas de la pl., dit : « Le mémoire explicatif des quali-« tés particulières à cette jument, avec la « meilleure culture à suivre, orné de plan-« ches, se trouve à la Lib^{ie} de Mme Huzard, « rue de l'Eperon n° 7. Prix 7 francs ». Il m'a été jusqu'ici impossible de découvrir d'autre trace de ce *Mémoire explicatif*, et je n'en ai pas trouvé mention dans le catalogue de la Bib. Huzard, ni dans les anciens catalogues de la librairie de sa femme.

leries, avec des projets d'embellissements.
La question chevaline occupe les 56 premières p. L'auteur s'y occupe surtout de l'amélioration par l'étalon arabe et donne l'effectif — environ 100 étalons et 40 juments — des reproducteurs ramenés d'Egypte.

Avis important aux anciens Généraux et autres Officiers supérieurs, Magistrats et Grands Propriétaires possesseurs de Troupeaux de Mérinos ou Métis et à ceux qui voudront en établir presque sans frais et se procurer des revenus considérables — Observations sur la position actuelle de l'Etablissement dit Dépôt des Laines et Lavoir public de Paris et sur la nécessité de le conserver sous l'Administration d'une Compagnie anonyme, composée de grands Propriétaires de troupeaux, de riches Fermiers, Capitalistes et Fabricans — et Vues nouvelles pour faire des Parcs abondans en fourrages par un nouveau mode de Culture et d'Education des Troupeaux, ainsi que pour en obtenir des produits plus considérables en Laines, même en Grains, dans presque toutes les parties de la France. — Par un Grand Propriétaire de Troupeaux Mérinos et Métis, Colonel d'Etat-Major de l'Armée, Chevalier de S¹ Louis et de différens Ordres militaires, Membre de la Société d'Encouragement pour l'Industrie nationale et de plusieurs autres Sociétés d'Arts et d'Agriculture, Electeur du Dép¹ de la Seine. *Se trouve à Paris et à Lyon, chez les Marchands de Nouveautés, ainsi qu'au Dépôt des Laines, Port l'Hôpital, n° 33. De l'Imp. de Nouzou, rue de Cléry, n° 9*, Novembre 1818.

1 vol. in-8° de 156 p. avec 4 pl. lithog. La 1ʳᵉ (qui se trouve souvent aussi en tête de l'ouvrage suivant) est intitulée *L'Ecuyer Français* et représente d'Espinay en tenue militaire fantaisiste, montant *Le Conquérant, cheval Arabe de race Koklani*. Elle est accompagnée d'une p. de légende donnant des détails sur la Ferme expérimentale de S¹ Denis-d'Espinay « qui forme la perspective du dessin » et sur certains étalons arabes élevés ou possédés par d'Espinay.

La 2ᵉ représente dans le fond la Ferme expérimentale et poste royale Destournelles et, au premier plan, « la jument « sans poils appelée Reine du Congo (1) « et son élève qui a du poil, provenant « du croisement de cette jument avec « l'étalon arabe Le Conquérant ». La légende est terminée par la reproduction de la lettre adressée le 5 pluviose An X par le ministre Chaptal à Despinay, *Colonel du régim*ᵉⁿᵗ *des Chasseurs Maltais*, et lui annonçant qu'il met à sa disposition, pour son Haras, « le premier « étalon qui nous est revenu d'Egypte ». Ces 2 pl. sont de Carle Vernet.

Les 3ᵉ et 4ᵉ représentent une chèvre cachemire et des sangliers métis et avaient déjà paru dans l'ouvrage de 1809.

Les 123 p mières p de cet ouvrage forment la 1 ᵉ partie d'un *Manuel des Cultivateurs* dont la suite n'a, je crois, jamais paru et que d'Espinay dédie aux Pairs et Ministres par l'ouvrage suivant.

Quoique le titre ne mentionne aucune partie hippique, les p. 80 à 91 sont relatives au rétablissement, demandé par l'Auteur, du Haras royal de S¹-Denis-Despinay (2), qui n'a duré que pendant l'année 1814 et dont les étalons ont été envoyés au dépôt de Cluny.

Les p. 125 à la fin sont occupées par des lettres ministérielles, certificats de députés, etc., relatifs aux établissements agricoles et aux haras créés par d'Espinay.

Pétition et lettre de dédicace à la Chambre des Pairs et à celle des Députés, aux Ministres Secrétaires d'Etat et aux Conseillers d'Etat de la première partie d'un Ouvrage (3) sur la création de quatre nouvelles Fermes expérimentales et Universités et de la prospérité en général de l'Agriculture, sous le titre de *Manuel du Cultivateur*, par le Colonel Despinay, Chevalier de différens Ordres militaires, Membre de différentes Sociétés d'Agriculture et d'Encouragemens et Electeur du Dép¹ de la Seine. *Paris, Imp. A. Dubray*, S. D. (1819).

Broch. in-4° de 41 p.

Ces deux derniers ouvrages sont généralement reliés ensemble et, dans ce cas,

---

(1) Dont il a déjà été question dans l'ouvrage de 1809 décrit ci-dessus.
(2) Qui, d'après une de mes lithographies, aurait été situé « à l'entrée de la forêt du Bois-Baron ».
(3) C'est celui décrit ci-dessus.

la couverture cartonnée porte le titre suivant :

Manuel du Cultivateur et projet d'établissement des quatre Universités résidentes dans quatre vastes Fermes expérimentales situées près Paris, Lyon, Bordeaux et Strasbourg, dont une vient d'être créée par Sa Majesté — Dédié aux principales autorités du Royaume. Présenté au Roi pour l'avantage de notre riche jeunesse et le bonheur de son Peuple laboureur.

D'Espinay propose l'établissement de ces fermes à Rambouillet, à St-Denis-Despinay. dans sa propriété près de Lyon et dans deux autres localités à désigner près de Bordeaux et de Strasbourg.

Les élèves seraient choisis dans les classes élevées de la Société, paieraient 3000 fr. de pension et seraient propriétaires d'un cheval fourni par leurs parents. Chaque établissement comprendrait un manège et on y placerait des reproducteurs de toute espèce et, en premier lieu, des chevaux et des juments. Outre les cours d'agriculture et d'élevage, il y en aurait sur l'économie politique, les langues étrangères, etc.

Dans sa dernière brochure, d'Espinay revient sur ses essais d'élevage du cheval et sur les résultats obtenus.

Ses propositions ne furent suivies d'aucun effet immédiat, mais l'idée en fut reprise plus tard avec d'importantes modifications et servit de base à la création des Écoles d'agriculture, Instituts agronomiques, etc.

Les ouvrages de d'Espinay sont tous rares.

FLANDRIN (Antoine-Bénigne).
Vétérinaire et Écuyer français, 1788-18.., fils du suivant. Employé à 16 ans en qualité de secrétaire près le Directeur de l'École ; puis, tout en conservant ces fonctions, répétiteur en l'an XIV, professeur d'un cours d'Hippiatrique spéciale en 1805 et breveté vétérinaire en 1807. Ce cours d'hippiatrique était fait aux officiers et sous-officiers de cav^{le} alors détachés temporairement à Alfort pour y perfectionner leur instruction hippique.

En 1811, il fut envoyé en Espagne comme attaché au service du Trésor impérial des armées. On le chargea, à cause de ses connaissances spéciales, de la remonte des Équipages de cette administration jusqu'en 1812. A ce moment, il continua à être employé dans la Trésorerie de l'armée comme receveur secondaire jusqu'en 1814.

Il fut, en 1815, nommé professeur d'Hippiatrique à l'École de cav^{le}, puis à St-Cyr en 1822 et enfin Écuyer-Professeur à Saumur en 1825. En 1834, il fut réformé par suppression d'emploi et admis à la retraite.

Ses écrits et son dossier portent la trace d'un caractère entier et peu accommodant. Ses ouvrages, dont le style correct et incisif possède une verdeur toute particulière, contiennent de vives critiques où les écuyers contemporains, d'Aure, Baucher, Raabe, Cordier, St-Ange et autres, ne sont pas ménagés. C'était d'ailleurs un homme de talent qui était à la fois bon cavalier et bon hippologue. On sait qu'il fut, avec Cordier, (voy. ce nom) un des rédacteurs du *Cours d'Équitation* de Saumur de 1830, qui resta en vigueur jusque vers 1850. Il ne pardonna pas aux auteurs des ouvrages qui ont remplacé ce *Cours* et le leur fit vigoureusement sentir.

Pour les détails bibliographiques sur ce livre, voy. *Cours d'Équitation*.

Flandrin fit paraître, dans le *Spectateur Militaire*, n^{os} de Déc. 1832 et Janv. 1833, un article qui donne l'historique de l'enseignement de l'Hippiatrique dans les Écoles de cav^{le} et la genèse de la partie du *Cours d'Équitation* qui traite de cette science.

Quelques observations à M. Baucher, sur les essais de sa Méthode à Saumur, et sur sa Méthode en elle-même. *Paris, J. Dumaine,* 1844.

Broch. in-8° de 33 p., sous forme de lettre à Baucher et signée à la fin.

Mordante critique de la *Méthode*.

Instruction de la Cavalerie. Quelques observations sur l'État de la Question ; par A. Flandrin. *Saumur, Mlle Niverlet et Paris, Lib^{ie} Militaire,* 1852.

Broch. in-8° de 30 p.

C'est un plaidoyer en faveur de son *Cours* et un réquisitoire contre d'Aure et St-Ange, dont les Cours d'Équitation et d'Hippologie venaient de remplacer le sien.

Matériaux d'Hippigie (Étude du Cheval en santé) — Leçons normales d'Équitation Militaire professées à l'École de Cavalerie de Saumur en l'année 1825, retouchées en 1853, par A. Flandrin. De la Position et de la Tenue. *Paris, l'Auteur; ibid., J. Dumaine*, 1853.

Broch. in-8° de 39 p., avec une pl. se dépliant et contenant 11 fig. (Position de l'homme à cheval).

La 1re partie de cet opuscule est une bonne discussion des positions prescrites par les différentes Ecoles françaises, suivie d'une conclusion personnelle à l'auteur. Dans la 2e partie, il traite de la *Tenue*. Ce mot a, depuis, un peu changé de sens. Dans la pensée de Flandrin, c'était « l'exposé des moyens d'être so-« lide à cheval en toutes circonstances », ce que maintenant nous appelons plutôt l'*assiette*. L'étude des moyens de conduite n'est pas abordée dans cette brochure et le sera sommairement dans une des suivantes.

Instruction de la Cavalerie — Nouvel Etat de la question — 1° Lettre à M. le Comte d'Aure sur son ouvrage de 1853; 2° Quelques observations sur la Méthode de M. Baucher dans son application à la cavalerie; 3° Notice et historique de l'Equitation militaire jusqu'à ce moment. Par A. Flandrin. *Saumur, Mlle Niverlet et Paris, Lible Militaire*, 1854.

Broch. in-8° de 95 p.

Ouvrage de vive polémique. Le Capitaine Raabe, qui était à ce moment un des fervents défenseurs de Baucher, y reçoit aussi son paquet. Les deux dernières lignes de l'ouvrage sont un spécimen des coups de dent de Flandrin et méritent d'être citées : « On m'apprend, « au moment même, que M. d'Aure « quitte l'Ecole et est placé à la Cour ; « je lui en fais mon compliment — et à « l'Ecole aussi. »

Instruction de la Cavalerie. Matériaux d'Hippygie — 1° Revue rétrospective, Mme Isabelle. 2° des Aides, suite à la Position et à la Tenue, par A. Flandrin. *Saumur, Mlle Niverlet et Paris, Lible Militaire*, 1855.

Broch. in-8° de 39 p.

Inutile de dire que Mme Isabelle y est arrangée de main de maître : « Les che-« vaux qui lui ont été confiés sont plus « vicieux qu'ils n'avaient jamais été... ». La 2me partie, *des Aides*, est un peu raccourcie, c'est la suite de la broch. de 1853.

Instruction de la Cavalerie. Matériaux d'Hippygie, par A. Flandrin. *Saumur, Mlle Niverlet et Paris, Lible Militaire*, 1855.

Broch. in-8° de 51 p. Dédicace « à ses « Elèves de tous les temps ».

Ce petit ouvrage contient : 1° un exposé des divers systèmes d'instruction qui se sont succédé à Saumur depuis 1814 — 2° un Programme proposé pour les cours — 3° un petit Manuel destiné aux *Apprentis-cavaliers* — 4°, 5°, 6° et 7° des observations et propositions diverses. On y trouve un éloge du Général de Rochefort dont la position à cheval avait trouvé grâce devant Flandrin, mais cette louange inusitée ne se reproduit plus quand il parle des autres cavaliers qui composaient la reprise conduite par le Général.

En résumé, les ouvrages de Flandrin ne contiennent guère que des critiques, souvent amusantes, quelquefois justes, mais où la blessure d'amour-propre qu'il avait ressentie quand son fameux *Cours* avait fait place à d'autres se montre trop visiblement. Il est regrettable que la partie didactique y soit si écourtée et si disséminée : il était de force à la mieux traiter. Dans son dernier ouvrage, il annonce qu'il a composé le texte d'un ouvrage relatif au *Dressage du jeune cheval*. Il n'a jamais paru.

FLANDRIN (Pierre).

Vétérinaire français, 1752-1796, père du précédent. Neveu de Chabert (voy. ce nom), il entra à 13 ans à l'Ecole vétérinaire de Lyon où il devint répétiteur. Il fut ensuite nommé sous-Directeur à Alfort, Directeur à Lyon, puis revint à Alfort comme Directeur-adjoint et professeur d'anatomie. Sous la Terreur, il se retira à Ville-Evrard où il mourut trois ans après.

Précis de l'anatomie du Cheval, à l'usage des Elèves des Ecoles vétérinaires, 1787.

1 vol. in-8° de 111 p., S. L. ni nom d'auteur ni d'impr.

Précis splanchnologique ou traité abrégé des Viscères du Cheval, à l'usage des Elèves des Ecoles royales vétérinaires, 1787.

1 vol. in-8° de 106 p., S. L. ni nom d'auteur ni d'impr.

Précis de la connaissance extérieure du Cheval (1787 ?).

Broch. in-8° de 79 p., S. L. ni nom d'auteur ni d'impr.

Prospectus d'une Association qui aura pour objet l'amélioration &

la multiplication des Chevaux en France; publié avec approbation du Gouvernement, par M. Flandrin, Directeur adjoint de l'Ecole vétérinaire de Paris, ci-devant Directeur de celle de Lyon. *Paris, Imp. du Louvre*, S. D. (vers 1790).

Broch. in-8° de 11 p.

Mémoire sur la possibilité d'améliorer les Chevaux en France, et plan d'Association ayant cette amélioration pour objet. Ouvrage approuvé par la Société Royale d'Agriculture. Par M. Flandrin, Directeur-Adjoint de l'Ecole Royale vétérinaire d'Alfort, ci-devant Directeur de celle de Lyon. *Paris, Imp. Royale*, 1790.

Broch. in-8° de 66 p., précédée du *Rapport* de la Société royale d'Agriculture à son sujet.

C'est le complément de la précédente. L'auteur développe le plan d'une association d'élevage, avec des registres de naissances, un classement des étalons, une exposition anatomique permanente, un journal, une bibliothèque, etc. Tous ces beaux projets disparurent dans la tourmente révolutionnaire.

Observations sommaires présentées à l'Assemblée Nationale sur l'Ecole vétérinaire d'Alfort. *A Paris, Imp. de P. Didot le jeune*, 1790.

Broch. in-8° de 37 p. qui est l'œuvre de Flandrin et Huzard.

Les auteurs prennent la défense de l'organisation et de l'enseignement de l'Ecole d'Alfort contre « les attaques de « *Lafosse* et les utopies de *Broussonet* ».

Les principaux travaux de Flandrin sont contenus dans l'*Almanach vétérinaire*, publié pour la première fois en 1782 et qui devint plus tard *Instructions et Observations sur les maladies des Animaux domestiques* (voy. *Almanachs*).

FLEMING (George) et BÉGOUEN DE MEAUX (Albert), traducteur.

Comment choisir et soigner son Cheval, par George Fleming, Vétérinaire Principal de l'Armée Britannique (Avec 14 planches en hors texte) — Traduit par Albert Bégouen de Meaux. *Paris, Pierre Roger*, 1908.

1 vol. in-8° de xi-244 p. Vignette (portrait de cheval) sur la couverture. Outre les 14 pl. annoncées au titre, il y a 2 fig. d. l. t.

FLEURIGAND (Ch.).

Pseudonyme de M. Cerfberr de Médelsheim (Gaston), littérateur français, né en 1858.

Jeux, Sports et grands Matchs, par Ch. Fleurigand. Ouvrage illustré de 72 gravures. *Paris, Firmin-Didot*, S. D. (1903).

1 vol. gr. in-8° de 240 p.

Les p. 221 à 237 sont consacrées à l'équitation et aux courses, avec 5 fig.

FLEURY (Camille).

Observations zootechniques sur les Chevaux de la Haute-Marne présentées au Comice agricole de Chaumont, par Camille Fleury. *Chaumont, Imp. Ch. Cavaniol*, S. D. (1871).

Plaquette in-4° de 4 p.

FLEURY (Emile-Félix, COMTE).

Général de Div^{on} français (cav^{ie}), sénateur et ambassadeur. Il fut nommé, en 1860, Directeur général des Haras, 1815-1884. Il est inutile de donner ici la biographie de ce brillant cavalier. On la trouvera dans les *Souvenirs* décrits ci-dessous.

Souvenirs du Général Comte Fleury, Tome premier, 1837-1859, avec deux portraits en héliogravure. Tome second, 1859-1867, avec un portrait en héliogravure. *Paris, Plon*, 1897-1898.

2 vol. in-8° de viii-433 et 393 p.

Ces souvenirs sont surtout historiques et politiques. Il s'y rencontre cependant de nombreux épisodes qui intéressent la cav^{ie}, ainsi que des détails sur le système suivi par le général au point de vue de l'élevage et de la question chevaline pendant qu'il était à la tête de l'adm^{on} des Haras, où son passage a laissé des traces durables, et c'est à ce double titre que cet ouvrage est cité ici.

Il a aussi publié de nombreux rapports, comptes rendus, instructions, circulaires, etc., relatifs à cette adm^{on}.

On sait qu'il avait caressé l'idée de diminuer progressivement l'action des Haras au profit de l'industrie privée, mais cette tentative n'eut qu'un commencement d'exécution.

FLEURY (Le BARON Gaston DE).
Sportsman et hippologue français, né en 1835.

Cheval de Chasse et de Service — L'Hygiène — La Condition — Le Traitement — Suivi d'un Manuel vétérinaire, par le Baron de Fleury. *Paris, Amyot*, 1875.

1 vol. in-12 de IV-360 p.

Cheval de Chasse et de Service — L'Hygiène — La Condition — Le Traitement — Manuel vétérinaire — Suivi de Naughty-Boy, dressage d'un cheval raconté par lui-même. Deuxième Edition. *Paris, Amyot*, 1877.

1 vol. in-12 de IV-291 p.

Cette 2ᵉ édᵒⁿ est semblable à la 1ʳᵉ, sauf l'addition de l'autobiographie hippique « *Naughty-Boy* ». L'ouvrage contient de bons conseils pratiques sur l'entretien en condition des chevaux de service et les traitements qui peuvent leur être appliqués en cas de maladie par les propriétaires eux-mêmes.

FLEURY (Jules-André).
Vétérinaire français, né en 1863, diplômé de Toulouse en 1885.

Précis de Police sanitaire des Animaux domestiques en Algérie, par A. Fleury, Vétérinaire délégué, Chef du Service sanitaire du Département d'Alger. *Alger, Imp. F. Montégut et A. Deguili*, 1911.

1 vol. in-8° de 164 p.

FLEURY (J.-C.).
Pharmacien français, XIXᵉ siècle.

Des avantages d'un nouveau Traitement appliqué aux catarrhes aigus et chroniques, ainsi qu'à la gourme des jeunes Chevaux, suivi de quelques réflexions sur les falsifications des Médicamens les plus usités dans ces Maladies, par J.-C. Fleury, Pharmacien, Membre du Collège de Pharmacie de Paris. *Paris, au Dépôt de l'Auteur, rue des Lombards nᵒ 10 ; ibid., chez Lécluse, Libʳᵉ*, 1829.

Broch. in-8° de 24 p. dont les 6 dernières sont occupées par un catalogue des médicaments vétérinaires qu'on trouve chez l'auteur. Frontispice lith. représentant un cheval bridé et recouvert d'un tapis.

L'opuscule a pour but de préconiser l'emploi d'un *sirop béchique* inventé par l'auteur, et se termine par des considérations sur la morve dont il conteste le caractère contagieux.

FLORENT (Arthur) et FLORENT (Henri).

Cours de Zootechnie. L'Extérieur du Cheval, par M Arthur Florent, Ingénieur Agricole et Expert-Chimiste Agricole, Professeur de Zootechnie à l'Ecole d'Agriculture d'Enghien (1), et M. Henri Florent, Médecin Vétérinaire, Professeur de Zootechnie à l'Institut Sᵗ-Joseph La Louvière et à l'Ecole d'Agriculture d'Enghien — 153 figures dans le texte et 5 grandes planches hors texte. *Enghien, chez l'Auteur, à l'Ecole d'Agriculture ; Renaix, Imp. Leherte-Courtin*, 1909.

1 vol. in-8° de 189 p. avec les pl. et fig. annoncées au titre.

Ecole d'Agriculture annexée au Collège Saint-Augustin, Enghien. Résumé des Cours de Ferrure, par M. Henri Florent, Médecin vétérinaire et M. Arthur Florent, Ingénieur-agricole et Expert chimiste. (*S. L. ni nom d'éditeur*), 1910.

Broch. gr. in-8° de 84 p. avec 73 fig. d. l. t. (Autographiée).

Le Cheval de Trait Brabançon et l'Alimentation rationnelle des Animaux domestiques, par Arthur Florent, Ingénieur-agricole et Expert-chimiste, Conférencier du Gouvernement, Professeur de Zootechnie à l'Institut Sᵗ-Léonard, à Thuin, et Henri Florent,... (etc., comme ci-dessus). *Charleroi, Imp. H. Gobbe-Van de Mergel*, 1913.

Broch. in-8° de XIV-57 p. avec 1 fig. d. l. t.

FLOUEST (Edouard).
Archéologue français, ancien magistrat, né en 1829.

E. Flouest — De quelques Mors de Cheval italiques et de l'Epée de Ronzano en bronze par le Cᵗᵉ Gozzadini, Sénateur du Royaume d'Italie — *Toulouse, au Muséum*

(1) Il s'agit, bien entendu, de l'*Enghien* belge, entre *Mons* et *Bruxelles*.

d'Histoire naturelle; Paris, Ch. Reinwald; Lyon, H. Georg, 1876.
Broch. in-8° de 20 p. avec 13 fig. d. l. t; qui concernent presque toutes les mors. Extrait de la Revue : *Matériaux pour l'Histoire primitive de l'Homme.*
Analyse élogieuse de l'ouvrage du sénateur Gozzadini (voy. ce nom).

FLOWER (E.-F.) et BISHOP (M{ₗₗₑ} E.-R.).

Flower, voyageur et sportsman anglais.

Amélioration de la condition du Cheval. Les mors et les fausses rênes. Chevaux et harnais. Traduit de la brochure anglaise avec l'autorisation de l'Auteur par Mlle E.-R. Bishop. *Paris, E. de Soye et fils*, 1882.

Broch. in-8° de 56 p. Avec une couverture illustrée, un portrait de l'auteur et 7 pl. h. t.

Cet opuscule, devenu rare, est un plaidoyer énergique en faveur de la suppression de l'enrênement. Après une courte notice de l'auteur, suivent des lettres et des extraits de journaux approuvant sa campagne. C'est surtout sur des considérations d'humanité et de dressage que s'appuie l'auteur, et il est regrettable qu'il n'ait pas plus complètement traité la question au point de vue de l'esthétique, car rien n'est plus disgracieux qu'une paire de chevaux enrênés suivant la mode, et à celui de la ruine prématurée des membres postérieurs. S'il m'est permis de joindre une note personnelle à cet aperçu, j'ajouterai que j'ai mené pendant 45 ans ; que je n'ai jamais enrêné mes chevaux ; que j'ai constaté que leur dressage en était singulièrement facilité, et que j'ai toujours et facilement obtenu que ceux en paire portassent la tête à la même hauteur. J'ai convaincu plus d'un amateur par mon exemple.

FOÄCHE (Charles-Arthur, BARON).

Ancien sous-préfet du Havre, il est devenu payeur du Calvados à Caen, où il manifesta son goût très vif pour les chevaux en s'occupant de courses et de questions hippiques, 1788-1873.

Quelques observations sur les Courses de Chevaux instituées dans le Calvados en 1837. Premières Courses du mois d'Août dernier. *Caen, Imp. Pagny* (1837).

Broch. in-8° de 4 p. signée à la fin : le B{ᵒⁿ} Foache, un des souscripteurs pour l'amélioration des races de chevaux dans le Calvados, Sept. 1837.

Observations sur les Courses de Chevaux qui ont eu lieu à Caen les 26 et 27 Août 1837, adressées à la Société royale d'Agriculture et de Commerce de cette ville et à la Société pour l'amélioration des Chevaux normands ; par M. le B{ᵒⁿ} Foache et M. le C{ᵗᵉ} Rochefort d'Ally. *Caen, Imp. Pagny*, 1837.

Broch. in-8° de 12 p.

Les 4 premières p. contiennent la reproduction de la brochure précédente ; la fin contient une lettre du C{ᵗᵉ} de Rochefort d'Ally au rédacteur en chef du *Mémorial du Calvados, de l'Orne et de la Manche.*

Il s'agit de courses au trot, alors à leurs débuts. Le B{ᵒⁿ} Foache s'élève contre le critérium unique de la vitesse, sans qu'il soit tenu compte de la conformation ni des tares. Le C{ᵗᵉ} de Rochefort d'Ally conclut dans le même sens et s'occupe de la concurrence des chevaux étrangers et de la mode des chevaux allemands.

Société royale d'Agriculture et de Commerce de Caen — Observations communiquées à la Séance de Novembre 1838 par M. Foache — Quels sont les débouchés pour la vente des Chevaux de luxe, élevés en Normandie ? — Quels sont les Encouragements offerts aux Eleveurs pour améliorer cette race ? *Caen, Imp. F. Poisson* (1838).

Broch. in-8° de 11 p.

L'auteur critique les procédés des éleveurs qui mettent en vente des chevaux non castrés ou castrés tardivement, engraissés pour la vente, sans préparation de dressage ; ces chevaux, mis brusquement au travail, mal remis de la castration, transportés sous d'autres climats, ne peuvent réussir et tournent mal. Outre les encouragements ordinaires : concours, primes, etc., il demande l'organisation d'un dépôt spécial pour la remonte des écuries royales.

FOÄCHE (Maurice-Adrien, BARON).

Officier de cav{ⁱᵉ} français, né en 1857, sous-lieut{ⁿᵗ} en 1882, cap{ⁿᵉ} en 1898, a quitté le service actif en 1904 ; petits-fils du précédent.

Notes sur l'Elevage des Chevaux en Autriche-Hongrie, par M. Foäche. Ouvrage orné de 34 Photogravures dans le texte. *Paris et Limoges, Henri Charles-Lavauzelle*, S. D. (1898).

1 vol. in-8° de 164 p., avec les gravures annoncées au titre.

Le Cheval Allemand. Son origine — Sa production — Son élevage — Son emploi — Remonte de l'Armée — Par M. Foâche, Capitaine au 5ᵉ Cuirassiers. *Paris, Adolphe Legoupy, Lecaplain et Vidal ses neveux*, Succʳˢ, 1900.

1 vol. in-8° de 116 p., avec 10 médiocres photogravures d. l. t.

FŒLEN (Charles-Joseph-Modeste).

Vétérinaire belge, 1830-1883.

Du Chromate neutre de potasse, de ses divers effets et de son efficacité dans le traitement des hernies ombilicales chez le Poulain, par M. Modeste Fœlen, Médecin-Vétérinaire du Gouvernement à Saint-Trond. *Bruxelles, Henri Manceaux*, 1866.

Broch. in-8° de 31 p.

Manuel populaire sur les soins à donner aux Chevaux, Anes et Mulets employés au travail dans les champs ou dans l'industrie, par Modeste Fœlen, Médecin vétérinaire du Gouvernement, à Saint-Trond. Ouvrage couronné par la Société royale protectrice des animaux sous le patronage de S. M. Léopold II. *Bruxelles, Henri Manceaux*, 1867.

1 vol. in-16 de 115 p.

Des Vices rédhibitoires et de la Garantie dans les ventes et échanges des Animaux domestiques en Belgique, contenant — Le texte de la Loi du 28 Janvier 1850 sur les Vices rédhibitoires — L'arrêté royal du 18 Février 1862 modifiant celui du 29 Janvier 1850 et l'arrêté du 7 Novembre 1865, derniers arrêtés royaux désignant les Vices actuellement réputés rédhibitoires en Belgique. — Les caractères propres à faire reconnaître ces vices — Des commentaires sur la Loi de 1850 pour en faciliter l'application.

— Quelques observations servant à guider les cultivateurs pour éviter des procès et terminer à l'amiable les cas de contestation pouvant résulter des ventes et échanges des animaux domestiques. — Des formules d'actes — Par Modeste Fœlen, Médecin Vétérinaire du Gouvernement à Saint-Trond. *Saint-Trond, Imp. Vanwest-Pluymers*, 1867.

Broch. in-18 de 52 p. dont VII pour la préface.

Manuel de l'éleveur du Cheval croisé en Belgique, suivi des premières opérations de dressage auxquelles il convient de soumettre le jeune Cheval avant de le livrer au commerce, et d'un aperçu sur l'élève du Cheval de course ou de pur sang, par Modeste Fœlen, Médecin vétérinaire du Gouvernement à St-Trond, Membre correspondant de la Société impériale et centrale de Médecine vétérinaire de Paris, Membre et adjoint au comité de rédaction de la Société centrale d'Agriculture de Belgique, Membre honoraire de la Société de Médecine vétérinaire de Liège, collaborateur des *Annales vétérinaires* de Bruxelles, etc. (Ouvrage couronné par la Société pour l'encouragement de l'élève du cheval en Belgique). *Bruxelles, Henri Manceaux*, 1868.

Broch. in-12 de 88 p. dont VIII pour la Préface.

Traité élémentaire d'hygiène appliquée à l'Economie rurale, par Modeste Fœlen, Médecin-vétérinaire du Gouvernement à Saint-Trond..., etc. Ouvrage couronné par l'Association libre des Cultivateurs de Ghistelles. *Liège, H. Dessain*, 1870.

1 vol. in-18 de 116 p.

Concerne en grande partie le cheval.

Rapport sur un travail de M. Degive intitulé : De la castration des animaux cryptorchides, par M. Fœlen, vétérinaire. *Bruxelles, H. Manceaux*, 1875.

Broch. in-8° de 16 p.

FOLARÇON.
Pseudonyme du Gal Abonneau (Pierre-Charles-Adalbert), né en 1854, sous-lieuten^{nt} 1876, g^{al} de div^{on} en 1911.

Quand j'étais Brigadier. Joyeux récits de Chambrée, par Folarçon. *Paris, Calmann-Lévy*, 1885.

1 vol. in-18 de IV-276 p. Dédicace à Richard O'Monroy (1) et préface de ce dernier. Couverture illustrée.

Suite de récits humoristiques qui se déroulent dans la cav^{ie}.

FOLARD (Jean-Charles, CHEVALIER DE).
Officier, tacticien et célèbre écrivain militaire français, 1669-1752. Après avoir été sous-lieut^{nt} au rég^t de Berry, puis employé dans un corps de partisans, il fit de nombreuses campagnes en Allemagne et en Italie; fut nommé cap^{ne} en 1702, fut blessé à Cassano et à Malplaquet, passa en 1714 au service de Malte, puis à celui du roi de Suède Charles XII, revint en France, fut nommé mestre de camp à la suite et fit encore en 1719 une campagne contre les Espagnols.

Ses ouvrages suscitèrent d'ardentes polémiques que son caractère cassant, sa suffisance et sa vanité envenimèrent, et il finit par entrer dans la secte des convulsionnaires.

Outre ses ouvrages de tactique générale, il a publié, d'après Quérard (*France littéraire*) et Bardin (*Dict^{re}*), un ouvrage sur la cav^{ie} sous le titre suivant :

Fonctions et devoirs d'un Officier de Cavalerie par le Chevalier de Folard. *Paris*, 1733.

1 vol. in-12.

Toutes mes recherches pour retrouver cet ouvrage sont demeurées infructueuses.

FOLLAVOINE (Henri) (pseudonyme).

Les Ecuyères, silhouettes et croquis Saumurois à la plume et à la cravache, par Henri Follavoine. *Saumur, S. Milon fils*, 1888.

Broch. in-18 de 41 p. (vers).

FOLLIN (F.-E.), voy. GOUBAUX (A.-C.).

(1) Richard O'Monroy, pseudonyme de M le Vte Jean-Edmond-Richard de l'Isle de Falcon de St-Geniès, officier de cav^{ie} et littérateur français, né en 1849, sous-lieut^t en 1870, capitaine en 1880, démissionnaire en 1892.

FONCTIONS... D'UN OFFICIER DE CAVALERIE.
Des Fonctions et du principal Devoir d'un Officier de Cavalerie. *Paris, Etienne Ganeau*, 1725.

1 vol. in-16 de 14 f^{ts} non ch. pour le fx-titre, le titre, l'Avis au lecteur et l'Avant-propos, 154 p. de t. et 3 f^{ts} pour la Table des chapitres et le Privilège.

Des Fonctions et du principal Devoir d'un Officier de Cavalerie, augmentées de Réflexions sur l'Art Militaire. *Paris, Ganeau*, 1726.

1 vol. in-16 de 14 f^{ts} non ch. pour le fx-titre, le titre, l'Avis au lecteur et l'Avant-propos, 174 p. de t. et 1 f^t pour la Table.

Ce petit ouvrage donne le détail du service de la Cav^{ie} au commencement du XVIIIe siècle : gardes, détachements, fourrages, convois, formations et combats. A signaler la recommandation au capitaine de faire manœuvrer son escadron à la muette. On disait alors : « par « signaux ».

L'éd^{on} de 1726 est une simple réimpression de la 1re à laquelle on a ajouté 20 p. pour les *Réflexions sur l'Art militaire*, qui ont un caractère général et ne s'appliquent pas spécialement à la cav^{ie}.

D'après *Barbier*, l'auteur est M. de Langeais; d'autres l'attribuent à M. de Lamont. Je crois la première attribution meilleure.

FONROUGE (F.).
Vétérinaire français, commencement du XIXe siècle.

Précis de l'Epizootie ou Fièvre muqueuse symptomatique qui règne sur les Chevaux d'un grand nombre de Départemens de la France ; son traitement, ses causes, etc., par F. Fonrouge, Artiste vétérinaire, Elève de l'Ecole d'Alfort. *Nevers, Bonnot*, 1825.

Broch. in-8° de 43 p.

FONTAN (Jean-Marie-Dominique).
Vétérinaire français, né en 1855, diplômé de Toulouse en 1877.

L'Art de conserver la santé des Animaux dans les Campagnes, par J. M. Fontan, Vétérinaire, Membre Correspondant de la Société de Médecine vétérinaire de Paris. *Tarbes, Imp. Larrieu*, 1887.

1 vol. in-8° de 290 p.
Cette éd{on} avait été imprimée aux frais de l'auteur. En 1894, la maison Baillière en donna une nouvelle éd{on} en l'accompagnant de fig.

L'Art de conserver la santé des Animaux dans les Campagnes. Nouvelle Médecine vétérinaire domestique par J. M. Fontan, Vétérinaire, Lauréat de la Société des Agriculteurs de France — Ouvrage couronné par la Société des Agriculteurs de France — Hygiène vétérinaire — Pharmacie domestique — Police sanitaire et Jurisprudence vétérinaire — Avec 100 figures intercalées dans le texte. *Paris, J.-B. Baillière et fils*, 1894.

1 vol. in-18 de 378 p.

Même ouvrage, même titre — *Deuxième édition* (1) revue et corrigée — Avec 100 figures intercalées dans le texte — *Paris, J.-B. Baillière et fils*. 1908.

1 vol. in-18 de 387 p.

Le cheval occupe une place importante dans cet ouvrage.

Vade-mecum du Vétérinaire sanitaire, par J.-M. Fontan, Vétérinaire départemental des Hautes-Pyrénées, Lauréat du Ministère de l'Agriculture et de la Société des Agriculteurs de France — En vente chez l'Auteur, à Tarbes — *Paris, Charles Amat*, 1908.

1 vol. in-16 de XII-220 p.

FONTENY (J. DE).

Estrennes de l'Asne par J. de Fonteny, Parisien. *A Paris, par Denis Binet, pres la porte sainct Marceau à l'image saincte Barbe*, 1590.

Broch. pet. in-8° de 14 p. Vignette représentant un âne sur le titre.

Eloge burlesque en vers de l'âne et de ses qualités. Réimpression faite à Arras par Rousseau-Leroy.

FONTROBERT (Charles-Henri DONNET DE).

Officier des Haras français, né en 1827, élève diplômé de l'Ecole des Haras en 1848, secrétaire d'administration au Pin en 1849, agent spécial à divers dépôts de 1850 à 1863, époque à laquelle il fut nommé sous-inspecteur. Directeur au dépôt de Perpignan en 1865, à Cluny en 1866, à Besançon en 1879 et à Lamballe en 1880, il fut retraité en 1887.

La question des Haras, par M. Charles de Fontrobert. *Paris, Imp. Morris*, 1871.

Broch. in-b° de 15 p.

L'ancienne Ecole des Haras — Son rétablissement, par Ch. de Fontrobert. *Paris, Jules Boyer*, 1872.

Broch. in-8° de 15 p.

L'auteur, alors directeur à Cluny, demande le rétablissement de l'Ecole des Haras, fondée en 1840 par Dittmer (voy. ce nom) et supprimée en 1852. Elle fut rétablie par l'art. 3 de la Loi de 1874. (Voy. *Lois, Décrets et Règlements sur les Haras*).

FORMANOIR DE LA CAZERIE (Alfred-Léopold-Joseph-Philomène DE).

Officier d'Etat-Major belge, 1836-1875.

Conférences militaires Belges — Etude sur la tactique de la Cavalerie, par A. de Formanoir, Capitaine d'Etat-Major. Avec vingt et une gravures. *Bruxelles, Muquardt et Paris, Dumaine*, 1872.

1 vol. in-16 de 160 p.

FORMATION D'ÉCLAIREURS A CHEVAL.

Etude sur la Cavalerie légère — Formation d'Escadrons d'Eclaireurs à cheval. *Paris, J. Dumaine*, 1868.

1 vol. in-8° de 145 p. avec 7 pl. h. t. coloriées représentant des détails d'uniforme et de harnachement.

Cette étude anonyme est l'œuvre de M. Cabasse (Joseph-Alphonse), officier de cav{le} français, 1836-1885. Sous-lieut{nt} en 1857, cap{ne} en 1871; a quitté le service actif en 1872 après avoir fait de nombreuses campagnes en Afrique, celle de 1859 en Italie, et celle de 1870-71 contre l'Allemagne.

FORME (LA) DES TOURNOIS., voy. BLANGY (A. DE).

FORMIGNY DE LA LONDE (A.-R.-R. DE).

Note sur les développements des

---

(1) C'est bien la 2ᵉ éd{on} publiée chez Baillière, mais, en réalité, c'est la 3ᵉ.

Bibliogr. hippique. T. 1. — 32.

Courses de Chevaux en France depuis 1776 jusqu'à la fondation des Courses de Caen en 1837, par A. R. R. de Formigny de la Londe, Membre fondateur du Comité des Courses de Caen, Secrétaire de la Société d'Agriculture et de Commerce de Caen, Vice-Président de la Société des Antiquaires de Normandie, etc. *Caen, Imp. Le Blanc-Hardel,* 1879.

Broch. gr. in-8° de 24 p. avec une héliogravure d'après une lithographie de Le Nourichel, représentant une course à Caen en 1837.

Les renseignements donnés par cet opuscule sont en partie tirés du *Calendrier des Courses* de Thomas Bryon (voy. ce nom).

FORMULAIRE DU CHEVAL DE COURSE.

Formulaire du Cheval de course; par le Chef d'escadron D***. Prix 1 franc. *Paris, aux Bureaux de la Revue des Jeux,* 1891.

Broch. in-16 de 31 p.

Dans sa conclusion, l'auteur dit qu'il a eu pour but de faire entrer la science du cheval dans le domaine des sciences pures et appliquées.

FORMULE D'INSTRUCTION SUR LES CHEVAUX DE GUERRE.

Formule d'Instruction sur les Connaissances générales des Chevaux de Guerre, et sur d'autres objets relatifs à la Cavalerie, à l'usage de l'Ecole d'Equitation établie à Besançon. *Besançon, Charmet,* 1764.

Broch. in-8° de 52 p., que je ne connais que par le catalogue de la Bibl. Huzard.

FORNO (DE).

Observations sur différens Mémoires concernant les Haras dans lesquelles on trouvera quelques réflexions succinctes sur les Etalons du Dépôt et sur l'Académie du Roi de Besançon, par le Capitaine de Forno, citoyen de Besançon. *Besançon, Imp. J.-F. Couché,* 1790.

Broch. in-8° de 43 p.

Cette brochure répond principalement au *Mémoire sur les Haras* publié la même année (voy. ce titre) et en blâme l'anonymat, ainsi qu'à la brochure de *Brasier* (voy. ce nom).

FOROT (Victor).

Ingénieur civil et historien français.

Episodes révolutionnaires en Corrèze (1790-1791) — Le Royal-Navarre-Cavalerie et son Chef, par Victor Forot, Ingénieur civil, Président du Comité départemental des études sur la Révolution française, Chevalier et Officier de plusieurs ordres français et étrangers. *Paris, Paul Cheronnet,* 1906.

1 vol. in-8° de 114 p.

Récit d'un épisode révolutionnaire auquel fut mêlé Royal-Navarre-Cavalerie et qui se termina par l'assassinat d'un de ses officiers.

FORSANZ (Hilarion-François-Marie DE).

Général de Div^{on} français (cav^{ie}), né en 1840. Sous-lieut^{nt} en 1860, colonel en 1890, général de div^{on} en 1899, passé dans le cadre de réserve en 1905.

Conférences de M. le Général Roth de Schreckenstein sur le Service de sûreté en campagne, la Tactique et la Stratégie, à l'usage des Officiers subalternes de Cavalerie, par H. de Forsanz, Capitaine au 14e Dragons, Officier d'ordonnance de M. le Maréchal Canrobert — Extrait du *Journal des Sciences militaires* (Nov. 1874-Août 1875). *Paris, J. Dumaine,* 1875.

1 vol. in-8° de 153 p. avec 5 pl. h. t.

Ces conférences, rédigées d'après un manuscrit allemand communiqué à M. le Cap^{ne} de Forsanz, ont été faites à l'époque où le général Roth de Schreckenstein était professeur à l'académie militaire de Berlin, avant 1870 et même avant 1866. Elles s'adressent aux officiers de cav^{ie}, mais au point de vue général de leur instruction militaire. Elles traitent par conséquent des différentes armes ; toutefois la cav^{ie} y occupe une place prépondérante. Elles prouvent enfin combien l'instruction pratique des officiers de cav^{ie} prussienne était alors en avance sur celle des officiers d'autres armées.

FORSTER (L.), voy. WEHENKEL.

FOUAN (Charles-Jacques-Aimé).

Officier d'Etat-Major français, né en 1813, sous-lieut' en 1831, cap^ne en 1839, réformé en 1844. Campagnes d'Algérie en 1841 et 42.

Aide-Mémoire militaire à l'usage des Officiers d'Infanterie et de Cavalerie, par Ch. de Fouan, Capitaine au 46e de Ligne. *Paris, Blot,* 1844.

1 vol. in-16 de 192 p.

Même ouvrage, même titre. *Paris, J. Dumaine,* 1844.

1 vol. in-16 de VIII-267 p. avec 11 pl. h. t. contenant de nombreuses fig.

Outre les pl., cette éd^on contient deux tables des matières et plusieurs articles qui ne se trouvent pas dans la première.

La cav^le occupe la 4e partie, p. 109 à 124 des deux éd^ons. C'est un petit cours d'hippologie. De nombreuses généralités : Reconnaissances, Indices, Partisans, Convois, Fourrages, etc., lui sont en outre applicables.

FOUBERT (LE SIEUR DE), voy. MARKHAM (G.).

FOUCART (J.-B.), voy. CAVALCADES DE VALENCIENNES.

FOUCART (Paul-Jean).

Général français (inf^ie), né en 1852, sous-lieut^nt en 1871, général de brigade en 1911.

La Cavalerie pendant la campagne de Prusse (7 Octobre — 7 Novembre 1806) d'après les Archives de la Guerre, par P. Foucart, capitaine d'Inf^ie hors cadres, employé à l'Etat-major de la 2e Division de Cavalerie. *Paris et Nancy, Berger-Levrault,* 1880.

1 vol. in-12 de VIII-270 p.

Campagne de Pologne. Novembre-Décembre 1806 — Janvier 1807. (Pultusk et Golymin), par P. Foucart, Cap^ne au 26e Bataillon de Chasseurs à pied. *Paris et Nancy, Berger-Levrault,* 1882.

2 vol. in-12 de XVI-543 et 495 p., avec 3 cartes et 2 tableaux.

Ouvrage qui fait suite au précédent et qui contient de nombreux renseignements sur la cav^le.

Campagne de Prusse (1806) Iéna ; par P. Foucart, Cap^ne breveté au 39e Rég^t d'Infanterie. *Paris et Nancy, Berger-Levrault,* 1887.

1 vol. in-8° de XVI-730 p., avec 2 cartes et 3 croquis.

Campagne de Prusse (1806) Prenzlow-Lubeck, d'après les Archives de la Guerre, par P. Foucart, Chef de Bataillon d'Infanterie hors cadres. *Paris et Nancy, Berger-Levrault,* 1890.

1 vol. in-8° de XXVI-960 p., avec 3 cartes et 13 tableaux.

Ces deux derniers volumes sont destinés à remplacer *La Cavalerie pendant la Campagne de Prusse*, ouvrage cité ci-dessus et épuisé.

Une Division de Cavalerie légère en 1813. Opérations sur les communications de l'Armée. Combat d'Altenburg — 28 Sept. 1813 — par le Commandant Foucart... etc. *Paris et Nancy, Berger-Levrault,* 1891.

1 vol. gr. in-8° de 138 p., avec 1 carte.

Publication de la Société *La Sabretache*. — L'Inspection générale de 4e, 6e, 7e et 8e Rég^nts de Cuirassiers par le Général Préval (*voy. ce nom*) en Septembre 1810, par le Commandant Foucart. *Paris et Nancy, Berger-Levrault,* 1894.

Broch. gr. in-8° de 32 p.

Publication de la Société *La Sabretache*. — L'Armement des Cuirassiers en 1811, par le Commandant Foucart. *Paris et Nancy, Berger-Levrault,* 1894.

Broch. gr. in-8° de 39 p.

Malgré l'indication du titre, ces deux dernières brochures n'ont pas été primitivement publiées dans le *Carnet de la Sabretache*, mais dans la *Revue de Cavalerie* (voy. ces titres).

Bautzen (une bataille de deux jours) 20-21 Mai 1813, par le Commandant Foucart, Chef de bataillon au 54e Rég^t d'Infanterie. — Avec 4 croquis — *Paris et Nancy, Berger-Levrault,* 1897.

1 vol. in-8° de XII-339 p.

Bautzen. La poursuite jusqu'à l'armistice. 22 Mai — 4 Juin 1813, par le Lieut^nt-Colonel Foucart, du 124e Rég^t d'Infanterie — Avec un croquis — *Paris et Nancy, Berger-Levrault,* 1901.

1 vol. in-8° de 375 p.

Le premier ouvrage sur Bautzen ne

contient que quelques passages relatifs à la cav^ie, mais on trouve dans le 2e le récit détaillé et intéressant de plusieurs affaires de cav^ie.

Le même auteur a publié, à partir de 1888, de nombreux articles sur la cav^ie dans la *Revue de Cavalerie*, parmi lesquels : *Cavalerie d'Armée — Un Rapport du Gal Nansouty — Notes sur les Lanciers — Renforts de Cavalerie et Remontes à la Grande Armée en 1806 et 1807 — Régiments provisoires et détachements de Cavalerie — Un Mémoire du Gal Préval sur l'organisation de la Cavalerie*, etc.

FOUCHER (E.), voy. RICHARD (Adolphe).

FOUCHER (Stanislas-Pierre).

Vétérinaire militaire français, né en 1837, diplômé d'Alfort et aide-vétérinaire en 1860, vétérinaire en 1er en 1874, principal de 1re cl. en 1891, retraité en 1895.

Du feu en pointes fines et pénétrantes, par M. Foucher, Vétérinaire en premier au 12e Hussards. *Paris, Imp. E. Donnaud*, 1876.

Broch. in-8° de 27 p.

Du feu en aiguilles, par M. Foucher, Vétérinaire en premier du Dépôt de Remonte d'Angers, Chef du service vétérinaire du 5e Corps d'armée, Membre de la Société Vétérinaire des départements de l'Ouest, Membre de la société de Médecine d'Angers, Membre correspondant de la Société de Médecine-Vétérinaire de la Charente-Inférieure. *Angers, Imp. Lachèse et Dolbeau*, 1881.

1 vol. in-8° de 104 p. avec 1 pl. Dédicace à M. H. Bouley, Membre de l'Institut et Insp^r g^al des Ecoles vétérinaires.

Sans être l'inventeur du feu en aiguilles, M. Foucher a apporté d'heureuses modifications à son emploi et a puissamment contribué à en répandre l'usage.

FOUCHER DE CAREIL (Louis-Alexandre, COMTE).

Eleveur, diplomate et homme politique français, 1826-1891. Après quelques voyages d'études, il s'occupa de travaux littéraires et publia plusieurs ouvrages de philosophie et d'histoire. Conseiller général du Calvados pour le canton de Dozulé, il se présenta sans succès à la députation en 1863 et en 1869 ; fit un voyage aux Etats-Unis, en revint au moment de la guerre et dirigea les ambulances des légions mobilisées de Bretagne. Préfet des Côtes-du-Nord en 1871, de Seine-et M. en 1872, destitué en 1873, il échoua aux élections de 1875 dans les Côtes-du-Nord, mais fut élu sénateur de Seine-et-M. en 1876 et réélu en 1882. En 1883, il fut nommé ambassadeur à Vienne et donna sa démission après le vote de la loi de 1886 sur l'expulsion des princes.

La liberté des Haras et la crise chevaline en 1864 par M. le Cte Foucher de Careil, Conseiller général du Calvados, membre de la Société d'Agriculture de Caen, etc. *Paris, E. Dentu*, 1864.

Broch. in-8° de 95 p., dont un appendice ajouté à la broch. primitive et qui occupe les p. 85 à la fin.

Plaidoyer pour le maintien de l'organisation des Haras et contre les mesures annoncées par le g^al Fleury dans son rapport du 25 nov. précédent, mesures qui tendaient à remplacer progressivement par les ressources de l'industrie privée celles fournies jusqu'alors par les étalons de l'Etat. La vente à des particuliers d'étalons provenant des dépôts du Pin et de S^t-Lô avait été un commencement d'exécution, précédé de deux ans par la déplorable suppression de la jumenterie de Pompadour (1).

Note sur la question chevaline, par l'Auteur de la Brochure sur la Liberté des Haras et la crise chevaline en 1864. *Paris, Imp. Ad. R. Lainé et J. Havard*, S. D.

Plaquette in-8° de 4 p. non ch.

Les Haras devant les Chambres, par A. Foucher de Careil, Sénateur — Extrait de la *Nouvelle Revue* du 1er Juin 1883. — *Paris, Typ. Georges Chamerot*, 1883.

Broch. gr. in-8° de 30 p.

FOUCRIÈRE (Charles-Léon).

Officier d'inf^ie français, né en 1849, sous-lieut^nt en 1871, passé comme cap^ne dans l'Intendance et de là dans le corps du Contrôle.

Publications de la Réunion des Officiers — Mélanges militaires XXVIII, XXIX — La Cavalerie de Réserve sur le Champ de Bataille, d'après l'italien, par Foucrière,

(1 Rétablie par a loi de 1874.

Sous-Lieutenant au 81ᵉ Régiment. *Paris, Ch. Tanera*, 1872.

Broch. pet. in-8° de 25 p.

Discussion historique, avec exemples à l'appui, sur l'utilité de la cavalerie pendant et après le combat.

FOUDRAS (Théodore-Louis-Auguste, MARQUIS DE).

Romancier français, 1800-1872. La plupart de ses nombreux ouvrages décrivent les mœurs et les habitudes du monde élégant, et les récits de chasse y tiennent la première place. Il y est donc très souvent question de chevaux de chasse ; mais l'ouvrage suivant est entièrement consacré à l'histoire romanesque d'un cheval.

Le beau Favori, par le Marquis de Foudras. *Paris, Alexandre Cadot*, 1857

3 vol. in-8° de 335, 328 et 320 p.

FOUGÈRE (François).

Officier de cavᵉ français, 1792-1842. Entré au service au 6ᵉ léger en 180 ; caporal en 1811 ; passé au Régiment du Roi en 1814 comme Tambour-Major ; licencié en 1815 ; sergent au 6ᵉ Régᵗ d'infᵗᵉ de la Garde royale en 1816 ; sergent-major en 1819 : Garde du Corps de 3ᵉ cl. (sous-lieutⁿᵗ) en 1820, à la Compᵗᵉ de Gramont ; de 2ᵉ cl. (lieutⁿᵗ) en 1824 ; licencié en 1830 ; lieutⁿᵗ au 10ᵉ cuirassiers en 1831 ; capitaine en 1832 ; mort en activité de service. Campagnes de 1807 et 1808 en Portugal ; 1809, 1810, 1811, 1812, 1813 en Espagne ; un coup de feu en 1810 ; un coup de baïonnette en 1811 ; un coup de feu en 1813.

Manuel du Brigadier par demandes et par réponses, contenant ses devoirs dans toutes les positions, par le Capitaine Fougère. *Metz, Verronnais*, 1839.

1 vol. in-32 de 180 p.

L'ouvrage a eu en 1841 une 2ᵉ édⁿ à laquelle on a ajouté les Ecoles du Cavalier à pied et à cheval et 58 pl. d'après l'ordonnance de 1829. Ce volume avait 410 p.

Manuel des Sous-Officiers de Cavalerie, par demandes et par réponses, contenant leurs devoirs pour chaque grade, d'après les Règlements et les Ordonnances en vigueur, par Fougère, Capitaine Commandant au 10ᵉ Régiment de Cuirassiers. *Metz, Verronnais*, 1841.

1 vol. in-32 de 355 p. dont les 3 dernières sont occupées par des annonces d'ouvrages militaires à la libᵗᵉ Verronnais.

Ces sortes de manuels sont toujours utiles et continuent à être publiés avec un succès dont témoignent leurs nombreuses éditions ; mais ils l'étaient plus encore à cette époque où certains règlements qui n'avaient pas été refondus depuis la Révolution, notamment le Service des Places, avaient été cependant considérablement modifiés dans la pratique.

Les manuels du Capⁿᵉ Fougère sont rédigés avec soin et clarté.

FOUGEROUX DE CAMPIGNEULLES.

Magistrat français, 17...-1836.

Histoire des Duels anciens et modernes, contenant le tableau de l'origine, des progrès et de l'esprit du Duel en France et dans toutes les parties du Monde ; avec notes et éclaircissemens sur les principaux Combats singuliers depuis l'antiquité jusqu'à nos jours. Par M. Fougeroux de Campigneulles, Conseiller à la Cour royale de Douai, membre de plusieurs Sociétés savantes. *Paris, Just Tessier ; Paris et Genève, Ab. Cherbuliez*, 1835.

2 vol. in-8° de VIII-464 p. au T. I, 464-61 p. au T. II.

L'ouvrage contient un chapitre entièrement consacré aux tournois et plusieurs récits de joutes hippiques et de duels à cheval.

FOULD (Achille-Marcus).

Homme politique français, 1800-1867. D'abord conseiller général des Hautes-Pyrénées où il possédait de grandes propriétés, il fut ensuite élu député de Tarbes en 1842, puis représentant de la Seine à la Constituante et à la Législative en 1848-49. De 1849 à 1851, en 1852, et de 1861 à sa mort, il fut ministre des finances. Après sa démission en 1852, il avait été nommé sénateur et ministre d'État puis membre du Conseil privé en 1861. Il avait été élu en 1857 membre de l'Académie des Beaux-Arts.

Rapport adressé au Citoyen Ministre de l'Agriculture et du Commerce au nom de la Commission instituée en vertu de son Arrêté en date du 25 Avril 1848. *Paris, Imp. Paul Dupont* (1848).

Broch. in-4° de 61 p. signée à la fin par le rapporteur de la Commission Achille Fould.

Pour le détail, l'organisation et la composition de cette commission, instituée par le Ministre de l'Agriculture et du Commerce Bethmont pour étudier toutes les questions relatives à la production chevaline en France et aux remontes, voy. Gayot, *la France chevaline*, T. I de la 1re partie, p. 330 et suiv. Cette commission se composait de 39 membres, choisis parmi les hommes les plus compétents sur ces questions, éleveurs, officiers des haras, hippologues, vétérinaires, sportsmen, quatre généraux de division et un colonel de cavalerie. En ce qui concerne ses travaux, ses propositions et ses conclusions, le rapport d'Achille Fould en donne une fidèle analyse.

FOUQUET DE BEAUREPERE ou BEAUREPAIRE (Samuel).

Ecuyer de la Grande Ecurie du Roi, xviie siècle. On ignore, dit Duplessis, (voy. ce nom), la date de sa naissance et celle de sa mort; mais, d'après certains passages de ses ouvrages, on peut supposer qu'il était né au commencement du xviie siècle, et d'après la dédicace de Colletet pour *Le Cavalier Parfait*, qu'il est mort peu avant 1678. Il était parent de Nicolas Fouquet, le surintendant des finances de Louis XIV, qui fut condamné, comme concussionnaire, à la détention perpétuelle.

Traité des Remedes les plus utiles & necessaires pour la guerison des Cheuaux. Reveu & Augmenté en cette *seconde Edition*. Par le Sieur de Beaurepere, Escuyer de la Grande Escurie du Roy. *Seconde partie* — *A Paris, chez Iacques Le Gras, à l'entrée de la Galerie des Prisonniers, au Palais*, 1663.

1 vol. pet. in-8° de 152 p., plus, à la fin, 2 fts pour la table et le privilège.

Ce n'est pas un ouvrage séparé. Il forme, avec un titre et une pagination particuliers, la 2e Partie de la 2e Edon (de 1664) de l'*Art de Monter à Cheval* de Delcampe (1), ami de Fouquet. Les mots *Seconde Edition* et *Seconde Partie* s'appliquent donc à l'ouvrage de Delcampe. D'ailleurs les *Remedes les plus efficaces*..., qui terminent la 1re édon de Delcampe (1658), quoique non signés, sont aussi l'œuvre de Fouquet.

Traitté des Embovchvres; qui descouvre au Public la plus certaine & facile Methode pour reüssir en l'Art de bien brider & emboucher les Cheuaux, pour la iustesse de leur Maneige, pour les Coureurs de Chasse, & pour ceux qui font voyage, afin de leur bien asseurer & conserver la bouche. Enrichy d'un Recveil de plvsievrs belles remarques aussi curieuses que necessaires a tous ceux qui ont dessein de reüssir en l'Art de monter à Cheval, & de dresser des Cheuaux; le tout tiré de diuers excellens Autheurs, pour l'Instruction (sic) de ceux qui cherissent cet Exercice. Par Messire Samuel Fovqvet, Escuyer, Sieur de Beaurepere, Gentilhomme natif d'Anjou, Escuyer de la grande Escurie du Roy. Dédié à son Altesse Monseigneur le duc de Guise (1). *A Paris, chez Iacques le Gras*... (*etc., comme ci-dessus*), 1663.

1 vol. in-4° de 8 fts limres pour le titre, la Dédicace, la Lettre au Lecteur, l'Avant-Propos, la Table des Chapitres et 136 p., la dernière contenant le Privilège, avec 21 pl. à pleine p., mais comptant dans la pagination : 15 pl. de mors ; 1 pl. pour l'Extérieur du Cheval (gravée sur cuivre, toutes les autres sont sur bois) ; 1 pl. pour la selle et les étriers ; 1 pour les éperons ; 1 pour le mors de filet ; 1 pour 2 cavessons ; 1 pour le mastigadou (sic) et un 3e cavesson.

Dans quelques rares exemplaires, se trouve en frontispice un beau portrait du duc de Guise, sans légende, mais avec les armes de Lorraine au bas du cadre ovale, par Larmessin (2).

Les *Belles Remarques*, qui terminent l'ouvrage, concernent l'équitation et surtout le dressage.

Le Modele du Cavalier François, divisé en trois parties. Par le Sieur

---

(1) Voy. ce nom pour ses ouvrages et pour les autres édons de l'*Art de Monter à Cheval* qui contiennent aussi le *Traité des Remedes* de Fouquet.

(1) Il s'agit de Henri II de Lorraine, 5e duc de Guise, 1614-1664, qui mena la vie d'aventures la plus extraordinaire. On le retrouve au fameux Carrousel de 1662, où il figurait en « Roy Amériquain ». Il est représenté à cheval, p. 59 de l'ouvrage de Perrault (voy ce nom).

(2) Larmessin ou L'Armessin (Nicolas de), le père, excellent dessinateur et graveur, né en 1640. On ne sait rien d'autre sur sa vie.

FOU — 503 — FOU

de Beaurepere, Gentilhomme de la Province d'Anjou, Escuyer du Roy. *A Paris, de l'Imp. d'André Chouqueux, rüe Sainct-André des Arcs, à l'Image Sainct Nicolas. Et se vend chez l'Auteur, au Faux bourg S. Germain, rüe Saincte Marguerite, au Carrefour S. Benoist, chez un Boulanger, à la seconde Chambre,* 1665.

1 vol. in-4° de 4 f^{ts} lim. pour le titre, la table et le privilège, accordé à Beaurepere lui-même, 142 p. pour la 1re partie : *le Modele du Cavalier* ; 72 p. pour la 2e : *l'Escurie*, et 136 p. pour la 3e : *Traité des Embouchures.*

La 1re partie est un *Traité d'Equitation*, la 2e un *Traité d'hygiène et de médecine du Cheval*, là 3e est le *Traité des Embouchures de 1663*, et c'est la même éd^{on} de laquelle on a supprimé le titre et la dédicace au duc de Guise, mort l'année précédente, mais avec les mêmes pl. et aussi, à la fin, les *Belles Remarques*, avec le privilège accordé à Jacques Le Gras en 1663.

Le Modele du Parfait Cavalier qui enseigne à la Noblesse tous les plus beaux Airs du Maneges (sic). Avec un Excellent Traité de la manière de bien entretenir un Cheval en bonne santé, & divers remedes esprouvees (sic) pour leurs maladies, nouvellement mises au iour. — Divisé en trois parties — Par le Sieur de Beaurepere, Escuyer du Roy. *A Paris, chez Jean-Baptiste Loyson, au Palais, à l'entrée de la salle d'Auphine, du costé de S. Bartellemy, à la Croix d'or,* 1671.

1 vol. in-12 de 4 f^{ts} lim^{res} pour le titre et le privilège (qui se trouve quelquefois entre les deux parties) et 412 p., avec 5 pl. h. t., la dernière pour l'*Escurie;* copies réduites, légèrement modifiées et inversées pour deux d'entre elles de celles de la *Pratique du Cavalier* de René de Menou, Sr de Charnizay (voy. ce nom).

Ces copies avaient déjà été utilisées pour l'*Art de monter à Cheval* de Delcampe. Elles sont signées G.(abriel) Ladame, l'auteur des pl. du *Traité de Voltige* d'Imbotti de Beaumont (voy. ce nom).

Les 2 premières parties sont le *Modèle du Cavalier* et le *Dialogue de l'Autheur*, par demandes et réponses ; la 3e est l'*Ecurie*.

Le Cavalier parfait, qui enseigne à la jeune Noblesse la maniere de se rendre habile homme de Cheval & de se conduire au Manege. Le tout represente par Figures & divisé par Chapitres & raisonnements en forme de Dialogues, sur les Termes de l'Art, avec quelques Entretiens curieux touchant la beauté & bonté du Cheval. Et l'Ordre que l'Escuyer doit tenir pour bien commencer son Escholier, & ce que l'Escolier doit pratiquer pour se tenir de bonne grace sur la selle & manier le Cheval — Dedié à Monseigneur le Daufin (sic) (1). *A Paris, chez Iean-Baptiste Loyson, au Palais, vis-à-vis la Sainte Chapelle, à la Croix d'or,* 1678.

1 vol. in-12.

C'est la même éd^{on} que celle de 1671, décrite ci-dessus, mais les exemplaires de 1678 présentent quelques variantes.

Les premiers contiennent 8 f^{ts} non ch. pour le titre, la dédicace au Dauphin, signée Colletet (2), l'Avis à la Noblesse Cavalière, la Table et 268 p. Ces exemplaires ne contiennent pas l'*Ecurie* et n'ont, par conséquent, que 4 pl.

Dans les autres, le titre a été réimprimé : on y a corrigé l'orthographe du mot Daufin, maintenant écrit : Dauphin ; la signature de Colletet à la fin de la dédicace a été remplacée par la simple initiale C. ; la partie de l'*Escurie* a été rétablie, ainsi que la 5e pl. qui s'y rapporte et la *Table générale* des deux parties. L'ouvrage a alors 512 p. avec les mêmes pièces lim^{res}.

Ceux des exemplaires de 1678 qui sont complets diffèrent de ceux de 1671 : — par quelques mots changés au titre, duquel, en outre, a disparu le nom de l'auteur qui ne figure plus qu'à la dédicace, — par l'addition de cette dédicace et par celle de l'*Avis à la Noblesse*

(1) Il s'agit de Louis de France, dit le *Grand Dauphin*, fils de Louis XIV, 1661-1711. Il faisait alors ses études, y compris celle de l'Equitation, sous la direction « des plus « habiles hommes du Royaume et de l'Europe, « dans les Sciences et dans les Arts... », comme le lui dit Colletet dans sa dédicace.

(2) François Colletet, pauvre poète médiocre et besogneux, ridiculisé par Boileau, né en 1628, mort en 1680. C'est dans cette dédicace qu'il annonce que Beaurepere « a esté prevenu « de la mort » et que « c'est un office d'amy « qu'il est bien aisé de rendre à sa mémoire... », en publiant de nouveau son livre.

Pour un autre ouvrage de Colletet, voy. *Entr.e de Louis XIV.*

Cavalière, mais c'est bien cependant la même éd^on

Les principes d'équitation de Fouquet de Beaurepere, qui s'inspire surtout de Pluvinel et un peu aussi de Newcastle (voy. ces noms), n'ont rien de bien personnel. Ses remèdes sont déplorables et sa ferrure est loin d'être en progrès.

Ses ouvrages sont rares, surtout son *Traité des Embouchures* et l'éd^on in-4° de 1665 du *Modèle du Cavalier François*. Les éd^ons in-12 se rencontrent plus souvent, ainsi que le *Traité des Remèdes* qui fait suite aux diverses éd^ons de Delcampe, lesquelles ne sont pas très rares. Mais les 5 pl. ne sont pas toujours au complet dans les exemplaires de l'éd^on in-12 de 1671 et 1678.

FOUQUIER D'HÉROUEL (Antoine-Eloi-Jean-Baptiste).

Eleveur, agronome et homme politique français, 1784-1852. Il entra, en 1815, dans la Maison militaire du Roi et donna sa démission en 1824, comme chef d'escad^ons de carabiniers. Il se fixa alors dans sa terre d'Hérouel, où il se livra à l'agriculture et à l'élevage. Partisan de l'amélioration par le pur sang, il le croisa, avec trop peu de ménagements, avec les juments de l'Aisne, communes et abâtardies par le mauvais étalon rouleur belge. Aussi, s'il obtint quelques rares succès, les produits furent, en général, décousus et d'une vente difficile. Mais il était trop perspicace pour persévérer dans l'erreur commise, et les conseils qu'il donne dans l'ouvrage décrit plus loin indiquent une évolution raisonnée dans la pratique de sa méthode. Membre du Conseil général de l'Aisne, président du Comice de St-Quentin, membre du Conseil supérieur de l'Agriculture, il fut élu, en 1849, représentant de l'Aisne à la Législative et fut nommé sénateur en 1852, à la création du Sénat. Il devint, vers cette époque, membre titulaire, pour la section de l'économie du bétail, de la Société impériale et centrale d'Agriculture dont il était déjà membre correspondant et mourut peu après.

Pour une bonne notice biographique de Fouquier d'Hérouel, et un intéressant historique de son élevage, voy. Gareau.

Etudes sur les Chevaux français et sur l'amélioration des Races communes, ou développement de la Proposition faite au Congrès central agricole, par M. Fouquier d'Hérouel, Cultivateur, Membre du Conseil général de l'Aisne, Correspondant de la Société royale d'Agriculture, et de plusieurs autres Sociétés agricoles. *Saint-Quentin, Imp. Ad. Moureau*, Décembre 1846.

1 vol. in-8° de 155 p.

Cet ouvrage ne traite pas seulement, ainsi que semble l'indiquer son titre, des races communes, l'auteur aborde la question générale de l'amélioration des chevaux en France. Revenu de ses premières erreurs, il la veut progressive, sans lutte avec les circonstances locales de sol et de culture. Pour les races communes, il s'occupe surtout de l'amélioration des poulinières sans laquelle les efforts de perfectionnement resteraient infructueux.

Voy., pour la critique du système proposé, Eug. Gayot, *La France Chevaline*, T. IV de la 2e partie, p. 215.

FOURCAULT (Alexandre).

Médecin français, 1790-1853. Chirurgien sous-aide à l'hôpital mil^re de Middelbourg (Hollande) en 1808, il passa successivement au 45e de ligne, à l'hôpital militaire de Wesel, à l'Etat-major g^al de la Grande Armée en 1812, puis aux Ambulances de la Garde impériale en 1813. Il avait fait la campagne de 1809 en Autriche, celle de 1812 en Russie et avait été fait prisonnier en 1813 à la capitulation de Dresde. Rentré en France en 1814, il fut nommé à l'hôpital d'instruction du Val-de-Grâce, quitta la médecine militaire en 1815 et exerça sa profession à Houdan où il devint conseiller municipal. Il fut élu plus tard à l'Académie de Médecine.

Médecine comparée — De la Morve et du Farcin, moyens d'en prévenir le développement. Mémoire lu, le 1er Mars 1842, à l'Académie royale de Médecine par M. le Docteur Fourcault. *Paris, Imp. Schneider et Langrand*, 1842.

Broch. in-8° de 31 p.

L'auteur insiste sur la nécessité de réunir l'enseignement de la médecine humaine à celui de la médecine vétérinaire. Il pense que les principales causes de la morve et du farcin sont la diminution ou la suppression des fonctions de la peau, d'où la nécessité d'une très large aération des écuries, etc.

FOURDRIGNIER (Édouard).

Notes archéologiques — Double Sépulture Gauloise de La Gorge-Meillet, territoire de Somme-Tourbe

(Marne) — Etude sur les Chars Gaulois et les Casques dans la Marne, accompagnée de dix grandes planches chromolithographiées, par Edouard Fourdrignier. *Paris, Menu; Châlons-sur-Marne, Auguste Denis*, 1878.

Broch. gr. in-4° de 36 p. avec les pl. annoncées au titre, se dépliant.

L'ouvrage traite non seulement des chars, mais du harnachement, brides et mors, ainsi que du mode d'attelage des chevaux.

Sur le même sujet, voy. Mazard (H.-A.) qui d'ailleurs cite le travail de M. Fourdrignier.

FOURNEL (François-Victor).

Littérateur français. Il s'est occupé d'histoire littéraire, de beaux-arts et particulièrement de l'histoire du vieux Paris, 1829-1894.

Le vieux Paris — Fêtes, jeux et spectacles, par Victor Fournel. *Tours, Alfred Mame et fils*, 1887.

1 vol. gr. in-8° de 526 p. avec nombreuses illustrations.

Le Chap. XII, de la p. 421 à la p. 438, traite du Cirque et des Courses : chevaux savants, historique du Cirque Franconi, historique des courses, avec 5 fig.

FOURNIER (Nicolas-François, dit Alphonse, BARON).

Officier de cav^{lc} français, 1775-1848. Entré dans la Garde constitutionnelle du Roi en 1791, sergent-major au 3$^\text{e}$ Bataillon de Molière (1) en 1792 ; adjudant-major en 1794 ; lieut$^\text{nt}$ aux Guides de l'Armée de Sambre-et-Meuse en 1795 ; capitaine à la Légion des Francs, puis aux Guides de l'Armée d'Allemagne et au 8$^\text{e}$ Hussards en l'An VI ; capitaine titulaire au 12$^\text{e}$ Hussards en l'An IX ; réformé en l'An XI ; cap$^\text{ne}$ au 25$^\text{e}$ Chasseurs en 1806 ; aide de camp du G$^\text{al}$ Fournier (2) en 1807 ; chef d'esc$^\text{ons}$ en 1808 ;

(1) Bataillons parisiens qui prenaient le nom du quartier dans lequel ils se recrutaient.

(2) Fournier-Sarlovèze (François) son frère, devenu en 1813 général de division. La biographie de ce brillant cavalier que sa folle bravoure, ses nombreux duels, ses excentricités de toute espèce et ses démêlés retentissants avec l'Empereur avaient rendu « légendaire de son vivant » a été écrite par le G$^\text{al}$ Thoumas (voy. ce nom) dans une brochure publiée chez Berger-Levrault en 1889 et reproduite au T. II de son ouvrage *Les grands Cavaliers du 1$^\text{er}$ Empire*. On s'étonne qu'aucune

colonel provisoire du 2$^\text{e}$ Lanciers en 1812; confirmé et nommé colonel du 5$^\text{e}$ Hussards en 1813 ; nommé adjudant commandant par le roi Louis XVIII en 1814; mis en demi-solde en 1815 et retraité en 1829.

Campagnes de 1792 à 1796 aux armées du Nord, du Rhin et de Sambre-et-Meuse; 1797, 1798, 1799, 1800 et 1801 aux armées d'Allemagne et d'Italie ; 1806 à 1809, Italie et Allemagne ; 1812, 1813, 1814, grande armée et France ; 1815, armée du Rhin. Deux blessures.

Guide des Sous-Officiers et Brigadiers dans l'intérieur des Corps. *Paris, Magimel*, 1815.

Broch. in-8° de 27 p. signée à la fin : le Colonel Alphonse Fournier.

FOURNIER (Ortaire).

Littérateur français, mort en 1864.

Les Animaux historiques, par Ortaire Fournier. Illustrations de Victor Adam (1). *Paris, Carrier; ibid., Desesserts*, 1845.

1 vol. in-8° de IV-408 p. avec 24 pl. h. t. en lith. teintée, vignettes en tête de chap. et culs-de-lampe ; faux-titre lith. et orné. L'ouvrage a été publié dans un joli cartonnage illustré en couleurs.

Les animaux historiques, par O. Fournier, suivis des Lettres sur l'intelligence des Animaux de C.-G. Leroy et de particularités curieuses extraites de Buffon, illustrés de vignettes intercalées dans le texte et de 20 Gravures hors texte par Victor Adam. *Paris, Garnier f$^\text{res}$*, S. D. (1861).

1 vol. in-8° de IV-504 p.

Dans cette éd$^\text{on}$, 4 pl. h. t. ont été supprimées ; celles conservées ont subi pour la plupart d'importantes modifications qui sont loin de les embellir, et de nombreuses fig. intercalées d. l. t. ont été ajoutées.

Même ouvrage, même titre. Vignettes d'après Victor Adam. *Paris, Garnier f$^\text{res}$*, 1880.

1 vol. in-12 de 115 p.

Cette éd$^\text{on}$ contient le même t. que les précédentes, ainsi que les lettres de C.-G. Leroy ajoutées à la 2$^\text{e}$, mais les pl. h. t. ont disparu pour faire place à notice ne lui ait été consacrée dans les biographies Michaud, Didot-Hœfer, Larousse et autres.

(1) Voy. ce nom pour d'autres ouvrages et la biographie de l'artiste.

des vignettes dont quelques-unes sont des reproductions réduites et approximatives des pl. de Victor Adam.

Parmi les animaux dont cet ouvrage donne l'histoire, se trouvent les chevaux d'Alexandre, de Caligula, de Darius, de Mazeppa, de Napoléon, les chevaux offerts par Mehemet Ali à Louis-Philippe, les ânes de l'expédition d'Egypte.

Les lithog. de la 1re éd^{on}, devenue rare et recherchée, sont supérieures à celles de la 2e qui d'ailleurs en contient 4 de moins. Ces suppressions n'ont pas porté sur les pl. qui représentent des chevaux, mais le dessin de celles-ci a été sensiblement modifié.

FOURNIER (Paul), CUROT (Edmond) et DURET (V.).

Le Pur-Sang. Hygiène. Lois naturelles, Croisements — Élevage — Entraînement — Alimentation — Par Paul Fournier (Ormonde), ancien Chef de travaux de Physiologie, Rédacteur au *Sport Universel Illustré*, à la *Dépêche de Toulouse*, etc... et Ed. Curot (1), Médecin Vétérinaire, Lauréat de la Société nationale d'Agriculture, Officier d'Académie, Chevalier du Mérite Agricole — Avec 26 Illustrations (Clichés du *Sport Universel Illustré*). *Paris, Lib^{ie} J. Rothschild, Lucien Laveur, Éditeur*, 1906.

1 vol. gr. in-8° de VIII-765 p. Vignette sur la couverture et sur le titre intérieur.

Le Demi-Sang trotteur et galopeur. Théories générales — Elevage — Entraînement — Alimentation, par Paul Fournier (Ormonde), ancien Chef de travaux de Physiologie, Rédacteur au *Sport Universel Illustré*, à la *Dépêche de Toulouse*, etc... — Avec 26 Illustrations. *Paris, Lucien Laveur*, 1907.

1 vol. gr. in-8° de XII-339 p. Vignette sur la couverture et sur le titre intérieur.

Comment nourrir le Pur-Sang au Haras et à l'entraînement ? par Ed. Curot et Paul Fournier, 1907. Voy. Curot.

Traité pratique d'Elevage et d'Entraînement du Cheval de Course par Paul Fournier (Ormonde), Directeur du « Laboratoire de Physiologie « du Cheval de pur sang », Rédacteur au « Sport Universel illustré », Chevalier du Mérite agricole, et V. Duret, Directeur du Haras de Jardy, Chevalier du Mérite agricole, Lauréat de la Société d'Agriculture de Seine-et-Oise. Avec la collaboration de plusieurs Entraîneurs des plus réputés — Ouvrage orné de 54 illustrations. *Paris, Lucien Laveur*, 1908.

1 vol. gr. in-8° de XII-480 p.

FOURNITURE DES FOURRAGES.

Fourniture des Fourrages à l'Armée — Régie directe et entreprise — *Paris, Imp. Schiller*, 1888.

Broch. in-8° de 19 p.

L'auteur anonyme défend le système de l'entreprise contre celui de la régie directe et cherche à montrer que le premier est le plus économique et que le second n'est dû qu'à « une recherche de « popularité électorale ».

FOURRAGES EN CAMPAGNE, voy. MANUEL MILITAIRE.

FOURRIER, voy. ENQUÊTE SUR L'ÉLEVAGE.

FRADET (Edmond).

Vétérinaire français, diplômé de Toulouse en 1873.

Ecole nationale vétérinaire de Toulouse — Des aplombs du Cheval, par Edmond Fradet, Médecin-Vétérinaire. Thèse pour le diplôme de Médecin-Vétérinaire présentée et soutenue le 25 Juillet 1873. *Toulouse, Imp. Louis Lupiac*, 1873.

Broch. in-8° de 36 p.

FRAIPONT (G.), voy. HERVILLY (D').

FRANÇAIS (LES) PEINTS PAR EUX-MÊMES.

Les Français peints par eux-mêmes. Encyclopédie morale du Dix-neuvième Siècle. *Paris, Curmer*, 1841-1842.

8 vol. in-8° de 400 p. environ chacun. Cet ouvrage est complété par le suivant :

(1) Voy. ce nom pour d'autres ouvrages.

Le Prisme. Encyclopédie morale du Dix-neuvième siècle, illustré par MM. Daumier, Gagniet, Gavarni, Grandville, Malapeau, Meissonier, Pauquet, Penguilly, Raymond, Pelez, Trimolet. *Paris, Curmer*, 1841.

1 vol. in-8° de 480 p.

Ces deux ouvrages, auxquels ont collaboré un grand nombre d'auteurs dont les noms figurent au faux-titre de chaque volume, forment une série de monographies de types français. Chacune d'elles est accompagnée d'une pl. h. t. gravée sur bois représentant le type décrit et plusieurs contiennent aussi des dessins d. l. t. et des vignettes. Les pl. h. t. sont presque toutes dues à des artistes distingués. Elles existent en noir et coloriées.

Parmi ces monographies, plusieurs traitent de sujets hippiques. Ce sont les suivantes :

Tome I. *Le Postillon* par M. J. Hilpert, p. 285 à 292. Pl. et vignettes par Henri Monnier.

Tome II. *Le Conducteur de Diligence* par M. J. Hilpert, p. 97 à 104. Pl. et vignettes, par Henri Monnier.

Le Cocher de Coucou par L. Couailhac, p. 145 à 152. Pl. par H. Monnier, vignettes par Emy.

Le Sportsman Parisien par le Cte Rodolphe d'Ornano, membre du Jockey-Club, p. 277 à 288. 2 pl. h. t. par Gavarni, vignettes par Meissonier et Pauquet.

Le Maquignon par A. Dubuisson, p. 313 à 320. Pl. par Henri Monnier, vignettes par Emy.

Le T. III et IV ne contiennent aucun sujet hippique.

Le T. V. contient les monographies relatives à l'armée, dont l'auteur est E. de la Bédollière et celles des Ecoles militaires : *Ecole polytechnique* et celle *de Metz* par E. de la Bédollière ; *St-Cyr, Ecole d'Etat-Major* et *Saumur* par Raoul de la Barre et enfin la *Garde nationale* par A. Legoyt.

Parmi ces monographies, les suivantes concernent la cav^{le} :

Cavalerie, généralités et quelques détails sur chaque arme. p. 66 à 76. Pl. et vignettes par Jacque, E. Lami, Meissonier, Penguilly, représentant divers types de cavaliers, officiers et troupe.

Pour les Ecoles militaires, *Saumur* par Raoul de la Barre, p. 154 à 160. Pl. par Pauquet, pas de vignettes.

Pour la *Cavalerie de la Garde nationale*, la notice est de A. Legoyt, p. 170 à 173. Pl. par Pauquet, vignettes par E. Lami.

Les T. VI, VII et VIII concernent la Province et les Colonies et ne contiennent qu'un seul sujet hippique. C'est au tome VIII, au chapitre de l'*Algérien Français*, la monographie du *Spahis*, p. 272 à 276, avec 1 pl. h. t. par Pauquet, sans vignettes d. l. t.

Dans *Le Prisme*, se trouvent les monographies du *Conducteur d'Omnibus* par Charles Friès, p. 102 à 104, avec 1 vignette et celle du *Roulier*, par Ch. Durand, p. 379 à 385, avec 1 vignette par Pauquet.

En 1877-78, l'éditeur Philippart publia 4 vol. gr. in-8° sous le même titre : *Les Français peints par eux-mêmes*. Ce n'est pas une édition nouvelle de l'ouvrage ci-dessus, mais bien une suite. Les monographies concernent des types nouveaux qui ne figurent pas dans l'éd^{on} de 1841-42. Aucun d'eux n'a de caractère hippique.

FRANCE (LA) HIPPIQUE (Périodique).

Ce Recueil a commencé à paraître le 1er Avril 1906 sous la forme suivante :

La France hippique — Association des Propriétaires de Chevaux de France et des Colonies — Bulletin périodique — *Siège social, 4, Rue de la Bienfaisance, Paris.* 1er Avril 1906. Numéro 1. — *Paris, Imp. G. de Malherbe*.

Fascicule in-8° de 32 p., avec couverture illustrée en couleurs et vignettes d. l. t.

La publication est mensuelle et continue dans les mêmes conditions, sauf que la livraison contient maintenant de 36 à 60 p., dont plusieurs pour les annonces ; que l'illustration de la couverture n'est plus en couleurs et que le Recueil est actuellement (1910) imprimé à l'Imp. Davy, sous le titre de *Bulletin Mensuel* au lieu de *Bulletin Périodique*. De plus, le Siège social a été transporté 9, rue de la Bienfaisance.

Depuis 1909, la *France hippique* publie un Annuaire. Voy. *Annuaire de la France hippique*.

FRANCHETTI, voy. **ESCADRON FRANCHETTI**.

FRANCINI (Horace DE).

Ecuyer du Roi Henri IV, fin du XVIe et commencement du XVIIe siècle.

Hippiatrique du sieur Horace de Francini, Escvyer ordinaire du Roy & Capitaine des Garennes en Bourgogne. Où est traicté des causes des maladies du Cheual tant intérieures qu'extérieures : le moyen de le guarir d'icelles ; ensemble de la bonté & qualité d'iceluy. A Haut & puissant Seigneur, Messire Roger de Bellegarde (1), grand Escuyer de France &c. *Paris, chez Marc Orry, rue Sainct Iacques, au Lyon rampant*, 1607.

1 vol. in-4° de 8 f^ts non ch. pour la dédicace (signée Horatio D. Francino), l'avis au lecteur, la table des chapitres et 554 p. Marque de Marc Orry sur le titre, lettres initiales ornées.

Une partie de cette éd^on porte l'indication du libraire *Claude Morel, rue St Jacques, à la Fontaine*, 1607. Le titre seul est changé.

Une 2e éd^on a été publiée à *Paris, chez Siméon Piget*, en 1646. également in-4°. Je n'ai pu la rencontrer. jusqu'ici.

Cet ouvrage est très rare, mais il n'a aucune originalité. C'est une traduction presque littérale de la seconde partie de celui de Ruini : *Infermita del Cavallo & suoi rimedi, &a.* (voy. Ruini).

Francini, d'ailleurs, nous apprend dans sa dédicace, qu'il était 1 élève et le neveu de Ruini chez lequel il avait été recueilli à l'âge de 12 ans.

FRANCO (Marc-Angèle-Alexandre-Hilaire DE).

Officier de cav^ie français. 1868-1913, sous-lieut^nt en 1892, cap^ne en 1904.

Gouvernement général de l'Afrique occidentale française — Etude sur l'Elevage du Cheval en Afrique occidentale, par le Capitaine de Cavalerie h. c. de Franco — Rapport à Monsieur le Gouverneur général de l'Afrique occidentale française sur la Mission d'étude relative à l'Elevage du Cheval dans les Colonies du Sénégal et du Haut-Sénégal Niger. *Melun, Imp. administrative*, 1905.

1 vol. in-8° de 109 p., avec 31 pl. en photog. représentant 60 types de chevaux et d'ânes.

Ouvrage intéressant et bien documenté, orné de pl. bien réussies, mais qui n'est malheureusement pas dans le commerce et qu'il est à peu près impossible de se procurer.

FRANÇOIS (René), voy. BINET (LE P.).

FRANÇOIS DE NEUFCHATEAU (Nicolas-Louis, COMTE).

Homme d'Etat, agronome et littérateur français, 1750-1828. Magistrat, puis député à l'Assemblée législative, il devint ministre de l'intérieur en 1797, remplaça Carnot au Directoire après le 18 Fructidor, puis en sortit en 1798 pour reprendre le ministère de l'intérieur. Créé sénateur et comte sous l'Empire, il ne s'occupa plus guère que d'agriculture et entra en 1816 à l'Académie française.

Au commencement des guerres de la Révolution, la morve, qui avait déjà fait de grands ravages pendant les dernières années du règne de Louis XVI, sévissait avec une lamentable intensité dans les armées, dans les postes surtout et dans les établissements agricoles. Le ministre de l'intérieur renouvela et compléta, par une *Instruction* datée de l'an V. celles données antérieurement par Chabert (voy. ce nom). Cette instruction fut, comme celle de Chabert, répandue à profusion dans toute la France et réimprimée dans la plupart des départements par les soins des Directoires locaux. Il serait impossible, et d'ailleurs sans intérêt, de la suivre sous cette forme, car le texte n'en varie guère et je me bornerai à en décrire deux exemples (1).

Ministère de l'Intérieur — Bureau d'Agriculture — Le Ministre de l'Intérieur aux administrations centrales des Départements de la République. *Paris, Imp. de la République*, Thermidor An VIII.

Broch. in-8° de 15 p.

C'est une *Instruction* datée de Paris le 9 Fructidor An V de la République française. une et indivisible, et signée : « Le Ministre de l'Intérieur, François ». (de Neufchâteau). »

---

(1) Roger de Bellegarde, nommé Grand Ecuyer en 1589, se démit de sa charge en faveur de son frère César-Auguste en 1618, mais celui-ci ayant été tué en 1621, Roger reprit ses fonctions, s'en démit en 1639 et mourut en 1646. Le portrait équestre de César-Auguste figure parmi les pl. du *Maneige Royal* et de l'*Instruction du Roy* de Pluvinel (voy. ce nom). Celui de Roger, en buste, se trouve seulement dans l'*Instruction du Roy*.

(1) La Bibliothèque d'Alfort en possède de nombreux exemplaires, imprimés dans divers départements.

Avis aux Cultivateurs. *Douai, De l'Imp. de Deregnaucourt*, An VII.

Broch. in-8º de 22 p. signée : le Ministre de l'Intérieur, François (de Neufchâteau). Vignette (bonnet phrygien) en tête du texte.

FRANCONI (Victor).

Ecuyer français, 1811-1897. Fondateur de l'Hippodrome, a créé, pendant les étés de 1850, 1851 et 1852 les *Arènes du Champ de Mars*, Directeur des Cirques d'hiver et d'été. Il était petit-fils d'Antonio Franconi, lequel créa le Cirque qui portait son nom et qui fut d'abord organisé à Rouen, en 1775.

Le Cavalier. Cours d'Equitation pratique par Victor Franconi. *Paris, Michel Lévy*, 1855.

1 vol. in-12 de 188 p.

Même ouvrage. *Deuxième Edition*, entièrement revue et augmentée. *Paris, Michel Lévy*, 1861.

1 vol. in-12 de 178 p.

L'Ecuyer. Cours d'Equitation pratique, par Victor Franconi. *Paris, Michel Lévy*, 1860.

1 vol. in-12 de VII-244 p.

Le premier de ces ouvrages ne dépasse pas le travail élémentaire de l'élève sur un cheval dressé. Le second donne les principes et les moyens d'exécution du travail de Haute-Ecole.

Ces deux ouvrages ont été réunis et condensés en un seul volume sous le titre suivant :

Le Cavalier et l'Ecuyer ; par Victor Franconi. *Paris, Calmann Lévy*, 1891.

1 vol. in-12 de VI-321 p. Portrait de l'auteur.

FRANQUEVILLE (Nicolas LE JEUNE, SIEUR DE).

Le Miroir de l'Art et de la Nature, qui représente par des planches en taille douce presque tous les ouvrages de l'Art & de la Nature, des sciences & des métiers en trois Langues, Françoise, Latine & Allemande. Par N. L. I', Sieur de Franqueville. (Suit le même titre en latin et en allemand.) *A Paris, Imp. Veuve L'Anglois*, 1691.

1 vol. in-8º de 8 f^ts non ch. pour les titres, la dédicace de Franqueville à la Noblesse, le privilège, les alphabets en 3 langues, la table des titres, une *Entrée ou Invitation*, sorte de Préface, avec 1 fig. et 432 p. de t. français, latin et allemand sur 3 col., plus un supplément de 60 p., paginé à part, contenant un vocabulaire des mots employés dans l'ouvrage.

Des fig. finement gravées sont jointes aux principaux articles. Les détails en sont indiqués par des N^os reproduits au t.

C'est une sorte d'encyclopédie traitant de sujets différents et sans aucun lien entre eux ; on sait que ces sortes d'ouvrages étaient fort à la mode aux XVIe et XVIIe siècles. Celui-ci est cité ici pour les articles suivants : *Animaux à quatre pieds domestiques*, où se trouvent l'Asne, le Mulet et le Cheval, p. 61 avec 1 fig. — *Cavalier*, avec 1 fig., p. 220. L'article donne des détails sur le harnachement et quelques lignes sur la conduite du cheval — *La Voiture*, avec 1 fig. qui donne la description du harnachement ainsi que l'attelage et la conduite d'une charrette à 4 chevaux, p. 223 — *L'Ecurie*, avec 1 fig. qui détaille les devoirs du Valet d'Ecurie, p. 202.

Ouvrage rare et curieux.

FRÉDÉRIC II.

Frédéric II, dit le Grand, roi de Prusse, 1712-1786. Inutile de donner ici sa biographie qui est partout.

Frédéric II fut un véritable polygraphe et aborda les sujets les plus divers. Dans ses œuvres militaires, il est souvent question de la cav^ie, mais deux de ses ouvrages intéressent particulièrement cette arme ; ce sont l'*Instruction secrète* et l'*Instruction destinée aux troupes légères*. Tous deux sont bien l'œuvre personnelle du Roi et ont eu de nombreuses éd^ons françaises dont je n'ai pu rencontrer qu'une partie, surtout pour le 2e.

1º *Instruction secrète*.

Instruction secrette dérobée à Sa Majesté le Roi de Prusse, contenant les ordres secrets expédiés aux Officiers de son Armée, particulièrement à ceux de la Cavallerie, pour se conduire dans la circonstance présente. Traduit de l'Original Allemand, par le Prince de Ligne (1) — Prix un Florin d'Hol-

(1) Charles-Joseph, prince de Ligne, né à Bruxelles, en 1735, mort en 1814, aussi célèbre par son esprit que par ses talents militaires, entra au service d'Autriche et y devint feld-maréchal en 1808. Voy. ce nom pour d'autres ouvrages.

lande — *Imprimé en Westphalie, l'An de la Guerre*, 1779.

1 vol. in-16 de 151 p. dont VI pour la Préface du traducteur. L'ouvrage est divisé en 2 parties séparées par un titre, mais dont la pagination se suit.
1re édon, rare.

Même ouvrage, même titre. A Belœil et se trouve à Bruxelles chez F. Hayez, Impr-libre, haute-rue, 1787.

1 vol. in-12 de VI-125 p.
Edon recherchée qui sort des presses de l'imple particulière que le prince de Ligne possédait à son château de Belœil.

Même ouvrage, même titre... *pour se conduire dans la guerre.* Traduit de l'original allemand par le Prince de Ligne — *Nouvelle Edition* — A Strasbourg, de l'Imp. de la Société typographique, 1791.

1 vol. in-16 de IV-148 p.

Même ouvrage, même titre — *Nouvelle Edition* — Strasbourg, chez Levrault, Imprimeur-Libraire, rue des Juifs, n° 33, 1810.

1 vol. in-16 de VIII-104 p.

Même ouvrage, même titre. A Paris, chez F.-G. Levrault, rue des Fossés M. le Prince, n° 31 et rue des Juifs, n° 33 à Strasbourg, 1823.

1 vol. in-16 de VIII-104 p.
Edition identique à la précédente.

Même ouvrage, même titre. Paris, J. Dumaine, 1877.

1 vol. in-8° de 80 p. avec 11 croquis de formations tactiques sur 4 pl. se dépliant.
L'*Instruction secrète* de Frédéric II a aussi été réimprimée à la fin du T. III de *La Petite Guerre* de C. de Decker, traduction de Ravichio de Peretsdorf, 1827. Pour cette édon, voy. Decker.

2° *Instruction destinée aux Troupes légères.*

Instruction destinée aux Troupes légères et aux Officiers qui servent dans les Avant-Postes, rédigée sur une Instruction de Frédéric II à ses Officiers de Cavalerie — Imprimée par ordre du Roi. De l'Imp. de Du Pont, L'An IV.

1 vol. in-12 de 211 p. A la suite : *Instruction militaire du Roi de Prusse pour ses Généraux*, 159 p.

Quoique cette édon porte le millésime de l'An IV, elle a certainement été imprimée avant la Révolution ; les mots : *Imprimée par ordre du Roi*, la fleur de lis formant vignette sur le titre, et la souscription : *De l'Imprimerie de Du Pont, Imprimeur de la Guerre, hôtel Bretonvilliers,* le prouvent avec évidence. On s'est borné à changer le millésime qui, au surplus, n'est pas imprimé avec les mêmes caractères que le reste du titre. C'est pourquoi j'ai placé cette édon, qui est probablement la 1re, en tête de celles que je connais et qui portent des millésimes antérieurs. Mais je n'ai pu découvrir la date primitive de la publication. Cette édon est la seule qui contienne l'*Instruction pour les Généraux* qui d'ailleurs n'intéresse pas spécialement la cavie.

Même ouvrage, même titre. — *Seconde Edition* — A Paris, chez Du Pont, Imprimeur-Libraire, rue de la Loi n° 14, L'An II.

1 vol. in-12 de 207 p.

Même ouvrage, même titre — *Quatrième Edition* — A Paris, chez Magimel, Libre pour l'Art militaire et les Sciences et Arts, Quai des Augustins, près le Pont-Neuf, L'An deuxième de la République.

1 vol. in-16 de 148 p. dont VIII pour l'Introduction.

Même ouvrage, même titre — *Septième Edition* — Paris, Anselin et Pochard, Succrs de Magimel, 1821.

1 vol. in-12 de IV-108 p.

Même ouvrage, même titre — *Huitième Edition* — Paris, Anselin, Libre pour l'Art Militaire, rue Dauphine, n° 9, 1831.

1 vol. in-32 de VIII-VIII 208 p.
Cette édon a été donnée par le Gal de La Roche-Aymon (voy. ce nom).
Je n'ai pu rencontrer jusqu'ici les autres édons.
Les deux petits ouvrages du roi de Prusse ont obtenu, dans l'Europe entière, le plus grand succès et ont mérité les éloges de tous les critiques militaires. Quoique quelques passages aient naturellement vieilli, les *Instructions* de Frédéric n'ont rien perdu de leur mérite et sont toujours intéressantes pour les officiers de cavie.

FRÉDÉRIC (K.).

Les Courses — Guide du Parieur.
Paris, Paul Dupont, 1876.
Broch. in-12 de 8 p., signée à la fin.

FRÉDÉRICQ (Paul).

Album du Cortège historique de la Pacification de Gand avec onze planches représentant les différents chars et groupes du cortège d'après les maquettes et dessins originaux de Messieurs : J. Capeinick, A. Cluysenaer, J. de Keghel, Ch. de Kesel, G. Den Duyts, P. de Vigne, G. Geets, L. Lebrun, F. Metdepenningen, Ad. Pauli, J. et L. Van Biesbroeck et F. Wante, avec texte explicatif dans les deux langues par Paul Frédéricq, Professeur d'Histoire à l'Athénée royal de Gand. *Gand, Lib^{le} de E. Todt, succ^r de W. Rogghé*, 1876.

Broch. gr. in-8° de 48 p. avec 11 pl. sur papier teinté dont 1 en frontispice donnant le t. de la charte de la pacification, les autres représentent les chars attelés et les groupes à pied et à cheval de la cavalcade. Titre et t. en flamand et en français.

FRÉDY (M.-M. DE), voy. HISTORIQUE DU 1er CHASSEURS.

FREIDIER-LAFFONT (Louis-Joseph)[1].

Médecin français, reçu docteur en médecine en 1804.

Essai sur l'Equitation — Essai académique présenté et soutenu à l'Ecole de Médecine de Montpellier le (1) Fructidor An XII par Louis-Joseph Freidier-Laffont, natif de Fay, Dép^t de la Haute-Loire, pour obtenir le titre de Docteur en médecine. *A Montpellier, chez Coucourdan, Imp^r de l'Ecole de Médecine.* (An XII.)

Broch. in-4° de 23 p. Dédicace d'usage aux parents de l'auteur. En tête du texte, vignette représentant Esculape et Hippocrate.

L'auteur examine successivement l'équitation comme exercice gymnastique, comme moyen thérapeutique et au point de vue de ses dangers.

(1) La date est en blanc.

FRÉMIET (Emmanuel).

Sculpteur français et surtout sculpteur animalier, 1824-1910. Neveu et élève de Rude, il étudia particulièrement l'anatomie des animaux et fit d'abord à la clinique de l'Ecole de Médecine, des moulages de pièces anatomiques, puis, pour le Muséum, des lithographies relatives à l'ostéologie comparée. En 1875, il succéda à Barye dans la chaire de dessin et de modelage au Muséum.

Son premier envoi au Salon fut une gazelle, en 1843.

Il fit ensuite — pour ne citer que ses principales œuvres hippiques —

A Montfaucon. Jeune cheval de trait. Exposé en plâtre et coulé en bronze après l'exposition 1853 (1).

Les Chevaux de halage (1856).

Le Centaure Térée emportant dans son antre des ours pris aux montagnes de l'Hémus (1861).

Le Cavalier romain et le Cavalier gaulois (1864).

Napoléon 1er, statue équestre, pour Grenoble (1868).

La métamorphose de Neptune en cheval (1869).

Statue équestre de Louis d'Orléans (1869).

Les Chevaux marins de la fontaine de l'Observatoire (1870).

La Statue équestre de Jeanne d'Arc de la place des Pyramides (1874). Il en fit une réplique, réduite et un peu modifiée, en 1888, pour la ville de Nancy. A la suite de certaines critiques, il enleva et refit entièrement, à ses frais, celle de 1874, la corrigea légèrement et la fit replacer sur la place des Pyramides, en 1899.

(1) C'est un cheval atteint d'une fracture du canon et destiné au clos d'équarrissage. L'œuvre avait été commandée à Frémiet par le ministre d'Etat Fould pour l'Ecole d'Alfort. Mais le directeur et le personnel enseignant n'était pas dans une Ecole vétérinaire. Le ministre comprit son erreur et relégua le bronze de chez quelque magasin d'où, près de 50 ans plus tard, M. Larroumet, sous-secrétaire d'Etat aux Beaux-Arts, l'exhuma et l'offrit à M. Laulanié, son compatriote et condisciple, qui était à cette époque directeur de l'Ecole vétérinaire de Toulouse. La réputation de Frémiet était alors à son apogée et M. Laulanié crut avoir reçu un chef-d'œuvre. Mais le cheval à la jambe cassée fit à Toulouse le même effet qu'à Alfort, et on l'a relégué à l'une des extrémités du jardin botanique où il est encore. Voy. à ce sujet un article signé E.-J. Delescluze dans le *Journal des Débats* du 22 mai 1853 et *Guide aux Menus Plaisirs, Salon de 1853*, par Mme L. Boyeldieu d'Auvigny. Dans ces deux articles, l'exécution est déclarée parfaite, mais le choix du sujet est jugé fâcheux.

Le grand Condé, statuette équestre, pour Chantilly (1881).
Le porte-falot à cheval de l'Hôtel de Ville de Paris (1883).
Velasquez à cheval dans le Jardin de l'Infante (1890).
St Georges transperçant le dragon (1891).
Isabeau de Bavière (statuette équestre) (1892).
Statue équestre de Louis XIII (vers 1898).
Deux des quatres groupes équestres du pont Alexandre-III (1900).
Statue équestre de Duguesclin pour la Ville de Dinan (1902).
François Ier, statue équestre (1904).
Le Cte du Passage, dans ses papiers inédits, cite comme une de ses dernières œuvres hippiques, la Rentrée au pesage de deux poulains de pur sang. J'ignore où cette pièce est placée.

Il est difficile de montrer une plus complète connaissance de l'anatomie du cheval, de ses différentes attitudes et de ses mouvements, que ce grand et consciencieux artiste, et on a rarement atteint une semblable correction dans sa représentation. Il savait y joindre l'expression de la force et de l'énergie et, en même temps, une particulière élégance dans le mouvement.

Les critiques qui l'ont déterminé à modifier sa Jeanne d'Arc portaient surtout sur le cheval : « Il l'a montée sur « un percheron », disait-on alors, et le mot a été répété dans toutes les notices publiées au moment de sa mort. Il serait plus exact de dire qu'il l'avait montée sur un irlandais : son cheval est un véritable et magnifique hunter « pour gros « poids ». C'est d'ailleurs un type auquel Frémiet s'est particulièrement attaché : son Duguesclin, son St Georges, ses cavaliers romain et gaulois... etc., en sont la preuve. Toutefois le char romain monté par une Renommée, qu'il exécuta pour un prix de courses, est traîné par deux chevaux au galop de formes plus légères. Quant au cheval de son Velasquez, il est vraiment espagnol, surtout dans son avant-main et dans son allure relevée.

FRÉMY (F.).

Société royale d'Agriculture et des Arts de Seine-et-Oise — Rapport de la Commission d'amélioration des Chevaux du Département, lu dans la Séance publique du 18 Juillet 1841. *Versailles, Dufaure,* (1841).

Broch. in-8º de 8 p. signée : Le Secrétaire perpétuel, F. Frémy.

FRENORUM... EXEMPLA.

Frenorun nova et varia Exempla, quibus Equus quilibet, commodè domari, institui & ad gressum, reliquumq. usum corporis & oris aptè informari possit. (Suit le même titre en allemand) Cum Gratia & Priuilegio. *Franckfort, Chr. Egen,* 1546.

1 vol. pet. in-4º de 87 p. avec 2 fig. de mors sur le titre et environ 210 dans le corps de l'ouvrage. Il n'y a pas de texte, mais seulement une brève indication, en latin et en allemand, de l'usage de chaque mors représenté et du genre de cheval auquel il est destiné.

Hippiatria. De Cura, Educatione et Institutione Equorum, una cum variis ac novis Frenorum exemplis (suit le même titre en Allemand) *zu Franckfort, bei Chr. Egenolffs Erben,* Anno 1555.

1 vol. pet. in-4º. Il est chiffré par pages jusqu'à la p. 87 et par f^{ts} de 89 au f^t 102 et dernier. Vignette sur le titre représentant un cheval tourné à droite et entouré de 3 personnages à pied dont un le tient par la bride.

La 2e partie, f^t 89 à la fin, est nouvelle et contient un traité des maladies des chevaux et de leurs remèdes, par Maître Albert Schmid, chef des écuries de l'Empereur Frédéric III. Ce traité, étant rédigé seulement en Allemand, n'est pas, pour cette cause, décrit ici en détail. Il est précédé d'une grossière figure de cheval tourné à gauche (avec le monogramme H. S. P. entrelacés) (1), souvent reproduite dans certains vieux ouvrages d'équitation et de maréchalerie et notamment dans les éd^{ons} latines et françaises de la Maréchalerie de *Laurent Rusé*, dans certaines éd^{ons} de *Fiaschi*, etc.

La 1re partie est la reproduction de l'ouvrage précédent, avec les mêmes fig. placées, ainsi que les légendes, aux mêmes p. Mais c'est cependant bien une éd^{on} nouvelle, dont les caractères sont meilleurs et l'impression est plus soignée.

Même ouvrage, même titre. *Zu Frankfurt am Meyn, bei Chr. Egen Erben,* 1565.

---

(1) C'est la marque de Hans Sebald Beham, graveur allemand, 1500-1550.

1 vol. pet. in-4° semblable au précédent.

Les fig. de mors représentent presque toutes des instruments de torture dont l'extravagance et la férocité dépassent ce qu'il y a de mieux dans ce genre (1). La plupart d'ailleurs, sont intitulés *durum frenum* ; mais quelques-uns : *pro equis qui difficile retineri possunt* ; *pro equis oris duri* ; *pro equo qui dicitur diabolus* ; *pro equo roussino qui rodit sibi mandibulas* ; *valde durum frenum* ; *durissimum frenum pro equis duris*, etc., sont armés de palettes formidables, de pointes, de molettes aiguës, de dents de scie, qui s'appuyaient sur les barres et sur le palais de la victime. On se demande quels chevaux ces écuyers pouvaient ainsi conduire.

Cet ouvrage, dont les différentes éd[ons] sont de la plus grande rareté, reproduit les fig. de Laurent Rusé avec leurs légendes, mais un très grand nombre sont ajoutées.

FRÉRET (Nicolas).
Savant français, 1688-1749. Son érudition était universelle : il a débrouillé la chronologie des peuples anciens : Grecs, Assyriens, Chaldéens, Indiens, Chinois, ce qui ne l'empêchait pas de s'occuper d'histoire naturelle, .de tactique, d'art, etc., se tenant au courant de la littérature et même du théâtre de son époque. « L'imagination se trouble « et se confond, dit un de ses biographes, « quand on réfléchit à cette multitude « de travaux qu'une seule tête put embrasser et qu'une seule main put exécuter. »

Peu soucieux de sa gloire, il se contentait d'insérer ses travaux dans les *Mémoires de l'Académie des Inscriptions* dont il était secrétaire perpétuel. Ils ont été réunis après sa mort, mais avec des lacunes et aussi, paraît-il, l'addition de nombreuses pièces dont il n'est pas l'auteur.

L'éd[on] à laquelle appartient l'ouvrage décrit ci-dessous se compose de 20 vol. in-12. Celle de 1792 en 4 vol. in-8°, *Paris, Bastien*, est presque entièrement composée d'ouvrages qui ne sont pas de Fréret. Enfin, en 1825, Didot commença la publication de ses œuvres, mais 2 vol. seulement ont paru sur 8 qui devaient composer l'ouvrage.

Œuvres complètes de Fréret, Secrétaire de l'Académie des Inscriptions et Belles-Lettres. Edition augmentée de plusieurs ouvrages inédits et rédigés par feu M. de Septchênes — Sciences et Arts. — *Paris, Dandré ; ibid., Obré,* An IV (1796).
1 vol. in-12 de 317 p.
La première partie de cet ouvrage, de la p. 1 à la p. 120, est intitulée *Recherches sur l'ancienneté et sur l'origine de l'Art de l'Equitation dans la Grèce* ; et c'est à cause de cette intéressante et savante dissertation que l'ouvrage est signalé ici.

FRESCALY (Marcel).
Pseudonyme de M. Palat (Justin-Marcel), littérateur et officier de cav[le] français, 1856-1886. Sous-lieut[nt] en 1877, lieut[nt] en 1882, il se fit mettre en non-activité pour infirmités temporaires en 1885, fit peu après partie d'une mission d'exploration qui devait traverser le Sahara pour atteindre Tombouctou et fut assassiné au cours de ce voyage le 8 mars 1886.

Le 6e Margouillats (1), histoire d'un Officier de Spahis, par Marcel Frescaly. *Paris, G. Charpentier,* 1882.
1 vol. in-18 de 351 p.
Roman militaire dont les personnages appartiennent à la cav[le] d'Algérie et qui donne quelques aperçus sur la vie des officiers de ces corps spéciaux.

FRESNEL (Fulgence).
Orientaliste français, 1795-1855. S'occupa de sciences et de littérature, fut nommé Consul à Djeddah en 1837, fit partie de plusieurs missions et mourut à Bagdad.

Extraits d'une lettre de M. Fresnel, Agent consulaire de France à Djeddah, à M. Jomard (2), Membre de l'Institut de France, sur certains quadrupèdes réputés fabuleux. *Paris, Imp. royale,* 1844.
Broch. in-8° de 35 p.
L'opuscule traite exclusivement de la licorne. Fresnel avoue qu'il n'en a jamais vu, mais il croit néanmoins à son existence. Toutefois, il ne la range pas parmi les équidés et en fait un pachyderme

---

(1) Voy. pour des modèles analogues, Fias, chi, Rusé, Fouquet de Beaurepaire, Grison et presque tous les auteurs du XVIe et XVIIe siècles.
(2) Jomard (Edme-François), géographe, orientaliste et archéologue français, 1777-1862.

Bibliogr. hippique. T. 1. — 33.

pour une espèce et une gazelle pour une autre.

Voy., sur la licorne ou monoceros : *Aldrovande, Gesner, Jonston, Bartholin, Catelan, Amoreux*, etc.

FRICHET (Henry).

Journaliste français. A été rédacteur en chef de journaux de province, puis à la *Revue Rose*.

Le Cirque et les Forains, par Henry Frichet. *Tours, Mame*, 1898.

1 vol. in-4° de 159 p., avec nombreuses fig., portraits, scènes équestres et autres, etc., dessins originaux ou reproductions.

Une partie importante de l'ouvrage est consacrée aux exercices hippiques.

FRIEDBERGER et FRÖHNER — CADIOT (P.-J.) et RIES (J.-N.), traducteurs.

Pathologie et Thérapeutique spéciale des Animaux domestiques par MM. Dr Friedberger, Professeur à l'Ecole supérieure de Médecine de Munich ; Dr Fröhner, Professeur à l'Ecole supérieure de Médecine vétérinaire de Berlin — Traduit de l'Allemand sur la 2e Edition par MM. P. J. Cadiot (1), Professeur à l'Ecole vétérinaire d'Alfort ; J. N. Ries (2), Vétérinaire du Gouvernement à Clervaux (Grand-Duché de Luxembourg) avec annotations de M. le Professeur Trasbot (1), Directeur de l'Ecole vétérinaire d'Alfort, Membre de l'Académie de Médecine. *Paris, Asselin et Houzeau*, 1891-1892.

2 vol. in-8° de 551-xi et 674 p.

FRIEZ (Adrien).

Vétérinaire français, né en 1853, diplômé d'Alfort en 1879.

De l'élevage du Cheval dans le Territoire de Belfort avec un aperçu sur le Cheval de Delémont, par M. Adrien Friez, Vétérinaire

---

(1) Voy. son nom pour sa biographie et d'autres ouvrages.

(2) Ries (Joseph-Nicolas), vétérinaire luxembourgeois, né en 1866, a fait ses études à Alfort où il a été diplômé en 1889. Diplômé au Luxembourg l'année suivante, il a été nommé vétérinaire du gouvernement à Clervaux, en 1890, et professeur à l'Ecole d'agriculture en 1892.

à Petit-Croix (Haut-Rhin). *Belfort, Imp. Vve Pélot-Martelet*, 1899.

Broch, in-8° de 47 p. Vignettes sur la couverture et sur le titre intérieur.

C'est un *Rapport* adressé au Syndicat agricole du Territoire de Belfort.

FRŒLICHER (Joseph-Emile).

Officier de cav^{le} français, 1853-1906. Sous-lieut^{nt} en 1878, chef d'esc^{ons} en 1904, mort en activité de service.

Des surprises de la Cavalerie contre l'Infanterie, par E. Frœlicher, Capitaine au 12e Rég^t de Dragons. *Nancy, Imp. Berger-Levrault*, 1902.

Broch. in-8° de 29 p. (Extrait de la *Revue de Cavalerie*).

FRŒMER (Alphonse).

Journaliste français, né vers 1859, mort en 1910.

Revue générale des Courses au trot. Le Trotting-Club de Paris, par A. Frœmer. S. L. N. D. (*Paris*, 1890.)

Broch. gr. in-4° de 56 p. avec couverture en couleurs et nombreuses photogravures, portraits de sportsmen et de chevaux, etc.

FRÖHNER, voy. FRIEDBERGER.

FROMAGE DE FEUGRÉ (Charles-Michel-François) (1).

Vétérinaire français, 1770-1812. Après avoir fait d'excellentes études à Lisieux et y avoir professé la philosophie de 1791 à 1793, il entra comme élève à l'Ecole normale puis à l'Ecole vétérinaire d'Alfort où il devint professeur de 1801 à 1805. Il fut ensuite vétérinaire en chef de la Gendarmerie de la Garde impériale et, au cours de ses campagnes en Europe, il se fit recevoir médecin à Leipzig. Il mourut en 1812 pendant la retraite de Moscou. Il était membre de plusieurs académies.

Idée d'une Distribution salubre des Bâtiments d'une Ferme, par Michel Fromage, Professeur à l'Ecole vétérinaire d'Alfort, Membre du Lycée des Sciences et Arts d'Alençon. *Paris, Meurant*, Frimaire An X (1801).

---

(1) La Biog^{ie} Michaud ainsi que celle Didot-Hœfer l'appellent Fromage des Feugrès ; mais, sur le titre de ses ouvrages, son nom est toujours orthographié de Feugré ou Defeugré.

Broch. in-8° de 16 p.
La question des écuries est à peine effleurée dans cet opuscule.

Moyens de faire cesser la mortalité des Chevaux dans une Ferme du Département de Seine et Marne par Michel Fromage, Professeur à l'Ecole vétérinaire d'Alfort, Membre de la Société d'Emulation d'Alençon. *Paris, M*^{me} *Huzard*, Messidor An X, 1802.
Broch. in-4° de 16 p.

Des Chenilles des Avoines et des moyens d'empêcher leurs ravages, par Michel Fromage, Professeur à l'Ecole vétérinaire d'Alfort, Membre de la Société d'Emulation d'Alençon. *Paris, Imp. et Lib. de M*^{me} *Huzard*, Fructidor An X (1802).
Broch. in-8° de 24 p.

Des Lois sur la Garantie des Animaux... An XII (1804).
En collaboration avec *Chabert*. Voy. ce nom.

Des moyens de rendre l'Art vétérinaire plus utile... An XIII.
En collaboration avec *Chabert*. Voy. ce nom.

De l'importance de l'Amélioration et de la Multiplication des Chevaux en France. An XIII (1805).
En collaboration avec *Chabert* et *Chaumontel*. Voy. *Chabert*.

La Médecine des Animaux domestiques, le Cheval, le Bœuf, le Mouton, le Cochon, le Chien, etc., par Fromage Defeugré. *Paris, Imp. V*^{ve} *Delaguette*, S. D.
Broch. in-12 de 23 p. avec 1 pl.

Correspondance sur la conservation et l'amélioration des Animaux domestiques, observations nouvelles sur les moyens les plus avantageux de les employer, de les entretenir en santé, de les multiplier, de perfectionner leurs Races, de les traiter dans leurs Maladies ; en un mot, d'en tirer le parti le plus utile aux Propriétaires et à la Société. Avec les applications les plus directes à l'Agriculture, au Commerce, à la Cavalerie, aux Manèges, aux Haras, et à l'Economie domestique. Recueillies de la Pratique d'un grand nombre d'Hommes de l'Art, Français ou Etrangers et publiées périodiquement par M. Fromage de Feugré, Vétérinaire en chef de la Gendarmerie de la Garde de S. M. l'Empereur et Roi, Membre de la Légion d'honneur, Docteur en médecine de l'Université de Leipsick, ancien Professeur à l'Ecole vétérinaire d'Alfort, Auteur de beaucoup d'Articles sur l'Art vétérinaire, imprimés dans le Cours complet d'Agriculture pratique, Membre de plusieurs Sociétés de Sciences. *Paris, F. Buisson*, 1810-1811.
4 vol. in-12, tous de 288 p., avec 2 pl. au T. I et 1 au T. IV.
Au titre des T. III et IV, quelques mots sans importance sont changés.

La plupart des articles de cette importante publication, arrêtée par les évènements de guerre et la mort de l'auteur, concernent le cheval. L'ouvrage contient en outre une foule de renseignements sur l'Art vétérinaire, l'Elevage, les Haras, la Bibliographie agronomique et vétérinaire, les Lois et décrets concernant les Haras, la création d'Ecoles d'Equitation, celle d'un Comité central qui devait s'occuper de toutes les questions chevalines, avec le nom de ses membres, etc., etc.

Les évènements de la fin de l'Empire ne permirent pas à la plupart de ces créations, écloses dans le cerveau de l'Empereur entre deux batailles, de recevoir même un commencement d'exécution, mais elles n'en sont pas moins très intéressantes à connaître.

Traité des Fractures dans les Animaux domestiques... par Fromage Defeugré. *Paris, Buisson*, 1811.
1 vol. in-12 de... p. que je n'ai pu rencontrer jusqu'ici et que je ne connais que par le Catal. de la Bibl. Huzard.

Mémoire sur l'avantage et les moyens de disposer d'une manière salubre les Bâtiments, les Fumiers, les Egouts et l'Abreuvoir d'une Ferme, par M. Fromage Defeugré, Vétérinaire en Chef de la Gendarmerie de la Garde de S. M. l'Empereur et Roi, Membre de la Légion d'Honneur, Docteur en Médecine de l'Université de Leipsick, ancien Professeur à l'Ecole Vétérinaire d'Alfort..., etc. *Paris, Imp. de la Vve Delaguette*, 1812.

Broch. in-16 de 8 p. Extrait de la *Correspondance* sur les Animaux domestiques (qui précède).

FROMAGET (C). voy. NICOLAS (E.).

FROMENTIN (Eugène).

Peintre français, 1820-1876. Après de brillantes études, il fit son droit à Paris, entra dans l'étude de M. Denormandie, avoué, fut bientôt licencié et commença son doctorat, mais son goût pour la peinture lui fit peu après changer de carrière et il entra dans l'atelier du peintre Rémond qu'il quitta pour entrer dans celui de Cabat. Celui-ci fut son véritable maître.

Après plusieurs voyages en Algérie, il fit sa spécialité des scènes africaines et fut naturellement amené à placer des chevaux dans presque tous ses tableaux, lesquels ont été popularisés par la gravure.

Fromentin fut donc un véritable peintre hippique. Ses chevaux ont de l'allure, du mouvement et beaucoup d'élégance, mais ses études anatomiques étaient incomplètes et, dit M. Louis Gonse (1), « malgré sa connaissance du cheval, « c'est peut-être pour le dessin si difficile de cet animal et pour son anatomie essentielle, que Fromentin laissa « le plus visiblement percer l'insuffisance « de ses études premières. Il a dessiné « plus souvent le cheval de souvenir, « d'intuition, de chic, que d'après la « nature. »

Fromentin, qui était un modeste, se rendait compte de l'imperfection de son dessin. « Je ne suis guère plus avancé « qu'avant dans la connaissance exacte « de mon animal, écrivait-il en 1874. « C'est un monde à étudier. Je commence à peine, non pas à le rendre, « mais à en comprendre les proportions... »

Tels qu'ils sont, les nombreux chevaux que Fromentin a placés dans ses tableaux n'en sont pas moins agréables à regarder et, par leur grâce particulière, par l'intérêt des scènes qu'ils animent, ils séduisent l'œil de celui qui ne veut pas trop approfondir l'exactitude de leur anatomie.

Les principales œuvres hippiques de Fromentin, que la gravure et la lithographie ont reproduites sont : Chasse au Faucon — Courriers des Ouled Naïls — Tribu en voyage — Fantasia — Arabes nomades levant le camp — Chasse à la gazelle — Cavaliers revenant d'une fantasia — la Curée — Fauconnier arabe — Tribu traversant un gué — Arabes faisant boire leurs chevaux, etc., etc.

Dans l'avant-propos et à la p. 144 de son ouvrage (1), le colonel Duhousset (voy. ce nom) a fait une étude critique de l'œuvre et du talent de Fromentin.

FUMÉE (Guillaume).

Médecin français, xviiie siècle.

Deo optimo Max. Uni et Trino, Virgini Dei-paræ, et S. Lucæ Orthodoxorum Medicorum Patrona — Quæstio Medica, Cardinalitiis Disputationibus mane discutienda in Scholiis Medicorum, die Martis vigesimo nono mensis Novembris, anno Domini 1757. M. Joanne Francisco Paris — M. Antonii-Nicolai Guenault, Vices-gerente, Doctore Medico, Præside — *An ad Sanitatem Equitatio?* — Proponebat Parisiis Guillelmus Fumée, Bajocæus (2) Doctor Medicus Cadomensis (3) necnon Saluberrimæ Facultatis Medicæ Parisiensis Baccalaureus. *(Paris) Typis Viduæ Quillau Universitatis Med. Typographi*, 1757.

Plaquette in-4° de 4 p. Armoiries de la Faculté en tête du titre.

D'après l'auteur, l'Equitation est favorable à la santé sous certaines réserves.

FVRIEVX (LE) COMBAT CONTRE LA CAVALLERIE ESPAGNOLLE.

Le Fvrievx Combat, donné contre la Cauallerie Espagnolle, sur les Frontieres de la Franche-Comté. Par la Cauallerie Françoise. *A Paris, par Pierre Mettayer*, 1634.

Broch. pet. in-8° de 15 p.

Opuscule curieux et très rare, qui donne la composition des troupes engagées, les dispositions prises pour le combat et le détail du combat lui-même qui eut lieu près de Ligny.

FURNE (Constant).

Agronome français.

---

(1) *Eugène Fromentin, peintre et écrivain*, par Louis Gonse. Paris, 1881.

(1) *Le Cheval dans la nature et dans l'art*, par E. Duhousset, Lieutenant-Colonel, Paris, 1902.
(2) *Bajocuæs*, de Bayeux.
(3) *Cadomensis*, de Caen.

Syndicat agricole du Boulonnais — Stud-Book de la Race boulonnaise. Tome premier — *Boulogne-sur-Mer, Imp. Camille Le Roy*, 1887.

1 vol. pet. in-8° de XVI-109 p. avec une carte des environs de Boulogne, se dépliant.

L'ouvrage est précédé d'une notice sur la race boulonnaise, sa topographie, ses origines et enfin sur l'établissement de son Stud-book, à la fin de laquelle se trouve la signature de l'auteur.

Syndicat agricole du Boulonnais — Stud-Book de la Race Boulonnaise — Notice — *Boulogne-sur-Mer, Imp. Camille Le Roy*, 1888.

Broch. in-8° de 15 p. signée à la fin.

Cet opuscule ne contient aucune partie du Stud-book de la race boulonnaise, comme son titre pourrait le faire croire; c'est une reproduction, augmentée, de la notice qui précède l'ouvrage précédent.

Société d'agriculture de l'arrondissement de Boulogne-sur-Mer — Notes sur la Production, l'Elevage et le Commerce de la Race chevaline Boulonnaise (Extrait du *Bulletin* de la Société d'agriculture de Boulogne-sur-Mer). *Boulogne-sur-Mer, Imp. G. Hamain*, 1895.

Broch. in-8° de 30 p. signée à la fin : Constant Furne, Secrétaire de la Société d'Agriculture de l'arrondissement de Boulogne-sur-Mer.

Le Cheval Boulonnais, par C. Furne. *Boulogne-sur-Mer, Imp. G. Hamain* S. D. (1911).

Broch. in-8° de 4 p.

Renseignements demandés par le Gouvernement des Etats-Unis.

FURNEMONT (Alfred).

Vétérinaire belge.

Grand Recueil de Médecine vétérinaire pratique à l'usage des Cultivateurs, Eleveurs, Propriétaires ou Détenteurs d'animaux domestiques, renfermant les expériences et les traitements les plus nouveaux pour combattre et préserver le bétail du typhus contagieux et de la pleuropneumonie. Il traite de toutes les connaissances de l'élevage — Des moyens de prévenir les accidents — Traitements pratiques de toutes les maladies, par M. Alfred Furnemont, médecin vétérinaire du Gouvernement, avec la collaboration de plusieurs médecins vétérinaires français ; M. Burggraeve, professeur d'université, membre de sociétés savantes ; M. Florentin Detaille, médecin vétérinaire, collaborateur en sciences vétérinaires et d'une Commission de savants, et M. Gérard, médecin vétérinaire à l'artillerie. *S. L.* (*Liège*), *P. J. Wathelet, Editeur*, S. D. (vers 1890).

1 vol. gr. in-8° de 607 p. avec 4 pl. lith. se dépliant, 1 pour le cheval, 1 pour le bœuf et 2 pour la ferrure.

Le cheval occupe les 174 premières p. ; la maréchalerie, l'équitation et l'âge du cheval de la p. 420 à 507.

Ouvrage de vulgarisation. Certaines parties sont empruntées aux plus mauvais préceptes des vieux ouvrages de maréchalerie. Le style — que le titre suffit à juger — est à la hauteur du fond.

G

G***, voy. SAINTE-CHAPELLE, voy. aussi UN MOT AU PUBLIC.

G*** (LE LIEUTENANT), voy. SELLES D'ARTILLERIE.

G. DE G. et DUFOUR (L.) traducteur.

G. de G. indique un officier prussien nommé G. de Glasenopp. Dufour (Francisque-Louis), officier d'art[le] français, né en 1836.

Emploi et Instruction de la Cavalerie d'après la campagne de 1866, par G. de G, ancien Officier de cavalerie prussienne. Traduit de l'allemand par L. Dufour. Capitaine d'Artillerie. *Paris, J. Dumaine*, 1872.

1 vol. gr. in-8° de IV-103 p.

Ouvrage critique et didactique bien étudié.

G. DE M., voy. M. (G. DE).

G. R., voy. CAVALERIES (LES) ETRANGERES.

G. T. (LE LIEUTENANT), voy. CONFÉRENCE SUR L'EMPLOI DU TIR.

GABELCHOVER (O.), voy. BACCIO (A).

GABORIAU (Émile).
Littérateur français, né en 1835.
Le 13ᵉ Hussards. Types, Profils, Esquisses et Croquis militaires... à pied et à cheval ; par Emile Gaboriau. *Paris, Dentu*, 1861.
1 vol. in-12 de 319 p.
L'auteur a voulu faire, pour la cavalerie, le pendant du 101ᵉ de Noriac, mais il n'atteint pas la fine observation de celui-ci. Son petit livre a eu néanmoins un succès attesté par 15 éditions jusqu'en 1865, sans changements. Il est inutile d'ajouter que, comme pour les ouvrages analogues, (V. Bambini) le 13ᵉ Hussards était, au moment où écrivait Gaboriau, un régiment imaginaire.

GABRIEL (LE COMMANDANT) Pseudonyme.
La Cavalerie défendue par un Cavalier, par le Commandant Gabriel. *Paris et Limoges, Henri Charles-Lavauzelle*. S. D. (1907).
1 vol. in-16 de 119 p.
Ce petit livre, écrit d'une plume particulièrement alerte, est attribué au Gᵃˡ *Donop*. Voy. ce nom pour d'autres ouvrages.

GABY (Joseph-Isidore).
Vétérinaire français, diplômé de Toulouse en 1870.
Ecole impériale vétérinaire de Toulouse — Question d'Hygiène — Un mot sur l'Education du Cheval, par Joseph-Isidore Gaby, né à Sarlat (Dordogne) — Thèse pour le Diplôme de Médecin-Vétérinaire, présentée et soutenue le 21 Juillet 1870 — *Toulouse, Imp. J. Pradel et Blanc*, 1870.
Broch. gr. in-8º de 54 p.
Cet opuscule renferme quelques bons principes sur l'éducation des jeunes chevaux.

GACHET, voy. MELLINET (C.).

GADEAU DE **KERVILLE** (Henri).
Naturaliste français, né en 1858.

Quelques réflexions sur l'intelligence du Cheval domestique, par Henri Gadeau de Kerville — Extrait du journal *Le Naturaliste* (nº du 15 Juillet 1903). *Paris, Bureaux du Journal*, 1903.
Broch. in-8º de 10 p.

GAFFET DE LA **BRIFFARDIERE** (Antoine).
Nouveau Traité de Vénerie, contenant la Chasse du Cerf, celles du Chevreuil, du Sanglier, du Loup, du Lièvre & du Renard. Avec la connoissance des Chevaux propres à la Chasse & des Remedes pour les guerir, lorsqu'ils se blessent. Des Instructions & des Remedes pour garantir & guerir les Chiens de la Rage, la maniere de dresser les Chiens couchans à l'arrêt, de les mettre à commandement & de leur apprendre à rapporter. Un Traité de la Pipée, de la Fauconnerie, & des termes de cette espèce de Chasse — On y a joint un Dictionnaire de la Chasse du Cerf & du Chevreuil. Le tout orné de figures & de Musique, par un Gentilhomme de la Vénerie du Roy. *A Paris, chez Mesnier, Impr Libraire, rue S. Severin, au Soleil d'or ou en sa boutique au Palais, Grande Salle, même Enseigne*, 1742.
1 vol. in-8º de 35-XVI-401 p., plus 2 fᵗˢ pour l'approbation et le privilège et 7 pour les fanfares, avec 11 pl. h.-t. se dépliant.

Même ouvrage, même titre —. *Nouvelle Edition* — *A Paris, Quay des Augustins, chez Nyon Fils, à l'Occasion; Damonneville, à S. Etienne; Guillyn, au Lys d'or, du côté du Pont Saint Michel*, 1750.
Sans autre changement que le titre qui annonce à tort une nouvelle édᵒⁿ. C'est la même.
L'ouvrage est cité ici à cause du Chap. XXXIX de la Chasse du Cerf, qui traite des Chevaux de Chasse et des remèdes propres à les guérir. Ces remèdes ne sont qu'un ramassis de vieilles recettes des anciens hippiâtres, sans aucune valeur.
L'auteur de la Préface attribue l'ouvrage à *Antoine de la Briffardière*, mort depuis quelques années quand a paru la 1ʳᵉ édᵒⁿ. Mais le privilège dit : « Notre bien Amé

GAF — 519 — GAL

« le Sieur *Pierre Clément de Chappeville*,
« ancien Capitaine du Régiment Vexin
« Nous ayant fait supplier de lui accorder
« nos lettres de permission pour l'Im-
« pression d'un *Manuscrit de sa compo-
« sition* & qui a pour titre : Nouveau
« Traité de Vénerie... etc. ». Sur les exemplaires de la Bib. Nat[le], une note manuscrite, d'une écriture du temps, attribue l'ouvrage à *Chappeville*. Peut-être celui-ci a-t il présenté après la mort de *Gaffet*, qui était bien gentilhomme de la Vénerie du Roi.

GAIGNARD (R.), voy. CAVALCADE DE NIORT.

GAIL (Henri-Dominique-Pierre DE).

Officier de cav[le] français breveté, né en 1867, sous-lieut[nt] en 1887, chef d'esc[ons] en 1912.

Reconnaissance des Troupes de toutes Armes par les Patrouilles de Cavalerie — Dédié aux Sous-Officiers, par le Capitaine de Gail, de l'Etat-Major de la 2e Division de Cavalerie. *Paris et Nancy, Berger-Levrault*, 1903.

Broch. gr. in-8° de 68 p. avec 20 croquis et plusieurs tableaux d. l. t.

GAIL (J.-B.), voy. XÉNOPHON et GAIL.

GAIN (E.) voy. BROCQ-ROUSSEU (D.).

GALISSET (Ch. M.) et MIGNON (Jacques).

Le premier, jurisconsulte, avocat et ancien magistrat; le second, vétérinaire, chef de service à Alfort, puis docteur en médecine et chirurgien de l'Hôtel-Dieu d'Orléans. 1811-1898.

Nouveau Traité des Vices rédhibitoires et de la Garantie dans les ventes et échanges d'Animaux domestiques ou Jurisprudence vétérinaire d'après les principes du Code civil et la Loi modificative du 20 mai 1838, contenant la Législation sur les vices rédhibitoires et la description de ces vices ; celle qui concerne les ventes d'animaux atteints de maladies contagieuses, et enfin celle relative aux ventes d'animaux destinés à la consommation, suivie des Règles et Formes judiciaires à observer par les Parties en contestation, et terminée par des Modèles de Requêtes, d'Ordonnances, de Procès-Verbaux, de Rapports, etc. Par Galisset, Avocat aux Conseils du Roi et à la Cour de Cassation, etc., et J. Mignon, Vétérinaire, ex-Chef de Service de Physique, de Chimie et d'Anatomie à l'Ecole royale vétérinaire d'Alfort, Membre honoraire de la Société vétérinaire du Finistère et de celle de Lot-et-Garonne. *Paris, Béchet J[ne] et Labé ; Lyon, Savy j[ne]; Toulouse, Gimet et Sénac*, 1842.

1 vol. in-8° de 544 p.

Même ouvrage, même titre; par Galisset, ancien Avocat au Conseil d'Etat et à la Cour de cassation, Armand Galisset, Substitut du Procureur de la République près le Tribunal de Château-Thierry et J. Mignon, Docteur en médecine, ex-chef de service de Physique, de Chimie et d'Anatomie à l'Ecole nationale vétérinaire d'Alfort, Membre de la Société nationale et centrale de Médecine vétérinaire et Membre honoraire de la Société vétérinaire du Finistère et de celle de Lot-et-Garonne. *Deuxième Edition. Paris, Labé ; ibid., Cosse ; Lyon, Savy ; Toulouse, Gimet ; Bruxelles, Tircher*, 1852.

1 vol. in-8° de VII-396 p.

Même ouvrage, même titre; par M.M. Ch. M. Galisset, ancien avocat au Conseil d'Etat et J. Mignon, chirurgien de l'Hôtel-Dieu d'Orléans. *Troisième Edition*, mise au courant de la Jurisprudence et augmentée d'un appendice sur les Epizooties et l'exercice de la Médecine vétérinaire. *Paris, J. B. Baillière et fils*, 1864.

1 vol. in-18 de VIII-542 p.

Dans les 2e et 3e éd[ons], quelques mots du titre sont légèrement modifiés.

Cet ouvrage contient, en tête et « comme monument historique », une reproduction du *Tableau synoptique des vices rédhibitoires selon les anciens usages et les coutumes d'après Gohier et Lavenas* (voy. ces noms). qui montre dans quelles inextricables difficultés se débattaient acheteurs et vendeurs, au milieu

GAL — 520 — GAL

de coutumes variant d'une province à l'autre, avant la loi de 1838.

GALLAND (Ch. DE).

Congrès international de Budapest pour la Protection des Animaux (Juillet 1896) — Conférence et Compte-Rendu faits par Ch. de Galland, Délégué de la Société protectrice des Animaux d'Alger le Lundi 23 Novembre 1896 à la Mairie d'Alger. *Alger, Imp. Pierre Fontana*, 1897.

Broch. in-8° de 32 p.

La protection du cheval occupe les p. 16 à 20.

GALLEMAERTS (Léon) et **DESSART** (J.-B.).

Manuel de Droit et de Science vétérinaires dans la Vente et l'Echange d'Animaux domestiques par Gallemaerts, Avocat près la Cour d'Appel de Bruxelles et J.-B. Dessart (1), Professeur de Législation et de Police sanitaire, etc., à l'Ecole de Médecine vétérinaire de l'Etat, Membre titulaire de l'Académie Royale de Belgique. *Bruxelles, Imp. Ch. Van de Weghe*, 1896.

1 vol. in-12 de VIII-440 p.

GALLET (Marie-Alexandre-Emile-Hippolyte).

Général de div[on] français (cav[le]), né en 1856, sous-lieut[nt] en 1877, général de div[on] en 1910.

Trois journées de Manœuvres de Cadres à la 6ᵉ Division de Cavalerie dirigées par le Général Gallet, Commandant la 1ʳᵉ Division d'Infanterie — Avec une carte — *Paris et Nancy, Berger-Levrault*, 1912.

Broch. gr. in-8° de 33 p. (Extrait de la *Revue de Cavalerie*).

GALLIER (Alfred-Auguste-Henri).

Vétérinaire français, né en 1856, diplômé d'Alfort en 1877, Inspecteur sanitaire de la ville de Caen.

De l'Indivisibilité de l'Aveu judiciaire considéré dans ses rapports avec les ventes d'Animaux domestiques, par Alfred Gallier, Médecin-

(1) Dessart, J.-B., professeur à l'Ecole de Oureghem 1832-1908.

Vétérinaire, Inspecteur sanitaire de la Ville de Caen, ex-Secrétaire de la Société vétérinaire du Calvados, de la Manche et de l'Orne, Secrétaire adjoint de la Société d'Agriculture et de Commerce de Caen. *Caen, Henri Delesques*, 1888.

Broch. in-8° de 34 p.

Même ouvrage, même titre. *Paris, Asselin et Houzeau*, 1890.

Sans changement.

Traité des Vices rédhibitoires dans les Ventes ou Echanges d'Animaux domestiques. Commentaire de la Loi du 2 Août 1884, par Alfred Gallier, Médecin-Vétérinaire, Inspecteur sanitaire de la Ville de Caen. *Paris, Asselin et Houzeau*, 1890.

1 vol. in-8° carré de VIII-683 p.

Même ouvrage, même titre — 2ᵉ Edition — *Paris, Asselin et Houzeau*, 1894.

1 vol. in-8° de XII-779 p.

Même ouvrage, même titre — 3ᵉ Edition - *Paris, J.-B. Baillière et fils*, 1895.

1 vol. in-8° de VIII-791 p.

Semblable à la 2ᵉ éd[on], mais augmentée d'un *Commentaire de la Loi du 31 Juillet-2 Août 1895 sur les ventes et échanges d'animaux domestiques*.

Jurisprudence commerciale — Du Dépôt et de la Responsabilité des Dépositaires, Aubergistes, Logeurs, Dresseurs, etc., par M. Alfred Gallier... etc. *Paris, Typ. A. Maulde et Cⁱᵉ*, 1891.

Broch in-8° de 16 p. Extrait du *Recueil de Médecine vétérinaire* du 15 Oct. 1891.

Petit Traité d'Hygiène et de Médecine vétérinaire usuelles. Premiers soins à donner aux Animaux malades, par Alfred Gallier, Médecin-Vétérinaire, Inspecteur sanitaire de la Ville de Caen, Secrétaire adjoint de la Société d'Agriculture et de Commerce de Caen, Bibliothécaire de la société vétérinaire du Calvados, de la Manche et de l'Orne, Officier d'Académie. *Paris, Auguste Goin; Caen, Paul Massif*, 1893.

1 vol. in-8° de VI-146 p.

Jurisprudence commerciale —

Traité des règles de la garantie dans les ventes d'Animaux de boucherie, d'Animaux méchants, d'Animaux atteints de Maladies contagieuses, par Alfred Gallier, Médecin Vétérinaire... etc. *Caen, Valin; Paris, Asselin et Houzeau,* 1894.

1 vol. in-8° de 130 p.

Encyclopédie vétérinaire publiée sous la direction de C. Cadéac — Médecine légale vétérinaire comprenant — La Médecine légale proprement dite — La Jurisprudence médicale — Les Expertises médico-légales — La Responsabilité civile des Vétérinaires, Empiriques, Maréchaux-ferrants, Locataires, Compagnies de Chemins de fer, etc.; par Alfred Gallier... etc. *Paris, J.-B. Baillière et fils,* 1895.

1 vol. in-18 de VI-502 p.

Cercle Caennais de la Ligue de l'Enseignement — La Mobilisation et le Cheval de guerre — La Remonte de l'Armée — Conférence faite à Caen le 11 Janvier 1897, par Alfred Gallier, Médecin-Vétérinaire, Inspecteur sanitaire de la Ville de Caen, ancien Secrétaire de la Société d'Agriculture et de Commerce de Caen, Membre du Conseil départemental d'hygiène et de salubrité du Calvados, Membre correspondant de la Société centrale de Médecine vétérinaire, Aide-vétérinaire au 3e territorial d'Artillerie, Lauréat de la Société nationale d'Agriculture de France, Officier d'Académie, Chevalier du Mérite agricole, etc., etc. *Caen, Imp. E. Adeline,* 1897.

Broch. in-8° de 19 p.

Le Cheval Anglo-Normand, par Alfred Gallier, Médecin-Vétérinaire, Inspecteur sanitaire de la Ville de Caen. Avec Photogravures intercalées dans le texte — L'Anglo-Normand, ses origines — Histoire de la famille Normande — L'Anglo-Normand considéré comme Reproducteur, comme Cheval de guerre et comme Cheval de service — L'Administration des Haras, son rôle, son système — Encouragements à l'Industrie chevaline, Courses, Concours. *Paris, J.-B. Baillière et fils,* 1900.

1 vol. in-12 de 374 p., avec 28 fig. d. l. t., à pleine p.

Annexe au Bulletin municipal de la ville de Caen — L'Académie d'Equitation de Caen au XVIIIe et au XIXe siècles — Documents inédits tirés des Archives municipales de Caen, par Alfred Gallier, Membre du Conseil municipal, Médecin-Vétérinaire... etc. *Caen, Imp. E. Adeline,* 1900.

1 vol. gr. in-8° de VI 221 p.

Une Epizootie de Morve au XVIIIe siècle dans la généralité de Caen, par Alfred Gallier, Médecin-Vétérinaire... etc. *Caen, Imp. Charles Valin,* 1905.

Broch. in-8° de 74 p.

Les Ecoles vétérinaires et la Généralité de Caen, par Alfred Gallier. Médecin-Vétérinaire... etc. *Caen, Henri Delesques,* 1907.

Broch. in-8° de 61 p. (Extrait des *Mémoires de l'Académie nationale des Sciences, Arts et Belles-Lettres de Caen,* 1906).

L'Agriculture au XXe siècle. Encyclopédie publiée sous la direction de H.-L.-A. Blanchon et J. Fritsch — Le Cheval de demi-sang. Races françaises, par Alfred Gallier, Médecin-Vétérinaire... etc. *Paris, Lucien Laveur,* S. D. (1908).

1 vol. in-16 de VI-332 p.

L'Agriculture au XXe siècle... etc. — Le Cheval de Trait. Races françaises, par Alfred Gallier. Médecin-Vétérinaire... etc. *Paris, Lucien Laveur,* S. D. (1909).

1 vol. in-16 de VIII-326 p.

GALLIFFET (Gaston-Alexandre-Auguste MARQUIS DE).

Général de division français (cav[le]), 1830-1909. Engagé volontaire en 1848, sous-lieut[nt] en 1853, général de brigade en 1870, de div[on] en 1875, passé au cadre de réserve en 1895. Il a été président du Comité de Cavalerie, commandant des 9e et 12e Corps d'armée de 1879 à 1885, membre du Conseil supérieur de la guerre et ministre de la guerre en 1899 et 1900. Le g[al] de Galliffet a fait toutes les campagnes du 2e empire, Crimée,

GAL — 522 — GAL

Italie. Algérie, Mexique où il a été blessé et contre l'Allemagne.

Les Grandes Manœuvres de Cavalerie en 1879. *Paris et Nancy, Berger-Levrault*, S. D. (1880).

Broch. gr. in-8° de 50 p. anonyme.

Projet d'Instruction sur l'emploi de la Cavalerie en liaison avec les autres Armes par le Général de Galliffet, Commandant le 9ᵉ Corps d'Armée (8 Décembre 1879). *Paris, J. Dumaine*, 1880.

Broch. in-32 de 36 p.

Procès-verbaux des Séances tenues à Tours sous la Présidence de M. le Général de division de Galliffet Commandant le 9ᵉ Corps d'Armée, Président du Comité consultatif de Cavalerie. *Nancy, Imp. Berger-Levrault*, 1881.

Broch. in-4° de 83 p. avec 15 croquis d. l. t.

Même ouvrage, même titre. *Paris, J. Dumaine*, 1881.

1 vol. in-8° de 109 p.

Ministère de la Guerre — Observations sur l'emploi des Troupes de Cavalerie appelées à opérer avec des Détachements de toutes Armes. *Paris, Imp. Nationale*, 1890.

Broch. in-16 de 63 p. avec nombreux croquis de formations d. l. t.

Ces *Observations*, publiées par le Ministre de la Guerre, sont l'œuvre d'une commission présidée par le gᵃˡ de Galliffet qui signe le rapport préliminaire au Ministre.

GALLO (Augustin) et BELLE-FOREST (François DE), traducteur.

Gallo, agronome italien sur lequel je n'ai trouvé aucun renseignement biographique. Belle-Forest, littérateur et historien français 1530-1583.

Secrets de la vraye Agricvltvre et honestes plaisirs qu'on reçoit en la menasgerie des champs, pratiquez et experimentez tant par l'autheur qu'autres experts en ladicte science, diuisez en xx iournées par Dialogues. Tradvits en Francois de l'Italien de Messer Augustin Gallo, gentil-homme Brescian, par François de Belle-Forest, Comingeois. *A Paris, chez Nicolas Chesneau, ruë Sainct Iaques, à l'enseigne de l'Escu de Froben, & du Chesne verd*, 1571.

1 vol. in-4° de 6 fᵗˢ non ch. pour le titre, la dédicace « à Monsieur Charles « Tristan, Seig. de Puy-d'Amour et « Crapin & Advocat en la Court de Par- « lement », le Prologue de Messer Augustin Gallo, un Argument (ou table générale), une lettre d'Augustin Gallo au lecteur, le privilège, 374 p. de t. et 24 fᵗˢ non ch. à la fin pour une table alphab. très détaillée.

L'ouvrage est rédigé sous forme de dialogue entre plusieurs personnages, et les compliments et politesses que se font les interlocuteurs avant d'entrer en matière à chaque journée (ou chapitre) ne sont pas la partie la moins curieuse du livre. La 13ᵉ journée est consacrée au cheval, la 14ᵉ au mulet et à l'âne : choix de la jument et de l'étalon, saillie, éducation et dressage du poulain, extérieur, robes, maladies et remèdes, nourriture, anecdotes, etc. Ouvrage rare et curieux.

GALLOIS (Eugène), voy. POSTE AUX CHEVAUX.

GALTIER (Victor-Pierre).

Vétérinaire français, 1846-1908. Diplômé de Lyon en 1873, il exerça d'abord sa profession à Arles, revint au bout de trois ans à l'Ecole de Lyon comme chef de service de pathologie interne, d'anatomie pathologique et de clinique, auprès du professeur Saint-Cyr (voy. ce nom), et fut nommé professeur de pathologie des maladies contagieuses et de jurisprudence commerciale vers 1878. Il occupait encore ce poste à sa mort. Galtier était membre associé de l'Académie de Médecine, membre correspondant de la Société nationale d'Agriculture et licencié en droit.

Traité des Maladies contagieuses et de la Police sanitaire des Animaux domestiques, par M. V. Galtier, Professeur de Police sanitaire à l'Ecole nationale vétérinaire de Lyon. *Lyon, Beau jeune*, 1880.

1 vol. in-8° de VIII-943 p.

Même ouvrage, même titre; *Deuxième Edition*, revue, corrigée et augmentée, avec Figures intercalées dans le texte. *Paris, Asselin et Houzeau*, 1891-1892.

2 vol. in-8° de VII-935 et 975 p., avec 158 fig. d. l. t.

Même ouvrage, même titre;

Troisième Edition, revue et corrigée avec figures intercalées dans le texte. *Paris, Asselin et Houzeau*, 1897.

1 vol. in-8° de 1283 p. avec 124 fig. d. l. t.

Traité de Jurisprudence commerciale et de Médecine légale vétérinaires, suivi d'un aperçu sur les Devoirs et les Droits des Vétérinaires, par M. V. Galtier, Professeur de Police sanitaire, de Jurisprudence commerciale et de Médecine légale à l'Ecole nationale vétérinaire de Lyon. *Paris, Asselin*, 1883.

1 vol in-8° de 685 p.

Traité de Législation commerciale et de Médecine légale vétérinaire, par V. Galtier, Licencié en Droit, Professeur de Police sanitaire à l'Ecole vétérinaire de Lyon — *Deuxième Edition*, entièrement refondue. *Paris, Asselin et Houzeau*, 1897.

1 vol. in-8° de 718 p.

Ventes d'Animaux atteints de Maladies contagieuses par M. V. Galtier, Professeur à l'Ecole nationale vétérinaire de Lyon — Communication faite à la Société d'Agriculture, Sciences et Industrie de Lyon dans sa séance du 23 mai 1902. *Lyon, Imp. A. Rey*, (1902).

Broch. gr. in-8° de 44 p.

Manuel de Police sanitaire, par V. Galtier, Professeur à l'Ecole nationale vétérinaire de Lyon — Prix 6 francs — *Lyon, Imp. L. Bourgeon* S. D.

1 vol. in-16 de 579 p.

Manuel de Police sanitaire contenant un abrégé sommaire des principaux caractères des Maladies contagieuses, par V. Galtier, Professeur de Police sanitaire à l'Ecole vétérinaire de Lyon. *Deuxième Edition. Paris, Asselin et Houzeau*, 1903.

1 vol. in-8° de XVI-640 p.

Horse-Pox simulant la Dourine. Enzootie de Variole Equine dans la Haute-Loire — Rapport adressé à M. le Préfet de la Haute-Loire, par V. Galtier, Professeur à l'Ecole nationale vétérinaire de Lyon. — *Lyon, Imp. Bourgeon*, S. D. (1887).

Broch. in 8° de 22 p.

Il s'agissait de juments contaminées par un étalon d'un fermier et que quelques vétérinaires avaient cru atteintes de la dourine. Mais le virus recueilli, inoculé à un veau, put servir avec succès à la vaccination humaine.

Les Pneumo-Entérites infectieuses des Fourrages ou variétés des Affections typhoïdes des Animaux solipèdes, par MM. Galtier et Violet, Professeurs à l'Ecole nationale vétérinaire de Lyon. *Lyon, Imp. Pitrat aîné*, 1890.

1 vol. in-4° de 146 p.

Lois, Décrets et Règlements nouveaux sur la Police sanitaire, par V. Galtier, Professeur de Police sanitaire à l'Ecole vétérinaire de Lyon. *Paris, Asselin et Houzeau*, 1906.

Broch. in-8° de 80 p.

GALY (J.-L.-C.-H.).

Pharmacien et hippiâtre à Paris.

De l'Affection calcaire vulgairement Morve, recherches physiologico-chimiques sur sa cause et ses effets, ses symptômes, leurs différences avec ceux de quelques Maladies aiguës considérées comme influences secondaires; Dépôt du corps étranger qui en est la cause; — Progrès de la dégénérescence organique résultant de la présence de ce corps étranger; — Lésions organiques qui en sont la suite; — Influences qui produisent la cause de l'affection calcaire; — Action de la nourriture solide ou liquide sur la composition des humeurs animales; — Action du sol, des engrais et de l'eau sur la nourriture; Expériences sur la contagion; par J. L. C. H. Galy, Pharmacien-Chimiste, de l'Ecole de Paris. *Paris, Crochard*, 1835.

1 vol. in-8° de 339 p. plus 1 fᵗ pour la Table du traitement et 1 fᵗ d'errata, avec 1 pl. h. t. se dépliant et représentant l'appareil du traitement.

Les 17 premières p. sont occupées par une longue introduction dans laquelle Galy se plaint amèrement des « invec-

« tives », des « injustices », des « intrigues... » dont il a été victime à l'occasion de ses travaux sur la morve.
Pour un rapport favorable à Galy, voy. *Dupuy* (*Alexis-Casimir*). Mais, malgré tout, les essais faits aux fermes de l'Amirault et de Pomponne tournèrent à sa confusion (1).

GAMA MACHADO (LE CHEVALIER DA)

Naturaliste, physiologiste et diplomate portugais; Conseiller à la Légation de Portugal à Paris sous le 2e Empire, mort à Paris vers 1862.

Théorie des Ressemblances ou Essai philosophique sur les moyens de déterminer les dispositions physiques et morales des Animaux d'après les analogies de formes, de robes et de couleurs, par le Ch^{er} da G. M. — Orné de 20 Planches — *Paris, Treuttel et Wurtz; ibid., Delaunay,* 1831.

1 vol. gr. in-4° de 129 p. Les pl. sont h. t. et coloriées.

A la p. 47, article sur « le cheval de « course comparé au lévrier et quelques « autres animaux coureurs ». A la p. 49, article sur « le cheval de trait comparé « avec le bœuf sous le rapport des formes » qui le rendent plus particulièrement apte « aux travaux de l'agriculture et des arts ». 4 fig. représentent ces animaux.

L'ouvrage a eu une suite : 2e, 3e et 4e parties publiées en 1836, 1844 et 1858, in-4° et gr. in-4° pour la 4e. Dans la 3e, se trouvent 2 pl. color. représentant des chevaux, mais le texte de ces 3 parties ne contient presque rien qui concerne le cheval, et leur description détaillée est inutile.

De l'Hérédité de la Morve et de la Rage, par M. le Commandeur Da Gama Machado, Conseiller de la Légation de Portugal à Paris, Membre de l'Académie des Sciences de Lisbonne, etc., etc. *Paris, Imp. J. Claye,* 1853.

In-8° de 3 p. Vigenttes color. sur les deux plats de la couverture. Extrait du *Moniteur des Hôpitaux* du 29 Janvier 1853.

C'est une lettre adressée au rédacteur en chef de ce journal, reproduisant un passage de sa *Théorie des Ressemblances* dans lequel l'auteur soutient l'hérédité de la morve et de la rage. Il veut l'exclusion des chevaux morveux de la reproduction et la destruction des portées de chiens dont les ascendants ont succombé à la rage. Il veut même interdire la reproduction aux personnes atteintes de la pierre et de la goutte!! Les 4 volumes de sa *Théorie des Ressemblances* sont d'ailleurs remplis d'élucubrations non moins bizarres.

GANDON (Antoine).

Romancier et journaliste français. A été militaire. Mort en 1864.

Souvenirs intimes d'un vieux Chasseur d'Afrique recueillis par Antoine Gandon. Avec une Préface de Paul d'Ivoi. Illustrations de Worms, gravure de Polac. *Paris, Dentu,* 1859.

1 vol. in-12 de x-281 p. Dédicace à Adolphe d'Houdetot, ami de l'auteur.

En 1860 et 1861 ont paru les 2e, 3e, et 4e éd^{ons}, avec l'addition suivante en tête du titre :

Récits du Brigadier Flageolet. Souvenirs intimes, etc.

Sans autre changement.

Le Grand Godard, histoire d'un Homme fort, par Antoine Gandon, auteur des Souvenirs intimes d'un vieux Chasseur d'Afrique et des 32 Duels de Jean Gigon. *Paris, Bourdilliat,* 1861.

1 vol. in-12 de 246 p.

C'est, comme le précédent ouvrage, une peinture de la vie militaire dans la Cav^{ie}.

GANGNAT (P.), voy: ISTEL (P).

GAREAU (François-Eugène).

Ancien notaire, propriétaire en Seine-et-Marne, membre du Conseil g^{al} de ce dép^{nt}; il fut élu en 1852, député de Seine-et-Marne au Corps législatif et réélu en 1857. Il échoua au renouvellement suivant. 1811-18...

Société impériale et centrale d'Agriculture — Séance publique de rentrée tenue le Mercredi 19 Décembre 1855 à deux heures — Présidence de M. Chevreul — Notice historique sur Fouquier d'Hérouel par M. Gareau — Notice historique sur Philppar par M. Robinet — Notice historique sur Girard par M. Delafond — Notice historique sur Héricart de Thury par M. Léonce de Lavergne. *Paris, Imp.*

---

(1) Neumann, *Biographies.*

de Mme Vve *Bouchard-Huzard*. 1855. (1).
Broch. in-8° de 61 p.
Cet ouvrage est signalé ici à cause de la notice de M. Gareau sur *Fouquier d'Hérouel* (voy. ce nom), dans laquelle il donne non-seulement sa biographie, mais d'intéressants détails sur son élevage et ses principes d'amélioration de la race chevaline.

GARNIER (L.-H.).
Castration du Cheval, de l'Ane, du Mulet et des principaux Ruminants domestiques par un nouveau procédé opératoire dit éclectique ou mixte par M. L. H. Garnier, Médecin Vétérinaire départemental à Saint-Vallier (Drôme,. *Paris, Typ. V^es Renou, Maulde et Cock*, 1875.
Broch. in-8° de 8 p. (Extrait du *Recueil de Médecine Vétérinaire*, n° de Juillet 1875).

GAROLA (C.-V.).
Encyclopédie agricole publiée par une réunion d'Ingénieurs agronomes, sous la direction de G. Wéry. — Plantes fourragères, par C. V. Garola, Ingénieur agronome, Professeur départemental d'agriculture, Directeur de la Station agronomique de Chartres. Introduction par le Dr P. Regnard, Directeur de l'Institut national agronomique, Membre de la Société nationale des Agriculteurs de France. Avec 137 figures intercalées dans le texte. *Paris, J. B. Baillière et fils*, 1904.
1 vol. in-18 de xii-468 p.
Outre les renseignements sur la culture et le rendement des différents fourrages, l'ouvrage contient quelques expériences sur l'alimentation des chevaux de trait.

GARREAU (Joseph-Michel-François).
Vétérinaire français, 1818-1882. Il exerçait sa profession à Châteauneuf (Eure-et-Loir). Il était maire de cette commune et il est mort subitement pendant une distribution de prix qu'il présidait.

De l'Exercice de la Médecine vétérinaire — Nécessité d'une Loi pour arrêter les progrès toujours croissants du Charlatanisme dans l'intérêt de l'Agriculture et de l'Hygiène publique, par M. J. Garreau. Président de la Société de Médecine vétérinaire d'Eure-et-Loir, Membre titulaire de la Société impériale et centrale de Médecine vétérinaire, Membre élu du Bureau d'Administration du Comice agricole de l'Arrondissement de Dreux, etc., etc. *Paris, Typ. Renou et Maulde*, 1860.
Broch. in-8° de 61 p. Dédicace aux Vétérinaires de France — aux Amis de la Science et du Progrès — au Dr Edmond Lescarbault

Cet opuscule contient de piquantes anecdotes sur les méfaits des empiriques, charlatans, guérisseurs d'animaux et sur l'indéracinable crédulité des paysans qu'ils exploitent. La plupart concernent les chevaux.
Voy., sur le même sujet : *Lacoste, Le Cornué*, etc.

GARRIDO (Antonio), voy. VALDÈS (J).

GARSAULT (François-Alexandre-Pierre DE, Seigneur DE MIGNERES).
Polygraphe français, dessinateur et capitaine des Haras. Né vers 1692, mort en 1778. Il a abordé, dans ses écrits, les sujets les plus divers et, malgré tant de travaux. dit un de ses biographes, envoyé souvent en mission pour étudier l'élevage et les haras, il trouvait le temps d'adresser au Ministre des rapports complets et intéressants sur cette branche de l'Industrie nationale.

L'Anatomie Générale du Cheval, contenant une ample & exacte description de la forme, situation et usage de toutes ses parties — Leurs différences et leurs correspondances avec celles de l'homme — La génération du Poulet & celle du Lapin — Un Discours du mouvement du chile & de la circulation du sang — La manière de disséquer certaines parties du cheval difficiles à anatomiser — Et — Quelques observations Phisiques, Anatomiques & curieuses sur différentes parties du Corps & sur quelques Maladies. Le tout enrichi

---
(1) C'est la date imprimée, mais l'opuscule n'a été publié qu'en 1856.

de Figures — Traduit de l'Anglois (1) par F. A. de Garsault, Capitaine du Haras du Roy en survivance. *Paris, Barthelemy Laisnel,* 1732.

1 vol. in-4° de xxviii-340 p. plus 2 f^{ts} à la fin pour les Errata et le Privilège. Avec 22 pl. dessinées par l'auteur et contenant un grand nombre de figures.

Même ouvrage, même édition, avec un frontispice nouveau. *Paris, Robert-Marc d'Expilly,* 1734.

Le nouveau Parfait Maréchal, ou la connoissance générale et universelle du Cheval, divisé en six traités : — 1° De sa Construction — 2° Du Harras — 3° De l'Ecuyer & du Harnois — 4° du Chirurgien & des Operations — 5° du Marechal-ferrant — 6° de l'Apoticaire ou des Remèdes. — Avec un Dictionnaire des Termes de Cavalerie — Le tout enrichi de quarante-neuf figures en Taille-douce. — Par M. Fr. A. de Garsault, ci-devant Capitaine en Survivance des Haras du Roi. *Paris, Despilly,* 1741.

1 vol. in-4° de 512 p. plus, au commencement, 16 f^{ts} non ch. pour la Préface, la Table des Chapitres, l'approbation, le Privilège et l'Errata, et à la fin cxxvii p. pour le *Dictionnaire des Termes de Cavalerie* et la Table alphabétique. Le titre indique 49 fig., mais c'est 49 pl. que contient l'ouvrage, avec un nombre beaucoup plus considérable de fig. Toutes sont dessinées par l'auteur. Le titre de certains exemplaires de cette éd^{on} est au nom du libr^{re} *J.-B. Néaulme*, à la Haye.

Le nouveau Parfait Maréchal, ou connoissance générale et universelle du Cheval, divisé en sept Traités : — 1° De sa Construction — 2° Du Haras — 3° De l'Ecuyer & du Harnois — 4° Du Medecin ou Traité des Maladies des Chevaux — 5° Du Chirurgien & des Opérations — 6° Du Maréchal-ferrant — 7° De l'Apoticaire ou des Remedes — Avec un Dictionnaire des termes de la Cavalerie. Le tout enrichi de cinquante Figures en Taille-douce — Par M. Fr. A. de Garsault, ci-

(1) D'*Andrew Snape,* maréchal de la cour de Charles II. Garsault a reproduit les figures de *Snape,* qui avait lui-même copié celles de *Ruini* (voy. ce nom).

devant Capitaine en Survivance du Haras du Roi. — *Seconde Edition* dédiée à Monseigneur le Comte de Maurepas. *Paris, Le Clerc,* 1746.

1 vol. in-4° de 641 p. plus, au commencement, 18 f^{ts} non ch. pour la dédicace, la préface, la table des Chapitres, l'Approbation, le Privilège et l'Errata. Une table alphabétique, comprise dans la pagination, est à la fin. Beau portrait de l'auteur, par Descours, gravé par Tardieu, en frontispice. Ce portrait, peint en 1745, ne se trouve naturellement pas dans la 1re éd^{on}. Le traité ajouté dans celle-ci est le 4e, *du Médecin ou Traité des Maladies.* Cette éd^{on} existe aussi avec le nom du libraire *Nyon*, à *Paris*.

Même ouvrage, même titre, *3e édition. Paris, Veuve Bordelet,* 1755.

1 vol. in-4° de xxx-641 p. Frontispice représentant les armoiries du Comte de Maurepas. Cette éd^{on} existe aussi avec le nom des libraires *Brocas, Despilly* et *Durand*, ce dernier avec la date de 1762.

Même ouvrage, même titre, *4e édition, Paris, Bailly,* 1771.

1 vol. in-4° de 634 p. plus, au commencement, 17 f^{ts} non ch. pour la Dédicace, la Préface, la Table des Chapitres, l'Approbation, le Privilège et l'avis pour le placement des Figures.

Même Edition. *Paris, Despilly,* 1770.

1 vol. in-4° de xxxiv-641 p. Existe aussi avec le nom des libraires *Debure, d'Houry, Bauche.*

Les éd^{ons} suivantes : *Paris, Bailly,* 1771 — *Rouen, Racine,* 1787 — *Paris, Delalain,* an V-1797 — *Paris,* Mme *Huzard* et aussi *Delalain*) an XIII (1805) — *Lyon, Amable Leroy,* 1811 — *Niort, Robin, Paris, Bouchard-Huzard,* 1843, seraient inutiles à décrire en détail, car les changements dans le texte et les pl. sont insignifiants, sauf qu'à partir de la période révolutionnaire, la dédicace au Cte de Maurepas disparaît. L'éd^{on} de 1843 comprend 552 p. C'est la dernière.

On voit que le succès du *Nouveau Parfait Maréchal* a été considérable. Ce n'est guère, cependant, qu'une compilation d'ouvrages antérieurs, mais avec un bon classement, dû à l'esprit méthodique et consciencieux de Garsault ; plusieurs des figures, qu'il a toutes fidèlement dessinées d'après nature, sont intéressantes. Le 2e Traité, celui *des Haras,* et le 3e, *de l'Ecuyer et du Har-*

nois, sont beaucoup plus personnels à Garsault que le reste de l'ouvrage.

Traité des Voitures pour servir de supplément au Nouveau Parfait Maréchal. Avec la construction d'une Berline nouvelle, nommée l'Inversable. *Paris, Despilly,* 1756.

1 vol. in-4° de 116 p. avec 19 pl. h. t. Cet ouvrage ne concerne guère que la carrosserie ; il y a cependant quelques passages qui traitent du menage, et notamment de celui dit *à l'Italienne*.

Le Guide du Cavalier, par M. de Garsault, Auteur du Nouveau Parfait Maréchal. Paris, *Libraires associés*, 1770.

1 vol. in-12 de IV-316 p. avec 7 pl. h. t. dessinées par l'Auteur. Approbation de l'Académie des Sciences.

Même ouvrage, *même éd*^{on}, 1772. Il y a, paraît-il, un tirage de 1769. Je n'ai pu le rencontrer jusqu'ici, mais il doit être identique à celui de 1770.

C'est un petit vade-mecum du Cavalier.

Garsault a fait plusieurs monographies de métiers pour la *Description des Arts et Métiers faite et approuvée par l'Académie des Sciences,* 113 cahiers in-f°. *Paris* 1761-1789, parmi lesquelles la suivante doit être citée ici :

L'Art du Bourrelier et du Sellier.

1 vol. in-f° de 147 p. avec 15 pl. contenant un grand nombre de figures, dessinées par Garsault et gravées par Ransonnette.

L'ouvrage se divise en deux parties ; la 1re comprend l'Art du *Bourrelier-Bastier* et celui du *Bourrelier-Carrossier*. La 2e comprend l'art du *Sellier,* Arçonnerie, Sellerie et Garniture des voitures.

Cet ouvrage, qu'il ne faut pas confondre avec les articles de l'*Encyclopédie* (Voy. ce titre) sur le même sujet, contient d'intéressants détails sur l'attelage et le menage et fait bien comprendre la différence, peu connue maintenant, entre le menage à deux dit *à l'Italienne* et celui *à la Française,* c'est-à-dire avec des *croisières,* comme actuellement (1).

En 1833, un ouvrage intitulé Le *Petit Garsault,* dont l'auteur a fait de nombreux emprunts à Garsault, mais qui n'est pas l'œuvre de celui-ci, a été publié à Rouen. Pour sa description, voy. *Petit (Le) Garsault*.

(1) Voy. aussi, sur ce sujet, Thiroux, *Equitation*.

GASPARIN (Adrien - Etienne-Pierre, COMTE DE).

Agronome et homme politique français. 1783-1862. Servit d'abord dans la cav^{le}, fut attaché à l'ètat-major du Grand Duc de Berg et fit les campagnes d'Italie et de Pologne. Une infirmité contractée au service l'obligea à renoncer au métier militaire. Il se consacra alors à l'étude de l'économie politique et rurale et de l'agriculture. Préfet de la Loire, puis de l'Isère en 1830, du Rhône en 1831, Pair de France en 1834, Ministre de l'Intérieur en 1836. Rentra dans la vie privée en 1837. Membre de l'Académie des Sciences en 1840, il fut aussi membre de plusieurs Sociétés savantes. Après 1848, il fut directeur de l'Institut agronomique de Versailles, supprimé en 1852.

Manuel d'Art vétérinaire, à l'usage des Officiers de Cavalerie, des Agriculteurs et des Artistes vétérinaires ; par M. Adrien de Gasparin, ancien Officier de Cavalerie, Membre de plusieurs Sociétés savantes. *Paris, J. J. Paschoud et Genève, même Maison,* 1817.

1 vol. in 8° de XXIV-519 p.

Les matières sont traitées par ordre alphabétique. De la p. 485 à la fin, se trouve un supplément contenant les articles omis. C'est une simple compilation.

Le Cte de Gasparin a publié de nombreux ouvrages sur l'économie sociale et rurale et sur l'agronomie. Celui décrit ci-dessus est le seul qui ait un caractère hippique.

GASPARIN (Auguste DE).

Agronome français, frère du précédent. 1787-1857. Capitaine de la garde nationale d'Orange aux Cent-Jours, il se prononça pour les Bourbons, fut maire d'Orange sous le gouvernement de Juillet et député de Montélimar de 1837 à 1842.

Gymnastique militaire pour les Chevaux, par M. Auguste de Gasparin, lue à la Société d'Agriculture de Lyon et imprimée par ses ordres. S. L. N. D. (*Lyon,* vers 1835.)

Broch. in-8° de 8 p.

C'est un tirage à part de l'organe (dont j'ignore le titre) de la Société d'agriculture de Lyon. La brochure avait été publiée antérieurement, sous forme de coupure de ce recueil, de la p. 113 à la p. 120, mais pas plus dans cette coupure que dans le tirage à part, il n'y a d'indication de millésime.

.. L'auteur rend compte d'intéressantes expériences d'entraînement qu'il a pratiquées dans son élevage des environs d'Arles.

GASSIER (J. M.). (1).

Histoire de la Chevalerie française, ou Recherches historiques sur la Chevalerie, depuis la fondation de la Monarchie jusqu'à ce jour ; contenant : 1° L'origine de la Chevalerie, ses statuts et toutes les cérémonies observées, tant à la réception qu'à la dégradation et aux funérailles des Chevaliers ; 2° Les différens Ordres auxquels elle a donné lieu, depuis Clovis jusqu'à nos jours ; 3° Une Notice descriptive des joutes, lices, pas d'armes, tournois et carrousels ; 4° Un Abrégé historique sur les Chevaliers troubadours, les Chevaliers errans et sur ceux de la Table ronde ; 5° Les Rois, les Hérauts, les Poursuivans d'armes, le Blason, les Devises et le Cri de guerre ; 6° L'explication et le symbole des couleurs dans les livrées anciennes, armoiries, étendards et bannières. Par J.-M. Gassier. *Paris, chez le F.·. Germain Mathiot,* 1814.

1 vol. in-8° de 432 p. avec un frontispice dessiné par Paradis, gravé par Adam et représentant François Ier armé chevalier par Bayard.

L'ouvrage contient des développements importants sur les combats à cheval, joutes, tournois et carrousels.

GAST (Armand).
Eleveur français.

Prix agronomique de la Société des Agriculteurs de France, 1907 — Essai sur la Bretagne hippique — Le postier breton — Le cheval de trait — Le cheval de sang — par A. Gast, Eleveur, Vice-Président de la Société des Courses et de la Société hippique de Corlay. *Paris, Charles Amat ; Saint-Brieuc, Francisque Guyon,* 1907.

(1) D'après Quérard, il aurait été sous-préfet vers 1829. Je n'ai pas trouvé son nom sur l'*Almanach Royal* de cette époque.

Broch. in-8° de 80 p. avec 1 carte hippique de la Bretagne, vignette sur la couverture et sur le titre.

GAST (Edmond).

Le Cheval Normand et ses origine. Situation hippique de la France — Etalons nationaux — Orne — Calvados — Manche — Différents Elevages — Généalogies — Portraits — Courses au trot — Remontes militaires — Percherons — 60 planches et 20 vignettes photographiées d'après nature, par M. Bucquet et A. Gast. Précédé d'une introduction par Charles du Haÿs. par Edmond Gast. *Paris, Rothschild,* S. D. (1890).

1 vol. in-f° oblong de 131 p.

GASTÉ (Maurice DE).
Hippologue français, né en 1859.

Du recrutement du Cheval de Cavalerie, par Maurice de Gasté, Membre du Conseil d'Administration de l'Ecole de dressage de Séez, Secrétaire de la Société Normande d'encouragement. *Paris, L. Baudoin,* 1888.

Broch. in-12 de 84 p.

L'auteur examine les causes de la rareté du cheval de selle en France et indique les remèdes.

La production et l'élevage du Cheval de guerre en France, par Maurice de Gasté. *Paris, L. Baudoin,* 1888.

Broch. in-8° de 12 p., qui développe le même sujet que la précédente.

Courses au trot et au galop pour Chevaux de 3/4 sang ; par de Gasté. — 1 franc — *Paris, Ad. Legoupv,* 1896.

Broch. in-16 de 18 p.

L'auteur demande que les Sociétés de courses donnent aux hippodromes de province des prix de courses au trot et au galop pour chevaux de 3/4 sang.

La question du Cheval d'arme et le demi-sang galopeur, suivie de la déformation du modèle par les étalons trotteurs de grande vitesse — Prix : 1 fr. — *Paris, Adolphe Legoupy,* 1898.

Broch. in-8° de 30 p.

Le Modèle et les Allures, par M.

de Gasté. *Paris, Adolphe Legoupy,
— Lecaplain et Vidal, succ^{rs}*, 1903.
1 vol. in-8° de 234 p., avec vignette
sur le titre et 31 fig. d. l. t.
L'auteur développe et étudie la question de la déformation du modèle de
selle galopeur par l'influence de l'étalon
trotteur, déjà brièvement traitée dans la
brochure précédente.

A propos du *Modèle et des Allures* — Dernières réflexions par M.
de Gasté. *Paris, Adolphe Legoupy,
ou chez l'Auteur, à Le Merlerault
(Orne)* S. D. (1904).
Broch. in-8° de 55 p. avec couverture
illustrée, vignettes sur le titre et 6 fig.
dont 2 pl. h. t.

La faillite du Trotteur normand
en moins d'1′40″ comme cheval de
Selle — Démonstration expérimentale, par de Gasté — 50 centimes
— *Paris, Lecaplain et Vidal*, 1907.
Broch. in-12 de 20 p.

Le Modèle et les Allures, par M.
de Gasté. *Nouvelle Edition*, revue
et augmentée, contenant 50 figures
et photographies inédites. *Saumur,
Lib^{ie} Milon; J. B. Robert, succ^{r}*,
1908.
1 vol. in-8° de 214 p.

Théorie résumée de la Déformation du Trotteur Normand en moins
d'1′40″ avec démonstration expérimentale (Photographies et Figures).
Extrait de la dernière édition de *Le
Modèle et les Allures*. *Saumur,
Lib^{ie} Milon; J. B. Robert, succ^{r}.* S.
D. (1908).
Broch. gr. in-8° de 26 p. avec 49 fig.
d. et h. t., sans nom d'auteur.

Rapports de M. de Gasté aux
Congrès hippiques en 1910 et 1911
précédés d'un Avant-Propos par
l'Auteur. *Saumur, J. B. Robert*, S.
D. (1911).
Broch. gr. in-8° de 36 p. avec 5 phototypies à pleine p., portraits de chevaux et squelette.

Race pure — Les vingt meilleures
Juments-Bases, leur descendance
immédiate, la meilleure production
de leurs filles, par M. de Gasté *Paris, Adolphe Legoupy, Charles Lecaplain, son Neveu, succ^{r}*, 1913.
Broch. pet. in-8° carré de 41 p.

GATINES (René-Charles-Félix
PETIT DE).
Sportsman et écuyer français 1853-
1902. S'est adonné très jeune à l'équitation qu'il a pratiquée surtout au manège,
mais sans négliger celle d'extérieur. Il
contribua à l'organisation de la *Réunion
hippique des officiers de réserve*, et fut,
avec le Cte de Cossé-Brissac, l'un des
fondateurs de la *Société ds l'Etrier* dont
il devint vice-président et où il dirigeait
souvent les reprises des écuyers. Il était
aussi membre de la *Société des 1* (1) et
de celle de *La Plume et l'Epée*.

D'après un article de la *Revue hippique* du 20 mars 1900, il avait, à ses
débuts, reçu les leçons ou les conseils
du Cte Alexis d'Abzac, du Général Faverot de Kerbrech, et de MM. Barroil
et Mismer (voy. ces noms).

Conférence hippique — Les cinq
mouvements clés de l'Equitation
par René de Gatines. Avec photogravures hors texte, d'après les
photographies instantanées de M.
Gabriel. *Paris, Legoupy*, 1894.
Broch. gr. in-18 carré de 56 p.
Cette conférence a été faite par l'auteur à la *Réunion hippique des Officiers
de réserve et de territoriale*, le 29 mai
1893. L'ouvrage est précédé d'une lettre
du commandant de Pointe de Gevigny
et d'un Avant-propos de M Em. Rousseau. L'auteur développe et commente
le travail à pied de Baucher.

Conférence hippique — La Guérinière, d'Aure et Baucher ; par
René de Gatines, Vice-président
de la Société équestre de l'Etrier.
Avec phototypies hors texte, d'après
les photographies instantanées de
M. Marey, de l'Institut et de M. J.
Delton. *Paris, Legoupy*, 1896.
Broch gr. in-18 carré de 65 p. Dédicace à la Société de l'Etrier.
C'est un examen critique bien étudié
de la méthode des trois maîtres.

GAUCHE DUTAILLY (L.).
Le Dépôt d'Etalons de Gelos —
Etude sportive par L. Gauche Dutailly, publiée par l'*Indépendant
des Basses-Pyrénées* et le *Mémorial*

---

(1) Cette Société avait été fondée par M.
Mansuy, dit Musany, écuyer et auteur hippique (voy. ce nom). Elle est ainsi nommée
parce qu'elle ne doit comprendre qu'une
seule personnalité de chaque profession ou
spécialité.

Bibliogr. hippique. T. I. — 34.

des Pyrénées. (Avril-Mai 1894). *Pau, Imp. Garet,* 1894.

Broch. in-8° de 70 p. Dédicace aux Sénateurs et Députés des Basses-Pyrénées et des Landes.

Gelos est une commune suburbaine de Pau, où se trouve le dépôt d'étalons qui porte habituellement le nom de cette ville.

GAUDEFROY (Léon).

Les Animaux dans les Traditions populaires en Picardie — Conférence faite aux Rosati Picards, Séance du 26 mars 1906, par Léon Gaudefroy. *Cayeux-sur-Mer, Imp. P. Ollivier,* S. D. (1906).

Broch. in-15 de 32 p.

Rien sur le cheval, mais un chap. sur l'âne, p. 19 à 23.

GAUDRY (Albert).

Professeur de paléontologie au Muséum, membre de l'Académie des sciences. 1827-1908.

Considérations sur les Mammifères qui ont vécu à la fin de l'Epoque miocène, par Albert Gaudry, Professeur de paléontologie au Muséum d'histoire naturelle — Extrait du Mémoire intitulé : *Animaux fossiles du Mont Léberon* (Vaucluse). *Paris, F. Savy,* 1873.

Broch. in-8° de 44 p.

Plusieurs passages concernent l'*Hipparion*, que l'auteur suppose être l'ancêtre du cheval actuel.

Les enchainements du Monde animal dans les temps géologiques. Mammifères tertiaires par Albert Gaudry, Professeur... etc. — Avec 312 gravures dans le texte d'après les dessins de Formant. *Paris, Hachette,* 1878.

1 vol. in-8° de 295 p.

Le chap. v : *Les Solipèdes et leurs parents*, et le commencement du chap. vi, *Remarques sur la Classification des Ongulés*, p. 124 et suiv., avec 34 fig. d. l. t. traitent du cheval et de ses ancêtres géologiques.

Les ancêtres de nos Animaux dans les temps géologiques par Albert Gaudry, Membre de l'Institut, Professeur de Paléontologie au Muséum d'Histoire naturelle — Avec 49 figures intercalées dans le texte — *Paris, J.-B. Baillière et fils,* 1888.

1 vol. in 16 de xv-296 p.

L'ouvrage contient de nombreux passages et 9 fig. sur l'*Hipparion*.

GAUJAL (Jean-Marie-Michel-Hippolyte DE)

Général de brigade français (Etat-Major). 1812-1870. Sous lieut[nt] en 1830, colonel en 1859, général de brigade le 14 juillet 1870, il est mort quinze jours après.

Des Remontes de l'Armée. Réponse à M. le Marquis de Torcy, par H. de Gaujal, Capitaine au corps royal d'Etat-major. *Paris, Imp. Edouard Proux,* 1842.

Broch. in-8° de 46 p. plus un tableau.

C'est un plaidoyer en faveur du système du Général Oudinot, que le Mis de Torcy (avec beaucoup d'autres) avait combattu. (Voy. *Oudinot* et *Torcy*.)

GAULARD (G.).

Guilleri, histoire d'un Cheval, par G. Gaulard — Conte illustré de 16 Compositions dessinées par l'Auteur et imprimées en couleur. *Paris, Lib[ie] Furne, Jouvet et Cie,* 1888.

Album in-4° de 16 p. avec illustrations à chaque p. et couverture illustrée en couleurs des deux côtés.

Ouvrage pour les enfants.

GAUME (Alexandre).

Propriétaire-éleveur. Né en 1827.

Causeries Chevalines. Par Alexandre Gaume, Propriétaire Eleveur. *Paris, Garnier f[res],* 1865.

1 vol. in-12 de II-243 p.

Etude sur la Ferrure des Chevaux de Guerre, par un ancien Soldat — Extrait du *Spectateur Militaire* — *Paris, Imp. E. Martinet,* 1872.

Broch. in-8° de 38 p., signée à la fin.

Remarques sur les Chevaux de Guerre, par un ancien Soldat. *Paris, Henri Plon,* 1873.

1 vol. in-12 de 239 p. L'auteur signe à la préface.

La brochure précédente est reproduite intégralement dans cet ouvrage, de la p. 55 à la p. 99.

Recherches sur l'Equitation militaire par un ancien soldat, Alexandre Gaume. *Paris, Ch. Tanera*, 1880.

1 vol. in-12 de 275 p. dont XXVIII pour l'Introduction.

GAURE (J.).

Les Vices rédhibitoires et les Maladies contagieuses dans les Ventes et Echanges d'Animaux domestiques — Vices rédhibitoires en général ; caractères ; nullités des ventes ; réduction du prix ; délais ; tribunaux compétents. — Vices rédhibitoires spéciaux à certains Animaux domestiques : leurs conséquences ; délais ; expertise ; recours en garanties ; tribunaux compétents — Maladies contagieuses des Animaux domestiques : leur énumération ; nullité des ventes ; indemnités aux propriétaires ; pénalités. Par J. Gaure Avocat. — Prix : 1 fr. — *Paris, A. Chevalier-Maresq*, 1898.

Broch. in-8° de 46 p.

GAUSSEN (Maxime).

Négociant et écuyer français, né vers 1811, mort en 1890. Après avoir été l'élève de Louis-Charles Pellier et d'autres professeurs, il devint celui de Baucher dont il embrassa les principes avec ardeur et acquit rapidement, dans le monde hippique, une réputation méritée.

Quand l'Hippodrome, chassé de la barrière de l'Étoile par les nouvelles constructions, s'établit sur l'emplacement actuel de la place Victor-Hugo, de 1856 à 1869 (1), Gaussen, fanatique d'équitation savante, y passait toutes ses matinées. Ce fut son moment le plus brillant. Il montait — en amateur et sans aucune rétribution — les chevaux souvent rétifs et dangereux qu'Arnault, le directeur, achetait un peu au hasard quelques jours à peine avant chaque réouverture annuelle. Il obtenait, avec une rapidité et une perfection qui n'ont pas été dépassées, les allures artificielles, piaffer, passage et surtout le pas espagnol qu'il arrivait à faire soutenir pendant un ou deux tours de piste aux chevaux attelés ou montés. C'était son triomphe.

Essai de Vade-Mecum équestre,

(1) Voy. *Hippodrome* pour l'historique de ses transformations successives à Paris.

par M. M. Gaussen. *Paris, Typ. Morris*, 1883.

Broch. gr. in-8° de 63 p. avec une charmante lettre dédicatoire au général L'Hotte.

Excellent petit ouvrage, rempli de conseils pratiques.

M. Gaussen a publié, en 1878 et années voisines, dans la *Revue des Haras*, une série d'articles intitulés *Notes Equestre d'un vieil Amateur*, dans lesquels il aborde des sujets variés : anecdotes, biographies, discussions équestres, etc. Ces articles intéressants n'ont jamais — à ma connaissance du moins — été réunis et publiés à part et ils le mériteraient certainement.

Le même auteur a écrit l'article biographique sur Baucher qui précède les *Passe-Temps Equestres* de celui-ci et on lui attribue même — avec raison, je crois — une part importante dans la rédaction de l'ouvrage.

GAUTHERON (Jules-Emile-Claude).

Officier du Train des équipages français, né en 1853, sous-lieut^{nt} en 1879, chef d'esc^{on} en 1905.

Etudes sur les accessoires de transport à dos de Mulet (Etrier de Bât, Cacolet en fer) — L'utilisation du Cacolet comme Etrier de Bât (Cales à talon, Anneaux de brêlage) — Le Bât et le Harnais de Bât des Equipages militaires par le Capitaine Gautheron, Commandant la 13e Compagnie du 17e Escadron du Train des Equipages Militaires S. L. N. D. *ni nom d'imprimeur.* (*Alger*, 1902; *provient probablement d'une presse régimentaire.*)

Broch. pet. in-4° de 43 p. avec 3 pl. h. t. et 7 photographies d. l. t.

Les propositions de l'auteur sont présentées sous forme de lettres au ministre.

GAUTIER (Emile-Théodore-Léon).

Paléographe français, 1832-1897. Entré à l'Ecole des Chartes en 1855, il fut nommé archiviste de la H^{te} Marne, puis archiviste aux Archives nat^{les} et, en 1871, professeur de paléographie à l'Ecole des Chartes. Membre de l'Académie des Inscriptions en 1887, il appartenait aussi à diverses Sociétés savantes françaises et étrangères.

La Chevalerie, par Léon Gautier,

Professeur à l'Ecole des Chartes. *Paris, Victor Palmé, 1884.*

1 vol. gr. in-8° de xi-788 p. avec frontispice, 24 pl. h. t., 152 fig. d. l. t, en-tête de chapitres et culs-de-lampe, par Luc-Olivier Merson, Ed. Zier, Andriolli, G. Jourdain, Sellier, Ed. Garnier, gravés sur bois par Méaulle. Dédicace à la mémoire de Miguel Cervantès Saavedra.

Cet ouvrage, qui a valu à son auteur le grand-prix Gobert, contient, au Chap. XVII, *La Vie Militaire du Chevalier*, un important historique et une description détaillée des tournois, ainsi qu'une bibliographie des ouvrages qui en traitent. Il contient aussi de nombreux passages sur l'armement et l'équipement du chevalier, ses chevaux, leur choix, leur harnachement, leur ferrure, leur dressage, l'escrime à cheval, etc., avec les fig. appropriées aux sujets.

La Chevalerie, par Léon Gautier, Membre de l'Institut — Ouvrage auquel l'Académie française a décerné le Grand Prix Gobert. — *Nouvelle Edition*, accompagnée d'une Table par ordre alphabétique des matières. *Paris, Charles Delagrave, S. D. (1890).*

1 vol. gr. in-8° de xv-851 p. avec la même illustration qu'à l'éd[on] précédente. Dans celle-ci, la table alphabétique ajoutée facilite beaucoup les recherches.

Même ouvrage, même titre. *Troisième Edition — Paris, H. Welter, 1895.*

1 vol. gr. in -8° de xv-847 p. avec les mêmes fig.

GAUTIER (G.-E.-M.).

La représentation artistique des Animaux. Application, pratique et théorie de la photographie des Animaux domestiques, particulièrement du Cheval, arrêtés et en mouvement; par G. E. M. Gautier, Ingénieur agronome. *Paris, Ch Mendel, 1894.*

1 vol. in-18 de x-320 p. avec 4 pl. h. t.

L'ouvrage est presque entièrement consacré au cheval. Il contient des principes généraux d'esthétique sur la représentation des animaux, des aperçus sur le rôle de la photographie dans l'art et des conseils pratiques sur les attitudes à rechercher et à saisir dans les modèles et sur les procédés d'exécution.

Sur le même sujet, voy. *Carteron (J.).*

GAUTIER-MILLE.

La Morve et le Farcin ne sont plus incurables, par M. Gautier-Mille — Prix 50 centimes — *Dépôt chez l'Auteur, au Comptoir de Circulation de l'Unité agricole, industrielle, commerciale et financière, 35, Boulevard des Capucines, 1856. (Paris, Imp. Félix Malteste).*

Broch. in-8° de 7 p.

Cet opuscule, probablement rédigé par un publiciste, a pour but de préconiser un remède proposé par un certain Fabre, de Marseille, qui avait acheté pendant 40 ans les chevaux morveux qu'on allait abattre, les conduisait à son infirmerie et « au bout de quelques jours on était « tout étonné (il y avait de quoi, et on « voit que ce Fabre venait de Marseille) « de voir sortir tout fringant tel cheval « qui était entré... pourri jusqu'à la « moelle ».

Cet empirique vint à Paris, alla trouver le général Dumas qui le présenta au général de Bressolles, puis de là au duc de Montebello, aide de camp de l'Empereur, qui fit mettre à sa disposition deux chevaux morveux des cuirassiers de la Garde. Fabre commença son traitement, aidé par le vétérinaire du corps, M. Londin, mais les résultats semblent beaucoup moins concluants que ne voudrait le prouver l'auteur de la notice.

GAUVAIN (Henri).

Vétérinaire français, diplômé de Toulouse en 1870.

Ecole impériale vétérinaire de Toulouse — De la Morve communiquée à l'Homme, par Henri Gauvain, Médecin Vétérinaire, né à Cerizay (Deux-Sèvres) — Thèse pour le Diplôme de Médecin Vétérinaire présentée et soutenue le 21 Juillet 1870 — *Toulouse, Imp. J. Pradel et Blanc, 1870.*

Broch. in-8° de 47 p. Dédicace d'usage.

GAVARRET (L. D. J.) voy. **ANDRAL (G.).**

GAVIN (Maximilien).

Archéologue français, ancien Inspecteur principal du service des eaux à Versailles.

Exposition universelle de 1889 — Compte-rendu de la promenade archéologique de la Commission des Antiquités et des Arts du Département de Seine-et-Oise à l'Exposition de la Maréchalerie rétrospective au Palais du Ministère de la Guerre(Esplanade des Invalides) par M. Maximilien Gavin, Membre de la Commission. *Versailles, Cerf et fils,* 1889.

La couverture porte un titre différent :

La Ferrure du Cheval de guerre dans l'Antiquité et au Moyen-Age. jusqu'à nos jours à l'Exposition universelle — Communication faite le 31 Octobre 1889 par M. Maximilien Gavin, Membre de la Commission des Antiquités et des Arts du Département de Seine-et-Oise, sous la Présidence de M. Bargeton, Préfet du Département. *Versailles, Cerf et fils,* 1889.

Broch. in-8° de 26 p. avec 2 pl. en phototypie contenant 17 fig.

Mors de Cheval Italiques en bronze du xe Siècle avant l'Ere Chrétienne; par M. Gavin, Membre de la Commission départementale des Antiquités et des Arts de Seine-et-Oise et de la Société archéologique de Rambouillet. *Paris, Société d'Editions scientifiques et littéraires,* 1902.

Broch. in-8° de 15 p, avec 1 pl. double en phototypie contenant 14 fig.

GAY (jeune).

Economie dans la nourriture du Cheval. *Roanne, Imp. Ferlay,* 1843.

Broch. in-8° de 16 p. signée à la fin : Gay jeune, vétérinaire à Roanne.

En tête du t. se trouve l'indication suivante : Résumé d'observations pratiques sur l'emploi économique du Seigle en remplacement de l'Avoine dans la nourriture du Cheval..., etc.

D'après l'auteur, il est nécessaire de donner quelque variété à la nourriture du cheval et, de plus, quand certaines denrées sont trop chères, il faut faire des substitutions. Il étudie ces substitutions ainsi que la composition de différentes rations et la fabrication de certains pains destinés à remplacer l'avoine d'après les expériences faites par des maîtres de poste et des agronomes.

GAY DE VERNON (Jean-Louis-Camille, BARON).

Officier d'Etat-Major français. 1796-18... Entré au service en 1814 comme Garde du Corps à la Comp[le] de Wagram (sous le nom de Chauvant) ; a été aide de camp du Maréchal Gouvion St Cyr pendant que celui-ci était Ministre de la Marine (1817) et est devenu Cap[ne] d'Etat-Major en 1826. A probablement donné sa démission en 1832 ou 33.

Considérations sur les Chevaux Limousins, sur les causes de la destruction presque totale de cette Race, et sur les moyens de la reproduire pour le service des Remontes militaires ; par le Baron Gay de Vernon, ancien Capitaine au Corps royal d'Etat-Major. *Limoges, Imp. d'Ardillier,* 1839.

Broch. in-8° de 39 p., avec 1 carte de la partie du Dép[nt] de la H[te] Vienne où étaient situées les anciennes remontes régimentaires et 1 tableau.

L'auteur demande que l'Etat distribue des juments poulinières aux éleveurs et qu'il rétablisse les dépôts de poulains chez les propriétaires. Cette dernière proposition est assez curieuse, car elle a été en partie réalisée depuis quelques années par l'organisation des *Dépôts de transition*.

GAY DE VERNON (François-Simon-Marie-Jules, BARON).

Officier de Cav[le] français. 1822-1882. Fils du précédent. Sous-Lieut[nt] en 1845, retraité comme Colonel en 1878. 8 campagnes en Algérie et campagne de 1870-71.

Essai historique sur l'organisation de la Cavalerie légère et principalement sur l'arme des Chasseurs à cheval, suivi d'une notice historique sur le 8e de Chasseurs ; publié par Jules Gay de Vernon, Capitaine au 8e de Chasseurs à Cheval. *Paris, J. Dumaine,* 1853.

1 vol. in-8° de 241 p.

Historique du 2e Régiment de Chasseurs à cheval &a. *Paris, J. Dumaine,* 1865. Voy. *Historiques.*

GAYOT (Claude-Nicolas) dit **GAYOT DU FRESNAY**.

Vétérinaire français 1778-1868. Fils d'un entrepreneur des étapes et convois militaires, il entra à l'Ecole d'Alfort et en sortit diplômé en 1799. Il fut ensuite officier d'art[le] puis inspecteur des Haras du Roi de Naples Murat. A la chute de l'empire, il revint dans la Marne, son département natal, et exerça sa profession à Châlons où il fut vétérinaire départemental et président de la Société de Médecine vétérinaire de la Marne.

Il s'était marié en Italie et eut de ce mariage Eugène Gayot, le célèbre hippologue, qui suit. Remarié en France avec une demoiselle Plaiet du Fresnay, il ajouta habituellement le nom de sa deuxième femme au sien.

Notice sur le dressage ou l'entraînement des Chevaux de Course. *Châlons T. Martin*, 1851.

Broch. in-8° de 12 p., signée à la fin Gayot du Fresnay, Médecin vétérinaire du Département de la Marne. Extrait du *Cultivateur, journal d'agriculture pratique de la Marne.*

Cet opuscule est en grande partie extrait de l'ouvrage de son fils Eugène Gayot (voy. ce nom) sur le même sujet.

Société de Médecine vétérinaire de la Marne — Lecture faite à la Séance de la société vétérinaire de la Marne, le 17 Janvier 1858, à l'occasion d'un article relatif à la transmission du farcin du Cheval à l'Homme. Par M. Gayot-du-Fresnay, Président. *Châlons-sur-Marne, Typ. Laurent*, S. D. (1858).

Broch. in-8° de 8 p.

Gayot du Fresnay répond à une note du Dr Cazin, intitulée : « Cas de farcin « chronique chez l'homme... » et parue dans le recueil des travaux de l'Académie de Reims.

Gayot nie la transmission du farcin du cheval à l'homme et se prononce même pour la négative en ce qui concerne la transmission de la morve et du farcin du cheval au cheval. Il donne quelques détails assez curieux sur une infirmerie de 5 à 600 chevaux d'art[ie] dont il avait eu la direction à la suite des guerres de l'empire.

M. Ch. Remy, Membre de la Société d'Agriculture de la Marne, a publié en 1869, chez *J.-L. Le Roy, à Châlons*, une notice biographique, intéressante et détaillée, sur Claude-Nicolas Gayot.

GAYOT (Eugène).

Vétérinaire, puis inspecteur général et directeur général des Haras. 1808-1891. Un des maîtres de la Zootechnie contemporaine. Fils du précédent et d'une mère italienne, il était né à Capoue. Eugène Gayot fit ses études professionnelles à Alfort, exerça quelques temps la médecine vétérinaire dans le département de la Marne, puis, en 1834, entra dans l'Administration des haras. D'abord détaché à Strasbourg, il devint successivement directeur du Haras du Pin (1840-1843), directeur de celui de Pompadour (1843-1846), sous-directeur de l'Agriculture et des Haras en 1846, inspecteur général des Haras et enfin directeur des Haras au Ministère de l'Agriculture et du Commerce en 1847. Il conserva ces fonctions jusqu'en 1852, époque où il fut admis à la retraite.

Il fut membre du Conseil de perfectionnement des Ecoles vétérinaires, du Conseil supérieur des Haras, de la Société nationale d'Agriculture, Conseiller honoraire de la Société des Agriculteurs de France, dont le président, M. le Mis de Dampierre, prononça une allocution émue à ses obsèques ; il était aussi membre d'un grand nombre de Sociétés savantes.

Le labeur qu'il a fourni est énorme. Rentré dans la vie privée en 1852, son activité d'écrivain en fut accrue. Il devint le collaborateur assidu du *Journal d'Agriculture pratique* auquel il demeura attaché jusqu'à sa mort.

Bien qu'il eût consacré toute la première partie de sa carrière à l'hippologie et qu'il dût sa réputation à cette branche de la Zootechnie, il en fouilla les autres parties avec l'ardeur qui le caractérisait (1). M le Mis de Dampierre, dans le discours cité plus haut, dit qu'il a été « un des écrivains les plus utiles de « notre temps et qu'il laisse des livres qui « perpétueront sa juste renommée ».

Son caractère était tenace et résolu et la trace de ses luttes énergiques avec l'administration de la guerre et avec ses contradicteurs se retrouve dans la plupart de ses nombreux écrits ; ceux-ci sont malheureusement trop prolixes et certains d'entre eux auraient gagné à être plus condensés.

M. Cornevin, et après lui M. Neumann, disent qu'il fut le véritable créateur du cheval anglo-normand. Présentée sous cette forme, l'assertion est trop absolue. Les premiers essais sérieux et méthodiques de l'amélioration de la race normande par le pur sang anglais lui sont antérieurs et datent de 1830. Ils avaient même été tentés, irrégulièrement, il est vrai, et sans aucune méthode suivie, sous l'ancien régime. Mais il régularisa, codifia, pour ainsi dire, l'introduction du pur sang anglais dans les races infé-

---

(1) Article nécrologique de M. Ch. Cornevin, rédacteur du *Journal de Médecine vétérinaire et de Zootechnie* dans ce recueil. Année 1891, p. 330.

rieures. Il le considérait comme le seul véritable régénérateur, mais il savait en régler la dose, en espaçer avec ménagement les infusions, les répartir scientifiquement sur plusieurs générations par ses *croisements alternatifs*, en attendre patiemment les résultats sans se laisser décourager par d'inévitables mécomptes et, finalement, arriver par une route de laquelle les surprises ne seront sans doute jamais bannies, mais cependant aussi sûre que possible, au résultat cherché.

Presque toujours il trouva la véritable cause des retentissants insuccès qui furent trop souvent la suite de l'introduction trop brusque du pur sang dans des races qui n'étaient pas prêtes encore à le recevoir, insuccès qui produisirent tant de chevaux décousus et manqués, qui nuisirent pendant de longues années à la cause défendue par Gayot, qui lui suscitèrent de nombreux adversaires et qui soulevèrent des plaintes bruyantes dont l'écho n'est pas encore éteint.

L'historique de l'état de la race normande vers 1830, celui des premiers essais, auxquels n'ont pas manqué les déboires, de l'introduction du pur sang, celui enfin de la réussite et de la formation de la race anglo-normande actuelle sont exposés en détail dans *La France Chevaline*, T. I de la 1re partie, p. 215, T. II de la 2e partie, p. 56, T. III de la 2e partie, p. 206 et T. IV de la même p. 132 et suiv.

Mais c'est surtout à Pompadour et dans la création des premiers Anglo-Arabes de pur-sang d'abord, puis de demi-sang, que son action personnelle se fit sentir. Dans les races de l'Orient et du Midi, les premiers essais de croisement avec l'Anglais, mal dirigés, trop brusques, et desquels on attendait des résultats *immédiats*, impossibles à obtenir, furent repris par Gayot avec méthode et persévérance. Il a donné l'histoire complète de cette création au T. III de la 2e partie de sa *France Chevaline*, p. 103 et suiv.

Momentanément ralentie par une vive opposition qu'il ne pardonna jamais à ses adversaires (voy. *La Connaissance générale du Cheval*, p. 479 et suiv.) et par quelques mesures regrettables, la création de l'Anglo-Arabe de pur sang et de demi sang a survécu à Gayot, s'est perfectionnée, a suivi des méthodes tracées aussi bien par la science que par la pratique et, finalement, a doté la cavalerie légère française d'un cheval merveilleux qui n'existait pas il y a à peine trente ans, qui n'est pas encore parfait, surtout dans son dessus, mais qui le deviendra bientôt si on sait lui conserver le tempérament robuste sans lequel il n'y a pas de cheval de troupe et ne pas laisser encore s'accroître, dans sa constitution, l'élément nerveux et irritable.

Il est juste que le nom d'Eugène Gayot reste attaché aux débuts de cette création.

Il faut aussi lui savoir gré des services qu'il rendit aux courses et de la persévérance avec laquelle il a soutenu la nécessité, maintenant admise partout, d'épreuves préalables sérieuses pour les étalons reproducteurs, quelle qu'en soit la race.

De l'importance de l'amélioration et de la multiplication de l'espèce chevaline; par M. Gayot fils, vétérinaire en chef adjoint du département de la Marne, membre du Comice agricole. *Châlons, Boniez Lambert*, 1831:

Broch. in-8° de 15 p. Curieuse dédicace au père, à la belle-mère de l'auteur et « aux mânes de mes bien-aimées et trop infortunées sœurs ».

Guide du Sportsman ou Traité de l'Entraînement et des Courses de Chevaux; par Eug. Gayot, Officier des Haras, Membre de plusieurs Sociétés scientifiques. *Angers, Cosnier et Lachèze, Paris, au Bureau du Journal des Haras*, 1839.

1 vol. in-8° de 87 p., avec, à la fin, un tableau donnant la statistique des Courses de Paris, Versailles et Chantilly, de 1828 à 1837, et un autre en 1 feuille in-plano intitulé : *Tableau synoptique des principales Races équestres*.

Ce dernier tableau était aussi publié séparément.

Même ouvrage, même titre, par Eug. Gayot, Chevalier de la Légion d'honneur, ancien Directeur de l'Administration des Haras, membre de plusieurs Sociétés scientifiques. *Deuxième Edition*, entièrement refondue. *Paris, Vve Bouchard-Huzard; chez Dusacq et au Bureau du Journal des Haras*, 1854.

1 vol, in-8° de 170 p.

Même ouvrage, même titre, par Eug. Gayot, Membre de la Société impériale et centrale d'agriculture de France. *Paris, Librie agricole de la Maison Rustique*, S. D. (1865).

1 vol. pet. in-8° de 576 p. avec 12 pl. h. t. par Lalaisse (voy. ce nom) qui

commença, dans cet ouvrage, sa fidèle collaboration avec Gayot. C'est une 3ᵉ édᵒⁿ, quoique l'indication n'en figure pas sur le titre.

Quand Gayot publia, en 1839, la 1ʳᵉ édᵒⁿ du *Guide du Sportsman*, l'entraînement n'avait guère que des règles empiriques transmises par l'expérience des entraîneurs ou la tradition. Il n'y avait à peu près, en fait de traité écrit, que le petit livre d'Olivier Chuteau paru en 1834. *Pratique de l'Elève des Chevaux et de l'Entraînement des Chevaux de course* et celui d'Apperley, *Nemrod ou l'Amateur de Chevaux de course*, paru en 1838 (1), au moment où Gayot travaillait à son *Guide du Sportsman*. Ces deux ouvrages, d'ailleurs, étaient insuffisants. Aussi, celui de Gayot fut-il très apprécié et rapidement épuisé.

La 2ᵉ édᵒⁿ, cependant, ne parut que longtemps après. L'auteur nous dit qu'il se décida « à refondre son travail, à le « mettre à hauteur des faits et à lui « rendre l'actualité qu'il a eue ». Pour sa 3ᵉ édᵒⁿ, très remaniée et très augmentée aussi, Gayot explique, dans une préface étendue, quel est le sens et la nature des modifications et des additions importantes qu'il a apportées à son ouvrage et parmi lesquelles figurent les Courses au trot.

Le *Guide du Sportsman* est encore utilement consulté.

Chronique Equestre — 1307-1843. *Châlons, Typ. Bonniez-Lambert*, S. D. (1844).

Broch. in-8º de 45 p., signée à la fin. Les deux premiers articles sont des récits équestres, le 3ᵉ est un extrait d'un travail sur le Limousin équestre.

Même ouvrage, même titre, *Châlons, Imp. E. Laurent*, S. D. (1857).

Broch. in-8º de 22 p., qui n'est qu'une réimpression partielle de la précédente.

Etudes hippologiques; par Eug. Gayot, Directeur du Haras royal de Pompadour, Chevalier de la Légion d'honneur, Membre de plusieurs sociétés scientifiques. *Paris, Imp. Guiraudet et Jouaust*, 1845.

1 vol. in-8º de 347 p., plus 2 fˡˢ non pag. pour la table des matières. Dédicace à M. Billaut.

Cet ouvrage a paru en deux parties successives, mais dont la pagination se suit. La 1ʳᵉ partie, jusqu'à la p. 194, en 1845, d'après le titre reproduit ci-dessus, en 1846, d'après la couverture qui est imprimée au nom du libraire *Dusacq, à Paris*, et qui indique aussi que l'ouvrage se trouve *au Bureau des Annales des Haras et à l'Ecole royale des Haras, au Pin*.

La 2ᵉ partie, de la p. 195 à la fin, a paru en 1847, au *Bureau des Annales des Haras et de l'Agriculture* et à la *Librairie agricole de Dusacq, à Paris*. Gayot y est indiqué comme Sous-Directeur des Haras au Ministère de l'Agriculture et du Commerce.

Cet ouvrage ayant été entièrement reproduit dans le suivant, la description en est inutile ici.

La France Chevaline — *1ʳᵉ Partie* — Institutions hippiques. Par Eug. Gayot, Membre de plusieurs Sociétés scientifiques. *Paris, au Comptoir des Imprimeurs unis et au Bureau du Journal des Haras*, pour le T. I, *Mᵐᵉ Vᵛᵉ Bouchard-Huzard et au Bureau du Journal des Haras* pour les suivants, 1848-1854.

A partir du T. II, Gayot est mentionné comme Chevalier de la Légion d'honneur.

4 vol. in-8º de 440, 464, 438 et 401 p.

La France Chevaline — *2ᵉ Partie* — Etudes hippologiques — Par Eug. Gayot, Chevalier de la Légion d'honneur, Membre de plusieurs Sociétés scientifiques. *Paris, Mᵐᵉ Vᵛᵉ Bouchard-Huzard et au Bureau du Journal des Haras*, 1850-1853.

4 vol. in-8º de VIII-434, VI-433, VIII-426 et VIII-395 p.

L'ouvrage se compose donc de 8 vol. in-8º dont 4 pour les *Institutions hippiques* et 4 pour les *Etudes hippologiques*. Le tome I de la 2ᵉ partie est la reproduction de l'ouvrage précédent, avec l'addition d'un chapitre : *Des différents modes de reproduction*.

Aussi a-t-il paru en 1850, bien avant le T. IV de la 1ʳᵉ partie, qui n'a été publié qu'en 1854.

La *France chevaline* est l'ouvrage le plus important d'Eug. Gayot et même l'un des plus importants qui aient été publiés sur le cheval. Historique complet des Haras et des courses, histoire et description des races pures et de leurs dérivés, histoire des principaux étalons, traité de l'amélioration, de l'élevage et de l'éducation des chevaux, toutes ces questions y sont amplement étudiées,

(1) Voy. ces noms.

trop amplement même, car l'ouvrage contient trop de détails, notamment dans l'historique de tous les hippodromes de province, et il eût gagné à être réduit.

On peut aussi lui faire un reproche que méritent souvent les ouvrages dont la rédaction a demandé plusieurs années : l'auteur revient après coup sur des sujets déjà traités antérieurement, de sorte qu'on n'en trouve l'étude complète que dans des chapitres et même des tomes différents.

Tel qu'il est, cet ouvrage n'en est pas moins une mine inépuisable, et bien souvent mise à contribution, de précieux renseignements.

Lettre de M. Eug. Gayot au Ministre de l'Agriculture du 15 Décembre 1849, lui rendant compte du résultat de la mission confiée à M. Perrot de Thannberg, Inspecteur général des Haras, chargé de ramener les étalons anglais.

Cette lettre occupe les p. 17 à 21 d'une brochure dont les 16 premières contiennent une *Lettre d'un paysan à M. de la Roque à propos de chevaux*, signée Eugène Hubert. *Paris, Imp. Claye*, 1850.

M. de Thannberg ramena d'Angleterre 5 étalons dont l'un, *Inheritor*, périt en arrivant.

Administration des Haras — Atlas statistique de la production des Chevaux en France ; documents pour servir à l'histoire naturelle-agricole des Races chevalines du Pays, réunis par M. Eug. Gayot, Inspecteur général chargé de la Direction des Haras ; dessins de M. Hip. Lalaisse, Professeur à l'Ecole Polytechnique ; publié par ordre de M. le Ministre de l'Agriculture et du Commerce. *Paris, Imp. administrative de Paul Dupont*, 1850.

1 vol. gr. in-f° de 3 f^ts non ch. pour le titre et l'introduction, 26 f^ts de t., 27 cartes hippiques et 31 pl. lithog., dessinées par Lalaisse (1).

La division de l'ouvrage suit celle de la France en circonscriptions de dépôt d'étalons. La carte hippique qui accompagne le texte relatif à chacun de ces dépôts indique le chef-lieu de la circonscription, les points sur lesquels des stations ont été créées, les chefs-lieux de courses et les établissements de la remonte militaire. De petits chevaux, semés çà et là sur ces cartes, indiquent la nature et, à certains égards, la densité de la population chevaline sur chaque point du territoire.

Enfin, les lithographies de Lalaisse représentent les types de toutes les races françaises, pures, croisées ou améliorées, avec plusieurs sujets pour chacune d'elles.

C'est un ouvrage considérable, intéressant et très bien documenté, mais qui a nécessairement un peu vieilli. Il ne se rencontre pas très souvent et est toujours recherché des amateurs, tant à cause des sujets traités que pour les belles lithographies de Lalaisse.

Les Chevaux français. Collection de 48 planches dessinées d'après nature et lithographiées par Hippolyte Lalaisse, professeur à l'Ecole polytechnique, sous la direction et avec un texte descriptif de M. Eug. Gayot, Directeur de l'Administration des Haras. Cette collection contient plus de 100 types divers choisis dans les principales Races de Chevaux de France, tous pris sur nature et variés d'attitude et d'aspect. *Paris, Dusacq*, S. D. (vers 1850).

Album in-f° oblong de 4 f^ts non ch. pour le titre et le texte et 48 pl. lithog. qui existent en noir et en couleurs.

Cet ouvrage est rarissime.

Des meilleures dispositions à donner aux Ecuries, par Eug. Gayot, ancien Directeur de l'Administration des Haras. *Paris, Lib^le agricole de la Maison Rustique*, 1859.

Broch. in-4° de 36 p. à 2 colonnes, avec 39 fig. d. l. t. et h. t. par H. Valentin.

Encyclopédie pratique de l'Agriculteur, publiée par Firmin Didot frères, fils et Cie, sous la direction de M. L. Moll, Chevalier de la Légion d'honneur, fermier à Vaujours, Professeur d'Agriculture au Conservatoire Impérial des Arts et Métiers, Membre du Conseil Général d'Agriculture, de la Société Impériale et centrale d'Agriculture, etc., etc., et Eug. Gayot, an-

---

(1) Pour d'autres cartes hippiques, voy. *Collaine, Léger (Ch.), Atlas hippique, Cormette (de), Clerjon de Champagny, Loi organique de 1874, Jacoulet, Itier.*

cien Directeur de l'Administration des Haras, membre de plusieurs sociétés scientifiques (1). *Paris, Firmin Didot*, 1859-1871.

13 vol. in-8° à deux colonnes (chaque colonne ayant sa pagination) avec plus de 2.200 gravures d. l. t. Les T. I et II sont de 1859, le T. III de 1860, les T. IV, V et VI de 1861, le T. VII de 1862, le T. VIII de 1863, le T. IX de 1864, le T. X de 1865, le T. XI de 1866, le T. XII de 1867, le T. XIII de 1871. Chacun d'eux comprend de 880 à 980 p.

L'ouvrage est rédigé sous forme de dictionnaire, par ordre alphabétique. Chaque volume comprend un grand nombre d'articles sur le *Cheval*, l'*Ane* et le *Mulet* : races, croisements, élevage, maladies, hygiène, nourriture, entretien, écuries, maréchalerie, extérieur, dressage et éducation, herbages et prairies, etc., etc.

Presque sans exception, tous ces articles sont dus à Eugène Gayot. Celui qui est intitulé *Cheval* comprend 374 p. du T. V et est acbompagné de fig. de Lalaisse, en partie semblables à celles de l'ouvrage suivant : *La Connaissance générale du Cheval*.

Plus tard, des titres nouveaux ont été imprimés avec des millésimes différents, surtout pour les derniers volumes (jusqu'en 1890) mais je ne crois pas qu'il y ait aucun changement dans le t.

La Connaissance générale du Cheval. Etudes de Zootechnie pratique avec un Atlas de 160 pages et 103 figures, par les Auteurs de l'Encyclopédie pratique de l'Agriculture publiée par Firmin Didot frères, fils et Cie, sous la direction de MM. L. Moll, Chevalier de la Légion d'honneur, Fermier à Vaujours, Professeur d'Agriculture au Conservatoire impérial des Arts et Métiers, Membre du Conseil général d'Agriculture, de la Société impériale et centrale d'Agriculture, etc., etc., et Eug. Gayot, Ancien Directeur de l'Administration des Haras, Membre de plusieurs Sociétés scientifiques. *Paris, Firmin Didot*, 1861.

1 vol. in-8° de 722 p. et 1 Atlas gr. in-8° de 68 pl. et de 103 fig. dessinées

(1) Le nom d'Eugène Gayot ne figure sur le titre qu'à partir du T. II, mais il est cité dans la liste des collaborateurs publiée au commencement du T. I.

par M.M. Lalaisse, professeur de dessin à l'Ecole Polytechnique, Léveillé et L. Rouyer.

Même ouvrage, 2e Ed^{on}, 1872.

1 vol. in-8° de 740 p. L'atlas est sans changement.

Même ouvrage, 3e Ed^{on}, 1882. Sans changement.

La Connaissance générale du Cheval, malgré l'indication du titre, est l'œuvre exclusive d'Eug. Gayot, sauf l'art. intitulé « s'abattre » qui est rédigé par J. Allibert et celui relatif à l'Ane, qui est l'œuvre d'Eug. Ayrault. C'est un bon ouvrage, qui est toujours utilement consulté.

Bibliothèque du Cultivateur publiée avec le concours du Ministre de l'Agriculture — Achat du Cheval ou choix raisonné des Chevaux d'après leur conformation et leur aptitude par Eug. Gayot. *Paris, Lib^{le} agricole de la Maison Rustique*, S. D. (1862).

1 vol. in-12 de 180 p. avec 25 fig. par Lalaisse pour la plupart, 1 par Gingembre et 1 par Lambert.

Cet ouvrage a eu de nombreuses éd^{ons} à la même librairie, sans changement.

Bibliothèque des professions industrielles et agricoles — Guide pratique pour le bon aménagement des habitations des animaux ; par Eug. Gayot, Membre de la Société impériale et centrale d'agriculture de France — Les Ecuries et les Etables. *Paris, Eugène Lacroix*, S. D. (1864).

1 vol. in-12 de 208 p., avec 65 fig. d. l. t. Celles qui concernent les écuries sont la reproduction réduite des fig. de la brochure décrite plus haut : *Des meilleures dispositions à donner aux Ecuries*, dont le t. a aussi été en partie reproduit dans le livre.

La 2e partie de cet ouvrage n'a aucun caractère hippique : elle concerne les Bergeries, Porcheries, Clapiers, la Basse-Cour, etc. Elle a paru en 1866 chez le même éditeur en 1 vol. in-12 de xxvii-355 p. avec 91 fig.

L'ouvrage existe aussi avec une couverture S. D. au nom de l'éditeur *Hetzel* qui s'était rendu acquéreur du reste de l'éd^{on}.

On y trouve d'excellents conseils pratiques basés sur de bons principes d'hygiène.

Bibliothèque agricole — Les Chevaux de trait français, par Eug. Gayot, ancien Inspecteur général, Directeur des Haras, Membre de la Société nationale d'agriculture de France. *Paris, Lib^le agricole de la Maison Rustique*, 1887.

1 vol. in-12 de VIII-351 p. avec 2 fig. h. t.

Ce livre contient, outre l'étude des chevaux de trait français, des discussions et des détails historiques intéressants.

Eug. Gayot a publié en outre plusieurs ouvrages sur l'agriculture et l'élevage des différents animaux de la ferme et a fourni de nombreux articles au *Journal d'agriculture pratique*, au *Nouveau Dictionnaire vétérinaire* de Bouley, au *Journal des Haras*, etc., etc.

GEAY (G.), voy. BODIN (Eug.).

GEETS (Willem), voy. CAVALCADES DE MALINES.

GEFFRIER DE NEUVY (Ambroise-Aignan-Euverte).

Officier de cav^le français. 1792-18...
Etait, au commencement de la Restauration, lieut^nt aux Chasseurs du Var, devenus 20e Chasseurs et passa comme Garde-du-Corps à la Comp^ie de Noailles en 1821 ; démissionnaire en 1822.

Quelques mots sur les Remontes militaires et sur les Haras ; par M. Geffrier de Neuvy, ancien officier au 20e Régiment de Chasseurs à cheval, ancien élève de l'Ecole de Cavalerie de Saumur. *Paris, Imp. Guiraudet et Ch. Jouaust*, 1838.

Broch. in-8° de 32 p.

Critique intéressante de l'organisation et de l'hygiène défectueuses des remontes d'alors.

Voy., pour une réponse à cette critique : *Réfutation... de M. Geffrier de Neuvy*.

Eugène Gayot, (voy. ce nom), au commencement du T. I de la 1re partie de sa *France chevaline*, cité à plusieurs reprises des passages d'un travail de M. Geffrier de Neuvy intitulé *Recherches historiques sur l'Administration des Haras en France*. Je n'ai trouvé aucune autre trace de cet ouvrage. Il est possible, d'ailleurs, qu'il ait été publié dans quelque recueil périodique, peut-être le *Journal des Haras*, sans qu'il ait été tiré à part.

GEFFROY (Francis).

Appréciations sur le dressage du Cheval, par Francis Geffroy. *Paris, Téqui*, 1891.

Broch. in-16 de 20 p. avec 2 pl.

C'est la description d'un appareil inventé par l'auteur et destiné à arrêter les chevaux emportés en leur comprimant les naseaux.

GEFFROY (Yves), voy. DELAMOTTE (D.-E.).

GEMEINER (J. DE).

Professeur d'équitation et ancien officier de cav^le bavarois.

Manuel de l'Entraîneur, par J. de Gemeiner — Prix : un franc — *En vente aux bureaux du Journal le Sport*. 1867.

C'est le titre de la couverture. Le titre intérieur indique *Imp. Ch. Schiller*.
Broch. in-18 de 36 p.

GENDRON, voy. LOË (VON).

GENÉE.

Deux Mémoires couronnés dans le Département d'Ille et Vilaine : l'un sur les Animaux d'Espèce bovine ; l'autre sur les Animaux d'Espèce chevaline. Par Genée, Vétérinaire à Dol-de-Bretagne. *Saint-Malo, Imp. de Coni et Renault*, 1863.

Broch. in-12 de 59 p.

GENGEMBRE (Zéphirin).

Dessinateur de chevaux sur lequel je n'ai pu trouver aucun renseignement biographique. M. Beraldi se borne à le nommer. Milieu du XIXe siècle.

Il a dessiné de nombreux sujets hippiques, chevaux nus ou montés, suites d'études, parmi lesquelles une série de cavaliers militaires, gr. in-f°, chez Tirpenne (lith. Fourquemin). Il a été pendant de longues années le fidèle collaborateur du *Journal des Haras* (voy. ce titre), et un grand nombre des jolies lithographies qui ornaient chaque n° de ce recueil célèbre, sont dues à son crayon facile, élégant et correct.

GÉNIE (Eugène).

Officier d'inf^le français breveté ; né en 1872, sous-lieut^nt en 1894, cap^ne en 1904.

La Cavalerie soutien de l'Artillerie, par le Capitaine Génie du 3e Bataillon de Chasseurs à pied. *Paris, R. Chapelot*, 1909.

Broch. in-8° de 27 p. avec 2 croquis d. l. t.

GENOSE ou **GEGNOSE**, voy. **CHEDERIC**.

GENT. DE PROVINC., voy. **BURDELOT**.

GENTIEN (L.).
Le Cheval de Chasse, par L. Gentien. *Paris, Imp. Pairault*, 1912.
C'est le titre intérieur. Celui de la couverture est plus détaillé.
1 vol. in-4° de 179 p. avec titre rouge et noir, couvertures illustrées, 8 pl. (portraits de chevaux) à pleine p., mais comptant dans la pagination, nombreuses vignettes en tête des chapitres et culs de lampe.

GENTILHOMME (LE) MARÉCHAL, Voy. **BARTLET**.

GENTY DE BUSSY (Pierre).
Intendant militaire et homme politique français, 1793-1867. Entra en 1820 comme élève dans le corps réorganisé des Inspecteurs aux Revues et des Commissaires des guerres ; sous-Intendant adjoint en 1823 ; sous-Intendant de 1re cl. en 1835 ; Intendant militaire en 1839 ; passé au cadre de réserve en 1855. Il a été député du Morbihan de 1844 à 1848 et vice-Président de la Société protectrice des Animaux de 1862 à 1865.

Rapport sur les Courses de vitesse et sur les moyens propres à améliorer les Courses de Chevaux trotteurs, par M. Genty de Bussy, un des Vice-Présidents de la Société protectrice des Animaux — au nom d'une commission composée de MM. Crompton, Decroix, Genty de Bussy, Houël, de Lavalette, Leblanc, le Général de Pointe de Gévigny — Extrait du *Bulletin de la Société protectrice des Animaux. Paris, É. de Soye. Impr.* 1865.
Broch. in-8° de 40 p.
L'opuscule contient la discussion d'un article de la *Patrie* du 9 Juillet 1865, intitulé *du Cheval de service et de son perfectionnement*, et la proposition de fondation d'une Société centrale « qui « se ferait l'auxiliaire de l'Adm^on des « Haras pour l'amélioration des races « de service comme le Jockey-Club « s'est fait son auxiliaire pour le per- « fectionnement du cheval de luxe ».

GEOFFROY DE VILLENEUVE (E.).
Rapport à la Commission pour l'Amélioration de la Race chevaline du Département de l'Aisne, par M. Geoffroy de Villeneuve, Membre du Conseil d'arrondissement de Soissons. *Laon, Typ. de Ed. Fleury et L. Hurez*, 1842.
Broch. in-8° de 19 p.

De l'Elève du Cheval dans le Département de l'Aisne par E. Geoffroy de Villeneuve. *Reims, Imp. P. Regnier*, 1848.
Broch. in-8° de 24 p.

GEOFFROY-SAINT-HILAIRE (Etienne) et CUVIER (Frédéric).
Geoffroy - Saint - Hilaire, Zoologiste français, 1772-1844. Professeur administrateur au Jardin des Plantes en 1793, il fit ensuite partie de l'expédition d'Egypte et fut un des fondateurs de l'Institut du Caire. Membre de l'Institut en 1807, professeur de Zoologie et de physiologie comparée à la Faculté des sciences, il professa jusqu'à sa mort.
Pour la biographie de F. Cuvier, voy. ce nom.

Histoire naturelle des Mammifères, avec des Figures originales, coloriées, dessinées d'après des Animaux vivans. Publiée sous l'autorité de l'Administration du Muséum d'Histoire naturelle par M. Geoffroy-Saint-Hilaire ; Membre de l'Académie des Sciences, Professeur de Zoologie au Muséum et par M. Frédéric Cuvier, chargé en chef de la Ménagerie royale. *Paris, A. Belin*, 1824.
3 vol. in f° sans pagination suivie.
Cet important ouvrage a paru par livraisons contenant l'histoire naturelle de un ou plusieurs animaux, chaque animal étant représenté par 1 pl. h. t. coloriée, avec une pagination spéciale.
La XVe livraison, T. I, donne la description d'un métis d'âne et de zèbre ; la XXXIIe livraison, T. II, celle du cheval à poils frisés ; la XXXe celle du couagga et du dziggetai ; la LXIe, du T. III, celle du zèbre femelle ; la LVe, celle du dauw ; la XLVIIe, celle du cheval d'Espagne, chacune avec 1 pl.
Pour le Cheval d'Espagne, l'auteur copie textuellement l'article de Buffon sur ce sujet et pour l'histoire naturelle du Cheval en général, il ne donne rien, expliquant que Buffon en a déjà donné « un résumé le plus juste, le plus com-

« plet et le plus clair »... et que « lorsqu'une chose est bien mieux qu'on ne la pourrait faire, il ne faut pas la refaire ».

Il semble du reste que les auteurs ne sont guère sortis des modèles que leur présentaient les animaux du Muséum. Le cheval d'Espagne lui-même qui provenait, parait-il, des écuries de l'Empereur, y était conservé. La pl. qui accompagne sa description le représente comme un animal assez ordinaire, de couleur café au lait.

GEOFFROY-SAINT-HILAIRE (Isidore).

Zoologiste français, 1805-1861, fils du précédent. Après avoir été aide-naturaliste au Muséum, il devint doyen de la Faculté des sciences de Bordeaux, puis professeur de Zoologie au Muséum et à la Faculté des sciences de Paris et inspecteur général de l'Instruction publique.

Il fonda en 1854 la *Société d'Acclimatation* qui, à son tour, créa le *Jardin d'Acclimatation* du Bois de Boulogne dont il fut le directeur jusqu'à sa mort. Il fut, avec Decroix (voy. ce nom), l'un des apôtres de l'hippophagie, organisa des banquets hippophagiques et contribua, pour une grande part, à faire entrer la viande de cheval dans l'alimentation publique.

Il avait été élu, à 27 ans, membre de l'Académie des sciences.

Recherches Zoologiques et physiologiques sur les variations de la Taille chez les Animaux et dans les Races humaines ; par M. Isidore Geoffroy-Saint-Hilaire, Docteur en médecine, Professeur de Zoologie et d'Anatomie générale à l'Athénée royal de Paris et Aide-naturaliste au Muséum d'histoire naturelle. Lues à l'Académie royale des Sciences dans les séances des 18 Décembre 1831 et du 2 janvier 1832 — Extrait des *Mémoires de l'Académie des Sciences. Savans étrangers* — Tome III — (*Paris*) *Imp. Royale*, Sept. 1832.

Broch. in-4° de 70 p.
Contient un passage sur la taille des chevaux et des ânes.

Sur le genre Cheval et spécialement sur l'Hémione (Equus Hemionus, Pall.) par M. Isidore Geoffroy Saint Hilaire (Extrait des *Noveulles Annales du Muséum d'Histoire naturelle*, T. IV, p. 97 et suiv.) *Paris, Imp. Jules Didot, l'aîné*, S. D. (1835).

Broch. in-4° de 24 p. avec une jolie pl. en couleurs par Verner, gravée par Legenissel.

Extrait de la *Revue indépendante*, 25 octobre 1847 — Acclimatation et domestication de nouvelles espèces d'animaux. *Paris, Imp. L. Martinet.* (1847).

Broch. in-4° de 17 p. signée à la fin.
Il y est question de l'hémione, de ses produits et de ses hybrides.

Rapport général sur les questions relatives à la domestication et à la naturalisation des Animaux utiles adressé à M. le Ministre de l'Agriculture et du Commerce par M. Isid. Geoffroy Saint-Hilaire, Membre de l'Institut. *Paris, Imp. Nat^le*, novembre 1849.

Broch. in-4° de 51 p.
Contient un chap. sur le Dauw et l'Hémione.

Lettres sur les Substances alimentaires et particulièrement sur la Viande de Cheval, par M. Isidore Geoffroy-Saint-Hilaire, Membre de l'Institut (Académie des Sciences), Conseiller et Inspecteur général honoraire de l'Instruction publique, Professeur et administrateur au Muséum d'Histoire naturelle, Professeur de Zoologie à la Faculté des Sciences de Paris et Président de la Société impériale d'Acclimatation. *Paris, Victor Masson*, 1856.

1 vol. in-16 de VIII-264 p.
L'auteur développe les différentes questions soulevées par l'usage alimentaire de la viande de cheval : ressources fournies, salubrité, historique, exemples donnés par les peuples étrangers, etc., et prononce en faveur de son adoption un éloquent plaidoyer. Il avait présenté son ouvrage à l'Académie des Sciences dans la séance du 1er sept. 1856 dont l'exposé se trouve au T. 43 des *Comptes rendus* de l'Académie, p. 455 sous le titre : *Hygiène. De l'usage alimentaire de la Viande de Cheval.*

Institut impérial de France. Académie des Sciences. Extrait des *Comptes rendus des séances de l'Académie des Sciences.* T. XLVIII

séance du 17 Janvier 1859 — Des origines des Animaux domestiques et des lieux et des époques de leur domestication par M. Isidore Geoffroy-Saint-Hilaire. *Paris, Imp. Mallet-Bachelier* (1859).
Broch. in-4° de 12 p.
Concerne en partie les équidés.

Institut impérial de France. Académie des Sciences. Extrait des *Comptes rendus des séances de l'Académie des Sciences*. T. LII, séance du 4 Février 1861 — Sur l'ensemble des Applications de la Zoologie; communication faite par M. Is. Geoffroy-Saint-Hilaire en présentant la 4e édition de son ouvrage intitulé : *Acclimatation et Domestication des Animaux utiles* — *Paris, Imp. Mallet-Bachelier* (1861).
Broch. in-4° de 12 p.
Il s'agit de la présentation de l'ouvrage suivant. La broch. contient un passage important sur l'hippophagie et un autre sur l'hémione et sur les mulets obtenus par le croisement de l'hémione avec l'ânesse.

Acclimatation et Domestication des Animaux utiles par M. Isidore Geoffroy Saint-Hilaire, Membre de l'Institut (Académie des Sciences), Conseiller et Inspecteur général honoraire de l'Instruction publique, Professeur administrateur au Muséum d'histoire naturelle, Professeur de Zoologie à la Faculté des sciences, Président de la Société impériale d'acclimatation et du conseil d'administration du Jardin zoologique d'acclimatation, Président honoraire de la Société d'acclimatation des Alpes. — *Quatrième Edition* entièrement refondue et considérablement augmentée et contenant l'historique des Travaux faits et des résultats obtenus depuis la création de la Société Impériale d'Acclimatation. *Paris, Lib^{le} agricole de la Maison Rustique*, 1861.

1 vol. in-8° de XVI-534 p., avec nombreuses fig. d. l. t. dont 1 pour le dauw, 1 pour l'hémione, 1 pour l'âne, 1 pour le mulet d'hémione mâle et d'ânesse.
Dédicace à la Société zoologique d'Acclimatation.
L'ouvrage contient des passages sur le Zèbre, le dauw, l'hémione, sur l'hippophagie, sur l'origine du cheval et de l'âne, sur les modifications produites par la domesticité sur le cheval sauvage et sur sa chasse. Plusieurs généralités sur l'acclimatation et la domestication sont aussi applicables aux équidés.

La 1re édon n'est autre que le *Rapport général* rédigé en 1849 sur les questions relatives à la domestication et à la naturalisation des Animaux utiles, cité plus haut à sa date. Il est reproduit au commencement de l'édon de 1861. En outre, une édon avait paru en 1854 (1). Il se retrouve aussi dans celle de 1861, avec les augmentations annoncées au titre de cette dernière. Il a donc paru inutile de donner d'autres détails sur les édons précédentes.

GEORGE (Hector).

Docteur en médecine, naturaliste, Docteur ès sciences et professeur d'histoire naturelle à l'Ecole Lavoisier.

Bibliothèque de l'Ecole des Hautes Etudes — Section des Sciences naturelles — Laboratoire de Zoologie dirigé par M. Milne-Edwards — Etudes zoologiques sur les Hémiones et quelques autres Espèces chevalines, par M. George, Docteur en Médecine, licencié ès Sciences naturelles. *Paris, Victor Masson et fils*, 1869.
Broch. gr. in-8° de 48 p. avec 4 pl. lith. h. t. contenant 10 fig.
Coupure du T. I de la *Bibque de l'Ecole des Hautes Etudes*, avec une couverture spéciale.

GÉRARD (François-Jean).

Vétérinaire belge, professeur à l'Ecole de médecine vétérinaire de l'Etat, 1812-1893.

Hippologie. Dissertation sur le Cheval Flamand, par F. Gérard, Professeur émérite à l'Ecole de Médecine vétérinaire de Cureghem — Extrait des *Annales belges de Médecine vétérinaire* — *Bruxelles, Imp. Brogniez et Vande Weghe*, 1884.
Broch. gr. in-8° de 20 p.

Nos Chevaux — Zootechnie générale, Hippologie et Hippotechnie à l'usage des Gens du monde, Ama-

---

(1) In-12, XII-204 p. et 22 pl. à pleine p., dont 3 pour les Equidés. *Paris, Libte de la Maison Rustique*, 1854.

teurs et Eleveurs de Chevaux, par F.-J. Gérard, Professeur émérite de l'Ecole de médecine vétérinaire de l'Etat, ex-Professeur de zootechnie aux Ecoles d'agriculture de Verviers, de Liège et de Rollé (Luxembourg Belge); Ancien Médecin-Vétérinaire du gouvernement pour les cantons de Verviers, Limbourg et Spa, en résidence à Verviers, attaché aux Haras de Tribomont et de Maison-Bois de la société Verviétoise ; Chef de la station des Etalons du Haras de l'Etat, Chevalier de l'Ordre de Léopold, décoré de la Croix civique de 1re classe, etc., etc Avec 7 Planches. *Bruxelles, C. Muquardt; Th. Falk, Editeur*, 1891.

1 vol. in-8° de 254 p. Préface de M. E. Gratia, professeur à l'Ecole vétérinaire belge. Vignette sur le titre.

GÉRARD (Jules-Joseph).
Vétérinaire militaire belge, né en 1840.

Élève du Cheval de Luxe et du Cheval de Guerre en Belgique par Jules Gérard, Médecin-vétérinaire militaire; ancien Vétérinaire du Gouvernement, Vice-Président de la Société Médico-Vétérinaire de Liège. *Liège, Imp. et Lithog. Festraerts fils*, 1875.

1 vol. in-8° de 100 p. avec 1 carte et 2 pl.

Ferrure à glace à goupille (brevetée) Médaille de bronze à l'Exposition d'Hygiène et de Sauvetage, Bruxelles, 1876 — Médaille en vermeil, grand module, aux concours de Dison-Verviers et de Comblain-au-Pont, etc. Système J. Gérard. *Liège, Imp. Festraerts fils*, 1876.

Broch. in-8° de 8 p. avec 2 pl. se dépliant et contenant 8 fig.

Nouvelle Ferrure à glace brevetée. Système J. Gérard, Médecin Vétérinaire militaire à Liège. *Liège, Imp. F. Ferstraerts fils*, 1876.

Broch. in-8° de 15 p. avec 2 pl.
Développement de la brochure précédente avec les mêmes pl.

GÉRAUD (Alexandre-Démètre).
Officier de cav^{le} français, né en 1860, sous-lieut^{nt} en 1883, chef d'esc^{ons} en 1905.

Les Passages de Rivières par la Cavalerie, par D. Géraud, Capitaine commandant au 2e Dragons. *Paris et Nancy, Berger-Levrault*, 1898.

1 vol. gr. in-8° de 108 p. avec 8 dessins d. l. t. Dédicace au général Donop. (Voy. ce nom).

GÉRAUD (Pierre-Eugène).
Vétérinaire militaire français. 1819-1870. Diplômé d'Alfort en 1843, a été en mission hors cadres à Constantinople ; puis en 1870, vétérinaire en 1er à l'Ecole de St-Cyr où il est mort la même année. Il était resté 8 ans en Algérie.

Ressources en Chevaux que la colonie d'Afrique offre à la consommation de l'Armée par P. E. Géraud, Vétérinaire militaire. *Paris, Bureau du Journal des Haras*, 1855.

Broch. gr. in-8° de 45 p. L'auteur connaissait bien les chevaux d'Algérie qu'il décrit exactement.

GERHARDT (Gustave-Adolphe).
Officier de Cav^{le} français né en 1824, sous-lieut^{nt} en 1847, lieut^{nt} colonel en 1870, retraité en 1874. Campagne de 1870-71 contre l'Allemagne. A été Chef d'Esc^{ons} Instructeur en chef à Saumur en 1869 et 1870.

Manuel d'Eqúitation ou Essai d'une Progression pour servir au Dressage prompt et complet des Chevaux de Selle, et particulièrement des Chevaux d'Armes, précédé d'une Analyse raisonnée du Bauchérisme. Orné de 12 pl. par V. Adam, par A. Gerhardt, Capitaine Instructeur des Lanciers de la Garde Impériale. *Paris, J. Dumaine*, 1859.

1 vol. in-8° de 215 p. Dédicace à Baucher.

Equitation Militaire — Mémoire analytique, critique et pratique sur le dressage et la conduite du Cheval de Guerre, contenant une théorie nouvelle de l'Equilibre hippique, un examen critique du Dressage réglementaire, un aperçu d'un sysme de Dressage basé sur la mécanique animale, des considérations sur les défenses du Cheval, sur le

Ramener, sur les Assouplissements au moyen de la cravache, etc; suivi d'un supplément à la Progression publiée en 1859, par A. Gerhardt, Capitaine commandant aux Lanciers de la Garde Impériale. *Paris, J. Dumaine*, 1862.

1 vol. in-8° de xi-158 p.

La Vérité sur la Méthode Baucher (ancienne et nouvelle). Observations critiques précédées d'une petite Etude sur l'Intelligence du Cheval dans ses rapports avec l'Equitation, par A. Gerhardt, Chef d'Escadrons au 4e Lanciers, Auteur du *Manuel d'Equitation*, du *Mémoire sur le dressage et la conduite du Cheval de Guerre*, etc. *Paris, J. Dumaine*, 1869.

1 vol. in-8° de iii-109 p.

Traité des Résistances du Cheval, ou Méthode raisonnée de Dressage des Chevaux difficiles, donnant la solution de tous les problèmes embarrassants qui peuvent se présenter dans le dressage du Cheval de Selle et, en général, dans la pratique de l'Equitation, et Philosophie hippique déduite de la Physiologie et de la Mécanique animales par le Lt-Colonel A. Gerhardt, Officier de la Légion d'honneur, ancien Instructeur en Chef à l'Ecole de cavalerie, auteur de plusieurs ouvrages sur l'Equitation militaire, etc. *Paris, J. Dumaine*, 1877.

1 vol. in-8° de xiii-359 p.

Traité des résistances du Cheval. Méthode raisonnée de dressage des Chevaux difficiles *au moyen de la cravache*... (etc., comme ci-dessus) — *Edition revue et considérablement augmentée* — *Paris et Nancy, Berger-Levrault; Bruxelles, Muquardt*, 1889.

1 vol. gr. in-8° de xvii-565 p.

Dans le *Manuel d'Equitation*, Gerhardt, qui était élève de Baucher, fait une application heureuse de la méthode de ce maître au dressage pratique, fait par des cavaliers plus ou moins expérimentés, en la dégageant des parties périlleuses en des mains inhabiles, et en complétant, d'une manière qui lui est bien personnelle, l'emploi préparatoire de la cravache.

Le maître et l'élève, devenu maître à son tour, ne s'accordèrent pas longtemps et, dans *La Vérité sur la méthode Baucher*, Gerhardt critique vivement la 2e *manière* de celui-ci (1) mais déclare rester fidèle à ses premiers enseignements.

On a vu, à la notice sur M. Debost, que Gerhardt avait vertement répliqué aux attaques passionnées dont son *Traité des Résistances du Cheval* avait été l'objet de la part de cet auteur.

Ce dernier ouvrage est à la fois la synthèse et le développement des deux premiers. Il « présente, dit l'auteur, groupés et logiquement coordonnés entre eux, les principes d'équitation et de dressage un peu épars dans mes précédentes publications ».

C'est une œuvre importante, dans laquelle sont expliquées, clairement et judicieusement, les causes physiologiques ou mécaniques des résistances du Cheval. Le livre justifie son titre et donne une solution pratique aux « problèmes embarrassants » que le dresseur, même expérimenté, rencontre si souvent.

Notre cavalerie est-elle prête? Lettre d'un officier supérieur de cavalerie, en retraite, à M. Auguste Raux, Directeur de la *Revue des Haras. Paris, Morris*, 1889.

Broch. in-8° de 8 p., signée à la fin.

La vérité sur le système van den Hove. Deuxième lettre à M. Auguste Raux, Directeur de la *Revue des Haras*, par l'Auteur de *Notre Cavalerie est-elle prête? Paris, Morris*, 1889.

Broch. in-8° de 14 p. signée à la fin.

Dans ces deux opuscules, le L^{nt} Col. Gerhardt signale les avantages de la méthode de dressage rapide dont le capitaine belge van den Hove (voy. ce nom) est l'auteur. Le deuxième contient en outre d'intéressants détails sur les origines du dressage à la cravache.

Dressage du Cheval de Guerre — Réminiscences hippiques et équestres d'un vieux Dresseur — Monographie de l'Action équestre sous forme de questionnaire. *Saumur, S. Milon, J. B. Robert*, Succ^r., S. D. (1906).

Broch. in-8° de 31 p.

Le nom de l'auteur est indiqué à la fin.

---

(1) Voy. Baucher, détails sur la 13e éd^{on} de la *Méthode*.

GÉRICAULT (Jean-Louis-André-Théodore).
Peintre et dessinateur-lithographe français. 1791-1824.

Passionné dès son enfance pour les chevaux, il recherchait toutes les occasions de les dessiner d'après nature et s'adonna de bonne heure, et avec succès, à l'équitation. Il alla d'abord dessiner dans l'atelier de Carle Vernet, puis entra dans celui de Guérin dont il devint l'élève. Il fit des études anatomiques complètes sur le cheval qu'il possédait admirablement. Aussi, dans la plus grande partie de ses œuvres, figurent un ou plusieurs chevaux.

Il a pris souvent ses modèles parmi les gros chevaux de trait, mais toutes les races ont cependant été représentées par lui. Dans ses scènes hippiques, la nature, qu'il étudiait toujours et traduisait avec conscience, est prise sur le fait et donne à ces charmantes compositions un caractère particulier de vérité. On ne peut relever, dans son dessin, aucune trace de négligence : l'anatomie de ses chevaux est toujours irréprochable, leurs mouvements, souvent si difficiles à saisir par l'œil humain, sont vifs, animés, naturels. Sans doute, l'attitude réelle de certaines phases du pas et du galop lui a échappé, mais on a vu qu'il en a été de même pour tous les peintres ou dessinateurs hippiques avant les révélations inattendues de la photographie instantanée (1).

Géricault est, sans conteste, un des plus grands peintres hippiques de son siècle. La description de ses tableaux n'entre pas dans le cadre de la présente bibliographie. Quant à son œuvre lithographique publiée, elle se compose de cent pièces dont presque toutes représentent des sujets hippiques. Les bonnes épreuves sont recherchées et assez rares. La nomenclature détaillée en est donnée par M. Charles Clément, dans son ouvrage sur Géricault (2), auquel est empruntée une partie des détails qui précèdent.

M. le Colonel Duhousset, dans ses ouvrages sur la représentation artistique du cheval, a aussi consacré plusieurs notices à Géricault « dont l'œuvre, dit-il, « a été d'une importance capitale, comme « transition de la fantaisie de ses prédé- « cesseurs à la réalité qu'on demande « aujourd'hui » (3).

(1) Voy. Duhousset et Salomon Reinach.
(2) Géricault. Etude biographique et critique. *Paris, Didier*, 1868.
(3) Le Cheval dans la Nature et dans l'Art, p. 141.

GÉRIG (François-Antoine).
Vétérinaire militaire français, 1812-1869. Diplômé de Lyon en 1836, il fut nommé en 1840 au 1er Chasseurs d'Afrique et resta en Afrique de 1840 à 1848. Il y obtint 3 citations pour s'être distingué dans divers combats et fut envoyé en mission à Tunis en 1845 pour y acheter des étalons. Vétérinaire en 1er en 1855, il fut employé au dépôt de remonte de Guéret de 1860 à 1864. Il passa alors aux Cuirassiers de la Garde et mourut subitement dans la cour du quartier de ce régiment, à Meaux.

Notice sur la Race chevaline du Département de la Creuse et l'état de sa production, par F.-A. Gérig, Vétérinaire en 1er au Dépôt de remonte de Guéret, Chevalier de la Légion d'honneur. *Guéret, Imp. Dugenest*, S. D. (1862).

1 vol. in-8° de 106 p.

L'auteur conseille, pour l'amélioration de la race indigène, de meilleurs soins la sélection et l'emploi de l'étalon arabe ou barbe.

Gérig a fait un travail analogue pour la race chevaline du dépar^t de la Haute-Vienne. J'en possède le manuscrit et je n'ai pas connaissance qu'il ait jamais été imprimé. A titre de renseignement, en voici la description.

Mémoire sur la Race chevaline du département de la Haute-Vienne — Ce qu'elle était autrefois — ce qu'elle est aujourd'hui et ce qu'elle pourrait être. Par F.-A. Gérig, Vétérinaire en 1er au Dépôt de remonte de Guéret.

Manuscrit in-f° de 65 p. avec 5 photographies de chevaux et 1 carte de la Haute-Vienne tirée de l'Atlas de Dufour.

C'est un travail bien complet et soigneusement étudié.

GÉROME (Auguste-Clément).
Officier d'inf^{ie} breveté français, né en 1857, sous-lieut^{nt} en 1877, colonel en 1908.

Essai historique sur la Tactique de la Cavalerie, par le Commandant Gérome, Breveté d'Etat-Major — Avec 35 Croquis dans le texte. *Paris et Limoges, Henri Charles-Lavauzelle*, S. D. (1900).

1 vol. in-8° de 441 p.

Même ouvrage, même titre, par le Lieutenant-Colonel Gérome —

Deuxième Edition — Paris et Limoges, Henri Charles-Lavauzelle, S. D. (1905).
Sans changement.

GERSTAECKER (Frédéric) et **REVOIL** (Bénédict-Henry), traducteur.
Gerstaecker, littérateur et voyageur allemand, 1816-1872.
Révoil, voy. son nom pour un autre ouvrage.

Les Voleurs de Chevaux, par F. Gerstaecker. Traduit de l'Anglais par B. H. Révoil. *Paris, Michel Lévy f*^{res}, 1875.
1 vol. gr. in-18 de 292 p.

Même ouvrage, même titre. *Paris, Calmann-Lévy*, S. D. (1905).
Sans changement.

GÉRUSEZ (Paul).
Ecrivain sportif français. 1831-1898.

A pied, à cheval, en voiture, par Paul Gérusez. Illustrations de Crafty. *Paris, Calmann-Lévy*, 1895.
1 vol. in-8° carré de 228 p. Nombreux dessins d. l. t. par le frère de l'auteur (voy. Crafty).

Le Cheval de guerre, par P. Gérusez. *Paris et Nancy, Berger-Levrault*, 1897.
Broch. in-12 de 26 p.
C'est une critique judicieuse de l'étalon trotteur. L'auteur a cru devoir y ajouter la proposition, si souvent faite déjà, du transfert des Haras à la Guerre.

Le Cheval de chasse en France. Par Paul Gérusez. Dessins de Crafty. *Paris, J. Rothschild*, 1898.
1 vol. in-16 de 103 p. Dédicace au Vte Henri de Chézelles.

GÉRUSEZ (Victor).
Frère du précédent. Voy. CRAFTY.

GERVAIS.
Le Vétérinaire domestique ou l'Art de soigner et de guérir les Chevaux et les Bêtes de somme, les Taureaux, les Bœufs, les Vaches et les Veaux, et la manière d'élever, soigner et guérir les Moutons, Boucs, Chèvres, Porcs et Chiens, suivi des Méthodes les plus sûres et les plus faciles pour l'Amélioration des Animaux domestiques et en tirer le plus grand profit possible. Ouvrage indispensable à MM. les Propriétaires, Fermiers, Eleveurs de Bestiaux, etc. Augmenté d'une Instruction claire et précise sur l'Education des Abeilles, par M. Gervais, ancien Vétérinaire des Armées. *Paris, H. Morel*, 1847.
1 vol. in-8° de 528 p. plus 2 f^{ts} pour la table.
Le cheval occupe les p. 119 à 318, le mulet et l'âne de 319 à 322. L'auteur examine la connaissance, le choix, l'hygiène, l'extérieur, les maladies et la chirurgie du cheval, le tout tiré presque entièrement des hippiâtres du XVIIIe siècle, *Bourgelat, Lafosse*, etc. Il a ajouté un petit traité de manège et d'équitation tiré d'un auteur plus ancien encore, *La Broue*. (voy. ces noms).
Compilation sans valeur.

GESLIN DE BOURGOGNE (Yves-Marie-Charles).
Général de brigade français (cav^{le}), 1847-1910. Sous-lieut^{nt} en 1869, colonel en 1892, général de brigade en 1898, passé au cadre de réserve en 1909. Campagne de 1870-71, où il a reçu plusieurs blessures.

Instruction progressive du Régiment de Cavalerie dans ses Exercices et manœuvres de guerre (Ecole du Cavalier; Ecole de Peloton; Ecole d'Escadron; Ecole de Régiment). *Paris et Nancy, Berger-Levrault*, 1885.
1 vol. in-32 de VII-235 p.

Instruction progressive du Régiment de Cavalerie dans ses Exercices, Evolutions et Manœuvres de guerre — *3e Edition* (1). *Paris et Nancy, Berger-Levrault*, 1891.
1 vol. in-18 de VII-280 p.

Instruction progressive de la Cavalerie dans ses Exercices, Evolutions et manœuvres de guerre par un Irrégulier — *4e Edition*. *Paris et Nancy, Berger-Levrault*, 1905.
1 vol. in-18 de VII-356 p.

Notes sur l'Instruction d'ensemble par un Irrégulier — Ecole de

___
(1) Je n'ai pas pu retrouver trace d'une 2e éd^{on}.

Peloton — Ecole d'Escadron — Les Evolutions — l'Ordre dispersé — Les Echelons. *Paris et Nancy, Berger-Levrault*, 1900.

1 vol. gr. in-8° de 127 p. avec 1 croquis.

Pour les Cuirassiers, par un Irrégulier. *Paris et Nancy, Berger-Levrault*, 1907.

Broch. gr. in-8° de 15 p. (Extrait de la *Revue de Cavalerie*, Février 1907).

Cuirasse ou Infanterie montée par l'Irrégulier. *Paris et Nancy, Berger-Levrault*, 1908.

Broch. gr. in-8° de 20 p. (Extrait de la *Revue de Cavalerie*, Juillet 1907) (1).

Notes sur l'Instruction d'ensemble. Instruction à pied — Ecole du Peloton — Ecole d'Escadron — Les Evolutions — L'Ordre dispersé — Les Echelons — *Deuxième Edition*, revue et augmentée des Ecoles de Brigade, de Division et d'Escadre, avec 15 croquis et 2 cartes hors texte ; par le Général Geslin de Bourgogne (Un Irrégulier). *Paris et Nancy, Berger-Levrault*, 1910.

1 vol. gr. in-8° de 222 p. Dédicace « à la mémoire du général Marquis de « Galliffet ».

GESNER (Conrad).

Médecin, naturaliste et polygraphe suisse, 1516-1565.

Il fut instruit à Zurich, sa ville natale, par d'excellents maîtres, puis voyagea en France, revint à Zurich qu'il quitta bientôt pour d'autres voyages, étudia la médecine à Montpellier et se fit recevoir docteur à Bâle ; revenu à Zurich, il y pratiqua d'abord la médecine, puis y professa la philosophie pendant 24 ans. Il a publié de nombreux ouvrages de médecine, de philosophie et d'histoire naturelle. Parmi ces derniers, le suivant traite longuement du cheval.

Conradi Gesneri medici Tigurini Historiæ Animalium Lib. I de Quadrupedibus viviparis. Opus Philosophis, Medicis, Grammaticis, Philologis, Poëtis, & omnibus rerum linguarumq. variarum studiosis, utilissimum simul incundissimumq.

(1) Voy. aussi, sur l'Infanterie montée, Beauval, Conte (M.-P.-A.), Gruys, Infanterie montée, Renol, Champeaux, Hélo, Besset, Lassence, Salagnax, Maurel.

futurum... (1). — *Tiguri, apud Christ. Froschoverum*, 1551.

1 vol. gr. in f° de 20 f¹ˢ non ch. pour le titre, avec une belle vignette, une longue lettre de Conrad Gesner aux Consuls et Sénateurs de la République de Zurich, une autre aux lecteurs, diverses notes préliminaires, les catalogues des auteurs morts et vivants qui ont écrit sur les animaux, le nom latin des animaux décrits dans l'ouvrage, par ordre alphab. ; leurs noms en diverses langues et 1104 p., avec nombreuses fig. d. l. t. dont plusieurs à pleine p. à raison d'une pour les principaux animaux.

Le chap. du cheval occupe les p. 442 à 619, avec 1 fig. Il est, comme on le voit, très important. Après diverses généralités, l'auteur traite du choix du cheval, de ses allures, de son emploi, de son histoire, de la saignée, des maladies et de leur traitement, de la castration, des écuries, des centaures, des défauts du cheval, de son emploi à la guerre, des courses et jeux du cirque, des biges et quadriges, de l'équitation, du harnachement, de la ferrure, des présages et des proverbes... etc., etc. Il y a même un passage sur l'hippophagie.

La figure qui précède ce chapitre semble bien avoir été dessinée d'après nature : l'animal a une grosse tête, une encolure courte, mais bien dirigée, une bonne épaule, des membres forts, des paturons courts, une croupe courte et est un peu levretté.

L'âne, le bardot (que Gesner appelle hinnus ou ginnus), le jumart, l'onagre et enfin l'animal fabuleux qu'il nomme onocentaure, occupent les p. 3 à 23. L'onocentaure avait la figure, le col, la poitrine, les bras et les doigts de l'homme, les mamelles de la femme, le dos, le ventre, les côtés et les pieds postérieurs de l'âne. Le bon Gesner n'y croit qu'à moitié, mais néanmoins recueille soigneusement tout ce qui a été écrit à ce sujet. Ce chap. est précédé d'une fig. assez médiocre pour l'âne.

Le mulet occupe les p. 793 à 807 avec une grande fig. beaucoup mieux traitée que celle de l'âne.

Dans l'ouvrage, les animaux sont classés par ordre alphabétique; Gesner, en effet, n'était qu'un compilateur érudit et laborieux, mais auquel faisaient sans doute défaut les connaissances en histoire naturelle nécessaires pour les classer par genres et par espèces.

Cette éd°ⁿ est difficile à lire. Les

(1) Suit une lettre au lecteur, inutile à reproduire.

caractères sont fins et les chapitres ou articles se suivent sans aucun intervalle.

Même ouvrage, même titre, jusqu'au mot « futurum » *Editio secunda*, novis iconibus nec non observationibus non paucis auctior atque etiam multis in locis emendatior. (Suit la lettre au Lecteur). *Francofurti, In Bibliopolo Cambieriano.* Anno seculari, 1603.

1 vol. in-f° de 20 f^ts contenant les mêmes matières qu'à la 1re éd^on, et 967 p.

Le chap. du cheval occupe les p. 403 à 549 (y compris le renne et l'hippotame); celui de l'âne les p. 5 à 19; celui du mulet. les p. 702 à 713, avec les mêmes fig. qu'à la 1re éd^on.

Même ouvrage, même titre (et aussi, comme la précédente, *Editio secunda*). *Francofurti, In Bibliopolio Henrici Laurentii.* Anno seculari, 1620.

1 vol. in-f° de 22 f^ts contenant les matières énoncées ci-desssus de la 1re éd^on, et 967 p.

L'âne, le cheval et les divers hybrides occupent les mêmes p. qu'à l'éd^on précédente, avec les mêmes fig.

Brunet cite aussi une éd^on de Francfort, 1585, dont je n'ai pu rencontrer que les autres livres du même ouvrage, quadrupèdes ovipares, etc., etc., mais pas celui des quadrudèdes vivipares. Peut-être d'ailleurs l'éd^on de 1585 ne comprend-elle pas le livre des quadrupèdes vivipares : deux exemplaires, vus dans des bibliothèques publiques de Paris, le catalogue Huzard et enfin le titre d'*Editio Secunda* donné à celle de 1603 semblent l'indiquer.

Les fig. qui accompagnent le t. de l'Histoire naturelle de Gesner ont été l'objet d'un tirage à part qui a eu 2 éd^ons, dont la description suit. La 2e est très augmentée. mais dans aucune les fig. de l'âne, du cheval et du mulet n'ont reçu d'additions ni de modifications.

Icones Animalium Quadrupedum viviparorum et oviparorum, quæ in Historia Animalium Conradi Gesneri describuntur, cum Nomenclaturis singulorum Latinis, Italicis, Gallicis et Germanicis plerunque (sic) per [certos ordines digestæ — Le Figure de gl'Animali quadrupedi d'ogni sorte — Les Figures et pourtraictz des bestes a quatre piedz de toute sorte —

Die Figuren und contrafacturen von allerley vierfüssigen Thieren — Cum Privilegiis S. Cæsareæ Maiestatis, & Christianissimi Regis Galliarum. *Tiguri Excudebat C. Froshoverus,* Anno 1553.

1 vol. in-f° de 64 p. plus 2 f^ts pour un petit avertissement au lecteur et l'Index en latin et en allemand. Il faut remarquer qu'ici les animaux sont rangés par espèces et non par ordre alphabétique, comme dans l'ouvrage. Marque de Froshover sur le titre.

L'ouvrage est généralement suivi d'un appendice paru l'année suivante :

Appendix Historiæ Quadrupedorum viviparorum & oviparorum Conradi Gesneri Tigurini. *Tiguri excudebat C. Froshoverus,* anno salutis 1554.

1 vol. in-f° de 27 p. Mais ce supplément ne contient aucune fig. qui se rapporte aux équidés.

Icones animalium quadrupedum viviparorum et oviparorum, quæ in historiæ animalium Conradi Gesneri libro I et II describuntur, Cum nomenclaturis... (etc.; comme à l'éd^on de 1553) *Editio secunda*, novis Eiconibus non paucis, & passim nomenclaturis ac descriptionibus auctior. (Suit le titre en 3 langues, comme ci-dessus) — Accedunt et Indices secundum diversas linguas in fine libri. Cum Privilegiis... (etc., comme ci-dessus). *Tiguri, excudebat C. Froschoverus* Anno 1560.

1 vol. in-f° de 127 p. Plusieurs pl. sont accompagnées de notices, d'autres n'en ont pas.

GESNER (Jean-Matthias).
Savant archéologue allemand, professeur à l'Académie de Gœttingue, 1691-1761. Il a publié de nombreux ouvrages sur l'antiquité et, en particulier, une éd^on des œuvres des Agronomes latins.

Scriptores Rei Rvsticæ veteres Latini Cato. Varro, Colvmella, Palladivs qvibus nvnc accedit Vegetivs de Mvlo-Medicina et Gargilii Martialis Fragmentvm cvm Editionibvs prope omnibvs et mss. plvribvs collati adiectæ Notæ Virorvm Clariss. integræ tvm editæ tvm ineditæ et Lexicon Rei Rvsticæ

GES — 549 — GHE

cvrante Io. Matthia Gesnero Eloqv. et Poes. P. P. Gœtting. *Lipsiæ, Svmtibvs Caspari Fritsch*, 1735.

Scriptores Rei Rvsticæ veteres Latini. *Tomvs alter* in qvo Palladivs, Vegetivs... (etc., comme ci-dessus). *Lipsiæ, Svmtibvs Caspari Fritsch*, 1735.

2 vol. in-4° dont la pagination se suit. Le T. I contient 6 f¹ˢ lim^res pour le titre rouge et noir et la dédicace de Gesner à George II, Roi d'Angleterre, de France (sic) et d'Ecosse... dans laquelle il épuise les formules ultra laudatives (1), LVI p. pour les Préfaces et diverses pièces et 632 p. de texte. Le T. II contient les p. 633 à 1316 et dernière, suivies d'un Index alphab. de 159 p. Vignettes sur les titres, culs de lampe, 4 pl. h. t. et croquis d. l. t. au T. I.

Le t. est accompagné de notes et de variantes très abondantes.

Vingt-deux ans après la mort de Gesner, Louis-Antoine Luschi publia à Venise une nouvelle éd^on, en 5 vol., des *Agronomes latins* de Gesner.

Scriptores Rei Rusticæ veteres Latini ex recensione Jo. Matthiæ Gesneri Cum Notis selectioribus. *Venetiis, apud Thomam Bettinelli*, 1783-1784.

5 vol. pet. in-8° de VIII-400, IV-404, IV-436, IV-339 et IV-408 p., avec un joli frontispice au T. I, titre gravé et encadré d'ornements agricoles aux 5 vol. Préface de Luschi au T. I, avertissements du même aux 4 vol. suivants. Les T. I, II et IV sont de 1783, les T. III et V de 1784.

Le T. I contient Caton et Varron ; les T. II et III, Columelle ; le T. IV, Palladius, et le T. V, Végèce.

Cette éd^on, bien imprimée, est accompagnée d'une partie seulement des notes et des variantes de la 1re. Le t. est identique.

En 1787, la Société littéraire de Deux-Ponts publia une éd^on en 3 vol. du même ouvrage. Le t. est semblable à celui des précédentes, mais les notes sont très abrégées et diverses dissertations sont ajoutées.

Scriptores Rei Rusticæ veteres Latini e recensione Io. Matth. Gesneri cum ejusdem Præf. et Lexico rustico. *Volumen primum* continens

(1) O'est George II qui avait fondé l'Université ou Académie de Gœttingue, où professait Gesner.

Catonem et Varronem præmittitur Notitia literaria studiis Societatis Bipontinæ — Editio accurata — *Biponti, ex Typographia Societatis*, 1787.

Scriptores... etc. *Volumen secundum* continens Columellam... (etc., comme ci-dessus.)

Scriptores... etc. *Volumen tertium* continens Palladium et Vegetium, cum Gargilii Martialis fragmento et Auson. Popmæ lib. de Instrumento Fundi... (etc., comme ci-dessus.)

3 vol. in-8° de CLII-248, 566 et 510 p. Jolies vignettes sur les titres de chaque vol.

Ces agronomes, notamment Varron et Columelle, traitent du cheval et de la mule ; Palladius n'en dit que quelques mots et Caton n'en parle pas. Quant à Végèce, son traité, intitulé : *Vegetii Renati Artis veterinariæ sive Mulomedicinæ libri quatuor*, est presque entièrement consacré aux équidés, mais il concerne beaucoup plus la médecine vétérinaire que l'élevage. Il occupe dans l'ouvrage une place considérable : p. 1033 à 1172 dans l'éd^on de 1735, le T. V entier dans celle de 1783-84, et les p. 217 à 451 du T. III dans celle de 1787.

Aussi, à cause de son importance, a-t-il été souvent publié séparément, dans presque toutes les langues de l'Europe. Pour ces différentes éd^ons de Végèce et d'autres détails, voy. ce nom.

Pour d'autres éd^ons ou traductions des *Agronomes latins*, voy. *Saboureux de la Bonneterie et Nisard*.

Il y a eu aussi une éd^on de la version de Gesner publiée à *Leipzig* en 1773 ; je n'ai pu la rencontrer jusqu'ici.

GEVAERTS (J.-G.), voy. ENTRÉES DE FERDINAND D'AUTRICHE.

GHERARDT (Maurice) (Pseudonyme).

Vers la Fortune par les Courses. Guide du parieur aux Courses de Chevaux ; pourquoi l'on y perd ; comment on y gagne. Technicité des paris de Courses ; tableaux, pointages et moyennes à l'usage des parieurs. Exposé théorique et pratique d'une méthode rationnelle et inédite de paris par mises égales permettant de gagner 4.000 francs par an avec 500 francs de capital, par Maurice Gherardt. *Paris, Charles Amat*, 1906.

Broch. gr. in-18 de 96 p.

Même ouvrage, même titre (sauf quelques mots supprimés) — *Deuxième Edition*, revue et augmentée. *Paris, Charles Amat*, 1911.

1 vol. pet. in-8° de 120 p.

GHESQUIER, voy. CAVALCADE DE LILLE.

GHEYN (Jacques DE).

Peintre, graveur et dessinateur belge, 1565-1615.

Cornipedem ut brevibus deceat
      [compescere habenis
Frœnaq. tardanti liberiora dare
Et modo per campium curvo con-
      |tendere gyro
Et modo directis leniter ire vys :
Vt ve ensem femori lateri ve edu-
      [cere sclopium
Debeat aut hastæ tendere acumen
      [eques
Geÿnius hec pariter, quàm vel Mars
      [ferreus ipse
Dicet in ære tibi tutiús et melius.

Ces vers, entourés de deux personnages à pied et d'ornements divers, sont signés *H. Grotzius* (1) et servent de titre à un recueil de 22 pl., pet. in-f° obl., dessinées et gravées par Jacques de Gheyn et représentant des cavaliers armés de toutes pièces et faisant différents exercices. Certaines pl. contiennent 2 et 3 cavaliers. Le titre est compris dans les 22 pl. qui sont numérotées dans l'angle inférieur droit.

Le dessin des cavaliers n'est pas sans mérite, mais celui des chevaux est au-dessous de tout, tant au point de vue de l'anatomie que du mouvement.

L'ouvrage ne porte aucune date, mais les costumes des personnages se rapportent à la fin du XVIe siècle.

L'éditeur *Wischer* en a publié un autre tirage, avec son nom et le millésime 1640 en bas du titre.

GIBERT (Charles-Camille-Alcée) et **MASSA** (Alexandre-Philippe RÉGNIER, MARQUIS DE).

Gibert, ancien officier de cav[le] français, 1826-1904. Sous-lieut[nt] en 1848 dans l'inf[ie],

(1) Il faut probablement lire *Goltzius*, qui avait enseigné l'art de la gravure à de Gheyn. *Goltzius (Henri)*, 1558-1617.

passé l'année suivante au 6e cuirassiers, cap[ne] en 1859, chef d'esc[ons] en 1867 et retraité en 1875 ou 1876.

Mis de Massa, ancien officier de cav[le] français, 1831-1910 ; sous-lieut[nt] en 1856, chef d'esc[ons] en 1871, démissionnaire en 1877.

Historique du Jockey-Club français depuis sa fondation jusqu'en 1871 inclusivement, par MM. A. Gibert et Ph. de Massa. *Paris, Jouaust, L. Cerf, succ[r]*, 1893.

1 vol. gr. in-8° de VI-416 p. plus l'errata.

Cet ouvrage, non mis dans le commerce et réservé aux seuls membres du Jockey-Club, contient des détails intéressants sur l'historique des courses et sur certaines écuries d'élevage et de courses.

GIFFARD (Pierre).

Littérateur et journaliste français. Né en 1853.

La fin du Cheval, par Pierre Giffard. Illustrations par A. Robida. *Paris, Armand Colin*, 1899.

1 vol. in-4° de 238 p. Avec nombreuses illustrations d. l. t. et h. t., en noir et en couleurs.

Ouvrage humoristique donnant un aperçu de l'histoire du cheval, des usages auxquels il a été et est employé, et de son remplacement progressif par les moteurs mécaniques.

GILBERT (François-Hilaire).

Agronome et vétérinaire français, 1757-1800. Fils d'un procureur au bailliage de Châtellerault, il était destiné par ses parents à la carrière judiciaire, mais son goût personnel le porta vers les études médicales et plus particulièrement vers l'art vétérinaire. Il obtint une place gratuite à Alfort, et tout en s'adonnant à ses travaux professionnels, il cultiva les belles-lettres. Il devint répétiteur, professeur, puis directeur adjoint à Alfort et fut compris dans la première formation de l'Institut comme membre de la section d'économie rurale et d'art vétérinaire. Chargé d'organiser les établissements agricoles de Sceaux, de Versailles et de Rambouillet, il ne put sauver de la destruction que le dernier, où il s'occupa surtout de l'éducation des mérinos.

En 1797, le Directoire le chargea d'aller en Espagne pour y chercher des mérinos que le traité de Bâle nous avait autorisés à en ramener. Mais il fut laissé sans argent et sans secours, engagea son propre patrimoine, et mourut en 1800,

près de St Ildefonse, épuisé par la maladie et abreuvé de chagrins.
Le 4 nivôse an VIII, il avait été élu par le Sénat conservateur membre du Corps législatif; mais, encore retenu en Espagne, il n'y put siéger.
La plupart de ses ouvrages se rapportent à la race ovine. Je ne connais que les deux suivants qui aient un caractère hippique.

Recherches sur les causes des maladies charbonneuses dans les Animaux; leurs caractères, les moyens de les combattre et de les prévenir. Par F. H. Gilbert, professeur vétérinaire et membre d'agence de la commission d'Agriculture et des Arts. *Paris, Imp. de la République*, An III.
Broch. in-8° de 72 p.
Concerne en grande partie le cheval.

Instruction sur le Vertige abdominal ou l'indigestion vertigineuse des Chevaux, les caractères auxquels on peut reconnaître cette maladie; les moyens de la prévenir et de la combattre par F. H. Gilbert, Professeur vétérinaire, Membre d'Agence de la Commission d'Agriculture et des Arts. Imprimée par ordre de la Commission exécutive d'Agriculture et des Arts. *A Paris, Imp. de la République*, Vendémiaire An IV.
Broch. in-8° de 32 p.

GILLETTE (Eugène-Paulin).
Médecin français, chirurgien de l'Hopital St Antoine 18..-1886.

Des divers Traumatismes produits par la Bouche du Cheval par le Dr Gillette, Chirurgien des Hôpitaux, membre de la Société de Chirurgie de Paris. *Paris, Imp. Paul Dupont*, S. D. (vers 1876).
Broch in-8° de 30 p.
L'opuscule contient 26 observations, précédées et suivies de considérations générales, sur des accidents, dont plusieurs mortels, produits par des morsures de cheval.

GINIÉIS (Joseph-Jacques-Marie).
Vétérinaire français, né en 1877, diplômé d'Alfort en 1901.

Encyclopédie de l'Agriculture et des Sciences agricoles — Zootechnie spéciale — La Connaissance du Bétail, par J. Giniéis, Médecin-Vétérinaire, Répétiteur de Zootechnie à l'Ecole nationale d'Agriculture de Grignon, Lauréat de la Société centrale de Médecine vétérinaire. *Paris, Charles Amat*, 1912.
1 vol. in-16 de xx-332 p., avec 36 fig. d. l. t. dont plusieurs multiples.
Le cheval occupe la moitié du volume, avec 25 fig.

GIORNA.

Observations sur un Zèbre métis par le Citoyen Giorna, avec des détails anatomiques des citens Buniva et Brugnone, Lues à la Séance du 23 Thermidor An II. S. L. (Turin).
Broch. in-4° de 18 p. avec 1 pl. coloriée, représentant le Zèbre métis, dessinée par Palin et gravée par Chiamale, Amati et Tela. Extrait des *Mémoires de l'Académie des Sciences* de Turin.
Il s'agit d'une femelle de zèbre saillie par un âne, mais saillie huit jours après par un zèbre. Quoique le produit ait à peine vécu, les auteurs cherchent à prouver qu'il s'agit bien d'un métis.

GIRARD (François-Narcisse).
Vétérinaire français, fils du suivant, 1796-1825. Diplômé d'Alfort en 1816; inspecteur vétérinaire attaché au dépôt général des remontes à Caen en 1818; professeur à Alfort en 1821. Terminait ses études médicales quand il mourut à la suite d'une piqûre anatomique qu'il s'était faite en pratiquant l'autopsie d'un élève de l'Ecole d'Alfort.

Mémoire sur les moyens de reconnaître l'Age du Cheval (Elicologie) de Elixia (âge) et Logos (discours) par M. Girard fils, professeur à l'Ecole d'Alfort. Extrait de la *Nouvelle Bibliothèque Médicale*, 2e Série, Janvier 1824. *Paris, Imp. Gueffier*.
Broch. in-8° de 48 p. avec 2 pl. contenant 15 fig. lithog. dessinées par Rigot (voy. ce nom).

Hippélikiologie ou connaissance de l'Age du Cheval par feu N.-F. Girard, professeur à l'Ecole royale vétérinaire d'Alfort, membre adjoint de l'Académie royale de médecine. *2e Edition*, revue et augmentée par J. Girard, Directeur de la même Ecole. Avec 2 planches. *Paris, Béchet*, 1828.

1 vol. in-8° de xvi-80 p.

Traité de l'Age du Cheval par feu N. F. Girard. *Troisième Edition*, publiée avec des changemens, et augmentée de l'âge du bœuf, du mouton, du chien et du cochon, par J. Girard, Chevalier de Saint-Michel et de la Légion d'honneur, ancien directeur-professeur de l'Ecole vétérinaire d'Alfort, membre titulaire de l'Académie royale de Médecine, de la Société royale et centrale d'agriculture, etc. *Paris, Béchet*, S. D. (1834).

1 vol. in-8° de 202 p. avec 4 pl. contenant 51 fig dessinées d'après nature par Rigot, professeur à l'Ecole d'Alfort.

Cette éd^{on} a eu une contrefaçon belge : Hippelikiologie ou Connaissance de l'Age du Cheval, contenant la description et l'organisation des dents ; les signes au moyen desquels on peut reconnaître l'Age ; un tableau de l'Age du Cheval depuis cinq ans et les ruses qu'emploient les marchands pour tromper sur l'Age des Chevaux ; par feu N. F. Girard, Professeur à l'Ecole vétérinaire d'Alfort, Membre adjoint de l'Académie royale de médecine. *Troisième Edition*, revue et augmentée par J. Girard, Directeur de la même Ecole. — Avec vingt-six Figures. *Bruxelles, J.-B. Tircher; ibid., P.-J. Voglet*, 1833.

1 vol. in-18 de xxii-103 p. avec 26 fig. d. l. t. Ces fig. sont copiées sur celles des pl. 1 et 2 de l'éd^{on} française, qui seules se rapportent au cheval, l'âge du bœuf et du mouton ne figurant pas dans l'éd^{on} belge.

F.-N. Girard fut chargé de la rédaction du *Recueil de Médecine vétérinaire*, lors de sa fondation en 1824 et y publia de nombreux articles.

GIRARD (Jean).

Célèbre vétérinaire français, père du précédent, 1770-1852. Elève d'Alfort en 1790, il fut nommé professeur suppléant à cette Ecole en 1793, et professeur titulaire en 1795. En 1823, il fut associé à Chabert (voy. ce nom) comme directeur adjoint de l'Ecole d'Alfort et lui succéda comme directeur titulaire en 1814. En 1820, il devint membre de l'Académie de médecine et en 1831 il donna sa démission de directeur de l'Ecole d'Alfort et vint habiter Paris. Il fut nommé, en 1844, Président honoraire perpétuel de la Société centrale de Médecine vétérinaire qui venait d'être fondée, et il était aussi membre d'un grand nombre de Sociétés savantes françaises et étrangères.

Tableaux comparatifs de l'Anatomie des Animaux domestiques les plus essentiels à l'Agriculture, tels que le Cheval, l'Ane, le Mulet, le Bœuf, le Mouton, la Chèvre, le Cochon, le Chien & le Chat, rangés sur un plan uniforme de classification propre à en faciliter l'étude aux Commençans. Par J. Girard, Professeur d'Anatomie à l'Ecole vétérinaire d'Alfort, *Paris, de l'Imp. et dans la Lib^{le} de la Citoyenne Huzard*, An VII de la République.

1 vol. in-8° de 268 p., plus 2 f^{ts} d'annonces de la lib^{le} de la C^{ne} Huzard. Dédicace à P. Chabert, Directeur de l'Ecole d'Alfort.

L'anatomie des animaux domestiques avait déjà été étudiée par divers auteurs, mais séparément pour chaque espèce. Il appartenait à Girard d'exposer, pour la première fois, l'anatomie comparée de ces animaux, et il accomplit avec succès cette tâche difficile.

L'ouvrage est précédé d'une introduction de 48 p. dont le style et le fond méritent également de fixer l'attention.

Anatomie des Animaux domestiques, par J. Girard, Professeur d'Anatomie à l'Ecole impériale vétérinaire d'Alfort. *Paris, de l'Imp. et dans la Lib^{le} de Mme Huzard*, 1807.

2 vol. in-8° de 4 f^{ts} non ch. pour les titres et une lettre dédicatoire à M. le Professeur Chaussier, professeur à l'Ecole de Médecine de Paris (1), 424 p., plus plusieurs appendices de xxii, xxii, xxiii, xviii p. contenant des *Dissertations sur l'estomac des ruminans*, un *Mémoire sur le fœtus* et un *Mémoire sur le pied* dont les monodactyles occupent la plus grande partie, pour le T. I et 548 p. pour le T. II.

Girard rappelle, dans sa dédicace,

(1) Chaussier, célèbre médecin et anatomiste français, 1746-1828. J. Girard avait suivi, pendant plusieurs années, ses cours d'anatomie à l'Ecole de médecine

« son essai de nomenclature pour les os « et les muscles » (l'ouvrage décrit ci-dessus) « donnant aujourd'hui plus d'extension à ce travail ».

La 2ᵉ édᵒⁿ a un titre un peu différent :

Traité d'Anatomie vétérinaire ou histoire abrégée de l'Anatomie et de la Physiologie des principaux Animaux domestiques, par J. Girard, Directeur de l'Ecole royale d'Economie rurale et vétérinaire d'Alfort, ancien Professeur d'Anatomie et de Pathologie à la même Ecole, Membre de la Société royale et centrale d'Agriculture, de celle des Soutiens de l'art vétérinaire de Copenhague, Correspondant de la Société de la Faculté de médecine, des Sociétés philomatique et médicale d'émulation de Paris, de l'Académie des Sciences, Littérature et Beaux-Arts de Turin et de Bordeaux. *Seconde Edition*, revue et corrigée. *Paris*, Mᵐᵉ *Huzard*, 1819-1820.

2 vol. in-8° de XLVIII-480 p., plus un appendice de 36 p., pour un *Mémoire sur le vomissement contre nature dans les Herbivores domestiques*, lu à la Séance de l'Institut le 5 fév. 1810, pour le T. I et 624 p., plus un appendice de 34 p. contenant un *Mémoire sur la Rumination*, pour le T. II.

L'auteur dit, dans sa Préface, que cette édᵒⁿ est en quelque sorte un ouvrage nouveau, plus complet que les précédents et où la classification est plus méthodique. Il ajoute qu'il a pris le cheval pour type et qu'il lui rapporte toutes les différences que présente l'organisation des autres animaux (1).

L'Introduction contient une histoire complète de l'art vétérinaire et une bibliographie des auteurs qui ont écrit sur l'anatomie des animaux domestiques.

Traité d'Anatomie vétérinaire, par J. Girard, Directeur de l'Ecole royale vétérinaire d'Alfort, ancien Professeur dans le même Etablissement, Membre titulaire de l'Académie royale de Médecine, de la Société royale et centrale d'Agriculture, etc. *Troisième Edition*, revue et augmentée. *Paris*, Mᵐᵉ

(1) On sait que ce système a été depuis généralement suivi par les anatomistes vétérinaires.

Huzard (née *Vallat la Chapelle*), 1830.

2 vol. in-8° de 599 et 618 p.

Le T. I contient une partie consacrée aux actions générales de la locomotion chez le cheval, y compris les allures naturelles et artificielles, et à une étude sur le tirage, ainsi qu'à l'emploi du cheval à la selle et au bât.

Traité d'Anatomie vétérinaire, par J. Girard, Chevalier des Ordres royaux de Saint-Michel et de la Légion d'honneur, ancien Directeur de l'Ecole royale vétérinaire d'Alfort, ancien Professeur dans le même Etablissement, Membre titulaire de l'Académie royale de Médecine, de la Société royale et centrale d'Agriculture, etc. *Quatrième Edition*, revue, *Paris*. *Bouchard-Huzard*, 1841.

2 vol. in-8° de XXII-472 et 596 p.

Lettre de M. Girard, professeur d'anatomie à l'Ecole impériale vétérinaire d'Alfort à M. Tessier, membre de l'Institut impérial de France, inspecteur général des Bergeries impériales, etc. *Paris, Imp. de Madame Huzard (née Vallat la Chapelle)* (1811).

Broch. in-8° de 7 p

La lettre concerne l'âge du cheval et est datée d'Alfort, 30 avril 1811.

Traité du Pied considéré dans les Animaux domestiques, contenant son Anatomie, ses Difformités, ses Maladies et dans lequel se trouvent exposés les opérations et le traitement de chaque affection, ainsi que les différentes sortes de Ferrure qui leur sont applicables — Avec Figures — Par J. Girard, Directeur adjoint, Professeur à l'Ecole impériale vétérinaire d'Alfort, Membre de la Société d'agriculture du département de la Seine, Correspondant des Sociétés de l'Ecole de médecine et Philomatique de Paris, de l'Académie des Sciences, Belles-Lettres et Arts de Turin. *Paris*, Mᵐᵉ *Huzard (née Vallat la Chapelle)*, 1813.

1 vol. in-8° de XXVI-288 p., avec 6 pl. h. t., contenant de nombreuses fig. dessinées par Huzard fils, Franck et Blanchard.

Même ouvrage, même titre. Par J. Girard, Directeur de l'Ecole royale vétérinaire d'Alfort, ancien Professeur dans le même Etablissement, Membre titulaire de l'Académie royale de Médecine, de la Société royale et centrale d'Agriculture, etc.. *Deuxième Edition*, revue, corrigée et augmentée, avec Figures. *Paris, Madame Huzard (née Vallat la Chapelle)* 1828.

1 vol. in-8° de xxxix-383 p. avec les mêmes pl.

Même ouvrage, même titre. Par J. Girard, Chevalier de Saint-Michel et de la Légion d'Honneur,... etc. *Troisième Edition*, publiée avec changements et augmentations. *Paris, Madame Huzard (née Vallat la Chapelle)*, 1836.

1 vol. in-8° de xxviii-440 p., avec les mêmes pl..

Le *Traité du pied* de Girard, que Bouley qualifiait « d'excellent livre », dans sa dédicace à J. Girard de son propre ouvrage sur le pied, n'est cependant guère cité par les auteurs modernes qui ont écrit l'historique de la question.

Mémoire sur les Calculs vésicaux et sur l'Opération de la Taille, dans le Cheval. Par J. Girard, Directeur de l'Ecole royale vétérinaire d'Alfort (... etc., comme ci-dessus). *Paris, Gabon et Cie et Montpellier, mêmes Libraires*, 1823.

Broch. in-8° de 30 p. avec 4 pl. contenant 11 fig. dessinées par P. Nuitz, répétiteur de dessin et F. Rigot (voy. ce nom), répétiteur d'anatomie à Alfort.

Notice sur la maladie qui règne épizootiquement sur les Chevaux, par J. Girard, Directeur de l'Ecole royale vétérinaire d'Alfort (... etc.). — Avril 1825. — *Paris, Béchet jeune*, 1825.

Broch. in-8° de 31 p.

Même ouvrage, même titre. *Deuxième Edition*, revue — Mai 1825 — *Paris, Béchet jeune*.

Broch. in-8° de 36 p.

Même ouvrage, même titre. *Troisième Edition*, revue — Juin 1825 — *Paris, Béchet jeune*.

Broch. in-8° de 37 p.

Traité des Hernies inguinales dans le Cheval et autres monodactyles, par Girard, Directeur (... etc.). *Paris, Madame Huzard (née Vallat la Chapelle)*, 1827.

1 vol. in-4° de viii-150 p. avec 7 grandes pl. lith. se dépliant.

Notice sur le vomissement dans les principaux Quadrupèdes domestiques, par J. Girard. *Paris, Lib[le] Bouchard-Huzard;* 1841.

Broch. in-8° de 32 p.

Etude des causes qui empêchent le cheval de vomir et de celles qui amènent chez lui le vomissement morbide, symptôme habituel d'une fin prochaine.

Société royale et centrale d'Agriculture — Rapport sur un appareil de M. Têtard (1), Bourrelier à Haussonville (Meurthe) .pour la guérison des Hernies des Poulains — M. Girard, Rapporteur — Extrait des *Mémoires de la Société royale et centrale d'Agriculture*. Année 1846 — *Paris, Imp. de Mme Vve Bouchard-Huzard* (1846).

Broch. in-8° de 3 p.

Girard donne la description de l'appareil compliqué inventé par Têtard et en fait l'éloge avec, toutefois, d'importantes réserves. La Société a néanmoins accordé à Têtard la grande médaille d'argent.

Les ouvrages de J. Girard ont été traduits dans presque toutes les langues. En dehors de ceux cités ci-dessus, il a publié de nombreux travaux dans les recueils et journaux spéciaux.

GIRARD (Paul-François-Joseph) et **MALLE** (Jean-Marie-Léon).

Vétérinaires mil[res] français, le premier né en 1860, diplômé de Toulouse en 1882, vét[re] major de 1re cl. en 1912; le second, né en 1882, diplômé de Lyon en 1904, vét[re] aide-major de 1re cl. en 1907.

Extrait du *Recueil de Médecine Vétérinaire* publié à l'Ecole d'Alfort — Traitement du Tétanos et guérison par la Talliamine — Communication par MM. Girard et Malle, Vétérinaires au 6e Rég[t] de Dragons, Note présentée en Séance du 27 oct. 1909 à la Société centrale de Médecine Vétérinaire. Prési-

(1) Voy. aussi, sur *Têtard* et son appareil, Collenot (Louis).

dence de M. O. Larcher, Président — *Bulletin* du 30 Oct. 1909. (*Sans nom d'Impr.*)

Broch. in-8° de 16 p.

Il s'agissait d'une jument du 6ᵉ Dragons, traitée et guérie.

GIRARDIN (Emile DE).

Journaliste et homme politique français, 1802-1881. Il a été député de 1834 à 1848, représentant en 1850, député de 1877 à 1881. Après avoir fondé plusieurs recueils et journaux, il créa, en 1836, la *Presse*, qui fut le premier journal à bon marché et, en 1866, la *Liberté*. Sa biographie complète, avec l'histoire de ses luttes politiques, de ses entreprises, de ses aventures, ne saurait trouver place ici. Toutes les *Biographies* et notamment le *Dictionnaire des Parlementaires* l'ont d'ailleurs donnée en détail.

Réforme de la Poste aux Chevaux, par M. Emile de Girardin, Député de la Creuse. 1843-1847. — *Paris, Imp. Plon fʳᵉˢ* S. D. (1847?).

Broch. in-8° de 48 p.

L'auteur propose diverses réformes dans le service de la Poste aux Chevaux, et, dans la dernière partie de l'opuscule, il réfute les utopies du fameux *Jouhaud*, l'avocat des Maîtres de Poste qui ne croyait pas aux Chemins de fer. (Pour *Jouhaud*, voy. la notice *Poste aux Chevaux*). Girardin, au contraire, montre dans ce petit travail qu'il en prévoyait parfaitement l'avenir, ce qui était alors beaucoup plus rare qu'on ne le pense actuellement.

GIRARDIN D'ERMENONVILLE (Alexandre-Louis-Robert COMTE DE).

Lieutenant-Général français (cavˡᵉ) 1776-1855. Elève de la marine en 1790, sous lieutⁿᵗ en l'an III, capⁿᵉ en l'an X, colonel en 1810, général de brigade en 1811, de divᵒⁿ en 1814.

3 campagnes dans l'armée de mer, en 1790-92, puis dans l'armée de terre, ans VI, VII, VIII, IX aux armées du Rhin et des Grisons, an XIV et 1806 à la grande-armée et à l'armée d'Italie, 1807 et 1808 à la grande-armée, 1809, 10 et 11 en Espagne et en Portugal, 1812 et 13 à la grande-armée, 1814 en France, 1815 à l'armée du Nord. Blessé d'une balle à la jambe à Sᵗ-Domingue, d'un coup de sabre à Wittenberg, d'une balle à travers le corps à Friedland, d'un coup de sabre à la tête en Espagne.

A été Inspecteur gᵃˡ de cavˡᵉ de 1816 à 1820, membre du Conseil supérieur de la guerre en 1828, du comité de cavˡᵉ en 1830, placé dans la section de réserve en 1839.

Observations adressées par le Lieutenant-Général de Girardin à Monsieur le Lieutenant-Général Préval au sujet de sa brochure sur l'organisation de la cavalerie — Extrait du *Spectateur Militaire* — *Paris, Imp. Bourgogne et Martinet*, S. D. (vers 1840).

Broch. in-8° de 24 p. (Voy. *Préval*).

Sur les moyens d'obtenir une race de Chevaux propre à la Cavalerie et à l'Artillerie — Lettre du Lieutenant-Général Comte de Girardin à M. le Duc de Dalmatie, Président du Conseil, Ministre de la Guerre. — Extrait du *Spectateur Militaire*. *Paris, Imp. Bourgogne et Martinet*, 1841.

Broch. in-8° de 12 p.

Cet opuscule est plutôt un programme d'enquête sur les questions se rattachant à l'industrie chevaline qu'un exposé des solutions proposées.

Vingt pages à lire ou la question chevaline simplifiée, par le Lieutenant-Général Cᵗᵉ A. de Girardin et le Marquis de Torcy, Membre du Conseil-Général d'Agriculture. *Paris, Imp. des Arts Agricoles, Bureau, successeur d'Everat*, 1843.

Broch. in-8° de 31 p.

Les auteurs demandent la suppression des dépôts de remonte qui, comme on le sait, ne furent pas, au début, adoptés sans résistance par l'opinion publique, l'augmentation des prix payés par la guerre, l'amélioration des voies de communication et l'établissement d'une réserve de guerre.

Sur l'état de la population chevaline en France, et sur ses conséquences, à Monsieur le Ministre de l'Agriculture et du Commerce, par le Lieutenant général Comte de Girardin. *Paris, Imp. Paul Dupont*, 1844.

Broch. gr. in-8° de 27 p.

L'auteur donne un programme de 12 questions à examiner, mais la réponse n'est qu'ébauchée.

Le Général de Girardin a en outre publié de nombreux articles sur les questions chevalines et l'organisation militaire dans des Revues ou journaux spéciaux.

GIRARDON (Étienne).

Officier d'art[ie] français, 1854-1901. Sous-lieut[nt] en 1875, chef d'esc[on] en 1896, mort en activité de service.

Organisation et Service du Train. Fonctionnement des Services auxiliaires de l'armée conformément au programme d'enseignement des Élèves-officiers de la division du Train à l'École militaire de Versailles, par E. Girardon, Capitaine d'Artillerie, Professeur à l'École militaire de l'Artillerie et du Génie, Chevalier de la Légion d'honneur, Officier d'Académie — Avec 16 figures dans le texte et 42 planches hors texte — *Paris et Nancy, Berger-Levrault*, 1895.

1 vol. in-8° de VI-363 p.

Ouvrage très complet qui donne de nombreux renseignements sur l'attelage des voitures et leur conduite, celle des animaux de bât, l'alimentation des chevaux et mulets, les blessures dues au harnachement, l'entretien des harnais, etc.

GIRAUD (Jean-Baptiste).

Conservateur des Musées archéologiques de Lyon, né en 1844.

Une Armure de Joute en 1514 — Comptes de l'Écurie de François d'Angoulême, par J.-B. Giraud, conservateur des Musées Archéologiques de la ville de Lyon — *Nouvelle édition. Lyon, Propriété de l'Auteur*. (Imp. A. Rey) 1899.

Broch. gr. in-8° de 59 p., non mise dans le commerce. Dédicace : Amantissimæ Sorori Frater mœrens.

Cet opuscule porte le n° VII d'une série de 9 ouvrages du même auteur intitulée *Documents pour servir à l'Histoire de l'Armement au Moyen-Age et à la Renaissance*, et qui ont été réunis en volume.

La 1re éd[on] avait été publiée en 1898, dans le *Bulletin historique et philologique du Comité des travaux historiques*. Des notes et des pièces annexes ont été ajoutées à celle décrite ci-dessus.

Cette brochure contient de curieux détails sur l'équipement et l'armement des chevaliers, sur l'éperonnerie, l'embouchure, le harnachement des chevaux, sur les remèdes des chevaux blessés ou malades, sur les frais divers d'une grande écurie d'alors, etc.

Pour le récit des joutes à l'occasion desquelles furent faits ces frais somptuaires, voy. *Montjoie*.

GIRAUD-TEULON (Marc-Antoine-Louis-Félix).

Médecin français, ancien élève de l'École Polytechnique, ancien préfet des H[tes] Alpes. 1816-1887.

Principes de mécanique animale ou étude de la Locomotion chez l'homme et chez les animaux vertébrés, par Félix Giraud-Teulon, Docteur en médecine de la Faculté de Paris, ancien Élève de l'École Polytechnique. Ouvrage accompagné de 65 figures intercalées dans le texte. *Paris, J. B. Baillière et fils et au Bureau de la Gazette médicale*, 1858.

1 vol. in-8° de 484 p.

L'étude de la locomotion du cheval — assez rudimentaire, d'ailleurs — occupe les p. 276 à 296 avec 1 fig.

GIRE.

Vétérinaire départemental de la H[te] Loire.

Instructions vétérinaires adressées aux Cultivateurs de la Haute-Loire, par M. Gire, Médecin Vétérinaire départemental, attaché à la Ferme-École de Nolhac, Membre de la Société d'Agriculture, de la Commission hippique et du Conseil d'hygiène publique. *Le Puy, Imp. M. P. Marchessou*, 1861.

Broch. in-8° de 35 p.

Concerne en grande partie la production chevaline.

GIRETTE (Louis-Armand).

Officier d'art[ie] français, né en 1855, sous-lieut[nt] en 1777, cap[ne] en 1886, démissionnaire en 1892.

De l'Instruction à Cheval dans les Régiments d'artillerie de campagne, par A. Girette, Lieutenant d'artillerie, Instructeur d'équitation à l'École des Élèves-Officiers de Versailles. *Paris et Nancy, Berger-Levrault*, 1885.

Broch. in-8° de 48 p. (Extrait de la *Revue d'Artillerie*).

GIROU DE BUZAREINGUES (François-Adrien-Louis-Edouard).

Médecin et homme politique français, fils du suivant. 1805-1891. Docteur en médecine en 1832, il professa l'anatomie générale à l'Ecole pratique de Paris de 1835 à 1838 ; membre puis président du Conseil général de l'Aveyron, il fut élu en 1852 député de ce département et fut constamment réélu jusqu'à la Révolution du 4 sept. Il rentra alors dans la vie privée. Il était aussi peintre et sculpteur de talent et a exposé à plusieurs salons. Il a publié de nombreux mémoires sur la médecine humaine, la physiologie et l'économie rurale.

Nouveau moyen pour remédier à l'aplatissement du pied chez le Cheval, par le Docteur Girou de Buzareingues. (Extrait des *Annales de l'Agriculture française*, Avril 1851). *Paris, Imp. de Mme Vve Bouchard-Huzard* (1851).

Broch. in-8° de 4 p.

L'auteur, après expérience sur un de ses chevaux atteint de bleimes, conseille l'emploi d'une bande de gutta percha intercalée entre le pied et le fer.

GIROU DE BUZAREINGUES (Louis-François-Charles).

Agronome et physiologiste français, 1773-1856. Il servait dans le génie maritime quand la Révolution éclata. Il assista à la prise de la Bastille et fit comme volontaire la 1re campagne d'Italie. Mais sa santé ne lui permit pas de rester au service et il se retira dans son domaine de Buzareingues (Aveyron) où il se livra avec ardeur à l'agriculture. Il s'occupa principalement de l'espèce ovine, mais aussi des diverses races d'animaux domestiques, de leur amélioration, du croisement et de l'éducation des chevaux. Pour mieux étudier ceux-ci, il avait logé son plus beau cheval dans ses propres appartements.

Il fut élu membre correspondant de l'Académie des Sciences en 1826, fit partie de nombreuses sociétés d'agriculture, fonda le Comice agricole de Séverac et fut pendant plusieurs années conseiller g^al de l'Aveyron.

Etudes de Physiologie appliquées aux Chevaux et principalement aux Chevaux Arabes, par M. Girou, de Buzareingues. *Paris, Imp. de Madame Huzard, née Vallat la Chapelle*, 1814.

Broch. in-8° de 65 p. avec 2 fig. d. l. t.

Ouvrage devenu malheureusement introuvable, mais qui présente un grand intérêt. Il est divisé en 4 *Etudes* suivies d'un supplément intitulé *Projet d'établissement d'un Haras*. Dans la 1re, Girou de Buzareingues fait la critique des anciens préjugés, détermine les proportions, étudie le rôle de la tête et de l'encolure dans les allures, le jeu des membres, les proportions des leviers, en un mot *l'équilibre* du cheval. C'est une étude qui a été bien souvent reprise, mais beaucoup plus tard, et qui était alors nouvelle. La 2e Etude concerne l'élevage, la 3e l'alimentation, la 4e l'hygiène et l'influence des agents extérieurs sur le moral et le développement physique des chevaux, et le supplément traite de l'établissement d'un haras.

Expériences sur la Reproduction des Animaux domestiques par M. Ch. Girou de Buzareingues, Correspondant de l'Académie royale des Sciences — Extrait des *Annales des Sciences naturelles*, Journal complémentaire des *Annales de Chimie* et de tous les *Dictionnaires* d'Histoire naturelle qui ont paru jusqu'à ce jour..., etc. *Paris, Crochard*, 1827.

Broch. in-8° de 15 p.

Concerne des expériences sur divers animaux et en particulier sur des juments pour obtenir les sexes à volonté. Désirant avoir plus de pouliches que de poulains, il a appliqué son procédé à des juments qui lui ont donné 11 pouliches sur 13 produits. Ses expériences semblent avoir aussi réussi sur un autre lot de juments, mais dans une proportion beaucoup moindre.

Mémoire sur les Poils par M. C. Girou de Buzareingues, Membre correspondant de l'Académie royale des Sciences, du Conseil royal et de la Société royale et centrale d'Agriculture, Membre de la Société centrale d'Agriculture du Département de l'Aveyron et d'autres Sociétés savantes. Extrait du *Répertoire général d'Anatomie et de clinique chirurgicale*. S. L. N. D. (vers 1827).

Broch in-4° de 32 p.

Concerne en partie le cheval. La brochure, publiée primitivement en 1821 dans la *Feuille villageoise de l'Aveyron*, a eu deux autres éd^ons in-8°, également S. L. N. D., l'une de 56 et l'autre de 54 p.

De la Génération, par M. 'Ch. Girou de Buzareingues, Correspondant de l'Académie royale des Sciences, du Conseil royal et de la Société royale d'Agriculture, Membre de la Société centrale du Dép^{nt} de l'Aveyron, etc. *Paris, Madame Huzard (née Vallat la Chapelle)*, 1828.

1 vol. in-8° de VIII-340 p.

Ouvrage important et resté classique. Plusieurs observations se rapportent au cheval, notamment en ce qui concerne les robes, les caractères héréditaires, l'influence respective des sexes, etc.

Extrait des *Annales des Sciences naturelles*. Mémoire sur les rapports de volumes des deux Sexes dans le Règne animal par M. Ch. Girou de Buzareingues, Correspondant de l'Académie royale des Sciences. (Extrait des *Annales des Sciences naturelles*, Avril 1830). *Paris, Crochard*, 1829 (1).

Broch. in-8° de 18 p.

Concerne en partie le cheval. L'auteur dit que « parmi les produits qu'il a obtenus de l'accouplement d'un étalon arabe avec des jumens plus grandes que lui, les femelles ont été plus grandes que les mâles ».

Observations sur les Rapports de la mère et du père avec les produits, relativement au sexe et à la ressemblance ; par Girou, de Buzareingues. *Rodez, Carrere*, S. D. (vers 1829 ?).

Broch. in-8° de 24 p.

Je ne connais cet opuscule que par le Catal. de la Bib^{que} Huzard. Concerne-t-il aussi l'espèce chevaline ?

Mémoire sur l'amélioration des Moutons, des Bœufs et des Chevaux, par Ch. Girou de Buzareingues, Correspondant de l'Académie royale des Sciences. *Paris, Madame Huzard*, 1831.

Broch. in-8° de 16 p Extrait des *Annales de l'Agriculture française*. 3e Série. T. VIII.

L'auteur étudie la question de la taille et de la conformation, et montre les limites dans lesquelles l'éleveur doit se tenir pour le mouton, le bœuf et le cheval en tenant compte des ressources du sol, de la nature, de l'abondance et des qualités nutritives des aliments.

La moitié de la brochure est consacrée au cheval, et il n'y est question que des chevaux de course « comme étant « ceux dont les formes sont les plus « difficiles à déterminer, à acquérir et à « connaitre, ceux qui demandent le plus « de connaissances physiologiques... » C'était alors une étude bien nouvelle en France, et que Girou de Buzareingues traite de la manière la plus intéressante. Mettant à profit ses travaux antérieurs sur la génération, et les expériences de son propre élevage, il examine en particulier l'empreinte que les produits reçoivent de celui de leurs ascendants qui appartient à la race la plus ancienne. Tout cela est bien connu maintenant, mais on doit reconnaître que Girou de Buzareingues a puissamment contribué à poser les bases de cette partie de la science zoologique.

GIROUX (Achille).

Peintre animalier et lithographe français, élève de Drolling (1) 1820-1854.

Anatomie du Cheval à l'usage des Peintres. Dessinée et Lithographiée par Achille Giroux, sous la direction de Mr Drolling, son Professeur. *A Paris, publié par Victor Delarue*, S. D. (vers 1845).

Album gr. in-f° de 1 f^t de texte et 15 belles pl. lith. et coloriées. Grande vignette sur le titre.

Ouvrage devenu très rare.

Ach. Giroux a illustré plusieurs ouvrages hippiques, notamment la *Comédie à Cheval* d'Albert Cler, les *Animaux Célèbres* de Caboche Demerville, *la Marche du Bœuf gras*, etc. Voy. ces noms et *Cavalcade de Paris*.

GIROUX (P.-A.-E.).

Le Cheval — Notions pratiques, par P.-A.-E. Giroux, Chevalier du Mérite Agricole. *Granville, Imp. J. Goachet*, 1911.

Broch. in-12 de 22 p.

GLANVILLE ou GLANVIL ou GLANVILLA (Barthelemy DE), voy. BARTHELEMY DE GLANVILLE.

---

(1) La couverture avait été imprimée antérieurement et a été utilisée pour des publications postérieures, ce qui explique qu'elle soit datée de 1829 pour un extrait des *Annales* de 1830.

(1) Drollinz (Michel-Martin), peintre français, élève de David, Membre de l'Institut et professeur à l'Ecole des Beaux-Arts, 1786-1851.

GLASER (Paul), voy. PARR et GLASER.

GOBBELS-COPETTE (L.-P.).
Vétérinaire belge.

Nos Animaux domestiques dans leurs rapports avec les éléments naturels. Précis de Climatologie et de Météorologie appliquées à la Zootechnie et à l'Hygiène du Bétail par L.-P. Gobbels-Copette, Médecin Vétérinaire agréé du Gouvernement à Berchem (Anvers), *Bruxelles*, *H. Lamertin*, 1897.
1 vol. in-8° de xxiv-355 p. Dédicace à M. Alph. Degive.
Outre les généralités qui lui sont applicables, l'ouvrage contient de nombreux articles sur le cheval : hygiène, élevage, races, tares et maladies, alimentation, etc.

GOBERT.

Le Vétérinaire chez soi, ou Traité des principales Maladies des Animaux, à l'usage des Propriétaires de Bestiaux, par une des premières Célébrités de France, publié par Gobert fils, de La Neuville-en-Tourne-à-Fuy (Ardennes) chez lequel on trouvera l'ouvrage. *Charleville, Typ. et Lith. A. Pouillard*. 1868.
1 vol. in-12 de 234 p. avec 1 pl. contenant 6 fig. d'instruments de chirurgie.
Même ouvrage, même titre, par Gobert fils (au lieu de : par une des premières célébrités de France). *Nouvelle Edition. Même Editeur*, 1869.
Sans autre changement que celui du titre.
Collection de remèdes empiriques sans valeur scientifique ni même pratique. Il suffira de dire, pour en donner l'idée, que d'après l'auteur, la gale et le farcin se soignent par le même traitement. Le cheval occupe les p. 123 à 160.

GOBERT (Henri-Joseph).
Vétérinaire militaire français, né en 1874, diplômé d'Alfort en 1896, vétérinaire major en 1909.

Aide mémoire du Vétérinaire...
3ᵉ *Edition*, 1904.
En collaboration avec Jules Signol et Paul Cagny, voy. Signol.

Dictionnaire Vétérinaire. 1902-1904.

En collaborarion avec Paul Cagny. Voy. Cagny.

Thérapeutique vétérinaire appliquée. 1905.
Ne concerne pas particulièrement le cheval. C'est une application générale des traitements et des remèdes.

Le Cheval. Son Organisation, son Entretien, son Utilisation par H. J. Gobert, Vétérinaire en 2ᵉ au 2ᵉ Hussards — Avec 80 figures dans le texte — *Paris, J.-B. Baillière et fils*, 1907.
1 vol. pet. in-8° de viii-412 p. Couverture illustrée.

Le Cheval de Course. Elevage, Hygiène, Entraînement, Maladies. Par H.-J. Gobert, Vétérinaire en 1ᵉʳ des Remontes de l'Armée et F. Cagny, Membre de la Société centrale de Médecine vétérinaire, Membre du Collège royal vétérinaire de Londres. *Paris, J.-B. Baillière et fils*, 1911.
1 vol. in-8° de viii-510 p. avec couverture illustrée et 39 fig. en phototypie. quelques unes à pleine p.

GODART (Emile) et COZETTE (Paul-Oscar-Urbain).

Petite Bibliothèque pratique.
XXVII — Manuel juridique des Vices rédhibitoires à l'usage des Vétérinaires, des Officiers ministériels, des Eleveurs, etc. par M. Emile Godart, ancien avocat à la Cour d'Amiens, ancien Juge de paix à Compiègne, Auteur du Manuel pratique des Juges de paix et de leurs Suppléants, du Manuel d'Examen des Candidats aux greffes de Justice de paix, etc., etc. et M. Paul Cozette, Vétérinaire à Noyon, Gradué en droit, Chevalier du Mérite agricole, Lauréat de l'Académie de Médecine, Membre correspondant de la Société centrale de Médecine vétérinaire de France, Membre de la Société des Agriculteurs de France. *Paris, Marchal et Billard*, 1903.
1 vol. in-16 de xiii-426 p.

GODINE (Jean-Baptiste).
Vétérinaire français. 1773-1848. Diplômé d'Alfort en 1793, il entra aussitôt

au 6e de cavalerie, à l'armée de Sambre-et-Meuse. En l'an IV, il revint à Alfort domme bibliothécaire et conservateur des cabinets d'anatomie et d'histoire naturelle, et y fut nommé, en l'an IX, professeur d'extérieur et d'hygiène.

En 1814, il quitta Alfort pour cultiver un petit domaine qu'il possédait près de Fontainebleau.

Elemens d'Hygiène vétérinaire, suivis de recherches sur la Morve, le Cornage, la Pousse et la Cautérisation ; à l'usage des Vétérinaires, des Cultivateurs et des Officiers de Cavalerie, par Godine jeune, Cultivateur-Propriétaire, Membre de plusieurs Sociétés savantes et ex-Professeur-Vétérinaire à l'Ecole d'Alfort. *Paris, L'Huillier*, 1815.

1 vol. in-8° de XI-294 p.

Dans cet ouvrage, Godine soutient la non-contagion de la morve et du farcin.

Ses autres ouvrages concernent la race ovine dont il s'est particulièrement occupé.

GOETGHEBUER (P.-J.), voy. ENTRÉE DE CHARLES QUINT A BOLOGNE.

GOETZ (Fr.), voy. WIRZ.

GŒTZ (François-Joseph).

Par Brevet d'Invention — Brosse hygiénique du Cheval ou Brosse Arabe dite Kaffah, propre à polir le poil, inventée par François-Joseph Gœtz. *Paris, Imp. A. Coniam*, 1828.

Broch. in-8° de 26 p. avec vignette sur le titre.

L'auteur, ayant transformé sa brosse en gant, publia une 2e édon de sa brochure :

Par Brevet d'Invention — Gant hygiénique du Cheval, ou Brosse Arabe dite Kaffah, propre à polir le poil, inventé par F.-J. Gœtz. *Paris, Imp. Lith. de G. Frey*, S. D. (1829?).

Broch. in-8° de 31 p. avec vignette sur le titre (différente de la précédente) et 1 pl. h. t. contenant 2 fig. représentant le gant.

GOHIER (Jean-Baptiste).

Vétérinaire français, 1776-1819. Fils d'un ancien maréchal-ferrant de cavle retiré à Branges (Aisne), le curé de ce petit village lui donna des leçons et obtint pour lui une place gratuite à Alfort, en 1795. Il y remporta de nombreux prix et y fut nommé répétiteur. Appelé en 1799 à servir aux armées, il fut d'abord placé dans l'infanterie; puis, réclamé par le colonel du 20e chasseurs, il resta 3 ans dans son régiment comme vétérinaire. En 1802, il obtint au concours la chaire de maréchalerie et de jurisprudence vétérinaire à l'Ecole de Lyon et y demeura jusqu'à sa mort.

Tableau synoptique des Fers le plus souvent employés pour la ferrure des Animaux monodactyles ou solipèdes. Par J. B. Gohier, Professeur à l'Ecole vétérinaire de Lyon. *Lyon, Imp. J. M. Barret; Paris, Reymann*, S. D. (vers 1803).

1 feuille in-plano contenant 32 fig. de fers et un texte explicatif.

Il y a eu 2 autres édons postérieures sur lesquelles je suis sans renseignement.

Tableau synoptique des Ferrures le plus souvent pratiquées aux pieds des Animaux monodactyles ou solipèdes, et didactyles ou bisulces, par J. B. Gohier, Professeur d'Opérations, de Maladies et de Clinique à l'Ecole Royale Vétérinaire de Lyon, Membre des Sociétés de Médecine et d'Agriculture de la même Ville, Correspondant de la Société royale d'Agriculture de Paris, et de la Société de Médecine pratique de Montpellier. — *Troisième Edition*, corrigée. *Lyon, Imp. Brunet; ibid., l'Auteur; Paris, Mme Huzard*, 1816.

1 feuille in-plano contenant 32 fig. sur bois représentant 24 pieds et 8 fers, avec un texte explicatif.

Je suis sans renseignement sur les 2 premières édons. La 1re a paru vers 1803.

Mémoire sur les causes qui, dans la Cavalerie, donnent lieu à la perte d'une grande quantité de Chevaux, par J. B. Gohier, Professeur à l'Ecole vétérinaire de Lyon. *Lyon, Reymann*, An XII-1804.

Broch. in-8° de VI-62 p.

Des effets des Pailles rouillées ou Exposé des rapports, recherches et expériences sur les Pailles affectées de rouille délivrées pendant le dernier trimestre de l'an 9, aux chevaux du 20ᵉ régiment de Chasseurs, stationné à Arras. Par J. B. Gohier, Professeur à l'Ecole vétérinaire de Lyon. *Lyon, l'Auteur; ibid., Reymann*, An XII-1804.

Broch. in-8° de VI-66 p.

Mémoire sur une Epizootie qui se manifesta dans le mois de Germinal an huit, sur les Chevaux du dépôt du 20ᵉ régiment de Chasseurs en garnison à Metz, suivi d'un Aperçu de celle qui a régné en Thermidor an XI sur les Bêtes à Cornes de la Commune de Tramois, Département de l'Ain, par J. B. Gohier, professeur à l'Ecole vétérinaire de Lyon. *Lyon, Reymann*, An XII-1804.

Broch. in-8° de 36 p.

Tableau synoptique des Coutumes suivies dans la plupart des ci-devant Provinces de France, à l'égard des cas rédhibitoires des Animaux, par Gohier. *Lyon, S. D.* (vers 1813?).

1 feuille in-plano (1).

Mémoires et Observations sur la Chirurgie et la Médecine vétérinaires, Ouvrage couronné en grande partie par la Société d'Agriculture du Département de la Seine. — Avec Planches - par J. B. Gohier, Professeur d'Opérations et de Maladies à l'Ecole impériale vétérinaire de Lyon, Membre des Sociétés de Médecine et d'Agriculture de la même Ville et Correspondant de celle d'Agriculture de Paris. — Tome premier — *Lyon, chez Lions; Paris, chez Madame Huzard*, 1813-1816.

2 vol. in-8° de 458 p. dont XVI pour l'introduction, avec 4 pl. : 1 pour des cas d'hermaphrodisme, 1 pour une sauterelle à bat-flancs, 1 pour un travail inventé par l'auteur, au T. I ; 448 p. et 2 pl. au T. II

Le titre du T. II ajoute aux fonctions et qualités de Gohier, celui de Correspondant de la Société de Médecine pratique de Montpellier.

(1) Ce tableau synoptique, devenu introuvable, est reproduit en tête de l'ouvrage de Galisset et Mignon (oy. ces noms) et montre du milieu de quelles incohérences et de quelles difficultés se débattaient acheteurs et vendeurs avant la loi de 1838.

Dans cet important ouvrage, les articles traitent des sujets les plus divers, mais sans suite et sans liaison entre eux. La plupart concernent le cheval.

GOIFFON (Georges-Claude).

Ingénieur, mécanicien, architecte et dessinateur. Il professa l'anatomie artistique à l'Ecole d'Alfort, et avait guidé Bourgelat et l'architecte Soufflot dans l'aménagement de l'Ecole après l'achat du château d'Alfort. Goiffon construisit une machine hydraulique destinée à amener l'eau nécessaire à l'Ecole et qui existe encore. 1709-1776.

Hippomètre ou Instrument propre à mesurer les chevaux & à juger des dimensions & proportions des parties différentes de leurs corps, avec l'explication des moyens de faire usage de cet instrument. *Paris, Vallat-la-Chapelle*, 1768.

Broch. in-8° de 39 p.

Le titre ne porte pas de nom d'auteur, mais celui de Goiffon figure dans un avis final. Je pense donc que c'est à tort que le Catal. de la Bib. Huzard (T. III, n° 3456) attribue cet opuscule à Bourgelat, mais c'est probablement pour Bourgelat que Goiffon a construit son *hippomètre* dont la description se trouve aussi à la p. 32 de la *Mémoire artificielle...*

Goiffon a collaboré avec Vincent à l'ouvrage intitulé *Mémoire artificielle des Principes relatifs à la fidelle Représentation des Animaux...* 1779 in-f°. Pour la description détaillée de cet ouvrage, auquel Vincent a pris une part beaucoup plus importante que son collaborateur, voy. *Vincent*.

GOLSCHMANN (Léon) et JAUBERT (Ernest), traducteurs.

Golschmann, littérateur et publiciste, né en Sibérie en 1861, mais fixé à Paris. Jaubert, homme de lettres français, né en 1856.

Le Livre des Bêtes, traduit du Russe par Léon Golschmann et Ernest Jaubert — Léon Tolstoï, H. Tchédrine, Anton Tchékoff, Avénarius, Professeur Wagner, Engelhart, etc. Illustrations de Marius Lieger. *Paris, Paul Ollendorf*, 1901.

1 vol. gr. in-8° de 319 p.

Les 3 premières nouvelles, *Histoire d'un Cheval, Comment j'appris à monter à Cheval, Le vieux Cheval*, p. 1 à 55,

Bibliogr. hippique. T. I. — 36.

sont de Tolstoï (1). Celle intitulée *Pensionnaire*, par Anton Tchékoff, concerne aussi un cheval. Les autres n'ont aucun caractère hippique, non plus que le *Second Livre des Bêtes*, qui parut chez le même éditeur et sous le même format en 1906.

GOMBAULT (J.-E.).

Le Vétérinaire populaire. Traité pratique des principales Maladies des Animaux domestiques, suivi d'un appendice sur les cas rédhibitoires, avec conseils aux acheteurs ; la connaissance de l'âge, la ferrure et la pharmacie usuelle vétérinaire ; par J. E. Gombault, ex-Vétérinaire des Haras de France. — *Eugène Gombault, Négociant à Nogent-sur-Marne (Seine), Editeur et seul propriétaire.* 1884.

1 vol. in-8° de 488 p., avec 7 pl. à pleine p. et 115 fig. d. l. t. Vignette sur la couverture qui est au nom du libre éditeur *J.-B. Baillière et fils.*

Même ouvrage, même titre — *Eugène Gombault, Négociant à Nogent-sur-Marne (Seine), Editeur et seul propriétaire*, 1897.

1 vol. in-8° de 519 p. dont VI pour l'avant-propos avec 7 pl. à pleine p. et 116 fig. d. l. t.

Ouvrage de vulgarisation dont le cheval occupe la plus grande partie.

GOMONT (H.).

Littérateur français, 1815-18..

Les Chevaliers Romains, depuis Romulus jusqu'à Galba, par M. H. Gomont. *Paris, Firmin-Didot*; ibid., *Amyot*, 1854.

Broch. in-8° de 56 p.

Savante étude sur les origines et les modifications successives de la cavle romaine.

Voy., sur le même sujet. *Belot (Emile).*

GONDINET (Pierre).

Maire de St Yrieix en 1789, conseiller gal de la Hte Vienne en 1790, il fut, de 1794 à 1825, président du district puis sous-préfet de St Yrieix. Il était membre de nombreuses sociétés savantes. 1754-1833.

Dissertation qui a été couronnée au jugement de la Société d'Agriculture, des Sciences et des Arts du Dépt de la Haute-Vienne, dans sa séance du 22 Mai 1808, sur les questions suivantes, proposées par cette Société : « Déterminer quelles « sont les Maladies qui, dans le Dépt « de la Haute-Vienne, attaquent « le plus communément les Bêtes « à cornes, les Bêtes à laine et les « Chevaux ? Quelles sont les causes « habituelles de ces maladies ? Quels « en sont les moyens préservatifs et « curatifs les plus à portée des « Cultivateurs ? Et, comme on doit « établir, pour une des causes de « Maladie, les plantes nuisibles qui « infestent nos différentes variétés « de prairies et pâturages, indiquer « ces plantes par leurs noms botaniques et vulgaires et présenter « les moyens les plus prompts, les « plus sûrs et les moins dispendieux « de les détruire. » Par M. Gondinet, Sous-Préfet de l'Arrondissement communal de Saint-Yrieix. *Limoges, J.-B. et H. Dalesme*, S. D. (1808).

1 vol. in-8° de 256 p., plus 4 p. d'errata.

L'ouvrage traite des chevaux et des mulets de la p. 40 à 48 et de la p. 154 à 196.

GONNET (M.), voy. BROCQ-ROUSSEU (D.)

GONNEVILLE (Aymar-Olivier LE HARIVEL DE).

Officier de cavle français, 1783-1872. Le général Ambert (voy. ce nom) a placé en tête de l'ouvrage décrit ci-dessous une longue biographie du colonel de Gonneville. Inutile de la donner ici.

Souvenirs militaires du Colonel de Gonneville, publié par la Comtesse de Mirabeau (1) sa fille et pré-

---

(1) Tolstoï (Léon Nikolaévitch, Cte), romancier, moraliste et philosophe russe, 1828-1910. Après des aventures de toutes sortes et de brusques changements de direction dans sa vie, il se mit à labourer la terre, à travailler de ses mains et renonça à ses biens. Sa mort ne fut pas moins extraordinaire que sa vie.

(1) Marie de Gonneville, née en 1829, veuve en 1860 du Cte de Mirabeau, petit-fils de Mirabeau Tonneau, frère du célèbre orateur de la Révolution, femme de lettres française, écrivit d'abord dans la *Mode*, puis dans le *Figaro*; auteur de nombreux ouvrages littéraires et historiques. Elle est la mère de la Csse de Martel, connue en littérature sous le pseudonyme de *Gyp* (voy. ce nom).

cédés d'une Etude par le Général Baron Ambert. *Paris, Didier*, 1875.

1 vol. in-8° de LXX-393 p.

Même ouvrage, même titre — *Deuxième Edition — Paris, Didier,* 1875.

1 vol. in-16 de LXX-393 p. (La p. LXX chif. par erreur XLX.).

Ouvrage intéressant et contenant de nombreuses anecdotes et récits concernant la cav^{ie} sous le 1er Empire et la Restauration.

GONTAUT-BIRON (Armand-Gabriel-Marie-Joseph, COMTE DE).

Officier de cav^{ie} français, né en 1851, sous-lieut^{nt} en 1871, démissionnaire comme lieut^{nt} en 1880.

Les Remontes et les achats de Chevaux, par le Comte Joseph de Gontaut-Biron, ancien Officier de Cavalerie, Membre du Conseil Général des Basses-Pyrénées. *Pau, Imp. Vignancour*, 1890.

Broch. gr. in-8° de 45 p.

GONTAUT-BIRON (Marie-Louis-Théodore-Raoul, COMTE DE).

Officier de cav^{ie} français, né en 1853, sous-lieut^{nt} en 1879, a quitté le service actif en 1882, passé en 1884 dans la territoriale.

Travail à la longe et dressage à l'obstacle; par le Comte Raoul de Gontaut-Biron, ancien Ecuyer à Saumur. *Paris et Nancy, Berger-Levrault*, 1888.

1 vol. gr. in-8° de VIII-128 p. Nombreux dessins d. l. t.

Même ouvrage, même titre. 2e et 3e éd^{ons}, 1888, 1893.

Sans changement.

Même ouvrage, même titre. 4e *Edition*, 1912.

1 vol. gr. in-8° de VI-128 p., avec couverture illustrée et les mêmes fig. d. l. t.

Sauf quelques phrases légèrement modifiées, cette éd^{on} est semblable aux précédentes. Quoique datée de 1912, elle a paru en octobre 1911.

GOODENOUGH.

Méthode Goodenough. Ferrage des Chevaux. *Tours, Imp. Rouillé-Ladevèze*, 1877.

Broch. in-8° de 36 p., avec 6 fig. d. l. t.

Opuscule de réclame (qui semble traduit de l'anglais) en faveur d'une invention américaine.

GOODWIN (Joseph).

Vétérinaire anglais, 1768-1845. Fit d'abord des études médicales, puis embrassa la médecine vétérinaire, fut quelque temps vétérinaire militaire et enfin attaché aux écuries du Prince-Régent. Il y resta jusqu'à la mort de George IV.

Guide du Vétérinaire et du Maréchal, pour le ferrage des Chevaux et le traitement des pieds malades; traduit de l'Anglais de Goodwin, Médecin-Vétérinaire des Ecuries de Sa Majesté Britannique, par M. M. O. et B., Gardes-du-Corps de la Compagnie de Croï; avec des notes de M. Berger, Médecin-Vétérinaire de la Maison du Roi. *Paris, Lib^{ie} scientifique et industrielle, Malher et Cie*, 1827.

1 vol. in-12 de XXIV-244 p. Avec 3 pl. se dépliant et contenant 62 fig. de fers et de pieds, copiées, en réduction, sur celles de l'original anglais.

Les notes de Berger expliquent et commentent un grand nombre de passages de l'auteur. Cette traduction est faite sur la 2e éd^{on} du livre de Goodwin, dont la 1re éd^{on} a paru en 1820 et la 2e en 1824.

GOSSART (Fernand-Valentin).

Officier d'art^{ie} français né en 1853, sous-lieut^{nt} en 1874, colonel en 1907, retraité en 1913.

Allures du Cheval — Etude chronophotographique et mathématique, par F. Gossart, Lieutenant-Colonel d'Artillerie — Avec soixante-six Figures et neuf Planches hors texte. *Paris et Nancy, Berger-Levrault*, 1907.

1 vol. in-8° de VIII-127 p.

GOSSART (Georges-Edouard).

Officier de cav^{ie} français, né en 1866, sous lieut^{nt} en 1888, chef d'esc^{ons} en 1911.

La Cavalerie moderne doit-elle combattre par le choc ou par le feu? par le Capitaine G. Gossart. *Paris et Limoges, H. Charles-Lavauzelle*, S. D. (1904).

Broch. in-8° de 65 p.

GOUBAUX (Armand-Charles). Vétérinaire français, 1819-1890. Diplômé d'Alfort en 1841, chef de service la même année, professeur en 1846, directeur de l'Ecole d'Alfort en 1879 et retraité en 1888. Il était membre de l'Académie de médecine et de plusieurs Sociétés savantes et fut deux fois président de la Société centrale de Médecine vétérinaire.

Société nationale et centrale de Médecine vétérinaire — De la Pentadactylie chez les Animaux domestiques. Lecture faite à la Société dans sa Séance du 9 déc. 1852 par M. Arm. Goubaux, Membre titulaire. *Paris, Typ. de E. et V. Penaud f*^{res}, S. D. (1852).

Broch. in-8° de 15 p.

Une partie de l'ouvrage est consacrée à l'examen de la question des doigts rudimentaires ou avortés chez le cheval, l'âne, le mulet et le bardeau.

De la Cryptorchidie chez l'Homme et les principaux Animaux domestiques. Mémoire lu à la Société de Biologie, dans la Séance du 8 Mars 1856 par M. Arm. Goubaux, Professeur d'anatomie et de physiologie à l'Ecole impériale vétérinaire d'Alfort, et M. E. Follin (1), Professeur agrégé à la Faculté de médecine de Paris, chirurgien des hôpitaux. *Paris, Typ. E. et V. Penaud f*^{res}, 1856.

Broch. in-8° de 44 p.

Concerne en partie le cheval.

Fragment d'Anatomie vétérinaire — Mémoire sur les Caractères anatomiques différentiels de l'Ane et du Cheval, par M. Arm. Goubaux, Professeur d'Anatomie et de Physiologie à l'Ecole impériale vétérinaire d'Alfort. *Lyon, Typ. et Lith. J. Nigon*, 1865.

Broch. in-8° de 16 p.

Des Chataignes chez les Animaux solipèdes domestiques (Cheval et Ane) et chez leurs dérivés hybrides (Mulet et Bardeau), par M. Arm. Goubaux, Professeur d'Anatomie et de Physiologie à l'Ecole impériale vétérinaire d'Al-

(1) Follin (François-Eugène), médecin français, professeur à la Faculté de médecine, membre de l'Académie de Médecine. 1823-1867.

fort, etc. (Extrait du *Journal de Médecine vétérinaire militaire*, Tome VII, n° 1. Juin 1868). *Paris, Imp. E. Donnaud*, 1868.

Broch. in-8° de 24 p.

C'est une dissertation sur les chataignes rédigée sous forme de lettre à M. le Dr L. F. Emmanuel Rousseau, chef des travaux anatomiques au Muséum d'Histoire naturelle. Voy. ce nom pour un travail sur le même sujet.

Etudes sur le Cheval considéré comme viande de boucherie et sur le rendement en viande nette de cet animal, par Armand Goubaux, Professeur d'Anatomie et de Physiologie à l'Ecole nationale vétérinaire d'Alfort. *Paris M*^{me} *V*^{ve} *Bouchard-Huzard*, 1872.

Broch. in-8° de 44 p.

Plaidoyer en faveur de l'hippophagie « œuvre de moralisation et de philan- « thropie ».

Contributions anatomiques à l'étude de plusieurs faits de la Parturition chez les femelles des Animaux domestiques par M. Arm. Goubaux, Professeur d'Anatomie et de Physiologie à l'Ecole nationale vétérinaire d'Alfort. *Paris, Typ. de V*^{ves} *Renou, Maulde et Cock*, 1874.

Broch. in-8° de 95 p.

La plus grande partie de l'ouvrage se rapporte à la jument.

De l'Extérieur du Cheval, par MM. Armand Goubaux, Directeur de l'Ecole d'Alfort, Membre de l'Académie de Médecine, et Gustave Barrier, Professeur d'Anatomie et d'Extérieur à l'Ecole vétérinaire d'Alfort — Avec 293 figures et 33 Planches, la plupart de G. Nicolet, Bibliothécaire à l'Ecole vétérinaire d'Alfort. *Paris, Asselin*, 1884.

1 vol. in-8° de xx-1067 p.

De l'Extérieur du Cheval, par MM. Armand Goubaux, Directeur honoraire de l'Ecole vétérinaire d'Alfort, Membre de l'Académie de Médecine et de la Société nationale d'Agriculture de France et Gustave Barrier, Professeur d'Anatomie et d'Extérieur à l'Ecole vétérinaire d'Alfort, Membre de la Société centrale de Médecine vétérinaire. *Deuxième Edition*, avec 346 figures et 34 planches, la plupart de G. Nicolet, Bibliothécaire à l'Ecole vétérinaire d'Alfort. *Paris, Asselin et Houzeau*, 1890.

1 vol. in-8° de xix-996 p.
Une préface spéciale à cette éd^{on} annonce qu'une planche nouvelle et 53 fig. originales ont été ajoutées et que les matières ont reçu des développements plus étendus.

Mémoire sur les Déviations de la Colonne vertébrale considérées dans la Région dorso-lombaire chez les Animaux domestiques. par M. Armand Goubaux, ancien professeur d'anatomie et de physiologie, Directeur de l'Ecole vétérinaire d'Alfort. *Paris, Typ. Vve Renou et Maulde*, 1887.

Broch. in-8° de 63 p.
Sur 13 observations contenues dans l'ouvrage, 9 concernent le cheval, l'âne et le mulet. Une note de la p. 1 nous apprend que ce *Mémoire*, lu à l'Académie de Médecine le 5 Avril 1864, a été retrouvé dans les papiers de M. Bouley.

Des aberrations du Sens génésique chez les Animaux — Quatrième partie — Des Jumarts, par M. Armand Goubaux, Directeur honoraire de l'Ecole d'Alfort, Officier de la Légion d'Honneur et de l'Instruction publique, Membre de l'Académie de Médecine, de la Société d'Agriculture de France, etc. *Paris, Imp. Henri Jouve* (1888).

Broch. gr. in-8° de 40 p. Extrait des *Nouvelles Archives d'Obstétrique et de Gynécologie*, n^{os} d'Oct. et Nov. 1888.

Goubaux est aussi l'auteur de plusieurs Eloges ou Discours nécrologiques ou biographiques (Henri Bouley, Chaumontel, etc.) et de très nombreux articles, dont la plupart concernent le cheval, publiés dans le *Bulletin* de la Société centrale de Médecine vétérinaire et autres Revues ou Recueils scientifiques.

GOUILLON (Amédée).
Avocat et ingénieur agronome français.

Petite Bibliothèque agricole pratique publiée sous la direction de J. Raynaud, Directeur de l'Ecole pratique d'Agriculture de Fontaines (Saône-et-Loire) — Tome XVI — Législation agricole par Amédée Gouillon, Avocat, Ingénieur Agronome, Professeur à l'Ecole pratique d'Agriculture de Fontaines. *Paris, Vermot*, S. D. (vers 1906).

1 vol. in-16 de 188 p.
Les art. sur les vices rédhibitoires, sur la police sanitaire, l'étalonnage, la voirie, etc., concernent en partie le cheval.

GOUIN (Raoul).
Agronome et agriculteur français.

Encyclopédie agricole publiée par une réunion d'Ingénieurs agronomes sous la direction de G. Véry.
— Alimentation rationnelle des Animaux domestiques par Raoul Gouin, Ingénieur agronome, Propriétaire agriculteur, avec tables relatives à la composition chimique des aliments et au rationnement des Animaux domestiques. — Introduction par le Dr P. Regnard, Directeur de l'Institut national agronomique. *Paris, J.-B. Baillière et fils*, 1905.

1 vol. in-18 de xii-496 p. avec nombreux tableaux et 11 fig. d. l. t.
Outre l'étude des grains, fourrages, etc., celle des condiments, de la préparation et de la digestibilité des aliments et autres généralités applicables à tous les animaux domestiques, l'ouvrage contient, de la p. 304 à la p. 364, un chapitre spécial à l'alimentation du cheval — étalons, poulinières, poulains, chevaux de trait, de course, etc. — de l'âne et du mulet, ainsi qu'une étude sur les efforts nécessités par le tirage suivant la nature et la pente du sol et la construction des véhicules.

Même ouvrage — *Deuxième Edition*, revue et augmentée. *Paris, J.-B. Baillière et fils*, 1910.

1 vol. in-18 de xii-472 p. avec 12 fig. d. l. t.

Hygiène et Maladies du Bétail, 1909. En collaboration avec P. Cagny. Voy. *Cagny (P.)*

L'Industrie mulassière en Poitou, par R. Gouin, Ingénieur agronome. *Nancy, Imp. Berger-Levrault*, 1913.

Broch. in-8° de 20 p. avec 8 fig. en phototypie d. l. t. (Extrait des *Annales de la Science agronomique française et étrangère*, 2e Année).

GOUPY DE QUABECK (Charles-Louis-Hubert).

GOU — 566 — **GOU**

Officier de Cav^ie puis de Gend^ie belge, 1812-1862.

Traité de l'Age du Cheval, dédié à M. Camille du Roy, Lieutenant-Colonel, commandant le 1er Régiment de Lanciers ; par Ch. Goupy de Quabeck, Lieutenant au même Régiment. Orné de 41 gravures. *Bruxelles, Imp. V. Parent*, 1841.
Broch. in-4° de 40 p. avec 10 pl. se dépliant et contenant 41 fig.
Certains exemplaires, aussi de 1841, portent 2e éd^on, sans autre changement.

Traité des manœuvres de la Cavalerie ou Répertoire de l'Ecole de l'Escadron, des Evolutions de Régiment et des Evolutions de Ligne, publié par Ch. Goupy de Quabeck, Capitaine au Corps de la Gendarmerie nationale, Chevalier de l'Ordre de Léopold, ex-Lieutenant au 1er Régiment de Lanciers, membre de plusieurs Sociétés savantes. 1re Partie, Ecole de l'Escadron. *Liège, J. G. Lardinois*, 1855.
Broch. in-4° de VI-72 p. avec nombreuses fig. d. l. t.

GOURDEN (Louis-Marie DE).
Officier de cav^ie français, né en 1869, sous-lieut^nt en 1890, cap^ne en 1904.

Equitation — Comment triompher rapidement des résistances, par le Capitaine de Gourden. *Paris, au Sport Universel illustré*, 1912.
Broch. in-4° de 55 p. avec 3 fig. d. l. t. Dédicace au Gal de Beauchesne.

GOURDON (Jean).
Vétérinaire et Docteur en médecine français, 1824-1876. Après avoir servi pendant 3 ans comme vétérinaire militaire, il fut nommé, en 1847, chef de service d'anatomie et de physiologie à l'Ecole vétérinaire de Toulouse. En 1858, il se fit recevoir docteur en médecine et fut nommé professeur à l'Ecole de Toulouse en 1865.

Eléments de Chirurgie vétérinaire, par J. Gourdon, Chef des travaux d'anatomie et de chirurgie à l'Ecole impériale vétérinaire de Toulouse. *Paris, Labé ; Toulouse, Feillés, Chauvin et Cie*, 1854.
2 vol. in-8° de LX-779-X et 799 p. avec 289 fig. d. l. t.
« Ouvrage remarquable, dit M. Neumann, par les qualités du style et une rare érudition, et dont on regrette que la suite n'ait jamais paru ».

Des réformes à apporter dans l'Alimentation des Animaux domestiques, par le Dr J. Gourdon, Chef de service à l'Ecole impériale vétérinaire de Toulouse. *Toulouse, A. Chauvin*, 1858.
Broch. in-8° de 76 p.
L'alimentation du cheval y est traitée en détail.

Traité de la Castration des Animaux domestiques, par J. Gourdon, Docteur en Médecine, Chef des travaux d'anatomie et de chirurgie à l'Ecole impériale vétérinaire de Toulouse. *Paris, P. Asselin*, 1860.
1 vol. in-8° de VIII-542 p., avec 87 fig. d. l. t.

Du Cheval oriental et de son emploi dans l'amélioration des Races françaises, par M. le Docteur Jean Gourdon, Chef de service à l'Ecole vétérinaire de Toulouse. *Toulouse, Imp. Jean Pradel et Blanc*, 1864.
Broch. in-8° de 48 p. devenue introuvable.
L'auteur n'est partisan du croisement avec le sang oriental que dans des limites assez restreintes.

Nouvelle Iconographie fourragère ; histoire botanique, économique et agricole des plantes fourragères et des plantes nuisibles qui se rencontrent dans les prairies et les pâturages, avec Planches gravées sur cuivre et coloriées par MM. J. Gourdon, Professeur à l'Ecole vétérinaire de Toulouse et P. Naudin (1) Vétérinaire en 1er au 19e Régiment d'Artillerie à cheval, Chevalier de la Légion d'Honneur. *Paris, P. Asselin*, 1871.
1 vol. in-4° de 900 p., et atlas in-4° de 126 pl. coloriées.

GOURMEL (Pierre-Albert).
Officier de cav^ie français, 1860-1904. Sous-lieut^nt en 1884, cap^ne en 1894, mort en activité de service.

Etude sur le Règlement d'Exercices de la Cavalerie Autrichienne,

(1) Voy. *Naudin* pour sa biographie et un autre ouvrage.

par P.-A. G., Officier de Cavalerie. *Saumur, S. Milon fils,* 1892.

1 vol in-12 de 11-116 p. avec 2 croquis d. l. t. et 1 pl. h. t. se dépliant.

Cours d'Hippologie pratique, rédigé conformément au questionnaire adopté à l'Ecole d'Application de Cavalerie d'après les dernières données scientifiques. A l'usage des Officiers et Sous-Officiers des différentes Armes montées, des Elèves des Ecoles militaires et de toutes les personnes qui s'occupent de Chevaux, par un Officier de Cavalerie. *Saumur, Imp. Roland,* 1893.

1 vol. gr. in-8° de 557 p. avec 16 pl. h. t. contenant un grand nombre de fig.; anonyme.

Cours de Dressage professé de 1894 à 1899 aux Officiers et Sous-Officiers du 5ᵉ Régiment de Hussards par le Capitaine A. Gourmel. Illustrations de M. le Lieutenant Vautrain. *Paris et Nancy, Berger-Levrault,* 1901.

1 vol. in-8° de 216 p., avec 33 grav. d. l. t.

GOUX (Jean-Baptiste).
Vétérinaire français, diplômé en 1843, mort en 1881.

Manuel de l'Eleveur de Chevaux, ou exposition simple des principes les plus rationnels d'Elevage et des règles qui doivent guider les propriétaires dans les soins à donner aux Poulinières et à leurs produits, par M. Goux, Vétérinaire du Département de Lot-et-Garonne. — Ouvrage adopté par le Conseil Général de Lot-et-Garonne, par la Société d'Agriculture, Sciences et Arts d'Agen et par la Société vétérinaire du Département. *Agen, Bertrand,* 1849.

1 vol. in-12 de 100 p. Planche d'extérieur du Cheval en tête de l'ouvrage qui fut rédigé sur l'invitation du Conseil général de Lot-et-Garonne, tiré à 500 exemplaires et est devenu rare.
L'auteur s'élève contre l'introduction du type anglais et donne sa préférence au type arabe pour l'amélioration des races du Midi. Ce petit livre pratique, destiné à des lecteurs peu instruits, ne s'étend pas en considérations inutiles et remplit bien son but de vulgarisation.

Traité de l'Elève du Cheval dans le Département de Lot-et-Garonne, suivi d'une Instruction où sont exposés les Principes les plus rationnels d'élevage et les règles qui doivent guider les Propriétaires dans les soins à donner aux Poulinières et à leurs produits ; par M. Goux, Vétérinaire du Département de Lot-et-Garonne, Membre correspondant de la Société nationale et centrale de Médecine Vétérinaire. *Agen, Bertrand,* 1849.

1 vol. in-8° de 171 p.
Cet ouvrage, bien étudié, a valu à son auteur une médaille d'or et le titre de membre correspondant de la Société centrale de Médecine vétérinaire.

GOUX (Jean-Baptiste-Auguste).
Vétérinaire militaire français, 1813-1883. Diplômé en 1836, retraité comme vétérinaire principal en 1873. A été vétérinaire principal de la Garde Impériale. Campagnes de 1859 en Italie et de 1870-71.

Cours d'Hippiatrique à l'usage des Sous-Officiers de l'Artillerie et de la Cavalerie, par Goux et Merche (1), aides-vétérinaires au 7ᵉ d'Artillerie. *Metz, Humbert,* 1844.

1 vol. in-8° de 136 p., avec 12 pl. lithog. h. t. dessinées par Merche. Dédicace à M. de Vésian, alors Colonel du 7ᵉ d'Artillerie.
Petit ouvrage assez pratique pour les lecteurs auxquels il s'adresse. Le chapitre du pied et de la ferrure est trop écourté.

Rapport sur l'état sanitaire des Chevaux au camp de Châlons (année 1858) ; par M. Goux, Vétérinaire principal, chef de service. *Paris, J. Dumaine,* 1859.

Broch. in-8° de 46 p.

GOYAU (Louis-Pierre).
Vétérinaire militaire français, 1829-1903. Aide-vétérinaire en 1852, vétérinaire en 1ᵉʳ en 1861, vétérinaire principal de 1ʳᵉ cl. en 1875, retraité en 1880. 6 campagnes d'Afrique, campagne d'Italie en 1859 et contre l'Allemagne en 1870. A été professeur d'Hippologie à Saumur

(1) Voy. *Merche* pour sa biographie et d'autres ouvrages.

GOY — 568 — GRA

et à St-Cyr et membre de la Commission d'Hygiène hippique.

Etude sur le Cheval de Guerre, par L. Goyau, Aide-Vétérinaire de 1re classe au 5e Hussards. Extrait de l'Argus des Haras et des Remontes. *Sèvres, Imp. Cerf*, 1857.
Broch, in-8º de 62 p.

Ferrure du Cheval. Organisation; Maladies; Hygiène du Pied. 88 figures intercalées dans le texte, par L. Goyau. *Paris, Goin*, 1869.
1 vol. in-12 de VI-247 p.

Ecole Militaire de St-Cyr. Section de Cavalerie — Une Conférence sur le Commerce des Chevaux, par L. Goyau, Vétérinaire en premier, Professeur d'Hippologie. *Paris, Imp. Donnaud*, 1869.
Broch. in-8º de 42 p.
A la fin, on a ajouté une vive réponse de l'Auteur à des critiques faites au sujet de l'ouvrage précédent. *Ferrure du cheval*, par M. *Percheron*, Vétérinaire et Maréchal à Paris.

Même ouvrage, même titre, par L. Goyau, Vétérinaire Principal, Professeur d'Hippologie. 2e *Edition. Paris, Dentu; Saumur, Javaud*, S. D. (1882).
Broch. in-8º de 46 p.
La réponse à M. Percheron a disparu de cette éd{on}, d'ailleurs semblable à la 1re, sauf qu'on a supprimé deux passages relatifs au Général Fleury et modifié légèrement l'article relatif au Tattersall.

Maquignonnage et Maquignons — Conférence sur ls commerce des chevaux, par L. Goyau. *Paris, Pairault*, S. D. (1885?)
Broch. in-18 de 75 p.
C'est la reproduction, sous un autre titre, de la 2e éd{on} de la précédente brochure.

Carnet des Courses. *Paris, Donnaud*, 1876.
1 vol. in-18 de 116 p. avec 4 pl.

Traité pratique de Maréchalerie, comprenant — Le Pied du Cheval — La Maréchalerie ancienne et moderne — La Ferrure rationnelle appliquée aux divers genres de services — La Médecine et l'Hygiène du Pied — par L. Goyau, Médecin Vétérinaire à Paris, ancien Vétérinaire Principal de 1re classe, Ex-Professeur d'Hippologie aux Ecoles de St-Cyr et de Saumur, Officier de la Légion d'honneur. *Paris, J.-B. Baillière et fils*, 1882.
1 vol. in-12 de III-528 p. Avec 364 fig. d. l. t.
Le livre paru en 1869 (et décrit plus haut) n'était, dit l'auteur dans sa préface, qu'un premier essai du présent ouvrage qui en forme une 2e *Ed{on}*, quoique cette indication ne figure pas sur le titre.

Même ouvrage, même titre. 3e *Edition* revue et augmentée. *Paris, J.-B. Baillière et fils*, 1890.
1 vol. in-18 de 532 p. Avec 364 fig. d. l. t.

Le Vétérinaire chez soi. Traitement des maladies du Cheval et du Chien à l'aide des meilleurs spécifiques vétérinaires, par L. Goyau, ancien Vétérinaire principal de l'armée, Ex-professeur d'Hippologie aux Ecoles de Saint-Cyr et de Saumur, Vétérinaire à Paris. *Paris, Imp. A. Lanier*, S. D.
Broch. in-8º de 47 p.
C'est une réclame en faveur de divers médicaments.

GOZZADINI (LE COMTE Jean).
Sénateur et archéologue italien, membre de l'Académie royale de Suède et Norwège.

De quelques Mors du Cheval Italiques et de l'Epée de Ronzano en bronze, par le Comte J. Gozzadini, Sénateur du Royaume d'Italie. *Bologne, Imp. Fava et Garagnani*, 1875.
Broch. gr. in-4º de 41 p., plus un tableau comparatif donnant les mensurations de différentes parties du squelette de chevaux de diverses races et 4 pl. lithog. dont les 3 premières contiennent 46 fig. de mors anciens, soigneusement dessinées. Dédicace à S. M. Oscar II, Roi de Suède et de Norwège.
Discussion bien documentée des ouvrages traitant de découvertes analogues et des mors anciens en général.
Pour une analyse élogieuse de cet ouvrage, voy. *Flouest*.

GRAMONT DUC DE LESPARRE (Antoine-Léon-Philibert-Auguste DE).

Général de div^on français (cav^le) 1820-1877. Sous-lieut^nt en 1840, colonel en 1859, général de div^on en 1873. Mort en activité de service. Campagnes d'Orient en 1854 et contre l'Allemagne en 1870-71. Blessé d'un éclat d'obus à Rezonville.

6e Corps d'Armée — Manœuvres de la 2e Division de Cavalerie au Camp de Châlons — Septembre 1876 — *Nancy, Aut. Berger-Levrault* (1876).

Broch. in-8° de 69 p. avec 1 croquis d. 1 t. et 7 cartes-croquis se dépliant, dessinées par M. Parisot (1), le tout autographié et non mis dans le commerce.

La 2e Div^on de cav^le était alors commandée par le Gal de Gramont qui a dirigé la rédaction de la brochure.

GRANCEY (Galliot-Gabriel-Charles DE MANDAT DE).

Officier de cav^le français, 1832-1912. Sous-lieut^nt en 1853, retraité comme colonel en 1892.

Réflexions sur les Remontes à propos des Travaux publics, par Ch. de Mandat de Grancey, Capitaine adjudant-major au 5e Chasseurs à cheval. *Paris, J. Dumaine*, 1866.

Broch. in-8° de 53 p.

L'auteur demande que la main d'œuvre militaire soit employée à l'amélioration et à l'extension des chemins vicinaux, ce qui permettra d'employer au trait des chevaux plus légers et par conséquent d'augmenter l'élevage du cheval de guerre. A remarquer que l'usage des voitures à vapeur sur routes est prédit comme probable dans l'avenir, mais sans que leur vitesse puisse être supérieure à 16 kilom. à l'heure. L'avenir a sanctionné la première partie de cette prédiction — en substituant généralement le pétrole à la vapeur — mais les 16 kilom. à l'heure ont été singulièrement dépassés.

GRAND (Louis-Claude).

Général de Div^ou français (cav^le) 1797-1878. Entré au service comme Garde du Corps de Monsieur (sous-lieut^nt) en 1814, Maréchal des Logis aux Gardes du Corps du Roi (capitaine) en 1824, Chef d'Esc^ons au 6e Dragons en 1826, Colonel en 1837, Maréchal de Camp en 1846, Général de Div^on en 1851. En 1856, il fut nommé

(1) Alors capitaine d'Etat-major et attaché au service topographique de l'Algérie. Il est devenu général de brigade.

Président du Comité de Cavalerie dont il était membre depuis 4 ans. Campagne d'Espagne en 1823-1824, et en Afrique en 1845 et 1846. A eu le bras fracassé d'un coup de feu en enlevant une barricade aux insurgés en juin 1832.

Miscellanées militaires — 1° Observations sur les contingents annuels — la durée du service — le renvoi des classes par anticipation — la réserve, etc. 2° Observations sur la loi du 26 avril 1855 sur la dotation de l'armée; sur les rengagements inférieurs aux exonérations; sur la trop grande facilité des rengagements des sous-officiers qui entravent l'avancement — 3° Observations sur la composition de la Garde impériale — sur les avantages dont elle jouit — sur la répartition de l'avancement qui lui est dévolue — 4° Observations sur l'établissement d'une liste générale de classement pour chaque grade, l'avancement roulant indistinctement entre tous les corps — 5° Observations sur les causes qui ont déterminé les blessures des Chevaux pendant la campagne d'Italie — 6° Examen d'un mémoire sur la suppression des inversions, par le commandant d'artillerie Valz — 7° Observations sur les quartiers de Cavalerie — 8° Observations et propositions applicables au corps de Cavalerie en général, en ce qui concerne le harnachement — 9° Observations sur les changements proposés pour la diminution des Cours à l'Ecole de Cavalerie — 10° Observations sur les changements à l'organisation de l'Ecole impériale de Cavalerie — 11° Rapport du 25 septembre 1839 sur la position des Vétérinaires militaires et projet d'ordonnance pour l'améliorer — 12° Quelques notes sur la Cavalerie, sa tactique et son emploi en raison du perfectionnement des armes à feu. Origine de la Cavalerie — Par le Général Grand, Président du Comité de la Cavalerie au Ministère de la Guerre. *Paris, A. Morin*, 1861.

Broch. in-8° de 70 p.

Les nombreux sujets énumérés au titre

sont plutôt effleurés que traités à fond, mais ils le sont par un homme qui connaissait bien son arme. Les passages relatifs au recrutement, à la durée du service, aux réserves, aux effectifs, n'ont rien perdu de leur intérêt.
Cette brochure a été l'objet d'une critique anonyme parue dans le *Spectateur Militaire* de Février 1862, puis publiée à part sous le titre suivant :
Observations sur les *Miscellanées Militaires* de M. le Général Grand ou la Cavalerie doit être une Troupe d'élite. Extrait du *Spectateur Militaire*. (Livraison de Février 1862). *Paris, Imp. L. Martinet,* 1862.
Broch. in-8° de 24 p.

GRAND (Louis-Jean-Etienne). Professeur d'Agriculture, né en 1868.
Bibliothèque Vermorel n° 33 — Les petits Manuels des Syndicats Agricoles — I. L'Elevage des Animaux domestiques — Cheval — Ane — Mulet, par Grand, Professeur d'Agriculture à Grenoble. *Paris, Lib^le agricole de la Maison Rustique; Villefranche (Rhône), Lib^le du Progrès agricole et viticole,* S. D. (1914).
Broch. in-16 de 48 p. avec 2 fig. d. l. t.

GRAND (LE) CARROUZEL DU ROY.
Le grand Carrouzel du Roy ou la Course de Bague, ordonnée par Sa Majesté. Avec les noms de tous les Princes & Seigneurs qui la doivent courir et qui s'y exercent tous les jours. Ensemble le nombre des Brigades ou Esquadrilles, leur disposition, la couleur de leurs livrées, & quelles Nations elles représenteront. *A Paris, chez Cardin Besongne, au Palais, en la Galerie des Prisonniers, aux Roses vermeilles,* 1662.
Broch. in-4° de 8 p.
Opuscule rare. C'est une sorte de programme des Courses de Testes et de Bague qui eurent lieu peu après, et qui était probablement vendu ou distribué au public. Pour ces courses, voy. *Perrault (Charles).*

GRAND (LE) MARESCHAL EXPERT ET FRANÇOIS, voy.
GRAND (LE) MARESCHAL FRANÇOIS.

GRAND (LE) MARESCHAL FRANÇOIS.
Le grand Mareschal François, ov il est traité de la connoissance des Cheuaux, de leurs Maladies & de leur guerison. Ensemble la maniere de faire Emplastres, Onguents & Breuuages pour icelles. Traité tres-vtile & necessaire à tous Seigneurs, Gentils-hommes, Escuyers, Mareschaux, Marchands de Cheuaux, Laboureurs, Cochers & tous autres qui ont Cheuaux à gouuerner. Recueilly et divisé en trois Traitez par trois diuers Autheurs — Dedié à la Noblesse Françoise. *A Paris, chez Iean Promé ruë vieille Bouclerie, au bout du Pont S. Michel, proche la ruë de la Huchette, au Cheual de Bronze,* 1653.
1 vol. pet. in-8° de 4 f^ts non ch. pour le titre, la dédicace de Promé « à tous « les Gentils-hommes et Escuyers de « France », 226 p. pour la 1re partie *La Grande Marechallerie,* 119 pour la 2e *Receptes pour les Maladies des Cheuaux, approuvez* (sic) et 137 pour la 3e qui traite aussi de maladies et de remèdes, plus, à la fin, 10 f^ts non ch. pour la table alphabétique des 3 parties et le privilège.

Même ouvrage, même titre. *Seconde Ediction,* reueue, corrigée & augmentée de nouueau. *à Paris chez Iean Promé...* (etc., comme cidessus), 1654.
1 vol. pet. in-8° de 4 f^ts non ch. pour le titre, la lettre au Lecteur pour lui annoncer cette 2e éd^on, la dédicace de Jean Promé, 226 p. pour la 1re partie, 186 pour la 2e qui a été considérablement augmentée et à laquelle on a ajouté les fig. du *Mareschal expert* de *Beaugrand* (1), 144 pour la 3e, et 11 f^ts non ch. pour la table.

Le grand Mareschal François; ov il est traité de la Connoissance des Cheuaux, de leurs maladies & de leur guerison. Ensemble la maniere de faire Emplastres, Onguens & Breuuages pour iceux. Traité tres-vtile et necessaire à toutes

---
(1) Pour la description de ces fig. voy. *Beaugrand.*

personnes qui ont Cheuaux a gouuerner. Divisé en trois Traitez, par trois divers Avthevrs — *Troisiesme Edition*, augmentee de nouueau — Dedié à la Noblesse Françoise. *A Paris, chez Estienne Loyson, au Palais, à l'entrée de la Galerie des prisonniers, au nom de Iesvs*, 1658.

1 vol. pet. in-8º de 4 fᵗˢ non ch. pour le titre, la dédicace à tous les gentils-hommes et Escvyers de France (le texte de cette dédicace est le même qu'aux édᵒⁿˢ précédentes, mais la signature de Jean Promé est remplacée par celle de E. Loyson), 224 p. pour la 1ʳᵉ partie, 176 pour la 2ᵉ (avec les fig de Beaugrand, rarement au complet) et 144 pour la 3ᵉ, plus XII fᵗˢ non ch. pour la table et le privilège qui est toujours au nom de Jean Promé.

Même ouvrage, même titre... Ensemble la maniere de les conserver dans la fatigues (sic) des voyages, de leur faire Emplastres, Onguents & Breuuages, & de les penser avec méthode... (etc., comme ci-dessus) — *Dernière Edition*, reveuë & et corrigée de nouveau. *A Lyon, chez Rolin Glaize, rue de la Fusterie proche la grande Congregation*, 1665.

1 vol. pet. in-8º de 4 fᵗˢ non ch. pour le titre, la dédicace (sans signature) et la lettre au lecteur, et 309 p. de texte, avec les fig. de *Beaugrand*, plus 8 fᵗˢ non ch. pour la table et le privilège qui est encore au nom de Jean Promé. Dans cette édᵒⁿ et les suivantes, la pagination se suit pour les 3 parties.

Le Grand Mareschal François, où il est traité de la connoissance des Cheuaux, de leurs maladies, & et de leur guerison. Ensemble la maniere de faire des Emplastres, des Onguents, & des Breuuages pour iceux. Traité tres-vtile & necessaire à toutes personnes qui ont des Cheuaux à gouuerner. Diuisé en trois Traitez, par trois diuers Autheurs. Dédié à la Noblesse Françoise. *A Rouen, chez Pierre Caillové, dans la Cour du Palais*, 1668.

1 vol. in-12 de 4 fᵗˢ non ch. pour le titre, la dédicace de E. Loyson à tous les Gentils-Hommes et Escuyers de France, la Lettre au Lecteur et 355 p.,

plus 10 fᵗˢ non ch. de table pour les 3 parties dont la pagination se suit, avec 10 pl. (provenant du *Mareschal Expert de Beaugrand*) à la fin de la 3ᵉ partie.

Le nouveau Mareschal François ov il est traité de la Connoissance des Cheuaux, de leurs maladies & de leur guerison. Tres utile & necessaire à toutes personnes qui ont Cheuaux à gouuerner. Divisé en quatre parties dont la quatriesme est augmentée en cette derniere edition. Auec les Figures de l'Anatomie du Cheual. *A Paris, chez Estienne Loyson, au Palais, à l'entrée de la Galerie des Prisonniers, au nom de Iesus*, 1670.

1 vol. in-12 de 4 fᵗˢ pour le titre, la dédicace à la Noblesse, la Lettre au Lecteur et le Privilège, 406 p. et 4 fᵗˢ pour la table qui est établie par ordre de matières. Mêmes fig. La 4ᵉ partie, ajoutée dans cette édᵒⁿ, ne contient aussi que des « receptes ».

Le grand Maréchal expert et François, ou il est traité de la connoissance des Chevaux, de leurs maladies & de leur guerison. Ensemble la maniere de les conserver dans la fatigue des voyages & de les penser avec méthode. Traité très utile et necessaire à toutes personnes qui ont Chevaux à gouverner. Divisé en trois parties. *Derniere Edition*, reveuë & corrigée de nouveau, Dedié à la Noblesse Françoise. *A Lyon, chez Claude Bachelu, Marchand Libraire ruë Merciere*, 1676.

1 vol. in-12 de 4 fᵗˢ pour le titre, l'épistre à la Noblesse Françoise, 328 p. et 10 fᵗˢ pour la table et la permission accordée à la Vᵛᵉ Ollier en 1675, avec les mêmes fig.

Même ouvrage, même titre. *A Lyon, chez Esprit Vitali, rue Merciere*, 1682.

Sans changement.

Même ouvrage, même titre. *A Lyon, chez Jean-Aymé Ollier, en Belle-Cour, proche la ruë S. Dominique*, 1688.

Sans changement.

Même ouvrage, même titre que l'édᵒⁿ de 1670 chez Estienne Loyson. *A Paris, chez Estienne Loyson, au premier pilier de la grande Salle du Palais, proche les Consultations, au nom de Iesus*, 1684.

Semblable à l'éd^{on} de 1670, chez Estienne Loyson, décrite ci-dessus et aussi en 4 parties.

Le grand Mareschal François,... etc. Divisé en trois Traittez par trois divers Autheurs. Dédié à la Noblesse françoise. *A Rouen, chez Jean B. Besongne rue Ecuyère au Soleil Royal*, 1692.

1 vol. pet. in-12 de 2 f^{ts} pour le titre, la dédicace, la lettre au Lecteur, 312 p. et 10 f^{ts} pour la table, avec les fig.

Le grand Mareschal François... etc., comme ci-dessus. *A Rouen, chez la Veuve Oursel, ruë S. Jean, à l'Imprimerie*, 1694.

1 vol. pet. in-12 sans changement.

Le grand Maréchal expert et François... etc. *Nouvelle Édition*, revûë, corrigée & augmentée. *A Toulouse, par les Associez*, S. D. (1701).

1 vol. in-12 de 4 f^{ts} pour le titre, la dédicace, la lettre au Lecteur, la permission, datée de Toulouse, 20 Juin 1701, 328 p. et 10 f^{ts} pour la table, avec les fig.

Le grand Maréchal Expert et François... etc. *A Toulouse, chez Manavit*, 1701.

1 vol. in-12 sans changement.

Le Nouveau et Parfait Mareschal François... etc. Divisé en quatre Parties, dont la quatrième est augmentée en cette *derniere Edition*. Avec les Figures de l'Anatomie du Cheval. *A Paris, au Palais, chez Claude Saugrain, dans la Grand' Salle, à la Fleur de Lis*, 1706.

1 vol. in-12 semblable à l'éd^{on} de 1670 chez Étienne Loyson et aussi avec 4 parties. Le titre seul est changé et le privilège, daté de 1669, est toujours au nom d'Estienne Loyson.

Le grand Maréchal expert et François... etc. *Derniere Édition*, revûe & corrigée. *A Toulouse, chez Guillemette, Avocat & Libraire, grand ruë & vis à vis l'Eglise S. Rome*, 1748.

1 vol. in-12 semblable à l'éd^{on} de Toulouse, *par les Associez*, décrite ci-dessus.

Le catal. de la Bib^{que} Huzard indique en outre une éd^{on} de *Limoges. chez Jacques Farne*, S. D., une de *Lyon. chez J.-B. de Ville*, 1676, que je n'ai pas rencontrées jusqu'ici.

D'ailleurs, sauf dans les éd^{ons} de 1670 et 1684 chez Est. Loyson et de 1706 chez Saugrain — qui sont d'ailleurs identiques et dans lesquelles une 4e partie est ajoutée — le texte de toutes ces éd^{ons} est semblable. C'est donc à tort que le libr^e Leblanc, rédacteur du catal. Huzard, indique sous des rubriques différentes le *Grand Mareschal François*, le *Grand Mareschal Expert et François*, le *Nouveau et Parfait Mareschal François* : c'est le même ouvrage.

Il ne contient qu'une compilation de remèdes plus ou moins extravagants empruntés aux vieux auteurs italiens, à Rusé, à Beaugrand, etc. On voit que sa médiocrité n'a pas nui à son succès.

GRANDCHAMP (J.-L.).

Essai Philosophique — Jusqu'à quel point les Traitements barbares exercés sur les Animaux intéressent-ils la morale publique ; et conviendrait-il de faire des Lois à cet égard ? Par J.-L. Grandchamp, Gradué, Docteur en chirurgie, Membre de la Société de Médecine de Paris, du ci-devant Collège Royal de chirurgie de Lyon, ancien Chirurgien en chef de l'Hôpital général de la Charité de cette ville, etc. *A Paris, chez Fain j^{ne} ; ibid., Mongie aîné ; ibid., Colnet ; ibid., Debray ; ibid., Fayolle*. An XII-1804.

1 vol. in-8° de 154 p.

Plusieurs généralités sont applicables au cheval et les p. 73 et suiv. lui sont exclusivement consacrées.

GRANDEAU (Louis).

Agronome français, professeur de chimie agricole à la Faculté des sciences de Nancy, puis doyen de cette même Faculté, professeur au Conservatoire des Arts et Métiers, inspecteur général de l'Agriculture, 1834-1911.

Instruction pratique sur le calcul des Rations alimentaires des Animaux de la ferme, suivie de Tableaux indiquant la composition des Fourrages et autres aliments du Bétail, par L. Grandeau, Directeur de la Station agronomique de l'Est, Professeur à l'Ecole forestière et à la Faculté des Sciences de Nancy, Président de la Société centrale d'Agriculture du Département de Meurthe-et-Moselle, Membre honoraire du Conseil de la Société des Agriculteurs de France, de la Société philomatique, Membre étranger de l'Académie royale d'Agriculture de Stockholm, de la Société royale d'Agriculture d'Angleterre, etc. *Paris, Librairie agricole de la Maison Rustique*, 1876.

Broch. in-8° de 52 p.
Le rationnement du cheval y occupe un tableau de 4 p.

L'Alimentation rationnelle du Cheval de Troupe et le Ministère de la Guerre, par L. Grandeau, Directeur de la Station agronomique de l'Est, Doyen de la Faculté des Sciences de Nancy, Membre du Conseil supérieur de l'Agriculture, du Commerce et de l'Industrie. *Nancy, Imp. Berger-Levrault*, 1880.

Broch. in-4° de 15 p.

Compagnie Générale des Voitures — Rapport adressé au Conseil d'administration de la Compagnie Générale des Voitures sur les Travaux du Laboratoire de recherches en 1879 — Composition des Fourrages — Rations — Substitutions — *Paris, V^{ves} Renou, Maulde et Cock*, 1880.

Broch. in-4° de 47 p. avec plusieurs tableaux h. t. L'auteur signe à la fin d'une Lettre au Président du Conseil d'Administration qui sert de préface à l'ouvrage (voy. Bixio).

Même titre... sur les Travaux du Laboratoire des Recherches en 1880 — Composition moyenne des fourrages consommés — Etude sur le nettoyage de l'avoine — Achat sur titre des fourrages — Expériences sur la ration des chevaux — *Paris, V^{ves} Renou, Maulde et Cock*, 1881.

Broch. in-4° de 36 p.

Compagnie générale des Voitures — Etudes expérimentales sur l'Alimentation du Cheval de Trait — Rapport adressé au Conseil d'administration par L. Grandeau et A. Leclerc (1), Directeurs du Laboratoire de la Compagnie Générale des Voitures. *Paris et Nancy, Berger-Levrault*, 1882.

1 vol. in-4° de 157 p. avec 6 pl. h. t. 8 fig. d. l. t. et XLVI tableaux.

Même titre — *Deuxième Mémoire* — *Paris et Nancy, Berger-Levrault*, 1883.

1 vol. in-4° de 203 p. avec LXIV tableaux d. l. t. et 12 pl. de diagrammes se dépliant.

Même titre — *Troisième Mémoire* — *Nancy, Berger-Levrault*, 1887.

1 vol. in-8° gr. de 115 p. avec 11 pl. de diagrammes se dépliant.

Même titre — *Quatrième Mémoire* — *Nancy, Berger-Levrault*, 1889.

1 vol. gr. in-8° de 130 p. avec nombreux tableaux d. l. t.

Même titre — par L. Grandeau, Chimiste-Conseil, A. Leclerc et H. Ballacey, Directeurs du Laboratoire — *Cinquième mémoire* — *Nancy, Berger-Levrault*, 1893.

1 vol. in-8° de 176 p., avec nombreux tableaux d. l. t.

Même titre — par L. Grandeau, Chimiste-Conseil, H. Ballacey, Directeur du Laboratoire — *Sixième Mémoire* — *Nancy, Berger-Levrault*, 1894.

1 vol. gr. in-8° de 105 p. avec nombreux tableaux d. l. t.

Même titre — par L. Grandeau, Chimiste-Conseil, H. Ballacey et A. Alekan (2) Directeurs du Laboratoire — *Septième Mémoire* — *Nancy, Berger-Levrault*, 1897.

1 vol. gr. in-8° de 128 p. avec nombreux tableaux d. l. t.

Cet important travail contient une mine inépuisable de renseignements sur l'alimentation du cheval, ses rapports avec le travail fourni, les substitutions de denrées, etc. Il ne pouvait être entrepris qu'au moyen des ressources uniques mises à la disposition des auteurs par le laboratoire d'expériences créé par M. Bixio (voy. ce nom) et dont la description, accompagnée des pl. nécessaires, est donnée au 1er Mémoire.

Toutefois, ces Mémoires n'abordent

(1) Voy. ce nom pour un autre ouvrage.
(2) Voy. ce nom pour un autre ouvrage.

pas la question de l'alimentation sucrée, entrée plus tard dans la pratique et étudiée dans deux ouvrages cités ci-dessous.

Instruction pratique sur la Ramille alimentaire. Récolte, préparation, conservation, ensilage, valeur nutritive, par L. Grandeau, Inspecteur général de Station agronomique, Directeur de la Station agronomique de l'Est, Membre du Conseil supérieur de l'Agriculture. *Paris, Imp. C. Pariset*, 1893.

Broch. in-16 de 32 p.

L'opuscule contient à la fin des observations sur l'empoisonnement des chevaux par l'écorce d'acacia.

La Forêt et la disette de Fourrages. Instruction pratique sur la ramille alimentaire, par L. Grandeau (etc. comme ci-dessus) *Paris, Imp. C. Pariset*, 1893.

1 vol. gr. in-18 de x-114 p.

Bibliothèque de l'Enseignement agricole publiée sous la direction de M. A. Müntz, Professeur à l'Institut agronomique — **L'Alimentation de l'Homme et des Animaux domestiques — Tome I — La Nutrition animale** par L. Grandeau, Directeur de la Station agronomique de l'Est, Inspecteur général des Stations agronomiques, Professeur suppléant au Conservatoire des Arts et Métiers, Membre du Conseil supérieur de l'Agriculture. *Paris, Firmin-Didot*, 1893.

1 vol. in-8º de ix-403 p.

Il est peu question du cheval dans ce savant ouvrage où le sujet est surtout traité au point de vue de la composition chimique des aliments et du rendement en viande. Toutes les généralités lui sont cependant applicables.

Le Sucre et l'Alimentation de l'Homme et des Animaux — I La question sucrière — II. Rôle et valeur du sucre dans l'alimentation — III La mélasse et l'alimentation du bétail, par Louis Grandeau, Membre de la Société Nationale d'Agriculture de France, Rédacteur en chef du Journal d'Agriculture pratique, Directeur de la Station agronomique de l'Est, Professeur au Conservatoire national des Arts et Métiers — Extrait des *Annales de la Science agronomique française et étrangère*, 2ᵉ Série, 4ᵉ Année, 1898, Tome II. *Paris, Berger-Levrault ; ibid., Librairie agricole de la Maison Rustique*, 1899.

Broch. in-8º de 55 p.

La Question sucrière en 1903. — Valeur et rôle alimentaires du Sucre chez l'Homme et chez les Animaux par Louis Grandeau, Membre de la Société... (etc., comme ci-dessus) — L'Industrie sucrière dans le monde — Production du Sucre de betterave de 1852 à 1902. — Production du Sucre de canne — Consommation du Sucre dans le monde — Origine et formation du Sucre chez les Animaux — Le Sucre et l'énergie musculaire chez le Soldat, l'Ascensionniste, etc. — Le Sucre et l'alimentation du Cheval — La Mélasse et les Fourrages mélassés dans l'alimentation des Animaux. — *Paris, Berger-Levrault ; ibid., Librairie agricole de la Maison Rustique*, 1903.

1 vol. in-8ᵉ de 145 p.

Compagnie générale des Voitures à Paris — Laboratoire de recherches — Vingt années d'expériences sur l'Alimentation du Cheval de trait — Etudes sur les Rations d'entretien, de marche et de travail. Composition des Fourrages, digestibilité — Statiques de l'eau et de l'azote, par L. Grandeau et A. Alekan, Directeurs du Laboratoire de recherches, avec la collaboration de A. Leclerc (1880-1890) et de H. Ballacey (1890-1894). *Paris, L. Courtier*, 1904.

Atlas gr. in-fº oblong de 67 p. contenant des tableaux graphiques en couleurs, accompagnés de texte explicatif et 2 pl. contenant des fig. représentant les stalles destinées aux chevaux d'expérience et les détails du manège dynamométrique de Wolff avec compteur totalisateur de Leclerc (1).

Ce travail présente la synthèse des *Rapports* établis de 1880 à 1897 et décrits plus haut.

Société nationale d'Encourage-

(1) Pour cet appareil, voy. Leclerc (J.-N.-A.)

ment à l'Agriculture — Extrait du Compte rendu des Travaux du Congrès hippique tenu à Paris les 21 et 22 Juin 1907 — L'Alimentation du Cheval de Pur Sang, par L Grandeau, Vice-Président de la Société nationale d'Encouragement à l'Agriculture..., etc. *Paris, Imp. L. Marétheux*, 1907.

Broch. in-8° de 8 p. avec 1 fig. d. l. t. (Portrait du cheval de p. s. Azote. soumis à une alimentation lactée qui fait l'objet de cette étude).

GRANDES (LES) MOUSTACHES DE PARIS.

Les grandes Moustaches de Paris, ou Réflexions d'un Patriote dit l'Avocat des Pauvres et Sappeur d'un District. Au sujet des Gens à Equipages, qui doivent contribuer au soulagement de ces Infortunés. (*Paris*) *De l'Imp. de Guilhemat et Arnulphe, Rue Serpente N° 23*. 1790.

Broch. in-8° de 8 p.

L'auteur se plaint « des grands et « fameux équipages, conduits par ces « gros cochers à moustaches (1) qui, « d'un air fier, déterminé et paroissant « s'autoriser de l'orgueil de leurs maîtres, « n'ont pas plutôt dit garre qu'ils écra-« seroient les gens s'ils ne se rangeoient « pas bien vite... » Il demande que les propriétaires de carrosses soient frappés d'un impôt au profit des pauvres.

Opuscule curieux et rare. Inconnu au Cte de Contades.

GRANDGUILLOT (Ambroise).

Vétérinaire français, diplômé d'Alfort en 1866.

Thèse pour l'obtention du Diplôme de Médecin Vétérinaire, présentée et soutenue le 8 Août 1866 à l'Ecole d'Alfort par Grandguillot (Ambroise), né à Renazé (Mayenne), Médecin Vétérinaire — De la Fluxion périodique — *Paris, Imp. Victor Goupy*, 1866.

Broch. in-8° de 55 p. Dédicace d'usage.

GRANDIN (Claude-Victor-Eugène).

(1) On voit qu'à cette époque, où personne ne portait la moustache, les élégants la faisaient porter à leurs cochers. C'est exactement l'inverse présentement.

Général de Division français (cav^{le}), 1831-1912. Sous-lieut^{nt} en 1852, général de div^{on} en 1887, passé dans le cadre de réserve en 1896.

Etude sur la Cavalerie, Saint-Cyr et Saumur. *Paris, L. Baudoin*, 1889.

Broch. in-8° de 37 p., anonyme.

C'est une étude sur l'organisation de la Section de cav^{le} à l'école de St-Cyr.

Dix-huit ans de Généralat dans la Cavalerie (1878-1896), par le Général de Division Grandin — Ce livre n'est pas mis en vente. Toute reproduction est interdite — *Besançon, Imp. H. Bossange*, 1901.

1 vol. gr. in-8° de VIII-564 p.

Autobiographie de l'auteur avec des considérations, des études et des critiques sévères et souvent passionnées sur l'organisation, l'instruction et le commandement de la cav^{le}.

GRANDIN (F.).

Littérateur français, a rédigé les *Souvenirs de Krettly*. Voy. *Krettly*.

GRANDMAISON (Auguste-Thomas LE ROY DE).

Lieutenant-général français (cav^{le}). 1715-An IX. Lieut^{nt} dans la Milice de Paris en 1735 : lieut^{nt} réformé à la suite de la Comp^{ie} franche de Jacob, en 1741 ; cap^{ne} réformé à la suite de celle de Dumoulin (1), et prisonnier de guerre la même année ; cap^{ne} dans Grassin-Cavalerie en 1744 ; rang de lieut^{nt}-colonel et de nouveau prisonnier de guerre en 1748 ; cap^{ne} aux Volontaires de Flandre en 1749 ; major de ceux du Hainaut, en 1757 ; prisonnier de guerre à Minden en 1758 ; colonel des Volontaires du Hainaut la même année ; brigadier en 1761 ; m^{al} de camp et gouverneur de la Citadelle de Cambrai en 1762 ; employé en Corse en 1768 ; lieut^{nt} général en 1781 et retraité en l'an IX, peu avant sa mort.

Il avait fait campagne de 1741 à 1760 et avait été blessé d'un coup de feu. C'était un intrépide soldat « hazardant « tout à la guerre où il a eu des affaires « de la plus grande distinction », dit une note de son dossier.

(1) La compagnie franche de *Jacob* et celle de *Dumoulin* s'illustrèrent pendant les campagnes de 1741 et 1742 contre Marie-Thérèse par une guerre de partisans et d'audacieux coups de main. Mais Grandmaison avoue lui-même que, pour cette guerre toute spéciale, les hussards hongrois, d'ailleurs puissamment secondés par les paysans soulevés à l'appel de Marie-Thérèse, leur furent souvent supérieurs.

La petite Guerre, ou Traité du Service des troupes légères en Campagne, par M. de Grandmaison, Capitaine, avec Commission de Lieutenant-Colonel de Cavalerie au Corps des Volontaires de Flandre S. L. (Paris?). 1756.

1 vol. très pet. in-8° de 6 f^{ts} pour les titres, la dédicace au Cte d'Argenson. Ministre de la guerre, la table et 419 p.

Ouvrage rare et intéressant qui concerne principalement la cav^{ie} et la manière de l'employer dans la guerre de partisans que l'auteur avait longtemps et bien faite. Les anecdotes sur les faits d'armes des fameuses compagnies franches de Jacob et de Dumoulin sont curieuses. Grandmaison donne des détails non-seulement sur l'emploi et la direction des troupes légères, mais sur la remonte, le harnachement, l'habillement, l'armement, le recrutement, les équipages, etc. Beaucoup de passages n'ont pas vieilli et peuvent être encore utilement consultés.

Voy. aussi, sur la petite guerre et la guerre de partisans : *Traité de la Constitution des Troupes légères* — *Jeney (de)* — *Davidoff* — *Wüst (de)* — *Ray de St Geniès* — *Petit Guide des Guerillas* — *Rustow* — *La Roche (de)* — *Le Miere de Corvey* — *Decker (de)* — *La Roche-Aymon (de)* — *Létang* — *Callwell*, etc.

GRANDMAISON (Henri-Auguste BABIN DE).

Officier d'Etat-major, puis de cav^{ie} français, 1834-1905. Sous-lieut^{nt} en 1855, colonel en 1891, retraité en 1894. Il avait un très agréable talent de dessinateur et il est l'auteur de nombreuses eaux-fortes et lithographies. Grandmaison dessinait chaque année un charmant menu pour le dîner annuel de notre commune promotion. Quelques-uns sont recherchés.

Fantassins et Cavaliers sous Louis XV — Croquis par H. de Grandmaison. D'après des documents de la Bibliothèque du Ministère de la Guerre. Dessins de Parrocel, Gouaches de Delaistre, peintre du Roi, etc. *S. L. ni nom d'éditeur*. 1891.

Recueil in-4° que je n'ai jamais rencontré complet et qui doit contenir au moins 82 pl.

Cavaliers et Dragons en 1740 — Croquis par H. de Grandmaison d'après les dessins de Parrocel. *S. L. ni nom d'éditeur*, 1893.

Recueil in-8° carré de 24 pl.

Dans le premier de ces deux recueils, les personnages et les chevaux sont à peu près de la même grandeur que dans les dessins de Parrocel ; dans le second, ils sont très réduits.

Pour la description des suites gravées et des dessins originaux que possède la Bibliothèque de la guerre, ainsi que pour la biographie de *Parrocel*, voy. ce nom.

GRANDVOINNET (Jules-Alexandre)

Ingénieur et professeur de génie rural à l'École de Grignon, né en 1824.

Bibliothèque du Cultivateur — Traité élémentaire des constructions rurales, par J.-A. Grandvoinnet, Professeur de Génie rural à l'Institut national agronomique. Tome premier, principes généraux de construction — Tome second, Bâtiments ruraux — Ouvrage orné de 306 figures. *Paris, Lib^{ie} agricole de la Maison Rustique*, 1883.

2 vol. in-18 de XII-162 et VIII-124 p.

Les écuries et leur mobilier occupent les p. 13 à 39 du T. II, avec 31 fig.

Plusieurs éd^{ons} successives ont été publiées sans changement. La 5e et dernière à ce jour est de 1910.

GRANGUES (LE MARQUIS DE), voy. EURVILLE DE GRANGUES (D').

GRAPHEUS (Corneille), dit aussi SCRIBONIUS ou SCHRYVER (1).

Poète, historien et écrivain religieux flamand, 1482-1558. La régence d'Anvers lui donna le droit de bourgeoisie et le nomma greffier de la ville. L'un de ses ouvrages donne une curieuse description de l'entrée à Anvers, en 1549, du prince Philippe d'Espagne, fils de Charles-Quint, qui devint Philippe II, ainsi que des cavalcades et tournois qui eurent lieu à cette occasion. C'est à ce titre que je le cite ici.

Spectaculorum in Susceptione Philippi Hisp. Prin. Divi Caroli V Cæs. F. An. 1549 Antverpiæ Aedi-

---

(1) C'est le même nom — Flamand, latinisé et grécisé : scribe, écrivain, greffier. Dans la *Biographie Didot-Hœfer*, son nom est — avec raison d'ailleurs — orthographié Graphæus. J'ai respecté l'orthographe du titre de son ouvrage.

torum mirificus apparatus. Per Cornelium Scrib. Grapheum, eius Urbis Secretarium et verè et ad vivum accuratè descriptus. Cum Privilegio Cæsareo et approb. Cancell. Subsig. P. de Lens. *Excus. Antverpiæ, pro Petro Alosteñ Impressore iurato, Typis Aegidii Disthemi* an. 1550 Men. Jun.

1 vol. pet. in-f° de 59 f^ts non ch. avec 29 pl. gravées sur bois d. l. t., dont quelques-unes doubles et 1 se dépliant.

La même année, l'ouvrage fut traduit en français, aussi à Anvers.

Le Triumphe d'Anvers, faict en la susception du Prince Philips, Prince d'Espaigñ.

Ce titre est dans un frontispice entouré d'ornements et de personnages, qui ne se trouve pas dans l'éd^on latine. Au verso, pièce de vers adressée au lecteur. Le titre imprimé est au f^t suivant :

La tresadmirable, tresmagnificque & triumphante entree du treshault & trespuissant Prince Philipes, Prince d'Espaignes, filz de Lempereur Charles V^e, ensemble la vraye description des Spectacles, theatres, archz triumphaulx &c. lesquelz ont este faictz & bastis a sa tresdesiree reception en la tresrenommee florissante ville d'Anvers. Anno 1549. Premierement composee & descripte en langue Latine par Cornille Grapheus Greffier de ladicte ville d'Anvers & depuis traduicte en Franchois (1) par Grace & Privilege de la Cæs. Maieste & le tout par approbation de la Chancelerie de Brabant & soubsigne P. de Lens. *Imprimé à Anvers pour Pierre Coeck d'Allost, libraire iuré de l'Emperialle Maieste par Gillis van Diest.* 1550.

1 vol. pet. in-f° de 59 f^ts avec les mêmes pl. qu'à l'éd^on latine, plus, au commencement, le frontispice signalé plus haut et, à la fin, un f^t d'ornements du même genre au milieu desquels on lit « Cum Privilegio ».

La traduction française est très infidèle, de nombreux passages sont mal rendus, d'autres tronqués ou supprimés.

(1) Le ch. pour le c se trouve dans beaucoup de mots des traductions flamandes de cette époque. C'est ainsi que Prince est presque toujours écrit Prinche.

Les pl. ne représentent que des décorations architecturales, mais le texte donne une très curieuse description des nombreux cortèges de marchands ou de corps de nations qui défilèrent à cheval; celle de leurs habits, des harnachements et de la race de leurs chevaux, etc., avec, à la fin, celle de 3 joutes. La 1re et la dernière étaient des tournois à cheval, la 2e un combat à pied. Deux seigneurs, le Cte d'Arembergh, seigneur de Barbansson et Jacques de Herbois (ou Harbois), Mis d'Anvers, avaient été si grièvement blessés dans un tournoi précédent, donné à Bins (Binche) par ordre de la Reine Marie de Hongrie (1) qu'ils ne purent prendre part à l'un de ceux d'Anvers pour lequel ils étaient désignés. Ils furent alors remplacés par le Prince de Piémont et M. de Humbermont. Le récit de Grapheus nous montre d'ailleurs avec quelle violence avaient lieu ces combats.

On sait que, quelques années plus tard, l'enthousiasme de la noblesse et du peuple des Pays-Bas, si pompeusement décrit par Grapheus, se transforma en une haine implacable contre Philippe II qui finit par perdre ces belles provinces à la suite d'une longue et sanglante révolte.

D'après ses biographes, les ouvrages de Grapheus « sont écrits dans un latin « élégant ». Mais, quand il décrit des armes, des étoffes, des habillements inconnus des anciens, il use d'un latin de cuisine réjouissant : casacca pour casaque, Hallebardiī pour Hallebardiers, vestis interior (Palthocum appellant) (2) pour le vêtement de dessous des marchands de Lucques, etc., etc.

GRARDEL (Edmond).

Le Haràs d'Eterpigny au Baron d'Herlincourt, par Edmond Grardel. *Arras, Imp. de la Société du Pas-de-Calais, P. M. Laroche, Directeur*, 1899.

Broch. in-12 de 8 p.

L'auteur donne le signalement sommaire de 9 étalons, 4 poulains et 1 jument de race boulonnaise et de 3 étalons de 1/2 sang. Voy., sur le même sujet, *Vallée de Loncey*.

(1) Qui gouvernait alors les Pays-Bas pour son frère Charles-Quint. Pour le tournoi de Binche, qui avait eu lieu en 1549, voy. *Ruellens*.

(2) Littré, d'ailleurs, fait remonter au XVe siècle l'origine du mot *paletot*, qu'on écrivait *paletoc*, d'où le terme de mépris *paletoquet*. Mais on voit que, contrairement à sa signification moderne, c'était alors un vêtement de dessous.

Bibliogr. hippique. T. I. — 37.

GRASILIER (L.), voy. LANDRIEUX (J.).

GRAU (A.).
Ingénieur agronome.

De l'examen de la mâchoire dans l'achat des animaux et le choix des reproducteurs, par A. Grau, Ingénieur agronome, Chef du Service Zootechnique. *Angers, G. Grassin*, 1912.

Broch. in-8° de 4 p. Extrait du *Bulletin mensuel de la Société Industrielle et Agricole d'Angers et du département de Maine-et-Loire.*
Concerne en partie le cheval.

GRAUX (Cyprien-Damase, dit Georges).
Vétérinaire militaire français et docteur en droit. Né en 1855, diplômé d'Alfort en 1877, vétérinaire principal en 1910, retraité en 1912. Il a terminé sa carrière comme Directeur du 13ᵉ Ressort vétérinaire (Algérie-Maroc) et s'est particulièrement occupé de l'économie politique et de l'agriculture de ces pays. Depuis sa retraite, il est avocat à Amiens.

Causeries agricoles, Hygiène rurale publique et privée, Agriculture, Horticulture, Economie du Bétail, suivies de conseils pratiqués sur la Production, l'Elevage, l'Examen, la Vente et l'Achat du Cheval, par D. G. Graux, Secrétaire-Rapporteur de la Commission des Droits de Douanes à la Société des Agriculteurs de la Somme. *Amiens, Imprimeries Amiénoise et du Progrès réunies*, 1890.

1 vol. in-8° de 339 p.
Les deux premières parties contiennent de nombreux passages applicables au cheval. La 3ᵉ partie, p. 271 à la fin, lui est entièrement consacrée.

Le Maroc — Sa production agricole, par R.-G. Graux, Docteur en Droit, Lauréat de la Faculté de Droit de Paris, Avocat à la Cour d'appel. *Paris, L. Larose et L. Tenin*, 1912.

1 vol. in-8° de 406 p., avec nombreux tableaux statistiques d. l. t. et 2 cartes h. t. se dépliant.
Important ouvrage, bien documenté. Le Chap. IV traite du mulet, de l'âne et du chameau ; le Chap. V, du cheval ; le Chap. VI, des associations d'éleyage, parmi lesquelles celles qui s'occupent du cheval.

La Production animale en Algérie, par D. G. Graux, Docteur en Droit. *Paris, Jouve*, 1914.

1 vol. in-8° de 443 p., avec nombreux tableaux statistiques d. l. t.
Ce travail donne le dénombrement, les débouchés de chaque race, traite de l'élevage et de l'amélioration du bétail, y compris le cheval, l'âne et le mulet qui y tiennent une place importante.

GRAVIER (Jean-François-Robert).
Officier d'inf^{ie} français, né en 1874, sous-lieut^{nt} en 1897, cap^{ne} en 1911.

Les Opérations dans la Vienne de la levée de 30.000 hommes de Cavalerie — Les Cavaliers jacobins, par le Capitaine Gravier. *Poitiers, Imp. G. Roy*, 1914.

Broch. in-8° de 12 p. (Extrait du *Bulletin de la Société des Antiquaires de l'Ouest.*)
Voy. aussi, sur les Cavaliers Jacobins, Anquetil (E). et Daressy (H.).

GRÉGOIRE (Ach.), voy. KELLNER (O.).

GRÉGOIRE (Henri).
Prêtre belge, archéologue et paléographe, attaché à l'Université de Louvain.

Bibliothèque hagiographique orientale éditée par Léon Cuignet — Saints jumeaux et Dieux Cavaliers. Etude hagiographique par Henri Grégoire, Docteur en Philosophie et Lettres. *Paris, A. Picard et fils*, 1905.

Broch. gr. in-8° de IV-77 p.
Savante discussion au sujet de trois saints jumeaux, Speusippe, Elasippe et Mélésippe qui auraient été martyrisés au IIIᵉ siècle, qui étaient cavaliers, habiles à dompter et à élever les chevaux et qui vivaient en Cappadoce. Ils seraient devenus les saints patrons de cette région célèbre par l'élevage de chevaux très estimés. L'auteur pense reconnaître, dans cette légende, une transformation chrétienne du culte des Dioscures grecs, Castor et Pollux, qui étaient des dieux cavaliers, président aux courses d'hippodrome, y prenant personnellement part et qui sont toujours représentés à cheval. Leur culte aurait lui-même été précédé par celui « d'une divinité pré-hellénique, symbo-

« lisant cet élevage et ce dressage des
« chevaux qui faisaient la renommée et
« la fortune du pays ».
Sur les Dioscures, voy. aussi *Albert*
(*Maurice*).

GREINDL (Arthur-Charles-Marie-Joseph-Léon BARON).
Général de div^{on} belge (cav^{ie}), né en 1839.

La nouvelle Tactique de Lignes de la Cavalerie allemande — Examen sommaire du Règlement du 10 Avril 1886 comparé à celui de la Cavalerie française et au nôtre, par le Lieutenant-Colonel Baron C. Greindl, du 2e Régiment des Guides. *Bruxelles, E. Guyot*, 1886.

1 vol. in-8° de 102 p., avec quelques fig. de formations et de déploiements d. l. t.

GRIMOARD (P.-H. COMTE DE), voy. TRAITÉ SUR LA CONSTITUTION DES TROUPES LÉGÈRES.

GRISELLE (Eugène).
Prêtre français, chanoine de Beauvais, docteur ès lettres, maître de conférences à la Faculté des lettres de Lille, né en 1861.

Etat de la Maison du Roi Louis XIII, de celles de sa mère Marie de Médicis; de ses sœurs, Chrestienne, Elisabeth et Henriette de France; de son frère Gaston d'Orléans; de sa femme Anne d'Autriche; de ses fils, le Dauphin (Louis XIV) et Philippe d'Orléans, comprenant les années 1601 à 1665 publié par Eugène Griselle, Docteur ès Lettres, Lauréat de l'Académie française (Prix Juteau-Duvigneau, 1902; prix Saintour, 1911). *Paris, Paul Catin*, 1912.

1 vol. in-8° de VIII-409 p.

Supplément à la maison du Roi Louis XIII comprenant le Règlement général fait par le Roi de tous les Etats de sa Maison et l'Etat général de paiement fait en 1624, publié par Eugène Griselle... (etc., comme ci-dessus). *Paris, Paul Catin*, 1912.

1 vol. in-8° de VIII-123 p.

Ecurie, Vénerie, Fauconnerie et Louveterie du Roi Louis XIII, publié par Eugène Griselle... (etc., comme ci-dessus). *Paris, Paul Catin*, 1912.

Broch. in-8° de x-67 p.

Maisons de la Grande Mademoiselle et de Gaston d'Orléans, son père, publié par Eugène Griselle... (etc., comme ci-dessus), *Paris, Paul Catin*, 1912.

Broch. in-8° de VIII-45 p.

Ces ouvrages sont cités ici à cause des intéressants détails donnés sur l'organisation des écuries royale et princières au XVIIe siècle et sur les écuyers attachés au service du Roi et de la famille royale.

GRISONE (Federico), ou GRISON (Fédéric ou Frédéric).
Gentilhomme napolitain du milieu du XVIe siècle, un des écuyers les plus célèbres de l'Italie : la réputation de l'Academie de Naples lui est due en grande partie. Il était, parait-il, « doué de tous « les avantages recherchés dans un cava- « lier ».

Il a publié, en 1550, en italien, un traité d'équitation et d'embouchures qui a obtenu un succès prodigieux, et qui a eu de très nombreuses éd^{ons} dans toutes les langues de l'Europe. Les traductions françaises sont décrites ci-dessous en détail et les autres sommairement indiquées.

L'Ecvrie du S. Federic Grison, gentilhomme napolitain; en laquelle est monstré l'ordre & l'art de choysir, dompter, piqver, dresser & manier les Cheuaux, tant pour l'vsage de la guerre qu'avtre commodité de l'homme : auec figvres de diuerses sortes de mors de bride. Nagueres traduitte d'Italien en François. *A Paris, chez Ch. Perier, à l'Enseigne du Bellerophon*, 1559.

1 vol. in-4° de ... f^{ls} avec 2 fig. de manège et 51 fig. de mors à pleine p.

C'est la 1re traduction française. Malgré de patientes recherches, je n'ai jamais pu la rencontrer et je n'en donne la description que d'après le catalogue de la Bib^{que} Huzard (T. III, n° 4654). En tout cas, les pl. sont semblables à celles des éd^{ons} suivantes.

Même ouvrage, même titre... N'agueres traduitte d'Italien en François & nouuellement reueuë & augmentée. *A Paris, chez Charles*

Perier, à l'enseigne du Bellerophon, rue sainct Iean de Beauuais, 1563.

1 vol. in-4° de 156 f^ts, les 4 premiers pour le titre, avec la marque du Bellérophon, la dédicace du traducteur. Bernard du Poy-Monclar (1) à Très havlt et pvissant Seignevr Iacques de Silly, comte de Rochefort... etc., etc., dont les armes se trouvent au verso du titre, 2 curieuses fig. de manège à pleine p. et 51 fig. de mors, avec une légende au bas, qui occupent les f^ts 129 à 154 et qui sont suivies d'une p. et demie de t. et du privilège.

Même ouvrage, même titre, *même libraire*, 1565.

Sans changement.

Même ouvrage, même titre, *même libraire*, 1568.

Sans changement.

Même ouvrage, même titre... Naguières traduite d'Italian en François, & nouuellement reueuë & augmentee & enrichie d'abondant de la figure & description du bon Cheual. *A Paris, chez Guillaume Auvray, rue S. Iean de Beauuais à l'enseigne du Bellerophon couronné* (2), 1575.

1 vol. in-4° de 4 f^ts lim^res pour le titre et la dédicace de Guillaume Auvray à Messire François d'Escoubleau, Seigneur de Sourdis... etc., et les Marques et Enseignes du bon Cheval (en vers), 90 f^ts de t. suivis de 26 f^ts contenant 51 fig. de mors. Ces 26 f^ts sont paginés de la manière la plus irrégulière, mais les fig. de mors sont dans le même ordre que dans les autres éd^ons, italiennes ou françaises.

Même ouvrage, même titre. *A Paris, chez Thomas Perier, rue S. Iean de Beauuais, à l'enseigne du Bellerophon*, 1579.

1 vol. in-4° de 4 f^ts limin. pour le titre, la dédicace de Guillaume Auvray à François d'Escoubleau, les Marques et Enseignes du bon cheval (en vers) 115 f^ts chif. de t. et 6 f^ts non chif. à la fin pour La figure et discours du cheval, 1 pl. représentant un cheval dont les diverses parties sont reliées au cadre par des lignes pour le nom et l'emplacement des maladies, et Les maladies qui peuvent survenir au Cheval. Cette dernière partie est nouvelle.

Même ouvrage, même titre (mais sans les mots « & enrichie d'abondant »). *A Paris, chez Adrian Perier ruë S. Iean de Beauuais au franc Meurier*, 1584.

1 vol. in-4° de 4 f^ts lim^res pour le titre, avec la marque d'Adrian Perier (1) et, au verso, les armes de Jacques de Silly, Cte de Rochefort... etc., la dédicace de Bernard du Poy-Monclar à ce Seigneur, 192 p., la dernière chiffrée 184 par erreur et 4 f^ts non chif. à la fin pour 1 p. d'explication, la fig. du cheval et les maladies et remedes. Mêmes pl. de manège et de mors qu'aux éd^ons précédentes.

Même ouvrage, même titre. *Lyon, Adrian Perier*, 1584.

Même éd^on que la précédente, avec un titre nouveau.

Même ouvrage, même titre. *Paris, Adrian Perier.* 1585.

Même éd^on avec un titre nouveau.

Même ouvrage, même titre... traduitte d'Italien en François & nouuellement reueuë & augmentee, outre les precedentes impressions. Plus les remedes tres-singuliers pour les maladies des Cheuaux adjoutez par le Sr Francisco Lanfray, Escuyer Italien. *A Tournon, par Claude Michel, Imprimeur de l'Vniversité*, 1599.

1 vol. in-4° de 2 f^ts non chif. pour le titre avec, au verso, les armes de Just de Tournon, Cte de Roussillon... etc., la dédicace de Claude Michel à ce Seigneur, 192 p. de t., la dernière chif. 184 par erreur et, à la fin, 10 f^ts pour la figure du cheval, ses maladies et ses remedes (comme à l'éd^on précédente) et les remedes du Sr Francisco Lanfray, qui n'existent que dans cette éd^on.

Mêmes pl. de manège et de mors qu'aux éd^ons précédentes. Sur le titre, marque représentant un homme marchant sur un serpent et cueillant des fruits à l'arbre de la science avec la devise : Virtutem sibi invicem hærent (2).

---

(1) Qui a aussi traduit *Végèce* (voy. ce nom) a même année.

(2) Guillaume Auvray avait sans doute couronné son Bellérophon sur son enseigne ; mais, sur le titre, c'est le même Bellerophon que celui des Perier. Auvray, d'ailleurs, était beau-frère de Thomas Perier.

(1) Un jet d'eau alimenté par 2 pompes foulantes avec la devise : Dum premor attollor.

(2) Marque de Thibauld Payen, impr. libr. à Lyon, 1534-1561, et qui fut également employée par Etienne Michel, libr. à Lyon 1574-

Même ouvrage, même titre. *Paris, chez Adrian Perier, rue Sainct Jacques*, 1610.

1 vol. in-4° semblable, y compris la faute de pagination de la p. 192, à l'éd^on du même libr. imp. de 1684, décrite ci-dessus, mais sans les armoiries de Jacques de Silly et avec la marque du Bellerophon sur le titre, au lieu du jet d'eau ; avec également les maladies et les remèdes du cheval, mais, bien entendu, sans les remèdes du Sr Lanfray qui, ainsi que je l'ai dit plus haut, ne sont ajoutés que dans les exemplaires de Tournon.

Le catal. Huzard signale encore une éd^on de 1615, également *chez Adrian Perier*. Je ne l'ai pas rencontrée jusqu'ici. Mais, d'après un renseignement que je crois exact, ce serait aussi la même éd^on.

La 1re éd^on italienne est de 1550 (et non 1552 comme l'indique Brunet). En voici la description :

Gli ordini di cavalcare di Federigo Grisone, Gentil'huomo Napoletano. Con gratia et motu proprio di Papa Giulio Terzo : et con priuilegio dell' Illustriss. Vece Rè di Napoli, che per Anni Dieci nō si debabiano stampare : & stampati in altri luoghi, non si possano vendere. Anno Domini 1550. *In Napoli, Appresso Giouan Paulo Suganappo : Nell' Anno Del Signore* 1550.

1 vol. in-4° de 2 f^ts non ch. pour le titre et la dédicace de l'auteur au cardinal de Ferrare, Hippolyte d'Este, 124 f^ts de t. et 30 f^ts non ch. à la fin pour les fig. de mors et les errata. Lettres ornées

1586. Quelle parenté l'unissait à Claude Michel ? Je l'ignore.

Les libraires qui annoncent cette éd^on de 1599 la cotent toujours à un prix élevé, en ajoutant que c'est une impression très rare de Tournon. Je suis à peu près certain qu'elle n'a pas été imprimée à Tournon. On remarquera d'ailleurs l'exacte similitude de cette éd^on avec la précédente, y compris la faute de paginatio 1 de la p. 192. Remarquons aussi qu'Adrian Perier a daté de Lyon certains exemplaires de son éd^on de 1584. Les pièces ajoutées dans celles de 1599 ne si nifient rien à ce sujet, puisqu'elles occupent des f^ts non chiffrés et ajoutés. Toutefois, n'ayant pas eu *en même temps* sous les yeux ces différents exemplaires, je ne puis rien affirmer avec une certitude absolue, mais il me paraît presque certain que la soi-disant impression de Tournon n'est autre que l'éd^on de 1584 imprimée à Paris, avec l'addition d'un titre nouveau, de la dédicace à Just de Tournon et des remèdes du Sr Lanfray. C'est aussi l'opinion d'un bibliothécaire érudit qui possède une éd^on de Tournon ; ce qui d'ailleurs n'empêche pas qu'elle soit fort rare.

au commencement de chaque livre, 2 fig. de manège et 50 pl. de mors.

L'ouvrage a eu un grand nombre d'autres éd^ons italiennes. Le catal. Huzard signale les suivantes :

Venise, 1552, pet. in-8° ; *Pesaro*, 1555, in-4° ; *ibid*, 1556, 1558, in-4° ; *Naples*. 1559, in-4° ; *Padoue*, 1559, pet. in-8° ; *ibid*, 1561, in-8° ; *Venise*, 1565, 1569, in-8° ; *ibid*, 1571, pet. in-4° ; *ibid.*, 1582, in-8° ; *ibid*, 1584, 1590, 1610, 1620, in-4°.

Le même catalogue cite une éd^on espagnole, *Baeza*, 1568, in-4° et une allemande, *Augsbourg*, 1570, in-f°. Mais il y en a aussi en portugais et en anglais, et probablement d'autres en italien. Je possède une éd^on Allemande d'Augsbourg, par *Michel Mauger*, 1573, qui est, je crois, la même que celle de 1570 ; elle contient des additions très importantes. C'est un in-f° de 6 f^ts lim^res pour le titre entouré de médaillons représentant des scènes hippiques, les préfaces, 236 p. de t. avec 68 fig. à pl. p., dont plusieurs sont répétées pour l'anatomie et l'extérieur du cheval, le dressage, les fig. de manège, les mors ; plus, à la fin, 20 pl. h. t. représentant des duels et combats à cheval et une dernière pour l'extérieur. C'est un ouvrage très curieux.

Grison a été diversement jugé, ce qui montre que certains de ses critiques ne l'avaient lu qu'imparfaitement. On trouve en effet dans son ouvrage, des préceptes très différents et qui semblent parfois se contredire. Accordant au cheval une intelligence presque capable de raisonnement et une volonté réfléchie, il attribue ses résistances à sa mauvaise volonté. Aussi, chaque phase nouvelle du dressage est-elle entamée en douceur, avec une patience souvent recommandée et une sage progression. Mais si le cheval résiste ou se défend, Grison ne suppose pas un instant qu'il ne comprend pas : c'est, pense-t-il, parce qu'il est « lasche, obstiné, furieux, malin... », et alors apparaissent les châtiments. Et quels châtiments ! leur brutalité, leur barbarie et leur variété ne font trop souvent supposer aux lecteurs superficiels qu'ils formaient la base de l'équitation d'alors. Voy., pour des observations analogues, Fiaschi. D'ailleurs, l'équitation de Grison et celle de Fiaschi se ressemblent beaucoup, ce qui n'a rien de surprenant.

Quant aux discours de Grison sur la valeur des robes et des marques, sur l'influence des constellations... etc., il faut lui pardonner des croyances universellement répandues de son temps,

Le Cte de Lancosme-Brèves a justement apprécié l'œuvre de Grison dans le cha-

pitre qu'il lui a consacré (1) : « Nous
« avons, dit-il, rendu justice à cet écuyer
« à peine connu et mal compris par ceux
« qui en ont parlé à bâton rompu... aussi,
« malgré ses erreurs, ne craignons-nous
« pas de le ranger parmi les praticiens
« les plus remarquables; il a, comme
« plusieurs écuyers modernes, deviné la
« science sans la posséder, mais... si ses
« successeurs l'avaient lu et compris, ils
« eussent fait progresser l'équitation au
« lieu d'en retarder les progrès... Nous
« ne saurions donc nous montrer trop
« indulgent, en présence des services
« qu'il aurait dû rendre à l'équitation si
« les écuyers qui lui ont succédé avaient
« su faire deux parts de son travail :
« l'une qui appartient évidemment aux
« préjugés de l'époque, l'autre qui est
« d'un écuyer hors ligne... ».

Lancosme-Brèves, qui ne se contentait pas d'à peu près, a consciencieusement étudié et judicieusement apprécié Grison. Le long chapitre qu'il a consacré à ce célèbre écuyer est à lire en entier.

GRIZARD (Alfred).
Pharmacien français.

Petit Traité de Médecine vétérinaire pratique, par Alfred Grizard, Pharmacien de 1re classe, Diplômé de l'Ecole supérieure de Pharmacie et de l'Université de Paris, Spécialiste à Chaussin (Jura) — Prix : 50 centimes. — *Oyonnax, Imp. ouvrière*, 1906.

Broch. in-16 de 34 p. dont les 10 premières traitent du cheval.

C'est surtout une réclame en faveur des produits pharmaceutiques de l'auteur.

GROBERT (Jacques-François-Louis).
Littérateur français, ancien chef de brigade d'art^{ie}, 1757-18...

Des Fêtes publiques chez les Modernes, par J. Grobert, anc. chef de brigade d'artillerie, membre de l'Institut de Bologne, de l'Académie de Florence et de plusieurs Sociétés savantes et littéraires. *Paris, de l'Imp. de Didot jeune.* An X.

1 vol. in-8° de 204 p. dont III pour une Lettre au Lecteur.

Le Chap. VI traite des courses, soit avec des chevaux montés, soit avec des chevaux nus, avec des détails sur l'organisation de ces dernières. L'auteur propose aussi, dans le Chap. X, *Projet d'une Fête* (à Paris), des courses de chevaux montés et nus et des courses de chars. Enfin le chap. VII, *De l'Economie*, donne des détails sur les carrousels sous Louis XIV.

(1) *Guide de l'Ami du Cheval*, T. II, p. 390 et suiv.

GROGNIER (Louis-Furcy).
Vétérinaire français 1775-1837. Fut élève de l'Ecole de Lyon, puis combattit au siège de cette ville contre l'armée de la République. Après la reddition, il prit du service dans l'armée sous un pseudonyme et fit une campagne dans la Vendée, où il put utiliser ses connaissances dans un dépôt de cavalerie. En 1799, il rentra à l'Ecole de Lyon et y reprit ses travaux. Il y resta, comme professeur, jusqu'à sa mort.

C'était un écrivain érudit et élégant et il a abordé les sujets les plus divers.

Notice historique et raisonnée sur C. Bourgelat, fondateur des Ecoles vétérinaires ; où l'on trouve un aperçu statistique sur ces Etablissemens. Par L. F. Grognier, Professeur à l'Ecole Impériale Vétérinaire de Lyon ; membre de l'Académie, de la Société de Médecine et de celle d'Histoire Naturelle de la même ville, et Correspondant de la Société médicale de Montpellier. *Paris, Mme Huzard ; Lyon, Reymann*, 1805.

1 vol. in-8° de VI-252 p. Dédicace à M. Bredin père, Directeur de l'Ecole Impériale Vétérinaire de Lyon.

Rapport sur l'Etablissement pastoral de M. le Baron de Stael (·) à Coppet, lu à la Société royale d'Agriculture, Histoire naturelle et Arts utiles de Lyon, par M. Grognier, Secrétaire de cette Société, et imprimé par ses ordres. *Lyon, Imp. J. M. Barret*, 1827.

Broch. in-8° de 57 p.

Une partie importante de l'ouvrage est consacrée au haras que le Bon de Staël avait organisé à Coppet, et pour lequel il se servait de l'étalon anglais de pur sang.

Considérations sur l'usage alimentaire des Végétaux cuits pour les Herbivores domestiques ; par

(1) Le Bon *Auguste-Louis de Staël-Holstein*, agronome et philanthrope, fils de la célèbre B^{onne} de Staël, 1790-1827.

L. F. Grognier, Médecin-Vétérinaire. *Lyon, Barret, 1831.*

Broch. in-8° de 40 p.

La question traitée dans cet opuscule, publié d'abord dans les *Mémoires de la Société royale d'Agriculture, Histoire naturelle et Arts utiles de Lyon,* laquelle en a voté l'impression, concerne surtout le bétail et peu les chevaux.

Précis d'un Cours de Zoologie vétérinaire, par L. F. Grognier, Professeur à l'Ecole royale vétérinaire de Lyon, de l'Académie, de la Société d'agriculture, de celles de Médecine, de Pharmacie, des Lettres et Arts, des Conseils de Salubrité de la même Ville; Associé régnicole de l'Académie de Médecine; Correspondant de la Société centrale d'Agriculture de la Seine; des Soutiens de l'Art vétérinaire de Copenhague; de l'Académie et de la Société d'Agriculture de Turin; de la Société Helvétique des Sciences naturelles; des Académies ou Sociétés d'agriculture de Dijon, Strasbourg, Nancy, Tours, Narbonne, St-Etienne, Montbrison, Bourg, Trévoux, Mâcon, Le Puy, Clermont, Aurillac. *Paris, Mme Huzard et Lyon, l'auteur, 1833.*

1 vol. in-8° de 427 p.

Précis d'un Cours d'hygiène vétérinaire par L. F. Grognier, Professeur à l'Ecole vétérinaire de Lyon... (etc., comme ci-dessus). *Paris, Mme Huzard et Lyon, l'Auteur, 1833.*

1 vol. in-8° de 427 p.

Ces deux ouvrages ont été réimprimés et réunis la même année en un seul volume de 594 p. *Même éditeur.*

Chacun d'eux a eu ensuite une 2e éd^{on} séparée, ainsi qu'il suit:

Cours de Zoologie vétérinaire... (etc. comme ci-dessus.) *Seconde Edition*, revue et augmentée. *Paris, Mme Huzard, 1837.*

1 vol. in-8° de 272 p.

Cours d'Hygiène vétérinaire... (etc., comme ci-dessus.) *Seconde Edition*, revue et augmentée. *Paris, Mme Huzard, 1837.*

1 vol in-8° de 512 p.

Précis d'un Cours de multiplication et de perfectionnement des principaux Animaux domestiques où l'on traite de leurs services et de leurs produits; par L. F. Grognier, Professeur à l'Ecole vétérinaire de Lyon, Secrétaire général de la Société d'agriculture du Rhône, associé de l'Académie royale de Médecine, Correspondant de la Société centrale d'Agriculture de la Seine, des Soutiens de l'Art vétérinaire de Copenhague, de la Société helvétique des sciences naturelles, de l'Académie de Turin, etc., etc. *Paris, Mme Huzard et Lyon, l'Auteur, 1834.*

1 vol. in-8° de 525 p.

Même ouvrage, même titre. *Seconde édition*, revue et considérablement augmentée. *Paris, Mme Huzard, 1838.*

1 vol. in-8° de 638 p.

Même ouvrage, même titre. *Troisième édition* revue et augmentée de considérations générales sur l'amélioration des Races et d'un Traité sur les Porcs par H. Magne (1) Professeur d'hygiène à l'Ecole royale vétérinaire d'Alfort. *Paris, Bouchard-Huzard, Lyon, Savy, 1841.*

1 vol. in-8° de XL-709 p. La couverture de certains exemplaires porte 1847 et l'indication de la *Librairie agricole de la Maison Rustique*, le reste de l'éd^{on} étant passé à ce moment à cette maison.

Le *Cours de Zoologie* de Grognier ne contient que quelques pages qui se rapportent au cheval, à l'âne et au mulet, mais il n'en est pas de même de son *Cours d'Hygiène.* Ce dernier comprend des chapitres importants sur l'habitation, l'alimentation, le pansage, la ferrure, le harnachement des chevaux, l'influence des bons ou mauvais traitements dont ils sont l'objet, etc.

Quant au *Cours de multiplication des animaux domestiques*, la question hippique y est traitée avec de grands développements: races, dépôts d'étalons, courses, haras, choix des reproducteurs, croisements, élevage, alimentation, travail à la culture, à la selle et à la voiture, hygiène, remontes, hygiène particulière des chevaux de troupe, notions de dressage, habitations, etc.

(1) Voy. ce nom.

« Les Traités d'hygiène et de zootechnie de Grognier, dit M. Neumann, sont les premiers ouvrages didactiques sur cette partie des sciences vétérinaires ; ils reflètent la grande expérience et la profonde érudition de leur auteur. »

Beaucoup de parties de son *Cours de multiplication* peuvent encore être très utilement consultées par les éleveurs.

Eug. Gayot, p. 105 et 339 du T. IV de la 2ᵉ partie de la *France chevaline* a fait une critique étudiée des principes zootechniques de Grognier.

GROLLIER (Eugène).

Avocat et agriculteur français.

L'Agriculture délivrée ou Moyens faciles pour retirer de la Terre quatre fois plus de revenu qu'elle n'en rapporte généralement, suivis de la manière de cultiver une plante peu connue, dont la première récolte paie le sol qui l'a produite. Cet ouvrage apprend aussi à préserver les Chevaux et les Mulets de la Fluxion périodique; par Eugène Grollier, Avocat, qui a été honoré, comme agriculteur praticien, de plusieurs Médailles, dont une en or lui a été décernée par S. E. M. le Ministre. Ce livre est le complément de l'Ouvrage du même auteur intitulé : Traité d'Agriculture à l'usage des Ecoles. *A Louhans (Saône-et-Loire) chez l'Auteur et à Paris, Libⁱᵉ Agricole Dusacq*, 1854.

1 vol. in-8º de 2 fᵗˢ pour le titre et une notice sur les récompenses accordées à l'auteur, et 303 p.

Les p. 26 à 35 concernent le cheval et le mulet. Le remède contre la fluxion périodique est une pommade au nitrate d'argent accompagnée d'une préparation ferrugineuse.

GROS (E.).

L'Allée des Poteaux et ses habitués du matin. Recueil de Croquis humoristiques par E. Gros. *Paris, Chromographie d'Art.* 1902.

Album in-fº de 28 pl. en couleurs représentant des habitués du Bois, cavaliers et amazones, tiré à 550 exemplaires et devenu rare.

GROS (Julien-Charles-Émile).

Officier d'artⁱᵉ, puis de gendⁱᵉ français, né en 1860 ; sous-lieutⁿᵗ en 1887, capⁿᵉ en 1896, passé dans la gendⁱᵉ en 1899, chef d'escⁿ en 1910.

Programme de Dressage. *Paris, Léautey, A. Le Normand, Sʳ. S. D.* (1903).

Broch. in-16 de 58 p., anonyme.

Même ouvrage, par le Capitaine E. Gros. *Même Editeur, S. D.* (1905).

C'est la même édⁿ avec une couverture et un titre nouveaux.

Même ouvrage, par E. Gros, Chef d'Escadron de Gendarmerie. *Même Editeur. S. D.* (1912).

Broch. in-16 de 47 p.

GROSS (Ch.), voy. COMBE (Jules).

GROUSINSKY.

Attelages Russes, d'après Grousinsky. *Sᵗ-Pétersbourg, Velten, et Paris, Imp. Lemercier,* S. D. (vers 1855).

Album in-4º oblong. de 13 pl. lith. à deux teintes par Schultz.

GRUB (Pierre-Arnold).

Médecin allemand, né en 1802 à Kirchberg, petite ville voisine du Rhin, dans le Würtemberg.

Dissertatio inauguralis Medica sistens Casum singularem Morbi Contagio Mallei (1) Humidi in Hominem translato, orti. Quam consensu et auctoritate gratiosi Medicorum Ordinis in Universitate Litteraria Friderica Guilelma, ut summi in Medicina et Chirurgia Honores rite sibi concedantur, Die XXI Septembris A. 1829. H. L. Q. S. Publice defensurus est Auctor Petrus Arnoldus Grub, Rhenano-Borussus. *Berolini, Typis Augusti Petschii*, S. D. (1829).

Broch. in-8º de 31 p. Dédicaces de l'auteur au Capⁿᵉ de Kantrzinsky du 2ᵉ Régᵗ à pied de la Garde, et à son oncle Philippe Maul, médecin et chirurgien.

Les médecins qui reconnaissent la contagion de la morve du cheval à l'homme étaient alors bien rares.

(1) *Malleus*, nom latin de la morve, d'où l'on a tiré le nom de la *malléine*, récemment découverte, et qui sert, au moyen d'injections sous-cutanées, à déceler l'existence de la morve chez le cheval.

GRUEBER (LE CHEVALIER DE).
Officier de cav^le bavarois au service d'Autriche. 1783-1865.

Sous les Aigles Autrichiennes — Souvenirs du Chevalier de Grueber Officier de Cavalerie Autrichien (1800-1820) publiés par son Neveu Fr. von St... Traduits de l'Allemand avec une préface et des notes par le capitaine de Malleissye-Melun (1), Breveté d'Etat-Major. *Paris, Perrin*, 1909.

1 vol. in-16 de XII-302 p.
Ouvrage intéressant pour l'histoire, surtout anecdotique, de la cav^le autrichienne pendant les guerres de l'Empire.

GRUNNE (François-Charles-Robert-Guislain, Cte DE HEMRICOURT DE) et **DEWINTER** (Albert-Célestin-Joseph).
Officiers belges. Le premier, lieut^nt-col. d'art^ie retraité, professeur à l'Ecole de guerre, né en 1850; le second, cap^ne d'inf^ie, adjoint d'Etat-major, né en 1876.

Publications de la Vie Militaire — Les Dragons de Latour (par le) Lt-Colonel e/r. Cte F. de Grunne, professeur à l'Ecole de guerre (et le) Capitaine A. Dewinter, adjoint d'Etat-major. *Bruxelles, G. Mertens*, S. D. (1914).

1 vol. in-8° de 135 p. avec 63 fig. d. l. t., la plupart à pleine p., et dont 7 fig. d'uniformes en couleurs, y compris celle de la couverture, répétée sur le titre. Dédicace « A leurs Altesses Royales Mgr le Duc de Brabant et Mgr le Cte de Flandre ».

Sur le même sujet, voy. *Guillaume (H.-L.-G)*.

GRUYS (S.-B.).
Officier de cav^ie hollandais XVIIIe siècle.

Lettre de Mr S. B. Gruys, Capitaine de Dragons & Major de Brigade de Cavalerie, au service de L. H. P. (2). Où il fait voir que les Dragons ne sont connus aujourd'hui que de nom : Et que leur véritable Service est d'être Fantassins à Cheval, Mêlez parmi la Cavalerie ; Comme aussi pour pouvoir former la Colonne Hérissée de Pertuisannes. *Seconde Edition* corrigée et augmentée par l'Auteur. *A La Haye, chez Isaac Beauregard, Libraire sur le Fluwele-Burgwal*, 1733.

Broch. in-4° de 4 f^ts pour le titre orné d'une curieuse vignette militaire, la dédicace de l'auteur à S. A. Serenissime Guillaume-Charles-Henri Friso, Prince d'Orange et de Nassau... etc. (1), avec les armes de ce prince, et 18 p. de t. avec 2 pl. se dépliant et contenant 12 fig. de manœuvres.

Au commencement, l'auteur se proclame l'élève et l'admirateur de Folard (voy. ce nom) et, après une vigoureuse sortie contre les officiers qui n'ont pas l'expérience de la guerre « qui ont fait « leur apprentissage à la Cour, passé « toutes leurs Matinées à la Toilette, les « Journées dans les Ruelles et les soi-« rées à l'Assemblée (2)... », il explique le moyen de rendre les Dragons à leur ancienne destination : « Fantassins à « cheval, pour des expéditions hardies. »

Ouvrage curieux et rarissime. Je ne connais pas la 1re éd^on.

Voy., sur l'infanterie montée, *Renol, Conte (M. P. A.), Geslin de Bourgogne, Infanterie montée, Beauval, Champeaux, Hélo, Besset, Lassence, Salagnax, Maurel*.

GUAITA (François-Paul DE), voy. **RAREY**.

GUATTERI (L.-B.) *traducteur*.
Petit Traité d'Equitation à l'usage des Dames, extrait du Traité complet de Mazzuchelli ; traduit de l'Italien, par L.-B. Guatteri, Adjudant-Major de Cavalerie, Directeur de l'Ecole d'Equitation à Clermont-Ferrand. Avec Figures. *Clermont-Ferrand, de l'Imp. de Thibaud-Landriot*, 1827.

Broch. in-8° de 32 p., avec 3 pl. lith. signées E. F. ; la 1re représente deux dames à pied, en costume d'amazone ; la 2e contient 2 fig. : monter à cheval et le galop, et la 3e une fig : amazone au trot.

Cet opuscule *rarissime* est une traduction médiocrement fidèle et un peu abré-

---

(1) *Tardieu de Maleissye-Melun (Charles-Anselme-Marie)*, officier de cav^ie français, né en 1875, cap^ee en 1908.
(2) Leurs Hautes Puissances.

(1) Ses titres, fonctions et qualités remplis sent 28 lignes.
(2) Assemblées, réunions mondaines.

gée du chapitre intitulé : *Sulla Equitazione convenevole alle Donne* de l'ouvrage de l'écuyer italien Federigo Mazzuchelli, mais les pl. sont spéciales à la traduction française.

Le traducteur a supprimé quelques passages et notamment celui dans lequel Mazzuchelli justifie l'attitude des femmes à cheval par « l'abondance de leurs « muscles postérieurs... » qui l'a probablement effarouché.

L'ouvrage de Mazzuchelli a été publié en 1 vol, in-4° en 1802, *Milan, Agnelli;* sous le titre de *Elementi di Cavallerizza* et en 1805 en 1 vol. in-4° *Milan, Gio, Pietro Giegler,* sous le titre de *Scuola Equestre.* Dans cette 2ᵉ éd°ⁿ, un T. II a été ajoûté, mais la pagination se suit. L'ouvrage contient un frontispice (portrait de Mazzuchelli), 6 pl. doubles, 2 simples et 1 tableau se dépliant. Il n'est pas décrit ici en détail, parce qu'il n'a pas été traduit en français (1), sauf la partie qui forme l'opuscule ci-dessus et qui occupe les p. 293 à 308 du T. II de l'ouvrage italien, éd°ⁿ de 1805.

GUBERNATIS (Angelo DE) et **REGNAUD** (Paul), traducteur.

Gubernatis (A. de), orientaliste italien, 1840-1913. S'est particulièrement adonné à l'étude du sanscrit; visita, en vue de ses travaux, tous les Etats de l'Europe et l'Inde. Professeur de sanscrit et de littérature comparée à l'Institut des Hautes-Etudes à Florence, il a fondé, dans cette ville, un Musée italien et une Société asiatique italienne.

Regnaud (Paul), orientaliste français, né en 1838, membre de la Société asiatique, Docteur ès lettres, professeur de sanscrit à la Faculté des lettres de Lyon.

Mythologie zoologique ou les Légendes animales, par Angelo de Gubernatis, Professeur de sanskrit et de littérature comparée à l'Institut supérieur de Florence; traduit de l'Anglais (2) par Paul Regnaud, Membre de la Société Asiatique, avec une Notice préliminaire par M. F. Baudry (3) Conservateur ad-

(1) Il l'a été en allemand. *Leipzig,* 1805 et ibid., 1820-1821.

(2) M. de Gubernatis a écrit ses nombreux ouvrages en italien, sauf celui-ci publié en anglais.

(3) *Baudry (Frédéric),* philologue et orientaliste français, 1818-1885; bibliothécaire à l'Institut agronomique de Versailles en 1849 ; à l'Arsenal en 1859 ; conservateur adjoint à la Mazarine en 1874 et administrateur de cette bibliothèque en 1879.

joint de la Bibliothèque Mazarine. *Paris, A. Durand et Pedone Lauriel,* 1874.

2 vol in-8° de XXIV-XXII-461 et 486 p.

Le Cheval et l'Ane occupent les Chap. II et III du T. I, p. 304 à 424, et sont cités dans quelques autres passages. Une table alphabétique placée à la fin du T. II rend les recherches faciles.

GUELPA (G.).

Recherches sur la Pathogénie et le Traitement du Tétanos, par le Docteur G. Guelpa, Secrétaire de la Société de Médecine pratique, Membre de la Société de Thérapeutique, Membre correspondant de l'Académie royale de Médecine de Turin, etc. — Extrait des *Bulletins et Mémoires* de la Société de Médecine pratique. *Clermont (Oise) Imp. Daix fʳᵉˢ* 1889.

Broch. in 8° de 24 p.

Concerne en grande partie le cheval.

GUENAUX (Georges).

Ingénieur agronome français.

Société d'Encouragement pour l'Industrie nationale fondée en 1801, reconnue comme Etablissement d'Utilité publique par Ordonnance du 21 Avril 1824, Rue de Rennes 44 à Paris — La Plaine de Caen, par M. Georges Guénaux, Ingénieur agronome. (Extrait du *Bulletin* de Février, Mars, Mai, Septembre, Octobre et Décembre 1900). *Paris, Chamerot et Renouard,* 1900.

1 vol. in-4° de 192 p. avec nombreuses fig. et phototypie.

C'est une monographie complète de la plaine de Caen : topographie, climat, géologie, agriculture, élevage, industrie, ethnographie, etc. L'élevage du cheval occupe les p. 111 à 150 avec 8 fig. d. l. t. et 1 pl. h. t. contenant 2 fig.

L'Elevage du Cheval et du gros Bétail en Normandie, par Georges Guénaux, Ingénieur agronome, répétiteur à l'Institut national agronomique. Ouvrage honoré d'une souscription du Ministère de l'Agriculture. — Avec 70 figures intercalées dans le texte — Le Cheval de demi-sang — Les Courses au trot — Les Etalons trotteurs — Le Cheval d'Armes — Les Bovidés —

L'Engraissement des Bœufs — Les Vaches laitières — Le Beurre et les Fromages — *Paris, J.-B. Baillière et fils*, 1902.

1 vol. in-12 de VII-300 p. dont les 205 premières sont consacrées au cheval. Les fig. sont en phototypies dont le tirage est malheureusement très défectueux.

GUÉNON (Louis-Adolphe).

Vétérinaire militaire français, 1856-1910. Diplômé d'Alfort en 1877, vétérinaire major en 1902, retraité en 1906.

L'Animal est-il intelligent? par Ad. Guénon, Vétérinaire Militaire. Ouvrage récompensé par la Société protectrice des animaux. Médaille de bronze. *Paris et Limoges, Henri Charles Lavauzelle* S. D. (1896).

Broch. pet. in-8º de 63 p.

Le cheval n'est pas l'objet de détails particuliers dans cet opuscule qui n'est cité ici que parce qu'il sert pour ainsi dire de préface aux ouvrages suivants.

Influence de la Musique sur les Animaux et en particulier sur le Cheval, par Ad. Guénon, Vétérinaire en 1er au 15e Chasseurs. *S. L. (Châlons, Imp. de l'Union)*, 1898.

1 vol. in-8º de 136 p.

Contribution à la Psychologie animale — Le Mulet intime. Une réhabilitation ; par Ad. Guénon, Vétérinaire en 1er au 15e Chasseurs. 30 Illustrations. *Châlons-sur-Marne, Imp. de l'Union*, 1899.

1 vol. in-8º de 232 p.

Etude de Psychologie comparée. L'Ame du Cheval, par Ad. Guénon, Vétérinaire en 1er au 25e d'Artillerie, Chevalier de la Légion d'Honneur, Membre correspondant de la Société centrale de Médecine vétérinaire. Ouvrage honoré d'un témoignage de satisfaction de M. le Ministre de la Guerre. 60 Illustrations dont 17 planches hors texte. *Châlons-sur-Marne, Imp. de l'Union répnblicaine*, 1901.

1 vol. gr. in-8º de 413 p.

Saumur. L'Ecole de Cavalerie, par le Vétérinaire-Major Guénon. *Saumur, Milon, J. B. Robert, succr*. S. D. (1904).

Broch. in-8º de 28 p. avec 14 phototyp. d. l. t. et h. t.

GUÉNYVEAU (A. DE), voy. MOLIER (E.).

GUÉRIN (Etienne-Joseph-Alexandre).

Officier de cav^{le} français. 1817-1884. Engagé volontaire en 1836, sous-Lieut^{nt} en 1845, Cap^{ne} en 1851, retraité comme Lieut^{nt}-Colonel en 1872. Campagne de 1870. Cet officier a accompli une grande partie de sa carrière à Saumur où il a été sous-officier, sous-Maitre de manège, de 1841 à 1845, lieut^{nt} sous-Ecuyer de 1848 à 1851, Cap^{ne} Ecuyer puis Ecuyer en Chef comme chef d'Esc^{ons} de 1851 à 1864.

C'était l'élève favori de Baucher, dont il avait adopté la méthode qu'il mettait en pratique avec un tact merveilleux. Malgré cela, le Cte d'Aure, appréciant son talent, ne lui refusa ni son appui ni sa bienveillance quand Guérin servait sous ses ordres à Saumur. Celui-ci d'ailleurs, ne répudiait pas entièrement les principes de son chef, et on a pu dire que « la Méthode de Guérin réalise un « exemple de fusion de l'Ecole « de d'Aure et de celle de Baucher ».

Les notes de ses Inspecteurs, d'accord avec l'opinion publique, le désignent comme « un Ecuyer hors ligne » dont le « talent est connu de la cavalerie entière ». Il a, en effet, laissé à Saumur et dans toute l'arme une réputation durable et méritée. C'était un homme calme, réfléchi, persévérant, et un professeur remarquable. Sa place est marquée au premier rang des bons Ecuyers du XIXe siècle.

Le Bon de Vaux lui a consacré une notice importante dans son ouvrage *Les Hommes de Cheval* p. 33 et suiv. et le Com^{dt} Picard a analysé sa méthode dans *Les Origines de l'Ecole de Cavalerie*, T. II, p. 438 et suiv. (Voy. ces noms.)

Ecole du Cavalier au Manège, basée sur les principes de l'Ordonnance de Cavalerie, à l'usage des Instructeurs, par A. Guérin, Capitaine-Ecuyer à l'Ecole de Cavalerie. *Saumur, Javaud*, 1851.

1 vol. in-8º de 196 p., avec 1 pl. de mors et 3 fig. de manège. Dédicace au Général de Goyon, commandant l'Ecole.

Dressage du Cheval de Guerre, suivi du Dressage des Chevaux rétifs, des Sauteurs aux Piliers et en Liberté, par A. Guérin, Chef d'Escadrons, Ecuyer en chef de l'Ecole Impériale de Cavalerie. Impression autorisée par décision ministérielle du 19 novembre 1859. *Saumur, Imp. Godet*, 1860. La couverture porte le nom de *Javaud, lib^re éditeur*.

1 vol. in-8° de 121 p. Une partie du tirage porte, au bas du titre, l'indication : *Paris, Tanera*, 1860.

Notes sur la Cavalerie, par A. Guérin, Lieutenant-Colonel du 5ᵉ de Dragons. *Angoulême, Imp. A. Nadaud*, 1871.

Broch. in-8° de 42 p.

Cet opuscule, à côté de quelques observations qui ont vieilli, en contient nombre d'excellentes, et il est à remarquer qu'il était écrit et allait être publié en 1870 quand la guerre a éclaté. Il est devenu rare.

GUÉRIN-CATELAIN (Maxime).

Officier de réserve de cav^ie, né en 1857.

Le Mécanisme des Allures du Cheval, notions élémentaires, par Maxime Guérin-Catelain. Avec 59 chronophotographies et croquis *Paris et Nancy, Berger-Levrault*, 1896.

Broch. in-8° de 64 p. Dédicace à M. Marey, de l'Institut. Vignette sur le titre et la couverture.

Le Mécanisme des Allures du Cheval dans la Nature et dans l'Art — Notions élémentaires, par Maxime Guérin-Catelain — Avec 83 chronophotographies et gravures et 5 séries chronophotographiques complètes des attitudes du cheval aux trois allures — *Nouvelle Edition*, revue et augmentée. *Paris et Nancy, Berger-Levrault*, 1912.

1 vol. in-8° de 95 p. Vignette sur le titre et la couverture. Dédicace à la Mémoire de M. Marey, de l'Institut.

L'ouvrage concerne principalement la représentation artistique du cheval. La 2ᵉ éd^on contient d'intéressantes augmentations, texte et planches.

Le Saut des Obstacles. Recherches expérimentales, par Maxime Guérin-Catelain — Préface par M. le Dr Marey, de l'Institut. Ouvrage orné de 95 chronophotographies et 90 fac-simile par F. de Launay. *Paris, L. Henry May*, 1898.

1 vol. in-8° de iv-83 p Dédicace à M. le Général Farny, Com^dt la 2ᵉ Div^on de Cav^ie.

Même ouvrage, même titre — 2ᵉ Edition — *Paris et Nancy, Berger-Levrault*. S. D. (1912).

Sans changement.

Le Changement de pied au galop. Analyse de son mécanisme. Recherches expérimentales, par Maxime Guérin-Catelain, Capitaine de réserve au 8ᵉ Dragons. Préface par M. le Commandant Varin, Ecuyer en chef à l'Ecole de Cavalerie de Saumur. Avec 146 chronophotographies et fac-simile par F. de Launay. *Paris, Berger-Levrault*, 1902.

Broch. in-8° de 4 f^ts non ch. pour le titre, la dédicace « à l'Ecole d'Application de Cavalerie de Saumur ». la lettre préface du Com^dt Varin et 61 p.

Dans ces ouvrages, la photographie instantanée a été heureusement utilisée et a conduit l'auteur à des conclusions pratiques et intéressantes pour tous les cavaliers.

GUERINI (Alfonso).

Ecuyer (italien ?) du XVIIIe siècle, au service du Bon de Pentenrieder ; ce dernier occupait probablement un emploi important dans l'administration des possessions autrichiennes en Belgique, car c'est lui qui signe le privilège du livre. Quant à Guérini, les observations, souvent intéressantes, qui remplissent son livre prouvent qu'il avait mis la main à la pâte et dirigé personnellement un établissement d'élevage.

Détail instructif du Haras, où l'on voit tout ce qu'il y a à observer pour la Réussite de son établissement et de sa continuation. Par le Sieur Alfonso Guerini Ecuier de son Exc^ce Monseigneur le Baron de Pentenrieder... *Imprimé à Cambray par Ordre de Sadite Excellence, chez Nicolas Joseph Douilliez*, 1724.

1 vol. in-12 de 4 f^ts pour le titre, la lettre au lecteur, le privilège, 157 p. et 2 f^ts pour la table.

L'ouvrage est divisé en 50 articles très détaillés sur l'élevage et la reproduction. La plupart contiennent de bons principes et d'utiles conseils qui prouvent l'expérience de Guerini, mais on y trouve aussi plusieurs passages sur l'influence des astres et les talismans. Quant aux remèdes, ils sont en grande partie tirés de Tacquet et de Markham (voy. ces noms).

Ouvrage de la plus grande rareté. Je n'en ai jamais rencontré qu'un seul exemplaire. Lafont-Pouloti (voy. ce nom) lui consacre une notice détaillée dans la bibliographie qui fait suite à son *Nouveau Régime pour les Haras*, p. 254.

GUERRIER de DUMAST (Auguste-Prosper-François, BARON).

Archéologue, poète, naturaliste et historien français, né et mort à Nancy, 1796-1883. Ancien sous-Intendant militaire, Correspondant de l'Académie des Inscriptions, membre fondateur de la Société asiatique de Paris, membre de l'Académie de Stanislas, secrétaire perpétuel de la Société d'Archéologie Lorraine, Guerrier de Dumast fut surtout un fervent lotharingiste et un ardent apôtre de la décentralisation. Ses efforts persévérants contribuèrent puissamment à doter Nancy de ses facultés des sciences et des lettres, de son école de droit, etc.

Il était aussi un défenseur de l'hippophagie et il aimait à rappeler que son goût pour la viande de cheval datait du siège de Phalsbourg pendant les Cent-jours. La ville, où M. de Dumast venait d'être envoyé comme adjoint à l'Intendance, était étroitement bloquée par les alliés, et ses défenseurs durent abattre et manger leurs chevaux.

Sa biographie a été publiée par M. Lucien Adam, Conseiller à la Cour de Nancy et membre de l'Académie de Stanislas, *Nancy, Crépin-Leblond*, 1883, in-8°.

Mémoire sur la nécessité d'en arriver, quoique d'une façon normale et sans choquer les règles de la dérivation française, à imposer aux nouveaux Animaux, soit acclimatés, soit regardés comme acclimatables, des noms commodes et réellement susceptibles de devenir vulgaires. *Nancy, Grimblot et Vve Raybois*, 1855.

Broch. in-8° de 24 p. non signée. (Extrait du *Bulletin* trimestriel de la Société régionale d'Acclimatation du Nord-Est.)

Extrait du Cahier du troisième trimestre 1856 du *Bulletin* de la Société régionale d'Acclimatation fondée à Nancy pour la zone du Nord-Est — Une précieuse conquête à faire — *Nancy, Grimblot et Vve Raybois*, 1856.

Broch. in-8° de 36 p. Vignette sur le titre et à la fin. Non signée.

Plaidoyer en faveur de l'hippophagie.

Extrait du *Bulletin* de la Société régionale d'Acclimatation fondée pour la zone du Nord-Est. De l'Introduction, si besoin est, mais surtout de la Conservation, Protection et Propagation de certains Animaux qui sont nos auxiliaires naturels. *Nancy, Grimblot et Vve Raybois*, 1857.

Broch. in-8° de 32 p. non signée.

Extrait du *Bulletin* de la Société régionale d'Acclimatation fondée pour la zone du Nord-Est — Sur l'Hémion, le Dauf (1) et l'Ane. *Nancy, Grimblot et Vve Raybois*, 1858.

Broch. in-8° de 16 p. Vignette sur le titre. Non signée.

L'auteur demande que l'espèce asine soit améliorée par l'introduction d'étalons égyptiens ou autres, puis croisée avec l'hémione, ce qui, dit-il, donnerait naissance à des animaux utilisables comme le mulet et qui auraient sur lui l'avantage d'être féconds.

Une expérience bien faite. *Nancy, Grimblot et Vve Raybois*, 1858.

Broch. in-8° de ... p. dont je ne connais que le titre.

Il s'agit d'un banquet dans lequel figurait la viande de cheval sans qu'aucun invité ait été mis dans le secret.

Extrait du *Bulletin* de la Société régionale d'Acclimatation fondée à Nancy pour la zone du Nord-Est. (Cahier du 3e trimestre 1865). Le Cheval mis à profit jusqu'au bout. *Nancy, Vve Raybois*, 1865.

Broch. in-8° de 30 p. signée à la fin.

Extrait du *Bélier*, de Nancy, du 7 Juillet 1867 — Lettre au Rédacteur du *Bélier* sur un article de M. Decroix, inséré dans le *Journal d'Agriculture* au sujet de la Viande de Cheval. *Nancy, N. Collin*, 1867.

C'est le titre intérieur, la couverture porte :

(1) L'auteur veut qu'on appelle Hémion et Dauf les mâles de ces deux espèces ; Hémione et Dauve les femelles. Il n'y a pas réussi et on continue à dire Hémione et Dauw pour les deux sexes.

Lettre au Rédacteur du *Bélier*. La Viande de Cheval et la Pomme de terre. — Rôle de la Lorraine dans ces deux initiatives.

Broch. in-8° de 15 p. signée à la fin.

Extrait du *Bulletin* de la Société régionale fondée pour les neuf Départements du Nord-Est — Cahier du second trimestre 1869 — Les deux Banquets de La Vaur. *Nancy, Sordoillet et fils*, 1869.

Broch. in-8° de 16 p. signée D.

Extrait du *Bélier* du 11 février 1872 — Seconde lettre au Rédacteur du *Bélier* sur l'emploi populaire de la Viande chevaline, vainement repoussée encore. *Nancy, Imp. G. Crépin-Leblond*, 1872.

Broch. in-8° de 7 p., signée à la fin. Tous ces opuscules concernent l'acclimatation de certains équidés et l'hippophagie. Ils sont très rares.

GUEUDEVILLE (Charles-Olive).

Officier de cav^le français. 1811-1893. Engagé volontaire en 1832, sous-lieut^nt en 1841, retraité comme cap^ne en 1864. A fait la campagne de Crimée en 1854, 55 et 56.

De la ferrure des Chevaux, ou moyens d'éviter le Resserrement et quelques autres altérations du pied ; par Gueudeville, Capitaine au 6° Cuirassiers, Officier de remonte à Auch. *Auch, Imp. Félix Foy*, 1861.

Broch. in-12 de 92 p. avec 1 pl. se dépliant et contenant 4 fig.

Traité de la Ferrure des Chevaux ou moyens d'éviter le Resserrement et autres altérations du pied à l'usage des Eleveurs et de toute personne s'occupant des Chevaux; par Gueudeville, Capitaine au 6° Cuirassiers, ancien Officier de Remonte. *Paris, J. Dumaine*, 1863.

1 vol. in-12 de 114 p. Avec 4 pl. se dépliant et contenant 13 fig.

C'est une 2° éd^on, considérablement augmentée, pour le t. et les pl., de l'ouvrage précédent.

Justice et compassion — Traité pratique de l'Occision rapide des animaux (comestibles et autres) par Ch. Gueudeville, Capitaine de Cavalerie en retraite, Chevalier de la Légion d'honneur, Membre Lauréat de la Société Havraise de protection des Animaux. Avril 1885. *Havre, Imp. Ch. Delevoye*, 1885.

Broch. in-8° de 48 p.
Quelques passages sont consacrés à l'abatage des chevaux.

Traité du Cheval. Instincts, Besoins; par M. Gueudeville, Capitaine de Cavalerie en retraite. *Paris, chez l'Auteur (Imp. des Apprentis Orphelins d'Auteuil)*. S. D. (1888).

1 vol. in-12 de XII-155 p. Préface par M. d'Onfreville.

Etant en retraite au Havre, le capitaine Gueudeville imagina, pour apprendre aux commençants à monter à cheval, un système singulier qui consistait à les mettre au préalable sur un cheval artificiel. Il soumit, pendant plusieurs années, avec la persistance des inventeurs malheureux, son invention aux Directeurs de la Cavalerie et de l'Artillerie, lesquels, naturellement, ne tinrent aucun compte de ses propositions. Mais il ne se découragea pas et finit par obtenir que sa méthode fût expérimentée par quelques hommes d'un régiment d'infanterie.

Le résultat de ces expériences est consigné dans la brochure suivante :

Méthode accélérée d'Equitation du Capitaine Gueudeville. Extrait du *Moniteur de l'Armée* des 3, 6, 13, 20 mars, 14 et 17 juin 1888. *Paris, Alcan-Lévy*, 1888.

Broch. in-8° de 21 p.

Description de l'extérieur du Cheval, par Ch. Gueudeville. *Paris*, Septembre 1889.

Broch. in-12 de 3 f^ts non ch. avec 1 pl. Cet opuscule est accompagné de deux petites pièces de vers de l'auteur, mais quels vers !

Plus tard il obtint, paraît-il, d'expérimenter son cheval artificiel au lycée Louis-le-Grand, et il publia alors le livre dont suit la description :

Manuel d'Equitation artificielle et naturelle et exercices militaires du Cavalier à l'usage des Gymnases civils et militaires (par) Ch. Gueudeville, Capitaine de cavalerie en retraite, Chevalier de la Légion d'honneur, Lauréat de la Société protectrice des Animaux et de la Ligue de l'Education physique de la jeunesse. S. L. N. D. (*Paris*, 1890).

1 vol. in-12 de 239-IV p. L'ouvrage est précédé d'une lettre de l'auteur au Ministre de l'Instruction publique.

Equitation artificielle et naturelle (par) Ch. Gueudeville. Méthode préparatoire et accélérée pour l'enseignement de l'équitation dans les établissement d'instruction et les corps de troupe. *Paris*, 1890.

Broch. in-12 de 48 p.

Notice sur l'Equitation Gueudeville et sur les Résultats obtenus. S. L. N. D. *ni nom d'imprimeur* (vers la fin de 1891).

Broch. in-16 de 81 p.

Cet opuscule contient aussi plusieurs pièces de vers non moins extraordinaires que les précédents.

Ces 4 derniers ouvrages semblent provenir d'une imprimerie particulière.

Voy. aussi, sur l'emploi du cheval mécanique pour les débutants, *Hamel (de)*, *Lalanne*, *Larive*.

GUEUDEVILLE (Nicolas), voy. SAUNIER (J. et G. DE), en note.

GUICHARD (Michel-Remy).

Général de Division français (Génie). 1828-1909. Sous-lieut^nt en 1849 ; colonel en 1879 ; général de brigade en 1884, de div^on en 1890 ; passé au cadre de réserve en 1893. Etant lieut^nt-colonel, il a été professeur d'Art militaire à l'Ecole d'application de l'Art^ie et du Génie et a, à cette occasion, publié l'ouvrage suivant :

Cours d'Art militaire.— Tactique — Armes, Unités tactiques, Ordres, Formations et Manœuvres, par Guichard, Lieutenant-Colonel du Génie, Professeur du Cours d'Art militaire à l'Ecole d'Application de l'Artillerie et du Génie. *Paris, J. Dumaine*, 1876.

1 vol. in-8° de VIII-286 p. avec 1 tableau des ordres et formations des 3 armes, se dépliant. C'est le 1er vol.

Cours d'Art militaire — Tactique — Infanterie — Cavalerie — Artillerie, par Guichard... (etc., comme ci-dessus). *Paris, J. Dumaine*, 1877.

1 vol. in-8° de XVI-425 p. C'est le 3e vol.

La cav^ie occupe une place importante dans les 1er et 3e vol. décrits ci-dessus.

Le T. II ne concernant que les positions militaires et l'application de la fortification au terrain, sa description a paru inutile.

GUICHE (Antoine-Héraclius-Geneviève-Agénor, DUC DE), puis DUC DE GRAMONT en 1836, époque où, par la mort de son père, il devint chef de sa maison.

Lieutenant-Général français. 1789-1855. Entra à neuf ans au service de Russie comme sous-lieut^nt au Rég^nt de Tauride en 1798, passa à celui d'Angleterre (au 10e Hussards) en 1802 et y resta jusqu'en 1814. Il fut nommé Colonel de cav^ie cette même année par le duc d'Angoulême qui, en 1815, l'attacha à sa personne comme aide de camp, puis comme premier Ecuyer. Maréchal de camp en 1815, il commanda la 2e Brigade de la 2e Division de la cav^ie de la Garde royale, puis fit avec le Dauphin la campagne d'Espagne après laquelle il fut nommé Lieut^nt-général en 1823. En 1828, il commanda la 2e Div^on de cav^ie du camp de Lunéville.

En 1830, il demanda à être admis momentanément au traitement de réforme et accompagna le duc d'Angoulême à Edimbourg, puis à Prague, revint en France en 1833 et fut, la même année, déclaré démissionnaire pour non prestation de serment.

En 1818, le Dauphin « chargea le duc « de Guiche de fonder un établissement « de production et d'élève qui pût ser- « vir de modèle à nos grands proprié- « taires et encourager des essais ulté- « rieurs », et c'est ainsi que fut créé le Haras de Meudon. Le duc de Guiche, qui avait profité de son long séjour en Angleterre pour y étudier à fond la question chevaline, dirigea l'établissement avec savoir et attention, et y introduisit la race pure. « Profitant de « l'expérience des Anglais, il voulait « faire aussi bien, acclimater à un autre « milieu, pour le conserver et le propa- « ger, un type précieux à tous les « égards et qui manquait au pays ».

« Les commencements de cette orga- « nisation furent couronnés de suc- « cès. »

Mais la révolution de Juillet interrompit brusquement les premiers résultats. Le Haras de Meudon, qui renfermait alors une quarantaine d'animaux de pur-sang, passa des mains du duc d'Angoulême à celles du Roi Louis-Philippe. On s'écarta de la route tracée par le fondateur et le haras périclita jusqu'en 1833 : à ce moment, le Roi le céda au prince royal et on reprit la propagation du pur-sang anglais ; tout marchait à souhait quand le duc d'Orléans périt si fatalement en 1842.

Le Roi chargea alors le duc de Nemours de continuer l'œuvre commencée, et, après quelques tâtonnements, elle avait retrouvé son succès quand la Révolution de février emporta le haras, et, cette fois, définitivement : tout fut vendu et dispersé.

Quoique l'histoire du Haras de Meudon, n'ait plus de rapports avec la biographie du duc de Guiche à partir de 1830, j'ai pensé qu'il était intéressant de suivre cet établissement depuis sa création jusqu'à sa disparition. J'ai emprunté le résumé qui précède à l'historique beaucoup plus détaillé qu'en donne Eug. Gayot au T. III de la 2ᵉ partie de la *France Chevaline*, p. 44 et suiv., et à l'article que lui consacre le Cᵗᵉ de Montendre dans ses *Institutions hippiques*, T. II, p. 183. (Voy. Gayot et Montendre) (1).

De l'amélioration des Chevaux en France, par le duc de Guiche. (*Paris*), *Imp. Guiraudet*, S. D. (1829).

Broch. in-f° de 26 p. qui avait été tirée sous ce format pour être présentée au Roi et distribuée aux agents supérieurs de l'administration. Elle fut aussitôt après publiée sous la forme suivante pour le public :

De l'amélioration des Chevaux en France, par M. le duc de Guiche. *Paris, Guiraudet*, 1829.

Broch. in-8° de 60 p. avec 1 pl. lithog. représentant un cheval de pur-sang et un cheval de trait et un tableau se dépliant.

Nouvelles observations de M. le duc de Guiche sur l'amélioration des Races de Chevaux en France. *Paris, au Bureau du Journal des Haras et chez Renard*, 1830.

1 vol. in-8° de 99 p. avec 1 pl. lithog. représentant un cheval anglais, un cheval de trait et un cheval arabe. et

(1) Voy. aussi, au sujet de l'acquisition du Haras de Meudon par le Roi Louis-Philippe, et de sa dispersion : Tirel, *la République dans les carrosses du Roi*.

3 pl. se dépliant, donnant les plans d'ensemble et de détail d'un haras. Ces fig. sont coloriées dans certains exemplaires.

Considérations sur les Institutions hippiques et sur les moyens de propager et d'améliorer les Races chevalines en France ; par le duc de Gramont, *Paris, Dentu*, 1843.

Broch. in-8° de 24 p.

Réflexions sur le Rapport de la Commission du budget des Haras et des Remontes ; par le duc de Gramont. *Paris, Imp. P. Baudoin*, 1843.

Broch. in-8° de 19 p.

D'après Eug. Gayot, le duc de Guiche est aussi l'auteur d'une brochure ayant pour titre :

Mémoire sur les Chevaux qui méritent exclusivement le titre de pur-sang anglais.

Je n'ai pu la rencontrer jusqu'ici.

Comme on l'a vu plus haut, le duc de Guiche était un chaud partisan du pur-sang anglais. C'est la note dominante de son système auquel il joignait des projets intéressants, mais très discutables, d'organisation de haras royaux. A cette époque, ces idées étaient nouvelles en France ; aussi soulevèrent-elles d'ardentes polémiques. Mais on doit savoir gré au duc de Guiche de les avoir soutenues avec l'autorité que lui donnaient son nom, sa haute situation auprès de la famille royale et enfin l'expérience pratique qu'il avait acquise en Angleterre. L'avenir lui a donné raison.

Parmi les critiques, les éloges et les nombreux comptes rendus auxquels ont donné lieu les ouvrages et les principes du duc de Guiche, on doit citer les pages que lui a consacrées M. de Montendre, *Institutions hippiques*, T. II, p. 118 et suiv.

GUIDE DE L'EMPLOI DU TEMPS.

Guide de l'Emploi du Temps pour un Escadron, par un Capitaine Commandant. *Paris et Limoges, Henri Charles-Lavauzelle*, S. D. (1901).

Broch. in-8° de 67 p.

GUIDE DE L'INSTRUCTEUR, voy. DUPONT (J.-B.-A.).

GUIDE DE L'INSTRUCTEUR DE CAVALERIE.

Guide de l'Instructeur de Cavalerie (Ecole du Cavalier et Ecole du Peloton) par un Capitaine Commandant. *Paris et Limoges, Henri Charles-Lavauzelle*, 1907.

1 vol. in-32 de 154 p. avec 1 fig. d. l. t.

GUIDE DES JEUNES SOLDATS DE LA CAVALERIE.

Guide des Jeunes Soldats de la Cavalerie, par un Officier de Cavalerie. *Paris et Limoges, Henri Charles-Lavauzelle*, S. D. (1895).

Broch. pet. in-8° de 81 p. avec 25 fig. d. l. t.

Plusieurs tirages, sans changement.

GUIDE (LE) DES OFFICIERS ET SOUS-OFFICIERS.

Le Guide des Officiers et Sous-Officiers de Cavalerie. Par un Colonel. *Paris, Cordier*, 1810.

1 vol. in-24 de 114 p.
Petit ouvrage rare.

GUIDE DU BOUVIER.

Guide du Bouvier, suivi du Manuel du Maréchal Expert. Ouvrage renfermant une Instruction complète sur la connaissance et le traitement des maladies des Bœufs, des Vaches, des Moutons, des Porcs et des Chevaux. *A Evreux, chez J. J. L. Ancelle*, S. D.

1 vol. in-16 de 11-220 p. avec 4 pl. pour les maladies du bœuf, pour celles du mouton, pour celles du porc et pour l'extérieur du cheval.

Le *Manuel du Maréchal Expert* occupe les p. 153 à la fin, mais le *Guide du Bouvier* traite aussi des maladies des chevaux de la p. 90 à 147, et contient la *Dissertation sur la Morve*, avec le compte rendu des expériences sur la morve de *Malouin*, faites en 1761, bien souvent reproduites depuis et enfin une réclame en faveur du fameux électuaire du Bon *de Syndt* (de Sind — voy. ce nom).

Le *Manuel du Maréchal Expert* est d'une impression postérieure à celle du *Guide du Bouvier*, mais on a fait suivre la pagination. Le 1er ouvrage semble de la fin du XVIIIe siècle, et le second a dû être imprimé vers 1825. Le texte de ce dernier est à peu près semblable à celui du *Petit Manuel du Maréchal Expert* (voy. ce titre).

Ouvrage populaire curieux et assez rare.

GUIDE DU DRESSAGE DU CHEVAL DE TROUPE.

Guide du Dressage du Cheval de troupe suivi à l'Ecole d'Application de Cavalerie, par le Commandant de . C***. *Saumur, S. Milon fils*, 1892.

Broch. in-8° de 60 p.

Même ouvrage, même titre *Saumur, S. Milon fils*, 1896.
Broch. in-8° de 63 p.
Sans modification dans le t.

L'auteur est le Cte Carbonnel de Canisy (Alban-Louis-Marie-Etienne), officier de cav^{le} français, qui était alors écuyer à Saumur. Sous-lieut^{nt} en 1870, lieut^{nt}-colonel en 1896, retraité en 1900, étant en non-activité pour infirmités temporaires. 1849-1911.

GUIDE DU PARIEUR AUX COURSES.

Guide du parieur aux Courses, contenant les combinaisons les plus favorables, les Règlements du Jockey-Club et du Salon des Courses, ainsi que les Tables de proportions nécessaires à tous les Paris; par un vieux Sportsman. *Bruxelles, Vve Parent ; Paris, Aug. Goin; Leipzig, Alph. Durr*, 1863.

1 vol. in-8° de 212 p. Frontispice en couleurs.

L'ouvrage est précédé du *Règlement du Salon des Courses*, d'une note sur l'*Origine des Courses* et du *Règlement du Jockey-Club de Paris*.

GUIDE (LE) DU TURF (Périodique annuel).

Cette publication, faite par le journal sportif hebdomadaire *La Chronique du Turf*, donne, au commencement de chaque année, le résultat des courses de l'année précédente, avec de nombreux renseignements spéciaux. La première année concerne les courses de 1888 et a paru sous le titre suivant :

Le Guide du Turf de 1888 contenant : le Résultat des Courses de l'Année en France, en Belgique, et principales Courses en Angleterre, suivi d'une Liste alphabétique des

Bibliogr. hippique. T. I. — 38.

performances, avec le pédigrée de chaque cheval, et un renvoi de page à page pour faciliter les recherches des performances, etc., etc. *Paris, à la Direction de « La Chronique du Turf », 23, rue Royale,* S. D. (1889).

1 vol. in-16 de 4 f^{ts} non ch. et 1062 p. de t. à 2 col. chiffrées séparément jusqu'à la p. 982 et à longues lignes jusqu'à la fin.

La publication a continué d'année en année avec des augmentations considérables et quelques modifications, et le siège de *La Chronique du Turf* a été transporté *4, Place de Valois*.

Depuis 1906, le format a été sensiblement augmenté; l'ouvrage a été divisé en 2 parties séparées par des feuillets d'annonces commerciales, et avec une pagination spéciale pour chacune d'elles, toujours sur 2 col., la 1re concernant les courses d'obstacles et la 2e les courses plates. Ces 2 parties contiennent actuellement (1909) 561 et 782 p.

La *Chronique du Turf* publie également *L'Annuaire de la Chronique du Turf* (voy. ce titre).

GUIDE PRATIQUE DES SOINS A DONNER AUX CHEVAUX, voy. COURSON (A. DE).

GUIDE PRATIQUE DU CHEF DE PELOTON DE CAVALERIE.

Guide pratique du Chef de Peloton de Cavalerie (Officier de Réserve et Sous-Officier) en Campagne et aux Manœuvres, par le Lieutenant M. S. *Paris et Nancy, Berger-Levrault,* 1910.

1 vol. in-12 allongé de VI-123 p.. avec 1 pl en couleurs et fig. d. l. t.

L'auteur est M. Séguin. (Maurice-Auguste), officier de cav^{ie} français, né en 1876, lieut^{nt} en 1908.

GUIGNARD (Pierre-Claude DE).

Officier d'inf^{ie} français 1665-1741. Cadet gentilhomme dans la Comp^{ie} de Cambrai en 1685, sous lieut^{nt} à Royal-Comtois en 1687, cap^{ne} au Rég^t du Roy en 1693, Major au Rég^t de Courville en 1695, Lieut^{nt}-Colonel au Rég^t de Doigny, devenu plus tard Rég^t de Thil en 1702, réformé avec ce corps à la paix d'Utrecht en 1713, commandant le bataillon des Milices de Nantes en 1733. Il mourut des suites d'une chute de cheval à 76 ans.

Il avait fait campagne pendant toute sa vie militaire : de 1687 à 1693 en Flandre, de 1694 à 1702 en Espagne, de 1703 à 1714 en Flandre. Il avait reçu 4 blessures dont une lui avait fait perdre un œil.

A cette époque, les retraites étaient maigres : malgré ses 30 ans de beaux services, il fut réformé avec une pension de 700 livres à laquelle s'ajoutaient 400 livres comme chevalier de St Louis. Mais ces vieux serviteurs, dont beaucoup, comme Guignard, s'étaient ruinés au service, recevaient généralement de petites gratifications annuelles allouées par le Roi.

L'Ecole de Mars, ou Memoires instructifs sur toutes les parties qui composent le Corps Militaire en France, avec leurs origines & les différentes maneuvres ausquelles elles sont employées. Dédiée au Roy. Par M. de Guignard, Chevalier de l'Ordre Militaire de Saint-Louis & Lieutenant-Colonel du Régiment d'Infanterie de Thil, Réformé. *Paris, chez Simart, rue S. Jacques, au Dauphin.* 1725.

2 vol. in-4º de 4 f^{ts} non ch., XXII-739 p., avec 1 frontispice et 10 pl. h. t. au T. I; 642 p. et 21 pl. h. t. au T. II. Epitre dédicatoire au Roi en tête du T. I et table alphabétique détaillée aux 19 dernières p. du T. II.

La cav^{ie} occupe une place très importante dans cet ouvrage : historique, tactique, évolutions, organisation, service en campagne, service des places, composition et commandements des différentes cavaleries, fourrages, maison du Roi, rang des troupes, hippiatrique, embouchures, harnachement, solde et administration, etc., etc.

Bardin (voy. ce nom) — qui n'est pas tendre d'ordinaire pour les écrivains militaires — juge sévèrement le livre de Guignard, qu'il qualifie de « pesant ouvrage » et le raille sur quelques détails oiseux tels que *Les principes de civilité qu'il convient d'observer à la table d'un Général* et dans lesquels Guignard recommande de ne pas mettre la main au plat, de ne pas parler la bouche pleine, de tenir son pain dans sa serviette... etc. Mais l'ouvrage n'en contient pas moins bon nombre de renseignements intéressants.

GUIGUE (Georges).

L'Entrée de François 1er Roy de France en la Cité de Lyon le 13 Juillet 1515, publiée pour la première fois d'après le manuscrit de la Bibliothèque ducale de Wolfenbüttel par Georges Guigue, ancien Elève de l'Ecole des Chartes, Archiviste en chef du Dépt du Rhône. *A Lyon, chez le Trésorier Archiviste de la Société. Imp. A. Rey*, 1899.

1 vol. in-4° de XL-179 p. avec 14 pl. h. t., dont 1 se dépliant, en héliogravure.

L'ouvrage contient surtout des discours, allégories et pièces de vers; mais, au commencement, on trouve la composition du nombreux cortège qui alla au-devant du Roi hors de la ville; il était composé de cavaliers dont le t. décrit en détail les chevaux, les costumes et les harnachements : «... en après, alèrent les « marchans de la nacion d'Alemaigne « lesquelz estoyent en tres grand nombre « montes sur gros courssiers & edars « d'Alemaigne... Et après chevaulchoyent « ceulx de la nacion de Lucquez..., etc. »

GUILBERT.

Le Vétérinaire actif contenant un Traité complet de toutes les Maladies et Accidents auxquels sont journellement exposés tous nos animaux domestiques, avec l'indication des traitements les plus simples à employer pour les premiers soins indispensables pour éviter tous désastres dans les maladies; par M. Guilbert, Ex-Médecin Vétérinaire, ex-Membre de diverses Sociétés scientifiques. *Paris, Gaillard*, 1874.

1 vol. pet. in-8° de 448 p. dont les 133 premières sont consacrées au Cheval. Ouvrage de colportage.

GUILLAUME (Henri-Louis-Gustave BARON).

Lieutenant-général belge, ancien ministre de la guerre et membre de l'Académie des sciences de Belgique 1812-1877.

Histoire du Régiment de Latour, par le Colonel Guillaume, Directeur du personnel au Ministère de la Guerre, Commandeur de l'Ordre de Léopold, etc., Correspondant de l'Académie royale de Belgique, de la Société royale des Beaux-Arts et de Littérature de Gand, etc. *Gand, Imp. et Lithog. de de Busscher fres*, 1862.

Broch. gr. in-8° de 85 p. avec 1 pl. lith. et coloriée représentant un cavalier du régt de Latour.

Extrait des *Annales de la Société royale des Beaux-Arts et de Littérature de Gand*, T. IX. Le régiment belge des Dragons de Latour fut formé en 1725 et servit brillamment dans l'armée autrichienne jusqu'à la paix de Lunéville en 1801.

Sur le même sujet, voy. *Grunne* (F.-C.-R.-G. de).

GUILLAUMIN (Émile-Alphonse).

Vétérinaire militaire et Docteur en médecine français; né en 1870, diplômé de Lyon en 1892, vétre en 1er en 1906.

Faculté de Médecine et de Pharmacie de Lyon. Année scolaire 1901-1902, N° 126 — Du Traitement du Tétanos chez l'Homme et chez le Cheval, avec recherches expérimentales sur la Méthode de Baccelli — Thèse présentée à la Faculté de Médecine et de Pharmacie de Lyon et soutenue publiquement le 10 Avril 1902 pour obtenir le grade de Docteur en Médecine par Émile Guillaumin, Vétérinaire Militaire, né à Marboué, le 29 Mai 1870. *Lyon, Imp. Paul Legendre*, 1902.

1 vol. in-8° de 100 p., avec 2 tracés graphiques d. l. t.

GUILLEMAIN (Alexandre) et CADIX (Léopold).

Vétérinaires militaires français. Le premier, né en 1858, diplômé de Toulouse en 1880, vétérinaire en 1er en 1897. Le second, né en 1865, diplômé d'Alfort en 1888, vétérinaire en 1er en 1904.

Etudes thérapeutiques et cliniques par MM. Guillemain, Vétérinaire en 1er au 21e Chasseurs et Cadix, Vétérinaire en second au 3e Chasseurs. *Limoges, Vve H. Ducourtieux*, 1902.

Broch. in-8° de 24 p.

Concerne presque exclusivement le cheval.

GUILLEMAIN DE LŒUVRE (François).

Cocher de place à Paris. Fin du XVIIIe siècle.

Mémoire à l'Assemblée nationale, reçu des Représentans de la Commune, sous la signature de M. Marchais, président, pour les Cochers des Carosses de Place de la Ville de Paris, présenté par François Guillemain de Lœuvre, Cocher de place ; et plan d'un nouvel ordre et règlement nécessaires dans leur état et d'une institution utile pour les anciens Cochers infortunés ou ceux d'entr'eux qui auront le malheur d'être blessés ou malades en faisant leur service. *A Paris, chez Baudoin, Imprimeur de l'Assemblée nationale, rue du Foin St Jacques*, N° 31, 1789.

Broch. in-8° de 14 p,

Curieux et rare (1). L'auteur défend l'honorabilité de la corporation et propose diverses mesures de police pour le bon recrutement des cochers de place, pour leur assurer le paiement régulier de leurs gages, leur fournir des secours en cas de maladie, etc.

A la fin, liste des cochers qui ont versé 12 sous pour l'impression de ce volume et les frais de la supplique à la municipalité.

GUILLEMIN (Auguste).

Ancien militaire, a servi dans la cav^{ie}. Né vers 1823.

Notre défense nationale compromise par l'ignorance de la Cavalerie, par Auguste Guillemin, n° 1 de manège de l'Ecole de Saumur. *Bruxelles, Imp. L. Charpentier*, 1890.

Broch. gr. in-8° de 16 p.

L'auteur prétend dresser en quinze leçons d'une heure des hommes n'ayant jamais monté à cheval et des chevaux neufs. Il a proposé son système au général Boulanger et à M. de Freycinet pendant leurs ministères, au général de Galliffet et à d'autres. Il a été éconduit, et le dépit qu'il en a ressenti se traduit dans son aigre diatribe.

GUILLEREY (Joseph).

Vétérinaire suisse.

De l'Avortement épizootique des Juments. Thèse inaugurale présentée à la Faculté de Médecine vétérinaire de Berne, pour obtenir le grade de Docteur en Médecine vétérinaire, par M. Joseph Guillerey, Médecin Vétérinaire à Porrentruy, 1901.

Broch. in-8° de 50 p., sans nom d'imprimeur ni de lieu d'impression.

GUILLEROT (Paul).

Eleveur vendéen.

L'Elevage du Trotteur en France — Pedigrees, Performances, Records, Productions des Etalons appartenant à l'Etat et aux particuliers, par Paul Guillerot. *Paris, Chamuel*, 1896.

1 vol. in-4° de XI-243 p.

L'ouvrage, qui se compose de listes généalogiques, n'a été tiré qu'à 300 exemplaires numérotés.

GUILLET (George) DIT DE SAINT GEORGE.

Historiographe et érudit français. Membre de l'Académie royale de peinture et de sculpture. Né vers 1625, mort en 1705.

Les Arts de l'Homme d'Epée ou le Dictionnaire du Gentilhomme. Première partie contenant l'Art de monter à Cheval, expliqué avec une Méthode exacte, pour toutes les définitions et les Phrases qui regardent le Manège. On y trouve aussi le détail des maladies des Chevaux. Dédié à Monseigneur le Dauphin. Par le Sieur Guillet. *Paris, Gervais Clouzier*, 1678.

1 vol. in-12 de 231 p. plus, au commencement, 6 f^{ts} non ch. pour l'Epistre au Dauphin et la préface et 2 à la fin pour le privilège.

L'ouvrage comprend trois parties qui, pour cette 1re éd^{on}, ont paru séparément ; les deux autres traitent de l'Art Militaire et de la Navigation. Le volume décrit ci-dessus est rédigé sous forme de dictionnaire. L'auteur dit qu'il s'est attaché à voir travailller MM. de Bournonville et du Plessis, « ces deux excellens « hommes qui ont aujourd'huy l'honneur « d'apprendre à Monseigneur le Dauphin « l'Art de monter à cheval » et qu'il a « conféré particulièrement avec M. de « Soleyzel ». Ce petit ouvrage a eu beaucoup de succès et de nombreuses éd^{ons}. Dans les suivantes, les 3 parties sont quelquefois réunies sous la même pagination.

Les Arts de l'Homme d'Epée ou le dictionnaire du Gentilhomme. Divisé en trois parties, dont la pre-

---

(1) Non cité par le Cte de Contades dans sa bibliog^{ie} du *Driving en France*.

mière contient l'Art de monter à Cheval, la seconde, l'Art militaire et la troisième, l'Art de la Navigation. Dédié à Monseigneur le Dauphin ; par le Sieur de Guillet. Suivant la copie de Paris. *La Haye, chez Adrian Moetjens*, 1680.

1 vol. in-12 de 512 p. plus, au commencement, 4 f^{ts} pour la dédicace et la préface. La 1re partie comprend les 128 premières p.. 3 pl. dont 1 pour chaque partie.

Les Arts de l'Homme d'Epée ou le Dictionnaire du Gentilhomme. Première partie contenant l'Art de monter à cheval, expliqué par une Méthode exacte, par toutes les définitions et les Phrases qui regardent le Manège. On y trouve aussi le détail des maladies des chevaux. *Seconde Edition*, reveüe par l'Auteur augmentée de plusieurs définitions. *Paris, Vve Gervais Clouzier*, 1682.

1 vol. in-12 de 238 p. plus l'Epistre, la Préface et le privilège. Dans cette édition, les 3 parties sont paginées séparément.

Même ouvrage. *Paris, Vve Clouzier*, 1683.

Même ouvrage, 4e, 5e et 6e Ed^{ons}. *La Haye, Adrian Moëtjens*, 1684, 1686, 1695.

L'éd^{on} de 1695, que je crois la dernière, est in-12 comme toutes les précédentes et comprend les 3 parties sous la même pagination, 527 p., plus l'Epistre et la Préface, et 3 pl.

GUILLOT (Alfred).

Des Reproducteurs Français en Russie — Percherons, Anglo-Normands, Ardennais, Bretons et Purssang ; par Alfred Guillot, Membre de la Société impériale d'Agriculture de Moscou et de la Chambre de Commerce russe de Paris, chargé de mission en Russie par le Ministère de l'Agriculture, Officier d'Administration du Cadre auxiliaire. *Paris*, 1903 (*St Amand, Imp. E. Pivoteau*).

Broch. in-8° de 21 p. avec 1 pl. double en phototypie représentant des types de chevaux. Dédicace à S. A. I. Mgr le Grand-Duc Dimitri Constantinovitch.

GUILLOT (Claude).

Officier du Train des Equipages français — Né en 1836, sous lieut^{nt} en 1864, cap^{ne} en 1874.

Le Mulet de Bât de l'Armée par C. Guillot, Capitaine-commandant au 13e Escadron du Train des Equipages militaires, Chevalier de la Légion d'honneur. *Moulins, Imp. Crépin-Leblond*, 1879.

1 vol. pet. in-8° de 106 p.

L'ouvrage comprend l'emploi, l'hygiène, le harnachement, le choix du mulet de bât et un aperçu des différentes races.

GUILLOUET (Firmin).

Sous-Officier de cav^{ie} français, né en 1845.

Souvenirs de Firmin Guillouet, Maréchal des Logis au 4e Régiment de Cuirassiers — 1870-1871. — *Caen, Imp. A. Domin*, 1873.

Broch. in-8° de 63 p.

Ce petit ouvrage, écrit avec une visible sincérité par un des humbles acteurs du grand drame de 1870, n'a aucune prétention à s'élever au-dessus des faits auxquels l'auteur a pris part ou qu'il a vus. Il les raconte simplement, avec concision, et son récit est attachant : c'est certainement l'œuvre d'un brave homme.

La brochure de Guillouet est très rare et mérite la réimpression.

GUILMOT (Pierre-Innocent-Désiré).

Vétérinaire belge, 1820-1869.

Mémoire sur la Fluxion lunatique des Chevaux, par D. Guilmot. *Bruxelles, Imp. de Mortier fils*, 1860.

Broch. in-8° de 45 p. (Extrait du *Bulletin de l'Académie royale de Belgique*, T. III, 2e série, n° 11.

Pour la critique de cet ouvrage, voy. Didot (A.).

De la Kératite ponctuée chez le Cheval, par D. Guilmot. *Bruxelles, Tircher et Manceaux*, 1864.

Broch. in-8° de 8 p.

Nouvelles Preuves de l'efficacité des mesures d'hygiène contre l'Ophtalmie périodique du Cheval sévissant sous forme enzootique par D.

Guilmot. *Bruxelles, Manceaux*, 1864.
Broch. in-8º de 8 p. (Extrait des *Annales de Médecine Vétérinaire*.)

De la Pyétite chronique chez le Cheval, par Désiré Guilmot, Vétérinaire. *Bruxelles, H. Manceaux*, 1865.
Broch. in-8º de 22 p.

GUIMPS (Roger DE.)

Recherches sur l'Origine de la Domesticité des Animaux par Roger de Guimps — Extrait de la Bibliothèque universelle — *Lausanne, Imp. Georges Bridel*, 1869.
Broch. in-8º de 87 p.
L'âne occupe les p. 41 à 43, le cheval les p. 47 à 50. En outre, plusieurs généralités leur sont applicables.

GUINET (aîné).

De l'Amélioration de l'Espèce chevaline dans nos contrées par le Croisement. Par M. Guinet aîné, Vétérinaire et Marchand de Chevaux à Lyon. *Lyon, Imp. et Lith. Nigon*, 1849.
Broch. in-8º de 16 p. (rarissime).

GUIOT.

Mémoire et instructions sur les moyens curatifs à employer contre la maladie épizootique qui ravage les trois départemens formant l'ancienne Provence. Adressé à M. le Procureur-Général-Syndic du Département des Bouches-du-Rhône par le Sieur Guiot, Artiste Vétérinaire. Et imprimé ensuite d'un Arrêté du Département des Bouches-du-Rhône du 1er Août 1791. *Aix, Gibelin-David & Emeric-David, Imprimeurs du Département*, 1791.
Broch. in-8º de 7 p.

GUITTET (François-Remi).

Vétérinaire français, 1819-18... Diplômé d'Alfort en 1847.

De la morve du Cheval et de sa transmissibilité à l'homme par M. Guittet, artiste vétérinaire à Angers. *Angers, Cosnier et Lachèse*, 1858.
Broch. in-8º de 40 p.
L'auteur estime que la morve est contagieuse à l'état aigu et non-contagieuse à l'état chronique.

GUNSETT (Chrétien).

Officier d'inf^{ie} français, né en 1838, sous-lieut^{nt} en 1869, chef de bat^{on} en 1888, retraité en 1895.

Exemples de Formations tactiques de l'Infanterie, de la Cavalerie et de l'Artillerie de l'Armée Allemande représentées en 264 Figures — Travail basé sur les Ordonnances et les Règlements les plus récents, traduit de l'Allemand par Ch. Gunsett, Capitaine au 4e de Ligne, professeur de langue allemande à l'Ecole militaire des sous-officiers d'infanterie. *Paris, J. Dumaine*, 1880.
1 vol. in-8º de 314 p
La cav^{ie} occupe les p. 117 à 191 avec 104 fig.

GUNTHER (F.-A.) et MARTIN (P.-J.) traducteur.

Nouveau Manuel de Médecine vétérinaire homœopathique, ou Traitement homœopathique des Maladies du Cheval, du Bœuf, de la Brebis, du Porc, de la Chèvre et du Chien, à l'usage des vétérinaires, des propriétaires ruraux, des fermiers, des officiers de cavalerie et de toutes les personnes chargées du soin des animaux domestiques, par F. A. Gunther, traduit de l'Allemand sur la 3e Edition par P. J. Martin, Médecin vétérinaire, ancien élève des écoles vétérinaires. *Paris, J.-B. Baillière ; Londres, H. Baillière*, 1846.
1 vol. in-8º de 455 p. dont VIII pour la préface.
L'ouvrage commence par un exposé de la doctrine homœopathique et des généralités ; les maladies du cheval, classées par ordre alphabétique, occupent seules les p. 59 à 232.

Nouveau Manuel de Médecine vétérinaire homœopathique, ou Traitement homœopathique des Maladies du Cheval, des Bêtes bovines, des Bêtes ovines, des Chèvres, des Porcs et des Chiens... (etc., comme ci-dessus). *Deuxième*

Edition, revue et corrigée, avec 34 figures intercalées dans le texte. *Paris, J.-B. Baillière et fils*, 1871.

1 vol. in-12 de XII-504 p.
Cette éd^on diffère de la précédente par le format et par l'adjonction de figures, mais le texte est à peu près semblable.
Les maladies du cheval occupent les p. 55 à 247 avec 19 fig. dont 15 pour l'âge.

Nouveau Manuel de Médecine vétérinaire homœopathique, par F. A. Gunther et Prost-Lacuzon — Maladies du Cheval — Maladies des bêtes bovines — Maladies des bêtes ovines — Maladies des chèvres — Maladies des porcs — Maladies des lapins — Maladies des chiens — Maladies des chats — Maladies des oiseaux de basse-cour et des oiseaux de volière. *Paris, J.-B. Baillière et fils*, 1892.

1 vol. in-18 de 396 p. dont VI pour les titres et la préface. Cette éd^on est sans fig.
Les maladies du cheval occupent les p. 23 à 169.
Voy. *Prost-Lacuzon* pour un autre ouvrage.

GUYON (C.).

Traité de Zoologie agricole — Education des Animaux domestiques suivie de l'éducation des Abeilles et des Vers à soie — Art de connaître, élever, soigner, nourrir et guérir tous les Animaux domestiques, les Oiseaux de basse-cour et de volière, ainsi que les Abeilles et les Vers à soie — Guide pratique indispensable aux Propriétaires, Fermiers, Agriculteurs & Eleveurs ; par C. Guyon, naturaliste, Auteur des Etudes sur les Animaux féroces et l'Art de les dompter. *Toulouse, Adrien Barbe*, S. D. (1881).

1 vol. in-12 de 379 p.
Les 94 premières p. sont consacrées au cheval, à l'âne et au mulet; mais le sujet est traité de la manière la plus sommaire, et l'auteur s'occupe surtout de donner des recettes de remèdes empiriques.

GUYON (Claude-Marie).

Oratorien, puis prêtre séculier français et historien. 1699-1771.

Histoire des Amazones, anciennes et modernes, enrichie de médailles ; par M. l'abbé Guyon. *Paris, chez Jean Villette, ruë St-Jacques, vis à vis les Mathurins, à la Croix d'or & à St-Bernard*, 1740.

1 vol. in-12 formant 2 parties de CLXXVI-92 et 215 p. La 2e partie contient 8 pl. gravées par Mathey.

Même ouvrage, même titre... avec une Préface historique pour servir d'Introduction, par M. l'Abbé Guyon. *A Bruxelles, chez Jean Léonard*, 1741.

1 vol. in-16 formant 2 parties de CXLVII-210 p.
Dans cette éd^on, la pagination se suit pour les deux parties, les pl. ont un placement différent et sont signées par le graveur F. Pilsen ; la jolie tête d'amazone casquée de la p. 177 de l'éd^on précédente a disparu (1). Le texte et les 7 pl. qui restent sont d'ailleurs identiques.

Même ouvrage, même titre, sans les mots : « avec une Préface historique... » et sans nom d'auteur. *A Amsterdam, chez Zacharie Chatelain*, 1748.

Cette éd^on est identique à celle citée plus haut de *Paris, chez Jean Villette*, 1740.

Ce n'est guère qu'à cause de son titre que cet ouvrage est cité ici. La manière de monter et de combattre à cheval des amazones y est à peine effleurée, quoique leurs mœurs, leurs usages — et particulièrement la mutilation du sein droit, passée dans la tradition — leur histoire enfin, y soient longuement développés par le savant historien.
Voy., sur le même sujet, *Petit (Pierre)*.

GUYON (H. DE).

Réponse d'un Eleveur Normand au Rapport de M. le Directeur Général des Haras — Extrait du Journal *l'Ordre et la Liberté* du 31 décembre 1863 — *Caen, Typ. Domin*, 1864.

---

(1) Du moins dans les exemplaires que j'ai vus.

Broch. in-8° de 10 p., signée à la fin.

Le Général Fleury venait d'annoncer son intention de diminuer progressivement l'action des Haras au profit de l'industrie particulière. L'auteur de cet opuscule, dans un plaidoyer appuyé sur de solides raisonnements, combat ce projet et demande « le maintien des Haras tels qu'ils sont ».

Des Haras, par M. H. de Guyon. *Caen, Typ. Domin*, 1866.

Broch. in-8° de 8 p.

L'auteur demande le rétablissement de l'Ecole des Haras et signale certains abus de l'administration.

GUYOT (E.).
Agronome-éleveur français.

Les animaux de la ferme par E. Guyot, ancien Elève diplômé des Ecoles d'agriculture, agronome-éleveur, lauréat de plusieurs Sociétés d'agriculture. Avec figures intercalées dans le texte — Anatomie et physiologie — Fonctions des animaux domestiques — Utilisation — Valeur économique — Le Cheval — Le Bœuf — Le Mouton — Le Porc — Races — Alimentation — Reproduction — Amélioration — Maladies — Logements — Le Chien — Le Chat — Poules — Dindons — Pigeons — Canards — Oies — Lapins — Abeilles — *Paris, J.-B. Baillière et fils*, 1890.

1 vol. in-18 de 344 p. avec 146 fig. d. l. t. et h. t.

En outre des généralités et de certains passages (pied, allures, sélection, gymnastique fonctionnelle, etc.) applicables au cheval, les p. de 64 à 120 lui sont exclusivement consacrées.

GUYTON (M.), voy. APPERLEY (C.-J.) et MILES (W.).

GYÖRY (Árpad DE).
Archiviste de la Cour de Vienne.

La Salle des Hussards au Pavillon historique de la Hongrie, à l'Exposition universelle de Paris, en 1900, par Árpad de Györy. *Paris, Lib^ie centrale des Beaux-Arts*, 1904.

Broch. gr. in-4° de 2 f^ts pour les titres et 47 p. avec 2 pl. h. t. et 26 grav. d. l. t.

Cette monographie, non mise dans le commerce, est extraite de l'ouvrage *Le Pavillon historique de la Hongrie à l'Exposition universelle de Paris en 1900*, publié à la même lib^le.

GYP, pseudonyme de Mme LA COMTESSE DE MARTEL DE JANVILLE, née Sibylle-Gabrielle-Marie-Antoinette DE MIRABEAU.

Femme de lettres française, née en 1850. Elle est la petite-fille du Colonel de Gonneville (voy. ce nom).

Sportmanomanie, par Gyp. *Paris, Calmann Lévy*, 1898.

1 vol. in-12 de 328 p.

C'est une critique humoristique des travers des sportsmen et particulièrement des cavaliers.

H

H* (LE CHEVALIER D').**

Le Chevalier d'*Hozier*, d'après le *Dictionnaire des Anonymes* de de Manne et d'après Quérard. Le Chevalier d'*Hémars*, d'après les *Retouches au Dictionnaire* &a. de Quérard et d'après le *Catalogue* Huzard. C'est cette dernière attribution qui doit être adoptée. Le Cte de Contades fait d'ailleurs justement observer (1) qu'aucun membre de la famille d'Hozier ayant porté le titre de chevalier ne peut être considéré comme l'auteur de l'ouvrage.

De l'Aurigie ou Méthode pour choisir, dresser et conduire les Chevaux de Carrosse, de Cabriolet et de Chaise ; suivie d'un Nobiliaire équestre, ou Notice sur les races précieuses de Chevaux étrangers, leur extérieur, qualités, tempérament, régime, et sur les divers soins qu'ils reçoivent ; par M^r le Chev^er d'H***, ancien Elève du Manège Royal des Tuileries. *Paris, Dondey-Dupré*, 1819.

1 vol in-8° de XII-407 p.

Dans cet ouvrage, l'auteur — qui se plaint amèrement de l'ignorance des amateurs et des cochers de son temps — entre dans tous les détails du dressage à la voiture et du menage. Certaines parties ont vieilli ; car les modifications

(1) *Le Driving en France*, P. 130.

profondes apportées aux harnais en ont aussi produit sur la conduite en guides. Mais il y a encore beaucoup à retenir des sages conseils donnés par le Chevalier d'Hémars, notamment quand il recommande de dresser les chevaux à la selle avant de les mettre à la voiture, etc.

Le *Nobiliaire Equestre*, qui termine le livre, est une compilation sans valeur de divers auteurs hippiques ou de relations de voyages.

H. C., voy. CONSIDÉRATIONS SUR LA RÉORGANISATION DE LA CAVALERIE.

H. C. L., voy. OÙ EN EST LA QUESTION DE L'ARTILLERIE LÉGÈRE... DES DIVISIONS DE CAVALERIE.

H. V., voy. UN CROSS-COUNTRY.

HABERT (Jules-Victor-Raphaël).
Officier de cav^{le} français, né en 1854, sous-lieut^{nt} en 1878, lieut^{nt}-colonel en 1908, retraité en 1910.

Manuel pour servir à l'Instruction du Sapeur de Cavalerie et de tous les Gradés de l'Arme pour l'exécution des Travaux de Campagne, par J. Habert, Capitaine au 15e Chasseurs. *Paris, L. Baudoin,* 1898.
1 vol. in-18 de XI-165 p., avec 155 fig. d. l. t.

Cet officier est aussi l'inventeur d'un ingénieux radeau-sac destiné à faciliter le passage des cours d'eau et particulièrement intéressant pour la cav^{le}. L'ouvrage suivant en explique la construction et le fonctionnement :

Notice sur le Radeau-Sac et considérations générales sur les Passages de Cours d'eau, par J. Habert, Capitaine-commandant au 15e Régiment de Chasseurs. Avec 3 Figures et 22 Photogravures. *Châlons-sur-Marne, Imp. Martin f^{res}* 1900.
Broch. in-8° de 70 p.

Conversation sur les Passages de Cours d'eau par les Troupes, comprenant une *2e Edition*, mise à jour, de la Notice sur le Radeau-Rac, par J. Habert, Chef d'Escadrons au 4e Régiment de Hussards. Avec 12 Figures et 15 Photogravures. *Châlons-sur-Marne, Imp. Martin f^{res},* 1905.
1 vol. in-8° de VIII-175 p.

HACHET-SOUPLET (Pierre).
Ecrivain français, s'est particulièrement occupé des questions d'instinct et d'intelligence des animaux. Né en 1869.

Le dressage des Animaux et les combats de Bêtes. — Révélation des Procédés employés par les Professionnels pour dresser : le Chien, le Singe, le Cheval, l'Eléphant, les Bêtes féroces, etc. par Pierre Hachet-Souplet. — Ouvrage illustré de 100 dessins par MM. Bogaërt et Jouard, d'après des photographies et orné d'un portrait de l'auteur. *Paris, Firmin-Didot.* S. D. (1897).
1 vol. in-8° de IX-238 p.
Le dressage du Cheval occupe les p. 93 à 130.

Même ouvrage, même titre — *2e Edition — Paris, Lib^{ie} de Paris, Firmin-Didot,* S. D. (1912).
1 vol. in-8° de XXXII-238 p.

Examen psychologique des Animaux — Nouvelle Méthode expérimentale de classification des Espèces au point de vue psychologique, par Pierre Hachet-Souplet. *Paris, Lib^{ie} C. Reinwald ; Schleicher f^{res} Editeurs,* 1900.
1 vol. in-16 de XVI-163 p. avec frontispice et 1 tableau se dépliant.
Le chap. VI est presque entièrement consacré au cheval.

HACKHER (Georges-Jacques).
Gentilhomme autrichien du XVIIe siècle.

De eo, qvod circa Eqvos publice privatimqve justum est D. O. M. A. Præside Magnifico Academiæ Jenensis Rectore, viro præ-nobilissimo, consultissimo atqve excellentissimo Dn. Joh. Volk. Bechmann, Hereditario in Obern-Tròbra (Jcto & Antecessore Celeberrimo, Consiliario Saxonico, Curiæ Provincialis, Scabinatus ac Facultatis Juridicæ

Assessore Gravissimo, Domino Patrono & Doctore suo ætatem devenerando, in auditorio Jctorum disputabit Georgius Jacobus Hackher, Equ. Austr. Auctor add. Martii A. R. S. M. 1676. *Jenæ, Typis Johannis Wertheri, Typographi Ducalis.*

Broch. in-4° de ... p. (1)

C'est une curieuse thèse juridique qui traite des chevaux au point de vue du droit, suivant les coutumes des différents pays : chevaux militaires, redevances féodales, convois et corvées, charges des vassaux, courses chez les Grecs et les Romains, chars, litières, postes, vente et achat, fraudes, cas rédhibitoires, etc.

Ouvrage très rare.

HAGET (Jean-Baptiste).

Vétérinaire français, diplômé de Toulouse en 1867.

Ecole impériale vétérinaire de Toulouse — Maladie du Coït — Thèse pour le Diplôme de Médecin Vétérinaire par Jean-Baptiste Haget, né à Saubusse (Landes). *Toulouse, Imp. de J. Pradel et Blanc,* 1867.

Broch. in-8° de 45 p.

HAGRON (Alexis-Auguste-Raphaël).

Général de div^{on} français 1845-1909. Fils d'un simple gendarme, il entra à St Cyr à 17 ans, y obtint les galons de sergent-major et en sortit avec le n° 1 en 1864. Entré à l'Ecole d'Etat-Major, il obtint encore le n° 1 à sa sortie en 1867. Sous-lieut^{nt} en 1864, colonel en 1890, g^{al} de div^{on} en 1898. Après avoir commandé le 6e corps, il devint membre du Conseil supérieur de la guerre et quitta volontairement le service actif en 1907, à la suite d'incidents dont le récit ne serait pas ici à sa place, et en emportant l'estime de toute l'armée. Il était passé dans l'inf^{ie} en 1875, lors de la suppression du Corps d'Etat-Major, et avait fait campagne en Algérie en 1867, 68, 69, 70, contre l'Allemagne en 1870 et de nouveau en Algérie à sa rentrée de captivité en 1871.

Publication de la Réunion des Officiers — Des Eclaireurs, par

(1) Le seul exemplaire que je connaisse de cet ouvrage est incomplet des dernières p. et s'arrête à la p. 64.

M. Hagron, Capitaine d'Etat-Major. *Paris. Ch. Tanera,* 1873.

Broch. in-12 de 15 p.

L'opuscule intéresse principalement l'inf^{ie}, mais le rôle et l'emploi des éclaireurs de cav^{ie} y est aussi examiné.

HAILLOT (C.-A.), voy. DECKER (C. DE).

HALBRONN (CHERI-Raymond).

Livre des naissances de l'année 1892, recueillies par Raymond Halbronn. Guide de la production des Etalons de pur-sang en France. *Paris, Imp. Maulde ; à l'Etablissement Chéri,* 1893.

Broch. in-8° de 98 p.

Bibliothèque de l'Etablissement Chéri. — Les Etalons de France au XIXe Siècle — Dictionnaire des Etalons du Siècle dernier que l'on retrouve le plus fréquemment dans les Pedigrees modernes — Dressé car Chéri R. Halbronn. *Paris, Maulde, Doumenc et Cie Imprimeurs,* 1904.

1 vol. pet. in-8° de 123 p.

HALLOPEAU (Henri) et **JEANSELME** (Edouard).

Médecins français ; Hallopeau, né en 1842 ; Jeanselme, né en 1858.

Sur un cas d'Infection farcinomorveuse chronique terminée par une poussée de Morve aiguë, par MM. Hallopeau et Jeanselme. *Le Hâvre, Imp. Lemale,* S. D. (vers 1890).

Broch. in-4° de 22 p.

HAMEL (DE).

Colonel de cav^{ie} wurtembergeois. Milieu du XIXe siècle.

Le Cheval mécanique de M. de Hamel, Colonel de Cavalerie, Ecuyer de Sa Majesté le Roi de Wurttemberg, Commandeur et Chevalier de plusieurs Ordres. *Stuttgart, August Schaber,* 1862.

Broch. in-8° de 24 p.

Cet officier avait inventé un cheval mécanique qui exécutait 26 exercices différents : ruades, cabrer, chutes, écarts, sauts de mouton, etc. Il prétendait ainsi

abréger l'instruction du cavalier et économiser les montures vivantes nécessaires à cet objet.
Voy. aussi, sur l'emploi du cheval mécanique pour les débutants, *Gueudeville, Lalanne, Larive.*

HAMOIR (Joseph).
Vétérinaire belge.

Le Cheval de Trait, par Joseph Hamoir, Médecin-Vétérinaire. — Ouvrage illustré, récompensé au Concours organisé par la Société Royale agricole de l'Est de la Belgique en 1905 — *Namur, Lambert-De Roisin,* 1907.
1 vol. pet. in-8° carré de 171 p. plus 3 f^{ts} pour la table, avec 62 fig d. l. t. Dédicace à M. G. Remy, Inspecteur vétérinaire honoraire.

HAMON (Louis).
Ancien employé des Haras, courtier, éleveur et publiciste hippique.

Stud-Book vendéen — Dictionnaire généalogique des Etalons qui ont fait la monte dans la Circonscription de 1839 à 1889 — Achat d'Etalons à la Roche-sur-Yon. Concours de Pouliches et de Poulinières en Vendée. Concours Hippique de Nantes et de Paris. Derby des Pouliches Vendéennes. Derby des Trotteurs de Rennes, St Brieuc et Rouen. Les chevaux Vendéens aux Courses de Caen. Liste des Propriét^{res} de la Circonscription gagnant dans les Courses au trot. Liste des Etalons pères des vainqueurs. Origine des grands trotteurs Normands et de quelques Etalons marquants. Origine des trotteurs Bretons et Vendéens Pouliches et Poulinières d'élite de la Vendée, etc. — Par Louis Hamon, Diplômé de Ferme Ecole, Ancien médaillé de Ferme Ecole, Ancien Chef de Station des Haras de l'Etat — Prix : 5 Francs — Ce Stud-Book Vendéen sera adressé à toute personne qui en fera la demande à l'Auteur contre un mandat-poste de 5'50 cent. — *La Roche-sur-Yon, chez l'Auteur,* 1889.
1 vol. in-8° de 95 p.

Les Chroniques de l'Elevage — Vendée, Loire-Inférieure, Deux-Sèvres, par Louis Hamon. *En Vente chez l'Auteur, à la Roche-sur-Yon* — Prix 4'75 par la poste — 1891.
1 vol. in-12 de 231 p.

Guide du petit Eleveur — Généalogie des cent soixante seize Etalons du Dépôt de la Roche-sur-Yon au 1er Janvier 1895 par Louis Hamon. *La Roche-sur-Yon, Imp. Vve Ivonnet et fils,* 1895.
Broch. in-16 de 32 p.

HAMONT (Pierre-Nicolas).
Vétérinaire français. 1805-1848. Diplômé d'Alfort en 1824, servit d'abord dans la cav^{le}, puis partit pour l'Egypte en 1828 pour y fonder une Ecole vétérinaire, sous les auspices du vice-roi Méhémet-Ali. Il fonda ensuite le Haras de Choubra et la Bergerie de Tantak et rentra en France en 1841.

Des causes premières de la morve et du farcin ; moyen de détruire ces maladies, par M. Hamont, Médecin-vétérinaire, fondateur des Haras, de l'Ecole vétérinaire et des Bergeries en Egypte, Associé de l'Académie royale de Médecine, etc. *Paris, J. B. Baillière,* 1842.
Broch. in-8° de 23 p.
Les moyens proposés sont une meilleure hygiène et l'importation d'étalons arabes.

De l'entraînement des Chevaux et des luttes sur les Hippodromes ; par M. Hamont, Médecin-vétérinaire,... (etc., comme ci-dessus), *Paris, J. B. Baillière,* 1842.
Broch. in-8° de 16 p.
Ce mémoire a été lu à l'Académie de médecine et y a fait l'objet d'une longue et intéressante discussion à laquelle ont pris part MM. Royer-Collard, Récamier, Renault, Gerdy, Bouley, etc., la plupart opposés aux assertions d'Hamont qui concluait en affirmant que l'entraînement importé d'Angleterre est une *monstruosité*, que l'institution des hippodromes à l'anglaise est une *parade sans utilité* et qui était aussi chaud partisan de l'étalon arabe qu'ennemi déclaré de l'étalon anglais.

Considérations générales sur l'amélioration des Chevaux en France, Mémoire lu au *Cercle agricole,* rue de Beaune, dans la séance du 3 février 1843, par M. Hamont, de

l'Académie royale de Médecine, fondateur de l'Ecole de Médecine vétérinaire, des Haras et Bergeries en Egypte, etc. *Paris, Ledoyen*, 1843.
Broch. in-8° de 32 p.
C'est un nouveau réquisitoire contre les courses, les étalons anglais et l'administration des Haras.

Des Races chevalines orientales — Présent du Vice-roi d'Egypte au Roi des Français. Par M. Hamont, Membre de l'Académie royale de Médecine, de la Société orientale, etc. — Extrait de la *Revue d'Orient* — *Paris, Rignoux*, 1843.
Broch. in-8° de 18 p.
Amusant récit des petites finasseries de Méhémet-Ali, qui donnait souvent des chevaux à de grands personnages ou à des étrangers auxquels il voulait faire honneur. Il les enguirlandait de belles protestations et leur faisait croire que les chevaux qu'il leur offrait ainsi étaient de la plus pure race arabe, et qu'il les avait choisis parmi les plus beaux produits de son élevage ; mais il conservait soigneusement ces derniers et jamais un seul d'entre eux n'est sorti de ses écuries. Ceux qu'il donnait étaient des chevaux très ordinaires, et l'envoi qu'il venait de faire à Louis-Philippe ne faisait pas exception à cette règle.

Aperçu général sur l'Etat actuel de la Médecine vétérinaire en France — Mémoire lu à l'Académie royale de Médecine dans sa séance du 6 mai 1845 par M. Hamont. *Paris, J.-B. Baillière*, 1845.
Broch. in-8° de 28 p.

HANENS (LE BARON D'), voy. STEWART (J.).

HANNEQUIN (Henri).
Vétérinaire français, diplômé d'Alfort en 1866.

Thèse pour le Diplôme de Médecin Vétérinaire présentée le 4 Août 1866 à l'Ecole d'Alfort par Henri Hannequin, né à Pargny-sur-Saulx (Marne) — Considérations générales sur les Maladies du Pied — *Paris, Imp. Victor Goupy*, 1866.
Broch. in-8° de 33 p.
Concerne exclusivement le cheval.

HAPPICH (Henri-Adolphe).
Officier de cav^{ie} français, né en 1829. Sous-lieut^{nt} en 1854, chef d'esc^{ons} en 1875, retraité et lieut^{nt} colonel de territoriale en 1883.

Publication de la Réunion des Officiers — Tactique élémentaire de la Cavalerie prussienne et fragments de la Tactique générale en usage dans l'Armée prussienne, d'après l'ouvrage allemand du Général-major P. A. Paris. Traduit par Happich, Capitaine au 10e Dragons. *Paris, J. Dumaine*, 1875.
1 vol. pet. in-8° de 223 p.
L'ouvrage n'est qu'un extrait de l'original allemand.

Examen critique des Instructions du Général-Major Carl von Schmidt pour le dressage, l'emploi et la conduite de la Cavalerie, depuis le Cavalier isolé jusqu'à la Division de Cavalerie par H. Happich, Chef d'escadrons commandant le Dépôt de remonte de Saint-Jean-d'Angély. Extrait du *Journal des Sciences militaires* (mai 1877). *Paris, J. Dumaine*, 1877.
Broch. in-8° de 14 p.

Publication de la Réunion des Officiers. — Coup d'œil sur l'entraînement, les manœuvres et l'emploi de la Cavalerie par H. Happich, Lieutenant-Colonel com^t le 3e Régiment territorial de Cavalerie. *Paris, L. Baudoin*, 1884.
Broch. in-8° de 12 p.

Notre Cavalerie. Ce qu'elle est, ce qu'elle devrait être. *Coulommiers, Imp. Paul Brodard*, 1892.
Broch. in-8° de 16 p., signée à la fin.

HARAMBURE (Louis-François-Alexandre, BARON D')
Lieutenant-général français (cav^{ie}), 1742-1828. Cornette dans Beauffremont-Dragons en 1757 ; cap^{ne} à Noë Cavalerie en 1760 ; réformé puis cap^{ne} à Bourbon Cavalerie en 1763 ; major de Roussillon Cavalerie en 1768 ; rang de mestre de camp en 1770 ; mestre de camp en second en 1776 ; brigadier en 1781 ; mestre de camp commandant le régiment Mestre de camp général de la cavalerie, puis le régiment Commissaire général en 1784 ; maréchal de camp en 1788 ; lieut^{nt}-

général en 1792 ; « remercié » en 1793. Campagnes de 1759, 60, 61 et 62 en Allemagne, 1792 et 93 à l'armée du Rhin.

Il embrassa d'abord les idées révolutionnaires et fut député de la noblesse de Touraine aux Etats-Généraux de 1789 ; mais il revint bientôt de cet enthousiasme et reprit son grade de M^{al} de camp. Employé en Alsace, il y fut nommé Lieut^{nt}-général et commanda un moment l'armée du Rhin. Mais il fut accusé d'avoir fait transcrire sur les registres de la municipalité de Neuf-Brisach une proclamation de Louis XVIII, décrété d'accusation, traduit à la barre de la Convention puis devant le tribunal révolutionnaire. Il eut le rare bonheur d'y être acquitté et vécut dans la retraite jusqu'à la Restauration qui lui rendit son grade, le nomma commandeur de St-Louis et président du collège électoral de Loches. Il rentra aussitôt après et jusqu'à sa mort, dans la retraite.

Eléments de cavalerie. Ouvrage élémentaire propre aux Officiers généraux, Adjudants généraux, Chefs de corps, Aides de camp et Commandants d'escadron, pour mouvoir de Grands corps de Cavalerie, pour diriger leur instruction ; auquel on a joint un mode simple pour les mouvements nécessaires à une Armée. Par M. d'Harambure, Maréchal de camp employé à la 21e Division de troupes de ligne. *Paris, Firmin-Didot,* 1791.

Broch. in-16 de 78 p. avec 5 pl. de plans de manœuvre, se dépliant.

Même ouvrage, même titre. *Seconde Edition. Paris, Magimel,* 1795.

Broch. in-16 de 55 p. avec les mêmes pl.

Opinion de M. le Baron d'Harambure, Lieutenant-général des Armées du Roi, Commandeur de l'Ordre royal et militaire de Saint-Louis, sur l'Instruction à donner aux Troupes à cheval de la France par les Officiers de tout grade attachés en activité à chaque corps, en n'empruntant d'autre secours que ceux de l'Ordonnance ; suivie de Principes élémentaires sur l'Equitation et l'exécution des principales Manœuvres de l'Ordonnance. *Paris, Magimel, Anselin et Pochard,* 1818.

Broch. in-8° de 2 f^{ts} pour le titre et l'avertissement et 46 p.

Même ouvrage, même titre, *mêmes éditeurs,* 1821.

Je n'ai jamais rencontré cette réimpression ; d'après la description qu'en donne la *Bibliographie de la France,* elle semble identique à la 1re éd^{on}.

HARAS (LES) DE LA CHAUME DU BALLON.

Extrait des *Annales de la Société d'Emulation des Vosges* (Tome XV — 1er Cahier). Les Haras de la Chaume du Ballon et de Vagney. S. L. N. D. (*Epinal, V. Collot,* 1875).

Broch. in-8° de 13 p.

Intéressant historique d'un haras établi vers 1619 par le duc de Lorraine Henri II sur la chaume (1) du Ballon près de St Maurice (Vosges).

L'auteur est *Henri Lepage,* historien et archéologue français, archiviste du dép^t de la Meurthe et président de la Société d'Archéologie Lorraine, 1814-1887.

Opuscule très rare.

HARAS (LE) DU PIN, voy. HOUËL.

HARAS ET REMONTES.

Société d'Agriculture, Arts et Commerce du Département de la Charente — Haras et Remontes — Des Haras et des Remontes, au sujet des Observations d'un ancien Officier de Cavalerie, sur la brochure intitulée : Des Remontes de l'Armée, leurs rapports avec les Haras par M. le marquis Oudinot, Lieutenant-Général. *Angoulême, Imp. Lefraise,* 1842.

Broch. in-8° de 19 p.

Autant qu'on en peut juger, l'auteur, qui se qualifie « un vieux soldat de « cavalerie », défend le Gal Oudinot (voy. ce nom) contre ses contradicteurs, mais sa petite élucubration n'est pas très claire.

HARAS (LES) ROYAUX HONGROIS.

Les Haras Royaux Hongrois de l'Etat et les Domaines de la Couronne Royale à Gödöllö. Publié par

(1) Les chaumes des Vosges sont des pâturages gazonnés qui occupent le sommet des montagnes qui bordent la partie orientale du département.

le Ministre Roy. Hong. de l'Agriculture. *Budapest, Imp. Alexandre Nagy*, 1896.

Broch. in-8º de 86 p.

HARDY (Emile-Eugène).
Vétérinaire militaire français, né en 1874, diplômé d'Alfort en 1896. Vét[re] en 1er en 1909.

Considérations sur l'emploi de l'Ophtalmoscope en Vétérinaire dans le diagnostic des affections du globe oculaire. Nécessité — Technique — Résultats, par E. Hardy, Vétérinaire en second au Dépôt de Remonte de Caen, Membre de la Société Vétérinaire du Calvados, de la Manche et de l'Orne. *Caen, Imp. Charles Valin*, 1906.

Broch. in-8º de 32 p. avec 1 pl. contenant 8 fig.

HARDY (Henri) voy. **HUGUES (J.-B.).**

HARMAND (René), voy. **DUVERNOY (Emile).**

HARNACHEMENT DES CHEVAUX DE LA CAVALERIE.
Harnachement des Chevaux de Cavalerie — Volume arrêté à la date du 1er juin 1905. *Paris et Limoges, Henri Charles-Lavauzelle*, S. D. (1905).

2 vol. in-8º. Le 1er contient 167 p. et 14 fig., le 2e, 84 pl. de construction, se dépliant.

HARNACHEMENT DES CHEVAUX DES OFFICIERS.
Harnachement des Chevaux des Officiers Généraux et assimilés et des Officiers montés de toutes Armes et des différents Services — Volume arrêté à la date du 1er Juin 1907. *Paris et Limoges, Henri Charles-Lavauzelle*, S. D. (1907).

Broch. in-8º de 47 p.

HARPUR.
Hippiâtre anglais, XVIIIe siècle.

Recettes pour les Maladies des Chevaux, recueillies des plus habiles Ecuyers & des Maréchaux les plus experts d'Italie, par M. Harpur, Chevalier Anglois — Le prix est de douze sols de France — *A Paris, chez Barbou, Imprimeur du Roi & Marchand Libraire, rue des Mathurins*, S. D.

Broch. pet. in-8º de 48 p.

Recettes pour les Maladies des Chevaux recueillies des plus habiles Ecuyers & des Maréchaux les plus experts d'Italie, par M. Harpur, Chevalier Anglois — On y a joint plusieurs autres Recettes dont on a fait des épreuves très heureuses. *A Lausanne, chez Marc Chapuis*, 1761.

Broch. pet. in-8º de 46 p.

Cet opuscule contient des recettes qui dépassent en extravagance celles déjà bien bizarres des maréchaux et des hippiâtres précédents et contemporains. Exemple : pour les Avives, mettre de la paille fraîche sous le cheval, puis lui mettre dans le fourreau un pou vivant ; on lui introduit ensuite dans le fondement le bras d'un homme graissé d'huile de noix ; on lui administre des drogues variées ; on lui écrase les glandes en les battant avec le manche du boutoir ; on lui remplit les oreilles d'une pâte composée d'orties vertes et de vinaigre ; puis nouvelle administration de remèdes intérieurs compliqués. Si le cheval n'est pas rétabli, on recommence le lendemain et on lui perce une enflure qu'il a à l'oreille. S'il perd l'appétit à la suite de ce traitement — et il y a de quoi ! — on lui administre quatre jaunes d'œuf, une muscade pilée, un quart de livre de sucre, le tout « démêlé » dans une pinte de vin rouge.

Le reste de l'ouvrage est de la même force.

Le nouveau Maréchal expert, traitant du naturel et des marques des beaux et bons Chevaux, de leurs Maladies et Remèdes d'icelles, avec un examen de l'état de Maréchal, etc. Augmenté de plusieurs recettes pour les Maladies des Chevaux, recueillies des plus habiles Ecuyers et des Maréchaux les plus experts d'Italie. Par Harpur, Chevalier Anglais. *Lyon, La Roche*, 1774.

1 vol. in-12 de ... p. avec fig.

Je ne connais cet ouvrage que par le Catal. de la Bibl. Huzard et le catal.

sommaire d'une bibl. particulière. Il a été traduit en italien, *Venise*, 1784, in-8°.

HART (pseudonyme).

La Cavalerie Russe. Son Organisation, son Caractère, son Instruction stratégique et tactique, par le Capitaine Hart. *Paris et Limoges, Henri Charles-Lavauzelle*, S. D. (vers 1899).

Broch. in-8° de 47 p.

HARTENSTEIN (Paul).
Vétérinaire français, diplômé d'Alfort en 1874.

L'Hydrothérapie appliqué à la Médecine des Animaux. par Paul Hartenstein, Vétérinaire. *Paris, Asselin et Houzeau*, 1884.

Broch. in-8° de 95 p.
Concerne principalement la vache, mais quelques observations se rapportent au cheval.

HARTMANN (H. von).
Officier de cav^{le} allemand.

Du passage des Cours d'eau par la Cavalerie, par H. v. Hartmann, Lieutenant de cavalerie — Traduit de l'Allemand. *Paris et Nancy, Berger-Levrault*, 1892.

Broch. gr. in-8° de 35 p. avec 1 croquis d. l. t. (Extrait de la *Revue de Cavalerie*.)

HARTMANN (Jean-George).
Conseiller à la Chambre des rentes du Duc de Würtemberg. Il était fils du Directeur des Haras de Würtemberg « auquel il devait toutes ses connoissances « dans cette partie ». 1731-1821.

Traité des Haras. Auquel on a ajouté la manière de ferrer, marquer, hongrer & angloiser les Poulains ; des Remarques sur quelques-unes de leurs maladies ; des Observations sur le Pouls, sur la Saignée & sur la Purgation ; avec un Traité des Mulets ; par Jean-George Hartmann, Conseiller de la Chambre des Rentes de S. A. S. Monseigneur le Duc régnant de Wirtemberg, Membre de l'Académie des Arts de Wirtemberg & des Sociétés de Physique & d'Economie de Zurich & de Berne : Traduit de l'Allemand sur la seconde Edition, & sous les yeux de l'Auteur ; avec Figures : Revu et publié par M. Huzard, Vétérinaire à Paris, de plusieurs Académies, &a. *Paris, Théophile Barrois*, 1788.

1 vol. in-8° de LVI-312 p. plus 2 f^{ts} pour l'errata, l'approbation et le privilège, avec 4 tableaux et 2 pl. se dépliant. Dédicace de Huzard, auquel est due la traduction, au Chevalier de Lafont-Pouloti (voy. ce nom). L'ouvrage est précédé d'un Avis de l'Éditeur et d'un Discours préliminaire de l'Auteur, il est accompagné de notes explicatives nombreuses et étendues, dues à Huzard.

La 1re Ed^{on} allemande est de 1777, à *Stuttgard, chez Jean-Benoît Mezler*, la 2e de 1786 à *Tubingue, chez Jean-George Cotta*.

Le *Traité des Haras* de Hartmann a été longtemps considéré comme un ouvrage classique sur la matière et a été souvent mis à contribution par les auteurs qui ont écrit sur les Haras. Il n'offre plus guère qu'un intérêt rétrospectif.

HARTUNG (Maurice-Edmond-Gustave BARON).
Officier de cav^{le} français (réserve), né en 1870.

Le Cheval, par le Baron M. Hartung. Avec 6 figures dans le texte et 5 planches en couleurs. *Paris et Nancy, Berger-Levrault*, 1903.

1 vol. in-16 de 163 p.
C'est un petit traité d'hippologie avec des notions de dressage à la selle et à la voiture et quelques recettes d'hygiène et d'entretien des accessoires.

HASSENFRATZ (Jean-Hippolyte) (1).

Révolutionnaire et savant français, 1753-1827 (2). Embarqué tout jeune comme mousse sur un navire de l'Etat, il fut à son retour ouvrier charpentier, puis étudia les mathématiques sous Monge, devint ingénieur géographe, fut reçu élève des mines en 1782 et fut envoyé en Styrie et en Carinthie pour y étudier la fabrication du fer et de l'acier. Au commencement de la Révolution, il en adopta avec ardeur les principes les plus violents, fut un des préparateurs de la journée du 10 Août, et devint membre

---

(1) Jean-Henri, d'après d'autres biographes.
(2) 1755-1827, d'après d'autres biographes.

de la Commune de Paris. Bouchotte (1) le nomma premier commis au ministère de la guerre dont il dirigea le matériel. Sans avoir participé aux journées de Septembre, il prit part aux divers incidents de la Terreur, donna sa démission de premier commis et fut nommé membre d'une commission chargée de réunir les objets d'art et métiers confisqués par la République. Il se présenta à la barre de la Convention, au nom, disait-il, du peuple de Paris, pour demander la tête de 27 députés, mais, ayant continué, après la chute de Robespierre, à professer des principes montagnards, il fut accusé d'avoir participé aux révoltes jacobines de 1795 et mis en jugement avec Pache, Bouchotte et Héron. Il s'enfuit à Sedan, fut compris dans l'amnistie et devint membre de l'Institut en 1795 ou 96.

Après le 18 Brumaire, il renonça entièrement à la politique, fut nommé professeur à l'Ecole des mines et professeur de physique à l'Ecole polytechnique, emploi qu'il occupa pendant plus de 20 ans.

Manuel Militaire de l'Infanterie, Cavalerie et Artillerie nationales ; ou Commentaire des Ordonnances de 1776 & de 1788. A l'usage de la Garde Nationale, soldée & non soldée, tant de Paris que des Provinces, dans lequel on trouve le développement du service & des devoirs des gardes, ainsi que la définition de tous les termes de l'art ; avec des gravures. Dédié à M. de La Fayette, Présenté à l'Etat-Major & approuvé du Comité Militaire de la Garde Nationale Parisienne. Par M. Hassenfratz, Ingénieur, sous-Inspecteur des mines de France, & Membre de plusieurs Académies. *A Paris, chez Guillaume junior*, 1790.

1 vol. pet. in-12 de 6 f^{ts} non ch. pour les titres, la délibération du Comité militaire de l'Hôtel de Ville signée : Mandar, Président et Chéron de la Bruyère, secrétaire, la Table des matières et l'avertissement, 196 p. et 1 f^t d'errata avec 5 pl. se dépliant.

Ecole d'exercice, ou Manuel militaire à l'usage de toutes les Gardes nationales du Royaume, Infanterie, Cavalerie et Artillerie. Dans lequel on trouve le développement du service, ainsi que la définition de tous les termes de l'art ; ouvrage orné de cinq grandes planches représentatives des différens tems de l'exercice et grandes manœuvres. Dédié à M. de La Fayette, présenté à l'Etat-Major et adopté du Comité militaire de la Garde Nationale parisienne, par M. Hassenfratz, Ingénieur, *Paris, Desray*, 1791.

1 vol. pet. in-12 de 204 p. plus 4 p. pour la table.

Au commencement, même approbation du Comité militaire de l'Hôtel de Ville. Outre les généralités applicables à la cav^{ie}, les p. 135 à 166 de la 1re éd^{on}, 142 à 174 de la 2e, lui sont entièrement consacrées.

L'ouvrage a eu une 3e éd^{on} sous le titre de *Catéchisme Militaire ou Manuel du Garde national et de tous ceux qui se destinent à l'Art militaire, Paris, Guillaume junior*, l'an 4e de la Liberté, in-16; mais, dans cette éd^{on}, on a retranché tout ce qui concerne la cav^{ie}.

Hassenfratz est aussi l'auteur de plusieurs ouvrages sur la géographie, la sidérurgie, les mathématiques, etc.

HAUDICOURT (Paul d').

L'Art de gagner aux Courses (Paris Mutuels) par Paul d'Haudicourt. *Paris, Union des Bibliophiles*, 5, *Quai Malaquais*, 1888.

1 vol. in-12 de 143 p. avec couverture illustrée par Monin et vignettes.

HAULNAIES (Henri-DES).

Des Haras en 1888. S. L. N. D. *ni nom d'imprimeur*.

In-f° de 4 p. signé : Henri des Haulnaies.

HAUSSENER (Jean).

Maître d'Ecurie Suisse.

Guide pratique pour les soins à donner aux Chevaux à l'usage du Maître et du Valet en Ville et à la Campagne par Jean Haussener, Maître d'Ecurie attaché au Service de Remonte fédéral. *Berne, Imp. E. W. Krebs*, 1882.

Broch. pet. in-8° de 70 p. Vignette sur le titre et sur les deux plats de la couverture.

---

(1) Ou Servan, d'après d'autres biographes.

Dans certains exemplaires, la couverture porte 2ᵉ Edᵒⁿ.

Même ouvrage, même titre, par Jean Haussener *ci-devant* Maître d'Ecurie... etc. — *Quatrième Edition*, revue et corrigée. *Berne, Imp. Michel et Büchler,* 1897.
Broch. pet. in-8º de 58 p. Mêmes vignettes.

Même ouvrage, même titre. *Cinquième Edition*, revue et corrigée. *Berne, Imp. Büchler et Cⁱᵉ,* 1903.
Broch. pet. in-8º de 56 p. Mêmes vignettes.

HAUTECLOCQUE (Wallerand-Marie-Alfred DE).
Officier de cavˡᵉ français, ancien instructeur à Saumur, né en 1865, sous-lieutⁿᵗ en 1887, lieutⁿᵗ colonel en 1913.

Equitation et Dressage. Méthode d'enseignement, par le Commandant W. de Hauteclocque — Travail honoré d'une Citation au Bulletin officiel du Ministère de la Guerre. *Saumur, Robert. S. D.* (1912).
Broch. in-8º de 47 p. avec 7 pl. à pleine p., en couleurs, donnant les schémas des diverses allures. Dédicace de l'auteur à ses anciens élèves.

HAVEZ-MONTLAVILLE.
Physiologie de toutes les Races de Chevaux du monde, Organisation des Haras étrangers et la Question chevaline en France, par Havez-Montlaville. *Paris, Vᵛᵉ Bouchard-Huzard et chez l'Auteur,* 1850.
1 vol. in-8º de 228 p.
A quelques indices, on peut reconnaître que l'auteur n'était pas un véritable connaisseur. Certaines de ses appréciations sont contestables et ses renseignements ne sont pas toujours puisés à des sources assez sûres. Il faut en excepter ceux qu'il donne sur les Haras d'Autriche, de Hongrie et d'Allemagne qu'il avait vus lui-même et dont la description est exacte et intéressante.

HAVOUX (Louis), voy. MANUEL DES ÉLÈVES MARÉCHAUX.

HAVRINCOURT (Alphonse-Pierre DE CARDEVAC, MARQUIS D').
Ancien officier, agriculteur et homme politique français, 1806-1892. Lieutⁿᵗ au 1ᵉʳ d'artᶜ en 1830, il fit la campagne de Belgique. Démissionnaire en 1833, il se fixa dans sa terre d'Havrincourt et s'occupa d'agriculture. Représentant du Pas-de-Calais en 1849, chambellan de l'Empereur en 1860, député du Nord en 1863, il échoua aux élections suivantes, mais fut élu député par le Pas-de-Calais en 1877, et sénateur par le même département en 1886.

Notice sur le Domaine d'Havrincourt, par M. le Marquis d'Havrincourt. *Paris, Libˡᵉ agricole de la Maison Rustique,* 1868.
1 vol. in-8º de 200 p. avec 2 plans se dépliant et 31 fig. d. l. t.
L'art. sur les écuries occupe les p. 67 et suiv., avec 1 fig. ; celui sur les chevaux, les p. 138 et suiv. avec 1 fig.

HAVRINCOURT (LE COMTE Louis D').
Dressage en liberté du Cheval d'Obstacles, par le Cᵗᵉ Louis d'Havrincourt — Ouvrage orné de gravures d'après les dessins de l'auteur et de photographies. *Paris, au Sport Universel Illustré ; ibid., Legoupy,* 1910.
1 vol. gr. in-8º de 159 p. avec couverture illustrée et 70 photogravures.

Même ouvrage, même titre. *Paris, au Sport Universel Illustré et chez Legoupy,* 1913.
Même pagination. La couverture porte 2ᵉ Edᵒⁿ.

Le Paradis des Chevaux d'Obstacles, Comédie-Revue en 2 actes et plusieurs tableaux, par le Cᵗᵉ Louis d'Havrincourt. Dessins de Harry Eliott. *Paris, au Sport Universel Illustré ; ibid., Legoupy,* 1913.
Broch. in-4º de 36 fˡˢ non paginés, avec 49 jolies fig. humoristiques d. l. t., quelques-unes à pleine p.

HAYDON (Benjamin-Robert).
Peintre anglais, 1786-1846. Après d'heureux débuts et malgré quelques succès, il tomba, par suite de son désordre, dans des embarras financiers

Bibliogr. hippique. T. I. — 39.

inextricables qui le conduisirent au suicide. Il a laissé des mémoires.

Comparaison entre la tête d'un des Chevaux de Venise qui étoient sur l'Arc triomphale des Thuilleries, et qu'on dit être de Lysippe et la tête du Cheval d'Elgin du Parthénon. Imprimé premièrement dans « *The Annuals of the fine Arts* ». Par B. R. Haydon, Peintre d'histoire. *Londres W. Buchner*, 1818.

Broch. in-8° de 15 p., avec 1 pl. se dépliant et représentant les deux têtes de chevaux.

L'auteur donne la préférence à celle du Parthénon sur celle de Lysippe. Opuscule rarissime.

HAYOIT (Pierre) et LA CHAVE DE LANEUFVILLE (Honorat).

Je n'ai pu trouver aucun renseignement sur Hayoit, qui ne figure pas sur les contrôles de la compagnie de Flandres (Gend[ie] de France). La Chave de Laneufville, né en 1764, est entré aux Gendarmes écossais en 1783 et y est resté jusqu'à leur licenciement en 1788. Voy., au sujet de ce corps, *Dedelay d'Agier*.

A sa Majesté Napoléon Ier, Empereur des Français et Roi d'Italie. Pierre Hayoit, ancien Gendarme de la Gendarmerie de France, Compagnie de Flandres, Major de Dragons et Honorat La Chave de Laneufville, Ecuyer, ancien Gendarme, Compagnie écossaise et ci-devant propriétaire des Haras, présentent à votre Majesté les moyens de régénérer les Haras en France, etc., etc. *Paris, Imp. J. B. Thonais*, S. D. (vers 1806).

Broch. in-8° de 16 p. avec 1 tableau se dépliant.

HAYS (Jean-Charles-Aimé DU).

Officier des Haras français. 1818-1898. Fut commis à la Direction des Haras en 1861, commis principal en 1865, sous-Insp[r] départemental en 1866 puis Insp[r] départemental. Ce titre ayant été supprimé, il resta attaché à l'Administration centrale avec l'assimilation au grade de Directeur de Dépôt d'étalons. Retraité en 1887, il se retira dans sa terre du Mesnil où il était né et où il mourut, et devint maire de St Germain de Claire-feuille, commune de laquelle dépend Le Mesnil. Il occupa ses loisirs en écrivant des ouvrages ou opuscules sur l'élevage et sur divers sujets d'histoire ou d'archéologie. Mais, même dans ceux qui, par leur titre, semblent étrangers aux sujets hippiques, il revient presque toujours, dans quelques pages, aux questions d'élevage et de production chevaline qui avaient occupé toute sa vie.

La plaine de Caen. Visite à l'établissement hippique de M. Basly, par Ch. du Hays. *Mortagne, Loncin et Daupeley*, 1855.

Broch. in-12 de 24 p.

Le Merlerault, ses herbages et le Haras du Pin, par Ch. du Hays. Première partie. *Mortagne, Loncin et Daupeley*, 1855.

Broch. in-12 de 48 p. (Vers).

La plaine d'Alençon et le Mesle-sur-Sarthe, par Ch. du Hays. Deuxième partie. *Mortagne, Loncin et Daupeley*, 1855.

Broch. in-12 de 48 p. (vers).

Industrie chevaline du Canton de Trun, par Ch. du Hays. *Mortagne, Loncin et Daupeley*, 1859.

Broch. in-8° de 16 p. Extrait de l'*Echo de l'Orne*.

Dictionnaire de la Race pure pour remonter à l'origine des Chevaux et Juments de pur-sang anglais qui ont été introduits en France, Belgique, Hollande et tout le continent germanique et dès individualités célèbres restées en Angleterre, qui ont formé, illustré et conservé cette race, par Charles du Hays. *Bruxelles, Vve Parent; Paris, Goin*, 1863.

1 vol. in-8° de VII-491 p.

Même ouvrage, même titre. *Seconde édition. Alençon, Imp. Herpin et se trouve au Bureau du Jockey, 11, Rue du Faubourg-Montmartre, à Paris*. 1894.

1 vol. in-8° de VII-500 p.

Aux deux dernières lignes de la 1re Ed[on] (de 1863), l'auteur annonce la prochaine publication d'une 2e partie. Elle a paru sous le titre suivant :

Les courses en France, en Belgique et à Bade. Origines, performances et produits des vainqueurs des principaux prix dans ces diverses contrées. Tableaux de tous les prix groupés par Réunions de courses ; par Charles du Hays. *Bruxelles, Vve Parent, Paris, Goin, Leipzig, Alphonse Durr,* S. D. (1863).

1 vol. in-8° de II-244 p.

Les Trotteurs ; origines, performances et produits des individualités qui ont le plus marqué dans les Courses au trot, par Charles du Hays. *Bruxelles, Vve Parent, Paris, Goin,* 1864.

1 vol. in-8° de VIII-220 p.

L'ouvrage donne une nomenclature des chevaux et juments qui ont marqué dans les courses au trot, et, en tête, le tableau des vitesses obtenues.

Guide du Marchand de Chevaux et du Consommateur. Recueil sommaire des meilleures foires de France, leur composition, leur importance ; par Charles du Hays. *Paris, Librairie Centrale,* 1865.

1 vol. in-16 de 128 p.

Même ouvrage, même titre. *Seconde Edition. Paris, Librairie Centrale,* 1867.

1 vol. in-16 de 132 p.

L'ouvrage donne les noms des principaux éleveurs et marchands, le détail des foires françaises et une indication sommaire des étrangères. Il a pour but de diminuer l'exode des consommateurs à l'étranger en leur indiquant les ressources du pays.

Il comprend aussi l'indication des établissements hippiques de l'Etat : dépôts d'étalons, dépôts de remonte et écoles de dressage. C'est dans le même ordre d'idées que M. du Hays a publié chez Plon, à partir de 1890, l'*Almanach des Foires chevalines,* qui continue à paraitre et qui porte toujours son nom. (Voy. *Almanachs).*

Le Merlerault, ses Herbages, ses Eleveurs, ses Chevaux et le Haras du Pin — La Plaine d'Alençon — Le Mesle-sur-Sarthe, par Charles du Haÿs. *Paris, Librairie agricole de la Maison rustique.* S. D. (1866).

1 vol. in-12 de 181 p.

Le Cheval Percheron. Production — Elevage — Dégénérescence de la race — Moyens de l'améliorer — Foires importantes — Principaux éleveurs — Vitesse et tenue du Percheron ; par Charles du Haÿs. *Paris, Librairie agricole de la Maison rustique.* S. D. (1866).

1 vol. in-12 de 176 p.

2e Ed^{on} 1879 et 3e Ed^{on} 1888, sans changement.

Cet ouvrage a été traduit en anglais, pour l'Amérique, en deux éd^{ons}, l'une, in-12, pour le commerce, et l'autre in-4° tirée avec luxe à très petit nombre et ornée de belles gravures.

Conseils aux Eleveurs de Chevaux ; par Charles du Haÿs. *Paris, Aug. Goin,* S. D. (1867).

1 vol. in-12 de 390 p.

La Vallée d'Auge et la côte Deauvillaise, par Charles du Hays. *Paris, aux Bureaux du Centaure,* 1867.

Broch. in-8° de 80 p.

Description du pays, élevage et éleveurs ; stud-book sommaire de la Vallée d'Auge.

Récits chevalins d'un vieil Eleveur — L'ancien Merlerault ; par Charles du Hays. *Paris, Morris,* 1885.

1 vol. gr. in-8° de 359 p.

L'ouvrage donne des détails complets et intéressants sur le Merlerault, son élevage et ses éleveurs. Son premier Chapitre, *La Maison de Nonant,* a été publié à part en 1 broch. in-12, chez *Morris,* à *Paris.* Je n'ai pu la rencontrer jusqu'ici.

Récits du coin du feu. Autour du Merlerault ; par Charles du Hays. *Alençon, A. Herpin,* 1886.

1 vol. in-8° de 136 p.

Récits du coin du feu. Alençon, par Charles du Hays. *Alençon, A. Herpin,* 1887.

Broch. in-8° de 23 p.

La culture en famille, par Charles du Haÿs. *Alençon, A. Herpin,* 1887.

Broch. in-8° de 65 p.

C'est l'histoire d'une famille normande émigrée aux Etats-Unis. L'élevage du cheval y tient une certaine place.

Récits du coin du feu. Notre

S⁴ Germain ; par Charles du Hays. *Alençon, A. Herpin*, 1895.

Broch. in-8° de 39 p.

M. du Hays a, en outre, publié quelques brochures sur divers sujets historiques et sur les races bovines. Elles font, en général, partie de ses *Récits du coin du feu*. Mais celles qui ont un caractère hippique sont seules citées ici.

M. du Hays était passionné pour son pays qu'il connaissait admirablement. Les fonctions qu'il avait remplies, son expérience personnelle de l'élevage et son érudition générale donnent à ses ouvrages une autorité particulière. Dans tous perce l'idée de ramener aux éleveurs français, et surtout normands, une clientèle trop disposée à se fournir à l'étranger. Aussi donne-t-il sur l'origine de chaque propriété d'élevage et sur chaque famille d'éleveurs des renseignements détaillés qu'on ne saurait trouver ailleurs.

HAYWOOD (W.).
Ingénieur anglais.

Extraits du Rapport adressé par M. W. Haywood, Ingénieur en chef aux Honorables Membres de la Commission de la Voirie de Londres, relativement aux accidents de Chevaux survenus sur les différents modes de pavage des chaussées de la Ville. *Paris, Imp. Paul Dupont*, 1874.

Broch. in-8° de 28 p. (Traduction).

HECQUET D'ORVAL (Pierre-Emile).
Propriétaire et hippologue francais, né vers 1817.

Amélioration de la Race chevaline par E. Hecquet d'Orval. Rapport fait au Congrès des Comices réunis du Département de la Somme, Session de 1850. *Abbeville, Imp. C. Paillart*, S. D. (1851).

Broch. in-8° de 25 p.

Cet opuscule est intéressant parce qu'il nous fait connaître le trouble que l'établissement des chemins de fer avait momentanément apporté dans l'élevage en créant des besoins nouveaux sur lesquels on n'était pas alors bien fixé.

HÉDOUVILLE (VICOMTE Louis DE).

La Femme à Cheval. Théorie — Pratique — Anecdotes — par le Vicomte de Hédouville. Illustrations par Heyrauld. *Paris, Paul Ollendorf*, 1884.

1 vol in-16 carré de 147 p., plus 3 f⁵ non ch. pour 3 pièces de vers et la table. Titre rouge et noir, orné de 2 vignettes et 27 gravures d. l. t. dont 4 à pleine p.

Même ouvrage, 2ᵉ Ed^{on}, mêmes titre, libraire et millésime.

Sans changement.

Le même auteur a traduit *Le Cheval de Course à l'Entraînement*, de William Day. Pour cet ouvrage, voy. *Day*.

HEILHES (Pierre-Marie-Joseph D').

Officier des Haras français, directeur du Dépôt d'étalons de Tarbes, né en 1852.

Conférence faite aux Elèves Officiers du Pin le 21 Juillet 1908 au Dépôt d'Etalons de Tarbes. *Tarbes, Imp. C. Larrieu; J. Lesbordes*, succʳ. (1908).

Broch. in-8° de 13 p., signée à la fin, non mise dans le commerce.

HEINS (A.), voy. CORTÈGE DES MOYENS DE TRANSPORT.

HEINSIUS (Daniel) et COUPÉ (Jean-Marie-Louis), traducteur.

Heinsius, philologue et poète latin néerlandais 1580-1655. Après avoir professé à Leyde la langue et la littérature grecque et romaine, puis l'histoire et la politique, il devint bibliothécaire et secrétaire de l'université de cette ville. Il fut ensuite nommé historiographe de Suède par Gustave-Adolphe, puis secrétaire du Synode de Dordrecht.

Coupé, prêtre et littérateur français, 1732-1818, Helléniste et latiniste, fut, avant la Révolution, garde de la Bibliothèque du Roi pour le dépôt des titres et généalogies et traduisit un grand nombre d'auteurs grecs et latins. Il a publié les *Soirées littéraires*, recueil destiné à ranimer le goût des chefs-d'œuvre de l'antiquité et dont 20 volumes parurent ; le 1ᵉʳ en 1796.

Laus Asini. In quâ, præter eius animalis laudes ac naturæ propria, cum Politica non pauca, tum nonnulla alia diuersæ eruditionis, aspergantur. Ad Senatum Populumque eorum, qui, ignari omnium, scientias ac literas hoc tempore contemnunt. *Lugduni Batavorum, ex Officinâ Elzeviriana.* Anno 1623.

1 vol. in-4° de 4 f^ts non ch. pour le titre et la lettre « Amico lectori » et 222 p. Une table alphabétique très détaillée, sur 2 col. et en caractères italiques, occupe les p. 194 à la fin.

Laus Asini tertia parte auctior cum aliis festivis opusculis quorum seriem pagella sequens indicat. *Lvgd. Batavorvm Ex Officina Elzeviriana.* Anno 1629.

1 vol. in-24 de 10 f^ts non ch. pour le titre, la dédicace « Ewaldo Screvello, « Medicinæ Professori dignissimo... », la lettre « Amico Lectori », plusieurs pièces de vers latins, la table, deux petites pièces de vers grecs et 428 p. Le titre est gravé dans un joli frontispice qui représente un âne monté sur un piédestal et respectueusement salué par deux personnages. Une couronne est suspendue au-dessus de lui.

Laus Asini occupe les 264 premières p. Viennent ensuite plusieurs pièces ajoutées dans cette jolie et rare éd^on, parmi lesquelles la célèbre facétie *Laus Pediculi (ad conscriptos Mendicorum Patres)*. Toutes ces pièces sont dédiées à divers savants de l'époque.

On remarquera que le nom de l'auteur ne figure pas sur le titre : un grave érudit comme Heinsius ne pouvait sans doute signer ces bizarres facéties : « Il rougissait d'en être l'auteur », nous dit Coupé dans la préface de sa traduction.

Eloge de l'Ane, traduction libre du Latin de Daniel Heinsius. Par M. L. Coupé, à Paris, *de l'Imp. de Honnert*, 1796.

1 vol. in-16 de 213 p.

Le petit ouvrage de Daniel Heinsius n'intéresse guère que par son titre les sujets traités dans la présente Bibliographie. C'est une critique, souvent mordante, des travers et de certains personnages de son temps. Le titre de la 1re éd^on en indique d'ailleurs le sens général.

Quant à la traduction de Coupé, c'est plutôt une imitation qu'une véritable traduction et il a même supprimé plusieurs passages de l'ouvrage original.

Sur le même sujet, voy. *Éloge de l'Asne* (anonyme) et *Éloge de l'Asne (par un Docteur de Montmartre).*

HELBIG (Wolfgang).

Archéologue allemand né en 1839. Secrétaire de l'Institut archéologique allemand et établi à Rome, il s'est particulièrement consacré à l'étude des antiquités de Pompeï et d'Herculanum et à celle des peuples primitifs de l'Italie. En 1887, il a été élu Membre correspondant de l'Académie des Inscriptions et Belles-Lettres.

Les ΙΠΠΕΙΣ Athéniens, par M. W. Helbig. — Extrait des *Mémoires de l'Académie des Inscriptions et Belles-Lettres*, Tome XXXVII — *Paris, Imp. Nationale — Librairie C. Klincksieck*, 1902.

1 vol. in-4° de 112 p., avec 38 fig., dont plusieurs doubles, d. l. t. et 2 pl. h. t.

Savantes recherches sur l'origine et l'organisation de la cavalerie athénienne.

Voy. sur le même sujet *Martin (Albert).*

HÉLIE.

Fermier des carrosses et messageries de la Basse-Bretagne avant la Révolution.

Instructions sur la Morve, suivies de l'annonce d'un Remède préservatif et curatif de cette Maladie. *A Rennes, de l'Imp. de Nicolas Audran*, 1787.

Broch. in-8° de 13 p., signée Hélie.

L'auteur annonce, à la fin de son opuscule, qu'il a établi un dépôt de son remède à l'ancien hôtel de Cuillé, au haut de la rue St Melaine, à Rennes, en Bretagne, où on le distribue au prix de cent sols la livre.

Traité sur la Morve des Chevaux. *A Rennes, chez la Veuve de François Vatar et de Bruté de Remur, Imp^r du Roi et du Parlement*, 1788.

Broch. in-8° de 32 p., non signée.

La broch. se termine par plusieurs attestations d'officiers de cav^le et de particuliers, certifiant la guérison des chevaux morveux par le remède d'Hélie, lequel n'était autre que la thériaque.

(Lettre adressée par Hélie) *à Rennes, chez Audran, Imp^r, Place de l'Egalité, près la Salle du Club* S. D. (fin de 1792 ou commencement de 1793).

In-12 de 3 p. signé Hélie, citoyen, chez le citoyen Latouche, rue St Melaine, n° 29.

Cette lettre, qui n'est précédée d'aucun titre, est adressée à des « Citoyens-frères » auxquels Hélie demande d'intéresser la Convention à sa découverte. Mais il appelle aussi cette assemblée l'Assemblée nationale dans d'autres passages. Il semble donc probable qu'elle a été rédigée au commencement de la réunion de la Convention, quand on n'était pas encore familiarisé avec cette nouvelle dénomination.

En post-scriptum, Hélie annonce qu'il a envoyé « au Citoyen Président de « l'Assemblée nationale la composition « et la préparation de sa Thériaque anti-« morveuse... c'est l'unique ressource « pour guérir les Chevaux de la Morve « et les préserver de la contagion de « cette funeste maladie et même de toute « autre ».

Quels étaient ces « Citoyens-frères » auxquels Hélie demandait leur appui pour obtenir de la Convention que son remède fût rendu public et qu'elle lui accordât une indemnité ? Peut-être les députés d'Ille et Vilaine ou la municipalité de Rennes, ou quelque club ou comité révolutionnaire de Rennes ou de Paris ?

D'ailleurs, en 1791, la Société d'Agriculture de Paris avait chargé une commission composée de Cretté de Palluel, Fourcroy et Chabert de lui faire un rapport sur le remède d'Hélie. Ce rapport, inséré in-extenso au T. IV (1re édon, 1793) des *Instructions et Observations sur les Maladies des Animaux domestiques* (voy. ce titre), p. 313 et suiv., lui est entièrement défavorable, et, suprême déboire pour l'infortuné Hélie, il est publié dans un Chap. dont le titre général est *Charlatans.*

Quoique les brochures d'Hélie semblent avoir été tirées à de nombreux exemplaires, elles sont devenues rarissimes.

HELLDORF.
Officier allemand.

Publication de la Réunion des Officiers — Extrait de l'*Aide-Mémoire* de Heldorf — Tactique de la Cavalerie Prussienne — Troisième Partie : Combat — Quatrième Partie : Quelques mots sur les grands corps de troupes de Cavalerie. *Rennes, Libie milre Alph. Leroy fils,* 1873.

Broch. in-16 de 47 p. avec 1 pl. de formations tactiques.

Les deux premières parties, qui ont trait aux formations et évolutions de l'escadron et du régiment sur le terrain de manœuvres, n'ont pas été traduites.

HÉLO (François-Jean-Marie).
Officier d'infie français, né en 1857, sous-lieutnt en 1880, colonel en 1912.

L'Infanterie montée dans le Sud Algérien et dans le Sahara, par le Capitaine Hélo, du 61e Régiment d'Infanterie. *Paris et Limoges, Henri Charles-Lavauzelle,* S. D. (1898).

1 vol. in-8º de 125 p.

Voy., sur le même sujet, *Beauval, Infanterie montée, Geslin de Bourgogne, Gruys, Rénol, Conte, Besset, Lassence, Salagnax, Maurel.*

HÉLOT (Jules).
Agriculteur et industriel à Noyelles-sur-Escaut.

Alimentation des Animaux — Aliment complet à la Mélasse par Jules Hélot. *Cambrai, Imp. F. Deligne,* S. D. (1907).

Broch. in-8º de 16 p. avec 2 fig. en phototypie.

Concerne en grande partie l'alimentation du cheval.

HÉMARS (D'), voy. H*** (LE CHEVALIER D').

HÉMART (Émile).
Agriculteur-éleveur à la Charmoye (Marne).

Mémoire adressé à la Société d'Agriculture, Sciences et Arts du département de la Marne, le 26 juillet 1845, par M. Em. Hémart, Maire de Montmort. *Epernay, Imp. V. Fiévet,* 1845.

Broch. in-8º de 56 p.

Cet opuscule répondait à la question suivante : « quels seraient les moyens « de parvenir à une prompte transfor-« mation du genre de chevaux que l'on « élève dans le dépt de la Marne, et de « produire, d'une part, les espèces que « la France demande à l'étranger et, de « l'autre, celles que les départements de « l'Est et certains Etats de l'Allemagne « vont chercher dans les départements « de l'Ouest. »

HÉMERY (D'), voy. ÉMERY (D').

HENNEBERT (Eugène).
Officier du génie français, 1826-1896. Sous-lieutnt en 1847, chef de baton en 1870, lieutnt colonel en 1880, retraité en

1882. Il a été professeur de fortification à l'École sup^re de guerre et est l'auteur de nombreux ouvrages de vulgarisation, scientifiques et militaires.

L'Ecurie horizontale par le Lt-Colonel Hennebert, ancien professeur aux Ecoles de Saint-Cyr, des Mines et des Ponts et Chaussées *Paris, G. Masson*, 1887.

Broch. gr. in-8° de 48 p. avec 7 fig. dont l'une est répétée sur la couverture.

L'opuscule donne la description du système du Colonel Basserie (voy. ce nom).

Bibliothèque anecdotique et littéraire — Histoire militaire des Animaux par le Lieutenant-Colonel Hennebert, Officier de l'Instruction publique. *Paris, A. Hatier*, S. D. (vers 1893).

1 vol. in-8° de 192 p., avec vignette sur le titre, 8 pl. h. t. et 17 fig. d. l. t.

Le chap. III et plusieurs passages du livre concernent l'emploi des chevaux à la guerre.

Voy., sur le même sujet, *Jablonski*.

HENNET (Henri-Louis).

Chef du bureau des Archives au Ministère de la Guerre, 1822-1888.

Notice sur le Baron Létang, Général de Division, Sénateur. *Paris, Imp. Wiesener*, S. D. (1864).

Broch. in-4° de 14 p. avec deux bons portraits gravés du G^nl Létang, par Émile Bayard, signée à la fin : H. Hennet et non mise dans le commerce.

Extrait du *Moniteur de l'Armée* du 16 octobre 1864.

Biographie d'un général de cav^ie qui fut un soldat héroïque et aussi un auteur militaire estimé. Voy. ce nom pour ses ouvrages et ses états de services.

HENNET (Léon-Clément).

Fils du précédent. Chef du bureau des Archives au Ministère de la guerre, né en 1853.

Le Général Alexis Dubois - La Cavalerie aux Armées du Nord et de Sambre-et-Meuse pendant les Campagnes de 1794 et 1795, par Léon Hennet, Sous-Chef aux Archives de la Guerre. *Paris, L. Baudoin*, 1897.

Broch. in-8° de 79 p.

HENRARD (Paul-Jean-Joseph).

Lieut^nt-général belge (art^ie), 1830-1896. Sous-lieut^nt en 1849, colonel en 1882, lieut^nt-général en 1892 et retraité la même année. Il était membre de l'Académie royale de Belgique.

Brochures militaires — La Tactique au 13e siècle par P. Henrard, Colonel d'Artillerie. *Bruxelles et Leipzig, C. Muquardt ; Merzbach et Falk, Editeurs*, 1886.

Broch. in-8° de 20 p.

C'est une analyse de l'ouvrage de M. *Henri Delpech* (voy. ce nom), qui concerne en grande partie la cav^ie.

HENRI (Mme Félicie).

Pseudonyme de Mme Bellot, née Félicie Serth, femme de lettres, née en 1847.

Histoire d'un Cheval racontée par lui-même ; par Mme Félicie Henri. *Paris, Dentu*, 1885.

1 vol. in-12 de 313 p.

Sorte de petit roman demi-philosophique dont l'histoire du cheval n'est que le prétexte.

HENRY (Edmond).

Hippologue et homme politique français, 1839-1906. Après s'être fait recevoir avocat à Caen, il entra dans le journalisme, contribua, pendant la guerre, à l'organisation d'un corps de francs-tireurs et fonda, en 1871, le *Journal de Caen* dont il fut le directeur. Elu en 1881 député du Calvados, il se fit une spécialité des questions chevalines, devint peu après, et resta jusqu'à sa mort, membre du Conseil supérieur des Haras. Il échoua aux élections de 1885 et renonça dès lors à la vie publique, mais il continua à s'intéresser aux questions hippiques : il était membre du comité de la Société d'encouragement du demi-sang et de celui du Syndicat de la Presse hippique.

A Messieurs les Ministres de la Guerre et de l'Agriculture — Les Haras, les Remontes et les Ecoles de dressage, par Edmond Henry, Député du Calvados. *Caen, Imp. F. Le Blanc-Hardel*, 1882.

Broch. in-8° de 86 p.

La plupart des réformes demandées dans cet opuscule ont été réalisées depuis.

Les Courses, leur utilité au point de vue de l'Agriculture et de l'Armée, par M. Edmond Henry, Député du Calvados, Membre du Conseil supérieur des Haras. *Caen, Typ. F. Le Blanc-Hardel*, 1884.

Broch. in-8° de 62 p. qui justifie son titre.

La Solution de la question chevaline pour l'Armée française par M. Edmond Henry, ancien Député du Calvados, Membre du Conseil supérieur des Haras. *Paris, Imp. G. Balitout*, 1886.

Broch. in-12 de 72 p.

Un dernier mot sur la question chevaline, par Edmond Henry, Membre du Conseil supérieur des Haras. *Paris,...* 1886.

Broch. in-... de ...p. (dont je ne connais que le titre).

La Commission mixte des remontes — Modifications projetées dans le système d'achats des Chevaux de guerre, par Edmond Henry, ancien Député, Membre du Conseil supérieur des Haras. *Paris, Auguste Ghio*, 1889.

Broch. in-8° de xii-60 p., précédée d'une lettre de l'auteur à M. de Freycinet, Ministre de la guerre.

De la difficulté de transférer les Haras au ministère de la Guerre par Edmond Henry. *Caen, Imp. Adeline*, 1889.

Broch. in-12 de 30 p.

La question est traitée sous forme d'une lettre à M. le Bon de Vaux. (voy. ce nom).

Les Paris aux Courses — Le Droit des Pauvres et le Droit pour l'Elevage par Edmond Henry, Membre du Conseil supérieur des Haras — Prix 20 centimes — *Caen, Imp. E. Adeline*, 1890.

Broch. in-12 de 36 p.

La Question des Remontes. Réponse de M. Edmond Henry, Membre du Conseil Supérieur des Haras, à la brochure de M. Casimir-Périer, Président de la Commission mixte de remontes, S. L. N. D. (*Caen ?* 1890).

1 feuille gr. in-f° imprimée sur 4 col.

Pour la brochure à laquelle répond M. E. Henry, voy. *Casimir-Périer.*

HENRY (Gustave).

Cours élémentaire d'Equitation pour Dames et pour Hommes, apprenant l'art de monter à cheval sans le secours d'aucun maître ; par Gustave Henry, Professeur d'Equitation à Reims, Elève de l'Ecole de Saumur et Professeur de plusieurs Manèges de Paris. *Reims, Maréchal-Gruat ; ibid., Brissart-Binet ; ibid., l'Auteur, Boulevard de Mars, 65*, 1852.

Broch. in-18 de 58 p.

HERBIN (Louis-Jules).

Né en 1828. Entré à l'Ecole des Haras en 1848, il fut d'abord employé à la Statistique pour la France hippique, puis fut directeur de l'Ecole de dressage de Sées de 1853 à 1859. Envoyé en mission en Algérie de 1859 à 1863, il devint directeur de l'Ecole de dressage d'Airel de 1863 à 1874 et fut alors nommé professeur de science hippique à l'Ecole des Haras. Il donna sa démission en 1880.

Etudes hippiques — Guide des appareillements dans les différents modes de reproduction — Amélioration générale — Création de spécialités d'aptitudes ou Familles à caractères fixes ; par L. Herbin, Professeur de Science hippique et d'Administration à l'Ecole des Haras du Pin. *Paris, Quantin*, 1879.

1 vol. gr. in-4° de iv-131 p. Avec 42 pl. au trait représentant des types de chevaux. (41 seulement sont numérotées, mais il y a une pl. 34bis) et 13 schémas de rayons et d'angles articulaires.

HERMANSART (Alfred PAGART D').

Tournois et Fêtes de Chevalerie à Saint-Omer aux xive et xve siècles, par Albert d'Hermansart. *Saint-Omer, Imp. H. d'Homont*, 1888.

Broch. in-12 de 63 p.

L'ouvrage donne la description de 10 fêtes hippiques, joutes et tournois.

HERMANT (Abel).

Littérateur français, né en 1862.

Le Cavalier Miserey — 21ᵉ Chasseurs — Mœurs militaires contemporaines, par Abel Hermant. *Paris, Charpentier*, 1887.
1 vol. in-12 de III-403 p. Nombreux tirages.

Le Cavalier Miserey, par Abel Hermant. 250 dessins par Louis Vallet, affiche par Grasset, portrait par Jacques E. Blanche. *Paris, Alphonse Piaget*, 1888.
1 vol. gr. in-8° de 411 p.

Le Cavalier Miserey, par Abel Hermant. *Nouvelle Edition.* — Illustrations de Jeanniot, gravées sur bois par G. Lemoine. *Paris, Paul Ollendorff*, 1901.
1 vol. gr. in-16 de VII-432 p. Couverture en couleurs.

Cet ouvrage, qui contient une amère critique de la vie militaire, a soulevé, lors de son apparition, de graves incidents dont le récit ne serait pas ici à sa place.

HERMANT (Émile-Joseph-Dominique).
Médecin militaire belge, né en 1835.

Nouveaux modèles de Sac d'Ambulance et de Sacoches à Médicaments pour la Cavalerie, proposés par le Docteur Em. Hermant, Médecin de régiment au 1ᵉʳ régiment de chasseurs à cheval. — Avec Planches — *Bruxelles, H. Manceaux*, 1872.
Broch. in-8° de 12 p., avec 1 pl. (le titre en indique à tort plusieurs) se dépliant et contenant 6 fig.

HERMENT (Jean).
Médecin français, régent de la Faculté de Médecine, fin du XVIIᵉ et XVIIIᵉ siècles.

Remèdes pour préserver & guérir les Chevaux & Bestiaux attaquez de Maladies Contagieuses suivant les différentes expériences qui en ont été faites par M. Herment, Médecin du Roy & Docteur Régent de la Faculté de Médecine de Paris, en plusieurs Provinces, par ordre de Sa Majesté. S. L. N. D. *ni nom d'imprimeur (Paris ?)* vers 1742. ?).

Broch. in-4° de 8 p.
Les procédés d'assainissement et de désinfection des écuries et étables et les remèdes préservatifs sont assez remarquables pour l'époque.

Même ouvrage, même titre. *Troyes, chez la Vᵛᵉ Pierre Garnier*, S. D. (1744).
Broch. in-12 de 16 p.
Il semble probable que les remèdes du Dʳ Herment ont été publiés et répandus dans plusieurs provinces et qu'il en existe d'autres édᵒⁿˢ que celles décrites ci-dessus.

HERMIER (F.).
Les Animaux de la Ferme — Espèce chevaline par F. Hermier. *Paris, Maison de la Bonne Presse*, S. D. (1898).
1 vol. gr. in-18 de VI-119 p., avec 20 fig. d. l. t.
Hippologie, races et élevage du cheval, de l'âne et du mulet.

HEROARD (Jean).
Médecin français, reçu Docteur en médecine en 1575, mort au siège de La Rochelle en 1627. Fut médecin de Charles IX et de ses successeurs Henri III, Henri IV et Louis XIII.

Hippostologie, c'est à dire Discovrs des os du Cheval. Par M. Iehan Heroard, Conseiller, Medecin ordinaire et Secretaire du Roy. *A Paris, par Mamert Patisson Imprimeur ordinaire du Roy*, 1599.
Broch. in-4° de 4 fᵗˢ non chif. pour le titre entouré d'ornements. la dédicace d'Héroard au Roi (Henri IV) et 24 fᵗˢ chif., sauf le dernier, avec 7 fig. d. l. t., la dernière à pleine p. signée Ja. de Weert, finement gravées sur cuivre, ainsi que le titre. Lettres initiales ornées.

Dans sa dédicace, Héroard dit que l'ouvrage lui fut commandé « quelques « mois avant son decez, par le feu Roy « Charles, lequel sur toutes choses pre« noit un singulier plaisir a ce qui est « de l'art Veterinaire, duquel le subiect « principal est le corps du Cheual... »
Ouvrage assez rare.

HÉROUARD (T.), voy. COLLAINE.

HERS (Marie-Pierre-Charles-Albert D').

Vétérinaire militaire français, 1841-1896. Diplômé de Toulouse en 1864, vétérinaire en 1er en 1885, retraité en 1895.

Ferrure à glace — Clou à Ergot en Acier trempé pour la Ferrure à glace des Chevaux, présenté par M. d'Hers, Vétérinaire en premier au 1er Régiment d'Artillerie, Chevalier de la Légion d'honneur, Chevalier de l'Ordre du Mérite agricole, Décoré de la Médaille d'honneur du Sauvetage, Chevalier de l'Ordre royal d'Isabelle la Catholique, Officier du Nicham-Ifthikar. *Bourges, Imp. commerciale*, 1891.

Broch. in-8° de 12 p. avec 1 pl. se dépliant et contenant 12 fig.

HERVÉ (Isidor).

Officier d'art^{ie} français, né en 1878, cap^{ne} en 1912.

Observations sur les Chevaux et Mulets d'attelage dans l'Artillerie de campagne d'Afrique, par I. Hervé, Lieutenant d'Artillerie. *Paris et Nancy, Berger-Levrault*, 1912.

Broch. in-8° de 15 p. Extrait de la *Revue d'Artillerie* — Février 1912.

Ce tirage à part n'est pas en vente.

HERVILLY (Ernest d') et FRAIPONT (Gustave-Mathieu-Joseph).

D'Hervilly, littérateur, poète et auteur dramatique français, 1839-1912 — Fraipont, peintre et dessinateur belge, naturalisé français, né en 1849.

Les Bêtes à Paris. 36 Sonnets par Ernest d'Hervilly, illustrés par G. Fraipont. *Paris, H. Launette*, S. D. (1885).

Album in-4° de 36 f^{ts} non ch. contenant chacun, au recto, un sonnet et une illustration et, au verso, une vignette en demi-teinte, plus le titre et la table illustrés.

Il y a un sonnet sur l'âne, un sur les chevaux d'omnibus, un sur les chevaux de fiacre et un sur le zèbre.

HERVOUET de LA ROBRIE.

Rapport sur les Courses de Nantes en 1846, présenté à la Réunion générale des Membres de la Société des Courses, le 10 Août, à la Mairie. *Nantes, Imp. de Mme Vve Camille Mellinet*, 1846.

Broch. in-8° de 28 p. signée à la fin par les membres de la commission des courses et Hervouet de La Robrie, rapporteur.

La broch. passe en revue toutes les questions qui intéressent les courses et leur organisation.

HESSE (André).

Avocat français.

Faculté de Droit de l'Université de Paris — *De la Protection des Animaux* — Thèse pour le Doctorat. L'Acte public sur les matières ci-après sera soutenu le Samedi 22 Avril 1899 à 8 heures 1/2, par André Hesse, Avocat à la Cour d'Appel, ancien Elève diplômé de l'Ecole des Sciences politiques — Président, M. Estoublon, prof^r ; Suffragants MM. Ducrocq, Chavegrin, prof^{rs} — *Laval, Imp. L. Barnéoud*, 1899.

1 vol. gr. in-8° de 154 p.

Une partie importante concerne le cheval.

HEUDIÈRES (P. d').

Un mot sur la production du Cheval de guerre par P. d'Heudières, Eleveur au Bois David (Eure). *Brionne, V. Daufresne*, S. D. (vers 1872).

In-f° de 4 p.

C'est un plaidoyer en faveur des reproducteurs de pur sang.

HEUZÉ (Louis-Gustave).

Agronome français. 1816-1907. Elève de l'Institut agronomique de Grignon en 1837 ; fermier, puis co-fondateur, en 1841, de l'Institut de Grand-Jouan (Loire-Inf^{re}) dont il devint sous-directeur. Il administra ensuite la ferme école de Nozay. En 1849, il fut professeur d'agriculture à Grignon, puis à l'Institut agronomique de Paris. Inspecteur général de l'Agriculture en 1880, il fut retraité en 1887. M. Heuzé a été, à plusieurs reprises, chargé de missions d'études agricoles en France, en Ecosse, en Angleterre, en Algérie et en Italie.

Manuels Roret — *Nouveau Manuel complet des Constructions agricoles, traitant des matériaux et de leur Emploi dans les Construc-*

HEU — 619 — HIP

tions destinées au logement des Cultivateurs, des Animaux et des Produits agricoles dans les petites les moyennes et les grandes Exploitations, par M. Gustave Heuzé Chevalier de la Légion d'Honneur, Inspecteur général de l'Agriculture (1) — Ouvrage accompagné d'un Atlas grand in-8° composé de 16 Planches gravées sur acier. *Paris, Lib^te encyclopédique de Roret*, 1876.

1 vol. in-18 de XII-416 p.

L'ouvrage a été plusieurs fois réimprimé sans autre changement que de légères différences dans le t., et avec le même Atlas. La dernière éd^on à ce jour est la suivante :

Même ouvrage, même titre, par Gustave Heuzé, Chevalier de la Légion d'Honneur, Inspecteur général de l'Agriculture, Professeur à l'Ecole de Grignon — Ouvrage accompagné .... etc. *Paris, Encyclopédie Roret ; L. Mulo, Lib^re Editeur*, 1906.

1 vol. in-18 de VI-428 p., avec le même Atlas.

L'auteur traite la question des écuries et de leur mobilier — p. 135 et suiv. dans l'éd^on de 1876, p. 139 et suiv. dans celle de 1906 — avec plus de détails que dans la plupart des ouvrages similaires. 2 pl. avec 62 fig. leur sont consacrées. La forge, les abreuvoirs, les greniers à fourrages y sont également étudiés, avec les pl. nécessaires. M. Heuzé avait d'ailleurs professé un *Cours de Constructions rurales* à l'Institut agricole de Grand-Jouan.

Le meme auteur a publié un *Cours d'Agriculture* et plusieurs ouvrages sur les *Prairies* et les *Plantes fourragères* ; mais il y traite surtout de leur culture, ce qui n'entre pas dans le cadre du présent travail, et très sommairement de leur usage alimentaire.

HEYDEBRAND und der LASA (Léopold, BARON VON).
Officier de cav^le prussien.

Instruction pour le soldat chargé de soigner les Chevaux des Officiers, par le Baron von Heydebrand und der Lasa, Major de Cavalérie, traduit de l'allemand par E Schergen, sous-Lieutenant attaché au Ministère de la Guerre de Belgique. *Bruxelles, Spineux*, 1881.

Broch. pet. in-8° de 92 p. avec 31 fig. d. l. t.

Même ouvrage... avec 31 figures dans le texte — *Deuxième Edition* — *Bruxelles, Spineux ; Paris, Berger-Levrault ; Madrid, C. Bailly-Baillière ; Turin, H. Lœscher ; Constantinople, Lorenz et Keil*, 1883.

Broch. pet. in-8° de 92 p.

L'original allemand a paru à *Leipzig* en 1878.

HIÉRON, voy. CHAPUS (Eugène).

HILPERT (J.), voy. FRANÇAIS (LES) PEINTS PAR EUX-MÊMES et POSTE AUX CHEVAUX.

HIMBERT DE FLIGNY (Louis-Alexandre, BARON).

Conventionnel puis membre du Conseil des Anciens et du Tribunat. Préfet des Vosges en l'an XII, conserva ces fonctions jusqu'en 1814 ; à ce moment il fut arrêté par les Cosaques et interné à Ulm où il resta jusqu'à la paix. 1750-1825.

Convention nationale — Rapport et projet de décret sur les Ecoles vétérinaires, par Himbert, député du Département de Seine-et-Marne. Imprimés par ordre de la Convention nationale. *Paris, Imp. Nationale*, Ventose An III.

Broch. in-8° de 14 p.

HIPPIATRIA, voy. FRENORUM... EXEMPLA.

HIPPIATRIQUE (Ἱππιατρικα).

On désigne sous ce nom un recueil d'articles sur la médecine vétérinaire dus à des hippiâtres grecs de l'Antiquité. Leurs œuvres, ou du moins les fragments qui en restaient alors, ont été collectionnées au Xe siècle, sous le règne de Constantin Porphyrogénète, par un auteur inconnu. Le recueil ainsi formé a été reproduit dans de nombreux manuscrits, du Xe au XVIe siècle, avec d'impor-

---

(1) M. Heuzé n'était pas encore inspecteur général de l'Agriculture en 1876. Le titre de l'ouvrage a été refait plus tard avec sa date de publication primitive.

tantes variantes dans le texte, dans le nombre de chapitres et dans celui des auteurs. Voy., pour la nomenclature et la description de ces manuscrits, le savant article de M. Moulé (voy. ce nom) dans son *Histoire de la Médecine vétérinaire*, article auquel j'ai emprunté les détails qui précèdent.

L'*Hippiatrique*, n'a été imprimée qu'en 1530, sous forme d'une traduction latine, par *Ruellius*, et il est à remarquer que le texte des manuscrits originaux écrits en grec n'a été publié dans cette langue que sept ans plus tard par *Simon Grynæus*, en 1537. *Jean Massé*, médecin français, en donna une éd^{on} en 1563 ; *Jean Jourdain* en publia d'importants extraits dans sa *Vraye Connoissance du Cheval*, en 1647. Il existe aussi des traductions italiennes de 1543, 1548, 1559, une espagnole de 1564, une allemande de 1571, etc. Mais, comme les manuscrits, ces traductions imprimées présentent d'importantes variantes.

Pour la description détaillée des éditions latine et françaises, voy. *Ruellius*, *Massé*, *Jourdain*. Les ouvrages grecs n'entrant pas dans le cadre de ma bibliographie, je me bornerai à indiquer sommairement ici celle de *Grynæus* :

Τῶν ἱππιατρικῶν Βιβλία δύω. Veterinariæ medicinæ libri duo, a Johanne Ruellio Suessionensi olim quidem latinitate donati, nunc vero iidem sua, hoc est græca, lingua primum in lucem editi. *Basileæ apud Joan. Valderum*, 1537.

1 vol. in-4° de 6 f^{ts} non ch. pour le titre, la liste des auteurs, une dédicace à Jean Zobèle et 307 p.

Les auteurs dont les œuvres figurent dans les différentes traductions des *Hippiatrica* sont, par ordre d'importance : *Apsyrte* ; *Hiéroclès* ; *Pélagone* ; *Hippocrate* ; *Eumèle* ; *Théomneste* ; *Anatole* ; *Tibère* ; *Didyme* ; *Agathotiche* ; *Grégoire* ; *Démocrite* ; *Archidame* ; *Africain* ; *Néphon* ; *Hiéron* ; *Pistère* ; *Sicule* ; *Magon de Carthage* ; *Dioscoride* ; *Diophanes* ; *Pamphile* ; *Emil Espagnol* ; *Litore Bénéventin* ; *Cassius Félix* ; *Emery*. (1) Il faut y joindre *Chiron* (voy. ce nom).

HIPPOCRATE et VALENTINI (Pierre-Louis) traducteur.

Hippocrate, vétérinaire grec, qui vivait au IVe siècle après Jésus-Christ et qu'il ne faut pas confondre avec Hippocrate le médecin, surnommé le père de la médecine, qui vivait sept cents ans avant l'hippiâtre.

Valentini, médecin romain du commencement du XIXe siècle.

ΙΠΠΟΚΡΑΤΟΥΣ ΙΠΠΙΑΤΡΙΚΑ — Hippocratis veterinaria latine et italice reddidit ac notis illustravit Petrus Aloysius Valentini, in nosocomio S. Spiritus medicus primarius — *Romæ*, 1814, *apud Linum Contedini*.

1 vol. in-8° de XVIII-238 p.

Les 105 premières p. sont occupées par le texte grec au verso et la traduction latine en regard au recto de la p. suivante. Les p. 107 à 159 contiennent la traduction italienne ; les p. 161 à 233, les notes du commentateur et traducteur Valentini, et les p. 233 à 238 la table.

Dans l'ouvrage, chaque maladie est nommée, décrite, et suivie d'un ou plusieurs remèdes qui lui sont applicables.

Les notes du traducteur sont en latin. Elles donnent des éclaircissements sur les passages douteux, sur la définition et les symptômes des maladies, sur la provenance des végétaux ou minéraux employés dans la composition des remèdes, sur la conversion en mesures et en poids modernes de ceux employés par Hippocrate, etc.

Enfin la préface, également en latin, donne d'intéressants détails sur les anciens auteurs qui ont écrit sur l'hippiatrique.

HIPPODROME (L'), ANNALES DES COURSES (Périodique).

L'Hippodrome, Annales des Courses en France. Années 1845 à 1850, publié sur les Documents de la Société d'Encouragement et du Ministère de l'Agriculture et du Commerce, par M. Léon Bertrand (1) Directeur du *Journal des Chasseurs*. *Paris, au Bureau du Journal des Chasseurs*, 1851.

1 vol. in-8° de 406 p., plus un tableau se dépliant et donnant les chevaux gagnants des prix nationaux à Paris et à Chantilly.

Même ouvrage, même titre. Années 1851 à 1856.

1 vol. in-8° de 312 p.

---

(1) *Moulé*, loc. cit.

(1) Bertrand (*Léon*) directeur du *Journal des Chasseurs*, et auteur de nombreux ouvrages de vénerie. 1807-1877.

Ces 2 vol. forment la réunion de fascicules qui étaient joints à des intervalles irréguliers au *Journal des Chasseurs*, mais avec une pagination séparée. Le titre du 2ᵉ volume annonce deux années de plus qu'il n'en a paru. En effet, à la fin de ce volume, se trouve une longue note de Léon Bertrand qui annonce que l'*Hippodrome, Annales des Courses*, cessera de paraître à dater du 1ᵉʳ Janvier 1854, et qu'il se consacrera entièrement à la direction du *Journal des Chasseurs*, mais qu'il continuera à y faire traiter les questions chevalines avec la collaboration d'un spécialiste qu'il ne nomme pas et qui n'était autre qu'Eugène Gayot (voy. ce nom). Les Nᵒˢ mensuels du *Journal des Chasseurs*, contiennent en effet presque tous, à partir de Février 1854, un important article de lui sur les Haras et les Courses.

HIPPODROME (L') ILLUSTRÉ
Hippodrome — Prix : 50 cent. — *Paris, chez tous les Marchands de nouveautés. (Imp. de A. Henry)*, 1845.

Broch. in-8ᵒ de 13 p. avec 1 pl. lith. se dépliant et représentant « l'Hippodrome national ».

L'opuscule est presque entièrement occupé par une description des jeux historiques de la Grèce. Il donne ensuite un programme sommaire des fêtes équestres et jeux divers que les directeurs de cet établissement doivent offrir au public. C'est une réclame en faveur de l'Hippodrome qui allait sous peu être ouvert au public.

L'Hippodrome illustré — Le Camp du Drap d'or — *Paris, Imp. Lange-Lévy*, 1847.

Broch. gr. in-8ᵒ de 18 p.

Les 6 premières sont consacrées à la description d'exercices variés, avec 6 grav. d. l. t. bien dessinées par Luna. Les p. 10 à la fin donnent le détail de la pièce représentée sous le nom de Camp du Drap d'or avec 5 grav. de Luna à pleine p.

L'Hippodrome illustré — 1845-1846-1847-1848 — *Paris, chez les Editeurs, 22, Rue Grange-Batelière (Imp. Lange-Lévy)*, 1848.

Broch. gr. in-8ᵒ de VIII-18 p., avec vignettes sur la couverture et sur le titre, 1 pl. in-fᵒ et 1 double, se dépliant, 6 dessins d. l. t. et 1 pl. à pleine p., le tout agréablement dessiné par Luna et gravé sur bois.

La grande pl. représente le passage du pont d'Arcole, la pl. double un cortège d'écuyères à cheval, les dessins d. l. t. quelques exercices de l'Hippodrome, et les pl. à pleine p. les différentes scènes hippiques du Camp du Drap d'or.

Le prologue, écrit au lendemain de la Révolution de février, nous apprend que « avec la monarchie la censure a disparu ; « la vaste arène est ouverte aux grandes « épopées républicaines, et il n'y aura « plus là des sbires de la rue de Jérusa- « lem pour défendre la représentation des « belles pages de notre histoire mili- « taire ».

L'ouvrage est une réclame annonçant les pièces qui sont ou qui vont être représentées à l'Hippodrome, parmi lesquelles le passage du pont d'Arcole, dont les VIII premières p. contiennent le récit, et le Camp du Drap d'or. Comme « Epopée « républicaine », ce dernier sujet ne manque pas d'imprévu.

Il s'agit ici de l'ancien Hippodrome, établi en 1845 à la barrière de l'Etoile, un peu au-delà de l'Arc de Triomphe, et dirigé par Laurent et Victor Franconi. Chassé par les nouvelles constructions, il émigra en 1856 et s'établit, sous la direction d'Arnault, sur l'emplacement actuel de la place Victor-Hugo. C'est là qu'un négociant, Maxime Gaussen (voy. ce nom), élève de Baucher et fanatique d'équitation savante, passait toutes ses matinées et obtenait, avec une perfection et une rapidité qui n'ont pas été dépassées, les allures artificielles : piaffer, passage et surtout le pas espagnol, tout cela en amateur et sans aucune rétribution.

Cet Hippodrome fut détruit par un incendie le 1ᵉʳ oct. 1869.

En 1875, une société de spéculateurs fit édifier un nouvel Hippodrome, au bas de l'avenue de l'Alma, sous la direction de Zidler (1). Malgré sa prospérité, cet établissement disparut en 1892, pour faire place à des maisons de rapport, ainsi qu'il était arrivé à son prédécesseur de l'Arc de Triomphe.

On en a reconstruit un autre en 1900, à l'angle du boulevard de Clichy et de la rue Caulaincourt, mais les exercices hippiques n'y durèrent que peu de temps et ont bientôt fait place à des exhibitions d'animaux, puis enfin à des représentations cinématographiques.

(1) Cet hippodrome fut d'abord découvert puis, en 1878, on y ajouta une couverture mobile. La 1ʳᵉ représentation de l'Hippodrome couvert, dont je possède le prospectus illustré, eut lieu le 7 mai 1878. Voy. aussi, à son sujet : *Souvenir de l'Hippodrome*.

HISTOIRE DE LA DRAGONE.

Histoire de la Dragone, contenant les Actions Militaires & les Avantures de Geneviève Prémoy, sous le nom du Chevalier Baltazar. Dédiée au Roi. *Paris, chez Amable Auroy, au grand Saint Jérome.* 1703.

1 vol. in-12 de. 6 f^ts non ch. pour le frontispice gravé, représentant « le che-« valier Baltazar, off^r de Cavalerie et de « Dragons dans les Armées du Roy », l'épître au Roi signée M. M***, et la préface; 614 p. et 1 f^t final pour le privilège.

L'auteur de ce livre est une femme attachée comme nourrice suppléante à l'enfance du duc de Berry et parente de Geneviève Prémoy. Celle-ci s'engagea, à Douai, au rég^t de Condé, (2e Dragons actuel) fit de nombreuses campagnes, reçut plusieurs blessures et fut faite chevalier de St Louis.

Ce petit ouvrage ne manque pas d'intérêt et est assez rare.

HISTOIRE DES CHEVAUX CÉLÈBRES, voy. NOUGARET.

HISTOIRE D'UN ANE.

Histoire d'un Ane, par l'Athénée de Montmartre; dédiée à tous les Anes de la France. *A Paris, chez les Marchands de Nouveautés*, 1802.

1 vol. in-12 de 200 p. avec un curieux frontispice représentant l'enterrement de Martin, le héros du livre.

HISTOIRE ET DISCOVRS VÉRITABLE DU COMBAT DU 5 FÉVRIER 1600.

Histoire et Discovrs véritable de ce qvi s'est passé au combat faict le Samedi cinquiesme iour de Feburier, L'an 1600 aux enuirons de la ville de Boisleduc en Brabant, Entre le Sr de Breauté, gentilhoñie François, & vingt vng de ses Compagnons, estant au seruice des Hollandois d'vne part. Et Gerard Abrahams Lieutenant du Seigneur de Grobbendoncq, Capitaine de Cuirasses, au seruice de leurs Altezes Ser^mes aussi auec vingt-ung de ses Compagnons d'aultre part. *S. L. Imprimé en An 1600.*

Broch. très pet. in-8° de 30 p.

L'opuscule contient, au commencement et à la fin, une pièce de vers en l'honneur des combattants, la très curieuse et très courtoise correspondance préliminaire entre les deux adversaires, les préparatifs religieux des cavaliers belges, et enfin le récit détaillé du combat lui-même, qui était le résultat d'un défi porté par Bréauté et qui se termina par la défaite des cavaliers français dont presque tous furent tués, et enfin par l'assassinat du malheureux Bréauté qui s'était rendu après avoir eu trois chevaux tués sous lui.

Voy., pour la narration du même combat, *Combat de Lekkerbetjen et de Bréauté*. Les noms des Belges cités diffèrent dans les deux opuscules. Voy. aussi *d'Audiguier*.

HISTORIQUE DE L'ÉQUITATION FRANÇAISE.

Historique de l'Equitation française — Ecuyers célèbres. Notes conformes au Programme de l'Ecole de Cavalerie — Prix : 75 centimes — *Saumur, S. Milon fils*, 1887.

Broch. in-8° de 39 p.

L'auteur est M. Jochaud du Plessix (Félix-Louis-Yves-Marie) officier de cav^le français, né en 1856.

HISTORIQUE DES RÈGLEMENTS.

Historique comparatif des Règlements Français et Allemands. *Saumur, S. Milon fils*, 1886.

Broch. gr. in-8° de 56 p.

Concerne exclusivement les règlements de manœuvres de la Cavalerie.

HISTORIQUE DES REMONTES CHEZ LES ROMAINS, voy. LÈQUES.

HISTORIQUES DES RÉGIMENTS DE CAVALERIE FRANÇAIS.

Ces Historiques sont classés d'après l'ordre de l'*Annuaire* et non par ordre alphabétique des noms d'auteurs, impossible à suivre pour cette série.

Toutefois, certains historiques de fantaisie, destinés à peindre les mœurs militaires sous une forme humoristique, et concernant des régiments alors imaginaires, comme le 27e Dragons de Bambini, le 51e Chasseurs de Courteline, le 13e Cuirassiers de Théo-Critt, le 13e Hussards de Gaboriau... etc., ne figurent pas ici, mais au nom de leurs auteurs.

Il est à remarquer que la plupart de ces régiments ont été créés depuis, et que quelques uns ont un historique réel signalé ici.

HISTORIQUES. (1).
Ministère de la Guerre — Historiques des Corps de troupe de l'Armée française (1569-1900) — Illustrés de 35 planches hors texte et de 75 gravures dans le texte. *Paris et Nancy, Berger-Levrrult*, 1900.
1 vol. gr. in-8° de xxxviii-782 p. Couverture illustrée en couleurs par Job.
Les historiques de la cav^{le} occupent les p. 451 à 646. avec 28 grav. Chaque notice comprend : 1° les inscriptions à l'étendard ; 2° la filiation du régiment; 3° le nom des chefs de corps et les dates de la prise de leur commandemant et de sa cessation ; 4° les campagnes et batailles principales, actions d'éclat et faits d'armes individuels.

Carabiniers.

ALBERT (Augustin François-Marie). (2).
Officier de cav^{le} français, 1768-1833. Entré au service à 16 ans, en 1785, comme cavalier à Royal-Champagne-Cavalerie (devenu 19e de Cav^{le}); brigadier en 1791 ; mar^{al} des logis, adjudant et rang de sous-lieut^{nt} en 1793 ; quartier-maître lieut^{nt} en l'An V : adjudant-major en l'An X; passé au 9e Cuirassiers, puis au 1er Carabiniers en l'an XI ; capitaine quartier-maître-trésorier en l'An XII ; retraité pour infirmités en 1810. Il avait fait les campagnes de 1792 et 1793 sur les côtes. Fait prisonnier par les Anglais, il s'était évadé de Portsmouth, avait fait toutes les campagnes de l'An III à l'An IX et avait eu un cheval tué sous lui dans un sortie de Mayence en l'An IV.

(1) En 1913, une Bibliographie des Historiques des Régiments français a été publiée sous le titre suivant : *Revue des Bibliothèques — Supplément XI — Bibliographie des Historiques des Régiments français, par le Capitaine Jean Hanoteau et Emile Bonnot. Paris, Lib^{le} ancienne Honoré Champion, 1913.* — *1 vol. in-8° de* XIV-*354 p.* Cet ouvrage donne, non-seulement les *Historiques* proprement dits, mais les articles e Revues ou e Recueils concernant les Corps et les Notices biographiques sur les militaires qui en ont fait partie.
(2) Pour les *Carabiniers*, voy. aussi le *11e Cuirassiers*, qui en est l'héritier direct.

Recueils de Faits pour servir à l'Histoire Militaire du Corps des Carabiniers ; par A. Albert, ancien Capitaine-Quartier-Maître du premier Régiment de Carabiniers. *A Lunéville, chez Guibal*, 1814.
1 vol. in-8° de 104 p.
L'ouvrage donne le détail des actions, combats et batailles dans lesquels les Carabiniers se sont distingués depuis. leur formation en corps, le 1er Nov. 1693, jusqu'en 1763. année où fut conclue la paix d'Hubertsbourg qui mit fin à la guerre de Sept Ans. Il furent alors envoyés à Saumur et dans les villes voisines, « où, dit le g^{al} Susane (voy. ce
« nom), leur réputation en fait d'équita-
« tion et de manœuvres était si bien
« établie que, de 1763 à 1768, les autres
« corps de cavalerie étaient tenus de
« leur envoyer quelques sujets qui com-
« plétaient avec eux leur instruction et
« en rapportaient la connaissance des
« meilleures méthodes ».
L'auteur annonce qu'il va réunir les matériaux nécessaires pour continuer l'histoire des Carabiniers jusqu'à la Restauration. Il les réunit en effet, mais son manuscrit ne fut pas publié de son vivant. Il était déposé à la Bib^{que} de Lunéville, où il fut retrouvé puis publié par le g^{al} Vanson (1) sous le titre suivant :

(1) Vanson (Joseph-Emile), général de bri ade français (Etat-Major). 1825-1900. Sous-lieut^{nt} en 1851 ; entré à l'Ecole d'Etat-Major en 1852; colonel en 1878; général de brigade en 1884; passé dans la Section de réserve en 1887. Il avait fait les campagnes de 1854-56 en Crimée; 1859 en Italie; 1864-67 au Mexique où il avait obtenu une citation; 1870-71 contre l'Allemagne et à l'intérieur.
Le g^{al} Vanson, quoiqu'il fut passé pour ordre dans l'Infanterie en 1880 à la suppression du Corps d'Etat-Major, a fait toute sa carrière dans l'Etat-Major. Il est resté pendant plusieurs années à la tête du 2e Bureau de l'Etat-Major du Ministre *(Armées Etrangères)*, où il a rendu les plus grands services et où il attacha son nom à la création de la *Revue Militaire de l'Etranger*. Artiste et collectionneur, il s'est occupé tou e sa vie à rechercher les estampes et les documen s concernant l'ancienne armée. Sa connaissance des détails des uniformes militaires, servie par une merveilleuse mémoire, était connue de tous et souvent mise à contribution par les chercheurs, toujours encouragés par son inépuisable complaisance. Il prit la plus grande part à la création de la Société *La Sabretache*, à la ré action e son *Carnet* (voy. *Carnet de la Sabretache*) et à celle du *Musée de l'Armée*.
M. le Commandant *Boppe*, son ami et son collaborateur au *Carnet*, a publié en 1887 les *Lettres de Campagne du g^{al} Vanson*, et a fait précéder cet intéressant recueil d'une bonne biographie.

Publication de la Société « La Sabretache » — Le Manuscrit des Carabiniers. *Paris et Nancy, Berger-Levrault*, 1894.

1 vol. gr. in-8° de VIII-290 p., avec préface explicative du g^{al} Vanson.

L'ouvrage est une exacte reproduction du manuscrit d'Albert et donne la suite de l'Histoire des Carabiniers de 1792 à 1814. Il est regrettable qu'il n'ait pas été publié sous le même format que la 1re partie.

Carabiniers

JUZANCOURT (Georges GUIMET DE).
Officier de cav^{ie} français, 1845-1896. (1)

Publication de la Réunion des Officiers — Notice historique sur le Corps des Carabiniers Français, par G. de Juzancourt, Capitaine au 7e Régiment de Cuirassiers. *Paris, Ch. Tanera*, 1877.

Broch. in-8° de 88 p.

Carabiniers

BUÉ (Hector-Joseph) (2).
Officier de cav^{ie} français, 1829-1899. Sous-lieut^{nt} en 1850 ; cap^{ne} en 1860, retraité en 1874. Campagne d'Italie en 1859, en Algérie en 1863, 64, 65 ; contre l'Allemagne en 1870-71.

Livre d'Or des Carabiniers, par le Capitaine Bué. Illustré par Éd. Detaille, Titeux, van Muyden. (in fine :) *Achevé d'imprimer à quatre cents exemplaires dont trente numérotés sur papier spécial, le 30 Avril 1898 par Charles Blot, Paris.*

1 vol. in-4° de XVIII-451 p. Vignette sur le titre, en-tête de chapitres, culs-de-lampe, nombreuses pl. en noir et en couleurs, fig. et portraits d. et h. t. Dédicace « à la mémoire de nos glorieux « chefs, à nos anciens morts au champ « d'honneur ».

Bel ouvrage, distribué aux seuls souscripteurs et devenu assez rare.

(1) Pour d'autres ouvrages du même auteur et pour sa biographie, voy. son nom.

(2) Ce sont les seuls prénoms qui figurent sur ses états de services et sur l'Annuaire. Dans l'autobiographie qui se trouve à la p. 223 de son livre, il y ajoute celui d'Alphonse qu'il avait adopté pour sa signature.

Même titre. *(Paris), Imp. Ch. Blot*. S. D. (1898).

Broch. gr. in-8° de 45 p., avec vignette sur le titre, en tête et 2 portraits h. t.

L'opuscule donne l'historique de la publication du livre précédent et des réunions des anciens carabiniers

Pour d'autres ouvrages du même auteur, voy. son nom.

Cuirassiers

JUZANCOURT (Georges GUIMET DE).
Officier de cav^{ie} français, 1845-1896.

Essai sur l'Histoire des Cuirassiers, par un Capitaine de l'Arme. — Avec sept compositions de M. Tiret-Bognet. *Paris et Nancy, Berger-Levrault*, 1886.

1 vol. gr. in-8° de IV-127 p., signé à la fin : J.

Précis historique des Régiments de Cuirassiers — Avec quatorze gravures d'Eug. Titeux et Tiret-Bognet. *Paris et Nancy Berger-Levrault*, 1890.

1 vol. gr. in-8° de 143 p.

Voy. aussi, du même auteur : *Historiques des Carabiniers, 3e, 7e et 10e cuirassiers.*

1er Cuirassiers.

HISTORIQUE.
Historiques des Régiments de l'Armée française — 1er Régiment de Cuirassiers. *Paris, J. Dumaine*, 1846.

Broch. pet. in-12 de 12 p.

Fait partie d'une série de petits historiques publiés par Dumaine vers 1846 et devenus introuvables.

1er Cuirassiers

HISTORIQUE.
Histoire du 1er régiment de cuirassiers. *Angers, Lachèse et Dolbeau*, 1889.

1 vol. in-4° de XVI-410 p. Titre illustré, 6 pl. en couleurs, 6 en noir, vignettes et en-tête de chapitres.

L'ouvrage, publié sans nom d'auteur, est dû à la collaboration du colonel

Dulac et du capitaine Dezaunay pour la rédaction ; de Mme Dulac, de MM. Allenou et Dezaunay pour les dessins. Le titre a été dessiné par M. Rozat de Mandres.

1er Cuirassiers

TATTET (Eugène).
1er Régiment de Cuirassiers — Le Livret de nos Grands Anciens, par Eugène Tattet. *Paris et Nancy, Marc Imhaus et René Chapelot,* 1913.

Broch. in-16 de 79 p. Dédicace à la mémoire du Maréchal de Turenne..., lettre-préface du Colonel Lasson, commandant le régiment.

2e Cuirassiers

ROTHWILLER (Antoine-Ernest, BARON).
Général de brigade français (cav^{ie}), né en 1831. Sous-lieut^{nt} en 1850, colonel en 1882, général de brigade en 1887, passé au cadre de réserve en 1893.

Histoire du Deuxième Régiment de Cuirassiers ancien Royal de Cavalerie 1635-1876, d'après les Archives du Corps, celles du Dépôt de la Guerre et autres documents originaux, par le Baron Rothwiller, Major du 2e Cuirassiers. *Paris, E. Plon,* 1877.

1 vol. gr. in-8º de 684 p., avec 2 gravures.

3e Cuirassiers

JUZANCOURT (Georges GUIMET DE.)
Officier de cav^{ie} français, 1845-1895.
Historique du 3me Régiment de Cuirassiers, 1635-1875. *Paris, Imp. Dutemple,* 1875.

Broch. in-8º de VI-64 p. Publication de la *Réunion des Officiers*. Le nom de l'auteur ne figure pas au titre, mais il a signé la Préface.

3e Cuirassiers

MAUMENÉ (Charles-Gustave-Vincent).
Officier de cav^{ie} français, né en 1857. Sous-lieut^{nt} en 1878, chef d'esc^{ons} en 1900.

Histoire du 3e Régiment de Cuirassiers, ci-devant du Commissaire-Général, 1645-1892. *Paris, Boussod-Valadon et Cie,* 1893.

Au faux titre :
Histoire du 3e Régiment du Cuirassiers. Ch. Maumené, Capitaine au Régiment, 1889-1892.

1 vol. in-4º de 376 p. avec 8 pl. h. t. et nombreuses vignettes d. l. t.

4e Cuirassiers

HISTORIQUE.
Histoire du 4e Régiment de Cuirassiers, 1643-1897. *Paris, A. Lahure,* 1897.

2 vol. in-4º de IV-439 et 270 p., plus 6 f^{ts} de table au T. II, avec frontispice et 39 pl. h. t., dont 27 coloriées au T. I; frontispice, 30 pl. coloriées et 6 cartes h. t. au T. II. Nombreuses fig. et vignettes d. l. t. aux 2 vol. Préface du Colonel de Moulins-Rochefort.

Bel ouvrage, publié sans nom d'auteur et dû à la collaboration du Colonel Rozat de Mandres, des lieut^{nts}-col. de Cléric et de Lastours, des com^{dts} Richard et Marécaux, des cap^{nes} Rozat de Mandres, Brochet, de Mareuil, de Boissieu, etc.

4e Cuirassiers

HISTORIQUE.
Résumé de l'Historique du 4e Régiment de Cuirassiers, *Cambrai, Imp. Deligne,* S. D. (1903).

Broch. in-32 de 30 p.

5e Cuirassiers

HISTORIQUE.
1653-1893. Le 5e Cuirassiers. Histoire du Régiment. *Lyon, A. Storck,* 1894.

1 vol. in-4º de 191 p. avec 7 pl. en couleurs, 10 pl. en noir et vignettes d. l. t. Dédicace au Colonel et aux officiers du 5e Cuirassiers.

Cet historique a été extrait, par le lieut^{nt} Vial du 5e Cuirassiers, d'un ouvrage plus complet du cap^{ne} de Fontenailles intulé *Histoire militaire du*

5ᵉ *Cuirassiers*, resté inédit jusqu'à ce jour.

6ᵉ Cuirassiers.

BRYE (Pierre-Marie-Arthur-Clément DE).
Officier de cavᵉ français, né en 1864, sous-lieutⁿᵗ en 1885, capⁿᵉ en 1897, démissionnaire en 1906.

Historique du 6ᵐᵉ Régiment de Cuirassiers, par P. de Brye. *S. L. ni nom d'éditeur*, 1893.
1 vol. gr. in-8º de 311 p. avec frontispice, 8 pl. h. t. en noir, par Perrin, et nombreuses vignettes, en-tête de chapitres et culs-de-lampe. Ouvrage non mis dans le commerce.

6ᵉ Cuirassiers.

LE POINTE (Henri).
Historique du 6ᵉ Régiment de Cuirassiers (1635-1912), par Henri Le Pointe. *Paris, J. Pitault*, S. D. (1912).
Broch. in-16 de 67 p.

7ᵉ Cuirassiers.

HISTORIQUE.
Historique du 7ᵉ Régiment de Cuirassiers, 1659-1880. *Paris, L. Baudoin*, 1881.
Broch. in-8º de 39 p.

7ᵉ Cuirassiers.

JUZANCOURT (Georges GUIMET DE).
Officier de cavᵉ français, 1845-1896.

Historique du 7ᵉ Régiment de Cuirassiers, 1659-1886, par G. de Juzancourt, Capitaine-commandant au 7ᵉ Régiment de Cuirassiers. Illustré de quatorze compositions d'Eug. Titeux et huit portraits. *Paris et Nancy, Berger-Levrault*, 1887.
1 vol. gr. in-8º de VI-180 p.

8ᵉ Cuirassiers.

HISTORIQUE.
Publication de la Réunion des Officiers — Historique du 8ᵉ Régiment de Cuirassiers — 1665-1874 — *Paris, Ch. Tanera*, 1875.
1 vol. in-8º de 106 p.

8ᵉ Cuirassiers.

AMONVILLE (Marie-François-Joseph-Raoul D').
Officier de cavᵉ français, né en 1856, sous-lieutⁿᵗ en 1877, colonel en 1913.

Les Cuirassiers du Roi — Le 8ᵉ Cuirassiers. Journal historique du Régiment, 1638-1892, illustré par Charles Morel et R. Doncieux, Lieutenant au 8ᵉ Cuirassiers. *Paris, Lahure*, 1892.
1 vol. in-4º de 342 p., avec 4 pl. h. t. en couleurs, 1 en noir et 17 portraits de Mestres de Camp et Colonels. Dédicace signée de l'auteur, le capⁿᵉ d'Amonville, aux héros de Reichshoffen.

Le 8ᵉ Cuirassiers — Précis historique, 1665-1911, par le Lieutenant-Colonel d'Amonville, du 8ᵉ Cuirassiers. *Paris et Limoges, Henri Charles-Lavauzelle*, S. D. (1911).
Broch. in-16 de 78 p. Dédicace aux héros de Reichshoffen, 6 Août 1870.

9ᵉ Cuirassiers.

MARTIMPREY (Albert-Didier-Marie DE).
Officier de Cavᵉ français, né en 1851, sous-lieutⁿᵗ en 1875, lieutⁿᵗ-colonel en 1905, retraité en 1909,

Historique du 9ᵉ Régiment de Cuirassiers, d'après les Archives du Corps, celles du Dépôt de la Guerre et autres documents, par A. de Martimprey, Capitaine Instructeur au 9ᵉ Cuirassiers. *Paris et Nancy, Berger-Levrault*, 1888.
1 vol. gr. in-8º de XI-323 p.

10ᵉ Cuirassiers.

JUZANCOURT (Georges GUIMET DE).

Officier de cav^le français, 1845-1896.

Historique du 10e Régiment de Cuirassiers 1643-1891, rédigé par le Commandant de Juzancourt, illustré par le Capitaine Matuszinski. *Paris et Nancy, Berger-Levrault*, 1893.

1 vol. gr. in-8° de 167 p. avec 10 pl. h. t. en héliogravure.

10e Cuirassiers

HISTORIQUE.
Abrégé de l'Historique du 10e Régiment de Cuirassiers. *Lyon, Imp. Paquet*, S. D. (1902).
Broch. in-16 de 16 p.

11e Cuirassiers

CHAVANE (Marie Joseph).
Officier de cav^le français, né en 1854, sous-lieut^nt en 1874, lieut^nt colonel en 1905, retraité en 1911.

Les grands Régiments disparus. Carabiniers — Royal-Roussillon — Histoire du 11e Cuirassiers, par J. Chavane, Capitaine au 11e Cuirassiers. Illustré par M. Maurice de Castex (1). Cet ouvrage contient vingt-huit reproductions de portraits d'après des documents authentiques. *Paris, C. Charavay*, 1889.

1 vol. in-4° de 2 f^ts non ch. pour le titre et la préface et 370 p. avec les portraits annoncés au titre, 11 pl. h. t. dont 2 en couleurs, 4 fac-simile de documents et nombreuses fig. et vignettes d. l. t. Couvertures illustrées.

12e Cuirassiers

PLACE (René-Louis-Gustave DE).
Officier de cav^le français, né en 1862, sous-lieut^nt en 1883, colonel en 1911.

---

(1) *Castex (Bertrand-Maurice, Vte de)*, peintre et dessinateur hippique, ancien officier d'Etat-Major, né en 1853, sous-lieut^st en 1874, sorti de l'Ecole d'Etat-Major en 1876, passé dans l'infanterie à la suppression du Corps d'Etat-Major, démissionnaire peu après et nommé cap^ee de cav^le territoriale. S'est fait remarquer à plusieurs expositions et notamment à celles de la *Société hippique française*.

Historique du 12e Cuirassiers 1668-1888, par R. de Place, Lieutenant au 12e Cuirassiers — Dauphin-Cavalerie 1668 — 12e Rég^t de Cavalerie 1791 — 12e Cuirassiers 1803 — Cuirassiers de la Garde 1854 — Illustré par J. Bernard. Ouvrage publié avec l'autorisation de M. le Ministre de la Guerre. *Paris, L. Lahure*, 1889.

1 vol. gr. in-8° de 11-212 p. avec couverture illustrée, 8 pl. h. t. ou à pleine p., dont 3 en couleurs, fig. et vignettes d. l. t.

13e Cuirassiers

YVERT (Louis).
Historique du 13e régiment de cuirassiers 1807-1814-1891 à nos jours, par Louis Yvert. *Chartres, Garnier*, 1895.
Broch. in-8° de 44 p.
Le 13e Cuirassiers a disparu en 1913 et est devenu 32e Dragons.

1er Dragons

GUÉNIN (A.-Paul).
7e Région de Corps d'Armée — 1er Dragons — Notes historiques recueillies par A.-Paul Guénin, Sténographe-Comptable, Sergent-major de réserve au 109e Régiment d'Infanterie — Prix : 25 centimes — *Bar-sur-Aube, Typ. A. Lebois*, 1894.
Broch. in-12 de 23 p. Vignette autographiée, dessinée par l'auteur, au verso des deux plats de la couverture.

2e Dragons

AMBERT (Joachim-Marie-Jean-Jacques-Alexandre-Jules, BARON).
Général de brigade français (cav^le). 1804-1890 (1).

2e Régiment de Dragons, ex-Dragons de Condé, créé en 1635. Etat des services du Régiment, mis en ordre par le Colonel Ambert, commandant le Régiment. *Lyon, Imp. Louis Perrin*, Novembre 1851.

---

(1) Voy. son nom pour d'autres ouvrages et sa biographie.

2ᵉ Dragons

BRUYÈRE (Henri-Etienne-Paul, comte).

Officier de cav^le français; sous-lieut^nt en 1861, chef d'esc^ons en 1883, passé dans l'Intendance en 1891. Campagnes en Algérie de 1862 à 1870, contre l'Allemagne en 1870-71, en Algérie de 1871 à 1883. Il a terminé sa carrière comme commissaire du Gouvernement près le 1er Conseil de guerre de Paris. 1840-1904.

1635-1885. Historique du 2ᵉ Régiment de Dragons, mis en ordre par Paul Bruyère, Chef d'escadrons au Régiment. Avec 18 planches d'uniformes et étendards et de nombreux dessins dans le texte, par E. Penon et L. Gaudibert, engagés conditionnels au Régiment. Chant et Marche par A. Kopff, Médecin-major au Régiment. *Chartres, Imp. Garnier*, 1885.

1 vol. gr. in-8º de 222 p. dont vi pour les titres et la dédicace au Colonel Rozier de Linage (1) com^dt le régiment et aux officiers du régiment. Les pl. h. t. sont en couleurs. Couvertures illustrées.

2ᵉ Dragons

HISTORIQUE.

Petite bibliothèque de l'Armée française — Historique du 2ᵉ Dragons. Avec 4 croquis dans le texte. *Paris et Limoges, Henri Charles-Lavauzelle* S. D. (1910).

1 vol. pet. in-16 de 214 p.

3ᵉ Dragons

BONNIÈRES de WIERRE (André-Marie-Yves de).

(1) Rozier de Linage (Melchior-Eusèbe-Antoine), général de brigade français (cav^ie), 1835-1887. Sous-lieut^nt en 1856, général de brigade en 1885. Le 1er sept. 1870, à Sedan, il eut la tête traversée par une balle qui lui enleva un morceau d'oreille et une partie du palais et lui brisa la mâchoire. Il fut atteint de deux autres balles à la cuisse gauche et à la main droite. Il fut laissé libre par l'ennemi en raison de la gravité de ses blessures et put rejoindre en Algérie son régiment, le 3ᵉ Chasseurs d'Afrique, en janvier 1871.

Officier de cav^le français, né en 1852; sous-lieut^nt en 1874; lieut^nt-colonel en 1902; retraité en 1906.

1649-1892. Historique du 3ᵉ Régiment de Dragons, par le Capitaine André de Bonnières de Wierre, illustré par le Commandant Ameil. *Nantes, Bourgeois*, 1892.

1 vol. gr. in-8º de 322 p. avec 6 pl. coloriées h. t.

4ᵉ Dragons

LEMAITRE (Charles-Eugène-Louis).

Officier de cav^le français, né en 1863, sous-lieut^nt en 1885, chef d'esc^ons en 1908.

Historique du 4ᵉ Régiment de Dragons (1672-1894) par L. Lemaitre, Lieutenant au 4ᵉ Dragons. *Paris et Limoges. Henri Charles-Lavauzelle*, 1894.

1 vol. in-8º de 376 p. Dédicace de l'auteur à son régiment.

5ᵉ Dragons

SAINT-JUST (Victor-Ernest-Marie de).

Officier de cav^le français breveté, né en 1862, sous-lieut^nt en 1883, lieut^nt-colonel en 1911.

Historique du 5ᵉ Régiment de Dragons, par V. de Saint-Just, lieutenant au 5ᵉ Dragons. *Paris, Hachette*, 1891.

1 vol. gr. in-8º de x-420 p. avec 12 pl. h. t. coloriées, dont 10 d'uniformes et 2 d'étendards ou fanions.

6ᵉ Dragons

JOLEAUD (Ferdinand-Philippe).

Officier de cav^le français, 1825-1904; sous-lieut^nt en 1847, colonel en 1880, retraité en 1885.

Histoire du 6ᵉ Régiment de Dragons, depuis sa formation jusqu'à nos jours, par F.-P. Joleaud, Capitaine-commandant. *Commercy, Cabasse*, 1863.

1 vol. in-8º de 183 p.

6ᵉ Dragons

HISTORIQUE.
6ᵉ Régiment de Dragons — Historique du régiment pendant la Guerre 1870-1871. *Lyon, D. Joly,* S. D. (1871).
Broch. in-8° de 57 p.

C'est un journal de marche rédigé au jour le jour sous une forme très concise, mais bourré de faits intéressants : il s'étend du 14 juillet 1870 au 21 février 1871.
Cet opuscule, devenu très rare, a été rédigé par le Colonel Fombert de Villers (1) ou tout au moins sous sa direction.

6ᵉ Dragons

HISTORIQUE.
Historique du 6ᵐᵉ régiment de dragons. *Paris, Delagrave.* S. D. (1890).
1 vol. gr. in-8° de 308 p. avec 8 pl. d'uniformes en couleurs et nombreuses vignettes d. l. t.

7ᵉ Dragons

COSSÉ-BRISSAC (René-Marie-Timoléon DE).
Officier de cavˡᵉ français, né en 1874, sous-lieutⁿᵗ en 1896, capⁿᵉ en 1911.
Historique du 7ᵉ Régiment de Dragons, par René de Cossé-Brissac, Lieutenant au 7ᵉ Dragons — Illustrations de Louis Vallet (et) J. de Cossé-Brissac. *Paris, Leroy,* 1909.
1 vol. gr. in-8° de 184 p avec titre illustré en couleurs, en-tête de chapitres, culs-de-lampe, 7 pl. et 11 portraits de colonels d. l. t., 13 pl. h. t. dont 3 en couleurs et 6 cartes. Dédicace au Colonel Varin et au 7ᵉ Dragons.

8ᵉ Dragons

L'Historique de ce régiment est resté jusqu'ici manuscrit. Il a été seulement publié une petite brochure « relatant les principaux faits d'armes et les actions d'éclat accomplis par des Militaires de tous grades ayant appartenu au 8ᵉ Dragons », sous le titre suivant :

8ᵉ Dragons — Fête du Régiment. — Marengo, 14 Juin 1800. *Lunéville, Imp. Raẑel,* 1907.
Broch. pet. in-8° de 15 p.
L'avertissement est signé du colonel Conneau, comᵈᵗ le régiment.

9ᵉ Dragons

HISTORIQUE.
Historiques des Régiments de l'Armée Française — 9ᵉ Régimᵗ de Dragons — *Paris, J. Dumaine,* 1846.
Broch. in-12 de 12 p.
L'opuscule fait partie d'une série de petits historiques anonymes publiés vers 1846 par l'éditeur *J. Dumaine* et devenus introuvables.

9ᵉ Dragons

MARTINET (François-Xavier).
Officier de cavˡᵉ français, né en 1846, sous-lieutⁿᵗ en 1879, capⁿᵉ en 1890, retraité en 1900.

Historique du 9ᵉ Régiment de Dragons, rédigé par M. Martinet, lieutenant au Régiment, d'après les documents officiels puisés aux archives du Ministère de la Guerre, illustré par M. Roger Parquet, sous-lieutⁿᵗ au Régiment, d'après les collections d'estampes du même Ministère ; suivi de l'Hymne du 9ᵉ Dragons, musique de M. Alfred Bruneau, Prix de Rome du Conservatoire, paroles de M. Martinet. *Paris, Editions artistiques militaires de Henry Thomas Hamel,* 1888.
1 vol. in-4° de 172 p., plus 2 fᵗˢ de tables, avec 13 pl. h. t. en fac-similé d'aquarelles et 2 en noir.
Ouvrage devenu rare.

9ᵉ Dragons

BERNARDIN (Charles-Léon).
Les Dragons de Bauffremont à l'Armée de Turenne (1674-1675),

---

(1) *Fombert de Villers (Alfred-Claude),* officier de cavˡᵉ français, 1820-1894. Sous-lieutᵗ en 1842, colonel en 1870, retraité en 1875.

par Charles-Léon Bernardin. Avec frontispice et plan de Raymond-Pierre Guédon. *Paris, Jouve*, 1913.

Broch. in-4° de 20 p. Dédicace de l'auteur au Prince Pierre de Bauffremont et à sa filleule la Princesse Claude de Bauffremont.

Bauffremont-Dragons est devenu Lorraine-Dragons en 1773. C'est l'ancêtre du 9ᵉ Dragons actuel.

10ᵉ Dragons

OLLONE (Charles-Alexandre-Marie-Céleste d').

Officier de cav^{ie} français, né en 1865, sous-lieut^{nt} en 1887, cap^{ne} en 1898, démissionnaire en 1908.

Historique du 10ᵉ Régiment de Dragons par le Lieutenant d'Ollone. Illustration par Maurice de Castex (1). Notes sur les diverses tenues par le Commandant Virvaire (2). *Paris et Nancy, Berger-Levrault*, 1893.

1 vol. gr. in-8° de XXI-614 p. avec 9 pl. en couleurs, 23 portraits et 42 vignettes.

Sur le 10ᵉ Dragons, voy. aussi *Jolivet (L.)*.

11ᵉ Dragons

SAVIN de LARCLAUSE (Charles-Jules-Arthur).

Officier de cav^{ie} français breveté, 1857-1913 — Sous-lieut^{nt} en 1878, chef d'esc^{ons} en 1900, passé dans l'armée territoriale en 1907.

Historique du 11ᵉ Régiment de Dragons depuis sa création en 1674 jusqu'en 1890, par A. Savin de Larclause, Capitaine breveté au 11ᵉ Régiment de Dragons. *Fontenay-le-Comte, L.-P. Gouraud*, 1891.

1 vol. in-8° de 348 p., dont VIII pour l'approbation ministérielle, le catalogue des sources et l'Avant-Propos.

---

(1) Castex (Bertrand-Maurice, Vte de), peintre et dessinateur hippique, ancien officier d'Etat-major ; voy. sa biographie à l'historique du 11ᵉ Cuirassiers.

(2) Virvaire (Paul-Théophile-Jean-Baptiste-Antoine), général de div^{on} français (cav^{ie}), né en 1853, sous-lieut^{et} en 1873, g^{al} de div^{on} en 1911.

12ᵉ Dragons.

GABRIEL (Jean-Nicolas).

Prêtre français, 1826-1894. Né à Woimbey (Meuse), il a été curé de Thierville, près de Verdun, secrétaire de l'évêque, aumônier du collège de Verdun et chanoine honoraire. C'était un érudit, auteur d'ouvrages historiques et membre de plusieurs sociétés savantes.

Dieu, Honneur et Patrie — Histoire du 12ᵉ Régiment de Dragons par l'Abbé Gabriel, aumônier du Collège de Verdun, Membre de la Société des Etudes historiques de Paris et de la Société des Arts, Sciences et Lettres de Bar-le-Duc. *Verdun, Imp. Renvé-Lallemant*, 1882.

1 vol. in-8° de 352 p.

Cet historique, tiré à 100 exemplaires seulement, est devenu très rare. L'auteur l'a écrit pendant le séjour du 12ᵉ Dragons à Verdun. et il annonce qu'il a été aidé dans son travail par M. Henrys. lieut^{nt} au rég^t.

13ᵉ Dragons.

HISTORIQUE.

Historique du 13ᵉ Régiment de Dragons. Hohenlinden (3 décembre 1800) — Austerlitz (2 décembre 1805) — Iéna (14 octobre 1806) — La Moskowa (7 septembre 1812). *Nancy, Berger-Levrault*, 1883.

Broch. in-12 de 60 p.

13ᵉ Dragons.

HISTORIQUE.

Historique du 13ᵉ Régiment de Dragons. Ouvrage illustré de 8 gravures et de 2 photographies. *Paris, Hachette*, 1891.

1 vol. gr. in-8° de 328 p.

Le colonel de Ganay, qui commandait alors le rég^t, a fait précéder le livre d'une courte préface faite sous forme d'ordre du rég^t. Les documents ont été recueillis par le cap^{ne} de Séréville, le texte a été rédigé par le cap^{ne} Miron. Les gravures sont de M. Eugène Collomb, peintre à Joigny.

1er Lanciers.

Historique des Régiments de l'Armée Française — 1er Régim¹ de Lanciers — *Paris, J. Dumaine*, 1846.

Broch. in-12 de 12 p.
L'opuscule fait partie d'une série de petits historiques anonymes publiés vers 1846 par l'éditeur *J. Dumaine* et maintenant introuvables.
Les lanciers ayant été supprimés après la guerre de 1870-71, le 1er Lanciers est alors devenu le 14e Dragons actuel.

14e Dragons.

MENUAU (Maurice-Charles).
Officier de cav¹ᵉ français, 1854-1904. Sous-lieut^{nt} en 1874, lieut^{nt}-colonel en 1903, mort en activité de service.

Historique du 14e Régiment de Dragons par M. Menuau Capitaine Commandant du 14e Dragons. Illustrations par MM. John Lewis-Brown, Portalis, de Castex, Dodelier, Chartier et Gatget. *Paris, Boussod-Valadon*, 1889.

1 vol. gr. in-8° de 334-VIII p. Frontispice à l'eau-forte, 2 pl. en noir et 10 pl. coloriées h. t.

14e et 16e Dragons.

DRAGONS (LES) A REIMS.
Les Dragons à Reims. Souvenir de leur installation — Avril-Mai 1893. *Reims, Matot-Braine, Henri Matot, fils et Succ^r* 1893.

Broch. in-8° de 39 p. Titre rouge et noir; jolies vignettes sur la couverture, et d. l. t.; panorama des quartiers de cavalerie formant frontispice, plan de Reims et de ses environs.
Brochure de circonstance, publiée à l'occasion de l'arrivée à Reims du 14e et du 16e Dragons. Elle contient le récit des négociations et des travaux de casernement qui précédèrent l'arrivée de la brigade, le détail de sa réception par la municipalité, le préfet et les habitants, un petit historique des deux régiments et une courte notice sur Reims.

15e Dragons.

ALEXANDRE (Léon-Augustin-Napoléon).
Officier de cav¹ᵉ français, né en 1853, sous-lieut^{nt} en 1881, cap^{ne} en 1893, retraité en 1904.

Historique du 15e Dragons (1688-1885), par le Sous-Lieutenant Alexandre. *Libourne, Maleville*, 1885.

1 vol. in-8° de 285 p. avec 15 pl. h. t. en photogravure d'après Chaperon, Philippoteaux, Olé, Detaille et Hyon.

15e Dragons.

VIAL (Félix-Alexis-François-Victor).
Officier de cav¹ᵉ français, né en 1867, sous-lieut^{nt} en 1887, cap^{ne} en 1900, a quitté le service actif en 1911.

Mon Régiment, 1688-1902 — Noailles Cavalerie — 15e Dragons — 3e Chasseurs à cheval — 3e Lanciers — 15e Dragons, par le Capitaine F. Vial, Instructeur du 15e Régiment de Dragons. *Libourne, G. Maleville*, 1902.

Broch. in-16 de 88 p. avec 6 pl. coloriées h. t. et 3 en noir à pleine p.

16e Dragons.

CASTÉRAS-VILLEMARTIN (Jacques-Adolphe-Marie-Pons-François de Paule, VICOMTE DE).
Officier de cav¹ᵉ français, 1858-1913. Sous-lieut^{nt} en 1879, cap^{ne} en 1890, démissionnaire en 1891.

Historique du 16e Régiment de Dragons, par M. le Vte de Casteras-Villemartin, Capitaine instructeur, d'après les documents officiels puisés au Ministère de la guerre. Illustrations en couleurs par M. le Lieutenant Rozat de Mandres. *Paris, Ernest Person*, 1892.

1 vol. gr. in-8° de 208 p. avec frontispice et 7 pl. h. t. Dédicace au Colonel Treymüller (1), qui commandait alors le rég^t.

(1) Treymüller (Ludovic-Amédée), général de div^{on} français (cav¹ᵉ) 1839-1910. Sous-lieut^{nt} en 1861, général de div^{on} en 1898, passé au cadre de réserve en 1904.

18e Dragons.

CUEL (Fernand-Louis-Guillaume).
Officier de cav^ie français, né en 1853, sous-lieut^nt en 1879, chef d'esc^ons en 1904, retraité en 1909.

Historique du 18e Dragons, 1744-1894, publié par le Capitaine Cuel, du 18e Dragons, d'après les documents du Ministère de la guerre et ceux laissés au corps par M. le Lieutenant-Colonel Torel. *Propriété du Régiment*, S. D. (1894).

1 vol. in-4° de 207 p. avec couverture en couleurs et 17 pl. ou portraits en noir et en couleurs et nombreuses gravures d. l. t. Dédicace au Colonel de Beauchesne (1).

21e Dragons.

YVERT (Louis).
Historique du 21e Régiment de Dragons (1793-1814-1874-1895) par Louis Yvert — Prix : 0 fr. 30 cent. — *Saint-Omer, Imp. du « Mémorial Artésien »*, 1895.
Broch. in-12 de VI-49 p.

21e Dragons.

HISTORIQUE.
21e Dragons — Extrait de l'Historique du Régiment. Iéna, Eylau, Almonacid, Ocaña. S. L. N. D. ni nom d'imprimeur.
Broch. petit in-4° de 6 p.

22e Dragons.

DUPONT-DELPORTE (Henri-Eugène-Napoléon, BARON).
Officier de cav^ie français, 1849-1907. Sous-lieut^nt en 1873, cap^ne en 1887, retraité en 1896.

Historique du 22e Régiment de Dragons. Régiment de Souvré, 1635-1647. Anjou-Cavalerie, 1647-1660. Orléans-Cavalerie, 1660-1791. 13e de Cavalerie, 1791-1803. 22e Dragons, 1803-1814. 22e Dragons, 29 septembre 1873. Par Henri Dupont-Delporte, Capitaine au 22e Dragons. Aquarelles de H. Dupray, Jeanniot, Henri Detaille, Dodelier, etc. *Paris, Georges Chamerot*, 1889.

1 vol. in-4° de 282 p. avec 15 pl. en couleurs et 5 portraits. Dédicace au colonel Jules de Benoist et aux officiers du 22e Dragons.

23e Dragons.

HACHE (Edouard).
Officier de cav^ie français, 1855-1906. Sous-lieut^nt en 1876, colonel en 1904 ; sa santé l'avait obligé à quitter le service actif en 1905.

Historique du 23e Régiment de Dragons, par Edouard Hache, Capitaine instructeur au 23e Dragons. *Paris, Hachette*, 1890.

1 vol in-4° de 237 p. avec frontispice formant faux-titre et 15 pl. h. t. en couleurs.
Ouvrage tiré à 330 exemplaires numérotés.

23e Dragons.

JUSTER (Pie-Jules-Auguste-Emile).
Officier d'inf^ie breveté français, né en 1868.

Une page de l'Historique du régiment Royal-Piémont-Cavalerie (23e Dragons). Son séjour au camp de la Saône en 1730 (d'après les Archives de l'Isère et de la Côte-d'Or) ; avec trois Planches hors texte, par le Capitaine Juster. *Paris et Nancy, Berger-Levrault*, 1902.

Broch. in-8° de 85 p. (Extrait de la *Revue de Cavalerie*, Mai, Août et Sept. 1902.)
Ouvrage non mis dans le commerce.
Voy. cet auteur à son nom pour un autre ouvrage.

24e Dragons.

HISTORIQUE.
Historique du 24e Dragons, 1671-1894. *Rennes et Paris, Typ. Oberthur*, 1894.

(1) Voy. ce nom.

Broch. in-32 de 39 p.

Dédicace aux Dragons du 24ᵉ signée « Le Colonel », qui était alors le colonel de Cléric (Alfred-Louis-Edgard), né en 1841, sous-lieut^{nt} en 1861, colonel en 1891, général de brigade en 1899, passé au cadre de réserve en 1903.

Le 24ᵉ Dragons, licencié en 1814 après 153 ans d'existence, fut formé de nouveau en 1873.

25ᵉ Dragons

BOURQUENEY (Marie-Victor-Clément DE).

Officier de cav^{ie} français, né en 1857, sous-lieut^{nt} en 1877, cap^{ne} en 1888, démissionnaire en 1895.

Historique du 25ᵉ Régiment de Dragons, 1665-1890, par le Capitaine de Bourqueney, du 25ᵉ Dragons. *Tours, Imp. A. Mame*, 1890.

1 vol. gr. in-8° de 296 p. avec 14 pl. ou portraits en noir et en couleurs.

25ᵉ Dragons

HISTORIQUE.

Petite Bibliothèque de l'Armée française — Résumé de l'historique du 25ᵉ Régiment de Dragons. (Extraits de l'Historique rédigé par M. le Capitaine de Bourqueney). *Paris et Limoges, Henri Charles-Lavauzelle*, 1900.

1 vol. in-32 de 103 p.

Ce résumé est extrait de celui du capitaine de Bourqueney et a été rédigé par le Cap^{ne} de Cosnac sous la direction du Colonel de Monspey, qui signe la préface.

26ᵉ Dragons

LASSUCHETTE (Jules-Marie-Jean-Victor DU COURTHIAL DE).

Officier de cav^{ie} français, né en 1853, sous-lieut^{nt} en 1875, lieut^{nt}-colonel en 1901, retraité en 1906.

Historique du 26ᵉ Dragons, par le Capitaine de Lassuchette. *Dijon, Imp. Darantière*, 1894.

1 vol. gr. in-8° de 293 p., avec 17 pl. h. t., la plupart en couleurs et nombreuses vignettes d. l. t

28ᵉ Dragons

BOUCHARD (Charles-Auguste-Stéphane).

Officier de cav^{ie} français, né en 1846, sous-lieut^{nt} en 1872, chef d'esc^{ons} en 1894, retraité en 1903.

Historique du 28ᵉ Régiment de Dragons, par S. Bouchard, Capitaine commandant au 28ᵉ Dragons. *Paris et Nancy, Berger-Levrault*, 1893.

1 vol. gr. in-8° de 272 p.

30ᵉ Dragons

DUPRÉ (Edouard-Paul-François).

Officier de cav^{ie} français, né en 1845. Sous-lieut^{nt} en 1866, chef d'esc^{ons} en 1883, retraité en 1891 (1).

Historique du 30ᵉ Dragons, par le Commandant Dupré — Dédié à M. le Colonel Saisset-Schneider — *St Etienne, Imp. de l'Institution des Sourds-Muets*, 1898.

1 vol. in-8° de 160 p.

Chasseurs à Cheval de la Garde Royale

ORLÉANS DUC DE GUISE (Jean-Pierre-Clément-Marie, PRINCE D').

Fils du duc de Chartres, né en 1874.

Historique du Régiment des Chasseurs à Cheval de la Garde royale pendant la guerre d'Espagne (1823) — Publié par S. A. R. le Prince Jean d'Orléans, duc de Guise. *Paris, Edmond Dubois*, 1902.

Broch. in-16 de 43 p., tirée à petit nombre.

C'est la reproduction du *Journal de Marche* du Lieut^{nt} Aide-Major Touffait.

1ᵉʳ Chasseurs

YVERT (Louis).

Historique du 1ᵉʳ Chasseurs à Cheval. 1651-1896, par Louis Yvert. *Châteaudun, Imp. de la Société typographique*. 1896.

Broch. in-8° de III-71 p.

---

(1) Voy. ce nom pour un autre ouvrage.

1er Chasseurs

FRÉDY (Marie-Max DE).
Officier de cav^le français, né en 1871, sous-lieut^nt en 1897, démissionnaire en 1906.

Le 1er Chasseurs en 1807, conférence faite le 25 Avril 1901 par le Lieutenant de Frédy. *Châteaudun, Imp. de la Société typographique*, 1901.
Broch. in-16 de 56 p.

1er Chasseurs

ORÉ (Delphin-Charles).
Officier de cav^le français, né en 1866, sous-lieut^nt en 1888, chef d'esc^ons en 1912.

1er Régiment de Chasseurs, 1651-1903. Par C. Oré. Capitaine Instructeur au 1er Chasseurs. Préface du Colonel de Lagarenne. Ouvrage illustré de cinq Planches en couleurs d'après Grammont et de douze Planches hors texte en noir, d'après Grammont, Mlle de Noireterre, A. Riffaut, etc... *Châteaudun, Imp. Ed. Laussedat*, 1903.
1 vol. gr. in-8° de VII-323 p. Couverture illustrée en couleurs.

2e Chasseurs

GAY DE VERNON (François-Simon-Marie-Jules, BARON).
Officier de cav^le français. 1822-1882. Sous-Lieut^nt en 1845, retraité comme Colonel en 1878. 8 campagnes en Algérie et campagne de 1870-71.

Historique du 2e Régiment de Chasseurs à Cheval depuis sa création jusqu'en 1864; par le Baron Gay de Vernon, Chef d'escadrons. *Paris, J. Dumaine*, 1865.
1 vol. in-8° de 176 p. Dédicace au Colonel Vicomte Lepic, commandant le 2e Régiment de Chasseurs à Cheval. Avant-propos sous forme de lettre adressée par l'auteur à ses camarades du 2e Chasseurs.

2e Chasseurs

QUINEMONT (Abel-Charles-Marie-Tristan DE).
Officier de cav^le français, né en 1845, sous-lieut^nt en 1869, colonel en 1897, retraité en 1904.

Historique du 2e Régiment de Chasseurs à Cheval depuis sa création jusqu'en 1887, par le Commandant de Quinemont, Major du Régiment. *Paris, L. Baudoin*, 1889.
1 vol. in-8° de 294 p.

3e Chasseurs

HISTORIQUE.
Publication de la Réunion des Officiers. — Historique du 3e Régiment de Chasseurs. 1788-1879. *Abbeville, Gustave Retaux*. 1879.
Broch. in-8° de 88 p.
L'auteur de cet historique est M. Canoge (Alphonse-Henri), officier de cav^le français, né en 1838. sous-lieut^nt en 1859, colonel en 1893, retraité en 1897. Il était alors capitaine au 3e Chasseurs.

3e Chasseurs

LE POINTE (Henri).
Historique du 3e Chasseurs à Cheval, 1675-1912, par Henri Lepointe. *Moulins, P. Paquet*, 1912.
Broch. in-8° de 35 p.

4e Chasseurs

HISTORIQUE.
Historique abrégé du 4e Régiment de Chasseurs. *Saint-Cloud, Imp. Belin*, S. D. (1890).
1 vol. in-12 de 168 p. avec 14 dessins d. l. t. et h. t. et 5 cartes.
Ouvrage composé sous la direction du général, alors colonel, Donop (1) d'après l'historique rédigé par le capitaine Féraud-Giraud, et non publié à ce jour.

(1) Voy. *Donop* pour ses ouvrages et sa biographie.

5ᵉ Chasseurs

COURTÈS-LAPEYRAT (Joseph-Pierre-Eugène).
Officier de cav^le français. 1841-1898. Sous-lieut^nt en 1866, Chef d'Esc^ons en 1887, Colonel en 1896, cet officier commandait le 29ᵉ Dragons quand il est mort subitement à Provins. Il avait fait sept années de campagnes en Afrique, la guerre de 1870-71 et avait rempli des fonctions importantes comme officier d'ordonnance du Ministre de la Guerre, puis attaché à la section technique de la cav^le, à la direction de la cav^le, et enfin, pendant trois ans, à la maison militaire du président Carnot, qui l'honorait d'une affection particulière et méritée.

Historique du 5ᵉ Régiment de Chasseurs. *Paris, L. Baudoin*, 1888.
1 vol. in-8° de 203 p. Le nom de l'auteur, qui ne figure pas sur le titre, est indiqué au verso du faux-titre.
Voy. *Commission militaire à l'Exposition de 1889* pour un autre travail de cet officier.

6ᵉ Chasseurs

HISTORIQUE.
Historique du 6ᵉ Régiment de Chasseurs. *Paris et Limoges, Henri Charles-Lavauzelle, et Rouen, quartier Richepanse*, 1902.
Broch. in-32 de 12 p.

7ᵉ Chasseurs

HISTORIQUE.
Historique du 7ᵉ Régiment de Chasseurs. *Valence, Jules Céas*, 1891.
1 vol. in-8° de 195 p., anonyme.
L'auteur est M. Guesviller (Edouard-Marie-Alfred), né en 1858, sous-lieut^nt en 1879, chef d'esc^ons en 1894.

7ᵉ Chasseurs

YVERT (Louis).
Historique du 7ᵉ Chasseurs à Cheval (1745 à 1896); par Louis Yvert. *Vendôme, Imp. C Launay*. 1897.
Broch. in 12 de 84 p.

8ᵉ Chasseurs

GAY DE VERNON (François-Simon-Marie-Jules, BARON).
Officier de cav^le français, 1822-1882.
Notice historique sur le 8ᵉ de Chasseurs.
Cette Notice occupe les p. 161 à 241 et dernière de l'*Essai historique sur l'Organisation de la Cavalerie Légère*, publié par Gay de Vernon, en 1853.
Pour sa biographie et la description de l'ouvrage, voy. *Gay de Vernon (F.-S.-M.-J.)*.

8ᵉ Chasseurs

MARGON (Gabriel-Marie-Joseph-René LE MOINE, COMTE DE).
Officier de cav^le français, 1842-1904) Sous-lieut^nt en 1864, colonel en 1895, retraité en 1899.
Historique du 8ᵉ Régiment de Chasseurs de 1788 à 1888. (Extrait des archives du Ministère de la Guerre), par le Comte de Margon, Chef d'escadrons au 8ᵉ Rég^t de Chasseurs. *Verdun, Imp. Renvé-Lallemant*, 1889.
1 vol. gr. in-8° de IX-324 p. avec 17 pl. h. t. dont 11 coloriées. Dédicace au 8ᵉ Chasseurs.
Le même auteur a publié l'*Historique du 11ᵉ Chasseurs* et une *Biographie* du Gal Abdelal. Pour le premier de ces ouvrages, voy. 11ᵉ Chasseurs et, pour le 2ᵉ, le nom de l'auteur.

9ᵉ Chasseurs

Il n'existe — à ma connaissance du moins — aucun historique du 9ᵉ Chasseurs. On en trouvera toutefois un petit résumé dans l'ouvrage publié en 1891 : *Les Régiments du 17ᵉ Corps d'Armée*, par L. Jolivet. (Voy. ce nom).

10ᵉ Chasseurs

WOLF (François-Stanislas-Arthur).
Officier d'Etat-major, puis de cav^le français, 1838-1911. Sous-lieut^nt en 1858, 1^nt-colonel en 1887, retraité en 1895.
Historique du 10ᵉ Régiment de Chasseurs à cheval, depuis sa créa-

tion jusqu'en 1890, par A. Wolf, Lieutenant-Colonel breveté du 17ᵉ Régiment de Chasseurs. *Paris, L. Baudoin*, 1890.

1 vol. in-8° de xvi-342 p. Dédicace au colonel Pennet, com^(dt) le 10ᵉ Chasseurs.

10ᵉ Chasseurs

YVERT (Louis).
Supplément au *Courrier de l'Allier* du 14 Août 1898 — Un Régiment de Cavalerie légère sous le premier Empire — Le 10ᵉ Chasseurs d'Elchingen à Friedland, 1805-1807. *Moulins, Imp. Crépin-Leblond*, 1898.

Broch. in-8° de 20 p., signée à la fin, avec 3 vignettes sur le titre et d. l. t.

11ᵉ Chasseurs

MARGON (Gabriel-Marie-Joseph-René LE MOINE COMTE DE).
Officier de cav^(ie) français, 1842-1904. Sous-lieut^(nt) en 1864, colonel en 1895, retraité en 1899.

Historique du 11ᵉ Régiment de Chasseurs, par le Lieutenant-Colonel Le Moine de Margon. *Vesoul, Imp. Louis Bon*, 1896.

1 vol. in-8° de vi-362 p.
Le même auteur a publié l'*Historique du 8ᵉ Chasseurs* et une *Biographie* du G^(al) Abdelal. Pour le 1ᵉʳ de ces ouvrages, voy. 8ᵉ Chasseurs et, pour le 2ᵉ, le nom de l'auteur.

12ᵉ Chasseurs

AUBRY (Joseph-Thomas).
Officier de cav^(ie) français, 1780-1865. Engagé volontaire en 1798, sous-lieut^(nt) en 1807, cap^(ne) en 1810, retraité en 1816. Il avait fait toutes les campagnes d'Italie, d'Allemagne et de Russie, de 1800 à 1812, celle de Belgique en 1815, et avait reçu 4 blessures.

Souvenirs du 12ᵉ Chasseurs, 1799-1815, par le Capitaine Aubry. *Paris, Quantin*, 1889.

1 vol. pet. in-8° de 220 p. avec le portrait de l'auteur en héliogravure.

12ᵉ Chasseurs

DUPUY (Jean-Raoul).
Général de brigade français (cav^(ie)). Voy. son nom pour sa biographie et d'autres ouvrages.

Historique du 12ᵉ Régiment de Chasseurs de 1788 à 1891, d'après les Archives du Corps, celles du Dépôt de la Guerre et autres Documents originaux, par le Commandant Raoul Dupuy, Major du 12ᵉ de Chasseurs. — Illustrations de M. le Lieutenant de Frasnois (1) du même Régiment. *Paris, Editions artistiques militaires de E. Person*, 1891.

1 vol. gr. in-8° de 456 p., plus 3 f^(ts) pour la table des pl., celle des matières et la souscription de l'éditeur, avec couverture illustrée en couleurs. 11 pl. h. t. en couleurs et 6 portraits de colonels. Dédicace au colonel Jeantet (2) qui commandait alors le régiment et autre aux Chasseurs du 12ᵉ.

Certains exemplaires sont sans pl. La collaboration de l'illustrateur, le lieut^(nt) de Frasnois, est alors supprimée du titre, la dédicace au colonel Jeantet a disparu, l'illustration de la couverture est en noir et réduite.

12ᵉ Chasseurs

GALY-MONTAGLAS (Jean-Pierre).
Officier de cav^(ie) français, 1763-1847. Inutile de donner sa biographie qui se trouve à la Préface de l'ouvrage décrit ci-dessous.

Historique du 12ᵉ Chasseurs à Cheval depuis le 29 avril 1792 jusqu'au traité de Lunéville (9 février 1801) — Mémoires inédits du Chef d'escadrons Galy-Montaglas du 12ᵉ Chasseurs revus et corrigés par Jean Signorel, Docteur en droit, Lauréat de la Faculté de droit de Paris, de la Faculté de droit de

(1) *Huot de Charmoille de Frasnois (Simon-Louis-Ernest)*, officier de cav^(ie) français, 1862-1909. Sous-lieut^(nt) en 1884, chef d'escad^(ons) en 1907. Mort en activité de service.

(2) *Jeantet (François-Camille-Conrad)*, général de brigade français (cav^(ie)) 1839-1895 ; sous-lieut^(nt) en 1860, général de brigade en 1891. Mort en activité de service.

Toulouse et de l'Académie de Législation. *Paris, R. Chapelot*, 1908.

1 vol. in-8° de 118 p. avec 2 pl. h. t. portrait de l'auteur et fac-simile de son brevet maçonnique.

13ᵉ Chasseurs

DESCAVES (Adrien-Paul).

Officier de cav^{le} français, né en 1856, sous-lieut^{nt} en 1880 ; lieut^{nt}-colonel en 1909.

1792-1891. Historique du 13ᵉ Régiment de Chasseurs et des Chasseurs à cheval de la Garde, par P. Descaves, Capitaine-instructeur au 13ᵉ Régiment de chasseurs. Uniformes dessinés par M. de Fonrémis, Capitaine aux Escadrons territoriaux de Chasseurs. *Béziers, A. Bouineau*, 1891.

1 vol. in-4° de VIII-400 p. Couverture illustrée. 3 pl. d'Etendards et 17 pl. d'uniformes en couleurs, 1 carte et 28 portraits de Colonels en simili-photographie.

Il a été fait de cet ouvrage, à l'usage de la troupe, un résumé qui est remis aux chasseurs libérés au moment de leur départ. Il porte le titre suivant :

Campagnes du 13ᵉ Régiment de Chasseurs à Cheval et des Chasseurs à cheval de la Garde. Résumé extrait de l'historique. Par P. Descaves, Capitaine instructeur au 13ᵉ Chasseurs. *Béziers, Bouineau*, S. D. (1893).

Broch. pet. in-12 de 54 p.

Voy., pour un autre ouvrage du même auteur, *Deux hussards Esterhazy*.

14ᵉ Chasseurs

YVERT (Louis).

Historique du 14ᵉ Chasseurs à Cheval, par Louis Yvert — Wagram (1809) — Dresde (1813) — Champaubert (1814), Montmirail (1814). *Dôle-du-Jura, L. Bernin*, 1896.

Broch. in-18 de 93 p. avec couverture illustrée en couleurs.

14ᵉ Chasseurs

LONGIN (Antoine-Henri-Emile).

Officier de cav^{le} français, né en 1870, sous-lieut^{nt} en 1892, cap^{ne} en 1907.

Historique du 14ᵉ Régiment de Chasseurs d'après les Archives du Ministère de la Guerre et les Archives nationales, par le Lieutenant Longin. Illustré par Job et Benigni. Reproductions photographiques des portraits des Colonels. *Paris, Person*, 1907.

1 vol. in-4° de 304 p., avec couverture illustrée, 12 pl. h. t. en couleurs et nombreuses illustrations d. l. t. Dédicace de l'auteur au Colonel, préface du Com^{dt} Sauzey.

15ᵉ Chasseurs

HISTORIQUE.

15ᵉ Régiment de Chasseurs — Historique. *Belfort, Imp. Spitzmüller*, 1877.

Broch. in-8° de 80 p. avec 2 vignettes. L'opuscule est attribué au général Loizillon (1) alors colonel du 15ᵉ Chasseurs à Belfort.

15ᵉ Chasseurs

MAGON DE LA GICLAIS (Henri-Georges-Marie).

Officier de cav^{le} français, né en 1848, sous-lieut^{nt} en 1868, général de brigade en 1906, passé au cadre de réserve en 1910.

Historique du 15ᵉ Régiment de Chasseurs à Cheval, par H. Magon de la Giclais, chef d'escadrons au régiment, avec 9 portraits de colonels. *Paris et Nancy, Berger-Levrault*, 1895.

1 vol. gr. in-8° de XII-281 p., avec 6 pl. dont 4 d'étendards en couleurs, 9 portraits et 11 cartes.

(1) Loizillon (Julien Léon), 1829-1899, sous-lieut^{nt} en 1849, colonel en 1875; général de div^{on} en 1886, passé au cadre de réserve en 1894. Campagnes : de Crimée en 1854, 55 et 56; contre l'Allemagne et à l'intérieur en 1870-71, en Algérie en 1886, 87 et 88. Il a été ministre de la guerre du 11 janvier au 3 décembre 1893.

16ᵉ Chasseurs

HISTORIQUE.
Petite bibliothèque de l'Armée française — Historique succinct du 16ᵉ Régiment de Chasseurs. *Paris et Limoges, Henri Charles-Lavauzelle*, 1889.
1 vol. in-32 de 95 p.

17ᵉ Chasseurs

Le 17ᵉ Chasseurs — Notes et Souvenirs recueillis par les capitaines Plik et Plok des Chasseurs d'Angoulême. *S. L. ni nom d'imprimeur*, 1902.
1 vol. in-8° de 2 fᵗˢ pour le titre et la dédicace aux Officiers du 17ᵉ chasseurs et 236 p.
Tiré à 120 exemplaires.
L'auteur est M. *de Tournadre*. Voy. ce nom pour d'autres ouvrages.

18ᵉ Chasseurs

HISTORIQUE.
Historique succinct du 18ᵉ Régiment de Chasseurs. *Paris et Limoges, Henri Charles-Lavauzelle*, 1909.
Broch. in-32 de 26 p.

19ᵉ Chasseurs

Historique du 19ᵉ Régiment de Chasseurs (1792-1892). Légion de Rossenthal de 1792 à 1793 — 19ᵉ Régiment de Chasseurs de 1793 à 1814 — Chasseurs de la Somme, 19ᵉ, de 1815 à 1826 — 19ᵉ Régiment de Chasseurs de 1873 à 1892. *Lille, Imp. L. Danel*, 1893.
1 vol. gr. in-4° de 4 fᵗˢ pour les titres et la préface et 434 p. avec 20 pl. en couleurs, 12 en noir, fig. et vignettes d. l. t. et 4 cartes.
Une 2ᵉ *éd*ᵒⁿ a paru en 1895. On y a seulement ajouté l'état nominatif des officiers et le portrait du colonel présents à cette date.
L'ouvrage est dû à MM. le Capⁿᵉ Lepage et le Lieutⁿᵗ Parrot qui signent la Préface.

19ᵉ Chasseurs

YVERT (Louis).
Historique du 19ᵉ Régiment de Chasseurs à Cheval (1792 à nos jours), par Louis Yvert. *Abbeville, Imp. F. Paillart*, S. D. (vers 1909).
Broch. in-12 de 64 p.

20ᵉ Chasseurs

AUBIER (Louis-Dominique-Achille).
Officier de cavⁱᵉ français. Voy. son nom pour sa biographie et d'autres ouvrages.

Un Régiment de Cavalerie légère en 1793-1815 (20ᵉ Chasseurs) par le Lieutenant A. Aubier. *Paris et Nancy, Berger-Levrault*, 1888.
1 vol. in-12 de CXIV-474 p. avec 5 gravures d'uniformes.
Même ouvrage, 2ᵉ *Edition*, 1891.
Sans changement.

20ᵉ Chasseurs

DEVAUX (Gaston).
Historique du 20ᵉ Régiment de Chasseurs à Cheval et récits militaires par Gaston Devaux. *Versailles, Imp. Luce*, 1894.
Broch. in-8° de 52 p. avec 4 pl. h. t. en héliogravure.

20ᵉ Chasseurs

YVERT (Louis).
Historique du 20ᵉ Chasseurs à Cheval (1793 à 1899), par Louis Yvert. *Vendôme, Imp. C. Launay*, 1901.
Broch. in-12 de 40 p.

21ᵉ Chasseurs

BRÉMOND D'ARS (Théophile-Charles COMTE DE) et BRÉMOND D'ARS (Anatole-Marie-Joseph COMTE DE).
Le premier, général de brigade français (cavⁱᵉ), 1787-1875. Le second, son

fils, auteur de nombreux ouvrages historiques et archéologiques, 1823-1911.

Historique du 21ᵉ Régiment de Chasseurs à Cheval 1792-1814, par le Général Comte de Brémond d'Ars — Souvenirs Militaires publiés et annotés par le fils de l'auteur, le Comte Anatole de Brémond d'Ars, Chevalier de la Légion d'honneur et de Malte, Commandeur de l'Ordre de Pie IX, Membre du Conseil général du Finistère, Président de la Société Archéologique de la Loire-Inférieure. *Paris, Honoré Champion*, 1903.

1 vol. in-8° de cccxiv-350 p. Lettre dédicatoire de l'auteur à ses fils et à son petit-fils.

La première partie contient la biographie du général par son fils; la seconde, l'historique du 21ᵉ Chasseurs et la correspondance du général relative à ses campagnes et à ce régiment.

21ᵉ Chasseurs

HISTORIQUE.
Petite Bibliothèque de l'Armée française — Historique succinct du 21ᵉ Régiment de Chasseurs — Récit des hauts faits qui honorent le Régiment. *Paris et Limoges, Henri Charles-Lavauzelle*, 1890.

Broch. in-32 de 60 p.

Régiments de Hussards

DUPUY (Jean-Raoul).
Général de brigade français (cavᵉ). Voy. son nom pour sa biographie et d'autres ouvrages.

Historique des Régiments de Hussards (1689-1892). Uniformes, Armements, Équipements, par le Chef d'escadrons Raoul Dupuy, du 6ᵉ de Hussards. *Paris, Ed. Dubois*, 1893.

1 vol-12 de 171 p. dont viii pour les titres et l'avertissement.

1ᵉʳ Hussards

STAUB (Pierre-André).
Prêtre français, 1815-1894. Voy. son nom pour sa biographie et un autre ouvrage.

Histoire de tous les régiments de Hussards, par l'abbé Staub, auteur de l'*Aumônier de régiment* et de l'*Aumônier expéditionnaire*, membre honoraire de l'ancienne Société militaire de Nantes, ayant fait fonctions d'Aumônier dans plusieurs Régiments de l'armée, Aumônier d'honneur de la Société de secours mutuels des anciens frères d'armes de tous les Régiments de Hussards, membre de la Société d'émulation de la Vendée et de la Société française d'archéologie; auteur d'un manuscrit d'études archéologiques; membre honoraire de la Société de secours mutuels des instituteurs et institutrices de la Vendée; antérieurement nommé par le Conseil académique du département, délégué cantonal pour l'instruction primaire; successivement curé de Mouchamps et de Sᵗ-Maurice-des-Nouës (dépᵗ de la Vendée). *Fontenay, Robuchon; Paris. Martin-Beaupré*, 1867.

1 vol. in-12 de xxxvi-303 p.

L'auteur, dans une dédicace aux « dames » des officiers de l'armée, annonce qu' « il se propose d'offrir à l'armée l'histoire de tous les régiments « de hussards et qu'il commence aujourd'hui par celle du 1ᵉʳ de l'arme, ancien « régiment de sa famille... », mais il ne put réaliser ce projet et il n'a publié que les historiques des 1ᵉʳ et 2ᵉ Hussards.

1ᵉʳ Hussards

OGIER D'IVRY (Edouard-Louis-Marie).
Officier de cavᵉ français, 1843-1902; sous-lieutⁿᵗ en 1866, chef d'escᵒⁿˢ en 1888, retraité en 1894. Campagne de 1870-71 contre l'Allemagne.

Historique du 1ᵉʳ Régiment de Hussards, d'après le manuscrit du Commandant Ogier d'Ivry, approuvé en 1890, revu et autorisé par lettre ministérielle du 23 janvier 1900, et d'après les documents réunis par les Officiers du Régiment. *Valence, Jules Céas*, 1901.

1 vol. in-4° de 402 p. avec une aquarelle de Job, 1 dessin de M. David de Sauzéa, 3 pl. en couleurs, 1 héliogravure, 1 chromotypographie h. t. et de nombreuses similigravures d. l. t. Dédicace « à la gloire de leurs aînés, les Officiers « du 1ᵉʳ Hussards... »

2ᵉ Hussards

STAUB (Pierre-André).
Prêtre français. 1815-1894. (Voy. son nom pour sa biographie et un autre ouvrage.)

Histoire de tous les Régiments de Hussards par l'abbé Staub, Aumônier d'honneur de la Société de secours mutuels des anciens frères d'armes de tous les Régiments de Hussards, ayant fait fonctions d'Aumônier militaire, &a &a, curé de Sᵗ-Maurice-des-Nouës, dépᵗ de la Vendée. Ouvrage honoré de la souscription du Maréchal Niel, Ministre de la guerre, et puisé dans les documents de ce ministère, avec sa haute autorisation. — 2ᵉ Hussards-Chamborant. — *Fontenay, Robuchon; Paris, Tanera*, 1869.

1 vol. in-12 de xxxIII-615 p. Dédicace à Monsieur le Comte de Chamborant, au château de Villevert.

Comme on l'a vu plus haut, l'auteur se proposait d'écrire l'histoire de tous les régiments de hussards, mais les événements de 1870-71 arrêtèrent son projet, et il n'a publié que celle des 1ᵉʳ et 2ᵉ hussards.

Les derniers Chamborant à la dernière campagne contre la Prusse 1870-71, par l'abbé Staub, Aumônier d'honneur de la Société des anciens Hussards et des derniers Chamborant, curé de Sᵗ-Maurice-des-Nouës (Vendée), Chevalier de la Légion d'honneur. — 2ᵉ Hussards-Chamborant — *Fontenay, Robuchon; Paris, Mathellon*, 1873.

1 vol. in-12 de IV-IV-240 p. Dédicace au gᵃˡ Carrelet (voy. ce nom).

2ᵉ Hussards

HISTORIQUE.
Les Hussards de Chamborant. 2ᵉ Hussards, (1735-1897). *Paris, Didot*, 1897.

1 vol. gr. in-8° de xvIII-332 p., avec 2 pl. coloriées, 24 en noir et vignettes d. l. t.

Introduction du Colonel de Chalendar (1) qui a coordonné les travaux de plusieurs officiers de son régiment. L'ouvrage a été revu par M. Hatzfeld, professeur de rhétorique au lycée Louis-le-Grand.

3ᵉ Hussards

DUPUY (Jean-Raoul).
Général de brigade français (cavˡᵉ). Voy. son nom pour sa biographie et d'autres ouvrages.

Historique du 3ᵉ Régiment de Hussards de 1764 à 1887, d'après les Archives du Corps, celles du Dépôt de la Guerre et autres Documents originaux, par Raoul Dupuy, Capitaine-Commandant au 3ᵉ de Hussards. *Paris, Alphonse Piaget*, 1887.

1 vol. gr. in-8° de 171 p. avec 9 pl. h. t. en couleurs et 8 portraits en noir.

3ᵉ et 8ᵉ Hussards

YVERT (Louis).
Histoire des Régiments de la 3ᵉ Brigade de Hussards — 3ᵉ et 8ᵉ Régiments de Hussards — par Louis Yvert. *Verdun, Imp. Renvé-Lallemant*, 1896.

1 vol. in-8° de 110 p. dont ix pour l'Avant-Propos.

4ᵉ Hussards

HISTORIQUE.
Historique du 4ᵉ Hussards. *Fontainebleau, Ernest Bourges*, 1891.

1 vol. gr. in-8° de 115 p.

Ouvrage anonyme rédigé par M. Tenaille d'Estais (2), alors capⁿᵉ instructeur au régᵗ, d'après un travail plus étendu et resté manuscrit de M. le Major Faure (3).

---

(1) Voy. ce nom pour un autre ouvrage.
(2) Tenaille d'Estais (Félix-Etienne-Eugène), officier de cavˡᵉ français, né en 1855, sous-lieutᵗ en 1876, chef d'escᵒⁿˢ en 1900, retraité en 1905.
(3) Faure (Marie-Joseph), officier de cavˡᵉ français, né en 1847, sous-lieutᵗ en 1869, colonel en 1899, retraité en 1907.

5ᵉ Hussards

CASTILLON Sᵗ-VICTOR (Marie-Emilien DE).
Officier de cavʲᵉ français, né en 1832, sous-lieutⁿᵗ en 1853, lieutⁿᵗ-colonel en 1888, retraité en 1890.

Historique du 5ᵉ Régiment de Hussards, rédigé par M. de Castillon de Saint-Victor, Chef d'Escadrons au Régiment, d'après les documents officiels puisés aux Archives du Ministère de la Guerre — 9 Gravures en couleur par M. H. de Bouillé (1), Capitaine Instructeur au Régiment — Reproductions photographiques de 23 portraits de Colonels et de la prise de la Flotte du Texel. *Paris, Editions artistiques militaires de Lobert et Person*, 1889.

1 vol. in-4° de 215 p. avec couverture illustrée. Avant-propos du Capⁿᵉ de Bouillé.

6ᵉ Hussards

HISTORIQUE.
6ᵉ Régiment de Hussards — Campagne de 1870-1871. *Castres, Imp. Abeilhou*, S. D. (vers 1871).
Broch. in-8° de 67 p. avec 3 tableaux, devenue introuvable.

6ᵉ Hussards

VOISIN (Charles-René-François-Edouard).
Officier de cavʲᵉ français, né en 1853, sous-lieutⁿᵗ en 1875, chef d'escᵒⁿˢ en 1895, retraité en 1905.

Historique du 6ᵉ Hussards par Ch. Voisin, Capitaine Instructeur. Illustrations de M. de Fonrémis. *Libourne, Maleville*, 1888.

1 vol. gr. in-8° de xiv-320 p. avec 12 pl. en noir h. t. et vignettes d. l. t. Dédicace au 6ᵉ Hussards.

7ᵉ Hussards

HISTORIQUE.
7ᵉ Régiment de Hussards — Historique de la Campagne de 1870-1871. *Castres, Imp. Abeilhou*, S. D. (1872).

1 vol. in-8° de 100 p. avec une carte des environs de Metz.

Cet historique, spécial à la guerre de 1870-71, est divisé en 3 parties : la 1ʳᵉ comprend les 5 escadrons de marche du 7ᵉ Hussards, la 2ᵉ le dépôt, et la 3ᵉ le 3ᵉ Hussards de marche, fusionné après la guerre avec le 7ᵉ Hussards. L'ouvrage, devenu rare, a été rédigé par une commission composée d'officiers du régᵗ et présidée par le Lieutⁿᵗ-Colonel de Talleyrand-Périgord.

7ᵉ Hussards

LOUVAT (Edouard-Charles-Constant).
Général de brigade français (cavʲᵉ), né en 1853, sous-lieutⁿᵗ en 1874, général de brigade en 1908.

Historique du 7ᵉ Hussards, par le Capitaine Louvat. Illustrations de MM. A. de Clermont-Gallerande (1) et Paul Algis. *Paris, Pairault*, 1889.

1 vol. gr. in-8° de viii-293 p. avec frontispice en couleurs. 12 pl. h. t. dont 8 en couleurs et vignettes d. l. t.

8ᵉ Hussards

HISTORIQUE.
Notice sur le 8ᵉ Régiment de Hussards. *A Vesoul, de l'Imp. de Cl. Ferd. Bobillier*, 1809.
Broch. in-8° de 24 p.
Opuscule rarissime qui mentionne les batailles et combats dans lesquels le 8ᵉ Hussards a été engagé du 15 Juillet 1793 au 1ᵉʳ Nivôse an IX.

8ᵉ Hussards.

LAMOTTE (Charles-Henri-Pierre PAULTRE DE).
Officier de Cavʲᵉ français, né en 1858, sous-lieutⁿᵗ en 1879, capⁿᵉ en 1890, démissionnaire en 1891.

Historique du 8ᵉ Régiment de Hussards, par M. le Lieutenant de Lamotte. *Valence, Imp. Jules Céas et fils*, 1891.

1 vol. gr. in-4° de vi-186 p. avec 21 pl. h. t. en phototypies ou aquarelles. Dédi-

(1) Voy. ce nom.

---

(1) Bouillé (Louis-Pierre-Amour-Marie-Henri de), né en 1851, sous-lieutⁿᵗ en 1876, chef d'escᵒⁿˢ en 1900 retraité en 1907.

Bibliogr. hippique. T. I. — 41.

cace au Colonel Reverony et aux officiers du 8e hussards.

Petite Bibliothèque de l'Armée française — Résumé de l'historique du 8e Régiment de Hussards — 1793 à 1893 — *Paris et Limoges, Henri Charles-Lavauzelle*, 1894.
Broch. in-32 de 88 p.
L'auteur signe la préface.

8e Hussards

SOUVENIRS DU 8e HUSSARDS.
Souvenirs du 8e Hussards 1840-1891 — *Vienne, E. J. Savigné*, 1892.
1 vol. in-4° de 75 f^{ts} imprimés seulement au recto.
L'ouvrage donne la composition en officiers, la garnison, les détachements, les déplacements et cantonnements du régiment pour chaque année, de 1841 à 1892. Ces listes sont suivies des éphémérides du corps, campagnes, revues, etc.

8e Hussards

Pour un autre historique du 8e Hussards, voy. 3e et 8e Hussards.

9e Hussards

OGIER D'IVRY (Edouard-Louis-Marie).
Officier de cav^{le} français, 1843-1902. Sous-lieut^{nt} en 1866, chef d'esc^{ons} en 1888, retraité en 1894.

Historique du 9e Régiment de Hussards et des Guides de la Garde, par le Commandant Ogier d'Ivry. *Valence, Jules Céas*, 1891.
1 vol. in-4° de 196 p. avec 9 pl. h. t. en couleurs, dont l'une représente le colonel Barbanègre, tué à Iéna, et 2 pl. en noir.
Sauf le portrait, les pl. sont d'Eug. Courboin. Une p. est consacrée au chant de guerre *La Garde aux Vosges*, avec musique, et le verso à la *Marche des Guides*.

10e Hussards

HISTORIQUE.
Le 10e Hussards — Son histori-que. *Bordeaux, G. Gounouilhou*, 1898.
Broch. in-12 de 52 p. avec 8 vignettes.

11e Hussards

LASSUS (Louis-Joseph-Henri DE).
Officier de cav^{le} français, né en 1856, sous-lieut^{nt} en 1879, chef d'esc^{ons} en 1904, retraité en 1908.

Historique du 11e Régiment de Hussards par le Lieutenant de Lassus. *Valence, Imp. Jules Céas et fils*, 1890.
1 vol. in-8° de XXXII-253 p. avec 3 pl. coloriées.
Lettre de dédicace de l'auteur à ses camarades du 11e Hussards.

11e Hussards

CHUQUET (Arthur-Maxime).
Professeur et historien français, membre de l'Institut, né en 1853.

La Légion germanique (1792-1793) par Arthur Chuquet, de l'Institut. *Paris, R. Chapelot*, 1904.
1 vol. in-8° de VIII-386 p.
La Légion germanique comprenait, comme tous les corps portant le nom de *légion*, de l'inf^{le} et de la cav^{le}; celle-ci avait aussi une comp^{le} d'art^{le}. Sa cav^{le} se composait de cuirassiers légers et de *piconniers;* ces derniers étaient une sorte de chasseurs qu'on nommait aussi *piqueurs à cheval*. Le tout formait 4 esc^{ons}, chacun de 2 comp^{les} à 62 h. Au licenciement de la Légion, sa cav^{le} forma le 11e hussards, conjointement avec les débris d'autres corps révolutionnaires : Hussards de la Liberté, Cavalerie révolutionnaire, Cavaliers Jacobins, etc.
Cette formation est donnée en détail par M. Chuquet en ce qui concerne la Légion germanique et, pour les autres corps, par le L^{nt} de Lassus dans son *Historique du 11e Hussards*.

11e Hussards

MICHEL-BÉCHET (Jean-Joseph).
Sous-officier au 11e Hussards, né en 1885, entré au service en 1903, sous-officier en 1904.

Honneur et Patrie — Historique sommaire du 11ᵉ Régiment de Hussards par J.-J. Michel-Béchet, Maréchal-des-Logis Chef au Régiment. *Avignon, François Seguin,* 1913.
Broch. in-8º de 62 p.

12ᵉ Hussards

BOURQUENEY (Marie-Victor-Clément DE).
Officier de cavᵗᵉ français, né en 1857, sous-lieutⁿᵗ en 1877, capⁿᵉ en 1888, démissionnaire en 1895.

Historique du 12ᵉ Hussards. *Dinan, Imp. Peigné,* S. D. (1886).
1 vol. in-8º de 113 p., anonyme, mais dont l'auteur est M. de Bourqueney.

Historique du 12ᵉ Régiment de Hussards, par le Lieutenant de Bourqueney. *Paris et Limoges, Henri Charles-Lavauzelle,* S. D. (1902).
1 vol. in-8º de 121 p.

13ᵉ Hussards

BOUILLÉ (Louis-Pierre-Amour-Marie-Henri DE).
Officier de cavᵗᵉ français, né en 1851, sous-lieutⁿᵗ en 1876, chef d'escᵒⁿˢ en 1900 : retraité en 1907.

Historique du 13ᵉ Régiment de Hussards, par M. H. de Bouillé, Capitaine commandant au Régiment, d'après les documents officiels puisés aux Archives du Ministère de la Guerre et aux Archives nationales. Illustré par le Comte R. de Bouillé, M. le Colonel Titeux, M. le Sous-Lieutenant Eckenfelder, MM. de Gouyon, Charles Crespin et l'Auteur. Reproductions photographiques des portraits des Colonels. *Paris, E. Person,* 1900.
1 vol. in-4º de 221 p., avec couverture illustrée, 14 pl. coloriées et 2 en noir. Dédicace au Colonel et aux officiers du 13ᵉ Hussards.

14ᵉ Hussards

YVERT (Louis).
Historique du 14ᵉ Régiment de Hussards (1813-1814 — 1893-1895), par Louis Yvert. — Prix : 50 centimes. — *Alençon, Imp. Guy, Vᵛᵉ et fils,* 1895.
Broch. in-16 de 55 p.

1ᵉʳ Chasseurs d'Afrique

HUE (Jules-Ferdinand, dit Fernand).
Ancien brigadier de cavᵗᵉ français, littérateur et romancier, 1846-1894. Engagé volontaire au 5ᵉ chasseurs en 1865, passé au 7ᵉ lanciers en 1867, puis au 1ᵉʳ chasseurs d'Afrique en 1868. Prisonnier de guerre à Sedan le 1ᵉʳ sept. 1870, il rentra à son corps en avril 1871, fut nommé brigadier peu après et libéré en 1872. Il se fixa alors à Paris où il s'occupa de littérature.

Le 1ᵉʳ Régiment de Chasseurs d'Afrique, par Fernand Hue, ancien brigadier au 1ᵉʳ Chasseurs d'Afrique — 60 illustrations de Gil Baer. *Paris, H. Lecène et H. Oudin,* 1887.
1 vol. in-12 de 288 p. Couverture illustrée. Dédicace de l'auteur aux Officiers du 1ᵉʳ Chasseurs d'Afrique, à ses compagnons d'armes, à la Mémoire des Officiers et Camarades morts en combattant pour la France (1).

1ᵉʳ Chasseurs d'Afrique

LAFORCADE (Marie-Charles-Bruno DE).
Officier de cavᵗᵉ français, né en 1841, sous-lieutⁿᵗ en 1862, colonel en 1896, retraité en 1901.

Historique du 1ᵉʳ Régiment de Chasseurs d'Afrique, par le Colonel de Laforcade, Commandant le Régiment. *Blida, A. Mauguin,* 1898.
1 vol. gr. in-8º de XVI-372 p. avec couverture illustrée en couleurs.

1ᵉʳ Chasseurs d'Afrique

HISTORIQUE.
Le 1ᵉʳ Chasseurs d'Afrique. *Blida, Imp. A. Mauguin,* 1910.

(1) Le titre intérieur annonce 60 illustrations, celui de la couverture en annonce 50. En réalité, il y en a 54. Elles sont gravées sur bois et très agréablement dessinées.

Broch. in-16 de 39 p.
C'est un historique sommaire du rég[t] et de ses campagnes.

3e Chasseurs d'Afrique

LAURENT (Paul-Louis-Marie).
Officier de cav[ie] français, 1831-1867. Engagé volontaire en 1850, cap[ne] en 1867. 6 campagnes et une citation en Afrique, et campagne du Mexique.

La guerre du Mexique de 1862 à 1866. Journal de marche du 3e Chasseurs d'Afrique. Notes intimes écrites au jour le jour par Paul Laurent. *Paris, Amyot*, 1867.

1 vol. in-12 de 352 p. Dédicace au Général Comte du Barail, ex-Colonel du 3e Chasseurs d'Afrique. (Voy. ce nom).
Ouvrage rempli de détails intéressants et devenu rare.

3e Chasseurs d'Afrique

FORSANZ (Hilarion-François-Marie DE).
Général de div[on] français (cav[ie]), né en 1840, sous-lieut[nt] en 1860, général de div[on] en 1899, passé au cadre de réserve en 1905.

Le 3e Régiment de Chasseurs d'Afrique, par le Général de Forsanz, commandant la Brigade de Cavalerie du 15e Corps d'Armée, ancien Colonel du 3e Chasseurs d'Afrique. Avec 3 portraits, 3 gravures hors texte et un fac-similé d'aquarelle. *Paris et Nancy, Berger-Levrault*, 1898.

1 vol. gr. in 8° de x-425 p. Dédicace de l'auteur à ses camarades du 3e Chasseurs d'Afrique.

1er Spahis

BORELLY (Louis-Auguste).
Officier de cav[ie] français, né en 1840, sous-lieut[nt] en 1870, cap[ne] en 1883, retraité en 1889.

Historique du 1er Régiment de Spahis rédigé sur l'ordre et sous la direction du Lieutenant-Colonel Béchade, Commandant le Régiment, par le Capitaine Borelly. *Paris et Limoges, Henri Charles-Lavauzelle*, 1887.

1 vol. in-16 de 96 p.

1er Spahis

CHAMPEAUX (Guillaume-Charles-Auguste DE) (1).
Officier de cav[ie] français, né en 1860, sous-lieut[nt] en 1889, retraité comme cap[ne] en 1910.

Le 1er Régiment de Spahis, 1845-1904 — A l'Étendard, Taguin, 1843, Isly, 1844, Temda, 1845, Zaatcha, 1849, Extrême-Orient, 1885-86, par Guillaume de Champeaux. *Lyon et Paris, A. Storck*, 1904.

Broch. in-32 de 59 p. avec 1 carte se dépliant et 7 dessins d. l. t.

2e Spahis

BLANC (Henri) et PAGANO (Emile-Nicolas-Léon).
Officiers de cav[ie] français. Blanc, né en 1837, sous-lieut[nt] en 1856, colonel en 1887, retraité en 1897. Pagano, né en 1851, sous-lieut[nt] en 1876, chef d'esc[ons] en 1896, retraité en 1901.

Historique du 2e Régiment de Spahis, rédigé sur l'ordre et sous la direction du Colonel breveté Blanc, commandant le Régiment, par le Commandant Pagano. *Paris, Henri Charles-Lavauzelle*, S. D. (1897).

1 vol. in-16 de 126 p.

3e Spahis

DURAND (Albert-Hippolyte-Valentin).
Officier de cav[ie] français, né en 1867, sous-lieut[nt] en 1888, chef d'esc[ons] en 1907.

Historique du 3e Régiment de Spahis rédigé par le Lieutenant A. Durand d'après les ordres du Colonel de Mandat de Grancey (2) commandant le Régiment. *Paris et Li-*

---

(1) Voy. ce nom pour un autre ouvrage.
2) Voy. ce nom.

moges, Henri Charles-Lavauzelle,
1892.

1 vol. pet. in-8° de 230 p.

3ᵉ Spahis

HISTORIQUE.
Livre d'Or du 3ᵉ Régiment de Spahis — Extrait de l'historique du Journal des Marches et Opérations et du Livre d'Ordres. — Rédigé par ordre du Lieutenant-Colonel Paret (1) commandant le Régiment. *Batna, F. Soldati,* 1896.

1 vol. in-8° de 4 fᵗˢ non ch. pour le titre et l'avant-propos, 123 p. et 3 fᵗˢ de table.

Spahis Soudanais

MORDACQ (Lucien-Léon).
Officier de cavᶦᵉ français, né en 1860, sous-lieutⁿᵗ en 1881, colonel en 1911.

Les Spahis Soudanais, par le Lieutenant-Colonel Mordacq. Illustrations du Lieutenant de Troismonts. *Paris et Limoges, Henri Charles-Lavauzelle,* 1912.

1 vol. in-4° de 446 p. avec couverture illustrée, très nombreuses fig. d. l. t., 8 croquis topographiques et 11 tableaux nominatifs h. t.
L'auteur avait commmandé l'escᵒⁿ de Spahis soudanais en 1899.

Train des Equipages

THOUVENIN (Théophile - Edmond).
Officier du Train des Equipages français, né en 1843, sous-lieuteⁿᵗ en 1873, capⁿᵉ en 1883, retraité en 1895, puis nommé chef d'escᵒⁿ dans la territoriale.

Les Transports aux Armées. Historique du Train des Equipages militaires, par T. Thouvenin, Capitaine du Train. *Paris, L. Baudoin,* 1889.

1 vol. in 8° de 231 p.

Précis historique illustré du Train des Equipages militaires, par le Capitaine T.-E. Thouvenin, Chevalier de la Légion d'honneur. *Paris et Nancy, Berger-Levrault,* 1895.

1 vol. in-8° de VIII-295 p., avec 40 grav. d. l. t.

Historique général du Train des Equipages Militaires, par le Commandant T.-E. Thouvenin, Chef d'Escadron du Train territorial des Equipages Militaires, Chevalier de la Légion d'honneur, Officier du Nichan-Iftikar — Avec 21 gravures en noir et 8 en couleurs. *Paris et Nancy, Berger-Levrault,* 1900.

1 vol. gr. in-8° de X-593 p.

HIVER (père).
De l'Education des Chevaux dans l'Arrondissement de Péronne, par Hiver père. *Péronne, Laisney,* 1824.

Broch. in-8° de 17 p. que je ne connais que par le Catal. de la Bibᵠᵘᵉ Huzard.

HOCQUARD (C.-E.) voy. BERNARD (Louis).

HOCQUART (Edouard).
Polygraphe et compilateur français, né vers 1795. Il a publié une quantité d'ouvrages de vulgarisation sur les sujets les plus variés : tout y a passé, histoire, arts et métiers, codes usuels, horticulture, géographie, morale, art vétérinaire, jeux et jusqu'à la cuisine.

Le Bouvier modèle, traitant des soins à donner aux Chevaux, à l'Etable, à la Bergerie, à la Porcherie, à la Basse-Cour, au Colombier et au Rucher, comprenant l'indication des Races et les moyens de les perfectionner, la description des Maladies des Animaux et leur traitement, celle des Opérations ordinaires, des préceptes sur la Nourriture convenable et sur la disposition des lieux consacrés au Logement des Animaux, une Pharmacie vétérinaire, etc., etc. Ouvrage indispensable aux Propriétaires ruraux et aux habitants de la campagne, par E. Hocquart, auteur du

---

(1) Paret (Joseph-Pierre-Philippe), officier de cavᶦᵉ français, né en 1849, sous-lieutᵗ en 1870 lieutᵗ colonel en 1895 retraité en 1900.

Jardinier pratique du *Tableau d'Agriculture*, etc. *Paris, Langlumé*, S. D. (1849).

1 vol. in-12 de IV-388 p. avec 3 pl. h. t. qui concernent le cheval et nombreuses fig. d. l. t.

Les p. 76 à 184 sont consacrées au cheval, à l'âne et au mulet.

Le titre de la 2ᵉ éd^on est un peu différent :

Le Vétérinaire pratique traitant des soins à donner aux Chevaux, aux Bœufs, à la Bergerie, à la Porcherie, à la Basse-cour, etc., par E. Hocquart. *2ᵉ Edition du Bouvier modèle*, augmentée et entièrement revue par M. L... Vétérinaire. *Paris, Théodore Lefèvre*, S. D.

1 vol. in-12 de III-424 p. Dans cette éd^on, les fig. d. l. t. ont été sensiblement augmentées.

A partir de ce moment, les éd^ons de cet ouvrage populaire se sont succédé en grand nombre, avec le même titre et toutes S. D.

La 11ᵉ, qui n'est peut-être pas la dernière, porte le même titre et est publiée par le même éditeur que la 2ᵉ décrite ci-dessus. Elle est aussi in-12 ; elle a II-320 p. avec 4 pl. h. t. et les mêmes fig. d. l. t. Elle est, paraît-il, postérieure à 1897. Les p. 68 à 157 et les 4 pl. h. t. sont consacrées au cheval, à l'âne et au mulet.

Ouvrage de colportage, dans lequel Lafosse (voy. ce nom) est largement mis à contribution en ce qui concerne la partie hippique.

HOCQUET (A.) voy. CAVALCADES DE TOURNAI.

HOCQUET (Auguste).

Officier de Cav^le français, 1826-1901. Sous-Lieut^nt en 1855, retraité comme Chef d'Esc^ons en 1881.

Le régime du vert et son application dans les régiments. *Versailles, Dufaure*, 1860.

Broch. in-8º de 47 p., signée au bas d'une note préliminaire.

De la Cavalerie française, par A. Hocquet, Capitaine au 7ᵉ Dragons. *Lyon, E.-B. Labaume*, 1868.

1 vol. in-8º de 4 f^ts non ch. et 152 p. avec 1 pl.

L'auteur expose la situation de la cav^le à cette époque et donne le détail des améliorations qu'il juge nécessaires. La 1re partie contient, sur les armes se chargeant par la culasse, des appréciations que les événements ont bien démenties, mais qui sont assez curieuses à relever comme symptôme du peu de confiance qu'elles inspiraient alors à bon nombre d'officiers.

Publication de la Réunion des Officiers — Questions d'organisation sur la Cavalerie par A. Hocquet, Capitaine instructeur du 7ᵉ Dragons. *Paris, Tanera*, 1873.

Broch. in-18 de 68 p.

On se rappelle qu'en 1872 le Ministre invita les Officiers à exprimer leur avis sur les questions d'organisation à l'ordre du jour. Un grand nombre répondirent à cet appel et fournirent des travaux dont, paraît-il, quelques-uns étaient intéressants et furent mis à profit. L'opuscule cité ci-dessus fait partie de ces travaux. Il contient, à côté de lourdes erreurs, quelques parties bien traitées.

HŒCKER (Edouard-Jean-Joseph).

Officier de Cav^le français, 1830-19.. Sous-lieut^nt en 1856, cap^ne en 1870, retraité en 1882 et nommé chef d'esc^ons de territoriale en 1884.

Abrégé d'Equitation à l'usage de MM. les Officiers d'Infanterie, des Elèves des Ecoles préparatoires et de toutes les personnes qui désirent apprendre à monter à Cheval, suivi de quelques notions indispensables concernant le Harnachement, l'Hygiène et les Allures du Cheval, par un Officier de Cavalerie. *Lunéville, Vve Lemoine*, 1868.

Broch. gr. in-8º de 44 p. L'auteur signe la dédicace à ses camarades MM. les Officiers d'Infanterie.

Abrégé d'Equitation à l'usage de MM. les Officiers et à la portée de toutes les personnes montant à Cheval; contenant les renseignements sur les soins à donner au Cheval et les moyens les plus utiles pour éviter les accidents provenant de l'inexpérience du cavalier — Par M. Hœcker, Chef d'Escadrons de Cavalerie territoriale, Officier de la Légion d'honneur. *2ᵉ Edition*, revue & corrigée. *Reims, Louis Duny*, 1897.

Broch. in-12 de 63 p.

HOFER (Alexandre).
Sellier alsacien, commencement du XIXe siècle. Il a publié un curieux ouvrage sur la sellerie. Le titre de la 1re éd[on] est en allemand, celui des suivantes en allemand et en français. Voici la traduction de celui de la 1re éd[on] :

Instruction (ou Méthode) pour les travaux de Sellier, avec leur représentation en figures, expliquée et composée en entier à titre de Manuel pour Selliers par Alexandre Hofer, Sellier à Mulhouse et dédiée à tous ses confrères d'art. *Mulhouse, imprimé et se trouve chez Joh. Rissler et Comp. et chez J. Engelmann, directeur de la Société lithographique à Mulhouse, n° 683 et à Paris, rue Cassette n° 18 — 1818.*

Album in-f° de 19 p. de t. et 20 pl. lithog. représentant des selles et des harnais.

Le Régulateur du Sellier, contenant les principaux ouvrages de cet état, tant dans leur ensemble que dans leur détail, par Alexandre Hofer, Sellier de Mulhouse, exécuté par le procédé lithographique par *Engelmann, rue Cassette n° 18, à Paris. S. D.* (vers 1818).

Album in-f° de 4 f[ts] pour le titre et la table et environ 20 pl. lithog. (1)

Suite du Régulateur du Sellier, Collection de différens Genres d'Equipements de Chevaux, dessinée par Alex[dre] Hofer, Sellier. Lithog[é] par G. Engelmann, à Paris. *Se trouve à Paris, chez M. Engelmann, Rue Louis le Grand n° 27 et à Mulhouse, H[t]-Rhin, chez M. Jean Hofer-Stumm. S. D.* (vers 1819).

Album in-f° oblong dont je ne connais que 12 pl. représentant des chevaux sellés et harnachés, et qui, d'ailleurs, est peut-être complet ainsi.

Il existe un 2e suite dont je ne connais que 8 pl. séparées et sans titre, qui représentent des chevaux de selle.

Le Régulateur du Sellier, contenant les principaux ouvrages de cet état tant dans leur ensemble que dans leur détail, par Alexandre Hofer, Sellier de Mulhouse. Edition originale entièrement refondue, corrigée et considérablement augmentée. *Paris et Vienne,* May 1818-May 1821.

Album in-4° contenant 31 pl. avec un t. explicatif en regard, sur 2 col., allemand-français ainsi que le titre.

Tous ces recueils sont très rares à trouver complets, les pl. ayant été publiées séparément et réunies ensuite. Il est, par suite, presque impossible d'en certifier le nombre exact. On rencontre des pl. coloriées.

HOFMEISTER (F.-A.-V.) voy. WEHENKEL.

HÖGELMÜLLER (George DE) Voy. WOLSTEIN (J.-T.).

HOGENBERG ou **HOGHENBERG** (Hans ou Jean-Nicolas) voy. COURONNEMENT DE CHARLES-QUINT.

HOHENLOHE-INGELFINGEN (LE PRINCE KRAFT DE).

Général allemand, aide de camp général de l'Empereur d'Allemagne, sort de l'art[ie], a pris part aux guerres contre l'Autriche et contre la France, écrivain militaire, né en 1827. Il a publié de nombreux ouvrages didactiques sur l'inf[ie], l'art[ie] et la cav[ie]. Ces derniers seront seuls notés ici. Ce sont les *Lettres sur la Cavalerie* et les *Entretiens sur la Cavalerie*, qu'il ne faut pas confondre. Les *Lettres* ont été traduites par M. M. E. Jæglé (1) et H. Monet (2), les *Entretiens* par M. Monet seul (du moins à ma connaissance).

Lettres sur la Cavalerie, par le Prince Kraft de Hohenlohe-Ingelfingen, Général d'Infanterie à la suite de l'Armée, Aide de camp Général de Sa Majesté l'Empereur et Roi — Traduites avec l'autorisation de l'Auteur par Ernest Jæglé, Professeur à l'Ecole spéciale militaire de Saint-Cyr. *Paris, Hinrichsen,* 1885.

1 vol. in-8° de VIII-226 p.

(1) Jæglé (D. Ernest), professeur d'allemand à St-Cyr.

(2) Monet (Adolphe-Henri), officier d'inf[ie] français, né en 1855.

---

(1) Je dis *environ*, parce que je ne crois pas qu'aucun des exemplaires que j'ai eus entre les mains soit complet.

Lettres sur la Cavalerie, par le Prince Kraft de Hohenlohe-Ingelfingen... (etc., comme ci-dessus) — Traduit de l'Allemand par H. Monet, Capitaine d'Infanterie, de l'Etat-Major du 3ᵉ Corps d'Armée — *Cinquième Edition* (1), — *Paris, Louis Westhausser*, 1892.

1 vol. in-8º de 11-215 p.

Entretiens sur la Cavalerie, par le Prince Kraft de Hohenlohe-Ingelfingen... (etc., comme ci-dessus) — Traduit de l'Allemand par H. Monet, Capitaine breveté au 123ᵉ d'Infanterie, stagiaire à l'Etat-major du 18ᵉ Corps d'armée. *Paris, Louis Westhausser*, 1887.

1 vol. in-8º de IV-411 p.

Les *Lettres* traitent surtout de la partie stratégique et tactique ; les *Entretiens*, de l'instruction de détail, dont l'auteur donne l'historique depuis Frédéric. Les deux ouvrages sont écrits d'un style nerveux, et avec l'autorité que donnaient à l'auteur son expérience, son esprit observateur et sa haute situation militaire. Ils ont eu en France un succès mérité et durable.

HOLLANDER (O.).

Nos Etendards de Cavalerie de 1791 à 1794 par O. Hollander. Avec 3 planches en couleur hors texte. *Paris et Nancy, Berger-Levrault*, 1896.

Broch. gr. in-8º de 20 p. Extrait du *Carnet de la Sabretache*.

Après le travail de M. Hollander, se trouve une note du général Vanson, sur le même sujet.

Nos Drapeaux et Étendards de 1812 à 1815, par O. Hollander — Avec 30 gravures dont 20 hors texte. *Paris et Nancy, Berger-Levrault*, 1902.

1 vol. gr. in-8º de VI-238 p.

HOLTZ (Félix-Charles).

Officier de cavˡᵉ français, né en 1879, sous-lieutⁿᵗ en 1901, capⁿᵉ en 1910.

. Notes sur la Cavalerie Indigène d'Algérie — Son emploi sur la frontière algéro-marocaine et au Maroc par le Capitaine Holtz — Avec 6 croquis dans le texte. *Paris et Limoges, Henri Charles-Lavauzelle*, 1912.

Broch. in-8º de 71 p.

HONDIUS ou DE HOONDT (Henri) voy. COURONNEMENT DE CHARLES-QUINT.

HONGRIE (LA) CHEVALINE.

La Hongrie Chevaline — Exposé devant servir de guide à l'Exposition internationale de Chevaux à Paris, 1878. Publié par le Département de l'Elevage au Ministère de l'Agriculture en Hongrie. *Budapest, Imp. Rudnyánszky, A*, 1878.

Broch. in-4º de 42 p., avec 1 carte hippique de la Hongrie.

HOO-PARIS (Jean-Raymond).

Banquier à Pau et conseiller général. Président de diverses sociétés hippiques.

Lettres à Monsieur le Préfet des Basses-Pyrénées — I. La Remonte et l'Elevage. II. Nos Etalons de grande tête au dépôt de Gelos, par M. J. R. Hoo-Paris, Conseiller Général du Canton de Pontacq — Extrait de l'*Indépendant des Basses-Pyrénées* des 14, 15 et 16 Novembre 1895. *Pau, Imp. Garet, et J. Empéranger*, 1895.

Broch. in-18 de 27 p.

Dans sa première lettre, l'auteur demande que l'Etat autorise en octobre des anticipations sur le budget de l'année suivante, afin d'augmenter les achats de la remonte en automne. La seconde a trait à une modification des règlements concernant les saillies de certains étalons de tête.

HORNEZ (Marie-Aimée-Eugène-Joseph).

Directeur général des Haras, 1845-1910.

Stud-Book du demi-sang Anglo-Normand. Dictionnaire généalogique des Etalons qui ont formé et conservé cette famille, par Eug. Hornez, Officier des Haras. *Caen, F. Le Blanc Hardel*, 1872.

Broch. in-12 de 72 p.

Même ouvrage, même titre. 2ᵉ *Edition. Caen, F. Le Blanc-Hardel*, 1880.

1 vol. in-16 de 100 p.

---

(1) Je n'ai pu rencontrer d'édᵒⁿ antérieure à la 5ᵉ. La première a paru vers 1887, et je crois qu'il n'y a eu aucun changement dans les suivantes.

Même ouvrage, même titre. 3ᵉ *Edition. Caen, Imp. Henri Delesques*, 1887.
1 vol. in-16 de 130 p.

HOUDAILLE (Aristide).
Général de Brigade français (art.ᵢᵉ) 1793-1855. Sous-Lieutⁿᵗ en 1813, Général de Brigade en 1853. Mort à Lyon, en activité de service.

Traité sur la connaissance et la conservation du Cheval, ou Cours d'Hippiatrique à l'usage des Ecoles d'Artillerie; par A. Houdaille, ancien Elève de l'Ecole Polytechnique, Capitaine instructeur d'Equitation au Corps royal de l'Artillerie, Chevalier de l'Ordre royal de la Légion d'honneur. *Metz, Verronnais*, 1836.
1 vol. in-8° de 510 p. divisé en 2 parties. avec 4 pl. se dépliant. Dédicace au Lieutⁿᵗ Général Cᵗᵉ Charbonnel.
Ouvrage assez complet, mais ne s'élevant pas au-dessus d'une modeste moyenne.

HOUDAILLE DE RAILLY (Etienne).
Agriculteur et éleveur français.

Etude sur les prairies et l'élevage du Cheval, par M. Et. Houdaille de Railly, Agriculteur, secrétaire adjoint de la Société des Agriculteurs de France, secrétaire de la Section d'Agriculture, Lauréat de la prime d'honneur départementale de l'Yonne en 1885. *Paris, Paul Robert; Neufchâtel et Genève, Libᵢᵉ générale*, S. D. (1886).
Broch. in-12 de 72 p.
Le commencement de cet opuscule est purement agricole, mais, de la p. 46 à la fin, l'auteur traite de l'élevage du cheval, presque exclusivement dans l'Avallonnais : races à choisir suivant la nature du sol, prix de revient, croisements, etc.

HOUËL (Ephrem-Gabriel).
Inspecteur Général des Haras. 1807-1885. Entré dans l'admᵒⁿ des Haras en 1829, il fut nommé Directeur du dépôt d'étalons de Langonnet (Morbihan) en 1837 et de celui du Pin en 1847. Il y donna pendant trois ans, à l'Ecole des Haras, des leçons de Science hippique qu'il a réunies en un volume décrit plus loin. Nommé Inspecteur Général en 1861, il fut mis à la retraite en 1865.

M. Houël fut le créateur des Courses au trot en France, mais il ne réussit à les établir qu'après une lutte et des efforts qui durèrent deux ans. On en trouve le récit détaillé dans la Préface de la 2ᵉ Edᵒⁿ de son *Traité des Courses au trot*. Les premières eurent lieu à Cherbourg en 1836, et furent suivies de celles de Caen en 1837.

Il a été l'un des principaux rédacteurs du *Journal des Haras*; dès sa fondation, et il en fut propriétaire pendant quelque temps, en 1846 et années suivantes. Dans les nombreux articles qu'il a publiés dans ce recueil et dans divers journaux ou revues, comme dans ses autres ouvrages, il s'est toujours montré le fervent et énergique défenseur de l'Adminᵒⁿ des Haras. C'était aussi un chaud partisan de l'amélioration par l'Arabe.

M. Houël, qui avait été élève du Cᵗᵉ d'Aure, joignait la pratique à la théorie et était très bon cavalier (1).

Réponses à quelques observations sur les Haras. Réflexions sur l'Elève du Cheval en Normandie, par E. H. *Sᵗ Lô, Imp. Potier.* 1835.
Broch. in-8° de 45 p.
C'est une réponse à des attaques dirigées contre l'Adminᵒⁿ des Haras par le *Pilote du Calvados*.

Des différentes Espèces de Chevaux en France depuis les temps les plus anciens jusqu'à nos jours. Par Ephrem Houël, Officier des Haras. *Avranches, E. Tostain*, 1840.
Broch. pet. in-8° de 30 p. dont VI pour le titre et l'introduction.

Traité complet de l'Elève du Cheval en Bretagne. Statistique hippique de la Circonscription du Dépôt d'Etalons de Langonnet; par Ephrem Houël, Officier des Haras. *Avranches, Tostain*, 1842.
1 vol. in-8° de XI-332 p.

Traité des Courses au trot par Ephrem Houël. *Paris, G. Laguionie et au Bureau du Journal des Haras*, 1842.
1 vol. in-8° de 112 p. Certains exemplaires portent, sur la couverture, le nom de l'éditeur *Dumaine*, avec les dates de 1843 et 1845.

(1) Biographie de M. Ephrem Houël du Hamel, par M. Julien Travers, dans l'*Annuaire Normand* de 1886. L'article a été tiré à part en une Broch. in-8° de 28 p. Cᵃᵉⁿ, *Le Blanc-Hardel*, 1886.

Même ouvrage, même titre, 2ᵉ *Edition*, revue et augmentée, *Bruxelles*, Vᵛᵉ *Parent; Paris, Tanera*, 1864.

1 vol. in-8º de 206 p. avec une préface donnant l'historique de l'établissement des Courses au trot en France et une Postface traitant des Courses au trot dans tous les pays.

Question chevaline à l'ordre du jour. Sommaire — Considérations générales sur la situation des choses — Ce qu'il faudrait faire — Budget des Haras — Loi relative à l'introduction des chevaux étrangers — Loi contre les chevaux entiers — Réformes dans l'arme de la cavalerie — Résumé — par M. E. H. *Paris, Imp. Schneider et Langrand*, 1846.

Broch. in-8º de 23 p.

Histoire du Cheval chez tous les Peuples de la terre depuis les temps les plus reculés jusqu'à nos jours, par Ephrem Houël. *Paris, au Bureau du Journal des Haras*, 1848-1852.

2 vol. in-8º de 253 et 356 p.

Ouvrage important et puisé à de bonnes sources. Le cheval arabe — qui était l'objet de la constante prédilection de M. Houël — y tient une large place. Aussi, le livre ayant été mis, par le Général Daumas, sous les yeux d'Abd-el-Kader, celui-ci, alors interné au château d'Amboise, écrivit à l'auteur une curieuse lettre de remerciements et d'éloges.

Cours de Science hippique professé à l'Ecole des Haras, par M. Ephrem Houël, pendant les années 1848, 1849 et 1850. *Paris, au Bureau du Journal des Haras*. 1853.

1 vol. gr. in-8º de 352 p.

Ce cours est resté longtemps classique. Il peut toujours être utilement consulté, mais certaines de ses parties ont un peu vieilli.

Même ouvrage, même Edᵒⁿ avec un titre nouveau portant l'indication de l'année 1855. La couverture de certains exemplaires porte 1858.

Les Chevaux de pur-sang en France et en Angleterre, par E. Houël. *Première partie* (Angleterre). *Paris, au bureau du Journal des Haras*, 1859.

1 vol. in-8º de 134 p.

Le livre contient, au début, un historique des étalons orientaux qui ont formé la race pure et la biographie des principaux étalons anglais.

Les Chevaux de pur-sang en France et en Angleterre, par E. Houël. *Deuxième partie* (France). *Paris. Mᵐᵉ Huzard*, 1866.

1 vol. gr. in-8º de 184 p.

Cette 2ᵉ partie contient l'histoire des chevaux anglais introduits en France, et celle des étalons les plus remarquables nés en France. L'auteur y annonce une suite qu'il n'a pas publiée.

L'Industrie privée et l'Administration des Haras. Réponse à M. le Baron de Pierres (1), par un Officier des Haras. *Paris, au Bureau du Journal des Haras*, 1860.

Broch. in-8º de 40 p. dans laquelle l'auteur défend l'Adminᵒⁿ des Haras contre les prétentions de l'industrie privée.

Le Haras du Pin. Sᵗ-Lô, *Imp. Jean Delamare*, 1863.

Broch. gr. in-8º de 16 p.

Historique de l'établissement, anonyme.

Les Chevaux français et le Commerce, par M. Houël. *Paris, Morris*, 1864.

Broch. gr. in-8º de 28 p.

C'est le complément des conseils déjà donnés par l'auteur sur l'élevage et le dressage.

Les Chevaux français en Angleterre. 1865. Par E. Houël, Inspecteur Général Honoraire des Haras. *Paris, Mᵐᵉ Bouchard-Huzard* (1865).

Broch. gr. in-8º de 32 p.

De l'Amélioration du Cheval chez tous les Peuples de l'Univers, par E. Houël, Inspecteur Général Honoraire des Haras. *Paris, Mᵐᵉ Bouchard-Huzard*, 1867.

Broch. gr. in-8º de 80 p.

Dans cet opuscule, l'amour de l'auteur pour le cheval arabe, qu'il considère comme le principe nécessaire de toute amélioration, l'entraîne à une proposition où il se montre quelque peu utopiste: c'est la création, en Arabie, d'un *Haras-Souche*, établi avec le concours des grandes puissances de la terre, « intéressées « à la conservation de la race équestre ».

(1) Voy ce nom.

Le Cheval en France, depuis l'Epoque Gauloise jusqu'à nos jours. Géographie et Institutions hippiques, par E. Houël, Inspecteur Général Honoraire des Haras. Ouvrage publié sous le patronage de S. Exc. le Général Fleury, Grand Ecuyer, Sénateur, Aide de Camp de l'Empereur. *Paris, Goin,* S. D. (1868).

1 vol. in-8° de 190 p. dont le titre indique bien le contenu.

Du Cheval de service; Production, Elevage et Dressage, par Ephrem Houël, Inspecteur Général Honoraire des Haras. *Paris, Auguste Goin*, S. D. (1873).

1 vol. in-18 de 97 p. (De la *Bibliothèque de l'Agriculteur praticien*).

Des Haras de l'Etat — Extrait du *Journal des Haras* — *Paris, Jules Boyer,* 1873.

Broch. in-8° de 14 p signée à la fin.
Défense de l'admin^{on} des Haras contre les projets de soi-disant réformes dont elle était alors menacée et qui, d'ailleurs, n'ont eu aucune suite.

La Question des Haras — Réponse à la lettre adressée à MM. les Députés par le Baron Eugène Daru (Extrait du *Journal des Haras*). *Paris, Jules Boyer,* 1874.

Broch. in-8° de 15 p., signée à la fin (1).

Le Cheval Normand au Moyen Age, par M. Ephrem Houël, Inspecteur général honoraire des Haras. *Caen, Le Blanc-Hardel,* 1881.

Broch. in-8° de 28 p.
Cet opuscule fut d'abord publié dans l'*Annuaire Normand*, puis tiré à cent exemplaires, par les soins de M. Julien Travers, pour l'auteur et ses amis.

HOULBERT (C.) voy. COLOMB (G.).

HOWLETT (Edwin).
Cocher d'origine anglaise, né à Paris en 1835. Après avoir servi dans plusieurs grandes maisons, il s'établit vers 1864 à Paris avec des chevaux et des voitures à lui et y donna des leçons de guides à quatre qui furent très suivies. Il a formé un grand nombre de bons coachmen.

(1) Pour la lettre à laquelle répond celle-ci, voy. *Daru (E.)*.

Leçons de guides, par E. Howlett. *Paris, Pairault,* S. D. (1893).

1 vol. in-8° de 160 p., avec 20 pl. h. t. et nombreux dessins d. l. t. Couverture illustrée en couleurs; portrait de l'auteur sur le titre; dédicace à W. G. Tiffany; hommage de Howlett à ses Elèves et préface du Cte de Clermont-Gallerande (voy. ce nom).

Bon manuel de menage à quatre, qui contient d'excellents principes auxquels la longue expérience et l'esprit observateur de l'auteur donnent une autorité particulière.

On ne saurait cependant approuver le mors « excellent », dit-il, destiné aux chevaux « tireurs » et dont il donne la description au début de son livre. La puissance de cet instrument de torture — qui rappelle les *palettes* formidables des mors des xvie et xviie siècles (1), et enfin celles des mors. arabes de fabrication indigène (2) qui crevaient souvent le palais du cheval à toute action trop brutale de la main — permet sans doute de placer, sans autre préparation, un cheval « tireur » dans un attelage à quatre. Mais un bon cocher, doué d'une main légère — oiseau rare ! — a heureusement d'autres moyens que cet engin meurtrier pour refaire la bouche d'un cheval. Mais alors il y faut le temps, qui manquait trop souvent à Howlett.

Crafty, dans *Paris au Bois*, p. 302 et M. Donatien Levesque, dans *Les Grandes Guides*, p. 84 (voy. ces noms), ont donné sur Howlett des notices détaillées et très élogieuses.

Son livre, tiré à petit nombre pour ses élèves, est rare et recherché.

Il a été publié en Anglais, à New-York, en 1894, sous le titre de *Driving Lessons.*

HUART (Louis).
Publiciste français, rédacteur en chef du *Charivari*, ancien directeur de théâtre, 1813-1865.

Physiologie du Garde National, par M. Louis Huart, vignettes de MM. Maurisset et Trimolet. *Paris, Aubert; ibid. Lavigne,* 1841.

1 vol. in-16 de 156 p. (dont les 18 dernières ne contiennent que des annonces de librairie) avec de nombreuses et amusantes vignettes d. l. t.

(1) Voy. *Grison, Fiaschi, La Broue, La Noue, Rusé, Frenorum Exempla, Winter,* etc., etc.

(2) On sait que les mors *arabes* que nous fabriquons pour nos troupes indigènes sont beaucoup mieux compris et bien moins violents.

Le *Garde à Cheval* occupe les p. 92 à 99 avec 5 vignettes.

Ulysse ou les Porcs vengés — Steeple-Chase — Les Bals publics — par Louis Huart. Vignettes par Cham, Daumier, E. de Beaumont. *Paris, Garnier f^{res}*, 1852.

1 vol. in-16 de 100 p.
L'ouvrage contient trois fantaisies sur des sujets différents. Celle intitulée *Steeple-Chase* est une critique humoristique des courses. Elle occupe les p. 35 à 74 avec 13 amusants dessins de Cham (voy. ce nom).

HUBERT (Eugène).
Lettre d'un Paysan à plusieurs autres à propos de Chevaux. *Alençon, Imp. Bonnet*, 1849.

Broch. in-16 de 18 p. signée à la fin.

Lettre d'un Paysan à plusieurs autres à propos de Chevaux — N° 1 — *Paris, Imp. de J. Claye*, 1849.

Broch. in-12 de 21 p., signée à la fin.
Reproduction exacte de la précédente, imprimée avec plus de soin. L'auteur fait la critique des achats d'étalons faits par l'admin^{on} des haras, celle des reproducteurs des dépôts, du pur-sang anglais, etc., et engage les éleveurs à castrer de bonne heure.

Lettre d'un Paysan à M. de La Roque à propos de Chevaux — N° 2 — *Paris, Imp. de J. Claye*, 1850.

Broch. in-12 de 21 p., signée à la fin.
M. de La Roque, auquel la lettre est adressée, était alors directeur du dépôt d'étalons de S^t-Lô. L'auteur renouvelle et accentue en termes très vifs ses critiques sur l'achat des étalons, sur les officiers des haras et sur M. de La Roque lui-même.

HUE (Emile-Edmond-Victor).
Vétérinaire militaire français, né en 1863, diplômé d'Alfort en 1885, aide-vét^{re} en 1886 et démissionnaire en 1896 comme vét^{re} en second.

Musée ostéologique. Etude de la Faune quaternaire. Ostéométrie des Mammifères par Edmond Hue, Médecin-Vétérinaire, Membre de la Société Préhistorique de France —. Album de 186 Planches contenant 2187 figures — *Paris, Lib^{le} C. Reinwald ; Schleicher f^{res}*, 1907.

2 vol. in-8°. Le T. I contient XIX-50 p. de t. et les 93 premières pl., le T. II les pl. 94 à 186. En regard de chaque pl., se trouve un t. explicatif. L'ouvrage est précédé de 3 tables, l'une par ordre des matières, la 2e pour les pl. et la 3e par ordre alphabétique des noms d'animaux. 10 pl concernent le cheval et 8 l'âne.

HUGO ou HUGON (Hermann).
Savant jésuite né à Bruxelles en 1588, mort à Rhinberg en 1629 de la peste qu'il avait contractée en soignant les malades.

De Militia Eqvestri Antiqva et Nova ad Regem Philippvm IV Libri qvinqve Avctore Hermanno Hvgone Societ. Iesv. *Antverpiæ, ex Officina Plantiniana Balthasaris Moreti*, 1630.

1 vol. in-f° de 4 f^{ts} pour le titre, contenu dans un beau frontispice gravé par Corneille Galle (1), la dédicace du Collège de la Société de Jésus de Bruxelles à Philippe IV, 344 p. et 5 f^{ts} pour l'Index, les approbations et le privilège, avec 6 pl. h. t. se dépliant et 32 fig. d. l. t., quelques-unes à pleine p.
Ces fig. représentent des formations tactiques, offensives et défensives, de la cav^{le}. Comme dans les ouvrages de tactique de cette époque, chaque cavalier est représenté individuellement et certaines pl. en contiennent plus d'un millier. Toutes sont remarquables par la finesse du dessin et de la gravure et on peut les attribuer aussi à Corneille Galle.
L'ouvrage est, avec ceux de *Wallhausen*, de *Basta*, de *Meizo* (voy. ces noms), parmi les premiers qui fixèrent des règles assez précises pour l'emploi et le maniement de la cav^{le}. Il est recherché et assez rare.

HUGONNET (Ferdinand-Victor).
Officier d'inf^e français 1822-1890. Sous-lieut^{nt} en 1843, cap^{ne} en 1854. Il a quitté le service vers 1856 après avoir été longtemps détaché aux affaires arabes et est devenu conseiller de préfecture à Oran.

Extrait du *Spectateur Militaire* (N° du 15 Sept. 1862) La Cavalerie dans les Armées modernes — Excellence de la Cavalerie des Nations barbares —. Qualité des Chevaux Barbes et des Cavaliers de l'Al-

(1) *Corneille ou Cornelius Galle* (le vieux), graveur belge, 1570-16..

gérie — Raisons qui s'opposent aujourd'hui, en Europe, au bon recrutement et à l'éducation des Cavaliers — Les Champs de bataille modernes — Nécessité de revenir à certains errements des peuples primitifs — *Paris, Imp. L. Martinet* (1862).

Broch. in-8° de 41 p. signée à la fin. D'après l'auteur, la cav^{le} française est mal recrutée, mal montée, mal instruite et mal commandée. Après un éloge passionné du cheval barbe et du cavalier arabe, il demande la création de 50.000 cavaliers dont 40.000 destinés à la cav^{ie} légère et à la cav^{ie} irrégulière.

HUGUES (Jean-Baptiste).
Vétérinaire militaire belge. Il a été professeur d'hippologie à l'Ecole de guerre et était membre de l'Académie de médecine de Belgique et de plusieurs sociétés savantes de Belgique, de France, d'Italie et du Luxembourg, 1840-1888.

Arthrite aiguë mortelle chez le Cheval, par J. Hugues, Vétérinaire de 1re classe au 2e Régiment des Lanciers (Extrait des *Annales* belges de Médecine vétérinaire). *Bruxelles, Imp. Combe et Vande Weghe*, S. D. (1870).

Broch. in-8° de 15 p.

Notice sur le Crapaud, communiquée à la Société vétérinaire de la Province de Liège dans la séance du 23 Janvier 1870, par M. Hugues, Vétérinaire de 1re classe au 2e Régiment de Lanciers, vice-Président de la susdite Société. Extrait de la *Tribune vétérinaire*. S. L. N. D. *ni nom d'imprimeur* (*Liège*, 1870).

Broch. in-8° de 18 p.

De l'Amaurose chez le Cheval et de l'usage d'Aliments altérés comme agents nosogènes, par J. Hugues, Médecin-Vétérinaire de 1re classe dans l'Armée belge, etc. — Extrait du *Bulletin* de l'Académie royale de Médecine, T. VIII, 3e Série — *Bruxelles, H. Manceaux*, 1874.

Broch. in-8° de 27 p.

Réponse au travail de M. le Professeur Degive intitulé *La Clef du Diagnostic et du Pronostic de la Morve*, par M. J. Hugues, Vétérinaire militaire de 1re classe. — Extrait des *Annales* belges de Médecine vétérinaire — *Bruxelles, Jules Combe*, 1874.

Broch. in-8° de 24 p. (Voy. *Degive*).

Y a-t-il lieu de modifier la Loi du 28 Janvier 1850 sur les Vices rédhibitoires et les Arrêtés royaux de 1863, 1867 et 1869 y relatifs. Note présentée à la Société de Médecine vétérinaire du Brabant le 29 Octobre 1876, par J. Hugues, Vétérinaire militaire de 1re classe. *Bruxelles, J. Combe*, 1876.

Broch. in-8° de ...? p.

Boiteries chroniques du Cheval traitées par la Névrotomie, par M. H. Hardy (1), Vétérinaire de 1re classe au 1er Régiment des Guides, Professeur à l'École de Guerre, Vétérinaire des Écuries du Roi, Chevalier de l'Ordre de Léopold, et M. J. Hugues, Vétérinaire de 1re classe au 2e Régiment de Lanciers, Membre correspondant de l'Académie royale de Médecine de Belgique, Membre correspondant de la Société des Sciences médicales du Grand-Duché de Luxembourg. *Bruxelles, H. Manceaux*, 1876.

Broch. in-8° de 89 p.

Etat cartilagineux de l'Oreillette droite, lésion aidant à l'éclaircissement d'un point de Physiologie et soulevant une question de Pathogénie, par M. J. Hugues, Vétérinaire militaire de 1re classe, Membre correspondant de la Société royale des Sciences médicales et naturelles de Bruxelles — Extrait du *Journal* publié par la Société royale des Sciences médicales et naturelles de Bruxelles. *Bruxelles, H. Manceaux*, 1879.

Broch. in-8° de 7 p.
L'observation concerne un cheval.

La Vétérinaire en Belgique et sa Déontologie, par J. Hugues, Médecin Vétérinaire militaire de 1re classe, Membre correspondant de l'Académie royale de Médecine, Membre titulaire de la Société royale de

(1) *Hardy (Henri)*, vétérinaire principal de l'armée belge né en 1839.

Médecine publique, Membre d'honneur de la Société vétérinaire de Liège, Membre correspondant et honoraire de la Société vétérinaire d'Alsace-Lorraine, Membre correspondant de la Société royale des Sciences médicales et naturelles de Bruxelles, de la Société médicale du Grand-Duché de Luxembourg, de la Société médico-chirurgicale de Liège, de la Société vétérinaire du Dép^{nt} de la Marne, de la Société vétérinaire de la Seine-Inférieure et de l'Eure. *Louvain, H. Vanbiesem et A. Fonteyn*, 1880.

Broch. in-8° de 52 p.

Enzooties d'affections typhoïdes qui ont sévi parmi les chevaux du 2e Régiment de Guides en garnison à Tournai pendant les années 1879-80 et 1880-81, par M. Hugues, Correspondant de l'Académie royale de Médecine de Belgique, etc. (Extrait du *Bulletin* de l'Académie royale de Belgique, 3e sér. T. XV, n° 7). - S. L. N. D. *ni nom d'imprimeur*. (*Bruxelles, H. Manceaux ?* 1881).

Broch. in-8° de 60 p.

L'Enseignement en Médecine vétérinaire, ce qu'il est, ce qu'il devrait être, par J. Hugues, Médecin Vétérinaire militaire de 1re classe..., etc., etc. *Bruxelles, Brogniez et Vande Weghe*, 1883.

Broch. in-8° de 97 p.

Hippologie — Etude du Cheval et des conditions de son utilisation dans l'Armée, par J. Hugues, Vétérinaire de régiment de 1re classe, professeur d'Hippologie à l'Ecole de Guerre, membre titulaire de l'Académie de Médecine — Avec Planches — *Bruxelles, C. Muquardt, Merzbach et Falk*, 1886.

1 vol. in-8° de 286 p. avec 10 pl h. t. Titre rouge et noir et vignette sur le titre.

Ouvrage estimable, écrit spécialement par Hugues pour ses élèves de l'Ecole de Guerre.

Cet auteur a aussi publié de nombreux articles dans les *Annales vétérinaires belges* et dans *l'Echo vétérinaire*.

HUGUET (Marie-Théodore) et ROBERT (Nicolas-Joseph).

Huguet, vétérinaire militaire français, 1798-1832. Maréchal vétérinaire en 1820, vétérinaire en 1er en 1821, mort en activité de service. Campagne d'Espagne en 1823.

Robert, vétérinaire militaire français, 1796-18.. Diplômé d'Alfort en 1819, exerça d'abord sa profession à Metz, puis entra dans l'armée en 1827 comme vétérinaire en second; vétérinaire en 1er la même année, démissionnaire en 1848. Campagnes de 1814 et de 1815 avec les élèves de l'Ecole d'Alfort au pont de Charenton et à la défense des Buttes-Chaumont.

Examen de la situation actuelle des Vétérinaires militaires en France, considérés sous le rapport de leur instruction et de leur rang, par Huguet, Médecin-Vétérinaire, ex-Répétiteur de Zoologie à l'Ecole d'Alfort, Vétérinaire en chef du 6e chasseurs, etc., et Robert, Médecin-Vétérinaire, ex-Vétérinaire du Département de la Moselle, Vétérinaire en chef du 1er Régiment de Carabiniers. *Lunéville, Guibal*, 1828.

Broch. in-8° de 16 p.

Plaidoyer en faveur du relèvement de la situation des vétérinaires militaires pour lesquels les auteurs demandent le rang d'officier.

HUMBERT (Clovis-Ernest).

Vétérinaire militaire français, né en 1849, diplômé d'Alfort en 1872, vétérinaire en 1er en 1885, a quitté le service actif en 1897.

Essai pratique sur la Marche de la Température dans les principales manifestations de la Gourme, par M. Humbert, Vétérinaire en 2e au 26e Régiment d'Artillerie (Médaille d'Or). Extrait des *Mémoires de la Société centrale vétérinaire* pour 1882. *Paris, Imp. de Ve Renou, Maulde et Cock*, 1882.

Broch. in-8° de 50 p. dont les 20 dernières sont occupées par 35 diagrammes donnant les températures observées.

HUMBERT (Emile).

Officier de Cav^{ie} français. 1827-1871. Sous-lieut^{nt} en 1847, lieut^{nt} colonel en 1867. Mort à Sidi-bel-Abbès en activité de service. A été professeur d'art et d'histoire militaires à Saumur, de 1860 à 1867.

Guide de l'Instructeur, comprenant un Recueil d'observations sur l'Ordonnance du 6 Décembre 1829, avec un questionnaire; par E. Humbert, Officier supérieur, ex-Capitaine Instructeur à l'Ecole Impériale de Cavalerie. *Saumur, Javaud; Paris, J. Dumaine*, 1860.

1 vol. in-8° de L-272 p. avec une pl. se dépliant et contenant des fig. de formations.

Nouveau Guide de l'Instructeur comprenant un recueil d'observations sur l'ordonnance du 6 décembre 1829 avec un Questionnaire; par E. Humbert, Chef d'Escadrons, chevalier de la Légion d'honneur, décoré de l'ordre du Nicham-Iftikar de Tunis de 3ᵉ classe, professeur d'art et d'histoire militaire à l'Ecole impériale de Cavalerie — *2ᵉ Edition* — *Saumur, Javaud,* 1866.

1 vol. in-8° de XLVIII-273 p. avec la même pl. qu'à la 1ʳᵉ édᵒⁿ.

Programme élémentaire du Cours d'Art et d'Histoire militaires enseigné à l'Ecole Impériale de Cavalerie par E. Humbert, chef d'Escadrons, Chevalier de la Légion d'honneur, décoré de l'ordre du Nicham-Iftikar de Tunis de 3ᵉ classe, Professeur d'Art et d'Histoire militaires à cette Ecole. Avec 21 pl. et 2 tableaux synoptiques. *Saumur, Javaud,* 1866.

Ce titre imprimé est précédé d'un titre gravé, abrégé et orné de sujets militaires.

1 vol: in-8° de VII-602 p. Les pl. sont contenues dans un Atlas séparé in-4° oblong.

L'ouvrage aborde les questions générales d'Art et d'Histoire militaires, mais s'applique spécialement à celles qui concernent la cavᵏᵉ.

HUMBERT (J.).
Vétérinaire français, diplômé de Toulouse en 1874.

Ecole nationale vétérinaire de Toulouse — Défectuosités du pied et moyens d'y remédier — Thèse pour le Diplôme de Médecin-Vétérinaire présentée le 15 Juillet 1874, par J. Humbert, de Montluel (Ain). *Toulouse, Jules Pailhès*, 1874.

Broch. in-8° de 64 p. Dédicace de l'auteur à ses parents, professeurs et amis.

HUMPHREYS (Frédérick).
Médecin à New-York.

Méthode complète des Maladies du Cheval et leur traitement, par le Docteur F. Humphreys, de New-York — Du même auteur : Méthode complète pour les maladies des Chiens — Humphreys Medicine Company, New-York — Ces ouvrages, très élégants d'aspect, donnent, d'une manière des plus précises et des plus compréhensibles, les indications nécessaires pour reconnaître les maladies des différents animaux; ils sont envoyés gratis et franco en les demandant aux Agents généraux pour l'Etranger *E. de La Balze et Cᵉ, 32, rue Etienne-Marcel, Paris. Mesnil (Eure), Typ. Firmin-Didot.* S. D.

1 vol. in-12 de 100 p. Sur la couverture, figure de cheval d'après Lalaisse.

C'est une réclame en faveur des remèdes vétérinaires inventés par l'auteur; l'ouvrage est imprimé en très petits caractères et contient un exposé détaillé de toutes les maladies du cheval avec le remède applicable à chacune d'elles.

HÜNERSDORF (Louis) et BROCHOWSKI (Armand DE), traducteur.

Hünersdorf, écuyer allemand, fin du XVIIIᵉ et commencement du XIXᵉ siècles. A été maître Ecuyer du Prince de Hesse, puis Ecuyer au Manège Ducal de Brunswick. Il a acquis une grande réputation en Allemagne et même à l'étranger. Sa méthode est la méthode allemande, mais améliorée quant à la position, réduite quant aux exigences, et beaucoup plus conservatrice des chevaux que celle de ses prédécesseurs immédiats.

Brochowski, officier de cavᵏᵉ belge; voy. son nom.

Equitation Allemande. Méthode la plus facile et la plus naturelle pour dresser le Cheval d'Officier et d'Amateur; suivie d'un supplément pour l'Instruction du Cheval de troupe et de son Cavalier; par Louis

Hünersdorf, Maître Ecuyer de S. A. R. le Prince de Hesse. Traduite sur la sixième Edition (1840) par Armand de Brochowski, Capitaine Commandant d'Escadron au 1er Lanciers. *Bruxelles, Perichon*, 1843.

1 vol. in-8° de 364 p., dont XVIII pour le titre, la dédicace du traducteur au Lieut[nt] G[al] Cte d'Hane de Steenhuyze, Insp[r] Gal de la Cav[lie] Belge, l'avant-propos de l'auteur et la préface du traducteur.

L'ouvrage traite surtout du dressage, en suivant une progression dont certains procédés ont sans doute vieilli, mais qui reste prudente et sage. On y peut encore trouver plus d'une indication utile. A l'occasion de la théorie d'Hünersdorf sur le ramener, la position de la tête et le soutien de l'encolure, le L[nt]-Colonel Gerhardt dit qu'il fut un « précurseur de Baucher (1) ».

La 1re Ed[on] allemande avait paru à *Marbourg*, en 1791, in 8°.

HUNINGUE (Maurice D')

Officier de cav[ie] français, né en 1854, sous-lieut[nt] en 1878, retraité comme chef d'esc[ons] en 1905.

Aux Officiers brevetés et aux Elèves de l'Ecole de Guerre — Pour aller loin, par le Commandant d'Huningue. *Paris, R, Chapelot*, 1908.

Broch. in-8° de 34 p.

L'ouvrage ne concerne pas la conduite, mais seulement le choix du cheval destiné à de longs parcours.

HURÉ (Henri).

Chef d'institution à Paris.

Le Zoophile ou le Défenseur des Animaux, Recueil d'Histoires et Faits anecdotiques sur les Animaux en général et les espèces Chevaline, Canine et Féline, en particulier ; précédé d'une Notice sur les Séances de la Société protectrice des Animaux. Par Huré jeune, Auteur d'un *Aperçu sur les Prisons de Lyon*, d'une *Revue sur les Hôpitaux* et d'une *Notice sur M. Singier*. — Prix : 3 francs — *Paris, chez tous les libraires et l'auteur, rue des Batignollaises*, 19. 1855.

1 vol. in-12 de 356 p.

Les anecdotes relatives au cheval et à l'âne occupent les p. 66 à 121.

---

(1) *Traité des Résistances du cheval*, p. 305. Voy. *Gerhardt*.

HUREL.

Maître maréchal à Paris. XVIIIe siècle.

Dissertation sur le Farcin, Maladie qui attaque très communément les Chevaux, par M. Hurel, Maître-Maréchal à Paris. *A Amsterdam, et se trouve à Paris chez Lacombe, Libraire, rue Christine, près de la rue Dauphine*, 1769.

Broch. pet. in-8° de VIII 69 p.

Le Farcin, Maladie qui attaque très communément les Chevaux, & les moyens de le guérir. Par M. Hurel, Maître-Maréchal à Paris. — *Seconde Edition — A Amsterdam et se trouve à Paris chez J.-P. Costard, Lib[re], rue S. Jean-de-Beauvais*, 1770.

Sans changement. C'est la même éd[on] que la précédente avec un titre nouveau.

Traité du Farcin, maladie des Chevaux, et des moyens de le guérir, ouvrage utile & nécessaire aux Ecuyers, Cavaliers, Militaires, etc., aux Marchands de Chevaux, Fermiers, Laboureurs, Entrepreneurs de voitures, & généralement à toutes les personnes qui sont obligées par état d'employer le service des Chevaux, par M. Hurel, Maître-Maréchal à Paris. *Troisième Edition*. — Prix, broché, 30 s. — *A Amsterdam et se trouve à Paris, rue St Jean de Beauvais, la première porte cochere au-dessus du Collège*, 1775.

Broch. in 8° de 45 p. dont IV pour « l'Avertissement sur cette troisième Edition ».

Hurel est franchement contagioniste. Il distingue les différentes espèces de farcin, qu'il appelle farcin cordé, farcin cul de poule et farcin volant, leurs causes et leurs remèdes et donne ensuite plusieurs observations.

Dans une note de la p. 13 des 2 premières éd[ons] et 12 de la 3e, l'auteur annonce qu'à la fin de l'ouvrage il indiquera les procédés pour désinfecter les écuries où ont logé des chevaux farcineux, mais il n'en parle cependant nulle part.

L'ouvrage est rédigé avec clarté et méthode.

HURTREL D'ARBOVAL (Louis-Henri-Joseph).

Vétérinaire français, 1777-1839. Après avoir été élève d'Alfort et avoir pratiqué l'équitation chez Franconi, il étudia les maladies des chevaux au camp de Boulogne et s'occupa ensuite particulièrement des épizooties sur les chevaux et les bestiaux. Il était membre de plusieurs sociétés savantes et a laissé une réputation européenne.

Dictionnaire de Médecine et de Chirurgie vétérinaires. Ouvrage utile aux Vétérinaires, aux Officiers de Cavalerie, aux Propriétaires, aux Fermiers, aux Cultivateurs et à toutes les personnes chargées du soin et du gouvernement des Animaux domestiques, par M. Hurtrel d'Arboval, Membre correspondant de la Société médicale d'Emulation, de la Société de Médecine pratique, de la Société Linnéenne et de la Société royale et centrale d'Agriculture de Paris, de la Société d'Agriculture et botanique de Gand et de l'Académie royale des Sciences de Turin, des Académies de Lille, Arras, Amiens, Rouen, Mâcon, Dijon, etc., des Sociétés d'Agriculture de Douay, Versailles, Evreux, Châlons-sur-Marne, La Rochelle, Tours, Strasbourg, Lyon, Perpignan, Montpellier, etc., etc. *Paris, J.-B. Baillière, Londres, même maison*, 1826-1827-1828.

4 vol. in-8° de 604, 687, 718 et XII-668 p.

Même ouvrage, même titre. *Seconde Edition*, entièrement refondue. *Paris, J.-B. Baillière, Londres, même maison*, 1838-1839.

6 vol. in-8° de III-696, 788, 619, 628, 640 et 546 p.

Même ouvrage... illustré de nombreuses figures intercalées dans le texte, par L. H. J. Hurtrel d'Arboval — Edition entièrement refondue et augmentée de l'exposé des faits nouveaux observés par les plus célèbres praticiens français et étrangers, par A. Zundel, Vétérinaire supérieur d'Alsace-Lorraine, Secrétaire de la Société vétérinaire d'Alsace, Membre correspondant de la Société centrale de Médecine vétérinaire de Paris, etc. *Paris, J.-B. Baillière et fils*, 1874-1875-1877.

3 vol. gr. in-8° de IV-1004 p. avec 410 fig. pour le T. I; 971 p. avec 704 fig. pour le T. II, 928 p. avec 484 fig. pour le T. III.

Dans cet ouvrage, dit M. Neumann, « le texte d'Hurtrel d'Arboval a complètement disparu, ou ce qui en reste est submergé sous la rédaction de Zundel ». (Voy ce nom).

HUSARD (LE).

Le Husard ou courtes Maximes de la petite Guerre, *à Berlin*, 1761.

Broch. pet. in-8° de 77 p. plus 2 f¹ˢ pour la table, avec 1 carte se dépliant.

C'est une instruction pratique à l'usage des petits détachements de cavalerie légère en campagne : gardes, patrouilles, combat, découverte, etc. Le dernier chapitre traite des soins à donner aux chevaux.

D'après *Barbier*, cet opuscule rare serait la traduction d'un ouvrage anonyme publié en allemand, dû au major suédois *de Platen*. Le lieu et la date d'impression seraient supposés.

HUSSON (Albert-Rémy).

Diplomé d'Alfort en 1867 et aide vétérinaire militaire en 1868, a quitté le service vers 1871.

Perfectionnement dans la Ferrure et le Ferrage des Chevaux. Système modelant la Ferrure selon la conformation exacte du pied de l'Animal et permettant la suppression de l'emploi de la Forge. Breveté S. G. D. G., par A. Husson, Vétérinaire, Inspecteur sanitaire de la Ville de Sedan, ancien Vétérinaire militaire, Officier du Mérite agricole. — *Sedan (Ardennes); Charleville, Imp. A. Anciaux*, 1899.

Broch. gr. in-8° de 14 p. avec 1 pl. double contenant 8 fig. coloriées.

HUSSON (L.-François-G.).

Officier d'inf¹ᵉ territoriale et publiciste français.

Artisans Français — Les Selliers-Carrossiers et les Bourreliers — Etude historique par François Husson, Officier de l'Instruction publique, Lauréat de la Ligue française de l'Enseignement, de la Société Centrale des Architectes français, de la Société de la Participation aux bénéfices, etc. *Paris, Marchal et Billard*, 1906.

1 vol. in-18 de 308 p. avec 1 pl. h. t en frontispice et plusieurs fig. d. l. t. représentant pour la plupart des sceaux et armoiries des diverses corporations se rattachant à la sellerie et à la bourrelerie.

HUYBRECHT voy. **MILLER** (von).

HUYOT (Jean-Nicolas).
Architecte français, 1780-1840. Elève de Peyre, il remporta le grand prix d'architecture en 1807, passa 6 ans à Rome, revint en France en 1813, se livra ensuite à des études et à des travaux à Smyrne, à Ephèse, à Constantinople, en Egypte, en Grèce où, par suite de la révolution qui y éclata en 1821, tous les travaux et documents qu'il avait déposés à Patras furent, sauf quelques esquisses, anéantis dans un incendie. Après un nouveau séjour à Rome, il rentra à Paris où il fut chargé du cours d'architecture à l'Ecole des beaux-arts. Vers 1824, il fut chargé de l'achèvement de l'Arc de Triomphe de l'Etoile. Ces travaux, qui lui avaient été retirés peu après, lui furent rendus en 1828. Destitué en 1830, puis replacé, il fut chargé en 1836 d'établir les plans d'agrandissement du Palais de Justice qui furent adoptés et continués après sa mort.

Des statues équestres et particulièrement de celle de Henri IV. (Extrait du *Moniteur* N°s 129 et 134, an 1814) *S. L.* (*Paris*) *ni nom d'imprimeur.*
Broch. in-8° de 28 p. signée à la fin, avec 3 pl. gravées.

HUZARD (Jean-Baptiste) dit **HUZARD** père.
Vétérinaire français, 1755-1838. Issu d'une famille qui exerçait à Paris la maréchalerie depuis plus d'un siècle, Huzard fit la plus grande partie de ses études chez les Augustins réformés appelés Petits-Pères, d'après les conseils desquels il entra, à 13 ans, à l'Ecole d'Alfort qui venait d'être fondée. Il y fut nommé professeur en 1772, et, en 1775, il quitta l'Ecole pour s'attacher à l'établissement de son père.

En 1785, il fut chargé, par le tribunal des Juges et Consuls des Marchands de Paris et, plus tard, par les tribunaux, des expertises relatives aux vices rédhibitoires et des expertises judiciaires. Il a rempli ces fonctions pendant 40 ans (1).

Aussi avait-il acquis une autorité indiscutée dans les questions d'expertises légales et de jurisprudence vétérinaire ; c'est à ses efforts constants qu'on doit la loi du 20 mai 1838 sur les vices rédhibitoires, laquelle remplaça le chaos de coutumes provinciales et d'usages locaux, souvent contradictoires, au milieu desquels se débattaient jusque-là acheteurs et vendeurs d'animaux domestiques. Quelques mois avant sa mort, il eut la satisfaction de la voir promulguer.

En 1792, membre du Conseil vétérinaire et des remontes de l'administration de la guerre, et chargé, avec le général Brune, de recevoir les réquisitions de chevaux, il flétrit les déprédateurs et les concussionnaires, et sa tête fut compromise par leurs tentatives de vengeance.

En 1794, le gouvernement fut organisé en 12 commissions exécutives et Huzard entra à celle de l'agriculture et des arts (qui forma plus tard le Ministère de l'Intérieur), sous les titres successifs d'agent, de commissaire du Gouvernement et enfin d'Inspecteur général des Ecoles vétérinaires.

En cette qualité, il traita les épizooties à la suite de nos armées, en France, en Italie, en Hollande, en Allemagne, visita les Ecoles vétérinaires de Lyon et d'Alfort, ainsi que celles de Milan et de Turin.

Vers la fin de l'Empire, il fut chargé d'établir deux nouvelles écoles vétérinaires, l'une à Aix-la-Chapelle, l'autre à Zutphen. Les évènements arrêtèrent l'exécution de ce plan ; toutefois, peu après, le roi de Hollande l'adopta en ce qui concernait Zutphen dont l'Ecole subsiste encore, mais a été transportée à Utrecht.

En 1829, il installa la nouvelle Ecole vétérinaire de Toulouse.

Il avait eu, avec Tessier, Gilbert et surtout Daubenton, une grande part à l'introduction des mérinos en France.

Comme Inspecteur des Ecoles vétérinaires, il contribua beaucoup à leur bon fonctionnement et ne ménagea ni sa bienveillance ni sa protection aux élèves qui en sortaient ; d'un caractère géné-

(1) Comme expert des tribunaux c'est lui qui fut chargé d'établir le signalement de la jument attelée à la fameuse *Machine infernale* de la rue St-Nicaise, le 3 Nivôse an IX. La jument avait été tuée et réduite en débris par l'explosion, ainsi d'ailleurs que la petite fille à laquelle St-Réjant avait donné 12 sous pour la tenir, vouant ainsi cet et enfant à la mort.
Le signalement de la jument fut fait si exactement par Huzard que le vendeur la reconnut à la description qu'on en donna et mit ainsi la police sur la trace des auteurs de l'attentat qui furent arrêtés.

reux, il soulagea plus d'une infortune.

Sa femme, fille de Vallat-la-Chapelle, avait obtenu, en souvenir des services rendus par son père à la librairie française, un brevet d'imprimeur-libraire; ce fut l'origine de la librairie Bouchard-Huzard où furent édités tant d'ouvrages se rapportant aux sciences agricoles, industrielles, vétérinaires, naturelles, etc.

Bibliophile éclairé et érudit, Huzard tenait cette librairie à la piste des bons ouvrages et des meilleures éditions qui ont concouru à former sa célèbre bibliothèque. Il l'a constamment augmentée pendant soixante-six ans; elle comprenait plus de 40.000 volumes presque exclusivement consacrés aux sciences naturelles, médicales, vétérinaires, à l'agriculture, l'équitation, la chasse, etc.

Le catalogue en a été dressé et publié en 1842 par l'imprimeur-libraire Leblanc, en 3 vol. in-8°. C'est, malgré quelques erreurs, une précieuse source de renseignements, car, à de rares exceptions près, Huzard possédait *tout* ce qui a été publié sur ces sujets jusqu'en 1837.

Huzard était membre de l'Académie des sciences, de l'Académie de Médecine, de la Société royale et centrale d'agriculture, de la Société philanthropique, de celle d'Encouragement pour l'Industrie nationale et de plusieurs Sociétés savantes de l'étranger.

Au Conseil de salubrité, dont il était l'un des fondateurs, il avait traité et heureusement résolu de nombreuses questions concernant l'hygiène publique à laquelle son expérience a fait faire d'importants progrès. Il contribua aussi à la diffusion de la vaccine.

Travailleur infatigable, assidu à toutes les séances des Sociétés dont il faisait partie, il rédigeait encore un rapport à l'Académie des sciences quelques jours avant sa mort.

Il était chevalier de la Légion d'honneur et Louis XVIII l'avait décoré de l'ordre de St-Michel, rétabli par lui exclusivement pour les savants, et dont le nombre des membres ne pouvait excéder cent (1).

La première publication à laquelle Huzard ait attaché son nom semble être l'*Almanach vétérinaire*, publié en 1782, et pour lequel Chabert et Flandrin ont

---

(1) Notice biographique sur J.-B. Huzard par L. Bouchard, son gendre. — Éloge d'Huzard prononcé à l'Académie royale de Médecine par M. Pariset (ces deux documents sont en tête du catalogue de sa bibliothèque) — Notices biographiques sur J.-B. Huzard, par le Baron de Silvestre, le Dr Mérat et M. Renault, réunies en une broch. in-8° de 19 p. Paris, Mme Vve Huzard, 1839.

été ses collaborateurs. Cet ouvrage, devenu à peu près annuel sous le titre d'*Instructions et Observations sur les maladies des Animaux domestiques*, est décrit en détail à l'art. *Almanachs* (voy. ce mot). Huzard en a été, jusqu'à la fin, un des principaux rédacteurs.

Rapport fait au Conseil du Roi, sur le Cornage et le Sifflage des Chevaux, par J. B. Huzard, vétérinaire. *Paris, Cailleau*, 1783.

Broch. in-8° de 52 p. réimprimée à la suite de l'ouvrage suivant.

Essais sur les Eaux aux jambes des Chevaux. Ouvrage qui a remporté le prix d'encouragement que la *Société royale de Médecine* a donné sur les Maladies des Animaux, dans sa séance publique tenue au Louvre le 26 août 1783. On y a joint un rapport fait au *Conseil du Roi* sur le Cornage et le Sifflage des Chevaux. Par M. Huzard, Vétérinaire à Paris. *Paris, Vve Vallat-la-Chapelle*, 1784.

1 vol. in-8° de 115 p. A la fin, approbation de la *Société royale de Médecine*, signée *Vicq-d'Azyr*, Secrétaire perpétuel.

Notice historique et critique des principaux Hippiâtres qui ont écrit sur la Morve; par Huzard. *Paris*, 1786.

Broch. in-12 de 23 p. Extrait du *Journal de Médecine*, cahier de Mai 1786.

Traité des Haras... par Jean-George Hartmann... Traduit de l'Allemand, sur la seconde Edition & sous les yeux de l'Auteur : avec figures : Revu et publié par M. Huzard, Vétérinaire à Paris, de plusieurs Académies &a. *Paris, Théophile Bignon*, 1788.

1 vol. in-8° de LVI-312 p. plus 2 f^{ts} non ch. pour les errata, l'approbation et le privilège. Huzard est l'auteur de cette traduction qu'il a enrichie de notes et qu'il a dédiée au Chevalier de *La Font-Pouloti* (voy. ce nom). Pour le détail du titre et de l'ouvrage, voy. *Hartmann*.

Observations sommaires présentées à l'Assemblée nationale sur l'Ecole vétérinaire d'Alfort. *Paris, Imp. P. Fr. Didot le jeune*, 1790.

Broch. in-8° de 37 p.

Ces *Observations* sont l'œuvre de

Flandrin et Huzard, et non de Lafosse, comme l'indique le *Catalogue Huzard*. Elles ont au contraire pour but de défendre les Ecoles vétérinaires contre les violentes attaques de Lafosse et contre les projets de translation proposés par Broussonnet et autres (voy. Lafosse et Broussonnet). Les auteurs passent en revue l'organisation des Ecoles vétérinaires, études, programmes, matériel, discipline, emplacement, etc., et font justice des critiques dont elles étaient l'objet.

La brochure est terminée par un *Etat des Epizooties traitées en 1790 par les Elèves de l'Ecole d'Alfort*, déjà imprimé dans le volume des *Instructions et Observations vétérinaires* pour l'année 1790.

Précis pour les Maréchaux de Paris. Remis à la Municipalité le 4 Juin 1791. *Paris, Imp. de la Jussienne.*

In-4º de 8 p. à 2 col. dont la 2ᵉ contient les demandes et réclamations des Garçons maréchaux (qui gagnaient 36 sous par jour et en demandaient 44) et la 1ʳᵉ les observations des Maîtres maréchaux en réponse à ces demandes. Le *Précis* est signé de nombreux noms et, en tête, de celui d'*Huzard* qui en a été le rédacteur.

Instruction sommaire aux Voituriers, Conducteurs de fourgons & autres voitures publiques nationales, sur les soins qu'ils doivent donner à leurs Chevaux en route pour les conserver en santé, prévenir les accidens auxquels ils sont exposés & remédier à ceux qui pourroient leur arriver. Par Huzard, Vétérinaire en Chef des Messageries nationales. *Paris, Imp. et Librairie vétérinaire de J. B. Huzard,* 1793.

Broch. in-8º de 62 p., rédigée par Huzard, sur l'invitation de l'Administration des Messageries quand elle devint administration civile.

Supplément à l'Instruction pour les Conducteurs et Cochers des Messageries nationales, relativement à la Morve. *Paris, Imp. et Libⁱᵉ Vétʳᶜ de J. B. Huzard,* An II de la République, 1794 Vˣ Style.

Broch. in-8º de 11 p., qui a eu une 2ᵉ édᵒⁿ, semblable.

Instruction sur les soins à donner aux Chevaux pour les conserver en santé sur les routes et dans les camps ; prévenir les accidens auxquels ils sont exposés, & remédier à ceux qui pourroient leur arriver. Imprimée par ordre du Comité de Salut public. *Paris, de l'Imp. vétérinaire.* An II.

Broch. in-8º de 57 p., signée *Liévain, Lemercier, Moreaux,* Commissaires des Transports militaires, et qui a été rédigée par *Huzard.* Elle est précédée d'un Arrêté du Comité de Salut public du 4 Fructidor, An II.

Cette *Instruction,* qui reproduit à peu près l'*Instruction sommaire aux voituriers,* fut adoptée par le Ministre de la Guerre pour les Armées, adressée par l'Arrêté du Comité de Salut public aux Chefs des dépôts de Chevaux de la République, aux Commissaires des guerres qui en avaient la surveillance, aux Vétérinaires, aux Maréchaux Experts, aux Municipalités, aux Chefs de convoi et aux Administrations de District.

Ces dernières les firent souvent réimprimer à leur compte ; aussi, en dehors des édᵒⁿˢ postérieures données à Paris, chez Bellard, à l'Imp. vétérinaire, en l'an III ; à Strasbourg, chez Levrault, aussi en l'an III avec une traduction allemande, existe-t-il une quantité d'édᵒⁿˢ de province, dues aux administrations départementales (1). Il y en a eu au moins 70.000 exemplaires.

Dès l'an II, on ajouta à cet opuscule l'*Instruction sur les moyens propres à prévenir l'invasion de la Morve...* décrite ci-après, et la brochure se trouva ainsi portée de 57 à 84 p. (2).

Vingt-cinq ans après, elle fut réimprimée sous le titre suivant :

Instruction sur les soins à donner

(1) Je possède un exemplaire de *Montpellier, Imprimerie révolutionnaire chez Bonnarq;* un autre imprimé à *Genis-le-Patriote* (Sᵗ-Genis l'Argentière, Rhône), etc. Ces exemplaires publiés dans les départements sont souvent assez curieux, parce qu'ils donnent les noms révolutionnaires, maintenant oubliés, d'un grand nombre de Communes. Comme à ce moment on n'imprimait guère, il serait difficile de retrouver ces noms sur d'autres publications.

(2) Je possède un exemplaire, réunissant ainsi les deux ouvrages, publié chez *Masson et Durie,* à *Blois,* en l'an III, et qui est intitulé : *Le Parfait Cavalier, ou Instructions sur les soins à donner aux Chevaux... et sur les moyens propres à prévenir l'invasion de la morve...* Je n'ai retrouvé cette addition des mots « Le Parfait Cavalier » sur aucun autre exemplaire.

aux Chevaux, pour les conserver en santé sur les routes, dans les camps, aux relais, etc., etc., et remédier aux accidens qui pourroient leur survenir. *Nouvelle Edition* augmentée. Paris, *Imp. et Librairie de Mme Huzard (née Vallat-la-Chapelle)*, Juillet 1817.

Broch. in-8° de 76 p., dont les dernières traitent de la morve.

Instruction sur les moyens propres à prévenir l'invasion de la morve, à en préserver les Chevaux et à désinfecter les Ecuries où cette maladie a régné. *Paris, Imp. Vétérinaire*, An II.

Broch. in-8° de 30 p.

Cette brochure a été réimprimée en l'An III, et a eu de nombreuses éditions en province. On a vu qu'elle avait été aussi ajoutée, dans un grand nombre d'exemplaires, à l'*Instruction sur les soins à donner aux chevaux*. Originairement, elle avait été rédigée par Chabert, en 1785 (voy. ce nom).

Enfin, en 1797, la collaboration de Chabert reparaît :

Instructions sur les moyens de s'assurer de l'existence de la Morve, sur ceux propres à prévenir l'invasion de cette Maladie, à en préserver les Chevaux & à désinfecter les Ecuries où elle a régné. Par P. Chabert & J. B. Huzard, de l'Institut national, de la Société de Médecine de Paris, &a. Imprimées par ordre du Gouvernement. *Quatrième Edition*, à laquelle on a ajouté la dernière Loi sur les Maladies contagieuses. *Paris, Imp. et Lib^ie Vétérinaire de M. R. Huzard*. An V. (1797 v. st.)

1 vol. in-8° de 104 p.

L'*Avertissement* qui précède cette éd^on fait connaître qu'on y a réuni :

1° L'*Instruction* rédigée par le C. Chabert, imprimée par ordre du Gouvernement en 1785, réimprimée en 1790, & en Frimaire de l'an II, traduite en allemand.

2° L'*Instruction* rédigée par le C. Huzard, imprimée par ordre du Comité de Salut Public, l'an II, réimprimée l'année suivante, & successivement dans presque tous les Départemens, traduite en Allemand, en Hollandois, &a.

3° L'*Instruction* que le Conseil exécutif provisoire fit rédiger en Frimaire de l'an II, pour les Vétérinaires chargés d'inspecter ou de visiter les Chevaux suspectés ou affectés de Morve...

4° La *Loi du 16 Juillet 1784* sur les Maladies contagieuses en général et sur la Morve en particulier.

On voit que cette éd^on est la plus complète.

L'*Instruction sur la Morve* fut encore réimprimée en l'an VI, mais cette éd^on est signée du seul nom de *Chabert*. Elle a été publiée à Paris chez *Meurant* et contient 80 p.

Chabert et Huzard ont donc collaboré à ce travail sans que leurs deux noms y aient toujours figuré. Cet opuscule a été tiré à un très grand nombre d'exemplaires.

Em l'an V (1797), Huzard donna une éd^on du *Traité de la Conformation extérieure du Cheval*, de *Bourgelat*, et y ajouta des notes et des commentaires qui ont été reproduits dans les éd^ons postérieures de cet ouvrage (voy. *Bourgelat*).

Instruction sur l'amélioration des Chevaux en France, destinée principalement aux Cultivateurs. Présentée par le Conseil général d'Agriculture Arts et Commerce du Ministère de l'Intérieur. Rédigée par J. B. Huzard. — Imprimée par ordre du Ministre de l'Intérieur — *Paris, Mme Huzard*, An X.

1 vol. in-8° de 275 p.

Cet important ouvrage, souvent mis à contribution par les auteurs qui ont plus tard écrit sur le même sujet, contient beaucoup de vues judicieuses et d'utiles conseils. Il est précédé d'un historique intéressant, qui montre l'état déplorable d'avilissement dans lequel étaient tombées nos races de chevaux après la suppression des Haras en 1790, qui entraîna « le pillage le plus révoltant », et la destruction des étalons, des juments, pleines et de leurs produits ; puis surtout après les guerres de la Révolution et le fléau des réquisitions qui forçaient l'éleveur, pour y échapper, à ne tirer race que « d'animaux de rebut ».

Huzard traite ensuite des races et des différents modes d'amélioration ; et, si certains de ses préceptes ont vieilli ou ont été contestés, ils ont, en tout cas, ouvert la voie à de fructueuses discussions et ont souvent servi de base à plus d'un progrès. Il traite de main de maître les questions d'hygiène et aborde aussi celle des encouragements et des courses, toute nouvelle alors (1).

Réponse à *Tupputi*. Extrait du *Moniteur* du 10 août 1807. Lettre au Président de la Société d'Agriculture du Département de la Seine, par J. B. Huzard. *Paris, M*^{me} *Huzard*, 1807.

Broch. in-8° de 11 p.

Ce *Tupputi* (voy. ce nom) avait écrit au même Président de la Société d'agriculture, une lettre dans laquelle il affirmait la fécondité des Mulets, l'existence des Jumarts, etc.; ce sont ces assertions que combattit Huzard dans l'opuscule précédent. Tupputi, d'ailleurs, ne se tint pas pour battu et répliqua par une 2e lettre à laquelle il joignit deux pl., l'une représentant la tête du prétendu jumart et l'autre l'animal entier : il ressemble simplement à un âne mal bâti.

Rapport fait à la classe des Sciences mathématiques et physiques de l'Institut de France dans sa séance du 14 décembre 1807, sur une brochure intitulée : *Essai sur la création de deux mots ou termes techniques, savoir : un pour la médecine des animaux connue sous le nom d'art vétérinaire ; et l'autre pour celui qui exerce cette science ; dédié à S. Exc. le Ministre de l'Intérieur ; par P*^{re} *Noyez, Médecin vétérinaire... etc... par J.B. Huzard. Paris, Imp. de M*^{me} *Huzard*, 1810.

Broch. in-8° de 7 p.

Ce rapport avait été précédemment inséré dans le *Journal de Médecine*, etc., de Janvier 1808. Pour le détail de la brochure de Noyez, au sujet de laquelle il est établi, voy. ce nom.

Notice sur les mots : Hippiâtre, Vétérinaire et Maréchal, par J. B. Huzard. *Troisième Edition. Paris, Imp. de M*^{me} *Huzard*, 1816.

Broch. in-8° de 8 p.

C'est la reproduction à peu près textuelle de la brochure précédente, de laquelle on a seulement supprimé ce qui avait rapport nominativement à Noyez. Elle porte l'indication de 3e éd^{on}, la 1re publication en ayant été faite dans le *Journal de médecine* de 1808, et la 2e en 1810, comme il vient d'être indiqué.

(1) Pour une analyse de cet ouvrage, voy. *Challan*.

Instruction sur l'emploi du Fourrage haché, composé de Paille, Trèfle, Luzerne et Sainfoin pour la nourriture des Chevaux. *Paris, Imp. de M*^{me} *Huzard (née Vallat-la-Chapelle)*, Décembre 1819.

In-4° de 4 p., anonyme.

Cette instruction est très probablement d'Huzard, qui a rédigé le rapport suivant, mais je ne saurais l'affirmer.

Etablissement de Fourrage haché composé de Paille, Trèfle, Luzerne et Sainfoin, Foire Saint-Laurent N° 5, Faubourg Saint-Martin, près le Marché à la Paille — Rapport fait à la Société royale et centrale d'Agriculture dans sa Séance du 21 Février 1821 sur l'emploi de la Paille hachée pour la nourriture des Chevaux, par MM. le Chevalier Tessier, le Mis de Cubières, Yvart, Desplas, le Chevalier Huzard, Rapporteur. *Paris, Imp. de M*^{me} *Huzard (née Vallat-la-Chapelle)*, Avril 1821.

In-4° de 4 p.

Avis sur les Chevaux pris de chaleur. *Paris, Imp. de Madame Huzard (née Vallat-la-Chapelle)*. Juin 1822.

In-8° de 7 p., anonyme.

Rapport fait à l'Académie royale des Sciences de l'Institut de France le 12 Juin 1826 par M. Huzard sur un Ouvrage intitulé : *Etudes de Chevaux dessinées d'après nature, au Haras royal de Newstadt-sur-la-Dosse, dans la Marche de Brandebourg, lithographiées à Paris en 1825, par Frédéric Bürde, Paris,* 1825 (1). — Hommage fait à l'Académie royale des Sciences au nom de l'Auteur par le Bon de Humboldt. *(Paris), Imp. de M*^{me} *Huzard, née Vallat-la-Chapelle*. Octobre 1826.

Broch. in-8° de 7 p.

Rapport élogieux. Huzard demande l'envoi de remerciements à l'auteur.

Conjectures sur l'origine ou l'étymologie du nom de la maladie connue dans les Chevaux sous le nom de Fourbure, auxquelles on a ajouté des notes bibliographiques sur

(1) Cet Atlas se composait de 8 pl. et d'un f^t de texte, voy. *Bürde*.

quelques anciens ouvrages de vétérinaire; par M. Huzard, de l'Institut Royal de France. *Paris, Imp. de Mme Huzard (née Vallat-la-Chapelle)*, 1827.

Broch. in-8° de 24 p.

Huzard a aussi publié plusieurs opuscules sur les races bovine et ovine. Mais l'énumération ci-dessus de ceux de ses ouvrages qui ont été tirés à part ne donne qu'une faible idée de ses travaux, presque tous disséminés dans diverses publications périodiques ou autres. C'est ainsi qu'il a contribué à la rédaction des notes savantes qui ont été ajoutées à l'éd^{on} de 1806 du *Théâtre d'agriculture* d'Olivier de Serres, qu'il a collaboré au *Dictionnaire d'Agriculture*, à celui d'*Histoire naturelle* publié par Déterville, au *Cours* et surtout aux *Annales d'agriculture*. Plus de 300 articles du *Dictionnaire de médecine* de l'*Encyclopédie Méthodique* lui sont dus, et pendant vingt ans il rédigea les rapports sur les *Concours de Mémoires de Médecine vétérinaire*. Il a aussi publié d'intéressants articles de Bibliographie et avait réuni douze volumes in-f° de rapports et de procès-verbaux, imprimés et manuscrits, sur des questions d'arbitrage, de garantie et de jurisprudence vétérinaire.

HUZARD (Jean-Baptiste) dit **HUZARD fils**.

Vétérinaire français, fils du précédent, 1793-1878. Elève d'Alfort, de 1812 à 1814, il y devint répétiteur et quitta l'Ecole en 1818 pour s'établir à Paris. Dans de nombreux voyages, il fit à l'étranger une étude particulière des questions chevalines. Ses travaux et surtout le nom de son père lui ouvrirent les portes de plusieurs Sociétés savantes : il était membre de l'Académie de médecine, de la Société centrale d'Agriculture, du Conseil de Salubrité, et fut l'un des fondateurs de la Société centrale de Médecine vétérinaire.

La similitude de ses prénoms avec ceux de son père est cause qu'on les a quelquefois confondus et qu'on a commis, dans les catalogues ou les bibliographies, de fréquentes erreurs pour l'attribution de leurs ouvrages.

Notice sur les Chevaux Anglais et sur les Courses en Angleterre, lue à la *Société royale et centrale d'Agriculture*, le 7 mai, et à l'*Académie royale des Sciences*, le 28 Juillet 1817, par M. Huzard fils, Médecin vétérinaire, Correspondant de la Société royale et centrale d'Agriculture, Membre adjoint au Conseil de Salubrité. *Paris, Mme Huzard (née Vallat-la-Chapelle)*, 1817.

Broch. in-8° de 51 p. Les 9 dernières contiennent le rapport fait par Silvestre à l'*Académie des Sciences* au sujet de la *Notice* et l'approbation de cette Compagnie.

Huzard, qui venait de faire un voyage d'études en Angleterre, rend justice à l'institution des courses et à la supériorité des chevaux anglais, mais il n'approuve pas leur usage comme étalons améliorateurs en France.

Esquisse de Nosographie vétérinaire par Huzard fils (*Extrait du nouveau Dictionnaire d'Histoire naturelle*), 1818.

1 vol. in-8° de 141 p.

Au moment de l'impression du *Dictionnaire* de Déterville, Huzard avait fait tirer pour lui quelques exemplaires de l'article *Médecine vétérinaire* en en modifiant le titre. C'est l'éd^{on} ci-dessus, à peu près disparue. Il la fit, deux ans plus tard, réimprimer sous le même titre, avec quelques corrections et additions.

Esquisse de Nosographie vétérinaire par J.-B. Huzard fils, Médecin-vétérinaire, Correspondant de la Société royale et centrale d'Agriculture. *Seconde Edition. Paris, Mme Huzard et chez Déterville*, 1820.

1 vol. in-8° de 342 p. dont la plus grande partie est consacrée aux maladies du Cheval.

L'ouvrage a été contrefait à *Bruxelles* en 1820 et réimprimé en 1822 sous forme d'*Extrait du Nouveau Cours complet d'Agriculture. Nouvelle Edition.*

Quelques observations sur l'Introduction d'un ouvrage intitulé : *Cours théorique et pratique de maréchallerie vétérinaire, par M. Jauze, Vétérinaire*, etc., par J.-B. Huzard fils, Médecin-Vétérinaire, *Paris, Mme Huzard*, 1818.

Broch. in-4° de 23 p.

Cette critique, souvent judicieuse, ne fut pas du goût de Jauze, qui publia aussitôt une *Réponse à un opuscule...* dans laquelle il désigne Huzard sous le titre de « Monsieur le jeune vétérinaire ». (Voy. Jauze.)

Des assemblées agricoles en

Angleterre, par J.-B. Huzard fils, Médecin-Vétérinaire, Correspondant de la Société royale et centrale d'Agriculture. *Paris, Imp. de M*^{me} *Huzard*, 1819.

Broch. in-8º de 15 p. qui n'intéresse la question hippique que par l'énumération des prix donnés aux meilleurs étalons.

Pousse des Chevaux, par Huzard fils. *Paris, M*^{me} *Huzard*, S. D. (1822).

Broch. in-8º de 8 p. Extrait du *Nouveau Cours complet d'Agriculture de Déterville, nouvelle éd*^{on}, t. XII.

Notice sur quelques races de Chevaux, sur les Haras et sur les Remontes de l'Empire d'Autriche, par M. Huzard fils, Médecin-vétérinaire, Correspondant de la Société royale et centrale d'Agriculture, Membre adjoint du Conseil de Salubrité. *Paris, M*^{me} *Huzard*, 1823.

Broch. in-8º de iv-58 p. Extrait des *Annales d'Agriculture*, 2ᵉ Série. T. XXI.

Huzard venait de faire en Autriche un long voyage pendant lequel il avait eu toutes facilités pour bien observer l'élevage et les établissements hippiques de ce pays, alors peu connus en France. Sa brochure est intéressante à comparer avec les nombreux ouvrages modernes publiés sur le même sujet.

Quelques réflexions polémiques sur les lésions morbides de la Plèvre du Cheval, par J.-B. Huzard fils. *Paris, M*^{me} *Huzard*, 1824.

Broch. in-8º de 7 p. qui se rapporte à un cas de jurisprudence vétérinaire. Extrait des *Annales d'Agriculture*.

Note sur la Maladie épizootique des Chevaux, par M. Huzard fils. (Extrait des *Annales d'Agriculture*, 2ᵉ Série, tome XXIX). *Paris, Imp. de M*^{me} *Huzard*, Avril 1825.

Broch. in-8º de 15 p.

De la Garantie et des Vices rédhibitoires dans le commerce des Animaux domestiques; Par J.-B. Huzard fils, Médecin-vétérinaire, Membre de la Société royale et centrale d'Agriculture. *Paris, M*^{me} *Huzard*, 1825.

1 vol. in-12 de v-313 p. Dédicace « à Messieurs les Président et Juges « composant le Tribunal de Commerce « du Département de la Seine ».

Même ouvrage, 2ᵉ *Edition. Paris, M*^{me} *Huzard*, 1829.

1 vol. in-12 de... p.

Même ouvrage, 3ᵉ *Edition. Paris, M*^{me} *Huzard*, 1833.

1 vol. in-12 de 432 p.

Même ouvrage, 4ᵉ *Edition. Paris, M*^{me} *Huzard*, 1837.

1 vol. in-12 de... p.

Jusqu'à ce moment, les différentes éd^{ons} de *La Garantie*... ne différaient entre elles que par des additions ou corrections d'importance secondaire. Mais la Loi du 20 mai 1838 en codifiant et en unifiant les coutumes locales éparses et souvent contradictoires, ainsi que l'application du Code civil au commerce des animaux domestiques, enleva tout intérêt aux ouvrages antérieurs sur la question. Aussi Huzard s'empressa-t-il de donner une nouvelle éd^{on} de son livre, dès que la Loi de 1838 eut été promulguée.

De la Garantie et des Vices rédhibitoires dans le Commerce des Animaux domestiques d'après la loi de 1838; par J.-B. Huzard, Médecin Vétérinaire, Membre de la Société royale et centrale d'Agriculture, de la Société philomatique de Paris, du Conseil de Salubrité, Correspondant de l'Académie royale des Sciences de Turin et de plusieurs Sociétés d'Agriculture des Départemens; de la Légion d'honneur. *Paris, M*^{me} *V*^{ve} *Huzard*, 1839.

1 vol. in-16 de viii-236 p.

Pour l'éd^{on} suivante, Huzard emprunta le secours d'un jurisconsulte...... et d'un jurisconsulte normand.

De la Garantie et des Vices rédhibitoires dans le commerce des Animaux domestiques, d'après la Loi du 20 Mai 1838, et dans le commerce des Animaux destinés à la consommation. *Nouvelle Edition*, entièrement refondue, considérablement augmentée et contenant le texte de tous les jugements et arrêts rendus en cette matière; avec des observations critiques. Par J.-B. Huzard, Médecin Vétérinaire... (etc., comme ci-dessus), et Adrien Harel, avocat à la Cour royale de Rouen. *Paris, V*^{ve} *Bouchard-Huzard*, 1844.

1 vol. in-12 de 379 p.

Huzard était, comme son père, un maitre en fait d'expertises légales et de contestations dans le commerce des animaux domestiques; mais la loi de 1884 n'a laissé à son ouvrage sur la garantie qu'un intérêt rétrospectif. Cependant, plusieurs des exemples cités sont intéressants pour un acheteur ou vendeur amateur.

Notice sur les Courses de Chevaux et sur quelques autres moyens employés pour encourager l'Elève des Chevaux en France, par M. Huzard fils. *Paris, Mme Huzard*, 1827.

Broch. in-8° de 39 p.

A la note de la p. 5 de cet opuscule, Huzard parle d'un compte rendu fait par lui sur une *Notice sur le Haras de Pompadour, les Primes et les Courses*, qui a paru dans l'*Annuaire du Dép^{nt} de la Corrèze pour 1827*.

Des Haras domestiques en France; par J.-B. Huzard fils, Médecin-vétérinaire, Membre de la Société royale et centrale d'Agriculture et de la Société Philomatique de Paris; Membre adjoint du Conseil de Salubrité, Correspondant de plusieurs Sociétés savantes des départemens et de l'Académie royale des Sciences de Turin. *Paris, Mme Huzard (née Vallat-la-Chapelle)*, 1829.

1 vol. in-8° de VIII-452 p.

Des Haras domestiques et des Haras de l'Etat en France; par J.-B. Huzard... (etc., comme ci-dessus), ancien Médecin-vétérinaire. *Deuxième Edition. Paris, Vve Bouchard-Huzard*, 1843.

1 vol. in-8° de 484 p.

Dans cet ouvrage, toutes les questions relatives à l'élevage sont traitées. Celles qui concernent la sélection et le métissage le sont avec d'intéressants détails; Huzard explique bien la cause des déboires qu'éprouvent les éleveurs aux premiers croisements de leurs juments avec des étalons de race supérieure, et donne le moyen de les éviter.

Dans la 2e éd^{on}, l'addition, sur le titre, des mots « *et des Haras de l'Etat* » est justifiée par des renseignements sur l'Administration des Haras et par un Chapitre sur la question soulevée par le Général Oudinot, en 1842, (voy. ce nom)

quand il proposait le transfert des Haras à la Guerre, et provoquait ainsi une violente polémique qui se traduisit par un flot de brochures pour et surtout contre cette mesure. Huzard s'y déclare opposé par des considérations dont la plupart n'ont rien perdu de leur valeur.

Chevaux Anglais de pur-sang, ce que l'on doit entendre par ces mots; par J.-B. Huzard fils, Médecin-vétérinaire, Membre de la Société royale et centrale d'Agriculture, de la Société Philomatique de Paris et de plusieurs autres Sociétés savantes, Inspecteur général adjoint des Bergeries royales. *Paris, Mme Huzard*, 1830.

Broch. in-8° de 23 p. Extrait des *Annales administratives et scientifiques de l'Agriculture française*.

Dans ces *Annales*, cet article est précédé de plusieurs autres donnant l'histoire du Cheval anglais.

De quelques questions relatives au Métissage dans les Animaux domestiques, par J.-B. Huzard fils... (etc., comme ci-dessus). *Paris, Mme Huzard*, 1831.

Broch. in-8° de 28 p. Extrait des *Annales de l'Agriculture française*, 3e série, T. VII.

L'auteur explique pourquoi les règles du métissage varient suivant les différentes espèces animales.

Encore un mot sur les Courses de chevaux en France par J.-B. Huzard fils. *Paris, Imp. de Mme Huzard*, 1831.

Broch. in-8° de 16 p.

Conseil de Salubrité. — Rapport à M. le Préfet de Police sur les faits de Morve du Cheval communiquée à l'Homme. *Paris, Imp. L. Bouchard-Huzard*, 1839.

Broch. in-8° de 24 p., qui est l'œuvre de Huzard, rapporteur d'une commission composée de MM. Juge, le Dr Emery et Guéraud, qui ont signé avec lui.

Elève des animaux domestiques. Sur les mots Croisement, Métissage, Appareillement, Appatronement et Appariement, et les faits que ces mots désignent, par Huzard fils. *Paris, Bouchard-Huzard*, 1840.

Broch. in-8° de 15 p.

Société Royale et Centrale d'Agriculture — Notes économiques sur les causes qui, en France, s'opposent à l'extension de l'Elevage des Chevaux de Cavalerie, lues à la Société dans sa Séance du 4 février 1846 par M. Huzard, l'un de ses Membres. Extrait des *Mémoires* de la Société pour l'année 1846. *Paris, Imp. de Mme Vve Bouchard-Huzard*.

Broch. in-8° de 31 p.

Etude détaillée et très exacte à cette époque ; mais les inconvénients signalés ont actuellement à peu près tous disparu.

Du Métissage général des Chevaux français de selle et de carrosse par le pur sang anglais, comme moyen d'améliorer les premiers. Note lue à la Société impériale et centrale d'Agriculture dans sa séance du 22 Mars 1854, par M. Huzard, membre de la Société. *Paris, Imp. Vve Bouchard-Huzard*, (1854).

Broch. in-8° de 15 p.

Des ventouses d'aération dans les Bergeries, Vacheries et Ecuries. *Paris, Imp. de Mme Vve Bouchard-Huzard*, S. D. (1855).

Broch. in-8° de 16 p. avec 2 fig. d. l. t., extraites du *Traité des Constructions rurales* par L. Bouchard-Huzard (voy. ce nom). Extrait des *Annales de l'Agriculture française* et signé à la fin.

Note sur les Accouplements entre consanguins dans les Familles ou Races des principaux Animaux domestiques ; par M. Huzard, membre de la Société impériale et centrale d'agriculture. *Paris, Imp. de Mme Vve Bouchard-Huzard*, S. D. (1857).

Broch. in-8° de 16 p. (Extrait de la *Revue et Magasin de Zoologie*. N° 4-1857).

Voy. sur le même sujet, broch. de 1863.

Pourquoi, dans les Concours agricoles, primer les Etalons plus que les Juments ? par M. Huzard, Chevalier de la Légion d'honneur, Membre de la Société Impériale et centrale d'Agriculture de France, de l'Académie Impériale de Médecine, du Conseil d'Hygiène publique et de Salubrité de la Seine. Extrait du *Journal des Haras*, N° d'Août 1860. *Paris, Imp. Vve Bouchard-Huzard*, 1860.

Broch. in-8° de 10 p.

L'auteur cherche à démontrer « qu'il « est plus rationnel de donner aux juments « des prix supérieurs aux étalons ».

Des accouplements entre Animaux consanguins, par J.-B. Huzard. Extrait de la *Vie à la Campagne*, n° du 15 Janvier 1863 *Paris, Imp. Vve Bouchard-Huzard*, (1863).

Broch. in-8° de 10 p.

Huzard s'y déclare partisan des accouplements consanguins. Voy. 1857.

Comment les Races chevalines se forment et se conservent. Alliances consanguines. Par M. Huzard, (etc...) *Paris, Imp. Vve Bouchard-Huzard*, 1864.

Broch. in-8° de 30 p. Extrait du *Bulletin des séances de la Société imp. et cent. d'Agriculture*.

Zoologie agricole — Formation par métissage de Races fixes d'Animaux domestiques ; par M. Huzard, Membre de la Société impériale et centrale d'Agriculture de France. *Paris, Imp. Vve Bouchard-Huzard*, 1865.

Broch. in-8° de 19 p. Extrait des *Annales de l'Agriculture française* du 15 juin 1865.

Dans tous ces opuscules, Huzard traite la question de la fixation d'une race par le métissage, ce qu'il croit possible, et réfute les arguments opposés par les adversaires de cette opinion.

Manuel du petit Eleveur de poulains dans le Perche et spécialement dans le Perche d'Eure-et-Loir ; par J.-B. Huzard, Officier de la Légion d'honneur... etc. *Paris, Vve Bouchard-Huzard*, S. D. (1868 ?).

1 vol. in-12 de 165 p. avec une lithographie de Lalaisse, représentant une jument percheronne suitée, formant frontispice.

En 1867, le Conseil général d'Eure-et-Loir avait mis au concours la rédaction d'un ouvrage sur l'élevage du cheval percheron. Huzard faisait partie de la commission d'examen. Le sujet, mal traité, fut remis au concours ; les concurrents réussirent cette fois, et Huzard traita le sujet pour son compte personnel. Son petit livre est rempli de bons conseils, mais qui, dans la pratique, ne sont pas toujours faciles à suivre pour le petit éleveur peu fortuné auquel il s'adresse. Fidèle à son ancienne théorie, Huzard y soutient l'importance qu'il faut attacher au choix de la jument, de préférence à celui de l'étalon.

En dehors des ouvrages ou opuscules qui ont été publiés à part et dont l'énumération ci-dessus est peut-être incomplète, Huzard a écrit divers mémoires ou traités sur les bêtes bovines et ovines, sur quelques questions d'agriculture, etc. En outre, il a été un collaborateur assidu des *Annales de l'Agriculture française*, du *Journal des Haras*, de la *Vie à la campagne* et d'autres publications périodiques, agricoles, médicales et vétérinaires.

HYMANS (Louis).

Littérateur belge, ancien membre de la Chambre des représentants, ancien professeur d'histoire au Musée royal de l'Industrie, membre correspondant de l'Académie des Sciences, Lettres et Beaux-Arts de Belgique. 1829-1884.

XXV⁰ Anniversaire de l'Inauguration du Roi — Les Fêtes de Juillet — Compte rendu des Solennités et Cérémonies publiques célébrées à Bruxelles les 21, 22 et 23 Juillet 1856 par Louis Hymans. *Bruxelles, Alexandre Jamar* (1856).

1 vol. gr. in-8° de 104 p. de t. à 2 col. avec couvertures et titre illustrés, 25 pl. à pleine p. dont 3 doubles, nombreuses fig. et vignettes d. l. t., portraits, en-tête de chapitres, culs-de-lampe, etc., gravés sur bois.

La 3ᵉ partie, p. 71 à 98, avec 12 pl. et 2 dessins d. l. t., donne la description de la cavalcade qui occupa la 3ᵉ journée des fêtes.

HYNDERICK DE THEULEGOET (Gaston-Félix-Joseph-Jules-Marie-Guislain) et TIBERGHIEN (Paul).

Le premier, ancien Colonel d'Etat-Major et hippologue belge. 1846-1914. Le second, éleveur belge, ancien conseiller provincial et sénateur, 1844-1898.

Le Cheval de Trait Belge et le Concours annuel de 1886, par le Chevalier G. Hynderick, Capitaine d'Etat-Major et Paul Tiberghien, Conseiller provincial. *Bruxelles, Imp. Vᵛᵉ Monnom*, 1887.

Broch. in-8° de 61 p., avec 7 pl. h. t.

représentant des types de chevaux de trait, par Georges Bernier.

Jockey-Club Belge — La Défense des Courses. *Bruxelles, Imp. Van Assche*, S. D. (1897).

Protestation contre la loi belge prohibant les paris de courses, anonyme.

Pour un ouvrage en collaboration, publié en 1897, voy. *Fédération de l'Elevage du Cheval*.

L'Espèce chevaline à travers le Monde. Ouvrage contenant 40 Planches lithographiées en couleurs d'après les tableaux spécialement exécutés par O. Eerelman, publié sous la direction et avec texte du Chevalier G. Hynderick de Theulegoet et sous le patronage officiel de la Société Royale Hippique de Belgique. *Anvers, Libᵗᵉ Néerlandaise*, S. D.

Album in-plano de 171 p. plus 1 fᵗ de table avec les 40 pl. annoncées au titre. Gravure sur le titre, vignettes, culs-de-lampe et lettres ornées. Dédicace à MM. le Cᵗᵉ de Mérode-Westerloo, Président de la Société « Le Cheval de Trait », et E. Van Derton, Président du Jockey-Club de Belgique.

L'ouvrage a été tiré à 150 exemplaires, tous sur papier de Hollande, et a paru par fascicules de 1905 à 1907.

Monographie du Cheval de Trait Belge, par le Chevalier Hynderick de Theulegoet. Illustrée de 14 Planches en héliogravure hors texte d'après les dessins de A. Clarys. *Bruxelles, G. Van Oest*, 1911.

1 vol. gr. in-8° obl. de 123 p. avec les 40 pl. annoncées au titre, représentant, sauf une, des chevaux belges. Titre de la couverture rouge et noir.

I

IBN-AL-AWAM et CLÉMENT-MULLET, traducteur.

Ibn-al-Awam, savant arabe qui vivait à Séville vers le XIIᵉ siècle — Clément-Mullet (J.-J.) orientaliste français.

Le Livre de l'Agriculture d'Ibn-al-Awam (Kitab-al-Felalah). Traduit de l'Arabe par J. J. Clément-Mullet, des Sociétés géologique et asiatique de Paris, de la Société Impériale d'Horticulture et de la Société d'Agriculture de l'Aube.

(Ouvrage couronné par la Société Impériale d'Agriculture de Paris). *Paris, A. Franck; Albert Hérold, succ^r, 1864, 1866, 1867.*

2 vol. in-8°. Le tome I est de 1864 et comprend 657 p Le tome II se divise en deux parties, la 1re, de 1866, a 460 — 24 p; la 2me, de 1867. en contient x-293, et une pl. d'anatomie du cheval.

De la p. 18 à la p. 228 de la 2e partie du tome II. se trouve un Traité complet et détaillé du Cheval, suivi de préceptes pour le maniement des armes à cheval et de quelques notes succinctes sur l'Ane et le Mulet.

IDÉES PRATIQUES SUR LES MANŒUVRES DE LA CAVALERIE.

Idées pratiques sur les Manœuvres de la Cavalerie, par un Officier de Cavalerie. *Paris, dans les Bureaux de l'Illustration Militaire.* 1868.

Broch. in-8° de 79 p. avec 4 pl. se dépliant et représentant des formations.

L'auteur examine successivement les écoles de peloton et d'escadron, les évolutions de régiment et de ligne, les commandements et les sonneries, et propose diverses modifications et simplifications à l'ordonnance de 1829 alors en vigueur et à laquelle d'ailleurs il ne touche que d'une main timide. Les propositions d'Itier (voy. ce nom) avaient plus de portée.

D'après une note manuscrite que j'ai lue sur un exemplaire de cet opuscule et que je crois exacte, il serait l'œuvre posthume du Général Jacquemin (F.-M.) (voy. ce nom), et aurait été publié par son fils le Général G.-P. Jacquemin, alors capitaine, devenu commandant de corps d'armée et mort en 1907.

IDEVILLE (André-Elisabeth-Anatole-Emilien COMTE LE LORGNE D').

Officier de cav^ie français, né en 1864, sous-lieut^nt en 1888, cap^ne et démissionnaire en 1902.

Le Raid national militaire Paris-Rouen-Deauville, fondé et organisé par « Armes et Sports ». 12-15 Août 1903, par le Comte d'Ideville, ancien Capitaine de Cavalerie. *Levallois-Perret, Imp. Spéciale des « Armes et Sports ». Paris, Adolphe Legoupy; Lecaplain et Vidal, Succ^rs,* 1904.

1 vol. in-8° de 160 p., avec couverture illustrée, 18 pl. h. t. contenant un grand nombre de fig. en phototypie et 2 cartes se dépliant,

Le Raid national militaire (2e année) — Lyon-Vichy (2-5 Juillet 1904), par le Comte d'Ideville. *Paris, Adolphe Legoupy; Lecaplain et Vidal, Succ^rs,* 1905.

1 vol. in-8° de 108 p. avec 14 pl. en phototyp. h. t., dont 2 doubles.

IHM (M.) voy. PELAGONIUS.

ILLARET (A.), voy. MONTAGNAC (J.-B.).

ILLIERS (Louis MIRLEAU DE NEUFVILLE D').

Ecuyer, né en France en 1829, et fixé en Belgique où il a exercé sa profession. Il fut, vers 1858, élève de Baucher dont il enseigna la Méthode dans le nord de l'Europe.

Le Cheval de Selle à ses différents usages, ou Méthode pour l'Education et le Dressage du Cheval, par M. L. d'Illiers, Ecuyer professeur à l'Ecole de la Société d'encouragement des science et art équestre de Gand. *Première Partie. Gand, C. Mucquardt; Mêmes maisons à Bruxelles et à Leipzig,* 1864.

1 vol. in-8° de 144 p.

L'auteur a voulu réunir en un seul traité les diverses branches de l'art équestre : manège, promenade, chasse, guerre et courses. La 2e partie, qui devait comprendre la haute école, les courses, l'équitation des dames, l'équitation militaire et des considérations sur l'équitation ancienne et contemporaine, n'a jamais paru.

M. d'Illiers a aussi collaboré à divers journaux hippiques français.

IMBART DE LA TOUR (LE COMTE Joseph).

Avocat, né en 1859.

Les Haras et les Remontes en Allemagne, en Autriche-Hongrie et en France. (Prix agronomique de la Société des Agriculteurs de France). Comte J. Imbart de la Tour, Docteur en droit, Lauréat de l'Institut et de la Société des

Agriculteurs de France. *Nevers, G. Vallière*, 1902.

1 vol. in-12 de VIII-247 p. avec 7 pl. h. t. en phototypie : portraits de chevaux.

Etude sur les Conditions Economiques de la Production dans les différentes Branches de l'Elevage en France et à l'Etranger, par le Comte Joseph Imbart de la Tour, Docteur en Droit, Lauréat... etc. *Sancerre, Typ. Lith. Michel Pigelet*, 1904.

En 1905, une couverture a été imprimée avec le titre suivant :

La Production, l'Elevage et le Commerce du Bétail en France et à l'Etranger, par le Comte Imbart de La Tour, Lauréat... etc. — Ouvrage récompensé par la Société des Agriculteurs de France (Concours Schneider, 1905). Souscription du Ministère de l'Agriculture. *Paris, Chevalier et Rivière*, 1905.

1 vol. in-8° de 403 p.

La production, l'élevage, le commerce et l'emploi des différentes races de chevaux en France et à l'étranger occupent une partie importante de l'ouvrage.

IMBOTTI (Bernardin).
Professeur de mathématiques, XVIIe siècle.

La Milice moderne où sont comprises les Evolutions tant de Cavalerie que d'Infanterie. Où l'on voit la Maniere de Marcher. De Loger. De Camper. De conduire les Convois. De former les Bataillons. De ranger des Batailles. De combattre Cavalerie contre Cavalerie, & Cavalerie contre Infanterie. Par le sieur Bernardin Imbotti, Professeur ès Mathematiques. *A Paris, chez la Veuve Iean Camusat & chez Pierre le Petit, ruë saint Iacques à la Toyson d'Or*, 1646.

1 vol. in-8° de 10 f[ts] non ch. pour un frontispice allégorique où se trouve le titre abrégé, le titre imprimé, la dédicace d'Imbotti à Messire Iaques de Stavay, seign[r] de Mallondin, Mareschal des Camps & Armees du Roy..., etc., la Préface à la noblesse, signée Bary, le privilège, la table et 430 p. avec nombreux croquis de formatioons d. l. t.

De la p. 367 à la fin, *Discours de Mgr le Connestable de l'Esdiguières sur l'Art Militaire.*

La cavalerie occupe une partie importante de l'ouvrage qui donne le détail des dispositions et des formations qu'elle devait prendre pour ses différents rôles à la guerre. Presque tous ses mouvements s'exécutaient alors par *Caracol*, ce qui les ralentissait singulièrement.

IMBOTTI DE BEAUMONT (L.) voy. BEAUMONT (IMBOTTI DE).

INAUGURATION DE CHARLES VI voy. ENTRÉES DE CHARLES VI.

INAUGURATION DE LÉOPOLD II.

Relation de l'Inauguration solemnelle de Sa Sacrée Majesté Léopold II Empereur des Romains, Roi d'Allemagne, de Hongrie et de Bohême; &c., &c. comme Comte de Flandres, célébrée à Gand, Ville Capitale de la Province, le VI Juillet 1791. *A Gand, chez Adrien Colier, rue de Bruges n° 95, Imprimeur des Etats de Flandre*, 1792.

1 vol. gr. in-f° de 47 p. Titre rouge et noir, armes de Flandre sur le titre, texte encadré.

L'ouvrage donne l'ordre et la composition des escortes de Dragons et de Chevau-Légers de la Tour (1), des carrosses de gala et des cortèges de cavaliers qui prirent part à cette cérémonie.

INAUGURATION DE MARIE-THERESE A GAND.

Relation de l'Inauguration solemnelle de Sa Sacrée Majesté Marie-Thérèse, Reine de Hongrie et de Bohême, Archiduchesse d'Autriche &c. comme Comtesse de Flandres célébrée à Gand, Ville capitale de la Province le XXVII Avril 1744. *A Gand, chez la Veuve Pierre de Goesin, dans la Weltstraete, aux quatre Evangelistes*, 1744.

1 vol. gr. in-f° de 43 p. Beau portrait de la Reine en frontispice, par Ph. Ch. Marissal et une très grande pl. se dépliant par David T'Kindt, gravée, comme le frontispice, par F. Pilsen, représen-

---

(1) Sur les Dragons de la Tour, voy. Guillaume (H.-L.-G.) et de Grunne.

tant la cérémonie au théâtre dressé sur la place de Gand. Sur cette place se trouvent plusieurs carrosses et deux troupes de cav^{le} se faisant face. Les chevaux ont la queue coupée très court, chose rare à cette époque.

Après la cérémonie religieuse, à l'église St-Pierre, un brillant cortège se forma pour accompagner la Reine à celle de St-Bavon, où eut lieu une autre cérémonie, après quoi ce même cortège se reforma pour se rendre au théâtre. Les p. 15 et suiv. en donnent l'ordre et la composition. Une longue note, p. 31 à 39, donne le nom de tous les personnages.

INDICATEUR (L') DES FOIRES CHEVALINES.

Cet *Indicateur*, qui est un complément de l'*Indicateur des Fêtes, Foires, Marchés et Marchés francs* publié depuis 1894 par l'éditeur Lahure, a paru pour la 1re fois en 1905.

L'Indicateur des foires chevalines de France et des principales Foires Chevalines de l'Etranger donnant également les Dépôts d'Etalons de l'Etat, les Dépôts de Remonte, les Ecoles de Dressage, les Primes d'Elevage, etc., etc. Avec la désignation du nombre d'habitants, les gares de départ et d'arrivée, les Postes, Télégraphes, Tramways, Téléphones, le prix des places à l'aller et à l'aller et retour, la distance kilométrique de Paris, etc., etc. — 1905 — Prix : 30 Centimes. Franco : 50 Centimes. — *Paris, A. Lahure.*

Broch. in-12 allongé de 84 p.

La publication a continué annuellement depuis ce moment. Le titre en a été complété de la manière suivante :

L'Indicateur des Foires Chevalines de France et des principales Foires Chevalines de l'Etranger fixes et à dates variables, donnant également les Règlements de Police sanitaire et administrative, les Droits de Douane, les Dépôts d' talons de l'État... (etc., comme ci-dessus).

Le format est resté le même, mais l'importance de l'ouvrage, le nombre des renseignements donnés et celui des pages augmentent chaque année.

INDUSTRIE (L') PRIVÉE ET L'ADMINISTRATION DES HARAS voy. HOUEL.

INFANTERIE CONTRE CAVALERIE.

Infanterie contre Cavalerie — Règles à suivre par un Bataillon pour parer aux Attaques de la Cavalerie. *Paris et Limoges, Henri Charles-Lavauzelle,* 1894.

Broch. in-8º de 19 p., avec 3 croquis de formations d. l. t.

INFANTERIE (L') MONTÉE DANS LES GUERRES COLONIALES.

L'Infanterie montée dans les Guerres coloniales. (Extrait de la *Revue d'Infanterie*). *Paris et Limoges, Henri Charles-Lavauzelle,* 1893.

Broch. in-8º de 39 p. L'auteur signe sa préface du pseudonyme Ned Noll.

Voy. sur le même sujet : *Beauval, Conte, Infanterie montée en liaison, Geslin de Bourgogne, Champeaux, Gruys, Renol, Hélo, Besset, Lassence, Salagnax, Maurel.*

INFANTERIE (L') MONTÉE EN LIAISON voy. CONTE (M.-P.-A.).

INSIGNES (ou ARMOIRIES) DES PATRICIENS D'AUGSBOURG.

Patriciarum Stirpium Augustanar. Vind. et earundem (sic) Sodalitatis insignia Deren von Herrn Oschlechten dess. H. Röm. Reichsstadt Augspurg und deroselben *E. Loblich Mehrern Gsellschafdt Wappen* S. D.

Ce titre est gravé dans un frontispice in-8º orné. Il est suivi de 122 pl. du même format, gravées sur cuivre et non signées, représentant chacune un membre de la noblesse d'Augsbourg, armé de toutes pièces et à cheval. Les chevaux sont recouverts d'une longue housse aux angles de laquelle sont gravées les armoiries du personnage représenté dont le casque est surmonté du cimier qui s'y rapporte. Le tout est agréablement dessiné; les chevaux sont généralement dans une position animée.

Au verso de chaque pl. se trouvent six vers latins traduits par douze vers allemands, donnant le nom et les qualités du personnage.

L'ouvrage, d'après les costumes et le dessin, semble dater des premières années du xvııe siècle. Il est rarissime. Le seul exemplaire que j'en aie rencontré contient 122 pl. mais sans indication de fin. Il est très probable qu'il y en a davantage.

INSPECTION DES CHEVAUX ET MULETS.

Publication de l'*Avenir Militaire* — L'inspection des Chevaux et Mulets susceptibles d'être réquisitionnés pour le Service de l'Armée. Extrait de l'*Avenir Militaire* des 6 et 16 Juin. *Paris, Imp. A. Pougin*, 1875.

Broch. in-12 de 24 p.

INSTRUCTION DES CADRES.

Instruction des cadres de l'Escadron ; par un Officier de Cavalerie. (Développement de l'instruction). *Nancy et Paris, Berger-Levrault*, 1894.

1 vol. pet. in-4° de xii-161 p. av. 6 fig. d'hippologie et quelques fig. de mouvements d. l. t.

Instruction des cadres de l'Escadron. Carnet de notes — Programme de l'Instruction. *Nancy et Paris, Berger-Levrault*, 1895.

Broch. pet. in-4° de 61 p.

C'est la 2e partie de l'ouvrage précédent formant un simple carnet de notes à remplir au jour le jour.

INSTRUCTION DES CHASSEURS..... PRUSSIENS — SERVICE D'ÉCLAIREURS.

Collection Militaire. III — Instruction des Chasseurs et des Tireurs Prussiens — Service d'Eclaireurs pour la Cavalerie Prussienne. *Paris et Strasbourg, Vve Berger-Levrault et Fils*, 1870.

Broch. gr. in-18 de 85 p.

La première partie concerne l'infanterie. La 2e. *Service d'Eclaireurs pour la Cavalerie Prussienne*, occupe les p. 47 à la fin.

L'opuscule emprunte un intérêt particulier à l'époque à laquelle il a été publié : quelques semaines avant la guerre. Il faisait partie d'une série de petits ouvrages militaires dont les 3 premiers ont seuls paru et est devenu très rare.

INSTRUCTION DU BUREAU DE SANTE.

Instruction du Bureau de Santé sur la manière de préserver et de guérir le Bétail et les Chevaux de la maladie du Lovat. *Lausanne, chez les Cits Hignou & Compe, Imprimeurs de la Chambre administrative et chez les principaux Libraires du Canton* 1802.

Broch. pet. in-8° de 21 p.

Cette instruction est donnée par la *Chambre administrative* du Canton de Vaud. Il s'agit d'une maladie charbonneuse appelée *lovat* dans le pays et dont les nombreux synonymes vulgaires sont cités au commencement de l'opuscule.

INSTRUCTION ET CARACTÈRE DE L'OFFICIER.

Du développement de l'Instruction et du Caractère de l'Officier. *Paris et Nancy, Berger-Levrault*, 1903.

Broch. gr. in-8° de 53 p.

Malgré son titre général, cet opuscule, qui est l'œuvre d'un officier de cavle, s'adresse spécialement à cette arme. Il mérite l'attention.

INSTRUCTION POUR LA CAVALERIE.

Instruction pour la Cavalerie du 30 Mars 1822 contenant — La Nomenclature des Armes employées par les Troupes à cheval et les dessins qui en indiquent les formes — Les Moyens de les entretenir — Les Précautions à prendre pour ne pas les dégrader — La manière de faire les cartouches — Suivie du Tarif des prix de réparations des Armes portatives à payer par les Soldats sur la Masse de linge et chaussure. *Paris, Anselin et Pochard*, 1822.

Broch. in-8° de 31 p. avec 3 pl. se dépliant.

INSTRUCTION POUR LA CAVALERIE DE L'ARMEE DU ROI.

Instruction pour la Cavalerie de l'Armée du Roi, commandée par Mr le Maréchal duc de Broglie. *A Francfort, chez les frères Van Duren*, 1760.

Broch. in-12 de 60 p., datée de Francfort le 19 Juin 1760 et signée : Le Maréchal duc de Broglie (1).

Curieux document qui donne des règles pour le service, la discipline, le campement, les fourrages. etc. C'est un petit service en campagne soigneusement rédigé.

INSTRUCTION POUR LE CAMPEMENT.

Ministère de la Guerre — Instruction pour le Campement des Troupes à Cheval. *A Paris, de l'Imp. de la République*, Nivôse an XII.

Broch. in-f° de 22 p., plus 1 f^t de table, signée Berthier; avec 3 pl. se dépliant et donnant le plan du campement d'un rég^t de 4 esc^{ons} de 48 files, celui d'un rég^t de 4 esc^{ons} de 56 files et celui d'un rég^t de 4 esc^{ons} de 24 files.

Cette *Instruction* a un caractère général, mais elle a été rédigée en vue de l'établissement du camp de Boulogne.

Il en a été publié une éd^{on} portative, in-12 de 39 p. avec les mêmes pl., réduites.

INSTRUCTION POUR LE CLASSEMENT DES CHEVAUX.

Instruction du 16 mars 1893 pour le classement des Chevaux, Juments, Mulets, Mules et Voitures attelées susceptibles d'être requis pour le Service de l'Armée, suivie de l'Instruction spéciale pour l'Inspection des Voitures attelées. (Extrait du *Journal militaire*, 1er sem. 1893, n° 7). *Paris, L. Baudoin*, 1893.

Broch. in-8° de 39 p.

INSTRUCTION POUR LE SERVICE DES REMONTES ET DES HARAS.

Instruction du 19 Décembre 1900 sur le Service des Remontes et des Haras en Algérie et en Tunisie. *Paris et Limoges, Henri Charles-Lavauzelle*, S. D. (vers 1901).

1 vol. in-8° de 226 p. (Tirage à part du *Bulletin Officiel du Ministère de la Guerre*).

INSTRUCTION POUR LES GARDES DU CORPS.

(1) Broglie (Victor-François, duc de), Maréchal de France en 1760 et disgracié peu après. Il se distingua particulièrement pendant la guerre de Sept Ans.

Instruction pour les Gardes du Corps du Roi. *Beauvais, chez P. N. Desjardins*, 1766.

Broch. in-12 de 60 p. avec 5 pl. de formations tactiques.

Cet opuscule est très généralement relié avec le suivant :

Beautés et Défectuosités du Cheval. *Beauvais, chez P. N. Desjardins*, 1766.

Broch. in-12 de 38 p.

INSTRUCTION PROGRESSIVE DU REGIMENT... voy. GESLIN DE BOURGOGNE.

INSTRUCTION PROVISOIRE SUR LE CAMPEMENT DES TROUPES A CHEVAL.

Instruction provisoire sur le Campement des Troupes à Cheval — Règlement provisoire pour le service en Campagne — Code militaire — Règlement du Général d'Armée Du Mouriez. *A Valenciennes, de l'Imp. de H.-J. Prignet, L'an 2e de la République Française*, 1793.

1 vol. in-12 de 206 p., plus 2 f^{ts} de table, daté à la fin du Quartier Général de Grandpré le 9 Septembre 1792, et signé : Le Général d'Armée Commandant en chef Du Mouriez (1).

INSTRUCTION RELATIVE AUX SOINS A DONNER AUX CHEVAUX.

Ministère de la Guerre — Instruction du 4 Mai 1911 relative aux Soins à donner aux Chevaux dans les Corps de Troupe. *Paris et Nancy, Berger-Levrault*, 1911.

Broch. in-16 allongé de 36 p. signée à la fin par le ministre Berteaux.

Même ouvrage, même titre. *Paris et Limoges, Henri Charles-Lavauzelle*, 1912.

Mêmes format, pagination et signature.

INSTRUCTION SUR DIFFÉRENS OBJETS RELATIFS A LA CAVALERIE.

(1) Dumouriez (Charles-François), général français, né en 1739, mort en Angleterre en 1823. Sa biographie est trop connue pour qu'il soit utile de la donner ici. Elle se trouve d'ailleurs, avec les détails les plus complets, dans les *Biographies Didot-Hœfer* et *Michaud*.

Instruction sur différens Objets relatifs à la Cavalerie, à l'usage de l'Ecole Royale et Militaire de Cavalerie établie à Douay. *A Douay, chez Jacques-Franç. Willerval, Imp^r ordinaire du Roi*, 1766.

Broch. pet. in-12 de 66 p.

C'est un petit cours d'hippologie et de harnachement. Voy. pour une autre publication à l'usage de la même Ecole : *Traité sur les Maladies des Chevaux*. Ces deux opuscules, assez rares, sont quelquefois reliés ensemble.

INSTRUCTION SUR LA CONDUITE DES VOITURES.

Ministère de la Guerre — 2° et 3° Directions (Cavalerie et Artillerie) — Instruction spéciale sur la Conduite des Voitures à donner dans les Régiments de Cavalerie aux hommes susceptibles d'être classés comme réservistes dans l'Artillerie ou dans le Train des Equipages militaires. Approuvée par le Ministre de la Guerre le 5 Août 1888. *Paris, Imp. nationale*, 1888.

Broch. in-16 de 44 p. avec 15 fig. d. l. t.

INSTRUCTION SUR LA CONDUITE EN GUIDES.

Ministère de la Guerre — Instruction sommaire sur la Conduite des Voitures en Guides dans la Cavalerie approuvée par le Ministre de la Guerre le 26 Mars 1887. *Paris, Imp. nationale*, 1887.

Broch. in-16 de 42 p.

INSTRUCTION SUR LE DRESSAGE.

Ministère de la Guerre — Instruction sur le Dressage du Cheval de Troupe — (Extrait du *Journal Militaire officiel*, 1er Sem. 1864, n° 27). *Paris, J. Dumaine*, 1864.

Broch. in-8° de 22 p.

La même *Instruction* a été publiée également par Dumaine et en 1864. sous le titre de *Méthode de Dressage du Cheval de Troupe* sous le format in-16.

INSTRUCTION SUR L'EMPLOI DE LA MALLÉÏNE.

Instruction et Règlement du 20 Septembre 1895 sur l'emploi de la Malléïne et les mesures à prendre en cas de Morve dans les Corps de Troupes à Cheval et les Etablissements de Remonte (Extrait du *Bulletin officiel*, partie réglementaire, année 1895). *Paris et Limoges, Henri Charles-Lavauzelle*, 1895.

Broch. in-8° de 16 p. (Coupure de la p. 167 à 182 du *Bulletin officiel*, pour laquelle on a imprimé une couverture spéciale).

INSTRUCTION SUR L'ESCRIME... A CHEVAL.

Ministère de la Guerre — Instruction sur l'Escrime du Sabre et de la Lance à Cheval. *Paris, J. Dumaine*, 1866.

Broch. in-12 de 63 p., avec 12 pl. se dépliant et contenant de nombreuses fig.

Cette *Instruction* est signée par le M^al Randon, alors ministre de la guerre.

INSTRUCTION SUR LE SERVICE DANS LES CAMPS.

Instruction sur le Service que les Regimens de Cavalerie devront faire dans les Camps qui s'assembleront pendant la présente année 1753. Du 29 Juin 1753. *A Paris, de l'Imp. Royale*, 1753.

Broch. pet. in-f° de 2 f^ts pour le titre et la table et 59 p. Armes de France sur le titre.

Instruction sur le Service que les Regimens de Cavalerie devront faire dans les Camps qui s'assembleront pendant la présente année 1755. Du 22 Juin 1755. *A Paris, de l'Imp. Royale*, 1755.

Broch. pet. in-f° de 2 f^ts pour le titre et la table et 71 p.

Même ouvrage, même titre. *Se vend à Metz chez Joseph Collignon*, 1755.

1 vol. in-12 qui fait suite, avec un titre particulier mais sans pagination spéciale, à l'*Ordonnance* du 22 Juin 1755 sur l'Exercice de la Cavalerie publiée par le même imprimeur, de la p. 97 à la p. 181. Voy. *Règlemens d'Exercices et de Manœuvres*.

Ces *Instructions* sont signées P. de Voyer d'Argenson (1). C'est un Manuel assez complet de Service en Campagne:

---

(1) Voyer d'Argenson (Marc-Pierre), 1696-1764, fut lieut^ant général de police, directeur de la librairie, puis ministre de la guerre de 1743 à 1757.

Bibliogr. hippique. T. I. — 43.

INSTRUCTION SUR LE SERVICE D'ECURIE.

Instruction sur le Service d'Ecurie pour la Cavalerie fédérale. *Berne, Imp. Ch. Fischer,* 1847.

1 vol. in-16 de 96-iv p., signé : *Le Secrétaire fédéral de la Guerre, Letter.*

L'ouvrage contient, outre le service d'écurie, des notions sur l'alimentation, l'hygiène, les symptômes des maladies et les premiers secours à donner.

INSTRUCTION SUR LE SERVICE DE LA CAVALERIE EN CAMPAGNE.

L'*Ordonnance du 3 mai 1832 sur le Service des Armées en campagne*, qui fut réglementaire jusqu'en 1883, ne contenait aucune disposition pour l'instruction de détail. Elle n'embrassa et ne pouvait embrasser que les principes généraux, qui y sont d'ailleurs remarquablement traités, mais il eût fallu, pour qu'elle portât tous ses fruits, publier ensuite, pour les gradés inférieurs et la troupe, un *Manuel* pratique donnant les détails de leur service et la manière de les leur apprendre.

Il paraît que les généraux qui la rédigèrent en furent sollicités, et j'ai entendu raconter que l'un d'eux répondit : « Quoi ! faire une instruction pour placer des petits postes et conduire une patrouille ?... mais tout le monde sait ça ! »

En 1832, il y avait déjà beaucoup d'officiers qui ne le savaient pas et, en 1870, ils l'ignoraient.

En 1821, frappé de cette lacune dans l'instruction de la cav^{le}, le général de La Roche-Aymon (voy. ce nom) avait publié un bon *Manuel du Service de la Cavalerie légère en campagne*, facilement applicable, dans beaucoup de ses parties, aux autres subdivisions de l'arme. Mais, quoiqu'il ait été imprimé par ordre du Ministre et réimprimé en 1831, il resta peu connu et ne reçut pas d'autre consécration officielle (1).

En 1831, de Brack (voy. ce nom) écrivit ses *Avant-Postes de Cavalerie légère*

(1) Le général de la Roche-Aymon, remarquable officier de cav^{le}, semble n'avoir pas été en faveur auprès des ministres d'alors, car il a été systématiquement écarté, ainsi que les généraux de premier ordre auxquels il dédie son important ouvrage *De la Cavalerie*, des grandes commissions de l'époque, notamment de celles qui se réunirent à Lunéville pour préparer sur le terrain l'*Ordonnance* de 1829 et de celle qui la rédigea. Il fit cependant partie de a Commission des Haras de 1829.

qui assurèrent sa réputation, et il est curieux de lire, dans sa préface, avec quelle perspicacité il signale la situation et ses dangers : « Les traditions, « surtout de détail, utiles, indispen- « sables, s'étaient dangereusement effa- « cées... Les livres ont déroulé l'histoire « de la guerre, l'ont rappelée aux « généraux, et la modeste instruction « du cavalier *en campagne* a peu gagné « à leur lecture. »

Toutefois, de Brack en excepte le *Manuel* de La Roche-Aymon « qui, vrai- « ment cavalier, a fort utilement ajouté « aux instructions de Frédéric ». Frédéric, en effet, n'a pas cru au-dessous de lui de s'occuper de ces détails. (Voy. *Frédéric II*.)

Les efforts de La Roche-Aymon et de de Brack restèrent donc stériles ; le service en campagne continua à n'être enseigné que dans ses grandes lignes et « en chambre », et la cavalerie ne reçut aucune instruction en terrain varié jusqu'en 1872, malgré l'exemple donné depuis 50 ans par les armées étrangères (1). Voy., pour une manœuvre de 1835, *Decker (C. de).*

L'attention fut cependant attirée sur ce sujet après la guerre Austro-Prussienne de 1866 et, en 1868, un petit ouvrage officiel sur le service en campagne fut publié :

Ministère de la Guerre — Observations sur le Service de la Cavalerie en Campagne. *Paris, J. Dumaine,* 1868.

Broch. in-32 de 93 p.

L'opuscule, qui d'ailleurs traite plus des grandes lignes que des détails, ne fut l'objet d'aucune application pratique et passa à peu près inaperçu.

Après la guerre, on reconnut enfin que la connaissance des détails est indispensable, que la cav^{le} n'avait su ni se garder, ni garder les autres armes, ni les renseigner, et qu'on ne saurait demander aux gens de faire en perfection un métier qu'ils n'ont jamais appris. Après quelques essais préliminaires, le ministre fit rédiger et publier l'*Instruction* du 17 février 1875.

Ministère de la Guerre. — In-

(1) Et malgré quelques honorables tentatives individuelles. Je me rappelle fort bien que le colonel d'un des régiments de cavalerie de la Garde impériale fit faire à son régiment quelques timides exercices de service en campagne sur le terrain. Mais on s'empressa de le plaisanter : « Il joue au soldat », dit-on. Le mot fit fortune et c'est tout le bénéfice qu'il retira de ses essais.

struction pratique sur le Service de la Cavalerie en Campagne — Approuvée par le Ministre de la Guerre le 17 février 1875. *Paris, J. Dumaine*, 1875.

1 vol. in-12 de 228 p., avec quelques croquis d. l. t.

Excellent petit ouvrage qui contenait tout ce que doivent savoir les officiers d'escadron, les gradés et la troupe, ainsi que les procédés pratiques pour l'enseignement sur le terrain.

Chacun s'y mit avec ardeur; cette instruction spéciale, inconnue jusqu'alors, excita le plus vif intérêt dans la cav[le] et la bonne volonté fut telle qu'un an après il n'y avait pas un régiment où le service en campagne ne fût bien exécuté sur le terrain. Les grandes manœuvres perfectionnèrent cette instruction en apprenant à reconnaître et à réparer les fautes commises.

Cette modeste *Instruction* rendit des plus grands services. Elle fut réellement *pratique*, comme l'indique son titre, et fit disparaître les tâtonnements, les incertitudes et l'ignorance dont les conséquences se firent cruellement sentir en 1870.

De nombreuses éd[ons] furent publiées après celle de 1875. Il serait sans grand intérêt de les signaler toutes. Je me bornerai à celles de 1884 et 1896 et aux deux plus récentes.

En 1883, parut un *Règlement sur le Service des Armées en Campagne*. On fut amené à publier une nouvelle *Instruction pratique* en 1884 pour la mettre en concordance avec ce règlement. Elle fut éditée à l'Imp. nat[le] et chez les éditeurs militaires. Les changements ne sont pas très importants et le détail en serait inutile.

En 1887, une éd[on] fut publiée chez L. Baudoin. Elle reproduit celle de 1884, avec l'addition de modifications (sur le bivouac) apportées par les notes ministérielles des 26 avril et 31 juillet 1886.

Un nouveau *Règlement sur le Service des Armées en Campagne* fut publié en 1895 et on dut encore mettre l'*Instruction pratique* en concordance avec ce Règlement par une nouvelle éd[on] qui fut publiée en 1896 par l'Imp. nat[le] et les éditeurs militaires habituels.

Chacun d'eux publia de nouvelles éd[ons] à mesure de l'épuisement de leurs stocks. Leur bibliographie détaillée serait sans intérêt. L'*Instruction* de 1875 leur sert toujours de base et je me bornerai aux deux dernières parues à ce jour (1912).

Ministère de la Guerre — Instruction pratique sur le Service de la Cavalerie en Campagne. Approuvée par le Ministre de la Guerre le 1er Août 1902. *Paris et Nancy, Berger-Levrault.* Mise à jour Septembre 1910.

1 vol. in-16 de 264 p. avec fig. et croquis d. l. t.

Même titre — *6e Edition* annotée et mise à jour jusqu'au 1er Août 1911. *Paris et Limoges, Henri Charles-Lavauzelle,* S. D. (1911).

1 vol. in-16 de 341 p. avec fig. et croquis d. l. t.

Dans ces éd[ons], les sages indications de l'*Avant-Propos* de l'éd[on] de 1884 — qui précise que « ..... son objet est de « tracer aux officiers d'escadrons, aux « sous-officiers, aux brigadiers et même « aux cavaliers, les règles auxquelles « ils doivent se conformer,... laissant « aux officiers des grades supérieurs le « soin de trouver, dans le Règlement « de 1883, les principes qui doivent les « diriger » — ont été perdues de vue. Ces éd[ons] ont été alourdies et compliquées par des chapitres entiers sur le rôle et l'emploi de la Cavalerie dans les Armées, qui leur enlèvent le caractère *pratique* des premières éd[ons]. Ce sont choses que les officiers apprennent dans les Ecoles, que les sous-officiers et la troupe ignorent et n'ont pas besoin de savoir.

INSTRUCTION SUR LE SERVICE EN CAMPAGNE (suédois).

Publication de la Réunion des officiers — Armée suédoise — Instruction sur le Service de la Cavalerie en campagne. Traduit du Suédois par H. Martin et D. Siwers. *Paris, J. Dumaine,* 1873.

1 vol. in-12 de 105 p.

Outre l'*Instruction* annoncée au titre, ce petit ouvrage contient une note sur la Cavalerie Suédoise et une autre sur une Ecole de sous-officiers en Suède.

INSTRUCTION SUR........ LE VERTIGE.

Instruction sur la manière de traiter le Vertige ou Vertigo qui a attaqué et fait périr beaucoup de Chevaux : Publiée par ordre du Ministre de l'Intérieur. *Paris, Imp. de la Feuille du Cultivateur, rue des*

INS — 676 — INS

Fossés-Victor, N° 12, Brumaire An III.
In-8° de 4 p.

INSTRUCTION SUR LES HARAS voy. LAFONT POULOTI.

INSTRUCTION SUR LES SOINS A DONNER AUX CHEVAUX voy. HUZARD (père).

INSTRUCTION SUR L'EXTÉRIEUR.....
Instruction sur l'Extérieur du Cheval et les parties de son Equipement, à l'usage des Officiers et sous-officiers du 11ᵉ Régiment de Dragons. *Saintes, Imp. Hus et Corinthe,* 1815.
Broch. in-8° de 75 p.
Petit traité élémentaire, par demandes et réponses, sur l'extérieur et les principales maladies du cheval et la nomenclature du harnachement.

INSTRUCTION SUR L'HYGIÈNE DES CHEVAUX.
Instruction spéciale sur l'Hygiène des Chevaux des Brigades de Gendarmerie, pour faire suite au Règlement sur le Service intérieur de l'arme. *Paris et Limoges, Henri Charles-Lavauzelle;* 1881.
Broch. in-16 de 16 p.
L'opuscule, signé par le général Ressayre (1), alors Président de la Commission d'Hygiène hippique, a été réimprimé sous le titre approximatif suivant :

Extrait de l'Instruction spéciale du 25 Avril 1873 sur l'Hygiène des Chevaux des Brigades de Gendarmerie. 2ᵉ Ed^on mise à jour. *Paris et Limoges, Henri Charles-Lavauzelle,* S. D.
Broch. in-16 de 16 p.
Je n'ai pu, jusqu'ici, rencontrer cette brochure, épuisée chez l'éditeur.

INSTRUCTION (L') THÉORIQUE DU CAVALIER.....

---

(1) Ressayre (Jean-Jacques-Paul-Félix), général de div^on français (cav^ie), 1809-1879. Sous-lieut^t en 1835, colonel en 1855, général de div^on en 1870, passé au cadre de réserve en 1874. Campagnes en Afrique de 1836 à 1853 ; en Orient 1854, 55 et 56 ; contre l'Allemagne et à l'intérieur 1870-71; 2 citations, 2 blessures, l'une en Afrique, l'autre à Coulmiers où il a eu un cheval tué sous lui.

L'Instruction théorique du Cavalier par lui-même. (Extrait des divers Services et Règlements militaires), par un Capitaine du 20ᵉ Corps d'Armée. *Paris et Nancy, Berger-Levrault,* 1902.
Broch. in-32 de 96 p.
Le succès de ce petit ouvrage s'est affirmé par ses nombreuses éd^ons. On l'a tenu à jour et complété, on y a ajouté de nombreuses fig. d. l. t. et différents tableaux et appendices. La dernière éd^on à ce jour est la 9ᵉ.

L'Instruction théorique..... (etc., comme ci-dessus), par un Officier Supérieur du 20ᵉ Corps d'Armée. — *9ᵉ Edition — Paris et Nancy, Berger-Levrault,* 1910-1911.
1 vol. in-32 de 138 p., avec nombreuses fig. et vignettes d. l. t. bien dessinées.
L'auteur est M. le Com^dt territorial *Chapuis (Félix).* Voy. ce nom pour un autre ouvrage.

INSTRUCTIONS DU ROI DE PRUSSE voy. FREDERIC II.

INSTRUCTIONS ET OBSERVATIONS SUR LES MALADIES DES ANIMAUX DOMESTIQUES.
Cet important travail, dû à Chabert, à Flandrin et à Huzard (voy. ces noms), a eu pour but de répandre et de vulgariser les progrès de la médecine vétérinaire à la fin du XVIIIᵉ siècle.
D'abord publié sous le titre d'*Almanach vétérinaire*, en 1782, in-12, puis en 1792, in-8°, l'ouvrage prit ensuite celui de *Instructions et Observations sur les Maladies des Animaux domestiques.* Il comprend 6 volumes. Chacun d'eux a eu un nombre différent d'éd^ons ; de plus, les premières éd^ons n'ont aucune indication de tomaison ; certains volumes n'ont paru que plusieurs années après celle à laquelle ils se rapportent, ou portent à la fois le millésime de la 1re éd^on et celui d'une suivante, ou enfin plusieurs années ou volumes différents ont le même millésime. Si l'on ajoute que les deux premières éd^ons du T. I ont paru sous le titre d'*Almanach vétérinaire*, on reconnaîtra que la bibliographie de cet ouvrage est singulièrement embrouillée. Pour essayer de l'éclaircir, je donnerai successivement la description des 6 volumes, que la tomaison y soit ou non indiquée et, pour chacun d'eux, ses différentes éd^ons.

Tome I.

1re *Edition*. — Almanach vétérinaire, 1782, in-12. *Voy. Almanach*.

2e *Edition*. — Almanach vétérinaire, 1792, in-8°. *Voy. Almanach*.

3e *Edition*. — Instructions et observations sur les Maladies des Animaux domestiques. Avec les moyens de les guérir, de les préserver et de les conserver en santé, de les multiplier, de les élever avec avantage et de n'être point trompé dans leur achat — On y a joint l'analyse des Ouvrages vétérinaires anciens et modernes pour tenir lieu de tout ce qui est écrit sur cette Science — Ouvrage nécessaire aux Cultivateurs, aux Propriétaires de Bestiaux et aux Artistes vétérinaires, rédigé et publié par les C. C. Chabert, Flandrin et Huzard. *Troisième Edition* corrigée et augmentée. *Paris, Imp. et Lib^le vétérinaire de la Citoyenne Huzard*, An VIII.

1 vol. in-8° de 464 p.

4e *Edition*. — Même titre jusqu'aux mots « sur cette Science ». Ouvrage formant les Annales de l'Art vétérinaire, nécessaire aux Cultivateurs, Propriétaires, Vétérinaires, Maréchaux, &a. Rédigé et publié par MM. Chabert, Flandrin et Huzard. T. I. 4e Edition, corrigée et augmentée. *Paris, Madame Huzard*, 1809.

1 vol. in-8° de 480 p.

Tome II.

1re *Edition*. — Même titre jusqu'aux mots « sur cette Science ». Ouvrage également utile aux Gens de la Campagne & aux Artistes, destiné à faire suite à l'Almanach vétérinaire — Rédigé par une Société de Vétérinaires praticiens, mis en ordre et publié par MM. Chabert, Flandrin et Huzard — Année 1791 — *Paris, Vve Vallat-la-Chapelle*.

1 vol. in-8° de 432 p.

2e *Edition*. — Même titre. An 3e de la République française 1795. *Paris, Imp. et Lib^le de M. R. Huzard*.

1 vol. in-8° de 432 p.

3e *Edition*. — Même titre. T. II. *Troisième Edition*, corrigée et augmentée. *Paris, Imp. et Lib^le de Madame Huzard*, 1808.

1 vol. in-8° de 456 p.

4e *Edition*. — Même titre. T. II. *Quatrième Edition. Paris, Madame Huzard*, 1827.

1 vol. in-8° de 472 p.

Tome III.

1re *Edition*. — Même titre. Année 1792. *Paris, Vve Vallat-la-Chapelle*.

1 vol. in-8° de 416 p. Avec 2 pl. d'instruments de chirurgie et de botanique,

2e *Edition*. — Même titre. Année 1792. *Deuxième Edition*, corrigée et augmentée. *Paris, Imp. et Lib^le de la Citoyenne Huzard*, An VII.

1 vol. in-8° de 432 p., avec les mêmes pl.

3e *Edition*. — Même titre. T. III. *Troisième édition*, corrigée et augmentée. *Paris, Madame Huzard*, 1808.

1 vol. in-8° de 448 p. avec les mêmes pl.

Tome IV.

1re *Edition*. — Même titre. Année 1793. *Paris, Imp. et Lib^le vétérinaires de J.-B. Huzard*.

1 vol. in-8° de 416 p.

2e *Edition*. — Même titre. T. IV. *Seconde Edition*, corrigée et augmentée. *Paris, Madame Huzard*, An X.

1 vol. in-8° de 440 p.

3e *Edition*. — Même titre. T. IV. *Troisième Edition*, corrigée et aug-

mentée. *Paris, Madame Huzard,* 1812.
1 vol. in-8° de 440 p.

Tome V.

1re *Edition.* — Même titre. An 2e de la République Française. *Paris, Imp. et Lib. J.-B. Huzard, rue Mont-Marat.*
1 vol. in-8° de 416 p.

2e *Edition.* — Même titre. T. V. *Seconde Edition,* corrigée et augmentée. *Paris, Madame Huzard,* An XII.
1 vol. in-8° de 448 p.

3e *Edition.* — Même titre. T. V. *Troisième Edition,* corrigée et augmentée. *Paris, Madame Huzard,* 1813.
1 vol. in-8° de 448 p.

Tome VI.

1re *Edition.* — Même titre. An 3e de la République française. *Paris, Imp. et Lib. de M. R. Huzard,* 1795. Vieux style.
1 vol. in-8° de 456 p.

2e *Edition.* — Même titre. T. VI. *Seconde Edition,* corrigée et augmentée. *Paris, Madame Huzard,* 1806.
1 vol. in-8° de 488 p. avec 1 pl. représentant les tares osseuses du jarret.

3e *Edition.* — Même titre. T. VI. *Troisième Edition. Paris, Madame Huzard,* 1824.
1 vol. in-8° de 484 p.

Il est à remarquer qu'au commencement du T. V les auteurs annonçaient que le T. VII était sous presse. Cet avertissement a été supprimé au T. VI et, de fait, le T. VII n'a jamais paru.

Un grand nombre d'articles de ces *Instructions* concernent le cheval. Les premiers volumes contiennent, à la fin, une bibliographie rédigée par Huzard, exacte et détaillée, des ouvrages concernant l'art vétérinaire, les haras, l'histoire naturelle, l'équitation, etc., récemment parus. Cette bibliographie n'a malheureusement pas été tenue à jour dans les éd^{ons} suivantes.

Deux ou trois mots ont été changés aux titres de quelques éd^{ons}. Je n'ai pas voulu allonger inutilement cette notice en signalant ces modifications insignifiantes.

INSTRUCTIONS POUR LES MARCHES DE LA CAVALERIE.
Instructions pour les marches de la Cavalerie opérant seule. — Extrait du *Journal des Sciences militaires.* (Février 1884). — *Paris, L. Baudoin,* 1884.
Broch. in-8° de 13 p.

INSTRUCTIONS SUR L'ENTRETIEN DES VOITURES ET HARNAIS.
Instructions sur l'entretien et la conservation des voitures et harnais — Voitures : du remisage — de l'entretien général — du lavage — des cuivres, plaqués et polis — des cuirs — de la garniture — du graissage — des petites réparations — Harnais : de la sellerie — de l'entretien général des harnais — du lavage — du cirage et de l'entretien des cuirs gras — des cuirs fauves — des cuirs vernis — de la bouclerie - des aciers polis — des cuirs jaunes — des brides, selles, etc. — de divers entretiens — des articles d'entretien. *Brice Thomas, Editeur, journal le Guide du Carrossier, 135, Boulevard Haussmann, Paris, S. D.* (vers 1879).
Broch. in-8° de 20 p.

INSTRUCTIONS SUR LE TRAVAIL INDIVIDUEL, LE TIR ET LA FERRURE.
Instructions sur le Travail individuel dans la Cavalerie, le Tir du Fusil et du Pistolet — Traité sur la Ferrure. — *Paris, J. Dumaine,* 1862.
1 vol. in-8° de 56 p. pour l'*Instruction sur le Travail individuel,* avec 15 pl. contenues sur 4 feuilles se dépliant, plus 1 pour les modèles d'appareils destinés à l'instruction des Lanciers ; à la suite, 23 pl. contenues sur 3 feuilles se dépliant pour les exercices du *Carrousel,* 40 p. pour l'*Instruction sur le Tir du*

fusil et du pistolet et 18 p. pour la *Ferrure*.

Même ouvrage, même titre. *Paris, J. Dumaine*, 1862.
1 vol. in-12 de 87, 57 et 26 p. avec les mêmes pl., réduites.

INTRODUCTION DES ARMES A FEU.

Introduction des Armes à feu dans les Troupes à Cheval. *Paris, Imp Martinet*, S. D. (vers 1864).
Broch. in-8° de 22 p.

INVERNIZI (Philippe).
Erudit et archéologue romain. xvIII^e siècle (1).

Philippi Invernizi Romani de Frænis eorumque Generibus et Partibus apud Veteres Diatriba. *Romæ*, 1785. *Sumptibus Venantii Monaldini Bibliopolæ in Via Cursus. Ex Typographia Joannis Zempel. Præsidibus Annuentibus.*
1 vol. in-4° de xxiv-103 p. avec 2 pl. gravées contenant 5 fig. de mors. Vignette sur le titre, fig. de mors et lettre ornée en tête du texte. Dédicace « ad Virum nobilem Æmidium Ziucci ».

Après la préface, dans laquelle l'auteur explique la genèse et le but de son ouvrage, il traite de l'équitation et de son origine, de l'invention des freins, de leur usage chez les différents peuples de l'antiquité, des noms qu'ils reçurent, etc.

Ce livre rare est accompagné de notes nombreuses qui indiquent les sources auxquelles l'auteur a puisé et qui forment ainsi une bibliographie des ouvrages ou documents publiés jusqu'alors sur ce sujet. Il est cité par le Sénateur Gozzadini (voy. ce nom), dans son opuscule sur les *Mors de Cheval Italiques*.

ISABELLE (Mme Marie) voy. MARIE ISABELLE.

ISMERT (G.-T. Raymond).
Vétérinaire français, diplômé de Lyon en 1896.

Projet de Réorganisation du Service sanitaire vétérinaire dans le département d'Alger ; par Raymond Ismert. *Mustapha, Imp. Algérienne*, 1903.
Broch. in-8° de 15 p.

ISNARD (P.-Fr. D').
Officier de cav^{le} français, xvIII^e siècle.
Je n'ai trouvé sur lui aucun dossier aux archives de la guerre et j'ai inutilement cherché son nom sur ceux des contrôles de la Compagnie de Flandre des Gendarmes du Roi qui y sont conservés. Il est l'auteur de plusieurs ouvrages sur les uniformes militaires.

La Gendarmerie de France, son Origine, son Rang, ses Prérogatives et son Service. Par M. d'Isnard, Chevalier de l'Ordre Royal & Militaire de St-Louis, Officier de Dragons de la Légion de Lorraine réformé, ci-devant Gendarme du Roi, Compagnie de Flandre. A *Strasbourg, chez Jean-François Le Roux, Imprimeur du Roi, de l'Evêché & de la Chancellerie*, 1781.
1 vol. in-8° de 4 f^{ts} pour le frontispice dessiné par l'auteur et représentant un Gendarme écossais (d'après le chiffre de sa housse) monté et équipé, le fauxtitre, la dédicace au Mis de Castries. Lieut^{nt}-général des Armées du Roi et Capitaine-lieut^{nt} des Gendarmes Ecossais, et 86 p.

Même ouvrage, même titre. *A Paris, chez Durand neveu, Lib^{re} Rue Galande. A Strasbourg, chez les Frères Gay, Lib^{res}* 1781.
Sans changement. C'est la même éd^{on} avec un titre nouveau.

L'ouvrage contient un historique de la Gendarmerie du Roi, et une notice sur chaque compagnie avec la description de l'étendard et des banderolles de trompettes. A la suite de chaque notice, le chiffre de la housse du harnachement est représenté. L'auteur donne ensuite les ordonnances royales concernant la gendarmerie, les couleurs des huit compagnies, leur rang, des notes diverses, les campagnes de la nouvelle Gendarmerie, et décrit en détail l'uniforme et l'organisation intérieure des compagnies. L'ordonnance du 24 Février 1776 termine l'ouvrage qui est curieux et rare.

ISOARD (J.-E.).
Sous-chef de bureau au Ministère des Finances.

De l'Impôt sur les Voitures et les

---

(1) Je n'ai trouvé, dans les biographies françaises, aucun renseignement sur la vie de cet auteur. Dans l'une des approbations qui précèdent l'ouvrage, signée *F. Philippus Angelicus Becchetti Ord. Præd.*, Invernizi est qualifié de « jeune homme de grand espoir ». Il semble donc qu'il est né vers 1760.

Chevaux — Commentaire de la Loi du 2 juillet 1862, remise en vigueur par la Loi du 16 Septembre 1871 — Assiette et Recouvrement de l'Impôt — Réclamations des Contribuables — Nouvelle Edition, augmentée de notes, de solutions administratives et d'un résumé, dans un ordre méthodique, des arrêts rendus par le Conseil d'Etat à la suite de l'application de la loi du 2 juillet 1862, etc., par J. E. Isoard, Sous-chef de bureau à la Direction générale des contributions directes. *Paris, Paul Dupont, ibid., E. Lachaud,* 1871.

Broch. in-8° de 96 p.

Le 1re édon avait paru peu après la promulgation de la Loi de 1862 et était anonyme. Je n'ai pu la rencontrer jusqu'ici.

ISTEL (Paul) et GANGNAT (Paul).
Avocats à Paris.

Code pratique de tous les Sports. Répertoire alphabétique de législation et de jurisprudence en matière de Cyclisme, Automobilisme, Chasse, Pêche, Hippisme, Yachting, Aéronautique, etc., par Paul Istel et Paul Gangnat, Avocats à la Cour d'Appel de Paris. *Paris, Ch. Delagrave,* S. D. (1907).

1 vol. in-16 de 304 p.

L'hippisme occupe les p. 219 à 260.

ITIER (Alexandre-Paul-Emile).
Officier de cavle français, 1798-1867. Entré au service à 16 ans comme Garde du Corps à la Compie de Gramont, sous-lieutnt au 15e Chasseurs en 1815, Colonel en 1853, passé aussitôt dans l'État-Major des places et retraité en 1861.

Tactique de la Cavalerie — Evolutions sans Inversions, par Alexandre Itier, Capitaine au 10e Régiment de Chasseurs à cheval. *Gray, Imp. Wve Barbizet; Paris, Anselin et Gaultier-Laguionie,* S. D. (1839).

Broch. in-8° de 32 p.

Des Haras et des Remontes de l'Armée, par Alexandre Itier, Major du 5e Régiment de Chasseurs à cheval. Extrait du *Spectateur Militaire* (Cahier de Mars 1842). *Paris, G. Laguionie; ibid, Leneveu,* 1842.

Broch. in-8° de 78 p., avec 1 carte hippique de la France, se dépliant (1).

Plaidoyer en faveur du projet du Général Oudinot de faire passer les Haras à la Guerre. Itier veut même que le personnel soit entièrement militaire et demande aussi la production directe de certains étalons. Cet opuscule, dont les conclusions sont depuis longtemps jugées, est un spécimen de la fameuse pluie de brochures écloses sur cette question en 1842.

Ministère de la Guerre. Formulaire des Commandements pour l'application, à l'Ordonnance du 6 décembre 1829 sur les Exercices et Evolutions de la Cavalerie, du système de manœuvres sans inversions proposé par le Major Itier. *Paris, Imp. Royale,* Août 1846.

1 vol. in-4° de 2 fts non ch. pour le faux-titre et le titre et 94 p.

Même ouvrage, par le Lieutenant-Colonel Itier. *Paris, Imp. Royale,* 1847.

Sans changement, le titre seul a été modifié.

Tactique de la Cavalerie, par Alexandre Itier, Lieutenant-Colonel du 7e de Chasseurs à cheval — Extrait du *Spectateur Militaire* — *Paris, Imp. Martinet,* 1847.

Broch. in-8° de 30 p.

On a maintenant oublié, mais il est bon de rappeler, que les inversions de l'Ordonnance de 1829 constituaient une des grosses difficultés de son application, même sur le terrain de manœuvres. C'était un casse-tête, généralement mal exécuté et qui causait de fréquentes erreurs. Devant l'ennemi, c'était presque impraticable, et on peut s'étonner que les auteurs de cette Ordonnance, qui tous avaient longuement fait la guerre, y aient introduit, avec beaucoup d'autres, cette complication.

Les propositions d'Itier ne furent pas acceptées, malgré leur réserve et malgré de consciencieux essais. Personne alors n'osait toucher à l'arche sainte de 1829. Il n'en faut pas moins lui savoir gré de ses tentatives. Il avait raison, mais le

(1) Pour d'autres cartes hippiques, voy. *Cormette (de), Gayot (Eug.), Collaine, Léger (Ch.), Atlas hippique, Loi organique de 1874, Jacoulet, Clerjon de Champagny, Lamoricière (de).*

temps n'était pas venu et ne devait venir qu'après 1870.
Itier collabora aussi très fréquemment aux journaux spéciaux et notamment au *Spectateur Militaire*.

IVANOWSKI.
Officier de Cav^ie polonais au service de France.

Nouveau système d'Escrime pour la Cavalerie, fondé sur l'emploi d'un nouveau Sabre inventé par M. Ivanowski, ancien Officier au septième Régiment de Lanciers Polonais au service de France. *Paris, Imp. Poussielgue*, 1834.

Broch. in-8° de XVI-52 p., avec 7 pl. se dépliant et contenant 44 fig. Préface par « un général de la création de l'Empire ».

L'auteur, qui préfère les coups de sabre aux coups de pointe, a inventé un sabre sans coquille et dont la lame est plus lourde à l'extrémité que près de la poignée. On sait que le système actuel d'escrime du sabre est exactement contraire à ces principes.

J

J. D. DE F., voy. D. DE F. (J.)

J. G., voy. DICTIONNAIRE MÉDECINAL.

J. P., voy. RESTONS EN SELLE.

JABET (Edmond).
Les Courses de Chevaux en Limousin, par Edmond Jabet. *Limoges, Imp. de la Société générale de papeterie*, 1885.

1 vol. in-12 de 353 p. Dédicace à M. P. de Vanteaux, Président de la Société d'Encouragement pour l'élevage des chevaux en Limousin, etc.

L'ouvrage contient un historique général des courses en France et à l'étranger et des détails particuliers sur celles du Limousin et de la région du midi.

JABLONSKI (Marie-Edouard-Ludovic).
Officier d'administration français, né en 1858, entré au service en 1879, démissionnaire en 1894.

Histoire anecdotique des Animaux à la Guerre, par Ludovic Jablonski, Officier d'Administration des Hôpitaux militaires. *Paris et Limoges, Henri Charles-Lavauzelle*, S. D. (vers 1887).

1 vol. in-12 de 205 p. Dédicace à M. Narcisse Faucon.

Le Cheval et le mulet occupent près de la moitié de l'ouvrage.

Voy., sur le même sujet, *Hennebert*.

JACKY (Edouard).
Officier d'art^ie suisse, né en 1863, sous-lieut^nt en 1883, lieut^nt-colonel en 1905.

Traité du Signalement des Animaux domestiques — Nomenclature descriptive des Expressions employées dans le Signalement, par Ed. Jacky, Major d'Artillerie, Fonctionnaire du Département fédéral de l'Agriculture, à Berne — Avec un tableau de l'Age des animaux domestiques d'après la dentition — *Lausanne, Payot*, 1901.

Broch. in-16 de 78 p. avec 1 tableau in-f° pour l'âge, plié sous la couverture et contenant 42 fig. d'après celles de Girard fils (voy. ce nom).

Le signalement du cheval, de l'âne et du mulet occupe les 39 premières p.

JACOB (Antoine).
Vétérinaire militaire français, 1792-18....
Diplômé d'Alfort et aide-vétérinaire au 10e cuirassiers en 1812, passé aux carabiniers de Monsieur en 1816, vétérinaire en 1er en 1818 (1), démissionnaire en 1827, reprend du service au train des parcs d'artillerie en 1828, passe au 11e Dragons en 1829, retraité en 1845. Jacob avait fait les campagnes de 1813 en Saxe, 1814 en France, 1815 en Belgique. Il avait obtenu 5 mentions et 2 médailles au cours de ses études à Alfort et était membre de plusieurs sociétés savantes.

Petit Manuel de l'Eleveur de Chevaux ou exposé simple des règles qui doivent guider dans les soins à donner aux Poulinières et à leurs Produits, suivi de considérations sur la Production et l'Amélioration du Cheval, par M. Jacob, Vétéri-

(1) Quand, en 1843, on donna aux vétérinaires en 1er le rang d'officier, l'ancienneté de Jacob comme vétérinaire en 1er fut reportée à 1819 J'ignore le motif de cette mesure.

naire retraité, Chevalier de la Légion d'Honneur, Membre de plusieurs Sociétés savantes. *Nancy, Imp. de Dard (cousins)*, 1850.
Broch. in-12 de 44 p. dont VIII pour l'avant-propos.
L'opuscule concerne exclusivement l'élevage et l'industrie chevaline dans le dép^{nt} de la Meurthe, et donne quelques détails sur le dépôt de Rosières et les produits de ses étalons.

JACOB (Gérard).
Archéologue, numismate et naturaliste français, 1775-1830.
Recherches historiques sur les Croisades et les Templiers; l'Origine de la Noblesse et de l'ancienne Chevalerie; les Cours d'Amour; les Tournois; les Duels ou Combats judiciaires; les Tribunaux secrets; suivies de la Description de l'ancien Musée ou Dépôt central de l'Artillerie de France à Paris; par le Chevalier Jacob, Membre de la Légion d'Honneur et de plusieurs Sociétés savantes. Ouvrage orné de quatre Figures au trait. *Paris, Everat; ibid., l'Auteur*, 1828.
1 vol. in-8° de 229 p. Dédicace de l'auteur au duc d'Angoulême.
L'ouvrage contient un chap. sur les tournois, des passages sur les joutes, sur l'armement des chevaliers, et se termine par la description des Carrousels de 1662 et de 1664. (Sur le premier, voy. Ch. Perrault.)

JACOBY (Ferdinand-Rudolph).
Hippologue allemand: Il a publié, en 1852, 1853 et 1867, plusieurs ouvrages d'hippologie qui n'ont pas été traduits en français et qui, pour cette cause, ne sont pas mentionnés ici.
Races chevalines de France et de Belgique, leurs caractères, leur production et leur élevage, par F. R. Jacoby. *Erfurt, Keyser*, 1873.
1 vol. gr. in-8° de... p. (1).

JACOTIN (Marie-Hyacinthe-Célestin).
Vétérinaire militaire français, 1844-1900. Diplômé d'Alfort en 1864, aide-vétérinaire en 1866, vétérinaire principal de 1re cl. en 1899, mort en activité de service.
Mémoire ayant obtenu le 1er Prix au Concours de la Société dosimétrique de Paris en 1898 — La Dosimétrie dans les Maladies du Cheval de Troupe, par H. Jacotin, Vétérinaire principal de l'Armée, Membre correspondant de la Société centrale de Médecine vétérinaire. *Paris, Institut dosimétrique. Charles Chanteaud, Directeur*, 1899.
1 vol. gr. in-8° de 363 p. Dédicace à M. Charles Chanteaud, fondateur de la Pharmacie dosimétrique.

JACOULET (Claude-Joseph-Jules).
Vétérinaire militaire français, né en 1850, diplômé d'Alfort en 1873, aide-vétérinaire en 1874, vétérinaire principal de 1re cl. en 1906, retraité en 1910.
Recueil législatif et administratif à l'usage des Vétérinaires de l'Armée (active et réserve) suivi du Guide de l'Aide-Vétérinaire nouvellement promu, par J. Jacoulet, Vétérinaire en 1er au 15e Chasseurs. *Paris, Imp. de la Société de Typographie*, 1888.
1 vol. in-4° de 514 p.
Outre la question technique, qui, naturellement, concerne les soins à donner aux chevaux, l'ouvrage contient d'excellents conseils aux jeunes vétérinaires qui débutent dans un régiment.

Guide de l'Aide-Vétérinaire nouvellement promu, par J. Jacoulet, Vétérinaire en premier, Professeur à l'Ecole d'Application de Cavalerie. *Saumur, S. Milon fils*, 1895.
Broch. in-32 de 47 p.
Extrait, mis à jour, de la dernière partie de l'ouvrage précédent.

Traité d'Hippologie, par J. Jacoulet, Vétérinaire en 1er, Professeur à l'Ecole de Cavalerie, Chevalier de la Légion d'honneur et du Mérite Agricole, Officier d'Académie, Membre correspondant de la Société centrale de Médecine vétérinaire, Lauréat du Ministère de la Guerre et de la Société Centrale de Médecine vétérinaire (Médailles d'or) (et)

---

(1) Je n'ai pu jusqu'ici rencontrer cet ouvrage que je ne connais que par la mention qu'en font Lorenz et Huth.

C. Chomel (1), Vétérinaire en 2me, Lauréat de la Société Centrale de Médecine vétérinaire, Membre honoraire de la Société de Médecine vétérinaire de l'Oise. Dessins par G. Poy et E. Barthelemy (pour le T. I) et par G. Poy, Brocq-Rousseu, Delacroix, Ammeloot et Bidault (pour le T. II). *Saumur, S. Milon fils,* 1894-1895.

2 vol. gr. in-8° de VII-691 et 946 p. avec 575 fig. d. l. t. et h. t. et 6 cartes hippiques (2). Titre rouge et noir, vignettes sur les titres, lettres initiales ornées.

Traité d'Hippologie par J. Jacoulet, Vétérinaire principal, Directeur du Service et de l'Enseignement vétérinaires à l'Ecole de Cavalerie (et) C. Chomel, Vétérinaire militaire, Membre de plusieurs Sociétés savantes. — Dessins de E. Poy et E. Barthelemy. *Deuxième Edition — Saumur, S. Milon fils,* 1900.

2 vol. gr. in-8° de x-643 et 691 p. avec 614 fig. d. l. t. et h. t. et 6 cartes hippiques. Titre rouge et noir, vignettes sur les titres, lettres initiales ornées.

Traité d'Hippologie (*Nouvelle Edition*, revue et condensée) par J. Jacoulet, Vétérinaire Principal, Correspondant de l'Académie de Médecine, Président de la Société centrale de Médecine vétérinaire (et) C. Chomel, Vétérinaire-Major de l'Armée, Docteur en Médecine, Membre de plusieurs Sociétés savantes — *Troisième Edition — Saumur, ancienne Maison S. Milon; J.-B. Robert,* S. D. (1912).

1 vol. gr. in-8° de VL-759 p. Titre rouge et noir, vignette sur la couverture et 363 fig. d. l. t. et h. t.

Le *Traité d'Hippologie* de MM. Jacoulet et Chomel est un ouvrage important, très complet, bien rédigé et qui est rapidement devenu classique. Il est très supérieur aux ouvrages du même genre qui l'avaient précédé.

Les changements et remaniements dans le t. et les fig. de la 2e Ed^{on} sont indiqués dans une préface spéciale.

(1) Voy. Chomel (C.), pour sa biographie et d'autres ouvrages.
(2) Pour d'autres cartes hippiques, voy. *Cormette (de), Gayot (Eug.), Collaine, Léger (Ch.), Atlas hippique, Loi organique de 1874, Itier, Clerjon de Champagny, Lamoricière (de).*

Il en est de même pour la 3e Ed^{on}, qui a été condensée en un seul vol. Elle a reçu d'importantes améliorations, a été mise à jour et quoique le t. en ait été allégé, elle contient toutes les connaissances hippologiques nécessaires ou même simplement utiles à l'homme de cheval.

Neuvième Congrès International de Médecine Vétérinaire à La Haye, Septembre 1909 — L'Arthrite chronique déformante des Chevaux. Rapport de MM. J. Jacoulet, Vétérinaire en Chef de l'Armée française et G. Joly (1), Directeur de l'Enseignement Vétérinaire à l'Ecole de Saumur. *S. L. N. D.* (*La Haye*, 1909).

Broch. in-8° de 14 p. dont les 4 dernières sont occupées par la traduction allemande et anglaise de ce travail.

JACQUEMIN (François-Maxime).

Général de brigade français (cav^{ie}) (1795-1863). Garde d'honneur en 1813, sous-lieut^{nt} en 1819, cap^{ne} en 1830, colonel en 1848, général de brigade en 1852 et passé dans le cadre de réserve en 1857.

Il avait été à plusieurs reprises à Saumur, comme sous-écuyer en 1828, capitaine instructeur en 1830, lieut^{nt}-colonel en 1845 et colonel commandant en second l'Ecole en 1848.

Campagnes de 1813 en Saxe, 1814 et 1815 en France, 1823 en Espagne, 1 blessure à Hanau en 1813.

Abrégé d'extérieur à l'usage des Officiers et Sous-Officiers des Dragons de la Manche, par Maxime Jacquemin, Sous-Lieutenant. *Cambrai, Imp. A. F. Hurez,* 1820.

Broch. in-12 de 56 p. avec 1 pl. (réduction de celle de *La Guérinière* sur l'extérieur du Cheval).

Précis anatomique du Cheval, pour servir d'introduction au Cours d'Extérieur à l'usage des Officiers et Sous-Officiers de Cavalerie, par Maxime Jacquemin, Sous-Lieutenant des Dragons de la Manche. *Châlons, de l'Imp. de Boniez-Lambert,* 1821.

Broch. in-12 de 47 p.

Cours d'Hippiatrique à l'usage des Officiers et Sous-Officiers de Cavalerie, comprenant un Précis anatomique du Cheval; un résumé d'Ex-

(1) Voy. ce nom pour d'autres ouvrages.

térieur et une notice sur l'Hygiène. *Seconde Edition*, revue, corrigée et augmentée, par Max. Jacquemin, Lieutenant au 7e Cuirassiers. *Paris et Strasbourg, F. G. Levrault*, 1826.

1 vol. in-32 de xii-188 p. avec 5 pl. se dépliant, la 1re, dessinée par l'auteur, représentant le squelette, les 2e et 3e tirées du *Guide du Maréchal* de Lafosse et représentant les tares et défauts de conformation ; la 4e donne les proportions géométrales du cheval d'après Bourgelat et la 5e les ferrures dessinées par l'auteur.

La 1re édon se compose de la réunion des deux ouvrages précédents.

Même ouvrage, même titre. *Troisième Edition*, augmentée de notions de Thérapeutique vétérinaire, par Max. Jacquemin, ancien Répétiteur à l'Ecole royale de Cavalerie. *Paris et Strasbourg, F. G. Levrault*, 1828.

1 vol. in-32 de xiv-295 p. avec les mêmes pl. qu'à l'édon précédente.

Les notions de thérapeutique forment une 4e partie intitulée : *Petite matière médicale*, qui est nouvelle et qui occupe les p. 214 à la fin. Elle est rédigée par ordre alphabétique.

Cette 4e partie a aussi été imprimée à part pour les possesseurs des édons précédentes, nous dit l'auteur dans un petit avertissement :

Notions de Thérapeutique vétérinaire faisant suite au Cours d'Hippiatrique à l'usage des Officiers et Sous-Officiers de Cavalerie. *Paris et Strasbourg, F. G. Levrault*, 1828.

Broch. in-32 de vi-88 p.

Cours d'Hippiatrique, etc., (comme ci-dessus.) *Quatrième Edition*, corrigée et augmentée d'une Monographie des Boiteries du Cheval. Par Maxime Jacquemin, Colonel commandant en second l'Ecole de cavalerie. *Strasbourg, Vve Levrault*, 1850.

1 vol. in-32 de xvi-387 p. avec 8 pl. se dépliant et contenant 97 fig : squelette, écorché, aplombs, proportions et extérieur, instruments de maréchalerie et fers.

Ces pl. sont entièrement différentes de celles des édons précédentes. Ce sont des réductions très soignées des belles pl. d'Aubry du *Cours d'Equitation Militaire* de Saumur. (Voy. *Aubry* et *Cours*.)

Cette édon contient, en plus de la précédente, un traité des claudications et des renseignements sur la Loi de 1838 sur les vices rédhibitoires et son application. C'est la dernière.

Peu après, parut le *Cours d'Hippologie* de St Ange (voy. ce nom), et celui de Jacquemin fut délaissé. A tort, peut-être, car il est rédigé avec méthode et clarté et il a rendu, en son temps, de grands services à l'enseignement de l'hippologie dans l'armée.

L'art. concernant les claudications a été tiré à part, la même année, avec l'addition de quelques lignes, sous le titre suivant :

Petite monographie des Boiteries du Cheval, par Maxime Jacquemin, Colonel commandant en second l'Ecole de Cavalerie. *Saumur, Dubosse; Paris, Dumaine; ibid., Mme Vve Bouchard-Huzard*, 1850.

Broch. in-8° de 20 p.

Intéressante discussion sur la manière de reconnaître les boiteries et leur siège, avec la description d'un instrument destiné à constater l'élévation du membre boiteux.

En 1839 avait paru l'ouvrage suivant

Recherches historiques sur les Ecoles de Cavalerie en France.

C'est une brochure autographiée, tirée à petit nombre, et que je n'ai pu rencontrer jusqu'ici.

Voy., pour une brochure attribuée au Gal Jacquemin, *Idées pratiques sur les manœuvres de la Cavalerie ;* et, pour une brochure de 1847 publiée en collaboration avec le Dr Auzoux, voy. ce nom.

JACQUET (Charles-François).
Membre du Conseil supérieur d'agriculture belge, 1811-1882.

Amélioration de la Race chevaline en Belgique. De l'introduction des étalons de gros traits dans le Haras, par Ch. Jacquet. *Bruxelles, Imp. Charles Lelong*, 1862.

Broch. in-8° de 12 p.

L'auteur demande que les haras reçoivent un plus grand nombre d'étalons de gros trait.

JACQUEY (Armand-Victor) et **DELPECH-CANTALOUP** (Jules).

Jacquey, général français (infie), né en 1834, sous-lieutnt en 1854, général de brigade en 1892, passé au cadre de réserve en 1896, député des Landes.

Delpech-Cantaloup, agriculteur et avocat, conseiller général et député du Gers, 1848-1913.

Groupe extra-parlementaire des intérêts hippiques du Sud-Ouest. — Séance du 23 Mars 1900 — Président : M. le général Jacquey, député des Landes. Secrétaire : M. Delpech-Cantaloup, député du Gers. *Bordeaux, Imp. V*^{ve} *Coussau*, 1900.

Broch. in-4° de 21 p. Non mise dans le commerce.

L'opuscule contient 9 vœux présentés au ministre et demandant plusieurs modifications aux programmes d'expositions, de concours et de courses, ainsi qu'aux qualifications des chevaux présentés ou engagés. Plusieurs de ces vœux ont trait à la partie hippique de l'exposition de 1900 qui allait alors s'ouvrir.

JACQUINOT de PRESLE (François-Charles-Nicolas).

Officier d'inf^{ie}, puis d'art^{ie} et d'état-major français, 1790-18... Elève à St Cyr en 1809, sous-lieut^{nt} au 130e de ligne en 1810, il reçut en Espagne, en 1812, deux coups de feu dont l'un lui brisa la cuisse gauche et l'autre lui traversa la jambe droite. Il resta boiteux et la marche lui étant devenue pénible, on le fit passer dans l'art^{ie} où il était monté. Il fut nommé lieut^{nt} au 3e rég^t d'art^{ie} à pied en 1813, et capitaine la même année. Licencié en 1814, il fut remis en activité à l'Etat-major de l'art^{ie} en 1815. Mais quoiqu'il servit depuis quatre ans dans l'art^{ie}, cette arme ne voulut pas conserver un officier qui avait une autre origine et, en 1816, on le fit passer dans l'État-major des Places. En 1818, il passa au Corps d'Etat-Major ; en 1825, il fut nommé professeur à l'Ecole de Saumur et retraité en 1830.

Il avait fait les campagnes de 1810 à 1814 en Espagne et en Portugal, de 1815 en France et de 1823 à l'armée des Pyrénées.

Cours d'Art et d'Histoire militaires, à l'usage de MM. les Officiers de l'Ecole royale de Cavalerie; par C. Jacquinot de Presle, Capitaine au Corps d'Etat-Major, Chevalier des ordres de Saint-Louis et de la Légion d'honneur, Professeur d'Art militaire à cette Ecole. *Saumur, A. Degouy*, 1829.

1 vol. in-8° de VII-614 p. avec 2 tableaux et 3 cartes se dépliant.

L'ouvrage traite de la tactique en général ; mais, étant destiné aux élèves de Saumur, celle de la cav^{ie} y occupe une place prépondérante. Il a eu un grand succès au moment de sa publication et est resté longtemps classique. Actuellement, il a sans doute vieilli, mais les passages relatifs aux petites opérations de la guerre sont restés intéressants et utiles à consulter. Jacquinot de Presle avait fait la guerre et les exemples qu'il cite sont bien choisis, soit qu'il les puise dans l'histoire ou dans sa propre expérience.

JADOUL.

Agronome belge.

L'Alimentation des Animaux domestiques, par Jadoul, Agronome de l'Etat, en collaboration avec MM. les Agronomes adjoints Furnémont, Marousé et Thomas. *Bruxelles, P. Weissembruch*, 1893.

Broch. in-8° de 25 p.

Même ouvrage, même titre — 2e Edition — *Bruxelles, P. Weissembruch*, 1894.

Broch. in-8° de 24 p.

JAEGLÉ (D.-E.) voy. HOHENLOHE.

JAILLANT (L.).

Manuels-Roret — Nouveau Manuel complet du Bourrelier, Sellier, Harnacheur, contenant la description de tout l'outillage moderne ; les renseignements sur les marchandises à employer ; fabrication des harnais, équipement, sellerie, garniture des voitures ; recettes diverses ; vocabulaire des termes en usage dans cette profession ; etc., par L. Jaillant. — Ouvrage orné de 126 figures dans le texte. *Paris, Encyclopédie Roret. L. Mulo, Libraire-Editeur*, 1903.

1 vol. in-18 de VIII-382 p.

Cet ouvrage a remplacé, dans la *Collection Roret*, le *Manuel du Bourrelier-Sellier* de *Lebrun* (voy. ce nom) qui n'était plus au courant de l'outillage ni de la fabrication modernes. Il contient beaucoup de renseignements utiles, non seulement aux professionnels, mais aussi aux propriétaires de chevaux et aux officiers montés. Il leur permet de se rendre compte par eux-mêmes des conditions de la fabrication et des réparations et donne aux officiers l'historique détaillé des divers modèles de selles et harnais de l'armée. Les fig. sont claires et bien dessinées et enfin le vocabulaire permet à tous de donner à chaque pièce sa dénomination exacte.

JANET (Paul).
Officier de cav^le breveté français, né en 1868, sous-lieut^nt en 1890, chef d'esc^ons en 1911.

Rôle de la Cavalerie dans le service d'Exploration, de Sûreté et de Couverture par le Capitaine Janet, de l'Etat-major du 5e Corps. *Paris, R. Chapelot*, 1909.
Broch. in-8° de 36 p. avec 6 cartes se dépliant.

Etude sur la bataille de Wa-Fan-Gou (14-15 Juin 1904). — Le Commandement — La Cavalerie — par P. Janet, Capitaine breveté au 13e Cuirassiers. *Paris, R. Chapelot*, 1911.
Broch. in-8° de 46 p., avec 2 cartes se dépliant et contenant 6 croquis.

Etude sur les Opérations du Groupe de l'Est à la Bataille du Chaho — Le Commandement — La Cavalerie (avec 8 croquis), par le Commandant P. Janet. *Paris et Nancy, Marc Imhaus et René Chapelot*, 1914.
1 vol. in-8° de 114 p.

JANILLION (François-Louis).
A servi dans l'inf^ie, a été officier de cav^ie, puis de gend^ie, 1778-18 .. Chasseur à la 19e demi-brigade d'inf^ie légère le 6 ventôse an II, y est devenu sergent. Rayé des contrôles en l'an V, il est passé au 2e bat^on de tirailleurs belges où il n'est resté que quelques mois. Dragon au 15e Rég^nt en 1803, réformé en 1805; soldat, puis sergent-major à la 1re Comp^ie de réserve de la Seine en 1805; rayé des contrôles en 1808; sous-lieut^nt de cav^ie disponible et en demi-solde en 1814; lieut^nt dans la gend^ie de la ville de Paris, en 1815; passé à la comp^ie du Nord en 1816 et à celle du Pas-de-Calais en 1817. Mis en non-activité la même année. Dans cette carrière bizarre, Janillion comptait 12 ans de services effectifs et 12 ans d'interruptions diverses.
Il était petit-neveu du célèbre sculpteur Jean-Baptiste Pigalle.

Essai sur les Eclaireurs à cheval, suivi d'une description des beautés, qualités et défauts extérieurs des chevaux, par F. L. Janillion, ancien Lieutenant en 1er dans la Gendarmerie Royale de Paris et ex-Secrétaire à la Commission de rédaction du Code militaire. *Paris, Locard et Davi*, 1819.
Broch. in-8° de 11-64 p., avec 1 pl. gravée représentant un éclaireur à cheval revêtu de l'uniforme bizarre proposé par l'auteur et « se portant en tirailleur « haut la carabine ».
Janillion veut attacher une comp^ie d'éclaireurs à cheval à chaque Légion d'inf^ie, et il donne les détails de recrutement, d'organisation, d'habillement, d'équipement, d'armement et d'instruction du corps dont il propose la création.
Il est à remarquer que, sur la pl., son éclaireur est muni d'une sorte de petite sabretache identique à l'étui porte-cartes actuel.
Les 28 premières p. sont relatives aux éclaireurs, la fin contient l'hippologie.

JANVIER (A.) voy. STUD-BOOK DU CHEVAL DE LA MAYENNE.

JANVIER (Auguste).
Historien et archéologue français, né en 1827, mort vers 1899.

MM. les Gardes du Corps de la Compagnie de Luxembourg — Episodes de l'Histoire d'Amiens, 1758-1791, par A. Janvier. *Amiens, Imp. A. Douillet*, 1887.
1 vol. in-8° de 156 p.
Les Gardes du Corps de la Comp^ie de Luxembourg eurent, pendant leur long séjour à Amiens, de nombreux et graves démêlés avec la municipalité et les habitants. L'ouvrage en donne le curieux récit et contient aussi quelques détails sur le recrutement, l'organisation et la composition de cette troupe d'élite.

JAQUIER (Léon DE).
Pseudonyme de M. de la Jonquière (Clément-Étienne-Lucien-Marie de Taffanel), officier d'art^ie breveté et écrivain militaire français, 1858-1906. Sous-lieut^nt en 1880, chef d'esc^on en 1902, mort en activité de service.

Organisation et rôle de la Cavalerie Française pendant les guerres de 1800 à 1815. *Paris et Limoges,*

Henri Charles-Lavauzelle, 1886.
1 vol. in-8° de xii-103 p., anonyme.

La Cavalerie française de 1800 à 1815, par Léon de Jaquier. *Paris et Limoges, Henri Charles-Lavauzelle*, S. D.
1 vol. in-8° de 104 p.
C'est le même ouvrage qui a eu plusieurs édons sans changement. La 7ᵉ et dernière, publiée S. D., est de 1899. Elle contient 104 p., et un avertissement de l'auteur annonce qu'elle a été remaniée et développée.

Etudes sur la liaison des armes — L'Artillerie dans le combat de Cavalerie, par Léon de Jaquier. *Paris et Limoges, Henri Charles-Lavauzelle*, 1892.
Broch. in-8° de 32 p.

Etudes sur la liaison des armes — La recherche stratégique de l'ennemi, par Léon de Jaquier. *Paris et Limoges, Henri Charles-Lavauzelle*, S. D. (1896).
Broch. in-8° de 46 p.
Les autres ouvrages de cet auteur ne traitent pas spécialement de la cavᵗᵉ.

JAUBERT (E.) voy. GOLSCHMANN (L.).

JAUFFRET (Gaspard-Jean-André-Joseph).
Prélat français, 1759-1823. Grand vicaire du Cardinal Fesch, à Lyon, en 1801, il fut ensuite secrétaire de la grande Aumônerie à Paris, et chapelain de l'Empereur quand on forma le service ecclésiastique de sa maison. Evêque de Metz en 1806, il fut envoyé en 1810 au-devant de Marie-Louise dont il devint le confesseur. Nommé à l'archevêché d'Aix, en 1811, il y renonça à la Restauration et reprit son évêché de Metz qu'il conserva jusqu'à sa mort. A Lyon, à Paris, à Aix et à Metz, il déploya une activité infatigable pour rétablir les communautés religieuses hospitalières et enseignantes, dispersées ou détruites par la Révolution.

Mœurs et Coutumes du Canton de La Roquebrussane (Var) (1), par feu G.-J.-A.-J. Jauffret, Evêque de Metz, publié d'après le manuscrit autographe par Robert Reboul.

(1) Lieu de naissance de Mᵍʳ Jauffret.

Draguignan, Imp. C. et A. Latil, 1872.
Broch. in-12 de x-20 p. Dédicace de M. Reboul au Dʳ Louis Béghin.
L'opuscule est cité ici à cause du chap. iv, *Saint Eloi patron des Chevaux...* qui contient le récit des fêtes et cérémonies célébrées à la St-Eloi, et notamment celui de la *Procession des Chevaux*. Sur le même sujet, voy. *Auricoste de Lazarque*.

JAUSLIN (C.), voy. CAVALCADE DE BERNE.

JAUZE (François).
Vétérinaire français, 1775-1845. Diplômé d'Alfort en l'An X, il fut, pendant la domination française, professeur à l'Ecole vétérinaire de Milan de 1805 à 1813, puis chef de l'atelier de maréchalerie à Alfort jusqu'en 1816. Ayant échoué au concours qui fut ouvert alors à cette Ecole pour une place de professeur de maréchalerie et de jurisprudence, il s'établit à St-Denis, puis à Paris, et ouvrit, dans cette dernière ville, une Ecole de maréchalerie vétérinaire où il délivrait à ses élèves un diplôme de Maréchal expert.

Sa personne et ses ouvrages furent attaqués de tous côtés dans les journaux vétérinaires et il semble qu'il a mérité cette animosité par son caractère.

Cours théorique et pratique de Maréchallerie vétérinaire, A l'usage des Écoles Vétérinaires, des Maréchaux, des Corps de cavalerie, des Ecuyers, des Maîtres de poste, des Cultivateurs et de toutes les personnes qui ont des animaux susceptibles d'être ferrés. Par Fr. Jauze, Vétérinaire, ex-Professeur de Chirurgie et de Ferrure à l'Ecole d'Economie rurale vétérinaire de Milan, de Jurisprudence et de Maréchallerie à celle d'Alfort; auteur de plusieurs Observations-pratiques — vétérinaires couronnées par la Société royale et centrale d'Agriculture, etc. Ouvrage orné de cent dix Planches, dessinées d'après nature à l'Ecole vétérinaire de Milan, par N.-H. Jacob et Georges Abel, et gravées par L. Bougon, Médailliste de la Société d'Encouragement de Paris — Prix 30 francs broché — *Paris chez Béchet et chez l'Au-*

teur, *Porte St-Antoine, place de l'Eléphant (la Bastille)*, 1818.

1 vol. in-4° de 4 f^{ts} non ch. pour le faux-titre, le titre, la dédicace « à Messieurs « les Membres de l'Académie Royale « des Sciences et Arts de l'Institut de « France » et le tableau de la conversion des anciennes mesures au système décimal, 550 p. de t., 1 f^t pour l'Avis de l'Auteur et l'Errata, plus un appendice de 6 p. contenant une polémique avec Sanfourche (voy. ce nom), 1 f^t annonçant la mise en souscription d'un ouvrage de l'auteur en cinq volumes (et qui n'a jamais paru), et un 2e appendice de 8 p. d'aigre polémique avec Huzard fils, qui avait fait la critique de son livre.

La première partie de cet ouvrage formant les 158 premières p. et contenant les 15 premières fig. avait déjà été publiée en 1817 chez *Adrien Leclerc*.

Réponse à un opuscule ayant pour titre : Quelques observations sur l'Introduction d'un ouvrage intitulé *Cours théorique et pratique de Maréchalerie Vétérinaire*, par Fr. Jauze, etc. *Paris, Imp. Cordier*, 1818.

Broch. in-8° de 8 p.

C'est un tirage à part de sa polémique avec Huzard fils qui est citée ci-dessus, à la fin de son *Cours de Maréchalerie*. Dans cette réponse, où il n'appelle pas Huzard autrement que « Monsieur le jeune médecin vétérinaire », Jauze ne dissimule pas son dépit des critiques dont son ouvrage a été l'objet.

L'Art complet du Vétérinaire et du Maréchal ferrant, comprenant la manière de ferrer toute espèce d'Animaux des Champs, de prévenir, de soigner et de guérir toutes les maladies qui attaquent les pieds des Chevaux, des Bœufs, des Anes, etc. Ouvrage indispensable aux Ecuyers, aux Maîtres de poste, aux Laboureurs et à toutes les personnes qui ont des animaux susceptibles d'être ferrés ; par M. J. ex-Professeur de Chirurgie et de ferrure à l'Ecole d'Economie rurale Vétérinaire de Milan et de Maréchallerie à celle d'Alfort ; suivi d'un Traité des Maladies des Chevaux par M. le Bon Sind, premier Ecuyer de S. A. R. l'ancien duc de Cologne — Ouvrage beaucoup plus complet que celui de Garsault — Avec 110 planches. *Paris, chez Audin ; ibid., chez Ponthieu et Cie ; Leipsig, Ponthieu et Cie*, 1827.

1 vol. in-4° de 562 p.

C'est la même éd^{on} avec les mêmes pl., à laquelle on a mis un nouveau titre et ajouté le *Traité* du Baron de Sind, paginé à la suite, de 551 à 562, et de laquelle on a supprimé les 2 appendices de polémique avec Sanfourche et Huzard fils.

On se demande d'ailleurs à quel propos l'auteur, ou plus probablement l'éditeur, a exhumé l'ouvrage du Bon de Sind (voy. ce nom), publié en français en 1766 et qui, par conséquent, était singulièrement démodé en 1827.

Médecine légale hippiatrique, abrégé de la pratique vétérinaire ou Guide du Commerce des Animaux domestiques d'après la loi de 1838 sur l'uniformité des Cas rédhibitoires et la durée de la Garantie dans toute la France, par F. Jauze, ancien Professeur des Ecoles royales hippiatriques de France et d'Italie, Médecin Vétérinaire pour le Département de la Seine pour l'Arrondissement de St-Denis, Directeur de l'Ecole spéciale de Maréchallerie vétérinaire de Paris, Bachelier de l'Université de France, etc., etc. *Paris, Fromont-Pernet*, 1838.

1 vol. in-8° de 496 p.

Même ouvrage, *seconde éd^{on}, même éditeur*, 1844.

Sans changement.

Des Ecoles royales vétérinaires en France en 1838, ou métamorphose de la Science hippiatrique en empirisme toléré. — Réponse à un bouquin moderne publié en 12 cahiers, pendant l'année 1838 par MM. Yvart, Renault, Girard, Delafond, Rigot, Bouley, Vatel et Rainard, sous le titre de *Recueil de Médecine vétérinaire pratique*, etc., par F. Jauze... etc. *Paris, Imp. Moquet*, 1839.

Broch. in-8° de 40 p.

Mémoire sur l'Organisation scientifique de l'Ecole vétérinaire d'Alfort depuis son institution jusqu'en

1840 pour servir de suite et de complément à la Réponse à un bouquin moderne publié en 12 cahiers, pendant l'année 1838 par MM. Yvart, Renault, Girard, Delafond, Rigot, Bouley, Vatel et Rainard ; par F. Jauze. *Deuxième Ed^on, corrigée et augmentée. Paris, Imp. d'Urtubie ; ibid., l'Auteur ; ibid., Pissin ; ibid., Dentu, 1840.*

Broch. in-8° de 76 p.

Ces deux derniers opuscules sont remplis par une aigre polémique. Ils sont très difficiles à rencontrer.

Les ouvrages de Jauze, prolixes et généralement sans valeur scientifique, sont, comme sa personne, tombés dans un juste oubli.

JEANNIN (Marie-Joseph-Félix).
Vétérinaire des Haras français, 1812-18... Vétérinaire de 2ᵉ cl. à Besançon en 1834, de 1ʳᵉ cl. au Pin en 1842, il passa successivement à Arles, à Lamballe, à Montier-en-Der et à Angers où il fut retraité en 1879.

Les Institutions hippiques de l'Anjou — Rapport sur les Mémoires pour le Prix fondé par le Conseil général du Département de Maine-et-Loire, par M. Jeannin, Vétérinaire au Haras impérial d'Angers, Secrétaire du Comité d'Agriculture de la Société industrielle, Membre honoraire de la Société Vaudoise des Sciences médicales, Correspondant de la Société impériale et centrale de Médecine vétérinaire, ancien Professeur à l'Ecole des Haras, etc. *Angers, Imp. de Cosnier et Lachèse, 1861.*

Broch in-8° de 44 p. (Extrait du *Bulletin de la Société Industrielle d'Angers et du Dép^nt de Maine-et-Loire*, xxxIIᵉ Année, 1861.)

Sur le rapport de Jeannin, la Société Industrielle adressa une lettre de félicitations et accorda une médaille d'or à l'unique mémoire présenté au concours et dont l'auteur était « le Vicomte de « Wall (Marie-Edouard), ancien Page du « Roi et Elève du Manège de Versailles, « ancien Officier élève et Lieutenant « d'Instruction à l'Ecole de Saumur, « ancien Lieutenant ff^ons de Capitaine « instructeur au 8ᵉ Rég^nt de Chasseurs, « ancien Officier acheteur aux Dépôts « de Remonte de Caen, d'Alençon et « d'Angers, Président de la Société des « Courses de Saumur et Cultivateur à « Distré (Maine-et-Loire). »

Il ne semble pas que le Mémoire de M. de Wall ait jamais été imprimé.

Société Industrielle d'Angers et du Département de Maine-et-Loire — Rapport sur le Concours hippique départemental d'Angers annexé au Concours régional le 24 mai 1862, suivi de considérations sur l'Espèce Chevaline en Maine-et-Loire et de conseils aux Eleveurs, par M. F. Jeannin, Vétérinaire de 1ʳᵉ classe..... (etc., comme ci-dessus), Membre du Conseil départemental d'Hygiène et de Salubrité de Maine-et-Loire et de la Chambre consultative d'Agriculture, etc. *Angers, Imp. de Cosnier et Lachèse, 1862.*

Broch. in-8° de 30 p.

Extrait du *Bulletin de la Société Industrielle d'Angers et du Dép^nt de Maine-et-Loire*, xxxIIIᵉ année, 1862.

Rapport fait à la Société Industrielle d'Angers au nom d'une Commission spéciale chargée d'examiner le Frein-Joseph, inventé et présenté par M. Joseph Secoué, Coiffeur à Angers, par M. F. Jeannin, Vétérinaire de 1ʳᵉ cl..... (etc., comme ci-dessus). *Angers, Imp. de Cosnier et Lachèse, 1865.*

Broch. in-8° de 19 p. avec 1 pl. se dépliant et contenant 8 fig. qui donnent le détail du frein.

Cet instrument qui, dans une expérience publique, avait, parait-il, réussi à arrêter deux jours de suite une jument emportée à toute allure, opérait, comme beaucoup de ses similaires, par l'occlusion des naseaux et l'arrêt de la respiration qui en était la conséquence.

Extrait du *Bulletin*..... (etc., comme ci-dessus) xxxvIᵉ année, 1865.

JEANSELME (Edouard) voy. HALLOPEAU.

JEGOU DULAZ (Paul) voy. QUESTION DES REMONTES (1848).

JENEY (DE).
Ingénieur géographe du xvIIIᵉ siècle sur lequel je n'ai pu trouver aucun renseignement biographique.

Le Partisan ou l'Art de faire la petite Guerre avec succès selon le Génie de nos jours. Détaillé sur des Plans propres à faciliter l'intelligence des Dispositions de tous les Mouvemens nécessaires aux Troupes Légères, pour réussir dans leurs Marches, leurs Embuscades, leurs Attaques & leurs Retraites. Avec une Méthode aisée pour Guérir promptement les fâcheux accidens qui surviennent ordinairement aux Hommes & aux Chevaux durant la Campagne, par Mr. de Jeney, Capitaine, ci-devant Ingénieur-Géographe dans l'Etat-Major de l'Armée Françoise sur le Bas-Rhin. *A La Haye, chez H. Constapel*, 1759.

1 vol. pet. in-8° de 8 f^{ts} non ch. pour les titres, la préface, la table des chapitres, et 176 p. avec 7 plans se dépliant. Titre rouge et noir.

La cavalerie joue un rôle prépondérant dans les opérations décrites par de Jeney. De plus, les chap. III, *Du Choix des Recrues*; IV, *Du Choix des Chevaux*; XIV, *Moyens pour rétablir les accidens qui arrêtent les Chevaux en Campagne*, ont un caractère particulièrement hippique.

Voy. aussi, sur la petite guerre et la guerre de partisans : *Traité de la Constitution des Troupes légères* — Davidoff — Wüst (de) — Ray de St Geniès — *Petit Guide des Guérillas* — Rustow — La Roche (de) — Grandmaison (A.-T. de). — *Le Mieve de Corvey* — Decker (de) — La Roche-Aymon (de) — Létang — Callwell, etc.

JESSÉ (Antoine-César-Joachim-Alphonse DE).

Général de div^{on} français (cav^{le}), 1834-1898. Sous-lieut^{nt} en 1855, général de div^{on} en 1889. Il a commandé le 10e Corps d'Armée et a été Président du Comité de Cavalerie. Campagnes de 1870-71 contre l'Allemagne ; en Afrique de 1875 à 1877.

Les Manœuvres d'ensemble de Cavalerie dans le Gâtinais (1896) — Rapport de M. le Général de Jessé, Président du Comité de Cavalerie, Directeur supérieur des manœuvres — Avec 3 grandes cartes hors texte et 11 croquis d'orientation. *Paris et Nancy, Berger-Levrault*, 1897.

Broch. gr. in-8° de 91 p.

JIBÉ (LE COMMANDANT) (Pseudonyme).

Tendances tactiques de notre Cavalerie, par le Commandant Jibé, Breveté d'Etat-Major — Combat contre la cavalerie : idées en cours en Allemagne et en France — Combat contre l'infanterie, contre l'artillerie — Combat à pied — L'infanterie soutien de la cavalerie — La doctrine — La question de la lance — La suppression des cuirassiers. *Paris et Limoges, Henri Charles-Lavauzelle*, S. D. (1907).

Broch. in-16 de 77 p.

JOANNE (Laurent).

Notice sur une nouvelle Voiture de sûreté, inventée par M. Laurent Joanne, de Dijon, et nommée par lui Sécurifère a Stator, dont le mécanisme a pour objet d'enrayer subitement les roues et de dételer les Chevaux qui s'emportent par la frayeur, ou prennent le mords aux dents. *Paris, Imp. de Madame Huzard*, 1820.

Broch. in-8° de 4 p. dont les 2 premières sont occupées par un aperçu sommaire sur l'invention de Joanne et les 2 autres par un rapport élogieux de Régnier, fait à la Société d'Encouragement pour l'Industrie nationale.

Une description complète et détaillée de cette invention a été publiée dans le T. V des *Annales de l'Industrie française et étrangère*, 1822, p. 64 à 78 avec 1 pl. se dépliant et contenant 11 fig. très soignées, dessinées par de Moléon et gravées par Adam, représentant les détails de l'appareil destiné à enrayer la voiture et à dételer les chevaux. Cet article en cite 2 autres sur le même sujet. Je ne crois pas qu'aucun ait été tiré à part.

JOB (Gaston-Charles-Martial DE).

Général de brigade français (art^{le}), 1840-1896. Sous-Lieut^{nt} en 1861, général de brigade en 1894 ; il avait commandé les batteries de la 6e Div^{on} de Cav^{le} et commandait la 7e Brigade de Dragons au Camp de Châlons quand il est mort. C'était un véritable homme de cheval.

L'Artillerie à cheval en union avec la Cavalerie indépendante ; par C. de Job, Chef d'Escadron d'Artillerie, Commandant les batteries de la 6e Division de Cavalerie. (Extrait de la *Revue d'Artillerie* — Janvier 1882). *Paris et Nancy, Berger-Levrault,* 1882.

Broch. in-8° de 45 p.

JOCKEY-CLUB BELGE voy. HYNDERICK.

JOCKEY-CLUB (LE) DEVANT L'OPINION.

Le Jockey-Club devant l'opinion publique, par un Sportsman. *Paris, E. Dentu,* 1888.

Broch. in-8° de 32 p.

Au sujet de la réglementation des Courses par le Jockey-Club.

JOLIVET (Louis).

Les Régiments du 17e Corps d'Armée — Historiques sommaires, 7e, 9e, 11e, 20e, 59e, 83e, 88e et 126e Régiments d'Infanterie ; 10e Régiment de Dragons ; 9e Régiment de Chasseurs ; 18e et 23e Régiments d'Artillerie ; 17e Escadron du Train des Équipages militaires, précédés d'une notice sur le 17e Corpsd'Armée par Louis Jolivet. *Toulouse, Edouard Privat,* 1891.

1 vol. in-8° de 229 p.

L'historique des 10e Dragons et 9e Chasseurs occupe les p. 157 à 176.

JOLY (Nicolas).

Docteur ès sciences, docteur en médecine, correspondant de l'Institut, agrégé des facultés, 1812-1885. Il fut d'abord maître d'études aux collèges de Grenoble et de Montpellier, puis chargé du cours de Zoologie à la Faculté des Sciences de Toulouse et devint ensuite professeur à l'Ecole de médecine de cette ville. Retraité en 1878.

Note sur une Larve d'Œstride qui vit sous la peau du Cheval, par M. N. Joly, Professeur de Zoologie à la Faculté des Sciences de Toulouse. (Lue à la Société d'agriculture de la Haute-Garonne, dans sa séance du 17 avril 1849). *Toulouse, Imp. Jean-Matthieu Douladoure* (1849).

In-8° de 4 p. avec 1 pl. lith., dessinée par l'auteur et contenant 11 fig. dont 2 se rapportent au sujet traité.

Extrait de la Revue de l'Académie de Toulouse (Livraison de Février) — Lettres sur la Zoologie et la Physiologie — Un mot sur la question des subsistances, à propos d'un dîner d'hippophages. *Toulouse, Imp. A. Chauvin,* S. D. (vers 1856).

Broch. in-8° de 8 p. signée à la fin : N. Joly, Professeur de Zoologie à la Faculté des sciences de Toulouse.

Plaidoyer en faveur de l'hippophagie (1).

Au sujet de ce banquet, voy. *Daunassans.*

Pour deux ouvrages en collaboration, voy. *Lavocat (A.).*

JOLY (Pierre-Georges-Alexandre).

Vétérinaire militaire français, né en 1860, diplômé d'Alfort en 1882, vétérinaire principal en 1913.

De l'Intelligence du Cheval, par G. Joly, Vétérinaire militaire. *Paris, L. Baudoin,* 1890.

1 vol. in-8° de 203 p.

Etude sur la Gourme cutanée, par G. Joly, Vétérinaire à l'annexe de Remonte du Bec-Hellouin, et E. Leclainche, Professeur à l'Ecole vétérinaire de Toulouse. Extrait de la *Revue Vétérinaire,* Juin 1893. *Toulouse, Imp. Lagarde et Sebille,* (1893).

Broch. in-8° de 12 p.

Etude sur les Suros, par M. G. Joly, Vétérinaire en 2e, Professeur à l'Ecole de Cavalerie — Extrait de la *Revue Vétérinaire,* n° 11 du 1er Nov. 1896. — *Toulouse, Imp. Lagarde et Sebille* (1896).

Broch. in-8° de 19 p. avec 6 fig. d. l. t.

Etudes cliniques (*Première série*

---

(1) A la suite de ce banquet, le quatrain suivant fut envoyé par télégramme à M. Guerrier de Dumast (voy. ce nom), qui était aussi un apôtre de l'hippophagie :

A Toulouse, ce soir, le cheval fait merveille !
Tous vos vœux sont remplis, le nôtre l'eût été
Si quelque bon lutin, vous prenant par l'oreille,
Sur son aile légère ici vous eût porté.

A ce quatrain, M. Guerrier de Dumast répondit par vingt vers imprimés à Nancy chez la Vve Raybois, 1 f. in-8° et intitulés : *Aux convives du banquet chevalin de Toulouse.*

Bibliogr. hippique. T. I. — 44*.

— Eparvin — Courbe — Jarde — Dartre du Jarret — Mobilité de la peau et des tendons — Nerf transversal des tendons) par G. Joly, Vétérinaire en 2ᵉ, Professeur à l'Ecole de Cavalerie. *Toulouse, Imp. Lagarde et Sebille*, 1897.

Broch. in-8º de 36 p. (Extrait de la *Revue Vétérinaire*, Août, Sept., Oct. 1897).

Etudes cliniques (*Deuxième série*), par G. Joly, Vétérinaire en 1ᵉʳ au 9ᵉ Dragons. *Toulouse, Imp. Lagarde et Sebille*, 1899.

Broch. in-8º de 58 p. avec 18 fig. d. l. t. Concerne les tares osseuses.

De la Solipédisation des Equidés dans les temps actuels, par G. Joly, Vétérinaire en 2ᵉ à l'Ecole de Cavalerie. *Toulouse, Imp. Lagarde et Sebille*, 1898.

Broch. in-8º de 18 p. avec 7 fig. d. l. t. Dédicace à M. Philippe Thomas, Vétérinaire principal de 1ʳᵉ classe.

De la Solipédisation des Equidés dans les temps actuels, par G. Joly. *Paris, Gauthier-Villars et fils*, 1898.

In-4º de 3 p.

C'est un tirage à part d'une communication faite à l'Académie des Sciences sur la demande de M. Albert Gaudry (voy. ce nom).

La brochure publiée à Toulouse et décrite plus haut fut présentée à la Société centrale de Médecine vétérinaire par M. le Vétᵣᵉ principal Thomas, à qui elle était dédiée. Elle donna lieu à plusieurs discussions et à certaines critiques auxquelles M. Joly répondit par une communication à la Société centrale qui parut d'abord dans le Nº du 30 Avril 1898 du *Bulletin* de cette société et qui fut ensuite tirée à part à petit nombre :

Sur la Solipédisation des Equidés dans les temps actuels par M. G. Joly — Communication à la Société centrale de Médecine vétérinaire, en réponse aux critiques formulées par MM. Sanson et Coményy contre mon travail sur la Solipédisation des Equidés dans les temps actuels, dans les Séances des 24 février et 10 mars 1898. *Paris, Asselin et Houzeau*, 1898 (1).

(1) C'est le titre de l'article du *Bulletin*. Je

Broch. in-8º de 23 p. avec 7 fig. d. l. t.

Extrait du *Bulletin de la Société centrale de Médecine vétérinaire*, Nº du 30 Oct. 1898 — Etude sur l'Eparvin et les Tares osseuses du Cheval, par G. Joly, Vétérinaire à l'Ecole de Cavalerie de Saumur. *Paris, Asselin et Houzeau*, 1898.

Broch. in-8º de 49 p.

Extrait de la *Revue générale de Médecine vétérinaire*. 1ᵉʳ Janvier 1903 — Nº 1 — Etudes sur l'affaissement iliaque chez le Cheval, par M. G. Joly, Vétérinaire en 1ᵉʳ, Professeur à l'Ecole de Cavalerie. *Toulouse, Imp. Lagarde et Sebille*, (1903).

Broch. in-8º de 6 p. avec 2 fig. d. l. t.

Extrait de la *Revue générale de Médecine Vétérinaire*. 1ᵉʳ Juin 1903 — Nº 11 — La Maladie naviculaire, refugium inscitiæ, par M. G. Joly, Vétérinaire en 1ᵉʳ, Professeur à l'Ecole de Cavalerie. *Toulouse, Imp. Lagarde et Sebille*, (1903).

In-8º de 4 p. avec 4 fig. d. l. t.

Extrait de la *Revue générale de Médecine vétérinaire*. 15 Juillet 1903 — De l'utilisation du Sérum antistreptococcique en Médecine vétérinaire, par M. G. Joly, Vétérinaire en 1ᵉʳ, Professeur à l'Ecole de Cavalerie. *Toulouse, Imp. Lagarde et Sebille*, (1903).

In-8º de 4 p.

Concerne le traitement de la gourme.

Les Maladies du Cheval de troupe, par Georges Joly, Vétérinaire en 1ᵉʳ, Chef de Clinique à l'Ecole d'application de Saumur — Préface de M. le Vétérinaire principal J. Jacoulet, ancien Directeur de l'enseignement vétérinaire à l'Ecole de Saumur — Avec 39 figures intercalées dans le texte. — *Paris, J.-B. Baillière et fils*, 1904.

1 vol. in-18 de xii-456 p.

Extrait de la *Revue générale de Médecine vétérinaire*. Nº 48, 15

ne puis affirmer qu'il soit identique dans le tirage à part qui est épuisé et que je ne connais que par un renseignement donné par l'auteur.

Déc. 1904 — De l'emploi des Flanelles. Leçon clinique faite à l'Ecole d'Application de Saumur par M. G. Joly, Vétérinaire en 1er. S. L. (*Toulouse*, 1904).

Broch. in-8°. Coupure de la p. 655 à la p. 660 de la *Revue générale de Médecine vétérinaire*, pour laquelle une couverture a été imprimée.

Extrait de la *Revue générale de Médecine vétérinaire* — 1er Juillet 1905 — N° 61 — Ligature d'une Artère digitale dans les affections du Pied du Cheval, par M. G. Joly, Vétérinaire en 1er, Chef de clinique à l'Ecole d'application de Saumur. *Toulouse, Imp. Douladoure-Privat* (1905).

Broch. in-8° de 6 p.

Extrait de la *Revue générale de Médecine vétérinaire* — 1er-15 Oct. 1908, nos 139-140. — Les Boiteries du Cheval, par M. G. Joly, Vétérinaire-Major au 26e d'Artillerie. *Toulouse, Imp. Douladoure-Privat,* (1908).

Broch. in-8° de 36 p.

Extrait de la *Revue générale de Médecine vétérinaire* — 1er-15 Août 1908, nos 135-136 — La fin de la Ferrure Celtique, par M. G. Joly, Vétérinaire-Major, Directeur de l'Enseignement Vétérinaire à l'Ecole de Cavalerie. *Toulouse, Imp. Douladoure-Privat*, S. D. (1908 ou 1909).

Broch. in-8° de 12 p. avec 8 fig. d. l. t.

« Pro Alesia » Revue mensuelle des fouilles d'Alise et des questions relatives à Alesia, publiée sous le patronage de la Société des Sciences de Semur, par M. Louis Matruchot, Professeur à l'Ecole normale supérieure — Extrait — Autour des Chevaux d'Alesia, par G. Joly. *Paris, Armand Colin*, S. D. (1909).

Broch. in 8° de 14 p. avec 9 fig. d. l. t.

Tirage à part d'articles qui ont paru en 1908 et 1909 dans la Revue *Pro Alesia*.

Pour un Rapport en collaboration, 1909, voy. *Jacoulet.*

Etudes sur l'Origine de la Ferrure du Cheval, par Joly et Tasset.(1), Vétérinaires, Professeurs à l'Ecole de Saumur (*Saumur*) S. D. (1911).

Broch. in-8° qui se compose de 3 tirages à part d'articles publiés en 1909, 1910 et 1911 dans la *Revue générale de Médecine vétérinaire*, imprimés à *Toulouse chez Douladoure-Privat* et réunis sous une couverture spéciale avec le titre ci-dessus :

1° Recherches sur *l'Origine de la Ferrure à clous*, par MM. Joly et Tasset, Vétérinaires professeurs à l'Ecole de Saumur; 9 p. avec 8 fig. d. l. t.

2° *Etude sur les Fers ondulés*, par les mêmes; 22 p. avec 17 fig. d. l. t.

3° *Etude sur les premiers fers à clous rivés*, par les mêmes; 20 p. avec 34 fig. d. l. t.

Nouvelles considérations sur l'origine de la Ferrure à clous, par C. (2) Joly, Vétérinaire principal du 9e Corps d'Armée, Conservateur honoraire du Musée du Cheval. *Dijon, Imp. Belvet et May*, 1914.

Broch. in-8° de 13 p. avec 5 fig. d. l. t.

JOLY (Pierre-Marie-Charles).

Officier d'artle français, né en 1868.

Etude sur les remontes, par M. Joly, Lieutenant d'Artillerie. *Paris et Nancy, Berger-Levrault*, 1898.

Broch. in-8° de 37 p. (Extrait de la *Revue d'Artillerie*).

Cette étude comprend la discussion des opinions diverses émises au sujet de l'organisation de la remonte, et l'examen spécial du cheval d'artle et de son dressage.

Les Blessures du Harnachement dans l'Artillerie, par P. Joly, Capitaine d'Artillerie — Extrait de la *Revue d'Artillerie* (Mai 1899). *Paris et Nancy, Berger-Levrault*, 1899.

Broch. in-8° de 17 p. avec 5 fig. d. l. t.

Causes, nature, emplacements des blessures et précautions à prendre pour les éviter.

JOLY DE MAIZEROY (Paul-Gédéon).

Officier d'Infle français. 1719-1780. Fit les campagnes de Bohême et de Flandre sous le Maréchal de Saxe, se distingua au siège de Namur et aux batailles de Raucoux et de Lawfeld (1746-47) et servit

---

(1) Voy. ce nom pour d'autres ouvrages.
(2) Faute d'impression. Lire G.

comme Lieut^nt-Colonel dans la guerre de 1756. Il publia ensuite un grand nombre d'ouvrages didactiques, concernant l'histoire militaire, la tactique et la stratégie, et fut reçu en 1776 Membre de l'Académie des Inscriptions et Belles-Lettres.

Tableau général de la Cavalerie grecque, composé de deux Mémoires & d'une Traduction du Traité de Xénophon, intitulé le *Commandant de la Cavalerie*, avec des notes, accompagné d'un détail sur la composition de la Phalange, & précédé d'un Mémoire sur la Guerre considérée comme Science. Par M. Joly de Maizeroy, Lieutenant-Colonel d'Infanterie, de l'Académie Royale des Inscriptions & Belles-Lettres. *Paris, Imp. Royale*, 1780.

1 vol. in-4° de 154-III p.

Les deux premiers mémoires et la traduction du Traité de Xénophon avaient d'abord été insérés dans les *Mémoires de l'Académie des Inscriptions et Belles Lettres*, tome XLI, année 1780, mais celui sur la Guerre considérée comme science n'y figurait pas.

Parmi les nombreux ouvrages de Joly de Maizeroy, on peut encore citer son *Cours de Tactique, Nancy, Leclerc et Paris, Merlin*, 1766, 4 vol. in-8°; autre éd^on *Paris, Jombert*, 1791-1792, aussi en 4 vol.; *Les Institutions de l'Empereur Léon, Paris, Jombert*, 1778, 2 vol. in-8°, et la *Théorie de la Guerre, Lausanne*, 1777, 1 vol. in-8°, dans lesquels se trouvent quelques passages relatifs à la cav^le.

JONQUET
Médecin français.

Les Courses de Mondoubleau et la Race chevaline Percheronne — Compte rendu de 1868 résumant ceux des années antérieures, par le Dr Jonquet, Secrétaire de la Société hippique de Mondoubleau. *Vendôme, Typ. Lemercier*, 1868.

Broch. in-8° de 62 p.

Etude intéressante sur les courses au trot et la race percheronne.

JONSTON (Jean).
Naturaliste et surtout laborieux compilateur, 1603-1675. Né près de Lissa, dans la grande Pologne, d'une famille écossaise, il étudia la médecine et l'histoire naturelle dans diverses universités, fit l'éducation de plusieurs jeunes gens de familles nobles et se retira en Silésie, dans sa terre de Ziebendorf, près de Lignitz, où il mourut. Son histoire naturelle comprend plusieurs volumes parus à des dates différentes. Le suivant seul concerne le cheval et d'autres équidés.

Historiæ naturalis de Quadrupetibus (sic) libri cum æneis figuris Iohannes Ionstonius Med : Doctor Concinnavit. *Francofurti ad Mœnum, impensis Hæredum Math. Meriani S. D.* (1650).

1 vol. in-f° de 231 p. à 2 col., sauf la préface qui est à longues lignes, plus, à la fin, 3 f^ts pour la table alphab. Dédicace « Illustrissimo et Excellentissimo « Heroi Domino Boguslao, Comiti in « Lezno (Lissa)...... etc. » Beau frontispice gravé dans lequel se trouve le titre ci-dessus et nombreuses pl. h. t. grav. sur cuivre.

Le cheval occupe les p. 8 à 22 avec 4 pl. contenant chacune 2 fig. dont certaines sont visiblement inspirées de *Tempesta* et de *Stradan* (voy. ces noms). L'âne occupe les p. 23 à 27 avec 1 pl. contenant 2 fig. pour l'âne et 1 pour le mulet. L'onagre, (qui est représenté avec une corne au milieu du front), se trouve sur la pl. suivante avec deux autres animaux fantastiques; le zèbre est représenté par 2 fig. sur une autre pl. qui contient aussi l'image de l'Equus hirsutus. La description de ces animaux occupe les p. 27 à 30. Il faut remarquer que, contrairement à ce qui a été observé pour Gesner (voy. ce nom), les animaux sont classés par espèces.

Même ouvrage, même titre..... *Amstelodami, apud Joannem Jacobi fil. Schipper*, 1657.

1 vol. in-f°. Titre gravé dans le même frontispice qu'à l'éd^on précédente, mais retourné, 6 p. pour la préface, 1 f^t pour la table alphab. et 164 p. de t. avec les mêmes pl.

Le cheval et les autres équidés occupent les 24 premières p.

Brunet indique dubitativement une éd^on de 1665, d'Amsterdam également; mais je n'ai trouvé, à cette date, que les autres Traités d'Histoire naturelle de Jonston, à l'exclusion du Livre des Quadrupèdes.

Au siècle suivant, l'ouvrage de Jonston fut édité de nouveau, avec des additions importantes, par un médecin d'Amsterdam nommé *Henri Ruysch*. Mais ces additions portent surtout sur les poissons et partiellement sur d'autres animaux et sur la médecine. Le chapitre des équidés est sans changement :

Theatrum universale omnium animalium, Piscium, Avium, Quadrupedum, Exanguium, Aquaticorum, Insectorum et Angium, CCLX Tabulis ornatum, Ex Scriptoribus tam antiquis, quam recentioribus, Aristotele, Theophrasto, Dioscoride, Æliano, Oppiano, Plinio, Gesnero, Aldrovando, Wottonio, Turnero, Mouffetto, Agricola, Boetio, Baccio, Ruveo, Schonfeldio, Freygio, Matthiolo, Tabernomontano, Bauhino-Ximene, Bustamantio, Rondeletio, Bellonio, Cæsio, Theveto, Margravio, Pisone, et aliis maxima curâ à J. Jonstonio collectum, ac plus quam Trecentis Piscibus (et Animalibus) (1) Nuperrime ex Indiis Orientalibus allatis, ac nunquam antea his terris visis, locupletatum ; cum Enumeratione morborum, quibus Medicamina ex his Animalibus petuntur, ac Notiliâ Animalium, ex quibus vicissim Remedia præstantissima possunt capi; cura Henrici Ruysch M. D. (2) Amstelæd. VI Partibus duobus Tomis comprehensum. *Amstelædami, Prostat apud R. & G. Westenios, 1718.*

2 vol. in-f° de 4 f¹ˢ non ch. 160 et 160 p. au 1. I, 5 f¹ˢ non ch., 164, 147 et 38 p. au T. II. Titre rouge et noir, beau frontispice allégorique spécial à cette éd°ⁿ, dessiné et gravé par P. Wandelaar, au T. I. Dédicace de Ruysch à Hermann Boerhave (3), 260 pl. contenant de très nombreuses fig. Texte latin à 2 col. Le T. I. ne contient aucun sujet hippique. Le cheval et les autres équidés occupent les 17 premières p. du T. II, après quoi vient l'éléphant, qui est lui-même suivi, comme dans les éd°ⁿˢ précédentes, d'animaux fantastiques que les naturalistes d'alors faisaient pieusement figurer dans leur faune et dont quelques-uns peuvent se rattacher aux équidés. Les pl. qui représentent le cheval, l'âne, le mulet, le zèbre et les autres animaux plus ou moins fabuleux du même genre, sont identiques à celles des éd°ⁿˢ précédentes.

Ioannis Ionstoni Theatrvm vniversale omnium Animalium quadrupedum, Tabulis octoginta ab illo celeberrimo Mathia. Meriano Aeri incisis ornatum ex Scriptoribus tam antiquis, quam recentioribus, Theophrasto, Dioscoride, Æliano, Oppiano, Plinio, Gesnero, Aldrovando, Wottonio, Tvrnero, Movffeto, Agricola Boetio, Baccio, Rvveo Schonfeldio, Freggio, Mathiolo, Tabernamontano, Bavhino, Ximene, Bvstamantio, Rondeletio, Bellonio, Citesio, Theveto, Marggravio, Pisone et aliis maxima cvra collectvm et ob raritatem denvo inprimendvm (sic) svscepit *Franciscvs Iosephvs Eckebrecht Bibliopola Heilbrvnnensis, Typis Christiani de Lannoy, 1755.*

1 vol. in f° de 8 f¹ˢ non ch. pour le frontispice signé de Mathieu Merian junior, le titre rouge et noir avec une jolie vignette (vue d'Heilbronn), la dédicace d'Eckebrecht à l'Archiduc Joseph d'Autriche. la préface du livre des quadrupèdes, 236 p. de t. latin à 2 col. et 4 f¹ˢ pour les tables des maladies des quadrupèdes avec leurs remèdes, la table alphabétique des animaux et l'index des pl.

L'ouvrage contient 80 pl. h. t. Le cheval et les autres équidés occupent les 24 premières p., l'éléphant vient ensuite, puis la licorne et les autres animaux fabuleux qui étaient alors rattachés au cheval, soit 34 p. en tout.

Cette partie contient 4 pl. avec 8 fig. pour le cheval, 1 pl. avec 3 fig. pour l'âne et le mulet, 2 pl. avec 6 fig. pour la licorne —appelée onagre — et 5 autres animaux du même genre, 1 pl. avec 3 fig. pour le zèbre et l'Equus hirsutus, 3 pl. pour l'éléphant, et une nouvelle pl. de licornes variées.

JORAN (Charles-Marcel).
Officier d'inf¹ᵉ français, né en 1863, sous-lieut^nt en 1885, cap^ne en 1895.

Cavalerie contre Infanterie, par Marcel Joran, Capitaine d'Infanterie breveté — Avec une Carte —. *Paris et Nancy, Berger-Levrault,* 1908.
Broch. gr. in-8° de 77 p.

JOSEPH.
Equitation et Dressage — Méthode Joseph. *Paris, Imp. Ch. Lahure,* 1861.
Broch. in-16 de 32 p.

---

(1) Les mots en¹ʳᵉ parenthèses ne figurent qu'au titre du T. II.
(2) Médecus Doctor.
(3) Boerhave ou Boerhaave, célèbre médecin hollandais, 1668-1738.

JOUFFRET (Esprit-Pascal).
Officier d'Art[ie] français, né en 1837.

Traité de la Conduite en guides et de l'entretien des Voitures, par le Commandant Jouffret. Avec 62 figures *Paris, L. Baudoin,* 1889.
1 vol. in-8° de xvi-149 p.

Quelques pl. sont tirées de catalogues de sellerie et de carrosserie, mais la plupart sont dessinées d'après nature par *Fréd. Régamey* (voy. ce nom).

JOUHAUD voy. **POSTE AUX CHEVAUX.**

JOURDAIN ou **JOURDIN** (Jean).
Médecin français du xviie siècle.

La vraye cognoissance du Cheval, ses Maladies et remedes, par I. I. D. E. M. (1). Avec l'anatomie dv Rvyni, contenant 64 Tables en taille-douce, par le moyen desquelles on pourra facilement cognoistre toutes les parties du Cheual, & auoir cognoissance de toutes les choses necessaires pour pouuoir discerner le bon d'auec le mauuais, par les signes tant interieurs qu'exterieurs, & la façon de le pouuoir éleuer, nourrir, tenir en santé & guerir de toutes les maladies qui luy peuuent suruenir. Le tout tiré des anciens Autheurs Grecs, Latins, Alemands, Italiens, Espagnols, & autres Modernes qui ont écrit sur ce sujet. *A Paris, chez Thomas de Ninville, ruë S. Iacques, à la Renomée, au dessous de sainct Benoist,* 1647.

Ce titre est précédé d'un joli frontispice, orné et gravé, signé Michel Dorigny, qui reproduit les deux premières lignes du titre imprimé.

1 vol. in-f° de 4 f[ts] non ch. pour le frontispice, le titre et la *Lettre au Lecteur,* 126 p. et 16 f[ts] non ch. pour l'explication des pl. et la table alphab., avec 64 pl. gravées contenant un grand nombre de fig. d'anatomie et d'écorchés.

Ces pl. sont la copie, *retournée* et un peu réduite, des belles pl. de l'ouvrage de *Ruini : Anatomia del Cavallo* (voy. Ruini) qui sont attribuées par Jourdain, dans sa *Lettre au Lecteur* qui précède

(1) Jean Jourdain, Docteur en Médecine.

l'ouvrage, au *Titien* (1). Cette attribution est d'ailleurs généralement adoptée et, de fait, elles sont très supérieures, au point de vue de la fidélité de la représentation du cheval, aux œuvres contemporaines.

Dans une note placée à la fin de l'*Explication des Tables et Figures,* se trouve l'avertissement suivant : « Nota « que pour l'intelligence des Tables & « Figures, le Graueur a suiuy les Ori- « ginaux qui luy ont esté mis en main, « afin de ne s'éloigner des premiers « traits de l'Autheur : C'est pourquoy « lors qu'il s'agira ne considérer les « costez les uns à la différence des au- « tres, tu prendras le droit pour le gau- « che & le gauche pour le droit, ou tu « te figureras les figures renuersées... »

Cet avis n'était pas inutile pour expliquer certaines anomalies, par exemple le cœur placé à droite, etc.

Le parfait Cavalier ov la vraye connoissance dv Cheval, ses maladies et remedes, avec l'anatomie dv Rvyni... (etc., comme ci-dessus). Œuvre tres-vtile & necessaire à tous Seigneurs, Gentilshommes, Escuyers, Mareschaux, Marchands de Cheuaux, Laboureurs, Cochers & tous autres qui ont Cheuaux à gouuerner. Le tout tiré des Autheurs Grecs, Latins, Alemands, Italiens, Espagnols & autres modernes qui ont escrit sur ce sujet. Par I. I. D. E. M. *Paris, Robert de Nain, au Palais, à l'entrée de la Salle Dauphine, à l'Annonciation,* 1655.

Même ouvrage et même éd[on] que le précédent, avec un titre nouveau. Dédicace de Robert de Nain et L. Chamhoudry à M. Du Vernet, Ecuyer du Roi.

Le grand Mareschal, où il est traité de la parfaite connoissance des Chevaux... etc. *Paris, Estienne Loyson,* 1667.

Même ouvrage et même éd[on] que les précédents, avec un titre nouveau.

La 1re partie de cet ouvrage contient les généralités. C'est une sorte de traité d'hippologie dans lequel on trouve la manière de choisir les chevaux, l'extérieur, l'âge, la génération, l'élevage, les robes et les marques, avec les qualités et les défauts qu'elles annoncent, les races, la nourriture, l'hygiène, etc. C'est une compilation d'auteurs de toute épo-

(1) Titien (Tiziano Vecelli dit le), célèbre peintre vénitien, 1477-1576.

que et de tout pays, principalement des Grecs, mais *Rufus, Crescens, Camerarius* (voy. ces noms) et autres, sont aussi mis à contribution.

Le livre second traite des maladies et des remèdes. Il est presque entièrement tiré de *Ruellius* et de la traduction de cet auteur par *Jean Massé* (voy. ces noms), mais dans un ordre différent et avec quelques additions d'auteurs italiens et espagnols. Toutes ces compilations n'ont presque rien de commun avec l'ouvrage de *Ruini*, et le livre de Jean Jourdain n'en est pas, ainsi qu'on l'a cru quelquefois, une traduction ; il a d'ailleurs la bonne foi d'indiquer ses sources.

Il n'y a rien d'autre de Ruini que la reproduction des pl. anatomiques de son *Anatomia del Cavallo*.

JOURDIER (Joseph).

Vétérinaire militaire français, 1818-1877. Diplômé d'Alfort en 1841, vét^{re} en 1er en 1855, retraité en 1872. Il avait fait la campagne de 1859 en Italie, celle de 1870-1871 contre l'Allemagne et celle de 1871 à l'intérieur.

Mémoire sur une maladie épizootique qui a sévi au 4e d'Artillerie sur les Chevaux des Remontes éventuelles de 1848, par J. Jourdier, Aide Vétérinaire de 1re Classe au 4e d'Artillerie. *Toulouse, Imp. A. Chauvin*, 1852.

Broch. in-8° de 32 p.

JOURNAL DE MÉDECINE VÉTÉRINAIRE (Périodique).

Ce recueil est l'organe de l'Ecole de Lyon.

Journal de Médecine Vétérinaire publié par l'Ecole de Lyon — Tome I. — *Lyon, Imp. Nigon*, 1845.

Chaque n° contenait de 45 à 50 p., et ce T. I contient 592 p. La publication était mensuelle.

Elle cessa en 1870 ; elle était alors sous la direction de M. Peuch. Le *Journal* reparut en 1876, sous le titre suivant :

Journal de Médecine Vétérinaire et de Zootechnie publié à l'Ecole de Lyon. Rédacteurs M. M. F. Peuch et Ch. Cornevin, Chefs de Service. — Année 1876 — *Lyon, Imp. L. Bourgeon*, 1876.

1 vol. in-8° de 607 p.

Le titre actuel (1908) est :

Journal de Médecine Vétérinaire et de Zootechnie publié chaque mois par le Corps enseignant de l'Ecole de Lyon. Comité de Rédaction : MM. Cadéac, Ball et Forgeot. Trésorier, M. Porcherel. *Lyon, A. Rey et Cie*.

L'année 1907 a 780 p. et contient 51 fig.

JOURNAL DE MÉDECINE VÉTÉRINAIRE MILITAIRE (Périodique).

Journal de Médecine Vétérinaire militaire publié sous la direction des Vétérinaires principaux — Comité de Rédaction : Laborde, Bernis, (Membres honoraires), Vallon, Auboyer, Merche, Lescot, (Membres titulaires), A. Goux, Rédacteur en chef, Pommerol, Rédacteur adjoint — Tome I, 1re Année — Juin 1862 à Mai 1863. *On s'abonne à Paris chez le Trésorier du Journal, M. Auboyer — St Germain en Laye, Imp. H. Picault*, 1863.

1 vol. in-8° de 779 p.

C'est la 1re année ; le *Journal* paraissait par livraisons mensuelles de 60 p. environ qui formaient un vol. annuel ; 14 vol. ont été publiés. Naturellement, les rédacteurs ont souvent changé.

Le T. XIV et dernier, 1876-1877, est publié chez *E. Donnaud, 9, rue Cassette* et comprend 768 p. Une note de la Rédaction, p. 706, annonce que M. Donnaud renonce à éditer le journal et que, faute d'un nombre suffisant d'abonnés, sa publication cesse.

Voy. *Recueil de Mémoires... de Médecine vétérinaire militaire.*

JOURNAL DES CHEVAUX ET DES CHASSES (Périodique).

Cette publication, qui n'eut que 2 n^{os}, fut fondée en 1834 par un ancien sous-officier de cav^{le} nommé J. B. May. Né en 1793, il entra au service au 10e Hussards en 1810, fit les campagnes de 1813, 1814 et 1815, devint maréchal des logis chef au 16e chasseurs, puis au 1er dragons et se retira en 1817 pour s'adonner à la littérature. C'était, paraît-il, un duelliste de profession et il fut tué en duel le 24 juin 1834 d'une balle, qui lui traversa la poitrine.

Journal des Chevaux et des Chasses paraissant du 1er au 5 de chaque mois. Publication nécessaire à tous les Amateurs de Chevaux, à toutes les personnes qui en possèdent ou qui s'en occupent — 1re Année N° 1 — Mai 1834 — *Paris, au Bureau du Journal, Rue Joubert n° 24 Chaussée d'Antin. Imp. de Gœtschy fils et Cie, rue Louis le Grand n° 35.*

Fascicule in-8° de 32 p. Vignette sur la couverture.

Le N° de Juin est semblable. Les deux N°s contiennent une bonne lithog. signée Walesky et sont imprimés sur 2 col.

Ces deux n°s sont assez rares, mais les couvertures, qui seules contiennent le titre complet, le sont encore plus.

Après la fin tragique de May, le *Journal des Chevaux* disparut ; la publication en fut reprise en Janvier 1835, mais sous le titre un peu différent de : *L'Eleveur, Journal des Chevaux et des Chasses.* Voy. ce titre pour la suite.

JOURNAL DES HARAS (Périodique).

Le *Journal des Haras*, fondé en 1828, a subi des transformations diverses et il n'est pas aisé de le suivre au milieu de ses vicissitudes. Jusqu'ici, les bibliographes qui l'ont tenté (Hatin, le Cte de Contades), n'en ont donné qu'un historique inexact et incomplet. J'ai fait de longues recherches pour arriver à plus d'exactitude, mais je n'y ai peut-être pas entièrement réussi.

Le *Journal des Haras* a été un recueil hippique important, sérieux, rédigé par des hommes instruits et compétents et il n'a pas été remplacé. En effet, au moment où sa publication a commencé, les Sports étaient incomparablement moins nombreux qu'aujourd'hui : il n'y avait guère que le cheval, la chasse, le canotage et l'escrime. Les innombrables jeux de balle, la bicyclette, l'automobile, le tir aux pigeons, etc., etc., étaient inconnus. Il s'ensuit que les journaux sportifs actuels sont obligés d'aborder les sujets les plus divers, tandis que le *Journal des Haras*, surtout à ses débuts, était un recueil presque exclusivement hippique. Je dis : *à ses débuts*, car il élargit bientôt son programme, mais le cheval y occupa toujours une place prépondérante.

Le texte était accompagné de très bons dessins et les artistes hippiques les plus en renom ont contribué à son illustration. La collection du *Journal des Haras* est toujours recherchée, mais les pl. qui ornaient chaque livraison ont été souvent enlevées pour être collectionnées à part. Aussi est-il trop fréquent de rencontrer des exemplaires veufs de leurs pl., même dans des bibques publiques (1).

Le *Journal des Haras* était l'organe officieux et le défenseur attitré de l'*Administration des Haras* et on lui a reproché, non sans raison quelquefois, de se prêter de mauvaise grâce à la discussion et à la critique.

Journal des Haras, des Chasses et des Courses de Chevaux. Recueil périodique consacré à l'étude du Cheval, à son éducation, à l'amélioration de ses différentes races en France et à toutes les grandes réunions d'utilité publique ou privée, de luxe ou de plaisir qui ont lieu en France, dans les Pays-Bas, en Angleterre, en Allemagne, en Hongrie et dans les autres pays de l'Europe — Tome premier — 1re Livraison, 1er Avril 1828. *Paris, au bureau du Journal, rue Sainte-Anne n° 73, vis à vis la rue de Louvois* (2).

Cette livraison est précédée d'un prospectus non signé et annonçant que le *Journal* parait le 1er et le 15 de chaque mois, par livraisons de 32 p. in-8° et qu'il forme, à la fin de l'année, 2 vol. qui comprennent chacun 12 livraisons, c'est-à-dire la matière de 6 mois. Chaque livraison était ornée d'une lithogie consacrée aux chevaux et aux équipages.

Le rédacteur en chef fondateur était M. de Rochau (voy. ce nom pour sa biographie et pour un ouvrage sur les Haras). Le Cte de Montendre, (voy. ce nom), lui succéda de 1833 à 1842, époque à laquelle M. *de Rochau* reprit la direction. Il mourut en 1843 et eut pour successeur *le Cte Auguste de Vaublanc*, ancien officier de cavie et des Haras; le Bon *d'Anthès* en 1844; MM. *Ephrem Houël*, (voy. ce nom), en 1846; *Bellin du Cotteau, Henry Gaillard, Adrien Pascal*, etc.

En 1835, le *Journal* devint mensuel, les livraisons continrent de 64 à 100 p., généralement avec 2 pl., et le vol. contint de 350 à 420 p.

Peu après, les sujets traités devinrent plus variés et le titre fut modifié en conséquence :

Journal des Haras, des Chasses, des Courses de Chevaux, d'agricul-

---

(1) Bibque Natie et Bibque de la guerre, par exemple.

(2) C'est le titre du début. Celui donné par le Cte de Contades dans sa *Bibliographie sportive* n'a été pris que plus tard.

ture appliquée à l'Elève du Cheval et des Bestiaux en général et de Médecine comparée, Journal des progrès des Sciences zooiatriques. Recueil périodique consacré à l'étude du Cheval, à son éducation, à l'amélioration de ses différentes races en France et à toutes les grandes Réunions d'utilité publique ou privée, de luxe ou de plaisir qui ont lieu en France, dans les Pays-Bas, en Angleterre, en Allemagne, en Hongrie et dans les autres pays de l'Europe. Recueil aussi consacré à l'étude des Maladies des Animaux domestiques et aux moyens de les en préserver et de les en guérir.

Les bureaux étaient alors *10, rue Duphot*. Les principaux dessinateurs étaient *Victor Adam, Bonnemaison, de Montpeʒat, Gengembre, Ledieu*, etc. Quelques pl. sont signées Æ. J'ignore à quel artiste appartient ce monogramme (*Alfred de Dreux?*).

Le *Journal* continua ainsi sans grand changement sa publication jusqu'en 1862. Le N° de Décembre de cette année contient un avis aux abonnés d'après lequel, à partir du 1er Janvier suivant, le *Journal des Haras* se réunit à la *Vie à la Campagne*, « qui compte à peine 2 ans d'existence, sous l'habile direction de M. Furne « qui a su s'associer les écrivains spéciaux « les plus distingués. M. Adrien Pascal « continuera d'être chargé de la rédaction « en chef de la partie hippique de la « publication... » Voy. aussi, pour cette fusion, la *Vie à la Campagne*.

Le *Journal des Haras* disparut donc à ce moment.

Il ressuscita en Juillet 1871. C'était le n° 1 du T. I de la 2e série. Le bureau du *Journal* était alors *10 rue Thérèse*.

Une note préliminaire dit : « L'ancien « Journal des Haras, fondé en 1825 (1) « par M. le Cte de Montendre... a rendu « d'immenses services qu'aucun de nos « éleveurs ne peut contester ni oublier. « Malheureusement ce recueil... cessa de « paraître en 1865 (2)... C'est cette publi- « cation que nous voulons faire revivre... « c'est cette tradition que nous allons « renouer ».

Le *Journal* était alors mensuel ; chaque n^d contenait 64 p. et généralement une lithographie.

(1) Le nouveau rédacteur n'était pas bien au courant de l'historique de son journal qui fut fondé en 1828, par M. de Rochau.

(2) C'est en 1863.

En 1877, les bureaux sont *4 rue Chalgrin* et le directeur est M. *Ch. Dubois*. Quelques années après, vers 1883, les lithog^{ies} ont disparu ; il y a quelques photographies h. t. et des dessins d. l. t.

En 1886, le *Journal* portait le titre suivant :

Journal des Haras, Remontes, Agriculture et Sports. Organe des intérêts de l'Elevage fondé en 1828 — Directeur, Charles Dubois, Administrateur Comte d'Esclaibes d'Hust. *Paris, Rédaction et Administration, 50, Rue St-Georges*.

Il paraissait alors deux fois par mois, le 5 et le 20, puis, peu après, le 15 et le 30, par fascicules « dont le nombre de « feuilles n'est pas déterminé » mais qui contenaient ordinairement 16 p.

En 1887, le nom du Cte d'Esclaibes disparaît du titre qui ne mentionne plus que celui du directeur *Ch. Dubois*. Les bureaux se trouvaient *191, Boulevard Pereire*.

Le *Journal des Haras* ne contenait plus, dans ces dernières années de son existence, que quelques articles sans intérêt de son directeur et des extraits de journaux. Ses brillants rédacteurs d'autrefois n'avaient pas eu de successeurs ; les dessins et les pl. h. t. avaient disparu. Le texte avait diminué de moitié, et il n'y avait plus qu'un vol. annuel au lieu de deux.

Il continua à végéter encore péniblement jusqu'à la fin de 1888 et disparut à ce moment. Je n'ai du moins jamais rencontré de n^{os} postérieurs à celui du 15 novembre 1888, qui est le dernier que possède la Bib^{que} nat^{le}, mais je ne saurais cependant affirmer qu'il n'y en ait pas eu encore deux ou trois.

JOURNAL DES VÉTÉRINAIRES DU MIDI et REVUE VETERINAIRE (Périodiques).

Ce recueil est l'organe de l'Ecole de Toulouse.

Journal des Vétérinaires du Midi, Recueil consacré à la Chirurgie, à la Médecine vétérinaire et à tout ce qui s'y rattache. Publié par une Société de Médecins Vétérinaires sous la direction de M. Bernard, Professeur de clinique et de Chirurgie à l'Ecole royale vétérinaire de Toulouse, Rédacteur principal. — Tome 1er — 1er Numéro — Janvier 1838. *Toulouse, Martegoute*, 1838.

Fascicule in-8°. Chaque numéro contenait de 32 à 40 p. et le *Journal* était mensuel. Le T. I contient 372 p.

Il disparut en 1869. A ce moment il était sous la direction de M. *Lavocat* et son titre s'était légèrement modifié :

Journal des Vétérinaires du Midi consacré à la Médecine vétérinaire et à l'Economie rurale, publié à l'Ecole impériale vétérinaire de Toulouse, sous la direction de M. Lavocat, Directeur, Membre de l'Académie impériale des Sciences de Toulouse. *Toulouse, Imp. Jean Pradel*, 1869.

Ce vol. contient 562 p. et 1 pl.

Le *Journal* reparut en 1876, mais sous un titre différent :

Revue Vétérinaire. Journal consacré à la Médecine vétérinaire et comparée, à l'Economie rurale et à tout ce qui s'y rattache. Publié à l'Ecole vétérinaire de Toulouse par MM. Lavocat, Directeur..... etc. (suivent les noms de 5 professeurs et de 5 chefs de service) — 1re Année, 1re Série, Tome I — *Toulouse, Imp. Pradel, Viguier et Boé*, 1876.

Chaque numéro contenait de 45 à 50 p., et ce vol. contenait 576 p. avec quelques pl. h. t. et des fig. d. le t.

La publication a continué depuis 1876; actuellement (1908), elle porte le titre suivant :

Revue Vétérinaire (Journal des Vétérinaires du Midi) publiée par le Corps enseignant de l'Ecole vétérinaire de Toulouse. *Toulouse, Imp. Lagarde et Sebille.*

La dernière année parue à ce jour contient 868 p., c'est-à-dire près de 500 p. de plus que le 1er vol. de 1838. L'importance de la *Revue* a donc considérablement augmenté ; elle est toujours du format in-8° et mensuelle.

JOURNAL D'UN DRAGON D'EGYPTE.

Journal d'un Dragon d'Egypte (14e Dragons). Notes recueillies par le Commandant M*** (1). *Paris, E. Dubois*, 1899.

(1) Cette initiale désigne M. Menuau (Maurice-Charles), officier de cavie français, 1854-1904. Sous-lieutut en 1874, lieutut-colonel en 1903, mort en activité de service.

1 vol. in-8° de 176 p. avec couverture illustrée et 2 pl. en couleurs.

JOURNAL D'UN SOIR

Numéro unique — Prix 50 Centimes pour les Pauvres — Lundi 18 Janvier 1875 — Journal d'un Soir, Politique, Hippo-Acrobatique et Légendaire. *Niort, Imp. E. Robichon* (1875).

In-f° de 4 p.

Ce numéro unique avait été imprimé à l'occasion d'une représentation au profit des pauvres donnée par des amateurs au *Cirque Robba*, à Niort, le 18 janvier 1875. Le papier était de couleur différente suivant les exemplaires. Le journal contient une suite de facéties, en vers et en prose, dont quelques-unes très amusantes. Il était accompagné d'un programme agréablement illustré par R. Gaignard.

JOURNAL HISTORIQUE... DE LA 7e DIVISION.

Journal historique des Opérations militaires de la 7e Division de Cavalerie légère Polonaise, faisant partie du 4e Corps de la Cavalerie de Réserve sous les ordres de M. le Général de division Sokolnicki (1); depuis la reprise des hostilités au mois d'Août 1813, jusqu'au passage du Rhin au mois de Novembre de la même année; rédigé sur les minutes autographes par un Témoin oculaire. *Paris, Imp. Ant. Bailleul*, 1814.

Broch. in-8° de 84 p., signée à la fin : Al... A..... chef de bataillon du génie.

L'opuscule donne le récit, jour par jour, des opérations de l'une des brigades de la division, la 17e (1er chasseurs et 3e lanciers), l'autre étant détachée. Ces deux régiments partirent à peine habillés et presque sans armes, mais n'en combattirent pas moins avec courage et remportèrent de fréquents succès.

JOUTES DE SAINT INGLEBERT

Partie inédite des Chroniques de Saint-Denis, suivie d'un récit également inédit de la Campagne de Flandres en 1382 et d'un poëme sur les Joutes de Saint-Inglebert (1390). *Paris, Imp. Lahure*, 1864.

(1) Pour la biographie du gal Sokolnicki, voy. ce nom.

Broch. gr. in-8° de xii-78 p. (que je ne connais que par son titre).

JOUTES ET TOURNOIS DE HENRY VIII EN 1510.

En 1726, la Société des Antiquaires de Londres fit exécuter une reproduction d'une suite de miniatures ou de dessins qui se trouvaient alors au *Collège d'Armes* de cette ville.

Cette reproduction forme une suite de 5 pl. in-f° obl. précédée d'un titre et d'une longue notice en anglais. Il s'agit des joutes solennelles et des tournois donnés à Westminster le 13 février 1510 par le Roi Henri VIII d'Angleterre, en l'honneur de la Reine Catherine d'Aragon, sa première femme, et à l'occasion de la naissance du prince Henri, leur fils aîné.

Les pl. représentent les cavaliers et les seigneurs qui prirent part à ces fêtes, tous à cheval et généralement au galop. Le dessin en est très naïf mais très curieux.

Chaque personnage ou chaque groupe est surmonté d'une indication en français et en caractères gothiques, qui mentionne leurs noms ou qualités.

Recueil de la plus insigne rareté.

JUBILÉ DE St MACAIRE

Description du Jubilé de sept cens ans de S. Macaire, Patron particulier contre la Peste, qui sera célébré dans la Ville de Gand, Capitale de la Flandre, à commencer le 30 de Mai jusqu'au 15 Juin 1767, avec le détail ultérieur des Cérémonies, Solemnités, Cavalcade, Ornemens & des Feux d'Artifice, &c., &c., qui auront lieu à cette occasion. Le tout enrichi de Figures. *A Gand, chez, Jean Meyer, Imprimeur de la Ville, sur la Haute-porte, à l'Enseigne de l'Epée Roïale*, S. D. (1767).

1 vol. in-4° de 6 fts non ch. pour le titre, le privilège, la liste des « Echevins « de la Keure, Conseillers pensionnaires, « Echevins des Parchons, etc. » la lettre de dédicace de l'éditeur Jean Meyer à ces divers personnages, xii p. pour l'Avant-Propos, l'Abrégé de la vie de St Amand, de St Livin, de St Macaire, l'ordre de la Procession de dévotion, et 84 p. de t., avec 15 pl. grav., se dépliant pour la plupart.

La partie principale de ces fêtes magnifiques, comme savent les organiser nos voisins flamands ou brabançons, était une cavalcade — et c'est à ce titre que l'ouvrage est signalé ici — comprenant environ 45 chars ou représentations d'animaux, attelés à deux, quatre et six chevaux et plusieurs centaines de cavaliers et d'amazones, timbaliers, trompettes, détachements de dragons, gentilshommes, chasseurs, déesses de la chasse, vierges, pages, princes et seigneurs, etc.

Les pl. ne représentent que les chars, avec les personnages qui s'y trouvent et leurs attelages ; les cavaliers n'y figurent maheureusement pas : le t. seul nous en donne la nomenclature. L'ouvrage se termine par la liste nominative de toutes les personnes qui ont pris part à la cavalcade.

Un album in-f° de 24 pl. en couleurs a été publié à Gand en 1869 sur le Jubilé de St Macaire, mais il n'a aucun caractère hippique:

Pour d'autres cavalcades à Gand, voy. *Cavalcades de Gand.*

JUBILÉ (LE) NATIONAL DE 1905.

75e Anniversaire de l'Indépendance de la Belgique — Le Jubilé national de 1905. Compte rendu des Fêtes et Cérémonies qui ont eu lieu dans les Villes et Communes de Belgique à l'Occasion du Jubilé national, par A. Th. Rouvez, Secrétaire adjoint de la Commission nationale des Fêtes de 1905. *Bruxelles, Vromant*, S. D. (1906).

1 vol. in-4° de xxviii-864 p. avec 7 pl. h. t. et plus de 790 fig. et vignettes d. l. t.

Les fts limres contiennent les noms des auteurs auxquels est dû le t. des comptes rendus, et ceux des dessinateurs et photographes.

Un *Tournoi de Chevalerie* formait une des parties les plus importantes de ces belles fêtes. La description en est donnée de la p. 123 à la p. 164, avec 1 pl. h. t. et 40 fig. d. l. t. dont 2 à pleine p.

De plus, de nombreux articles accompagnés d'intéressantes fig. donnent la description de cortèges, de défilés de cavaliers civils et militaires, de chars attelés, etc., avec reconstitution de costumes, d'uniformes et de harnachements anciens. A noter particulièrement le *Cortège historique et allégorique*, p. 229 à 264, avec 57 fig. dont 1 à pleine p., les fêtes militaires d'Anvers, de Bruges, de Hasselt, de Namur, etc., etc.

Bel ouvrage, intéressant, bien imprimé et bien illustré.

JUBIN (Léon).

Vétérinaire suisse.

La Fourbure du Pied du Cheval. —

Thèse inaugurale présentée à la Faculté de Médecine vétérinaire de l'Université de Berne pour obtenir le Grade de Docteur en Médecine vétérinaire, par Léon Jubin, Médecin-Vétérinaire à Porrentruy (Suisse) — Avec 17 figures dans le texte. *Lyon, A. Rey*, 1908.

Broch. in-8° de 68 p.

L'ouvrage est suivi d'une bonne bibliographie des travaux publiés sur le même sujet.

JUILLET (Ed.).
Inspecteur du Haras départemental de la Côte-d'Or.

Emancipation de l'Industrie chevaline obtenue par l'application du système étalonnier du Département de la Côte-d'Or ; par Ed. Juillet, Inspecteur du Haras de la Côte-d'Or. *Dijon, Imp. Eug. Jobard*, 1862.

Broch. in-8° de 47 p.

Cet opuscule donne le détail des procédés employés par le dép[t] de la Côte-d'Or pour soutenir et diriger l'industrie étalonnière et examine leur application aux autres dép[ts].

JUIN (Léon-Marie).
Officier de Cav[le] français, né en 1860. Sous-lieut[nt] en 1881, chef d'esc[ons] en 1906, retraité en 1913.

Le commandement de l'Escadron. Principes directeurs ; par le Capitaine L. Juin, du 15ᵉ Régiment de Dragons. *Paris et Limoges, Henri Charles-Lavauzelle*, S. D. (1900).

Broch. in-8° de 35 p. (Extrait du *Spectateur Militaire* de juin 1900).

L'instruction individuelle du Cavalier au Service en campagne ; par le Capitaine Juin, du 15ᵉ Régiment de Dragons. *Paris et Nancy, Berger-Levrault*, 1902.

Broch. in-8° de 49 p. (Extrait de la *Revue de Cavalerie* d'octobre 1901).

JULIEN (Cyrille-Cyprien-Adrien).
Vétérinaire militaire français, diplômé d'Alfort en 1864, retraité en 1891 comme vét[re] en 1er, 1843-1896.

Les industries chevaline et mulassière en Algérie, par A. Julien, Vétérinaire militaire en retraite. Extraits du *Bulletin de la Société d'Agriculture de Constantine*. *Constantine, Imp. Louis Marle*, 1893.

Broch. in-8° de 39 p.

Excellente étude sur la race barbe, les conditions de son amélioration et celles de la transformation que lui imposent les nécessités nouvelles. L'auteur connaissait parfaitement son sujet et l'a traité en faisant justice de certaines appréciations depuis longtemps répétées et trop facilement acceptées comme indiscutables.

Il est regrettable que cet opuscule ne soit pas sorti d'un cercle très restreint et ne soit pas plus connu. Il est d'ailleurs devenu introuvable.

JULLIEN (Benoit-Joseph).
Officier de Cav[le] français, 1819-1897. Sous-lieut[nt] en 1851, cap[ne] en 1861, retraité en 1873.

Equitation, Haute Ecole et Courses de Chevaux, par le Capitaine Jullien. *Tours, Guilland*, 1869.

1 vol. in-12.

Toutes mes recherches pour trouver cet ouvrage sont demeurées infructueuses, et je ne le connais que par la citation qu'en fait Lorenz. A-t-il jamais paru ?

JUNG (Frédéric), traducteur.
Officier d'art[le] français, né en 1863, sous-lieut[nt]. en 1895, cap[ne] en 1906.

Règlement de Manœuvres de la Cavalerie Allemande (abréviation officielle. : Ex. R. f. d. K.) du 3 Avril 1909 — traduit par Frédéric Jung, Capitaine d'artillerie, avec de nombreuses gravures dans le texte. *Paris et Limoges, Henri Charles-Lavauzelle*, S. D. (1909).

1 vol. in-8° de XIV-286 p., avec 23 croquis de formations d. l. t.

Les p. 217 à la fin contiennent les sonneries notées.

Pour d'autres traductions des Règlements de Manœuvres allemands, voy. *Raynaud (F.-M.)* et *Silvestre (P.-J.)*.

JUSSERAND (Jules-Jean).
Docteur ès-lettres, littérateur et diplomate français, né en 1855.

Les Sports et Jeux d'Exercice dans l'ancienne France, par J.-J. Jusserand. — Ouvrage orné de soixante reproductions gravées par G. de Résener, d'après des documents originaux. *Paris, Plon-Nourrit et C*^{ie}, 1901.

1 vol. pet. in-8º de 475 p.

L'ouvrage contient des détails très complets sur les tournois, les joutes et pas d'armes, l'équitation et les fêtes équestres, courses de bagues, carrousels, les courses et leur origine, etc.

JUSSERAUD (Jean-Francisque.)

Médecin, agronome et député du Puy-de-Dôme de 1848 à 1851 — 1797-1863.

Assemblée nationale. Rapport sur les Haras, les Dépôts d'Étalons et les Remontes, présenté au Comité général de l'Agriculture, par le Citoyen Jusseraud, Représentant du Puy-de-Dôme, au nom du 4e Sous-Comité. S. L. N. D. (*Paris*, 1848).

Broch. in-8º de 20 p.

L'auteur conclut en demandant, en tête de diverses réformes, que l'État ne s'immisce qu'exceptionnellement dans l'élevage des chevaux, laissé désormais aux soins de l'industrie privée et qu'en conséquence tous les dépôts d'étalons soient supprimés et les animaux reproducteurs vendus aux enchères.

Le 4e sous-comité d'agriculture s'est empressé d'approuver ces vœux destructifs qui, heureusement, n'ont pas été suivis d'exécution.

Voy., pour une protestation contre le rapport de Jusseraud : *Pétition à l'Assemblée nationale.*

JUSTER (Pie-Jules-Auguste-Emile).

Officier d'inf^{ie} breveté français, né en 1868.

Les Gardes d'Honneur de Grenoble (1811) et de Vienne (1807) (avec une planche en couleurs hors texte) — Extrait du *Bulletin de l'Académie Delphinale*, 1905 — (Communication de M. le Capitaine Juster) — *Grenoble, Imp. Allier f*^{res}, 1906.

Broch in-8 de 42 p.

Voy. ce nom aux historiques de régiments (23e Dragons).

Voy. aussi, sur les Gardes d'Honneur, *Defontaine, Cramer, Bucquoy (E.-L.), Bosq de Beaumont (du), Dépréaux, Boymans, Sagot (Fr.), Juzancourt, Clément (F.-P.), Massé (A.), Uniformes des Gardes d'Honneur... de la Hollande, Rossigneux, Souancé (de).*

JUSTES (LES) PLAINTES DES CABARETIERS.

Les iustes plaintes faites au Roy par les Cabaretiers de la ville de Paris. Sur la confusion des Carrosses qui y sont & de l'incommodité qu'en reçoit le public. S. L. (*Paris*) 1625.

Broch. pet. in-8º de 32 p., signée : le Sr D. L. P.

Très curieux pamphlet dirigé non seulement contre les embarras de voitures, mais contre les parvenus qui se pavanent dans leurs carrosses. Pour la réponse à cette diatribe, voy. *Apologie des Carrosses.*

Voy., sur le même sujet, *Embarras de voitures.*

JUZANCOURT. (Georges GUIMET de).

Officier de cav^{le} français, 1845-1896. Sous-lieut^{nt} en 1867, lieut^{nt}-colonel en 1893, mort en activité de service.

Publication de la Réunion des Officiers — Notes sur les Cavaleries étrangères. *Paris, L. Baudoin; ibid., Berger-Levrault*, 1885.

1 vol. in-18 de 209 p.

L'auteur signe de son initiale J. au bas d'une note préliminaire.

Les Régiments de Gardes d'Honneur (1813-1814). Notes et documents. *Paris et Nancy, Berger-Levrault*, 1894.

Broch. gr. in-8º de 44 p. avec 1 pl. en phototypie. Anonyme. (Extrait de la *Revue de Cavalerie*).

Voy. aussi, sur les Gardes d'Honneur : *Defontaine, Cramer, Bucquoy (E.-L.) Bosq de Beaumont (du), Dépréaux, Boymans, Sagot (Fr.), Juster, Clément (F. P.), Massé (A.), Uniformes des Gardes d'Honneur..... de la Hollande, Rossigneux, Souancé (de).*

Pour d'autres ouvrages du même auteur, voy. aux *Historiques : Carabiniers, Cuirassiers, 3e, 7e et 10e Cuirassiers.*

K

KÆHLER.

Officier de Cav^{le} prussien. Fin du XIXe siècle.

La Cavalerie Prussienne de 1806

à 1876. Son développement progressif pendant cette période, d'après des documents authentiques, par Kæhler, Lieutenant-Colonel commandant le 2ᵉ Hussards de Silésie nº 6. Traduit de l'allemand par Edmond Thomann, Capitaine de cavalerie, Professeur à l'École supérieure de guerre. *Paris, L. Baudoin*, 1883.

1 vol. in-8º de VIII-409 p.

Cet ouvrage, ainsi d'ailleurs que l'indique une préface de l'auteur, est plutôt un historique des divers règlements en usage dans la cav^le allemande, de leur genèse et des procédés tactiques employés par elle, qu'une histoire de cette cav^le. Bien documenté, il est à consulter par ceux qui s'occupent de l'instruction et de la tactique de l'arme.

Voy. *Thomann* pour une autre traduction d'un auteur allemand anonyme.

KAMEKE (LE COMTE ROCH DE.)

Officier de cav^le prussien, fin du XVIIIe et commencement du XIXe siècle.

Mémoire sur les Haras ou nouvelle Méthode de perfectionner l'Education du Cheval en Europe — On y a annexé le plan d'un Haras militaire pour la Remonte des Armées et des Observations sur les moyens d'extirper l'Epidémie (1), par Roch, Comte de Kameke. *Berlin*, 1809. *Imprimé en commission chez C. A. Platen.*

1 vol. in-8º de 93 p. avec 1 tableau se dépliant et une jolie pl. gravée au pointillé par Wachsmann, représentant *Un Etalon Européen de pur sang Arabe*, se dépliant aussi.

L'auteur développe diverses considérations sur l'élevage et le plan de haras militaires.

L'ouvrage se termine par une curieuse lettre du professeur Sick (2) qui approuve l'idée de Kameke et projette d'utiliser les haras militaires établis par celui-ci le long de la frontière prussienne, pour former un cordon sanitaire destiné à empêcher la peste bovine de passer de la Pologne dans l'Europe centrale.

KARR (L.-J.).

Des Cosaques, ou détails historiques sur les mœurs, coutumes, vêtemens, armes, et sur la manière dont ce peuple fait la guerre, recueillis de l'Allemand par L.-J. Karr. *Paris, Lebègue; ibid., Petit; ibid., Gabriel Warrée*, 1814.

Broch. in-8º de 94 p. avec 1 grav. représentant 2 Cosaques armés et à cheval.

Cet ouvrage, écrit sous la 1re Restauration, ne fait qu'une courte allusion à la campagne de Russie, et donne quelques détails sur les chevaux des Cosaques, leurs armes et leur manière de combattre à cheval.

KATKOFF (Paul).

Officier de cav^le russe.

Manuel de l'enseignement de l'Escrime au sabre à l'usage de la Cavalerie Russe, par M. Paul Katkoff, Capitaine au Régiment des Chevaliers Gardes — 40 Illustrations en couleur — *Paris, Lahure*, 1895.

Broch. in-8º carré de 59 p.

KAUFMANN (Maurice).

Vétérinaire français, né en 1856, diplômé de Lyon en 1879, professeur à Alfort en 1888.

Précis de Thérapeutique vétérinaire, avec données scientifiques spéciales sur les effets des Alcaloïdes, par M. Kaufmann, Chef des travaux de Physiologie et de Thérapeutique, chargé du Cours de Thérapeutique à l'Ecole nationale vétérinaire de Lyon. *Paris, Asselin et Houzeau*, 1886.

1 vol. in-12 de XII-659 p.

Traité de Thérapeutique et de Matière médicale vétérinaires, par M. Kaufmann, Professeur de Physiologie et de Thérapeutique à l'École vétérinaire d'Alfort — *Deuxième Edition*, entièrement refondue. *Paris, Asselin et Houzeau*, 1892.

1 vol. in-8º de XII-756 p.

Même ouvrage, même titre — *Troisième Edition. Paris, Asselin et Houzeau*, 1901.

1 vol. in-8º de XVI-719 p.

Traité de Thérapeutique Vétérinaire. Pharmacodynamie — Pharmacothérapie, par M. Kaufmann,

---

(1) La peste bovine.
(2) Sick (George-Frédéric) (1760-1827), vétérinaire prussien, fut professeur à l'Ecole vétérinaire de Berlin à sa fondation et y resta jusqu'en 1806.

Professeur de Physiologie et de Thérapeutique générale à l'Ecole vétérinaire d'Alfort, Membre de l'Académie de Médecine — *Quatrième Edition — Paris, Asselin et Houzeau*, 1910.
1 vol. gr. in-8° de xviii-817 p.

KAULBARS (A.-V. BARON).
Général et écrivain militaire russe.

Méthodes d'exploration de la Cavalerie — Les Escadrons de découverte, par le Général-Major Baron A.-V. Kaulbars, Commandant la 1re Brigade de Cavalerie à Tver — Traduit du Russe avec l'autorisation de l'auteur. *Paris et Nancy, Berger-Levrault*, 1889.
Broch. in-8° de 84 p. avec 8 pl. de formations tactiques, se dépliant.

KELLNER (Georges-Jean).
Ministère du Commerce, de l'Industrie, des Postes et des Télégraphes — Exposition Internationale de Saint Louis U. S. A. 1904 — Section française. Rapport des Groupes 72 et 73. Georges-J. Kellner, Président de la Chambre syndicale des Carrossiers, Vice-Président du Jury international à l'Exposition de Saint-Louis. *Paris, Comité français des Expositions à l'Etranger, Bourse de Commerce — Imp. Hemmerlé*, 1906.
Broch. in-4° de 52 p.
Le groupe 73 comprenait la *Sellerie* et la *Bourrelerie*. La partie du rapport qui les concerne est très succincte.

KELLNER (O.) et **GRÉGOIRE** (Ach.) traducteur.
Principes fondamentaux de l'Alimentation du Bétail, par le Dr O. Kellner, Conseiller intime et Professeur, Directeur de la Station agronomique de Möckern (Saxe), traduit sur la 3e édition allemande, par Ach. Grégoire, Ingénieur agricole. Directeur de la Station de Chimie et de Physique agricoles de l'Etat à Gembloux (1). *Paris et Nancy, Berger-Levrault*, 1911.

(1) *Gembloux*, ville de Belgique, entre Bruxelles et Namur. Célèbre abbaye, actuellement *Institut royal d'agriculture*.

1 vol. in-8° de x-288 p.
L'alimentation du cheval est traitée assez succinctement dans cet ouvrage.

KERCKHOVE D'EXAERDE (François-Antoine-Maximilien, COMTE DE).
Ancien officier supérieur de cav^{ie}, de nationalité belge, mais au service de France. Ancien commissaire du district d'Ecloo, 1780-1850.

Mémoire sur le rétablissement des Haras dans le Royaume des Pays-Bas, par le Comte de Kerckhove d'Exaerde. *Gand, de Busscher*, 1816.
Broch. in-8° de 24 p.

Manuel d'Ecurie, par M. le Comte de Kerckhove d'Exaerde, ci-devant Lieutenant-Colonel de Cavalerie. *Gand, J.-N. Houdin*, 1818.
Broch. in-8° de 16 p.

KEROY (B. DE).
Cirque Impérial de Louis Soullier, Ecuyer de S. M. l'Empereur de Turquie Abd-ul-Medjid-Khan et décoré de l'Ordre impérial du Nicham-Ifthiar — Esquisses historiques et biographiques par B. de Keroy, ex-rédacteur en chef et propriétaire fondateur du journal *l'Argus*, Charivari de Lyon — Prix 50 centimes — *Lyon, Imp. Chanoine*, 1853.
Broch. in-4° de 16 p. avec un frontispice gravé représentant 7 scènes de cirque.
Louis Soullier avait parcouru l'Europe avec son cirque célèbre, et s'était successivement établi à Constantinople, à Moscou, à St-Pétersbourg, à Vienne, où Baucher (voy. ce nom), s'associa avec lui et donna des représentations dans son cirque. Il rentra ensuite en France, séjourna à Lyon, Bordeaux, Toulouse, Paris, et était à Lyon quand fut publié l'opuscule ci-dessus.

KERPELANI.
Le véritable et parfait Bouvier moderne contenant 1° L'Art de connaître, élever, soigner et guérir tous les Animaux domestiques, le Cheval, l'Ane, le Mulet, le Taureau, la Vache, le Veau, le Bœuf, les Boucs, Chèvres, Moutons, Cochons, Volaille, Abeilles, Vers à soie —

2° Un traité sur les Etangs et Viviers — 3° Une Instruction sur la manière de détruire les Animaux nuisibles — 4° La Législation rurale, Vices rédhibitoires, etc. — 5° Des Observations et découvertes nouvelles sur les Plantes et les Animaux domestiques — Ouvrage entièrement neuf, rédigé sur les manuscrits de M. Kerpelani, ancien Elève de l'Ecole d'Alfort. *Paris, Vialat et Cie*, 1849.
1 vol. in-12 de 168 p. avec quelques fig. d. l. t.

Même ouvrage, même titre. *Paris, Bernardin-Béchet*, 1858.
Sans changement.

Même ouvrage, même titre. *Paris, Bernardin-Béchet*, 1865.
Sans changement.

Même ouvrage, même titre. *Paris, Bernardin-Béchet*, 1867.
Sans changement.
Le cheval, l'âne et le mulet occupent les p. 18 à 51 avec 2 fig.
Ouvrage de colportage.

KERVION (J.-P. DE) et **ELIOTT** (Harry).

L'amusante histoire... de MM^{rs} Thomas Friscoll et Bob Wilkins... qui, vieux, allèrent à la Chasse et en revinrent sans fatigue. Texte par J. P. de Kervion, Illustrations de Harry Eliott. *Paris, H. Eliott et Cie, Éditeurs*, 1902.
Album in-4° obl de 12 f^{ts} non ch. contenant de nombreuses caricatures hippiques en noir et en couleurs, d. l. t. et h. t., très agréablement dessinées.

KESSELS (Gaspard-Gérard-Philippe).
Général de division belge, 1816-1...

Réflexions sur un nouveau système de Sabre et de Ceinturon pour la Cavalerie, par le Général-Major Kessels, Commandant la 1re Brigade de la 2e Division de Cavalerie. *Namur, Ernest Dupiereux*, 1873.
Broch. in-8° de 8 p.

KESSLER (Charles).
Général de div^{on} français. Etat-major, puis inf^{ie}. Né en 1836, sous-lieut^{nt} en 1857, général de div^{on} en 1893. Passé dans le cadre de réserve en 1901.

Tactique des trois Armes — Conférence faite le 22 Mars 1895 aux Officiers de la Garnison de Reims par le Général Kessler, Commandant la 12e Division d'Infanterie. *Reims, Imp. militaire* (1895).
Broch. in-8° de 37 p.

Tactique des trois Armes, par le Général Kessler. *Paris, R. Chapelot*, 1902.
1 vol. in-8° de 133 p.

Même ouvrage, même titre. *Deuxième édition. Paris, R. Chapelot*, 1903.
1 vol. in-8° de vii-137 p.
L'ouvrage contient d'importantes observations sur la tactique de la cav^{ie}.

KEYSLER (Jean-Georges).
Savant allemand 1689-1743 ; auteur d'une *Dissertation sur la défense de manger de la chair de Cheval*, traduite par l'abbé *Valentin Dufour* (voy. ce nom).

KIVA (LE COMMANDANT), pseudonyme.

Quelques Formations contre la Cavalerie, par le Commandant Kiva — Avec 6 Croquis dans le texte — *Paris et Limoges, Henri Charles-Lavauzelle*, S. D. (1900).
Broch. in-8° de 12 p.

KLEIST (G.-V.) et **ASSAILLY** (Alexandre-Charles-Camille-Oscar D'), traducteur.
Kleist, Officier de cav^{ie} allemand. D'Assailly, officier de cav^{ie} français, 1850-1898. Sous-lieut^{nt} en 1870, chef d'esc^{ons} en 1892 ; il était détaché aux bureaux arabes quand il est mort.

La Patrouille d'Officier et le Rôle stratégique de la Cavalerie, par G.-V. Kleist, capitaine de Cavalerie. Traduit de l'Allemand par A. d'Assailly, Capitaine au 4e Hussards. *Paris et Nancy, Berger-Levrault*, 1889.
Broch. in-8° de viii-67 p.

KLOCKER (David) voy. CERTAMEN EQUESTRE.

KNOLL (Charles).
Vétérinaire alsacien, 1829-1869.

Zootechnie ou science qui traite du choix des Animaux domestiques, de leur conservation, de leur rendement et des principales maladies dont ils peuvent être affectés, par Ch. Knoll aîné, vétérinaire d'arrondissement, ex-professeur de zootechnie à la ferme-école du Haut-Rhin. *Guebwiller, J.-B. Jung*, 1854.

2 vol. in-8° de 534 et 324 p. avec 78 pl.

Une partie considérable de cet ouvrage, ainsi que des planches qui l'accompagnent, est consacrée au cheval.

KNOLL (Jules).
Vétérinaire français, diplômé de Lyon en 1868.

Ecole Impériale vétérinaire de Lyon — De l'Arthrite chez les Animaux domestiques, par Jules Knoll, Médecin vétérinaire. *Lyon, Imp. C. Jaillet*, S. D. (1868).

Broch. in-8° de 48 p. Dédicace d'usage de l'auteur à ses parents et professeurs.

Concerne en grande partie le cheval.

KOPP (Jules) et ZUNDEL (Auguste).
Vétérinaires alsaciens. Kopp, élève d'Alfort, 1831-1884 ; Zundel, élève de Lyon, 1835-1885. Tous deux restèrent, après l'annexion de l'Alsace, dans leur pays natal. Le premier devint vétérinaire municipal à Strasbourg, le second, vétérinaire supérieur d'Alsace-Lorraine.

La question des Etalons et des Courses en Alsace-Lorraine, par MM. J. Kopp, Vétérinaire de la Ville de Strasbourg et A. Zundel, Vétérinaire supérieur d'Alsace-Lorraine — Extrait du Procès-verbal de la Séance du 7 Juillet 1875 de la Société des Sciences, Agriculture et Arts de la Basse-Alsace. *Strasbourg, Typ. de G. Fischbach*, 1875.

Broch. in-8° de 23 p.

Les auteurs demandent que l'administration choisisse ses étalons dans la race normande, qu'on conserve les courses, et ils rejettent l'élève du cheval de trait, trop épais pour le pays.

Voy. *Zundel*, pour ses ouvrages personnels.

KRASINSKI (Vincent-Corvin, Comte).
Général de div^{on} polonais au service de France, 1783-1858. Inscrit tout enfant, en 1791, comme soldat dans la cav^{le} nationale polonaise ; Colonel du Rég^{nt} de Lanciers formé à Varsovie par le Gal Dombrowski, en 1806 ; Colonel du 3e Rég^{nt} de Cav^{le}, puis des Chevau-Légers Lanciers de la Garde imp^{le} en 1807 ; général de brigade en 1811 et de div^{on} en 1813. Campagnes de 1806 et 1807 en Pologne, 1808 en Espagne, 1809 en Allemagne, 1812 et 1813 en Russie, 1814 en France. 4 blessures et 5 actions d'éclat.

Les Chevau-Légers Lanciers de la Garde furent licenciés le 1er Mai 1814. Quelques officiers et cavaliers restèrent au service de France et entrèrent dans différents régiments. D'autres retournèrent dans leur pays. De ce nombre fut Krasinski qui passa au service de Russie où il devint général de cav^{le} et conseiller d'Etat.

Essai sur le maniement de la Lance, par le Comte Corvin Krasinski, Colonel commandant le 1er Régiment de Chevau-Légers Lanciers de la Garde Impériale. *Paris, Imp. Cordier*, 1811.

Broch. in-8° de 24 p., avec 21 pl. h. t. dont 17 contiennent d'intéressantes fig. de lanciers à cheval exécutant l'exercice de la lance. Epitre dédicatoire à l'Empereur et Roi dans laquelle l'auteur dit qu'il a mis les commandements en Français, « rassemblant les modes usités en Polo-« gne, en Autriche et en Russie ».

Opuscule très rare. Il est entièrement reproduit dans l'*Histoire des Chevau-Légers de la Garde* par Alexandre Rembowski, 1899 (voy. ce nom). Le portrait de Krasinski est en tête de cet ouvrage.

KRETTLY (Elie).
Officier de cav^{le} français, 1775-1840.— Entré au service aux Gardes françaises à 14 ans, en 1789 ; congédié la même année et passé dans la musique de la Garde nationale parisienne ; congédié en 1792 ; trompette aux Guides de Bonaparte en l'an VI ; brigadier trompette aux Chasseurs à Cheval de la Garde en l'an VIII ; trompette-major en l'an X ; porte-étendard lieut^{nt} en 2e en l'an XIV (1805, à Austerlitz) ; lieut^{nt} en 1er en 1807 ; retraité pour blessures et infirmités en 1808. Il avait fait les campagnes d'Egypte, d'Italie ; sur les côtes de l'an VI à l'an XII ; celles de 1805, 1806, 1807 à la grande armée. Il avait été blessé de 2 coups de feu et de 8 coups d'arme blanche.

En 1812, il fut nommé garde-général

des forêts à Montélimar, puis, à la 1re restauration, pendant les cent-jours, et à la 2e restauration, il remplit, dans le départt de la Drôme, un rôle semi-militaire et semi-politique dont on trouvera le détail dans ses *Souvenirs*. Il vint ensuite à Paris où il fut poursuivi ; s'enfuit en Belgique, devint garde-magasin des fourrages à Mons, rentra en France en 1819, tout en conservant son emploi à Mons, fut impliqué dans deux procès politiques, et se fixa à Paris en 1824 ; il y gagna sa vie comme musicien dans les orchestres, accueillit avec joie la révolution de Juillet, et s'empressa d'entrer dans la garde nationale malgré ses 55 ans. Il mourut 10 ans après.

Souvenirs historiques du Capitaine (1) Krettly, ancien Trompette-Major des Guides d'Italie, d'Egypte et des Chasseurs à Cheval de la Garde impériale, etc., devant fournir quelques documens importans aux écrivains qui feront l'histoire du Midi pendant les Cent-jours ; par F. Grandin, Membre de l'Institut historique. *Paris, Biard*, 1838.

2 vol. in-8° de 383 et 384 p.

Le premier volume a seul quelque intérêt au point de vue de l'histoire de la cavie. Le 2e ne contient que le récit de l'existence mouvementée de Krettly après la chute de l'empire, récit accompagné de nombreuses élucubrations politiques.

(1) Il n'a jamais été capitaine dans l'armée et semble avoir obtenu ou pris ce titre dans les corps francs qu'il organisa dans la Drôme en 1814 et 1815.

Ces mémoires sont rares et recherchés, malgré leur intérêt assez médiocre.

Souvenirs historiques du Capitaine Krettly, Trompette-Major des Guides. de Bonaparte — Mémoires authentiques recueillis par Dick de Lonlay et Jean Carvalho. *Paris, Ch. Delagrave*, S. D. (1906).

1 vol. petit in-8° de 247 p. Couverture illustrée d'un dessin en couleurs par Dick de Lonlay, représentant Krettly à cheval.

Dans cette édon, le texte a été expurgé, abrégé et sensiblement modifié.

KUSSLER (Charles-Ferdinand) (Traducteur).

Officier d'infte français. Né en 1839, Sous-lieutnt en 1868, chef de baton en 1885, retraité en 1889.

Grand Etat-Major Allemand — Monographies publiées par la Section historique du Grand Etat-Major Allemand — Traduction Française, par Ch. Kussler, Chef de Bataillon d'Infanterie, Professeur à l'Ecole supérieure de Guerre — Opérations de la 6e Division de Cavalerie en Sologne du 6 au 15 Décembre 1870. Le Détachement de Boltenstern dans la vallée du Loir les 26 et 27 Décembre 1870. *Paris, Louis Westhausser*, 1889.

1 vol. in-8° de 93 p. avec 2 cartes se dépliant.

FIN DU TOME PREMIER

TABLE MÉTHODIQUE DU TOME I

A à K

ACHAT

ACHAT DU CHEVAL — FOIRES ET MARCHÉS — MAQUIGNONNAGE

(Pour cette Section, voyez aussi JURISPRUDENCE)

Almanach des Foires Chevalines	Duts
Audé	Gayot (Eug.)
Barthelemy (D.-F.-E.)	Goyau
Chevrolat	Grau
Courtois (E.-J.-A.-A.)	Hanens (d')
Debacon-Bonneval	Haÿs (du)
De l'examen du cheval	Indicateur des Foires Chevalines

ALIMENTATION

FOURRAGES — GRAINS — SUBSTITUTIONS — RATIONS

Adrian
Alekan
Alimentation par le sucre
Alimentation rationnelle
Allibert
Alquier
Audibert (J.-F.)
Ayraud (P.-N.)
Baillet
Ballarcey
Balme
Baudement
Bixio (M.)
Bodet
Broconat
Brocq-Rousseu
Caillieux
Calvel (E.)
Choin (P. de)
Colombel
Cormouls-Houlès
Cornevin
Coupé (J.-M.)
Crevat
Curot
Damseaux
Dassonville
Debra
Dechambre

Decoste
Delcourt
Denaiffe
Drouineau
Dubourg
Duboys
Dumont
Duvalpoutrel
E. M.
Emploi du Sucre
Extrait de l'Ordonnance du Roy
Fenwick de Porquet
Fourniture des Fourrages
Fourrages en campagne
·Gain
Garola
Gay (J^{ne})
Gonnet
Gouin
Gourdon
Grandeau
Grégoiré (Ach.)
Grognier
Hélot
Hocquet
Houdaille de Railly
Huzard (père)
Jadoul
Kellner (O.)

ANE

MULET — ÉQUIDÉS DIVERS — ÉQUIDÉS FABULEUX

(Pour l'Ane, voyez aussi FANTAISIES et FACÉTIES)

Amoreux
Attabalipa
Ayrault
Baccio
Bartholin
Banchieri
Boiret
Catelan
Eloge de l'Asne
Esterno (d')
Fresnel (F.)

Gabelchover
Geoffroy St. Hilaire (Isid.)
George (Hector)
Giorna
Gouin
Guénon
Guerrier de Dumast
Guillot (Cl.)
Heinsius
Julien (C.-C.-A.)

ARCHÉOLOGIE

CURIOSITÉS HISTORIQUES

Albert (Maurice)
Arbellot
Arbois (d') de Jubainville.
Artaud
Auber (C.-A.)
Audiat (Louis)
Auricoste de Lazarque
Barthelemy (E.-M. de)
Baudot (H.)
Baudry (F.)
Belot (E.)
Bergmann
Bernard (Bernard)
Biais
Binet
Bochart
Bonneville-Colomb
Bréhier
Buhot de Kersers
Chabas
Champion
Charencey (H. de)
Charvet
Cherbuliez
Chomel
Choul (du)
Christian
Clément (Félix)
Cochet
Collard (Alb.)

Collignon (L.-M.
Commarmond
Coste
Courcelle-Seneuil
Déchelette
Delattre (L.)
Demay
Dépagnat
Dubois (J.-A.)
Duchoul
Espérandieu.
Fabricy
Flouest
Fourdrignier
Fréret
Gavin
Giraud (J.-B.)
Gomont
Gozzadini
Grégoire (H.)
Gubernatis (de)
Guyon (Abbé)
Guyon (C.-M.)
Helbig
Insignes des Patriciens d'Augsbourg
Invernizi
Jacob
Jauffret

ATTELAGE

CONDUITE DES VOITURES — TIRAGE — EMBARRAS DE VOITURES — CHEVAUX ET MULETS DE BAT — TRAIN MILITAIRE

Almanach guide pratique
André (J.)
Apologie des carrosses
Artem (d')
Assassins (Les)
Audebrand (A.-M.)
Auriac (d')
Barberet
Bardonnet des Martels
Bastard (G.)
Beillard
Bernaud (E.)
Blaise
Blanche
Bonnefont (G.)
Bricogne (H. de)
Brousset
Cabriolets (Les) justifiés
Carré (A. A.-H.-E.)
Chabannes (J.-B.-M.-F. de)
Chaumont
Chénier
Choin (P. de)
Comminges (M.-A. de)
Contades (de)
Cortège des moyens de transport
Court
Courtois (A.-C.)
Croqueville
Curnieu (de)
D*** (Le Colonel)

Delisle (Pierre)
Delisle de Salles
Deniau
Doléances des Loueurs
Ducoux
Dupont (P.-L.)
Embarras de voitures
Fabricy
Faverot de Kerbrech
Félix (J.)
Flower
Garsault
Girardon
Grandes (Les) moustaches de Paris
Grousinsky
Guillemin de Lœuvre
Guillot (Claude)
H*** (Le Chevalier d')
H.-C.-L.
Haywood
Hervé (I.)
Howlett
Instruction sur la conduite des voitures
Instruction sur la conduite en guides
Jeannin
Joanne
Jouffret
Justes plaintes des cabaretiers

CAVALCADES

TOURNOIS — FÊTES ET JEUX HIPPIQUES — JOUTES A CHEVAL — CIRQUES — CARROUSELS — ENTRÉES — CORTÈGES

Adeline
Album illustré
Album souvenir
Amory de Langeráck
Anciens (Les) Cirques
Angély (d')
Augé de Lassus
B*** (Mme) née de V...1
Bachelin
Barlæus
Barron
Barthelémy (E.-M. de)
Basnage
Beaulieu (H.-R.)
Bécan
Béhault de Dornon
Berggruen
Bernard (Fred.)
Bianconi
Biographie des Ecuyers... du Cirque
Blangy (de)
Boch
Bochetel
Boghaert
Boulenger (J.-C.)
Bouly
Bouzonnet-Stella
Brassart
Brazier
Bréal
Bréauté
Bretex
Brunette
Burgmair
Busscher (de)
Caillavet
Campardon
Canat de Chizy
Carré (J.-B.-L.)
Carrousel de Charles XI
Carrousel de 1566

Carrousel de 1612
Carrousel de 1627
Carrousel de 1685
Carrousel de 1686
Carrousel des galans Maures
Carrousel du Roy
Cartelz des Princes de Scythie
Cavalcade d'Abbeville
Cavalcade d'Angers
Cavalcade d'Auxerre
Cavalcade de Bergues
Cavalcade de Berne
Cavalcade de Boulogne-s/-Mer
Cavalcade de Chartres
Cavalcade de Dijon
Cavalcade de Gisors
Cavalcade de Marseille
Cavalcade de Nancy
Cavalcade de Nangis
Cavalcade de Naples
Cavalcade de Neuchatel
Cavalcade de Nice
Cavalcade de Niort
Cavalcade de Paris
Cavalcade de Reims
Cavalcade de Roubaix
Cavalcade de St. Germain-en-Laye
Cavalcade de Toulouse
Cavalcade de Vernon
Cavalcade de Vienne (Autriche)
Cavalcade des Ecoliers
Cavalcade du Quesnoy
Cavalcade Royale
Cavalcades d'Anvers
Cavalcades d'Arras
Cavalcades de Bruges
Cavalcades de Bruxelles
Cavalcades de Caen
Cavalcades de Cambrai
Cavalcades de Douai
Cavalcades de Fontenay-le-Comte
Cavalcades de Gand

CAVALCADES — Tournois — Fêtes et jeux hippiques — Joutes à cheval
Cirques — Carrousels — Entrées — Cortèges

Cavalcades de Lille
Cavalcades de Louvain
Cavalcades de Malines
Cavalcades de Nantes
Cavalcades de St. Omer
Cavalcades de Tournai
Cavalcades de Tours
Cavalcades de Valenciennes
Cavalcades de Vienne (Isère)
Cavalcades du Mans
Cérémonies et Fêtes
Certamen Equestre
Champollion-Figeac
Chapuis (Ant.)
Chastel (Du) de la Howarderie
Christian
Clément (Mme), née Hémery
Cocheris
Colletet
Contades (De)
Cortège des Moyens de transport
Cortège historique de Bruxelles
Cortège historique de Vienne (Autriche)
Cortèges historiques de Genève
Cossé-Brissac (A.-M.-M. de)
Cottereau
Couronnement de Charles-Quint
Courses de Testes et de Bagues
Crapelet
Crépin (Lucien)
Cuisin
Cupérus
Cuvelier
Dalsème
Dambrowka
Delmotte
Delsart
Demont-Bourcher
Description des Fêtes de Bruges
Description (La)... Festiement et Joutes
Deshaines
Desrousseaux

Devizé
Dinaux
Drumont
Dufour (Aug.)
Durand (Et.)
Duvernois
Duvernoy (Em.)
Eimmart
Elbée (d')
Entrée d'Albert & d'Isabelle
Entrée d'Alexandre de Vendosme
Entrée de Charles-Quint à Bologne
Entrée de François fils de France à Anvers
Entrée de François Ier à Lyon
Entrée de Henri III à Mantoue
Entrée de Henri IV à Metz
Entrée de la D^{esse} de La Valette à Metz
Entrée de l'Ambassadeur de Turquie à Paris
Entrée de l'Empereur Sigismond
Entrée de l'Infante Reine à Paris
Entrée de Louis XIII à Lyon
Entrée de Louis XIII à Paris
Entrée de Louis XIV à Paris
Entrée de Louis XV à Metz
Entrée de Marie de Médicis à Amsterdam
Entrée de Marie de Médicis à Lyon
Entrée de Marie de Médicis dans les Pays-Bas
Entrée de Philippe d'Espagne à Anvers
Entrée d'Ernest d'Autriche
Entrée du Duc d'Angoulême à Paris
Entrée du Duc de Nevers
Entrée triomphante
Entrées de Charles VI à Bruxelles et à Gand
Entrées de Charles IX
Entrées de Ferdinand d'Autriche
Entrées de Henri II à Paris et à Rouen

CAVALCADES — Tournois — Fêtes et jeux hippiques — Joutes à cheval — Cirques — Carrousels — Entrées — Cortèges

Entrées de Henri IV à Lyon et à Rouen
Entrées de la Reine Eléonore à Dijon et à Paris
Entrées de Marie d'Angleterre.
Entrées de Marie de Médicis
Entrées solennelles à Lyon
Entrevue de Bayonne
Esnault (l'abbé G.)
Eudes (V.)
Fabert
Fargès-Méricourt
Fastes (Les) de Lille
Favyn
Festival Vaudois
Fête publique donnée par la ville de Paris
Fêtes de Binche
Fêtes de Bruxelles pour la prise de Bude
Fêtes de Strasbourg
Fillon (Benj.)
Forme (La) des Tournois
Foucart (J.-B.)
Fougeroux de Campigneulles
Fournel
Frédéricq
Frichet
Gaignard
Gassier
Gautier (Léon)
Geets
Gevaerts
Ghesquier
Giroux (Alph.)
Goetghebuer
Grand Carrouzel du Roy
Grapheus
Grobert
Guigue
Hachet-Souplet
Harmand (R.)
Hermansart (d')
Hippodrome illustré
Hocquet (A.)
Hogenberg
Hondius
Hymaus
Inauguration de Charles VI
Inauguration de Léopold II
Inauguration de Marie-Thérèse à Gand
Jauslin
Joutes de St. Inglebert
Joutes et Tournois de Henri VIII
Jubilé de St. Macaire
Jubilé National de 1905
Jusserand
Keroy (de)
Klocker

CAVALERIE

HISTOIRE — MÉMOIRES — TACTIQUE — RÈGLEMENTS — BIOGRAPHIES — INSTRUCTION — INFANTERIE MONTÉE

A. A.
A. C.
A. L. (Le Com^{dt})
A. P.
A. T.
Ablay
Action et Réaction
Adresse à la Convention
Aide Mémoire du Sapeur de Cav^{le}
Albert (A.)
Aldéguier
Alès (d') de Corbet
Ambert
Analyse de l'Ordre de la Cav^{le}
Andlau (d')
André (d')
Annuaires de Cav^{le}
Anquetil
Antar
Antonin Louis
Après les louanges
A propos de la réorganisation de l'armée
A propos des Remarques sur la Cav^{le}
Armée (L') française en 1884
Arnaud (J.)
Arnous-Rivière
Artillerie (L') à cheval dans la Division de Cav^{le}
Assailly (d')
A travers la Cav^{le}
Attaque et défense des Convois
Aubier
Aubrat
Aubry (T.-J.)
Audebrand (A.-M.-L.)
Audiat (G.)
Audibert (L.-A.)
Augey-Dufresse
Authville (d')

Aux auteurs du prochain Règlement
Aux manœuvres et à la guerre
Avenir de la Cav^{le} en Campagne
Azémar (d')
B** (Le Lieut^t)
B*** (Le Mis de)
B. de G.
B. D H.
Baillehache (de)
Baillœuil
Balincourt (de)
Bangofski
Barail (du)
Bardet de Villeneuve
Bardin
Bardonnaut
Barrère
Barrey (de)
Basta
Bastard (G.)
Baubigny
Beauchamp (M.-L.-M.-M. de)
Beauchésne (de)
Beaudean de Parabere
Beaudesson
Beaupuy
Beauval (de)
Becker-Bey
Bellanger
Bellet (C.)
Belleval (de)
Belliard
Belot (E.)
Benkendorff
Benoist (A.-M.-P. de)
Benoist (C.-M.-J. de)
Benoit (Arthur)
Bergounioux
Bernhardi (de)
Bertrang

CAVALERIE — Histoire — Mémoires — Tactique — Règlements — Biographies — Instruction — Infanterie montée

Besset
Béziat
Biensan (de)
Billot (Fréd.)
Billot (P.-J.)
Birac (de)
Bismark (de)
Blacque-Belair
Blumenthal (Mme de)
Bogulawski
Bohan (de)
Boilleau
Boisdeffre (de)
Bonie
Bonnevie
Borbstaedt
Bordesoulle
Bosq (du) de Beaumont
Bouillé (de)
Bouire de Beauvallon
Bouligny (de)
Boullaire
Boullier
Bourge (de)
Boussanelle (de)
Boutaric
Boymans
Brack (de)
Brahaut
Brézé (de)
Brialmont
Briquet (de)
Brissaud
Broglie (de)
Brun (L.)
Bucquoy (de)
Bucquoy (E.-L.)
Bué
Bugeaud
Buisson (E.)
Butaye
Buxbaum
C*** (Le Cte F. de)
Cabanis (de)

Cabasse
Cacault
Cagnat
Cahiers d'enseignement
Caillel
Callwell
Calosso
Cambrelin
Camerarius
Camon
Camp (du)
Camp de Lunéville en 1842
Canitz (de)
Canonge
Cantal
Capel
Caraman (de)
Carbillet
Carné (de)
Carré
Carrelet
Cars (des)
Casse-Cou
Cav^ie Aide-Mémoire
Cav^ie allemande (La)
Cav^ie (La) allemande dans sa marche sur Rezonville
Cav^ie (La) allemande en 1870
Cav^ie (La) allemande sur la Loire
Cav^ie (La) à Madagascar
Cav^ie (La) Américaine
Cav^ie (La) Argentine
Cav^ie (La) au Camp de Châlons
Cav^ie (La) au Tonkin
Cav^ie (La) aux grandes manœuvres
Cav^ie (La) aux manœuvres de 1912
Cav^ie (La) aux manœuvres du Camp de Châlons
Cav^ie (La) dans la guerre future
Cav^ie (La) des Anciens
Cav^ie divisionnaire
Cav^ie (La) en avant des Armées
Cav^ie (La) en campagne
Cav^ie (La) en cent pages

CAVALERIE — Histoire — Mémoires — Tactique — Règlements — Biographies — Instruction — Infanterie montée

Cav¹ᵉ (La) en liaison avec l'Inf¹ᵉ (1890)
Cav¹ᵉ (La) en liaison avec l'Inf¹ᵉ (1899)
Cav¹ᵉ (La) en un volume
Cav¹ᵉ et Cosaques
Cav¹ᵉ (La) et l'Art¹ᵉ
Cav¹ᵉ (La) et le Canon
Cav¹ᵉ (La) et l'Ecole exotique
Cav¹ᵉ (La) et ses détracteurs
Cav¹ᵉ (La) hier et aujourd'hui
Cav¹ᵉ (La) indépendante
Cav¹ᵉ (La) Italienne
Cav¹ᵉ (La) pour la guerre moderne
Cav¹ᵉ (La), sa situation
Cav¹ᵉ service d'exploration
Cav¹ᵉˢ étrangères
Cavalier (Le) au service en campagne
Cazenove (de)
Ce que doit être un régiment de Cav¹ᵉ
Ce que l'on dit dans la Cav¹ᵉ
Cère
Cersoy
Cesbron-Lavau (J.-H.-R.)
Chabannes (de)
Chabert (P.-E.)
Chabot (J.-M. de)
Chabot (J.-M.-E. de)
Chalendar (A.-F.-J.-V. de)
Chalendar (F.-J.-E. de)
Champeaux (de)
Campsavin (de)
Chapuis (F.)
Charreyron
Chatelain
Chatterbox
Chauveaux
Chavanne
Chaverondier
Cherfils
Chérizey (de)
Chevallier (G.)

Chevigni (de)
Chevillet
Chollet (de)
Choppin
Chuquet
Citoyens (Les) et soldats volontaires de la Section de Mauconseil
Civry (de)
Clément (F.-P.)
Clep
Clooten
Code mil¹ᵉ des volontaires royaux
Cointet (de)
Colbert (de)
Coligny (de)
Collon
Combat à pied et à tir
Combat (Le) de la Cav¹ᵉ
Combat de Lekkerbetjen
Combe (J.-B.)
Commandement intérieur d'un esc°ⁿ
Comminges (M.-B.-E. de)
Commission mixte à l'Exposition de 1889
Conception d'une troupe
Conduite (La) de Mars
Conférence sur l'emploi du tir
Considérations sur la Réorganisation de la Cav¹ᵉ
Considérations sur les Gardes du Corps
Constitution de la Cav¹ᵉ
Conte (M.-P.-A.)
Coquelle
Cordier
Corhumel
Cossé-Brissac (R.-M.-T. de)
Coulon
Coup d'œil sur le Règlement
Courier (P.-L.)
Courtin
Cousin (Cam.)
Couturier
Cramer

CAVALERIE — Histoire — Mémoires — Tactique — Règlements — Biographies — Instruction — Infanterie montée

Crestey
Creutz
Cruyplants
Culant (de)
Curmer
Curto
D*** (Le Cap^ne)
D. de F.
D. L. C.
D. de S.
Dagobert de Fontenilles
Dagonet
Daniel (Le P.)
Daressy
Daru (J.-N.)
Daufresne de la Chevalerie
Davesiès de Pontès
Davidoff
Dechy
Decker (C. de)
Défaite de la Cav^le des rebelles de Bohême
Deffaite de la Cav^le des rebelles de Puylaurens
Deffaite (La) de la Cav^le du duc de Rohan
Defontaine
Dejean
De la Cav^le en France
De la Maison du Roi
Delard
De l'arme de la Cav^le en Suisse
Delaurens de Beaujeu
De l'Ecole royale de Cav^le
Delfosse
Delort
Delpech
Depréaux
Dérigny
Dernier soupir des Compagnies rouges
Derrécagaix
Desbrière
Descoins

Des engagements volontaires
Despiques
Desvernois
Deux Hussards Esterhazy
Dhilaire-Chamvert
Directives tactiques
Discours au Roy
Discours de la victoire de la Cav^le
Division (La) du Gal Margueritte
Djemil Munir Bey
Doléances de Officiers des Régimens Royal et Artois
Dollfus
Donop
Dorizon
Dragons (Les) à Reims
Drémaux
Drummont de Melfort
Ducassé
Ducheyron
Du Comité de l'Inf^ie et de la Cav^le
Duhesme
Dumas (Mathieu)
Dumay
Dumouriez
Dunghen
Dupont (A.-H.)
Dupont (J.-B.-A.)
Dupont (P.-F.)
Dupont-Delporte
Dupré
Dupuy (J.-R.)
Dupuy (V.)
Durand (P.-A.-H.)
Durostu
Duteil
Duval (L.-A.-L.)
E. P.
Ecole de Cav^le
Ecole des Chevaux-Légers
Egli
Elbée (d')
Elchingen (d')

— 721 —

CAVALERIE — Histoire — Mémoires — Tactique — Règlements — Biographies — Instruction — Infanterie montée

Encore quelques mots sur la Cav^{le} allemande
Endivisionnement de la Cav^{le}
Enseignement tactique en Italie
Eon
Epée (J. d')
Escadron Franchetti
Escande
Escars (d')
Escoupérié
Espinchal (d')
Essai sur la Cav^{le}
Essai sur l'emploi de la Cav^{le}
Essai sur les Dragons
Essai sur les procédés de combat
Essais historiques sur les Mousquetaires
Essais sur la constitution des Rég^{ts} de Chasseurs
Esterre (d')
Etude d'une manœuvre
Etude sur la Cav^{le}
Etude sur la Cav^{le} Autrichienne
Etude sur la Cav^{le}. St. Cyr et Saumur
Etude sur la Cav^{le}, sa tactique
Etude sur l'Ecole de la Brigade
Etude sur les Cav^{les} étrangères
Etude sur l'instruction du tir
Etude sur l'organisation d'Eclaireurs
Examen de la direction...
Exercice simultané de la lance et du mousqueton
Extrait de quelques Ordonnances
F. T.
Faire un cavalier en aussi peu de temps que possible
Fallou
Faure (G.-P.-D.)
Fauvart-Bastoul
Faverot de Kerbrech
Ferry (J.-C.)
Fieffé
Figueur (Thérèse)
Fischer (A -J.-C.)
Flamme
Fleury (E.-F.)
Folard (de)
Fonctions d'un officier de cav^{le}
Formanoir (de)
Formation d'Eclaireurs à cheval
Forot
Forsanz (de)
Fouan
Foucart
Foucrière
Fougère
Fournier (N.-F, dit A.)
Fourrages en campagne
Franchetti
Frédéric II
Frédy (de)
Froelicher
Furieux combat
G***.
G. de G.
G. R.
G. T. (Le Lieut^{nt})
Gabriel (Le Com^{dt})
Gail (H.-D.-P. de)
Gail (J.-B.)
Gallet
Galliffet (de)
Gay de Vernon (F.-S.-M.-J.)
Gendron
Génie
Géraud
Gérôme
Geslin de Bourgogne
Girardin (de) d'Ermenonville
Gomont
Gonneville (de)
Gossart (G.-E.)
Goupy de Quabeck
Gourmel
Gramont (de) de Lesparre
Grand (L.-C.)

CAVALERIE — Histoire — Mémoires — Tactique — Règlements — Biographies — Instruction — Infanterie montée

Grandin (C.-V.-E.)
Grandin (F.)
Grandmaison (Leroy de)
Grasilier
Gravier
Greindl
Grimoard (de)
Grueber (de)
Grunne (de)
Gruys
Guérin (E.-J.-A.)
Guichard (M.-R.)
Guide de l'emploi du temps
Guide de l'Instructeur
Guide de l'Instructeur de Cav^{ie}
Guide des jeunes soldats de la Cav^{ie}
Guide (Le) des officiers et sous-officiers
Guide pratique du Chef de Peloton
Guignard (de)
Guillaume
Guillemin (Aug.)
Guillouet
Gunsett
Györy
H. C.
Habert
Hagron
Haillot
Happich
Harambure (d')
Hart
Hartmann (von)
Hassenfratz
Helldorf
Hélo
Hennet (H.-L.)
Hennet (L.-C.)
Henrard
Histoire de la Dragone
Histoire et discours véritable
Historiques des Rég^{nts} de Cav^{ie}
Historique des Règlements
Hocquet

Hohenlohe (de)
Hollander
Holtz
Hugo (H.)
Hugonet
Humbert (M.)
Husard (Le)
Huybrecht
Idées pratiques sur les manœuvres
Imbotti
Inf^{ie} contre cav^{ie}
Inf^{ie} montée dans les guerres coloniales
Inf^{ie} montée en liaison
Instruction des Cadres
Instruction des chasseurs prussiens
Instruction et caractère de l'officier
Instruction pour la Cav^{ie} de l'Armée du Roi
Instruction pour le campement
Instruction pour les Gardes du Corps
Instruction progressive du Rég^{nt}
Instruction provisoire pour le campement
Instruction sur différents objets
Instruction sur le service dans les camps
Instruction sur le service de la Cav^{ie} en campagne
Instruction sur le service en campagne
Instruction théorique du cavalier
Instructions du Roi de Prusse
Instructions pour les marches de la Cav^{ie}
Instructions sur le Travail individuel
Introduction des armes à feu
Isnard (d')
Itier
J. D. de F.
Jacquinot de Presle
Jæglé

CAVALERIE — Histoire — Mémoires — Tactique — Règlements — Biographies — Instruction — Infanterie montée

Janet	Juin
Janillion	Jung
Janvier	Juster
Jaquier (de)	Juzancourt (de)
Jeney (de)	Kæhler
Jessé (de)	Karr
Jibé	Kaulbars
Job (de)	Kessels
Jolivet	Kessler
Joly de Maizeroy	Kiva
Joran	Kleist
Journal d'un Dragon d'Egypte	Krettly
Journal historique de la 7e Div^{on}	Kussler

COURSES

HISTORIQUE — JEU ET PARIS — RÈGLEMENTS — RAIDS ET COURSES DE RÉSISTANCE — ENTRAINEMENT — COURSES DE CHARS

(Pour ces dernières, voyez aussi ARCHÉOLOGIE)

Adam (E.)
Albert (L.-C.)
Albigny (d')
Albis (d')
All' Right
Annuaire de la Chronique du Turf
Annuaire des Courses au trot
Annuaire du Sport
Annuaire du Turf continental
Annuaire général des Sports
Aperçu historique sur les Raids
Apperley
Appréciation de la Presse
Avenel (d')
Bachelard
Baume
Bausil
Bedout
Bend Or
Berterèche de Menditte (de)
Bertrand (L.)
Borroméi
Bouillet (J.-B.)
Broye (de)
Bryon
Buffard
C. B.
Cabé
Cagny
Calendrier des Courses
Canter
Carel du Ham
Casaque (La) illustrée
Casella
Castries (de la Croix de)
Castro
Caters (de)
Cavailhon
Caze de Caumont
Cellier

Champion
Chapus
Chasses (Les) et le Sport
Chatenet (du)
Chevalier (Em.)
Chevallier (E.-L.-A.)
Chevallier (H.)
Chuteau
Code des Courses au trot
Code des Courses en Algérie
Code des Courses plates
Code des Steeple-Chases
Colon
Comité consultatif des Courses
Conseiller (Le) des Courses
Contades (de)
Conte (Ed.)
Cooper-Nick
Crémieux
D*** (Le Chef d'esc^{on})
Dauzat
Défense de l'Argent
Défense des Courses
Dépagnat
Desvaulx (U.)
Deullin
Deutsch
Devaux (Paul)
Dieudonné (R.)
Doirier
Domjean
Dormoy (Em.)
Dory
Dousdebès
Dubost (A.)
Dubreuil
Ducasse
Du Sport à Bordeaux
E. B.
Écurie Edmond Blanc

COURSES — Historique — Jeux et paris — Règlements — Raids et courses de résistance — Entraînement — Courses de chars

Emsworth
Enault
Esquiros
Etreillis (d')
Etude des Courses
Faucher (P.)
Faur (G.)
Fitz-Roya
Fleurigand
Foache (C.-A.)
Formigny (de)
Formulaire du Cheval de Course
Fournel (F.-V.)
Frédéric (K.)
Frœmer
Gayot (Eug.)
Gayot du Fresnay
Gemeiner
Genty de Bussy

Gherardt
Gibert
Gobert
Guide du Parieur aux Courses
Guyton
H. V.
Hamont
Haudicourt (d')
Hervouet de la Robrie
Hiéron
Houël
Huzard (Fils)
Hynderick
Ideville (d')
Jabet
Jockey Club belge
Jockey-Club (Le) devant l'opinion
Jonquet
Jullien

DICTIONNAIRES

Bardin
Barral
Baucher
Beugnot
Brault (A.)
Buc'hoz
Bussy (Ch. de)
Cagny
Cardini
Charton de Meûr
Chesnel (de)
Cochet de Savigny
Decourcelles
Delwart
Dictionnaire médecinal

Dictionnaire militaire
Dupuy (B.)
Eisenberg (d')
Encyclopédie
Etreillis (d')
Félizet
Ferry
Garsault (de)
Gasparin (A.-E.-P. de)
Gayot (Eug.)
Guillet
Halbronn.
Haÿs (du)
Hurtrel d'Arboval

ÉCURIES

HABITATIONS DES CHEVAUX — RÈGLEMENTS D'ÉCURIES PRINCIÈRES, MILITAIRES OU INDUSTRIELLES

Abadie (Mars)
Allard (N.)
Arnould
Aureggio
Basserie
Beauregard (D. de)
Blancarnoux
Bona
Bosc
Bouchard-Huzard
Buchard
Carlier
Cazalas

Chappée
Conegliano
Danguy
Delforge
Duvinage
Gayot (Eug.)
Grandvoinnet
Griselle
Hanens (d')
Hennebert
Heuzé
Instruction sur le service d'Ecurie

ÉQUITATION

DRESSAGE A LA SELLE — DRESSAGE DES CHEVAUX SAVANTS — DOMPTAGE — MÉCANISME DES ALLURES — VOLTIGE — HISTORIQUE

Abrégé du Cours d'Equit^{on} mil^{re}
Abzac (Al. d')
Adresses, à dresser
Allamand
Anginiard
Assézat (d')
Aubert (P.-A.)
Aubry (Ch.)
Aubry (P.-V.)
Aure (d')
Auriol
Azémar (d')
Barré (H.)
Barroil
Barthez
Baucher (F.)
Baucher (H.)
Beauchesne (de)
Beaumont (Imbotti de)
Bellard
Benoist (J. de)
Benoit (Jehan)
Bergeret de Frouville
Bergier
Bsrterèche (de) de Menditte
Bertin (N.)
Bertini
Bertouille
Blacque-Belair
Bohan (de)
Boisdeffre (de)
Boisgilbert
Bonnal
Bonnan
Bonnefont (G.)
Bourgelat
Boyer
Breuil-Pompée (du)
Bricogne (H. de)
Burdelot
Buthod
C. (Le Com^{dt} de)

Caccia
Caix (de)
Camerarius
Canisy (de)
Carrère
Caubert
Causerie sur l'Equit^{on}
Caussade
Chabert (P.-E.)
Champagne
Champion
Chansons d'Avril
Chaplet
Charmoy
Chaumont
Chauveau (P.-G.-R.)
Chavanne
Chavée
Cheval (Le) et le Cavalier
Chevigni (de)
Choppin
Christian
Cler (A.)
Clias
Collart (Gaspar)
Comminges (M.-A. de)
Concours (Le) hippique de 1884
Conseils pratiques
Cordier
Courcier
Courier (P.-L.)
Cours d'Equit^{on} mil^{re}
Courtils (des)
Crécy (de)
Curnieu (de)
D. de S.
Darsac
Daudel
Dauphinot
Debost
Delbos
Delcampe

ÉQUITATION — Dressage à la selle — Dressage des chevaux savants — Domptage — Mécanisme des allures — Voltige — Historique

De l'Equit°n en Prusse
De l'Equit°n et de la Haute Ecole
De quelques Conseils pratiques
Desclée
Descoins
Desormeaux
Dollfus-Ausset
Doyen (D^r)
Dressage du Cheval
Dressage méthodique
Drummond de Melfort
Dubois (J.-C.)
Duchand
Ducroc de Chabannes
Dumas (N.-J.-B.-H.-A.)
Dupaty de Clam
Duplessis
Dupont (J.-B.-A.)
Dupont-Delporte (C.-H.-H.-N.)
Dutilh
Ecole de Cav^{le}
Ecole d'Equit°n (Rég^t de la Reine)
Ecole d'Equit°n (Rég^t de Penthièvre)
Education (L') équestre
Eisenberg (d')
Emery-Collomb
Encyclopédie
Equit°n (L') en 10 leçons
Equit°n. La mise en légèreté
Equit°n (L') moderne
Escuyer (L') françois
Essai sur l'Equit°n militaire
Etreillis (d')
Fabricy (Le P.)
Farmain de Ste Reine
Faverot de Kerbrech
Fiaschi
Fillis
Fischer (A.-J.-C.)
Fitte (de)
Fitz-James (D^{esse} de)
Flandrin (A.-B.)
Fleurigand

Fouquet de Beaurepaire
Franconi
Fréret
Gachet
Gail
Gallier
Garrido
Gatines (Petit de)
Gaume (Alex.)
Gaussen
Geffroy
Gerhardt
Giraud-Teulon
Girette
Glaser
Gontaut-Biron (M.-L.-T.-R. de)
Gossart
Gourden (de)
Gourmel
Grison
Gros
Guaita (de)
Guényveau (de)
Guérin
Guérin-Catelain
Gueudeville
Guide du dressage du Cheval de Troupe
Guillet
Hachet-Souplet
Hamel (de)
Hauteclocque (de)
Havrincourt (L. d')
Henry (Gust.)
Hippiatria
Historique de l'Equit°n f^{se}
Hœcker
Hunersdorf
Illiers (d')
Imbotti de Beaumont
Instruction sur le dressage
Isabelle (Mme)
Joseph
Jullien (B. J.)

ÉQUITATION DES DAMES

Aure (d')
Acoquat
Aubert
Guatteri

Guyon
Hédouville (de)
Henry (Gust.)

ESCRIME A CHEVAL — ARMEMENT DE LA CAVALERIE

Aiglun
Alessandri
André
Audiguier (d')
Barbasetti
Bottet
Brunet
Carré (J.-B.-L.)
Chambon
Châtelain
Coubertin (de)
Delageneste
Dérué

Durfort (de)
Dutilh.
Emploi du sabre
Esquisse historique sur l'emploi du sabre
Extrait de l'Instruction sur l'emploi des armes
Fauvart-Bastoul
Instruction pour la Cav^{le}
Instruction sur l'escrime à cheval
Ivanowski
Katkoff
Krasinski

EXPOSITIONS HIPPIQUES

Agnel (d') de Bourbon
Bénion
Chabbert
Commission mil^{re} à l'Expos^{on} de 1889
Commission mil^{re} de l'Expos^{on} de 1900
Desbons
Expos^{on} centennale des moyens de transport
Expos^{on} (L') chevaline à Battersea
Gavin.
Györy (de)
Kellner

FANTAISIES

FACÉTIES — ROMANS HIPPIQUES — ANECDOTES — CARICATURES — CURIOSITÉS — POÉSIES

Adam (Paul)
Adam (V.)
Adresse des Anes
Alhoy
Amazones (Les) de Paris
Ane (L') du meunier ,
Animaux (Les) dans la légende
Antoine (A.)
Arnaud (C.-J.)
Asne (L')
Athénée (L') de Montmartre
Attabalipa
Audebrand (Phil.)
Audigier (C.)
Audigier (G.)
Balleyguier
Bambini
Banchieri
Barberine
Bataillard
Beaumont (Ctesse A. de)
Beaumont (Cte R. de)
Bergerat
Billaudel
Bingley
Black
Bouchet (G.)
Bougyval
Burdelot
Brutus
Buchoz-Hilton
Caboche-Demerville
Cahu
Cajot (Don)
Caldecott
Caran d'Ache
Catinat
Cavailhon
Cellier (Cam.)
Cham
Champrozay

Chanlaire (de)
Châteauvieux
Chevaux (Les) au manège
Cler (Alb.)
Coq (Le) à l'asne
Coquelet
Courrèges (de)
Courteline
Crazannes (de)
Crafty
Darcy
Dathan de S^t. Cyr
Députation des chevaux de fiacre
Description de la Cavalcade....
Deutsch
Dillaye
Domino (Le) rouge
Dorian (T.)
Doumy (de)
Droz
Dubois de Gennes
Ducasse
Dunesme
Durandeau
E. T.
Ecurie (L') et le cheval
Ecuyer (L') magnétiseur
Ecuyère (L') de l'Hippodrome
Eliott
Eloge de l'asne
Emery (d')
Empis
Etalleville (d')
Everat
Fantaisie sur l'Art hippique
Fitz-James (D^{esse} de)
Folarçon
Follavoine
Fonteny
Fournier (Ortaire)
Fraipont

FANTAISIES — Facéties — Romans hippiques — Anecdotes —
Caricatures — Curiosités — Poésies

Francais (Les) peints par eux-mêmes
Frescaly
Gaboriau
Gama-Machado (Da)
Gandon
Gaudefroy
Gaulard
Gerstæcker
Gérusez (P.)
Gérusez (V.)
Golschmann
Guénon
Gueudeville (N.)
Gyp

Havrincourt (L. d')
Heinsius
Hémery
Hennebert
Henri (Mme F.)
Hermant (A.)
Hervilly (d')
Histoire des chevaux célèbres
Histoire d'un âne
Huart
Jablonski
Jaubert (E.)
Journal d'un soir
Kervion (de)

HARAS

ÉLEVAGE — REMONTES — RACES — ACCLIMATATION — STUD BOOK

Alasonière
Albis (d')
Aldéguier (d')
Alexandre
Amélioration de l'espèce chevaline
A M. Ephrem Houel
A MM. les Membres de la chambre des Députés
A propos des Remontes
Argus
Atlas hippique
Auboyer
Audigier (C.)
Aure (d')
Auriac (d')
Auvray (P.)
Auzoux
Av. (E. d')
Ayou
Ayraud (P.-N.)
Ayrault
Azara (d')
B*** (Le Cte de)
Bachmann
Baelen (de)
Baillet
Baillif
Balcarce
Balensi
Barada
Barbe
Barbier (Ch.)
Barentin de Montchal
Baret, Sieur de Rouvray
Baron (R.-G.-A.)
Baroux
Barrier
Basserie
Basset
Batbedat
Bauche
Baudement

Baudesson
Baudoin (Raoul)
Baudry d'Asson
Beaurepaire (de Robillard de)
Béhague (de)
Beleurgey
Bellamy
Bellard
Bergasse de Laziroules
Bergeaud de Verneuil
Berger-Perrière
Bernard (Jean)
Bévière
Beylot
Bidault
Blaché
Black-Eyes
Blainville
Blanpré
Blondeau (Mlle)
Bohan (de)
Boigne (de)
Boitelle
Bojanus
Bonald (de)
Bonneval (de)
Bonzom.
Borgarelli d'Ison
Borodine
Botreau-Roussel-Bonneterre
Boucher
Bouchet de la Gétière
Bouchotte (E.-J.-D.)
Bouchotte (J.-B.-N.)
Boudin
Bougère
Bouillet (J.-B.)
Boulay de la Meurthe
Bourgelat
Bourgès
Bourrousse de Laffore
Bouvier (T.)

HARAS — Élevage — Remontes — Races — Acclimatation — Stud Book

Brasier
Bresson (de)
Brézé (de)
Bricogne (J. de)
Bringard
Brugnone
Brunet (E.)
Brun-Neergard
Bruslard
Buchet
Buffard
Bujault
C***
C*** (Vte A. de)
Cacheleu (de)
Caillieux
Callot
Carayon La Tour (de)
Carrichon
Carrière
Carte hippique de la France
Casimir-Périer
Castel
Catuhe
Cauchois
Caulaincourt (de)
Caumartin
Chabert (Phil.)
Chalard (du)
Challan
Chambert
Chambray (de)
Champagny (de)
Champion
Chanel
Charencey (C.-G. de)
Charles (Ach.)
Charles (H.-C.)
Charnacé (E.-C.-G. de)
Charnacé (G.-J. de)
Charon (A.-P.-J.)
Charpy
Chatel (du)
Chatelain
Chaverondier

Chebrou-Delespinats
Cheradame
Cheval (Le) Boulonnais
Cheval (Le) d'art^le
Cheval (Le) de guerre français
Cheval (Le) Percheron en Amérique
Chevaux de trait de l'Art^le
Cirotteau
Claude
Clerjon de Champagny
Cluseret
Collaine
Collard (Alb.)
Collenot
Collin (A.)
Collin (L. O.)
Collin (P. A.)
Collot
Comice hippique
Comminges (M.-A. de)
Commission hippique de l'arrond^nt de Douai
Compagnie La Prévoyance
Compte-Rendu de l'ouvrage de Carrière
Condamine
Congrès des Sous-Agents des Haras
Conscription des chevaux
Conseil sup^r de l'Agric^re
Conseils aux éleveurs de chevaux
Contenson (de)
Corbière
Corbin
Cormette (de)
Cormier
Cornay
Cornevin
Cornu
Cornudet
Corric
Coup d'œil sur les races chevalines
Coupé (J.-M.)
Cournault de Seyturier
Courtois (E.-J.-A.-A.)
Cousté

HARAS — Élevage — Remontes — Races — Acclimatation — Stud Book

Croix (de)
Crosco (du)
Daireaux
Damalix
Damas (de) d'Anlezy
Damoiseau
Dampierre (de)
Darblay
Darbory
Darbot
Darnis
Daru (Eug.)
Daubian-Delisle
Daumas
Daunay
Davelouis
Dechambre.
Décret impl du 22 Fév. 1813
Dehan
Dehès
Delalande
Delamotte
Delay
Délégués (Les) des cultivateurs
Delimoges
De l'Offer des Remontes
Deloupy
Delpech-Cantaloup
Delsol
De l'utilisation des Remontes
Demazy
Demilly
Demoussy
Deniau (Georges)
Denniée
Desargus
Des chevaux en Angleterre
Des chevaux en France.
Des Haras en ce qui concerne les Etalons
Desjacques
Deslandres
Despinay
Des Races modernes
Desvaulx (U.)

Desvaux-Lousier
Dittmer
Doléris
Domengeau-Viguerie
Domenget
Doret
Dormoy (C.-V.-F.-P.-R.)
Doussaud
Douterluigne
Doutremont
Drée (de)
Drimille
Drouet
Drouyn de Lhuys
Dubois (P.-J.-L.-A.
Dubos (E.)
Dubost (P.-C.)
Dubroca
Ducroc de Chabannes
Dufour (G.-J.-B.)
Duine
Duluc
Dumas (Mathieu)
Dumont St. Priest
Dupont (P.-F.)
Durand-Savoyat
Dureau de la Malle
Duret (V.)
Duvernoy (G.-L.)
Editeurs (Les) du JOURNAL DES HARAS
Eléouet
Elève du cheval en Russie
Eloire
Eloy
Encore les Remontes et les Haras
Enquête sur l'élevage
Entretiens sur les Haras
Escars (d')
Eschassériaux
Espinay (d')
Essai sur la manière d'avoir des chevaux
Essai sur la situation de l'industrie chevaline

HARAS — Élevage — Remontes — Races — Acclimatation — Stud Book

Esterno (d')
Estienne (P.-M.)
Eurville (d') de Grangues
Examen de la question chevaline
Examen de divers modes de Remontes
Examen du rapport de M. Bocher
Extrait du JOURNAL des HARAS
Fardouet
Faverot de Kerbrech
Fédération de l'élevage
Filip
Fitte (J.)
Flahaut
Flandre d'Espinay
Flandrin (Pierre)
Fleury (Camille)
Foache (M.-A.)
Fœlen
Fonrobert (de)
Forno (de)
Foubert (de)
Foucher de Careil
Fould
Fouquier d'Hérouel
Fournier
Franco (de)
Frémy
Friez
Furne
Gaby
Gallier
Gareau
Garsault (de)
Gasparin (A. de)
Gast (A.)
Gast (E.)
Gasté (de)
Gauche-Dutailly
Gaujal (de)
Gay de Vernon (J.-L.-C.)
Gayot (Eug.)
Geffrier de Neuvy
Genée
Geoffroy de Villeneuve

Gérard (J. J.)
Géraud
Gérig
Gérusez (P.)
Girardin (de) d'Ermenonville
Gire
Girou de Buzareingues (L.-F.-C.)
Gontaut-Biron (A.-G.-M.-J. de)
Gourdon
Goux (J.-B.)
Grancey (de Mandat de)
Grand (L.-J.-E.)
Grangues (de)
Grardel
Graux
Grognier
Guénaux
Guerini
Guiche (de)
Guillerot
Guillot (Alf.)
Guinet (Ainé)
Guyon (H. de)
Guyot (E.)
Halbronn
Hamoir
Hamon
Hamont
Haras (Les) de la Chaume du Ballon
Haras (Le) du Pin
Haras et Remontes
Haras royaux Hongrois
Hartmann
Haulnaies (des)
Havez-Montlaville
Havrincourt (A.-P. d')
Hayoit
Hays (du)
Hecquet d'Orval
Heilhes (d')
Hémart (Em.)
Henry (Edm)
Herbin
Heudières (d')
Historique des Remontes

HARAS — Élevage — Remontes — Races — Acclimatation — Stud Book

Hiver	Instruction sur les Haras
Hongrie (La) chevaline	Itier
Hoo-Paris	Jacob
Hornez	Jacoby
Houdaille de Railly	Jacquet
Houel	Jacquey
Hubert (Eug.)	Janvier
Huzard (fils)	Jeannin
Huzard (père)	Jégou-Dulaz
Hynderick	Joly (P.-M.-C.)
Ibn-el-Awam	Juillet
Imbart de la Tour	Julien (C.-C.-A.)
Industrie (L') et l'Admin^on des Haras	Jusseraud
	Kamecke
Inspection des chevaux et mulets	Kerchove (de) d'Exaerde
Instruction pour le service des Remontes	Knoll
	Kopp

HARNACHEMENT

SELLERIE — EMBOUCHURES — ÉPERONNERIE

A. M.
Abinal
Album de la Sellerie française
Annuaire de la carrosserie et de la sellerie
Aubrat
Barth (de)
Baudoin
Binitch
Bishop
Blaise (L.-M.)
Blessures du cheval de guerre
Blessures (Les) par le harnachement
Blondeau (J.)
Bourge (de)
Bray
Camille
Clère
Cogent
Cours de harnachement
Courtin
Cubières (de)
Dupaty de Clam
Dupont (P.-L.)
Encyclopédie
Escrivant

Evrard
Fauvry
Faverot de Kerbrech
Fiaschi
Flower.
Fouquet de Beaurepaire
Frenorum exempla
G*** (Lé Lieut')
Garsault (de)
Gautheron
Gozzadini
Grison
Harnachement des chevaux de la cavalerie
Harnachement des chevaux des officiers
Hermant (E.-J.-D.)
Hippiatria
Hofer
Husson (L.-F.-G.)
Instruction sur l'entretien des voitures
Instruction sur l'extérieur
Invernizzi
Jaillant
Kellner

HIPPOLOGIE

GÉNÉRALITÉS — EXTÉRIEUR — AGE — ROBES — SIGNALEMENTS — INTELLIGENCE DU CHEVAL

Abrégé d'Hippiatrique
Abrégé du Cours d'Equit[on] mil[re]
Aerts
Aide-Mémoire pour les officiers d'art[ie] Suisse
Alberti
Aldrovande
Alix
Anglas
Art (L') de se connoistre bien en chevaux
Aubineau
Auzoux
Bardet de Villeneuve
Barrier
Barthelemy de Glanville
Beauregard (Henri)
Beautés et défectuosités du cheval
Bedos
Begouen de Meaux
Belle-Forest (de)
Benjamin (L.-A.)
Benoit (Le père)
Biéler
Bixio (J.-A.)
Boitelle
Bonnefont
Boulard
Bourgelat
Bouvier (Aimé)
Brehm
Brivet
Brogny
Buffon
Cahouët (de)
Carrière (A.)
Castandet
Cheval (Le) 1895
Cheval (Le) 1903
Chézelles (de)
Chigot

Chomel
Cochet de Savigny
Colsenet de Murtin
Confex-Lachambre
Cornevin
Cours abrégé d'Hippologie
Cours d'équit[on] mil[re]
Cours d'Hippologie de l'Ecole de Guerre
Curnieu (de)
Cuvier (F.)
Décades de la description....
Dedelay d'Agier
Demarbaix
Desjacques
Des Races modernes
Diffloth
Dorange
Druy-Scribe
Dubois (C.-M.)
Dubroca
Dupont (M.)
El-Hafez Siradj el-Din
Emsworth
Fauvry
Ferry
Fleming
Fleury (G. de)
Florent
Formule d'instruction
Foubert (de)
Fradet
Franqueville (de)
Gadeau de Kerville
Gallo
Gaume (Alex.)
Gayot (Eug.)
Gentien
Geoffroy S[t]. Hilaire (Etienne)
Gérard (F.-J.)
Giniéis

HIPPOLOGIE — Généralités — Extérieur — Age — Robes — Signalements — Intelligence du cheval

Girard (F.-N.)
Giroux (P.-A.-E.)
Glanville
Gobert
Gœtz (Fr.)
Goubaux
Goupy de Quabeck
Gourmel
Goux (J.-B.-A.)
Goyau
Grognier
Guenon
Gueudeville
Hanens (d')
Hartung

Hermier
Héroard
Houdaille
Hugues (J.-B.)
Humingue (d')
Ibn-el-Awam
Instruction pour les gardes du Corps
Instruction sur l'extérieur
Jacky
Jacoulet
Jacquemin
Janillion
Jourdain
Joly (C.-G.-A.)

HIPPOPHAGIE

Barbe
Bascou
Bernheim (S.)
Blatin
Bourguin
Bourrier
Brouvier
Cuisinière (La) assiégée
Daunassans
Decroix

De l'Hippophagie dans ses rapports.....
Destaminil
Dufour (Val.)
Geoffroy St. Hilaire (Isid.)
Goubaux
Guerrier de Dumast
Joly (N.)
Keysler

HYGIÈNE

MALADIES ET ACCIDENTS DE L'HOMME DE CHEVAL

Anglada
Aureggio
Baillet
Barrué
Becquerel
Bernheim (S.)
Bernier
Berthelot (J.)
Binet (A.)
Bodin (Eug.)
Bonamy
Bouley (J.-J.)
Cazenave de la Roche
Cazin
Chassaigne
Clément (J.-C.-A.)
Coustan

Delafond
Delaharpe
Desgranges (D^r)
Doyen
Dupuy (A.-J.)
Erpel
Filet
Fischer (G.-M.-J.-A.)
Fitz-Patrick
Foucher (E.)
Freidier-Laffont
Fumée
Gauvain
Gillette
Grub
Hallopeau
Jeanselme

JURISPRUDENCE

VICES RÉDHIBITOIRES — POLICE SANITAIRE — ÉQUARISSAGE — ASSURANCES — IMPÔTS — CONSCRIPTION DES CHEVAUX ET VOITURES — CIRCULATION DES CHEVAUX ET VOITURES

Abadie (B.)
Angot
Arbaud
Bareyre
Béquet
Bernard (A.)
Bernaud (E.)
Bonacossa
Bouchard (G.)
Bouley (J.-F.)
Boutet (A.-F.-D.)
Boutet (E.)
Brossard-Marsillac
Brugalières
Castel (R. du)
Célières
Chabert (Ph.)
Charles (Ach.)
Charton de Meur
Chauveau (Adolphe)
Chavot
Chêne-Varin (de)
Clément (E.-J.)
Cochet de Savigny
Conscription des chevaux
Contamine
Conte (A.-L.-C.)
Couchard
Couturier

Cozette
Curot
Dejean (Osc.)
Delafond
Demester
Deshaires
Dessart
Discussion sur la Loi de 1838
Drioux
Dubos
Fleury (J.-A.)
Fontan
Galisset
Gallemaerts
Gallier
Galtier
Gangnat
Gaure
Godart
Gouillon (A.)
Hackher
Hugues
Huzard (fils)
Inspection des chevaux et mulets
Instruction pour le classement des chevaux
Isoard
Istèl
Jauze

MÉDECINE VÉTÉRINAIRE ET SUJETS ACCESSOIRES

A

OUVRAGES TRAITANT DU CHEVAL SEUL — MÉDECINE — CHIRURGIE — ANATOMIE (MODERNES) (1)

Abadie (B.)
Abou-Bekr
Alasonière
Arthaud
Aureggio
Auzoux
Baillet
Baillif
Barascud
Bard (L.)
Barrier
Baudelot de Dairval
Baudesson
Beaumont
Belin
Benion
Benjamin (H.-M.)
Berger-Perrière
Bernard (F.)
Bernard (Louis)
Bertin (G.)
Berton
Bissauge
Blessures du cheval de guerre
Blessures par le harnachement
Bodin (E.)
Boellmann
Boisse
Bonneval (F.)
Bonzom
Boudin
Bouley (H.-M.)
Bouley (H.-S.)
Bouley (J.-F.)
Bouley (J.-J.)
Bourdelle
Bourdon (H.)
Bourgelat

Bourges
Bouvier (S.-H.-V.)
Bracy-Clark
Breschet
Breton
Brocheriou
Bru
Brunet (P.-A.)
Buc'hoz
Cadiot
Caillieux
Cancel (E.-L.)
Carrère
Cauvet
Cazalbou
Cazenave
Cécité des chevaux
Chabert (Ph.)
Champetier
Chardin (Ch.)
Charlier
Charon (P.-F.)
Chaussée
Chénier
Chenot
Chenu
Chomel
Claverie
Clément (J.-C.-A.)
Colet
Collaine
Contamine
Cornevin
Cornil
Coulet
Crachet
Créqui (P. de)
Crochot

(1) C'est-à-dire publiés après la création des Écoles vétérinaires.

MÉDECINE VÉTÉRINAIRE ET SUJETS ACCESSOIRES — A. — Ouvrages traitant du cheval seul — Médecine — Chirurgie — Anatomie (modernes)

Cuyer
Dassonville
Decroix
Defays
Degive
Delafond
Delaguette
Delamarre
Delamotte
Delbreil
Delfau
Demilly
Demoussy
Descoffre
Didot
Drouet
Dubois (Am.)
Ducasse (M.)
Ducrotoy
Dunis
Dupont (M.)
Dupuy (A.-C.)
Dupuy (A.-J.)
Dutrieux
Filet
Fischer (E.)
Flandrin (P.)
Fleury (J.-C.)
Fœlen
Fonrouge
Foucher
Fourcault
Fromage de Feugré

Galtier
Galy
Gama-Machado
Garnier (L.-H.)
Geay (G.)
Girard (J.)
Girard (P.-F.-J.)
Godine
Gohier
Goubaux
Goux (J.-B.-A.)
Goyau
Grandguillot
Guénon
Guillaumin
Guillerey
Guilmot
Guittet
Haget
Hallopeau
Hamont
Hardy (E.-E.)
Hugues
Humbert (C.-E.)
Huzard (fils)
Huzard (père)
Instruction sur l'emploi de la malléine
Jacotin
Joly (Nicolas)
Joly (P.-G.-A.)
Joly (P.-M.-C.)
Jourdier

MÉDECINE VÉTÉRINAIRE

B

MODERNES, TRAITANT EN PARTIE DU CHEVAL

Abildgaard
Adenot
Almanach vétérinaire
Amoreux
Andral
Angot (A.-R.-D.)
Arloing
Aygalenq
Baelen
Barailon
Beauchêne (Le D^r)
Bénion
Beugnot
Bidault
Bieler
Bissauge
Boellmann
Bonnaterre
Bouchardat
Bouley (H.-M.)
Boutet (A.F.-D)
Brault
Brogniez
Broussonnet
Brout
Buisson
Cadéac
Cadiot
Cagny
Castillon
Cayla
Cerbelaud
Chabert (Ph.)
Chamberland
Charles (Ach.)
Chauveau
Chomel
Chrétien
Clater
Colin

Conte (A.-L.-P.)
Cornevin
Coutier
Crachet
Debry
Delabere-Blaine
Delafond
Delwart
Demarbaix
Deneubourg
Detroye
Desoubry
Dorfeuille
Dupont (J.-P.)
Dupuy (B.)
Eléouet
Epizooties de S^t. Domingue
Esclauze
Everts
Favre
Fischer (H.)
Friedberger
Fröhner
Fromage de Feugré
Fromaget
Gallier
Garreau
Gilbert
Girard (J.)
Gire
Gobert (H.-J.)
Godine
Gohier
Gondinet
Goubaux
Gouin
Gourdon
Grizard
Guelpa
Guillemain

MÉDECINE VÉTÉRINAIRE — B — Modernes, traitant en partie du cheval

Guiot
Gunther
Hartenstein
Herment (J.)
Himbert de Fligny
Hugues
Huguet

Huzard (fils)
Huzard (père)
Instructions et observations
Ismert
Jauze
Kaufmann
Knoll

MÉDECINE VÉTÉRINAIRE

C

ANCIENS HIPPIÂTRES — ANCIENNE MARÉCHALERIE (1)

Adresse d'un Patriote
Alberti
Aldrovande
Arriques (de)
Art de toute espèce de chasse
Baret, sieur de Rouvray
Bartlet
Beaugrand
Beauregard
Beauregard d'Erafflon
Blasius
Blier
Burdon
C. de M.
Camerarius
Chalette (de)
Chanvalon (de)
Chederic
Chiron
Crescens

Dupuy-Demportes
Duts
Fiaschi
Foubert
Fouquet de Beaurepere
Francini
Garsault (de)
Gentilhomme (Le) Maréchal
Gesner (Conrad)
Gesner (J.-M.)
Grand (Le) Mareschal français
Harpur
Hélie
Héroard
Hippiatrique
Hippocrate
Hurel
Ihm
Jonston
Jourdain

(1) On sait qu'avant la création des Écoles vétérinaires, le mot MARÉCHALERIE, qui maintenant s'applique à la ferrure, signifiait Art vétérinaire ou Médecine vétérinaire. Il en est de même pour quelques ouvrages populaires modernes. Certains anciens ouvrages de Maréchalerie ne contiennent même rien sur la ferrure.

MÉDECINE VÉTÉRINAIRE

D

HYGIÈNE — SOINS JOURNALIERS — PANSAGE — TONTE OU TONDAGE — MAINTIEN EN CONDITION — HYGIÈNE DES TRANSPORTS PAR MER ET VOIE FERRÉE

(Voyez aussi, pour l'hygiène, la subdivision ÉCURIES)

Aerts
Alberti
André (E.)
André (J.)
Apperley
Aubourg
Aubry (P. V.)
Audebrand (A.-M.)
Bachmann
Bardonnet des Martels
Basserie
Basset
Belet
Bénard
Berger (Et.)
Bertin (L.-E.)
Bertouille
Billot (F.)
Binitch
Boucher (H.-E.)
Cavalin
Chardin (J.-V.)
Chénier
Colmant

Comminges (M.-A. de)
Coupé (J.-M.)
Courson (de)
Coutier
Dementhon
Desaive
Duliège
Favre
Fœlen
Gallier
Gasparin (A. de)
Gobbels-Copette
Godine
Goetz
Grognier
Guide pratique
Haussener
Heydebrand
Instruction relative aux soins à donner aux chevaux
Instruction sur les soins à donner aux chevaux
Instruction sur l'hygiène des chevaux

MÉDECINE VÉTÉRINAIRE

E

FERRURE ET PIED

Alasonière
Ancèze
Aureggio
Balassa
Barbier
Beaupré (J.)
Benjamin (L.-A.)
Berger-Perrière
Bergeron
Berthelot
Borgeaud
Bouley (H.-M.)
Bourgelat
Bournay
Brack (de)
Bracy-Clark
Britt
Brogniez
Champiot
Charlier (H.)
Charlier (P.)
Chomel
Chuchu
Combe (Jules)
Comény
Contamine
Cousin (C.-L.-J.)
Crépin
Dabrigeon
Dangel
Defays
Degive

Delpérier (J.-B.)
Delpérier (P.)
Delwart
Didierjean
Dubourdieu
Duchosal
Duplessis
Dupon (J.)
Elluin
Esclauze
Escrivant
Faulon
Gaume
Gavin
Geffroy (Y.)
Gérard (J.-J.)
Girard (J.)
Girou de Buzareingues (F. A. L. E.)
Gohier
Goodenough
Goodwin
Goyau
Gross
Gueudeville (C.-O.)
Guyton
Hannequin
Hers (d')
Humbert (J.)
Husson (A.-R.)
Illaret
Jauze
Jubin

MÉDECINE VÉTÉRINAIRE

F

OUVRAGES DE VULGARISATION — OUVRAGES POPULAIRES

Abrégé d'Hippiatrique
Adenot
Ami (L') des chevaux
André (Arthur)
Arrault
Art vétérinaire à la portée des Cultivateurs
Bedos
Beillard
Bellot
Benoit (Le P.)
Berthaud
Berttier
Biraud
Blain-Anguille
Bousquet
Boutrolle
Bussy (C. de)
Capt
Carbon de Bégrières
Castandet
Castex
Cervier
Chatelain
Chauvrat
Clément (E.-J.)
Cochet de Savigny
Coisy
Collenot
Colsenet de Murtin
Couesme
Courte Instruction
Cours d'Equit[on]
Dabry
Dalmay
Davis

Decourcelles
Delacroix et Berthaud
Desaulx
Desbordeaux
Desgraviers
Desmarès
Dombale (H. de)
Duportail
Egeley
Elliman
Elluin
Eloire
Faure (J.-C.)
Fauvel
Ferry (E.)
Fillay
Flahaut
Fontan
François de Neufchâteau
Furnemont
Gaffet de la Briffardière
Gasparin (A.-E.-P. de)
Gautier-Mille
Gervais
Gobert
Gombault
Gondinet
Grollier
Guide du Bouvier
Guilbert
Hocquart
Humphreys
Instruction du Bureau de Santé
Instruction sur le vertige
Kerpelani
Knoll

PALÉONTOLOGIE

ORIGINES DU CHEVAL — PRÉHISTOIRE

Baudouin (Marcel)
Chabas
Chassaniol
Colomb (G.)
Cousset
Darwin

Déschamps (M.-H.)
Gaudry
Guimps
Houlbert
Hue

PÉRIODIQUES

Annales des Haras
Argus des Haras et des Remontes
Bulletin de la Soc. Centrale Vét^{re}
Bulletin hippologique
Carnet de la Sabretache
Centaure (Le)
Cheval (Le)
Eleveur (L') Journal de Zoologie
Eleveur (L') Journal des Chevaux

Fermes et Châteaux
France (La) Hippique
Guide (Le) du Turf
Hippodrome (L')
Journal de Médecine Vét^{re}
Journal de Médecine Vét^{re} Mil^{re}
Journal des Chevaux et des Chasses
Journal des Haras
Journal des Vét^{res} du Midi

POSTE AUX CHEVAUX

Anxionnat
Belloc
Bernède
Bole
Code voituriⁿ

Duché
Gallois
Girardin (E. de)
Hilpert
Jouhaud

PROTECTION ET COMPASSION

Anchald (d')
Beaupré (de)
Blatin
Collas
Conseils élémentaires à MM. les Cochers
Decroix
Demoüy

Deniau
Fée
Flower
Galland (de)
Grandchamp
Gueudeville (C.-O.)
Hesse
Huré

REPRÉSENTATION DU CHEVAL — ICONOGRAPHIE CHEVALINE

Adam (Albert)
Adam (Victor)
Alken
Artaud
Aubry (Ch.)
Barye
Bas-Reliefs du Parthénon
Baum
Bella (S. della)
Berjeau
Blanchard de Boismarsas
Bonheur (R.)
Bousson
Brown (J.-L.)
Brunot
Bruyn (Ab. de)
Bürde
Caran d'Ache
Carteron
Cellier (R.-L.)
Cherbuliez
Clermont-Gallerande (de)
Courajod
Crafty
Cuyer

Delton
Detaille
Dittrich
Dreux (de)
Dubost (A.)
Dugourc
Duhousset
Eerelman
Eisenberg (d')
Ellenberger
Frémiet
Fromentin
Garsault (de)
Gautier (G.-E.-M.)
Gengembre
Géricault
Gérusez (V.)
Gheyn (de)
Giroux (Ach.)
Goiffon
Grandmaison (Babin de)
Gros (E.)
Guerin-Catelain
Haydon
Huyot

ERRATA DU TOME I

PAGE	COL.	LIGNE	AU LIEU DE	LIRE
3	1	11	Fillaux	Fillous
4	2	24	Grammont	Gramont
17	2	33	1782-1798	1782-1790
26	2	4	La publication continue	La publication a cessé en 1913
46	2	52	1805	1850
49	1	38	et	supprimer et remplacer par une virgule
52	1	26		supprimer la virgule à la fin de la ligne
64	1	8 à 22		à supprimer
71	1	9	françoise	françoise
75	2	44	bibliographies	bibliothèques
90	2	28	sybillin	sibyllin
103	2	4	gravure	graveur
130	2	41	représenten	représentent
132	2	31	Steinhel	Steinheil
137	1	23	Rozen	Rozez
142	1	20	l'Algérien	l'Algérie
146	2	3	Marchands	Marchans
150	2	4	1846	1864
165	1	40	1873	1893
168	1	19	Valontina	Valoutina
170	2	37	L'une d'elles	L'un d'eux
170	2	38	adressée	adressé
171	2	25	gr. in-8°	gr. in-18
173	1	39	Duvernay	Duvernoy
182	1	7	Broch. in-8° de 16 p.	à placer après la ligne 13
189	1	3	sédendaires	sédentaires
211	1	28		placer Cailleau au commencement de la ligne 27
214	1	30	Esc^on	Esc^ons
217	1	47	1865	1685
224	1	13	Originallen	Originalien
239	1	33	Saleilles	M. Saleilles
249	2	8	Coillaut	Caillaut

253	1	40	Champrosat	Champrosay
267	1	2	1890	1910
271	2	49	40	14
291	2	30	Pratlauné	Prailauné
298	1	11	1872	1889
302	1	46	1889	1899
321	2	24	1901	1891
330	1	1	saint	sainct
374	2	note 1	Sauder	Sander
375	2	21	à	a
390	2	15	457	459
435	2	16	Carrousels (Recherches sur les)	Recherches sur les Carrousels.
444	1	49	Moustaches (Les Grandes)	Grandes (Les) Moustaches
444	1	50	Fiacres (Requête des)	Requête des Fiacres
447	1	9	Solennelle	Solemnelle
448	1	26	iojeuse	ioyeuse
450	1	39	les	des
453	1	38	1521	1621
463	1	2	1825	1829
478	1	21	Vanbuggenhaudt	Vanbuggenhoudt
478	2	1 et 9	Félizet (L^{nt})	Félizet (L.)
481	1	23	1678	1578
485	2	33	1905	1903
501	1	24	180	1801
507	1	41	Le	Les
516	2	note 2	Bajocæs	Bajocæus
532	2	24	Dumas	Daumas
540	2	49	LXIe	LVIe
547	1	dern^{re}	incundissimumq.	iucundissimumq.
552	1	53	1823	1812
601	2	1	Rac	Sac
602	2	24	car	par
606	1	28	Cavalerie	la Cavalerie
607	1	14	appliqué	appliquée
608	1	9	art	arts
731	2			ajouter Exercice simultané de la lance et du mousqueton
731				ajouter Introduction des armes à feu
744	2			ajouter Guittet